HACHETTE
& Vox
Mini dictionnaire

FRANÇAIS-ESPAGNOL
ESPAGNOL-FRANÇAIS

TABLE DES MATIÈRES

Abréviations	III
Prononciation du français	IV
Prononciation de l'espagnol	V
Guide de conversation	7
Français-Espagnol	1
La conjugaison française	291
Espagnol-Français	335
La conjugaison espagnole	607

Maquette de couverture : Mélissa Chalot
Rédaction et traduction du guide de conversation : Paloma Cabot
Fabrication : Olivier Rouyer

© Vox Editorial, 2015
Mallorca, 45
08029 Barcelone, Espagne

ISBN 978-2-01-395119-7

© Hachette Livre, 2017
58 rue Jean Bleuzen - CS 70007
92178 Vanves Cedex
www.hachette-education.com

Tous droits de traduction, de reproduction et d'adaptation réservés pour tous pays.
Le Code de la propriété intellectuelle n'autorisant, aux termes des articles L. 122-4 et L.122-5, d'une part, que les « copies ou reproductions strictement réservées à l'usage privé du copiste et non destinées à une utilisation collective », et, d'autre part, que « les analyses et les courtes citations » dans un but d'exemple et d'illustration, « toute représentation ou reproduction intégrale ou partielle, faite sans le consentement de l'auteur ou de ses ayants droit ou ayants cause, est illicite ».
Cette représentation ou reproduction par quelque procédé que ce soit, sans autorisation de l'éditeur ou du Centre français de l'exploitation du droit de copie (20, rue des Grands Augustins, 75006 Paris), constituerait donc une contrefaçon sanctionnée par les articles 425 et suivants du Code pénal.

Abréviations employées dans le dictionnaire

Abreviaturas usadas en el diccionario

français	abr	español
abréviation	abr	abreviatura
adjectif	adj	adjetivo
adverbe	adv	adverbio
	ALGN	alguien
anatomie	ANAT	anatomía
	ant	anticuado
architecture	ARCH, ARQ	arquitectura
article	art	artículo
auxiliaire	aux	auxiliar
biologie	BIOL	biología
botanique	BOT	botánica
chimie	CHIM	
	COC	cocina
commerce	COMM, COM	comercio
conjonction	conj	conjunción
contraction	contr	contracción
cuisine	CUIS	
démonstratif	dém, dem	demostrativo
	DEP	deportes
	DER	derecho
	desp	despectivo
déterminant	det	determinante
droit	DR	
économie	ÉCON, ECON	economía
féminin	f	femenino
familier	fam	familiar
usage figuré	fig	uso figurado
	FÍS	física
soutenu	fml	formal
géographie	GÉOG, GEOG	geografía
histoire	HIST	historia
impersonnel	impers	impersonal
indicatif	ind	indicativo

Abréviations / Abreviaturas

indéfini	indéf, indef	indefinido
informatique	INFORM	informática
interjection	interj	interjección
interrogatif	interr	interrogativo
invariable	inv	invariable
ironique	iron, irón	irónico
masculin	m	masculino
mathématiques	MATH, MAT	matemáticas
médecine	MÉD, MED	medicina
musique	MUS, MÚS	música
nom	n	nombre
nom féminin	nf	nombre femenino
nom masculin	nm	nombre masculino
nom masc. et fém.	nmf	nombre masc. y fem.
nom masc. et nom fém.	nm,f	nom. masc. y nom. fem.
nom masc. ou fém.	nm & nf	género ambiguo
nom propre	n pr	nombre propio
numéral	num	numeral
personnel	pers	personal
péjoratif	péj, pey	peyorativo
pluriel	pl	plural
physique	PHYS	
populaire	pop	popular
possessif	poss, pos	posesivo
participe passé	pp	
préposition	prép, prep	preposición
pronom	pron	pronombre
quelque chose	QQCH	
quelqu'un	QQN	
	QUÍM	química
relatif	rel	relativo
religion	REL	religión
singulier	sing	singular
sports	SPORT	
verbe	v	verbo
verbe intransitif	vi	verbo intransitivo
verbe pronominal	vpr	verbo pronominal
verbe transitif	vt	verbo transitivo
vieilli	vieil	
vulgaire	vulg	vulgar
zoologie	ZOOL	zoología
marque déposée	®	marca registrada

Símbolos de las transcripciones fonéticas francesas

Consonantes

[p]	pain, drapeau			
[b]	beurre, sabot			
[t]	tarte, voiture, thé			
[d]	docteur, madame			
[k]	coq, kiwi, quartier			
[g]	gare, bague			
[ʃ]	chat, vache			
[ʒ]	je, page			
[f]	famille, coiffeur, phrase			
[v]	vache, grève			
[s]	sac, mousse, ça, patience			
[z]	zone, maison			
[m]	moi, homme			
[n]	notre, donner, âne			
[ɲ]	champagne, épargne			
[l]	livre, coller, mille			
[ʀ]	radio, verre			

Semiconsonantes

[j]	hier, caillou, famille
[w]	ouest, oui, kiwi
[ɥ]	huître, juillet, remuer

Vocales

[a]	abbé, renard		[œ]	heureux, beurre
[ɑ]	âcre, pâte		[ø]	heureux, tondeuse
[e]	élève, féliciter		[y]	uniforme, truc, rue
[ɛ]	élève, greffe		[ɑ̃]	Antoine, dans, enfant
[ə]	grenouille, neveu		[ɛ̃]	impossible, enfin
[i]	hiver, ficelle, calorie		[ɔ̃]	oncle, pantalon
[o]	eau, hôpital, canot		[œ̃]	lundi, commun
[ɔ]	homme, important			

En las palabras francesas que empiezan por h, el símbolo ['] delante de la transcripción fonética indica que no se practica la liaison ni se apostrofan los determinantes le y la, ni la preposición de:
haricot ['aʀiko] un plat de haricots, le haricot

Symboles des transcriptions phonétiques espagnoles

Consonnes

[p]	**p**an, tri**p**a
[b]	**b**arco, **v**alle
[β]	ha**b**a, li**b**ro, a**v**aro
[t]	**t**arta, sus**t**o
[d]	**d**octor, **d**istrito
[θ]	**z**apato, **c**ero, capa**z**
[ð]	bo**d**a, mal**d**ad
[k]	**c**orte, **qu**ien, va**c**a
[g]	**g**allo, **g**rabar
[ɣ]	la**g**o, ne**g**ro
[χ]	**j**ota, **g**énero, carca**j**
[f]	**f**amilia, tro**f**eo
[s]	**s**usto, atrá**s**
[z]	mi**s**mo, a**s**no, ra**s**go
[m]	**m**adre, ho**m**bre
[n]	**n**orte, mo**n**o, pla**n**
[ɲ]	**ñ**oqui, madrile**ñ**o
[l]	**l**ibro, po**l**o, mi**l**
[ʎ]	**ll**amar, cue**ll**o
[r]	porte**r**o, come**r**
[r̄]	**r**adio, ca**rr**o

Semi-consonnes

[j]	a**y**er, **hi**ena, l**i**ar, pa**i**sano
[w]	ab**u**elo, act**u**ar, resid**u**o

Voyelles

[a]	**á**baco, dir**á**
[e]	**e**ste, p**e**lo,
[i]	**i**sla, l**i**bro, com**í**
[o]	h**o**ra, **o**so
[u]	**u**ña, m**u**la, trib**u**

L'accent tonique

Pour les transcriptions espagnoles, l'accent tonique est marqué par un trait vertical au-dessus de la voyelle: (**a,b,c,d,e**): puerto [pwèrto], Córdoba [kòrðoβa].

GUIDE DE CONVERSATION

Pages		Pages
Mots et phrases-clés 8	Police 24	
Conversation courante 9	Urgences 25	
À l'aéroport 10	Chez le médecin/	
À la gare 11	le dentiste 26-27	
Les transports en commun 12	À la pharmacie 28	
Prendre un taxi 13	Au bureau de poste 29	
Trouver son chemin 14	À la banque 30	
À l'office de tourisme 15	Faire les courses 31	
À l'hôtel 16-17	Acheter des vêtements .. 32	
Au restaurant 18	Payer 33	
Au café 19	Enfants 34	
Sortir 20	En voyage d'affaires 35	
Louer un véhicule 21	Téléphoner 36-37	
À la station-service 22	La date, l'heure,	
Pannes, accidents 23	les chiffres 38	

Mots et phrases-clés

	bonjour	*buenos días* (le matin), *buenas tardes* (l'après-midi), *hola*
	au revoir	*adiós*
	bonsoir/bonne nuit	*buenas noches*
	à bientôt/à plus tard/ à demain	*hasta pronto/hasta luego/ hasta mañana*
	oui/non/non merci	*sí/no/no, gracias*
	s'il te/vous plaît	*por favor*
	merci/merci beaucoup	*gracias/muchas gracias*
	il n'y a pas de quoi	*de nada*
	d'accord/très bien/bien sûr	*de acuerdo* ou *vale/muy bien/claro* ou *por supuesto*
	je ne sais pas	*no sé*
	pardon/excusez-moi	*perdón* (pour passer)/*lo siento* (désolé)/*perdone* ou *disculpe* (pour s'adresser à qqn)
	je ne parle pas très bien espagnol	*no hablo muy bien español*
	parlez-vous français ?	*¿habla (usted) francés?*
	je ne comprends pas	*no entiendo*
	je n'ai pas (bien) compris	*no he entendido (bien)*
	pouvez-vous parler plus lentement/répéter ?	*¿puede hablar más despacio/repetir?*
	pardon ? quoi ? pourquoi ? parce que...	*¿cómo? ¿qué? ¿por qué? porque...*
	pouvez-vous me l'écrire ?	*puede escribírmelo*
	je voudrais... j'aimerais...	*quiero... me gustaría...*
	où est/sont... ? quand ? comment ?	*¿dónde está/están...? ¿cuándo? ¿cómo?*
	combien ça coûte ?	*¿cuánto es?* ou *¿cuánto cuesta?*
	au secours ! à l'aide !	*¡socorro! ¡ayuda!* ou *¡auxilio!*
	attention !	*¡(ten) cuidado!*

Conversation courante

je m'appelle...	me llamo
enchanté(e), moi c'est...	encantado(da), (yo) soy...
comment t'appelles-tu/vous appelez-vous ?	¿cómo te llamas/se llama?
je te/vous présente...	te/le presento a...
comment vas-tu/allez-vous ?	¿cómo estás/está?
bien, merci – et toi/vous ?	bien, gracias – ¿y tú/usted?
je suis français(e)/je viens de...	soy francés(esa)/vengo de...
je suis en vacances/je suis ici pour le travail	estoy de vacaciones/estoy aquí por el trabajo
je reste une semaine	me quedo una semana
c'est la première fois que je viens en...	es la primera vez que vengo a...
qu'est-ce que vous faites dans la vie ?	¿a qué se dedica?
je suis étudiant (en...)	soy estudiante (de...)
je travaille dans...	trabajo en...
je suis à la retraite	estoy jubilado(da)
je suis célibataire/marié(e)/divorcé(e)	estoy soltero(ra)/casado(da)/divorciado(da)
j'ai ... enfants	tengo... hijos
est-ce que je peux vous offrir un verre ?	¿puedo invitarle(la) a una copa?
puis-je avoir votre numéro/adresse e-mail ?	¿puede darme su número/dirección de correo electrónico?
où est-ce qu'on se retrouve ?	¿dónde quedamos?
ça m'est égal	me da igual
je suis d'accord/je ne suis pas d'accord	estoy de acuerdo/no estoy de acuerdo
j'aimerais bien...	me gustaría...
j'aime beaucoup...	me gusta mucho...

À l'aéroport

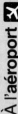

où est le comptoir de la compagnie... ?	¿dónde está el mostrador de la compañía...?
où dois-je enregistrer mes bagages ?	¿dónde se factura el equipaje?
j'ai deux valises et un bagage à main	tengo dos maletas y un equipaje de mano
j'aimerais une place côté couloir/hublot	me gustaría un asiento de pasillo/de ventanilla
où se trouve le terminal 1/ la porte d'embarquement 2 ?	¿dónde está la terminal 1/ la puerta de embarque 2?
à quelle heure est l'embarquement ?	¿a qué hora embarcamos?
combien le vol a-t-il de retard ?	¿cuánto retraso lleva el vuelo?
j'ai perdu ma carte d'embarquement/ma valise	he perdido mi tarjeta de embarque/mi maleta
j'ai raté ma correspondance	he perdido el enlace
à quelle heure est le prochain vol pour...?	¿a qué hora sale el próximo vuelo para...?
mes bagages ne sont pas arrivés/ on m'a volé mes bagages	mi equipaje no ha llegado/ me han robado el equipaje
je voudrais faire une déclaration de perte/ de vol	quiero presentar una reclamación por la pérdida/ el robo de mi equipaje

---

vocabulaire

départs/arrivées	salidas/llegadas	douane	aduana
annulé/retardé	cancelado/retrasado	un passeport	un pasaporte

une pièce d'identité un documento de identidad
retrait des bagages recogida de equipaje(s)
un chariot à bagages un carrito para el equipaje
dernier appel pour... última llamada para...
la salle d'embarquement la sala de embarque

À la gare

à quelle heure part le prochain/dernier train pour... ?	¿a qué hora sale el próximo/último tren para...?
avez-vous l'horaire des trains pour... ?	¿tiene el horario de los trenes para...?
je voudrais un billet aller pour...	quiero un billete (de ida) para...
est-ce qu'il y a un tarif réduit pour les enfants/étudiants/personnes du 3e âge ?	¿hay tarifas reducidas para (los) niños/(los) estudiantes/(los) jubilados?
je voudrais réserver une couchette dans le train pour...	quiero reservar una litera en el tren con destino a...
combien de temps dure le trajet ?	¿cuánto (tiempo) dura el viaje?
de quel quai part le train ?	¿de qué andén sale el tren?
j'ai perdu ma réservation	he perdido mi reserva
est-ce bien le bon train/quai pour...?	¿es éste el tren/andén para...?
j'ai raté mon train	he perdido el tren
est-ce que ce siège est libre ?	¿está éste asiento libre?
où est le wagon-restaurant ?	¿dónde está el vagón restaurante?

vocabulaire

départs/arrivées	salidas/llegadas	**réservations**	reservas
renseignements	información	**la consigne**	la consigna
le guichet	la taquilla		

un billet (électronique) un billete (electrónico)
un aller un billete de ida
un aller-retour un billete de ida y vuelta
première/seconde classe primera/segunda clase
un quai/accès aux quais un andén/acceso a los andenes
prochain arrêt... próxima parada...

Les transports en commun

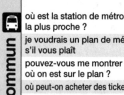

où est la station de métro la plus proche ?	¿dónde está la estación de metro más cercana?
je voudrais un plan de métro, s'il vous plaît	quiero un plano del metro, por favor
pouvez-vous me montrer où on est sur le plan ?	¿me puede indicar dónde estamos en el plano?
où peut-on acheter des tickets ?	¿dónde se compran los billetes?
je voudrais un ticket/ un carnet de tickets	quiero un billete/un bonobús (autobus) ou un bono de 10 viajes (métro)
vendez-vous des tickets valables pour la journée/la semaine ?	¿venden billetes que valgan todo un día/toda una semana?
où doit-on composter son ticket ?	¿dónde se valida ou se pica el billete?
quelle ligne dois-je prendre pour aller à… ?	¿cuál es la línea para ir a…?
où dois-je changer pour aller à… ?	¿dónde debo cambiar para ir a…?
où se trouve la gare routière ?	¿dónde está la estación de autobuses?
quel bus dois-je prendre pour aller à la gare/ à l'aéroport/au centre-ville ?	¿qué autobús tengo que coger para ir a la estación de tren/al aeropuerto/al centro (de la ciudad)?
c'est bien le bus pour… ?	¿es éste el autobús que va a…?
pouvez-vous me prévenir quand je devrai descendre ?	¿me puede avisar cuándo tengo que bajar, por favor?
à quelle heure est le dernier métro/bus/tramway ?	¿a qué hora es el último metro/autobús/tranvía?

vocabulaire

un ticket simple un billete sencillo
un ticket aller-retour un billete de ida y vuelta
compostez votre ticket validar ou picar el billete
l'arrêt d'autobus la parada de autobuses

Prendre un taxi

où est-ce que je peux prendre un taxi ?	¿dónde puedo coger un taxi?
pourriez-vous m'appeler un taxi, s'il vous plaît ?	¿podría ou puede pedirme un taxi, por favor?
avez-vous un numéro pour appeler un taxi ?	¿tiene un número para pedir un taxi?
je voudrais un taxi au... (adresse) maintenant/demain à ... (heure)	quisiera un taxi en... (dirección) ahora/mañana a las... (hora)
vous êtes libre ?	¿está libre?
je voudrais aller à l'aéroport/ à la gare/rue...	quiero ir al aeropuerto/ a la estación/calle...
ça va me coûter combien pour aller à... ?	¿cuánto (dinero) cuesta para ir a...?
combien de temps met-on pour aller à... ?	¿cuánto (tiempo) cuesta ir a...?
je suis pressé/je suis en retard	tengo prisa/voy con retraso
pouvez-vous aller plus vite/ plus lentement ?	¿puede ir más rápido/ más despacio?
pourriez-vous éviter le centre-ville ?	¿podría evitar el centro?
laissez-moi ici/au coin de la rue, s'il vous plaît.	déjeme aquí/en la esquina, por favor
pouvez-vous m'attendre ici/ un instant ?	¿puede esperarme aquí/ un momento?
c'est combien ? je vous dois combien ?	¿cuánto es?/¿cuánto le debo?
je voudrais un reçu	querría un recibo
gardez la monnaie	quédese con el cambio

vocabulaire

un pourboire	una propina	le compteur	el taxímetro
l'adresse	la dirección	une course de nuit	una carrera nocturna
un supplément bagages	un suplemento por el equipaje		

Trouver son chemin

excusez-moi, pour aller au centre/à la gare/au port ?	perdone, ¿para ir al centro/a la estación/al puerto?
pouvez-vous m'indiquer comment on rejoint l'autoroute ?	¿puede indicarme cómo se llega a la autopista?
je suis perdu(e)	estoy perdido(da)
pouvez-vous me montrer où l'on se trouve sur la carte ?	¿puede enseñarme dónde estamos en el mapa?
c'est bien le chemin/la route pour… ?	¿es éste el camino/ésta la carretera para…?
vous vous êtes trompé de route	(usted) se ha equivocado de carretera
vous n'allez pas dans la bonne direction	(usted) no va en la dirección correcta
faites demi-tour et prenez la première à droite	dé media vuelta y coja la primera a la derecha
continuez tout droit – tournez à gauche/droite	siga todo recto – gire a la izquierda/derecha
est-ce que c'est ici que je dois tourner pour aller à… ?	¿es aquí dónde tengo que girar para ir a…?
c'est loin/près d'ici ? c'est à combien de kilomètres ?	¿está lejos/cerca de aquí? ¿a qué distancia está?
combien de temps met-on pour y aller ?	¿cuánto tiempo se tarda en llegar?
c'est à 5 mn à pied/à 10 mn en voiture/à environ 15 km	está a 5 minutos a pie/a 10 minutos en coche/a 15 kilómetros más o menos
une fois là-bas, demandez votre chemin	una vez allí, pregunte la dirección

vocabulaire

au nord/au sud	al norte/al sur	**avant/après**	antes/después de
à l'est/à l'ouest	al este/al oeste	**devant/derrière**	delante/detrás de

au feu/au carrefour en el semáforo/en el cruce
à côté de/en face de al lado de/en frente de

À l'office de tourisme

pourriez-vous m'indiquer où se trouve l'office de tourisme ?	¿podría indicarme dónde está la oficina de turismo?
je voudrais un plan de la ville/ une carte de la région	quiero un plano de la ciudad/ un mapa de la región
où se trouve… sur le plan/ sur la carte ?	¿dónde está… en el plano/ en el mapa?
c'est loin d'ici ? on peut y aller à pied ?	¿está lejos de aquí? ¿se puede ir caminando ou a pie?
je voudrais avoir des renseignements sur…	quiero información sobre…
quels sont les principaux sites touristiques ?	¿cuáles son los principales sitios de interés?
quelles sont les heures d'ouverture des musées ?	¿cuáles son los horarios de los museos?
quel type d'excursions proposez-vous ?	¿qué tipo de excursiones proponen?
y a-t-il des visites en français ?	¿hay visitas en francés?
je cherche un hôtel pas trop cher/près du centre	estoy buscando un hotel barato/cerca del centro

vocabulaire

ouvert/fermé	abierto/cerrado	la cathédrale	la catedral
entrée libre	entrada libre	le palais	el palacio
vous êtes ici	usted está aquí	le château	el castillo
une visite guidée	una visita guiada	le restaurant	el restaurante
l'exposition	la exposición	le marché	el mercado
le centre-ville	el centro	le marché aux puces	el rastro
le quartier	el barrio	la brocante	el rastro
la vieille ville	el casco antiguo	la piscine	la piscina
l'église	la iglesia	le zoo	el zoológico

le quartier commerçant el barrio comercial
le centre commercial el centro comercial
le parc d'attractions el parque de atracciones

À l'hôtel

j'ai réservé au nom de…	he hecho una reserva a nombre de…
je voudrais réserver une chambre pour ce soir/ trois nuits	quiero reservar una habitación para esta noche/tres noches
désolé, l'hôtel est complet	lo siento, (el hotel) está completo
pouvez-vous recommander un autre hôtel ?	¿puede recomendarme otro hotel?
est-ce que je peux voir la chambre ?	¿puedo ver la habitación?
je la prends	me la quedo
c'est combien par nuit/ pour une semaine ?	¿cuánto cuesta por noche/ por una semana?
est-ce que le petit déjeuner est compris ?	¿está incluido el desayuno?
pouvez-vous me réveiller à… ?	¿podría despertarme a la(s)…?
à quelle heure est servi le petit déjeuner ?	¿a qué hora sirven el desayuno?
y a-t-il un parking pour les clients de l'hôtel ?	¿hay un aparcamiento reservado para los clientes del hotel?

vocabulaire

les toilettes	el servicio	une couverture	una manta
la douche	la ducha	ne pas déranger	no molestar
un lit de bébé	una cuna	pousser/tirer	empujar/tirar
un oreiller	una almohada	l'escalier	las escaleras

une chambre double/simple una habitación doble/individual

À l'hôtel

à quelle heure doit-on libérer la chambre ?	¿a qué hora hay que liberar la habitación libre?
est-ce qu'il est possible de rester une nuit de plus ?	¿podemos quedarnos una noche más?
c'est très bruyant, je voudrais changer de chambre	hay mucho ruido, quiero otra habitación
pouvez-vous me donner une serviette supplémentaire ?	¿podría darme otra toalla?
il n'y a pas de papier toilette/ d'eau chaude	no hay papel higiénico/ agua caliente
la climatisation/ le chauffage/la télévision ne fonctionne pas	no funciona el aire acondicionado/ la calefacción/la televisión
je voudrais parler au directeur	quiero hablar con el director
la clé de la chambre n°..., s'il vous plaît	la llave de la habitación número..., por favor
y a-t-il un message pour moi ?	¿tengo algún mensaje para mí?
je voudrais une facture détaillée	necesito una factura detallada

vocabulaire

la réception	la recepción	l'ascenseur	el ascensor
le coffre-fort	la caja fuerte	du savon	jabón
le bar	el bar	les draps	las sábanas

la salle de bains el baño
la sortie de secours la salida de emergencia
la salle de restaurant el restaurante
la lampe de chevet la lámpara de cabecera

Au restaurant

une table pour deux personnes, s'il vous plaît	una mesa para dos (personas), por favor
avez-vous un menu en français/enfants ?	¿tiene un menú en francés/ un menú para niños?
qu'est-ce que vous nous recommandez ?	¿qué nos recomienda?
quel est le plat/menu du jour ?	¿cuál es el plato/menú del día?
quelle est votre spécialité ?	¿cuál es la especialidad de la casa?
qu'est-ce que c'est ?	¿qué es esto?
qu'est-ce qu'il y a dedans ?	¿qué lleva?
nous voudrions commander	queremos pedir
nous n'avons pas encore choisi	todavía no hemos elegido
pour moi, ce sera…	yo voy a tomar…
pouvez-vous nous apporter du pain/une carafe d'eau?	¿podría traernos pan/ una jarra de agua?
ce n'est pas ce que j'ai commandé, j'avais demandé…	esto no es lo que he pedido, había pedido…
c'est froid/ce n'est pas frais	está frío/no es fresco(ca)
la note, s'il vous plaît	la cuenta, por favor

vocabulaire

réservé	reservado	**viandes**	carnes
un apéritif	un aperitivo	**poissons**	pescados
le menu	la carta, el menú	**une bouteille**	una botella
la carte des vins	la carta de los vinos	**un verre**	un vaso
en entrée	de primer plato	**de la moutarde**	mostaza
en dessert	de postre	**une chaise haute**	una trona

comme plat principal de segundo plato

saignant/à point/bien cuit poco hecho/en su punto/muy hecho

vin rouge/rosé/blanc vino tinto/rosado/blanco

de l'huile/du vinaigre aceite/vinagre

Au café

est-ce que cette table/chaise est libre ?	¿está libre esta mesa/silla?
s'il vous plaît !	¡camarero! ou ¡por favor!
qu'est-ce que vous prenez ?	¿qué quiere?
deux cafés noirs, s'il vous plaît	dos cafés solos, por favor
je vais prendre un thé/une bière/un verre de vin	voy a tomar un té/una caña/un vaso de vino
la même chose pour moi	para mí, lo mismo
une autre bière, s'il vous plaît	otra caña, por favor
avez-vous quelque chose à grignoter ?	¿tienen algo para picar?
est-ce que vous faites des sandwichs ?	¿hacen bocadillos?
l'addition, s'il vous plaît	la cuenta, por favor
nous payons séparément	cuentas separadas ou pagamos por separado
excusez-moi, je crois qu'il y a une erreur dans le total	perdone, creo que hay un error en la cuenta
où sont les toilettes ?	¿dónde está el servicio?

vocabulaire

un café au lait	un café con leche	**un jus de fruits**	un zumo
un expresso	un expreso	**un apéritif**	un aperitivo
un capuccino	un capuchino	**des amuse-gueule**	tapas
un chocolat	un chocolate	**une glace**	un helado
une infusion	una infusión	**un sorbet**	un sorbete

un thé citron/au lait un té con limón/con leche
un café décaféiné un café descafeinado
un verre d'eau/de lait un vaso de agua/de leche
une eau plate/gazeuse una agua sin gas/con gas
des glaçons (cubitos de) hielo

Sortir 🍸

qu'est-ce qu'il y a à faire le soir ?	¿qué se puede hacer por las noches?
pouvez-vous nous recommander un spectacle ?	¿puede recomendarnos un espectáculo?
à quelle heure ça commence/ça se termine ?	¿a qué hora empieza/acaba?
est-ce qu'il faut réserver à l'avance ?	¿hay que reservar con antelación?
c'est combien ?	¿cuánto es?
je voudrais deux places pour samedi soir	quisiera dos entradas para el sábado por la noche
où doit-on retirer les tickets ?	¿dónde se sacan los billetes?
il faut arriver combien de temps à l'avance ?	¿cuánto tiempo antes hay que llegar ?
est-ce qu'il y a des concerts gratuits ?	¿hay conciertos gratuitos?
où peut-on trouver un bar/un restaurant typique/une boîte de nuit ?	¿dónde hay un bar/un restaurante típico/una discoteca?
ça vous dit d'aller prendre un verre/d'aller danser ?	¿le apetecería ir a tomar una copa/ir a bailar?

_____ *vocabulaire*

un concert	un concierto	**un ballet**	un ballet
un théâtre	un teatro	**un spectacle**	un espectáculo
l'opéra	la ópera	**la billetterie**	la taquilla
un opéra	una ópera	**le guichet**	la ventanilla
un cinéma	un cine	**la séance**	la sesión
un film	una película	**le vestiaire**	el guardarropa

une salle de concert una sala de conciertos
une pièce de théâtre una obra de teatro
un son et lumière un espectáculo de luz y sonido
l'entracte el entreacto (au théâtre)/el descanso (au spectacle, au concert)
une consommation gratuite una consumición gratis

Louer un véhicule

où est-ce que je peux louer une voiture ?	¿dónde se puede alquilar un coche?
je voudrais louer une voiture pour une semaine	quiero alquilar un coche (para) una semana
une voiture de catégorie économique/5 places	un coche de categoría económica/de 5 plazas
quel est le tarif par jour/pour trois jours/par semaine ?	¿cuánto cobran por día/por tres días/por semana?
est-ce que le kilométrage est illimité ?	¿hay límite de kilómetros?
l'assurance tous risques est-elle comprise ?	¿está incluido el seguro a todo riesgo?
est-ce que je peux laisser la voiture à l'aéroport ?	¿puedo dejar el coche en el aeropuerto?
quel carburant dois-je mettre ?	¿qué tipo de carburante utiliza el coche?
faut-il la rendre avec le plein ?	¿hay que devolverlo con el depósito lleno?
votre permis de conduire, s'il vous plaît	**su carné de conducir, por favor**
est-ce qu'il y a un supplément pour un deuxième conducteur ?	¿hay algún recargo por conductor adicional?
j'ai besoin d'une facture	necesito una factura

vocabulaire

une petite voiture un coche pequeño **une moto** una moto
un monospace un monovolumen **un rehausseur** un elevador
une camionnette una camioneta **le GPS** el GPS

une voiture automatique un coche automático
un scooter una scooter ou una escúter
un siège-bébé un asiento de niño
la climatisation el aire acondicionado

À la station-service

où est-ce que je peux trouver une station-service ?	¿dónde hay una gasolinera?
station en libre-service	gasolinera autoservicio
ouvert 24h/24 7j/7	abierto las 24 horas los siete días de la semana
la pompe n°…	el surtidor número…
le plein/… litres, s'il vous plaît	lleno/… litros, por favor
… euros de super	… euros de súper
« insérez votre carte »	«introduzca su tarjeta»
« sélectionnez le carburant »	«seleccione el carburante»
pourriez-vous vérifier le niveau d'huile/d'eau ?	¿podría controlar el nivel de aceite/de agua?
je voudrais un bidon d'huile/d'essence	quiero un bidón de aceite/de gasolina
vous vendez des ampoules de phare ?	¿venden bombillas para faros?
où est-ce que je peux vérifier la pression des pneus ?	¿dónde puedo comprobar la presión de los neumáticos?
pourriez-vous me nettoyer le pare-brise ?	¿me puede limpiar el parabrisas?
j'ai besoin de jetons pour utiliser la station de lavage	necesito fichas para utilizar el lavadero de coches

vocabulaire

le réservoir	el depósito	**le pare-brise**	el parabrisas
l'essence	la gasolina	**code confidentiel**	código secreto
un bidon	un bidón	**un reçu**	un recibo

le super/le diesel/le GPL la gasolina súper/la diesel/el gasóleo
l'huile moteur el aceite de motor
le liquide de refroidissement el líquido refrigerante
les essuie-glace el limpiaparabrisas

Pannes, accidents

ma voiture est en panne	se me ha averiado el coche
je suis en panne d'essence	me he quedado sin gasolina
je n'arrive pas à démarrer	no consigo arrancar
la batterie est à plat	se ha descargado la batería
le moteur chauffe/ fait un drôle de bruit	el motor se ha recalentado/ hace un ruido extraño
pouvez-vous m'aider à pousser/ me remorquer jusqu'à un garage ?	¿me puede ayudar a empujar/ remolcar hasta un taller?
pouvez-vous m'envoyer une dépanneuse ?	¿puede enviarme una grúa?
ma voiture est sur l'autoroute/ à trois kilomètres de…	mi coche está en la autopista/ a tres kilómetros de…
nous avons eu un accident	hemos tenido un accidente
il faut appeler une ambulance/ les pompiers	hay que llamar una ambulancia/ a los bomberos
pouvez-vous la réparer aujourd'hui/faire une réparation provisoire ?	¿puede repararlo hoy/ hacer un apaño?
quand sera-t-elle prête ?	¿cuándo estará listo?
j'ai besoin d'une facture	necesito una factura

vocabulaire

le radiateur	el radiador	le frein à main	el freno de mano
l'embrayage	el embrague	le rétroviseur	el retrovisor
l'accélérateur	el accelerador	le tableau de bord	el salpicadero
les freins	los frenos	le pare-chocs	el parachoques
la boîte de vitesse	la caja de cambios	une crevaison	un pinchazo
les amortisseurs	los amortiguadores	un pneu	un neumático

un constat d'accident un parte de accidente
la courroie la correa (de transmisión)
le pot d'échappement el tubo de escape
une roue de secours una rueda de repuesto

Police

au secours ! appelez la police !	¡socorro! ¡llame ou llamen ou llamad a la policía!
où se trouve le commissariat le plus proche ?	¿dónde está la comisaría más cercana?
est-ce que quelqu'un parle français, ici ?	¿alguien habla francés aquí?
je ne parle pas l'espagnol	no hablo español
j'ai perdu mon portefeuille/ mes papiers	he perdido la cartera/ la documentación
on m'a volé ma carte de crédit/mon sac à dos	me han robado la tarjeta de crédito/la mochila
ma voiture a été forcée/volée	me han forzado/robado el coche
votre voiture est à la fourrière	su coche se lo ha llevado la grúa
où/quand cela s'est-il passé ?	¿cuándo/dónde ha ocurrido?
est-ce qu'il vous manque autre chose ?	¿le falta algo más?
je voudrais faire une déclaration de perte/de vol	quiero denunciar una pérdida/ un robo
pouvez-vous remplir ce formulaire, s'il vous plaît ?	¿puede rellenar este impreso, por favor?
pouvez-vous signer ici ?	¿puede firmar aquí?
j'ai besoin d'une copie pour mon assurance	necesito una copia para la compañía de seguros
j'ai été agressé(e)	he sufrido una agresión
mon fils/ma fille a disparu	mi hijo/hija ha desaparecido

vocabulaire

l'argent	el dinero	les bijoux	las joyas
le sac à main	el bolso	l'appareil photo	la cámara de fotos

la carte d'identité — el documento de identidad
le permis de conduire — el carné de conducir
les chèques de voyages — los cheques de viaje
un ordinateur portable — un ordenador portátil
un téléphone portable — un (teléfono) móvil

au secours ! aidez-moi !	¡socorro! ¡ayuda!
attention !	¡cuidado!
c'est urgent ! dépêchez-vous !	¡es urgente! ¡dese prisa!
où se trouve l'hôpital le plus proche ?	¿dónde está el hospital más cercano?
comment on y va ?	¿cómo se llega hasta allí?
il y a eu un accident	ha habido un accidente
il y a des blessés/je suis blessé	hay heridos/estoy herido
appelez une ambulance/ un médecin/les urgences !	¡llame una ambulancia/ un médico/las urgencias!
il faut prévenir la police/ les pompiers !	¡hay que avisar a la policía/ los bomberos!
il a perdu connaissance	ha perdido el conocimiento
il faut l'emmener à l'hôpital	hay que llevarlo al hospital
il faut l'opérer/le plâtrer/ l'hospitaliser/faire une radio	hay que operarlo/ escayolarlo/ingresarlo en el hospital/hacer una radiografía
j'ai besoin de voir un médecin/un dentiste	necesito que me vea un médico/un dentista
je suis malade/ je saigne beaucoup	estoy enfermo(ma)/ sangro mucho
je suis allergique à…/ asthmatique/diabétique	soy alérgico(ca) a…/ asmático(ca)/diabético(ca)
je suis cardiaque	sufro del corazón
je suis enceinte de… mois	estoy embarazada de… meses

vocabulaire

une plaie	una herida	une piqûre	una inyección
une blessure	una herida	le chirurgien	el cirujano
une entorse	un esguince	l'interne	el residente
une fracture	una fractura	l'infirmière	la enfermera
une opération	una operación	un antalgique	un analgésico
une hémorragie	una hemorragia	un plâtre	una escayola

une anesthésie locale/générale   una anestesia local/general

Urgences

Chez le médecin/le dentiste

j'ai besoin de voir un médecin/un dentiste	necesito que me vea un médico/un dentista
je voudrais un rendez-vous aujourd'hui/rapidement	quiero una cita para hoy/lo más pronto posible
j'ai rendez-vous avec le docteur...	tengo cita con el doctor...
où avez-vous mal ?	¿dónde le duele?
ça vous fait mal quand j'appuie ici ?	¿le duele cuando aprieto aquí?
j'ai mal ici/à la gorge/au ventre	me duele aquí/la garganta/el vientre
j'ai mal au cœur	me mareo
avez-vous de la fièvre ?	¿tiene fiebre?
je me sens faible	me siento débil
je suis enrhumé(e)/j'ai une toux grasse/sèche	estoy constipado(da)/tengo tos húmeda/seca
j'ai le nez qui coule/bouché	tengo moquita/la nariz tapada
je suis constipé(e)/j'ai la diarrhée	estoy estreñido(da)/tengo diarrea
j'ai vomi plusieurs fois	he vomitado varias veces
ça me démange	me pica

vocabulaire

la température	la temperatura	une angine	una angina
la tension	la tensión	une otite	una otitis
une grippe	una gripe	l'hypertension	la hipertensión
une bronchite	una bronquitis	une ordonnance	una receta

un cabinet médical una consulta médica
les heures de consultation las horas de consulta

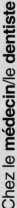

est-ce que c'est grave/contagieux ?	*¿es grave/contagioso?*
tout va bien	*todo va bien*
j'ai perdu un plombage/une dent/une couronne	*he perdido un empaste/una muela/una funda*
vous avez une carie	*tiene una caries*
je me suis tordu la cheville	*me he torcido el tobillo*
je crois que je me suis cassé/foulé le poignet	*creo que me he roto la muñeca/hecho un esguince en la muñeca*
je suis allergique à…	*soy alérgico(ca) a…*
j'ai un traitement/je prends ceci	*estoy siguiendo un tratamiento/estoy tomando eso*
je prends la pilule	*tomo la píldora*
je suis enceinte de… mois	*estoy embarazada de… meses*
je suis asthmatique/diabétique	*soy asmático(ca)/diabético(ca)*
je suis cardiaque	*sufro del corazón*
je n'ai pas mes règles depuis…	*no tengo la regla desde…*
je porte un stérilet	*llevo un DIU (Dispositivo Intrauterino)*

Chez le médecin/le dentiste

vocabulaire

un médicament	un medicamento	**le dos**	la espalda
des antibiotiques	antibióticos	**l'oreille**	el oído
la tête	la cabeza	**la dent**	la muela

une intoxication alimentaire una intoxicación alimentaria
une crise d'asthme/d'épilepsie un ataque de asma/de epilepsia

À la pharmacie

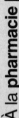

où se trouve la pharmacie la plus proche ?	¿dónde está la farmacia más cercana?
avez-vous quelque chose pour le mal de tête/le mal de gorge/les ampoules ?	¿tiene algo para el dolor de cabeza/el dolor de garganta/las ampollas?
je voudrais un produit contre la toux/la diarrhée	quiero un producto para la tos/la diarrea
avez-vous une ordonnance ?	¿tiene receta ?
ce médicament ne se délivre que sur ordonnance	este medicamento sólo se vende con receta médica
je suis allergique à...	soy alérgico(ca) a...
quels sont les effets secondaires ?	¿cuáles son los efectos secundarios?
combien dois-je en prendre ?	¿qué dosis me tomo?
à quelle fréquence ?	¿con qué frecuencia?
vous en prendrez deux, trois fois par jour/matin, midi et soir	*tome dos, tres veces al día/por la mañana, al mediodía y por la noche*
c'est à prendre avant/pendant/ en dehors des repas	*se toma antes/durante/ fuera de las comidas*

vocabulaire

une gélule	una cápsula	**des pansements**	tiritas
un sirop	un jarabe	**un bandage**	una venda
du paracétamol	paracetamol	**des tampons**	tampones
de l'aspirine	aspirina	**des préservatifs**	preservativos
du coton	algodón		

un comprimé un comprimido *ou* una pastilla
une crème antiseptique una crema antiséptica
des serviettes hygiéniques compresas
un test de grossesse una prueba de embarazo
un produit anti-moustiques un repelente de mosquitos
une crème solaire una crema de protección solar

Au bureau de poste

je cherche un bureau de poste/ une boîte aux lettres	estoy buscando una oficina de correos/un buzón
c'est ouvert le samedi ?	¿está abierta el sábado?
je voudrais un timbre pour cette carte postale/cette lettre	quisiera un sello para esta postal/esta carta
je voudrais envoyer ce colis en exprès	quisiera mandar este paquete por correo urgente
c'est fragile	es frágil
quel est le tarif pour… ?	¿cuánto cuesta enviarlo a…?
j'ai besoin d'un reçu	necesito un recibo
vendez-vous des enveloppes ?	¿venden sobres?
quelle est sa valeur ?	¿qué valor tiene?
vous devez remplir ce formulaire	tiene que rellenar este formulario
ça mettra combien de temps pour arriver ?	¿cuánto tiempo tardará en llegar?
je dois envoyer un fax/ un télégramme à …	tengo que mandar un fax/ un telegrama a …
est-ce que je peux recevoir un fax ici ?	¿es posible recibir un fax aquí?
pouvez-vous me donner le numéro du fax ?	¿puede darme el número de fax?
je dois récupérer un transfert d'argent/un virement	necesito recibir una transferencia bancaria

vocabulaire

le destinataire	el destinatario	**un timbre**	el sello
l'expéditeur	el remitente	**en recommandé**	certificado(da)
l'adresse	la dirección	**par avion**	por avión
le code postal	el código postal	**l'annuaire**	la guía telefónica

au tarif normal/prioritaire con tarifa normal/urgente
la dernière levée la última recogida
une pièce d'identité un documento de identidad

À la banque

s'il vous plaît, où puis-je trouver une banque ?	¿por favor, dónde hay un banco?
où y a-t-il un bureau de change ?	¿dónde hay una oficina de cambio?
je voudrais changer des euros en...	quiero cambiar euros en...
quel est le taux de change ?	¿cuál es el tipo de cambio?
à combien s'élève la commission ?	¿cuál es la comisión?
je voudrais changer ces chèques de voyage	quisiera cambiar estos cheques de viaje
j'ai perdu/on m'a volé ma carte de crédit	he perdido/me han robado la tarjeta de crédito
je vais recevoir un mandat	voy a recibir un giro
je voudrais faire un retrait	quiero sacar ou retirar dinero
y-a-t'il un distributeur automatique près d'ici ?	¿hay algún cajero automático cerca de aquí?
introduisez votre carte	*introduzca su tarjeta*
composez votre code confidentiel	*introduzca su número personal* ou *su código*
récupérez votre carte	*retire su tarjeta*
le distributeur a avalé ma carte de crédit	*el cajero se ha tragado mi tarjeta*

vocabulaire

le guichet	la ventanilla	**un justificatif**	un justificante
un billet	un billete	**retirer de l'argent**	sacar dinero
une pièce	una moneda	**hors service**	fuera de servicio

un compte bancaire una cuenta bancaria
un compte courant una cuenta corriente
un virement international una transferencia internacional

où est le marché/ le supermarché ?	¿dónde está el mercado/ el supermercado?
où puis-je trouver… ?	¿dónde puedo encontrar…?
vous désirez ? est-ce qu'on s'occupe de vous ?	¿qué desea? ¿le/la atienden?
je voudrais 1 kilo/ 300 grammes de…	quiero 1 kilo/ 300 gramos de…
un peu plus/un peu moins	un poco más/un poco menos
c'est à combien le kilo ?	¿a cuánto está el kilo?
les oranges sont à 1,50 euro le kilo	las naranjas están a 1.50 euro el kilo
je regrette, nous n'en avons pas/plus	lo siento, no tenemos / no nos queda
ce sera tout, merci	eso es todo, gracias
combien ça coûte ? je vous dois combien ?	¿cuánto cuesta(n)? ¿cuánto le debo?
je vais payer en espèces/ par carte de crédit	voy a pagar en efectivo/ con tarjeta de crédito
je crois qu'il y a une erreur dans le total/dans la monnaie	creo que hay un error en la cuenta/el cambio
est-ce que je peux avoir un sac, s'il vous plaît ?	¿me puede dar una bolsa de plástico, por favor?

Faire les courses

vocabulaire

ouvert/fermé	abierto/cerrado	**une boucherie**	una carnicería
bon marché/cher	barato/caro	**une poissonnerie**	una pescadería
le prix	el precio	**une librairie**	una librería
la caisse	la caja	**une tranche**	un filete
le chariot	el carrito	**une part**	una ración
une boulangerie	una panadería	**un morceau**	un trozo

le ticket de caisse el ticket de compra
un marchand de fruits et légumes una tienda de frutas y verduras
un bureau de tabac un estanco

Acheter des vêtements

où se trouve le quartier commerçant ?	¿dónde está la zona comercial?
où est le rayon homme/femme/enfant ?	¿dónde está la sección de caballeros/señoras/niños?
à quel étage ?	¿en qué planta?
je regarde	sólo estoy mirando
je fais du… /je chausse du…	hago un…/calzo un…
est-ce que je peux essayer ceci ? où sont les cabines ?	¿puedo probarme esto? ¿dónde están los probadores?
c'est trop petit/grand/court/long	es demasiado pequeño/grande/corto/largo
je voudrais ce modèle une taille en-dessous/au-dessus	quiero este modelo una talla más pequeña/grande
l'avez-vous dans une autre couleur ?	¿lo tiene en otro color?
est-ce que c'est lavable en machine ?	¿se puede lavar a máquina?
ça ne me convient pas	no me interesa
je le prends/je vais réfléchir	me lo quedo/voy a pensármelo
pouvez-vous me faire un paquet-cadeau ?	¿puede envolverlo para regalo?
où se trouve la caisse ?	¿dónde está la caja?

vocabulaire

les boutiques	las tiendas	un miroir	un espejo
la vitrine	el escaparate	les chaussures	los zapatos
les soldes	las rebajas	le coton	el algodón
une réduction	un descuento	le lin	el lino
le rez-de-chaussée	la planta baja	la laine	la lana
le premier étage	la primera planta	la soie	la seda
le sous-sol	el sótano	le cuir	el cuero *ou* la piel
fait main	hecho a mano		

les grands magasins   los grandes almacenes

Payer

combien coûte... ?	¿cuánto cuesta...?
c'est combien ?	¿cuánto es?
combien je vous dois ?	¿cuánto ou qué le debo?
l'addition, s'il vous plaît	la cuenta, por favor
où est-ce qu'on paye ?	¿dónde se paga?
vous pouvez encaisser ?	¿me cobra?
comment est-ce que vous réglez ?	¿cómo va a pagar?
je vais payer en espèces/ par carte	voy a pagar en efectivo/ con tarjeta de crédito
excusez-moi mais je crois qu'il y a une erreur dans le total/la monnaie	perdone pero creo que hay un error en la cuenta/el cambio
je suis désolé, je n'ai pas de monnaie	lo siento, no tengo cambio
est-ce que vous auriez la monnaie de... euros ?	¿me puede dar cambio de... euros?
est-ce que vous acceptez les cartes de crédit ?	¿puedo pagar con tarjeta?
votre carte de crédit a été refusée	**su tarjeta ha sido rechazada**
est-ce que je peux avoir un reçu/une facture ?	¿me puede dar un recibo/ una factura?
est-ce que vous livrez ?	¿hacen reparto ou reparten a domicilio?

vocabulaire

la caisse la caja **un ticket de caisse** un ticket de compra

une pièce d'identité un documento de identidad

un distributeur automatique de billets un cajero automático

Enfants

est-ce qu'il y a une réduction pour les enfants ?	¿hay descuentos para los niños?
est-ce que l'entrée est gratuite pour les enfants ?	¿la entrada es gratis ou gratuita para los niños?
est-ce qu'il y a une aire de jeux/une garderie ?	¿hay un parque infantil/ una guardería?
proposez-vous des activités sportives/des cours de natation pour les enfants ?	¿organizan actividades deportivas/cursillos de natación para los niños?
avez-vous un menu spécial enfants ?	¿hay un menú especial para niños?
avez-vous une chaise haute/ un siège auto ?	¿tienen una trona/un asiento de niño?
où puis-je allaiter/changer mon bébé ?	¿dónde puedo darle el pecho/ cambiar al bebé?
est-ce que vous pouvez me réchauffer ce biberon ?	¿puede calentarme este biberón?
pouvez-vous me recommander un pédiatre/une baby-sitter ?	¿puede recomendarme un pediatra/una canguro?
est-ce que ce médicament convient pour un enfant de moins de 36 mois ?	¿este medicamento puede tomarlo un niño de menos de 36 meses?
mon fils/ma fille est allergique	mi hijo/mi hija es alérgico(ca
j'ai perdu mon fils/ma fille a disparu	he perdido a mi hijo/mi hija ha desaparecido

vocabulaire

du lait maternisé	leche maternizada	une tétine	un chupete
des couches	pañales	une poussette	un cochecito
des lingettes	toallitas	un berceau	una cuna

une moustiquaire un mosquitero ou una mosquitera
un magasin de jouets una tienda de juguetes

En voyage d'affaires

je m'appelle…	me llamo…
je suis de la société…	soy de la empresa…
vous avez rendez-vous ?	¿tiene cita?
qui dois-je annoncer ?	¿a quién debo anunciar?
j'ai rendez-vous avec Monsieur/Madame…	tengo cita con el señor/la señora…
je voudrais un rendez-vous avec…	quisiera una cita con…
je vous présente mon collègue…	le presento a mi compañero de trabajo…
puis-je vous demander votre carte/adresse e-mail ?	¿me puede dar su tarjeta/dirección de correo electrónico?
je dois assister à une conférence	debo asistir a una conferencia
où est la salle de réunion ?	¿dónde está la sala de reuniones?
pouvez-vous prévenir M. … que je serai en retard ?	¿puede avisar al señor… que llegaré con retraso?
excusez-moi pour le retard	perdone el retraso
j'ai besoin d'un interprète	necesito un intérprete
est-il possible de passer un coup de fil ?	¿sería posible hacer una llamada?
je voudrais envoyer un fax/un e-mail	querría enviar un fax/un mensaje de correo electrónico
j'ai juste besoin de consulter ma messagerie	sólo necesito revisar mi correo electrónico

vocabulaire

un badge	a badge	sauvegarder	to save
une carte de visite	a business card	envoyer	to send
le mot de passe	the password	ouvrir/fermer	to open/to close
la connexion	the connection	quitter	to quit
le wifi	Wi-Fi	imprimer	to print
enregistrer	to save		

se connecter/déconnecter to log in/to log off

Téléphoner

je voudrais acheter une carte téléphonique	*quiero comprar una tarjeta telefónica*
je voudrais appeler en PCV	*quiero llamar a cobro revertido*
veuillez patienter, s'il vous plaît	*espere, por favor*
où/quand est-ce que je peux vous joindre ?	*¿dónde/cuándo puedo localizarle?*
vous pouvez me joindre au…	*puede localizarme en el…*
vous avez un numéro de portable ?	*¿tiene un número de móvil?*
mon numéro est le…	*mi número es el…*
allo ? c'est …	*hola, soy…*
pourrais-je parler à…, de la part de… ?	*quisiera hablar con…, de parte de…*
c'est de la part de qui ? qui est à l'appareil ?	*¿de parte de quién? ¿quién llama?*
ne quittez pas ! un instant, s'il vous plaît	*no cuelgue/un momento, por favor*
je vous le passe	*se lo paso*
son poste est occupé	*está comunicando*
il n'est pas là pour le moment	*no está en este momento*
je n'ai pas compris, pourriez-vous répéter plus lentement	*no he entendido ¿puede repetir más despacio?*

---

vocabulaire

un message	un mensaje	**un chargeur**	un cargador
un répondeur	un contestador	**le numéro de poste**	la extensión

un sms un sms *ou* un mensaje de texto®
un appel à l'étranger una llamada internacional

Téléphoner

je vous entends très mal, pourriez-vous parler plus fort ?	le oigo muy mal ¿puede hablar más alto?
est-ce que je peux laisser un message ?	¿puedo dejar un recado?
pouvez-vous lui dire que j'ai appelé ?	¿puede decirle que he llamado?
quand est-ce que je peux le rappeler ?	¿cuándo puedo volver a llamarle/la de nuevo?
je rappellerai plus tard	le/la llamaré más tarde
ça sonne occupé/ ça ne répond pas	**está ocupado/ no contesta**
ça va couper/ on a été coupés	**se va a cortar/ se nos ha cortado**
vous vous êtes trompé de numéro	se ha equivocado de número
excusez-moi, j'ai dû faire un faux numéro	perdone, creo que me he equivocado de número
je n'ai pas de réseau/ je n'ai plus de batterie	no tengo cobertura/ me he quedado sin batería
où est-ce que je peux recharger mon portable ?	¿dónde puedo recargar mi móvil ou celular?
ce numéro n'est plus attribué	el número marcado no existe

vocabulaire

l'indicatif   el prefijo   les renseignements la información

une carte prépayée una tarjeta prepago

un annuaire una guía telefónica

une cabine téléphonique una cabina telefónica *ou* de teléfonos

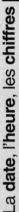

La date, l'heure, les chiffres

avant-hier/hier/aujourd'hui/demain/après-demain	anteayer/ayer/hoy/mañana/pasado mañana
ce matin/cet après-midi/ce soir/ce week-end	esta mañana/esta tarde/esta noche/este fin de semana
à midi/à minuit/hier soir/demain matin	a las doce de la mañana/a medianoche/ayer por la tarde/mañana por la mañana
on est le combien aujourd'hui ?	¿qué día es hoy?
il y a deux jours/dans deux jours	hace dos días/dentro de dos días
pendant un mois/une semaine	durante un mes/una semana
quelle heure est-il ?	¿qué hora es, por favor?
il est neuf heures du matin/du soir	son las nueve de la mañana/de la noche
il est une heure moins le quart/et quart/et demie	es la una menos cuarto/y cuarto/y media
il est deux heures moins dix/deux heures vingt	son las dos menos diez/las dos y veinte
lundi, mardi, mercredi, jeudi, vendredi, samedi, dimanche	lunes, martes, miércoles, jueves, viernes, sábado, domingo
janvier, février, mars, avril, mai, juin, juillet, août, septembre, octobre, novembre, décembre	enero, febrero, marzo, abril, mayo, junio, julio, agosto, septiembre, octubre, noviembre, diciembre

compter

0, 1, 2, 3, 4, 5, 6, 7, 8, 9 cero, uno, dos, tres, cuatro, cinco, seis, siete, ocho, nueve

10, 11, 12, 13, 14, 15, 16, 17, 18, 19 diez, once, doce, trece, catorce, quince, dieciséis, diecisiete, dieciocho, diecinueve

20, 21, 22, 23, 30, 31, 40, 41, 50, 60 veinte, veintiuno, veintidós, veintitrés, treinta, treinta y uno, cuarenta, cuarenta y uno, cincuenta, sesenta

70, 80, 90, 100, 101, 200, 500 setenta, ochenta, noventa, cien, ciento uno, doscientos, quinientos

1000, 2000, 10 000, 100 000, 1 000 000 mil, dos mil, diez mil, cien mil, un millón

Français
Espagnol

A

à [a] (à + le se contraen en au, y à + les en aux) *prép* **1** *(complément indirect)* a: **j'écris à mon père**, escribo a mi padre. **2** *(temps)* a, hasta: **sa tante est venue à 4 heures**, su tía vino a las cuatro; **à mercredi !**, ¡hasta el miércoles! **3** *(espace)* en: **il ha bite à Londres**, vive en Londres. **4** *(direction, destination)* a: **elle ira à Paris**, irá a París. **5** *(manière, moyen, instrument)* a: **taper à la machine**, escribir a máquina; **traverser la rivière à la nage**, cruzar el río a nado. **6** *(finalité)* a, de: **porter une montre à réparer**, llevar a arreglar un reloj; **une assiette à dessert**, un plato de postre. **7** *(combinaison, mélange)* con: **lapin aux pommes de terre**, conejo con patatas. **8** *(chiffre, prix)* de: **un timbre à un euro**, un sello de un euro. **9** *(appartenance)* **cette voiture est à moi**, este coche es mío. **10** *(distribution)* por: **vendre à la douzaine**, vender por docenas; **cent km à l'heure**, cien km por hora.

abaisser [1] [abese] *vt* **1** *(gén)* bajar. **2** *(prix)* bajar, reducir. ▶ *vpr* **s'abaisser 1** *(terrain)* descender. **2** *(s'humilier)* rebajarse.

abandon [abãdɔ̃] *nm* abandono *m*.

abandonner [1] [abãdɔne] *vt* **1** *(gén)* aban donar. **2** *(s'abstenir de)* renunciar a. ▶ *vpr* **s'abandonner** entregarse (**à**, a): **s'abandonner au désespoir**, dejarse llevar por la desesperación.

abasourdi,-e [abazurdi] *adj* atónito,-ta.

abat-jour [abaʒur] *nm inv* (*de lampe*) pantalla *f*.

abattage [abataʒ] *nm* **1** *(d'arbres)* tala *f*. **2** *(d'animaux)* matanza *f*.

abattoir [abatwar] *nm* matadero *m*.

abattre [64] [abatr] *vt* **1** *(avion, statue)* derribar. **2** *(animal, personne)* matar. **3** *(arbre)* cortar. ▶ *vpr* **s'abattre 1** *(tomber)* desplomarse. **2** *(aigle, problèmes)* abatirse (**sur**, sobre): **les ennuis se sont abattus sur son entreprise**, las desgracias se abatieron sobre su empresa.

abbaye [abei] *nf* abadía *f*.

abbé [abe] *nm* **1** *(gén)* cura *m*. **2** *(de couvent)* abad *m*.

abbesse [abes] *nf* abadesa *f*.

abdiquer [2] [abdike] *vi* **1** *(roi)* abdicar. **2** *(abandonner)* rendirse.

abeille [abej] *nf* abeja *f*.

abîme [abim] *nm* abismo *m*.

abîmer [1] [abime] *vt* deteriorar, estropear.

aboiement [abwamã] *nm* ladrido *m*.

abondance [abɔ̃dãs] *nf* **1** *(gén)* abundancia *f*. **2** *(richesse)* opulencia *f*.

abondant,-e [abɔ̃dã,-ãt] *adj* **1** *(gén)* abundante. **2** *(végétation)* frondoso,-sa.

abonné,-e [abɔne] *adj - nm, f* **1** *(au gaz, au théâtre)* abonado,-da. **2** *(à un journal)* suscriptor,-ra.

abonnement [abɔnmã] *nm* **1** *(à un journal)* suscripción *f*. **2** *(à un théâtre)* abono *m*.

abonner

abonner [1] [abɔne] vt **1** (*journal*) suscribir (**à**, a). **2** (*théâtre*) abonar (**à**, a).
abord [abɔʀ] nm acceso m. ▶ nm pl **abords** alrededores m pl, inmediaciones f pl. ● **au premier abord** a primera vista. **d'abord** primero, en primer lugar.
abordable [abɔʀdabl] adj **1** (*lieu, personne*) accesible. **2** (*prix*) asequible.
aborder [1] [abɔʀde] vt **1** (*bateau*) abordar. **2** (*un sujet*) tratar. **3** fig (*une personne*) abordar a.
aboyer [16] [abwaje] vi **1** (*le chien*) ladrar. **2** (*injurier*) increpar (**après/contre**, a).
abréger [11] [abʀeʒe] vt **1** (*gén*) abreviar. **2** (*un texte*) resumir. **3** (*vacances*) acortar.
abréviation [abʀevjasjɔ̃] nf abreviatura f.
abri [abʀi] nm **1** (*d'un danger*) refugio m. **2** (*contre la pluie, le vent*) cobertizo m. ● **à l'abri** a cubierto. **à l'abri de** al amparo de.
abricot [abʀiko] nm albaricoque m.
abricotier [abʀikɔtje] nm albaricoquero m.
abriter [1] [abʀite] vt **1** (*des intempéries*) resguardar. **2** (*hôtel*) albergar. ▶ vpr **s'abriter** resguardarse: **s'abriter de la pluie**, protegerse de la lluvia.
abruti,-e [abʀyti] adj - nm,f fam imbécil.
abrutir [20] [abʀytiʀ] vt embrutecer.
absence [apsɑ̃s] nf **1** (*gén*) ausencia f. **2** (*manque*) carencia f, falta f. ● **en l'absence de** en ausencia de.
absent,-e [absɑ̃,-ɑ̃t] adj - nm,f ausente.
absenter (s') [1] [apsɑ̃te] vpr ausentarse.
absolu,-e [apsɔly] adj absoluto, -ta. ▶ nm **absolu** absoluto m.

absolument [apsɔlymɑ̃] adv **1** (*gén*) absolutamente. **2** (*nécessairement*) sin falta: **il faut absolument y aller**, hay que ir sin falta.
absorber [1] [apsɔʀbe] vt **1** (*gén*) absorber. **2** (*boisson, aliment*) tomar.
abstenir (s') [35] [apstəniʀ] vpr abstenerse (**de**, de).
abstention [apstɑ̃sjɔ̃] nf abstención f.
abstrait,-e [apstʀɛ,-ɛt] adj abstracto,-ta.
absurde [apsyʀd] adj absurdo,-da.
abus [aby] nm abuso m. ● **abus de pouvoir** abuso de poder.
abuser [1] [abyze] vi (*situation, alcool*) abusar (**de**, de). ▶ vt (*tromper*) engañar.
abusif,-ive [abyzif,-iv] adj abusivo,-va.
académie [akademi] nf **1** (*gén*) academia f. **2** (*circonscription*) cada uno de los distritos administrativos en que se divide la enseñanza en Francia.
académique [akademik] adj académico,-ca.
accabler [1] [akable] vt agobiar (**de**, de), abrumar (**de**, con).
accalmie [akalmi] nf calma f.
accaparer [1] [akapaʀe] vt acaparar.
accéder [10] [aksede] vi **1** (*lieu*) entrar (**à**, en), acceder (**à**, a). **2** (*demande, objectif*) acceder (**à**, a).
accélérateur [akseleʀatœʀ] nm acelerador m.
accélérer [10] [akseleʀe] vt **1** (*l'allure*) acelerar. **2** (*affaire, démarche*) activar. ▶ vi acelerar.
accent [aksɑ̃] nm acento m. ● **mettre l'accent sur** hacer hincapié en.
accentuer [1] [aksɑ̃tɥe] vt acentuar.
acceptable [akseptabl] adj aceptable.
accepter [1] [aksepte] vt aceptar.

accès [aksɛ] *nm* **1** (*entrée*) acceso *m*, entrada *f*. **2** (*de fièvre, de toux*) ataque *m*. **3** (*de colère*) arrebato *m*.

accessible [aksesibl] *adj* **1** (*lieu, personne*) accesible. **2** (*prix*) asequible.

accessoire [akseswaʀ] *adj* accesorio,-ria. ▶ *nm* accesorio *m*.

accident [aksidã] *nm* accidente *m*. ▪ **par accident** por casualidad. ▪ **accident de la route** accidente de tráfico. **accident de travail** accidente laboral.

acclamation [aklamasjɔ̃] *nf* aclamación *f*.

acclamer [1] [aklame] *vt* aclamar.

accommoder [1] [akɔmɔde] *vt* **1** (*adapter*) acomodar, adaptar. **2** CUIS preparar. ▶ *vpr* **s'accommoder 1** (*s'adapter*) adaptarse (**à**, a). **2** (*se contenter*) conformarse (**de**, con).

accompagnateur,-trice [akɔ̃paɲatœʀ, -tʀis] *nm,f* acompañante.

accompagner [1] [akɔ̃paɲe] *vt* acompañar.

accomplir [20] [akɔ̃pliʀ] *vt* **1** (*tâche*) llevar a cabo, realizar. **2** (*devoir*) cumplir.

accord [akɔʀ] *nm* **1** (*gén*) acuerdo *m*. **2** (*assentiment*) aprobación *f*: **demander l'accord de son supérieur**, pedir la aprobación de su superior. **3** MUS acorde *m*. ▪ **d'accord** de acuerdo.

accordéon [akɔʀdeɔ̃] *nm* acordeón *m*.

accorder [1] [akɔʀde] *vt* **1** (*faveur*) conceder, otorgar. **2** (*chose, idée, couleur*) combinar. **3** (*verbe*) concordar, hacer concordar. **4** MUS afinar. ▶ *vpr* **s'accorder** ponerse de acuerdo.

accoster [1] [akɔste] *vt* abordar.

accouchement [akuʃmã] *nm* parto *m*.

accoucher [1] [akuʃe] *vi* dar a luz.

accouder (s') [1] [akude] *vpr* apoyarse.

accoudoir [akudwaʀ] *nm* (*de fauteuil*) brazo *m*.

accourir [24] [akuʀiʀ] *vi* acudir.

accro [akʀo] *adj - nmf* **1** *fam* (*à la musique, aux sports*) adicto,-ta. **2** *fam* (*à la drogue*) enganchado,-da.

accrochage [akʀɔʃaʒ] *nm* enganchamiento *m*.

accrocher [1] [akʀɔʃe] *vt* **1** (*tableau, veste*) colgar. **2** (*retenir*) enganchar. ▶ *vpr* **s'accrocher** agarrarse (**à**, a).

accroître [79] [akʀwatʀ] *vt* aumentar. ▶ *vpr* **s'accroître** incrementarse.

accroupir (s') [20] [akʀupiʀ] *vpr* ponerse en cuclillas.

accueil [akœj] *nm* **1** (*gén*) acogida *f*. **2** (*lieu*) recepción *f*.

accueillant,-e [akœjã,-ãt] *adj* acogedor,-ra.

accueillir [25] [akœjiʀ] *vt* acoger.

accumuler [1] [akymyle] *vt* acumular.

accusation [akyzasjɔ̃] *nf* acusación *f*.

accusé,-e [akyze] *adj - nm,f* acusado,-da. ▪ **accusé de réception** acuse *m* de recibo.

accuser [1] [akyze] *vt* acusar: **accuser réception de**, acusar recibo de.

acharné,-e [aʃaʀne] *adj* (*fait avec ardeur*) encarnizado,-da. **2** (*tenace*) incansable: **c'est un défenseur acharné des droits de l'homme**, es un defensor incansable de los derechos humanos. **3** (*travail*) intenso,-sa.

acharner (s') [1] [aʃaʀne] *vpr* **1** (*victime, proie*) ensañarse (**sur/contre**, con). **2** (*s'obstiner*) obstinarse (**à**, en).

achat [aʃa] *nm* compra *f*.

acheter [8] [aʃte] *vt* comprar.

achever [7] [aʃve] *vt* **1** (*gén*) acabar, terminar. **2** (*un animal malade*) rematar.

acide [asid] *adj* ácido,-da. ▶ *nm* ácido *m*.

acidité [asidite] *nf* acidez *f*.

acier [asje] *nm* acero *m*. ▪ **acier inoxydable** acero inoxidable.

acné

acné [akne] *nf* acné *m*.
acompte [akɔ̃t] *nm* cantidad *f* a cuenta.
à-coup [aku] *nm* (*pl* **à-coups**) sacudida *f*. • **par à-coups** a trompicones.
acoustique [akustik] *adj* acústico, -ca. ▸ *nf* acústica *f*.
acquérir [34] [akeʀiʀ] *vt* adquirir.
acquis,-e [aki,-iz] *adj* (*gén*) adquirido,-da. ▸ *nm* **acquis** experiencia *f*.
acquisition [akizisjɔ̃] *nf* adquisición *f*.
acquitter [1] [akite] *vt* **1** (*dette*) pagar. **2** (*accusé*) absolver. ▸ *vpr* **s'acquitter 1** (*dette*) pagar (**de**, -). **2** (*obligation*) cumplir (**de**, con).
acrobate [akʀɔbat] *nmf* acróbata.
acte [akt] *nm* **1** (*gén*) acto *m*. **2** DR acta *f*. ▸ *nf pl* **actes** actas *f pl*. • **faire acte de présence** hacer acto de presencia. **prendre acte de** tomar nota de. • **acte de mariage** certificado *m* de matrimonio. **acte de naissance** partida *f* de nacimiento.
acteur,-trice [aktœʀ,-tʀis] *nm,f* actor *m*, actriz *f*.
actif,-ive [aktif,-iv] *adj* activo,-va. ▸ *nm* **actif** COMM activo *m*.
action [aksjɔ̃] *nf* acción *f*.
actionnaire [aksjɔnɛʀ] *nmf* accionista.
actionner [1] [aksjɔne] *vt* accionar.
activer [1] [aktive] *vt* **1** (*travaux*) activar, acelerar. **2** (*feu*) avivar. ▸ *vpr* **s'activer** darse prisa.
activité [aktivite] *nf* actividad *f*.
actualisation [aktualizasjɔ̃] *nf* actualización *f*.
actualiser [1] [aktualize] *vt* actualizar.
actualité [aktualite] *nf* actualidad *f*. ▸ *nf pl* **actualités** las noticias.
actuel,-elle [aktɥɛl] *adj* actual.
adaptateur [adaptatœʀ] *nm* adaptador *m*.

adaptation [adaptasjɔ̃] *nf* adaptación *f*.
adapter [1] [adapte] *vt* adaptar.
addition [adisjɔ̃] *nf* **1** (*ajout*) adición *f*. **2** (*au restaurant*) cuenta *f*. **3** MATH suma *f*.
additionnel,-elle [adisjɔnɛl] *adj* adicional.
additionner [1] [adisjɔne] *vt* sumar.
adéquat,-e [adekwa,-at] *adj* adecuado,-da.
adhérer [10] [adeʀe] *vt* **1** (*coller*) pegarse (**à**, a). **2** (*idée, opinion*) adherirse (**à**, a). **3** (*association*) hacerse miembro (**à**, de). **4** (*parti*) afiliarse (**à**, a).
adieu [adjø] *nm* adiós *m*. • **faire ses adieux** despedirse.
adjectif,-e [adʒɛktif,-iv] *adj* adjetivo,-va. ▸ *nm* **adjectif** adjetivo *m*.
adjoint,-e [adʒwɛ̃,-ɛ̃t] *adj* - *nm,f* adjunto,-ta. • **adjoint- e au maire** teniente de alcalde.
admettre [81] [admɛtʀ] *vt* **1** (*gén*) admitir. **2** (*hypothèse*) suponer. **3** (*à un examen*) aprobar.
administrateur,-trice [administʀatœʀ,-tʀis] *nm,f* administrador,-ra.
administratif,-ive [administʀatif,-iv] *adj* administrativo,-va.
administration [administʀasjɔ̃] *nf* administración *f*.
administrer [1] [administʀe] *vt* administrar.
admirable [admiʀabl] *adj* admirable.
admiration [admiʀasjɔ̃] *nf* admiración *f*.
admirer [1] [admiʀe] *vt* admirar.
admis,-e [admi,-iz] *adj* **1** (*accepté*) admitido,-da. **2** (*à un examen*) aprobado,-da.
admission [admisjɔ̃] *nf* admisión *f*.
adolescence [adɔlesɑ̃s] *nf* adolescencia *f*.
adolescent,-e [adɔlesɑ̃,-ɑ̃t] *adj* - *nm,f* adolescente.

adopter [1] [adɔpte] vt **1** *(enfant)* adoptar. **2** *(loi)* aprobar.
adoption [adɔpsjɔ̃] nf adopción f: **pays d'adoption**, país adoptivo.
adorable [adɔRabl] adj encantador,-ra.
adorer [1] [adɔRe] vt **1** *(gén)* adorar. **2** *fam (aimer)* encantar: **j'ai adoré ce film**, me encantó esa peli.
adoucir [20] [adusiR] vt *(visage, voix)* suavizar.
adoucissant [adusisɑ̃] nm suavizante m.
adresse [adRɛs] nf **1** *(domicile)* dirección f. **2** *(habileté)* destreza f. ■ **adresse électronique** dirección de correo (electrónico).
adresser [1] [adRese] vt **1** *(lettre)* enviar. **2** *(parole)* dirigir.
adroit,-e [adRwa,-at] adj hábil, diestro,-tra.
adulte [adylt] adj - nmf adulto,-ta.
advenir [35] [advəniR] v impers ocurrir: **qu'est-il advenu de ... ?**, ¿qué ha sido de...?
adverbe [advɛRb] nm adverbio m.
adversaire [advɛRsɛR] nmf adversario,-ria.
adversité [advɛRsite] nf adversidad f.
aération [aeRasjɔ̃] nf ventilación f.
aérer [10] [aeRe] vt ventilar.
aérien,-enne [aeRjɛ̃,-ɛn] adj aéreo,-a.
aérodrome [aeRɔdRom] nm aeródromo m.
aérodynamique [aeRɔdinamik] adj aerodinámico,-ca.
aérogare [aeRɔgaR] nf terminal f.
aéronautique [aeRɔnotik] nf aeronáutica f.
aérophagie [aeRɔfaʒi] nf aerofagia f.
aéroplane [aeRɔplan] nm aeroplano m.
aéroport [aeRɔpɔR] nm aeropuerto m.
aérospatial,-e [aeRɔspasjal] adj aeroespacial.

affaiblir [20] [afebliR] vt debilitar. ▶ vpr **s'affaiblir** debilitarse.
affaire [afɛR] nf **1** *(gén)* asunto m. **2** *(question)* cuestión f: **c'est une affaire de goût**, es cuestión de gustos. **3** COMM negocio m. **4** DR caso m: **l'affaire Dreyfus**, el caso Dreyfus. **5** *(marché avantageux)* ganga f: **achète-le, c'est une affaire**, cómpralo, es una ganga. ▶ nf pl **affaires 1** *(objets personnels)* cosas f pl, trastos m pl. **2** COMM negocios m pl: **homme d'affaires**, hombre de negocios. ● **avoir affaire à qqn** tener que vérselas con ALGN.
affaler (s') [1] [afale] vpr repantingarse: **il a passé toute la soirée affalé sur le canapé**, se ha pasado toda la tarde tirado en el sofá.
affamé,-e [afame] adj hambriento,-ta.
affecter [1] [afɛkte] vt **1** *(assigner)* destinar. **2** *(émouvoir)* afectar, afligir.
affectif,-ive [afɛktif,-iv] adj afectivo,-va.
affection [afɛksjɔ̃] nf **1** *(amour)* afecto m, cariño m. **2** *(maladie)* afección f.
affectueux,-euse [afɛktɥø,-øz] adj afectuoso,-sa.
affichage [afiʃaʒ] nm **1** *(d'affiches, posters)* colocación f. **2** *(à l'écran)* visualización f.
affiche [afiʃ] nf cartel m. ● **être à l'affiche** estar en cartel.
afficher [1] [afiʃe] vt **1** *(poster)* fijar, colocar. **2** *(sentiment, opinion)* ostentar, exhibir. **3** *(à l'écran)* visualizar. ▶ vpr **s'afficher** *(à l'écran)* visualizarse.
affilée [afile]. ● **d'affilée** seguido,-da, de un tirón: **trois jours d'affilée**, tres días seguidos.
affiner [1] [afine] vt refinar.
affinité [afinite] nf afinidad f.
affirmatif,-ive [afiRmatif,-iv] adj afirmativo,-va.

affirmation

affirmation [afiʀmasjɔ̃] *nf* afirmación *f*.

affirmer [1] [afiʀme] *vt* afirmar. ▶ *vpr* **s'affirmer** asentarse.

affluence [aflyɑ̃s] *nf* afluencia *f*.

affluent [aflyɑ̃] *nm* afluente *m*.

afflux [afly] *nm* afluencia *f*.

affolement [afɔlmɑ̃] *nm* pánico *m*.

affoler [1] [afɔle] *vt* enloquecer. ▶ *vpr* **s'affoler** perder la cabeza: **ne nous affolons pas**, no nos pongamos nerviosos.

affranchir [20] [afʀɑ̃ʃiʀ] *vt* franquear.

affreux,-euse [afʀø,-øz] *adj* horrible, horroroso,-sa.

affriolant,-e [afʀijɔlɑ̃,-ɑ̃t] *adj* provocativo,-va.

affrontement [afʀɔ̃tmɑ̃] *nm* enfrentamiento *m*.

affronter [1] [afʀɔ̃te] *vt* afrontar. ▶ *vpr* **s'affronter** enfrentarse (**à**, a).

affût [afy] *nm* • **être à l'affût** estar al acecho.

afghan,-e [afgɑ̃,-an] *adj* afgano, -na. ▶ *nm,f* **Afghan,-e** afgano,-na. ▪ *nm* **afghan** (*langue*) afgano *m*.

Afghanistan [afganistɑ̃] *nm* Afganistán.

afin [afɛ̃]. ▪ **afin de** a fin de, para. **afin que** + *subjonctif* a fin de que + *subjuntivo*, para que + *subjuntivo*.

africain,-e [afʀikɛ̃,-ɛn] *adj* africano, -na. ▶ *nm,f* **Africain,-e** africano,-na.

Afrique [afʀik] *nf* África *f*. ▪ **Afrique du Sud** Sudáfrica.

agaçant,-e [agasɑ̃,-ɑ̃t] *adj* **1** (*bruit*) molesto,-ta. **2** (*personne*) irritante.

agacer [3] [agase] *vt* molestar, irritar.

âge [aʒ] *nm* edad *f*: **quel âge avez-vous?**, ¿cuántos años tiene? • **prendre de l'âge** envejecer. ▪ **le troisième âge** la tercera edad.

âgé,-e [aʒe] *adj* mayor: **il est âgé de 20 ans**, tiene 20 años. ▪ **les personnes âgées** la gente mayor.

agence [aʒɑ̃s] *nf* agencia *f*.

agenda [aʒɛ̃da] *nm* agenda *f*.

agenouiller (s') [1] [aʒnœnuje] *vpr* arrodillarse.

agent [aʒɑ̃] *nm* agente *mf*. ▪ **agent de police** (agente de) policía *mf*.

agglomération [aglɔmeʀasjɔ̃] *nf* aglomeración *f*.

aggraver [1] [agʀave] *vt* agravar.

agile [aʒil] *adj* ágil.

agilité [aʒilite] *nf* agilidad *f*.

agir [20] [aʒiʀ] *vi* **1** (*gén*) actuar. **2** (*se comporter*) comportarse. ▶ *vpr* **s'agir** tratarse (**de**, de): **de quoi s'agit-il?**, ¿de qué se trata?

agitation [aʒitasjɔ̃] *nf* agitación *f*.

agiter [1] [aʒite] *vt* **1** (*gén*) agitar. **2** (*bouleverser*) excitar.

agneau [aɲo] *nm* cordero *m*.

agonie [agɔni] *nf* agonía *f*.

agoniser [1] [agɔnize] *vi* agonizar.

agrafe [agʀaf] *nf* grapa *f*.

agrafer [1] [agʀafe] *vt* **1** (*papiers*) grapar. **2** (*vêtements*) abrochar.

agrafeuse [agʀaføz] *nf* grapadora *f*.

agrandir [20] [agʀɑ̃diʀ] *vt* agrandar, ampliar. ▶ *vpr* **s'agrandir 1** (*gén*) agrandarse. **2** (*une ville*) crecer, extenderse.

agrandissement [agʀɑ̃dismɑ̃] *nm* ampliación *f*.

agréable [agʀeabl] *adj* agradable.

agréer [14] [agʀee] *vt* aceptar. • **veuillez agréer mes salutations distinguées** (*dans une lettre*) (le saluda) atentamente.

agresser [1] [agʀese] *vt* agredir.

agresseur [agʀesœʀ] *nm* agresor,-ra.

agressif,-ive [agʀesif,-iv] *adj* agresivo,-va.

agression [agʀesjɔ̃] *nf* agresión *f*.

agricole [agʀikɔl] *adj* agrícola.

agriculteur,-trice [agʀikyltœʀ,-tʀis] *nm,f* agricultor,-ra.

agriculture [agʀikyltyʀ] *nf* agricultura *f*.

agripper [1] [agʀipe] vt agarrar.
agronomie [agʀɔnɔmi] nf agronomía f.
agrume [agʀym] nm cítrico m.
ahuri,-e [ayʀi] adj atónito,-ta, con la boca abierta.
ahurissant,-e [ayʀisɑ̃,-ɑ̃t] adj alucinante.
aide [ɛd] nf ayuda f. ▪ nmf ayudante. • **à l'aide !** ¡socorro! **à l'aide de** con la ayuda de, mediante. **appeler à l'aide** pedir ayuda. ▪ **aide sociale** asistencia f social.
aider [1] [ede] vt ayudar. ▸ **s'aider de** qqch (utiliser) servirse de ALGO, valerse de ALGO.
aigle [ɛgl] nm águila f.
aigre [ɛgʀ] adj agrio,-a.
aigre-doux,-douce [ɛgʀədu,-dus] adj agridulce.
aigreur [ɛgʀœʀ] nf 1 (des aliments) agrura f. 2 (des propos) acritud f. ▸ nf pl **aigreurs** MÉD (d'estomac) acidez f sing.
aigu,-uë [egy] adj agudo,-da.
aiguille [eguij] nf aguja f.
aiguiser [1] [egize] vt 1 (couteau) afilar. 2 (appétit) aguzar.
ail [aj] nm (pl **ails** ou **aulx**) ajo m.
aile [ɛl] nf 1 (d'oiseau, d'avion) ala f. 2 (de moulin) aspa f. 3 (du nez) aleta f.
ailier [elje] nm (en basket) alero mf.
ailleurs [ajœʀ] adv en otro lugar, en otra parte. • **d'ailleurs** por otra parte, además. **par ailleurs** por otro lado.
aimable [ɛmabl] adj amable.
aimant[1] [ɛmɑ̃] nm imán m.
aimant,-e[2] [ɛmɑ̃,-ɑ̃t] adj cariñoso,-sa.
aimer [1] [eme] vt 1 (avoir de l'affection) querer, amar: **il aime beaucoup son frère**, quiere mucho a su hermano. 2 (apprécier) gustar: **j'aime la musique classique**, me gusta la música clásica. • **aimer bien** gustar: **il aime bien se promener tôt le matin**, le encanta pasear por la mañana temprano. **aimer mieux** preferir: **j'aime mieux le rouge**, prefiero el rojo.
aîné,-e [ene] adj - nmf 1 (premier-né) primogénito,-ta, (el/la) mayor. 2 (plus âgé) mayor: **il est mon aîné de trois ans**, es tres años mayor que yo.
ainsi [ɛ̃si] adv así: **ainsi, tu lui as parlé ?**, ¿así que has hablado con él? • **ainsi que** así como. **ainsi soit-il** así sea. **et ainsi de suite** y así sucesivamente. **pour ainsi dire** por así decirlo.
air [ɛʀ] nm 1 (gén) aire m. 2 MUS melodía f. • **au grand air** al aire libre. **avoir l'air** parecer: **elle a l'air de s'amuser**, parece que se lo está pasando bien. **en plein air** al aire libre. ▪ **air conditionné** aire acondicionado.
aire [ɛʀ] nf área f. ▪ **aire de repos** área de descanso. **aire de stationnement** zona f de aparcamiento.
aisance [ɛzɑ̃s] nf 1 (facilité) soltura f. 2 (richesse) desahogo m: **ils vivent dans l'aisance**, viven con desahogo.
aise [ɛz] nf comodidad f. • **être à l'aise** estar a gusto. **mettez-vous à l'aise** póngase cómodo. **mettre qqn mal à l'aise** hacer que ALGN se sienta incómodo.
aisé,-e [eze] adj 1 (style) fácil. 2 (personne) acomodado,-da.
aisselle [ɛsɛl] nf axila f.
ajouter [1] [aʒute] vt 1 (gén) añadir. 2 (mots) agregar. ▸ vpr **s'ajouter** sumarse (**à**, a).
ajuster [1] [aʒyste] vt 1 (balance) ajustar. 2 (machine) arreglar.
alarme [alaʀm] nf alarma f.
alarmer [1] [alaʀme] vt alarmar.

albanais

albanais,-e [albanɛ,-ɛz] *adj* albanés,-esa. ▶ *nm,f* **Albanais,-e** albanés,-esa. ▶ *nm* **albanais** *(langue)* albanés *m*.

Albanie [albani] *nf* Albania.

albinos [albinos] *adj - nmf* albino,-na.

album [albɔm] *nm* álbum *m*.

alcool [alkɔl] *nm* alcohol *m*.

alcoolique [alkɔlik] *adj - nmf* alcohólico,-ca.

alcootest® [alkɔtɛst] (también se escribe **alcotest**) *nm* prueba f de alcoholemia.

aléatoire [aleatwaʀ] *adj* aleatorio,-ria.

alentour [alɑ̃tuʀ] *adv* alrededor. ▶ *nm pl* **alentours** alrededores *m pl*. • **aux alentours de** cerca de.

alerte [alɛʀt] *adj* vivo,-va, despierto,-ta. ▶ *nf* alarma *f*. • **alerte à la bombe** aviso *m* de bomba, amenaza *f* de bomba. **fausse alerte** falsa alarma.

Algérie [alʒeʀi] *nf* Argelia.

algérien,-enne [alʒeʀjɛ̃,-ɛn] *adj* argelino,-na. ▶ *nm,f* **Algérien,-enne** argelino,-na.

algue [alg] *nf* alga *f*.

alibi [alibi] *nm* coartada *f*.

aligner [1] [aliɲe] *vt* **1** *(gén)* alinear (**sur**, con). **2** *(opinion)* ajustar (**sur**, a). ▶ *vpr* **s'aligner 1** *(sur la même ligne)* ponerse en línea. **2** *(se conformer)* alinearse (**sur**, con).

aliment [alimɑ̃] *nm* alimento *m*.

alimentaire [alimɑ̃tɛʀ] *adj* **1** *(produit, travail)* alimenticio,-cia. **2** *(de l'alimentation)* alimentario,-ria.

alimentation [alimɑ̃tasjɔ̃] *nf* alimentación *f*.

alimenter [1] [alimɑ̃te] *vt* **1** *(nourrir)* alimentar. **2** *(approvisionner)* abastecer.

aliter [1] [alite] *vt* hacer guardar cama a. ▶ *vpr* **s'aliter** guardar cama.

allaiter [1] [alete] *vt* amamantar.

allée [ale] *nf* **1** *(de parc)* paseo *m*. **2** *(de jardin)* camino *m*. **3** *(d'avion)* pasillo *m*. • **allées et venues** idas y venidas *f pl*.

alléger [11] [aleʒe] *vt* **1** *(poids)* aligerar. **2** *(douleur)* aliviar.

allégorie [alegɔʀi] *nf* alegoría *f*.

Allemagne [alman] *nf* Alemania.

allemand,-ande [almɑ̃,-ɑ̃d] *adj* alemán,-ana. ▶ *nm,f* **Allemand,-e** alemán,-ana. ▶ *nm* **allemand** *(langue)* alemán *m*.

aller[1] [19] [ale] *vi* **1** *(gén)* ir: **ils vont à l'école en bus**, van a la escuela en autobús. **2** *(fonctionner)* funcionar: **ça va la nouvelle télé ?**, ¿funciona la nueva tele? **3** *(vêtement)* sentar: **ce costume lui va bien**, este traje le sienta bien. **4** *(être adapté)* convenir: **cet horaire me va**, este horario me conviene. **5** *(état)* estar: **comment ça va ?**, ¿cómo estás?; **elle ne va pas bien depuis deux jours**, no está bien desde hace dos días. ▶ *aux* **aller + inf** *(être sur le point de)* ir a: **je vais dormir**, voy a dormir. ▶ *vpr* **s'en aller** irse, marcharse: **va-t'en !**, ¡vete! • **aller de soi** ser evidente. **allez !** ¡venga! **allons !** ¡vamos!

aller[2] [ale] *nm* ida *f*. • **aller (et) retour** ida y vuelta.

allergie [alɛʀʒi] *nf* alergia *f*.

alliance [aljɑ̃s] *nf* **1** *(entre deux pays)* alianza *f*, pacto *m*. **2** *(mariage)* enlace *m*: **c'est mon cousin par alliance**, es mi primo político. **3** *(anneau)* alianza *f*, anillo *m* de boda.

allié,-e [alje] *adj - nm,f* aliado,-da.

alligator [aligatɔʀ] *nm* caimán *m*.

allô ? [alo] *interj* ¿diga?, ¿oiga?

allocation [alɔkasjɔ̃] *nf* subsidio *m*. • **allocations familiales** ayudas *f pl* familiares.

allonger [4] [alɔ̃ʒe] *vt* **1** *(rendre plus long)* alargar. **2** *(dans le temps)* pro-

longar. 3 *(le bras)* alargar. ▶ *vpr* **s'allonger 1** *(devenir plus long)* alargarse, extenderse. **2** *(sur un lit)* acostarse.

allouer [1] [alwe] *vt fml* conceder.

allumer [1] [alyme] *vt* encender.

allumette [alymɛt] *nf* cerilla *f*.

allure [alyʀ] *nf* **1** *(vitesse)* velocidad *f*. **2** *(apparence)* aspecto *m*. ● **à toute allure** a toda marcha. **avoir de l'allure** tener buena presencia.

allusion [alyzjɔ̃] *nf* alusión *f*.

alors [alɔʀ] *adv* **1** *(gén)* entonces. **2** *(conséquence)* en tal caso: **alors, tu ne viendrai pas**, en tal caso, no vendré. ● **alors que 1** *(opposition)* aunque: **il n'a pas pu rentrer alors qu'il avait les clés**, aunque tenía la llave, no pudo entrar. **2** *(temps)* cuando: **il m'a appelé alors que j'étais sous la douche**, llamó cuando estaba en la ducha. **ça alors !** ¡vaya! **et alors ?** ¿y qué?

alouette [alwɛt] *nf* alondra *f*.

alourdir [20] [aluʀdiʀ] *vt* **1** *(rendre plus lourd)* hacer pesado,-a. **2** *(mouvements)* entorpecer. **3** *(impôts)* aumentar.

alphabet [alfabɛ] *nm* alfabeto *m*.

alphabétique [alfabetik] *adj* alfabético,-ca.

alpinisme [alpinism] *nm* alpinismo *m*.

alpiniste [alpinist] *nmf* alpinista.

altération [alteʀasjɔ̃] *nf* alteración *f*.

altérer [10] [alteʀe] *vt* **1** *(changer)* alterar. **2** *(détériorer)* estropear.

alternance [altɛʀnɑ̃s] *nf* alternancia *f*.

alternatif,-ive [altɛʀnatif,-iv] *adj* alternativo,-va.

alterner [1] [altɛʀne] *vt* alternar.

altitude [altityd] *nf* altitud *f*, altura *f*.

aluminium [alyminjɔm] *nm* aluminio *m*.

alzheimer [alzajmœʀ] *nm* alzhéimer *m*.

amabilité [amabilite] *nf* amabilidad *f*.

amande [amɑ̃d] *nf* almendra *f*.

amandier [amɑ̃dje] *nm* almendro *m*.

amant [amɑ̃] *nm (homme)* amante *m*.

amasser [1] [amase] *vt* **1** *(gén)* amontonar. **2** *(argent)* amasar.

amateur [amatœʀ] *adj - nm* aficionado, -da **(de, a)**: **elle est amateur de musique**, es aficionada a la música; **un photographe amateur**, un fotógrafo aficionado.

ambassade [ɑ̃basad] *nf* embajada *f*.

ambassadeur,-drice [ɑ̃basadœʀ,-dʀis] *nm,f* embajador,-ra.

ambiance [ɑ̃bjɑ̃s] *nf* ambiente *m*.

ambiant,-e [ɑ̃bjɑ̃,-ɑ̃t] *adj* ambiente.

ambigu,-uë [ɑ̃bigy] *adj* ambiguo, -gua.

ambitieux,-euse [ɑ̃bisjø,-øz] *adj - nm,f* ambicioso,-sa.

ambition [ɑ̃bisjɔ̃] *nf* ambición *f*.

ambulance [ɑ̃bylɑ̃s] *nf* ambulancia *f*.

ambulant,-e [ɑ̃bylɑ̃,-ɑ̃t] *adj* ambulante.

âme [am] *nf* alma *f*. ■ **âme sœur** alma gemela.

amélioration [ameljɔʀasjɔ̃] *nf* mejora *f*.

améliorer [1] [ameljɔʀe] *vt* mejorar.

amen [amɛn] *adv* amén.

aménagement [amenaʒmɑ̃] *nm* **1** *(de lieu)* acondicionamiento *m*. **2** *(d'horaire)* planificación *f*.

aménager [4] [amenaʒe] *vt* **1** *(local)* acondicionar, habilitar. **2** *(horaire)* planificar.

amende [amɑ̃d] *nf* multa *f*.

amender [1] [amɑ̃de] *vt* **1** *(texte)* enmendar. **2** *(terre)* abonar.

amener [7] [amne] *vt* **1** *(porter vers)* llevar: **il amène sa fille au théâtre**, lleva a su hija al teatro. **2** *(faire venir avec soi)* traer: **elle m'a amené un gâteau**, me trajo un

amer

pastel. **3** *(entraîner)* acarrear. ▶ *vpr* **s'amener** *fam* presentarse: **allez !, amène-toi !**, ¡venga!, ¡ven!

amer,-ère [amɛʀ] *adj* amargo,-ga.

américain,-e [ameʀikɛ̃,-ɛn] *adj* americano,-na. ▶ *nm,f* **Américain,-e** americano,-na.

Amérique [ameʀik] *nf* América. ■ **Amérique centrale** América Central, Centroamérica. **Amérique du Nord** América del Norte, Norteamérica. **Amérique du Sud** América del Sur, Sudamérica. **Amérique latine** América Latina, Latinoamérica.

amertume [amɛʀtym] *nf* amargura *f*.

ami,-e [ami] *adj - nm,f* amigo,-ga. ■ **faux ami** falso amigo. **petit ami** novio *m*. **petite amie** novia *f*.

amical,-e [amikal] *adj* amistoso,-sa.

amitié [amitje] *nf* amistad *f*. ▶ *nf pl* **amitiés** recuerdos *m pl*: **faites mes amitiés à votre sœur**, déle recuerdos a su hermana.

ammoniaque [amɔnjak] *nf* amoníaco *m*, amoníaco *m*.

amnésie [amnezi] *nf* amnesia *f*.

amnistie [amnisti] *nf* amnistía *f*.

amocher [1] [amɔʃe] *vt fam* magullar.

amoindrir [20] [amwɛ̃dʀiʀ] *vt* disminuir.

amont [amɔ̃] *nm*. ● **en amont (de) 1** *(rivière)* río arriba. **2** *(avant)* antes (que).

amoral,-e [amɔʀal] *adj* amoral.

amortir [20] [amɔʀtiʀ] *vt* **1** *(choc, bruit)* amortiguar. **2** ÉCON amortizar.

amortisseur [amɔʀtisœʀ] *nm* amortiguador *m*.

amour [amuʀ] *nm* amor *m*. ● **être un amour** ser un sol. **faire l'amour** hacer el amor.

amoureux,-euse [amuʀø,-øz] *adj - nm,f* enamorado,-da. ● **tomber amoureux de** QQN enamorarse de ALGN.

amovible [amɔvibl] *adj* amovible.

amphétamine [ɑ̃fetamin] *nf* anfetamina *f*.

amphi [ɑ̃fi] *nm fam* aula *f* magna.

amphithéâtre [ɑ̃fiteatʀ] *nm* **1** *(grec)* anfiteatro *m*. **2** *(université)* aula *f* magna.

ample [ɑ̃pl] *adj* amplio,-plia.

amplement [ɑ̃plǝmɑ̃] *adv* ampliamente. ● **c'est amplement suffisant** es más que suficiente.

ampleur [ɑ̃plœʀ] *nf* amplitud *f*.

amplification [ɑ̃plifikasjɔ̃] *nf* amplificación *f*.

amplifier [12] [ɑ̃plifje] *vt* **1** *(taille, son)* amplificar. **2** *fig (propos)* exagerar. ▶ *vpr* **s'amplifier** intensificarse.

ampoule [ɑ̃pul] *nf* **1** *(électrique)* bombilla *f*. **2** *(sur la peau, tube)* ampolla *f*.

amputer [1] [ɑ̃pyte] *vt* amputar.

amusant,-e [amyzɑ̃,-ɑ̃t] *adj* divertido,-da.

amuse-gueule [amyzgœl] *nm inv* canapé *m*.

amusement [amyzmɑ̃] *nm* diversión *f*.

amuser [1] [amyze] *vt* divertir, entretener.

amygdale [ami(g)dal] *nf* amígdala *f*.

an [ɑ̃] *nm* año *m*: **il a dix ans**, tiene diez años; **il y a deux ans**, hace dos años. ● **l'an dernier** el año pasado **l'an prochain** el año que viene. ■ **le nouvel an** el año nuevo.

anal,-e [anal] *adj* anal.

analphabète [analfabɛt] *adj - nm,f* analfabeto,-ta.

analphabétisme [analfabetism] *nm* analfabetismo *m*.

analyse [analiz] *nf* análisis *m*.

analyser [1] [analize] *vt* analizar.

analyste [analist] *nmf* analista.

ananas [anana(s)] *nm* piña *f*.

anarchie [anaʀʃi] *nf* anarquía *f*.

anarchiste [anaʀʃist] *adj - nmf* anarquista.
anatomie [anatɔmi] *nf* anatomía *f*.
ancestral,-e [ɑ̃sɛstʀal] *adj* ancestral.
ancêtre [ɑ̃sɛtʀ] *nm* **1** *(parent)* antepasado *m*. **2** *(initiateur)* precursor *m*.
anchois [ɑ̃ʃwa] *nm* **1** *(frais)* boquerón *m*. **2** *(conservé dans l'huile)* anchoa *f*.
ancien,-enne [ɑ̃sjɛ̃,-ɛn] *adj* **1** *(gén)* antiguo,-gua. **2** *(coutume)* viejo,-ja. **3** *(fonction)* ex: **l'ancien directeur**, el ex director.
ancienneté [ɑ̃sjɛ̃nte] *nf* antigüedad *f*.
ancre [ɑ̃kʀ] *nf* ancla *f*. • **jeter l'ancre** echar anclas. **lever l'ancre** levar anclas.
ancrer [1] [ɑ̃kʀe] *vt* **1** *(bateau)* anclar. **2** *(dans l'esprit)* inculcar.
andorran,-e [ɑ̃dɔʀɑ̃,-an] *adj* andorrano,-na. ▶ *nm,f* **Andorran,-e** andorrano,-na.
Andorre [ɑ̃dɔʀ] *nf* Andorra.
âne [an] *nm* asno *m*, burro *m*.
anéantir [20] [aneɑ̃tiʀ] *vt* **1** *(peuple, armée)* aniquilar. **2** *(effort, nouvelle)* anonadar. ▶ *vpr* **s'anéantir** desvanecerse.
anecdote [anɛkdɔt] *nf* anécdota *f*.
ânesse [anɛs] *nf* asna *f*, burra *f*.
anesthésie [anɛstezi] *nf* anestesia *f*.
anesthésier [13] [anɛstezje] *vt* anestesiar.
ange [ɑ̃ʒ] *nm* ángel *m*. • **être aux anges** estar en la gloria. ■ **ange gardien** ángel de la guarda.
angine [ɑ̃ʒin] *nf* angina *f*.
anglais,-e [ɑ̃glɛ,-ɛz] *adj* inglés,-esa. ▶ *nm,f* **Anglais,-e** inglés,-esa. ▶ *nm* **anglais** *(langue)* inglés *m*.
angle [ɑ̃gl] *nm* **1** *(en géométrie)* ángulo *m*. **2** *(de rue)* esquina *f*. ■ **angle droit** ángulo recto. **angle mort** ángulo muerto.
Angleterre [ɑ̃glətɛʀ] *nf* Inglaterra.

anglicisme [ɑ̃glisism] *nm* anglicismo *m*.
anglophone [ɑ̃glɔfɔn] *adj - nmf* anglófono,-na.
angoisse [ɑ̃gwas] *nf* angustia *f*.
angoisser [1] [ɑ̃gwase] *vt* angustiar.
anguille [ɑ̃gij] *nf* anguila *f*.
animal,-e [animal] *adj* animal: **règne animal**, reino animal. ▶ *nm* **animal** animal *m*.
animateur,-trice [animatœʀ,-tʀis] *nm,f* **1** *(gén)* animador,-ra. **2** *(radio, TV)* presentador,-ra.
animation [animasjɔ̃] *nf* **1** *(gén)* animación *f*. **2** *(spectacle)* actuación *f*.
animé,-e [anime] *adj* animado,-da: **dessins animés**, dibujos animados.
animer [1] [anime] *vt* animar.
anis [ani(s)] *nm* anís *m*.
annales [anal] *nf pl* anales *m pl*.
anneau [ano] *nm* **1** *(de rideaux)* anilla *f*. **2** *(bague)* anillo *m*. **3** *(d'un ver, de Saturne)* anillo *m*.
année [ane] *nf* año *m*. • **à des années-lumière** a años luz. **souhaiter la bonne année** felicitar el año nuevo. ■ **année bissextile** año bisiesto. **année sabbatique** año sabático. **année scolaire** curso *m* escolar.
annexe [anɛks] *adj* anexo,-xa. ▶ *nf* anexo *m*.
anniversaire [anivɛʀsɛʀ] *nm* **1** *(de naissance)* cumpleaños *m*. **2** *(de mariage, événement)* aniversario *m*. • **joyeux anniversaire !** ¡feliz cumpleaños!
annonce [anɔ̃s] *nf* anuncio *m*.
annoncer [3] [anɔ̃se] *vt* anunciar.
annonceur [anɔ̃sœʀ] *nm* anunciante *m*.
annoter [1] [anɔte] *vt* anotar.
annuaire [anɥɛʀ] *nm* anuario *m*. ■ **annuaire téléphonique** guía *f* telefónica.

annuel,-elle [anyɛl] *adj* anual.
annulaire [anylɛʀ] *nm (dedo)* anular *m*.
annulation [anylasjɔ̃] *nf* anulación *f*.
annuler [1] [anyle] *vt* anular.
anomalie [anɔmali] *nf* anomalía *f*.
anonyme [anɔnim] *adj* anónimo, -ma. ■ **société f anonyme** sociedad *f* anónima.
anorexie [anɔʀɛksi] *nf* anorexia *f*.
anormal,-e [anɔʀmal] *adj - nm,f* anormal.
anse [ɑ̃s] *nf* 1 *(de vase, de panier)* asa *f*. 2 GÉOG cala *f*.
antarctique [ɑ̃taʀktik] *adj* antártico,-ca.
antécédent [ɑ̃tesedɑ̃] *nm* antecedente *m*.
antenne [ɑ̃tɛn] *nf* 1 *(d'insecte, de télévision)* antena *f*. 2 *(succursale)* delegación *f*.
antérieur,-e [ɑ̃teʀjœʀ] *adj* anterior.
anthropologie [ɑ̃tʀɔpɔlɔʒi] *nf* antropología *f*.
antiadhésif,-ive [ɑ̃tiadezif,-iv] *adj* antiadherente.
antibiotique [ɑ̃tibjɔtik] *nm* antibiótico *m*.
antibrouillard [ɑ̃tibʀujaʀ] *adj inv* antiniebla.
anticipation [ɑ̃tisipasjɔ̃] *nf* anticipación *f*. • **par anticipation** por adelantado.
anticiper [1] [ɑ̃tisipe] *vt* anticipar. ▶ *vi* anticiparse (**sur**, a).
anticonformiste [ɑ̃tikɔ̃fɔʀmist] *adj - nmf* inconformista.
anticonstitutionnel,-elle [ɑ̃tikɔ̃stitysjɔnɛl] *adj* anticonstitucional.
anticorps [ɑ̃tikɔʀ] *nm* anticuerpo *m*.
anticyclone [ɑ̃tisiklon] *nm* anticiclón *m*.
antidépresseur [ɑ̃tidepʀesœʀ] *nm* antidepresivo *m*.
antigel [ɑ̃tiʒɛl] *nm* anticongelante *m*.

anti-inflammatoire [ɑ̃tiɛ̃flamatwaʀ] *nm* antiinflamatorio *m*.
antilope [ɑ̃tilɔp] *nf* antílope *m*.
antipathie [ɑ̃tipati] *nf* antipatía *f*.
antipathique [ɑ̃tipatik] *adj* antipático,-ca.
antipode [ɑ̃tipɔd] *nm* (gen en *pl*) antípoda *f*.
antiquaire [ɑ̃tikɛʀ] *nmf* anticuario, -ria.
antique [ɑ̃tik] *adj* 1 *(de l'Antiquité)* antiguo,-gua. 2 *(démodé)* anticuado,-da.
antiquité [ɑ̃tikite] *nf* antigüedad *f*. ▶ *nf pl* **antiquités** antigüedades *f pl*.
antisémitisme [ɑ̃tisemitism] *nm* antisemitismo *m*.
antiseptique [ɑ̃tisɛptik] *adj* antiséptico,-ca.
antivirus [ɑ̃tivirys] *adj - nm* INFORM antivirus *m*.
antivol [ɑ̃tivɔl] *adj inv - nm* antirrobo *m*.
anus [anys] *nm* ano *m*.
anxiété [ɑ̃ksjete] *nf* ansiedad *f*.
anxieux,-euse [ɑ̃ksø,-øz] *adj - nm,f* ansioso,-sa.
AOC [aɔk] *abr* (**appellation d'origine contrôlée**) DO.
aorte [aɔʀt] *nf* aorta *f*.
août [u(t)] *nm* agosto *m*.
apaiser [1] [apeze] *vt* 1 *(personne, animal)* tranquilizar, apaciguar. 2 *(peur, colère)* aplacar. 3 *(douleur)* calmar.
apartheid [apaʀtɛd] *nm* apartheid *m*.
apercevoir [42] [apɛʀsəvwaʀ] *vt* ver. ▶ *vpr* **s'apercevoir** darse cuenta: **je ne m'en étais pas aperçu**, no me había da-do cuenta.
aperçu [apɛʀsy] *nm* visión *f* general: **on nous a présenté un aperçu du projet**, nos presentaron un anticipo del proyecto.
apéritif [apeʀitif] *nm* aperitivo *m*.

apeuré,-e [apœʀe] *adj* atemorizado,-da.

aphrodisiaque [afʀɔdizjak] *adj* afrodisíaco,-ca.

apitoyer [16] [apitwaje] *vt* apiadar. ▶ *vpr* **s'apitoyer** apiadarse (**sur**, de): **il ne mérite pas qu'on s'apitoie sur son sort**, no merece que nadie se apiade de su suerte.

aplatir [20] [aplatiʀ] *vt* **1** *(rendre plus plat)* aplastar. **2** *(cheveux)* alisar.

aplomb [aplɔ̃] *nm* **1** *(stabilité)* aplomo *m*. **2** *(audace)* desfachatez *f*. • **avoir de l'aplomb** tener aplomo. **être d'aplomb 1** *(vertical)* estar recto,-a. **2** *fig (physiquement)* estar en forma.

apogée [apɔʒe] *nm* apogeo *m*.

apologie [apɔlɔʒi] *nf* apología *f*.

apostrophe [apɔstʀɔf] *nf* **1** *(signe)* apóstrofo *m*. **2** *(interpellation)* apóstrofe *m-f*.

apostropher [1] [apɔstʀɔfe] *vt* abroncar.

apôtre [apotʀ] *nm* apóstol *m*.

apparaître [82] [apaʀɛtʀ] *vi* **1** *(se montrer)* aparecer. **2** *(se dévoiler)* manifestarse. • **il apparaît que** parece que.

appareil [apaʀɛj] *nm* aparato *m*. **appareil digestif** aparato digestivo. **appareil photo** cámara *f* de fotos. **appareil photo numérique** cámara *f* digital.

apparemment [apaʀamɑ̃] *adv* al parecer.

apparence [apaʀɑ̃s] *nf* **1** *(gén)* apariencia *f*. **2** *(physique)* aspecto *m*. • **malgré les apparences** a pesar de las apariencias.

apparent,-e [apaʀɑ̃, -ɑ̃t] *adj* **1** *(gén)* aparente. **2** *(poutre)* a la vista.

apparenté,-e [apaʀɑ̃te] *adj* emparentado,-da (**à**, con).

apparition [apaʀisjɔ̃] *nf* aparición *f*.

appartement [apaʀtəmɑ̃] *nm* piso *m*.

appartenance [apaʀtənɑ̃s] *nf* pertenencia *f*.

appartenir [35] [apaʀtəniʀ] *vi (gén)* pertenecer (**a**, **a**): **ce château appartient à sa famille**, este castillo pertenece a su familia. ▶ *v impers (être du devoir)* corresponder: **il ne vous appartient pas de décider**, no le corresponde decidir.

appauvrir [20] [apovʀiʀ] *vt* empobrecer.

appel [apɛl] *nm* **1** *(gén)* llamada *f*. **2** *(convocation)* llamamiento *m*. **3** DR apelación *f*. • **faire appel** DR apelar. **faire appel à** QQN/QQCH recurrir a ALGN/ALGO. • **appel au secours** llamada *f* de socorro. **appel en absence** llamada perdida. **appel téléphonique** llamada telefónica.

appeler [5] [aple] *vt* llamar: **pelle-moi ce soir**, llámame esta noche. ▶ *vpr* **s'appeler** llamarse: **comment tu t'appelles ?**, ¿cómo te llamas?

appellation [apelasjɔ̃] *nf* denominación *f*. • **appellation d'origine contrôlée** denominación de origen.

appendice [apɛ̃dis] *nm* apéndice *m*.

appendicite [apɛ̃disit] *nf* MÉD apendicitis *f*.

appétissant,-e [apetisɑ̃, -ɑ̃t] *adj* apetitoso,-sa.

appétit [apeti] *nm* apetito *m*. • **bon appétit !** ¡que aproveche!

applaudir [20] [aplodiʀ] *vt - vi* aplaudir.

applaudissement [aplodismɑ̃] *nm* (gen en *pl*) aplauso *m*.

applicable [aplikabl] *adj* aplicable.

application [aplikasjɔ̃] *nf* aplicación *f*.

appliquer [2] [aplike] *vt* aplicar. ▶ *vpr* **s'appliquer 1** *(se poser)* aplicarse. **2** *(avec zèle)* esforzarse: **elle**

apport [apɔʀ] *nm* aportación *f*.

apporter [1] [apɔʀte] *vt* **1** *(gén)* traer. **2** *(donner)* aportar: **il apporte de la gaieté dans la maison**, aporta alegría a la casa.

appréciable [apʀesjabl] *adj* **1** *(avec les sens)* apreciable. **2** *(quantité)* significativo,-va.

appréciation [apʀesjasjɔ̃] *nf* **1** *(de la valeur)* apreciación *f*. **2** *(opinion)* juicio *m*.

apprécier [13] [apʀesje] *vt* **1** *(valeur, importance)* apreciar. **2** *(aimer)* gustar: **je n'apprécie pas son attitude**, no me gusta su actitud.

apprendre [83] [apʀɑ̃dʀ] *vt* **1** *(gén)* aprender. **2** *(enseigner)* enseñar: **il lui a appris à lire**, le enseñó a leer. **3** *(faire savoir)* informar, decir: **je vais vous apprendre une bonne nouvelle**, le voy a dar una buena noticia. **4 apprendre que** *(action de s'être informé)* enterarse de que: **j'ai appris que ton frère a déménagé**, me he enterado de que tu hermano se ha mudado.

apprenti,-e [apʀɑ̃ti] *nm,f* aprendiz,-za.

apprentissage [apʀɑ̃tisaʒ] *nm* aprendizaje *m*.

apprêter [1] [apʀete] *vt* preparar. ▶ *vpr* **s'apprêter** disponerse (**à**, a): **l'avion s'apprête à décoller**, el avión está a punto de despegar.

approbation [apʀɔbasjɔ̃] *nf* aprobación *f*.

approche [apʀɔʃ] *nf* **1** *(d'événement)* proximidad *f*; *(de personne)* llegada *f*. **2** *(action)* aproximación *f*. **3** *(perspective)* enfoque *m*. • **à l'approche de** al acercarse: **à l'approche des fêtes de Noël**, ante la llegada de las fiestas navideñas.

approcher [1] [apʀɔʃe] *vt* **1** *(gén)* acercar, aproximar. **2 approcher de** *(être près de)* acercarse a: **il approche de la cinquantaine**, anda cerca de los cincuenta. ▶ *vi* *(être près)* acercarse: **l'hiver approche**, se acerca el invierno. ▶ *vpr* **s'approcher** acercarse (**de**, a).

approfondir [20] [apʀɔfɔ̃diʀ] *vt* **1** *(puits, trou)* hacer más profundo,-a. **2** *(question, sujet)* profundizar en.

approprier (s') [13] [apʀɔpʀije] *vpr* apropiarse.

approuver [1] [apʀuve] *vt* aprobar.

approximatif,-ive [apʀɔksimatif,-iv] *adj* aproximado,-da.

appui [apɥi] *nm* apoyo *m*.

appuyer [15] [apɥije] *vt* **1** *(gén)* apoyar. ▶ *vi* **1** *(presser sur)* apretar (**sur**, -): **il appuie sur la pédale de frein**, pisa el pedal de freno. **2** *(insister)* hacer hincapié (**sur**, en): **il a appuyé sur l'importance de la question**, insistió en la importancia del asunto. ▶ *vpr* **s'appuyer 1** *(se tenir)* apoyarse (**sur**, contra/en). **2** *(se baser)* basarse (**sur**, en). **3** *(confier)* contar (**sur**, con).

après [apʀɛ] *prép* **1** *(gén)* después de: **elle a téléphoné après ton arrivée**, llamó después de tu llegada. **2** *(persécution)* tras, detrás de: **elle court après le bus**, corre detrás del autobús. **3** *(contre)* con: **il s'est fâché après moi**, se ha enfadado conmigo. ▶ *adv* **1** *(temps)* después: **je le verrai après**, lo veré después. **2** *(lieu)* siguiente: **l'immeuble d'après**, el edificio siguiente. **3** *(dans un ordre)* detrás: **celui qui se trouve après**, el que se encuentra detrás. • **après que** después de que. **après tout** después de todo, en el fondo. **d'après** según: **d'après lui, il va pleuvoir**, según él, va a llover.

après-demain [apʀɛdmɛ̃] *adv* pasado mañana.

après-guerre [apʀɛgɛʀ] (*pl* **après-guerres**) *nm* posguerra *f*.
après-midi [apʀɛmidi] *nm & nf inv* tarde *f*.
après-rasage [apʀɛʀazaʒ] *nm* after-shave *m*.
après-vente [apʀɛvɑ̃t] *adj inv* postventa.
apte [apt] *adj* apto,-ta (**à**, para).
aptitude [aptityd] *nf* aptitud *f*.
aquarelle [akwaʀɛl] *nf* acuarela *f*.
aquarium [akwaʀjɔm] *nm* acuario *m*.
aquatique [akwatik] *adj* acuático,-ca.
aqueduc [akdyk] *nm* acueducto *m*.
arabe [aʀab] *adj* árabe. ▶ *nmf* **Arabe** árabe. ▶ *nm* (*langue*) árabe *m*.
Arabie [aʀabi] *nf* Arabia. ■ **Arabie saoudite** Arabia Saudí.
araignée [aʀɛɲe] *nf* araña *f*.
arbitrage [aʀbitʀaʒ] *nm* arbitraje *m*.
arbitraire [aʀbitʀɛʀ] *adj* arbitrario, -ria.
arbitre [aʀbitʀ] *nm* árbitro,-tra.
arbre [aʀbʀ] *nm* **1** (*gén*) árbol *m*. **2** (*de transmission*) eje *m*.
arbuste [aʀbyst] *nm* arbusto *m*.
arc [aʀk] *nm* arco *m*. ■ **avoir plusieurs cordes à son arc** tener varios ases en la manga.
arcade [aʀkad] *nf* ARCHIT arcada *f*. ■ **arcade sourcilière** ceja *f*.
arc-en-ciel [aʀkɑ̃sjɛl] *nm* (*pl* **arcs-en-ciel**) arco iris *m inv*.
arche [aʀʃ] *nf* **1** ARCHIT arco *m*. **2** (*de Noé, d'alliance*) arca *f*.
archéologie [aʀkeɔlɔʒi] *nf* arqueología *f*.
archéologue [aʀkeɔlɔg] *nmf* arqueólogo,-ga.
archevêque [aʀʃəvɛk] *nm* arzobispo *m*.
archipel [aʀʃipɛl] *nm* archipiélago *m*.
architecte [aʀʃitɛkt] *nmf* arquitecto,-ta.
architecture [aʀʃitɛktyʀ] *nf* arquitectura *f*.

archives [aʀʃiv] *nf pl* archivo *m sing*.
arctique [aʀktik] *adj* ártico,-ca.
ardeur [aʀdœʀ] *nf* **1** (*gén*) ardor *m*. **2** *fig* (*énergie*) entusiasmo *m*.
ardoise [aʀdwaz] *nf* **1** (*pierre*) pizarra *f*. **2** *fam* (*crédit*) deuda *f*.
are [aʀ] *nm* área *m*.
arène [aʀɛn] *nf* arena *f*. ▶ *nf pl* **arènes** **1** (*romaines*) anfiteatro *m sing*. **2** (*de taureaux*) plaza *f sing* de toros.
arête [aʀɛt] *nf* **1** (*de poisson*) espina *f*. **2** (*de montagnes*) cresta *f*. **3** (*d'un cube*) arista *f*.
argent [aʀʒɑ̃] *nm* **1** (*métal*) plata *f*. **2** (*monnaie*) dinero *m*. ■ **argent de poche** paga *f*.
argenté,-e [aʀʒɑ̃te] *adj* plateado,-da.
argenterie [aʀʒɑ̃tʀi] *nf* (*vaisselle*) plata *f*.
argentin,-e [aʀʒɑ̃tɛ̃,-in] *adj* argentino,-na. ▶ *nm,f* **Argentin,-e** argentino,-na.
Argentine [aʀʒɑ̃tin] *nf* Argentina.
argile [aʀʒil] *nf* arcilla *f*.
argot [aʀgo] *nm* **1** (*langue populaire*) argot *m*. **2** (*jargon*) jerga *f*.
argument [aʀgymɑ̃] *nm* argumento *m*.
argumenter [1] [aʀgymɑ̃te] *vi* argumentar.
aride [aʀid] *adj* árido,-da.
aristocrate [aʀistɔkʀat] *nmf* aristócrata.
aristocratie [aʀistɔkʀasi] *nf* aristocracia *f*.
arlequin [aʀləkɛ̃] *nm* arlequín *m*.
armature [aʀmatyʀ] *nf* **1** (*carcasse*) armazón *m*. **2** (*base*) fundamento *m*, base *f*.
arme [aʀm] *nf* arma *f*. ▶ *nf pl* **armes** (*d'une famille*) armas *f pl*. ■ **arme à feu** arma de fuego.
armée [aʀme] *nf* ejército *m*. ■ **faire l'armée** hacer la mili. ■ **armée de l'air** ejército del aire. **armée de terre** ejército de tierra.

armement [aʀməmɑ̃] nm armamento m.

armer [1] [aʀme] vt 1 *(donner des armes)* armar. 2 *(fusil)* cargar. 3 *(personne)* equipar. ▶ vpr **s'armer** armarse (**de**, de): **il faudra t'armer de patience**, tendrás que armarte de paciencia.

armistice [aʀmistis] nm armisticio m.

armoire [aʀmwaʀ] nf armario m.

armure [aʀmyʀ] nf armadura f.

ARN [aɛʀɛn] abr **(acide ribonucléique)** ARN.

arnaque [aʀnak] nf fam estafa f.

arnaquer [2] [aʀnake] vt fam estafar.

arobase [aʀɔbaz] nf arroba f.

aromatique [aʀɔmatik] adj aromático,-ca.

aromatiser [1] [aʀɔmatize] vt aromatizar.

arôme [aʀom] nm aroma m.

arracher [1] [aʀaʃe] vt 1 *(gén)* arrancar. 2 *(feuille de papier)* desgarrar. ▶ vpr **s'arracher** 1 *(cheveux)* arrancarse. 2 *(se disputer)* pelearse por: **les places de ce spectacle se sont arrachées**, hubo peleas por las entradas de ese espectáculo.

arranger [4] [aʀɑ̃ʒe] vt 1 *(gén)* arreglar. 2 *(convenir)* ir bien: **cela m'arrangerait si tu venais**, me iría bien que vinieras. ▶ vpr **s'arranger** 1 *(vêtements, coiffure)* arreglarse. 2 *(s'accorder)* arreglarse, ponerse de acuerdo. 3 *(se débrouiller)* arreglárselas, apañárselas: **je me suis arrangée**, me las he arreglado.

arrestation [aʀɛstasjɔ̃] nf detención f.

arrêt [aʀɛ] nm 1 *(d'un mouvement)* paro m. 2 *(lieu)* parada f. 3 *(pause)* interrupción f. • **sans arrêt** sin cesar. ■ **arrêt cardiaque** paro cardiaco. **arrêt de bus** parada de autobús. **arrêt maladie** baja f por enfermedad.

arrêter [1] [aʀete] vt 1 *(gén)* detener, parar. 2 *(date, regard)* fijar: **arrêter le jour d'un rendez-vous**, fijar el día de una cita. 3 *(voleur)* detener. ▶ vpr **s'arrêter** 1 *(interrompre)* pararse: **ma montre s'est arrêtée**, se me ha parado el reloj. 2 **s'arrêter de** *(cesser)* dejar de. • **arrêter de + inf** *(cesser de)* dejar de + inf, parar de + inf: **il n'arrête pas de hablar**, no para de hablar.

arrière [aʀjɛʀ] adv *(gén)* atrás: **marche arrière**, marcha atrás. ▶ adj inv trasero,-ra: **les roues arrière**, las ruedas traseras. ▶ nm 1 *(d'un véhicule)* parte f trasera. 2 SPORT defensa m.

arrière-grand-mère [aʀjɛʀgʀɑ̃mɛʀ] nf (pl **arrière-grands-mères**) bisabuela f.

arrière-grands-parents [aʀjɛʀgʀɑ̃paʀɑ̃] nm pl bisabuelos m pl.

arrière-grand-père [aʀjɛʀgʀɑ̃pɛʀ] nm (pl **arrière-grands-pères**) bisabuelo m.

arrière-pensée [aʀjɛʀpɑ̃se] nf (pl **arrière-pensées**) segunda intención f.

arrière-petite-fille [aʀjɛʀp(ə)titfij] nf (pl **arrière-petites-filles**) bisnieta f.

arrière-petit-fils [aʀjɛʀp(ə)tifis] nm (pl **arrière-petits-fils**) bisnieto m.

arrière-petits-enfants [aʀjɛʀp(ə)ti zɑ̃ fɑ̃] nm pl bisnietos m pl.

arrière-plan [aʀjɛʀplɑ̃] nm (pl **arrière-plans**) segundo plano m.

arrivée [aʀive] nf 1 *(action)* llegada f. 2 *(d'air, d'essence)* entrada f.

arriver [1] [aʀive] vi 1 *(gén)* llegar: **il lui arrive à l'épaule**, le llega hasta el hombro; **le train vient d'arriver**, acaba de llegar el tren; **l'hiver arrive**, ya está aquí el invierno. 2

(parvenir) conseguir (**à**, -), lograr (**à**, -): **je n'arrive pas à comprendre**, no consigo entender. ▶ *v impers (se produire)* ocurrir: **cela arrive parfois**, eso sucede a veces; **il est arrivé un accident**, ha habido un accidente.

arriviste [aʀivist] *nmf* arribista.

arrogance [aʀɔgɑ̃s] *nf* arrogancia *f*.

arrogant,-e [aʀɔgɑ̃,-ɑ̃t] *adj* arrogante.

arrondir [20] [aʀɔ̃diʀ] *vt* redondear.

arrondissement [aʀɔ̃dismɑ̃] *nm* **1** *(division administrative)* distrito *m*. **2** *(d'une somme)* redondeo *m*.

arrosage [aʀozaʒ] *nm* riego *m*.

arroser [1] [aʀoze] *vt* regar.

arrosoir [aʀozwaʀ] *nm* regadera *f*.

art [aʀ] *nm* arte *m*. ■ **art moderne** arte moderno. **arts plastiques** artes plásticas. **les beaux-arts** las bellas artes.

artère [aʀtɛʀ] *nf* arteria *f*.

artichaut [aʀtiʃo] *nm* alcachofa *f*.

article [aʀtikl] *nm* artículo *m*.

articulation [aʀtikylasjɔ̃] *nf* articulación *f*.

articuler [1] [aʀtikyle] *vt* **1** *(gén)* articular. **2** *(mots)* vocalizar.

artificiel,-elle [aʀtifisjɛl] *adj* artificial.

artisan,-e [aʀtizɑ̃,-an] *nm,f* artesano,-na.

artisanat [aʀtizana] *nm* **1** *(activité)* artesanía *f*. **2** *(groupe professionnel)* artesanado *m*.

artiste [aʀtist] *nmf* artista.

artistique [aʀtistik] *adj* artístico,-ca.

as [as] *nm* **1** *(cartes, dés)* as *m*. **2** *fig (champion)* as *m*, hacha *f*.

ascenseur [asɑ̃sœʀ] *nm* ascensor *m*.

ascension [asɑ̃sjɔ̃] *nf* ascensión *f*.

aseptisé,-e [asɛptize] *adj* aséptico,-ca.

asiatique [azjatik] *adj* asiático,-ca. ▶ *nmf* **Asiatique** asiático,-ca.

Asie [azi] *nf* Asia.

asile [azil] *nm* asilo *m*.

aspect [aspɛ] *nm* aspecto *m*.

asperge [aspɛʀʒ] *nf* espárrago *m*.

asperger [4] [aspɛʀʒe] *vt* rociar, salpicar.

asphyxiant,-e [asfiksjɑ̃,-ɑ̃t] *adj* asfixiante.

asphyxie [asfiksi] *nf* asfixia *f*.

asphyxier [12] [asfiksje] *vt* asfixiar.

aspirateur [aspiʀatœʀ] *nm* aspirador *m*.

aspiration [aspiʀasjɔ̃] *nf* aspiración *f*.

aspirer [1] [aspiʀe] *vt* **1** *(gén)* aspirar. **2** *(désirer)* aspirar (**à**, a).

aspirine® [aspiʀin] *nf* aspirina® *f*.

assagir [20] [asaʒiʀ] *vt* volver juicioso,-sa. ▶ *vpr* **s'assagir** sentar la cabeza.

assaillir [27] [asajiʀ] *vt* **1** *(gén)* asaltar. **2** *fig (harceler)* acosar: **il l'a assailli de questions**, la acosó con preguntas.

assainir [20] [asenir] *vt* sanear.

assaisonnement [asɛzɔnmɑ̃] *nm* aliño *m*.

assaisonner [1] [asɛzɔne] *vt* aliñar, condimentar.

assassin [asasɛ̃] *nm* asesino,-na.

assassinat [asasina] *nm* asesinato *m*.

assassiner [1] [asasine] *vt* asesinar.

assaut [aso] *nm* asalto *m*.

assécher [10] [aseʃe] *vt* **1** *(gén)* desecar. **2** *(un réservoir)* desaguar.

assemblée [asɑ̃ble] *nf* asamblea *f*.

assembler [1] [asɑ̃ble] *vt* **1** *(monter)* montar. **2** *(personnes)* reunir. **3** *(pièces)* ensamblar, juntar. ▶ *vpr* **s'assembler** juntarse.

asseoir [40] [aswaʀ] *vt* sentar. ▶ *vpr* **s'asseoir** sentarse.

assez [ase] *adv* **1** *(plutôt)* bastante: **c'est assez simple**, es bastante sencillo. **2** *(quantité)* suficiente: **il n'y a**

assiéger

pas assez d'espace, no hay suficiente espacio. ► interj **assez !** ¡basta! • **en avoir assez** estar harto,-a.
assiéger [11] [asjeʒe] vt asediar.
assiette [asjɛt] nf 1 (pièce de vaisselle) plato m. 2 (d'impôt, de cotisation) base f imponible. • **ne pas être dans son assiette** no encontrarse en su salsa.
assigner [1] [asiɲe] vt 1 (tâche) asignar. 2 (à un poste) designar. 3 DR citar. • **assigner** QQN **en justice** citar a ALGN a juicio.
assimilation [asimilasjɔ̃] nf asimilación f.
assimiler [1] [asimile] vt asimilar. ► vpr **s'assimiler** 1 (aliments) asimilarse. 2 (à une personne) identificarse (à, con).
assistance [asistɑ̃s] nf 1 (aide) asistencia f. 2 (public) concurrencia f.
assistant,-e [asistɑ̃,-ɑ̃t] nm,f 1 (auxiliaire) ayudante. 2 (à une conférence, un spectacle) asistente,-a.
assister [1] [asiste] vi asistir (à, a): **il n'a pas assisté à la réunion**, no asistió a la reunión. ► vt asistir, socorrer.
association [asɔsjasjɔ̃] nf asociación f.
associé,-e [asɔsje] adj asociado, -da. ► nm,f socio,-cia.
associer [12] [asɔsje] vt asociar. ► vpr **s'associer** 1 (personnes) asociarse (à, a). 2 (couleurs, mots) combinarse (à, con).
assombrir [20] [asɔ̃bʀiʀ] vt 1 (ciel, pièce) oscurecer. 2 (visage, avenir) entristecer.
assommer [1] [asɔme] vt 1 (d'un coup) tumbar. 2 fam (ennuyer) aburrir.
assomption [asɔ̃psjɔ̃] nf asunción f.
assortiment [asɔʀtimɑ̃] nm 1 (gén) combinación f. 2 (d'aliments) surtido m.

assorti,-e [asɔʀti] adj combinado, -da.
assortir [20] [asɔʀtiʀ] vt combinar.
assoupir [20] [asupiʀ] vt adormecer. ► vpr **s'assoupir** adormilarse.
assouplir [20] [asupliʀ] vt 1 (corps) dar flexibilidad a. 2 (matière) ablandar. 3 (caractère) suavizar. ► vpr **s'assouplir** 1 (matière) volverse más flexible. 2 (caractère) suavizarse.
assouplissant [asuplisɑ̃] nm suavizante m.
assourdir [20] [asuʀdiʀ] vt 1 (le bruit) ensordecer. 2 (amortir) amortiguar.
assumer [1] [asyme] vt asumir.
assurance [asyʀɑ̃s] nf 1 (gén) seguridad f. 2 (aval) garantía f. 3 (contrat) seguro m. ■ **assurance maladie** seguro de enfermedad. **assurance tous risques** seguro a todo riesgo.
assurance-vie [asyʀɑ̃svi] nf (pl **assurances-vie**) seguro m de vida.
assuré,-e [asyʀe] adj - nm,f asegurado,-da.
assurer [1] [asyʀe] vt 1 (gén) asegurar: **je t'assure que c'est vrai**, te aseguro que es verdad. 2 (certifier) garantizar.
assureur [asyʀœʀ] nm asegurador m.
astérisque [asteʀisk] nm asterisco m.
asthme [asm] nm MÉD asma f.
astrologie [astʀɔlɔʒi] nf astrología f.
astrologue [astʀɔlɔɡ] nmf astrólogo,-ga.
astronaute [astʀɔnot] nmf astronauta.
astronome [astʀɔnɔm] nmf astrónomo,-ma.
astronomie [astʀɔnɔmi] nf astronomía f.

astuce [astys] nf 1 *(ingéniosité)* astucia f. 2 *(ruse)* truco m.

astucieux,-euse [astysjø,-øz] adj 1 *(personne)* astuto,-ta. 2 *(idée, plan)* ingenioso,-sa.

atelier [atəlje] nm 1 *(d'artisan)* taller m. 2 *(d'artiste)* estudio m.

athée [ate] adj - nmf ateo,-a.

Athènes [atɛn] nf Atenas.

athlète [atlɛt] nmf atleta.

athlétisme [atletism] nm atletismo m.

atlantique [atlɑ̃tik] adj atlántico, -ca.

atlas [atlas] nm atlas m.

atmosphère [atmɔsfɛʀ] nf 1 *(gén)* atmósfera f. 2 fig *(ambiance)* ambiente m.

atmosphérique [atmɔsferik] adj atmosférico,-ca.

atome [atom] nm átomo m.

atomique [atɔmik] adj atómico, -ca.

atout [atu] nm 1 *(carte)* triunfo m. 2 *(ressource)* ventaja f.

atroce [atʀɔs] adj 1 *(crime)* atroz. 2 fam *(très mauvais)* espantoso,-sa.

attabler (s') [1] [atable] vpr sentarse a la mesa.

attachant,-e [ataʃɑ̃,-ɑ̃t] adj entrañable.

attache [ataʃ] nf 1 *(gén)* atadura f. 2 *(pour papiers)* grapa f; *(pince)* clip m.

attaché,-e [ataʃe] adj unido,-da, apegado,-da: **il est très attaché à sa grand-mère**, está muy unido a su abuela. ▶ nm,f agregado,-da: **attaché culturel**, agregado cultural. ▪ **attaché,-e de presse** jefe,-fa de prensa.

attachement [ataʃmɑ̃] nm afecto m, cariño m.

attacher [1] [ataʃe] vt 1 *(gén)* atar. 2 *(ceinture, bouton)* abrochar. 3 *(à un service)* destinar, afectar. 4 *(importance)* atribuir, dar. ▶ vi *(poêle, etc)* pegarse: **cette poêle n'attache pas**, esta sartén no se pega. ▶ vpr **s'attacher 1** *(collier, robe)* abrocharse. 2 *(avoir de l'affection pour)* encariñarse *(à*, con).

attaquant,-e [atakɑ̃,-ɑ̃t] nm,f atacante.

attaque [atak] nf ataque m.

attaquer [1] [atake] vt 1 *(gén)* atacar. 2 *(sujet, problème)* emprender. ▶ vpr **s'attaquer 1** *(combattre)* atacar *(à*, a). 2 *(problème)* enfrentarse *(à*, a).

attarder [1] [ataʀde] vt retrasar.

atteindre [76] [atɛ̃dʀ] vt 1 *(objectif)* alcanzar. 2 *(malheur)* afectar. 3 *(arriver à)* llegar a.

attendre [62] [atɑ̃dʀ] vt esperar. ▶ vpr **s'attendre à (ce que)** esperarse (que). ▪ **en attendant** mientras tanto.

attendrir [20] [atɑ̃dʀiʀ] vt 1 *(aliments)* ablandar. 2 *(le cœur)* enternecer.

attendrissant,-e [atɑ̃dʀisɑ̃,-ɑ̃t] adj enternecedor,-ra.

attendu,-e [atɑ̃dy] adj esperado, -da.

attentat [atɑ̃ta] nm atentado m.

attente [atɑ̃t] nf 1 *(gén)* espera f. 2 *(espoir)* expectativa f. ▪ **salle f d'attente** sala f de espera.

attentif,-ive [atɑ̃tif,-iv] adj atento, -ta.

attention [atɑ̃sjɔ̃] nf 1 *(concentration)* atención f. 2 *(alerte)* cuidado m: **fais attention aux voitures**, ten cuidado con los coches. ▶ interj **attention !** ¡cuidado! ▪ **à l'attention de** a la atención de.

attentionné,-e [atɑ̃sjɔne] adj atento,-ta.

atténuer [1] [atenɥe] vt atenuar.

atterrir [20] [ateʀiʀ] vi aterrizar.

atterrissage [ateʀisaʒ] nm aterrizaje m.

attestation

attestation [atɛstasjɔ̃] *nf* **1** *(certificat)* certificado *m*. **2** *(acte)* atestado *m*.

attester [1] [atɛste] *vt* **1** *(assurer)* atestiguar. **2** *(prouver)* demostrar.

attirant,-e [atirɑ̃,-ɑ̃t] *adj* atractivo, -va.

attirer [1] [atire] *vt* **1** *(gén)* atraer. **2** *(ennuis)* acarrear. ▶ *vpr* **s'attirer 1** *(avoir une attirance)* atraerse. **2** *(ennemis, sympathie)* ganarse: **tu vas t'attirer des ennuis**, te vas a crear problemas.

attitré,-e [atitre] *adj* habitual: **c'est son fournisseur attitré depuis 20 ans**, es su proveedor habitual desde hace 20 años.

attitude [atityd] *nf* **1** *(mentale)* actitud *f*. **2** *(physique)* postura *f*.

attraction [atraksjɔ̃] *nf* atracción *f*.

attrait [atrɛ] *nm* atracción *f*. ▶ *nm pl* **attraits** encantos *m pl*.

attraper [1] [atrape] *vt* **1** *(objet, grippe)* coger. **2** *(dans un piège)* atrapar. **3** *fam (surprendre)* pillar.

attribuer [1] [atribɥe] *vt* **1** *(défaut, mérite)* atribuir. **2** *(privilège)* otorgar.

attrister [1] [atriste] *vt* entristecer. ▶ *vpr* **s'attrister** entristecerse.

attroupement [atrupmɑ̃] *nm de personnes)* concentración *f*.

attrouper [1] [atrupe] *vt* agrupar. ▶ *vpr* **s'attrouper** aglomerarse.

au [o] *contr* (à + le) al, a la: **elle est allée au marché**, ha ido al mercado.

aube [ob] *nf* **1** *(gén)* alba *f*. **2** *fml (commencement)* comienzo *m*.

auberge [obɛrʒ] *nf* hostal *m*. ■ **auberge de jeunesse** albergue *m* juvenil.

aubergine [obɛrʒin] *nf* berenjena *f*.

aucun,-e [okœ̃,-yn] *adj* (con la partícula negativa **ne** o precedido de sans) *(sens négatif)* ninguno,-na: **il n'y a aucune raison d'y aller**, no hay ninguna razón para ir; **sans aucun doute**, sin duda alguna. ▶ *pron* **aucun de** *(sens négatif)* ninguno,-na de: **aucun d'entre nous n'a appelé**, ninguno de nosotros llamó. • **d'aucuns** *fml* algunos.

audace [odas] *nf* **1** *(gén)* audacia *f*. **2** *(insolence)* osadía *f*.

audacieux,-euse [odasjø,-øz] *adj* **1** *(hardi)* audaz. **2** *(insolent)* atrevido,-da.

au-dedans [odədɑ̃] *prép* dentro, por dentro.

au-dehors [odəɔr] *prép* fuera, por fuera.

au-delà [odəla] *prép* más allá. ▶ *nm* **l'au-delà** el más allá.

au-dessous [odəsu] *prép* debajo, por debajo.

au-dessus [odəsy] *prép* encima, por encima.

audience [odjɑ̃s] *nf* audiencia *f*.

audiovisuel,-elle [odjovizɥɛl] *adj* audiovisual.

audit [odit] *nm* auditoría *f*.

auditeur,-trice [oditœr,-tris] *nm,f* **1** *(gén)* oyente. **2** *(de conférence)* asistente.

audition [odisjɔ̃] *nf* audición *f*.

augmentation [ogmɑ̃tasjɔ̃] *nf* aumento *m*.

augmenter [1] [ogmɑ̃te] *vt* **1** *(gén)* aumentar, incrementar. **2** *(salaire)* subir.

aujourd'hui [oʒurdɥi] *adv* hoy.

auparavant [oparavɑ̃] *adv* antes.

auprès [oprɛ]. • **auprès de 1** *(comparaison)* al lado de. **2** *(organisme)* ante: **retirer le dossier auprès du rectorat**, recoger el informe en el rectorado.

auquel [okɛl] *contr* (à + lequel) al cual.

auréole [oreɔl] *nf* aureola *f*.

auriculaire [ɔRikylɛR] *nm* meñique *m*.

aurore [ɔRɔR] *nf* aurora *f*.

ausculter [1] [oskylte] *vt* auscultar.

aussi [osi] *adv* **1** *(égalité)* también. **2** **aussi ... que** *(comparaison)* tan... como: **elle est aussi grande que lui**, es tan alta como él. **3** *(intensité)* tan: **je n'ai jamais rien vu d'aussi drôle**, nunca he visto nada tan divertido. • **aussi bien ... que** tan(to)... como: **tu le sais aussi bien que moi, lo sabes tan bien como yo.

aussitôt [osito] *adv* en seguida. • **aussitôt après** justo después. • **aussitôt que** tan pronto como.

austérité [osterite] *nf* austeridad *f*.

Australie [ostrali] *nf* Australia.

australien,-enne [ostraljɛ̃,-ɛn] *adj* australiano,-na. ▶ *nm,f* **Australien, -enne** australiano,-na.

autant [otɑ̃] *adv* **1** *(quantité)* tanto: **je n'ai jamais vu quelqu'un dormir autant**, nunca he visto a nadie dormir tanto. **2** *(de préférence)* mejor: **autant lui dire la vérité**, mejor decirle la verdad. • **autant que** tanto como: **il travaille autant que vous**, trabaja tanto como vosotros. **autant de ... que ...** *(comparatif de quantité)* tanto,-ta... como...: **il y a autant de chaises que de personnes**, hay tantas sillas como personas. **d'autant plus que** más aún cuando.

auteur [otœR] *nm* autor,-ra.

authentique [otɑ̃tik] *adj* auténtico,-ca.

autobiographie [otobjɔgRafi] *nf* autobiografía *f*.

autobus [otobys] *nm* autobús *m*.

autocollant,-e [otɔkɔlɑ̃,-ɑ̃t] *adj* adhesivo,-va. ▶ *nm* **autocollant** pegatina *f*.

autodéfense [otodefɑ̃s] *nf* autodefensa *f*.

auto-école [otoekɔl] *nf* (*pl* **auto-écoles**) autoescuela *f*.

automate [otomat] *nm* autómata *m*.

automatique [otomatik] *adj* automático,-ca.

automnal,-e [otɔnal] *adj* otoñal.

automne [otɔn] *nm* otoño *m*.

automobile [otomobil] *nf* automóvil *m*, coche *m*. ▶ *adj* automóvil.

automobiliste [otomobilist] *nmf* automovilista.

autonome [otonom] *adj* autónomo,-ma.

autonomie [otonomi] *nf* autonomía *f*.

autoportrait [otopɔRtRɛ] *nm* autorretrato *m*.

autopsie [otopsi] *nf* autopsia *f*.

autorisation [otoRizɑsjɔ̃] *nf* autorización *f*.

autoriser [1] [otoRize] *vt* autorizar.

autoritaire [otoRitɛR] *adj* autoritario,-ria.

autorité [otoRite] *nf* autoridad *f*.

autoroute [otoRut] *nf* autopista *f*.

auto-stop [otostɔp] *nm* autoestop *m*.

autour [otuR] *adv* alrededor. • **tout autour** por todos lados.

autre [otR] *adj indéf* otro,-tra. ▶ *pron* otro,-tra: **demande à quelqu'un d'autre**, pídeselo a otro; **va avec les autres**, vete con los demás. • **entre autres** entre otras cosas. **l'un ... l'autre** uno... el otro. **rien d'autre** nada más.

autrefois [otRəfwɑ] *adv* en otro tiempo.

autrement [otRəmɑ̃] *adv* **1** *(différemment)* de otro modo: **je n'ai pas pu faire autrement**, no tuve más remedio. **2** *(sinon)* si no, de lo contrario: **travaille, autrement tu n'auras pas ton examen**, trabaja, si no no aprobarás el examen.

Autriche [otRiʃ] *nf* Austria.

autrichien,-enne [otʁiʃjɛ̃,-ɛn] *adj* austriaco,-ca. ▶ *nm,f* **Autrichien,-enne** austriaco,-ca.

autruche [otʁyʃ] *nf* avestruz *m*.

autrui [otʁɥi] *pron* el prójimo: **je travaille pour le compte d'autrui**, trabajo por cuenta ajena.

auxiliaire [oksiljɛʁ] *adj* - *nmf* auxiliar.

auxquels,-quelles [okɛl] *contr* (à + lesquels,-quelles) a los cuales, (à les cuales.

aval [aval] *nm* COMM (*garantie*) aval *m*. **2** (*avant*) después (que).

avalanche [avalɑ̃ʃ] *nf* **1** (*en montagne*) alud *m*. **2** (*profusion*) avalancha *f*.

avaler [1] [avale] *vt* **1** (*gén*) tragar. **2** *fam* (*croire*) tragarse.

avance [avɑ̃s] *nf* **1** (*dans le temps*) adelanto *m*; (*dans l'espace*) ventaja *f*: **le coureur cycliste a une avance de deux mètres**, el ciclista tiene dos metros de ventaja. **2** (*d'argent*) anticipo *m*. **3** (*progression*) avance *m*. • **à l'avance** de antemano, por adelantado. **d'avance** de adelanto: **il est arrivé avec une heure d'avance**, llegó con una hora de adelanto. **en avance** con anticipación: **le train est en avance**, el tren lleva adelanto. **par avance** de antemano.

avancer [3] [avɑ̃se] *vt* **1** (*dans l'espace, le temps*) adelantar: **il a avancé la date de ses vacances**, ha adelantado la fecha de sus vacaciones. **2** (*proposer*) avanzar: **il a avancé une théorie**, avanzó una teoría. **3** (*d'argent*) prestar. ▶ *vi* avanzar: **avance !**, ¡muévete!

avant [avɑ̃] *prép* antes de, antes que: **je suis arrivé avant lui**, llegué antes que él. ▶ *adv* antes: **ça s'est passé deux jours avant**, ocurrió dos días antes. ▶ *nm* parte *f* delantera. ▶ *adj inv* delantero,-ra: **les roues avant**, las ruedas delanteras. • **avant de** + *inf* antes de + *inf*. **avant que** + *subj* antes de que + *subj*, antes que + *subj*: **je dois terminer avant qu'il n'arrive**, tengo que acabar antes de que llegue. **avant tout** ante todo.

avantage [avɑ̃taʒ] *nm* ventaja *f*. • **tirer avantage de** sacar provecho de. ■ **avantages sociaux** beneficios *m pl* sociales.

avantager [4] [avɑ̃taʒe] *vt* **1** (*donner des avantages*) favorecer. **2** (*mettre en valeur*) agraciar, favorecer.

avantageux,-euse [avtaʒø,-øz] *adj* **1** (*favorable*) ventajoso,-sa. **2** (*seyant*) favorecedor,-ra.

avant-bras [avɑ̃bʁa] *nm inv* antebrazo *m*.

avant-dernier,-ère [avɑ̃dɛʁnje,-ɛʁ] *adj* - *nm,f* (*pl* **avant-derniers,-ères**) penúltimo,-ma.

avant-garde [avɑ̃gaʁd] *nf* (*pl* **avant-gardes**) vanguardia *f*.

avant-hier [avɑ̃tjɛʁ] *adv* anteayer.

avant-première [avɑ̃pʁəmjɛʁ] *nf* (*pl* **avant-premières**) preestreno *m*.

avare [avaʁ] *adj* avaro,-ra.

avarice [avaʁis] *nf* avaricia *f*.

avec [avɛk] *prép* con: **elle déjeuna avec son frère**, comió con su hermano. ▶ *adv* con él, con ella, con ello: **il a pris son sac et il est parti avec**, cogió su bolso y se marchó con él. • **et avec cela ?** ¿desea algo más?

avènement [avɛnmɑ̃] *nm* **1** (*d'un roi*) subida *f* al trono. **2** (*arrivée*) llegada *f*. **3** REL advenimiento *m*.

avenir [avniʁ] *nm* **1** (*postérité*) futuro *m*. **2** (*bien-être futur*) porvenir *m*: **assure ton avenir, mon fils**, asegúrate el porvenir, hijo mío. • **à l'avenir** en lo sucesivo.

aventure [avɑ̃tyʁ] *nf* aventura *f*.

aventurer [1] [avɑ̃tyʀe] *vt* aventurar. ▶ *vpr* **s'aventurer** aventurarse (**à**, a), arriesgarse (**à**, a).

aventureux,-euse [avɑ̃tyʀœ,-œz] *adj* **1** *(personne)* aventurero,-ra: **il avait un esprit aventureux**, tenía un temperamento aventurero. **2** *(plein de risques)* arriesgado,-da. **3** *(plein d'aventures)* azaroso,-sa: **il menait une existence aventureuse**, llevó una vida azarosa.

aventurier,-ère [avɑ̃tyʀje,-ɛʀ] *nm,f* aventurero,-ra.

avenue [avny] *nf* avenida f.

avérer (s') [1] [aveʀe] *vpr* resultar: **la rumeur s'avéra être vraie**, el rumor resultó ser cierto.

averse [avɛʀs] *nf* aguacero *m*, chaparrón *m*.

averti,-e [avɛʀti] *adj* **1** *(prévenu)* precavido,-da. **2** *(compétent)* enterado,-da.

avertir [20] [avɛʀtiʀ] *vt* advertir.

avertissement [avɛʀtismɑ̃] *nm* **1** *(gén)* aviso *m*. **2** *(réprimande)* advertencia *f*. **3** SPORT amonestación *f*.

aveu [avø] *nm* **1** *(de culpabilité)* confesión *f*. **2** *(de sentiments)* declaración *f*. • **passer aux aveux** confesar la culpabilidad.

aveuglant,-e [avœglɑ̃,-ɑ̃t] *adj* cegador,-ra.

aveugle [avœgl] *adj - nmf* ciego, -ga. • **en aveugle** a ciegas.

aveugler [1] [avœgle] *vt* **1** *(la lumière)* cegar. **2** *(le soleil)* deslumbrar. **3** *(la passion, la colère)* cegar, ofuscar.

aveuglette [avœglɛt]. • **à l'aveuglette** a ciegas.

aviateur,-trice [avjatœʀ,-tʀis] *nm,f* aviador,-ra.

aviation [avjasjɔ̃] *nf* aviación *f*.

avide [avid] *adj* ávido,-da.

avidité [avidite] *nf* avidez *f*.

avion [avjɔ̃] *nm* avión *m*.

aviron [aviʀɔ̃] *nm* remo *m*.

avis [avi] *nm* **1** *(pensée, sentiment)* parecer *m*, opinión *f*. **2** *(avertissement)* aviso *m*, advertencia *f*. • **à mon avis** en mi opinión. **de l'avis de** según la opinión de.

aviser [1] [avize] *vt* **1** *(donner une information)* avisar. **2** *fml (voir)* divisar. ▶ *vpr* **s'aviser** **1** *(réaliser)* percatarse (**de**, de): **il s'avisa de son erreur**, se percató de su error. **2** *(avoir l'idée)* ocurrírsele (**de**, -): **il s'avisa de sortir sous la pluie**, se le ocurrió salir bajo la lluvia. **3** *(oser)* atreverse (**de**, a): **ne t'avise pas de me mentir**, no te atrevas a mentirme.

avocat,-e[1] [avɔka,-at] *nm,f (personne)* abogado,-da.

avocat[2] [avɔka] *nm (fruit)* aguacate *m*.

avoir[1] [51] [avwaʀ] *aux* haber: **j'ai bu**, he bebido. ▶ *vt* **1** *(posséder)* tener: **j'ai une maison**, tengo una casa. **2** *(obtenir)* obtener, conseguir: **je l'ai eu pas cher**, lo conseguí a buen precio. **3** *(ressentir)* tener, experimentar: **avoir peur**, tener miedo. **4** *(tromper)* engañar: **je t'ai eu !**, ¡te engañé! **5** *(éprouver)* pasar, suceder: **qu'as-tu ?**, ¿qué te pasa? ▶ *vi* **avoir à** + *inf (devoir)* tener que + *inf*: **tu n'as qu'à lui demander pardon**, sólo tienes que pedirle perdón. ▶ *v impers* **il y a 1** *(gén)* hay: **il y a beaucoup de travail**, hay mucho trabajo. **2** *(temps passé)* hace: **il y a une semaine**, hace una semana. • **en avoir après/contre** QQN estar resentido contra ALGN. **en avoir assez de** estar harto,-ta de. **se faire avoir** fam dejarse engañar.

avoisinant,-e [avwazinɑ̃,-ɑ̃t] *adj* **1** *(proche)* vecino,-na, cercano,-na. **2** *(semblable)* parecido,-da.

avoisiner [1] [avwazine] *vt* **1** *(proximité)* estar cerca, lindar con. **2** *(affinité)* asemejarse, parecerse.

avortement [avɔʀtmã] *nm* aborto *m*.

avorter [1] [avɔʀte] *vi* **1** *(d'un fœtus)* abortar. **2** *(projet, entreprise)* fracasar.

avouer [1] [avwe] *vt* **1** *(faute, fait)* reconocer. **2** *(culpabilité)* confesar. ▶ *vpr* **s'avouer** declararse: **il s'avoua coupable**, se declaró culpable.

avril [avʀil] *nm* abril *m*.

axe [aks] *nm* eje *m*.

axer [1] [akse] *vt* centrar (**sur**, **en**).

azimut [azimyt] *nm* acimut *m*, azimut *m*. • **tous azimuts** por todas partes.

azote [azɔt] *nm* nitrógeno *m*.

B

babiole [babjɔl] *nf fam* baratija *f*, fruslería *f*.
bâbord [babɔʀ] *nm* babor *m*.
baby-foot [babifut] *nm inv* futbolín *m*.
baby-sitter [babisitœʀ] *nmf* (*pl* **baby-sitters**) canguro.
bac[1] [bak] *nm* **1** (*bateau*) barcaza *f*, transbordador *m*. **2** (*pour plantes*) macetero *m*. **3** (*récipient*) balde *m*, cubeta *f*.
bac[2] [bak] *abr fam* (**baccalauréat**) → baccalauréat.
baccalauréat [bakalɔʀea] *nm* selectividad *f*.
bâche [baʃ] *nf* lona *f*.
bachelier,-ère [baʃəlje,-ɛʀ] *nm,f* alumno,-na que ha aprobado la selectividad.
bâcler [1] [bakle] *vt fam* hacer de forma chapucera: **il bâcla son travail pour finir le plus tôt possible**, hizo una chapuza para poder acabar cuanto antes.
bactérie [bakteʀi] *nf* bacteria *f*.
badge [badʒ] *nm* chapa *f*, insignia *f*.
badigeonner [1] [badiʒɔne] *vt* **1** (*de chaux*) encalar, enlucir. **2** (*de liquide, substance*) recubrir con una capa: **elle se badigeonna la figure avec la lotion**, se aplicó una capa de loción sobre la cara.
badminton [badminton] *nm* bádminton *m*.
baffe [baf] *nf fam* bofetada *f*.
baffle [bafl] *nm* bafle *m*.

bafouer [1] [bafwe] *vt* ridiculizar.
bafouiller [1] [bafuje] *vt - vi* farfullar.
bâfrer [1] [bafʀe] *vt - vi fam* zampar.
bagage [bagaʒ] *nm* **1** (gen en pl) (*en voyage*) equipaje *m*. **2** (*intellectuel*) bagaje *m*: **il possédait un solide bagage culturel**, poseía un sólido bagaje cultural. ● **faire ses bagages** hacer las maletas.
bagarre [bagaʀ] *nf* riña *f*, pelea *f*.
bagarrer [1] [bagaʀe] *vi* luchar, combatir. ▶ *vpr* **se bagarrer** pelearse.
bagatelle [bagatɛl] *nf* **1** (*objet*) bagatela *f*, fruslería *f*. **2** (*argent*) cuatro duros *m pl*: **ça m'a coûté la bagatelle de 100 euros**, me ha costado nada más y nada menos que 100 euros.
bagnole [baɲɔl] *nf fam* coche *m*, carro *m*.
bague [bag] *nf* **1** (*bijou*) sortija *f*. **2** (*de cigare*) vitola *f*. **3** (*en métal*) anillo *m*, aro *m*.
baguette [bagɛt] *nf* **1** (*pain*) barra *f* de pan. **2** (*bâton*) varita *f*. **3** (*de tambour*) palillo *m*, baqueta *f*. **4** (*de chef d'orchestre*) batuta *f*. **5** (*pour manger*) palillo *m*. ■ **baguette magique** varita mágica.
baie [bɛ] *nf* **1** GÉOG bahía *f*. **2** (*sur une façade*) hueco *m*, vano *m*. **3** (*fruit*) baya *f*. ■ **baie vitrée** ventanal *m*.
baignade [bɛɲad] *nf* baño *m*.

baigner

baigner [1] [beɲe] *vt* **1** (*gén*) bañar. **2** (*un liquide, une substance*) mojar. ▶ *vi* (*recouvrir*) nadar: **la viande baignait dans la sauce**, la carne nadaba en salsa. • **baigner dans son sang** estar cubierto,-ta de sangre.

baignoire [bɛɲwaʀ] *nf* (*de salle de bains*) bañera *f*, baño *m*.

bail [baj] *nm* (*pl* **baux**) contrato *m* de arrendamiento. • **il y a un bail!** *fam* ¡hace un siglo!

bâillement [bɑjmɑ̃] *nm* bostezo *m*.

bâiller [1] [bɑje] *vi* **1** (*de sommeil*) bostezar. **2** (*volet, porte*) estar entreabierto,-ta.

bâillon [bɑjɔ̃] *nm* mordaza *f*.

bâillonner [1] [bɑjɔne] *vt* **1** (*gén*) amordazar. **2** (*rumeur, information*) silenciar, acallar.

bain [bɛ̃] *nm* baño *m*. ▶ *nm pl* **bains** balneario *m sing*, baños *m pl*. • **prendre un bain** darse un baño. ▪ **bain de bouche** enjuague *m* bucal.

bain-marie [bɛ̃maʀi] *nm* (*pl* **bains-marie**) baño *m* María.

baiser¹ [1] [beze] *vt* **1** (*se utiliza preferentemente* **embrasser** *en vez de* **baiser**) (*faire une bise*) besar. **2** *vulg* (*relations sexuelles*) follar.

baiser² [beze] *nm* beso *m*.

baisse [bɛs] *nf* **1** (*gén*) bajada *f*. **2** (*de ni veau*) descenso *m*.

baisser [1] [bese] *vt* **1** (*mouvement*) bajar, inclinar. **2** (*la hauteur*) bajar, rebajar. **3** (*d'intensité*) disminuir: **baisser la voix**, bajar la voz. ▶ *vi* (*la valeur, le prix*) bajar, disminuir. ▶ *vpr* **se baisser** (*se courber*) agacharse.

bal [bal] *nm* baile *m*. ▪ **bal masqué** baile de disfraces. **bal populaire** verbena *f*.

balade [balad] *nf fam* paseo *m*.

balader [1] [balade] *vt fam* pasear. ▶ *vpr* **se balader** pasearse. • **envoyer balader** QQN *fam* enviar a paseo a ALGN.

balai [balɛ] *nm* **1** (*pour nettoyer*) escoba *f*. **2** *fam* (*âge*) taco *m*, año *m*: **j'ai 40 balais**, tengo 40 tacos.

balance [balɑ̃s] *nf* **1** (*pour peser*) balanza *f*. **2** (*pour pêcher*) retel *m*. **3** COMM balance *m*.

balancer [3] [balɑ̃se] *vt* **1** (*mouvoir*) balancear, mecer. **2** *fam* (*objet*) tirar. ▶ *vpr* **se balancer** (*se mouvoir*) balancearse, columpiarse. • **se balancer de** QQCH/QQN *fam* (*se moquer*) pasar de ALGO/ALGN: **je m'en balance**, me importa un pito.

balançoire [balɑ̃swaʀ] *nf* columpio *m*.

balayer [18] [baleje] *vt* **1** (*avec un balai*) barrer. **2** INFORM escanear.

balayeur,-euse [balɛjœʀ,-øz] *nm,f* barrendero,-ra.

balbutier [13] [balbysje] *vi* (*en parlant*) balbucear, balbucir.

balcon [balkɔ̃] *nm* **1** (*d'une façade*) balcón *m*. **2** (*au cinéma, au théâtre*) anfiteatro *m*.

baleine [balɛn] *nf* ballena *f*.

baleineau [balɛno] *nm* ballenato *m*.

balise [baliz] *nf* baliza *f*.

baliser [1] [balize] *vt* balizar.

balivernes [balivɛʀn] *nf pl* pamplinas *f pl*, tonterías *f pl*.

ballade [balad] *nf* balada *f*.

balle [bal] *nf* **1** (*pour jouer*) pelota *f*. **2** (*d'arme*) bala *f*. • **renvoyer la balle** devolver la pelota. ▪ **balle perdue** bala perdida.

ballerine [balʀin] *nf* bailarina *f*.

ballet [balɛ] *nm* ballet *m*.

ballon [balɔ̃] *nm* **1** (*pour jouer*) balón *m*, pelota *f*. **2** (*aérostatique*) globo *m*.

ballonné,-e [balɔne] *adj* hinchado,-da.

ballot [balo] *nm 1 (objet)* fardo *m*, bulto *m*. **2** *fam (insulte)* bobo,-ba.
ballotter [1] [balɔte] *vt* sacudir, zarandear. ▶ *vi* bambolearse, zarandearse.
balnéaire [balnɛɛR] *adj* costero, -ra. ■ **station** *f* **balnéaire** ciudad *f* costera.
balustrade [balystRad] *nf* **1** ARCHIT balaustrada *f*. **2** *(appui)* barandilla *f*.
bambou [bɑ̃bu] *nm* bambú *m*.
banal,-e [banal] *adj (pl* **banals)** banal, común.
banalité [banalite] *nf* banalidad *f*, trivialidad *f*.
banane [banan] *nf* **1** *(fruit)* plátano *m*, banana *f*. **2** *(sac)* riñonera *f*.
bananier [bananje] *nm (arbre)* plátano *m*.
banc [bɑ̃] *nm* banco *m*. ■ **banc de poissons** banco de peces. **banc de sable** banco de arena. **banc des accusés** banquillo *m* de los acusados.
bancaire [bɑ̃kɛR] *adj* bancario,-ria.
bancal,-e [bɑ̃kal] *adj (pl* **bancals)** **1** *(personne)* patituerto,-ta. **2** *(meuble)* cojo,-ja.
bandage [bɑ̃daʒ] *nm* **1** *(action)* vendaje *m*; *(objet)* venda *f*. **2** *(de roue)* llanta *f*.
bande [bɑ̃d] *nf* **1** *(gén)* banda *f*. **2** *(ruban)* cinta *f*. **3** *(de papier, de tissu)* tira *f*. **4** *(pour bander)* faja *f*. **5** *(médicale)* venda *f*. **6** *(film)* película *f*, cinta *f*. **7** *(de personnes)* banda *f*, grupo *m*. **8** *(de malfaiteurs)* cuadrilla *f*. **9** *(de musiciens)* banda *f*. • **faire bande à part** desmarcarse de un grupo. ■ **bande dessinée** cómic *m*. **bande originale** banda sonora original.
bande-annonce [bɑ̃dɑnɔ̃s] *nf (pl* **bandes-annonces)** tráiler *m*, avance *m*.
bandeau [bɑ̃do] *nm* **1** *(pour les cheveux)* cinta *f*. **2** *(pour les yeux)* venda *f*.
bander [1] [bɑ̃de] *vt* **1** *(entourer d'une bande)* vendar. **2** *(tendre)* tensar. ▶ *vi vulg (avoir une érection)* empinarse.
banderole [bɑ̃dRɔl] *nf* banderola *f*.
bandit [bɑ̃di] *nm* bandido,-da.
bandoulière [bɑ̃duljɛR] *nf* bandolera *f*.
banlieue [bɑ̃ljø] *nf* alrededores *m pl* de una ciudad. ■ **proche banlieue** extrarradio *m*.
banlieusard,-e [bɑ̃ljøzaR,-aRd] *nm,f fam* habitante *m* de las afueras.
bannière [banjɛR] *nf* **1** *(étendard)* estandarte *m*. **2** INFORM banner *m*.
bannir [20] [baniR] *vt (exiler)* desterrar, exiliar.
banque [bɑ̃k] *nf* **1** *(établissement)* banco *m*. **2** *(commerce de l'argent)* banca *f*. **3** *(d'organes)* banco *m*: **banque du sang**, banco de sangre. ■ **banque de données** INFORM banco de datos.
banqueroute [bɑ̃kRut] *nf* bancarrota *f*, quiebra *f*.
banquet [bɑ̃kɛ] *nm* banquete *m*.
banquette [bɑ̃kɛt] *nf* banqueta *f*.
banquier,-ère [bɑ̃kje,-ɛR] *nm,f* banquero,-ra.
banquise [bɑ̃kiz] *nf* banco *m* de hielo.
baptême [batɛm] *nm* **1** *(sacrement)* bautismo *m*. **2** *(cérémonie)* bautizo *m*.
baptiser [1] [batize] *vt* bautizar.
bar [baR] *nm* **1** *(établissement)* bar *m*. **2** *(poisson)* lubina *f*. **3** *(unité)* bar *m*.
baragouiner [1] [baRagwine] *vt* - *vi* **1** *fam (une langue étrangère)* chapurrear. **2** *fam (bredouiller)* farfullar.
baraque [baRak] *nf* **1** *(de foire, de chantier)* barraca *f*, caseta *f*. **2** *fam (logement)* chabola *f*, casucha *f*.

baraqué,-e [barake] *adj fam* cachas.

barbare [barbar] *adj - nmf* bárbaro,-ra.

barbarie [barbari] *nf* barbarie *f*, crueldad *f*.

barbe [barb] *nf* barba *f*. • **la barbe !** *fam* ¡qué pesadez! ▪ **barbe à papa** algodón *m* de azúcar.

barbelé [barble] *nm* alambre *m* de púas.

barbouiller [1] [barbuje] *vt* **1** *(salir)* embadurnar, ensuciar. **2** *(peindre grossièrement)* pintarrajear. **3** *(écriture)* emborronar: **barbouiller du papier**, emborronar papel. • **avoir l'estomac barbouillé** tener el estómago revuelto.

barbu,-e [barby] *adj* barbudo,-da.

barder [1] [barde] *vt* CUIS enalbardar. • **ça va barder** *fam* se va a armar la gorda.

barème [barem] *nm* baremo *m*.

baril [baril] *nm* barril *m*.

bariolé,-e [barjɔle] *adj* abigarrado, -da.

barman [barman] *nm (pl* **barmans** ou **barmen**) barman *m*.

baron,-onne [barɔ̃,-ɔn] *nm,f* barón *m*, baronesa *f*.

baroque [barɔk] *adj* barroco,-ca.

barque [bark] *nf* barca *f*.

barrage [baraʒ] *nm* **1** *(obstacle)* barrera *f*. **2** *(hydraulique)* dique *m*, presa *f*.

barre [bar] *nf* **1** *(gén)* barra *f*. **2** *(de métal)* lingote *m*. **3** *(d'un tribunal)* barra *f* de los testigos. **4** *(du gouvernail)* caña *f*. • **avoir le coup de barre** *fam* estar agotado,-a. ▪ **barre de menu** INFORM barra de menús.

barreau [baro] *nm* **1** *(petite barre)* barrote *m*. **2** *(profession d'avocat)* abogacía *f*. **3** *(ordre d'avocats)* colegio *m* de abogados.

barrer [1] [bare] *vt* **1** *(gén)* cerrar el paso a. **2** *(écrit, texte)* tachar, rayar. **3** *(chèque)* cruzar, barrar. **4** *(embarcation)* gobernar. ▶ *vpr* **se barrer** *fam (s'en aller)* pirarse.

barrette [baret] *nf (pour les cheveux)* pasador *m*.

barrière [barjɛr] *nf* barrera *f*.

bar-tabac [bartaba] *nm (pl* **bars-tabac**) bar *m* con estanco.

bas, basse [ba, bas] *adj* **1** *(gén)* bajo,-ja. **2** *(ignoble)* vil, infame. ▶ *nm* **bas 1** *(partie inférieure)* bajo *m*, parte *f* baja: **le bas du visage**, la parte baja de la cara. **2** *(vêtement)* media *f*. ▶ *adv* suavemente: **parler tout bas**, hablar en voz baja. • **à bas !** ¡abajo! **au bas de** al pie de. **en bas** abajo. ▪ **bas âge** primera infancia *f*.

bas-côté [bakote] *nm (pl* **bas-côtés**) arcén *m*.

basculer [1] [baskyle] *vi* **1** *(avec mouvement de bascule)* oscilar, bascular. **2** *(perdre l'équilibre)* caer.

base [baz] *nf* **1** *(gén)* base *f*. **2** *(d'une colonne)* basa *f*. ▪ **base de données** INFORM base de datos.

base-ball [bezbol] *nm (pl* **base-balls**) béisbol *m*.

baser [1] [baze] *vt* basar.

bas-fonds [bafɔ̃] *nm pl* **1** *(de la société)* bajos fondos *m pl*. **2** *(quartiers)* barrios *m pl* bajos.

basilic [bazilik] *nm (plante)* albahaca *f*.

basilique [bazilik] *nf* basílica *f*.

basket [basket] *nm (sport)* baloncesto *m*. ▶ *nf (chaussure)* zapatilla *f* de deporte. • **lâche-moi les baskets !** *fam* ¡déjame en paz!

basket-ball [basketbol] *nm* baloncesto *m*.

basse [bas] *nf* MUS bajo *m*.

bassesse [bases] *nf* bajeza *f*.

bassin [basɛ̃] nm 1 *(récipient)* palangana f, jofaina f. 2 *(pièce d'eau)* estanque m, alberca f. 3 *(piscine)* piscina f. 4 ANAT pelvis f. 5 GÉOG cuenca f.

bassine [basin] nf barreño m.

bassiste [basist] nmf 1 *(de rock)* bajo. 2 *(d'orchestre)* contrabajo.

bas-ventre [bavɑ̃tr] nm bajo vientre m.

bataille [bataj] nf 1 *(guerre)* batalla f. 2 fig *(bagarre)* pelea f, riña f. ■ **en bataille** *(cheveux)* enmarañado, -da.

bâtard, -e [batar, -ard] adj bastardo, -da. ▶ nm,f 1 *(personne)* bastardo, -da. 2 *(chien)* chucho m.

bateau [bato] nm barco m. ● **mener qqn en bateau** fig engañar a ALGN. ■ **bateau à moteur** lancha f motora. ■ **bateau à voile** barco m de vela.

batifoler [1] [batifɔle] vi fam juguetear, retozar.

bâtiment [batimɑ̃] nm 1 *(maison)* edificio m. 2 *(industrie)* construcción f.

bâtir [20] [batir] vt 1 *(bâtiment)* edificar, construir. 2 fig *(idée, théorie)* construir, desarrollar. 3 *(vêtement)* hilvanar.

bâton [batɔ̃] nm 1 *(gén)* palo m, bastón m. 2 *(petit objet)* barrita f, barra f. 3 *(de la police)* porra f. ● **mettre des bâtons dans les roues** fig poner trabas.

battage [bataʒ] nm 1 *(récolte)* trilla f. 2 fam *(publicité)* gran campaña f publicitaria.

battant, -e [batɑ̃, -ɑ̃t] adj batiente. ▶ nm **battant** *(de porte, fenêtre)* hoja f de puerta. ● **sous une pluie battante** bajo un agua cero.

battement [batmɑ̃] nm 1 *(action de battre)* golpeo m. 2 *(du cœur)* latido m. 3 *(délai)* tiempo m: **dix minutes de battement**, diez minutos libres. ■ **battement d'ailes** aleteo m, batir m de alas. **battement de paupières** parpadeo m.

batterie [batri] nf batería f.

batteur [batœr] nm 1 *(musicien)* batería mf. 2 *(de base-ball)* bateador, -ra. 3 *(appareil ménager)* batidora f.

battre [64] [batr] vt 1 *(gén)* pegar, gol pear. 2 *(avec un instrument)* batir: **battre les œufs**, batir los huevos. 3 *(vaincre)* vencer, derrotar; *(record)* batir. 4 *(heurter)* azotar, golpear: **le vent bat les branches**, el viento azota las ramas. ▶ vi 1 *(gén)* chocar, golpear. 2 *(produire des mouvement répétés)* latir, palpitar. ▶ vpr **se battre** pelear. ● **battre des ailes** aletear. **battre des mains** repicar, tocar palmas.

battu, -e [baty] adj 1 *(qui a reçu des coups)* apalea do, -da, golpeado, -da. 2 *(vaincu)* derrotado, -da. 3 *(sol, chemin)* trillado, -da. ■ **terre** f **battue** *(tennis)* tierra f batida.

baume [bom] nm bálsamo m. ● **mettre du baume au cœur** fig aliviar las penas, consolar.

bavard, -e [bavar, -ard] adj - nm,f charlatán, -ana.

bavardage [bavardaʒ] nm 1 *(conversation)* charla f. 2 (gen en pl) *(choses insignifiantes)* habladuría f, palabrería f.

bavarder [1] [bavarde] vi charlar.

bave [bav] nf baba f.

baver [1] [bave] vi babear, babosear. ● **en baver** fam pasar un mal trago.

baveux, -euse [bavø, -øz] adj 1 *(personne)* baboso, -sa. 2 *(lettre)* borroso, -sa. ■ **omelette** f **baveuse** tortilla f poco hecha.

bavoir [bavwar] nm babero m.

bavure [bavyR] *nf* **1** *(d'encre)* mancha *f.* **2** *(erreur)* metedura *f* de pata.

bazar [bazaR] *nm* **1** *(marché)* bazar *m.* **2** *fam (désordre)* caos *m.* **3** *fam (vêtements, mobilier)* bártulos *m pl*, trastos *m pl*.

BD [bede] *abr* (**bande dessinée**) cómic *m*, tebeo *m*.

beau, belle [bo, bɛl] *adj* (delante de un nombre masculino que empiece por vocal o **h** muda se utiliza **bel**) **1** *(gén)* hermoso,-sa, bello,-lla. **2** *(personne)* guapo,-pa. **3** *(joli)* bonito,-ta. **4** *(avantageux)* bueno,-na, ventajoso,-sa: **c'est une belle occasion**, es una buena ocasión. **5** *(bienséant)* conveniente, decoroso,-sa: **cela n'est pas beau**, eso no está bien. **6** *(agréable)* agradable: **on a passé une belle journée**, hemos pasado un día de lo más agradable. **7** *(considérable)* grande, considerable: **ils organisèrent un beau chahut**, organizaron un gran alboroto. **8** *iron (désavantageux)* bonito,-ta: **la belle affaire !**, ¡bonito negocio! **9** *(sens intensif)* bueno: **un beau jour il a changé d'opinion**, un buen día cambió de opinión. ▶ *adv (temps)* bueno: **il fait très beau**, hace muy buen día. • **avoir beau** + INF por mucho que + *inf*, por más que + *inf*: **il a beau faire, il ne maigrit pas**, por más que haga, no adelgaza. **bel et bien** realmente, verdaderamente.

beaucoup [boku] *adv* **1** *(d'une manière considérable)* mucho: **il a beaucoup travaillé**, ha trabajado mucho. **2 beaucoup de** *(abondance)* mucho,-chas: **il possédait beaucoup de livres**, poseía muchos libros. ▶ *pron (un grand nombre de personnes)* muchos,-chas: **beaucoup disaient qu'il se trompait**, muchos decían que se equivocaba. • **beaucoup trop** demasiado.

beau-fils [bofis] *nm (pl* **beaux-fils**) **1** *(gendre)* yerno *m.* **2** *(de remariage)* hijastro *m*.

beau-frère [bofRɛR] *nm (pl* **beaux-frères**) cuñado *m*.

beau-père [bopɛR] *nm (pl* **beaux-pères**) **1** *(père du conjoint)* suegro *m.* **2** *(de remariage)* padrastro *m*.

beauté [bote] *nf* belleza *f.* • **en beauté** de manera brillante.

beaux-arts [bozaR] *nm pl* bellas artes *f pl*.

beaux-parents [bopaRã] *nm pl* suegros *m pl*.

bébé [bebe] *nm* **1** *(nouveau-né)* bebé *m.* **2** *(animal)* cachorro *m*.

bec [bɛk] *nm* **1** *(d'oiseau)* pico *m.* **2** *fam (de personne)* pico *m*, boca *f.* **3** *fam (langage)* labia *f.* **4** *(lampe)* farol *m.* **5** *(d'une plume)* punta *f.* **6** *(d'une cruche)* pitorro *m.* **7** *(d'un instrument musical)* boquilla *f.* • **clouer le bec à** QQN *fam* cerrarle el pico a ALGN.

bécane [bekan] *nf* **1** *fam (véhicule - vélo)* bici *f;* (*- moto)* moto *f.* **2** *fam (ordinateur)* ordenata *m*.

bec-de-lièvre [bɛkdəljɛvR] *nm (pl* **becs-de-lièvre**) labio *m* leporino.

bécoter [1] [bekɔte] *vt* besuquear.
▶ *vpr* **se bécoter** besuquearse.

bedaine [bədɛn] *nf fam* panza *f*, barriga *f*.

bédé [bede] *nf* cómic *m*, tebeo *m*.

bedonnant,-e [bədɔnã,-ãt] *adj* barrigudo,-da.

bée [be]. • **bouche bée** con la boca abierta, boquiabierto,-ta.

bégaiement [begɛmã] *nm* tartamudeo *m*.

bégayage [begɛmã] *nm* tartamudeo *m*.

bégayer [18] [begeje] *vi* tartamudear.

bègue [bɛg] *adj - nmf* tartamudo,-da.

beige [bɛʒ] *adj - nm* beige *m*.

beignet [bɛɲɛ] *nm* buñuelo *m*.

bel [bɛl] *adj* → beau, belle.
belge [bɛlʒ] *adj* belga. ▶ *nmf* **Belge** belga.
Belgique [bɛlʒik] *nf* Bélgica.
bélier [belje] *nm* **1** *(animal)* carnero *m*. **2** *(machine de guerre)* ariete *m*.
belle [bɛl] *adj* → beau, belle. ● **de plus belle** a más y mejor: il recommença à pleurer de plus belle, volvió a llorar con más intensidad.
belle-famille [bɛlfamij] *nf* (*pl* **belles-familles**) familia *f* política.
belle-fille [bɛlfij] *nf* (*pl* **belles-filles**) **1** *(femme du fils)* nuera *f*. **2** *(de remariage)* hijastra *f*.
belle-mère [bɛlmɛʀ] *nf* (*pl* **belles-mères**) **1** *(mère du conjoint)* suegra *f*. **2** *(de remariage)* madrastra *f*.
belle-sœur [bɛlsœʀ] *nf* (*pl* **belles-sœurs**) **1** *(sœur du conjoint)* cuñada *f*. **2** *(de remariage)* hermanastra *f*.
bémol [bemɔl] *adj* - *nm* MUS bemol *m*.
bénédiction [benediksjɔ̃] *nf* bendición *f*.
bénéfice [benefis] *nm* beneficio *m*.
bénéficiaire [benefisjɛʀ] *adj* - *nmf* beneficiario,-ria.
bénéficier [12] [benefisje] *vt* beneficiarse (**de**, de).
bénéfique [benefik] *adj* beneficioso,-sa.
bénévole [benevɔl] *adj* (*aide, collaboration*) desinteresado,-da. ▶ *nmf* (*personne*) voluntario,-ria.
bénin,-igne [benɛ̃,-iɲ] *adj* benigno,-na.
bénir [20] [beniʀ] *vt* bendecir.
bénit,-e [beni,-it] *adj* bendito,-ta.
benjamin,-e [bɛ̃ʒamɛ̃] *adj* - *nm,f* benjamín,-ina.
benne [bɛn] *nf* **1** *(d'une mine)* vagoneta *f*, jaula *f*. **2** *(d'un camion)* volquete *m*. **3** *(d'une grue)* pala *f*.
béquille [bekij] *nf* **1** *(pour marcher)* muleta *f*. **2** *(de moto, vélo)* caballete *m*.
berceau [bɛʀso] *nm* cuna *f*.

bercer [3] [bɛʀse] *vt* **1** *(balancer - bébé)* acunar; *(- bateau)* mecer. **2** *(par un chant, une musique)* arrullar.
berceuse [bɛʀsøz] *nf* canción *f* de cuna, nana *f*.
béret [beʀɛ] *nm* boina *f*.
berge [bɛʀʒ] *nf* (*d'un cours d'eau*) ribera *f*, orilla *f*.
berger,-ère [bɛʀʒe,-ɛʀ] *nm,f* pastor,-ra. ▶ *nm* **berger** (*chien*) mastín *m*. ● **berger allemand** pastor *m* alemán.
Berlin [bɛʀlɛ̃] *n pr* Berlín.
bermuda [bɛʀmyda] *nm* bermudas *f pl*.
berner [1] [bɛʀne] *vt* engañar a.
besoin [bəzwɛ̃] *nm* necesidad *f*. ▶ *nm pl* **besoins** necesidades *f pl*. ● **avoir besoin de** necesitar. **être dans le besoin** estar necesitado,-a. **faire ses besoins** hacer sus necesidades.
bestiole [bɛstjɔl] *nf* bicho *m*.
bétail [betaj] *nm* ganado *m*.
bête [bɛt] *nf* **1** *(animal)* animal *m*, bestia *f*. **2** *(petit animal, insecte)* bicho *m*. ▶ *adj* (*personne*) tonto,-ta, estúpido,-da. ● **être la bête noire de** ser la bestia negra de. **que c'est bête !** ¡qué lástima!
bêtise [bɛtiz] *nf* tontería *f*.
béton [betɔ̃] *nm* hormigón *m*. ● **béton armé** hormigón armado.
bétonnière [betɔnjɛʀ] *nf* hormigonera *f*.
betterave [bɛtʀav] *nf* remolacha *f*.
beur [bœʀ] *nmf fam* joven de origen magrebí nacido,-da en Francia.
beurre [bœʀ] *nm* mantequilla *f*. ● **avoir un œil au beurre noir** *fig* tener un ojo a la funeral. **mettre du beurre dans les épinards** *fig* mejorar de situación económica. ● **beurre de cacao** manteca *f* de cacao.

beurrer [1] [bœRe] *vt* untar con mantequilla.

bévue [bevy] *nf* pifia *f*, metedura *f* de pata.

biais [bjɛ] *nm* sesgo *m*, bies *m*: **tailler un tissu dans le biais**, cortar una tela al bies. • **de biais** oblicuamente, de bies: **regarder de biais**, mirar oblicuamente. **par le biais de** por medio de.

biberon [bibRɔ̃] *nm* biberón *m*.

bible [bibl] *nf* biblia *f*.

bibliographie [biblijɔgRafi] *nf* bibliografía *f*.

bibliothécaire [biblijɔtekɛR] *nmf* bibliotecario,-ria.

bibliothèque [biblijɔtɛk] *nf* biblioteca *f*.

biblique [biblik] *adj* bíblico,-ca.

bicarbonate [bikaRbɔnat] *nm* bicarbonato *m*.

biceps [bisɛps] *nm* ANAT bíceps *m*.

biche [biʃ] *nf* cierva *f*.

bicolore [bikɔlɔR] *adj* bicolor.

bicyclette [bisiklɛt] *nf* bicicleta *f*.

bide [bid] *nm* **1** *fam (ventre)* barriga *f*. **2** *fam (échec)* fracaso *m*, fiasco *m*.

bidet [bidɛ] *nm* bidé *m*.

bidon [bidɔ̃] *nm* **1** *(récipient)* bidón *m*. **2** *fam (ventre)* barrigón *m*. • **c'est du bidon** es falso, es un camelo.

bidonville [bidɔ̃vil] *nm* barrio *m* de chabolas.

bidouillage [bidujaʒ] *nm fam* chapuza *f*.

bidouiller [1] [binduje] *vt fam* hacer una chapuza.

bien [bjɛ̃] *adj* bien: **c'est très bien**, está muy bien; **les gens bien**, la gente bien. ► *adv* **1** *(avantageusement)* **se porter bien**, encontrarse bien de salud. **2** *(très)* muy: **il est bien content**, está muy contento. **3** *(beaucoup)* mucho: **bien mieux**, mucho mejor. **4** *(pour commencer à parler)* bueno: **bien, comme je disais avant**, bueno, como decía antes. **5** *(comme intensif)* sin duda: **c'est sans ma place**, no cabe duda de que éste es mi sitio. ► *nm* bien *m*: **faire le bien**, hacer el bien. ► *nm pl* **biens** bienes *m pl*. ► *interj* **eh bien !** ¡y bueno! • **bien de** mucho,-cha: **je vous l'ai dit bien des fois**, se lo he dicho muchas veces. **bien entendu** por supuesto. **bien que** + *subj* aunque + *subj*: bien que tu puisses le faire, ça ne vaut pas la peine, aunque puedas hacerlo, no merece la pena. **bien sûr** desde luego, naturalmente. **bien vouloir** querer, aceptar. **dire du bien de** QQN hablar bien de ALGN. **mener à bien** llevar a buen puerto.

bien-aimé,-e [bjɛ̃neme] *adj - nm,f* (*pl* **bien-aimés,-es**) amado,-da.

bien-être [bjɛ̃nɛtR] *nm inv* bienestar *m*.

bienfait [bjɛ̃fɛ] *nm* **1** *(acte de générosité)* beneficio *m*, favor *m*: **combler de bienfaits**, colmar de favores. **2** *(utilité)* ventaja *f*: **les bienfaits de la civilisation**, las ventajas de la civilización.

bienfaiteur,-trice [bjɛ̃fɛtœR, -tRis] *adj - nm,f* benefactor,-ra.

bienséance [bjɛ̃seɑ̃s] *nf fml* decoro *m*, urbanidad *f*.

bientôt [bjɛ̃to] *adv* **1** *(dans peu de temps)* pronto, dentro de poco. **2** *fml (vite)* rápidamente. • **à bientôt** hasta pronto.

bienveillance [bjɛ̃vɛjɑ̃s] *nf* benevolencia *f*.

bienveillant,-e [bjɛ̃vɛjɑ̃, -ɑ̃t] *adj* benévolo,-la, indulgente.

bienvenu,-e [bjɛ̃vny] *adj - nm,f* bienvenido,-da.

bienvenue [bjɛ̃vny] nf bienvenida f. • **souhaiter la bienvenue à** QQN dar la bienvenida a ALGN.
bière [bjɛʀ] nf **1** (boisson) cerveza f. **2** (cercueil) ataúd m. • **bière à la pression** cerveza de barril.
bifteck [biftɛk] nm bistec m.
bijou [biʒu] nm **1** (joyau) alhaja f, joya f. **2** fig (quelqu'un, quelque chose) preciosidad f, joya f. • **bijou fantaisie** joya de bisutería.
bijouterie [biʒutʀi] nf joyería f.
bikini® [bikini] nm biquini® m.
bilan [bilɑ̃] nm balance f. • **déposer son bilan** COMM declararse en quiebra. **faire le bilan (de)** hacer el balance (de). ▪ **bilan de santé** chequeo m médico.
bilatéral,-e [bilateʀal] adj **1** (gén) bilateral. **2** (stationnement) a los dos lados de la calzada.
bilingue [bilɛ̃g] adj - nmf bilingüe.
billard [bijaʀ] nm **1** (jeu) billar m. **2** (table) mesa f de billar. • **passer sur le billard** fam pasar por el quirófano.
bille [bij] nf **1** (de billard) bola f. **2** (petite boule) canica f. **3** fam (visage) careto m. **4** (mécanique) bola f, rodamiento m.
billet [bijɛ] nm **1** (gén) billete m. **2** (lettre) nota f, cartita f.
billetterie [bijɛtʀi] nf **1** (de gare, d'aéroport) taquilla f. **2** (de banque) cajero m automático.
billion [biljɔ̃] nm billón m.
bimensuel,-elle [bimɑ̃sɥɛl] adj bimensual, quincenal.
binaire [binɛʀ] adj binario,-ria.
binôme [binom] nm MATH binomio m.
biocarburant [bjokaʀbyʀɑ̃] nm biocarburante m.
biodégradable [bjodegʀadabl] adj biodegradable.

biodiversité [bjɔdivɛʀsite] nf biodiversidad f.
biographie [bjɔgʀafi] nf biografía f.
biologie [bjɔlɔʒi] nf biología f.
biologique [bjɔlɔʒik] adj biológico,-ca.
bip [bip] nm **1** (signal) bip m. **2** (appareil) busca m. • " **Parlez après le bip sonore** " "Hable después de la señal".
bis,-e [bi] adv (numéro de rue) bis. ▸ nm (spectacle) bis m. • **crier bis** gritar ¡otra!
bisannuel,-elle [bizanɥɛl] adj bienal.
biscotte [biskɔt] nf biscote m.
biscuit [biskɥi] nm galleta f.
bise [biz] nf **1** (vent) cierzo m. **2** (sur la joue) beso m.
bison [bizɔ̃] nm bisonte m.
bisou [bizu] nm fam besito m.
bissextile [bisɛkstil] adj bisiesto.
bistouri [bisturi] nm bisturí m.
bistrot [bistro] nm fam bar m.
bitume [bitym] nm asfalto m.
bizarre [bizaʀ] adj **1** (étrange) extraño,-ña. **2** (extravagant) estrafalario,-ria.
bizarrerie [bizaʀʀi] nf singularidad f.
blafard,-e [blafaʀ,-aʀd] adj pálido,-da.
blague [blag] nf **1** (plaisanterie) chiste m. **2** (farce) broma f. **3** (à tabac) petaca f. • **sans blague !** ¡en serio!, de verdad.
blaguer [2] [blage] vi fam bromear.
blagueur,-euse [blagœʀ,-øz] adj - nm,f bromista.
blanc, blanche [blɑ̃, blɑ̃ʃ] adj blanco,-ca. ▸ nm **blanc 1** (gén) blanco m. **2** (dans une conversation) silencio m. • **être blanc de peur** fig quedarse pálido de miedo. ▪ **blanc de poulet** pechuga f de pollo.

blanc (d'œuf) clara f (de huevo). **cheveux** m pl **blancs** canas f pl.
blancheur [blɑ̃ʃœʀ] nf blancura f.
blanchir [20] [blɑ̃ʃiʀ] vt **1** (gén) blanquear. **2** (linge) lavar. **3** (légumes) escaldar. **4** fig (accusé) exculpar. ▶ vi **1** (personne) ponerse pálido,-da. **2** (cheveux) encanecer.
blanchisserie [blɑ̃ʃisʀi] nf lavandería f.
blasé,-e [blaze] adj hastiado,-da. ▶ nm,f desganado,-da.
blasphème [blasfɛm] nm blasfemia f.
blatte [blat] nf cucaracha f.
blazer [blazɛʀ] nm americana f, blazer m-f.
blé [ble] nm **1** (céréale) trigo m. **2** fam (argent) pasta f.
blessant,-e [blesɑ̃,-ɑ̃t] adj hiriente.
blesser [1] [blese] vt **1** (frapper d'un coup) herir. **2** (faire mal) hacer daño a. **3** fig (vexer) ofender. ▶ vpr **se blesser** hacerse daño.
blessure [blesyʀ] nf herida f.
bleu,-e [blø] adj **1** (couleur) azul. **2** (viande) poco hecho,-cha. ▶ nm **bleu 1** (couleur) azul m. **2** (après un coup) morado m. **3** fam (nouvel élève) novato m. **4** (fromage) queso m azul. ■ **bleu ciel** azul celeste. **bleu marine** azul marino.
bleuté,-e [bløte] adj azulado,-da.
blindé,-e [blɛ̃de] adj blindado,-da.
blinder [1] [blɛ̃de] vt **1** (porte, véhicule) blindar. **2** fam fig (personne) curtir.
bloc [blɔk] nm bloque m. • **à bloc** fam a fondo. **en bloc** en bloque. **faire bloc** hacer piña. ■ **bloc opératoire** quirófano m.
blocage [blɔkaʒ] nm bloqueo m.
bloc-notes [blɔknɔt] nm (pl **blocs-notes**) bloc m de notas.
blogueur,-euse [blɔgœʀ,-øz] nm,f INFORM bloguero,-ra.

blond, blonde [blɔ̃, blɔ̃d] adj - nm,f rubio,-bia.
bloquer [2] [blɔke] vt **1** (gén) bloquear. **2** (salaire) congelar.
blottir (se) [20] [blɔtiʀ] vpr acurrucarse.
blouse [bluz] nf **1** (de travail, d'écolier) bata f. **2** (de femme) blusa f.
blouson [bluzɔ̃] nm cazadora f.
bluff [blœf] nm farol m.
blush [blœʃ] nm colorete m.
bobard [bɔbaʀ] nm fam trola f.
bobo [bobo] nm fam pupa f.
bocal [bɔkal] nm tarro m.
bœuf [bœf, pl bø] nm **1** (animal) buey m. **2** (viande) vaca f, buey m.
bof ! [bɔf] interj ¡bah!
bohème [bɔɛm] adj - nmf bohemio,-mia.
bohémien,-enne [bɔemjɛ̃,-ɛn] adj - nm,f bohemio,-mia.
boire [77] [bwaʀ] vt - vi beber.
bois [bwa] nm **1** (forêt) bosque m. **2** (matériau) madera f. **3** (de chauffage) leña f.
boisson [bwasɔ̃] nf bebida f.
boîte [bwat] nf **1** (récipient) caja f. **2** (de conserves) lata f. **3** fam (pour danser) discoteca f. **4** fam (entreprise) empresa f. ■ **boîte à gants** guantera f. **boîte à outils** caja de herramientas. **boîte aux lettres** buzón m. **boîte de vitesses** caja de cambios. **boîte noire** caja negra.
boiter [1] [bwate] vi cojear.
boiteux,-euse [bwatø,-øz] adj - nm,f cojo,-ja.
boîtier [bwatje] nm caja f.
bol [bɔl] nm **1** bol m, tazón m. **2** fam (chance) potra f. • **avoir du bol** fam tener potra. **en avoir ras le bol** fam estar hasta la coronilla.
bolet [bɔlɛ] nm boleto m.
Bolivie [bɔlivi] nf Bolivia.

bolivien,-enne [bɔljvjɛ̃,-ɛn] adj boliviano,-na. ▶ nm,f **Bolivien, -enne** boliviano,-na.
bombardement [bɔ̃baʀdəmɑ̃] nm bombardeo m.
bombarder [1] [bɔ̃baʀde] vt (avec des projectiles) bombardear.
bombe [bɔ̃b] nf 1 (projectile) bomba f. 2 (aérosol) spray m. 3 (pour l'équitation) gorra f.
bon, bonne [bɔ̃, bɔn] adj 1 (gén) buen, bueno,-na: **c'est un buen professeur**, es un buen profesor. 2 (expression d'un souhait) feliz: **bonne année !**, ¡feliz año nuevo! 3 (réponse) correcto,-ta: **c'est bon**, está bien. ▶ adv bien: **le linge sent bon**, la ropa huele bien; **il fait bon en ce moment**, hace buen tiempo ahora. ▶ nm vale m: **bon pour 30 euros d'achats**, vale de compra por valor de 30 euros. ▶ interj **bon !** ¡bueno! • **être bon à servir pour**. **être un bon à rien** ser un inútil. **pour de bon** de verdad: **elle va se mettre en colère pour de bon**, se va a enfadar de verdad. **bon de commande** orden f de pedido.
bonbon [bɔ̃bɔ̃] nm caramelo m.
bond [bɔ̃] nm brinco m, salto m. • **faire un bond** dar un brinco. **faire faux bond à** QQN fallarle a ALGN.
bondé,-e [bɔ̃de] adj abarrotado, -da.
bondir [20] [bɔ̃diʀ] vi 1 (sauter) brincar, saltar. 2 **bondir sur** (s'élancer) abalanzarse sobre. • **cela me fait bondir** me hace hervir la sangre.
bonheur [bɔnœʀ] nm 1 (gén) felicidad f. 2 (chance) suerte f. • **par bonheur** por suerte.
bonhomme [bɔnɔm] nm (pl bons hommes) 1 fam tío m. 2 (petit garçon) hombrecito m. 3 (figure humaine) muñeco m. ■ **bonhomme de neige** muñeco de nieve.
bonjour [bɔ̃ʒuʀ] nm (gén) hola m; (le matin) buenos días m pl; (l'après-midi) buenas tardes f pl.
bonne [bɔn] nf criada f.
bonnet [bɔnɛ] nm 1 (coiffure) gorro m. 2 (de sous-gorge) copa f.
bonsoir [bɔ̃swaʀ] nm (en fin d'après-midi) buenas tardes f pl; (le soir) buenas noches f pl.
bonté [bɔ̃te] nf bondad f.
bord [bɔʀ] nm 1 (extrémité, côté) borde m. 2 (de mer, fleuve) orilla f. 3 (de chemin) lindero m. 4 (bordure - de vêtement) ribete m; (- de chapeau) ala f. 5 (parti, opinion) opinión f. • **à bord de** a bordo de. **être au bord de** 1 (dans l'espace) estar al borde de. 2 (dans le temps) estar a punto de.
bordel [bɔʀdɛl] nm 1 (maison close) burdel m. 2 fam (désordre) caos m.
bordure [bɔʀdyʀ] nf 1 (bord) borde m. 2 (d'un vêtement) ribete m. 3 (d'un bois) lindero m.
borne [bɔʀn] nf 1 (sur la route) mojón m. 2 fam (kilomètre) kilómetro m. 3 (de circuit électrique) borne m. 4 fig (limite) límite m. • **dépasser les bornes** pasarse de la raya.
borné,-e [bɔʀne] adj limitado,-da.
bosse [bɔs] nf 1 (après un coup) chichón m. 2 (dans le dos) giba f, joroba f. 3 (de terrain) montículo m.
bossu,-e [bɔsy] adj - nm,f jorobado,-da.
botanique [bɔtanik] adj botánico, -ca. ▶ nf botánica f.
botte [bɔt] nf 1 (chaussure) bota f. 2 (de légumes) manojo m. • **lécher les bottes de** QQN fam hacerle la pelota a ALGN.
boucan [bukɑ̃] nm fam jaleo m.

bouche [buʃ] *nf* boca *f.* ● **de bouche à oreille** de boca en boca. **rester bouche bée** quedarse boquiabierto,-ta. ■ **bouche d'égout** alcantarilla *f.* **bouche de métro** boca de metro.

bouché,-e [buʃe] *adj* **1** *(obstrué)* atascado,-da. **2** *(vin, cidre)* embotellado,-da. **3** *fam (personne)* duro,-ra de mollera.

bouche-à-bouche [buʃabuʃ] *nm inv* boca a boca *m inv.*

bouchée [buʃe] *nf* bocado *m.*

boucher[1] [buʃe] *vt* tapar. ► *vpr* **se boucher** atascarse.

boucher,-ère[2] [buʃe,-ɛʀ] *nm,f* carnicero,-ra.

boucherie [buʃʀi] *nf* carnicería *f.*

bouchon [buʃɔ̃] *nm* **1** *(gén)* tapón *m*; (- en liège) corcho *m.* **2** *(de circulation)* atasco *m.*

boucle [bukl] *nf* **1** *(anneau)* aro *m,* anilla *f.* **2** *(de ceinture, chaussure)* hebilla *f.* **3** *(de cheveux)* rizo *m.* ■ **boucle d'oreille** pendiente *m.*

boucler [1] [bukle] *vt* **1** *(ceinture)* abrochar. **2** *fig (valise, affaire)* cerrar. **3** *(zone)* acordonar. **4** *(cheveux)* rizar. ● **la boucler** *fam* cerrar el pico.

bouddhisme [budism] *nm* budismo *m.*

boudin [budɛ̃] *nm* **1** CUIS morcilla *f.* **2** *fam péj (personne)* feto *m.*

boue [bu] *nf* barro *m.*

bouée [bwe] *nf* boya *f.* ■ **bouée de sauvetage** salvavidas *m inv.*

boueux,-euse [buø,-øz] *adj* fangoso,-sa.

bouffe [buf] *nf fam* papeo *m.*

bouffée [bufe] *nf* **1** *(d'air, de vent)* bocanada *f.* **2** *(de cigarette)* calada *f.* ■ **bouffée de chaleur** sofoco *m.*

bouffer [1] [bufe] *vi (vêtement)* ahuecarse. ► *vt* **1** *fam* papear: **il a bouffé tout son fric**, se ha gastado toda la pasta. **2** *(absorber)* absorber: **son travail le bouffe entièrement**, su trabajo lo absorbe por completo.

bouger [4] [buʒe] *vt* mover. ► *vi* **1** *(gén)* moverse. **2** *(changer)* variar, cambiar. **3** *(fam)* menearse.

bougie [buʒi] *nf* **1** *(pour éclairer)* vela *f.* **2** *(de voiture)* bujía *f.*

bougonner [1] [bugɔne] *vi* refunfuñar.

bouillant,-e [bujɑ̃,-ɑ̃t] *adj* **1** *(liquide)* hirviendo, que hierve. **2** *fig (personne)* ardiente.

bouillir [26] [bujiʀ] *vi* **1** *(liquide)* hervir. **2** *fig (personne)* arder: **elle bout d'impatience**, arde de impaciencia.

bouilloire [bujwaʀ] *nf* hervidor *m.*

bouillon [bujɔ̃] *nm* **1** *(soupe)* caldo *m.* **2** *(d'un liquide qui bout)* borbotón *m.*

bouillonner [1] [bujɔne] *vi* **1** *(liquide)* borbotear. **2** *fig (personne)* hervir.

boulanger,-ère [bulɑ̃ʒe,-ɛʀ] *adj - nm,f* panadero,-ra.

boulangerie [bulɑ̃ʒʀi] *nf* panadería *f.*

boule [bul] *nf* **1** *(de billard, pétanque)* bola *f.* **2** *fam fig (tête)* chaveta *f.* ● **avoir les boules** *fam fig* estar muy agobiado,-da. **perdre la boule** *fam* perder la chaveta.

boulette [bulɛt] *nf* **1** *(petite boule)* bolita *f.* **2** CUIS albóndiga *f.*

boulevard [bulvaʀ] *nm* bulevar *m.*

bouleversement [bulvɛʀsəmɑ̃] *nm* **1** *(changement)* trastorno *m.* **2** *(d'une personne)* conmoción *f.*

bouleverser [1] [bulvɛʀse] *vt* **1** *(mettre en désordre)* poner patas arriba. **2** *(changer)* revolucionar. **3** *(personne)* emocionar, con mocionar.

boulimie [bulimi] *nf* bulimia *f.*

boulot [bulo] nm fam curro m. • **au boulot !** ¡a trabajar!
bouquet [bukɛ] nm **1** (de fleurs) ramo m. **2** (du vin) buqué m. **3** (de feu d'artifice) traca f final. • **c'est le bouquet !** fam ¡es el colmo!
bouquin [bukɛ̃] nm fam libro m.
bouquiner [1] [bukine] vt leer.
bourde [buʀd] nf fam sandez f. • **faire une bourde** fam meter la pata.
bourg [buʀ] nm burgo m.
bourgeois,-e [buʀʒwa,-az] adj - nm,f burgués,-esa.
bourgeoisie [buʀʒwazi] nf burguesía f.
bourrage [buʀaʒ] nm **1** (de coussin) relleno m. **2** INFORM atasco m. • **bourrage de crâne 1** fam (pour un examen) empollada f. **2** (propagande) comida f de tarro. **bourrage papier** INFORM atasco de papel.
bourratif,-ive [buʀatif,-iv] adj fam (aliment) pesado,-da.
bourre [buʀ] nf borra f. • **être à la bourre** fam ir retrasado,-da.
bourré,-e [buʀe] adj atiborrado, -da.
bourrelet [buʀlɛ] nm michelín m.
bourrer [1] [buʀe] vt **1** (coussin, matelas) rellenar. **2** (entasser) abarrotar. **3** fam (de nourriture) atiborrar. ▶ vpr **se bourrer 1** (de nourriture) atiborrarse. **2** fam (d'alcool) mamarse.
bourse [buʀs] nf **1** (pour l'argent) monedero m. **2** (pour étudiants) beca f. **3 la Bourse** ÉCON la Bolsa f.
boursouflé,-e [buʀsufle] adj abotargado,-da.
bousculade [buskylad] nf **1** (cohue) aglomeración f. **2** (précipitation) prisa f.
bousculer [1] [buskyle] vt **1** (pousser) empujar. **2** (presser) meter prisa a. ▶ vpr **se bousculer** empujarse.

bouse [buz] nf boñiga f.
bousiller [1] [buzije] vt **1** fam (travail) chapucear. **2** fam (appareil, voiture) cargarse.
boussole [busɔl] nf brújula f.
bout [bu] nm **1** (extrémité) punta f. **2** (limite) final m. **3** (morceau) trozo m. • **à bout de souffle** sin aliento. **au bout de 1** (espace) al final de. **2** (durée) al cabo de. **au bout du compte** al fin y al cabo. **d'un bout à l'autre** de cabo a rabo. **être à bout** estar en las últimas. **pousser** QQN **à bout** sacar a ALGN de sus casillas. **savoir sur le bout du doigt** saber al dedillo. **venir à bout de** acabar con.
bouteille [butɛj] nf botella f.
boutique [butik] nf tienda f.
bouton [butɔ̃] nm **1** (de vêtement, de machine) botón m. **2** (sur la peau) grano m. **3** (de porte) tirador m. • **bouton de manchette** gemelo m.
boutonner [1] [butɔne] vt abotonar.
bouton-pression [butɔ̃pʀesjɔ̃] nm (pl **boutons-pression**) automático m.
bovin,-e [bɔvɛ̃,-in] adj bovino,-na. ▶ nm **bovin** bovino m.
bowling [bulin] nm **1** (jeu) bolos m pl. **2** (salle) bolera f.
boxe [bɔks] nf boxeo m.
boxer [1] [bɔkse] vi boxear.
boxeur [bɔksœʀ] nm boxeador m.
boyau [bwajo] nm **1** (intestin) tripa f. **2** (de raquette) cuerda f. **3** (de bicyclette) tubular m.
bracelet [bʀaslɛ] nm **1** (bijou) pulsera f. **2** (de montre) correa f.
brader [1] [bʀade] vt liquidar.
braguette [bʀagɛt] nf bragueta f.
braille [bʀaj] nm braille m.
brailler [1] [bʀaje] vi fam berrear.
braise [bʀɛz] nf brasa f.

brancard [brɑ̃kar] nm **1** *(pour blessés)* camilla f. **2** *(de charrette)* varal m.
brancardier,-ère [brɑ̃kardje,-ɛr] nm,f camillero,-ra.
branchage [brɑ̃ʃaʒ] nm ramaje m.
branche [brɑ̃ʃ] nf **1** *(d'arbre)* rama f. **2** *(de lunettes)* patilla f. **3** *(secteur)* ramo m.
branché,-e [brɑ̃ʃe] adj **1** *(câble)* enchufado,-da. **2** fam *(à la mode)* moderno,-na.
branchement [brɑ̃ʃmɑ̃] nm conexión f.
brancher [1] [brɑ̃ʃe] vt **1** *(câble, appareil)* conectar, enchufar. **2** *(conversation)* orientar (**sur**, hacia). **3** fam *(plaire)* molar.
brandir [20] [brɑ̃dir] vt blandir.
branlant,-e [brɑ̃lɑ̃,-ɑ̃t] adj *(meuble)* cojo,-ja.
branle-bas [brɑ̃lba] nm inv fig trajín m. ■ **branle-bas de combat** zafarrancho m de combate.
branler [1] [brɑ̃le] vt menear, hacer bambolear. ▶ vi tambalearse.
braquer [2] [brake] vt **1** *(diriger - arme)* apuntar; *(- longue-vue)* enfocar; *(- regard)* fijar. **2** fam *(une banque)* atracar. ▶ vpr **se braquer** rebotarse (**contre**, contra).
bras [bra] nm brazo m. ● **à tour de bras** con todas tus fuerzas. **aller bras dessus, bras dessous** ir cogidos del brazo. **avoir le bras long** fig tener mucha influencia. **être le bras droit de** qqn fig ser la mano derecha de ALGN. ■ **bras de fer** pulso m.
brasier [brazje] nm hoguera f.
brassard [brasar] nm brazalete m.
brasse [bras] nf braza f.
brasser [1] [brase] vt **1** *(mêler)* remover. **2** *(bière)* elaborar. **3** fig *(affaires)* manejar.

brasserie [brasri] nf **1** *(usine)* cervecería f. **2** *(secteur)* industria f cervecera. **3** *(bar)* brasserie f.
brave [brav] adj **1** *(qui a du courage)* valiente. **2** *(caractère)* bueno,-na.
brebis [brəbi] nf oveja f. ■ **brebis galeuse** oveja negra.
bredouiller [1] [brəduje] vi farfullar.
bref, brève [brɛf, brɛv] adj breve. ▶ adv **bref** en resumen. ● **en bref** en pocas palabras.
Brésil [brezil] nm Brasil.
brésilien,-enne [brezilję̃,-ɛn] adj brasileño,-ña. ▶ nm,f **Brésilien,-enne** brasileño,-ña.
bretelle [brətɛl] nf **1** *(d'autoroute)* entrada f. **2** *(de fusil)* bandolera f. ▶ nf pl **bretelles** tirantes m pl.
brevet [brəvɛ] nm **1** *(d'invention)* patente f. **2** *(d'études)* diploma m. **3** *(d'aptitudes)* certificado m.
breveter [6] [brəvte] vt patentar.
bribe [brib] nf *(de conversation, souvenir)* fragmento m.
bricolage [brikɔlaʒ] nm **1** *(gén)* bricolaje m. **2** péj *(travail mal fait)* chapuza f.
bricoler [1] [brikɔle] vi **1** *(chez soi)* hacer bricolaje. **2** *(faire divers petits métiers)* hacer un poco de todo. ▶ vt *(aménager)* arreglar.
brigade [brigad] nf brigada f.
brigadier [brigadje] nm **1** *(de l'armée)* general m de brigada. **2** *(de la police)* cabo m.
brigand [brigɑ̃] nm **1** *(voleur)* bandolero m. **2** *(coquin)* pillo m.
brillant,-e [brijɑ̃,-ɑ̃t] adj brillante. ▶ nm **brillant 1** *(éclat)* brillo m. **2** *(diamant)* brillante m.
briller [1] [brije] vi brillar.
brin [brɛ̃] nm *(d'herbe)* brizna f. ● **un brin (de)** una pizca (de).
brindille [brɛ̃dij] nf ramita f.

brioche [bʀijɔʃ] *nf* **1** *(pâtisserie)* brioche *m*. **2** *fam (ventre)* panza *f*.
brique [bʀik] *nf* **1** *(pierre)* ladrillo *m*. **2** *(emballage)* tetrabrik *m*, brik *m*.
briquet [bʀikɛ] *nm* mechero *m*, encendedor *m*.
brise [bʀiz] *nf* brisa *f*.
briser [1] [bʀize] *vt* **1** *(objet)* romper. **2** *fig (volonté, charme)* quebrantar. **3** *(amitié, carrière)* destrozar. ▶ *vpr* **se briser 1** *(verre, vagues)* romperse. **2** *fig (courage, espoir)* venirse abajo.
britannique [bʀitanik] *adj* británico,-ca. ▶ *nmf* **Britannique** británico,-ca.
broc [bʀo] *nf* **1** *(bijou)* broche *m*. **2** CUIS espetón *m*. **3** *(connexion électrique)* (enchufe) macho *m*.
brochet [bʀɔʃɛ] *nm* lucio *m*.
brochette [bʀɔʃɛt] *nf* **1** CUIS *(de viande)* pincho *m*, brocheta *f*. **2** *fig (de personnes)* ramillete *m*.
brochure [bʀɔʃyʀ] *nf* folleto *m*.
broder [1] [bʀode] *vt* bordar.
broderie [bʀɔdʀi] *nf* bordado *m*.
broncher [1] [bʀɔ̃ʃe] *vi* resistirse. ● **sans broncher** sin rechistar.
bronchite [bʀɔ̃ʃit] *nf* bronquitis *f*.
bronzage [bʀɔ̃zaʒ] *nm* bronceado *m*.
bronzant,-e [bʀɔ̃zɑ̃,-ɑ̃t] *adj* bronceador,-ra.
bronze [bʀɔ̃z] *nm* bronce *m*.
bronzé,-e [bʀɔ̃ze] *adj* moreno,-na.
bronzer [1] [bʀɔ̃ze] *vi* broncearse, tomar el sol.
brosse [bʀɔs] *nf* **1** *(gén)* cepillo *m*. **2** *(pour peindre)* brocha *f*. ● **brosse à dents** cepillo de dientes.
brosser [1] [bʀɔse] *vt* cepillar.
brouhaha [bʀuaa] *nm* jaleo *m*.
brouillard [bʀujaʀ] *nm* niebla *f*.
brouiller [1] [bʀuje] *vt* **1** *(mêler)* mezclar. **2** *(rendre trouble - la vue)* nublar; *(- le teint)* turbar. **3** *(radio)* interferir. **4** *fig (l'esprit, les idées)* trastornar. **5** *(amis, famille)* enemistar. ▶ *vpr* **se brouiller 1** *(liquide)* enturbiarse. **2** *(ciel)* nublarse. **3** *(idées)* confundirse. ● **se brouiller avec** QQN pelearse con ALGN.
brouillon,-onne [bʀujɔ̃,-ɔn] *adj* desordenado,-da. ▶ *nm* **brouillon** borrador *m*.
broutille [bʀutij] *nf* fruslería *f*.
broyer [16] [bʀwaje] *vt* moler. ● **broyer du noir** *fig* verlo todo negro.
bruine [bʀɥin] *nf* llovizna *f*.
bruiner [1] [bʀɥine] *v impers* lloviznar.
bruit [bʀɥi] *nm* **1** *(gén)* ruido *m*. **2** *(rumeur)* rumor *m*. **3** *(retentissement)* revuelo *m*: **cette affaire va faire du bruit**, este asunto dará que hablar.
brûlant,-e [bʀylɑ̃,-ɑ̃t] *adj* **1** *(gén)* ardiente. **2** *(soleil)* abrasador,-ra. **3** *fig (question)* candente.
brûler [1] [bʀyle] *vt* **1** *(gén)* quemar. **2** *(café)* tostar. **3** *(feu rouge, un stop)* saltarse; *(étape)* quemar. ▶ *vi* **1** *(gén)* arder. **2** *(être brûlant)* quemar: **ne touche pas, ça brûle**, no toques eso, que quema. ● **brûler d'impatience** morirse de impaciencia.
brûlure [bʀylyʀ] *nf* quemadura *f*. ● **brûlures d'estomac** ardor *m sing* de estómago.
brume [bʀym] *nf* bruma *f*.
brumeux,-euse [bʀymø,-øz] *adj* **1** *(ciel, temps)* nuboso,-sa. **2** *(pensée)* vago,-ga.
brun,-e [bʀœ̃, bʀyn] *adj* **1** *(couleur)* pardo,-da. **2** *(teint, cheveux)* moreno,-na. **3** *(bière, tabac)* negro,-gra. ▶ *nmf* moreno,-na. ▶ *nm* **brun** *(couleur)* castaño *m*.
brusque [bʀysk] *adj* brusco,-ca.

brusquer [2] [bʀyske] vt 1 (personne) tratar con brusquedad. 2 (décision, voyage) precipitar.
brut,-e [bʀyt] adj 1 (diamant) en bruto. 2 (personne) bruto,-a. 3 (pétrole) crudo,-da. 4 (champagne) brut.
brute [bʀyt] nf (personne) animal m.
brutal,-e [bʀytal] adj brutal.
brutalité [bʀytalite] nf brutalidad f.
bruyant,-e [bʀɥijɑ̃,-ɑ̃t] adj ruidoso,-sa.
buccal,-e [bykal] adj bucal.
bûche [byʃ] nf tronco m.
bûcher¹ [byʃe] nm hoguera f.
bûcher² [1] [byʃe] vt - vi fam empollar.
bucolique [bykɔlik] adj bucólico,-ca.
budget [bydʒɛ] nm presupuesto m.
buée [bɥe] nf vaho m.
buffet [byfɛ] nm 1 (meuble) aparador m. 2 (réception) bufé m.
buffle [byfl] nm búfalo m.
buisson [bɥisɔ̃] nm matorral m.
bulgare [bylgaʀ] adj búlgaro,-ra. ▶ nmf **Bulgare** búlgaro,-a. ▶ nm (langue) búlgaro m.
bulle [byl] nf 1 (d'air) burbuja f. 2 (de savon) pompa f. 3 (de bande dessinée) bocadillo m.
bulletin [byltɛ̃] nm 1 (gén) boletín m. 2 (certificat) recibo m. ▪ **bulletin de salaire** nómina f. **bulletin de vote** papeleta f de voto.

bureau [byʀo] nm 1 (meuble) escritorio m. 2 (pièce) despacho m. 3 (lieu de travail) oficina f. ▪ **bureau de poste** oficina de correos. **bureau de tabac** estanco m. **bureau de vote** colegio m electoral.
bureaucratie [byʀokʀasi] nf burocracia f.
bureautique [byʀotik] nf ofimática f.
burlesque [byʀlɛsk] adj grotesco, -ca. ▶ nm género m burlesco.
bus [bys] nm autobús m.
buste [byst] nm busto m.
but [byt] nm 1 (gén) objetivo m, meta f. 2 (de voyage, promenade) destino m. 3 SPORT gol m. ▪ **aller droit au but** ir directo al grano. **dans le but de** con el fin de.
buté,-e [byte] adj terco,-ca.
buter [1] [byte] vi (obstacle, difficulté) tropezar (**contre**, con). ▶ vt 1 (mur, voûte) apuntalar. 2 (braquer) contrariar. 3 fam (tuer) liquidar. ▶ vpr **se buter** (s'entêter) obstinarse, empeñarse.
butin [bytɛ̃] nm botín m.
butoir [bytwaʀ] nm tope m.
butte [byt] nf loma f.
buvable [byvabl] adj bebible.
buvette [byvɛt] nf bar m.
buveur,-euse [byvœʀ,-øz] nm,f bebedor,-ra.

C

c' [sə] *pron dém* → ce.
ça [sa] *pron dém* **1** (*gén*) esto, eso: **il ne manquait plus que ça**, sólo faltaba eso. **2** (*indéterminé*) ello: **rien que ça**, nada más. • **ça alors !** ¡no me digas! **ça y est** ya está. **c'est ça !** ¡eso es! **c'est comme ça !** ¡así! **comment ça va ?** ¿qué tal?
çà [sa] *adv* aquí.
cabane [kaban] *nf* **1** (*abri*) cabaña *f*, fresco. **2** (*à lapins*) conejera *f*. **3** *fam* (*prison*) chirona *f*.
cabaret [kabaʀɛ] *nm* cabaret *m*.
cabillaud [kabijo] *nm* bacalao *m* fresco.
cabine [kabin] *nf* **1** (*de navire*) camarote *m*. **2** (*d'ascenseur, d'interprète*) cabina *f*. **3** (*de véhicule*) habitáculo *m*. • **cabine d'essayage** probador *m*. **cabine téléphonique** cabina telefónica.
cabinet [kabinɛ] *nm* **1** (*petite pièce*) cuarto *m*. **2** (*de médecin*) consulta *f*, consulto- rio *m*. **3** (*d'avocat*) bufete *m*. **4** (*de ministre*) gabinete *m*.
câble [kabl] *nm* cable *m*.
câbler [1] [kable] *vt* **1** (*fils métalliques*) cablear. **2** (*une dépêche*) telegrafiar.
cabosser [1] [kabɔse] *vt* abollar.
cabrer (se) [1] [kabʀe] *vpr* **1** (*cheval*) encabritarse. **2** *fig* (*se révolter*) irritarse.
cabriole [kabʀijɔl] *nf* cabriola *f*, voltereta *f*.
cabriolet [kabʀijɔlɛ] *nm* cabriolé *m*.
caca [kaka] *nm fam* caca *f*.

cacahouète [kakawɛt] *nf* cacahuete *m*.
cacahuète [kakawɛt] *nf* cacahuete *m*.
cacao [kakao] *nm* cacao *m*.
cachalot [kaʃalo] *nm* cachalote *m*.
cache-cache [kaʃkaʃ] *nm inv* (*jeu*) escondite *m*.
cacher [1] [kaʃe] *vt* **1** (*gén*) esconder, ocultar. **2** (*masquer*) tapar.
cachet [kaʃɛ] *nm* **1** (*sceau*) sello *m*. **2** (*d'aspirine*) comprimido *m*. **3** (*rétribution*) caché *m*. • **cachet de la poste** matasellos *m*.
cacheter [6] [kaʃte] *vt* **1** (*enveloppe*) cerrar. **2** (*à la cire*) lacrar.
cachette [kaʃɛt] *nf* escondrijo *m*, escondite *m*. • **en cachette** a escondidas.
cachot [kaʃo] *nm* calabozo *m*.
cachotterie [kaʃɔtʀi] *nf fam* secretito *m*.
cactus [kaktys] *nm* cactus *m*, cacto *m*.
cadavre [kadavʀ] *nm* cadáver *m*.
caddie® [kadi] *nm* (*au supermarché*) carrito *m*, carro *m*.
cadeau [kado] *nm* regalo *m*.
cadenas [kadna] *nm* candado *m*.
cadenasser [1] [kadnase] *vt* cerrar con candado.
cadence [kadɑ̃s] *nf* **1** (*en musique*) cadencia *f*. **2** (*de travail*) ritmo *m*. • **en cadence** al compás.
cadet,-ette [kadɛ,-ɛt] *adj* menor. ▶ *nm, f* menor: **il est mon cadet d'un an**, es un año menor que yo; **elle est la cadette du groupe**, es la más joven del grupo.

cadre [kadʀ] *nm* **1** *(de tableau, de porte)* marco *m*. **2** *(de bicyclette)* cuadro *m*. **3** *(châssis)* bastidor *m*. **4** *(d'entreprise)* ejecutivo *m*. **5** fig *(entourage)* marco *m*, ámbito *m*. **6** *(sur formulaire)* recuadro *m*. ● **dans le cadre de** en el marco de.

cadrer [1] [kadʀe] *vi* concordar, encajar. ▶ *vt (une image)* encuadrar.

caducité [kadysite] *nf* caducidad *f*.

cafard [kafaʀ] *nm* **1** *(insecte)* cucaracha *f*. **2** fam *(tristesse)* morriña *f*. ● **avoir le cafard** fam estar depre.

café [kafe] *nm* **1** *(boisson)* café *m*. **2** *(local)* bar *m*, café *m*. ▶ *adj inv (couleur)* café. ■ **café au lait** café con leche. **café noir** café solo. **café crème** cortado *m*.

cafétéria [kafeteʀja] *nf* cafetería *f*.

cafetière [kaftjɛʀ] *nf* cafetera *f*.

cage [kaʒ] *nf* **1** *(pour animal)* jaula *f*. **2** *(d'escalier, d'ascenseur)* caja *f*. ■ **cage thoracique** caja torácica.

cagoule [kagul] *nf* **1** *(contre le froid)* pasamontañas *m*. **2** *(de moine)* capuchón *m*.

cahier [kaje] *nm* cuaderno *m*.

caille [kaj] *nf* codorniz *f*.

caillé,-e [kaje] *adj* **1** *(lait)* cuajado, -da. **2** *(sang)* coagulado,-da. ▶ *nm* **caillé** requesón *m*.

cailler [1] [kaje] *vt* **1** *(lait)* cuajar. **2** *(sang)* coagular. ▶ *vi* fam *(avoir froid)* helarse: **ça caille ici !**, ¡aquí hace un frío que pela!

caillot [kajo] *nm* coágulo *m*.

caillou [kaju] *nm* piedra *f*.

caïman [kaimɑ̃] *nm* caimán *m*.

caisse [kɛs] *nf* caja *f*. ■ **caisse à outils** caja de herramientas. **caisse d'épargne** caja de ahorros.

caissier,-ère [kesje,-ɛʀ] *nm,f* cajero,-ra.

cajoler [1] [kaʒɔle] *vt* mimar.

cake [kɛk] *nm* bizcocho *m*.

calamar [kalamaʀ] *nm* calamar *m*.

calcaire [kalkɛʀ] *adj* calcáreo,-a. ▶ *nm* caliza *f*.

calcium [kalsjɔm] *nm* calcio *m*.

calcul [kalkyl] *nm* cálculo *m*.

calculatrice [kalkylatʀis] *nf (machine)* calculadora *f*.

calculer [1] [kalkyle] *vt* calcular.

calculette [kalkylɛt] *nf* calculadora *f* de bolsillo.

calé,-e [kale] *adj* **1** fam fig *(personne)* fuerte: **il est calé en histoire**, es fuerte en historia. **2** *(problème)* difícil.

caleçon [kalsɔ̃] *nm* **1** *(d'homme)* calzoncillos *m pl*. **2** *(de femme)* mallas *f pl*.

calendrier [kalɑ̃dʀije] *nm* calendario *m*.

caler [1] [kale] *vt* **1** *(roue, meuble)* calzar. ▶ *vi* **1** fam *(devant l'adversaire)* ceder. **2** fam *(devant la nourriture)* estar lleno,-na. **3** *(moteur, voiture)* calarse. ▶ *vpr* **se caler** *(dans un fauteuil)* arrebujarse.

calibre [kalibʀ] *nm* **1** *(diamètre, importance)* calibre *m*. **2** *(appareil)* calibrador *m*, calibre *m*.

câlin,-e [kalɛ̃,-in] *adj* mimoso,-sa. ▶ *nm* **câlin** mimo *m*.

calligraphie [kaligʀafi] *nf* caligrafía *f*.

calmant,-e [kalmɑ̃,-ɑ̃t] *adj* **1** *(piqûre, médicament)* calmante. **2** *(personne)* tranquilizador,-ra. ▶ *nm* **calmant 1** *(de douleur physique)* calmante *m*. **2** *(d'anxiété)* tranquilizante *m*.

calme [kalm] *adj* tranquilo,-la. ▶ *nm* calma *f*.

calmer [1] [kalme] *vt* calmar.

calomnie [kalɔmni] *nf* calumnia *f*.

calomnier [12] [kalɔmnje] *vt* calumniar.

calorie [kalɔʀi] *nf* caloría *f*.

calorifique [kalɔʀifik] *adj* calorífico,-ca.

calquer [2] [kalke] *vt* calcar.

calvaire [kalvɛʀ] *nm* calvario *m*.

calvitie [kalvisi] *nf* calvicie *f*.

camarade [kamaʀad] *nmf* **1** *(de classe)* compañero,-ra. **2** *(de partit)* camarada.

cambriolage [kɑ̃bʀijɔlaʒ] *nm* robo *m*.

cambrioler [1] [kɑ̃bʀijɔle] *vt* robar.

cambrioleur,-euse [kɑ̃bʀijɔlœʀ,-øz] *nm,f* ladrón,-ona.

caméléon [kameleɔ̃] *nm* camaleón *m*.

camelote [kamlɔt] *nf* baratija *f*.

caméra [kameʀa] *nf* cámara *f*. ■ **caméra cachée** cámara oculta.

cameraman [kameʀaman] *nm* (*pl* **cameramans** ou **cameramen**) cámara *mf*, operador,-a.

camion [kamjɔ̃] *nm* camión *m*.

camionnette [kamjɔnɛt] *nf* camioneta *f*.

camionneur [kamjɔnœʀ] *nm* **1** *(conducteur)* camionero,-ra. **2** *(entrepreneur)* transportista *mf*.

camomille [kamɔmij] *nf* manzanilla *f*.

camouflage [kamuflaʒ] *nm* **1** *(des militaires)* camuflaje *m*. **2** *fig (d'une intention)* disimulo *m*.

camoufler [1] [kamufle] *vt* **1** *(véhicule, soldat)* camuflar. **2** *fig (faute, intention)* disimular.

camp [kɑ̃] *nm* campamento *m*, campo *m*. ● **ficher le camp** *fam* largarse. ■ **camp de concentration** campo de concentración.

campagnard,-e [kɑ̃paɲaʀ,-aʀd] *adj - nm,f* campesino,-na.

campagne [kɑ̃paɲ] *nf* **1** *(région)* campo *m*. **2** *(politique, commerciale)* campaña *f*.

campement [kɑ̃pmɑ̃] *nm* campamento *m*.

camper [1] [kɑ̃pe] *vi* **1** *(faire du camping)* acampar. **2** *fig (s'installer)* estarse. ▶ *vt fig (paysage, personnage)* describir.

campeur,-euse [kɑ̃pœʀ,-øz] *nm,f* campista.

Canada [kanada] *nm* Canadá.

canadien,-enne [kanadjɛ̃,-ɛn] *adj* canadiense. ▶ *nm,f* **Canadien,-enne** canadiense.

canal [kanal] *nm* canal *m*.

canalisation [kanalizasjɔ̃] *nf* canalización *f*.

canaliser [1] [kanalize] *vt* canalizar.

canapé [kanape] *nm* **1** *(meuble)* sofá *m*. **2** *(à manger)* canapé *m*.

canapé-lit [kanapeli] *nm* (*pl* **canapés-lits**) sofá cama *m*.

canard [kanaʀ] *nm* pato *m*.

canari [kanaʀi] *nm* canario *m*.

cancer [kɑ̃sɛʀ] *nm* cáncer *m*.

cancéreux,-euse [kɑ̃seʀø,-øz] *adj - nm,f* canceroso,-sa.

cancérigène [kɑ̃seʀiʒɛn] *adj* cancerígeno,-na.

cancre [kɑ̃kʀ] *nm fam fig* muy mal, -a estudiante.

candeur [kɑ̃dœʀ] *nf* candor *m*.

candidat,-e [kɑ̃dida,-at] *nm,f* candidato,-ta.

candidature [kɑ̃didatyʀ] *nf* candidatura *f*.

candide [kɑ̃did] *adj* cándido,-da.

cane [kan] *nf* pata *f*.

canette [kanɛt] *nf* **1** *(animal)* anadina *f*. **2** *(de bière)* lata *f*.

canicule [kanikyl] *nf* canícula *f*.

canif [kanif] *nm* navaja *f*.

canin,-e [kanɛ̃,-in] *adj* canino,-na.

canine [kanin] *nf* colmillo *m*, canino *m*.

caniveau [kanivo] *nm* alcantarilla *f*.

canne [kan] *nf* bastón *m*. ■ **canne à pêche** caña de pescar. **canne à sucre** caña de azúcar.

cannelle [kanɛl] *nf* canela *f*.

cannibale [kanibal] *adj - nmf* caníbal.

cannibalisme [kanibalism] *nm* canibalismo *m*.

canoë [kanɔe] *nm* canoa *f*.

canon [kanɔ̃] *nm* **1** *(pour obus, d'arme)* cañón *m*. **2** *(règle)* canon *m*. **3** *fam (de vin)* chato *m*.

canot [kano] *nm* bote *m*. ■ **canot de sauvetage** bote salvavidas.
cantatrice [kɑ̃tatʀis] *nf* cantante *f* de ópera.
cantine [kɑ̃tin] *nf* comedor *m*.
canton [kɑ̃tɔ̃] *nm* cantón *m*.
cantonner [1] [kɑ̃tɔne] *vt (troupes)* acantonar. ▶ *vpr* **se cantonner 1** *(sans sortir)* aislarse, encerrarse. **2** *fig (se borner)* limitarse.
caoutchouc [kautʃu] *nm* caucho *m*.
cap [kap] *nm* **1** GÉOG cabo *m*. **2** *(direction)* rumbo *m*. ■ **mettre le cap sur** poner rumbo a.
capable [kapabl] *adj* capaz.
capacité [kapasite] *nf* capacidad *f*.
cape [kap] *nf* capa *f*.
capillaire [kapilɛʀ] *adj* capilar.
capitaine [kapitɛn] *nm* capitán *m*.
capital,-e [kapital] *adj* capital. ▶ *nm* **capital** *(argent)* capital *m*.
capitale [kapital] *nf* **1** *(ville)* capital *f*. **2** *(lettre)* mayúscula *f*.
capitalisme [kapitalism] *nm* capitalismo *m*.
capitaliste [kapitalist] *adj - nmf* capitalista.
capitulation [kapitylasjɔ̃] *nf* capitulación *f*.
capituler [1] [kapityle] *vi* capitular.
caporal [kapɔʀal] *nm* **1** *(grade)* cabo *m*. **2** *(tabac)* tabaco *m*.
capot [kapo] *nm* capó *m*.
capote [kapɔt] *nf* **1** *(manteau)* capote *m*. **2** *(de voiture)* capota *f*. **3** *fam (préservatif)* condón *m*.
câpre [kapʀ] *nf* alcaparra *f*.
capricieux,-euse [kapʀisjø,-øz] *adj* **1** *(en fant)* caprichoso,-sa. **2** *(temps)* inestable. ▶ *nm,f* caprichoso,-sa.
capsule [kapsyl] *nf* **1** *(gén)* cápsula *f*. **2** *(de bouteille)* chapa *f*.
capter [1] [kapte] *vt* captar.
captif,-ive [kaptif,-iv] *adj - nm,f* cautivo, -va.

captivant,-e [kaptivɑ̃,-ɑ̃t] *adj* cautivador,-ra.
capture [kaptyʀ] *nf* captura *f*.
capturer [1] [kaptyʀe] *vt* capturar.
capuche [kapyʃ] *nf* capucha *f*.
capuchon [kapyʃɔ̃] *nm* capuchón *m*.
car[1] [kaʀ] *conj* porque, ya que: **il ne viendra pas car il est fatigué**, no vendrá porque está cansado.
car[2] [kaʀ] *nm* autocar *m*.
carabine [kaʀabin] *nf* carabina *f*.
caractère [kaʀaktɛʀ] *nm* **1** *(de persone)* carácter *m*. **2** *(caractéristique)* rasgo *m*. **3** *(d'imprimerie)* letra *f*, carácter *m*. ■ **avoir mauvais caractère** tener mal genio. ■ **caractère d'imprimerie** letra de imprenta.
caractériser [1] [kaʀakteʀize] *vt* caracterizar.
caractéristique [kaʀakteʀistik] *adj* característico,-ca. ▶ *nf* característica *f*.
carafe [kaʀaf] *nf* jarra *f*.
caramel [kaʀamɛl] *nm* caramelo *m*.
carapace [kaʀapas] *nf* caparazón *m*.
caravane [kaʀavan] *nf* caravana *f*.
carbone [kaʀbɔn] *nm* carbono *m*. ■ **papier carbone**, papel carbón.
carbonique [kaʀbɔnik] *adj* carbónico,-ca: **gaz carbonique**, gas carbónico.
carburant [kaʀbyʀɑ̃] *nm* carburante *m*.
carcasse [kaʀkas] *nf* **1** *(d'animal)* carcasa *f*. **2** *(de bateau, d'immeuble)* armazón *m*. **3** *fam (corps humain)* esqueleto *m*.
cardiaque [kaʀdjak] *adj - nmf* cardíaco,-ca.
cardinal,-e [kaʀdinal] *adj* cardinal. ▶ *nm* **cardinal** cardenal *m*.
cardiologue [kaʀdjɔlɔɡ] *nmf* cardiólogo,-ga.
cardiovasculaire [kaʀdjɔvaskylɛʀ] *adj* cardiovascular.

carence [karɑ̃s] *nf* **1** *(d'un débiteur)* insolvencia *f*. **2** *(d'un gouvernement)* incompetencia *f*. **3** *(en fer, calcium)* carencia *f*.

caresse [kaʀɛs] *nf* caricia *f*.

caresser [1] [kaʀese] *vt* **1** *(gén)* acariciar. **2** *fig (espoir)* abrigar.

cargaison [kaʀgɛzɔ̃] *nf* **1** *(marchandises)* cargamento *m*. **2** *fam fig (grande quantité)* montón *m*.

caricature [kaʀikatyʀ] *nf* caricatura *f*.

carie [kaʀi] *nf* caries *f*.

carnage [kaʀnaʒ] *nm* matanza *f*.

carnaval [kaʀnaval] *nm* carnaval *m*.

carnet [kaʀnɛ] *nm* libreta *f*.

carnivore [kaʀnivɔʀ] *adj* carnívoro,-ra. ▶ *nm* carnívoro *m*.

carotte [kaʀɔt] *nf* zanahoria *f*.

carpe [kaʀp] *nf (poisson)* carpa *f*. ▶ *nm* ANAT carpo *m*.

carreau [kaʀo] *nm* **1** *(au sol)* baldosa *f*. **2** *(en faïence)* azulejo *m*. **3** *(d'une fenêtre)* cristal *m*. **4** *(motif géométrique)* cuadro *m*. **5** *(jeu de cartes)* diamante *m*.

carrefour [kaʀfuʀ] *nm* **1** *(de rues)* cruce *m*. **2** *fig (situation)* encrucijada *f*.

carrelage [kaʀlaʒ] *nm* **1** *(action)* embaldosado *m*. **2** *(surface)* alicatado *m*.

carrément [kaʀmɑ̃] *adv* **1** *(catégoriquement)* francamente. **2** *(complètement)* totalmente.

carrière [kaʀjɛʀ] *nf* **1** *(de pierre)* cantera *f*. **2** *(professionnelle)* carrera *f*.

carrosserie [kaʀɔsʀi] *nf* carrocería *f*.

carrure [kaʀyʀ] *nf* **1** *(de personne)* anchura *f* de espaldas. **2** *(de vêtement)* anchura *f* de hombros. **3** *(force, valeur)* envergadura *f*.

cartable [kaʀtabl] *nm* cartera *f*.

carte [kaʀt] *nf* **1** *(document)* tarjeta *f*, carné *m*. **2** *(de jeu)* carta *f*, naipe *m*. **3** *(pour s'orienter)* mapa *m*. **4** *(au restaurant)* carta *f*. ■ **donner carte blanche à** QQN dar carta blanca a ALGN. ■ **carte de crédit** tarjeta de crédito. **carte d'étudiant** carné de estudiante. **carte des vins** carta de vinos. **carte de séjour** permiso *m* de residencia. **carte d'identité** carné de identidad. **carte postale** postal *f*.

cartilage [kaʀtilaʒ] *nm* ANAT cartílago *m*.

cartographie [kaʀtɔgʀafi] *nf* cartografía *f*.

carton [kaʀtɔ̃] *nm* **1** *(matière)* cartón *m*. **2** *(emballage)* caja *f* de cartón. **3** *(d'invitation, de sanction)* tarjeta *f*. **4** *(cible)* blanco *m*. ■ **carton jaune** SPORT tarjeta amarilla. **carton rouge** SPORT tarjeta roja.

cartonner [1] [kaʀtɔne] *vi fam* funcionar de maravilla.

cartouche [kaʀtuʃ] *nf* **1** *(d'arme, d'encre)* cartucho *m*. **2** *(de cigarettes)* cartón *m*. **3** *(de stylo, de briquet)* recambio *m*.

cas [ka] *nm* caso *m*. ■ **au cas où** por si acaso. **en tout cas** en todo caso.

casanier,-ère [kazanje,-ɛʀ] *adj - nm,f* hogareño,-ña.

cascade [kaskad] *nf* **1** *(d'eau)* cascada *f*. **2** *(au cinéma)* escena *f* peligrosa.

cascadeur,-euse [kaskadœʀ,-øz] *nm,f* doble.

case [kaz] *nf* **1** *(maison)* cabaña *f*. **2** *(d'un damier, d'un formulaire)* casilla *f*. **3** *(d'un tiroir)* compartimento *m*.

caser [kaze] *vt fam (placer)* colocar. ▶ *vpr* **se caser 1** *fam (trouver un emploi)* colocarse; *(- un logement)* alojarse. **2** *(se marier)* casarse.

cash [kaʃ] *adv* al contado. ▶ *nm* dinero *m* en metálico.

casier [kazje] *nm* casillero *m*. ▪ **casier judiciaire** antecedentes *m pl* penales.

casino [kazino] *nm* casino *m*.

casque [kask] *nm* casco *m*. ▪ **casque audio** auriculares *m pl*.

casquette [kasket] *nf* gorra *f*.

casse [kas] *nm fam (cambriolage)* robo *m*. ▶ *nf* **1** *(dommages)* destrozo *m*. **2** *(de voitures)* desguace *m*.

cassé,-e [kase] *adj* roto,-ta.

casse-pieds [kaspje] *nmf inv fam* plasta.

casser [kase] *vt* **1** *(gén)* romper. **2** DR anular. ▶ *vpr* **se casser 1** *(objet)* romperse. **2** *fam (partir)* largarse. ▪ **casser la figure à** QQN romperle la cara a ALGN. **casser les pieds à** QQN *fam* dar la lata a ALGN. **se casser la tête** romperse la cabeza.

casserole [kasʀɔl] *nf* **1** *(en métal)* cacerola *f*. **2** *(en terre cuite)* cazuela *f*.

casse-tête [kastɛt] *nm inv* rompecabezas *m*.

cassette [kasɛt] *nf* casete *f*. ▪ **cassette vidéo** videocasete *f*.

cassis [kasis] *nm* **1** *(fruit)* grosella *f* negra. **2** *(arbre)* casis *f*.

cassure [kasyʀ] *nf* **1** *(d'un objet)* rotura *f*. **2** *(dans une roche)* falla *f*. **3** *fig (dans une amitié)* ruptura *f*.

castagnettes [kastaɲɛt] *nf pl* castañuelas *f pl*.

caste [kast] *nf* casta *f*.

castor [kastɔʀ] *nm* castor *m*.

cataclysme [kataklism] *nm* cataclismo *m*.

catalogue [katalɔg] *nm* catálogo *m*.

cataloguer [2] [katalɔge] *vt* catalogar.

catamaran [katamaʀã] *nm* catamarán *m*.

catapulter [1] [katapylte] *vt* catapultar.

cataracte [kataʀakt] *nf* catarata *f*.

catastrophe [katastʀɔf] *nf* catástrofe *f*. ▪ **en catastrophe** a la desesperada.

catastrophé,-e [katastʀɔfe] *adj* conmocionado,-da.

catastrophique [katastʀɔfik] *adj* catastrófico,-ca.

catéchisme [kateʃism] *nm* catecismo *m*.

catégorie [kategɔʀi] *nf* categoría *f*.

catégorique [kategɔʀik] *adj* categórico,-ca.

cathédrale [katedʀal] *nf* catedral *f*.

catholicisme [katɔlisism] *nm* catolicismo *m*.

catholique [katɔlik] *adj - nmf* católico,-ca.

cauchemar [koʃmaʀ] *nm* pesadilla *f*.

cause [koz] *nf* causa *f*. ▪ **à cause de** a causa de. **remettre en cause** cuestionar.

causer [1] [koze] *vt* causar. ▶ *vi* charlar.

caution [kosjɔ̃] *nf* **1** *(garantie)* fianza *f*; *(- d'un achat)* paga y señal *f*; *(- morale)* garantía *f*. **2** *(personne)* fiador,-ra.

cautionner [1] [kosjɔne] *vt* responder de.

cavalier,-ère [kavalje,-ɛʀ] *adj* **1** *(personne hautaine)* altivo,-va. **2** *(réponse)* insolente. ▶ *nm,f* **1** *(à cheval)* jinete *m*, amazona *f*. **2** *(de danse)* pareja *f*. ▶ *nm* **cavalier** *(aux échecs)* caballo *m*. ▪ **faire cavalier seul** actuar por cuenta propia.

cave [kav] *adj* **1** *(creux)* hundido, -da. **2** ANAT cóncavo,-va: **veine cave**, vena cava. ▶ *nf* **1** *(d'une maison)* sótano *m*. **2** *(à vin)* bodega *f*.

caverne [kavɛʀn] *nf* caverna *f*.

caviar [kavjaʀ] *nm* caviar *m*.

ce¹ [sə] (**c'** delante de una e) *pron dém* **1** *(avec le verbe* être*)* no se traduce: **c'est bien**, está bien; **c'est moi**, soy yo. **2** *(devant un relatif)* lo: **fais ce que tu veux**, haz lo que quieras; **ce dont je vous parle est très important**, lo que le explico es muy importante. **3** *(dans une interrogation)* no se traduce: **qu'est-ce c'est ?**, ¿qué es?; **qu'est-ce qu'il dit ?**, ¿qué dice? • **c'est à moi de** me toca a mí. **c'est pourquoi** por esto. **qu'est-ce qui ... ?** ¿qué es lo que...? **qui est-ce qui ... ?** ¿quién es el que...?

ce², **cette** [sə, sɛt] (**cet** delante de un nombre masculino que empiece por vocal o h muda) *adj dém* **1** *(proche)* este,-ta; *(éloigné)* ese,-sa; *(plus éloigné)* aquel,-ella: **cet arbre-là**, ese árbol; **il fait beau cette semaine**, está haciendo buen tiempo esta semana. **2** *fam (pour intensifier)* no se traduce: **j'ai une de ces faims !**, ¡tengo un hambre feroz!

ceci [səsi] *pron dém* esto: **s'il te plaît, donne ceci à ton frère**, por favor, dale esto a tu hermano.

céder [10] [sede] *vt* **1** *(gén)* ceder. **2** *(local)* traspasar. • **Cédez le passage** "Ceda el paso".

cédille [sedij] *nf* cedilla *f*.

cèdre [sɛdʀ] *nm* cedro *m*.

ceinture [sɛ̃tyʀ] *nf* **1** *(de jupe, de pantalon)* cinturón *m*. **2** *(du corps)* cintura *f*.

cela [səla] *pron dém (éloigné)* eso; *(plus éloigné)* aquello: **prends cela**, toma esto; **ne dis pas cela**, no digas eso.

célébration [selebʀasjɔ̃] *nf* celebración *f*.

célèbre [selɛbʀ] *adj* famoso,-sa.

célébrer [10] [selebʀe] *vt* celebrar.

célébrité [selebʀite] *nf* celebridad *f*.

céleri [sɛlʀi] *nm* apio *m*.

célibataire [selibatɛʀ] *adj - nmf* soltero, -ra, célibe.

celle [sɛl] *pron dém* → celui.

celle-ci [sɛlsi] *pron dém* → celui-ci.

celle-là [sɛlla] *pron dém* → celui-là.

cellule [selyl] *nf* **1** *(de prison, de couvent)* celda *f*. **2** BIOL célula *f*. **3** *(des abeilles)* celdilla *f*.

cellulite [selylit] *nf* celulitis *f*.

celui, celle [səlɥi, sɛl] *pron dém (pl* ceux, celles) **1** celui + que/qui/dont el que, la que: **celle que je te montre**, la que te enseño; **ceux que tu as lus**, los que has leído. **2** celui + de el de, la de: **de tous mes livres, je préfère celui de Camus**, de entre todos mis libros, el que prefiero es el de Camus.

celui-ci, celle-ci [səlɥisi, sɛlsi] *pron dém (pl* ceux-ci, celles-ci) este,-ta, éste,-ta: **j'aime bien cette jupe, mais je préfère celle-ci**, me gusta esa falda, pero prefiero ésta.

celui-là, celle-là [səlɥila, sɛlla] *pron dém (pl* ceux-là, celles-là) ese, ése, ésa, aquel,-lla, aquél, -lla: **prends plutôt celles-là**, es mejor que cojas aquéllas.

cendre [sɑ̃dʀ] *nf* ceniza *f*.

cendrier [sɑ̃dʀije] *nm* cenicero *m*.

censé,-e [sɑ̃se] • **être censé,-e +** *inf* suponerse que ALGN va a hacer ALGO: **elle est censée a river demain**, se supone que llegará mañana.

censure [sɑ̃syʀ] *nf* censura *f*.

censurer [1] [sɑ̃syʀe] *vt* censurar.

cent [sɑ̃] *num* ciento, cien: **ça coûte cent euros**, cuesta cien euros; **cent dix**, ciento diez. ▸ *nm* cien *m*. • **cent pour cent** cien por cien. **pour cent** por ciento.

centaine [sɑ̃tɛn] *nf* centena *f*, centenar *m*.

centenaire [sɑ̃tnɛʀ] *adj - nmf* centenario,-ria. ▸ *nm (anniversaire)* centenario *m*.

centième [sɑ̃tjɛm] *num* centésimo, -ma. ▶ *nm* centésima parte *f*.
centigrade [sɑ̃tigʀad] *adj - nm* centígrado *m*.
centilitre [sɑ̃tilitʀ] *nm* centilitro *m*.
centime [sɑ̃tim] *nm* céntimo *m*.
centimètre [sɑ̃timɛtʀ] *nm* **1** *(mesure)* centímetro *m*. **2** *(ruban)* cinta *f* métrica.
central,-e [sɑ̃tʀal] *adj* **1** *(gén)* central. **2** *(quartier)* céntrico,-ca. ▶ *nm* **central** central *f*: **un central téléphonique**, una central telefónica.
centrale [sɑ̃tʀal] *nf* central *f*.
centraliser [1] [sɑ̃tʀalize] *vt* centralizar.
centre [sɑ̃tʀ] *nm* centro *m*. ▪ **centre commercial** centro comercial.
centrer [1] [sɑ̃tʀe] *vt* centrar.
centre-ville [sɑ̃tʀəvil] *nm* (*pl* **centres-villes**) centro *m* (de la ciudad).
cèpe [sɛp] *nm* boleto *m*, hongo *m*.
cependant [səpɑ̃dɑ̃] *conj* sin embargo.
céramique [seʀamik] *nf* cerámica *f*.
cerceau [sɛʀso] *nm* **1** *(de tonneau)* cerco *m*. **2** *(jouet)* aro *m*.
cercle [sɛʀkl] *nm* círculo *m*. ▪ **cercle vicieux** círculo vicioso.
cercueil [sɛʀkœj] *nm* ataúd *m*.
céréale [seʀeal] *nf* cereal *m*.
cérébral,-e [seʀebʀal] *adj* cerebral.
cérémonie [seʀemɔni] *nf* ceremonia *f*.
cerf [sɛʀ] *nm* ciervo *m*.
cerf-volant [sɛʀvɔlɑ̃] *nm* (*pl* **cerfs-volants**) **1** *(jouet)* cometa *f*. **2** *(insecte)* ciervo *m* volante.
cerise [səʀiz] *nf* cereza *f*.
cerisier [səʀizje] *nm* cerezo *m*.
cerne [sɛʀn] *nm* (*des yeux*) ojera *f*.
cerné,-e [sɛʀne] *adj* rodeado,-da. ▪ **il a les yeux cernés** tiene ojeras.
cerner [1] [sɛʀne] *vt* **1** *(entourer)* rodear. **2** *fig (question)* delimitar, acotar.
certain,-e [sɛʀtɛ̃,-ɛn] *adj* seguro, -ra: **je suis absolument certain de l'avoir vu**, estoy totalmente seguro de haberlo visto. ▶ *adj* (se antepone al **nombre**) **1** *(quantité, moment)* cierto,-ta: **elle est venue il y a un certain temps**, vino hace algún tiempo; **dans une certaine mesure**, en cierta medida. **2** *un,-e* **certain,-e** *(devant un nom de personne)* tal: **un certain Pierre Martin vous a téléphoné**, un tal Pierre Martin le ha llamado. ▶ *adj indéf pl* **certains,-nes** algunos,-nas: **dans certains cas**, en algunos casos. ▶ *pron indéf pl* **certains,-nes** algunos, -nas: **certains voulaient aller au cinéma, d'autres non**, algunos querían al cine y otros no.
certainement [sɛʀtɛnmɑ̃] *adv* **1** *(pour renforcer une affirmation)* por supuesto. **2** *(sûrement)* sin duda.
certes [sɛʀt] *adv* **1** *(concession)* en efecto. **2** *(en vérité)* desde luego.
certificat [sɛʀtifika] *nm* certificado *m*.
certifier [12] [sɛʀtifje] *vt* **1** *(affirmer)* asegurar. **2** *(document, signature)* compulsar.
certitude [sɛʀtityd] *nf* certeza *f*.
cerveau [sɛʀvo] *nm* cerebro *m*.
cervical [sɛʀvikal] *adj* ANAT cervical.
ces [se] *adj dém* → ce, cette.
césarienne [sezaʀjɛn] *nf* cesárea *f*.
cesse [sɛs]. ▪ **sans cesse** sin cesar.
cesser [1] [sese] *vi (prendre fin)* cesar, parar: **la pluie a cessé**, ha dejado de llover.
c'est-à-dire [sɛtadiʀ] *conj* es decir, o sea.
cet [sɛt] *adj dém* → ce, cette.
cette [sɛt] *adj dém* → ce, cette.
ceux [sø] *pron dém* → celui.
ceux-ci [søsi] *pron dém* → celui.

ceux-là [søla] *pron dém* → celui-là.
chacun,-e [ʃakœ̃,-yn] *pron indéf* cada uno, cada una: **chacun de vous doit faire l'exercice**, todos debéis hacer el ejercicio.
chagrin,-e [ʃagrɛ̃,-in] *adj* triste. ▶ *nm* chagrin pena *f*.
chahut [ʃay] *nm fam* jaleo *m*.
chaîne [ʃɛn] *nf* **1** (*gén*) cadena *f*. **2** (*appareil*) equipo *m*. ▶ *nf pl* **chaînes** (*de pneus, de prisonnier*) cadenas *f pl*; (*liens d'affection*) lazos *m pl*. ● **à la chaîne** en cadena. ■ **chaîne de montagnes** cordillera *f*, cadena montañosa. **chaîne de télévision** cadena de televisión. **chaîne hi-fi** equipo *m* de música.
chair [ʃɛʀ] *nf* carne *f*.
chaise [ʃɛz] *nf* silla *f*. ■ **chaise longue** tumbona *f*. **chaise roulante** silla de ruedas.
châle [ʃal] *nm* chal *m*.
chalet [ʃalɛ] *nm* chalet *m*.
chaleur [ʃalœʀ] *nf* **1** (*température*) calor *m*. **2** (*des animaux*) celo *m*. **3** *fig* (*ardeur*) fervor *m*.
chaleureux,-euse [ʃalœʀø,-øz] *adj* caluroso,-sa.
chamailler (se) [1] [ʃamaje] *vpr* pelearse.
chambre [ʃɑ̃bʀ] *nf* **1** (*pour dormir*) cuarto *m*, habitación *f*. **2** (*pour un usage précis*) cámara *f*. **3** (*d'un tribunal*) sala *f*. ■ **chambre à coucher** dormitorio *m*. **chambre des députés** cámara de diputados.
chameau [ʃamo] *nm* camello *m*.
champ [ʃɑ̃] *nm* campo *m*. ● **sur-le-champ** en seguida. ■ **champ de bataille** campo de batalla.
champagne [ʃɑ̃paɲ] *nm* champán *m*, champagne *m*.
champêtre [ʃɑ̃pɛtʀ] *adj* campestre.
champignon [ʃɑ̃piɲɔ̃] *nm* **1** (*comestible*) seta *f*. **2** (*sur la peau*) hongo *m*.

champion,-onne [ʃɑ̃pjɔ̃,-ɔn] *adj - nm,f* campeón,-ona.
championnat [ʃɑ̃pjɔna] *nm* campeonato *m*.
chance [ʃɑ̃s] *nf* **1** (*sort*) suerte *f*. **2** (*probabilité*) posibilidad *f*: **il a peu de chances d'y arriver**, tiene pocas posibilidades de lograrlo. ● **avoir de la chance** tener suerte. **bonne chance !** ¡(buena) suerte!
chanceux,-euse [ʃɑ̃sø,-øz] *adj* afortunado,-da.
chandail [ʃɑ̃daj] *nm* jersey *m*.
chandelier [ʃɑ̃dəlje] *nm* candelabro *m*.
chandelle [ʃɑ̃dɛl] *nf* vela *f*.
change [ʃɑ̃ʒ] *nm* **1** (*gén*) cambio *m*. **2** (*de bébé*) pañal *m*.
changeant,-e [ʃɑ̃ʒɑ̃,-ɑ̃t] *adj* (*variable - temps*) variable; (*- humeur*) cambiante.
changement [ʃɑ̃ʒmɑ̃] *nm* **1** (*gén*) cambio *m*. **2** (*métro, bus*) transbordo *m*.
changer [4] [ʃɑ̃ʒe] *vt* **1** (*gén*) cambiar. **2 changer en** (*transformer*) convertir en. **3** (*d'endroit*) mudar. ▶ *vi* **1 changer (de)** (*gén*) cambiar (de): **nous avons changé de place**, hemos cambiado de sitio. **2** (*apporter un changement*) variar. ● **pour changer** *iron* para variar.
chanson [ʃɑ̃sɔ̃] *nf* canción *f*.
chant [ʃɑ̃] *nm* canto *m*.
chantage [ʃɑ̃taʒ] *nm* chantaje *m*. ● **faire du chantage** chantajear.
chanter [1] [ʃɑ̃te] *vt - vi* **1** (*gén*) cantar. **2** *fam* (*raconter*) contar. ● **si ça lui chante** si le apetece.
chanteur,-euse [ʃɑ̃tœʀ,-øz] *nm,f* cantante.
chantier [ʃɑ̃tje] *nm* **1** (*de construction*) obra *f*. **2** *fam* (*désordre*) leonera *f*.
chaos [kao] *nm* caos *m*.
chaotique [kaɔtik] *adj* caótico,-ca.

chapeau [ʃapo] *nm* **1** *(coiffure)* sombrero *m*. **2** *(de journal)* entradilla *f*. ▶ *interj* **chapeau !** ¡bravo!

chapelet [ʃaplɛ] *nm* **1** *(pour prier)* rosario *m*. **2** *(d'oignons, d'ail)* ristra *f*. **3** *fig (d'injures)* sarta *f*.

chapelle [ʃapɛl] *nf* capilla *f*.

chaperon [ʃaprɔ̃] *nm* **1** *(gorro)* caperuza *f*. **2** *fig (qui accompagne)* carabina *f*. • **le Petit Chaperon rouge** Caperucita Roja.

chapitre [ʃapitʁ] *nm* **1** *(d'un livre)* capítulo *m*. **2** *(sujet)* tema *m*.

chaque [ʃak] *adj indéf* cada: **chaque fois, c'est la même chose**, cada vez es lo mismo.

char [ʃaʁ] *nm* **1** *(de l'armée)* carro *m*. **2** *(de carnaval)* carroza *f*.

charabia [ʃaʁabja] *nm* galimatías *m*.

charade [ʃaʁad] *nf* charada *f*.

charbon [ʃaʁbɔ̃] *nm* **1** *(combustible)* carbón *m*. **2** *(pour dessiner)* carboncillo *m*.

charcuterie [ʃaʁkytʁi] *nf* **1** *(magasin)* charcutería *f*. **2** *(produits)* embutidos *m pl*, charcutería *f*.

charcutier,-ère [ʃaʁkytje,-ɛʁ] *nm,f* charcutero,-ra.

charge [ʃaʁʒ] *nf* **1** *(gén)* carga *f*. **2** *(fonction, obligation)* cargo *m*. ▶ *nf pl* **charges** *(d'un appartement)* gastos *m pl*. • **prendre en charge** hacerse cargo de.

chargé,-e [ʃaʁʒe] *adj* **1** *(gén)* cargado,-da. **2** *(responsable)* encargado, -da. ▶ *nm,f* encargado,-da.

chargement [ʃaʁʒəmɑ̃] *nm* **1** *(de marchandises)* cargamento *m*. **2** *(d'arme, d'appareil photo)* carga *f*.

charger [4] [ʃaʁʒe] *vt* **1** *(gén)* cargar. **2** *(garnir avec excès)* llenar. **3** *(d'une mission)* encargar. **4** ÉCON gravar. ▶ *vpr* **se charger** *(porter une charge)* cargarse. **2 se charger de** *(s'occuper de - personne, affaire)* ocuparse de; *(- responsabilité)* encargarse de.

chargeur [ʃaʁʒœʁ] *nm* cargador *m*.

chariot [ʃaʁjo] *nm* carretilla *f*.

charité [ʃaʁite] *nf* **1** *(aumône, vertu)* caridad *f*. **2** *(bonté)* bondad *f*.

charmant,-e [ʃaʁmɑ̃,-ɑ̃t] *adj* encantador,-ra.

charme [ʃaʁm] *nm* **1** *(attrait)* encanto *m*: **le charme du paysage**, el encanto del paisaje. **2** *(arbre)* carpe *m*.

charmer [1] [ʃaʁme] *vt* cautivar.

charpente [ʃaʁpɑ̃t] *nf* **1** *(d'immeuble)* armazón *m*. **2** *fig (de personne)* esqueleto *m*, osamenta *f*.

charpentier [ʃaʁpɑ̃tje] *nm* carpintero,-ra.

charrette [ʃaʁɛt] *nf* carreta *f*.

charrier [12] [ʃaʁje] *vt* **1** *(pierres, sable)* arrastrar. **2** *(porter en charrette)* acarrear. **3** *fam (blaguer)* pitorrearse de. ▶ *vi fam (exagérer)* pasarse (de la raya).

charte [ʃaʁt] *nf* carta *f*.

chasse [ʃas] *nf* **1** *(gén)* caza *f*. **2** *(terrain)* coto *m* de caza. • **prendre** QQN **en chasse** perseguir a ALGN. • **chasse (d'eau)** cadena *f* (del váter).

chasse-neige [ʃasnɛʒ] *nm inv* **1** *(véhicule)* quitanieves *m-f*. **2** *(technique de ski)* cuña *f*.

chasser [1] [ʃase] *vt* **1** *(un animal)* cazar. **2** *(mettre dehors)* expulsar (*employé*) despedir. **3** *(odeur, brouillard)* disipar. ▶ *vi* cazar.

chasseur,-euse [ʃasœʁ,-øz] *nm,f* cazador,-ra. ▶ *nm* **chasseur 1** *(d'un hôtel)* botones *m*. **2** *(avion)* caza *m*. • **chasseur,-euse de têtes** cazatalentos.

châssis [ʃɑsi] *nm* **1** *(de tableau, de fenêtre)* bastidor *m*. **2** *(de véhicule)* chasis *m*.

chaste [ʃast] *adj* casto,-ta.

chasteté [ʃastəte] *nf* castidad *f*.

chat, chatte [ʃa, ʃat] *nm,f* gato,-ta. • **ne pas y avoir un chat** no haber ni un alma. **il n'y a pas de**

quoi fouetter un chat no es para tanto.

châtaigne [ʃatɛɲ] *nf* castaña *f*.
châtaignier [ʃatɛɲe] *nm* castaño *m*.
châtain [ʃatɛ̃] *adj* castaño,-ña. ▶ *nm (couleur)* castaño *m*.
château [ʃato] *nm* **1** *(forteresse)* castillo *m*. **2** *(résidence des seigneurs)* palacio *m*. ■ **château d'eau** torre *f* de agua. **château de sable** castillo de arena. **château fort** fortaleza *f*.
châtiment [ʃatimɑ̃] *nm* castigo *m*.
chaton [ʃatɔ̃] *nm* **1** gatito *m*. **2** BOT amento *m*.
chatouiller [1] [ʃatuje] *vt* **1** *(touchant légèrement)* hacer cosquillas. **2** *fig (flatter)* halagar.
chatouilles [ʃatuj] *nfpl* cosquillas *fpl*.
chaud, chaude [ʃo, ʃod] *adj* **1** *(eau, chose)* caliente; *(temps)* caluroso,-sa; *(voix)* cálido,-da. **2** *fig (discussion)* animado,-da. **3** *(partant)* entusiasta: **il n'est pas très chaud pour aller au théâtre**, no tiene muchas ganas de ir al teatro. ■ **avoir chaud** tener calor. **elle a eu chaud !** ¡se ha librado de milagro! **faire chaud** hacer calor.
chaudement [ʃodmɑ̃] *adv* **1** *(pour avoir chaud)* con calor: **habille-toi chaudement, il fait froid**, ponte ropa de abrigo que hace frío. **2** *fig (accueillir, féliciter)* calurosamente.
chaudière [ʃodjɛʀ] *nf* caldera *f*.
chauffage [ʃofaʒ] *nm* calefacción *f*.
chauffard [ʃofaʀ] *nm péj* dominguero,-ra.
chauffe-eau [ʃofo] *nm inv* calentador *m (de agua)*.
chauffer [1] [ʃofe] *vt* calentar. ▶ *vi* **1** *(devenir chaud)* calentarse: **le café chauffe**, se está calentando el café. **2** *(produire de la chaleur)* calentar. ▶ *vpr* **se chauffer** calentarse. ■ **ça va chauffer !** *fam fig* ¡se va a armar la gorda!

chauffeur [ʃofœʀ] *nm* conductor, -ra. ■ **chauffeur de taxi** taxista *mf*.
chaussée [ʃose] *nf* calzada *f*.
chausser [1] [ʃose] *vt (mettre chaussures)* calzarse; *(- lunettes)* calarse. ▶ *vi (personne)* calzar **(du, -)**: **elle chausse du 38**, calza un 38. ▶ *vpr* **se chausser** calzarse, ponerse los zapatos.
chaussette [ʃosɛt] *nf* calcetín *m*.
chausson [ʃosɔ̃] *nm* **1** *(de danse, pantoufle)* zapatilla *f*. **2** *(de bébé)* peúco *m*.
chaussure [ʃosyʀ] *nf* **1** *(pour le pied)* zapato *m*. **2** *(industrie)* calzado *m*.
chauve [ʃov] *adj* - *nmf* calvo,-va.
chauve-souris [ʃovsuʀi] *nf (pl* **chauves-souris)** murciélago *m*.
chavirer [1] [ʃaviʀe] *vi (bateau)* zozobrar; *(véhicule)* volcar. ▶ *vt* **1** *(meuble, objet)* volcar. **2** *fig (perturber)* trastornar.
chef [ʃɛf] *nm* **1** *(gén)* jefe *m*. **2** *(de cuisine)* chef *m*. ■ **chef d'orchestre** director *m* de orquesta.
chef-d'œuvre [ʃɛdœvʀ] *nm (pl* **chefs-d'œuvre)** obra *f* maestra.
chemin [ʃəmɛ̃] *nm* camino *m*. ■ **rebrousser chemin** dar media vuelta. ■ **chemin de fer** ferrocarril *m*.
cheminée [ʃəmine] *nf* chimenea *f*.
chemise [ʃəmiz] *nf* camisa *f*. ■ **chemise de nuit** camisón *m*.
chemisier [ʃəmizje] *nm* blusa *f*.
chêne [ʃɛn] *nm* roble *m*.
chenil [ʃənil] *nm* perrera *f*.
chenille [ʃənij] *nf* oruga *f*.
chèque [ʃɛk] *nm* cheque *m*, talón *m*.
chèque-repas [ʃɛkʀəpa] *nm (pl* **chèques-repas)** ticket *m* restaurante.
chèque-restaurant [ʃɛkʀɛstɔʀɑ̃] *nm (pl* **chèques-restaurant)** ticket *m* restaurante.
chéquier [ʃekje] *nm* talonario *m*.

cher, chère

cher, chère [ʃɛr] *adj* **1** *(aimé)* querido,-da: **cher ami**, querido amigo. **2** *(coûteux)* caro,-ra. ▶ *adv* **cher** caro: **ça coûte trop cher**, es demasiado caro.

chercher [1] [ʃɛrʃe] *vt* **1** *(gén)* buscar. **2 chercher à** + *inf (tenter)* intentar, procurar + inf: **je cherche à savoir pourquoi**, intento saber por qué.

chercheur,-euse [ʃɛrʃœr,-øz] *nm,f (scientifique)* investigador,-ra.

chéri,-e [ʃeri] *adj* querido,-da. ▶ *nm,f* cariño m.

cheval [ʃəval] *nm* caballo m. • **à cheval 1** *(sur un cheval)* a caballo. **2** *(façon de s'asseoir)* a horcajadas. **faire du cheval** montar a caballo.

chevalet [ʃəvalɛ] *nm* **1** *(de peintre)* caballete m. **2** *(de menuisier)* banco m.

chevalier [ʃəvalje] *nm* caballero m.

chevet [ʃəvɛ] *nm* cabecera f.

cheveu [ʃəvø] *nm* cabello m, pelo m. ▪ **cheveux blancs** canas f pl.

cheville [ʃəvij] *nf* **1** ANAT tobillo m. **2** *(de fixation)* clavija f.

chèvre [ʃɛvr] *nf (animal)* cabra f. ▶ *nm (fromage)* queso m de cabra.

chevreau [ʃəvro] *nm* **1** *(animal)* cabrito m. **2** *(peau)* cabritilla f.

chevreuil [ʃəvrœj] *nm* **1** *(animal)* corzo m. **2** CUIS ciervo m.

chevronné,-e [ʃəvrɔne] *adj* curtido,-da.

chevrotement [ʃəvrɔtmɑ̃] *nm* temblor m (de voz).

chewing-gum [ʃwingɔm] *nm (pl* **chewing-gums)** chicle m.

chez [ʃe] *prép* **1** *(domicile)* en casa de: **chez mon frère**, en casa de mi hermano; **chez moi**, en mi casa; **je vais chez le médecin**, voy al médico. **2** *(époque)* cuando: **chez les Romains**, en la época de los romanos. **3** *(pays)* en: **chez les Italiens**, en Italia. **4** *(caractère)* en: **c'est une manie chez lui**, es una manía en él.

chez-soi [ʃeswa] *nm inv* hogar m.

chiant,-e [ʃiɑ̃,-ɑ̃t] *adj fam* peñazo.

chic [ʃik] *adj* **1** *(élégant)* elegante. **2** *(sympathique)* amable. ▶ *nm* elegancia f.

chien, chienne [ʃjɛ̃,-ʃjɛn] *nmf (animal)* perro,-rra. ▶ *nm* **chien** *(d'arme à feu)* gatillo m. ▪ **avoir un mal de chien,-enne à** + *inf* costar un mundo + inf. **de chien** de perros il fait un temps de chien, hace un tiempo de perros. ▪ **chien de garde** perro guardián.

chier [12] [ʃje] *vi vulg* cagar. • **faire chier** QQN *fam* tocar las pelotas a ALGN.

chiffon [ʃifɔ̃] *nm* trapo m.

chiffonner [1] [ʃifɔne] *vt* **1** *(vêtements)* arrugar. **2** *(contrarier)* preocupar.

chiffre [ʃifr] *nm* **1** *(caractère)* cifra f. **2** *(quantité)* número m. **3** *(total)* importe m. ▪ **chiffre d'affaires** volumen m de negocios.

chiffrer [1] [ʃifre] *vt* **1** *(page)* numerar. **2** *(revenus)* calcular. **3** *(message,)* cifrar.

chignon [ʃiɲɔ̃] *nm* moño m.

Chili [ʃili] *nm* Chile.

chilien,-enne [ʃiljɛ̃,-ɛn] *adj* chileno,-na. ▶ *nm,f* **Chilien,-enne** chileno,-na.

chimie [ʃimi] *nf* química f.

chimique [ʃimik] *adj* químico,-ca.

chimiste [ʃimist] *nmf* químico,-ca.

chimpanzé [ʃɛ̃pɑ̃ze] *nm* chimpancé m.

Chine [ʃin] *nf* China.

chinois,-e [ʃinwa,-az] *adj* chino -na. ▶ *nm,f* **Chinois,-e** chino,-na. ▶ *nm* **chinois** *(langue)* chino m.

chiot [ʃjo] *nm* cachorro m.

chiper [1] [ʃipe] *vt fam* birlar.

chips [ʃips] *nf pl* patatas *f pl* fritas de bolsa.
chirurgie [ʃiʀyʀʒi] *nf* cirugía *f*.
chirurgien,-enne [ʃiʀyʀʒjɛ̃,-ɛn] *nm,f* cirujano,-na.
chlore [klɔʀ] *nm* cloro *m*.
chlorophylle [klɔʀɔfil] *nf* clorofila *f*.
choc [ʃɔk] *nm* **1** *(gén)* choque *m*. **2** MÉD conmoción *f*. ▶ *adj inv (en apposition)* de choque: **des prix choc**, precios choque.
chocolat [ʃɔkɔla] *nm* **1** *(cacao, boisson)* chocolate *m*. **2** *(bonbon)* bombón *m*. ■ **chocolat au lait** chocolate con leche. **chocolat noir** chocolate negro.
chocolatier,-ère [ʃɔkɔlatje,-ɛʀ] *adj - nm,f (pâtissier)* chocolatero,-ra.
chœur [kœʀ] *nm* coro *m*. ● **en chœur** conjuntamente.
choisir [20] [ʃwaziʀ] *vt* escoger, elegir.
choix [ʃwa] *nm* **1** *(gén)* elección *f*. **2** *(liberté)* opción *f*, alternativa *f*. **3** *(de produits, de choses, etc)* surtido *m*. ● **au choix** a elegir.
choléra [kɔleʀa] *nm* cólera *m*.
cholestérol [kɔlɛsteʀɔl] *nm* colesterol *m*.
chômage [ʃomaʒ] *nm* paro *m*, desempleo *m*. ● **être au chômage** estar en el paro.
chômeur,-euse [ʃomœʀ,-øz] *nm,f* parado,-da.
choquant,-e [ʃɔkã,-ãt] *adj* chocante.
choquer [2] [ʃɔke] *vt* **1** *(heurter)* chocar con. **2** *fig (offenser)* ofender, chocar. **3** *(mots, attitudes, couleurs)* disgustar: **cet imprimé choque la vue**, este estampado no es nada estético.
chorale [kɔʀal] *nf (groupe)* coral *f*.
chorégraphie [kɔʀegʀafi] *nf* coreografía *f*.
choriste [kɔʀist] *nmf* corista *m*.
chose [ʃoz] *nf* cosa *f*. ● **à peu de chose près** aproximadamente.

pas grand chose poca cosa. **quelque chose** algo.
chou [ʃu] *nm* **1** *(légume)* col *f*, berza *f*. **2** *(pâtisserie)* petisú *m*. ● **mon (petit) chou** *fig* querido mío. ■ **chou à la crème** bocadito *m* de nata. **chou de Bruxelles** col de Bruselas.
chouette [ʃwɛt] *nf* lechuza *f*. ▶ *adj* **1** *fam (génial)* fantástico,-ca, estupendo,-da. **2** *fam (joli)* bonito,-ta, gracioso,-sa.
chou-fleur [ʃuflœʀ] *nm (pl* **choux-fleurs)** coliflor *f*.
chrétien,-enne [kʀetjɛ̃,-ɛn] *adj - nm,f* cristiano,-na.
christianisme [kʀistjanism] *nm* cristianismo *m*.
chromosome [kʀɔmozom] *nm* cromosoma *m*.
chronique [kʀɔnik] *adj* crónico, -ca. ▶ *nf* **1** *(de journal)* crónica *f*. **2** *(nouvelle)* crónica *f* de sociedad.
chronologie [kʀɔnɔlɔʒi] *nf* cronología *f*.
chronomètre [kʀɔnɔmɛtʀ] *nm* cronómetro *m*.
chronométrer [10] [kʀɔnɔmetʀe] *vt* cronometrar.
chuchotement [ʃyʃɔtmã] *nm* cuchicheo *m*.
chuchoter [1] [ʃyʃɔte] *vi* cuchichear.
chute [ʃyt] *nf* **1** *(d'un objet)* caída *f*. **2** *(péché)* pecado *m*. **3** *fig (d'une époque, d'un empire)* caída *f*, decadencia *f*. **4** *(de tissu, de papier, etc)* recorte *m*. ■ **chute d'eau** salto *m* de agua.
chuter [ʃyte] *vi* caer.
ci [si] *adv* (detrás del **nombre** y precedido de un guión) este, esta; **ce jour-ci**, ese día. ● **ci-contre** al lado, en la página de enfrente. **ci-dessous** más abajo, a continuación. **ci-dessus** más arriba. **ci-joint,-e** adjunto,-ta. **par-ci par-là** aquí y allí.

cible [sibl] nf **1** *(du tir)* blanco m. **2** *(but)* fin m, objetivo m.
ciboulette [sibulɛt] nf cebollino m.
cicatrice [sikatris] nf cicatriz f.
cicatriser [sikatrize] vt cicatrizar.
cidre [sidʀ] nm sidra f.
ciel [sjɛl] (el pl es **cieux** cuando se refiere al espacio, o al paraíso. • **remuer ciel et terre** remover cielo y tierra.
cigale [sigal] nf cigarra f.
cigare [sigaʀ] nm cigarro m, puro m.
cigarette [sigaʀɛt] nf cigarrillo m.
cigogne [sigɔɲ] nf cigüeña f.
cil [sil] nm pestaña f.
cime [sim] nf **1** *(de montagne, d'arbre, etc)* cima f, cumbre f. **2** *(d'œuvre, de style)* cúspide f.
ciment [simã] nm cemento m, hormigón m.
cimenter [1] [simãte] vt **1** *(bâtiment)* cimentar. **2** *fig (affermir)* consolidar.
cimetière [simtjɛʀ] nm cementerio m.
ciné [sine] nm fam cine m.
cinéaste [sineast] nmf cineasta.
cinéma [sinema] nm cine m.
cinématographe [sinematɔgʀaf] nm cinematógrafo m.
cinéphile [sinefil] nmf cinéfilo,-la.
cinglant,-e [sɛ̃glã,-ãt] adj hiriente, duro,-ra.
cinglé,-e [sɛ̃gle] adj fam chiflado, -da.
cinq [sɛ̃k] num cinco m: **cinq cents**, quinientos,-tas.
cinquantaine [sɛ̃kãtɛn] nf cincuentena f.
cinquante [sɛ̃kãt] num cincuenta m.
cinquantième [sɛ̃kãtjɛm] num quincuagésimo,-ma.
cinquième [sɛ̃kjɛm] num quinto, -ta. ▶ nf equivalente al primer curso de la ESO.
cintre [sɛ̃tʀ] nm percha f.
cirage [siʀaʒ] nm betún m.

circoncision [siʀkɔ̃sizjɔ̃] nf circuncisión f.
circonflexe [siʀkɔ̃flɛks] adj circunflejo,-ja.
circonstance [siʀkɔ̃stãs] nf circunstancia f. ▪ **circonstances atténuantes** circunstancias atenuantes.
circuit [siʀkɥi] nm circuito m.
circulaire [siʀkylɛʀ] adj *(forme)* circular. ▶ nf *(lettre)* circular f.
circulation [siʀkylasjɔ̃] nf **1** *(du sang)* circulación f. **2** *(des véhicules)* circulación f, tráfico m.
circuler [1] [siʀkyle] vi circular.
cire [siʀ] nf cera f.
ciré,-e [siʀe] adj encerado. ▶ **ciré** chubasquero m.
cirer [1] [siʀe] vt **1** *(parquet, meubles, etc)* encerar. **2** *(souliers)* lustrar, dar brillo a.
cirque [siʀk] nm circo m.
ciseaux [sizo] nm pl tijeras f pl.
citadelle [sitadɛl] nf ciudadela f.
citadin,-e [sitadɛ̃,-in] nm,f ciudadano,-na.
citation [sitasjɔ̃] nf **1** *(d'un auteur)* cita f. **2** *(d'un tribunal)* citación f.
cité [site] nf **1** *(ville)* ciudad f. **2** *(quartier)* casco m antiguo. ▪ **cité ouvrière** ciudad obrera. **cité universitaire** ciudad universitaria.
citer [1] [site] vt **1** *(un texte)* citar. **2** *(quelqu'un)* nombrar, mencionar. **3** *(un tribunal)* citar.
citerne [sitɛʀn] nf cisterna f.
citoyen,-enne [sitwajɛ̃,-ɛn] nm,f ciudadano,-na.
citrique [sitʀik] adj CHIM cítrico,-ca.
citron [sitʀɔ̃] nm limón m.
citronnier [sitʀɔnje] nm limonero m.
citrouille [sitʀuj] nf calabaza f.
civière [sivjɛʀ] nf camilla f.
civil,-e [sivil] adj **1** *(des citoyens)* civil. **2** *(poli)* educado,-da, cortés. ▶

civil [sivil] *nm* **1** *(non soldat, ni prêtre)* civil *m*. **2** *(non prêtre)* seglar *m*. • **en civil** de paisano.

civilisation [sivilizasjɔ̃] *nf* civilización *f*.

civiliser [1] [sivilize] *vt* civilizar.

civique [sivik] *adj* cívico,-ca.

civisme [sivism] *nm* civismo *m*.

clair,-e [klɛʀ] *adj* **1** *(lumineux)* luminoso,-sa, claro,-ra. **2** *(couleur)* claro, -ra. **3** *(intelligible)* claro,-ra, comprensible. ▶ *nm* clair *m*. ▶ *adv* claramente. • **mettre au clair** dilucidar, aclarar. ■ **clair de lune** claro de luna.

clairière [klɛʀjɛʀ] *nf* claro *m*.

clairsemé,-e [klɛʀsəme] *adj* claro, -ra, ralo,-la: **cheveux clairsemés**, cabello ralo.

clan [klɑ̃] *nm* clan *m*.

clandestin,-e [klɑ̃dɛstɛ̃,-in] *adj* clandestino,-na. ▶ *nm,f* **1** *(passager)* polizón,-ona. **2** *(immigré)* inmigrante ilegal.

clapet [klapɛ] *nm* **1** *(soupape)* válvula *f*. **2** *fam (bouche)* boca *f*.

claque [klak] *nf* **1** *(gifle)* bofetada *f*, torta *f*. **2** *(au théâtre)* claque *f*.

claquer [2] [klake] *vi* **1** *(faire un bruit sec)* chasquear: **claquer des doigts**, chasquear los dedos. **2** *(volet, porte, etc)* golpear. **3** *fam (mourir)* palmarla. ▶ *vt* **1** *(porte, volet, etc)* cerrar de golpe. **2** *(gifler)* abofetear. **3** *fam (fatiguer)* cansar. **4** *fam (argent)* despilfarrar.

clarifier [12] [klaʀifje] *vt* **1** *(liquide)* clarificar. **2** *(substance)* purificar. **3** *fig (situation, idée)* aclarar.

clarinette [klaʀinɛt] *nf* clarinete *m*.

clarté [klaʀte] *nf* claridad *f*.

classe [klas] *nf* clase *f*: **la classe ouvrière**, la clase obrera; **il est le plus grand de sa classe**, es el más alto de la clase.

classement [klasmɑ̃] *nm* clasificación *f*.

classer [1] [klase] *vt* clasificar. ▶ *vpr* **se classer** clasificarse.

classeur [klasœʀ] *nm* **1** *(chemise)* carpeta *f*. **2** *(meuble)* archivo *m*, clasificador *m*.

classifier [12] [klasifje] *vt* clasificar.

classique [klasik] *adj* clásico,-ca. ▶ *nm* clásico *m*.

clavicule [klavikyl] *nf* ANAT clavícula *f*.

clavier [klavje] *nm* teclado *m*.

clé [kle] *nf* → **clef**.

clef [kle] *nf* **1** *(de la porte)* llave *f*. **2** MUS clave *f*. **3** *fig (rôle capital)* clave *f*: **c'est la clef du problème**, es la clave del problema. ▶ *adj (essentiel)* clave, fundamental: **une position clef**, una posición clave.

clément,-e [klemɑ̃,-ɑ̃t] *adj* **1** *(personne)* clemente. **2** *(climat)* suave.

clémentine [klemɑ̃tin] *nf* clementina *f*.

clergé [klɛʀʒe] *nm* clero *m*.

cliché [kliʃe] *nm* **1** *(photographie)* negativo *m*. **2** *(lieu commun)* tópico *m*, cliché *m*.

client,-e [klijɑ̃,-ɑ̃t] *nm,f* cliente.

clientèle [klijɑ̃tɛl] *nf* clientela *f*.

cligner [1] [kliɲe] *vi (yeux)* parpadear. • **cligner de l'œil** guiñar el ojo.

clignotant [kliɲɔtɑ̃] *nm* intermitente *m*.

clignoter [1] [kliɲɔte] *vi* **1** *(yeux)* parpadear, pestañear. **2** *(lumière)* encenderse y apagarse intermitentemente.

climat [klima] *nm* clima *m*.

climatiser [1] [klimatize] *vt* climatizar.

clin [klɛ̃] *nm*. • **en un clin d'œil** en un abrir y cerrar de ojos. ■ **clin d'œil** guiño *m*.

clinique [klinik] *adj* clínico,-ca. ▶ *nf* clínica *f*.

clip [klip] nm videoclip m.
cliquer [2] [klike] vi INFORM hacer clic.
cliqueter [6] [klikte] vi tintinear.
clitoris [klitɔʀis] nm ANAT clítoris m.
clochard,-e [klɔʃaʀ] nm,f vagabundo, -da.
cloche [klɔʃ] nf **1** (objet) campana f. **2** fam (idiot) tonto,-ta.
clocher[1] [klɔʃe] nm **1** (d'une église) campanario m. **2** fig (d'une personne) país m de nacimiento.
clocher[2] [klɔʃe] vi fam fallar, no ir bien: **il y a quelque chose qui cloche**, hay algo que falla.
cloison [klwazɔ̃] nf tabique m.
cloisonner [1] [klwazɔne] vt dividir con tabiques.
cloître [klwatʀ] nm claustro m.
clone [klon] nm clon m.
cloner [1] [klone] vt clonar.
cloque [klɔk] nf ampolla f.
clore [68] [klɔʀ] vt **1** (fermer) cerrar. **2** (entourer) cercar, rodear. **3** fig (discussion, compte, etc) cerrar, dar por terminado, -da. **4** (séance, débat, etc) clausurar.
clos, close [klo, kloz] adj cerrado, -da.
clôture [klotyʀ] nf **1** (d'un terrain) cercado m, cerca f. **2** (d'une séance) clausura f. **3** (d'un compte) liquidación f.
clôturer [1] [klotyʀe] vt **1** (terrain) cercar. **2** fig (séance, débat, etc) cerrar.
clou [klu] nm **1** (objet) clavo m. **2** fam (furoncle) diviesο m. **3** fig (attraction principale) punto m álgido. • **être maigre comme un clou** fam estar delgadísimo,-ma. ▪ **clou de girofle** clavo.
clouer [1] [klue] vt (fixer) clavar. • **clouer le bec à** QQN fam cerrar el pico a ALGN. **rester cloué sur place** quedarse paralizado.
clown [klun] nm payaso m.
club [klœb] nm **1** (association) club m. **2** SPORT (de golf) palo m.

coaguler [1] [kɔagyle] vt coagular.
coalition [kɔalisjɔ̃] nf coalición f.
cobaye [kɔbaj] nm cobaya m-f, conejillo m de Indias.
cocaïne [kɔkain] nf cocaína f.
cocasse [kɔkas] adj cómico,-ca.
coccinelle [kɔksinɛl] nf mariquita f.
coccyx [kɔksis] nm ANAT cóccix m.
coche [kɔʃ] nf (marque) muesca f, marca f.
cocher [1] [kɔʃe] vt marcar.
cochon,-onne [kɔʃɔ̃, -ɔn] adj - nm,f péj (malpropre) guarro,-rra. ▶ nm **cochon 1** (animal) cerdo m, cochino m. **2** (viande) carne f de cerdo.
cochonnerie [kɔʃɔnʀi] nf fam porquería f, cochinada f.
cocktail [kɔktɛl] nm cóctel m.
coco [kɔko] nm fam (individu) pájaro m. ▪ **noix de coco** coco m.
cocotier [kɔkɔtje] nm cocotero m.
cocotte [kɔkɔt] nf **1** (marmite) cazuela f, cacerola f. **2** (en papier) pajarita f. **3** fam (poule) gallina f. **4** fam (chérie) queridita f.
cocotte-minute® [kɔkɔtminyt] nf (pl **cocottes-minute**) olla f a presión.
cocu,-e [kɔky] adj fam cornudo,-da.
code [kɔd] nm código m. ▶ nm pl **codes** luces f pl de cruce. ▪ **code à barres** código de barras. **code de la route** código de circulación. **code postal** código postal.
cœur [kœʀ] nm **1** (gén) corazón m. **2** (poitrine) pecho m. **3** fig (courage) ánimo m, valor m. • **aller droit au cœur** conmover. **au cœur de** en el corazón de. **avoir mal au cœur** tener el estómago revuelto. **de bon cœur** de buen grado. **par cœur** de memoria. **s'en donner à cœur joie** pasarlo bomba. **si le cœur vous en dit** si le apetece.
coexister [1] [kɔɛgziste] vi coexistir.

coffre [kɔfʀ] nm 1 (meuble) baúl m, arca f. 2 (pour l'argent) caja f fuerte. 3 (d'une voiture) maletero m.
coffre-fort [kɔfʀəfɔʀ] nm (pl coffres-forts) caja f fuerte.
coffret [kɔfʀɛ] nm (boîte) cofrecito m. ■ **coffret à bijoux** joyero m.
cogner [1] [kɔɲe] vt (frapper) golpear, pegar. ▶ vi 1 **cogner (à)** (porte) llamar (a). 2 (frapper) pegar, golpear. ▶ vpr **se cogner** (se heurter) darse un golpe, chocar.
cohabitation [koabitasjɔ̃] nf cohabitación f.
cohérence [koeʀɑ̃s] nf coherencia f.
cohérent,-e [koeʀɑ̃, ɑ̃t] adj coherente.
coiffer [1] [kwafe] vt 1 (les cheveux) peinar. 2 (la tête) cubrir la cabeza. 3 (être à la tête de) controlar, dirigir.
coiffeur,-euse [kwafœʀ, øz] nm,f (professionnel) peluquero,-ra.
coiffeuse [kwaføz] nf (meuble) tocador m.
coiffure [kwafyʀ] nf 1 (cheveux) peinado m, tocado m. 2 (couvre-chef) sombrero m.
coin [kwɛ̃] nm 1 (angle) esquina f. 2 (rentrant) rincón m. 3 (endroit) lugar m, rincón m. ● **du coin de l'œil** por el rabillo del ojo.
coincer [3] [kwɛ̃se] vt 1 (immobiliser) sujetar, coger. 2 (mettre en difficulté) acorralar. ▶ vpr **se coincer** (se bloquer) bloquearse.
coïncidence [kɔɛ̃sidɑ̃s] nf coincidencia f.
coing [kwɛ̃] nm membrillo m.
coït [kɔit] nm coito m.
col [kɔl] nm 1 (d'un vêtement) cuello m. 2 (d'une montagne) puerto m, paso m. 3 (d'une bouteille) cuello m, gollete m. ■ **col roulé** cuello alto.
colère [kɔlɛʀ] nf cólera f, ira f. ● **être en colère** estar enfadado,-da. **se mettre en colère** enfadarse.

colin [kɔlɛ̃] nm merluza f.
colique [kɔlik] nf MÉD cólico m.
colis [kɔli] nm paquete m, bulto m.
collaborateur,-trice [kɔlabɔʀatœʀ, -tʀis] nm,f colaborador,-ra.
collaboration [kɔlabɔʀasjɔ̃] nf colaboración f.
collaborer [1] [kɔlabɔʀe] vi colaborar.
collage [kɔlaʒ] nm 1 (gén) pega f, pegadura f. 2 (du papier) encolado m. 3 (tableau) collage m.
collant,-e [kɔlɑ̃, ɑ̃t] adj 1 (qui colle) pegajoso,-sa. 2 (ajusté) ceñido,-da. 3 fam (importun) pesado,-da. ▶ nm **collant** (vêtement) panty m.
colle [kɔl] nf 1 (adhésif) cola f, pegamento m. 2 fam (à l'école) castigo m. ● **poser une colle** fam plantear una cuestión delicada.
collecte [kɔlɛkt] nf colecta f.
collectif,-ive [kɔlɛktif, iv] adj colectivo,-va. ▶ nm **collectif** colectivo m.
collection [kɔlɛksjɔ̃] nf colección f.
collectionner [1] [kɔlɛksjɔne] vt coleccionar.
collectionneur,-euse [kɔlɛksjɔnœʀ, -øz] nm,f coleccionista.
collectivité [kɔlɛktivite] nf colectividad f, comunidad f. ■ **collectivités locales** administración f local.
collège [kɔlɛʒ] nm colegio m.
collégien,-enne [kɔleʒjɛ̃, ɛn] nm,f colegial.
collègue [kɔlɛg] nmf colega.
coller [1] [kɔle] vt 1 (avec de la colle) encolar, pegar. 2 (approcher) pegar: **il a collé l'oreille contre la porte**, pegó la oreja contra la puerta. 3 fam (donner) dar, largar: **il lui a collé une gifle**, le largó una bofetada. 4 fam (à un examen) suspender. 5 fam (punir) castigar.
collier [kɔlje] nm 1 (bijou) collar m. 2 (harnais) collera f.

colline [kɔlin] nf colina f.
collision [kɔlizjɔ̃] nf colisión f, choque m.
colloque [kɔlɔk] nm coloquio m.
colombe [kɔlɔ̃b] nf paloma f.
Colombie [kɔlɔ̃bi] nf Colombia.
colombien,-enne [kɔlɔ̃bjɛ̃,-ɛn] adj colombiano,-na. ▶ nm,f **Colombien,-enne** colombiano,-na.
colon [kɔlɔ̃] nm colono m.
côlon [kolɔ̃] nm ANAT colon m.
colonel [kɔlɔnɛl] nm coronel m.
colonial,-e [kɔlɔnjal] adj colonial.
colonie [kɔlɔni] nf colonia f. ■ **colonie de vacances** colonia de vacaciones.
colonisation [kɔlɔnizasjɔ̃] nf colonización f.
coloniser [1] [kɔlɔnize] vt colonizar.
colonne [kɔlɔn] nf columna f. ■ **colonne vertébrale** ANAT columna vertebral.
colorant [kɔlɔʀɑ̃] nm colorante m.
colorer [1] [kɔlɔʀe] vt colorear.
colorier [12] [kɔlɔʀje] vt colorear.
coloris [kɔlɔʀi] nm colorido m.
colossal,-e [kɔlɔsal] adj colosal.
coma [kɔma] nm MÉD coma m.
combat [kɔ̃ba] nm combate m.
combattant,-e [kɔ̃batɑ̃,-ɑ̃t] adj - nm combatiente. ■ **ancien combattant** ex combatiente.
combattre [64] [kɔ̃batʀ] vt luchar, combatir.
combien [kɔ̃bjɛ̃] adv **1** (gén) cuánto: **combien d'argent as-tu ?**, ¿cuánto dinero llevas? **2** (à quel point) cuán, qué: **combien il est avare !**, ¡qué tacaño es! ▶ nm inv (date, fréquence) **le combien sommes-nous ?**, ¿a cuántos estamos?
combinaison [kɔ̃binɛzɔ̃] nf **1** (assemblage) combinación f. **2** (vêtement de travail) mono m. **3** (sous-vêtement) combinación f.

combine [kɔ̃bin] nf (fam) chanchullo m.
combiner [1] [kɔ̃bine] vt combinar.
comble [kɔ̃bl] adj (plein) colmado,-da, atestado,-da. ▶ nm **1** (mesure, comble m. **2** (gen en pl) (d'un bâtiment, desván m. • **c'est un comble !** ¡es el colmo! **de fond en comble** de arriba abajo.
combler [1] [kɔ̃ble] vt **1** (vide, creux, rellenar. **2** fig (satisfaire) colmar.
combustible [kɔ̃bystibl] nm combustible m.
combustion [kɔ̃bystjɔ̃] nf combustión f.
comédie [kɔmedi] nf comedia f. ■ **jouer la comédie** fig hacer teatro.
comédien,-enne [kɔmedjɛ̃,-ɛn] nm,f actor,-ra.
comestible [kɔmɛstibl] adj comestible.
comète [kɔmɛt] nf cometa m.
comique [kɔmik] adj cómico,-ca ▶ nm **1** (situation) lo cómico. **2** (acteur) actor m cómico.
comité [kɔmite] nm comité m. • **petit comité** entre amigos.
commandant [kɔmɑ̃dɑ̃] nm comandante m.
commande [kɔmɑ̃d] nf **1** (de marchandises) pedido m. **2** (d'un mécanisme) órgano m de dirección. •
passer une commande hacer un pedido.
commandement [kɔmɑ̃dmɑ̃] nm **1** (ordre) mandato m, orden f. **2** (pouvoir) mando m, dominio m. **3** (loi, précepte) mandamiento m. **4** (d'un juge) requerimiento m.
commander [1] [kɔmɑ̃de] vt **1** (ordonner) mandar, ordenar. **2** (marchandises) pedir, encargar. **3** (respect) imponer. **4** (machine) accionar hacer funcionar.
commando [kɔmɑ̃do] nm comando m.

comme [kɔm] *adv* **1** *(gén)* como: **il parle comme un perroquet**, habla como un loro; **ils se brouillèrent comme je l'espérais**, se enfadaron tal y como esperaba. **2** *(indique le moment)* cuando: **comme il arriva**, iba a salir cuando llegó. **3** *(ainsi que)* tan... como: **blanc comme neige**, tan blanco como la nieve. ▶ *adv (admiration)* ¡cuán!: ¡qué!: **comme il est beau**, ¡qué guapo es! • **comme ça** así: cela se fait comme ça, eso se hace así. **comme ci, comme ça** regular, ni bien ni mal. **tout comme** igual que.

commencement [kɔmɑ̃smɑ̃] *nm* comienzo *m*, principio *m*.

commencer [3] [kɔmɑ̃se] *vt - vi* empezar, comenzar.

comment [kɔmɑ̃] *adv* **1** *(de quelle manière)* cómo: **comment es-tu arrivé ?**, ¿cómo has llegado? **2** *(pourquoi)* porqué: **comment s'est-il fâché ?**, ¿porqué se ha enfadado? ▶ *interj (surprise, indignation)* ¡cómo! • **comment ça va ?** ¿qué tal?

commentaire [kɔmɑ̃tɛʁ] *nm* comentario *m*.

commentateur, trice [kɔmɑ̃tatœʁ, -tʁis] *nm,f* **1** *(de textes)* comentador, -ra. **2** *(à la radio, à la télévision)* comentarista.

commenter [1] [kɔmɑ̃te] *vt* comentar.

commerçant,-e [kɔmɛʁsɑ̃, -ɑ̃t] *adj* comercial. ▶ *nm,f* comerciante.

commerce [kɔmɛʁs] *nm* **1** *(gén)* comercio *m*. **2** *(établissement)* tienda *f*.

commercial,-e [kɔmɛʁsjal] *adj* comercial.

commercialisation [kɔmɛʁsjalizasjɔ̃] *nf* comercialización *f*.

commercialiser [1] [kɔmɛʁsjalize] *vt* comercializar.

commère [kɔmɛʁ] *nf* chismosa *f*.

commettre [81] [kɔmɛtʁ] *vt* cometer.

commissaire [kɔmisɛʁ] *nm* comisario *m*.

commissariat [kɔmisaʁja] *nm* comisaría *f*.

commission [kɔmisjɔ̃] *nf* **1** *(groupe de personnes, argent)* comisión *f*. **2** *(message)* recado *m*. ▶ *nf pl* **commissions** recados *m pl*, compras *f pl*.

commissionnaire [kɔmisjɔnɛʁ] *nm* COMM comisionista *m*.

commode [kɔmɔd] *adj* **1** *(d'usage)* cómodo,-da. **2** *(de caractère)* fácil. ▶ *nf (meuble)* cómoda *f*.

commodité [kɔmɔdite] *nf* comodidad *f*. • **à votre commodité** a su conveniencia.

commun,-e [kɔmœ̃, -yn] *adj* **1** *(qui appartient à tous)* común: **des intérêts communs**, intereses comunes. **2** *(ordinaire)* común, ordinario. **3** *(répandu)* frecuente, habitual. ▶ *nm* **commun 1** *(la plupart)* mayoría *f*: **le commun des mortels**, el común de los mortales. **2** *(populace)* vulgo *m*.

communal,-e [kɔmynal] *adj (de la commune)* municipal, comunal.

communauté [kɔmynote] *nf* **1** *(gén)* comunidad *f*. **2** *(régime matrimonial)* bienes *m pl* gananciales.

commune [kɔmyn] *nf* municipio *m*, ayuntamiento *m*.

communicatif,-ive [kɔmynikatif, -iv] *adj* comunicativo,-va.

communication [kɔmynikasjɔ̃] *nf* **1** *(gén)* comunicación *f*. **2** *(au téléphone)* llamada *f*.

communier [12] [kɔmynje] *vi* comulgar.

communion [kɔmynjɔ̃] *nf* comunión *f*.

communiqué [kɔmynike] *nm* comunicado *m*.

communiquer [2] [kɔmynike] *vt* comunicar.

communisme [kɔmynism] *nm* comunismo *m*.

communiste [kɔmynist] *adj - nmf* comunista.

compact,-e [kɔ̃pakt] *adj* compacto,-ta.

compagne [kɔ̃paɲ] *nf* compañera *f*.

compagnie [kɔ̃paɲi] *nf* compañía *f*.

compagnon [kɔ̃paɲɔ̃] *nm* compañero *m*.

comparaison [kɔ̃parεzɔ̃] *nf* comparación *f*. • **en comparaison de** en comparación con.

comparaître [82] [kɔ̃parεtr] *vi* comparecer.

comparer [1] [kɔ̃pare] *vt* comparar.

compartiment [kɔ̃partimɑ̃] *nm* compartimiento *m*.

compas [kɔ̃pa] *nm* compás *m*.

compassion [kɔ̃pasjɔ̃] *nf* compasión *f*.

compatible [kɔ̃patibl] *adj* compatible.

compatir [20] [kɔ̃patir] *vi* **compatir (à)** compadecerse de.

compatriote [kɔ̃patrijɔt] *nmf* compatriota.

compensation [kɔ̃pɑ̃sasjɔ̃] *nf* **1** *(gén)* compensación *f*. **2** *(dédommagement)* indemnización *f*.

compenser [1] [kɔ̃pɑ̃se] *vt* compensar.

compétence [kɔ̃petɑ̃s] *nf* **1** *(aptitude)* pericia *f*, competencia *f*. **2** *(d'un tribunal)* competencia *f*.

compétent,-e [kɔ̃petɑ̃,-ɑ̃t] *adj* competente.

compétitif,-ive [kɔ̃petitif,-iv] *adj* competitivo,-va.

compétition [kɔ̃petisjɔ̃] *nf* competición *f*.

complaisance [kɔ̃plεzɑ̃s] *nf* complacencia *f*.

complaisant,-e [kɔ̃plεzɑ̃,-ɑ̃t] *adj* complaciente.

complément [kɔ̃plemɑ̃] *nm* complemento *m*.

complet,-ète [kɔ̃plε,-εt] *adj* completo,-ta.

compléter [10] [kɔ̃plete] *vt* completar.

complexe [kɔ̃plεks] *adj* complejo, -ja. ▶ *nm* complejo *m*.

complexé,-e [kɔ̃plεkse] *adj* acomplejado,-da.

complexité [kɔ̃plεksite] *nf* complejidad *f*.

complication [kɔ̃plikasjɔ̃] *nf* complicación *f*.

complice [kɔ̃plis] *adj - nmf* cómplice.

complicité [kɔ̃plisite] *nf* complicidad *f*.

compliment [kɔ̃plimɑ̃] *nm (parole)* cumplido *m*, elogio *m*. ▶ *nm pl* **compliments** *(félicitations)* enhorabuena *f sing*.

complimenter [1] [kɔ̃plimɑ̃te] *vt* cumplimentar, felicitar.

compliquer [2] [kɔ̃plike] *vt* complicar, embrollar.

complot [kɔ̃plo] *nm* complot *m*.

comploter [1] [kɔ̃plɔte] *vt - vi* **1** *(une intrigue)* tramar, maquinar. **2** *(un complot)* conspirar.

comportement [kɔ̃pɔrtəmɑ̃] *nm* comportamiento *m*.

comporter [1] [kɔ̃pɔrte] *vt* incluir, comportar. ▶ *vpr* **se comporter** *(se conduire)* comportarse.

composant,-e [kɔ̃pozɑ̃,-ɑ̃t] *adj - nm,f* componente.

composé,-e [kɔ̃poze] *adj* compuesto,-ta. ▶ *nm* **composé** compuesto *m*.

composer [1] [kɔ̃poze] *vt* **1** *(former un tout)* componer. **2** *(créer)* crear, componer. ▶ *vi* **composer avec** *(céder)* transigir con.

compositeur,-trice [kɔ̃pozitœr, tris] *nm,f* compositor,-ra.

composition [kɔ̃pozisjɔ̃] *nf* composición *f*. • **être de bonne composition** ser de buena pasta.

composter [1] [kɔ̃pɔste] vt picar.

compote [kɔ̃pɔt] nf compota f.

compréhensible [kɔ̃pʀeɑ̃sibl] adj comprensible.

compréhension [kɔ̃pʀeɑ̃sjɔ̃] nf comprensión f.

comprendre [83] [kɔ̃pʀɑ̃dʀ] vt 1 *(renfermer)* comprender. 2 *(incorporer)* incluir: **prix tout compris**, precio todo incluido. 3 *(saisir)* comprender, entender.

comprimer [1] [kɔ̃pʀime] vt comprimir.

compris,-e [kɔ̃pʀi,-iz] adj comprendido, -da. • **y compris** incluido,-da.

compromettant,-e [kɔ̃pʀɔmetɑ̃,-ɑ̃t] adj comprometedor,-ra.

compromettre [81] [kɔ̃pʀɔmetʀ] vt comprometer.

compromis [kɔ̃pʀɔmi] nm compromiso m.

comptabilité [kɔ̃tabilite] nf contabilidad f.

comptable [kɔ̃tabl] adj contable. ▶ nm tenedor m de libros, contable m.

comptant [kɔ̃tɑ̃] adj *(gén)* al contado.

compte [kɔ̃t] nm 1 *(gén)* cuenta f. 2 fig *(profit)* interés m, ventaja f. • **pour le compte de** por cuenta de. **rendre compte** dar cuenta. **rendre des comptes à** QQN rendir cuentas a ALGN. **se rendre compte** darse cuenta. **tenir compte de** tener en cuenta. ■ **compte à rebours** cuenta atrás.

compter [1] [kɔ̃te] vt 1 *(gén)* contar. 2 *(contenir)* poseer, contar con. 3 *(comprendre)* comprender, abarcar. ▶ vi 1 *(calculer)* contar. 2 *(se proposer)* tener intención de. • **à compter de** a partir de. **compter sur** contar con, confiar.

compte-rendu [kɔ̃tʀɑ̃dy] nm (pl **comptes-rendus**) informe m, reseña f.

compteur [kɔ̃tœʀ] nm contador m.

comptoir [kɔ̃twaʀ] nm 1 *(d'un magasin)* mostrador m. 2 *(d'un bar)* barra f.

comté [kɔ̃te] nm condado m.

con, conne [kɔ̃, kɔn] adj - nmf fam gilipollas.

concéder [10] [kɔ̃sede] vt 1 *(accorder)* conceder. 2 *(admettre)* admitir. 3 *(but)* recibir, encajar.

concentration [kɔ̃sɑ̃tʀasjɔ̃] nf concentración f.

concentrer [1] [kɔ̃sɑ̃tʀe] vt concentrar.

concept [kɔ̃sɛpt] nm concepto m.

conception [kɔ̃sɛpsjɔ̃] nf concepción f.

concerner [1] [kɔ̃sɛʀne] vt concernir, atañer. • **en ce qui me concerne** en lo que a mí respecta.

concert [kɔ̃sɛʀ] nm concierto m.

concerter [1] [kɔ̃sɛʀte] vt concertar. ▶ vpr **se concerter** ponerse de acuerdo.

concession [kɔ̃sesjɔ̃] nf concesión f.

concessionnaire [kɔ̃sesjɔnɛʀ] adj - nmf concesionario,-ria.

concevable [kɔ̃səvabl] adj concebible.

concevoir [42] [kɔ̃səvwaʀ] vt concebir.

concierge [kɔ̃sjɛʀʒ] nmf portero, -ra, conserje.

conciliation [kɔ̃siljasjɔ̃] nf conciliación f.

concilier [12] [kɔ̃silje] vt conciliar.

concis,-e [kɔ̃si,-iz] adj conciso,-sa.

concision [kɔ̃sizjɔ̃] nf concisión f.

concitoyen,-enne [kɔ̃sitwajɛ̃,-ɛn] nm,f conciudadano,-na.

conclure [52] [kɔ̃klyʀ] vt 1 *(achever)* concluir, terminar. 2 *(accord, affaire)* concertar. 3 *(conséquence)* concluir, deducir. ▶ vi 1 *(donner ses conclusions)* concluir. 2 **conclure à** *(déduire)* llegar a la conclusión.

conclusion [kɔ̃klyzjɔ̃] nf conclusión f.

concombre [kɔ̃kɔ̃bʀ] nm pepino m.

concordance [kɔ̃kɔʀdɑ̃s] nf concordancia f.

concorder [1] [kɔ̃kɔʀde] vi concordar.

concours [kɔ̃kuʀ] nm 1 (épreuve) concurso m. 2 (examen) oposición f. 3 (aide) concurso m, ayuda f.

concret,-ète [kɔ̃kʀɛ,-ɛt] adj concreto,-ta.

concrétiser [1] [kɔ̃kʀetize] vt (un concept) concretar. ► vpr **se concrétiser** (se matérialiser) concretarse, plasmarse.

concubin,-e [kɔ̃kybɛ̃] adj - nm,f concubino,-na.

concubinage [kɔ̃kybinaʒ] nm concubinato m.

concurrence [kɔ̃kyʀɑ̃s] nf competencia f.

concurrent,-ente [kɔ̃kyʀɑ̃,-ɑ̃t] adj - nm,f competidor,-ra.

condamnation [kɔ̃danasjɔ̃] nf 1 (d'un tribunal) condena f. 2 (blâme) condenación f, reprobación f.

condamner [1] [kɔ̃dane] vt 1 (coupable) condenar. 2 (blâmer) condenar, desaprobar.

condensation [kɔ̃dɑ̃sasjɔ̃] nf condensación f.

condenser [1] [kɔ̃dɑ̃se] vt condensar.

condiment [kɔ̃dimɑ̃] nm condimento m.

condition [kɔ̃disjɔ̃] nf 1 (gén) condición f. 2 (forme physique) forma f. • **à condition que** loc + subj a condición de que + subj.

conditionnel,-elle [kɔ̃disjɔnɛl] adj condicional.

conditionnement [kɔ̃disjɔnmɑ̃] nm embalaje m.

conditionner [1] [kɔ̃disjɔne] vt 1 (fait) condicionar. 2 (l'air) acondicionar. 3 (produit, marchandise) embalar.

condoléances [kɔ̃dɔleɑ̃s] nf pl pésame m sing.

conducteur,-trice [kɔ̃dyktœʀ,-tʀis] adj conductor,-ra. ► nm,f (d'un véhicule) conductor,-ra. ► nm **conducteur** (de la chaleur, de l'électricité) conductor m.

conduire [58] [kɔ̃dyiʀ] vt 1 (gén) conducir: **conduire une voiture**, conducir un coche; **rue qui conduit à la place**, calle que lleva a la plaza. 2 (accompagner) acompañar, conducir. 3 (commander) dirigir. ► vpr **se conduire** (se comporter) conducirse, comportarse.

conduite [kɔ̃dyit] nf 1 (comportement) conducta f, comportamiento m. 2 (de voiture) conducción f. 3 (commandement) dirección f, mando m.

cône [kon] nm cono m.

confection [kɔ̃fɛksjɔ̃] nf confección f.

confectionner [1] [kɔ̃fɛksjɔne] vt confeccionar, fabricar.

conférence [kɔ̃feʀɑ̃s] nf conferencia f.

conférencier,-ère [kɔ̃feʀɑ̃sje,-ɛʀ] nm,f conferenciante.

conférer [10] [kɔ̃feʀe] vt (donner) conferir, otorgar.

confesser [1] [kɔ̃fese] vt confesar.

confesseur [kɔ̃fesœʀ] nm confesor m.

confession [kɔ̃fesjɔ̃] nf confesión f.

confiance [kɔ̃fjɑ̃s] nf confianza f. • **de confiance** de confianza. **faire confiance à** QQN fiarse de ALGN.

confiant,-e [kɔ̃fjɑ̃,-ɑ̃t] adj confiado,-da.

confidence [kɔ̃fidɑ̃s] nf confidencia f.

confident,-e [kɔ̃fidɑ̃,-ɑ̃t] nm,f confidente.

confidentiel,-elle [kɔ̃fidɑ̃sjɛl] adj confidencial.

confier [12] [kɔ̃fje] vt confiar.

configuration [kɔ̃figyRasjɔ̃] nf configuración f.

configurer [1] [kɔ̃figyRe] vt configurar.

confirmation [kɔ̃fiRmasjɔ̃] nf confirmación f.

confirmer [1] [kɔ̃fiRme] vt confirmar.

confiture [kɔ̃fityR] nf confitura f, mermelada f.

conflit [kɔ̃fli] nm conflicto m.

confondre [63] [kɔ̃fɔ̃dR] vt confundir.

conforme [kɔ̃fɔRm] adj conforme (**à**, a).

conformément [kɔ̃fɔRmemɑ̃] adv conforme (**à**, a).

conformer [1] [kɔ̃fɔRme] vt (*adapter*) conformar, ajustar. ► vpr **se conformer** (*s'accommoder*) adaptarse (**à**, a).

confort [kɔ̃fɔR] nm (*bien-être*) comodidad f, confort m.

confortable [kɔ̃fɔRtabl] adj cómodo,-da, confortable.

confronter [1] [kɔ̃fRɔ̃te] vt **1** (*comparer*) confrontar, cotejar. **2** (*témoins, accusés*) confrontar, carear.

confus,-e [kɔ̃fy,-yz] adj confuso, -sa.

confusion [kɔ̃fyzjɔ̃] nf confusión f.

congé [kɔ̃ʒe] nm **1** (*autorisation*) permiso m de ausentarse, licencia f. **2** (*vacances*) vacaciones f pl. ■ **congé de maladie** baja f por enfermedad. **congé de maternité** baja f por maternidad.

congélateur [kɔ̃ʒelatœR] nm congelador m.

congélation [kɔ̃ʒelasjɔ̃] nf congelación f.

congeler [9] [kɔ̃ʒle] vt congelar.

congrès [kɔ̃gRɛ] nm congreso m.

conique [kɔnik] adj cónico,-ca.

conjoint,-e [kɔ̃ʒwɛ̃,-ɛ̃t] adj conjunto,-ta. ► nm,f cónyuge.

conjonctivite [kɔ̃ʒɔ̃ktivit] nf MÉD conjuntivitis f.

conjugaison [kɔ̃ʒygɛzɔ̃] nf conjugación f.

conjugal,-e [kɔ̃ʒygal] adj conyugal.

conjuguer [2] [kɔ̃ʒyge] vt conjugar.

connaissance [kɔnɛsɑ̃s] nf **1** (*savoir*) conocimiento m. **2** (*société*) conocido m, persona f conocida. ● **à ma connaissance** que yo sepa. **faire connaissance de** conocer a. **perdre connaissance** desmayarse, perder el conocimiento. **prendre connaissance de** enterarse de.

connaisseur,-euse [kɔnɛsœR,-øz] adj - nm,f conocedor,-ra, entendido,-da, experto,-ta.

connaître [82] [kɔnɛtR] vt conocer. ● **s'y connaître en** ser un experto en, entender de.

connecter [1] [kɔnɛkte] vt conectar.

connexion [kɔnɛksjɔ̃] nf conexión f.

connu,-e [kɔny] adj **1** (*gén*) conocido,-da. **2** (*bien su*) sabido,-da.

conquérant,-e [kɔ̃keRɑ̃,-ɑ̃t] adj - nm,f conquistador,-ra.

conquérir [34] [kɔ̃keRiR] vt conquistar.

conquête [kɔ̃kɛt] nf conquista f.

conquis,-e [kɔ̃ki,-iz] adj conquistado,-da.

consacrer [1] [kɔ̃sakRe] vt **1** REL consagrar. **2** (*employer*) dedicar. ► vpr **se consacrer** dedicarse (**à**, a), consagrarse (**à**, a).

conscience [kɔ̃sjɑ̃s] nf conciencia f. ■ **conscience professionnelle** ética f profesional.

consciencieux,-euse [kɔ̃sjɑ̃sjø,-øz] adj concienzudo,-da.

conscient,-e [kɔ̃sjɑ̃,-ɑ̃t] adj consciente.

consécutif,-ive [kɔ̃sekytif,-iv] adj **1** (*qui se suit*) consecutivo,-va. **2**

consécutif, -ive à *(qui résulte)* debido,-da a.

conseil nm **1** *(gén)* consejo m. **2** *(personne)* consejero,-ra. ■ **conseil d'administration** consejo de administración. **conseil municipal** concejo m, ayuntamiento m.

conseiller[1] [kɔ̃seje] vt aconsejar.

conseiller,-ère[2] [kɔ̃seje,-ɛʀ] nm,f consejero,-ra. ■ **conseiller,-ère municipal,-e** concejal, -la.

consensus [kɔ̃sɑ̃sys] nm consenso m.

consentement [kɔ̃sɑ̃tmɑ̃] nm consentimiento m.

consentir [28] [kɔ̃sɑ̃tiʀ] vi consentir (**à**, a).

conséquence [kɔ̃sekɑ̃s] nf consecuencia f. • **en conséquence** en consecuencia.

conséquent,-e [kɔ̃sekɑ̃,-ɑ̃t] adj **1** *(personne, raisonnement, etc)* consecuente. **2** fam *(important)* relevante, importante. • **par conséquent** por consiguiente.

conservateur,-trice [kɔ̃sɛʀvatœʀ,-tʀis] adj - nm,f conservador,-ra.

conservation [kɔ̃sɛʀvasjɔ̃] nf conservación f.

conservatoire [kɔ̃sɛʀvatwaʀ] nm conservatorio m.

conserve [kɔ̃sɛʀv] nf conserva f.

conserver [1] [kɔ̃sɛʀve] vt conservar.

considérable [kɔ̃sideʀabl] adj considerable.

considération [kɔ̃sideʀasjɔ̃] nf consideración f. • **prendre en considération** tener en cuenta.

considérer [10] [kɔ̃sideʀe] vt considerar.

consigne [kɔ̃siɲ] nf **1** (gen en pl) *(instruction)* consigna f. **2** *(pour les bagages)* consigna f.

consistance [kɔ̃sistɑ̃s] nf consistencia f.

consistant,-e [kɔ̃sistɑ̃,-ɑ̃t] adj consistente.

consister [1] [kɔ̃siste] vi consistir.

consolation [kɔ̃sɔlasjɔ̃] nf consuelo m.

console [kɔ̃sɔl] nf **1** *(meuble)* consola f. **2** *(d'un bâtiment)* ménsula f, repisa f. ■ **console de jeux** videoconsola f.

consoler [1] [kɔ̃sɔle] vt consolar.

consolider [1] [kɔ̃sɔlide] vt consolidar.

consommateur,-trice [kɔ̃sɔmatœʀ,-tʀis] nm,f consumidor,-ra.

consommation [kɔ̃sɔmasjɔ̃] nf **1** *(d'aliments, de combustible, etc)* consumo m. **2** *(dans un café, etc)* consumición f. **3** *(d'un fait)* consumación f.

consommé,-e [kɔ̃sɔme] adj consumado,-da.

consommer [1] [kɔ̃sɔme] vt consumir.

consonne [kɔ̃sɔn] nf consonante f.

conspiration [kɔ̃spiʀasjɔ̃] nf conspiración f.

conspirer [1] [kɔ̃spiʀe] vt - vi conspirar.

constamment [kɔ̃stamɑ̃] adv constantemente.

constat [kɔ̃sta] nm **1** *(procès-verbal)* acta f. **2** *(analyse)* constatación f.

constatation [kɔ̃statasjɔ̃] nf **1** *(action de constater)* comprobación f. **2** *(preuve)* prueba f.

constater [1] [kɔ̃state] vt **1** *(vérifier)* comprobar. **2** *(prendre connaissance)* observar, darse cuenta. **3** *(par écrit)* hacer constar.

consterner [1] [kɔ̃stɛʀne] vt consternar.

constipation [kɔ̃stipasjɔ̃] nf estreñimiento m.

constipé,-e [kɔ̃stipe] adj estreñido,-da.

constituer [1] [kɔ̃stitɥe] vt **1** *(gén)* constituir. **2** *(une somme)* asignar.

constitution [kɔ̃stitysjɔ̃] nf constitución f.

constitutionnel,-elle [kɔ̃stitysjɔnɛl] *adj* constitucional.

constructeur,-trice [kɔ̃stryktœr,-tris] *adj - nm,f* constructor,-ra.

construction [kɔ̃stryksjɔ̃] *nf* construcción f.

construire [58] [kɔ̃struir] *vt* construir.

consul [kɔ̃syl] *nm* cónsul *mf*.

consulat [kɔ̃syla] *nm* consulado *m*.

consultation [kɔ̃syltasjɔ̃] *nf* consulta *f*.

consulter [1] [kɔ̃sylte] *vt* consultar. ▶ *vi (le médecin)* tener consulta.

consumer [1] [kɔ̃syme] *vt* consumir.

contact [kɔ̃takt] *nm* contacto *m*. • **être en contact avec** QQN estar en contacto con ALGN.

contacter [1] [kɔ̃takte] *vt* ponerse en contacto.

contagieux,-euse [kɔ̃taʒjø,-øz] *adj* contagioso,-sa.

contagion [kɔ̃taʒjɔ̃] *nf* contagio *m*.

container [kɔ̃tɛnɛr] *nm* contenedor *m*.

contamination [kɔ̃taminasjɔ̃] *nf* contaminación *f*.

contaminer [1] [kɔ̃tamine] *vt* contaminar.

conte [kɔ̃t] *nm* cuento *m*.

contempler [1] [kɔ̃tɑ̃ple] *vt* contemplar.

contemporain,-e [kɔ̃tɑ̃pɔrɛ̃,-ɛn] *adj - nm,f* contemporáneo,-nea.

contenance [kɔ̃tnɑ̃s] *nf* **1** *(d'un récipient)* cabida *f*, capacidad *f*. **2** *(attitude)* compostura *f*, actitud *f*. **3** *(d'une superficie)* extensión *f*.

conteneur [kɔ̃tənœr] *nm* contenedor *m*.

contenir [35] [kɔ̃tnir] *vt* contener.

content,-e [kɔ̃tɑ̃,-ɑ̃t] *adj* contento, -ta. • **être content de soi** estar satisfecho de uno mismo.

contenter [1] [kɔ̃tɑ̃te] *vt* contentar. ▶ *vpr* **se contenter** contentarse **(de,** con).

contenu [kɔ̃tny] *nm* contenido *m*.

conter [1] [kɔ̃te] *vt* contar.

contestation [kɔ̃tɛstasjɔ̃] *nf* **1** *(conflit)* disputa *f*, polémica *f*. **2** *(débat)* discusión *f*.

contester [1] [kɔ̃tɛste] *vt* **1** *(refuser)* negar, impugnar. **2** *(mettre en question)* poner en tela de juicio.

contexte [kɔ̃tɛkst] *nm* contexto *m*.

continent [kɔ̃tinɑ̃] *nm* continente *m*.

continu,-e [kɔ̃tiny] *adj* continuo,-nua.

continuation [kɔ̃tinyasjɔ̃] *nf* continuación *f*. • **bonne continuation !** ¡a seguir bien!

continuel,-elle [kɔ̃tinyɛl] *adj* continuo, -nua.

continuer [1] [kɔ̃tinye] *vt* continuar. ▶ *vi* continuar, seguir: **elle continue à étudier**, sigue estudiando.

continuité [kɔ̃tinyite] *nf* continuidad *f*.

contour [kɔ̃tur] *nm* contorno *m*.

contourner [1] [kɔ̃turne] *vt* **1** *(faire le tour)* rodear. **2** *fig (difficulté)* esquivar.

contraceptif,-ive [kɔ̃traseptif] *adj* anticonceptivo,-va. ▶ *nm* **contraceptif** anticonceptivo *m*.

contraception [kɔ̃trasɛpsjɔ̃] *nf* anticoncepción *f*.

contracté,-e [kɔ̃trakte] *adj* contraído,-da.

contracter [1] [kɔ̃trakte] *vt* contraer.

contraction [kɔ̃traksjɔ̃] *nf* contracción *f*.

contractuel,-elle [kɔ̃traktyɛl] *adj* contractual.

contradiction [kɔ̃tradiksjɔ̃] *nf* contradicción *f*.

contradictoire [kɔ̃tradiktwar] *adj* contradictorio,-ria.

contraignant,-e [kɔ̃tʀɛɲɑ̃,-ɑ̃t] *adj* exigente: **il a des horaires très contraignants**, tiene unos horarios muy apretados.

contraindre [75] [kɔ̃tʀɛ̃dʀ] *vt* obligar.

contraint,-e [kɔ̃tʀɛ̃,-ɛ̃t] *adj* forzado,-a, obligado,-da.

contrainte [kɔ̃tʀɛ̃t] *nf* **1** *(devoir)* obligación *f.* **2** *(gêne)* fastidio *m.*

contraire [kɔ̃tʀɛʀ] *adj* contrario, -ria. ► *nm* **le contraire** lo contrario. • **au contraire** al contrario.

contrairement [kɔ̃tʀɛʀmɑ̃] *adv* al contrario (**à**, de).

contrarier [12] [kɔ̃tʀaʀje] *vt* **1** *(gén)* contrariar. **2** *(blesser)* disgustar.

contrariété [kɔ̃tʀaʀjete] *nf* contrariedad *f.*

contraste [kɔ̃tʀast] *nm* contraste *m.*

contrat [kɔ̃tʀa] *nm* contrato *m.* • **contrat à durée déterminée** contrato temporal. **contrat à durée indéterminée** contrato indefinido.

contravention [kɔ̃tʀavɑ̃sjɔ̃] *nf* multa *f.*

contre [kɔ̃tʀ] *prép* **1** *(gén)* contra: **pousse le lit contre le mur**, empuja la cama contra la pared. **2** *(opposition)* con contra: **il est en colère contre moi**, está enfadado conmigo. **3** *(protection)* contra, para: **j'ai pris une assurance contre les catastrophes naturelles**, he contratado un seguro contra catástrofes naturales. **4** *(échange)* por, contra: **elle a échangé sa jupe contre un pull**, cambió su falda por un jersey. ► *adv* en contra: **je suis pour et il est contre**, yo estoy a favor y él en contra. ► *nm* contra *m*: **le pour et le contre**, el pro y el contra. • **par contre** en cambio.

contre-attaque [kɔ̃tʀatak] *nf* (*pl* **contre-attaques**) contraataque *m.*

contrebande [kɔ̃tʀəbɑ̃d] *nf* contrabando *m.*

contrebasse [kɔ̃tʀəbas] *nf* contrabajo *m.*

contrecœur [kɔ̃tʀəkœʀ]. • **à contrecœur** a regañadientes.

contre-courant [kɔ̃tʀəkuʀɑ̃]. • **à contre-courant** a contracorriente.

contredire [55] [kɔ̃tʀədiʀ] *vt* contradecir.

contrefaçon [kɔ̃tʀəfasɔ̃] *nf* falsificación *f.*

contrefaire [85] [kɔ̃tʀəfɛʀ] *vt* **1** *(manies, attitude)* remedar. **2** *(monnaie, signature)* falsificar.

contre-indication [kɔ̃tʀɛ̃dikasjɔ̃] *nf* (*pl* **contre-indications**) contraindicación *f.*

contre-jour [kɔ̃tʀəʒuʀ] *nm* (*pl* **contre-jours**) contraluz *m.*

contre-offensive [kɔ̃tʀɔfɛ̃siv] *nf* (*pl* **contre-offensives**) contraofensiva *f.*

contrepartie [kɔ̃tʀəpaʀti] *nf* contrapartida *f.* • **en contrepartie** en contrapartida.

contre-pied [kɔ̃tʀəpje] *nm* (*pl* **contre-pieds**) lo contrario. • **prendre le contre-pied de qqch** defender lo contrario de ALGO.

contreplaqué [kɔ̃tʀəplake] *nm* contrachapado *m.*

contrepoids [kɔ̃tʀəpwa] *nm* contrapeso *m.*

contrer [1] [kɔ̃tʀe] *vt* **1** *(s'opposer)* oponerse a. **2** *(au bridge, à la manille)* doblar.

contresens [kɔ̃tʀəsɑ̃s] *nm* contrasentido *m.* • **à contresens** al revés.

contretemps [kɔ̃tʀətɑ̃] *nm* contratiempo *m.*

• **à contretemps** a destiempo.

contrevenant,-e [kɔ̃tʀəvnɑ̃,-ɑ̃t] *nm,f* contraventor,-ra.

contrevenir [1] [kɔ̃tʀəvniʀ] *vi* **contrevenir à** contravenir.

contribuable [kɔ̃tribyabl] *nmf* contribuyente.

contribuer [1] [kɔ̃tribɥe] *vi* contribuir.

contribution [kɔ̃tribysjɔ̃] *nf* **1** *(d'argent)* contribución *f*. **2** *(impôt)* impuesto *m*. **3** *(aide)* colaboración *f*.

contrôle [kɔ̃trol] *nm* control *m*.

contrôler [1] [kɔ̃trole] *vt* **1** *(gén)* controlar. **2** *(vérifier)* comprobar.

contrôleur,-euse [kɔ̃trolœr,-øz] *nm,f* **1** *(gén)* interventor,-ra. **2** *(de train, autobus)* revisor,-ra. ■ **contrôleur aérien** controlador aéreo.

controverse [kɔ̃trɔvɛrs] *nf* controversia *f*.

convaincant,-e [kɔ̃vɛ̃kɑ̃,-ɑ̃t] *adj* convincente.

convaincre [65] [kɔ̃vɛ̃kr] *vt* **1** *(persuader)* convencer. **2 convaincre QQN de** DR probar la culpabilidad de ALGN.

convaincu,-e [kɔ̃vɛ̃ky] *adj* convencido,-da.

convenable [kɔ̃vnabl] *adj* **1** *(approprié)* conveniente, adecuado. **2** *(salaire, prix)* razonable.

convenir [35] [kɔ̃vnir] *vi* **1 convenir de** *(s'entendre)* estar de acuerdo en. **2 convenir à** *(correspondre)* ser apropiado,-da para. ● **il convient de** + *inf* es conveniente + *inf*.

convention [kɔ̃vɑ̃sjɔ̃] *nf* **1** *(accord)* convenio *m*. **2** *(assemblée)* convención *f*. ► *nf pl* **conventions** convencionalismos *m pl*.

convenu,-e [kɔ̃vny] *adj* convenido,-da. ● **comme convenu** según lo acordado.

conversation [kɔ̃vɛrsasjɔ̃] *nf* conversación *f*.

conversion [kɔ̃vɛrsjɔ̃] *nf* conversión *f*.

convertible [kɔ̃vɛrtibl] *adj* convertible.

convertir [20] [kɔ̃vɛrtir] *vt* convertir (**à**, a).

conviction [kɔ̃viksjɔ̃] *nf* convicción *f*.

convier [12] [kɔ̃vje] *vt* convidar.

convivial,-e [kɔ̃vivjal] *adj* **1** *(réunion)* distendido,-da. **2** INFORM *(interface)* amigable.

convocation [kɔ̃vɔkasjɔ̃] *nf* convocatoria *f*.

convoi [kɔ̃vwa] *nm* **1** *(de train, de véhicules)* convoy *m*. **2** *(funèbre)* cortejo *m*.

convoiter [1] [kɔ̃vwate] *vt* codiciar.

convoitise [kɔ̃vwatiz] *nf* codicia *f*.

convoquer [2] [kɔ̃vɔke] *vt* convocar.

coopération [kɔɔperasjɔ̃] *nf* cooperación *f*.

coopérer [10] [kɔɔpere] *vi* cooperar.

coordination [kɔɔrdinasjɔ̃] *nf* coordinación *f*.

coordonné,-e [kɔɔrdɔne] *adj* coordinado,-da.

coordonnée [kɔɔrdɔne] *nf* coordenada *f*. ► *nf pl* **coordonnées** datos *m pl* personales.

coordonner [1] [kɔɔrdɔne] *vt* coordinar.

copain,-ine [kɔpɛ̃,-pin] *nm,f fam* amigo,-ga.

copie [kɔpi] *nf* **1** *(gén)* copia *f*. **2** *(d'examen)* examen *m*; *(de devoir)* ejercicio *m*.

copier [12] [kɔpje] *vt* copiar.

copieux,-euse [kɔpjø,-øz] *adj* copioso,-sa.

copilote [kɔpilɔt] *nmf* copiloto.

copine [kɔpin] *nf* → **copain,-ine**.

copropriété [kɔprɔprijete] *nf* copropiedad *f*.

coq [kɔk] *nm* gallo *m*. ● **passer du coq à l'âne** saltar de un tema a otro.

coque [kɔk] *nf* **1** *(de fruits secs)* cáscara *f*. **2** *(d'un bateau)* casco *m*. **3** *(coquillage)* berberecho *m*.

coquelicot [kɔkliko] nm amapola f.
coquet,-ette [kɔkɛ,-ɛt] adj coqueto,-ta.
coquetier [kɔktje] nm huevera f.
coquillage [kɔkijaʒ] nm **1** (mollusque) marisco m. **2** (coquille) concha f.
coquille [kɔkij] nf **1** (de mollusque) concha f. **2** (d'œuf, de fruit) cáscara f. **3** (dans un texte) errata f.
coquin,-e [kɔkɛ̃,-in] adj - nm,f pícaro,-ra.
corail [kɔraj] nm (pl **coraux**) coral m.
coran [kɔrɑ̃] nm corán m.
corbeau [kɔrbo] nm cuervo m.
corbeille [kɔrbɛj] nf **1** (panier) cesta f. **2** (au théâtre) palco m. ■ **corbeille à papier** papelera f. **corbeille de pain** panera f.
corbillard [kɔrbijar] nm coche m fúnebre.
cordage [kɔrdaʒ] nm cordaje m. ■ **avoir plusieurs cordes à son arc** tener varios ases en la manga. **pleuvoir des cordes** fig llover a cántaros.
corde [kɔrd] nf cuerda f.
cordial,-e [kɔrdjal] adj cordial.
cordon [kɔrdɔ̃] nm cordón m. ■ **cordon ombilical** cordón umbilical.
cordon-bleu [kɔrdɔ̃blø] nm (pl **cordons-bleus**) cocinero m de primera.
Corée [kɔre] nf Corea. ■ **Corée du Nord** Corea del Norte. **Corée du Sud** Corea del Sur.
coréen,-enne [kɔreɛ̃,-ɛn] adj coreano,-na. ▶ nm,f **Coréen,-enne** coreano,-na. ▶ nm **coréen** (langue) coreano m.
corne [kɔrn] nf **1** cuerno m. **2** (de la peau) dureza f.
cornée [kɔrne] nf ANAT córnea f.
corneille [kɔrnɛj] nf corneja f.
cornemuse [kɔrnəmyz] nf gaita f.
corner [kɔrnɛr] nm SPORT córner m.
cornet [kɔrnɛ] nm cucurucho m.
corniche [kɔrniʃ] nf cornisa f.
cornichon [kɔrniʃɔ̃] nm pepinillo m.
cornu,-e [kɔrny] adj cornudo,-da.
corporation [kɔrpɔrasjɔ̃] nf corporación f.
corporel,-elle [kɔrpɔrɛl] adj corporal.
corps [kɔr] nm cuerpo m. ■ **corps diplomatique** cuerpo diplomático.
corpulent,-e [kɔrpylɑ̃,-ɑ̃t] adj corpulento,-ta.
correct,-e [kɔrɛkt] adj correcto,-ta.
correcteur,-trice [kɔrɛktœr,-tris] adj - nm,f corrector,-ra. ■ nm **correcteur** (outil, produit) corrector m. ■ **correcteur d'orthographe** corrector ortográfico.
correction [kɔrɛksjɔ̃] nf corrección f.
correspondance [kɔrɛspɔ̃dɑ̃s] nf **1** (relation, courrier) correspondencia f. **2** (train) enlace m. ■ **par correspondance** por correo.
correspondant,-e [kɔrɛspɔ̃dɑ̃,-ɑ̃t] adj correspondiente. ▶ nm,f **1** (d'un journal) corresponsal. **2** (au téléphone) interlocutor,-ra. **3** (par courrier) amigo,-ga por correspondencia.
correspondre [62] [kɔrɛspɔ̃dr] vi **1** (rapport de conformité) corresponder (à, a). **2** (par courrier) cartearse (**avec**, con).
corrigé [kɔriʒe] nm corrección f.
corriger [4] [kɔriʒe] vt corregir.
corrompre [63] [kɔrɔ̃pr] vt corromper.
corrosion [kɔrozjɔ̃] nf corrosión f.
corruption [kɔrypsjɔ̃] nf corrupción f.
cortège [kɔrtɛʒ] nm cortejo m, séquito m.
corvée [kɔrve] nf tarea f fastidiosa.
cosmétique [kɔsmetik] adj cosmético,-ca. ▶ nm cosmético m.
cosmique [kɔsmik] adj cósmico,-ca.

cosmonaute [kɔsmɔnɔt] *nmf* cosmonauta.

cosmopolite [kɔsmɔpɔlit] *adj* cosmopolita.

cosmos [kɔsmos] *nm* cosmos *m*.

Costa Rica [kɔstaʀika] *nm* Costa Rica.

costaricien,-enne [kɔstaʀisjɛ̃,-ɛn] *adj* costarricense, costarriqueño,-ña. ▸ *nm,f* **Costaricien,-enne** costarricense, costarriqueño,-ña.

costume [kɔstym] *nm* **1** *(d'homme)* traje *m*. **2** *(au théâtre)* vestuario *m*.

cote [kɔt] *nf* **1** *(niveau)* cota *f*, nivel *m*. **2** *(quote-part)* contribución *f*. **3** *(en Bourse)* cotización *f*. ▪ **cote de popularité** nivel de popularidad.

côte [kɔt] *nf* **1** ANAT costilla *f*. **2** CUIS chuleta *f*. **3** *(du terrain)* cuesta *f*. **4** *(littoral)* costa *f*. ▪ **côte à côte** hombro con hombro.

côté [kote] *nm* **1** *(gén)* lado *m*. **2** *(du corps)* costado *m*. ▪ **à côté de** al lado de. **du côté de** cerca de: il vit du côté de Bordeaux, vive cerca de Burdeos. **les bons/mauvais côtés de** QQCH/ QQN el lado bueno/malo de ALGO/ALGN. **mettre de côté** guardar.

côtelette [kotlɛt] *nf* chuletita *f*.

côtier,-ère [kotje,-ɛʀ] *adj* costero, -ra, litoral.

cotisation [kɔtizasjɔ̃] *nf* *(somme à verser - à un club)* cuota *f*; *(- à la sécurité sociale)* cotización *f*.

cotiser [1] [kɔtize] *vi* cotiser (à) *(club)* pagar una cuota a; *(sécurité sociale)* cotizar. ▸ *vpr* **se cotiser** hacer una colecta.

coton [kɔtɔ̃] *nm* algodón *m*.

coton-tige® [kɔtɔ̃tiʒ] *nm* *(pl* **cotons- tiges)** bastoncillo *m* (de algodón).

côtoyer [16] [kotwaje] *vt* **1** *(longer)* bordear. **2** *(personne)* frecuentar.

cou [ku] *nm* cuello *m*.

couchant [kuʃɑ̃] *nm* poniente *m*.

couche [kuʃ] *nf* **1** *(de peinture)* capa *f*. **2** *(pour les bébés)* pañal *m*. **3** *(social)* clase *f*. ▪ **fausse couche** aborto *m* natural.

coucher¹ [kuʃe] *nm* puesta *f*. ▪ **coucher de soleil** puesta de sol.

coucher² [1] [kuʃe] *vt* **1** *(dans un lit)* acostar. **2** *(sur le sol)* tumbar. ▸ *vi* **1** *(dormir)* dormir. **2 coucher avec** *fam (faire l'amour)* acostarse con. ▸ *vpr* **se coucher 1** *(s'allonger)* tumbarse. **2** *(au lit)* acostarse. **3** *(soleil)* ponerse.

couchette [kuʃɛt] *nf* litera *f*.

coude [kud] *nm* **1** *(du bras)* codo *m*. **2** *(d'un tuyau)* recodo *m*.

coudre [71] [kudʀ] *vt* coser.

couette [kwɛt] *nf* **1** *(édredon)* edredón *m*. **2** *(cheveux)* coleta *f*.

couille [kuj] *nf vulg* cojón *m*, huevo *m*.

couler [1] [kule] *vi* **1** *(métal)* colar. **2** *(statue)* vaciar. **3** *(bateau, entreprise, personne)* hundir. ▸ *vi* **1** *(liquide)* fluir. **2** *(récipient)* gotear. **3** *(bateau, entreprise, personne)* hundirse. ▸ *vpr* **se couler** colarse. ▪ **couler à pic** irse a pique. **se la couler douce** *fam fig* tener una vida regalada.

couleur [kulœʀ] *nf* **1** *(gén)* color *m*. **2** *(cartes)* palo *m*.

couleuvre [kulœvʀ] *nf* culebra *f*.

coulisse [kulis] *nf* *(d'une porte)* ranura *f*. ▸ *nf pl* **coulisses 1** *(au théâtre)* bastidores *mpl*. **2** *fig (secrets)* secretos *mpl*.

couloir [kulwaʀ] *nm* pasillo *m*.

coup [ku] *nm* **1** *(gén)* golpe *m*. **2** *(d'arme à feu)* disparo *m*. **3** *fam (quantité bue ou mangée)* trago *m*. **4** *(fois)* vez *f*. **5** *(d'une maladie, de colère)* acceso *m*. ▪ **donner un coup de main** echar una mano. **donner un coup de téléphone** llamar por teléfono. **du coup** por lo que. **sur le coup** en el acto. **tout à coup** de repente. ▪ **coup de balai** escobazo

coupable [kupabl] *adj - nmf* culpable.

coupant,-e [kupɑ̃,-ɑ̃t] *adj* cortante.

coupe [kup] *nf* **1** (*verre, trophée*) copa *f.* **2** (*de cheveux, de vêtements*) corte *m.*

coupe-ongles [kupɔ̃gl] *nm inv* cortaúñas *m.*

couper [1] [kupe] *vt* **1** (*gén*) cortar. **2** (*arbres*) talar. **2** (*céréales*) segar. ▶ *vi* **1** (*gén*) cortar. **2** (*prendre un chemin plus court*) atajar.

couple [kupl] *nm* pareja *f.*

couplet [kuplɛ] *nm* estrofa *f.*

coupole [kupɔl] *nf* cúpula *f.*

coupon [kupɔ̃] *nm* cupón *m.*

coupure [kupyʀ] *nf* **1** (*blessure, suppression*) corte *m.* **2** (*argent*) billete *m.* **3** (*de journaux*) recorte *m.* ▪ **coupure de courant** apagón *m.*

cour [kuʀ] *nf* **1** (*de maison*) patio *m.* **2** (*de ferme*) corral *m.* **3** (*d'un roi*) corte *f.* **4** (*de justice*) tribunal *m.* ▪ **cour de cassation** tribunal supremo. **cour de récréation** patio de recreo.

courage [kuʀaʒ] *nm* **1** (*bravoure*) valentía *f.* **2** (*énergie*) ánimo *m.* ▪ **bon courage !** ¡ánimo!

courageux,-euse [kuʀaʒø,-øz] *adj* valiente.

couramment [kuʀamɑ̃] *adv* **1** (*lire, parler*) con soltura. **2** (*d'habitude*) normalmente.

courant,-e [kuʀɑ̃,-ɑ̃t] *adj* corriente. ▶ *nm* **courant 1** (*gén*) corriente *f.* **2** (*durée*) transcurso *m.* ▪ **dans le courant du mois**, a lo largo del mes. **3** (*progrès, évolution*) curso *m.* ▪ **être au courant** estar al corriente. **tenir au courant** mantener al corriente.

courbature [kuʀbatyʀ] *nf* agujetas *f pl.*

courbe [kuʀb] *nf* curva *f.*

courber [1] [kuʀbe] *vt* **1** (*plier*) curvar. **2** (*genoux, tête*) inclinar. ▶ *vi* encorvarse.

coureur,-euse [kuʀœʀ,-øz] *nm,f* corredor,-ra. ▪ **coureur de jupons** mujeriego *m.*

courge [kuʀʒ] *nf* calabaza *f.*

courgette [kuʀʒɛt] *nf* calabacín *m.*

courir [24] [kuʀiʀ] *vi* correr. ▶ *vt* **1** (*course, risque*) correr. **2** (*un lieu*) recorrer. **3** (*animal*) perseguir a.

couronne [kuʀɔn] *nf* corona *f.*

couronnement [kuʀɔnmɑ̃] *nm* coronación *f.*

couronner [1] [kuʀɔne] *vt* coronar.

courrier [kuʀje] *nm* correo *m.* ▪ **courrier électronique** correo electrónico.

courriel [kuʀjɛl] *nm* correo *m* electrónico.

cours [kuʀ] *nm* **1** (*d'eau, du temps, de monnaie*) curso *m.* **2** (*niveau d'études*) curso *m.* **3** (*leçon*) clase *f.* **4** (*rue*) paseo *m.* ▪ **au cours de** durante. **donner libre cours à** dar rienda suelta a. **en cours 1** (*année*) en curso. **2** (*affaire*) pendiente. **en cours de route** en el camino.

course [kuʀs] *nf* **1** (*action, compétition*) carrera *f.* **2** (*trajet*) trayectoria *f.* ▪ *nf pl* **courses** compra *f sing.* ▪ **faire les courses** hacer la compra.

court,-e [kuʀ, kuʀt] *adj* corto,-ta. ▶ *nm* SPORT pista *f* de tenis. ▪ **être à court de** andar mal de. **prendre de court** pillar desprevenido.

court-circuit [kuʀsiʀkɥi] *nm* (*pl* **courts-circuits**) cortocircuito *m.*

court-métrage [kuʀmetʀaʒ] *nm* (*pl* **courts-métrages**) cortometraje *m.*

courtois,-e [kuʀtwa,-waz] *adj* cortés,-esa.

couscous [kuskus] *nm* cuscús *m.*

cousin,-e [kuzɛ̃,-in] *nm,f* primo,-ma.
coussin [kusɛ̃] *nm* cojín *m*.
cousu,-e [kuzy] *adj* cosido,-da.
coût [ku] *nm* coste *m*.
couteau [kuto] *nm* **1** *(instrument)* cuchillo *m*. **2** *(coquillage)* navaja *f*.
coûter [1] [kute] *vt* - *vi* costar. • **coûte que coûte** cueste lo que cueste.
coûteux,-euse [kutø,-øz] *adj* costoso, -sa, caro,-ra.
coutume [kutym] *nf* costumbre *f*.
couture [kutyr] *nf* costura *f*.
couturier [kutyrje] *nm* diseñador *m*, modisto *m*.
couturière [kutyrjɛr] *nf* modista *f*.
couvent [kuvɑ̃] *nm* convento *m*.
couver [1] [kuve] *vt* **1** *(œuf, grippe)* incubar. **2** *fig (enfant)* mimar. ▶ *vi fig* estar latente.
couvercle [kuvɛrkl] *nm* tapa *f*.
couvert,-e [kuvɛr,-ɛrt] *adj* **1** *(ciel)* cubierto,-ta. **2** *(vêtement)* abrigado, -da. **3** *(plein)* lleno,-na: **son visage était couvert de boutons**, tenía la cara llena de granos. ▶ *nm* **couvert** *(à table)* cubierto *m*. • **mettre le couvert** poner la mesa.
couverture [kuvɛrtyr] *nf* **1** *(de maison, de livre)* cubierta *f*. **2** *(de lit)* manta *f*. **3** *(d'un magazine)* portada *f*. **4** *(de portable, d'assurance)* cobertura *f*.
couvrir [21] [kuvrir] *vt* **1** *(gén)* cubrir. **2** *(avec un couvercle)* tapar. **3** *(avec un vêtement)* abrigar. **4** *(un livre)* forrar.
crabe [krab] *nm* cangrejo *m*.
cracher [1] [kraʃe] *vi* - *vt* escupir.
craie [krɛ] *nf* **1** *(roche)* creta *f*. **2** *(pour écrire)* tiza *f*.
craindre [75] [krɛ̃dr] *vt* **1** *(gén)* temer: **il ne craint pas la mort**, no teme a la muerte. **2** **craindre de** + *subj (considérer probable)* temer que + *subj*: **je crains qu'il ne perde**, me temo que pederá. **3** **craindre de** + *inf (avoir peur)* tener miedo de + *inf*: **il craint d'échouer**, le da miedo fracasar.
crainte [krɛ̃t] *nf* temor *m*.
craintif,-ive [krɛ̃tif,-iv] *adj* temeroso,-sa.
crampe [krɑ̃p] *nf* calambre *m*.
cramponner [1] [krɑ̃pɔne] *vt* enganchar. ▶ *vpr* **se cramponner 1** *(objet, personne)* agarrarse (**à**, a). **2** *fig (idée, espoir)* aferrarse (**à**, a).
cran [krɑ̃] *nm* **1** *(entaille)* muesca *f*. **2** *(degré)* punto *m*. **3** *fam (audace)* agallas *f pl*. • **avoir du cran** *fam* tener arrojo.
crâne [krɑn] *nm* ANAT cráneo *m*. • **ne rien avoir dans le crâne** *fig* tener la cabeza hueca.
crapaud [krapo] *nm* sapo *m*.
craqueler [5] [krakle] *vt* agrietar.
craquelure [kraklyr] *nf* grieta *f*.
craquer [2] [krake] *vi* **1** *(faire un bruit sec)* crujir. **2** *(vêtement)* reventar. **3** *(entreprise, projet)* hundirse. **4** *(nerveusement)* desmoronarse. **5** *fam (céder à une envie)* ceder: **au bout de deux semaines de régime, elle a craqué**, después de dos semanas de régimen, no pudo más. • **plein à craquer** lleno a rebosar.
cratère [kratɛr] *nm* cráter *m*.
cravate [kravat] *nf* corbata *f*.
crawl [krol] *nm* crol *m*.
crayon [krɛjɔ̃] *nm* lápiz *m*.
créateur,-trice [kreatœr,-tris] *adj* - *nm,f* creador,-ra.
créatif,-ive [kreatif,-iv] *adj* creativo.
création [kreasjɔ̃] *nf* creación *f*.
créativité [kreativite] *nf* creatividad *f*.
créature [kreatyr] *nf* criatura *f*.
crèche [krɛʃ] *nf* **1** *(pour enfants)* guardería *f*. **2** *(de Noël)* belén *m*.

crédit [kʀedi] *nm* crédito *m*.
créditer [1] [kʀedite] *vt* abonar en cuenta.
crédule [kʀedyl] *adj* crédulo.
créer [14] [kʀee] *vt* crear.
crémaillère [kʀemajɛʀ] *nf* cremallera *f*. ▪ **pendre la crémaillère** *fig* celebrar una fiesta de inauguración de la casa.
crème [kʀɛm] *adj (couleur)* crema. ▶ *nf* **1** *(du lait)* nata *f.* **2** *(dessert, cosmétique)* crema *f.* ▪ **crème fraîche** nata (líquida). **crème glacée** helado *m*.
crémeux,-euse [kʀemø,-øz] *adj* cremoso,-sa.
créneau [kʀeno] *nm* **1** *(de château)* almena *f.* **2** *(pour la voiture)* aparcamiento *m.* **3** *(dans l'emploi du temps)* hueco *m.* **4** COMM nicho *m* de mercado.
créole [kʀeɔl] *adj - nmf* criollo,-lla. ▶ *nm (langue)* criollo *m*.
crêpe [kʀɛp] *nf* CUIS crepe *f*.
crêperie [kʀɛpʀi] *nf* crepería *f*.
crépu,-e [kʀepy] *adj* crespo,-pa.
crépuscule [kʀepyskyl] *nm* **1** *(tombée du jour)* anochecer *m.* **2** *fig (déclin)* crepúsculo *m*.
cresson [kʀesɔ̃] *nm* berro *m*.
crête [kʀɛt] *nf* cresta *f*.
crétin,-e [kʀetɛ̃,-in] *adj - nm,f fam* cretino,-na.
creuser [1] [kʀøze] *vt* **1** *(trou, tunnel)* cavar. **2** *(idée, sujet)* profundizar en. ▶ *vpr* **se creuser 1** *(devenir creux)* ahuecarse. **2** *fam fig (réfléchir)* romperse la cabeza: **tu n't'es pas trop creusé !**, desde luego, !no te has esforzado demasiado!
creux, creuse [kʀø, kʀøz] *adj* **1** *(vide)* hueco,-ca. **2** *(assiette)* hondo, -da. **3** *(période, heures)* de poca actividad. **4** *fig (paroles, discours)* vacío, -a, fútil.
crevaison [kʀəvezɔ̃] *nf* pinchazo *m*.
crevasse [kʀəvas] *nf* grieta *f*.
crevé,-e [kʀəve] *adj fam* reventado,-da.
crever [7] [kʀəve] *vt* **1** *(ballon, bulle)* reventar. **2** *fam (fatiguer)* cansar. ▶ *vi* **1** *(ballon, pneu)* reventarse. **2** *fam (personne)* palmarla.
crevette [kʀəvɛt] *nf* gamba *f*. ▪ **crevette grise** camarón *m*. **crevette rose** quisquilla *f*.
cri [kʀi] *nm* **1** *(gén)* grito *m.* **2** *(appel)* voz *f*. ▪ **pousser un cri** pegar un grito.
criard,-e [kʀijaʀ,-aʀd] *adj* chillón, -ona.
cribler [1] [kʀible] *vt* **1** *(tamiser)* cribar. **2** *(percer)* acribillar.
cric [kʀik] *nm* gato *m*.
crier [13] [kʀije] *vt - vi* gritar.
crime [kʀim] *nm* crimen *m*.
criminel,-elle [kʀiminɛl] *adj - nm,f* criminal.
crinière [kʀinjɛʀ] *nf* **1** *(du cheval)* crines *f pl*. **2** *(du lion)* melena *f*.
crique [kʀik] *nf* cala *f*.
criquet [kʀikɛ] *nm* langosta *f*.
crise [kʀiz] *nf* **1** *(gén)* crisis *f*. **2** MÉD ataque *m*. ▪ **crise cardiaque** ataque al corazón. **crise économique** crisis económica.
crisper [1] [kʀispe] *vt* **1** *(visage)* crispar. **2** *(personne)* irritar.
crisser [1] [kʀise] *vi* **1** *(soie, sable)* crujir. **2** *(pneus)* rechinar.
cristal [kʀistal] *nm* cristal *m*.
critère [kʀitɛʀ] *nm* criterio *m*.
critique [kʀitik] *adj* crítico,-ca. ▶ *nm* crítico *m*. ▶ *nf* crítica *f*.
critiquer [2] [kʀitike] *vt* **1** *(conduite, personne)* criticar. **2** *(œuvre)* hacer la crítica de.
croate [kʀɔat] *adj* croata. ▶ *nmf* **Croate** croata.
Croatie [kʀɔasi] *nf* Croacia.
croc [kʀo] *nm* **1** *(crochet)* gancho *m*. **2** *(dent)* colmillo *m*.

crochet [kʀɔʃɛ] nm 1 *(attache)* gancho m. 2 *(pour tricoter)* ganchillo m. 3 *(signe graphique)* corchete m. 4 *(détour)* rodeo m.

crocodile [kʀɔkɔdil] nm cocodrilo m.

croire [67] [kʀwaʀ] vt creer. ► vi 1 *(gén)* creer. 2 **croire à** *(quelque chose)* creer en: **je ne crois pas à la réincarnation**, no creo en la reencarnación. 3 **croire en** *(personne)* confiar en. ► vpr **se croire** creerse: **il se croit intelligent**, se cree inteligente.

croisade [kʀwazad] nf cruzada f.

croisement [kʀwazmɑ̃] nm 1 *(de routes)* cruce m. 2 *(de races)* cruzamiento m.

croiser [1] [kʀwaze] vt 1 *(gén)* cruzarse. 2 *(passer à côté)* cruzarse con. ► vpr **se croiser** cruzarse.

croisière [kʀwazjɛʀ] nf crucero m.

croissance [kʀwasɑ̃s] nf crecimiento m.

croissant,-e [kʀwasɑ̃,-ɑ̃t] adj creciente. ► nm **croissant 1** *(lune)* media luna f. 2 CUIS croissant m, cruasán m.

croître [79] [kʀwatʀ] vi crecer.

croix [kʀwa] nf cruz f. • **faire une croix sur** QQCH decir adiós a ALGO.

croquant,-e [kʀɔkɑ̃,-ɑ̃t] adj crujiente.

croque-monsieur [kʀɔkməsjø] nm inv mixto m de jamón y queso.

croquer [2] [kʀɔke] vt comer. ► vi crujir.

croquette [kʀɔkɛt] nf croqueta f.

croquis [kʀɔki] nm croquis m.

crotte [kʀɔt] nf fam caca f.

crouler [1] [kʀule] vi 1 *(s'affaisser)* hundirse: **il croule sous le poids des ans**, se está hundiendo por el peso de los años. 2 *fig* venirse abajo: **la salle croulait sous les ap-** **plaudissements**, los aplausos hicieron que la sala se viniera abajo.

croupir [20] [kʀupiʀ] vi 1 *(les eaux)* estancarse. 2 **croupir dans** fig *(personne)* sumirse en.

croustillant,-e [kʀustijɑ̃,-ɑ̃t] adj 1 *(pain)* crujiente. 2 fig *(commentaire)* picante.

croûte [kʀut] nf 1 *(de pain, de fromage)* corteza f. 2 *(de blessure)* costra f.

croûton [kʀutɔ̃] nm 1 *(de pain)* cuscurro m. 2 *(pain frit)* picatoste m.

croyance [kʀwajɑ̃s] nf creencia f.

croyant,-e [kʀwajɑ̃,-ɑ̃t] adj - nm,f creyente.

cru,-e [kʀy] adj 1 *(aliment, description, terme)* crudo,-da. 2 *(couleur)* vivo,-va. ► nm **cru** 1 *(vignoble)* pago m. 2 *(vin)* vino m: **un grand cru**, un gran vino.

cruauté [kʀyote] nf crueldad f.

crucial,-e [kʀysjal] adj crucial.

crudité [kʀydite] nf crudeza f. ► nf **crudités** verduras f pl crudas.

crue [kʀy] nf crecida f.

cruel,-elle [kʀyɛl] adj cruel.

crustacé [kʀystase] nm crustáceo m.

crypte [kʀipt] nf cripta f.

Cuba [kyba] n pr Cuba.

cubain,-e [kybɛ̃,-ɛn] adj cubano, -na. ► nm,f **Cubain,-e** cubano,-na.

cube [kyb] adj cúbico,-ca: **mètre cube**, metro cúbico. ► nm cubo m.

cubique [kybik] adj cúbico,-ca.

cubisme [kybism] nm cubismo m.

cueillette [kœjɛt] nf cosecha f.

cueillir [25] [kœjiʀ] vt 1 *(fruits, fleurs, plantes)* coger. 2 fam *(un voleur)* pillar.

cuiller [kɥijɛʀ] nf cuchara f.

cuillère [kɥijɛʀ] nf cuchara f.

cuillerée [kɥijʀe] nf cucharada f.

cuir [kɥiʀ] nm 1 *(gén)* cuero m. 2 *(peau tannée)* piel f: **une veste en**

cuir, una chaqueta de piel. ■ **cuir chevelu** cuero cabelludo.
cuire [58] [kɥiʀ] vt **1** *(dans un liquide)* cocer. **2** *fam fig (de chaleur)* asarse. ▶ vi cocerse.
cuisine [kɥizin] nf cocina f.
cuisiner [1] [kɥizine] vt **1** *(aliments)* cocinar. **2** *fam (une personne)* sonsacar.
cuisinier,-ère [kɥizinje,-ɛʀ] nm,f cocinero,-ra.
cuisinière [kɥizinjɛʀ] nf *(appareil)* cocina f.
cuisse [kɥis] nf muslo m.
cuisson [kɥisɔ̃] nf cocción f.
cuit,-e [kɥi,-it] adj cocido,-da: **un steak bien cuit**, un filete muy hecho.
cuite [kɥit] nf *fam* borrachera f.
cuivre [kɥivʀ] nm cobre m.
cul [kyl] nm *fam* culo m.
cul-de-sac [kydsak] nm *(pl* **culs-de-sac)** callejón m sin salida.
culinaire [kylinɛʀ] adj culinario,-ria.
culot [kylo] nm *fam* morro m. ● **avoir du culot** tener morro.
culotte [kylɔt] nf bragas f pl.
culotté,-e [kylɔte] adj *fam* caradura.
culpabilité [kylpabilite] nf culpabilidad f.
culte [kylt] nm culto m.
cultivateur,-trice [kyltivatœʀ,-tʀis] nm,f labrador,-ra.
cultivé,-e [kyltive] adj **1** *(champ)* cultivado,-da. **2** *(personne)* culto,-ta.
cultiver [1] [kyltive] vt cultivar.
culture [kyltyʀ] nf **1** *(de la terre)* cultivo m. **2** *(savoir)* cultura f.
culturel,-elle [kyltyʀɛl] adj cultural.
cumin [kymɛ̃] nm comino m.
cumul [kymyl] nm acumulación f, cúmulo m.
cumuler [1] [kymyle] vt acumular.
cupide [kypid] adj codicioso,-sa.
cure [kyʀ] nf cura f.
curé [kyʀe] nm cura m.
cure-dents [kyʀdɑ̃] nm inv palillo m, mondadientes m.
curieux,-euse [kyʀjø,-øz] adj - nm,f curioso,-sa.
curiosité [kyʀjozite] nf curiosidad f.
curriculum vitae [kyʀikylɔmvite] nm curriculum vitae m, currículo m.
curseur [kyʀsœʀ] nm cursor m.
cursus [kyʀsys] nm estudios m pl universitarios.
cutané,-e [kytane] adj cutáneo,-a.
cuvette [kyvɛt] nf **1** *(pour la toilette)* palangana f. **2** *(de WC)* taza f.
cybercafé [sibɛʀkafe] nm cibercafé m.
cycle [sikl] nm ciclo m.
cyclique [siklik] adj cíclico.
cyclisme [siklism] nm ciclismo m.
cycliste [siklist] adj - nmf ciclista.
cyclone [siklon] nm ciclón m.
cygne [siɲ] nm cisne m.
cynique [sinik] adj - nmf cínico,-ca.
cynisme [sinism] nm cinismo m.
cyprès [sipʀɛ] nm ciprés m.

D

d' [də] *prép* → de.
d'abord [dabɔʀ] *adv* → abord.
d'accord [dakɔʀ] *adv* → accord.
daigner [1] [deɲe] *vt* dignarse a.
daim [dɛ̃] *nm* **1** *(animal)* gamo *m*. **2** *(peau)* ante *m*.
daltonien,-enne [daltɔnjɛ̃,-ɛn] *adj - nm,f* daltónico,-ca.
dame [dam] *nf* **1** *(gén)* señora *f*, dama *f*. **2** *(aux échecs, cartes)* reina *f*. ▶ *nf pl* **dames** *(jeu)* damas *f pl*.
damné,-e [dane] *adj - nm,f fam* condenado,-da.
damner [1] [dane] *vt* condenar.
dandiner (se) [1] [dɑ̃dine] *vpr* contonearse.
Danemark [danmaʀk] *nm* Dinamarca.
danger [dɑ̃ʒe] *nm* peligro *m*.
dangereux,-euse [dɑ̃ʒʀø,-øz] *adj* peligroso,-sa.
danois,-e [danwa,-az] *adj* danés, -esa. ▶ *nm,f* **Danois,-e** danés,-esa. ▶ *nm* **danois** *(langue)* danés *m*.
dans [dɑ̃] *prép* **1** *(lieu)* en: **dans la rue voisine**, en la calle de al lado. **2** *(avec mouvement)* por: **elle arrivera dans l'après-midi**, llegará por la tarde; **je me promène dans le parc**, me paseo por el par que. **3** *(manière)* en, con: **je l'ai dit dans l'idée de l'aider**, lo dije con la intención de ayudarla. **4** *(temps)* dentro de, en: **nous revenons dans une semaine**, volveremos dentro de una semana. **5** *(évaluation approximative)* alrededor de, unos,-nas: **dans les vingt euros**, alrededor de los veinte euros.
dansant,-e [dɑ̃sɑ̃,-ɑ̃t] *adj* **1** *(qui danse)* bailador,-ra. **2** *(musique)* bailable.
danse [dɑ̃s] *nf* danza *f*, baile *m*.
danser [1] [dɑ̃se] *vi - vt* bailar.
danseur,-euse [dɑ̃sœʀ,-øz] *nm,f* **1** *(occasionnel)* bailador,-ra. **2** *(professionnel)* bailarín,-ina.
date [dat] *nf* fecha *f*. ■ **date de naissance** fecha de nacimiento. **date limite** fecha de caducidad.
dater [1] [date] *vt* fechar. ▶ *vi* datar (**de**, de): **ce palais date de la Renaissance**, este palacio data del Renacimiento.
datte [dat] *nf* dátil *m*.
dauphin [dofɛ̃] *nm* delfín *m*.
daurade [dɔʀad] *nf* dorada *f*.
davantage [davɑ̃taʒ] *adv* más: **je ne veux pas en savoir davantage**, no quiero saber más.
de [də] *(se contrae en du y des cuando va seguida de los artículos le y les, y en d'* delante de una palabra que empiece por vocal o h muda) *prép* **1** *(provenance)* de: **il vient de la campagne**, viene del campo. **2** *(appartenance)* de: **la voiture de mon frère**, el coche de mi hermano. **3** *(caractéristique, contenu, matière)* de: **un verre d'eau**, un vaso de agua; **couteau de cuisine**, cuchillo de cocina. **4** *(cause)* de: **pleurer de joie**, llorar de alegría. **5** *(temps)* de, en: **elle n'a pas parlé de toute**

l'après-midi, no ha hablado en toda la tarde. **6** *(manière, moyen)* de, con, en: **manger de bon appétit**, comer con buen apetito. **7** *(mesure)* de, por: **la location coûte 30 euros de l'heure**, el alquiler vale 30 euros por hora. ▶ *det (partitif) no se traduce:* **je veux de l'eau**, quiero agua; **tu prendras du café ?**, ¿tomarás café?

dé [de] *nm* dado *m.*

dealer [dilɔʀ] *nm fam* camello *m.*

déballer [1] [debale] *vt* **1** *(paquet)* desembalar. **2** *fam (avouer)* desembuchar.

débarbouiller [1] [debaʀbuje] *vt* lavar la cara a.

débarquement [debaʀkəmɑ̃] *nm* desembarco *m.*

débarquer [2] [debaʀke] *vt (marchandises)* desembarcar. ▶ *vi* **1** *(passagers)* desembarcar. **2** *fam (à l'improviste)* plantarse.

débarras [debaʀa] *nm (pièce)* trastero *m.*

débarrasser [1] [debaʀase] *vt* **1** *(pièce)* despejar. **2** *(personne)* liberar. ▶ *vpr* **se débarrasser de** deshacerse de.

débat [deba] *nm* debate *m.*

débattre [64] [debatʀ] *vt* discutir. ▶ *vpr* **se débattre** debatirse.

débile [debil] *adj - nmf (fam)* idiota. • **débile mental** atrasado,-da mental.

débit [debi] *nm* **1** *(vente)* venta *f.* **2** *(du bois)* corte *m.* **3** *(d'un fleuve, d'une source)* caudal *m.* **4** COMM *(de compte bancaire)* débito *m.*

débiter [1] [debite] *vt* **1** *(arbre, bœuf)* cortar. **2** *(marchandises)* despachar. **3** *fam (dire à la suite)* soltar. **4** COMM cargar en cuenta.

déblayer [18] [debleje] *vt* quitar los escombros.

débloquer [2] [deblɔke] *vt* desbloquear.

déboîter [1] [debwate] *vt (épaule, porte)* desencajar. ▶ *vi (voiture)* salirse de la fila. ▶ *vpr* **se déboîter 1** *(porte)* desencajarse. **2** *(épaule)* dislocarse.

débordant,-e [debɔʀdɑ̃,-ɑ̃t] *adj* desbordante.

déborder [1] [debɔʀde] *vi* **1** *(gén)* desbordarse. **2** *(sentiment)* rebosar: **déborder de joie**, rebosar de alegría. ▶ *vt (s'étendre au-delà)* sobrepasar.

déboucher [1] [debuʃe] *vt (bouteille)* destapar; *(conduit)* desatascar. ▶ *vi* desembocar.

debout [dəbu] *adv* **1** *(vertical)* de pie. **2** *(réveillé)* levantado,-da. ▶ *interj* **debout !** ¡arriba! • **se mettre debout** ponerse en pie.

déboutonner [1] [debutɔne] *vt* desabotonar.

débrancher [1] [debʀɑ̃ʃe] *vt - vi* desconectar.

débrayer [18] [debʀeje] *vt* desembragar.

débris [debʀi] *(gen en pl) nm* pedazo *m.*

débrouillard,-e [debʀujaʀ,-aʀd] *adj - nm,f fam* espabilado,-da.

débrouiller [1] [debʀuje] *vt* **1** *(fils)* desenredar. **2** *fig (affaire)* esclarecer, aclarar. ▶ *vpr* **se débrouiller** *fam* arreglárselas.

début [deby] *nm* principio *m,* comienzo *m.* ▶ *nm pl* debuts *(d'un artiste)* debut *m sing.* • **au début** al principio.

débutant,-e [debytɑ̃,-ɑ̃t] *adj - nm,f* principiante.

débuter [1] [debyte] *vi* empezar, comenzar.

déca [deka] *nm fam* descafeinado *m.*

deçà [dəsa]. • **en deçà de** *(au-dessous)* por debajo de: **les actions plongent en deçà de la barrière des 20 euros**, las acciones caen por debajo de la barrera de los 20 euros.

décaféiné,-e [dekafeine] *adj* descafeinado,-da.

décalage [dekalaʒ] *nm* **1** *(spatial)* desajuste *m*. **2** *(temporel)* desfase *m*. **3** *fig (distance)* diferencia *f*. ■ **décalage horaire** diferencia horaria.

décaler [1] [dekale] *vt* **1** *(dans l'espace)* desplazar. **2** *(dans le temps)* aplazar.

décamper [1] [dekɑ̃pe] *vi fam* largarse.

décanter [1] [dekɑ̃te] *vt* decantar.

décapiter [1] [dekapite] *vt* decapitar.

décapsuleur [dekapsylœʀ] *nm* abrebotellas *m*, abridor *m*.

décéder [10] [desede] *vi* fallecer.

déceler [9] [desle] *vt* **1** *(détecter)* descubrir. **2** *(indiquer)* revelar.

décembre [desɑ̃bʀ] *nm* diciembre *m*.

décence [desɑ̃s] *nf* decencia *f*.

décennie [deseni] *nf* década *f*.

décent,-e [desɑ̃,-ɑ̃t] *adj* decente.

décentralisation [desɑ̃tʀalizasjɔ̃] *nf* descentralización *f*.

décentraliser [1] [desɑ̃tʀalize] *vt* descentralizar.

déception [desεpsjɔ̃] *nf* decepción *f*.

décerner [1] [desεʀne] *vt* conceder.

décès [dese] *nm* fallecimiento *m*.

décevant,-e [desəvɑ̃,-ɑ̃t] *adj* decepcionante.

décevoir [42] [desəvwaʀ] *vt* decepcionar.

déchaîner [1] [deʃene] *vt* desencadenar. ► *vpr* **se déchaîner 1** *(tempête)* desatarse. **2** *(personne)* enfurecerse.

décharge [deʃaʀʒ] *nf* **1** *(gén)* descarga *f*. **2** *(des poubelles)* vertedero *m*.

déchargement [deʃaʀʒəmɑ̃] *nm (de marchandises)* descarga *f*.

décharger [4] [deʃaʀʒe] *vt* descargar.

déchausser [1] [deʃose] *vt* descalzar.

déchet [deʃε] *nm (perte)* desecho *m*. ► *nm pl* **déchets** residuos *m pl*.

déchetterie [deʃεtʀi] *nf* punto *m* limpio.

déchiffrer [1] [deʃifʀe] *vt (message, énigme)* descifrar.

déchirant,-e [deʃiʀɑ̃,-ɑ̃t] *adj* desgarrador,-ra.

déchirer [1] [deʃiʀe] *vt* - *vi* **1** *(étoffe)* desgarrar; *(papier)* rasgar. **2** *(silence)* romper. **3** *(moralement)* destrozar. ► *vpr* **se déchirer 1** *(papier)* rasgarse. **2** *(personnes)* destrozarse.

déchirure [deʃiʀyʀ] *nf (rupture)* desgarrón *m*.

décibel [desibεl] *nm* decibelio *m*.

décidé,-e [deside] *adj* decidido, -da, resuelto,-ta.

décider [1] [deside] *vt* **1** *(gén)* decidir. **2** *(convaincre)* convencer. ► *vi* decidir. ► *vpr* **se décider** decidirse. ◆ **décider de qqch** decidir ALGO.

décilitre [desilitʀ] *nm* decilitro *m*.

décimal,-e [desimal] *adj* decimal.

décimale [desimal] *nf* decimal *f*.

décimètre [desimεtʀ] *nm* decímetro *m*.

décisif,-ive [desizif,-iv] *adj* decisivo,-va.

décision [desizjɔ̃] *nf* decisión *f*.

déclaration [deklaʀasjɔ̃] *nf* declaración *f*. ■ **déclaration d'impôts** declaración de la renta.

déclarer [1] [deklaʀe] *vt* declarar.

déclencher [1] [deklɑ̃ʃe] *vt* **1** *(mécanisme)* activar. **2** *(conflit, événement)* desencadenar.

déclic [deklik] *nm* **1** *(de mécanisme)* disparador *m*. **2** *fam (psychologique)* clic *m*.

déclin [deklɛ̃] *nm* declive *m*.

déclinaison [deklinεzɔ̃] *nf* declinación *f*.

décliner [1] [dekline] *vi* **1** *(forces)* decaer. **2** *(jour)* declinar. ► *vt* **1** *(nom, adjectif)* declinar. **2** *(invitation)* rehusar, declinar.

décoiffer [1] [dekwafe] vt despeinar.

décoincer [3] [dekwɛ̃se] vt desbloquear.

décollage [dekɔlaʒ] nm despegue m.

décoller [1] [dekɔle] vt - vi despegar.

décolleté [dekɔlte] nm escote m.

décolorer [1] [dekɔlɔre] vt decolorar.

décommander [1] [dekɔmɑ̃de] vt (commande, invitation) cancelar.

décomposé,-e [dekɔ̃poze] adj descompuesto,-ta.

décomposer [1] [dekɔ̃poze] vt descomponer.

décomposition [dekɔ̃pozisjɔ̃] nf descomposición f.

déconcentrer [1] [dekɔ̃sɑ̃tre] vt desconcentrar.

déconcerter [1] [dekɔ̃sɛrte] vt desconcertar.

décongeler [9] [dekɔ̃ʒle] vt descongelar.

déconnecter [1] [dekɔnɛkte] vt desconectar.

déconner [1] [dekɔne] vi fam decir chorradas.

déconnexion [dekɔnɛksjɔ̃] nf desconexión f.

déconseiller [1] [dekɔ̃seje] vt desaconsejar.

décontracté,-e [dekɔ̃trakte] adj relajado,-a.

décontracter [1] [dekɔ̃trakte] vt relajar.

décor [dekɔr] nm 1 (d'un appartement) decoración f. 2 (de cinéma, théâtre) decorado m.

décorateur,-trice [dekɔratœr, tris] nm,f decorador,-ra. ● **décorateur,-trice d'intérieur** interiorista.

décoration [dekɔrasjɔ̃] nf 1 (d'un appartement) decoración f. 2 (insigne) condecoración f.

décorer [1] [dekɔre] vt 1 (appartement) decorar. 2 (militaire) condecorar.

décortiquer [2] [dekɔrtike] vt pelar.

découdre [71] [dekudr] vt descoser.

découler [1] [dekule] vi derivarse (**de**, de).

découper [1] [dekupe] vt 1 (gén) cortar. 2 (article de journal) recortar.

décourageant,-e [dekuraʒɑ̃,-ɑ̃t] adj desalentador,-ra.

décourager [4] [dekuraʒe] vt 1 (démoraliser) desanimar. 2 (dissuader) disuadir (**de**, de).

découvert,-e [dekuvɛr,-ɛrt] adj descubierto,-ta. ● **nm découvert** (à la banque) descubierto m.

découverte [dekuvɛrt] nf descubrimiento m.

découvrir [21] [dekuvrir] vt 1 (trouver) descubrir. 2 (ce qui est couvert) destapar. 3 (apercevoir) divisar. ▶ vpr **se découvrir** (gén) descubrirse. 1 (enlever des vêtements) desvestirse. 2 (le ciel) despejarse.

décret [dekrɛ] nm decreto m.

décréter [10] [dekrete] vt decretar. ● **décréter que** decidir que.

décrire [60] [dekrir] vt describir.

décrocher [1] [dekrɔʃe] vt 1 (tableau, téléphone) descolgar. 2 fam (travail, rôle) pillar. ▶ vi 1 (gén) descolgar. 2 fam (abandonner) dejar. 3 fam (cesser de s'intéresser) desconectar.

décroissant,-e [dekrwasɑ̃,-ɑ̃t] adj decreciente.

décroître [79] [dekrwatr] vi decrecer.

décrypter [1] [dekripte] vt descifrar.

déçu,-e [desy] adj 1 (personne) decepcionado,-da. 2 (espoir) frustrado,-da.

dédain [dedɛ̃] nm desdén m.

dedans [dadɑ̃] adv dentro. ● **en dedans** por dentro.

dédicace [dedikas] nf dedicatoria f.

dédicacer [3] [dedikase] vt dedicar.

dédier [12] [dedje] vt dedicar.

dédommager [4] [dedɔmaʒe] vt **1** (d'un dommage) indemnizar. **2** (remercier) compensar.

déduction [dedyksjɔ̃] nf deducción f.

déduire [58] [dedyiʀ] vt deducir.

déesse [dees] nf diosa f.

défaillance [defajɑ̃s] nf **1** (état de malaise) desfallecimiento m. **2** (de la volonté) debilidad f. **3** (de machine) fallo m.

défaillant,-e [defajɑ̃, -ɑ̃t] adj defectuoso,-sa.

défaillir [27] [defajiʀ] vi **1** (s'évanouir) desfallecer. **2** (mémoire, forces) fallar.

défaire [85] [defɛʀ] vt deshacer. • **se défaire de** QQCH/QQN deshacerse de ALGO/ALGN.

défaite [defɛt] nf derrota f.

défaut [defo] nm **1** (imperfection) defecto m. **2** (manque) falta f. • **à défaut de** a falta de. **par défaut** por defecto.

défavorable [defavɔʀabl] adj desfavorable.

défavorisé,-e [defavɔʀize] adj desfavorecido,-da.

défavoriser [1] [defavɔʀize] vt desfavorecer.

défectueux,-euse [defɛktɥø, -øz] adj defectuoso,-sa.

défendre [62] [defɑ̃dʀ] vt **1** (protéger) defender. **2** (interdire) prohibir: **je te défends d'y aller**, te prohíbo que vayas. ▶ vpr **se défendre** defenderse.

défense [defɑ̃s] nf **1** (protection, d'un accusé) defensa f. **2** (interdiction) prohibición f. • " **Défense de fumer** " "Prohibido fumar".

défenseur [defɑ̃sœʀ] nm defensor, -ra.

défensif,-ive [defɑ̃sif, -iv] adj defensivo,-va.

déferler [1] [defɛʀle] vi **1** (vagues) romper. **2** (foule) afluir.

défi [defi] nm reto m, desafío m. • **relever un défi** aceptar un reto.

défiance [defjɑ̃s] nf desconfianza f.

déficience [defisjɑ̃s] nf deficiencia f.

déficient,-e [defisjɑ̃, -ɑ̃t] adj deficiente.

déficit [defisit] nm déficit m.

défier [12] [defje] vt desafiar.

défigurer [1] [defigyʀe] vt desfigurar.

défilé [defile] nm desfile m.

défiler [1] [defile] vi **1** (troupes, cortège) desfilar. **2** (se succéder) sucederse: **le paysage défile devant nos yeux**, el paisaje pasaba ante nuestros ojos.

défini,-e [defini] adj definido,-da.

définir [32] [definiʀ] vt definir.

définitif,-ive [definitif, -iv] adj definitivo,-va. • **en définitive** en definitiva.

définition [definisjɔ̃] nf definición f.

défoncer [3] [defɔ̃se] vt (route, porte) desfondar. ▶ vpr **se défoncer 1** fam (avec des drogues) colocarse (**à**, con). **2** fam (au travail) entregarse.

déformation [defɔʀmasjɔ̃] nf deformación f.

déformer [1] [defɔʀme] vt deformar.

défouler (se) [1] [defule] vpr fam desfogarse.

défriser [1] [defʀize] vt (les cheveux) desrizar, estirar.

défunt,-e [defœ̃, -œ̃t] adj - nm,f difunto,-ta.

dégagé,-e [degaʒe] adj **1** (ciel, front) despejado,-da. **2** fig (air, allure) desenvuelto,-ta.

dégager [4] [degaʒe] vt **1** (odeur, gaz) desprender. **2** (table, voie, balle) despejar. **3** (libérer) librar (**de**, de). **4** (idées) extraer. ▶ vpr **se dégager 1** (de ce qui gêne, d'un enga-

dégaine

gement) librarse (**de**, de). **2** *(ciel)* despejarse.

dégaine [degɛn] *nf fam* pinta *f*.

dégarnir [20] [degaʀniʀ] *vt* **1** *(gén)* desguarnecer. **2** *(maison)* desamueblar. ▶ *vpr* **se dégarnir** *(front, crâne)* despoblarse.

dégât [dega] *nm* daño *m*. • **faire des dégâts** causar estragos. • **limiter les dégâts** *fig* limitar los daños.

dégeler [9] [deʒle] *vt* **1** *(gén)* descongelar. **2** *(l'atmosphère)* caldear. ▶ *vi* deshelarse.

dégénérer [10] [deʒeneʀe] *vi* degenerar.

dégonfler [1] [degɔ̃fle] *vt* desinflar.

dégouliner [1] [deguline] *vi* gotear.

dégourdi,-e [deguʀdi] *adj* espabilado,-da.

dégourdir [20] [deguʀdiʀ] *vt* **1** *(jambes, doigts)* desentumecer. **2** *fig (personne)* espabilar.

dégoût [degu] *nm* **1** *(aversion)* asco *m*. **2** *(désintérêt)* hastío *m*.

dégoûtant,-e [degutɑ̃,-ɑ̃t] *adj* asqueroso,-sa.

dégoûter [1] [degute] *vt* dar asco. ▶ *vpr* **se dégoûter** asquearse (**de**, de).

dégradation [degʀadasjɔ̃] *nf* **1** *(de personne, situation)* degradación *f*. **2** *(d'édifice)* deterioro *m*.

dégradé,-e [degʀade] *adj* degradado,-da. • **en dégradé** a capas.

dégrader [1] [degʀade] *vt* **1** *(personne, officier)* degradar. **2** *(immeuble, objet)* deteriorar.

dégrafer [1] [degʀafe] *vt* desabrochar.

degré [dəgʀe] *nm* **1** *(gén)* grado *m*. **2** *fig (niveau)* nivel *m*.

dégrever [7] [degʀəve] *vt* desgravar.

dégringoler [1] [degʀɛ̃gɔle] *vi* **1** *(d'un toit, dans l'escalier)* caer rodando. **2** *fig (entreprise, prix)* venirse abajo.

dégueulasse [dœgœlas] *adj* **1** *fam (dégoûtant)* repugnante: **c'est vraiment dé gueulasse ce qu'elle t'a fait**, lo que te ha hecho es una putada. **2** *fam (temps)* asqueroso,-sa. ▶ *nmf fam* asqueroso,-sa.

déguisement [degizmɑ̃] *nm* disfraz *m*.

déguiser [1] [degize] *vt* disfrazar.

dégustation [degystasjɔ̃] *nf* degustación *f*.

déguster [1] [degyste] *vt* **1** *(goûter)* catar. **2** *(un aliment très bon)* saborear.

dehors [dəɔʀ] *adv* fuera, afuera. • **dehors !** ¡fuera! **en dehors de ça** aparte de eso.

déjà [deʒa] *adv* **1** *(gén)* ya: **tu es déjà là !**, ¡ya estás aquí! **2** *fam (au fait)* por cierto: **tu m'as dit à quelle heure, déjà ?**, por cierto, ¿a qué hora me ha dicho?

déjeuner[1] [deʒœne] *nm (de midi)* almuerzo *m*, comida *f*.

déjeuner[2] [deʒœne] *vi* **1** *(le matin)* desayunar. **2** *(à midi)* almorzar, comer.

delà [dəla] *prép* → **au-delà**.

délai [dele] *nm* **1** *(gén)* plazo *m*. **2** *(sursis)* prórroga *f*. • **sans délai** de inmediato.

délaisser [1] [delese] *vt* abandonar.

délavé,-e [delave] *adj* descolorido,-da.

délégation [delegasjɔ̃] *nf* delegación *f*.

délégué,-e [delege] *adj - nm,f* delegado,-da.

déléguer [10] [delege] *vt* delegar.

délibérer [10] [delibeʀe] *vi* deliberar.

délicat,-e [delika,-at] *adj* delicado,-da.

délicatesse [delikatɛs] *nf* delicadeza *f*.

délice [delis] *nm* delicia *f*.

délicieux,-euse [delisjø,-øz] *adj* delicioso,-sa.

délimiter [1] [delimite] *vt* delimitar.

délinquance [delɛ̃kɑ̃s] *nf* delincuencia *f*.

délinquant,-e [delɛ̃kɑ̃,-ɑ̃t] *adj - nm,f* delincuente.

délirant,-e [delirɑ̃,-ɑ̃t] *adj* 1 *(exubérant)* delirante. 2 *fam (fou)* alucinante.

délire [delir] *nm* delirio *m*.

délirer [1] [delire] *vi* delirar.

délit [deli] *nm* delito *m*.

délivrance [delivrɑ̃s] *nf* 1 *(d'un prisonnier, d'un pays)* liberación *f*. 2 *(d'un document)* expedición *f*. 3 *(d'un permis)* concesión *f*.

délivrer [1] [delivre] *vt* 1 *(prisonnier, pays)* liberar. 2 *(document)* expedir. 3 *(marchandise)* entregar.

déloger [4] [deloʒe] *vt* desalojar.

déloyal,-e [delwajal] *adj* desleal.

deltaplane [deltaplan] *nm* ala *f* delta.

déluge [delyʒ] *nm* diluvio *m*.

démagogie [demagoʒi] *nf* demagogia *f*.

démagogue [demagɔg] *nmf* demagogo,-ga.

demain [dəmɛ̃] *adv* mañana: **demain matin**, mañana por la mañana. • **à demain !** ¡hasta mañana!

demande [dəmɑ̃d] *nf* 1 *(souhait)* petición *f*. 2 *(démarche)* solicitud *f*. 3 *(question)* pregunta *f*. 4 DR, ÉCON demanda *f*.

demander [1] [dəmɑ̃de] *vt* 1 *(gén)* pedir: **il lui a demandé de faire**, le ha pedido que lo haga. 2 *(questionner)* preguntar. 3 *(nécessiter)* requerir. ▶ *vpr* **se demander** preguntarse. • **ne pas demander mieux (que)** no desear otra cosa (que).

demandeur,-euse [dəmɑ̃dœr,-øz] *nm,f* solicitante. ■ **demandeur,-euse d'emploi** solicitante de empleo.

démanger [4] [demɑ̃ʒe] *vi* 1 *(plaie, corps)* picar. 2 *fig (avoir envie)* tener ganas: **ça me démange de le lui dire**, tengo unas ganas terribles de decírselo.

démaquillant [demakijɑ̃] *nm* desmaquillante *m*, desmaquillador *m*.

démaquiller (se) [1] [demakije] *vpr* desmaquillarse.

démarche [demarʃ] *nf* 1 *(allure)* andares *m pl*. 2 *(requête)* gestión *f*, trámite *m*. 3 *(raisonnement)* enfoque *m*.

démarquer (se) [2] [demarke] *vpr* desmarcarse.

démarrage [demaraʒ] *nm* arranque *m*.

démarrer [1] [demare] *vt (projet)* poner en marcha. ▶ *vi* 1 *(véhicule)* arrancar. 2 *(économie, entreprise)* ponerse en marcha.

démasquer [2] [demaske] *vt* desenmascarar.

démêlant [demelɑ̃] *nm* suavizante *m*.

démêler [1] [demele] *vt* 1 *(cheveux)* desenredar. 2 *fig (affaire, mystère)* aclarar.

déménager [4] [demenaʒe] *vt (meubles)* trasladar. ▶ *vi* mudarse.

démence [demɑ̃s] *nf* 1 *(trouble mental)* demencia *f*. 2 *(bêtise)* locura *f*.

démener (se) [7] [demne] *vpr* 1 *(se débattre)* forcejear. 2 *fig (pour réussir)* luchar.

dément,-e [demɑ̃,-ɑ̃t] *adj - nm,f* demente.

démentir [28] [demɑ̃tir] *vt* desmentir.

démerder (se) [1] [demɛrde] *vpr fam* arreglárselas.

démesuré,-e [demzyre] *adj* desmesurado,-da, desmedido,-da.

démettre [81] [demɛtr] *vt* 1 *(os)* dislocar. 2 *(de ses fonctions)* destituir (**de**, de).

demeure [dəmœR] *nf* **1** *fml (domicile)* residencia *f*. **2** *(maison)* mansión *f*.

demeuré,-e [dəmœRe] *adj - nm,f* retrasado,-da.

demeurer [1] [dəmœRe] *vi* **1** *(habiter)* residir, vivir. **2** *(dans un état)* permanecer.

demi,-e [dəmi] *adj inv* (se escribe seguido de un guión cuando precede al **nombre**) medio,-dia: **il est trois heures et demie**, son las tres y media; **il y a une demi-heure**, hace media hora. ► *nm* **demi** *(de bière)* caña *f*. • **à demi** a medias.

demi-cercle [dəmisɛRkl] *nm* (*pl* **demi-cercles**) semicírculo *m*.

demi-écrémé,-e [dəmiekReme] *adj* (*pl* **demi-écrémés,-ées**) semidesnatado,-da.

demi-finale [dəmifinal] *nf* (*pl* **demi-finales**) semifinal *f*.

demi-frère [dəmifRɛR] *nm* (*pl* **demi-frères**) hermanastro *m*.

demi-heure [dəmijœR] *nf* (*pl* **demi-heures**) media hora *f*.

demi-mesure [dəmimzyR] *nf fig* término *m* medio.

demi-pension [dəmipɑ̃sjɔ̃] *nf* (*pl* **demi-pensions**) media pensión *f*.

demi-saison [dəmisɛzɔ̃] *nf* (*pl* **demi-saisons**) entretiempo *m*.

demi-sœur [dəmisœR] *nf* (*pl* **demi-sœurs**) hermanastra *f*.

démission [demisjɔ̃] *nf* dimisión *f*.

démissionner [1] [demisjone] *vi - vt* dimitir.

demi-tour [dəmituR] *nm* (*pl* **demi-tours**) media vuelta *f*. • **faire demi-tour** dar media vuelta.

démocrate [demɔkRat] *adj - nmf* demócrata.

démocratie [demɔkRasi] *nf* democracia *f*.

démocratique [demɔkRatik] *adj* democrático,-ca.

démodé,-e [demɔde] *adj* pasado, -da de moda.

démoder (se) [1] [demɔde] *vpr* pasarse de moda.

démographie [demɔgRafi] *nf* demografía *f*.

démographique [demɔgRafik] *adj* demográfico,-ca.

demoiselle [dəmwazɛl] *nf* señorita *f*. ■ **demoiselle d'honneur** dama *f* de honor.

démolir [20] [demɔliR] *vt* **1** *(immeuble)* demoler, derribar. **2** *(mettre en pièces)* destrozar. **3** *fig (réputation, théorie)* arruinar.

démolition [demɔlisjɔ̃] *nf* derribo *m*, demolición *m*.

démon [demɔ̃] *nm* demonio *m*.

démoniaque [demɔnjak] *adj - nmf* demoníaco,-ca.

démonstratif,-ive [demɔ̃stRatif,-iv] *adj* demostrativo,-va.

démonstration [demɔ̃stRasjɔ̃] *nf* demostración *f*.

démonter [1] [demɔ̃te] *vt* **1** *(machine)* desmontar. **2** *fig (troubler)* desconcertar. ► *vpr* **se démonter** *fig* venirse abajo: **il ne s'est pas démonté et lui a demandé une augmentation**, no se descompuso y le pidió un aumento de sueldo.

démontrer [1] [demɔ̃tRe] *vt* demostrar.

démordre [62] [demɔRdR]. • **ne pas démordre de** insistir en: **il ne démordra pas de son erreur**, no rectificará su error.

démuni,-e [demyni] *adj* desprovisto,-ta.

dénaturer [1] [denatyRe] *vt* **1** *(goût)* alterar. **2** *(pensée, paroles)* deformar.

dénégation [denegasjɔ̃] *nf* negación *f*.

dénombrer [1] [denɔ̃bRe] *vt* **1** *(choses)* contar. **2** *(habitants)* censar.

dénomination [denɔminasjɔ̃] *nf* denominación *f*.

dénoncer [3] [denɔ̃se] vt 1 (*crime, complice*) denunciar. 2 (*dévoiler*) revelar.

dénonciation [denɔ̃sjasjɔ̃] nf denuncia f.

dénoter [1] [denɔte] vt denotar.

dénouement [denumɑ̃] nm desenlace m.

dénouer [1] [denwe] vt 1 (*nœud*) desatar. 2 (*affaire*) desentrañar.

dénoyauter [1] [denwajote] vt deshuesar.

denrée [dɑ̃ʀe] nf comestible m.

dense [dɑ̃s] adj denso,-sa.

densité [dɑ̃site] nf densidad f.

dent [dɑ̃] nf diente m. ■ **dent de lait** diente de leche. **dent de sagesse** muela f del juicio.

dentaire [dɑ̃tɛʀ] adj dental.

dental,-e [dɑ̃tal] adj dental.

dentelle [dɑ̃tɛl] nf encaje m.

dentier [dɑ̃tje] nm dentadura f postiza.

dentifrice [dɑ̃tifʀis] nm dentífrico m, pasta f de dientes.

dentiste [dɑ̃tist] nmf dentista.

dénuder [1] [denyde] vt 1 (*corps*) desnudar. 2 (*fil electrique*) pelar.

dénué,-e [denɥe] adj desprovisto,-ta.

dénuement [denymɑ̃] nm indigencia f.

dénutrition [denytʀisjɔ̃] nf desnutrición f.

déodorant,-e [deɔdɔʀɑ̃,-ɑ̃t] adj desodorante. ▶ nm **déodorant** desodorante m.

dépannage [depanaʒ] nm reparación f.

dépanner [1] [depane] vt 1 (*voiture*) reparar. 2 fam fig (*personne*) sacar de un apuro.

dépanneur,-euse [depanœʀ,-øz] nm,f 1 (*gén*) técnico,-ca. 2 (*de voitures*) mecánico,-ca.

dépanneuse [depanøz] nf grúa f.

dépareillé,-e [depaʀeje] adj (*chaussettes, gants*) desparejado,-da.

départ [depaʀ] nm 1 (*de personne*) partida f. 2 (*de course, train, avion*) salida f. 3 (*début*) punto m de partida. ● **au départ** en principio.

département [depaʀtəmɑ̃] nm 1 (*du territoire français*) provincia f. 2 (*d'une administration*) departamento m.

départemental,-e [depaʀtəmɑ̃tal] adj provincial.

dépassé,-e [depase] adj 1 (*démodé*) pasado,-da de moda. 2 (*par les événements*) abrumado,-da.

dépassement [depasmɑ̃] nm adelantamiento m.

dépasser [1] [depase] vt 1 (*voiture*) adelantar. 2 (*limite, quantité*) exceder. 3 (*en hauteur*) sobrepasar. 4 (*prévision, attente*) superar. ▶ vi sobresalir (**de**, de). ● **cela me dépasse** fam esto es más fuerte que yo.

dépayser [1] [depeize] vt 1 (*troubler*) desorientar. 2 (*changer*) cambiar de aires.

dépêcher (se) [1] [depeʃe] vpr darse prisa.

dépeigné,-e [depeɲe] adj despeinado,-da.

dépeindre [76] [depɛ̃dʀ] vt describir.

dépendance [depɑ̃dɑ̃s] nf dependencia f.

dépendant,-e [depɑ̃dɑ̃,-ɑ̃t] adj dependiente.

dépendre [62] [depɑ̃dʀ] vi depender (**de**, de). ● **ça dépend** depende.

dépens [depɑ̃] nm pl DR costas f pl. ● **aux dépens de** QQN fig a costa de ALGN.

dépense [depɑ̃s] nf gasto m.

dépenser [1] [depɑ̃se] vt 1 (*argent*) gastar. 2 (*efforts, temps*) dedicar. ▶ vpr **se dépenser** esforzarse.

dépensier,-ère [depɑ̃sje,-ɛʀ] *adj - nm,f* gastador,-ra.

dépêtrer (se) [1] [depetʀe] *vpr* librarse (**de**, de).

dépeupler (se) [1] [depœple] *vpr* despoblarse.

dépistage [depistaʒ] *nm (d'une maladie)* detección *f.* ■ **dépistage du SIDA** prueba *f* del sida.

dépit [depi] *nm* despecho *m.* ■ **en dépit de** a pesar de.

déplacé,-e [deplase] *adj* **1** *(remarque)* fuera de lugar. **2** *(personne)* desplazado,-da.

déplacement [deplasmɑ̃] *nm* desplazamiento *m.*

déplacer [3] [deplase] *vt* **1** *(une chose)* desplazar. **2** *(un employé)* trasladar. **3** *fig (problème, conversation)* desviar.

déplaire [78] [deplɛʀ] *vi* desagradar.

déplaisant,-e [deplɛzɑ̃,-ɑ̃t] *adj* desagradable.

dépliant [deplijɑ̃] *nm* desplegable *m.*

déplier [12] [deplije] *vt* desplegar.

déploiement [deplwamɑ̃] *nm* despliegue *m.*

déplorable [deplɔʀabl] *adj* deplorable.

déployer [16] [deplwaje] *vt* desplegar.

dépopulation [depɔpylasjɔ̃] *nf* despoblación *f.*

déportation [depɔʀtasjɔ̃] *nf* deportación *f.*

déporter [1] [depɔʀte] *vt* **1** *(personne)* deportar. **2** *(de la direction)* desviar.

déposé,-e [depoze] *adj* registrado, -da.

déposer [1] [depoze] *vt* **1** *(argent, sédiments)* depositar. **2** *(accompagner)* dejar: **je te déposerai chez toi après le cinéma,** te dejaré en tu casa después del cine.

déposition [depozisjɔ̃] *nf* DR declaración *f.*

déposséder [10] [deposede] *vt* desposeer.

dépôt [depo] *nm* **1** *(gén)* depósito *m.* **2** *(lieu)* almacén *m.* **3** *(d'argent)* ingreso *m.* **4** *(dans un liquide)* poso *m.* ■ **dépôt d'autobus** cocheras *f pl.*

dépotoir [depotwaʀ] *nm* **1** *(usine)* planta *f* de tratamiento de residuos. **2** *(lieu)* vertedero *m.*

dépouille [depuj] *nf* **1** *(d'animal)* piel *f.* **2** *(d'être humain)* restos *m pl.*

dépouillement [depujmɑ̃] *nm* **1** *(sobriété)* austeridad *f.* **2** *(des votes)* escrutinio *m.*

dépouiller [1] [depuje] *vt* **1** *(enlever)* desnudar. **2** *(des biens)* despojar. **3** *(examiner)* examinar. ■ **dépouiller un scrutin** contar los votos.

dépourvu,-e [depuʀvy] *adj* desprovisto,-ta (**de**, de). ■ **au dépourvu** de improviso.

déprécier [12] [depʀesje] *vt* **1** *(valeur)* depreciar. **2** *(personne)* menospreciar.

dépressif,-ive [depʀesif,-iv] *adj - nm,f* depresivo,-va.

dépression [depʀesjɔ̃] *nf* depresión *f.*

déprimant,-e [depʀimɑ̃,-ɑ̃t] *adj* deprimente.

déprime [depʀim] *nf fam* depre *f.*

déprimé,-e [depʀime] *adj* deprimido,-da.

déprimer [1] [depʀime] *vt* deprimir. ▶ *vi fam* estar depre.

depuis [depɥi] *prép* **1** *(temps)* desde: **je n'ai rien mangé depuis hier,** no he comido nada desde ayer. **2** *(durée)* desde hace: **il est à Paris depuis un mois,** está en París desde hace un mes. **3** *(espace)* desde: **la ville s'étend depuis la montagne jusqu'au fleuve,** la ciudad se extiende desde la montaña hasta el río. ► *adv* desde entonces.

député [depyte] *nm* diputado,-da. ■ **député européen** eurodiputado,-da.

déraciner [1] [deʀasine] *vt* **1** *(arbre)* arrancar. **2** *fig (personne)* desarraigar.

dérailler [1] [deʀaje] *vi* **1** *(train)* descarrilar. **2** *(mécanisme)* fallar. **3** *fam fig (personne)* desvariar.

déraisonnable [deʀɛzɔnabl] *adj* poco razonable.

dérangement [deʀɑ̃ʒmɑ̃] *nm* **1** *(gêne)* molestia *f*. **2** *(déplacement)* viaje *m*: **ça valait le dérangement**, merecía el viaje. ● **en dérangement** averiado,-da.

déranger [4] [deʀɑ̃ʒe] *vt* **1** *(papiers, appartement)* desordenar. **2** *(personne)* molestar. ► *vpr* **se déranger** molestarse: **ne vous dérangez pas pour moi**, no se moleste por mí.

déraper [1] [deʀape] *vi* **1** *(sur le sol)* derrapar. **2** *fig (prix)* descontrolarse.

dérégler [10] [deʀegle] *vt* **1** *(mécanisme)* estropear. **2** *(conduite)* desordenar.

dérision [deʀizjɔ̃] *nf* burla *f*.

dérisoire [deʀizwaʀ] *adj* ridículo,-la.

dérivation [deʀivasjɔ̃] *nf* derivación *f*.

dérive [deʀiv] *nf* deriva *f*.

dérivé [deʀive] *nm* derivado *m*.

dériver [1] [deʀive] *vi* **1** *(bateau, avion)* desviarse. **2** *(provenir)* derivarse (**de**, de).

dermatologie [dɛʀmatɔlɔʒi] *nf* dermatología *f*.

dermatologue [dɛʀmatɔlɔg] *nmf* dermatólogo,-ga.

dernier,-ère [dɛʀnje,-ɛʀ] *adj* **1** *(gén)* último,-ma. **2** *(antérieur)* pasado,-da: **le mois dernier**, el mes pasado. ► *nm,f* último,-ma.

dérober [1] [deʀɔbe] *vt* hurtar. ► *vpr* **se dérober** *(le sol)* hundirse.

2 *(devoir, obligation)* esquivar (**à**, -), eludir (**à**, -).

déroulement [deʀulmɑ̃] *nm* **1** *(des événements)* desarrollo *m*. **2** *(action)* desenrollamiento *m*.

dérouler [1] [deʀule] *vt* *(bobine, rouleau de papier)* desenrollar. ► *vpr* **se dérouler** *(événement)* desarrollarse.

déroutant,-e [deʀutɑ̃,-ɑ̃t] *adj* desconcertante.

dérouter [1] [deʀute] *vt* **1** *(faire changer de route)* desviar. **2** *(déconcerter)* desconcertar.

derrière [dɛʀjɛʀ] *prép* detrás de. ► *adv* detrás, atrás: **elle est restée derrière**, se ha quedado atrás. ► *nm* **1** *(partie arrière)* parte *m* posterior: **il a reçu un coup sur le derrière de la tête**, recibió un golpe en la parte posterior de la cabeza. **2** *(partie du corps)* trasero *m*.

des [de] *contr* (de + les) unos,-nas, algunos,-nas: **il y a des mois que je ne suis pas allé en France**, hace meses que no voy a Francia. ► *det* **1** *(gén)* de los, de las: **les raquettes des joueurs**, las raquetas de los jugadores. **2** *(manière, moyen)* con: **dévorer des yeux**, comer con los ojos. **3** *(partitif) no se traduce:* **manger des pommes**, comer manzanas.

dès [dɛ] *prép* desde, a partir de: **il l'a aimée dès le premier jour**, la quiso desde el primer día; **je te téléphonerai dès mon arrivée**, te llamaré en cuanto llegue. ● **dès maintenant** a partir de ahora. **dès que** tan pronto como, en cuanto.

désaccord [dezakɔʀ] *nm* desacuerdo *m*.

désactiver [1] [dezaktive] *vt* desactivar.

désagréable [dezagʀeabl] *adj* desagradable.

désagrément [dezagRemɑ̃] nm disgusto m.

désaltérant,-e [dezalteRɑ̃,-ɑ̃t] adj refrescante.

désapprobation [dezapRɔbasjɔ̃] nf desaprobación f.

désapprouver [1] [dezapRuve] vt desaprobar.

désarmement [dezaRməmɑ̃] nm desarme m.

désarmer [1] [dezaRme] vt desarmar.

désarroi [dezaRwa] nm desconcierto m.

désastre [dezastR] nm desastre m.

désastreux,-euse [dezastRø,-øz] adj desastroso,-sa.

désavantage [dezavɑ̃taʒ] nm desventaja f.

désavantager [4] [dezavɑ̃taʒe] vt perjudicar.

désavouer [1] [dezavwe] vt **1** (refuser de reconnaître) negarse a reconocer. **2** (nier une autorisation) desautorizar. **3** (se rétracter) retractarse. **4** (condamner) condenar, desaprobar.

descendance [desɑ̃dɑ̃s] nf (lignée) descendencia f.

descendant,-e [desɑ̃dɑ̃,-ɑ̃t] nm,f descendiente.

descendre [62] [desɑ̃dR] vi bajar, descender. ▶ vt **1** (gén) bajar. **2** fam (descendre - homme) cargarse; (- avion) derribar.

descente [desɑ̃t] nf **1** (action) descenso m, bajada f. **2** (d'un vaisseau) desembarco m. **3** (de la police) redada f. **4** (pente, chemin) bajada f, pendiente f.

descriptif,-ive [deskRiptif,-iv] adj descriptivo,-va.

description [deskRipsjɔ̃] nf descripción f.

désemparé,-e [dezɑ̃paRe] adj desamparado,-da.

désenchanter [1] [dezɑ̃ʃɑ̃te] vt desencantar, desilusionar.

désenfler [1] [dezɑ̃fle] vi desinflar.

déséquilibre [dezekilibR] nm desequilibrio m.

déséquilibrer [1] [dezekilibRe] vt desequilibrar.

désert,-e [dezɛR,-ɛRt] adj desierto, -ta. ▶ nm désert desierto m.

déserter [1] [dezɛRte] vt **1** (un lieu) dejar, abandonar. **2** fig (une cause) abandonar, traicionar. ▶ vi (l'armée) desertar.

déserteur [dezɛRtœR] nm desertor m.

désertique [dezɛRtik] adj desértico,-ca.

désespérant [dezɛspeRɑ̃] adj desesperante.

désespéré,-e [dezɛspeRe] adj - nm,f desesperado,-da.

désespérer [10] [dezɛspeRe] vt (décourager) desesperar. ▶ vi (manquer d'espoir) perder la esperanza (**de**, en). • **désespérer que** tener pocas esperanzas de que: il ne désespère pas que tout se passe bien, no pierde la esperanza de que todo se arregle.

désespoir [dezɛspwaR] nm desesperanza f, desesperación f. • **en désespoir de cause** en última instancia.

déshabiller [1] [dezabije] vt desvestir, desnudar.

déshérité,-e [dezeRite] adj - nm,f desheredado,-da.

déshériter [1] [dezeRite] vt desheredar.

déshonorer [1] [dezɔnɔRe] vt deshonrar.

déshydratation [dezidRatasjɔ̃] nf deshidratación f.

déshydrater [1] [dezidRate] vi (priver d'eau) deshidratar.

design [dizajn] nm diseño m.

désignation [deziɲasjɔ̃] nf designación f, nombramiento m.

désigner [1] [dezine] *vt* **1** *(signaler)* designar, señalar. **2** *(nommer)* nombrar, escoger. **3** *(langue, symbole)* significar, representar.

désillusion [dezilyzjɔ̃] *nf* desilusión *f.*

désinfectant,-e [dezɛ̃fɛktɑ̃,-ɑ̃t] *adj* desinfectante. ▶ *nm* **désinfectant** desinfectante *m.*

désinfecter [1] [dezɛ̃fɛkte] *vt* desinfectar.

désintégrer [10] [dezɛ̃tegre] *vt* desintegrar.

désintéressé,-e [dezɛ̃terese] *adj* desinteresado,-da.

désintoxication [dezɛ̃tɔksikasjɔ̃] *nf* desintoxicación *f.*

désinvolte [dezɛ̃vɔlt] *adj* **1** *(naturel)* campechano,-na. **2** *(impertinent)* atrevido,-da.

désinvolture [dezɛ̃vɔltyr] *nf* desenfado *m.*

désir [dezir] *nm* deseo *m.*

désirable [dezirabl] *adj* deseable.

désirer [1] [dezire] *vt (vouloir)* desear. • **laisser à désirer** dejar mucho que desear.

désister (se) [1] [deziste] *vpr* desistir.

désobéir [20] [dezɔbeir] *vi* desobedecer.

désobéissant,-e [dezɔbeisɑ̃,-ɑ̃t] *adj* desobediente.

désodorisant [dezɔdɔrizɑ̃] *nm* ambientador *m.*

désolant,-e [dezɔlɑ̃,-ɑ̃t] *adj* **1** *(affligeant)* desconsolador,-ra. **2** *(fâcheux)* enojoso,-sa.

désolé,-e [dezɔle] *adj* apesadumbrado,-da. • **être désolé,-e** sentirlo mucho: je suis désolé, lo siento mucho.

désoler [1] [dezɔle] *vt* **1** *(causer une affliction)* afligir, desconsolar. **2** *(ravager)* causar estragos, asolar.

désordonné,-e [dezɔrdɔne] *adj* desordenado,-da.

désordre [dezɔrdr] *nm* desorden *m.*

désorienter [1] [dezɔrjɑ̃te] *vt* **1** *(gén)* desorientar. **2** *fig (troubler)* desconcertar.

désormais [dezɔrmɛ] *adv* en adelante.

desquels,-quelles [dekɛl] *pron rel* → **lequel,-quelle.**

dessécher [10] [deseʃe] *vt* **1** *(rendre sec)* desecar, secar. **2** *(amaigrir)* consumir, enflaquecer.

desserrer [1] [desere] *vt* aflojar.

dessert [desɛr] *nm* postre *m.*

desservir [29] [desɛrvir] *vt* **1** *(table)* quitar la mesa. **2** *(trajet)* enlazar, cubrir. **3** *fig (personne)* perjudicar.

dessin [desɛ̃] *nm* **1** *(gén)* dibujo *m.* **2** *(d'un bâtiment)* plano *m.* **3** *(d'un objet, d'une personne)* contorno *m*, silueta *f.* • **dessin animé** dibujo animado.

dessinateur,-trice [desinatœr,-tris] *nm,f* dibujante.

dessiner [1] [desine] *vt* **1** *(gén)* dibujar. **2** *(faire ressortir)* destacar, resaltar. ▶ *vpr* **se dessiner 1** *(formes)* dibujarse, perfilarse. **2** *fig (intention, projet)* precisarse, concretarse.

dessous[1] [dəsu] *adv* debajo, abajo. ▶ *nm* **1** *(partie inférieure)* fondo *m*, parte *f* inferior. **2** *(d'un tissu)* revés *m.* **3** *fig (ce qui est secret)* entresijos *m pl*, intríngulis *m.* ▶ *nm pl (lingerie)* ropa *f* interior. • **en dessous** debajo, por debajo.

dessus[1] [dəsy] *adv* encima, arriba. ▶ *nm* parte *f* de arriba. • **au dessus de** por encima de. **avoir le dessus** llevar la ventaja. **en dessus** sobre, encima. **par dessus tout** por encima de todo, ante todo.

dessus-de-lit [dəsydli] *nm inv* colcha *f.*

déstabiliser [1] [destabilize] *vt* desestabilizar.

destin [dɛstɛ̃] *nm* destino *m*, sino *m*.
destinataire [dɛstinatɛʀ] *nmf* destinatario,-ria.
destination [dɛstinasjɔ̃] *nf* destino *m*. • **à destination de** con destino a.
destiner [1] [dɛstine] *vt* destinar (**a**, a). ► *vpr* **se destiner** pensar dedicarse (**a**, a).
destruction [dɛstʀyksjɔ̃] *nf* destrucción *f*.
désuet,-ète [dezyɛ,-ɛt] *adj* anticuado,-da.
détachable [detaʃabl] *adj* separable.
détachant [detaʃɑ̃] *nm* quitamanchas *m*.
détacher [1] [detaʃe] *vt* **1** *(nettoyer)* limpiar. **2** *(délier)* soltar, desatar. **3** *(éloigner)* separar, alejar. **4** *(avec des couleurs)* destacar. **5** *(affecter)* destinar. ► *vpr* **se détacher 1** *(des liens)* soltarse, desatarse. **2** *(se désintéresser)* desprenderse, desinteresarse.
détail [detaj] *nm* **1** *(gén)* detalle *m*. **2** COMM comercio *m* al por menor. • **en détail** detalladamente.
détaillé,-e [detaje] *adj* detallado,-da.
détailler [1] [detaje] *vt* **1** COMM vender al por menor. **2** *(couper)* recortar. **3** *(raconter)* detallar.
détaxer [1] [detakse] *vt* desgravar.
détecter [1] [detɛkte] *vt* detectar.
détecteur [detɛktœʀ] *nm* detector *m*.
détection [detɛksjɔ̃] *nf* detección *f*.
détective [detɛktiv] *nm* detective *m*.
déteindre [76] [detɛ̃dʀ] *vt* (*couleur*) des teñir. ► *vi* (*couleur*) desteñirse. **2** *(influencer)* influir, contagiar. • **déteindre sur** QQN contagiar a ALGN, influir sobre ALGN.
détendre [73] [detɑ̃dʀ] *vt* **1** *(ce qui est tendu)* aflojar. **2** *(gaz)* descomprimir. **3** *fig (tension)* relajar. ► *vpr* **se détendre 1** *(se calmer)* relajarse. **2** *(se distraire)* divertirse, distraerse.

détendu,-e [detɑ̃dy] *adj* distendido,-da.
détenir [35] [detniʀ] *vt* **1** *(avoir)* tener, detentar. **2** *(retenir)* retener.
détente [detɑ̃t] *nf* **1** *(d'arme)* disparador *m*, gatillo *m*. **2** *(distraction)* descanso *m*. **3** *(en politique)* distensión *f*. **4** *(musculaire)* estiramiento *m*.
détention [detɑ̃sjɔ̃] *nf* **1** *(possession)* tenencia *f*. **2** *(emprisonnement)* detención *f*.
détenu,-e [detny] *adj - nm,f (incarcéré)* detenido,-da, preso,-sa.
détergent [detɛʀʒɑ̃] *nm* detergente *m*.
détérioration [deteʀjɔʀasjɔ̃] *nf* deterioro *m*.
détériorer [1] [deteʀjɔʀe] *vt* deteriorar.
déterminant,-e [detɛʀminɑ̃,-ɑ̃t] *adj* determinante. ► *nm* **déterminant** determinante *m*.
détermination [detɛʀminasjɔ̃] *nf* determinación *f*.
déterminé,-e [detɛʀmine] *adj* determinado,-da.
déterminer [1] [detɛʀmine] *vt* **1** *(indiquer)* determinar. **2** *(provoquer)* causar, provocar. **3** *(décider)* decidir: **les événements l'ont déterminé à travailler**, los acontecimientos lo decidieron a ponerse a trabajar.
détester [1] [detɛste] *vt* detestar.
détour [detuʀ] *nm* **1** *(gén)* rodeo *m*. **2** *(virage)* recodo *m*, vuelta *f*. **3** *(biais)* subterfugio *m*, astucia *f*.
détournement [detuʀnəmɑ̃] *nm* **1** *(de rue, de route)* desvío *m*. **2** *(d'argent, de fonds)* desfalco *m*. • **détournement d'avion** secuestro *m* aéreo. **détournement de mineur** corrupción *f* de menores.
détourner [1] [detuʀne] *vt* **2** *(cours d'eau, conversation)* desviar. **2** *(éloi-*

gner) apartar. **3** (*tourner d'un autre côté*) volver: **détourner la tête,** volver la cabeza. **4** (*fonds*) desfalcar. **5** (*avion*) secuestrar. **6** (*mineur*) corromper, pervertir.

détraqué,-e [detrake] *adj - nm,f* desequilibrado,-da, chiflado,-da.

détraquer [2] [detrake] *vt* estropear.

détresse [detrɛs] *nf* **1** (*angoisse*) angustia *f*. **2** (*misère*) apuro *m*, miseria *f*. **3** (*danger*) peligro *m*.

détriment [detrimɑ̃] *nm* detrimento *m*. • **au détriment de** en detrimento de.

détroit [detrwa] *nm* GEOG estrecho *m*.

détromper (se) [1] [detrɔ̃pe] *vpr* desengañarse.

détruire [58] [detrɥir] *vt* destruir.

dette [dɛt] *nf* deuda *f*.

deuil [dœj] *nm* **1** (*moral*) duelo *m*. **2** (*vêtement*) luto *m*. • **faire son deuil de** QQCH renunciar a ALGO.

deux [dø] *num* dos *m*. • **à deux** entre dos. **tous (les) deux** los dos, ambos.

deuxième [døzjɛm] *num* segundo, -da.

deuxièmement [døzjɛmmɑ̃] *adv* en segundo lugar.

deux-pièces [døpjɛs] *nm inv* **1** (*maillot*) bikini *m*. **2** (*vêtement*) conjunto *m* de chaqueta y falda o pantalón.

deux-roues [døʀu] *nm inv* vehículo *m* de dos ruedas.

dévaler [1] [devale] *vt - vi* bajar a todo meter.

dévaluer [1] [devalɥe] *vt* devaluar.

devancer [3] [dəvɑ̃se] *vt* **1** (*gén*) adelantar. **2** (*surpasser*) aventajar: **devancer ses collègues,** aventajar a sus compañeros de trabajo. **3** (*dans le temps*) preceder: **l'été devance l'automne,** el verano precede al otoño.

devant [dəvɑ̃] *prép* (*en face de*) delante de, ante. ▶ *adv* delante. ▶ *nm* (*partie antérieure*) delantera *f*. • **prendre les devants** adelantarse, tomar la iniciativa.

dévaster [1] [devaste] *vt* devastar.

développement [devlɔpmɑ̃] *nm* **1** (*gén*) desarrollo *m*. **2** (*de photographie*) revela do *m*. • **en voie de développement** en vías de desarrollo. ▪ **développement durable** desarrollo *m* sostenible.

développer [1] [devlɔpe] *vt* **1** (*gén*) desarrollar. **2** (*augmenter*) incrementar, aumentar. **3** (*photos*) revelar.

devenir [35] [dəvnir] *vi* **1** (*commencer à être*) convertirse en, volverse: **il est devenu riche,** se ha vuelto rico. **2** (*avoir le sort*) parar, acabar: **que devient-il?,** ¿qué ha sido de él?

déverrouiller [1] [devɛʀuje] *vt* abrir.

déverser [1] [devɛʀse] *vt* **1** (*liquide*) verter, derramar. **2** (*colère, rancune, etc*) desahogar.

dévêtir [33] [devetir] *vt fml* desvestir, desnudar.

déviation [devjasjɔ̃] *nf* **1** (*changement de direction*) desviación *f*. **2** (*d'une route*) desvío *m*.

dévier [12] [devje] *vt* desviar.

devin [dəvɛ̃] *nm* adivino *m*.

deviner [1] [dəvine] *vt* adivinar.

devinette [dəvinɛt] *nf* adivinanza *f*.

devis [dəvi] *nm* presupuesto *m*.

dévisager [4] [devizaʒe] *vt* mirar fijamente.

devise [dəviz] *nf* divisa *f*.

dévisser [1] [devise] *vt* desatornillar, destornillar.

dévoiler [1] [devwale] *vt* **1** (*gén*) desvelar. **2** (*roue*) enderezar.

devoir[1] [43] [dəvwaʀ] *vt* **1** (*argent*) deber: **il me doit 100 euros,** me debe 100 euros. **2** (*obligation*) deber, tener que: **je dois finir le travail,** tengo que acabar el trabajo. **3** (*pro-*

babilité) deber de: **elle doit être partie**, debe de haberse ido. • **comme il se doit** como debe ser. **on doit** hay que: on doit faire un petit effort, hay que hacer un pequeño es fuerzo. **se devoir de +** *inf* tener la obligación de + *inf*: nous devons donner l'exemple, tenemos la obligación de dar ejemplo.

devoir[2] [dəvwar] *nm* **1** (*obligation*) deber *m*. **2** (*d'un écolier*) tarea *f*, deberes *m pl*.

dévorer [1] [devɔre] *vt* **1** (*manger*) devorar. **2** (*détruire*) consumir, devorar. • **dévorer des yeux** comer con los ojos.

dévouement [devumɑ̃] *nm* **1** (*à une cause*) abnegación *f*. **2** (*à un personne*) afecto *m*, estima *f*.

dévouer (se) [1] [devwe] *vpr* dedicarse (**a**, a), consagrarse (**a**, a).

diabète [djabɛt] *nm* diabetes *f*.

diabétique [djabetik] *adj* - *nmf* diabético,-ca.

diable [djabl] *nm* **1** (*démon*) diablo *m*, demonio *m*. **2** (*petit chariot*) carretilla *f*.

diabolique [djabɔlik] *adj* diabólico,-ca.

diagnostic [djagnɔstik] *nm* diagnóstico *m*.

diagnostiquer [2] [djagnɔstike] *vt* diagnosticar.

diagonal,-e [djagɔnal] *adj* diagonal.

diagonale [djagɔnal] *nf* diagonal *f*. • **en diagonale** al bies.

diagramme [djagram] *nm* diagrama *m*.

dialecte [djalɛkt] *nm* dialecto *m*.

dialogue [djalɔg] *nm* diálogo *m*. • **engager le dialogue** iniciar la conversación.

dialoguer [2] [djalɔge] *vi* - *vt* dialogar.

dialyse [djaliz] *nf* MÉD diálisis *f*.

diamant [djamɑ̃] *nm* diamante *m*.

diamètre [djamɛtʀ] *nm* diámetro *m*.

diaphragme [djafragm] *nm* diafragma *m*.

diapositive [djapozitiv] *nf* diapositiva *f*.

diarrhée [djare] *nf* diarrea *f*.

dictateur [diktatœʀ] *nm* dictador *m*.

dictature [diktatyʀ] *nf* dictadura *f*.

dictée [dikte] *nf* dictado *m*.

dicter [1] [dikte] *vt* **1** (*lettre, ordre*) dictar. **2** (*œuvre, action, etc*) inspirar, sugerir.

dictionnaire [diksjɔnɛʀ] *nm* diccionario *m*.

dicton [diktɔ̃] *nm* refrán *m*, dicho *m*.

didactique [didaktik] *adj* didáctico,-ca.

diesel [djezɛl] *adj inv* - *nm* diésel *m*.

diète [djɛt] *nf* (*régime*) dieta *f*.

diététicien,-enne [djetetisjɛ̃,-ɛn] *nm,f* dietista.

diététique [djetetik] *adj* dietético, -ca. ► *nf* dietética *f*.

dieu [djø] *nm* dios *m*. • **Dieu merci !** ¡gracias a Dios! **jurer ses grands dieux** jurar por todos los dioses. **pour l'amour de Dieu !** ¡por el amor de Dios!

diffamation [difamasjɔ̃] *nf* difamación *f*.

différé,-e [difere] *adj* diferido,-da.

différence [diferɑ̃s] *nf* diferencia *f*. • **à la différence de** a diferencia de.

différencier [13] [diferɑ̃sje] *vt* diferenciar.

différent,-e [diferɑ̃,-ɑ̃t] *adj* diferente.

différer [10] [difere] *vt* (*dans le temps*) posponer, diferir. ► *vi* **1** (*être différent*) diferir, ser diferente. **2** (*ne pas être du même avis*) disentir, no estar de acuerdo.

difficile [difisil] *adj* difícil.

difficulté [difikylte] *nf* dificultad *f*.
• **avoir des difficultés avec** QQN tener desavenencias con ALGN.

diffuser [1] [difyze] *vt* **1** *(répandre)* difundir. **2** *(émettre)* transmitir, difundir.

diffusion [difyzjɔ̃] *nf* difusión *f*.

digérer [10] [diʒere] *vt* **1** *(nourriture)* digerir. **2** *fig (nouvelle, fait, etc)* tragar.

digestif, -ive [diʒɛstif,-iv] *adj* digestivo,-va. ▶ *nm* **digestif** digestivo *m*.

digestion [diʒɛstjɔ̃] *nf* digestión *f*.

digital, -e [diʒital] *adj* digital.

digitale [diʒital] *nf (plante)* dedalera *f*.

digne [diɲ] *adj* digno,-na.

dignité [diɲite] *nf* dignidad *f*.

digue [dig] *nf* dique *m*.

dilapider [1] [dilapide] *vt* dilapidar.

dilatation [dilatasjɔ̃] *nf* dilatación *f*.

dilater [1] [dilate] *vt* dilatar.

dilemme [dilɛm] *nm* dilema *f*.

diluer [1] [dilɥe] *vt* **1** *(liquide)* diluir, desleír. **2** *(douleur, souvenir, etc)* mitigar.

dimanche [dimɑ̃ʃ] *nm* domingo *m*.

dimension [dimɑ̃sjɔ̃] *nf* dimensión *f*. ▶ *nf pl* **dimensions** medidas *f pl*.

diminuer [1] [diminɥe] *vt (gén)* disminuir, reducir.

diminution [diminysjɔ̃] *nf* **1** *(gén)* disminución *f*. **2** *(sur un prix)* rebaja *f*.

dinde [dɛ̃d] *nf* pava *f*.

dindon [dɛ̃dɔ̃] *nm* pavo *m*.

dîner [1] [dine] *vi* cenar. ▶ *nm* cena *f*.

dingue [dɛ̃g] *adj* **1** *fam (personne)* chiflado,-da. **2** *fam (histoire)* increíble. ▶ *nmf* chalado,-da.

dinosaure [dinozɔr] *nm* dinosaurio *m*.

diplomate [diplɔmat] *nmf* diplomático,-ca.

diplomatique [diplɔmatik] *adj* diplomático,-ca. ▶ *nf* diplomacia *f*.

diplôme [diplom] *nm* diploma *m*, título *m*.

diplômé, -e [diplome] *adj - nm, f* titulado,-da.

dire [55] [dir] *vt* **1** *(parler)* decir. **2** *(raconter)* contar. **3** *(plaire)* gustar, apetecer: **ça te dirait d'aller au cinéma ?**, ¿te gustaría ir al cine? **3** *(rappeler)* recordar, sugerir: **ça me dit quelque chose ...**, me recuerda algo.... • **cela dit ...** dicho esto... **c'est beaucoup dire** eso es mucho decir. **dis donc !** ¡oye, tú! **on dirait que** parece como si.

direct, -e [dirɛkt] *adj* directo,-ta.

directeur, -trice [dirɛktœr,-tris] *adj - nm, f (qui dirige)* director,-ra.

direction [dirɛksjɔ̃] *nf* dirección *f*.
• **en direction de** con destino a.
sous la direction de bajo la dirección de.

directive [dirɛktiv] *nf* directiva *f*.

dirigeant, -e [diriʒɑ̃,-ɑ̃t] *adj - nm, f* dirigente.

diriger [4] [diriʒe] *vt* **1** *(guider)* conducir. **2** *(commander)* dirigir.

discerner [20] [disɛrne] *vt* discernir.

disciple [disipl] *nmf* discípulo,-la.

discipline [disiplin] *nf* disciplina *f*.

discipliné, -e [disipline] *adj* disciplinado,-da.

discontinu, -e [diskɔ̃tiny] *adj* discontinuo,-nua.

discorde [diskɔrd] *nf* discordia *f*.

discothèque [diskɔtɛk] *nf (collection)* discoteca *f*.

discours [diskur] *nm* discurso *m*.

discréditer [1] [diskredite] *vt* desacreditar.

discret, -ète [diskrɛ,-ɛt] *adj* discreto,-ta.

discrétion [diskresjɔ̃] nf discreción f.
discrimination [diskriminasjɔ̃] nf discriminación f.
discriminatoire [diskriminatwaʀ] adj discriminatorio.
discussion [diskysjɔ̃] nf discusión f.
discuter [1] [diskyte] vt hablar.
disgrâce [disgʀas] nf desgracia f. ● **tomber en disgrâce** caer en desgracia.
disjoncteur [disʒɔ̃ktœʀ] nm disyuntor m.
dislocation [dislɔkasjɔ̃] nf dislocación f.
disloquer (se) [2] [dislɔke] vpr dislocarse.
disparaître [82] [disparɛtʀ] vi desaparecer.
disparition [disparisjɔ̃] nf desaparición f. ● **en voie de disparition** en vías de desaparición.
dispatcher [1] [dispatʃe] vt distribuir, expedir.
dispense [dispãs] nf dispensa f.
dispenser [1] [dispãse] vt fml dispensar.
disperser [1] [dispɛʀse] vt dispersar.
disponibilité [disponibilite] nf 1 (gén) disponibilidad f. 2 (d'un fonctionnaire) excedencia f.
disponible [disponibl] adj disponible.
dispos,-e [dispo,-oz] adj fam en forma.
disposé,-e [dispoze] adj dispuesto,-ta. ● **être bien disposé** estar de buen humor.
disposer [1] [dispoze] vt - vi disponer.
dispositif [dispozitif] nm dispositivo m.
disposition [dispozisjɔ̃] nf disposición f.
disproportionné,-e [dispʀɔpɔʀsjɔne] adj desproporcionado,-da.
dispute [dispyt] nf disputa f.
disputer [1] [dispyte] vt 1 (lutte, compétition) disputar: **disputer un prix,** disputar un premio. 2 fam (réprimander) reñir. ▶ vi (rivaliser) rivalizar. ▶ vpr **se disputer** 1 (se quereller) reñir, discutir. 2 (compétition) disputarse.
disqualifier [12] [diskalifje] vt descalificar.
disque [disk] nm disco m. ■ **disque dur** disco duro.
disséminer [1] [disemine] vt diseminar.
disséquer [10] [diseke] vt disecar.
dissertation [disɛʀtasjɔ̃] nf 1 (développement) disertación f. 2 (exercice) redacción f.
dissident,-e [disidã,-ãt] adj - nm,f disidente.
dissimuler [1] [disimyle] vt (faire semblant) disimular.
dissiper [1] [disipe] vt 1 (faire cesser) disipar. 2 (élève) distraer.
dissolution [disɔlysjɔ̃] nf 1 (gén) disolución f. 2 (des mœurs) relajación f.
dissolvant [disɔlvã] nm disolvente m.
dissoudre [74] [disudʀ] vt disolver.
dissuader [1] [disɥade] vt disuadir.
dissuasif,-ive [disɥazif,-iv] adj disuasorio,-ria, disuasivo,-va.
dissuasion [disɥazjɔ̃] nf disuasión f.
distance [distãs] nf distancia f. ● **à distance** a distancia.
distancer [3] [distãse] vt 1 (devancer) adelantar. 2 (surpasser) dejar atrás.
distancier (se) [12] [distãsje] vpr distanciarse (**de**, de).
distant,-e [distã,-ãt] adj distante.
distendre [62] [distãdʀ] vt distender. ▶ vpr **se distendre** aflojarse, relajarse.
distinct,-e [distɛ̃,-ɛ̃kt] adj 1 (différent) distinto,-ta. 2 (clair) claro,-ra.

distinction [distɛ̃ksjɔ̃] *nf* distinción *f*.
distingué,-e [distɛ̃ge] *adj* distinguido,-da.
distinguer [2] [distɛ̃ge] *vt* **1** *(percevoir)* distinguir. **2** *(choisir)* escoger.
distraction [distraksjɔ̃] *nf* distracción *f*.
distraire [73] [distrɛR] *vt* **1** *(amuser, déranger)* distraer. **2** *(détourner)* distraer, sustraer.
distrait,-e [distrɛ,-ɛt] *adj* distraído,-da.
distribuer [1] [distribɥe] *vt* **1** *(remettre)* repartir, distribuir. **2** *(film)* distribuir. **3** *(service)* suministrar.
distributeur,-trice [distribytœR, -tRis] *adj - nm,f* **1** *(personne)* repartidor,-ra. **2** *(entreprise)* distribuidor, -ra. ▶ *nm* **distributeur** *(machine)* máquina *f* expendedora. ▪ **distributeur (automatique) de billets** cajero *m* automático.
distribution [distribysjɔ̃] *nf* **1** distribución *f*, reparto *m*. **2** *(cinéma)* reparto *m*.
dit, dite [di, dit] *adj* **1** *(gén)* dicho, -cha. **2** *(surnom)* llamado,-da, apodado,-da. ▪ **autrement dit** dicho de otro modo.
diurne [djyRn] *adj* diurno,-na.
divaguer [2] [divage] *vi* divagar.
divan [divɑ̃] *nm* diván *m*.
divergence [divɛRʒɑ̃s] *nf* **1** *(de lignes)* divergencia *f*. **2** *fig (d'idées)* discrepancia *f*.
divers,-e [divɛR,-ɛRs] *adj* diverso,-sa.
diversifier [12] [divɛRsifje] *vt* diversificar.
diversité [divɛRsite] *nf* diversidad *f*.
divertir [20] [divɛRtiR] *vt* divertir, distraer.
divertissant,-e [divɛRtisɑ̃,-ɑ̃t] *adj* divertido,-da.
divertissement [divɛRtismɑ̃] *nm* diversión *f*.
divin,-e [divɛ̃,-in] *adj* divino,-na.
diviser [1] [divize] *vt* dividir.

division [divizjɔ̃] *nf* división *f*.
divorce [divɔRs] *nm* divorcio *m*.
divorcé,-e [divɔRse] *adj - nm,f* divorciado,-da.
divorcer [3] [divɔRse] *vi* divorciarse.
divulguer [2] [divylge] *vt* divulgar.
dix [dis] *num* diez *m*.
dixième [dizjɛm] *num (ordinal)* décimo, -ma. ▶ *nm (partie)* décima parte *f*, décimo *m*.
dizaine [dizɛn] *nf* decena *f*.
docile [dɔsil] *adj* dócil.
docilité [dɔsilite] *nf* docilidad *f*.
docteur [dɔktœR] *nm* **1** *(gén)* doctor *m*. **2** *(médecin)* médico *m*, doctor *m*. ▪ **docteur ès lettres** doctor en letras.
doctorat [dɔktɔRa] *nm* doctorado *m*.
document [dɔkymɑ̃] *nm* documento *m*.
documentaire [dɔkymɑ̃tɛR] *adj - nm* documental *m*.
documentation [dɔkymɑ̃tasjɔ̃] *nf* documentación *f*.
documenter [1] [dɔkymɑ̃te] *vt* documentar.
dodu,-e [dɔdy] *adj* regordete,-ta, rollizo,-za.
doigt [dwa] *nm* dedo *m*. ▪ **mettre le doigt sur** *fig* dar en el clavo. **montrer QQN du doigt** señalar a ALGN con el dedo. **se mettre le doigt dans l'œil** *fig* equivocarse. **se mordre les doigts** *fig* arrepentirse. ▪ **petit doigt** meñique *m*.
doigté [dwate] *nm* tacto *m*.
dollar [dɔlaR] *nm* dólar *m*.
domaine [dɔmɛn] *nm* **1** *(propriété)* hacienda *f*, propiedad *f*. **2** *(d'un art, d'une science, etc)* dominio *m*, campo *m*. **3** *(spécialité)* competencia *f*.
dôme [dom] *nm* cúpula *f*.
domestique [dɔmɛstik] *adj (de la maison)* doméstico,-ca. ▶ *nmf (employé)* criado,-da.

domestiquer [2] [dɔmɛstike] vt **1** *(un animal)* domesticar. **2** *(un peuple)* esclavizar, sujetar.

domicile [dɔmisil] nm domicilio m. • **à domicile** a domicilio. **sans domicile fixe** sin techo.

domicilier [12] [dɔmisilje] vt *(gén)* domiciliar.

dominant,-e [dɔminɑ̃,-ɑ̃t] adj dominante.

domination [dɔminasjɔ̃] nf **1** *(autorité)* dominación f. **2** *(influence)* dominio m.

dominer [1] [dɔmine] vi - vt dominar.

dominicain,-e [dɔminikɛ̃,-ɛn] adj dominicano,-na. ▶ nm,f **Dominicain,-e** dominicano,-na.

dommage [dɔmaʒ] nm **1** *(dégât)* des perfecto m. **2** *(préjudice)* perjuicio m, daño m. • **c'est dommage** es una lástima. • **dommages et intérêts** daños y perjuicios.

dompter [1] [dɔ̃te] vt **1** *(animal)* domar. **2** *(instincts)* dominar.

DOM-TOM [dɔmtɔm] abr *(départements d'outre-mer et territoires d'outre-mer)* denominación de las provincias y los territorios franceses de ultramar.

don [dɔ̃] nm **1** *(talent)* don m. **2** *(donation)* donación f.

donateur,-trice [dɔnatœr,-tris] nm,f donante.

donation [dɔnasjɔ̃] nf donación f.

donc [dɔ̃k] conj **1** *(conséquence)* luego, pues: **je pense, donc je suis,** pienso, luego existo. **2** *(pour reprendre un récit)* pues: **je vous disais donc que ...,** como le decía....

donne [dɔn] nf *(cartes)* reparto m. • **la nouvelle donne mondiale** el nuevo orden mundial.

donnée [dɔne] nf dato m.

donner [1] [dɔne] vt **1** *(gén)* dar. **2** *(joie, inquiétude)* provocar, causar. **3** *(permission, raison)* acordar, dar. **4** *(vie, temps)* consagrar, dedicar. **5** *(âge)* echar: **quel âge lui donnes-tu ?,** ¿cuántos años le echas? ▶ vi *(avoir vue)* dar *(sur,* a), tener vistas *(sur,* a). ▶ vpr **se donner** *(se livrer)* darse, entregarse. • **étant donné que** dado que, puesto que.

donneur,-euse [dɔnœr,-øz] nm,f *(de sang, d'organe)* donante.

dont [dɔ̃] pron rel **1** *(complément du verbe ou de l'adjectif)* del cual, de la cual, del que, de la que, de quien: **l'homme dont je t'ai parlé,** el hombre del cual te hablé. **2** *(complément du nom ou de pronom)* cuyo, -ya: **la maison dont les fenêtres sont vertes,** la casa cuyas ventanas son verdes. **3** *(complément circonstanciel) de donde:* **la ville dont il vient est très grande,** la ciudad de donde viene es muy grande. **4** *(parmi lesquels)* entre ellos, entre ellas: **ils ont choisi dix personnes, dont moi,** eligieron diez personas y entre ellas a mí.

dopage [dɔpaʒ] nm doping m, dopaje m.

doper [1] [dɔpe] vt dopar.

dorade [dɔrad] nf dorada f.

doré,-e [dɔre] adj dorado,-da.

dorénavant [dɔrenavɑ̃] adv en adelante.

dorer [1] [dɔre] vt dorar.

dorloter [1] [dɔrlɔte] vt mimar.

dormir [28] [dɔrmir] vi dormir. • **à dormir debout** increíble.

dortoir [dɔrtwar] nm dormitorio m.

dos [do] nm **1** *(de personne, style)* espalda f. **2** *(d'animal)* lomo m. **3** *(de main, page, etc)* dorso m. **4** *(de livre)* lomo m. **5** *(de chaise)* respaldo m. • **de dos** de espaldas. **mettre** QQCH **sur le dos de** QQN echar la culpa de ALGO a ALGN. **sur le dos** boca arriba. **tourner le dos à** dar la espalda a.

dos-d'âne [dodɑn] *nm inv* badén *m*.
dose [doz] *nf* dosis *f*.
doser [1] [doze] *vt* dosificar.
dossier [dosje] *nm* **1** *(d'un siège)* respaldo *m*. **2** *(papiers)* dossier *m*, expediente *m*.
doter [1] [dɔte] *vt* dotar.
douane [dwan] *nf* aduana *f*.
doublage [dublaʒ] *nm* **1** *(garnissage)* forro *m*. **2** *(d'un film)* doblaje *m*.
double [dubl] *adj* doble. ▸ *nm* **1** *(chiffre, nombre)* doble *m*, duplo *m*. **2** *(duplicata)* duplicado *m*, copia *f*. **3** *(sosie)* doble *m*. • **en double** por duplicado.
doubler [1] [duble] *vt* **1** *(multiplier par deux)* duplicar, doblar. **2** *(plier)* doblar. **3** *(vêtement)* forrar. **4** *(cap, film)* doblar. **5** *(véhicule)* pasar, adelantar. **6** *(acteur)* sustituir, reemplazar. ▸ *vi* **1** *(devenir double)* doblar, duplicarse. **2** *(véhicule)* adelantar.
doublure [dublyʀ] *nf* **1** *(de vêtement)* forro *m*. **2** *(au cinéma)* doble *mf*.
douce [dus] *adj* → **doux, douce**.
doucement [dusmɑ̃] *adv* **1** *(sans brutalité)* suavemente. **2** *(lentement)* lentamente, poco a poco. **3** *(ton, volume)* bajo, bajito.
douceur [dusœʀ] *nf* **1** *(gén)* dulzura *f*. **2** *(tact, climat)* suavidad *f*. **3** *(tranquillité)* paz *f*, tranquilidad *f*. • **en douceur 1** *(petit à petit)* despacio, poco a poco. **2** *(de façon douce)* suave mente.
douche [duʃ] *nf* **1** *(bain)* ducha *f*. **2** *fam fig (déception)* chasco *m*.
doucher [1] [duʃe] *vt* duchar.
doué,-e [dwe] *adj* dotado.
douer [1] [dwe] *vt* dotar.
douillet,-ette [dujɛ,-ɛt] *adj* **1** *(lit, canapé)* mullido,-da, cómodo,-da. **2** *(personne)* delicado,-da.
douleur [dulœʀ] *nf* dolor *m*.

douloureux,-euse [duluʀø,-øz] *adj* doloroso,-sa.
doute [dut] *nm* duda *f*. • **sans aucun doute** sin ninguna duda, seguramente. **sans doute** sin duda, probablemente.
douter [1] [dute] *vi* **1** *(gén)* dudar **(de**, de). **2** *(se méfier)* no fiarse **(de**, de), desconfiar **(de**, de). ▸ *vpr* **se douter de** *(soupçonner)* sospechar, figurarse.
douteux,-euse [dutø,-øz] *adj* **1** *(incertain)* dudoso,-sa. **2** *(équivoque)* equívoco,-ca, ambiguo,-gua. **3** *(suspect)* poco fiable.
doux, douce [du, dus] *adj* **1** *(saveur)* dulce. **2** *(tact)* suave. **3** *fig (caractère)* tierno,-na, dulce. **4** *(climat)* suave, benigno,-na.
douzaine [duzɛn] *nf* docena *f*.
douze [duz] *num* doce *m*.
doyen,-enne [dwajɛ̃,-ɛn] *nm,f* decano,-na.
dragon [dʀagɔ̃] *nm* dragón *m*.
draguer [2] [dʀage] *vt* **1** *(port, fleuve)* dragar. **2** *fam (flirter)* intentar ligar con.
dragueur,-euse [dʀagœʀ,-øz] *nm,f fam* ligón,-ona.
drainer [1] [dʀene] *vt* **1** *(terrain, plaie)* drenar. **2** *fig (attirer)* atraer: **drainer des investissements**, atraer inversiones.
dramatique [dʀamatik] *adj* dramático,-ca.
dramatiser [1] [dʀamatize] *vt* dramatizar.
drame [dʀam] *nm* drama *m*.
drap [dʀa] *nm* **1** *(tissu)* paño *m*. **2** *(du lit)* sábana *f*. • **être dans de beaux draps** fig estar en un apuro.
drapeau [dʀapo] *nm* bandera *f*.
draper [1] [dʀape] *vt* **1** *(statue, objet)* cubrir con un paño. **2** *(vêtement)* drapear. ▸ *vpr* **se draper 1** *(s'enve-*

dresser

lopper) recubrirse. **2** *fig (dans sa dignité, sa vertu, etc)* escudarse.

dresser [1] [dʀese] *vt* **1** *(lever)* levantar. **2** *(relever)* enderezar, poner derecho,-cha. **3** *(construire)* erigir, levantar. **4** *(lit, tente, etc)* montar. **5** *(rapport)* establecer, redactar. **6** *(plans, projets)* trazar, formular. **7** *(animaux)* adiestrar, amaestrar. ▶ *vpr* **se dresser 1** *(se lever)* ponerse de pie. **2** *fig (manifester l'opposition)* levantarse (**contre**, contre), sublevarse (**contre**, contre). **3** *(poils)* erizarse.

drogue [dʀɔg] *nf* droga *f*.

drogué,-e [dʀɔge] *adj* drogado, -da. ▶ *nm,f* drogadicto,-ta.

droguer [2] [dʀɔge] *vt* drogar.

droit,-e [dʀwa,-at] *adj* **1** *(rectiligne, sensé)* recto,-ta. **2** *(vertical, à droite)* derecho,-cha. ▶ *adv* **droit 1** *(par le plus court chemin)* derecho. **2** *(sans détours)* recto. ▶ *nm* derecho *m*. • **aller droit au but** ir directo al grano. **avoir droit à** tener derecho a. **de quel droit ?** ¿con qué derecho? **tout droit** todo recto.

droite [dʀwat] *nf* **1** *(côté droit)* derecha *f*, diestra *f*. **2** *(politique)* derecha *f*. • **à droite** a la derecha, a mano derecha. **de droite** de derechas.

droitier,-ère [dʀwatje,-ɛʀ] *adj* - *nm,f* diestro,-tra.

drôle [dʀol] *adj (amusant)* gracioso, -sa. • **ce n'est pas drôle** no tiene gracia.

dromadaire [dʀɔmadɛʀ] *nm* dromedario *m*.

du [dy] *contr* (de + le) del.

dû, due [dy] *adj (dont on doit)*-da. ▶ *nm* **dû** lo debido, lo que se debe. • **il a eu son dû** tuvo su merecido.

dubitatif,-ive [dybitatif,-iv] *adj* dubitativo,-va.

duc [dyk] *nm* duque *m*.

duchesse [dyʃes] *nf* duquesa *f*.

duel [dyɛl] *nm* duelo *m*.

dûment [dymɑ̃] *adv* debidamente.

dune [dyn] *nf* duna *f*.

duo [dyo] *nm* dúo *m*.

duper [1] [dype] *vt fml* engañar.

duplicata [dyplikata] *nm inv* duplicado *m*.

duquel [dykɛl] *contr* (*pl* **desquels**) (de + lequel) del cual.

dur,-e [dyʀ] *adj* **1** *(gén)* duro,-ra. **2** *fig (pénible)* duro,-ra, difícil de soportar. **3** *(insensible)* duro,-ra, insensible. ▶ *adv* **1** *(avec force)* fuerte. **2** *(avec énergie)* duro. • **être dur d'oreille** ser duro de oído.

durable [dyʀabl] *adj* **1** *(gén)* duradero,-ra. **2** *(développement)* sostenible.

durant [dyʀɑ̃] *prép* durante.

durcir [20] [dyʀsiʀ] *vt* endurecer.

durée [dyʀe] *nf* duración *f*.

durer [1] [dyʀe] *vi* durar: **leur association dura trente ans**, su asociación duró treinta años.

dureté [dyʀte] *nf* dureza *f*.

durillon [dyʀijɔ̃] *nm* callo *m*.

duvet [dyvɛ] *nm* **1** *(des oiseaux)* plumón *m*, flojel *m*. **2** *(de la peau)* vello *m*. **3** *(des fruits)* pelusilla *f*. **4** *(couverture)* saco *m* de dormir.

dynamique [dinamik] *adj* dinámico,-ca. ▶ *nf* dinámica *f*.

dynamiser [1] [dinamize] *vt* dinamizar.

dynamisme [dinamism] *nm* dinamismo *m*.

dynamite [dinamit] *nf* dinamita *f*.

dynastie [dinasti] *nf* dinastía *f*.

dyslexie [dislɛksi] *nf* dislexia *f*.

dyslexique [dislɛksik] *adj - nmf* disléxico,-ca.

E

eau [o] *nf* **1** *(gén)* agua *f.* **2** *(pluie)* lluvia *f.* ▶ *nf pl* **eaux** *(bains)* aguas *f pl*, balneario *m sing.* • **tomber à l'eau** fracasar. ▪ **eau courante** agua corriente. **eau de javel** lejía *f.* **eau de toilette** colonia *f.* **eau gazeuse** agua con gas. **eau minérale** agua mineral. **eau plate** agua sin gas.

eau-de-vie [odvi] *nf* (*pl* **eaux-de-vie**) aguardiente *m.*

ébahi,-e [ebai] *adj* atónito,-ta.

ébauche [eboʃ] *nf* **1** *(d'œuvre d'art, sourire)* esbozo *m.* **2** *(d'action, projet)* comienzo *m.*

ébaucher [1] [eboʃe] *vt* esbozar.

éblouir [20] [ebluir] *vt* deslumbrar.

éblouissant,-e [ebluisɑ̃,-ɑ̃t] *adj* **1** *(lumière)* deslumbrador,-ra. **2** *(fascinant)* deslumbrante.

éboueur,-euse [ebwœr, -øz] *nm,f* basurero,-ra.

ébouillanter [1] [ebujɑ̃te] *vt* escaldar.

éboulement [ebulmɑ̃] *nm* desprendimiento *m.*

ébouriffer [1] [eburife] *vt* **1** *(les cheveux)* desgreñar. **2** *fam fig (les émotions)* pasmar, sorprender.

ébrécher [10] [ebreʃe] *vt* **1** *(endommager)* mellar, desportillar. **2** *fig (diminuer)* menoscabar, mermar.

ébriété [ebrijete] *nf* embriaguez *f.*

ébruiter [1] [ebrɥite] *vt* divulgar.

ébullition [ebylisjɔ̃] *nf* ebullición *f.*
• **porter à ébullition** hervir.

écaille [ekaj] *nf* **1** *(des poissons, des serpents)* escama *f.* **2** *(des tortues)* concha *f,* carey *m.*

écailler [1] [ekaje] *vt* **1** *(poisson)* escamar. **2** *(huîtres)* abrir, desbullar. ▶ *vpr* **s'écailler** *(peinture)* desconcharse, descascarillarse.

écart [ekar] *nm* **1** *(distance)* distancia *f.* **2** *(dans le temps)* intervalo *m.* **3** *(différence)* diferencia *f.* **4** *(de conduite)* descarrío *m,* extravío *m*: **les écarts de la jeunesse**, los descarríos de la juventud. • **à l'écart** aislado,-da. **à l'écart de** apartado,-da de.

écartement [ekartəmɑ̃] *nm* separación *f.*

écarteler [9] [ekartəle] *vt* descuartizar.

écarter [1] [ekarte] *vt* **1** *(éloigner)* separar, apartar. **2** *(détourner)* desviar, apartar. ▶ *vpr* **s'écarter** *(s'éloigner)* apartarse (**de**, de), desviarse (**de**, de).

échafaud [eʃafo] *nm* **1** *(gén)* cadalso *m,* patíbulo *m.* **2** *(exécution)* pena *f* de muerte, pena *f* capital.

échafaudage [eʃafodaʒ] *nm* **1** *(de bâtiment)* andamiaje *m,* andamio *m.* **2** *(amoncellement)* pila *f,* montón *m.*

échalote [eʃalɔt] *nf* escalonia *f,* chalote *m-f.*

échange [eʃɑ̃ʒ] *nm* cambio *m,* intercambio *m.* • **en échange** en compensación. **en échange de** a cambio de.

échanger [4] [eʃɑ̃ʒe] *vt* (*troquer*) cambiar: **échanger un livre contre**

échantillon

des timbres, cambiar un libro por unos sellos. **2** *(sourires, paroles)* intercambiar.
échantillon [eʃɑ̃tijɔ̃] *nm* muestra *f*.
échappée [eʃape] *nf* escapada *f*.
échappement [eʃapmɑ̃] *nm* escape *m*: **pot d'échappement**, tubo de escape.
échapper [1] [eʃape] *vi* **1** *(fuir)* escapar, escaparse: **échapper au danger**, escapar del peligro. **2** *(oublier)* olvidarse: **votre nom m'échappe**, se me ha olvidado su apellido. **3** *(ne pas être remarqué)* pasar desapercibido,-da. ▶ *vpr* **s'échapper 1** *(fuir)* escaparse, evadirse. **2** *(chaleur, gaz)* escaparse, salirse. ■ **l'échapper belle** librarse de una buena.
écharpe [eʃarp] *nf* **1** *(foulard)* bufanda *f*, echarpe *f*. **2** *(bandeau)* faja *f*, banda *f*. **3** *(bandage)* cabestrillo *m*. ■ **en écharpe** en cabestrillo.
échauder [1] [eʃode] *vt* escaldar.
échauffement [eʃofmɑ̃] *nm* calentamiento *m*.
échauffer [1] [eʃofe] *vt* **1** *(gén)* calentar, caldear. **2** *fig (les émotions)* acalorar, irritar. ▶ *vpr* **s'échauffer** *(s'exciter)* acalorarse, enardecerse.
échéance [eʃeɑ̃s] *nf* **1** *(délai)* plazo *m*. **2** *(date)* fecha *f* de vencimiento. ■ **à courte échéance** a corto plazo. **à longue échéance** a largo plazo. **arriver à échéance** vencer.
échéant,-e [eʃeɑ̃,-ɑ̃t] *adj (limite)* que vence. ■ **le cas échéant** si se presenta el caso.
échec [eʃɛk] *nm* **1** *(gén)* fracaso *m*. **2** *(situation de jeu)* jaque *m*. ▶ *nm pl* **échecs** *(jeu)* ajedrez *m sing*. ■ **échec et mat** jaque mate.
échelle [eʃɛl] *nf* **1** *(escalier)* escalera *f*. **2** *(ordre de grandeur)* escala *f*. ■ **à l'échelle** a escala.
échelon [eʃlɔ̃] *nm* escalón *m*, peldaño *m*.

échevelé,-e [eʃəvle] *adj* **1** *(cheveux)* despeinado,-da. **2** *(sans mesure)* desenfrenado,-da.
échiquier [eʃikje] *nm* **1** *(de jeu)* tablero *m*, damero *m*. **2** *fig (politique, d'actualité)* palestra *f*, escenario *m*: **l'échiquier politique**, el escenario político.
écho [eko] *nm* eco *m*.
échographie [ekografi] *nf* MÉD ecografía *f*.
échouer [1] [eʃwe] *vi* **1** *(navire)* encallar, varar. **2** *fig (projet)* fracasar.
éclabousser [1] [eklabuse] *vt* **1** *(boue, saleté)* salpicar. **2** *fig (réputation)* manchar, mancillar.
éclair [eklɛR] *nm* **1** *(lueur)* relámpago *m*. **2** *fig (de génie, etc)* destello *m*, chispa *f*. **3** *(gâteau)* pastelillo *m* de crema.
éclairage [eklɛRaʒ] *nm* **1** *(lumière)* alumbrado *m*. **2** *fig (point de vue)* enfoque *m*, punto *m* de vista.
éclaircie [eklɛRsi] *nf* claro *m*.
éclaircir [20] [eklɛRsiR] *vt (gén)* aclarar. ▶ *vpr* **s'éclaircir** *(le temps)* despejarse, aclararse.
éclaircissement [eklɛRsismɑ̃] *nm* aclaración *f*.
éclairer [1] [eklɛRe] *vt* **1** *(de lumière)* alumbrar, iluminar. **2** *fig (instruire)* ilustrar, instruir. **3** *(expliquer)* aclarar. ▶ *vi (briller)* centellear, brillar.
éclat [ekla] *nm* **1** *(fragment)* fragmento *m*, pedazo *m*. **2** *(bruit violent)* estampido *m*, estallido *m*. **3** *(lumière vive)* destello *m*, resplandor *m*. **4** *fig (splendeur)* esplendor *m*. **5** *fig (scandale)* escándalo *m*. ■ **éclat de rire** carcajada *f*.
éclatant,-e [eklatɑ̃,-ɑ̃t] *adj* **1** *(éblouissant)* brillante, esplendoroso,-sa. **2** *(son, etc)* estrepitoso,-sa. **3** *(succès)* clamoroso,-sa.
éclater [1] [eklate] *vi* **1** *(obus, pneu, etc)* estallar, reventar. **2** *(briller)* bri-

llar, resplandecer. **3** *(se produire)* estallar: **le scandale éclata,** estalló el escándalo. ▶ *vpr* **s'éclater** *fam (s'amuser)* pasarlo en grande.

éclipse [eklips] *nf* eclipse *m*.

éclipser [1] [eklipse] *vt* eclipsar.

éclore [68] [eklɔr] *vi* florecer.

éclosion [eklozjɔ̃] *nf* eclosión *f*.

écœurant,-e [ekœrɑ̃,-ɑ̃t] *adj* **1** *(gén)* repugnante, asqueroso,-sa. **2** *(décourageant)* descorazonador,-ra.

écœurer [1] [ekœre] *vt* **1** *(causer dégoût)* asquear. **2** *(décourager)* descorazonar, desmoralizar.

école [ekɔl] *nf* **1** *(gén)* escuela *f*, colegio *m*. **2** *(doctrine)* escuela *f*, doctrina *f*. ▪ **école maternelle** parvulario *m*. **école primaire** primaria *f*.

écolier,-ère [ekɔlje,-ɛr] *nm,f* colegial,-a, alumno,-na.

écologie [ekɔlɔʒi] *nf* ecología *f*.

écologique [ekɔlɔʒik] *adj* ecológico,-ca.

écologiste [ekɔlɔʒist] *nmf* ecologista.

économe [ekɔnɔm] *adj* ahorrador,-ra.

économie [ekɔnɔmi] *nf* **1** *(science)* economía *f*. **2** (gen en pl) *(pécule)* ahorro *m*. ▪ **faire des économies** ahorrar.

économique [ekɔnɔmik] *adj* **1** *(gén)* económico,-ca. **2** *(pas cher)* económico,-ca, barato,-ta.

économiser [1] [ekɔnɔmize] *vt* ahorrar.

écorce [ekɔrs] *nf* **1** *(d'un arbre)* corteza *f*. **2** *(des fruits)* piel *f*, cáscara *f*.

écorcher [1] [ekɔrʃe] *vt* **1** *(animal)* despellejar. **2** *(érafler)* arañar. **3** *fig (langue, mot)* destrozar.

écosystème [ekosistɛm] *nm* ecosistema *m*.

écouler [1] [ekule] *vt (marchandises)* vender, sacar. ▶ *vpr* **s'écouler 1** *(liquide)* derramarse. **2** *(temps)* transcurrir.

écourter [1] [ekurte] *vt* acortar.

écouter [1] [ekute] *vt* escuchar.

écouteur [ekutœr] *nm (de téléphone)* auricular *m*. ▶ *nm pl* **écouteurs** auriculares *m pl*.

écrabouiller [1] [ekrabuje] *vt fam* aplastar.

écran [ekrɑ̃] *nm* pantalla *f*. ▪ **écran solaire** protección *f* solar. **le grand écran** *(cinéma)* la gran pantalla.

écrasant,-e [ekrazɑ̃,-ɑ̃t] *adj* aplastante.

écraser [1] [ekraze] *vt* **1** *(insecte, fruit, ennemi)* aplastar. **2** *(un véhicule)* atropellar. **3** *fig (travail, responsabilité)* agobiar. ▶ *vpr* **s'écraser 1** *(sur le sol, contre un mur)* estrellarse. **2** *fam fig (se faire petit)* perderse: **n'insiste pas, écrase-toi !**, no insistas ¡piérdete!

écrémé,-e [ekreme] *adj* desnatado,-da.

écrevisse [ekrəvis] *nf* cangrejo *m* de río.

écrier (s') [13] [ekrije] *vpr* exclamar.

écrire [60] [ekrir] *vt* escribir. ▶ *vpr* **s'écrire** escribirse: **comment s'écrit?" apparaître "?**, ¿cómo se escribe la palabra "aparecer"?

écrit,-e [ekri] *adj* escrito,-ta. ▶ *nm* **écrit** escrito *m*. ▪ **par écrit** por escrito.

écriture [ekrityr] *nf* **1** *(caractères)* escritura *f*. **2** *(façon d'écrire)* letra *f*: **je reconnais son écriture**, reconozco su letra.

écrivain [ekrivɛ̃] *nm* escritor,-ra.

écrou [ekru] *nm* tuerca *f*.

écrouer [1] [ekrue] *vt* encarcelar.

écrouler (s') [1] [ekrule] *vpr* derrumbarse, desplomarse.

écume [ekym] *nf* espuma *f*.

écumoire [ekymwar] *nf* espumadera *f*.

écureuil [ekyrœj] *nm* ardilla *f*.

écurie [ekyʀi] *nf* **1** *(bâtiment, de chevaux)* cuadra *f.* **2** *(de voitures de course)* escudería *f.*

édifier [12] [edifje] *vt* edificar.

éditer [1] [edite] *vt* editar.

éditeur,-trice [editœʀ,-tʀis] *nm,f* editor,-ra.

édition [edisjɔ̃] *nf* edición *f.* ■ **maison d'édition** editorial *f.*

éditorial [editɔʀjal] *nm (dans un journal)* editorial *f.*

éducateur,-trice [edykatœʀ,-tʀis] *nm,f* educador,-ra.

éducatif,-ive [edykatif,-iv] *adj* educativo,-va.

éducation [edykasjɔ̃] *nf* educación *f.*

édulcorant [edylkɔʀɑ̃] *nm* edulcorante *m.*

éduquer [2] [edyke] *vt* educar.

effacer [3] [efase] *vt* **1** *(gén)* borrar. **2** *(réussite)* eclipsar.

effarant,-e [efaʀɑ̃,-ɑ̃t] *adj* espantoso,-sa.

effarer [efaʀe] *vt* asustar.

effaroucher [1] [efaʀuʃe] *vt* asustar.

effectif,-ive [efɛktif,-iv] *adj* efectivo,-va. ► *nm pl* **effectifs** *(de l'armée)* efectivos *m pl*, tropas *f pl.*

effectivement [efɛktivmɑ̃] *adv* efectivamente, en efecto.

effectuer [1] [efɛktɥe] *vt* efectuar.

efféminé,-e [efemine] *adj* afeminado,-da.

effervescent,-e [efɛʀvesɑ̃,-ɑ̃t] *adj* efervescente.

effet [efɛ] *nm* efecto *m.* ■ **en effet** efectivamente, en efecto. **sous l'effet de** bajo los efectos de.

efficace [efikas] *adj* **1** *(mesure)* eficaz. **2** *(personne)* eficaz, eficiente.

efficacité [efikasite] *nf* eficacia *f.*

effleurer [1] [eflœʀe] *vt* **1** *(surface, visage)* rozar. **2** *(sujet)* tocar.

effondrement [efɔ̃dʀəmɑ̃] *nm* **1** *(de toit, projet)* derrumbamiento *m.* **2** *(de personne)* desfondamiento *m.*

effondrer [1] [efɔ̃dʀe] *vt (plancher, meuble)* derrumbar. ► *vpr* **s'effondrer 1** *(plancher, toit)* derrumbarse. **2** *fig (de chagrin, physiquement)* hundirse.

efforcer (s') [3] [efɔʀse] *vpr* esforzarse.

effort [efɔʀ] *nm* esfuerzo *m.*

effrayant,-e [efʀɛjɑ̃,-ɑ̃t] *adj* espanto so,-sa.

effrayer [11] [efʀeje] *vt* asustar.

effréné,-e [efʀene] *adj* desenfrenado,-da.

effriter [1] [efʀite] *vt* pulverizar. ► *vpr* **s'effriter** desmenuzarse.

effroi [efʀwa] *nm* pavor *m.*

effronté,-e [efʀɔ̃te] *adj - nm,f* descarado,-da.

effroyable [efʀwajabl] *adj* espantoso,-sa, horrible.

égal,-e [egal] *adj* **1** *(gén)* igual. **2** *(uni forme)* regular. ► *nm,f* igual. ■ **ça m'est égal** me da igual.

également [egalmɑ̃] *adv* **1** *(au même degré)* igualmente. **2** *(aussi)* también.

égaler [1] [egale] *vt* igualar.

égalité [egalite] *nf (gén)* igualdad *f.* ■ **être à égalité** estar empatados,-das, estar igualados,-das.

égard [egaʀ] *nm* respeto *m.* ■ **à l'égard de** respecto a.

égarer [1] [egaʀe] *vt* **1** *(objet)* extraviar. **2** *(personne)* perder. ► *vpr* **s'égarer 1** *(objet, personne)* extraviarse, perderse. **2** *fig (dans une discussion)* salirse del tema.

égayer [18] [egeje] *vt* alegrar, animar.

église [egliz] *nf* iglesia *f.*

égoïsme [egɔism] *nm* egoísmo *m.*

égoïste [egɔist] *adj - nm,f* egoísta.

égorger [4] [egɔʀʒe] *vt* degollar.

égout [egu] *nm* alcantarilla *f.*

égoutter [1] [egute] *vt* escurrir.

égouttoir [egutwaʀ] *nm* **1** *(à légumes)* escurridor *m*. **2** *(à vaisselle)* escurreplatos *m*.

égratigner [1] [egratiɲe] *vt* **1** arañar. **2** *fig (blesser)* afectar.

égratignure [egratiɲyʀ] *nf* arañazo *m*.

Égypte [eʒipt] *nm* Egipto.

égyptien,-enne [eʒipsjɛ̃,-ɛn] *adj* egipcio,-cia. ▶ *nm,f* **Égyptien,-enne** egipcio,-cia.

éjaculer [1] [eʒakyle] *vt* eyacular.

éjectable [eʒɛktabl] *adj* eyectable.

élaboration [elabɔʀasjɔ̃] *nf* elaboración *f*.

élaboré,-e [elabɔʀe] *adj* elaborado,-da.

élaborer [1] [elabɔʀe] *vt* elaborar.

élan [elɑ̃] *nm (mouvement)* impulso *m*. • **prendre de l'élan** tomar impulso.

élancé,-e [elɑ̃se] *adj* esbelto,-ta.

élancer (s') [3] [elɑ̃se] *vpr* lanzarse.

élargir [20] [elaʀʒiʀ] *vt* **1** *(route, vêtement)* ensanchar. **2** *fig (connaissances)* ampliar.

élastique [elastik] *adj* elástico,-ca. ▶ *nm* goma *f*.

électeur,-trice [elɛktœʀ,-tʀis] *nm,f* elector,-ra, votante.

élection [elɛksjɔ̃] *nf* elección *f*. • **élection présidentielle** elecciones presidenciales.

électoral,-e [elɛktɔʀal] *adj* electoral.

électorat [elɛktɔʀa] *nm* electorado *m*.

électricien,-enne [elɛktʀisjɛ̃,-ɛn] *nm,f* electricista.

électricité [elɛktʀisite] *nf* electricidad *f*.

électrique [elɛktʀik] *adj* eléctrico,-ca.

électrocuter (s') [1] [elɛktʀɔkyte] *vpr* electrocutarse.

électroménager [elɛktʀɔmenaʒe] *adj* electrodoméstico. ▶ *nm* electrodomésticos *m pl*.

électronique [elɛktʀɔnik] *adj* electrónico,-ca. ▶ *nf* electrónica *f*.

élégance [elegɑ̃s] *nf* elegancia *f*.

élégant,-e [elegɑ̃,-ɑ̃t] *adj* elegante.

élément [elemɑ̃] *nm* elemento *m*. • **être dans son élément** estar en su elemento.

élémentaire [elemɑ̃tɛʀ] *adj* elemental.

éléphant [elefɑ̃] *nm* elefante *m*.

élevage [elvaʒ] *nm* **1** *(action)* cría *f*. **2** *(exploitation)* ganadería *f*. **3** *(installation)* criadero *m*.

élève [elɛv] *nmf* alumno,-na.

élevé,-e [elve] *adj* **1** *(en hauteur)* eleva do,-da. **2** *(enfant)* educado, -da.

élever [7] [elve] *vt* **1** *(monument, protestations)* elevar. **2** *(enfant)* educar. **3** *(animaux)* criar. **4** *(voix, ton)* alzar. ▶ *vpr* **s'élever 1** *(prendre de la hauteur)* elevarse. **2** *(température)* subir. **3** *(se monter à)* ascender: **la facture s'élève à cent euros**, la factura asciende a cien euros. **4** *(protester)* alzarse (**contre**, contra).

éleveur,-euse [elvœʀ,-øz] *nm,f* criador,-ra, ganadero,-ra.

élimination [eliminasjɔ̃] *nf* eliminación *f*.

éliminer [1] [elimine] *vt* eliminar.

élire [66] [eliʀ] *vt* elegir.

élite [elit] *nf* élite *f*.

élitiste [elitist] *nmf* elitista.

elle [ɛl] *pron pers* ella: **ce livre est à elle**, este libro es de ella; **elles ont téléphoné**, ellas llamaron por teléfono.

elle-même [ɛlmɛm] *pron pers* ella misma.

éloge [elɔʒ] *nf* elogio *m*. • **faire l'éloge** elogiar.

éloigné,-e [elwaɲe] *adj* **1** *(dans l'espace)* alejado,-da. **2** *(dans le temps)* remoto,-ta.

éloigner [1] [elwaɲe] *vt* alejar.

éloquence [elɔkɑ̃s] *nf* elocuencia *f*.
éloquent,-e [elɔkɑ̃,-ɑ̃t] *adj* elocuente.
élu,-e [ely] *adj* electo,-ta. ▸ *nm,f* elegido,-da.
élucider [1] [elyside] *vt* dilucidar.
éluder [1] [elyde] *vt* eludir.
e-mail [imel] *nm* (*pl* **e-mails**) e-mail *m*, correo *m* electrónico.
émail [emaj] *nm* esmalte *m*.
émancipation [emɑ̃sipasjɔ̃] *nf* emancipación *f*.
émanciper [1] [emɑ̃sipe] *vt* emancipar.
emballage [ɑ̃balaʒ] *nm* **1** (*gén*) embalaje *m*. **2** (*pour liquides*) envase *m*.
emballer [1] [ɑ̃bale] *vt* **1** (*faire un paquet*) envolver. **2** (*un moteur*) embalar. **3** *fam fig* (*plaire*) entusiasmar. ▸ *vpr* **s'emballer** *fam fig* entusiasmarse.
embarcadère [ɑ̃baʀkadɛʀ] *nm* embarcadero *m*.
embarquement [ɑ̃baʀkəmɑ̃] *nm* **1** (*de marchandises*) embarque *m*. **2** (*de personnes*) embarco *m*.
embarquer [2] [ɑ̃baʀke] *vt* **1** (*passagers, marchandises*) embarcar. **2** *fig* (*dans une affaire*) liar, embarcar. **3** *fam* (*emporter*) llevarse. ▸ *vpr* **s'embarquer 1** (*sur un bateau*) embarcarse. **2** *fig* (*dans une affaire*) meterse, embarcarse.
embarras [ɑ̃baʀa] *nm* **1** (*situation difficile*) apuro *m*, aprieto *m*. **2** (*souci*) problema *f*. **3** (*gêne*) vergüenza *f*. • **avoir l'embarras du choix** tener mucho dónde escoger. • **être dans l'embarras** estar en un apuro.
embarrassant,-e [ɑ̃baʀasɑ̃,-ɑ̃t] *adj* embarazoso,-sa.
embarrassé,-e [ɑ̃baʀase] *adj* **1** (*pièce, bureau*) lleno,-na. **2** (*personne*) apurado,-da. **3** (*confus*) confuso,-sa.
embarrasser [1] [ɑ̃baʀase] *vt* **1** (*gêner*) estorbar, molestar. **2** (*troubler*) confundir, poner en un apuro.
embauche [ɑ̃boʃ] *nf* contratación *f*.
embaucher [1] [ɑ̃boʃe] *vt* contratar.
embellir [20] [ɑ̃belir] *vt* **1** (*visage*) embellecer. **2** (*objet, pièce*) adornar. ▸ *vi* embellecerse.
embêtant,-e [ɑ̃bɛtɑ̃,-ɑ̃t] *adj fam* pesado,-da, molesto,-ta.
embêter [1] [ɑ̃bɛte] *vt* **1** *fam* (*contrarier*) molestar. **2** *fam* (*ennuyer*) aburrir.
emblée [ɑ̃ble]. • **d'emblée** de golpe.
emblème [ɑ̃blɛm] *nm* emblema *m*.
emboîter [1] [ɑ̃bwate] *vt* encajar. ▸ *vpr* **s'emboîter** encajar (**dans**, en).
embolie [ɑ̃bɔli] *nf MED* embolia *f*.
embonpoint [ɑ̃bɔ̃pwɛ̃] *nm* sobrepeso *m*, gordura *f*.
embouchure [ɑ̃buʃyʀ] *nf* desemboca dura *f*.
embout [ɑ̃bu] *nm* cantera *f*.
embouteillage [ɑ̃butejaʒ] *nm* atasco *m*.
embranchement [ɑ̃bʀɑ̃ʃmɑ̃] *nm* **1** (*de chemins*) cruce *m*. **2** (*de canalisations*) ramificación *f*.
embraser [1] [ɑ̃bʀaze] *vt* **1** (*brûler*) abrasar. **2** (*éclairer*) iluminar. ▸ *vpr* **s'embraser 1** (*s'éclairer*) iluminarse. **2** *fml fig* (*d'amour*) inflamarse.
embrasser [1] [ɑ̃bʀase] *vt* **1** (*sur la joue*) besar. **2** (*religion, doctrine*) abrazar. **3** *fig* (*du regard*) abarcar.
embrayage [ɑ̃bʀejaʒ] *nm* embrague *m*.
embrayer [18] [ɑ̃bʀeje] *vt - vi* embragar.
embrouiller [1] [ɑ̃bʀuje] *vt* embrollar.
embryon [ɑ̃bʀijɔ̃] *nm* embrión *m*.
embûche [ɑ̃byʃ] *nf* escollo *m*.
embuer [1] [ɑ̃bɥe] *vt* empañar.
éméché,-e [emeʃe] *adj fam* piripi.
émeraude [emʀod] *nf* esmeralda *f*.

émerger [4] [emɛʀʒe] *vi* **1** *(de l'eau)* emerger. **2** *fam (se manifester)* surgir. **3** *fam (du sommeil)* despertarse.

émérite [emeʀit] *adj* emérito,-ta.

émerveiller [1] [emɛʀveje] *vt* maravillar.

émetteur,-trice [emetœʀ,-tʀis] *adj* emisor,-ra. ▶ *nm* émetteur emisor *m*.

émettre [81] [emɛtʀ] *vt* emitir.

émeute [emøt] *nf* motín *m*.

émietter [1] [emjete] *vt* **1** *(réduire en miettes)* desmigar. **2** *(disperser)* dispersar.

émigration [emigʀasjɔ̃] *nf* emigración *f*.

émigré,-e [emigʀe] *adj - nm,f* emigrado,-da.

émigrer [1] [emigʀe] *vi* emigrar.

émincer [3] [emɛ̃se] *vt* cortar en lonchas.

éminent,-e [eminɑ̃,-ɑ̃t] *adj* eminente.

émirat [emiʀa] *nm* emirato *m*.

émissaire [emisɛʀ] *nm* emisario, -ria.

émission [emisjɔ̃] *nf* **1** *(de son, chaleur, bil lets)* emisión *f*. **2** *(de télévision, radio)* programa *m*.

emmagasiner [1] [ɑ̃magazine] *vt* almacenar.

emmêler [1] [ɑ̃mele] *vt* **1** *(fils)* enredar. **2** *fig (idées)* embrollar.

emménager [4] [ɑ̃menaʒe] *vi* instalarse.

emmener [7] [ɑ̃mne] *vt* llevar, llevarse.

emmerder [1] [ɑ̃mɛʀde] *vt vulg* joder. ▶ *vpr* s'emmerder *fam* aburrirse.

emmerdeur,-euse [ɑ̃mɛʀdœʀ,-øz] *nm,f fam* peñazo.

emmitoufler [1] [ɑ̃mitufle] *vt* abrigar.

émoi [emwa] *nm* conmoción *f*.

émotif,-ive [emɔtif,-iv] *adj - nm,f* emotivo,-va.

émotion [emosjɔ̃] *nf* emoción *f*.

émotionnel,-elle [emosjɔnɛl] *adj* emocional.

émouvant,-e [emuvɑ̃,-ɑ̃t] *adj* conmovedor,-ra.

émouvoir [41] [emuvwaʀ] *vt* conmover, emocionar.

emparer (s') [1] [ɑ̃paʀe] *vpr* apoderarse (de, de).

empêchement [ɑ̃pɛʃmɑ̃] *nm* impedimento *m*.

empêcher [1] [ɑ̃peʃe] *vt* impedir: **je l'ai empêché de sauter**, no le he dejado saltar. ▶ *vpr* s'empêcher de evitar: **nous ne pouvions nous empêcher de crier**, no podíamos evitar gritar. ▪ **il n'empêche que** esto no impide que.

empereur [ɑ̃pʀœʀ] *nm* emperador *m*.

empester [1] [ɑ̃pɛste] *vt - vi* apestar.

empêtrer [1] [ɑ̃petʀe] *vt* liar: **je suis empêtré dans un tas de problèmes**, estoy metido en un montón de problemas.

empiéter [10] [ɑ̃pjete] *vi* empiéter sur invadir: **la mer empiète sur le rivage**, el mar invade la orilla.

empiffrer (s') [1] [ɑ̃pifʀe] *vpr fam* atiborrarse.

empiler [1] [ɑ̃pile] *vt* apilar. ▶ *vpr* s'empiler amontonarse.

empire [ɑ̃piʀ] *nm* imperio *m*.

empirer [1] [ɑ̃piʀe] *vt - vi* empeorar.

emplacement [ɑ̃plasmɑ̃] *nm* sitio *m*, emplazamiento *m*.

emploi [ɑ̃plwa] *nm* **1** *(utilisation)* empleo *m*, uso *m*. **2** *(travail)* empleo *m*, trabajo *m*. ▪ **emploi à mi-temps** trabajo a media jornada. **emploi à temps complet** trabajo de jornada completa. **emploi du temps** horario *m*.

employé,-e [ɑ̃plwaje] *adj - nm,f* empleado,-da.

employer [16] [ɑ̃plwaje] *vt 1 (utiliser)* emplear, usar. **2** *(un salarié)* emplear.

employeur,-euse [ɑ̃plwajœr,-øz] *nm,f* empresario,-ria.

empocher [1] [ɑ̃pɔʃe] *vt fam* embolsar.

empoisonner [1] [ɑ̃pwazɔne] *vt 1 (avec du poison)* envenenar. **2** *fam (ennuyer)* dar la lata.

emportement [ɑ̃pɔrtəmɑ̃] *nm* arrebato *m*.

emporter [1] [ɑ̃pɔrte] *vt* llevarse. ▸ **s'emporter** enfurecerse. • **l'emporter (sur)** ganar (a). **à emporter** para llevar.

empoté,-e [ɑ̃pɔte] *adj - nm,f fam* torpe, zoquete.

empreinte [ɑ̃prɛ̃t] *nf* huella *f*.

empresser (s') [1] [ɑ̃prese] *vpr* darse prisa (**de**, en).

emprise [ɑ̃priz] *nf* influencia *f*. **sous l'emprise de** bajo la influencia de.

emprisonnement [ɑ̃prizɔnmɑ̃] *nm* encarcelamiento *m*.

emprisonner [1] [ɑ̃prizɔne] *vt* meter en la cárcel.

emprunt [ɑ̃prœ̃] *nm* préstamo *m*.

emprunter [1] [ɑ̃prœ̃te] *vt 1 (livre, argent)* pedir prestado,-da: **j'ai emprunté à Gilles son vélo**, le he pedido prestada la bici a Gilles. **2** *(route, chemin)* coger: **nous allons emprunter la route nationale**, vamos a coger la carretera nacional. **3** *fig (mot)* tomar prestado,-da: **beaucoup de mots français sont empruntés à l'anglais**, muchas palabras francesas provienen del inglés.

ému,-e [emy] *adj* emocionado,-da.

en¹ [ɑ̃] *prép* **1** *(lieu, temps)* en: **c'était en 1999**, era en 1999; **elle vit en Argentine**, vive en Argentina. **2** *(matière)* de: **un blouson en cuir**, una chaqueta de cuero. **3** *(état, forme, manière)* de, en: **sucre en morceaux**, azúcar en terrones; **elle est en vacances**, está de vacaciones. **4** *(moyen)* en: **j'y vais en avion**, voy en avión. **5 en + p prés** al + *inf*, mientras: **en arrivant en Angleterre**, al llegar a Inglaterra; **il parle en dormant**, habla mientras duerme. • **en avant** hacia delante.

en² [ɑ̃] *pron* **1** *(provenance)* de allí: **à la bibliothèque ? j'en viens !**, ¿a la biblioteca? ¡vengo de allí! **2** *(complément d'adjectif, nom, verbe)* de ello: **que pensez-vous de cet accident ?** –ne m'en parlez pas, ¿qué piensa usted de ese accidente? –no me hable (de ello). **3** *(de du sucre dans ton café)* **–oui, j'en mets**, ¿le pones azúcar al café? –sí. • **s'en aller** marcharse. **s'en prendre à qqn** tomarla con ALGN.

encadrer [1] [ɑ̃kadʀe] *vt* **1** *(tableau)* enmarcar. **2** *(troupes, personnel)* dirigir.

encaisser [1] [ɑ̃kese] *vt* **1** *(de l'argent)* cobrar. **2** *fam (coup, critique)* encajar.

en-cas [ɑ̃ka] *nm inv* tentempié *m*.

encastrer [1] [ɑ̃kastʀe] *vt* empotrar.

enceinte [ɑ̃sɛ̃t] *adj - nf 1 (espace)* recinto *m*. **2** *(muraille)* muralla *f*. ▪ **enceinte acoustique** bafle *m*.

encenser [1] [ɑ̃sɑ̃se] *vt* incensar.

encercler [1] [ɑ̃sɛʀkle] *vt* rodear.

enchaînement [ɑ̃ʃɛnmɑ̃] *nm* **1** *(gén)* encadenamiento *m*. **2** *(liaison)* enlace *m*.

enchaîner [1] [ɑ̃ʃene] *vt* encadenar. ▸ **s'enchaîner** enlazarse.

enchanté,-e [ɑ̃ʃɑ̃te] *adj* encantado,-da. • **enchanté de faire votre connaissance** encantado de conocerle.

enchantement [ãʃãtmã] nm 1 (sortilège) hechizo m. 2 (merveille) maravilla f.

enchanter [1] [ãʃãte] vt encantar.

enchère [ãʃɛʀ] nf 1 (offre) puja f. 2 (au jeu) apuesta f. • **mettre aux enchères** sacar a subasta.

enclencher [1] [ãklãʃe] vt poner en marcha.

enclos [ãklo] nm cercado m.

encoche [ãkɔʃ] nf muesca f.

encombrant,-e [ãkõbʀã,-ãt] adj 1 (paquet) voluminoso,-sa. 2 fig (personne) cargante, pesado,-da.

encombré,-e [ãkõbʀe] adj lleno,-a de cosas.

encombrement [ãkõbʀemã] nm 1 (d'un lieu) desorden m. 2 (d'un objet) volumen m. 3 (embouteillage) atasco m. 4 (accumulation) saturación f.

encombrer [1] [ãkõbʀe] vt 1 (passage) obstruir. 2 (mémoire) sobrecargar.

encontre [ãkõtʀ]. • **à l'encontre de** en contra de.

encore [ãkɔʀ] adv 1 (toujours) aún, todavía: **tu n'es pas encore parti ?**, ¿aún no te has ido? 2 (répétition) más, otra vez: **encore un peu de potage ?**, ¿un poco más de sopa?: **il a encore menti**, ha vuelto a mentir. **encore mieux** todavía mejor. **encore une fois** una vez más. **pas encore** todavía no.

encourageant,-e [ãkuʀaʒã,-ãt] adj alentador,-ra.

encouragement [ãkuʀaʒmã] nm 1 palabras f pl de ánimo.

encourager [4] [ãkuʀaʒe] vt 1 (personne) animar. 2 (commerce, production) fomentar.

encre [ãkʀ] nf tinta f.

encyclopédie [ãsiklɔpedi] nf enciclopedia f.

endetter (s') [1] [ãdete] vpr endeudarse.

endeuiller [1] [ãdœje] vt enlutar.

endimancher (s') [1] [ãdimãʃe] vpr endomingarse.

endive [ãdiv] nf endibia f, endivia f.

endoctriner [1] [ãdɔktʀine] vt adoctrinar.

endolori,-e [ãdɔlɔʀi] adj dolorido,-da.

endommager [4] [ãdɔmaʒe] vt deteriorar, dañar.

endormir [28] [ãdɔʀmiʀ] vt dormir, adormecer.

endosser [1] [ãdose] vt 1 (chèque) endosar. 2 (vêtement) ponerse. 3 (responsabilité) asumir.

endroit [ãdʀwa] nm 1 (lieu) sitio m, lugar m. 2 (d'un tissu) derecho m. • **mettre à l'endroit** poner del derecho. **par endroits** en algunas partes.

enduire [58] [ãdɥiʀ] vt untar, embadurnar.

endurance [ãdyʀãs] nf resistencia f.

endurcir [20] [ãdyʀsiʀ] vt endurecer.

énergétique [enɛʀʒetik] adj energético,-ca.

énergie [anɛʀʒi] nf energía f.

énergique [enɛʀʒik] adj enérgico,-ca.

énervant,-e [enɛʀvã,-ãt] adj irritante.

énerver [1] [enɛʀve] vt poner nervioso,-sa, irritar. ▶ **s'énerver** ponerse nervioso,-sa.

enfance [ãfãs] nf infancia f.

enfant [ãfã] nmf 1 (de l'âge de l'enfance) niño,-ña. 2 (fils ou fille) hijo, -ja: **ils ont trois enfants**, tienen tres hijos.

enfanter [1] [ãfãte] vt 1 fml (accoucher) dar a luz. 2 fml fig (œuvre d'art) crear.

enfantin,-e [ãfãtɛ̃,-in] adj 1 (d'un enfant) infantil. 2 (facile) elemental.

enfer [ɑ̃fɛʀ] nm infierno m. • **d'enfer** fig sensacional.

enfermer [1] [ɑ̃fɛʀme] vt encerrar.

enfiler [1] [ɑ̃file] vt **1** (aiguille, perles) enhebrar. **2** (rue, chemin) tomar. **3** (vêtement) ponerse.

enfin [ɑ̃fɛ̃] adv **1** (dans une liste) finalmente, por último. **2** (en dernier lieu) al fin, por fin. **3** (pour récapituler) en fin. **4** (pour rectifier) en fin, bueno: **ce sera ennuyeux, enfin, pas tellement intéressant**, será aburrido, bueno, no muy interesante. • **mais enfin !** ¡pero bueno!

enflammer [1] [ɑ̃flame] vt **1** (bois) incendiar. **2** fig (esprit) encender.

enflé,-e [ɑ̃fle] adj hinchado,-da.

enfler [1] [ɑ̃fle] vt **1** (ballon) hinchar, inflar. **2** (voix) ahuecar. ▶ vi hincharse, inflarse.

enfoncer [3] [ɑ̃fɔ̃se] vt **1** (dans la terre, le sol) clavar. **2** (porte, mur) derribar. **3** fig (humilier) hundir. ▶ vpr **s'enfoncer 1** (l'eau) hundirse; (bois, ville) adentrarse (**dans**, en). **2** (l'erreur, l'ignorance) hundirse.

enfourner [1] [ɑ̃fuʀne] vt **1** (pain) hornear. **2** fam (avaler) zamparse.

enfreindre [76] [ɑ̃fʀɛ̃dʀ] vt infringir.

enfuir (s') [31] [ɑ̃fɥiʀ] vpr huir, escaparse.

enfumé,-e [ɑ̃fyme] adj lleno,-a de humo.

engagement [ɑ̃gaʒmɑ̃] nm **1** (gén) compromiso m. **2** SPORT saque m de centro. **3** (de soldat) alistamiento m.

engager [4] [ɑ̃gaʒe] vt **1** (sa parole) comprometer. **2** (à faire quelque chose) invitar. **3** (employé) contratar. **4** (conversation, négociation) entablar. ▶ vpr **s'engager 1** (par une promesse) comprometerse. **2** (dans un immeuble) entrar (**dans**, en). **3** (commencer) emprender. **4** (dans l'armée) alistarse.

engendrer [1] [ɑ̃ʒɑ̃dʀe] vt engendrar.

engin [ɑ̃ʒɛ̃] nm **1** (outil) máquina f. **2** fam (objet sans nom) trasto m.

englober [1] [ɑ̃glɔbe] vt englobar.

engloutir [20] [ɑ̃glutiʀ] vt engullir.

engorgement [ɑ̃gɔʀʒəmɑ̃] nm atasco m, obstrucción f.

engouffrer [1] [ɑ̃gufʀe] vt **1** fam (manger) zampar. **2** fig (fortune) dilapidar. ▶ vpr **s'engouffrer** adentrarse (**dans**, en): **le vent s'est engouffré dans le passage**, el viento se metió en el pasaje.

engourdi,-e [ɑ̃guʀdi] adj entumecido, -da, aletargado, -da.

engrais [ɑ̃gʀɛ] nm abono m.

engraisser [1] [ɑ̃gʀese] vt **1** (animal) cebar. **2** (la terre) abonar. ▶ vi (personne) engordar.

engueuler [1] [ɑ̃gœle] vt fam echar una bronca a. ▶ vpr **s'engueuler** fam tener una bronca, discutir.

énième [enjɛm] adj - nmf enésimo, -ma.

énigmatique [enigmatik] adj enigmático,-ca.

énigme [enigm] nf enigma m.

enivrant,-e [ɑ̃nivʀɑ̃, -ɑ̃t] adj embriagador,-ra.

enivrer [1] [ɑ̃nivʀe] vt embriagar.

enjambée [ɑ̃ʒɑ̃be] nf zancada f.

enjamber [1] [ɑ̃ʒɑ̃be] vt pasar por encima de.

enjeu [ɑ̃ʒø] nm **1** (au jeu) apuesta f. **2** (économique, politique) reto m.

enjoliver [1] [ɑ̃ʒɔlive] vt adornar.

enjoué,-e [ɑ̃ʒwe] adj alegre.

enlacer [3] [ɑ̃lase] vt abrazar.

enlaidir [20] [ɑ̃ledir] vt afear. ▶ vi volverse feo,-a.

enlèvement [ɑ̃lɛvmɑ̃] nm secuestro m.

enlever [7] [ɑ̃lve] vt **1** (gén) quitar (un vêtement) quitarse. **2** (emporter) llevarse. **3** (kidnapper) secuestrar.

enliser [1] [ɑ̃lize] *vt* atascar. ▶ *vpr* **s'enliser 1** *(dans la boue)* hundirse. **2** *fig (dans une situation)* enredarse.

enneiger [ɑ̃neʒe] *adj* nevado,-da.

ennemi,-e [ɛnmi] *adj* -*nm,f* enemigo,-ga.

ennui [ɑ̃nɥi] *nm* **1** *(lassitude)* aburrimiento *m*. **2** *(problème)* problema *f*. • **s'attirer des ennuis** buscarse problemas.

ennuyer [15] [ɑ̃nɥije] *vt* **1** *(lasser)* aburrir. **2** *(contrarier)* fastidiar. **3** *(inquiéter)* preocupar. ▶ *vpr* **s'ennuyer** aburrirse.

ennuyeux,-euse [ɑ̃nɥijø,-øz] *adj* **1** *(lassant)* aburrido,-da. **2** *(contrariant)* fastidioso,-sa.

énoncer [3] [enɔ̃se] *vt* enunciar.

énorme [enɔʀm] *adj* **1** *(très grand)* enorme. **2** *fam fig (fantastique)* increíble: **c'est énorme ce qu'il a fait pour nous**, es increíble lo que ha hecho por nosotros.

énormément [enɔʀmemɑ̃] *adv* muchísimo,-ma.

enquête [ɑ̃kɛt] *nf* **1** *(d'opinion)* encuesta *f*. **2** *(de police)* investigación *f*.

enquêter [1] [ɑ̃kete] *vi* **1** *(la police)* investigar. **2** *(sonder)* hace una encuesta.

enraciner [1] [ɑ̃ʀasine] *vt* arraigar. ▶ *vpr* **s'enraciner** echar raíces.

enragé,-e [ɑ̃ʀaʒe] *adj* **1** *(chien)* rabioso,-sa. **2** *(passionné)* fanático,-ca.

enrager [4] [ɑ̃ʀaʒe] *vi* estar furioso,-sa.

enregistrement [ɑ̃ʀəʒistʀəmɑ̃] *nm* **1** *(de son, d'images)* grabación *f*. **2** *(des bagages)* facturación *f*. **3** *(d'un acte)* inscripción *f*, registro *m*.

enregistrer [1] [ɑ̃ʀəʒistʀe] *vt* **1** *(disques, fichier)* grabar. **2** *(bagages)* facturar. **3** *(documents)* registrar, inscribir.

enrhumé,-e [ɑ̃ʀyme] *adj* resfriado,-da.

enrhumer [1] [ɑ̃ʀyme] *vt* resfriar. ▶ *vpr* **s'enrhumer** resfriarse, constiparse.

enrichir [20] [ɑ̃ʀiʃiʀ] *vt* enriquecer.

enrobé,-e [ɑ̃ʀɔbe] *adj* **1** *fam (personne)* rellenito,-ta. **2** *(bonbon)* bañado,-da (**de**, en).

enrober [1] [ɑ̃ʀɔbe] *vt* **1** *(recouvrir)* envolver, recubrir. **2** CUIS bañar (**de**, en). **3** *fig (masquer)* disimular.

enrôler [1] [ɑ̃ʀole] *vt* *(dans un parti)* alistar, enrolar.

enroué,-e [ɑ̃ʀwe] *adj* ronco,-ca.

enrouler [1] [ɑ̃ʀule] *vt* enrollar. ▶ *vpr* **s'enrouler 1** *(autour de quelque chose)* enrollarse. **2** *(dans une couverture)* envolverse.

enseignant,-e [ɑ̃sɛɲɑ̃,-ɑ̃t] *adj* docente. ▶ *nm,f* profesor,-ra.

enseigne [ɑ̃sɛɲ] *nf* letrero *m*.

enseignement [ɑ̃sɛɲmɑ̃] *nm* **1** enseñanza *f*. **2** *fig (leçon)* lección *f*.

enseigner [1] [ɑ̃sɛɲe] *vt* enseñar.

ensemble [ɑ̃sɑ̃bl] *adv* **1** *(gén)* juntos,-tas: **nous avons travaillé ensemble sur ce projet**, hemos trabajado juntos en este proyecto. **2** *(en même temps)* a la vez, al mismo tiempo: **arrêtez de crier tous ensemble !**, ¡dejad de gritar todos a la vez! ▶ *nm* conjunto *m*.

ensevelir [20] [ɑ̃səvliʀ] *vt* sepultar.

ensoleillé,-e [ɑ̃sɔleje] *adj* soleado,-da.

ensommeillé,-e [ɑ̃sɔmeje] *adj* soñoliento,-ta.

ensuite [ɑ̃sɥit] *adv* **1** *(après, plus tard)* después, luego. **2** *(puis)* a continuación.

entamer [1] [ɑ̃tame] *vt* **1** *(commencer)* empezar; *(conversation)* entablar. **2** *(partie du corps)* cortar. **3** *(réputation, foi)* mermar.

entartrer (s') [1] [ɑ̃taʀtʀe] *vpr* cubrirse de sarro.

entasser [1] [ɑ̃tase] *vt* amontonar.

entendre [62] [ɑ̃tɑ̃dʀ] vt *(le sons)* oír. **2** *fml (comprendre)* entender. **3** *(vouloir)* querer. ▶ vpr **s'entendre 1** *(bruit, son)* oírse. **2** *(sympathiser)* llevarse bien. **3** *(convenir)* ponerse de acuerdo.

entendu,-e [ɑ̃tɑ̃dy] *adj (compris)* entendido,-da. • **bien entendu** por supuesto.

entente [ɑ̃tɑ̃t] *nf* acuerdo *m*.

enterrement [ɑ̃tɛʀmɑ̃] *nm* entierro *m*.

enterrer [1] [ɑ̃teʀe] vt enterrar.

en-tête [ɑ̃tɛt] *nm (pl* **en-têtes)** membrete *m*.

entêté,-e [ɑ̃tete] *adj* terco,-ca. • *nm, f* cabezota.

entêter (s') [1] [ɑ̃tete] *vpr* empeñarse (**à/dans**, en).

enthousiasme [ɑ̃tuzjasm] *nm* entusiasmo *m*.

enthousiasmer [1] [ɑ̃tuzjasme] *vt* entusiasmar.

enthousiaste [ɑ̃tuzjast] *adj* entusiasta.

entier,-ère [ɑ̃tje,-ɛʀ] *adj* entero,-ra.

entièrement [ɑ̃tjɛʀmɑ̃] *adv* completamente, totalmente.

entité [ɑ̃tite] *nf* entidad *f*.

entorse [ɑ̃tɔʀs] *nf* **1** *(à la cheville)* esguince *m*. **2** *fig (à un règlement)* infracción *f*.

entourage [ɑ̃tuʀaʒ] *nm* **1** *(clôture)* cerca *f*. **2** *(milieu)* entorno *m*.

entourer [1] [ɑ̃tuʀe] vt **1** *(gén)* rodear. **2** *fig (soutenir)* apoyar.

entraide [ɑ̃tʀɛd] *nf* ayuda *f* mutua.

entraider (s') [1] [ɑ̃tʀede] *vpr* ayudarse mutuamente.

entrain [ɑ̃tʀɛ̃] *nm* ánimo *m*.

entraînement [ɑ̃tʀɛnmɑ̃] *nm* **1** entrenamiento *m*. **2** *(préparation)* práctica *f*.

entraîner [1] [ɑ̃tʀene] vt **1** *(emmener)* arrastrar. **2** *(impliquer)* llevar a, conllevar: **cela va entraîner de graves conséquences**, esto acarreará graves consecuencias. **3** SPORT entrenar. ▶ vpr **s'entraîner 1** *(se préparer)* practicar. **2** SPORT entrenarse.

entraîneur,-euse [ɑ̃tʀɛnœʀ,-øz] *nm* entrenador,-ra.

entre [ɑ̃tʀ] *prép* entre: **il n'y a rien entre nous**, no hay nada entre nosotros. • **entre autres** entre otras cosas.

entrée [ɑ̃tʀe] *nf* **1** *(gén)* entrada *f*. **2** *(d'un appartement)* recibidor *m*. **3** *(d'un menu)* primer plato *m*.

entrejambe [ɑ̃tʀəʒɑ̃b] *nm* entrepierna *f*.

entrelacer [3] [ɑ̃tʀəlase] vt entrelazar.

entremise [ɑ̃tʀəmiz] *nf* mediación *f*. • **par l'entremise de** por mediación de.

entreposer [1] [ɑ̃tʀəpoze] vt depositar.

entrepôt [ɑ̃tʀəpo] *nm* almacén *m*.

entreprendre [83] [ɑ̃tʀəpʀɑ̃dʀ] vt emprender.

entrepreneur,-euse [ɑ̃tʀəpʀənœʀ,-øz] *nm,f* empresario,-ria. ▶ *nm (en bâtiment)* contratista *mf*.

entreprise [ɑ̃tʀəpʀiz] *nf* empresa *f*.

entrer [1] [ɑ̃tʀe] vi **1** *(gén)* entrar. **2** *(être admis)* entrar (**à**, en), ingresar (**à**, en); *(- affaires, enseignement)* meterse (**à**, en). • **entrez!** ¡adelante!

entre-temps [ɑ̃tʀətɑ̃] *adv* mientras tanto.

entretenir [35] [ɑ̃tʀətniʀ] vt **1** *(maison, outils)* mantener, conservar. **2** *(feu)* alimentar. **3** *(amitié)* cuidar, cultivar. ▶ vpr **s'entretenir 1** *(se parler)* hablar. **2** *(prendre soin de soi)* cuidarse.

entretien [ɑ̃tʀətjɛ̃] *nm* **1** *(soins)* mantenimiento *m*. **2** *(dialogue)* conservación *f*. **3** *(de travail)* entrevista *f*.

entretuer (s') [1] [ɑ̃tʀətɥe] *vpr* matarse unos a otros.
entrevoir [46] [ɑ̃tʀəvwaʀ] *vt* entrever.
entrevue [ɑ̃tʀəvy] *nf* entrevista *f*.
entrouvert,-e [ɑ̃tʀuvɛʀ] *adj* entreabierto,-ta.
entrouvrir [21] [ɑ̃tʀuvʀiʀ] *vt* entreabrir.
énumération [enymeʀasjɔ̃] *nf* enumeración *f*.
énumérer [10] [enymeʀe] *vt* enumerar.
envahir [20] [ɑ̃vaiʀ] *vt* invadir.
envahisseur [ɑ̃vaisœʀ] *nm* invasor *m*.
enveloppe [ɑ̃vlɔp] *nf* **1** *(d'emballage)* envoltura *f*. **2** *(de lettre)* sobre *m*.
envelopper [1] [ɑ̃vlɔpe] *vt* envolver.
envenimer [1] [ɑ̃vnime] *vt (blessure)* infectar. ▶ *vpr* **s'envenimer 1** *(blessure)* infectarse. **2** *fig (relations)* envenenarse.
envers [ɑ̃vɛʀ] *prép (à l'égard de)* con, para con: **il fait preuve de gentillesse envers moi**, es muy amable conmigo. ▶ *nm* revés *m*, reverso *m*: **l'envers d'une monnaie**, el reverso de una moneda. • **à l'envers** al revés.
envie [ɑ̃vi] *nf* **1** *(sentiment)* envidia *f*. **2** *(désir)* ganas *f pl*. • **avoir envie de** tener ganas de.
envier [12] [ɑ̃vje] *vt* envidiar.
envieux,-euse [ɑ̃vjø,-øz] *adj - nm,f* envidioso,-sa.
environ [ɑ̃viʀɔ̃] *adv* aproximadamente, alrededor de.
environnement [ɑ̃viʀɔnmɑ̃] *nm* **1** *(nature)* medio ambiente *m*. **2** *(entourage, en informatique)* entorno *m*.
environnemental,-e [ɑ̃viʀɔnmɑ̃tal] *adj* medioambiental.
environs [ɑ̃viʀɔ̃] *nm pl* alrededores *m pl*.

envisager [4] [ɑ̃vizaʒe] *vt* **1** *(tenir compte)* considerar. **2** *(prévoir)* proyectar.
envoi [ɑ̃vwa] *nm* envío *m*.
envoler (s') [1] [ɑ̃vɔle] *vpr* **1** *(oiseau)* alzar el vuelo. **2** *(avion)* despegar. **3** *fam (disparaître)* esfumarse.
envoyé,-e [ɑ̃vwaje] *nm,f* enviado, -da.
envoyer [17] [ɑ̃vwaje] *vt* **1** *(gén)* enviar. **2** *(personne)* mandar. ▶ *vpr* **s'envoyer 1** *fam (boire)* atizarse. **2** *fam (travail)* cargar con. **3** *pop (coucher avec)* tirarse a.
éolien,-enne [eɔljɛ̃,-ɛn] *adj* eólico, -ca.
épais,-aisse [epɛ,-ɛs] *adj* **1** *(chose, blague)* grueso,-sa. **2** *(brouillard, sauce)* espeso,-sa.
épaisseur [epesœʀ] *nf* **1** *(d'un mur)* espesor *m*. **2** *(de feuillage, brouillard)* espesura *f*. **3** *fig (consistance)* profundidad *f*.
épaissir [20] [epesiʀ] *vt* espesar. ▶ *vi* **1** *(sauce)* espesarse. **2** *(taille)* ensanchar.
épanoui,-e [epanwi] *adj* **1** *(fleur)* abierto,-ta. **2** *(personne)* radiante.
épanouir [20] [epanwiʀ] *vt* **1** *(fleur)* abrir. **2** *(personne)* hacer feliz. ▶ *vpr* **s'épanouir 1** *(fleur)* abrirse. **2** *(visage)* iluminarse. **3** *(personne)* realizarse.
épargne [epaʀɲ] *nf* ahorro *m*. ■ **épargne logement** ahorro vivienda.
épargner [1] [epaʀɲe] *vt* **1** *(argent)* ahorrar. **2** *(temps, peine)* ahorrarse.
éparpiller [1] [epaʀpije] *vt* dispersar.
épatant,-e [epatɑ̃,-ɑ̃t] *adj fam* estupendo,-da.
épaté,-e [epate] *adj* **1** *(nez)* chato, -ta. **2** *fam (surpris)* sorprendido,-da.
épater [1] [epate] *vt fam* sorprender.
épaule [epol] *nf* hombro *m*.

épauler [1] [epole] vt respaldar.
épée [epe] nf espada f.
épeler [5] [eple] vt deletrear.
éphémère [efemɛʀ] adj efímero,-ra.
épi [epi] nm 1 (de blé) espiga f; (de maïs) mazorca f. 2 (de cheveux) remolino m.
épice [epis] nf especia f.
épicé,-e [epise] adj 1 (plat) sazonado,-da. 2 fig (histoire) picante.
épicerie [episʀi] nf 1 (magasin) tienda f de comestibles. 2 (produits) comestibles m pl.
épidémie [epidemi] nf 1 (de grippe) epidemia f. 2 fig (de violence) oleada f.
épier [12] [epje] vt espiar.
épilation [epilasjɔ̃] nf depilación f.
épilepsie [epilɛpsi] nf MÉD epilepsia f.
épiler [1] [epile] vt depilar.
épinards [epinaʀ] nm pl espinacas f pl.
épine [epin] nf 1 (d'une rose) espina f. 2 (arbrisseau) espino m.
épineux,-euse [epinø,-øz] adj espinoso,-sa.
épingle [epɛ̃gl] nf alfiler m. ■ **épingle à cheveux** horquilla f. **épingle à nourrice** imperdible m.
épique [epik] adj épico,-ca.
épisode [epizɔd] nm episodio m.
épisodique [epizɔdik] adj episódico,-ca.
épitaphe [epitaf] nf epitafio m.
éploré,-e [eplɔʀe] adj desconsolado,-da.
épluche-légumes [eplyʃlegym] nm inv pelador m.
éplucher [1] [eplyʃe] vt 1 (légumes) pelar. 2 fig (dossier, texte) examinar.
épluchure [eplyʃyʀ] nf mondadura f.
éponge [epɔ̃ʒ] nf esponja f. • **jeter l'éponge** tirar la toalla.
éponger [4] [epɔ̃ʒe] vt enjugar.

épopée [epɔpe] nf epopeya f.
époque [epɔk] nf época f.
épouse [epuz] nf esposa f.
épouser [1] [epuze] vt 1 (se marier) casarse con. 2 fig (idées, doctrines) abrazar. 3 (une forme) adaptarse a.
épousseter [6] [epuste] vt quitar el polvo.
époustouflant,-e [epustuflɑ̃,-ɑ̃t] adj fam sorprendente.
épouvantable [epuvɑ̃tabl] adj espantoso,-sa.
épouvantail [epuvɑ̃taj] nm espantapájaros m.
épouvanter [1] [epuvɑ̃te] vt asustar.
époux [epu] nmf esposo m.
éprendre (s') [83] [epʀɑ̃dʀ] vpr enamorarse.
épreuve [epʀœv] nf 1 (essai) prueba f. 2 (d'un examen, concours) examen m. ■ **mettre à l'épreuve** poner a prueba.
épris,-e [epʀi,-iz] adj 1 (d'une personne) prendado,-da (**de**). 2 (très attaché) apasionado,-da (**de**, por).
éprouvant,-e [epʀuvɑ̃,-ɑ̃t] adj agotador, -ra.
éprouver [1] [epʀuve] vt 1 (tester) probar. 2 (problème) sufrir. 3 (sentiment) sentir: **il éprouve de la joie**, siente alegría.
épuisant,-e [epɥizɑ̃,-ɑ̃t] adj agotador,-ra.
épuisé,-e [epɥize] adj agotado,-da.
épuiser [1] [epɥize] vt agotar.
épurer [1] [epyʀe] vt depurar.
équateur [ekwatœʀ] nm ecuador m.
Équateur [ekwatœʀ] nm Ecuador.
équation [ekwasjɔ̃] nf ecuación f.
équatorien,-enne [ekwatɔʀjɛ̃,-ɛn] adj ecuatoriano,-na. ▸ nm,f **Équatorien,-enne** ecuatoriano,-na.
équestre [ekɛstʀ] adj ecuestre.
équilibre [ekilibʀ] nm equilibrio m.
équilibrer [1] [ekilibʀe] vt equilibrar.

équipage [ekipaʒ] *nm* tripulación *f*.
équipe [ekip] *nf* equipo *m*.
équipement [ekipmɑ̃] *nm* **1** *(matériel)* equipo *m*. **2** *(aménagement)* equipamiento *m*.
équiper [1] [ekipe] *vt* equipar.
équipier,-ère [ekipje,-ɛʀ] *nm,f* compañero,-ra de equipo.
équitable [ekitabl] *adj* equitativo, -va.
équitation [ekitasjɔ̃] *nf* equitación *f*.
équivalence [ekivalɑ̃s] *nf* **1** *(gén)* equivalencia *f*. **2** *(de diplôme)* convalidación *f*.
équivalent,-e [ekivalɑ̃,-ɑ̃t] *adj* equivalente.
équivaloir [44] [ekivalwaʀ] *vt* equivaler.
équivoque [ekivɔk] *adj* equívoco, -ca. ▶ *nf* equívoco *m*. • **sans équivoque** inequívoco,-ca.
éradication [eʀadikasjɔ̃] *nf* erradicación *f*.
érafler [1] [eʀafle] *vt* arañar.
éraflure [eʀaflyʀ] *nf* arañazo *m*.
éraillé,-e [eʀaje] *adj* ronco,-ca.
ère [ɛʀ] *nf* era *f*.
érection [eʀɛksjɔ̃] *nf* erección *f*.
éreintant,-e [eʀɛ̃tɑ̃,-ɑ̃t] *adj* extenuante, agotador,-ra.
éreinté,-e [eʀɛ̃te] *adj* extenuado,-da.
ériger [4] [eʀiʒe] *vt* **1** *(monument)* erigir. **2** *(immeuble)* construir.
éroder [1] [eʀɔde] *vt* erosionar.
érosion [eʀozjɔ̃] *nf* erosión *f*.
érotique [eʀɔtik] *adj* erótico,-ca.
érotisme [eʀɔtism] *nm* erotismo *m*.
errant,-e [eʀɑ̃,-ɑ̃t] *adj* errante.
errer [1] [eʀe] *vi* vagar.
erreur [eʀœʀ] *nf* error *m*.
erroné,-e [eʀɔne] *adj* erróneo,-a.
érudit,-e [eʀydi,-it] *adj - nm,f* erudito,-ta.
éruption [eʀypsjɔ̃] *nf* erupción *f*.
escabeau [ɛskabo] *nm* escalera *f* de mano.

escalade [ɛskalad] *nf* escalada *f*.
escalader [1] [ɛskalade] *vt* escalar.
escalator [ɛskalatœʀ] *nm* escalera *f* mecánica.
escale [ɛskal] *nf* escala *f*.
escalier [ɛskalje] *nm* escalera *f*.
escalope [ɛskalɔp] *nf* escalope *m*.
escapade [ɛskapad] *nf* escapada *f*.
escargot [ɛskaʀgo] *nm* caracol *m*.
esclaffer (s') [1] [ɛsklafe] *vpr* partirse de risa.
esclavage [ɛsklavaʒ] *nm* esclavitud *f*.
esclave [ɛsklav] *adj - nm,f* esclavo,-va.
escorte [ɛskɔʀt] *nf* escolta *f*.
escorter [1] [ɛskɔʀte] *vt* escoltar.
escrime [ɛskʀim] *nf* esgrima *f*.
escrimer (s') [1] [ɛskʀime] *vpr* empeñarse (**à**, en).
escroc [2] [ɛskʀɔke] *vt* estafar.
escroquerie [ɛskʀɔkʀi] *nf* estafa *f*.
espace [ɛspas] *nm* espacio *m*.
espacer [3] [ɛspase] *vt* espaciar.
espadrille [ɛspadʀij] *nf* alpargata *f*.
Espagne [ɛspaɲ] *nf* España.
espagnol,-e [ɛspaɲɔl] *adj* español, -la. ▶ *nm,f* **Espagnol, -e** español,-la.
▶ *nm* **espagnol** *(langue)* español *m*, castellano *m*.
espèce [ɛspɛs] *nf* **1** *(animale, végétale)* especie *f*. **2** *(sorte)* clase *f*: **espèce d'idiot !**, ¡pedazo de tonto!
▶ *nf pl* **espèces** metálico *m sing*.
espérance [ɛspeʀɑ̃s] *nf* esperanza *f*.
espérer [10] [ɛspeʀe] *vt* esperar: **j'espère vous revoir bientôt**, espero volver a veros pronto. ▶ *vi* confiar (**en**, en).
espiègle [ɛspjɛgl] *adj* travieso,-sa.
espion,-onne [ɛspjɔ̃,-ɔn] *nm,f* espía.
espionnage [ɛspjɔnaʒ] *nm* espionaje *m*.
espionner [1] [ɛspjɔne] *vt* espiar.
esplanade [ɛsplanad] *nf* explanada *f*.

espoir [ɛspwaʀ] *nm* esperanza *f*.
esprit [ɛspʀi] *nm* **1** *(sens, fantôme)* espíritu *m*. **2** *(entendement)* mente *f*. **3** *(humour)* ingenio *m*. • **reprendre ses esprits** volver en sí. **venir à l'esprit** ocurrirse.
esquisse [ɛskis] *nf* esbozo *m*.
esquisser [1] [ɛskise] *vt* esbozar.
essai [ese] *nm* **1** *(test)* prueba *f*. **2** *(effort, tentative)* intento *m*. **3** *(d'un athlète, d'un écrivain)* ensayo *m*. • **à l'essai** a prueba.
essayage [esɛjaʒ] *nm (de vêtements)* prueba *f*. ▪ **cabine d'essayage** probador *m*.
essayer [18] [eseje] *vt (gén)* probar; *(un vêtement)* probarse. ▶ *vi* intentar, tratar de.
essence [esɑ̃s] *nf* **1** *(nature)* esencia *f*. **2** *(carburant)* gasolina *f*.
essentiel,-elle [esɑ̃sjɛl] *adj* esencial. ▶ *nm* esencial lo: **tu es venu, c'est l'essentiel**, has venido y eso es lo más importante.
essieu [esjø] *nm* eje *m*.
essor [esɔʀ] *nm* **1** *(envol)* vuelo *m*. **2** *fig (d'une entreprise)* expansión *f*.
essorer [1] [esɔʀe] *vt* **1** *(à la main)* escurrir. **2** *(à la machine)* centrifugar.
essoreuse [esɔʀøz] *nf* centrifugadora *f*, secadora *f*.
essouffler [1] [esufle] *vt* dejar sin aliento. ▶ *vpr* **s'essouffler 1** *(après un effort)* quedarse sin aliento. **2** *fig (économie)* mostrar signos de debilidad.
essuie-glace [esɥiglas] *nm (pl* **essuie-glaces)** limpiaparabrisas *m*.
essuie-tout [esɥitu] *nm inv* papel *m* de cocina.
essuyer [15] [esɥije] *vt* **1** *(mains, vaisselle)* secar. **2** *(poussière)* limpiar. **3** *fig (échec)* sufrir.
est [ɛst] *nm* este *m*.
estamper [1] [ɛstɑ̃pe] *vt* estampar.
esthéticien,-enne [ɛstetisjɛ̃,-ɛn] *nm,f* esteticista.

esthétique [ɛstetik] *adj* estético, -ca. ▶ *nf* estética *f*.
estimation [ɛstimasjɔ̃] *nf* estimación *f*.
estime [ɛstim] *nf* estima *f*.
estimer [1] [ɛstime] *vt* **1** *(prix)* valorar. **2** *(nombre)* calcular. **3** *(penser)* considerar. ▶ *vpr* **s'estimer** considerarse: **tu peux t'estimer heureux !**, puedes considerarte afortunado.
estival,-e [ɛstival] *adj* estival.
estomac [ɛstɔma] *nm* estómago *m*.
estomper [1] [ɛstɔ̃pe] *vt* **1** *(dessin)* difuminar. **2** *(douleur)* atenuar.
Estonie [ɛstɔni] *nf* Estonia.
estonien,-enne [ɛstɔnjɛ̃,-ɛn] *adj* estonio,-nia. ▶ *nm,f* **Estonien,-enne** estonio,-nia. ▶ *nm* **estonien** *(langue)* estonio *m*.
estrade [ɛstʀad] *nf* tarima *f*.
estragon [ɛstʀagɔ̃] *nm* estragón *m*.
estuaire [ɛstɥɛʀ] *nm* estuario *m*.
et [e] *conj* y, e; **et toi ?** ¿y tú?, ¿y tú vas a ir?; **ce livre est drôle et intéressant**, este libro es divertido e interesante.
étable [etabl] *nf* establo *m*.
établir [20] [etabliʀ] *vt* **1** *(installer, instaurer)* establecer. **2** *(prouver)* demostrar.
établissement [etablismɑ̃] *nm* establecimiento *m*.
étage [etaʒ] *nm* piso *m*: **il habite au troisième étage**, vive en el tercer piso. • **à l'étage** en el piso de arriba.
étagère [etaʒɛʀ] *nf* **1** *(tablette)* estante *m*. **2** *(meuble)* estantería *f*.
étal [etal] *nm (pl* **étals** ou **étaux)** *(de marché)* puesto *m*.
étalage [etalaʒ] *nm* **1** *(de marchandises)* muestrario *m*. **2** *(d'un magasin)* escaparate *m*. **3** *(ostentation)* alarde *m*. ▪ **faire étalage de** hacer alarde de.
étaler [1] [etale] *vt* **1** *(exposer)* exponer. **2** *(journal, feuille de papier)* des-

plegar. **3** *(peinture, beurre)* extender. **4** *(sur plusieurs années)* escalonar. **5** *(richesses, bijoux)* ostentar, hacer alarde de. ▶ *vpr* **s'étaler 1** *(beurre, peinture)* extenderse. **2** *(dans le temps)* escalonarse. **3** *fam (tomber)* dársela.
étanche [etɑ̃ʃ] *adj* **1** *(cloison)* estanco,-a. **2** *(montre)* sumergible.
étang [etɑ̃] *nm* estanque *m*.
étape [etap] *nf* etapa *f*.
état [eta] *nm* estado *m*. • **en état de marche** en condiciones. **être dans tous ses états** estar fuera de sí. **remettre en état** arreglar. ■ **état civil** estado civil. **état d'esprit** estado de ánimo.
États-Unis [etazyni] *nm pl* Estados Unidos *m pl*.
étayer [18] [eteje] *vt* **1** *(mur)* apuntalar. **2** *fig (idée)* apoyar.
été [ete] *nm* verano *m*.
éteindre [76] [etɛ̃dʀ] *vt* apagar.
étendoir [etɑ̃dwaʀ] *nm* tendedero *m*.
étendre [62] [etɑ̃dʀ] *vt* **1** *(bras, aile)* extender. **2** *(linge)* tender. **3** *(influence, pouvoir)* extender.
étendue [etɑ̃dy] *nf* extensión *f*.
éternel,-elle [etɛʀnɛl] *adj* eterno,-na.
éternité [etɛʀnite] *nf* eternidad *f*.
éternuement [etɛʀnymɑ̃] *nm* estornudo *m*.
éternuer [1] [etɛʀnɥe] *vi* estornudar.
Éthiopie [etjɔpi] *nf* Etiopía.
éthiopien,-enne [etjɔpjɛ̃,-ɛn] *adj* etíope. ▶ *nm,f* **Éthiopien,-enne** etíope.
éthique [etik] *adj* ético,-ca. ▶ *nf* ética *f*.
ethnie [ɛtni] *nf* etnia *f*.
ethnique [ɛtnik] *adj* étnico,-ca.
étincelant,-e [etɛ̃slɑ̃,-ɑ̃t] *adj* brillante.
étinceler [5] [etɛ̃sle] *vi* brillar.
étincelle [etɛ̃sɛl] *nf* **1** *(gén)* chispa *f*. **2** *fig (d'intelligence)* destello *m*.

étrangler

étiquette [etikɛt] *nf* etiqueta *f*.
étirer [1] [etiʀe] *vt* estirar.
étoffe [etɔf] *nf* **1** *(tissu)* tela *f*. **2** *fig (aptitude)* madera *f*: **il a l'étoffe d'un grand écrivain**, tiene madera para ser un gran escritor.
étoile [etwal] *nf* estrella *f*. • **dormir à la belle étoile** dormir al raso. ■ **étoile filante** estrella fugaz.
étonnant,-e [etɔnɑ̃,-ɑ̃t] *adj* sorprendente, asombroso,-sa.
étonnement [etɔnmɑ̃] *nm* sorpresa *f*.
étonner [1] [etɔne] *vt* asombrar, sorprender. ▶ **s'étonner que** extrañarse que: **ça m'étonne qu'il n'ait pas donné de nouvelles**, me extraña que no haya dado noticias.
étouffant,-e [etufɑ̃,-ɑ̃t] *adj* sofocante.
étouffer [1] [etufe] *vt* **1** *(asphyxier)* ahogar. **2** *(son)* amortiguar. **3** *fig (scandale)* sofocar. ▶ *vi* ahogarse. ▶ *vpr* **s'étouffer** atragantarse.
étourderie [etuʀdəʀi] *nf* **1** *(distraction)* despiste *m*. **2** *(acte irréfléchi)* tontería *f*.
étourdi,-e [etuʀdi] *adj* - *nm,f* despistado,-da.
étourdir [20] [etuʀdiʀ] *vt* aturdir.
étourdissement [etuʀdismɑ̃] *adj* mareo *m*.
étrange [etʀɑ̃ʒ] *adj* extraño,-ña, raro,-ra.
étranger,-ère [etʀɑ̃ʒe,-ɛʀ] *adj* **1** *(langue, personne)* extranjero,-ra. **2** *(différent)* extraño,-ña. **3** *(politique, affaires)* exterior. **4** *(extérieur)* ajeno, -na **(à**, a). ▶ *nm,f (d'un autre pays)* extranjero,-ra. ▶ *nm* **étranger** extranjero *m*. • **à l'étranger** en el extranjero.
étrangler [1] [etʀɑ̃gle] *vt* **1** *(gén)* estrangular. **2** *fig (ruiner)* ahogar. ▶ *vpr* **s'étrangler 1** *(s'étouffer)* atragantarse. **2** *(de colère)* ahogarse.

être¹ [86] [ɛtR] vi **1** *(exister, état permanent)* ser: **c'est en bois**, esto es de madera; **il est grand et mince**, es alto y delgado. **2** *(état passager, lieu)* estar: **elle est malade**, está enferma; **je suis à Madrid**, estoy en Madrid. **3** *(propriété)* ser: **ce vélo est à moi**, esta bici es mía. **4** *(provenance)* ser (**de**, de): **tu es de Paris ?**, ¿eres de París? **5** *(façon d'être)* estar (**en**, en/con): **elle est en maillot de bain**, está en bañador. ▶ v impers *(temps)* es, son: **il est neuf heures**, son las nueve. ▶ aux **1** *(forme passive)* ser: **nous avons été poursuivis**, hemos sido perseguidos. **2** *(dans les temps composés)* haber: **il s'est couché à minuit**, se ha acostado a las doce de la noche. • **en être** andar, estar: **où en es-tu de la rédaction ?**, ¿por dónde andas de la redacción? **être à + inf** ser de/para + inf, estar por + inf: **ce travail est à faire**, este trabajo está por hacer.

être² [ɛtR] nm ser m. • **être vivant** ser vivo.

étroit,-e [etRwa,-wat] adj estrecho, -cha. • **être à l'étroit** tener poco sitio.

étude [etyd] nf **1** *(gén)* estudio m. **2** *(de notaire, d'avocat)* bufete m. • **faire des études** estudiar: **faire des études d'ingénieur**, estudiar la carrera de ingeniero.

étudiant,-e [etydjɑ̃,-ɑ̃t] adj - nm,f estudiante.

étudier [12] [etydje] vt estudiar.

étui [etɥi] nm **1** *(à lunettes)* estuche m. **2** *(à violon)* funda f.

euh [ø] interj pues: **qu'est-ce que tu fais là ? —euh, j'arrive...**, ¿qué haces tú aquí? —pues... acabo de llegar.

euphémisme [øfemism] nm eufemismo m.

euphorie [øfɔRi] nf euforia f.

euro [øRo] nm euro m.

eurodéputé [øRodepyte] nm eurodiputado,-da.

Europe [øRɔp] nf Europa.

européen,-enne [øRɔpeɛ̃,-ɛn] adj europeo,-a. ▶ nm,f **Européen,-enne** europeo,-a.

euthanasie [øtanazi] nf eutanasia f.

eux [ø] pron pers ellos: **nous sommes venus avec eux**, hemos venido con ellos.

eux-mêmes [ømɛm] pron pers ellos mismos.

évacuation [evakɥasjɔ̃] nf evacuación f.

évacuer [1] [evakɥe] vt evacuar.

évader (s') [1] [evade] vpr evadirse.

évaluation [evalɥasjɔ̃] nf evaluación f.

évaluer [1] [evalɥe] vt **1** *(prix, valeur)* evaluar. **2** *(par le calcul)* calcular.

évangile [evɑ̃ʒil] nm evangelio m.

évanouir (s') [20] [evanwiR] vpr **1** *(personne)* desmayarse. **2** *(dans l'air, la nuit)* desvanecerse.

évanouissement [evanwismɑ̃] nm desmayo m.

évaporer [1] [evapɔRe] vt evaporar.

évasif,-ive [evazif,-iv] adj evasivo, -va.

évasion [evazjɔ̃] nf evasión f.

éveillé,-e [eveje] adj despierto, -ta.

éveiller [1] [eveje] vt despertar.

événement [evɛnmɑ̃] nm acontecimiento m.

éventail [evɑ̃taj] nm abanico m.

éventer [1] [evɑ̃te] vt **1** *(exposer à l'air)* airear. **2** *(avec un éventail)* abanicar. **3** fig *(secret)* descubrir.

éventualité [evɑ̃tɥalite] nf eventualidad f.

éventuel,-elle [evɑ̃tɥɛl] adj eventual.

éventuellement [evãtɥɛlmã] *adv* eventualmente.

évêque [evɛk] *nm* obispo *m*.

évertuer (s') [1] [evɛrtɥe] *vpr* esforzarse (**à**, en).

évidemment [evidamã] *adv* evidentemente, desde luego.

évidence [evidãs] *nf* evidencia *f*. • **mettre en évidence** poner de relieve. **se rendre à l'évidence** rendirse a la evidencia.

évident,-e [evidã,-ãt] *adj* evidente.

évier [evje] *nm* fregadero *m*.

éviter [1] [evite] *vt* evitar.

évocation [evɔkasjɔ̃] *nf* evocación *f*.

évolué,-e [evɔlɥe] *adj* evolucionado,-da.

évoluer [1] [evɔlɥe] *vi* **1** *(gén)* evolucionar. **2** *(personne)* cambiar.

évolution [evɔlysjɔ̃] *nf* evolución *f*.

évoquer [2] [evɔke] *vt* evocar.

exact,-e [ɛgzakt] *adj* **1** *(gén)* exacto,-ta. **2** *(ponctuel)* puntual.

exactitude [ɛgzaktityd] *nf* **1** *(gén)* exactitud *f*. **2** *(dans l'horaire)* puntualidad *f*.

ex æquo [ɛgzeko] *adv - adj inv ex aequo*, empate.

exagérer [10] [ɛgzaʒere] *vt* exagerar.

exalté,-e [ɛgzalte] *adj - nm,f* exaltado,-da.

exalter [1] [ɛgzalte] *vt* exaltar.

examen [ɛgzamɛ̃] *nm* examen *m*. • **examen médical** reconocimiento *m* médico.

examinateur,-trice [ɛgzaminatœr,-tris] *nm,f* examinador,-ra.

examiner [1] [ɛgzamine] *vt* examinar.

exaspérer [10] [ɛgzaspere] *vt* exasperar.

excédent [ɛksedã] *nm* **1** *(de poids)* exceso *m*. **2** *(d'un budget)* superávit *m*.

excéder [10] [ɛksede] *vt* **1** *(dépasser)* exceder. **2** *(énerver)* exasperar. • **être excédé** estar harto.

excellence [ɛksɛlãs] *nf* excelencia *f*.

excellent,-e [ɛksɛlã,-ãt] *adj* excelente.

exceller [1] [ɛksele] *vi* destacar (**en**, en).

excentrique [ɛksãtrik] *adj - nmf* excéntrico,-ca.

excepté [ɛksɛpte] *prép* excepto.

exception [ɛksɛpsjɔ̃] *nf* excepción *f*. • **à l'exception de** con la/a excepción de.

exceptionnel,-elle [ɛksɛpsjɔnɛl] *adj* excepcional.

excès [ɛksɛ] *nm* exceso *m*.

excessif,-ive [ɛksesif,-iv] *adj* excesivo,-va.

excitant,-e [ɛksitã,-ãt] *adj* excitante.

excitation [ɛksitasjɔ̃] *nf* excitación *f*.

exciter [1] [ɛksite] *vt* excitar.

exclamation [ɛksklamasjɔ̃] *nf* exclamación *f*.

exclamer (s') [1] [ɛksklame] *vpr* exclamar.

exclure [52] [ɛksklyr] *vt* excluir.

exclusif,-ive [ɛksklyzif,-iv] *adj* exclusivo,-va.

exclusion [ɛksklyzjɔ̃] *nf* exclusión *f*.

exclusivité [ɛksklyzivite] *nf* exclusiva *f*.

excrément [ɛkskremã] (gen en pl) *nm* excremento *m*.

excursion [ɛkskyrsjɔ̃] *nf* excursión *f*.

excuse [ɛkskyz] *nf* excusa *f*. • **faire des excuses** disculparse.

excuser [1] [ɛkskyze] *vt* disculpar, excusar. ▶ *vpr* **s'excuser** disculparse (**de**, por). • **excusez-moi** discúlpeme, perdone.

exécuter [1] [ɛgzekyte] *vt* **1** *(projet, programme)* llevar a cabo. **2** *(musique, prisonnier)* ejecutar. ▶ *vpr* **s'exécuter** obedecer.

exécutif,-ive [ɛgzekytif,-iv] *adj* ejecutivo,-va.

exécution [ɛgzekysjɔ̃] *nf* **1** *(gén)* ejecución *f*. **2** *(de promesse)* cumplimiento *m*.

exemplaire [εgzãplεʀ] *adj - nm* ejemplar *m*.

exemple [εgzãpl] *nm* ejemplo *m*. • **par exemple** por ejemplo.

exercer [3] [εgzεʀse] *vt* **1** *(gén)* ejercitar. **2** *(activité, profession)* ejercer.

exercice [εgzεʀsis] *nm* ejercicio *m*.

exhaler [1] [εgzale] *vt* **1** *(odeur, soupir)* exhalar. **2** *fig (sentiment)* desahogar. ▶ *vpr* **s'exhaler** *(odeur)* desprenderse.

exhaustif,-ive [εgzostif,-iv] *adj* exhaustivo,-va.

exhiber [1] [εgzibe] *vt* exhibir.

exigeant [εgziʒã] *adj* exigente.

exigence [εgziʒãs] *nf* exigencia *f*.

exiger [4] [εgziʒe] *vt* exigir.

exil [εgzil] *nm* exilio *m*.

exilé,-e [εgzile] *nm,f* exiliado,-da.

exiler [1] [εgzile] *vt* exilar. ▶ *vpr* **s'exiler 1** *(quitter son pays)* exiliarse. **2** *(se retirer)* retirarse.

existant,-e [εgzistã,-ãt] *adj* existente.

existence [εgzistãs] *nf* existencia *f*.

exister [1] [εgziste] *vi* existir.

exotique [εgzɔtik] *adj* exótico,-ca.

expansion [εkspãsjõ] *nf* expansión *f*.

expatrié,-e [εkspatʀije] *adj - nm,f* expatriado,-da.

expédier [12] [εkspedje] *vt* **1** *(lettre, marchandise)* expedir. **2** *fam (personne)* quitarse de encima. **3** *(affaires, travail)* despachar.

expéditeur,-trice [εkspeditœʀ,-tʀis] *nm,f* remitente.

expédition [εkspedisjõ] *nf* expedición *f*.

expérience [εkspeʀjãs] *nf* **1** *(gén)* experiencia *f*. **2** *(de physique)* experimento *m*.

expérimental,-e [εkspeʀimãtal] *adj* experimental.

expérimenter [1] [εkspeʀimãte] *vt* experimentar.

expert,-e [εkspεʀ,-εʀt] *adj* experto, -ta. ▶ *nm* **expert** perito *m*.

expertise [εkspεʀtiz] *nf* **1** *(examen)* peritaje *m*. **2** *(fait)* conocimientos *m pl*.

expiration [εkspiʀasjõ] *nf* **1** *(d'air)* espiración *f*. **2** *(d'un délai, contrat)* vencimiento *m*.

expirer [1] [εkspiʀe] *vt (de l'air)* espirar. ▶ *vi* **1** *(mourir)* expirar. **2** *(délai, contrat)* vencer.

explication [εksplikasjõ] *nf* explicación *f*.

explicite [εksplisit] *adj* explícito,-ta.

expliquer [2] [εksplike] *vt* explicar. ▶ *vpr* **s'expliquer 1** *(personnes)* explicarse. **2** *(devenir compréhensible)* aclararse.

exploit [εksplwa] *nm* hazaña *f*.

exploitation [εksplwatasjõ] *nf* explotación *f*.

exploiter [1] [εksplwate] *vt* **1** *(utiliser)* explotar. **2** *(personnes)* aprovecharse de.

exploration [εksplɔʀasjõ] *nf* exploración *f*.

explorer [1] [εksplɔʀe] *vt* explorar.

exploser [1] [εksplɔze] *vt* explotar.

explosif [εksplozif] *nm* explosivo *m*.

explosion [εksplozjõ] *nf* explosión *f*.

exportation [εkspɔʀtasjõ] *nf* exportación *f*.

exporter [1] [εkspɔʀte] *vt* exportar.

exposé,-e [εkspoze] *adj* expuesto, -ta. ▶ *nm* **exposé 1** *(rapport)* informe *m*. **2** *(d'un élève)* exposición *f*.

exposer [1] [εkspoze] *vt* **1** *(gén)* exponer. **2** *(dans une direction)* orientar.

exposition [εkspozisjõ] *nf* **1** *(d'art, récit)* exposición *f*. **2** *(au soleil, au nord)* orientación *f*.

exprès[1] [εkspʀε] *adv* a propósito.

exprès,-esse[2] [εkspʀεs] *adj (ordre)* expreso,-sa. ▶ *adj inv* **exprès** urgente: **lettre exprès**, carta urgente.

express [εksprεs] *adj inv (train, voie)* exprés.
expressif,-ive [εkspresif,-iv] *adj* expresivo,-va.
expression [εkspresjɔ̃] *nf* expresión *f*.
exprimer [1] [εksprime] *vt* **1** *(dire)* expresar. **2** *(le jus)* exprimir.
expulser [1] [εkspylse] *vt* expulsar.
expulsion [εkspylsjɔ̃] *nf* expulsión *f*.
exquis,-e [εkski,-iz] *adj* exquisito,-ta.
extensible [εkstãsibl] *adj* extensible.
extensif,-ive [εkstãsif,-iv] *adj* extensivo,-va.
extension [εkstãsjɔ̃] *nf* extensión *f*.
exténuer [1] [εkstenɥe] *vt* extenuar.
extérieur,-e [εksterjœr] *adj* exterior. • **à l'extérieur** fuera.
exterminer [1] [εkstεrmine] *vt* exterminar.
externe [εkstεrn] *adj - nmf* externo,-na.
extincteur [εkstε̃ktœr] *nm* extintor *m*.
extinction [εkstε̃ksjɔ̃] *nf* extinción *f*.
extirper [1] [εkstirpe] *vt* extirpar.

extraction [εkstraksjɔ̃] *nf* extracción *f*.
extraire [73] [εkstrεr] *vt* extraer.
extrait [εkstrε] *nm* extracto *m*. ■ **extrait de naissance** partida *f* de nacimiento.
extraordinaire [εkstraɔrdinεr] *adj* extraordinario,-ria.
extraterrestre [εkstratεrεstr] *adj - nmf* extraterrestre.
extravagance [εkstravagɑ̃s] *nf* extravagancia *f*.
extravagant,-e [εkstravagɑ̃,-ɑ̃t] *adj* extravagante.
extraverti,-e [εkstravεrti] *adj* extrovertido,-da.
extrême [εkstrεm] *adj* extremo, -ma. ▶ *nm* extremo *m*. • **à l'extrême** en grado sumo.
extrémiste [εkstremist] *adj - nmf* extremista.
extrémité [εkstremite] *nf* **1** *(bout)* extremidad *f*. **2** *(situation critique)* extremo *m*.
exubérance [εgzyberɑ̃s] *nf* exuberancia *f*.
exubérant,-e [εgzyberɑ̃,-ɑ̃t] *adj* exuberante.

F

fable [fabl] *nf* fábula *f.*
fabricant,-e [fabrikɑ̃,-ɑ̃t] *nm,f* fabricante.
fabrication [fabrikasjɔ̃] *nf* fabricación *f.*
fabrique [fabrik] *nf* fábrica *f.*
fabriquer [2] [fabrike] *vt* **1** *(produire)* fabricar. **2** *fam (faire)* hacer: **il en met du temps!** qu'est-ce qu'il fabrique ?, ¡sí que tarda! ¿qué estará haciendo?
fabuleux,-euse [fabylø,-øz] *adj* fabuloso,-sa.
façade [fasad] *nf* fachada *f.*
face [fas] *nf* **1** *(de personne, pièce de monnaie)* cara *f.* **2** *fig (aspect)* aspecto *m.* • **en face (de)** enfrente (de). **face à** frente a. **faire face à 1** *(être situé en face)* estar enfrente de. **2** *fig (affronter)* hacer frente a.
facette [faset] *nf* faceta *f.*
fâché,-e [faʃe] *adj* **1** *(en colère)* enfadado,-da. **2** *(contrarié)* disgustado,-da.
fâcher [1] [faʃe] *vt* enfadar. • **se fâcher avec/contre** QQN enfadarse con ALGN.
facial,-e [fasjal] *adj* facial.
facile [fasil] *adj* fácil.
facilité [fasilite] *nf* facilidad *f.*
faciliter [1] [fasilite] *vt* facilitar.
façon [fasɔ̃] *nf* **1** *(manière)* manera *f,* modo *m.* **2** *(de l'artisan)* trabajo *m.* ► *nf pl* **façons** modales *m pl.* • **de façon à** con el fin de. **de toute façon** de todos modos.

facteur,-trice [faktœr,-tris] *nm,f* cartero,-ra. ► *nm* **facteur** factor *m*: **le facteur temps,** el factor tiempo.
facturation [faktyrasjɔ̃] *nf* facturación *f.*
facture [faktyr] *nf* factura *f.*
facturer [1] [faktyre] *vt* facturar.
facultatif,-ive [fakyltatif,-iv] *adj* facultativo,-va.
faculté [fakylte] *nf* **1** *(intelligence)* aptitud *f.* **2** *(droit)* derecho *m.* **3** *(université)* facultad *f.*
fade [fad] *adj* soso,-sa.
faible [fɛbl] *adj* **1** *(gén)* débil. **2** *(élève)* flojo,-ja. **3** *(quantité)* escaso,-sa; *(prix)* bajo,-ja. ► *nmf* débil. ► *nm* debilidad *f*: **il a un faible pour son neveu,** siente debilidad por su sobrino.
faiblesse [fɛblɛs] *nf* debilidad *f.*
faiblir [20] [feblir] *vi* **1** *(personne, forces)* debilitarse. **2** *(courage)* flaquear. **3** *(vent)* amainar.
faille [faj] *nf* **1** *(défaut)* fallo *m.* **2** *(de terrain)* falla *f.*
faillir [27] [fajir] *vi* **1** *(être sur le point de)* estar a punto de: **il a failli manquer le train,** ha estado a punto de perder el tren. **2** *fml* faltar (à, a): **elle a failli à sa promesse,** ha faltado a su promesa.
faillite [fajit] *nf* **1** COMM quiebra *f.* **2** *fig (d'un projet)* fracaso *m.* • **faire faillite** quebrar.
faim [fɛ̃] *nf* **1** *(besoin de manger)* hambre *m.* **2** *(de gloire, de richesses)* ganas *f pl.* • **avoir faim** tener hambre.

fainéant,-e [fɛneã,-ãt] *adj - nm,f* holgazán,-ana.

faire [85] [fɛʀ] *vt* **1** *(gén)* hacer: **elle fait les courses**, hace la compra; **il a fait ce meuble lui-même**, ha hecho este mueble él mismo. **2** *(erreur)* cometer. **3** *(quantité, mesure)* ser, hacer: **ça fait un kilo**, es un kilo. **4** *(distance)* recorrer; *(vitesse)* ir: **on a fait 8 kilomètres**, hemos recorrido 8 kilómetros. **5** *(dimension)* medir: **il fait un mètre quatre-vingt-dix**, mide un metro noventa. **6** *(pitié, une promenade)* dar. **7** *(cauchemar, dépression)* tener. **8** *(imiter, représenter)* hacer de: **je fais le voleur et toi le gendarme**, yo hago de ladrón y tú de policía. ▶ *vi* hacer: **je fais pour le mieux**, hago lo posible; **ça fait bien**, queda bien. ▶ *v impers* **1** *(climat, temps)* hacer, ser: **il fait froid**, hace frío. **2** *(durée, distance)* hacer: **ça fait six mois que je ne l'ai pas vu**, hace seis meses que no le visto. ▶ *aux* **1** *(actif)* hacer: **j'ai réussi à faire démarrer mon ordinateur**, he logrado arrancar mi ordenador. **2** *(passif)* **je vais faire réparer mon grille-pain**, voy a llevar mi tostadora a reparar. ▶ *vpr* **se faire 1** *(gén)* hacerse: **je me suis fait mal**, me he hecho daño. **2** *(se préparer)* ponerse: **tu t'es fait très belle ce soir**, te has puesto muy guapa esta noche. **3** *(s'habituer)* acostumbrarse a: **il faudra bien t'y faire**, tendrás que acostumbrarte. • **ça ne fait rien** no importa. **ne faire que 1** *(sans cesse)* no parar de: **il ne fait que crier**, no para de gritar. **2** *(seulement)* no hacer más que: **je ne fais que passer**, sólo estoy de paso. **s'en faire** preocuparse: **ne t'en fais pas**, no te preocupes.

faire-part [fɛʀpaʀ] *nm inv* **1** *(de mariage)* invitación *f*. **2** *(de décès)* esquela *f*.

faisable [fəzabl] *adj* factible.

fait,-e [fɛ, fɛt] *adj* hecho,-cha: **elle est faite pour être journaliste**, está hecha para ser periodista. ▶ *nm* **fait** hecho *m*. • **au fait** a propósito. **en fait** de hecho. **tout à fait** por completo, exactamente. • **faits divers** sucesos *m pl*.

falaise [falɛz] *nf* acantilado *m*.

falloir [45] [falwaʀ] *v impers* **1** *(nécessité, obligation)* hacer falta, necesitar. **2** *(obligation impersonnelle)* hay que: **il faut y aller**, hay que ir. **3** *(obligation personnelle)* tener que: **il faut que vous preniez le train**, tenéis que coger el tren. **4** *(supposition)* deber de, tener que: **il faut qu'il soit fou pour refuser ça**, debe de estar loco para haberlo rechazado. • **comme il faut** como es debido.

falsifier [12] [falsifje] *vt* falsificar.

famé,-e [fame]. • **mal famé,-e** de mala fama.

fameux,-euse [famø,-øz] *adj* **1** *(personne)* famoso,-sa. **2** *fam (bon)* estupendo,-da: **ses notes ne sont pas fameuses**, no tiene muy buenas notas.

familial,-e [familjal] *adj* familiar.

familiariser [1] [familjaʀize] *vt* familiarizar.

familier,-ère [familje,-ɛʀ] *adj* familiar.

famille [famij] *nf* familia *f*.

famine [famin] *nf* hambruna *f*.

fanatique [fanatik] *adj - nmf* fanático,-ca.

fanatisme [fanatism] *nm* fanatismo *m*.

faner [1] [fane] *vt* marchitar.

fantaisie [fɑ̃tezi] *nf* **1** *(gén)* fantasía *f*. **2** *(désir)* capricho *m*.

fantasme [fɑ̃tasm] *nm* fantasía *f*.
fantasmer [1] [fɑ̃tasme] *vi* fantasear.
fantastique [fɑ̃tastik] *adj* fantástico,-ca.
fantôme [fɑ̃tom] *nm* fantasma *m*.
faon [fɑ̃] *nm (petit cerf)* cervato *m*.
farce [faRs] *nf* **1** CUIS relleno *m*. **2** *(plaisanterie)* broma *f*. **3** *(au théâtre)* farsa *f*.
farceur,-euse [faRsœR,-øz] *nm,f* bromista.
farcir [20] [faRsiR] *vt* **1** CUIS rellenar. **2** *(remplir)* atiborrar. ▶ *vpr* **se farcir 1** *fam (manger)* zamparse. **2** *fam (travail)* cargar con. **3** *fam péj (personne)* aguantar: **avec son sale caractère, il faut se le farcir !**, ¡con ese carácter que tiene no hay quien lo aguante!
fard [faR] *nm* maquillaje *m*. ■ **fard à joues** colorete *m*. **fard à paupières** sombra *f* de ojos.
fardeau [faRdo] *nm* carga *f*.
farfelu,-e [faRfəly] *adj fam* raro,-ra.
farfouiller [1] [faRfuje] *vi fam* revolver.
farine [faRin] *nf* harina *f*.
farouche [faRuʃ] *adj* **1** *(animal)* salvaje. **2** *(personne)* arisco,-ca.
fascinant,-e [fasinɑ̃,-ɑ̃t] *adj* fascinante.
fascination [fasinasjɔ̃] *nf* fascinación *f*.
fasciner [1] [fasine] *vt* fascinar.
fascisme [faʃism] *nm* fascismo *m*.
fasciste [faʃist] *adj - nmf* fascista.
fast-food [fastfud] *nm* (*pl* **fast-foods**) restaurante *m* de comida rápida.
fastidieux,-euse [fastidjø,-øz] *adj* fastidioso,-sa.
fatal,-e [fatal] *adj* fatal.
fatalité [fatalite] *nf* fatalidad *f*.
fatidique [fatidik] *adj* fatídico,-ca.
fatigant,-e [fatigɑ̃,-ɑ̃t] *adj* **1** *(gén)* que cansa. **2** *(ennuyeux)* aburrido, -da, pesado,-da.

fatigue [fatig] *nf* cansancio *m*, fatiga *f*.
fatiguer [2] [fatige] *vt* **1** *(gén)* fatigar, cansar. **2** *(importuner)* molestar, fastidiar.
fauché,-e [foʃe] *adj fam* sin un duro.
faucon [fokɔ̃] *nm* halcón *m*.
faufiler (se) [1] [fofile] *vpr* colarse.
faune [fon] *nf* fauna *f*.
fausser [1] [fose] *vt* **1** *(altérer)* falsear. **2** *(déformer)* deformar, torcer: **fausser une clé**, torcer una llave. ■ **fausser compagnie** dejar planta -do,-da.
faute [fot] *nf* **1** *(gén)* falta *f*. **2** *(responsabilité)* culpa *f*: **c'est de ma faute**, es culpa mía. ■ **faute de** en ausencia de, a falta de. **faute de mieux** a falta de otra cosa. **sans faute** sin falta.
fauteuil [fotœj] *nm* sillón *m*, butaca *f*. ■ **fauteuil roulant** silla *f* de ruedas.
fautif,-ive [fotif,-iv] *adj* **1** *(responsable)* culpable. **2** *(erroné)* erróneo, -a, equivocado,-da.
faux, fausse [fo, fos] *adj* **1** *(erroné)* falso,-sa. **2** *(postiche)* postizo,-za: **faux col**, cuello postizo. ▶ *nm* **faux 1** *(gén)* lo falso. **2** *(imitation)* falsificación *f*. ▶ *adv* **1** *(musique)* desentonando. ■ **chanter faux** desafinar.
faveur [favœR] *nf* favor *m*. ■ **en faveur de** a favor de.
favorable [favoRabl] *adj* favorable.
favori,-ite [favoRi,-it] *adj - nm,f* favorito,-ta.
favoriser [1] [favoRize] *vt* favorecer.
fébrile [febRil] *adj* febril.
fécal,-e [fekal] *adj* fecal.
fécond,-e [fekɔ̃,-ɔ̃d] *adj* fecundo, -da.
fécondation [fekɔ̃dasjɔ̃] *nf* fecundación *f*.
féconder [1] [fekɔ̃de] *vt* fecundar.
fécondité [fekɔ̃dite] *nf* fecundidad *f*.

féculent,-e [fekylɑ̃,-ɑ̃t] *adj* feculento,-ta.
fédéral,-e [federal] *adj* federal.
fédéralisme [federalism] *nm* federalismo *m*.
fédération [federasjɔ̃] *nf* federación *f*.
fée [fe] *nf* hada *f*.
féerique [feʀik] *adj* mágico,-ca, maravilloso,-sa.
feignant,-e [fɛɲɑ̃,-ɑ̃t] *adj* - *nm,f fam* vago,-ga.
feindre [76] [fɛ̃dʀ] *vt* fingir, simular. • **feindre de** + *inf* fingir que, hacer ver que.
feint,-e [fɛ̃,-ɛ̃t] *adj (simulé)* fingido,-da.
feinte [fɛ̃t] *nf* 1 *(simulation)* fingimiento *m*. 2 SPORT finta *f*. 3 *(piège)* trampa *f*.
fêler [1] [fele] *vt (objet)* astillar, rajar. • **avoir le cerveau fêlé** *fam* estar mal del tarro.
félicitations [felisitasjɔ̃] *nf pl* felicitaciones *f pl*.
féliciter [1] [felisite] *vt* felicitar.
félin,-e [felɛ̃,-in] *adj* felino,-na. ▶ *nm* **félin** felino *m*.
femelle [fəmɛl] *adj - nf* hembra *f*.
féminin,-e [feminɛ̃,-in] *adj* femenino,-na.
féminisme [feminism] *nm* feminismo *m*.
féministe [feminist] *adj - nmf* feminista.
femme [fam] *nf* 1 *(gén)* mujer *f*. 2 *(épouse)* esposa *f*, mujer *f*. • **femme de ménage** mujer *f* de la limpieza.
fémur [femyʀ] *nm* fémur *m*.
fendre [62] [fɑ̃dʀ] *vt* 1 *(gén)* rajar, hender. 2 *(du bois)* partir. 3 *(une foule)* abrirse paso a través de. 4 *(l'air, l'eau)* surcar. ▶ *vpr* **se fendre** 1 *(se fêler)* henderse, rajarse. 2 *fam (donner)* desprenderse: **il s'est fendu de 100 euros**, soltó 100 euros.

• **fendre le cœur** *fig* partir el corazón.
fenêtre [fənɛtʀ] *nf* ventana *f*.
fente [fɑ̃t] *nf* 1 *(fissure)* grieta *f*. 2 *(ouverture)* ranura *f*.
fer [fɛʀ] *nm* 1 *(métal)* hierro *m*. 2 *fig (arme)* arma *f* blanca; *(épée)* espada *f*. 3 *(d'un cheval)* herradura *f*. ■ **fer à repasser** plancha *f*.
férié,-e [feʀje] *adj* festivo,-va.
ferme¹ [fɛʀm] *nf* granja *f*.
ferme² [fɛʀm] *adj* 1 *(solide)* firme: **terrain ferme**, terreno firme. 2 *(assuré)* seguro, -ra, firme: **ton ferme**, tono seguro. 3 *(énergique)* enérgico, -ca.
fermentation [fɛʀmɑ̃tasjɔ̃] *nf* fermentación *f*.
fermer [1] [fɛʀme] *vt* 1 *(gén)* cerrar: **ferme la fenêtre !**, ¡cierra la ventana! 2 *(appareil)* apagar: **fermer la radio**, apagar la radio. ▶ *vi* cerrarse, cerrar: **ce magasin ferme le lundi**, esta tienda cierra los lunes. • **fermer les yeux** hacer la vista gorda. **la ferme !** *fam* ¡cierra la boca!
fermeté [fɛʀməte] *nf* firmeza *f*.
fermeture [fɛʀmətyʀ] *nf* cierre *m*. ■ **fermeture éclair** cremallera *f*.
fermier,-ère [fɛʀmje,-ɛʀ] *nm,f* granjero,-ra.
féroce [feʀɔs] *adj* feroz.
ferraille [feʀaj] *nf* chatarra *f*.
ferroviaire [feʀɔvjɛʀ] *adj* ferroviario, -ria.
fertile [fɛʀtil] *adj* fértil.
fertilisant,-e [fɛʀtilizɑ̃,-ɑ̃t] *adj* fertilizante.
fertiliser [1] [fɛʀtilize] *vt* fertilizar.
fertilité [fɛʀtilite] *nf* fertilidad *f*.
fervent,-e [fɛʀvɑ̃,-ɑ̃] *adj* ferviente.
ferveur [fɛʀvœʀ] *nf* fervor *m*.
fesse [fɛs] *(gén en pl)* *nf* nalga *f*.
fessée [fese] *nf* manotazo *m* en el trasero.
festin [fɛstɛ̃] *nm* festín *m*.

festival [fɛstival] *nm* festival *m*.

fête [fɛt] *nf* **1** (*gén*) fiesta *f*. **2** (*jour*) día *m* festivo: **fête des mères**, día de la madre. **3** (*d'un saint*) onomástica *f*.

fêter [1] [fete] *vt* celebrar.

feu[1] [fø] *nm* **1** (*gén*) fuego *m*: **avez-vous du feu ?**, ¿tiene fuego? **2** (*flamme*) lumbre *f*. **3** (*foyer*) familia *f*, hogar *m*. **4** (*lumière*) luz *f*. **5** (*signal*) señal *f* luminosa. **6** (*tir*) fuego *m*. **7** (*de signalisation*) semáforo *m*. ● **à petit feu** a fuego lento. **faire feu** disparar. **mettre le feu** prender fuego. **ne pas faire long feu** no durar mucho. ■ **feu d'artifice** fuegos artificiales. **feux de croisement** luces de cruce. **feux de position** luces de posición. **feux de route** luces de carretera.

feu, feue[2] [fø] *adj* difunto,-ta.

feuillage [fœjaʒ] *nm* follaje *m*.

feuille [fœj] *nf* **1** (*gén*) hoja *f*. **2** (*d'une fleur*) pétalo *m*.

feuilleté,-e [fœjte] *adj* CUIS hojaldrado,-da.

feuilleter [6] [fœjte] *vt* **1** (*livre*) hojear. **2** CUIS hojaldrar.

feutre [føtʀ] *nm* **1** (*tissu*) fieltro *m*. **2** (*stylo*) rotulador *m*. **3** (*chapeau*) sombrero *m* de fieltro.

février [fevʀije] *nm* febrero *m*.

fiable [fjabl] *adj* fiable.

fiançailles [fjɑ̃sɑj] *nf pl* **1** (*promesse de mariage*) pedida *f sing*. **2** (*période*) noviazgo *m sing*.

fiancé,-e [fjɑ̃se] *nm,f* novio,-via.

fiancer (se) [3] [fjɑ̃se] *vpr* prometerse en matrimonio.

fibre [fibʀ] *nf* **1** (*matière*) fibra *f*. **2** *fig* (*disposition*) fibra *f*, vena *f*.

ficeler [5] [fisle] *vt* (*lier*) atar con una cuerda.

ficelle [fisɛl] *nf* **1** (*petite corde*) bramante *m*, cordel *m*. **2** *fig* (*ruse*) astucia *f*, triquiñuela *f*. ● **tirer les ficelles** *fig* mover los hilos.

fiche [fiʃ] *nf* **1** (*gén*) ficha *f*. **2** (*électrique*) enchufe *m*. ■ **fiche de paye** nómina *f*.

ficher [1] [fiʃe] *vt* **1** (*planter*) hincar, clavar. **2** (*mettre sur fiche*) fichar. **3** *fam* (*jeter*) echar: **ils l'ont fiché à la porte**, lo han echado a la calle. **4** *fam* (*donner*) dar, largar: **ficher une gifle**, largar una bofetada. **5** *fam* (*faire*) hacer: **qu'est-ce que tu fiches ?**, ¿qué coño haces? ▶ *vpr* **se ficher** *fam* (*se moquer*) burlarse (**de**, de). ● **fiche moi la paix !** ¡déjame en paz! **fichez le camp** largarse.

fichier [fiʃje] *nm* **1** ficheiro *m*. **2** INFORM archivo *m*.

fichu,-e [fiʃy] *adj* **1** *fam* (*mal fait*) mal hecho,-cha, feo,-a: **quel fichu nez !**, ¡qué nariz más fea! **2** *fam* (*détestable*) endemoniado,-da, espantoso,-sa: **il a un fichu caractère**, tiene un carácter endemoniado. **3** *fam* (*ruiné*) perdido,-da, arruinado,-da: **il est fichu**, está perdido. ● **être mal fichu,-e** *fam* estar malucho, -cha. **n'être pas fichu,-e de** *fam* no ser capaz de.

fictif,-ive [fiktif,-iv] *adj* ficticio,-cia.

fiction [fiksjɔ̃] *nf* ficción *f*.

fidèle [fidɛl] *adj* fiel. ▶ *nmf* **1** REL fiel. **2** (*loyal*) incondicional.

fidéliser [1] [fidelize] *vt* fidelizar.

fidélité [fidelite] *nf* fidelidad *f*.

fier, fière [fjɛʀ] *adj* **1** (*hautain*) altivo,-va, arrogante. **2** (*orgueilleux*) orgulloso,-sa.

fier (se) [12] [fje] *vpr* fiarse (**à**, de).

fierté [fjɛʀte] *nf* orgullo *m*.

fièvre [fjɛvʀ] *nf* **1** MED fiebre *f*. **2** *fig* (*agitation*) efervescencia *f*, agitación *f*.

figer [4] [fiʒe] *vt* **1** (*épaissir*) coagular, cuajar. **2** *fig* (*immobiliser*) paralizar.

figue [fig] *nf* higo *m*.

figuier [figje] *nm* (*arbre*) higuera *f*.

figurant,-e [figyʀɑ̃,-ɑ̃t] nm,f extra.

figure [figyʀ] nf **1** (forme) figura f, contorno m. **2** (visage) cara f, rostro m. • **faire figure de** pasar por.

figuré,-e [figyʀe] adj figurado,-da.

figurer [1] [figyʀe] vt - vi (apparaître) figurar. ▶ vpr **se figurer** (s'imaginer) figurarse, imaginarse.

fil [fil] nm **1** (textile) hilo m. **2** (de métal) alambre m. **3** (tranchant) filo m. **4** fig (d'un discours, etc) curso m, hilo m. **5** (d'une rivière) curso m, corriente f. • **au fil de** a lo largo de. **de fil en aiguille** poco a poco. **donner un coup de fil** fam dar un telefonazo. **perdre le fil** perder el hilo. • **fil de fer barbelé** alambre de espino.

file [fil] nf fila f. • **à la file** en fila. • **file d'attente** cola f.

filer [1] [file] vt **1** (tissu) hilar. **2** (araignée) tejer. **3** (quelqu'un) seguir. **4** fam (donner) dar: **file-moi dix euros**, pásame diez euros. ▶ vi **1** (liquide) fluir. **2** (matière visqueuse) formar hilos, hebras. **3** (bas) hacerse una carrera. **4** (aller vite) ir deprisa. **5** fam (l'argent) irse la mano. • **filer à l'anglaise** despedirse a la francesa.

filet [file] nm **1** (tissu) red f. **2** (à cheveux) red f, redecilla f. **3** (d'un liquide) chorrillo m. **4** (d'imprimerie) filete m. **5** (de viande, de poisson) filete m; (de bœuf) solomillo m; (de porc) lomo m.

filial,-e [filjal] adj filial.

filiale [filjal] nf filial f.

filière [filjɛʀ] nf red f.

fille [fij] nf **1** (descendant) hija f. **2** (jeune femme) muchacha f, chica f. • **jeune fille** joven f. **petite fille** niña f. **vieille fille** solterona f.

fillette [fijɛt] nf niña f, chiquilla f.

filleul,-e [fijœl] nm,f ahijado,-da.

film [film] nm film m, película f. • **tourner un film** rodar una película.

filmer [1] [filme] vt filmar.

fils [fis] nm hijo m. • **tel père tel fils** fam de tal palo tal astilla.

filtre [filtʀ] nm filtro m.

filtrer [1] [filtʀe] vt filtrar.

fin[1] [fɛ̃] nf **1** (gén) fin m, final m: **fin juin**, a finales de junio. **2** (but) fin m, meta f. **3** (mort) muerte f. • **à la fin** al final. **mettre fin à** acabar. **prendre fin** acabarse. **tirer/toucher à sa fin** acabarse, tocar a su fin.

fin, fine[2] [fɛ̃, fin] adj **1** (gén) fino, -na. **2** (de qualité) exquisito,-ta. **3** (habile) astuto,-ta, hábil. • **au fin fond** en el lugar más recóndito. **être fin prêt** estar listo.

final,-e [final] adj (pl **finals** ou **finaux**) final.

finale [final] nf (sports) final f.

finaliste [finalist] adj - nmf finalista.

finance [finɑ̃s] nf (gén) mundo m financiero, finanzas f pl.

financer [3] [finɑ̃se] vt financiar.

financier,-ère [finɑ̃sje,-ɛʀ] adj financiero,-ra.

finesse [fines] nf **1** (gén) finura f, delgadez f. **2** fig (d'esprit) sutileza f, agudeza f. **3** (de l'ouïe) agudeza f. **4** (ruse) ardid m, triquiñuela f.

fini,-e [fini] adj péj (parfait en son genre) completo,-ta: **c'est un idiot fini**, es un idiota de remate. ▶ nm **fini** acabado m.

finir [20] [finiʀ] vt (gén) terminar, acabar. ▶ vi acabar, terminar. • **en finir** acabar de una vez. **finir par** acabar por: **il va finir par accepter**, acabará aceptando.

finition [finisjɔ̃] nf acabado m.

finlandais,-e [fɛ̃lɑ̃dɛ,-ez] adj finlandés, -esa. ▶ nm,f **Finlandais,-e** finlandés,-esa. ▶ nm **finlandais** (langue) finlandés m.

Finlande [fɛ̃lɑ̃d] nf Finlandia.

finnois,-e [finwa,-az] *adj* finés,-esa. ► *nm,f* finés,-esa. ► *nm* **finnois** (*langue*) finés *m*.

fiole [fjɔl] *nf* frasquito *m*.

firmament [fiʀmamɑ̃] *nm* firmamento *m*.

fiscal,-e [fiskal] *adj* fiscal.

fissure [fisyʀ] *nf* fisura *f*.

fissurer (se) [1] [fisyʀe] *vpr* agrietarse.

fiston [fistɔ̃] *nm fam* hijo *m*.

fixe [fiks] *adj* fijo,-ja.

fixer [1] [fikse] *vt* **1** (*gén*) fijar. **2** (*le regard*) mirar insistentemente. **3** (*établir*) fijar, establecer: **fixer un prix**, establecer un precio. ► *vpr* **se fixer** (*s'établir*) establecerse, fijarse.

flacon [flakɔ̃] *nm* frasco *m*.

flageolet [flaʒɔlɛ] *nm* **1** MUS chirimía *f*, flautín *m*. **2** (*haricot*) alubia *f*.

flagrant,-e [flagʀɑ̃,-ɑ̃t] *adj* flagrante. • **en flagrant délit** in fraganti.

flair [flɛʀ] *nm* olfato *m*.

flairer [1] [flɛʀe] *vt* **1** (*sentir*) olfatear. **2** *fig* (*pressentir*) intuir, presentir.

flamant [flamɑ̃] *nm* (*oiseau*) flamenco *m*.

flambant,-e [flɑ̃bɑ̃,-ɑ̃t] *adj* llameante. • **flambant neuf** nuevecito.

flambée [flɑ̃be] *nf* **1** (*feu*) fogata *f*. **2** *fig* (*augmentation*) aumento *m* considerable: **la flambée des prix**, la escalada de los precios.

flamber [1] [flɑ̃be] *vt* CUIS flambear. ► *vi* arder.

flamboyant,-e [flɑ̃bwajɑ̃,-ɑ̃t] *adj* **1** (*feu*) llameante. **2** (*brillant*) resplandeciente.

flamme [flam] *nf* llama *f*.

flan [flɑ̃] *nm* **1** (*dessert*) flan *m*. **2** *fam* (*plaisanterie*) broma *f*.

flanc [flɑ̃] *nm* **1** (*du corps*) costado *m*. **2** (*d'une chose*) flanco *m*, lado *m*. **3** (*d'une montagne*) ladera *f*, falda *f*. **4** (*d'une armée*) flanco *m*.

flanelle [flanɛl] *nf* franela *f*.

flâner [1] [flɑne] *vi* pasear.

flanquer [1] [flɑ̃ke] *vt* **1** (*être de part et d'autre*) flanquear. **2** *fam* (*lancer*) tirar: **flanquer quelque chose par terre**, tirar algo al suelo. **3** *fam* (*donner*) dar: **je lui ai flanqué une gifle**, le he dado una torta. • **flanquer** QQN **à la porte** echar a ALGN a la calle.

flaque [flak] *nf* charco *m*.

flatter [1] [flate] *vt* **1** (*louer*) halagar, adular. **2** (*caresser*) acariciar. **3** (*charmer*) agradar, deleitar. **4** (*avantager*) favorecer, embellecer. • **se flatter de + inf**: jactarse de + inf: **se flatter d'être une bonne cuisinière**, preciarse de ser una buena cocinera.

flatterie [flatʀi] *nf* halago *m*.

flatteur,-euse [flatœʀ,-øz] *adj - nm,f* adulador,-ra.

flatulence [flatylɑ̃s] *nf* flatulencia *f*.

fléau [fleo] *nm* **1** (*pour le blé*) mayal *m*. **2** (*d'une balance*) astil *m*. **3** *fig* (*catastrophe*) azote *m*, calamidad *f*.

flèche [flɛʃ] *nf* **1** (*projectile*) flecha *f*. **2** (*d'un clocher*) aguja *f*. **3** (*critique*) dardo *m*. • **monter en flèche** dispararse.

fléchette [fleʃɛt] *nf* dardo *m*.

fléchir [20] [fleʃiʀ] *vt* **1** (*ployer*) doblar, doblegar: **fléchir le genou**, doblar la rodilla. **2** *fig* (*attendrir*) ablandar, enternecer. ► *vi* **1** (*se plier*) doblarse, doblegarse. **2** (*faiblir*) ceder, flaquear.

flemmard,-e [flɛmaʀ,-aʀd] *adj - nm,f* gandul,-a.

flemme [flɛm] *nf* pereza *f*: **j'ai la flemme de travailler**, me da pereza trabajar.

fleur [flœʀ] *nf* flor *f*. • **à fleur de peau** a flor de piel. **à fleurs** de flores. **faire une fleur à** QQN hacer un favor a ALGN.

fleurir [20] [flœʀiʀ] *vi* florecer. ► *vt* adornar con flores.

fleuriste [flœRist] nmf **1** *(commerçant)* florista. **2** *(jardinier)* floricultor,-ra.
fleuve [flœv] nm río m.
flexibilité [fleksibilite] nf flexibilidad f.
flexible [fleksibl] adj flexible.
flic [flik] nm fam poli m, madero m.
flingue [flɛ̃g] nm fam pipa f.
flinguer [2] [flɛ̃ge] vt fam matar a tiros. ▶ vpr **se flinguer** fam pegarse un tiro.
flirt [flœRt] nm **1** *(action)* flirt m. **2** *(personne)* ligue m.
flirter [1] [flœRte] vi flirtear.
flocon [flɔkɔ̃] nm copo m.
flore [flɔR] nf flora f.
florissant,-e [flɔRisɑ̃,-ɑ̃t] adj floreciente.
flot [flo] nm **1** (gen an pl) fml *(mer agitée)* ola f, oleada f. **2** *(marée haute)* marea f ascendente. **3** fig *(grande quantité)* cantidad f ingente. ■ **à flots** a mares. **être à flot** estar a flote.
flottant,-e [flɔtɑ̃,-ɑ̃t] adj **1** *(gén)* flotante. **2** *(robe)* con vuelo.
flotte [flɔt] nf **1** *(de bateaux, d'avions)* flota f. **2** fam *(agua)* agua f, lluvia f.
flotter [1] [flɔte] vi **1** *(gén)* flotar. **2** *(ondoyer)* ondear. **3** fig *(être indécis)* vacilar, dudar. ▶ v impers fam *(pleuvoir)* llover.
flou,-e [flu] adj **1** *(dessin)* borroso, -sa, vago,-ga. **2** *(photographie)* desenfocado,-da, movido,-da. **3** *(vêtement)* vaporoso,-sa. **4** fig *(idée, argument)* impreciso,-sa, vago,-ga.
fluctuation [flyktɥasjɔ̃] nf fluctuación f.
fluctuer [1] [flyktɥe] vi fluctuar.
fluet,-ette [flyɛ,-ɛt] adj delgado, -da, fino,-na.
fluide [flɥid] adj fluido,-da. ▶ nm fluido m.
fluidité [flɥidite] nf fluidez f.

fluorescent,-e [flyɔResɑ̃,-ɑ̃t] adj fluorescente.
flûte [flyt] nf **1** *(instrument, pain)* flauta f. **2** *(verre)* copa f alargada. ▶ interj **flûte !** ¡caramba!, ¡caracoles!
flûtiste [flytist] nmf flautista.
fluvial,-e [flyvjal] adj fluvial.
flux [fly] nm flujo m.
fœtus [fetys] nm feto m.
foi [fwa] nf **1** REL fe f. **2** *(confiance)* fe f, confianza f. **3** *(loyauté)* fidelidad f, lealtad f. ● **ajouter foi à** dar crédito a. **ma foi ...** sin duda...: c'est ma foi vrai, sin duda es verdad. ■ **bonne foi** buena fe. **mauvaise foi** mala fe.
foie [fwa] nm ANAT hígado m.
foin [fwɛ̃] nm heno m.
foire [fwaR] nf **1** *(gén)* feria f. **2** fam *(brouhaha)* tumulto m, confusión f.
fois [fwa] nf vez f. MATH por: **deux fois quatre font huit**, dos por cuatro igual a ocho. ● **à la fois** a la vez, al mismo tiempo. **des fois** a veces. **il était une fois ...** érase una vez.... **une fois pour toutes** de una vez por todas. **une fois que** una vez que.
folie [fɔli] nf **1** *(démence)* locura f. **2** *(extravagance)* locura f, extravagancia f. ● **à la folie** con locura. ■ **folie des grandeurs** delirio m de grandeza.
folle [fɔl] adj f - f → **fou, folle**.
foncé,-e [fɔ̃se] adj oscuro,-ra.
foncer [3] [fɔ̃se] vt *(couleur)* oscurecer. ▶ vi **1** *(se précipiter)* abalanzarse. **2** fam *(aller très vite)* darse prisa.
fonction [fɔ̃ksjɔ̃] nf función f. ● **en fonction de** en base a. **faire fonction de** hacer las veces de.
fonctionnaire [fɔ̃ksjɔnɛR] nmf funcionario, ria.
fonctionnel,-elle [fɔ̃ksjɔnɛl] adj funcional.
fonctionnement [fɔ̃ksjɔnmɑ̃] nm funcionamiento m.

fonctionner

fonctionner [1] [fɔ̃ksjɔne] vi funcionar.

fond [fɔ̃] nm **1** (gén) fondo m. **2** (d'une bouteille) fondo m, culo m. **3** (hauteur d'eau) profundidad f. ■ **à fond** a fondo. **au fin fond de** en lo más recóndito de. **au fond** en el fondo. **dans le fond** en el fondo. ■ **fond de teint** maquillaje m.

fondamental,-e [fɔ̃damɑ̃tal] adj fundamental.

fondant,-e [fɔ̃dɑ̃,-ɑ̃t] adj que se deshace en la boca.

fondateur,-trice [fɔ̃datœr,-tris] nm,f fundador,-ra.

fondation [fɔ̃dasjɔ̃] nf fundación f. ▶ nf pl **fondations** cimientos m pl.

fondement [fɔ̃dmɑ̃] nm **1** (d'un bâtiment) cimientos m pl. **2** (base) fundamento m, base f. **3** (cause) causa f, motivo m.

fonder [1] [fɔ̃de] vt **1** (gén) fundar. **2** fig (appuyer de raisons) fundamentar, argumentar.

fondre [62] [fɔ̃dr] vt **1** (gén) fundir. **2** (neige, etc) derretir. **3** (dans un moule) fundir, vaciar. ▶ vi **1** (dans une substance) derretirse, deshacerse. **2** fig (personne) adelgazar. ▶ vpr **se fondre** (gén) mezclarse. ■ **fondre en pleurs/en larmes** prorrumpir en llanto/en lágrimas.

fonds [fɔ̃] nm **1** (propriété) heredad f, finca f. **2** (établissement) comercio m, establecimiento m. **3** (capital) fondos m pl, capital m. ▶ nm pl (argent) fondos m pl.

fontaine [fɔ̃tɛn] nf fuente f.

fonte [fɔ̃t] nf **1** (gén) derretimiento m. **2** (d'un métal) fundición f. **3** (alliage) fundición f, hierro m colado. **4** (des glaces) deshielo m.

foot [fut] nm fam fútbol m.

football [futbol] nm fútbol m.

footballeur,-euse [futbolœr,-øz] nm,f futbolista.

force [fɔrs] nf **1** (gén) fuerza f. **2** (habileté) capacidad f, conocimientos m pl. ▶ nf pl **forces** (militaires) fuerzas f pl. ■ **à force de** a fuerza de. **de force** a la fuerza. **de gré ou de force** por las buenas o por las malas.

forcé,-e [fɔrse] adj **1** (gén) forzado, -da. **2** (inévitable) forzoso,-sa, obligatorio,-ria.

forcément [fɔrsemɑ̃] adv necesariamente, obligatoriamente.

forcené,-e [fɔrsəne] adj - nm,f **1** (hors de soi) furioso,-sa. **2** (acharné) apasionado,-da, obstinado,-da.

forcer [3] [fɔrse] vt **1** (gén) forzar. **2** (dose) aumentar. ▶ vi (faire un effort) hacer un gran esfuerzo. ▶ vpr **se forcer** (s'obliger à) esforzarse.

forer [1] [fɔre] vt horadar, taladrar.

forestier,-ère [fɔrɛstje,-ɛr] adj forestal. ▶ nm **forestier** guardabosque m.

forêt [fɔrɛ] nf bosque m. ■ **forêt vierge** selva f virgen.

forfait¹ [fɔrfɛ] nm fml (crime) crimen m, fechoría f.

forfait² [fɔrfɛ] nm **1** (somme fixée) tanto m alzado. **2** (dans une station de ski) forfait m. ■ **déclarer forfait** SPORT retirarse. ■ **forfait illimité** tarifa f plana.

forfaitaire [fɔrfetɛr] adj a tanto alzado.

forger [4] [fɔrʒe] vt forjar.

formaliser [1] [fɔrmalize] vt formalizar.

formalité [fɔrmalite] nf formalidad f, trámite m. ■ **remplir des formalités** cumplir los requisitos.

format [fɔrma] nm formato m, tamaño m.

formatage [fɔrmataʒ] nm INFORM formateado m.

formater [1] [fɔrmate] vt INFORM formatear.

formation [fɔʀmasjɔ̃] nf formación f.

forme [fɔʀm] nf 1 (gén) forma f. 2 (pour chaussures, chapeaux) horma f. 3 SPORT forma f física. • **en bonne et due forme** como es debido. **en forme** en forma. **pour la forme** para que no se diga.

formel,-elle [fɔʀmɛl] adj formal.

former [1] [fɔʀme] vt 1 (façonner, éduquer) formar. 2 (constituer) componer. 3 (concevoir) concebir.

formidable [fɔʀmidabl] adj formidable.

formulaire [fɔʀmylɛʀ] nm formulario m.

formule [fɔʀmyl] nf fórmula f.

formuler [1] [fɔʀmyle] vt formular.

fort¹ [fɔʀ] nm 1 (forteresse) fuerte m. 2 (habileté) conocimiento m, fuerte m: **le sport n'est pas mon fort**, el deporte no es mi fuerte.

fort, forte² [fɔʀ, fɔʀt] adj 1 (gén) fuerte. 2 (personne) corpulento,-ta. 3 (expérimenté) versado,-da, entendido,-da: **être fort en mathématiques**, saber mucho de matemáticas. ▶ adv fort 1 (extrêmement) muy, mucho: **c'est fort joli**, es muy bonito. 2 (vigoureusement) fuerte, fuertemente: **parler fort**, hablar fuerte. • **c'est plus fort que moi !** no puedo evitarlo. **c'est trop fort !** ¡esto es demasiado!

forteresse [fɔʀtəʀɛs] nf fortaleza f.

fortifier [12] [fɔʀtifje] vt 1 (gén) fortificar. 2 (donner de la force) fortalecer.

fortune [fɔʀtyn] nf fortuna f.

fortuné,-e [fɔʀtyne] adj 1 (riche) rico,-ca. 2 (chanceux) afortunado,-da.

forum [fɔʀɔm] nm (pl **forums**) foro m.

fosse [fos] nf fosa f.

fossé [fose] nm 1 (dans la terre) foso m, zanja f. 2 (au bord d'une route) cuneta f.

fossette [fosɛt] nf hoyuelo m.

fossile [fɔsil] adj - nm fósil m.

fou, folle [fu, fɔl] adj (delante de vocal o h muda se emplea fol) 1 (gén) loco,-ca. 2 (insensé) insensato,-ta, estrafalario,-ria. 3 (excessif) enorme, extraordinario,-ria: **il a un succès fou**, tiene un éxito extraordinario. ▶ nm fou 1 bufón m. 2 (au jeu d'échecs) alfil m. • **être fou/folle de qqn** estar loco,-ca por ALGN. **faire le fou** hacer locuras. • **fou rire** ataque m de risa.

foudre [fudʀ] nf rayo m.

foudroyant,-e [fudʀwajɑ̃,-ɑ̃t] adj fulminante.

fouet [fwɛ] nm 1 (gén) látigo m. 2 CUIS batidor m.

fouetter [1] [fwete] vt 1 (gén) azotar. 2 CUIS batir. 3 fig (les sentiments) excitar, fustigar.

fougère [fuʒɛʀ] nf helecho m.

fougueux,-euse [fugø,-øz] adj fogoso,-sa.

fouille [fuj] nf 1 (du sol) excavación f. 2 (des bagages) registro m. 3 (de personne) cacheo m.

fouiller [1] [fuje] vt 1 (terrain) excavar. 2 (personne) registrar, cachear. 3 (quartier, maison) registrar. ▶ vi (chercher) registrar, rebuscar.

fouillis [fuji] nm desorden m, confusión f, batiburrillo m.

foulard [fulaʀ] nm fular m.

foule [ful] nf 1 (gén) muchedumbre f, gentío m. 2 (le commun) vulgo m, plebe f. 3 (multitude) montón m: **j'ai une foule de choses à faire**, tengo un montón de cosas por hacer.

foulée [fule] nf zancada f. • **dans la foulée** de paso.

fouler [1] [fule] vt 1 (marcher) pisar. 2 (le raisin) pisar, hollar. ▶ vpr **se fouler** (cheville) torcerse.

foulure [fulyʀ] nf torcedura f, esguince m.

four [fuʀ] *nm* horno *m.* ▪ **four à micro-ondes** microondas *m.*

fourche [fuʀʃ] *nf* horca *f.* **2** *(de bicyclette)* horquilla *f.* **3** *(de chemin)* bifurcación *f.*

fourchette [fuʀʃɛt] *nf* **1** *(gén)* tenedor *m.* **2** *(mécanique)* horquilla *f.* **3** *(d'oiseau)* espoleta *f.*

fourgon [fuʀgɔ̃] *nm* furgón *m.*

fourgonnette [fuʀgɔnɛt] *nf* furgoneta *f.*

fourmi [fuʀmi] *nf* hormiga *f.* ▪ **avoir des fourmis dans les jambes** tener hormigueo en las piernas.

fourmilière [fuʀmiljɛʀ] *nf* hormiguero *m.*

fourmiller [1] [fuʀmije] *vi* abundar, estar lleno de.

fourneau [fuʀno] *nm* **1** *(gén)* horno *m.* **2** *(de cuisine)* hornillo *m*, fogón *m.* **3** *(de la pipe)* cazoleta *f.*

fournée [fuʀne] *nf* hornada *f.*

fourni,-e [fuʀni] *adj* **1** *(gén)* provisto, -ta. **2** *(dense)* espeso,-sa, tupido,-da.

fournir [20] [fuʀniʀ] *vt* **1** *(approvisionner)* abastecer, suministrar. **2** *(procurer)* proporcionar, facilitar. **3** *(réaliser)* realizar, ejecutar: **fournir un effort**, hacer un esfuerzo. ▶ *vi (approvisionner)* abastecer.

fournisseur,-euse [fuʀnisœʀ,-øz] *nm,f* proveedor, -ra.

fourniture [fuʀnityʀ] *nf* provisión *f*, suministro *m.* ▪ **fournitures de bureau** material *m* de oficina.

fourré,-e [fuʀe] *adj* (*gâteau, bonbon*) relleno,-na.

fourrer [1] [fuʀe] *vt* **1** *(de fourrure)* forrar. **2** *fam (introduire)* meter, introducir. ▶ *vpr* **se fourrer** *(s'introduire)* meterse. ▪ **fourrer son nez partout** *fam* entrometerse.

fourre-tout [fuʀtu] *nm inv* **1** *(pièce)* trastero *m.* **2** *(sac)* bolso *m.*

fourrière [fuʀjɛʀ] *nf* **1** *(pour les chiens)* perrera *f.* **2** *(pour véhicules)* depósito *m.*

fourrure [fuʀyʀ] *nf* **1** *(gén)* piel *f.*: **manteau de fourrure**, abrigo *m* de pieles. **2** *(d'un vêtement)* forro *m* de piel. **3** *(d'un animal)* pelaje *m.*

foutre [87] [futʀ] *vt* **1** *fam (faire)* hacer: **il ne fout rien de toute la journée**, no hace nada en todo el día. **2** *fam (mettre)* poner: **ne fous pas tes vêtements n'importe comment !**, ¡no pongas la ropa de cualquier modo! **3** *fam (donner)* dar: **je vais te foutre une paire de claques !**, ¡te voy a dar un par de tortas! ▶ *vpr* **se foutre** *fam (railler)* burlarse. ▪ **se foutre de** QQCH *fam* pasar completamente de ALGO. **va te faire foutre !** *pop* vete a tomar por culo!

foyer [fwaje] *nm* **1** *(gén)* hogar *m.* **2** *fig (du mouvement, etc)* centro *m*, núcleo *m.*

fracas [fʀaka] *nm* estrépito *m*, estruendo *m.*

fracasser [1] [fʀakase] *vt* romper con estrépito.

fraction [fʀaksjɔ̃] *nf* fracción *f.*

fracture [fʀaktyʀ] *nf* MÉD fractura *f.*

fracturer [1] [fʀaktyʀe] *vt* fracturar.

fragile [fʀaʒil] *adj* frágil.

fragilité [fʀaʒilite] *nf* fragilidad *f.*

fragment [fʀagmã] *nm* fragmento *m.*

fragmenter [1] [fʀagmɑ̃te] *vt* fragmentar.

fraîche [fʀɛʃ] *adj f* → **frais, fraîche**.

fraîcheur [fʀɛʃœʀ] *nf* **1** *(froid)* frescura *f*, frescor *m.* **2** *(éclat)* frescura *f*, lozanía *f.*

frais[1] [fʀɛ] *nm pl* gastos *m pl.* ▪ **à grands frais** sin reparar en gastos. **aux frais de** QQN a expensas de ALGN.

frais, fraîche [fʀɛ, fʀɛʃ] *adj* **1** *(gén)* fresco,-ca. **2** *(teint, mine)* fresco,-ca, lozano, -na. **3** *(récent)* reciente, fresco,-ca. **4** *(aliment)* fresco,-ca. **5**

(*pain*) tierno,-na, recién hecho,-cha. ▶ **nm frais** (*fraîcheur*) fresco *m*: **prendre le frais**, tomar el fresco.

fraise [fʀɛz] *nf* **1** (*fruit*) fresa *f*; (*de grosse taille*) fresón *m*. **2** (*collerette*) gorguera *f*. **3** (*outil*) fresa *f*. **4** (*de dentiste*) torno *m*.

fraisier [fʀezje] *nm* fresa *f*, fresera *f*.

framboise [fʀɑ̃bwaz] *nf* frambuesa *f*.

franc, franche [fʀɑ̃, fʀɑ̃ʃ] *adj* **1** (*sincère*) franco,-ca, sincero,-ra. **2** (*libre d'impôts*) franco,-ca: **franc de port**, franco de porte.

français,-e [fʀɑ̃sɛ,-ez] *adj* francés, -esa. ▶ *nm,f* **Français,-e** francés, -esa. ▶ *nm* **français** (*langue*) francés *m*.

France [fʀɑ̃s] *nf* Francia.

franche [fʀɑ̃ʃ] *adj f* → **franc, franche**.

franchir [20] [fʀɑ̃ʃiʀ] *vt* **1** (*porte, pont*) atravesar. **2** (*obstacle*) salvar. **3** *fig* (*difficulté*) superar, salvar.

franchise [fʀɑ̃ʃiz] *nf* **1** (*sincérité*) franqueza *f*. **2** (*d'un commerce, d'assurance*) franquicia *f*.

francophone [fʀɑ̃kɔfɔn] *adj - nmf* francófono,-na.

frange [fʀɑ̃ʒ] *nf* **1** (*passementerie*) franja *f*, fleco *m*. **2** (*coiffure*) flequillo *m*.

franquette [fʀɑ̃kɛt] *nf*. • **à la bonne franquette** a la pata la llana, sin ceremonias.

frappant,-e [fʀapɑ̃,-ɑ̃t] *adj* **1** (*impressionnant*) impactante, sorprendente. **2** (*évident*) patente, palpable: **elle a présenté des preuves frappantes**, presentó pruebas palpables.

frappe [fʀap] *nf* **1** (*d'une monnaie*) acuñación *f*. **2** (*dactylographie*) pulsación *f*. **3** (*de ballon, de coup de poing*) golpeo *m*.

frapper [1] [fʀape] *vt* **1** (*gén*) golpear. **2** (*monnaie*) acuñar. **3** (*champagne*) enfriar. **4** (*épater*) impresionar, sorprender. **5** (*faire impression*) llamar la atención. ▶ *vi* (*à une porte*) llamar. • **frapper des mains** aplaudir.

fraternel,-elle [fʀatɛʀnɛl] *adj* fraternal.

fraternité [fʀatɛʀnite] *nf* fraternidad *f*, hermandad *f*.

fraude [fʀod] *nf* fraude *m*.

frauder [1] [fʀode] *vt* (*arnaquer*) defraudar. ▶ *vi* (*commettre une fraude*) cometer un fraude.

frauduleux,-euse [fʀodylø,-øz] *adj* fraudulento,-ta.

frayer (se) [18] [fʀeje] *vpr* abrirse: **se frayer un chemin**, abrirse paso.

frayeur [fʀejœʀ] *nf* pavor *m*, terror *m*.

fredonner [1] [fʀədɔne] *vt* canturrear, tararear.

frein [fʀɛ̃] *nm* freno *m*. • **frein à main** freno de mano.

freiner [1] [fʀene] *vi - vt* frenar.

frêle [fʀɛl] *adj* frágil, endeble.

frémir [20] [fʀemiʀ] *vi* estremecerse, temblar.

frémissant,-e [fʀemisɑ̃,-ɑ̃t] *adj* trémulo,-la, tembloroso,-sa.

frénésie [fʀenezi] *nf* frenesí *m*.

frénétique [fʀenetik] *adj* frenético,-ca.

fréquence [fʀekɑ̃s] *nf* frecuencia *f*.

fréquent,-e [fʀekɑ̃,-ɑ̃t] *adj* frecuente.

fréquentations [fʀekɑ̃tasjɔ̃] *nf pl* relaciones *f pl*. • **avoir des mauvaises fréquentations** tener malas compañías.

fréquenter [1] [fʀekɑ̃te] *vt* **1** (*lieu*) frecuentar. **2** (*personne*) tratar, relacionarse con.

frère [fʀɛʀ] *nm* **1** (*parent*) hermano *m*. **2** (*religieux*) hermano *m*, fraile *m*.

fresque [fʀɛsk] *nf* **1** *(peinture)* fresco *m.* **2** *fig (composition)* cuadro *m*, fresco *m*.

frétillant,-e [fʀetijɑ̃,-ɑ̃t] *adj* bullicioso,-sa, vivaracho,-cha.

friand,-e [fʀijɑ̃,-ɑ̃d] *adj* goloso,-sa. • **être friand,-e de** QQCH ser muy aficionado,-da a ALGO.

friandise [fʀijɑ̃diz] *nf* golosina *f.*

fric [fʀik] *nm fam* pasta *f.*

fricoter [1] [fʀikɔte] *vt* tramar, maquinar. ▶ *vi fam (magouiller)* trapichear.

frigidaire® [fʀiʒidɛʀ] *nm* nevera *f.*

frigo [fʀigo] *nm fam* nevera *f.*

frigorifié,-e [fʀigɔʀifje] *adj fam* hela do,-da.

frileux,-euse [fʀilø,-øz] *adj* friolero,-ra.

frimer [1] [fʀime] *vi fam* fantasmear, chulear.

frimousse [fʀimus] *nf fam* carita *f.*

fringant,-e [fʀɛ̃gɑ̃,-ɑ̃t] *adj* **1** *(personne)* vivaracho,-cha. **2** *(cheval)* fogoso,-sa, vivo,-va.

fringues [fʀɛ̃g] *nm pl fam* trapos *m pl.*

friper (se) [1] [fʀipe] *vpr* arrugarse.

fripon,-onne [fʀipɔ̃,-ɔn] *adj - nm,f* bribón,-ona, pillo,-lla.

fripouille [fʀipuj] *nf fam* canalla *m*, granuja *m*.

frire [57] [fʀiʀ] *vt* freír. ▶ *vi* freírse.

friser [1] [fʀize] *vt* **1** *(cheveux)* rizar. **2** *(effleurer)* rozar, rasar. **3** *(toucher à)* rayar en, acercarse a: **il frise la quarantaine**, se acerca los cuarenta. ▶ *vi (se boucler)* rizarse.

frisson [fʀisɔ̃] *nm* escalofrío *m.*

frissonner [1] [fʀisɔne] *vi* **1** *(trembler)* temblar. **2** *(de fièvre)* tener escalofríos. **3** *(s'agiter)* estremecerse.

frit,-e [fʀi,-it] *adj* frito,-ta.

frite [fʀit] *nf* patata *f* frita.

friteuse [fʀitøz] *nf* freidora *f.*

frivole [fʀivɔl] *adj* frívolo,-la.

froid,-e [fʀwa,-ad] *adj* frío,-a. ▶ *nm* **froid** frío *m*. • **à froid** en frío. **être en froid avec** QQN estar tirante con ALGN. **jeter un froid** crear un vacío. **n'avoir pas froid aux yeux** ser muy valiente. **prendre froid** enfriarse.

froideur [fʀwadœʀ] *nf* frialdad *f.*

froisser [1] [fʀwase] *vt* **1** *(chiffonner)* arrugar, chafar. **2** *(meurtrir)* magullar, lastimar. **3** *fig (blesser)* herir, ofender. ▶ *vpr* **se froisser 1** *(vêtement)* arrugar se, chafarse. **2** *fig (personne)* ofenderse, picarse.

frôler [1] [fʀole] *vt* rozar.

fromage [fʀɔmaʒ] *nm* queso *m.*

fromagerie [fʀɔmaʒʀi] *nf* quesería *f.*

froncer [3] [fʀɔ̃se] *vt* **1** *(sourcils)* fruncir. **2** *(vêtement)* plisar, fruncir.

front [fʀɔ̃] *nm* **1** *(partie du visage)* frente *f.* **2** *(façade)* frente *m*, fachada *f.* **3** *(politique, militaire)* frente *m*. • **de front** de frente. **faire front à** hacer frente a.

frontal,-e [fʀɔ̃tal] *adj* frontal.

frontière [fʀɔ̃tjɛʀ] *nf* frontera *f.*

frottement [fʀɔtmɑ̃] *nm* **1** *(gén)* frotamiento *m.* **2** *fig (contact)* roce *m.* **3** *(mécanique)* rozamiento *m.*

frotter [1] [fʀɔte] *vt* **1** *(gén)* frotar: **frotter ses yeux**, restregarse los ojos. **2** *(parquet)* encerar, lustrar. ▶ **3** *(effleurer)* rozar. ▶ *vpr* **se frotter 1** *(gén)* frotarse. **2** *(fréquenter)* relacionarse, tratarse con.

frousse [fʀus] *nf fam* canguelo *m.*

fructifier [12] [fʀyktifje] *vi* fructificar.

fructueux,-euse [fʀyktɥø,-øz] *adj* fructífero,-ra.

fruit [fʀɥi] *nm* **1** *(gén)* fruto *m.* **2** *(aliment)* fruta *f.* **3** *fig (résultat)* fruto *m*, producto *m*: **le fruit d'une union**, el fruto de una unión. ▶ *nm*

pl fruits *(bénéfices)* frutos *m pl.* ■ **fruits de mer** marisco *m.*
fruité,-e [fʀɥite] *adj* afrutado,-da.
frustration [fʀystʀasjɔ̃] *nf* frustración *f.*
frustré,-e [fʀystʀe] *adj - nm,f* frustrado,-da.
frustrer [1] [fʀystʀe] *vt* **1** *(décevoir)* frustrar. **2** *(priver d'un bien)* privar (**de**, de).
fuchsia [fyʃja] *nm* fucsia *m.*
fugace [fygas] *adj* fugaz.
fugitif,-ive [fyʒitif,-iv] *adj - nm,f* fugitivo,-va.
fugue [fyg] *nf* fuga *f,* escapada *f.*
fuir [31] [fɥiʀ] *vi* **1** *(échapper)* huir. **2** *(d'un récipient)* salirse. ▶ *vt (éviter)* evitar, rehuir.
fuite [fɥit] *nf* **1** *(fugue)* huida *f,* fuga *f.* **2** *(d'un gaz, d'un liquide)* escape *m.* **3** *fam (indiscrétion)* indiscreción *f,* filtración *f.* ● **prendre la fuite** darse a la fuga.
fulgurant,-e [fylgyʀɑ̃,-ɑ̃t] *adj* fulgurante.
fumant,-e [fymɑ̃,-ɑ̃t] *adj* humeante.
fumé,-e [fyme] *adj* CUIS ahumado,-da.
fumée [fyme] *nf* humo *m.* ▶ *nf pl* **fumées** *(d'un liquide)* vapores *m pl.*
fumer [1] [fyme] *vi* humear, echar humo. ▶ *vt* **1** *(gén)* fumar. **2** CUIS ahumar.
fumeur,-euse [fymœʀ,-øz] *nm,f* fumador,-ra.
fumier [fymje] *nm* **1** *(engrais)* estiércol *m.* **2** *fam (homme vil)* cabrón *m.*
funèbre [fynɛbʀ] *adj* fúnebre.
funérailles [fyneʀaj] *nf pl (cérémonie)* funeral *m sing.*
funéraire [fyneʀɛʀ] *adj* funerario, -ria, mortuorio,-ria.

funiculaire [fynikylɛʀ] *nm* funicular *m.*
fur [fyʀ]. ● **au fur et à mesure** poco a poco. **au fur et à mesure que** a medida que, conforme.
fureur [fyʀœʀ] *nf* furor *m.* ● **faire fureur** hacer furor.
furieux,-euse [fyʀjø,-øz] *adj* **1** *(en rage)* furioso,-sa. **2** *fig (impétueux)* impetuoso, -sa. **3** *fig (extrême)* tremendo,-da, terrible: **il lui donna un furieux coup de poing,** le dio un puñetazo tremendo.
furtif,-ive [fyʀtif,-iv] *adj* furtivo,-va.
fuseau [fyzo] *nm* **1** *(pour filer)* huso *m.* **2** *(à dentelle)* bolillo *m.* **3** *(pantalon)* pantalón *m* de tubo. ■ **fuseau horaire** huso horario.
fusée [fyze] *nf* cohete *m.*
fuselé,-e [fyzle] *adj* ahusado,-da.
fuser [1] [fyze] *vi* **1** *(bougie)* derretirse. **2** *(poudre)* estallar, deflagrar. **3** *fig (rires, cri tiques)* estallar, prorrumpir en.
fusible [fyzibl] *nm* fusible *m.*
fusil [fyzi] *nm* fusil *m.* ● **changer son fusil d'épaule** cambiar de chaqueta.
fusillade [fyzijad] *nf* tiroteo *m.*
fusiller [1] [fyzije] *vt* fusilar.
fusion [fyzjɔ̃] *nf* fusión *f.*
fusionner [1] [fyzjɔne] *vt* fusionar.
fût [fy] *nm* **1** *(d'arbre)* tronco *m.* **2** *(tonneau)* tonel *m.*
futé,-e [fyte] *adj fam (rusé)* listo,-ta, astuto,-ta.
futile [fytil] *adj* fútil.
futur,-e [fytyʀ] *adj* futuro,-ra. ▶ *nm* futuro *m.*
futuriste [fytyʀist] *adj* futurista.
fuyant,-e [fɥijɑ̃,-ɑ̃t] *adj* **1** *(gén)* que huye, huidizo,-za. **2** *(incliné)* hundido,-da, deprimido,-da.
fuyard,-e [fɥijaʀ,-aʀd] *nm,f* fugitivo,-va.

G

gabarit [gabaʀi] nm **1** *(dimension)* tamaño m. **2** *fam (genre)* calaña f.
gâcher [1] [gaʃe] vt **1** *(gaspiller - argent)* malgastar; *(- vie, santé)* arruinar. **2** *(plaisir)* estropear. **3** *(plâtre)* amasar.
gâchette [gaʃɛt] nf gatillo m.
gâchis [gaʃi] nm desperdicio m.
gadget [gadʒɛt] nm artilugio m, chisme m.
gaffe [gaf] nf fam metedura f de pata, plancha f. • **faire gaffe** *fam* tener cuidado.
gaga [gaga] adj fam chocho,-cha.
gage [gaʒ] nm **1** *(dépôt, au jeu)* prenda f. **2** *(garantie)* fianza f. **3** *fig (preuve)* testimonio m. • **en gage de** como prueba de.
gagnant,-e [gaɲɑ̃,-ɑ̃t] adj - nm,f ganador,-ra.
gagner [1] [gaɲe] vt **1** *(gén)* ganar. **2** *(sympathie)* ganarse: **ce vin gagne à vieillir**, este vino mejora al envejecer. ▶ vi **1** *(s'améliorer)* ganar. **2** *(incendie)* extenderse.
gai, gaie [gɛ] adj alegre.
gaieté [gete] nf alegría f.
gaillard [gajaʀ] nm fam tiarrón m.
gain [gɛ̃] nm ganancia f.
galant,-e [galɑ̃,-ɑ̃t] adj galante.
galanterie [galɑ̃tʀi] nf galantería f.
galaxie [galaksi] nf galaxia f.
galère [galɛʀ] nf **1** *(bateau)* galera f. **2** *fam (situation)* lío m: **je me suis mis dans une de ces galères !**, ¡me he metido en un lío!

galerie [galʀi] nf **1** *(gén)* galería f. **2** *(d'une voiture)* baca f.
galette [galɛt] nf CUIS torta f. ■ **galette des Rois** roscón m de Reyes.
galipette [galipɛt] nf voltereta f.
galop [galo] nm galope m. • **au galop** al galope.
galoper [1] [galɔpe] vi galopar.
gambader [1] [gɑ̃bade] vi brincar.
gamelle [gamɛl] nf **1** *(récipient)* fiambrera f. **2** *fam (chute)* tortazo m.
gamin,-e [gamɛ̃,-in] nm,f crío,-a.
gamme [gam] nf **1** *(de produits)* gama f. **2** MUS escala f.
gang [gɑ̃g] nm banda f.
ganglion [gɑ̃glijɔ̃] nm ANAT ganglio m.
gangster [gɑ̃gstɛʀ] nm gángster m.
gant [gɑ̃] nm guante m. • **aller comme un gant** sentar como un guante. ■ **gant de toilette** manopla f.
garage [gaʀaʒ] nm **1** *(abri)* garaje m. **2** *(de réparations)* taller m.
garagiste [gaʀaʒist] nmf mecánico,-ca.
garant,-e [gaʀɑ̃,-t] nm,f fiador,-ra, garante. • **se porter garant de** responder de.
garantie [gaʀɑ̃ti] nf garantía f.
garantir [20] [gaʀɑ̃tiʀ] vt **1** *(gén)* garantizar. **2** *(protéger)* proteger (**de**, de).
garce [gaʀs] nf fam péj zorra f.
garçon [gaʀsɔ̃] nm **1** *(enfant)* chico m. **2** *(dans un bar)* camarero m. • **vieux garçon** solterón m.

garde [gaRd] *nf* **1** *(gén)* guardia *f.* **2** *(d'un enfant)* custodia *f.* ▶ *nm* guarda *m.* ■ **être sur ses gardes** estar alerta, estar sobre aviso. **mettre en garde** poner en guardia. **prendre garde** tener cuidado. ■ **garde à vue** DR incomunicación *f.* **garde du corps** guardaespaldas *mf.*

garder [1] [gaRde] *vt* **1** *(gén)* guardar. **2** *(malade, enfant)* cuidar. **3** *(aliments)* conservar. ▶ *vpr* **se garder 1** *(s'abstenir)* abstenerse **(de**, de). **2** *(aliments)* conservarse.

garderie [gaRdəRi] *nf* guardería *f.*

garde-robe [gaRdəRɔb] *nf* (*pl* **garde-robes**) **1** *(armoire)* ropero *m.* **2** *(vêtements)* vestuario *m.*

gardien,-enne [gaRdjɛ̃,-ɛn] *nm,f* **1** *(gén)* guardia *m.* **2** *(d'immeuble)* portero,-ra. ■ **gardien,-enne de but** portero,-ra.

gare [gaR] *nf* estación *f.* ■ **gare routière** estación de autobuses.

gare ! [gaR] *interj* **1** *(avertissement)* ¡cuidado! **2** *(menace)* ¡ya verás!

garer [1] [gaRe] *vt* aparcar. ▶ *vpr* **se garer 1** *(en voiture)* aparcar. **2** *(laisser passer)* apartarse.

gargouiller [1] [gaRguje] *vi (intestins)* hacer ruido.

garnement [gaRnəmɑ̃] *nm fam* granuja *m.*

garnir [20] [gaRniR] *vt* **1** *(pourvoir d'éléments)* equipar. **2** *(orner)* adornar **(de**, con). **3** *(un espace)* llenar.

garniture [gaRnityR] *nf* **1** *(de vêtement)* adorno *m.* **2** *(d'un plat)* guarnición *f.*

gars [ga] *nm (fam)* tipo *m.*

gas-oil [gazɔjl] *nm* gasóleo *m.*

gaspillage [gaspijaʒ] *nm* despilfarro *m.*

gaspiller [1] [gaspije] *vt* despilfarrar.

gastrique [gastRik] *adj* gástrico, -ca.

gastro-entérite [gastRoɑ̃teRit] *nf* (*pl* **gastro-entérites**) MÉD gastroenteritis *f.*

gastronome [gastRɔnɔm] *nmf* gastrónomo,-ma.

gastronomie [gastRɔnɔmi] *nf* gastronomía *f.*

gastronomique [gastRɔnɔmik] *adj* gastronómico,-ca.

gâteau [gato] *nm* pastel *m.*

gâter [1] [gate] *vt* **1** *(avarier)* estropear. **2** *(enfant)* consentir, mimar demasiado. ■ **ça se gâte !** ¡esto se pone feo! ▶ *nm,f* viejo,-ja chocho, -cha.

gauche [goʃ] *adj* **1** *(côté)* izquierdo, -da. **2** *(de travers)* torcido,-da. **3** *fig (maladroit)* torpe. ▶ *nf* izquierda *f.* ■ **à gauche** a la izquierda. ■ **de gauche** de izquierdas.

gaucher,-ère [goʃe,-ɛR] *adj - nm,f* zurdo, -da.

gaufre [gofR] *nf (pâtisserie)* gofre *m.*

gaver [1] [gave] *vt* **1** *(animaux)* cebar. **2** *fig (de compliments)* colmar. ▶ *vpr* **se gaver** atiborrarse.

gaz [gaz] *nm* gas *m.*

gazeux,-euse [gazø,-øz] *adj* gaseoso, -sa.

gazole [gazɔl] *nm* gasóleo *m.*

gazon [gazɔ̃] *nm* césped *m.*

gazouiller [1] [gazuje] *vi* **1** *(oiseau)* trinar. **2** *(bébé)* balbucear.

géant,-e [ʒeɑ̃,-ɑ̃t] *adj - nm,f* gigante.

geindre [76] [ʒɛ̃dR] *vi* quejarse.

gel [ʒɛl] *nm* **1** *(froid)* helada *f.* **2** *(pour cheveux, corps)* gel *m.*

gélatine [ʒelatin] *nf* gelatina *f.*

gelé,-e [ʒəle] *adj* helado,-da.

gelée [ʒəle] *nf* **1** *(de glace)* helada *f.* **2** *(de fruits)* jalea *f.* **3** *(de viande)* gelatina *f.*

geler [9] [ʒəle] *vt* **1** *(gén)* helar. **2** *fig (projet, salaire)* congelar. ▶ *vi* helarse.

gélule [ʒelyl] *nf* cápsula *f*.
gémir [20] [ʒemir] *vi* gemir.
gémissement [ʒemismã] *nm* gemido *m*.
gênant,-e [ʒɛnã,-ãt] *adj* molesto, -ta.
gencive [ʒãsiv] *nf* encía *f*.
gendarme [ʒãdarm] *nm* gendarme *m*, policía *mf*.
gendre [ʒãdr] *nm* yerno *m*.
gène [ʒɛn] *nm* gen *m*.
gêne [ʒɛn] *nf* molestia *f*.
généalogie [ʒenealɔʒi] *nf* genealogía *f*.
généalogique [ʒenealɔʒik] *adj* genealógico,-ca.
gêner [1] [ʒene] *vt* 1 *(embarrasser)* molestar. 2 *(encombrer)* estorbar. ▶ *vpr* **se gêner** molestarse: **ne vous gênez pas !**, no se moleste!
général,-e [ʒeneral] *adj* general. ▶ *nm* **général** *(d'armée)* general *m*.
généralement [ʒeneralmã] *adv* por lo general.
généraliser [1] [ʒeneralize] *vt* generalizar.
généraliste [ʒeneralist] *nmf* médico,-ca de medicina general.
généralité [ʒeneralite] *nf* generalidad *f*.
génération [ʒenerasjɔ̃] *nf* generación *f*.
générer [10] [ʒenere] *vt* generar.
généreux,-euse [ʒenerø,-øz] *adj* generoso,-sa.
générique [ʒenerik] *adj* genérico, -ca. ▶ *nm* 1 *(d'un film)* créditos *m pl*. 2 *(médicament)* genérico *m*.
générosité [ʒenerozite] *nf* generosidad *f*.
génétique [ʒenetik] *adj* genético, -ca. ▶ *nf* genética *f*.
génial,-e [ʒenjal] *adj* genial.
génie [ʒeni] *nm* 1 *(être, aptitude innée)* genio *m*. 2 *(disposition)* talento *m*. 3 *(technologie)* ingeniería *f*.
génital,-e [ʒenital] *adj* genital.
génocide [ʒenɔzid] *nm* genocidio *m*.
genou [ʒənu] *nm* rodilla *f*. • **se mettre à genoux** arrodillarse.
genre [ʒãR] *nm* 1 *(gén)* género *m*: **genre humain**, género humano. 2 *(sorte)* especie *f*. 3 *(de personne)* estilo *m*: **il a un genre, tout de même**, sea como sea, tiene estilo.
gens [ʒã] *nm pl* gente *f sing*: **les jeunes gens**, la gente joven, los jóvenes.
gentil,-ille [ʒãti,-ij] *adj* amable, bueno, -na.
gentillesse [ʒãtijɛs] *nf* amabilidad *f*.
géographie [ʒeɔgrafi] *nf* geografía *f*.
géographique [ʒeɔgrafik] *adj* geográfico,-ca.
géologie [ʒeɔlɔʒi] *nf* geología *f*.
géologique [ʒeɔlɔʒik] *adj* geológico,-ca.
géométrie [ʒeɔmetri] *nf* geometría *f*.
géométrique [ʒeɔmetrik] *adj* geométrico,-ca.
gérance [ʒerãs] *nf* gerencia *f*.
géranium [ʒeranjɔm] *nm* geranio *m*.
gérant,-e [ʒerã,-t] *nm,f* gerente.
gérer [10] [ʒere] *vt* administrar.
gériatrie [ʒerjatri] *nf* geriatría *f*.
germer [1] [ʒerme] *vi* germinar.
gestation [ʒɛstasjɔ̃] *nf* gestación *f*.
geste [ʒɛst] *nm* gesto *m*.
gesticuler [1] [ʒɛstikyle] *vi* gesticular.
gestion [ʒɛstjɔ̃] *nf* gestión *f*.
ghetto [gɛto] *nm* gueto *m*.
gibier [ʒibje] *nm* caza *f*.
giboulée [ʒibule] *nf* chubasco *m*.
gicler [1] [ʒikle] *vi* salpicar.
gifle [ʒifl] *nf* bofetada *f*.
gifler [1] [ʒifle] *vt* dar una bofetada.

gigantesque [ʒigɑ̃tɛsk] *adj* gigantesco,-ca.

gigot [ʒigo] *nm* CUIS pierna *f*.

gigoter [1] [ʒigɔte] *vi* patalear.

gilet [ʒile] *nm* **1** *(sans manches)* chaleco *m*. **2** *(à manches)* chaqueta *f* de punto. ■ **gilet de sauvetage** chaleco salvavidas. **gilet pare-balles** chaleco antibalas.

gin [dʒin] *nm* ginebra *f*.

gingembre [ʒɛ̃ʒɑ̃bR] *nm* jengibre *m*.

girafe [ʒiRaf] *nf* jirafa *f*.

gitan,-e [ʒitɑ̃,-an] *adj* gitano,-na. ▶ *nm,f* **Gitan,-e** gitano,-na.

gîte [ʒit] *nm* **1** *(logement)* albergue *m*. **2** *(d'animaux)* madriguera *f*. ■ **gîte rural** casa *f* rural.

givre [ʒivR] *nm* escarcha *f*.

glace [glas] *nf* **1** *(eau congelée)* hielo *m*. **2** CUIS helado *m*. **3** *(de fenêtre)* cristal *m*; *(de voiture)* luna *f*. **4** *(miroir)* espejo *m*.

glacer [3] [glase] *vt* **1** *(gén)* congelar. **2** *fig* paralizar: **sa petite phrase m'a glacé**, su comentario me dejó helado.

glacial,-e [glasjal] *adj* glacial.

glacier [glasje] *nm* **1** GÉOG glaciar *m*. **2** *(fabricant de glaces)* heladero *m*.

glacière [glasjɛR] *nf* nevera *f*.

glaçon [glasɔ̃] *nm* cubito *m* de hielo.

gland [glɑ̃] *nm* **1** *(pompon)* borla *f*. **2** *(du chêne)* bellota *f*. **3** ANAT glande *m*.

glande [glɑ̃d] *nf* ANAT glándula *f*.

glaner [1] [glane] *vt* espigar.

glauque [glok] *adj* **1** *(eau, yeux)* glauco, -ca. **2** *(regard, air)* lúgubre. **3** *(ambiance)* sórdido,-da.

glissant,-e [glisɑ̃,-ɑ̃t] *adj* resbaladizo,-za.

glissement [glismɑ̃] *nm* deslizamiento *m*. ■ **glissement de terrain** corrimiento *m* de tierras.

glisser [1] [glise] *vi* **1** *(patineur, skieur)* deslizarse. **2** *(involontairement)* resbalar. ▶ *vt* **1** *(faire passer sous/sur)* deslizar. **2** *(donner)* pasar. **3** *(des mots)* susurrar. ▶ *vpr* **se glisser** colarse.

global,-e [glɔbal] *adj* global.

globe [glɔb] *nm* globo *m*. ■ **globe terrestre** globo terráqueo.

globule [glɔbyl] *nm* glóbulo *m*.

gloire [glwaR] *nf* **1** *(renommée)* gloria *f*. **2** *(mérite)* mérito *m*.

glorieux,-euse [glɔRjø,-øz] *adj* glorioso,-sa.

glossaire [glɔsɛR] *nm* glosario *m*.

glousser [1] [gluse] *vi* **1** *(poule)* cloquear. **2** *péj (personne)* reír ahogadamente.

glouton,-onne [glutɔ̃,-ɔn] *nm,f* glotón, -ona.

gluant,-e [glyɑ̃,-ɑ̃t] *adj* pegajoso, -sa.

glucide [glysid] *nm* glúcido *m*.

glucose [glykoz] *nm* glucosa *f*.

goal [gol] *nm* SPORT portero,-ra.

gobelet [gɔblɛ] *nm* **1** *(pour boire)* vaso *m*. **2** *(pour les dés)* cubilete *m*.

gober [1] [gɔbe] *vt* **1** *(avaler)* sorber. **2** *fig (croire)* tragarse: **il gobe tout ce que je lui dis**, se traga todo lo que le digo.

godasse [gɔdas] *nf (fam)* zapato *m*.

goéland [gɔelɑ̃] *nm* gaviota *f*.

goinfre [gwɛ̃fR] *nmf fam* tragón, -ona.

golf [gɔlf] *nm* SPORT golf *m*.

golfe [gɔlf] *nm* GÉOG golfo *m*.

gomme [gɔm] *nf* goma *f*.

gommer [1] [gɔme] *vt* borrar.

gondoler [gɔ̃dɔle] *vi* combarse.

gonflable [gɔ̃flabl] *adj* hinchable.

gonflé,-e [gɔ̃fle] *adj* **1** *(enflé)* hinchado, -da. **2** *fam (culotté)* caradura: **il est vraiment gonflé !**, ¡tiene un morro que se lo pisa!

gonfler [1] [gɔ̃fle] vt 1 (gén) inflar, hinchar. 2 fam hartar: **elle me gonfle !**, ¡me tiene harto!

gorge [gɔʀʒ] nf 1 (gosier) garganta f. 2 (cou) cuello m. 3 GÉOG garganta f.

gorgée [gɔʀʒe] nf trago m.

gorille [gɔʀij] nm gorila m.

gosse [gɔs] nmf fam chaval,-la.

gothique [gɔtik] adj gótico,-ca.

goudron [gudʀɔ̃] nm 1 (substance) alquitrán m. 2 fam (bitume) asfalto m.

goudronner [1] [gudʀɔne] vt asfaltar, alquitranar.

gouffre [gufʀ] nm abismo m.

goulot [gulo] nm cuello m de botella.

goulu,-e [guly] adj - nm,f tragón, -ona.

gourer (se) [1] [guʀe] vpr fam equivocarse.

gourmand,-e [guʀmɑ̃,-ɑ̃d] adj - nm,f goloso,-sa.

gourmandise [guʀmɑ̃diz] nf 1 (défaut) glotonería f. 2 (friandise) golosina f.

gourmet [guʀmε] nm gourmet m.

gousse [gus] nf BOT vaina f. ▪ **gousse d'ail** diente m de ajo.

goût [gu] nm 1 (sens, esthétique) gusto m. 2 (saveur) gusto m, sabor m. 3 (caractère) estilo m. 4 (penchant) afición f. ▪ **avoir du goût** tener buen gusto. **chacun ses goûts** sobre gustos no hay nada escrito.

goûter¹ [gute] nm merienda f.

goûter² [1] [gute] vt 1 (aliment, boisson) probar. 2 (plaisir, musique) disfrutar. ▶ vi 1 (gén) probar. 2 (à quatre heures) merendar. 3 **goûter à** (découvrir) probar.

goutte [gut] nf gota f.

gouttière [gutjεʀ] nf canalón m.

gouvernail [guvεʀnaj] nm timón m.

gouvernant,-e [guvεʀnɑ̃,-ɑ̃t] adj gobernante.

gouvernement [guvεʀnəmɑ̃] nm gobierno m.

gouverner [1] [guvεʀne] vt gobernar.

gouverneur [guvεʀnœʀ] nm gobernador,-ra.

grâce [gʀas] nf 1 (gén) gracia f. 2 (concession) favor m. 3 (d'un condamné) indulto m. ▪ **grâce à** gracias a.

gracier [12] [gʀasje] vt indultar.

gracieux,-euse [gʀasjø,-øz] adj gracioso,-sa.

grade [gʀad] nm grado m. ▪ **monter en grade** ascender.

gradin [gʀadɛ̃] nm 1 (de stade) grada f. 2 (de terrain) escalón m.

graduel,-elle [gʀadɥεl] adj gradual.

graduer [1] [gʀadɥe] vt graduar.

grain [gʀɛ̃] nm 1 (gén) grano m: **grain de blé**, grano de trigo. 2 fig (petite quantité) pizca f: **il n'a pas un grain de jugeote**, no tiene ni pizca de sentido común. ▪ **grain de beauté** lunar m.

graine [gʀεn] nf semilla f. ▪ **mauvaise graine** mala hierba f.

graisse [gʀεs] nf 1 (gén) grasa f. 2 CUIS manteca f.

graisser [1] [gʀεse] vt engrasar.

grammaire [gʀamεʀ] nf gramática f.

grammatical,-e [gʀamatikal] adj gramatical.

gramme [gʀam] nm gramo m.

grand,-e [gʀɑ̃, gʀɑ̃d] adj 1 (gén) grande, gran. 2 (en taille) alto,-ta. 3 (en âge) mayor: **il est plus grand que moi, il a 27 ans**, es mayor que yo tiene 27 años. ▪ **au grand air** al aire libre. **en grand** a lo grande.

grand-chose [gʀɑ̃ʃoz]. ▪ **pas grand-chose** casi nada: je n'ai pas

grand-chose à manger, no tengo gran cosa para comer.
Grande-Bretagne [gʀɑ̃dbʀətaɲ] nf Gran Bretaña.
grandeur [gʀɑ̃dœʀ] nf **1** (*taille*) tamaño m. **2** (*importance*) magnitud f. **3** (*prestige*) grandeza f. • **grandeur nature** a tamaño natural.
grandiose [gʀɑ̃djoz] adj grandioso,-sa.
grandir [20] [gʀɑ̃diʀ] vt **1** (*hausser*) hacer más alto,-ta. **2** fig (*ennoblir*) engrandecer. ▶ vi crecer.
grand-mère [gʀɑ̃mɛʀ] nf (pl **grand-mères** ou **grands-mères**) abuela f.
grand-père [gʀɑ̃pɛʀ] nm (pl **grand-pères** ou **grands-pères**) abuelo m.
grands-parents [gʀɑ̃paʀɑ̃] nm pl abuelos m pl.
granit [gʀanit] nm granito m.
granite [gʀanit] nm granito m.
graphique [gʀafik] adj gráfico,-ca. ▶ nm gráfico m.
graphisme [gʀafism] nm grafismo m.
grappe [gʀap] nf racimo m.
grappiller [1] [gʀapije] vt **1** (*fruits*) recoger. **2** fig (*argent, informations*) sacar.
gras, grasse [gʀa, gʀas] adj **1** (*aliment, surface*) graso,-sa. **2** (*volume*) gordo,-da, grueso,-sa. **3** (*personne, animal*) gordo,-da. **4** (*plaisanterie*) grosero,-ra. ▶ adv gras: **elle cuisine trop gras**, cocina con demasiada grasa. • **en gras** en negrita.
grassouillet,-ette [gʀasujɛ,-ɛt] adj regordete,-ta.
gratin [gʀatɛ̃] nm **1** CUIS gratén m. **2** fam (*de la société*) flor y nata f.
gratiné,-e [gʀatine] adj **1** CUIS gratinado,-da. **2** fam (*examen*) de aúpa, muy difícil.
gratitude [gʀatityd] nf gratitud f.

gratte-ciel [gʀatsjɛl] nm inv rascacielos m.
gratter [1] [gʀate] vt **1** (*surface, tâche*) rascar. **2** (*vêtement*) picar: **ce pull me gratte**, este jersey pica. ▶ vi **1** (*écrire*) garabatear. **2** fam (*travailler*) currar. **3** (*vêtement en laine*) picar.
gratuit,-e [gʀatɥi,-it] adj gratuito, -ta.
gratuitement [gʀatɥitmɑ̃] adv gratis.
grave [gʀav] adj grave. • **ce n'est pas grave** no importa.
graver [1] [gʀave] vt grabar.
gravier [gʀavje] nm grava f.
gravir [20] [gʀaviʀ] vt **1** (*montagne*) escalar. **2** (*côte*) subir.
gravité [gʀavite] nf gravedad f.
gravure [gʀavyʀ] nf grabado m.
gré [gʀe] nm grado m, voluntad f: **au gré du vent**, a merced del viento. • **contre mon gré** en contra de mi voluntad. **de gré ou de force** por las buenas o por las malas.
grec, grecque [gʀɛk] adj griego,-ga. ▶ nmf **Grec, Grecque** griego,-ga. ▶ nm **grec** (*langue*) griego m.
Grèce [gʀɛs] nf Grecia.
greffe [gʀɛf] nf transplante m.
greffé,-e [gʀefe] nm,f transplantado,-da.
greffer [1] [gʀefe] vt transplantar. ▶ vpr **se greffer** fig sumarse (**sur**, a).
grêle [gʀɛl] adj delgado,-da. ▶ nf (*pluie*) granizo m.
grêler [1] [gʀele] v impers granizar.
grêlon [gʀelɔ̃] nm granizo m.
grelot [gʀəlo] nm cascabel m.
grelotter [1] [gʀəlɔte] vi tiritar: **elle grelotte de froid**, está tiritando de frío.
grenier [gʀənje] nm **1** (*à grains*) granero m. **2** (*d'une maison*) desván m.
grenouille [gʀənuj] nf rana f.

grésiller [1] [grezije] *vi* **1** *(radio, téléphone)* chisporrotear. **2** *(grillon)* cantar.

grève [grɛv] *nf* **1** *(protestation)* huelga *f*. **2** *(rivage)* arenal *m*. ● **faire la grève** hacer huelga. ■ **grève de la faim** huelga de hambre.

gréviste [grevist] *nmf* huelguista.

gribouiller [1] [gribuje] *vt* garabatear.

grief [grijɛf] *nm* queja *f*.

griffe [grif] *nf (d'un animal)* garra *f*, zarpa *f*.

griffer [1] [grife] *vt* arañar.

griffonner [1] [grifɔne] *vt* garrapatear.

grignoter [1] [griɲɔte] *vt* **1** *(aliments)* mordisquear. **2** *fam (fortune)* pulirse. ▶ *vi* comisquear.

gril [gril] *nm* parrilla *f*.

grillade [grijad] *nf* parrillada *f*.

grillage [grijaʒ] *nm* **1** *(de fenêtre)* rejilla *f*. **2** *(ensemble de grilles)* enrejado *m*.

grille [grij] *nf* **1** *(clôture)* verja *f*, enreja do *m*. **2** *(de portail)* cancela *f*. **3** *(de fenêtre)* reja *f*. **4** *(du four)* rejilla *f*.

grille-pain [grijpɛ̃] *nm inv* tostadora *f*.

griller [1] [grije] *vt* **1** *(viande, poisson)* asar; *(café, pain)* tostar. **2** *(arbres, personnes, appareils)* quemar: **la résistance électrique a grillé**, la resistencia eléctrica se ha quemado. **3** *(ampoule)* fundir. **4** *fam (feu rouge, étape)* saltarse. ▶ *vi* asarse.

grillon [grijɔ̃] *nm* grillo *m*.

grimace [grimas] *nf* mueca *f*. ● **faire des grimaces** hacer muecas.

grimper [1] [grɛ̃pe] *vi* escalar. ▶ *vi* **1** *(sur un arbre)* trepar. **2** *(sur une chaise)* subirse. **3** *fig (prix)* subir.

grincement [grɛ̃smã] *nm* chirrido *m*.

grincer [3] [grɛ̃se] *vi* chirriar. ● **grincer des dents** rechinar los dientes.

grincheux,-euse [grɛ̃ʃø,-øz] *adj - nm,f* gruñón,-ona.

grippe [grip] *nf* gripe *f*.

gris,-e [gri, griz] *adj* gris. ● **il fait gris** está nublado.

grisant,-e [grizã,-ãt] *adj* embriagador,-ra.

griser [1] [grize] *vt* achispar.

grisonner [1] [grizɔne] *vi* encanecer.

grognement [grɔɲmã] *nm* gruñido *m*.

grogner [1] [grɔɲe] *vi* gruñir.

grognon,-onne [grɔɲɔ̃,-ɔn] *adj - nm,f* gruñón,-ona.

groin [grwɛ̃] *nm* hocico *m*.

grommeler [5] [grɔmle] *vi* mascullar.

grondement [grɔ̃dmã] *nm* **1** *(de tonnerre, torrent)* rugido *m*. **2** *(d'animal)* gruñido *m*.

gronder [1] [grɔ̃de] *vi* **1** *(canon, tonnerre)* rugir. **2** *(bruit)* retumbar. **3** *(animal)* gruñir. ▶ *vt (réprimander)* regañar.

gros, grosse [gro, gros] *adj* **1** *(choses)* grande, gran. **2** *(personnes)* gordo,-da; *(pour intensifier)* gran: **c'est un gros dormeur**, es un gran dormilón. **3** *(volumineux)* abultado, -da. **4** *(voix, fièvre)* fuerte. ▶ *nm* **gros** parte *f* principal: **le gros de l'armée**, el grueso del ejército. **5** *adv* mucho: **il a parié gros**, ha apostado mucho. ● **en gros** *(sans entrer dans les détails)* a grandes rasgos. ■ **le gros lot** el gordo.

groseille [grozɛj] *nf* grosella *f*.

grossesse [grosɛs] *nf* embarazo *m*.

grosseur [grosœr] *nf* **1** *(taille)* tamaño *m*. **2** *(épaisseur)* grosor *m*. **3** MÉD bulto *m*.

grossier,-ère [grosje,-ɛr] *adj* **1** *(personne)* grosero,-ra. **2** *(matériel)* basto,-ta.

grossièreté [grosjɛrte] *nf* grosería *f*.

grossir [20] [gRosiR] vi **1** *(à la loupe)* agrandar. **2** *(vêtement)* engordar. **3** *(danger, importance)* exagerar.
grosso modo [gRosomɔdo] adv aproximadamente.
grotesque [gRɔtɛsk] adj grotesco, -ca.
grotte [gRɔt] nf gruta f.
grouiller [1] [gRuje] vi fig *(foule)* hormiguear. ▶ vpr **se grouiller** fam darse prisa.
groupe [gRup] nm grupo m.
groupement [gRupmã] nm agrupación f.
grouper [1] [gRupe] vt agrupar.
grue [gRy] nf grúa f.
gruger [4] [gRyʒe] vt fam timar.
Guatemala [gwatemala] nm Guatemala.
guatémaltèque [gwatemaltɛk] adj guatemalteco, -ca. ▶ nmf **Guatémaltèque** guatemalteco, -ca.
guenon [gənɔ̃] nf mona f.
guépard [gepaR] nm guepardo m.
guêpe [gɛp] nf avispa f.
guère [gɛR] adv no mucho: **il n'y a guère longtemps**, no hace mucho.
guérilla [geRija] nf guerrilla f.
guérir [20] [geRiR] vt curar. ▶ vi curarse.
guérison [geRizɔ̃] nf curación f.
guerre [gɛR] nf guerra f. • **faire la guerre à** QQN declararle la guerra a ALGN.
guerrier, -ère [gɛRje, -ɛR] adj - nm,f guerrero, -ra.
guetter [1] [gete] vt acechar.
gueule [gœl] nf **1** *(des animaux)* hocico m, boca f. **2** fam *(des personnes)* pico m. **3** fam *(visage)* careto m; *(aspect)* pinta f: **il a une de ces gueules ce matin !**, ¡lleva una pinta esta mañana! • **avoir la gueule de bois** fam tener resaca. **faire la gueule** fam ponerse de morros. **casser la gueule à** QQN fam partirle la cara a ALGN. **ta gueule !** fam ¡cierra el pico!
gueuler [1] [gœle] vi fam gritar.
guichet [giʃɛ] nm taquilla f.
guide [gid] nm **1** *(personne)* guía m-f. **2** *(livre)* guía f.
guider [1] [gide] vt guiar.
guidon [gidɔ̃] nm manillar m.
guignol [giɲɔl] nm **1** *(marionnette)* títere m. **2** *(théâtre)* guiñol m.
guillemet [gijmɛ] nm comilla f.
guindé, -e [gɛ̃de] adj **1** *(attitude, personne)* estirado, -da. **2** *(style)* ampuloso, -sa.
guirlande [giRlɑ̃d] nf guirnalda f.
guise [giz] nf manera f. • **à sa guise** a su antojo. **en guise de** a modo de.
guitare [gitaR] nf guitarra f.
guitariste [gitaRist] nmf guitarrista.
gym [ʒim] nf fam gimnasia f.
gymnase [ʒimnaz] nm gimnasio m.
gymnaste [ʒimnast] nmf gimnasta.
gymnastique [ʒimnastik] nf gimnasia f.
gynécologie [ʒinekɔlɔʒi] nf ginecología f.
gynécologue [ʒinekɔlɔg] nmf ginecólogo, -ga.

H

habile [abil] *adj* hábil.
habileté [abilte] *nf* habilidad *f*.
habiller [1] [abije] *vi* vestir.
habit [abi] *nm* traje *m*. ▶ *nm pl* **habits** ropa *f sing*.
habitant,-e [abitã,-ãt] *nm,f* habitante.
habitation [abitasjɔ̃] *nf* vivienda *f*.
habiter [1] [abite] *vt* · *vi* vivir.
habitude [abityd] *nf* costumbre *f*. • **avoir l'habitude de** tener costumbre de. **comme d'habitude** como de costumbre. **d'habitude** habitualmente.
habitué,-e [abitɥe] *adj* acostumbrado,-da.
habituel,-elle [abitɥɛl] *adj* habitual.
habituer [1] [abitɥe] *vt* acostumbrar (**à**, a).
hache [ˈaʃ] *nf* hacha *f*.
hacher [1] [ˈaʃe] *vt* picar.
haie [ˈɛ] *nf* **1** *(d'arbustes)* seto *m*. **2** *(de personnes, soldats)* fila *f*. **3** SPORT valla *f*.
haine [ˈɛn] *nf* odio *m*.
haïr [22] [ˈaiʀ] *vt* odiar.
hâlé,-e [ˈale] *adj* tostado,-da.
haleine [alɛn] *nf* aliento *m*. • **être hors d'haleine** estar sin aliento.
haletant,-e [altã,-ãt] *adj* jadeante.
haleter [8] [ˈalte] *vi* jadear.
hall [ˈol] *nm* vestíbulo *m*, hall *m*.
halle [ˈal] *nf* mercado *m*.
hallucination [alysinasjɔ̃] *nf* alucinación *f*.

halte [ˈalt] *nf* **1** *(pause)* alto *m*. **2** *(étape)* meta *f*. ▶ *interj* **halte !** ¡alto!
hamac [ˈamak] *nm* hamaca *f*.
hamburger [ˈɑ̃buʀgeʀ] *nm* hamburguesa *f*.
hameau [ˈamo] *nm* aldea *f*.
hameçon [amsɔ̃] *nm* anzuelo *m*.
hanche [ˈɑ̃ʃ] *nf* cadera *f*.
handball [ˈɑ̃dbal] *nm* SPORT balonmano *m*.
handicap [ˈɑ̃dikap] *nm* minusvalía *f*.
handicapé,-e [ˈɑ̃dikape] *adj - nm,f* minusválido,-da, discapacitado,-da.
hanter [1] [ˈɑ̃te] *vt* **1** *(fantôme)* aparecerse en. **2** *fam (bar, quartier)* frecuentar. **3** *fig (idée)* obsesionar.
hantise [ˈɑ̃tiz] *nf* obsesión *f*.
harasser [1] [ˈaʀase] *vt* agotar.
harceler [8] [ˈaʀsəle] *vt* acosar.
harem [ˈaʀɛm] *nm* harén *m*.
hareng [ˈaʀɑ̃] *nm* arenque *m*.
haricot [ˈaʀiko] *nm* judía *f*. ■ **haricot blanc** judía blanca, alubia *f*. **haricot vert** judía verde.
harmonica [aʀmɔnika] *nm* armónica *f*.
harmonie [aʀmɔni] *nf* armonía *f*.
harmonieux,-euse [aʀmɔnjø,-øz] *adj* armonioso,-sa.
harmoniser [1] [aʀmɔnize] *vt* armonizar.
harpe [ˈaʀp] *nf* arpa *f*.
hasard [ˈazaʀ] *nm* **1** *(cause imprévisible)* azar *m*. **2** *(imprévu)* casualidad *f*. • **à tout hasard** por si acaso. **au**

hasard al azar. **par hasard** por casualidad.
hasarder [1] ['azaʀde] *vt* **1** *(opinion, idée)* aventurar. **2** *fml (exposer)* arriesgar.
hasardeux,-euse ['azaʀdø,-øz] *adj* arriesgado,-da.
haschisch ['aʃiʃ] *nm* hachís *m*.
hâte ['at] *nf* prisa *f*. • **avoir hâte de** tener prisa por.
hâter [1] ['ate] *vt* acelerar. ► *vpr* **se hâter** darse prisa.
hausse ['os] *nf* alza *f*, subida *f*.
hausser [1] ['ose] *vt (ton, voix)* alzar. • **hausser les épaules** encogerse de hombros.
haut,-e ['o, 'ot] *adj* alto,-ta. ► *adv* **haut** alto. ► *nm* **1** *(dimension)* alto *m*. **2** *(partie supérieure)* la parte de arriba: **le haut du maillot de bain**, la parte de arriba del traje de baño. • **de haut en bas** de arriba abajo. **en haut de** en lo alto de. **haut de gamme** de gama alta.
hautain,-e ['otɛ̃,-ɛn] *adj* altivo,-va.
hauteur ['otœʀ] *nf* **1** *(gén)* altura *f*. **2** *(lieu)* colina *f*. • **être à la hauteur** estar a la altura.
haut-parleur ['opaʀlœʀ] *nm (pl* **haut-parleurs***))* altavoz *m*.
havre ['avʀ] *nm fml* remanso *m*.
hebdomadaire [ɛbdɔmadɛʀ] *adj* semanal. ► *nm (journal, revue)* semanario *m*.
hébergement [ebɛʀʒəmɑ̃] *nm* alojamiento *m*.
héberger [4] [ebɛʀʒe] *vt* alojar.
hébété,-e [ebete] *adj* atontado,-da.
hébreu [ebʀø] *adj* hebreo,-a. ► *nmf* **Hébreu** hebreo,-a. ► *nm* **hébreu** *(langue)* hebreo *m*.
hectare [ɛktaʀ] *nm* hectárea *f*.
hein [ɛ̃] *interj* **1** *fam (surprise, incompréhension)* ¿qué? **2** *fam (pour demander l'approbation)* ¿verdad?

hélas ! ['elas] *interj* ¡por desgracia!
héler [10] ['ele] *vt fml* llamar.
hélice [elis] *nf* hélice *f*.
hélicoptère [elikɔptɛʀ] *nm* helicóptero *m*.
hélium [eljɔm] *nm* helio *m*.
hématome [ematom] *nm* MÉD hematoma *m*.
hémisphère [emisfɛʀ] *nm* hemisferio *m*.
hémorragie [emɔʀaʒi] *nf* hemorragia *f*.
hépatite [epatit] *nf* MÉD hepatitis *f*.
herbe [ɛʀb] *nf* **1** *(gén)* hierba *f*. **2** *(gazon)* césped *m*.
herbivore [ɛʀbivɔʀ] *adj* herbívoro,-ra.
héréditaire [eʀeditɛʀ] *adj* hereditario,-ria.
hérédité [eʀedite] *nf* herencia *f*.
hérisser [1] ['eʀise] *vt* erizar. ► *vpr* **s'hérisser 1** *(poil)* erizarse. **2** *fam (personne)* irritarse.
hérisson ['eʀisɔ̃] *nm* erizo *m*.
héritage [eʀitaʒ] *nm* herencia *f*.
hériter [1] [eʀite] *vi* heredar (**de**, -). ► *vt* heredar.
héritier,-ère [eʀitje,-ɛʀ] *nm,f* heredero,-a.
hermétique [ɛʀmetik] *adj* hermético,-ca.
hernie ['ɛʀni] *nf* MÉD hernia *f*.
héroïne [eʀɔin] *nf* heroína *f*.
héroïque [eʀɔik] *adj* heroico,-ca.
héroïsme [eʀɔism] *nm* heroísmo *m*.
héros ['eʀo] *nm* héroe *m*.
hertz ['ɛʀts] *nm* hercio *m*.
hésitant,-e [ezitɑ̃,-ãt] *adj* indeciso,-sa.
hésitation [ezitasjɔ̃] *nf* duda *f*, indecisión *f*.
hésiter [1] [ezite] *vi* dudar. • **hésiter à faire** QQCH dudar si hacer ALGO.
hétéroclite [eteʀɔklit] *adj* heteróclito,-ta.

hétérogène [eteʀɔʒɛn] *adj* heterogéneo,-a.

hétérosexuel,-elle [eteʀɔsɛksyɛl] *adj* - *nm,f* heterosexual.

heure [œʀ] *nf* hora *f*. **à six heures**, a las seis; **quelle heure est-il?**, ¿qué hora es?; **il est trois heures**, son las tres. ▪ **à l'heure actuelle** actualmente. **à tout à l'heure** hasta pronto. **de bonne heure** temprano. **être à l'heure** ser puntual. **tout à l'heure** dentro de un rato. ▪ **heure de pointe** hora punta.

heureusement [œʀøzmɑ̃] *adv* **1** *(avec bonheur)* felizmente. **2** *(par chance)* afortunadamente. **heureusement qu'il n'est pas venu**, menos mal que no ha venido.

heureux,-euse [œʀø,-øz] *adj* feliz. ▪ **encore heureux que** menos mal que.

heurt [ˈœʀ] *nm* choque *m*.

heurter [1] [ˈœʀte] *vt* **1** *(rentrer dans)* chocar, topar con. **2** *fig (sentiments)* herir. ▶ *vi* chocar. ▶ *vpr* **se heurter 1** chocarse (**à**, contra). **2** *(difficulté)* enfrentarse (**contre**, a).

hexagonal,-e [ɛgzagɔnal] *adj* **1** *(forme)* hexagonal. **2** *(français)* francés,-esa.

hexagone [ɛgzagɔn] *nm* hexágono *m*. ▪ **l'Hexagone** Francia.

hiberner [1] [ibɛʀne] *vi* hibernar.

hibou [ˈibu] *nm* búho *m*.

hideux,-euse [ˈidø,-øz] *adj* repugnante.

hier [jɛʀ] *adv* ayer. ▪ **hier matin** ayer por la mañana. **hier soir** anoche.

hiérarchie [ˈjeʀaʀʃi] *nf* jerarquía *f*.

hilarant,-e [ilaʀɑ̃,-ɑ̃t] *adj* hilarante.

hippique [ipik] *adj* hípico,-ca.

hippodrome [ipɔdʀɔm] *nm* hipódromo *m*.

hippopotame [ipɔpɔtam] *nm* hipopótamo *m*.

hirondelle [iʀɔ̃dɛl] *nf* golondrina *f*.

hirsute [iʀsyt] *adj* hirsuto,-ta.

hispanique [ispanik] *adj* hispánico,-ca. ▶ *nmf* **Hispanique** hispano,-na.

hispano-américain,-e [ispanoameʀikɛ̃, -ɛn] *adj* (*pl* hispano-américains) hispano americano,-na. ▶ *nm,f* **Hispano-Américain,-e** hispanoamericano,-na.

histoire [istwaʀ] *nf* **1** *(gén)* historia *f*. **2** *fig (mensonge)* mentira *f*: **il ne raconte que des histoires**, sólo dice mentiras. **3** *(récit, épisode)* cuento *m*: **qu'est-ce que c'est que cette histoire de vélo?**, ¿qué es eso que me cuentas sobre una bici? ▪ **faire des histoires** poner pegas. **histoire de** sólo para, con objeto de: **je vais y aller**, **histoire de m'amuser**, voy a ir, sólo para divertirme. ▪ **histoire à dormir debout** cuento chino. **histoire sans fin** cuento de nunca acabar.

historien,-enne [istɔʀjɛ̃,-ɛn] *nm,f* historiador,-ra.

historique [istɔʀik] *adj* histórico,-ca. ▶ *nm* historial *m*.

hiver [ivɛʀ] *nm* invierno *m*.

HLM [aʃɛlɛm] *abr* **(habitation à loyer modéré)** vivienda *f* de protección oficial.

hocher [1] [ˈɔʃe] *vt* sacudir, menear. ▪ **hocher la tête 1** *(affirmativement)* decir que sí con la cabeza. **2** *(négativement)* decir que no con la cabeza.

hold-up [ˈɔldœp] *nm inv* atraco *m*.

hollandais,-e [ˈɔllɑ̃dɛ,-ɛz] *adj* holandés, -esa. ▶ *nm,f* **Hollandais,-e** holandés,-esa. ▶ *nm* **hollandais** *(langue)* holandés *m*.

Hollande [ˈɔllɑ̃d] *nf* Holanda.

holocauste [ɔlɔkɔst] *nm* holocausto *m*.

homard [ˈɔmaʀ] *nm* bogavante *m*.

homéopathie [ɔmeɔpati] *nf* homeopatía *f*.
homéopathique [ɔmeɔpatik] *adj* homeopático,-ca.
homicide [ɔmisid] *nm* homicidio *m*.
hommage [ɔmaʒ] *nm* homenaje *m*. ▶ *nm pl* **hommages** respetos *m pl*: **il lui a présenté ses hommages**, le presentó sus respetos. • **rendre hommage à** QQN rendir homenaje a ALGN.
homme [ɔm] *nm* hombre *m*. • **homme d'affaires** hombre de negocios. **homme d'État** hombre de Estado. **homme politique** político *m*. **jeune homme** joven *m*.
homo [ɔmo] *adj - nmf fam* homosexual.
homogène [ɔmɔʒɛn] *adj* homogéneo,-a.
homologuer [2] [ɔmɔlɔge] *vt* homologar.
homonyme [ɔmɔnim] *adj* homónimo,-ma. ▶ *nm* homónimo *m*.
homosexualité [ɔmɔseksɥalite] *nf* homosexualidad *f*.
homosexuel,-elle [ɔmɔseksɥɛl] *adj - nm,f* homosexual.
Honduras [ɔ̃dyras] *nm* Honduras.
hondurien,-enne [ɔ̃dyrjɛ̃,-ɛn] *adj* hondureño,-ña. ▶ *nm,f* **Hondurien, -enne** hondureño,-ña.
Hongrie [ɔ̃gri] *nf* Hungría.
hongrois,-e [ɔ̃grwa,-az] *adj* húngaro,-ra. ▶ *nm,f* **Hongrois,-e** húngaro,-ra. ▶ *nm* **hongrois** (*langue*) húngaro *m*.
honnête [ɔnɛt] *adj* **1** (*gén*) honesto,-ta. **2** (*prix*) razonable. **3** (*résultat*) satisfactorio,-ria.
honnêteté [ɔnɛtte] *nf* honradez *f*.
honneur [ɔnœR] *nm* honor *m*. ▶ *nm pl* **honneurs** honores *m pl*. • **en l'honneur de** en honor de. **être à l'honneur** ser agasajado,-da. **faire honneur à** hacer honor a.

honoraire [ɔnɔRɛR] *adj* honorario, -ria. ▶ *nm pl* **honoraires** honorarios *m pl*.
honorer [1] [ɔnɔRe] *vt* **1** (*gén*) honrar. **2** (*dette*) liquidar.
honte [ɔ̃t] *nf* vergüenza *f*. • **avoir honte de** QQN/QQCH avergonzarse de ALGN/ALGO. **faire honte** dar vergüenza.
honteux,-euse [ɔ̃tø,-øz] *adj* **1** (*personne*) avergonzado,-da. **2** (*situation*) vergonzoso,-sa: **c'est honteux !**, ¡es una vergüenza!
hooligan ['uligan] *nm* ultra *m*.
hôpital [opital] *nm* hospital *m*. • **hôpital de jour** ambulatorio *m*.
hoquet ['ɔkɛ] *nm* hipo *m*.
hoqueter [6] ['ɔkte] *vi* tener hipo.
horaire [ɔRɛR] *adj* **1** (*gén*) horario, -ria. **2** (*prix*) por horas. ▶ *nm* horario *m*.
horizon [ɔRizɔ̃] *nm* horizonte *m*.
horizontal,-e [ɔRizɔ̃tal] *adj* horizontal.
horloge [ɔRlɔʒ] *nf* reloj *m*. • **horloge parlante** servicio *m* de información horaria.
horlogerie [ɔRlɔʒRi] *nf* relojería *f*.
hormis ['ɔRmi] *prép* excepto, salvo.
hormone [ɔRmɔn] *nf* hormona *f*.
horodateur [ɔRɔdatœR] *nm* parquímetro *m*.
horoscope [ɔRɔskɔp] *nm* horóscopo *m*.
horreur [ɔRœR] *nf* horror *m*. • **avoir horreur de faire** QQCH detestar hacer ALGO. **avoir** QQCH **en horreur** tener horror a ALGO.
horrible [ɔRibl] *adj* horrible.
horrifier [12] [ɔRifje] *vt* horrorizar.
horripilant,-e [ɔRipilɑ̃,-ɑ̃t] *adj* horripilante.
hors ['ɔR] *prép* fuera, fuera de. • **être hors de soi** estar fuera de sí. **hors de prix** muy caro,-ra. **hors**

hors-d'œuvre 144

du commun fuera de lo común.
hors saison fuera de temporada.
hors-d'œuvre ['ɔRdœvR] nm inv CUIS entremeses m pl.
hors-jeu ['ɔRʒø] nm inv fuera m de juego.
hors-la-loi [ɔRlalwa] nm inv fuera m de la ley.
horticulteur,-trice [ɔRtikyltœR,-tRis] nm,f horticultor,-ra.
horticulture [ɔRtikyltyR] nf horticultura f.
hospitalier,-ère [ɔspitalje,-ɛR] adj hospitalario,-ria.
hospitalisation [ɔspitalizasjɔ̃] nf hospitalización f.
hospitaliser [1] [ɔspitalize] vt hospitalizar.
hospitalité [ɔspitalite] nf hospitalidad f.
hostie [ɔsti] nf hostia f.
hostilité [ɔstilite] nf hostilidad f.
hôte, hôtesse [ot, otɛs] nmf anfitrión-ona. ▶ nm hôte huésped,-a.
hôtel [otɛl] nm hotel m. **hôtel de ville** ayuntamiento m. **hôtel particulier** palacete m.
hôtelier,-ère [otəlje,-ɛR] adj - nm,f hotelero,-ra.
hôtesse [otɛs] nf azafata f. ∎ **hôtesse d'accueil** azafata de congresos. **hôtesse de l'air** azafata.
hotte ['ɔt] nf 1 (panier) cuévano m. 2 (d'aération) campana f extractora.
houspiller [1] ['uspije] vt reñir.
housse ['us] nf funda f. ∎ **housse de couette** funda nórdica.
hublot [yblo] nm 1 (de bateau) portilla f. 2 (d'avion) ventanilla f.
huer [1] ['ɥe] vt abuchear.
huile [ɥil] nf aceite m. • **verser de l'huile sur le feu** echar leña al fuego. • **huile d'olive** aceite de oliva.
huiler [1] [ɥile] vt engrasar.
huissier [ɥisje] nm ujier m.
huit ['ɥit] num ocho m.

huitième ['ɥitjɛm] num octavo,-va.
huître [ɥitR] nf ostra f.
humain,-e [ymɛ̃,-ɛn] adj humano, -na. ▶ nm **humain** humano m.
humanisme [ymanism] nm humanismo m.
humanitaire [ymanitɛR] adj humanitario,-ria.
humanité [ymanite] nf humanidad f.
humble [œbl] adj humilde.
humer [1] [yme] vt oler.
humeur [ymœR] nf humor m. • **de bonne humeur** de buen humor. **de mauvaise humeur** de mal humor.
humide [ymid] adj húmedo,-da.
humidité [ymidite] nf humedad f.
humiliant,-e [ymiljɑ̃,-ɑ̃t] adj humillante.
humilier [12] [ymilje] vt humillar.
humoriste [ymɔRist] nmf humorista.
humoristique [ymɔRistik] adj humorístico,-ca.
humour [ymuR] nm humor m. • **le sens de l'humour** sentido del humor. ∎ **humour noir** humor negro.
huppé,-e ['ype] adj 1 (oiseau) moñudo, -da. 2 fig (société) de alto copete.
hurlement ['yRləmɑ̃] nm aullido m.
hurler [1] ['yRle] vi 1 (animal) aullar. 2 (personne) gritar.
hurluberlu,-e ['yRlybɛRly] nm,f atolondrado,-da.
hutte ['yt] nf choza f.
hybride [ibRid] adj híbrido,-da.
hydratant,-e [idRatɑ̃,-ɑ̃t] adj hidratante.
hydrater [1] [idRate] vt hidratar.
hydrogène [idRɔʒɛn] nm hidrógeno m.
hydrophile [idRɔfil] adj hidrófilo,-la.
hyène [jɛn] nf hiena f.

hygiène [iʒjɛn] *nf* higiene *f.*
hygiénique [iʒjenik] *adj* higiénico,-ca.
hymne [imn] *nm* himno *m.*
hyperglycémie [ipɛRglisemi] *nf* MÉD hiperglucemia *f.*
hypermarché [ipɛRmaRʃe] *nm* hipermercado *m.*
hypertension [ipɛRtɑ̃sjɔ̃] *nf* MÉD hipertensión *f.*
hypnose [ipnoz] *nf* hipnosis *f.*
hypnotiser [1] [ipnɔtize] *vt* hipnotizar.
hypocrisie [ipɔkRizi] *nf* hipocresía *f.*
hypocrite [ipɔkRit] *adj - nmf* hipócrita.
hypoglycémie [ipɔglisemi] *nf* MÉD hipoglucemia *f.*
hypotension [ipɔtɑ̃sjɔ̃] *nf* MÉD hipotensión *f.*
hypothèque [ipɔtɛk] *nf* hipoteca *f.*
hypothèse [ipɔtɛz] *nf* hipótesis *f.*
hystérie [isteRi] *nf* histeria *f.*
hystérique [isteRik] *adj - nmf* histérico,-ca.

ibérique [iberik] *adj* ibérico,-ca.
iceberg [ajsbɛʀg] *nm* iceberg *m*.
ici [isi] *adv* aquí. • **d'ici là** para entonces. **d'ici peu** dentro de poco. **par ici** por aquí.
icône [ikon] *nf* icono *m*.
idéal,-e [ideal] *adj* ideal. ▶ *nm* **idéal** ideal *m*. • **dans l'idéal** en el mejor de los casos.
idée [ide] *nf* **1** *(gén)* idea *f.* **2** *(croyance)* opinión *f*. • **je n'en ai pas la moindre idée** no tengo ni la más remota idea. **se faire des idées** imaginarse cosas.
identification [idɑ̃tifikasjɔ̃] *nf* identificación *f.*
identifier [13] [idɑ̃tifje] *vt* identificar.
identique [idɑ̃tik] *adj* idéntico,-ca.
identité [idɑ̃tite] *nf* identidad *f.*
idéologie [ideɔlɔʒi] *nf* ideología *f.*
idéologique [ideɔlɔʒik] *adj* ideológico,-ca.
idiomatique [idjɔmatik] *adj* idiomático,-ca.
idiot,-e [idjo,-ɔt] *adj - nm,f* idiota. • **faire l'idiot** hacer el tonto.
idole [idɔl] *nf* ídolo *m*.
ignorance [iɲɔʀɑ̃s] *nf* ignorancia *f*.
ignorant,-e [iɲɔʀɑ̃,-ɑ̃t] *adj - nm,f* ignorante.
ignorer [1] [iɲɔʀe] *vt* ignorar.
il [il] *pron pers* (*pl* **ils**) **1** *(objet, animal, personne)* él: **il est malade**, está enfermo. **2** *(sujet de verbe impersonnel)* no se traduce: **il pleut**, está lloviendo; **il y a une librairie sur la place**, hay una librería en la plaza.
île [il] *nf* isla *f.*
illégal,-e [ilegal] *adj* ilegal.
illégitime [ileʒitim] *adj* **1** *(enfant)* ilegítimo,-ma. **2** *(peur, soupçon)* infundado,-da.
illettré,-e [iletʀe] *adj - nm,f* analfabeto,-ta.
illicite [ilisit] *adj* ilícito,-ta.
illimité,-e [ilimite] *adj* ilimitado,-da.
illisible [ilizibl] *adj* ilegible.
illogique [ilɔʒik] *adj* ilógico,-ca.
illumination [ilyminasjɔ̃] *nf* iluminación *f.*
illuminer [1] [ilymine] *vt* iluminar.
illusion [ilyzjɔ̃] *nf* ilusión *f.*
illusionniste [ilyzjɔnist] *nmf* ilusionista.
illusoire [ilyzwaʀ] *adj* ilusorio, -ria.
illustration [ilystʀasjɔ̃] *nf* ilustración *f.*
illustre [ilystʀ] *adj* ilustre.
illustrer [1] [ilystʀe] *vt* ilustrar. ▶ *vpr* **s'illustrer** destacar.
îlot [ilo] *nm* **1** *(petite île)* islote *m*. **2** *(de maisons)* manzana *f.*
ils [il] *pron pers* ellos: **ils sont contents**, están contentos.
image [imaʒ] *nf* imagen *f.*
imaginaire [imaʒinɛʀ] *adj* imaginario,-ria.
imagination [imaʒinasjɔ̃] *nf* imaginación *f.*
imaginer [1] [imaʒine] *vt* **1** *(gén)* imaginar. **2** *(plan)* idear.

imam [imam] *nm* imán *m*.
imbattable [ɛ̃batabl] *adj* **1** *(champion)* invencible. **2** *(record, prix)* insuperable.
imbécile [ɛ̃besil] *adj - nmf* imbécil.
imbiber [1] [ɛ̃bibe] *vt* empapar.
imbu,-e [ɛ̃by] *adj* imbuido,-da. • **être imbu de soi-même** estar muy pagado de uno mismo.
imitateur,-trice [imitatœʀ,-tʀis] *nm,f* imitador,-ra.
imitation [imitasjɔ̃] *nf* imitación *f*.
imiter [1] [imite] *vt* **1** *(gén)* imitar. **2** *(signature)* falsificar.
immaculé,-e [imakyle] *adj* inmaculado,-da.
immangeable [ɛ̃mɑ̃ʒabl] *adj* incomible.
immanquable [ɛ̃mɑ̃kabl] *adj* infalible.
immatriculation [imatʀikylasjɔ̃] *nf* matrícula *f*.
immatriculer [1] [imatʀikyle] *vt* matricular.
immédiat,-e [imedja,-at] *adj* inmediato,-ta. • **dans l'immédiat** por ahora.
immense [imɑ̃s] *adj* inmenso,-sa.
immensité [imɑ̃site] *nf* inmensidad *f*.
immerger [4] [imɛʀʒe] *vt* sumergir.
immersion [imɛʀsjɔ̃] *nf* inmersión *f*.
immeuble [imœbl] *adj* inmueble. ▶ *nm* edificio *m*.
immigrant,-e [imigʀɑ̃,-ɑ̃t] *adj - nm,f* inmigrante.
immigration [imigʀasjɔ̃] *nf* inmigración *f*.
immigré,-e [imigʀe] *adj - nm,f* inmigrante.
immigrer [1] [imigʀe] *vi* inmigrar.
imminent,-e [iminɑ̃,-ɑ̃t] *adj* inminente.
immobile [imɔbil] *adj* inmóvil.

immobilier,-ère [imɔbilje,-ɛʀ] *adj* inmobiliario,-ria. ▶ *nm* **immobilier** sector *m* inmobiliario.
immobiliser [1] [imɔbilize] *vt* inmovilizar.
immonde [imɔ̃d] *adj* inmundo,-da.
immoral,-e [imɔʀal] *adj* inmoral.
immortalité [imɔʀtalite] *nf* inmortalidad *f*.
immortel,-elle [imɔʀtɛl] *adj* inmortal.
immuniser [1] [imynize] *vt* inmunizar.
immunité [imynite] *nf* inmunidad *f*.
impact [ɛ̃pakt] *nm* impacto *m*.
impair,-e [ɛ̃pɛʀ] *adj* impar.
imparable [ɛ̃paʀabl] *adj* imparable.
impardonnable [ɛ̃paʀdɔnabl] *adj* imperdonable.
imparfait,-e [ɛ̃paʀfɛ,-ɛt] *adj* imperfecto,-ta. ▶ *nm* **imparfait** *(conjugaison)* pretérito *m* imperfecto.
impartial,-e [ɛ̃paʀsjal] *adj* imparcial.
impasse [ɛ̃pas] *nf* callejón *m* sin salida.
impatience [ɛ̃pasjɑ̃s] *nf* impaciencia *f*.
impatient,-e [ɛ̃pasjɑ̃,-ɑ̃t] *adj* impaciente.
impatienter (s') [1] [ɛ̃pasjɑ̃te] *vpr* impacientarse.
impeccable [ɛ̃pekabl] *adj* impecable.
impénétrable [ɛ̃penetʀabl] *adj* impenetrable.
impensable [ɛ̃pɑ̃sabl] *adj* impensable.
impératif,-ive [ɛ̃peʀatif,-iv] *adj* imperativo,-va. ▶ *nm* **impératif** imperativo *m*.
impératrice [ɛ̃peʀatʀis] *nf* emperatriz *f*.
imperceptible [ɛ̃pɛʀsɛptibl] *adj* imperceptible.

imperfection [ɛ̃pɛʀfɛksjɔ̃] *nf* imperfección *f.*

impérial,-e [ɛ̃peʀjal] *adj* imperial.

impérialisme [ɛ̃peʀjalism] *nm* imperialismo *m.*

impérialiste [ɛ̃peʀjalist] *adj - nmf* imperialista.

imperméable [ɛ̃pɛʀmeabl] *adj - nm* impermeable *m.*

impersonnel,-elle [ɛ̃pɛʀsɔnɛl] *adj* impersonal.

impertinence [ɛ̃pɛʀtinɑ̃s] *nf* impertinencia *f.*

impertinent,-e [ɛ̃pɛʀtinɑ̃,-ɑ̃t] *adj - nm,f* impertinente.

imperturbable [ɛ̃pɛʀtyʀbabl] *adj* imperturbable.

impitoyable [ɛ̃pitwajabl] *adj* despiadado,-da.

implacable [ɛ̃plakabl] *adj* implacable.

implant [ɛ̃plɑ̃] *nm* implante *m.*

implanter [1] [ɛ̃plɑ̃te] *vt* implantar.

implication [ɛ̃plikasjɔ̃] *nf* implicación *f.*

implicite [ɛ̃plisit] *adj* implícito,-ta.

impliquer [2] [ɛ̃plike] *vt* implicar.

implorer [1] [ɛ̃plɔʀe] *vt* implorar.

implosion [ɛ̃plozjɔ̃] *nf* implosión *f.*

impoli,-e [ɛ̃pɔli] *adj* maleducado,-da.

impopulaire [ɛ̃pɔpylɛʀ] *adj* impopular.

importance [ɛ̃pɔʀtɑ̃s] *nf* importancia *f.* • **attacher de l'importance à** dar importancia a. **avoir de l'importance** tener importancia. **sans importance** sin importancia.

important,-e [ɛ̃pɔʀtɑ̃,-ɑ̃t] *adj* importante.

importation [ɛ̃pɔʀtasjɔ̃] *nf* importación *f.*

importer[1] [1] [ɛ̃pɔʀte] *vt* importar.

importer[2] [1] [ɛ̃pɔʀte] *vi* importar, tener importancia. • **il importe que ...** es importante que... **n'importe comment** de cualquier manera. **n'importe où** en cualquier sitio. **n'importe quand** en cualquier momento. **n'importe qui** cualquiera. **n'importe quoi** cualquier cosa. **peu importe** da igual.

importuner [1] [ɛ̃pɔʀtyne] *vt* importunar.

imposable [ɛ̃pozabl] *adj* imponible.

imposant,-e [ɛ̃pozɑ̃,-ɑ̃t] *adj* imponente.

imposer [1] [ɛ̃poze] *vt* **1** *(gén)* imponer. **2** *(taxer)* gravar. ▸ *vpr* **s'imposer 1** *(gén)* imponerse. **2** *(obligation)* obligarse: **il s'est imposé d'aller courir une heure par jour**, se ha propuesto correr una hora al día.

impossibilité [ɛ̃pɔsibilite] *nf* imposibilidad *f.* • **être dans l'impossibilité de faire** QQCH no poder hacer ALGO.

impossible [ɛ̃pɔsibl] *adj* imposible.

imposteur [ɛ̃pɔstœʀ] *nm* impostor,-ra.

impôt [ɛ̃po] *nm* impuesto *m.* ■ **impôt sur le revenu** impuesto sobre la renta.

impotent,-e [ɛ̃pɔtɑ̃,-ɑ̃t] *adj - nm,f* impedido,-da.

imprécis,-e [ɛ̃pʀesi,-iz] *adj* impreciso,-sa.

imprégner [10] [ɛ̃pʀeɲe] *vt* impregnar.

impression [ɛ̃pʀesjɔ̃] *nf* **1** *(gén)* impresión *f.* **2** *(d'un tissu)* estampado *m.* • **avoir l'impression que** tener la sensación de que. **faire bonne impression** causar buena impresión.

impressionnant,-e [ɛ̃pʀesjɔnɑ̃,-ɑ̃t] *adj* impresionante.

impressionner [1] [ɛ̃pʀesjɔne] *vt* impresionar.

imprévisible [ɛ̃previzibl] *adj* imprevisible.

imprévu,-e [ɛ̃prevy] *adj* imprevisto,-ta. ▶ *nm* **imprévu** imprevisto *m*.

imprimante [ɛ̃primɑ̃t] *nf* impresora *f*.

imprimé [ɛ̃prime] *nm* **1** *(de papier)* impreso *m*. **2** *(sur tissu)* estampado *m*.

imprimer [1] [ɛ̃prime] *vt* **1** *(livre)* imprimir. **2** *(tissu)* estampar. **3** *(toile)* imprimar.

imprimerie [ɛ̃primri] *nf* imprenta *f*.

improbable [ɛ̃prɔbabl] *adj* improbable.

impromptu,-e [ɛ̃prɔ̃pty] *adj* improvisado,-da.

impropre [ɛ̃prɔpr] *adj* impropio,-pia.

improvisation [ɛ̃prɔvizasjɔ̃] *nf* improvisación *f*.

improviser [1] [ɛ̃prɔvize] *vt - vi* improvisar.

improviste [ɛ̃prɔvist]. • **à l'improviste** de improviso.

imprudence [ɛ̃prydɑ̃s] *nf* imprudencia *f*.

imprudent,-e [ɛ̃prydɑ̃,-ɑ̃t] *adj - nm,f* imprudente.

impudique [ɛ̃pydik] *adj* impúdico,-ca.

impuissant,-e [ɛ̃pɥisɑ̃,-ɑ̃t] *adj* **1** *(gén)* impotente. **2** *(sans efficacité)* incapaz (à, de).

impulsif,-ive [ɛ̃pylsif,-iv] *adj - nm,f* impulsivo,-va.

impulsion [ɛ̃pylsjɔ̃] *nf* impulso *m*.

impunité [ɛ̃pynite] *nf* impunidad *f*.

impur,-e [ɛ̃pyr] *adj* impuro,-ra.

impureté [ɛ̃pyrte] *nf* impureza *f*.

imputer [1] [ɛ̃pyte] *vt* imputar.

inabordable [inabɔrdabl] *adj* **1** *(lieu, personne)* inaccesible. **2** *(prix)* prohibitivo,-va.

inacceptable [inakseptabl] *adj* inaceptable.

inaccessible [inaksesibl] *adj* **1** *(gén)* inaccesible. **2** *(personne)* insensible.

inachevé,-e [inaʃve] *adj* inacabado,-da.

inactif,-ive [inaktif,-iv] *adj* inactivo,-va.

inadapté,-e [inadapte] *adj* inadecuado,-da.

inadmissible [inadmisibl] *adj* inadmisible.

inadvertance [inadvɛrtɑ̃s] *nf* inadvertencia *f*.

inamovible [inamɔvibl] *adj* inamovible.

inanimé,-e [inanime] *adj* inanimado,-da.

inaperçu,-e [inapɛrsy] *adj* desapercibido,-da.

inapte [inapt] *adj* inepto,-ta. • **être inapte à faire** QQCH ser incapaz de hacer ALGO.

inassouvi,-e [inasuvi] *adj* insatisfecho,-cha.

inattendu,-e [inatɑ̃dy] *adj* inesperado,-da.

inattentif,-ive [inatɑ̃tif,-iv] *adj* distraído,-da.

inaudible [inodibl] *adj* inaudible.

inauguration [inogyrasjɔ̃] *nf* inauguración *f*.

inaugurer [1] [inogyre] *vt* inaugurar.

inavouable [inavwabl] *adj* inconfesable.

incalculable [ɛ̃kalkylabl] *adj* incalculable.

incapable [ɛ̃kapabl] *adj - nmf* incapaz.

incapacité [ɛ̃kapasite] *nf* incapacidad *f* (à, para).

incarcérer [10] [ɛ̃karsere] *vt* encarcelar.

incarner [1] [ɛ̃karne] *vt* encarnar.

incassable [ɛ̃kasabl] *adj* irrompible.

incendie [ɛ̃sɑ̃dj] *nm* incendio *m*.
incendier [12] [ɛ̃sɑ̃dje] *vt* incendiar.
incertain,-e [ɛ̃sɛʀtɛ̃,-ɛn] *adj* **1** *(réussite, du rée)* incierto,-ta. **2** *(personne)* inseguro,-ra. **3** *(climat)* inestable.
incertitude [ɛ̃sɛʀtityd] *nf* incertidumbre *f*.
incessant,-e [ɛ̃sesɑ̃,-ɑ̃t] *adj* incesante.
inceste [ɛ̃sɛst] *nm* incesto *m*.
incestueux,-euse [ɛ̃sɛstɥø,-øz] *adj* incestuoso,-sa.
inchangé,-e [ɛ̃ʃɑ̃ʒe] *adj* igual.
incidence [ɛ̃sidɑ̃s] *nf* **1** *(en géométrie)* incidencia *f*. **2** *fig (conséquence)* repercusión *f*.
incident [ɛ̃sidɑ̃] *nm* incidente *m*.
incinérer [10] [ɛ̃sineʀe] *vt* incinerar.
incisif,-ive [ɛ̃sizif,-iv] *adj* incisivo,-va.
incision [ɛ̃sizjɔ̃] *nf* incisión *m*.
inciter [1] [ɛ̃site] *vt* incitar.
inclassable [ɛ̃klasabl] *adj* inclasificable.
inclinable [ɛ̃klinabl] *adj (siège)* abatible.
inclinaison [ɛ̃klinɛzɔ̃] *nf* inclinación *f*.
incliner [1] [ɛ̃kline] *vt* inclinar. ▶ *vi* tender (à, a).
inclure [52] [ɛ̃klyʀ] *vt* incluir.
inclus,-e [ɛ̃kly,-yz] *adj* incluido,-da.
incohérence [ɛ̃kɔeʀɑ̃s] *nf* incoherencia *f*.
incohérent,-e [ɛ̃kɔeʀɑ̃,-ɑ̃t] *adj* incoherente.
incolore [ɛ̃kɔlɔʀ] *adj* incoloro,-ra.
incommoder [1] [ɛ̃kɔmɔde] *vt* incomodar, molestar.
incomparable [ɛ̃kɔ̃paʀabl] *adj* incomparable.
incompatible [ɛ̃kɔ̃patibl] *adj* incompatible.
incompétence [ɛ̃kɔ̃petɑ̃s] *nf* incompetencia *f*.
incompétent,-e [ɛ̃kɔ̃petɑ̃,-ɑ̃t] *adj* incompetente.
incomplet,-ète [ɛ̃kɔ̃plɛ,-ɛt] *adj* incompleto,-ta.
incompréhensible [ɛ̃kɔ̃pʀeɑ̃sibl] *adj* incomprensible.
incompris,-e [ɛ̃kɔ̃pʀi,-iz] *adj - nm,f* incomprendido,-da.
inconcevable [ɛ̃kɔ̃svabl] *adj* inconcebible.
inconditionnel,-elle [ɛ̃kɔ̃disjɔnɛl] *adj - nm,f* incondicional.
inconnu,-e [ɛ̃kɔny] *adj - nm,f* desconocido,-da.
inconsciemment [ɛ̃kɔ̃sjamɑ̃] *adv* inconscientemente.
inconscient,-e [ɛ̃kɔ̃sjɑ̃,-ɑ̃t] *adj - nm,f* inconsciente.
inconsolable [ɛ̃kɔ̃sɔlabl] *adj* inconsolable.
incontestable [ɛ̃kɔ̃tɛstabl] *adj* incontestable.
incontinence [ɛ̃kɔ̃tinɑ̃s] *nf* incontinencia *f*.
incontournable [ɛ̃kɔ̃tuʀnabl] *adj* ineludible.
incontrôlable [ɛ̃kɔ̃tʀolabl] *adj* incontrolable.
inconvénient [ɛ̃kɔ̃venjɑ̃] *nm* inconveniente *m*.
incorporer [1] [ɛ̃kɔʀpɔʀe] *vt* incorporar.
incorrect,-e [ɛ̃kɔʀɛkt,-ɛkt] *adj* incorrecto,-ta.
incorrigible [ɛ̃kɔʀiʒibl] *adj* incorregible.
increvable [ɛ̃kʀəvabl] *adj* **1** *(pneu)* que no se pincha. **2** *fam (personne)* incansable.
incroyable [ɛ̃kʀwajabl] *adj* increíble.
incruster [1] [ɛ̃kʀyste] *vt* incrustar. ▶ *vpr* **s'incruster 1** *(adhérer)* incrustarse. **2** *fig (quelqu'un)* permanecer en un lugar sin motivo.
inculper [1] [ɛ̃kylpe] *vt* inculpar.
inculquer [2] [ɛ̃kylke] *vt* inculcar.
inculte [ɛ̃kylt] *adj* inculto,-ta.

incurable [ɛkyʀabl] *adj* incurable.
Inde [ɛ̃d] *nf* India.
indécent,-e [ɛ̃desɑ̃,-ɑ̃t] *adj* indecente.
indéchiffrable [ɛ̃deʃifʀabl] *adj* indescifrable.
indécis,-isa [ɛ̃desi,-iz] *adj* **1** *(gén)* indeciso, -sa. **2** *(vague)* impreciso, -sa, borroso,-sa.
indéfini,-e [ɛ̃defini] *adj* indefinido,-da.
indéfinissable [ɛ̃definisabl] *adj* indefinible.
indélébile [ɛ̃delebil] *adj* indeleble.
indemne [ɛ̃dɛmn] *adj* indemne.
indemniser [1] [ɛ̃dɛmnize] *vt* indemnizar (**de**, por).
indemnité [ɛ̃dɛmnite] *nf* **1** *(dédommagement)* indemnización *f.* **2** *(rémunération)* subsidio *m.*
indémodable [ɛ̃demodabl] *adj* que no pasa de moda.
indéniable [ɛ̃denjabl] *adj* innegable.
indépendance [ɛ̃depɑ̃dɑ̃s] *nf* independencia *f.*
indépendant,-e [ɛ̃depɑ̃dɑ̃,-ɑ̃t] *adj* independiente.
indescriptible [ɛ̃dɛskʀiptibl] *adj* *(inénarrable)* indescriptible.
indestructible [ɛ̃dɛstʀyktibl] *adj* indestructible.
indéterminé,-e [ɛ̃detɛʀmine] *adj* indeterminado,-da.
index [ɛ̃dɛks] *nm* índice *m.*
indicateur,-trice [ɛ̃dikatœʀ,-tʀis] *adj* indicador,-ra. ▶ *nm* **indicateur** *(appareil, indice)* indicador *m.*
indicatif,-ive [ɛ̃dikatif,-iv] *adj* indicativo,-va. ▶ *nm* **1** *(verbe)* indicativo *m.* **2** *(de radio, de télé)* sintonía *f.* ■ **indicatif téléphonique** prefijo *m.*
indication [ɛ̃dikasjɔ̃] *nf* **1** *(renseignement)* indicación *f.* **2** *(donnée)* indicio *m.*

indice [ɛ̃dis] *nm* **1** *(signe)* indicio *m.* **2** *(des prix)* índice *m.*
indien,-enne [ɛ̃djɛ̃,-ɛn] *adj* indio, -dia. ▶ *nm,f* **Indien,-enne** indio,-dia.
indifférence [ɛ̃difeʀɑ̃s] *nf* indiferencia *f.*
indifférent,-e [ɛ̃difeʀɑ̃,-ɑ̃t] *adj -nm,f* indiferente.
indigène [ɛ̃diʒɛn] *adj - nmf* indígena.
indigeste [ɛ̃diʒɛst] *adj* indigesto,-ta.
indigestion [ɛ̃diʒɛstjɔ̃] *nf* **1** *(indisposition)* indigestión *f.* **2** *fig (excès)* empacho *m,* saciedad *f.*
indignation [ɛ̃diɲasjɔ̃] *nf* indignación *f.*
indigne [ɛ̃diɲ] *adj* indigno,-na.
indigner [1] [ɛ̃diɲe] *vt* indignar.
indiquer [2] [ɛ̃dike] *vt* **1** *(montrer)* indicar. **2** *(dénoter)* indicar, revelar.
indirect,-e [ɛ̃diʀɛkt,-ɛkt] *adj* indirecto,-ta.
indiscret,-ète [ɛ̃diskʀɛ,-ɛt] *adj - nm,f* indiscreto,-ta.
indiscrétion [ɛ̃diskʀesjɔ̃] *nf* indiscreción *f.*
indiscutable [ɛ̃diskytabl] *adj* indiscutible.
indispensable [ɛ̃dispɑ̃sabl] *adj* indispensable.
individu [ɛ̃dividy] *nm* individuo *m.*
individualisme [ɛ̃dividɥalism] *nm* individualismo *m.*
individualiste [ɛ̃dividɥalist] *adj - nmf* individualista.
individuel,-elle [ɛ̃dividɥɛl] *adj* individual.
indolore [ɛ̃dolɔʀ] *adj* indoloro,-ra.
indomptable [ɛ̃dɔ̃tabl] *adj* indomable.
Indonésie [ɛ̃donezi] *nf* Indonesia.
indonésien,-enne [ɛ̃donezjɛ̃,-ɛn] *adj* indonesio,-sia. ▶ *nm,f* **Indonésien,-enne** indonesio,-sia.
indu,-e [ɛ̃dy] *adj* indebido,-da.
indubitable [ɛ̃dybitabl] *adj* indudable.

induction [ɛ̃dyksjɔ̃] nf inducción f.
induire [58] [ɛ̃dɥiʀ] vt **1** (influencer) inducir. **2** (déduire) inducir, deducir. **3** (électricité) inducir. • **en induire que** concluir de ALGO que. **induire en erreur** llevar a error.
indulgence [ɛ̃dylʒɑ̃s] nf indulgencia f.
indulgent,-e [ɛ̃dylʒɑ̃,-ɑ̃t] adj indulgente.
industrialisé,-e [ɛ̃dystʀijalize] adj industrializado,-da.
industrialiser [1] [ɛ̃dystʀijalize] vt industrializar.
industrie [ɛ̃dystʀi] nf industria f.
industriel,-elle [ɛ̃dystʀijɛl] adj - nm industrial m.
inédit,-e [inedi,-it] adj inédito,-ta.
inefficace [inefikas] adj ineficaz.
inégal,-e [inegal] adj desigual.
inégalé,-e [inegale] adj inigualado,-da.
inégalité [inegalite] nf desigualdad f.
inépuisable [inepɥizabl] adj inagotable.
inerte [inɛʀt] adj inerte.
inertie [inɛʀsi] nf inercia f.
inespéré,-e [inɛspeʀe] adj inesperado,-da.
inestimable [inɛstimabl] adj inestimable.
inévitable [inevitabl] adj inevitable.
inexistant,-e [inɛgzistɑ̃,-ɑ̃t] adj inexistente.
inexpérience [inɛkspeʀjɑ̃s] nf inexperiencia f.
inexpérimenté,-e [inɛkspeʀimɑ̃te] adj **1** (personne) inexperto,-ta. **2** (chose) no experimentado,-da.
inexplicable [inɛksplikabl] adj inexplicable.
inexprimable [inɛkspʀimabl] adj indescriptible.
inextricable [inɛkstʀikabl] adj inextricable.
infaillible [ɛ̃fajibl] adj infalible.
infâme [ɛ̃fam] adj infame.
infantile [ɛ̃fɑ̃til] adj infantil.
infarctus [ɛ̃faʀktys] nm MÉD infarto m.
infatigable [ɛ̃fatigabl] adj infatigable.
infecter [1] [ɛ̃fɛkte] vt **1** infectar. **2** fig (gâter) infectar, corromper.
infectieux,-euse [ɛ̃fɛksjø,-øz] adj infeccioso,-sa.
infection [ɛ̃fɛksjɔ̃] nf **1** (contamination) infección f. **2** (puanteur) hedor m.
inférieur,-e [ɛ̃feʀjœʀ] adj - nm,f inferior.
infériorité [ɛ̃feʀjɔʀite] nf inferioridad f.
infernal,-e [ɛ̃fɛʀnal] adj infernal.
infester [1] [ɛ̃fɛste] vt infestar.
infidèle [ɛ̃fidɛl] adj infiel.
infidélité [ɛ̃fidelite] nf infidelidad f.
infiltrer (s') [1] [ɛ̃filtʀe] vpr **1** (liquide, soldats) infiltrarse. **2** fig (préjugé, idée, etc) penetrar.
infime [ɛ̃fim] adj ínfimo,-ma.
infini,-e [ɛ̃fini] adj infinito,-ta. ▶ nm infini infinito m.
infinité [ɛ̃finite] nf infinidad f.
infinitif [ɛ̃finitif] nm infinitivo m.
infirmerie [ɛ̃fiʀməʀi] nf enfermería f.
infirmier,-ère [ɛ̃fiʀmje,-ɛʀ] nm,f enfermero,-ra.
inflammable [ɛ̃flamabl] adj inflamable.
inflammation [ɛ̃flamasjɔ̃] nf inflamación f.
inflation [ɛ̃flasjɔ̃] nf ÉCON inflación f.
infliger [4] [ɛ̃fliʒe] vt infligir.
influence [ɛ̃flyɑ̃s] nf influencia f. • **avoir mauvaise influence** ejercer una mala influencia.

influencer [3] [ɛ̃flyɑse] *vt* influir.
influent,-e [ɛ̃flyɑ̃,-ɑ̃t] *adj* influyente.
influer [1] [ɛ̃flye] *vi* influir.
informaticien,-enne [ɛ̃fɔʀmatisjɛ̃,-ɛn] *nm,f* informático,-ca.
information [ɛ̃fɔʀmasjɔ̃] *nf* **1** *(gén)* información *f*. **2** *(nouvelle)* noticia *f*. ▶ *nf pl* **informations** *(bulletin)* informativo *m sing*.
informatique [ɛ̃fɔʀmatik] *adj* informático,-ca. ▶ *nf* informática *f*.
informel,-elle [ɛ̃fɔʀmɛl] *adj* informal.
informer [1] [ɛ̃fɔʀme] *vt* informar.
infraction [ɛ̃fʀaksjɔ̃] *nf* infracción *f*.
infrarouge [ɛ̃fʀaʀuʒ] *adj* infrarrojo,-ja. ▶ *nm* infrarrojo *m*.
infrastructure [ɛ̃fʀastʀyktyʀ] *nf* infraestructura *f*.
infusion [ɛ̃fyzjɔ̃] *nf* infusión *f*.
ingénierie [ɛ̃ʒeniʀi] *nf* ingeniería *f*.
ingénieur [ɛ̃ʒenjœʀ] *nm* ingeniero, -ra.
ingénieux,-euse [ɛ̃ʒenjø,-øz] *adj* ingenioso,-sa.
ingérer [10] [ɛ̃ʒeʀe] *vt (avaler)* ingerir.
ingestion [ɛ̃ʒɛstjɔ̃] *nf* ingestión *f*.
ingrat,-e [ɛ̃gʀa,-at] *adj - nm,f* **1** *(gén)* ingrato,-ta. **2** *(désagréable)* poco agraciado, -da, poco afortunado,-da.
ingrédient [ɛ̃gʀedjɑ̃] *nm* ingrediente *m*.
ingurgiter [1] [ɛ̃gyʀʒite] *vt fam* engullir.
inhabité,-e [inabite] *adj* deshabitado,-da.
inhabituel,-elle [inabituɛl] *adj* inusual.
inhaler [1] [inale] *vt* inhalar.
inhérent,-e [ineʀɑ̃,-ɑ̃t] *adj* inherente.
inhospitalier,-ère [inɔspitalje,-ɛʀ] *adj* **1** *(attitude)* poco hospitalario, -ria. **2** *(lieu)* inhóspito,-ta.
inhumain,-e [inymɛ̃,-ɛn] *adj* inhumano,-na.

inhumer [1] [inyme] *vt* inhumar.
inimaginable [inimaʒinabl] *adj* inimaginable.
inimitable [inimitabl] *adj* inimitable.
ininterrompu,-e [inɛ̃teʀɔ̃py] *adj* ininterrumpido,-da.
initial,-e [inisjal] *adj* inicial.
initiale [inisjal] *nf* inicial *f*.
initialiser [1] [inisjalize] *vt* INFORM inicializar.
initiation [inisjasjɔ̃] *nf* iniciación *f* (à, a).
initiative [inisjativ] *nf* iniciativa *f*.
• **prendre l'initiative** tomar la iniciativa.
initié,-e [inisje] *adj - nm,f* iniciado, -da.
initier [12] [inisje] *vt* iniciar.
injecter [1] [ɛ̃ʒɛkte] *vt* inyectar.
injection [ɛ̃ʒɛksjɔ̃] *nf* inyección *f*.
injoignable [ɛ̃ʒwaɲabl] *adj* ilocalizable.
injure [ɛ̃ʒyʀ] *nf* insulto *m*, injuria *f*.
injurier [1] [ɛ̃ʒyʀje] *vt* insultar.
injuste [ɛ̃ʒyst] *adj* injusto,-ta.
injustice [ɛ̃ʒystis] *nf* injusticia *f*.
injustifié,-e [ɛ̃ʒystifje] *adj* injustificado,-da.
inlassable [ɛ̃lasabl] *adj* incansable.
inné,-e [ine] *adj* innato,-ta.
innocence [inɔsɑ̃s] *nf* inocencia *f*.
innocent,-e [inɔsɑ̃,-ɑ̃t] *adj - nm,f* inocente.
innocenter [1] [inɔsɑ̃te] *vt* DR exculpar.
innombrable [inɔ̃bʀabl] *adj* innumerable.
innovation [inɔvasjɔ̃] *nf* innovación *f*.
innover [1] [inɔve] *vi* innovar.
inoccupé,-e [inɔkype] *adj* desocupa do,-da.
inodore [inɔdɔʀ] *adj* inodoro,-ra.
inoffensif,-ive [inɔfɑ̃sif,-iv] *adj* inofensivo,-va.

inondation [inɔ̃dasjɔ̃] *nf* inundación *f*.

inonder [1] [inɔ̃de] *vt* inundar.

inoubliable [inublijabl] *adj* inolvidable.

inouï,-e [inwi] *adj* inaudito,-ta.

inox® [inɔks] *nm* acero *m* inoxidable.

inoxydable [inɔksidabl] *adj* inoxidable.

inquiet,-ète [ɛ̃kjɛ,-ɛt] *adj* **1** *(agité)* inquieto,-ta. **2** *(préoccupé)* preocupado,-da.

inquiétant,-e [ɛ̃kjetɑ̃,-ɑ̃t] *adj* inquietante.

inquiéter [10] [ɛ̃kjete] *vt* inquietar, preocupar. ► *vpr* **s'inquiéter** inquietarse, preocuparse.

inquiétude [ɛ̃kjetyd] *nf* preocupación *f*, inquietud *f*.

insatisfait,-e [ɛ̃satisfɛ,-ɛt] *adj* insatisfecho,-cha.

inscription [ɛ̃skripsjɔ̃] *nf* **1** *(gén)* inscripción *f*. **2** *(à l'université)* matrícula *f*. **3** *(sur un registre)* registro *m*.

inscrire [60] [ɛ̃skRiR] *vt* **1** *(sur la pierre)* grabar, inscribir. **2** *(sur une liste)* inscribir. ► *vpr* **s'inscrire 1** *(sur une liste)* inscribirse. **2** *(à l'université)* matricularse.

insecte [ɛ̃sɛkt] *nm* insecto *m*.

insécurité [ɛ̃sekyRite] *nf* inseguridad *f*.

insémination [ɛ̃seminasjɔ̃] *nf* inseminación *f*.

insensé,-e [ɛ̃sɑ̃se] *adj - nm,f* **1** *(personne)* insensato,-ta. **2** *(incroyable)* increíble.

insensible [ɛ̃sɑ̃sibl] *adj* insensible.

inséparable [ɛ̃separabl] *adj* inseparable.

insertion [ɛ̃sɛRsjɔ̃] *nf* inserción *f*.

insignifiant,-e [ɛ̃siɲifjɑ̃,-ɑ̃t] *adj* insignificante.

insinuer [1] [ɛ̃sinɥe] *vt* **1** *(suggérer)* insinuar. **2** *(introduire)* introducir con habilidad.

insistance [ɛ̃sistɑ̃s] *nf* insistencia *f*.

insister [1] [ɛ̃siste] *vi* insistir.

insolation [ɛ̃sɔlasjɔ̃] *nf* insolación *f*.

insolence [ɛ̃sɔlɑ̃s] *nf* insolencia *f*.

insolent,-e [ɛ̃sɔlɑ̃,-ɑ̃t] *adj - nm,f* insolente.

insolite [ɛ̃sɔlit] *adj* insólito,-ta.

insomnie [ɛ̃sɔmni] *nf* insomnio *m*.

insonorisé,-e [ɛ̃sɔnɔRize] *adj* insonorizado,-da.

insouciance [ɛ̃susjɑ̃s] *nf* despreocupación *f*.

insouciant,-e [ɛ̃susjɑ̃,-ɑ̃t] *adj* despreocupado,-da.

insoumis,-e [ɛ̃sumi,-iz] *adj* insumiso,-sa.

insoutenable [ɛ̃sutnabl] *adj* **1** *(argument, opinion)* insostenible. **2** *(situation, douleur)* insoportable.

inspecteur,-trice [ɛ̃spɛktœR,-tRis] *nm,f* inspector,-ra.

inspection [ɛ̃spɛksjɔ̃] *nf* inspección *f*.

inspiration [ɛ̃spiRasjɔ̃] *nf* inspiración *f*.

inspirer [1] [ɛ̃spiRe] *vt* **1** *(gén)* inspirar. **2** *(pensée, sentiment, etc)* inspirar, infundir. ► *vpr* **s'inspirer** (de, en): **s'inspirer d'un poème**, inspirarse en un poema.

instable [ɛ̃stabl] *adj* inestable.

installation [ɛ̃stalasjɔ̃] *nf* instalación *f*.

installer [1] [ɛ̃stale] *vt* **1** *(mettre en place)* instalar. **2** *(fonctionnaire)* tomar posesión de su cargo.

instant [ɛ̃stɑ̃] *nm* instante *m*. • **à chaque instant** continuamente. **à l'instant** al instante, al momento. **dans un instant** ahora mismo. **pour l'instant** por ahora, por el momento.

instantané,-e [ɛ̃stɑ̃tane] *adj* instantáneo,-a. ► *nm* **instantané** *(photo)* instantánea *f*.

instar [ɛ̃staʀ]. • **à l'instar de** fml como.
instaurer [1] [ɛ̃stɔʀe] vt instaurar.
instinct [ɛ̃stɛ̃] nm instinto m.
instinctif,-ive [ɛ̃stɛ̃ktif,-iv] adj instintivo,-va.
instituer [1] [ɛ̃stitɥe] vt instituir.
institut [ɛ̃stity] nm instituto m.
instituteur,-trice [ɛ̃stitytœʀ,-tʀis] nm,f maestro,-tra.
institution [ɛ̃stitysjɔ̃] nf **1** (gén) institución f. **2** (d'un héritier) nombramiento m.
institutionnel,-elle [ɛ̃stitysjɔnɛl] adj institucional.
instructif,-ive [ɛ̃stʀyktif,-iv] adj instructivo,-va.
instruction [ɛ̃stʀyksjɔ̃] nf instrucción f.
instruire [58] [ɛ̃stʀɥiʀ] vt **1** (former) instruir. **2** (informer) informar, poner al corriente.
instrument [ɛ̃stʀymɑ̃] nm instrumento m.
insu [ɛ̃sy]. • **à l'insu de** sin que se sepa: ils se sont mariés à l'insu de tous, se han casado sin que lo supiera nadie.
insuffisance [ɛ̃syfizɑ̃s] nf insuficiencia f.
insuffisant,-e [ɛ̃syfizɑ̃,-ɑ̃t] adj insuficiente.
insuline [ɛ̃sylin] nf insulina f.
insultant,-e [ɛ̃syltɑ̃,-ɑ̃t] adj insultante.
insulte [ɛ̃sylt] nm insulto m.
insulter [1] [ɛ̃sylte] vt - vi insultar.
insupportable [ɛ̃sypɔʀtabl] adj insoportable.
insurger (s') [4] [ɛ̃syʀʒe] vpr sublevarse.
insurmontable [ɛ̃syʀmɔ̃tabl] adj insuperable.
insurrection [ɛ̃syʀɛksjɔ̃] nf insurrección f.
intact,-e [ɛ̃takt,-akt] adj intacto,-ta.

intégral,-e [ɛ̃tegʀal] adj íntegro,-gra, entero,-ra.
intégralité [ɛ̃tegʀalite] nf integridad f, totalidad f.
intégration [ɛ̃tegʀasjɔ̃] nf integración f.
intègre [ɛ̃tegʀ] adj íntegro,-gra.
intégrer [10] [ɛ̃tegʀe] vt incluir, integrar.
intégriste [ɛ̃tegʀist] adj - nmf integrista.
intellectuel,-elle [ɛ̃telɛktɥɛl] adj - nm,f intelectual.
intelligence [ɛ̃teliʒɑ̃s] nf inteligencia f.
intelligent,-e [ɛ̃teliʒɑ̃,-ɑ̃t] adj inteligente.
intelligible [ɛ̃teliʒibl] adj inteligible.
intello [ɛ̃telo] adj inv - nmf (péj) intelectual.
intempéries [ɛ̃tɑ̃peʀi] nf pl inclemencias f pl del tiempo.
intenable [ɛ̃tnabl] adj insostenible.
intense [ɛ̃tɑ̃s] adj intenso,-sa.
intensif,-ive [ɛ̃tɑ̃sif,-iv] adj intensivo,-va.
intensifier [12] [ɛ̃tɑ̃sifje] vt intensificar.
intensité [ɛ̃tɑ̃site] nf intensidad f.
intention [ɛ̃tɑ̃sjɔ̃] nf intención f. • **à l'intention de** QQN en honor a ALGN.
intentionné,-e [ɛ̃tɑ̃sjɔne] adj. • **bien intentionné,-e** bienintencionado,-da. **mal intentionné,-e** malintencionado,-da.
intentionnel,-elle [ɛ̃tɑ̃sjɔnɛl] adj intencional.
interactif,-ive [ɛ̃teʀaktif,-iv] adj interactivo,-va.
intercepter [1] [ɛ̃teʀsɛpte] vt interceptar.
interchangeable [ɛ̃teʀʃɑ̃ʒabl] adj intercambiable.

interdiction [ɛ̃tɛʁdiksjɔ̃] nf prohibición f. • " **Interdiction de stationner** " "Prohibido aparcar".

interdire [55] [ɛ̃tɛʁdiʁ] vt prohibir.

interdit,-e [ɛ̃tɛʁdi,-it] adj **1** (gén) prohibido,-da. **2** (qui perd contenance) desconcertado,-da, cortado,-da. • **rester interdit,-e** quedarse desconcertado,-da.

intéressant,-e [ɛ̃teʁesɑ̃,-ɑ̃t] adj interesante. • **faire l'intéressant** hacerse el interesante.

intéressé,-e [ɛ̃teʁese] adj - nm,f interesado,-da.

intéresser [1] [ɛ̃teʁese] vt interesar. ▶ vpr **s'intéresser** interesarse (**à**, por).

intérêt [ɛ̃teʁɛ] nm interés m. • **l'intérêt de** lo interesante de.

interférer [10] [ɛ̃tɛʁfeʁe] vi interferir.

intérieur,-e [ɛ̃teʁjœʁ] adj interior. ▶ nm **intérieur 1** (gén) interior m. **2** (foyer, maison) hogar m, casa f. **3** SPORT interior m. • **à l'intérieur** dentro.

intérimaire [ɛ̃teʁimɛʁ] adj **1** (dirigeant, ministre) en funciones, interino,-na. **2** (employé) temporal. ▶ nmf trabajador,-ra temporal.

interlocuteur,-trice [ɛ̃tɛʁlɔkytœʁ,-tʁis] nm,f interlocutor,-ra.

intermédiaire [ɛ̃tɛʁmedjɛʁ] adj intermedio,-dia. ▶ nmf intermediario,-ria.

interminable [ɛ̃tɛʁminabl] adj interminable.

internat [ɛ̃tɛʁna] nm internado m.

international,-e [ɛ̃tɛʁnasjɔnal] adj internacional.

internaute [ɛ̃tɛʁnot] nmf internauta.

interne [ɛ̃tɛʁn] adj - nmf interno,-na.

interner [1] [ɛ̃tɛʁne] vt internar.

Internet [ɛ̃tɛʁnɛt] nm internet f.

interpeller [1] [ɛ̃tɛʁpale] vt **1** (adresser la parole) preguntar. **2** (poser un problème) hacer que uno se plantee. **3** (procéder à un contrôle) hacer un control de identidad a.

interphone® [ɛ̃tɛʁfɔn] nm interfono m, intercomunicador m.

interposer [1] [ɛ̃tɛʁpoze] vt **1** (placer entre) interponer. **2** (faire intervenir) hacer intervenir.

interprétation [ɛ̃tɛʁpʁetasjɔ̃] nf interpretación f.

interprète [ɛ̃tɛʁpʁɛt] nmf intérprete.

interpréter [10] [ɛ̃tɛʁpʁete] vt interpretar.

interrogation [ɛ̃teʁɔgasjɔ̃] nf **1** (question) interrogación f. **2** (examen) examen m.

interrogatoire [ɛ̃teʁɔgatwaʁ] nm interrogatorio m.

interroger [4] [ɛ̃teʁɔʒe] vt **1** (questionner) interrogar, preguntar. **2** (examiner) consultar, analizar.

interrompre [63] [ɛ̃teʁɔ̃pʁ] vt interrumpir. ▶ vpr **s'interrompre** interrumpirse.

interrupteur [ɛ̃teʁyptœʁ] nm interruptor m.

interruption [ɛ̃teʁypsjɔ̃] nf interrupción f. • **interruption volontaire de grossesse** interrupción voluntaria del embarazo.

intersection [ɛ̃tɛʁsɛksjɔ̃] nf intersección f.

intervalle [ɛ̃tɛʁval] nm intervalo m. • **dans l'intervalle** mientras tanto. **par intervalles** de vez en cuando.

intervenir [35] [ɛ̃tɛʁvəniʁ] vi intervenir.

intervention [ɛ̃tɛʁvɑ̃sjɔ̃] nf intervención f.

intervertir [20] [ɛ̃tɛʁvɛʁtiʁ] vt invertir el orden de.

interview [ɛ̃tɛʁvju] nf entrevista f.

interviewer [1] [ɛ̃tɛʀvjuve] vt entrevistar.
intestin [ɛ̃tɛstɛ̃] nm ANAT intestino m. ■ **gros intestin** intestino grueso. **intestin grêle** intestino delgado.
intestinal,-e [ɛ̃tɛstinal] adj intestinal.
intime [ɛ̃tim] adj - nmf íntimo,-ma.
intimider [1] [ɛ̃timide] vt intimidar.
intimité [ɛ̃timite] nf intimidad f.
intituler [1] [ɛ̃tityle] vt titular.
intolérable [ɛ̃tɔleʀabl] adj intolerable.
intolérance [ɛ̃tɔleʀɑ̃s] nf intolerancia f.
intolérant,-e [ɛ̃tɔleʀɑ̃,-ɑ̃t] adj intolerante.
intonation [ɛ̃tɔnasjɔ̃] nf entonación f.
intoxication [ɛ̃tɔksikasjɔ̃] nf intoxicación f.
intoxiquer [2] [ɛ̃tɔksike] vt intoxicar.
intransigeance [ɛ̃tʀɑ̃ziʒɑ̃s] nf intransigencia f.
intransigeant,-e [ɛ̃tʀɑ̃ziʒɑ̃,-ɑ̃t] adj intransigente.
intraveineux,-euse [ɛ̃tʀavenø,-øz] adj MÉD intravenoso,-sa.
intrépide [ɛ̃tʀepid] adj intrépido,-da.
intrigue [ɛ̃tʀig] nf intriga f.
intriguer [2] [ɛ̃tʀige] vi intrigar.
introduction [ɛ̃tʀɔdyksjɔ̃] nf introducción f.
introduire [58] [ɛ̃tʀɔdɥiʀ] vt introducir.
introverti,-e [ɛ̃tʀɔvɛʀti] adj introvertido,-da.
intrus,-e [ɛ̃tʀy,-yz] adj - nm,f intruso,-sa.
intrusion [ɛ̃tʀyzjɔ̃] nf intrusión f.
intuitif,-ive [ɛ̃tɥitif,-iv] adj intuitivo,-va.
intuition [ɛ̃tɥisjɔ̃] nf intuición f.
inutile [inytil] adj - nmf inútil.

inutilité [inytilite] nf inutilidad f.
invalide [ɛ̃valid] adj **1** (personne) inválido,-da. **2** (mariage, élection) no válido, nulo,-la. ▶ nmf inválido,-da.
invalidité [ɛ̃validite] nf invalidez f.
invariable [ɛ̃vaʀjabl] adj invariable.
invasion [ɛ̃vazjɔ̃] nf invasión f.
inventaire [ɛ̃vɑ̃tɛʀ] nm inventario m.
inventer [1] [ɛ̃vɑ̃te] vt inventar.
inventeur,-trice [ɛ̃vɑ̃tœʀ,-tʀis] nm,f **1** (qui invente) inventor,-ra. **2** (qui découvre) descubridor,-ra.
invention [ɛ̃vɑ̃sjɔ̃] nf **1** (action de créer) invención f. **2** (chose inventée) invento m.
inverse [ɛ̃vɛʀs] adj inverso,-sa. ▶ nm inverso m. ■ **à l'inverse** por el contrario. **dans le sens inverse (de)** en sentido contrario (a). **en sens inverse** en sentido inverso.
inverser [1] [ɛ̃vɛʀse] vt invertir.
inversion [ɛ̃vɛʀsjɔ̃] nf inversión f.
invertébré,-e [ɛ̃vɛʀtebʀe] adj (animal) invertebrado,-da.
investigation [ɛ̃vɛstigasjɔ̃] nf investigación f.
investir [20] [ɛ̃vɛstiʀ] vt **1** (d'un pouvoir) investir. **2** (armée) cercar, asediar. **3** (argent, énergie) invertir.
investissement [ɛ̃vɛstismɑ̃] nm inversión f.
investisseur,-euse [ɛ̃vɛstisœʀ,-øz] adj - nm,f inversor,-ra.
invincible [ɛ̃vɛ̃sibl] adj invencible.
invisible [ɛ̃vizibl] adj invisible.
invitation [ɛ̃vitasjɔ̃] nf invitación f.
invité,-e [ɛ̃vite] adj - nm,f invitado,-da.
inviter [1] [ɛ̃vite] vt invitar.
involontaire [ɛ̃vɔlɔ̃tɛʀ] adj involuntario,-ria.
invoquer [2] [ɛ̃vɔke] vt invocar.
invraisemblable [ɛ̃vʀɛsɑ̃blabl] adj inverosímil.

invulnérable [ɛ̃vylneʀabl] *adj* invulnerable.

Irak [iʀak] *nm* Iraq, Irak.

irakien,-enne [iʀakjɛ̃,-ɛn] *adj* iraquí. ▶ *nm,f* **Irakien,-enne** iraquí.

Iran [iʀɑ̃] *nm* Irán.

iranien,-enne [iʀanjɛ̃,-ɛn] *adj* iraní. ▶ *nm,f* **Iranien,-enne** iraní.

Iraq [iʀak] *nm* Iraq, Irak.

iraquien,-enne [iʀakjɛ̃,-ɛn] *adj* iraquí. ▶ *nm,f* **Iraquien,-enne** iraquí.

iris [iʀis] *nm* iris *m*.

irlandais,-e [iʀlɑ̃dɛ,-ɛz] *adj* irlandés,-esa. ▶ *nm,f* **Irlandais,-e** irlandés,-esa. ■ *nm* **irlandais** (*langue*) irlandés *m*.

Irlande [iʀlɑ̃d] *nf* Irlanda. ■ **Irlande du Nord** Irlanda del Norte.

ironie [iʀɔni] *nf* ironía *f*.

ironique [iʀɔnik] *adj* irónico,-ca.

irrationnel,-elle [iʀasjɔnɛl] *adj* irracional.

irréalisable [iʀealizabl] *adj* irrealizable.

irrécupérable [iʀekypeʀabl] *adj* irrecuperable.

irréel,-elle [iʀeɛl] *adj* irreal.

irréfléchi,-e [iʀefleʃi] *adj* irreflexivo,-va.

irréfutable [iʀefytabl] *adj* irrefutable.

irrégularité [iʀegylaʀite] *nf* irregularidad *f*.

irrégulier,-ère [iʀegylje,-ɛʀ] *adj* irregular.

irréparable [iʀepaʀabl] *adj* irreparable.

irréprochable [iʀepʀɔʃabl] *adj* irreprochable.

irrésistible [iʀezistibl] *adj* irresistible.

irresponsable [iʀɛspɔ̃sabl] *adj* - *nmf* irresponsable.

irréversible [iʀevɛʀsibl] *adj* irreversible.

irrigation [iʀigasjɔ̃] *nf* irrigación *f*.

irritant,-e [iʀitɑ̃,-ɑ̃t] *adj* irritante.

irritation [iʀitasjɔ̃] *nf* irritación *f*.

irriter [1] [iʀite] *vt* irritar.

islam [islam] *nm* islam *m*.

islamisme [islamism] *nm* islamismo *m*.

islamiste [islamist] *adj* - *nmf* islamista.

islandais,-e [islɑ̃dɛ,-ɛz] *adj* islandés,-esa. ▶ *nm,f* **Islandais,-e** islandés,-esa. ■ *nm* **islandais** (*langue*) islandés *m*.

Islande [islɑ̃d] *nf* Islandia.

isolant,-e [izɔlɑ̃,-ɑ̃t] *adj* aislante. ▶ *nm* **isolant** aislante *m*.

isolation [izɔlasjɔ̃] *nf* aislamiento *m*.

isoler [1] [izɔle] *vt* aislar.

isotherme [izotɛʀm] *adj* isotermo.

Israël [isʀaɛl] *n pr* Israel.

israélien,-enne [isʀaeljɛ̃,-ɛn] *adj* israelí. ▶ *nm,f* **Israélien,-enne** israelí.

israélite [isʀaelit] *adj* HIST israelita. ▶ *nmf* **Israélite** HIST israelita.

issu,-e [isy] *adj* **1** (*né*) descendiente (**de**, de), nacido,-da (**de**, de). **2** (*sorti*) salido,-da (**de**, de).

issue [isy] *nf* **1** (*sortie*) salida *f*. **2** (*résultat*) resultado *m*, desenlace *m*. ■ **à l'issue de** al final de. ■ **sans issue** sin salida. ■ **issue de secours** salida de emergencia.

Italie [itali] *nf* Italia.

italien,-enne [italjɛ̃,-ɛn] *adj* italiano,-na. ▶ *nm,f* **Italien,-enne** italiano,-na. ■ *nm* **italien** (*langue*) italiano *m*.

italique [italik] *adj* - *nf* (*lettre*) cursiva *f*, itálica *f*.

itinéraire [itineʀɛʀ] *nm* itinerario *m*.

ivoire [ivwaʀ] *nm* **1** (*matière*) marfil *m*. **2** (*décoration*) objeto *m* de marfil.

ivre [ivʀ] *adj* borracho,-cha. ■ **ivre mort** borracho perdido.

ivresse [ivʀɛs] *nf* **1** (*par excès d'alcool*) embriaguez *f*, borrachera *f*. **2** *fig* (*excitation*) arrebato *m*, entusiasmo *m*.

ivrogne [ivʀɔɲ] *adj* - *nmf* borracho,-cha.

J-K

j' [ʒ] pron pers → je.
jade [ʒad] nm jade m.
jadis [ʒadis] adv antiguamente, antaño.
jaguar [ʒagwaʀ] nm jaguar m.
jaillir [20] [ʒajiʀ] vi **1** *(liquide, gaz)* brotar, surgir. **2** *(apparaître brusquement)* surgir.
jalon [ʒalɔ̃] nm **1** *(piquet)* jalón m. **2** *(repère)* hito m. • **poser les jalons** preparar el terreno.
jalonner [1] [ʒalɔne] vi - vt jalonar.
jalousie [ʒaluzi] nf **1** *(envie)* envidia f. **2** *(en amour)* celos m pl.
jaloux,-ouse [ʒalu,-uz] adj - nm,f **1** *(envieux)* envidioso,-sa. **2** *(en amour)* celoso,-sa.
jamais [ʒamɛ] adv **1** nunca, jamás. **2** *(éventuellement)* algún día, alguna vez: **si jamais tu le vois**, si algún día lo ves. • **à jamais** para siempre. **ne ... jamais** nunca...: **je ne l'ai jamais vu**, nunca lo he visto. **plus jamais** nunca jamás. **plus que jamais** más que nunca.
jambe [ʒɑ̃b] nf pierna f. • **tenir la jambe à** QQN dar la lata a ALGN.
jambon [ʒɑ̃bɔ̃] nm jamón m. • **jambon blanc** jamón de york. **jambon cru** jamón serrano.
jante [ʒɑ̃t] nf llanta f.
janvier [ʒɑ̃vje] nm enero m.
Japon [ʒapɔ̃] nm Japón m.
japonais,-e [ʒapɔnɛ,-ɛz] adj japonés, -esa. ► nm,f **Japonais,-e** japonés,-esa. ► nm **japonais** *(langue)* japonés m.
japper [1] [ʒape] vi ladrar.

jardin [ʒaʀdɛ̃] nm jardín m. • **jardin d'enfants** guardería f. **jardin d'hiver** invernadero m.
jardinage [ʒaʀdinaʒ] nm jardinería f.
jardiner [1] [ʒaʀdine] vi trabajar en el jardín.
jardinier,-ère [ʒaʀdinje,-ɛʀ] nm,f jardinero,-ra.
jardinière [ʒaʀdinjɛʀ] nf **1** *(bac à fleurs)* jardinera f. **2** *(mets)* menestra f. **3** *(insecte)* escarabajo m dorado.
jargon [ʒaʀgɔ̃] nm **1** *(langue)* jerga f. **2** *(langage)* argot m: **le jargon médical**, el argot médico.
jaser [1] [ʒaze] vi **1** *(babiller)* charlar, parlotear. **2** *(médire)* cotillear.
jasmin [ʒasmɛ̃] nm jazmín m.
jaunâtre [ʒonɑtʀ] adj amarillento,-ta.
jaune [ʒon] adj amarillo,-lla. ► nm amarillo m. • **rire jaune** reír de dientes para afuera. • **jaune d'œuf** yema f de huevo.
jaunir [20] [ʒoniʀ] vt *(teindre)* teñir de amarillo. ► vi *(devenir jaune)* amarillear, ponerse amarillo.
Javel [ʒavɛl] nf. • **eau de Javel** lejía f.
je [ʒə] *(delante de vocal y h muda se utiliza j')* pron pers yo: **je suis malade**, estoy enfermo.
jean [dʒin] nm vaquero m, vaqueros m pl.
jeans [dʒins] nm vaquero m, vaqueros m pl.
jersey [ʒɛʀzɛ] nm tejido m de punto.
jet¹ [ʒɛ] nm **1** *(action)* tiro m, lanzamiento m. **2** *(d'un fluide)* chorro m.

jet 3 *(de lumière)* rayo m, chorro m. ■ **jet d'eau** surtidor m.

jet² [dʒɛt] nm *(avion)* jet m.

jetable [ʒatabl] adj desechable.

jetée [ʒəte] nf escollera f, malecón m.

jeter [6] [ʒəte] vt 1 *(lancer)* echar: **jeter une pierre**, tirar una piedra. 2 *(pousser)* tirar, lanzar: **jeter par terre**, tirar al suelo. 3 *(se débarrasser)* tirar: **jeter à la poubelle**, tirar a la basura. 4 *(pont)* construir, tender. 5 *(son)* decir, gritar: **jeter un cri**, pegar un grito. ▶ vpr **se jeter** 1 *(gén)* tirarse. 2 *(fleuve)* desembocar. ■ **jeter l'ancre** echar el ancla. **jeter les fondements** echar los cimientos. **jeter un coup d'œil** echar un vistazo. **jeter un regard** echar una mirada.

jeton [ʒətɔ̃] nm ficha f. ■ **avoir les jetons** fam tener canguelo. ■ **faux jeton** hipócrita mf.

jeu [ʒø] nm 1 *(gén)* juego m. 2 *(pari)* apuesta f. 3 MUS manera f de tocar, ejecución f. 4 *(théâtre)* interpretación f, actuación f. ■ **calmer le jeu** atenuar las tensiones. **d'entrée de jeu** desde el principio. **jouer le jeu** seguir el juego. ■ **jeu de mots** juego de palabras. **Jeux olympiques** Juegos olímpicos. **jeu vidéo** videojuego m.

jeudi [ʒødi] nm jueves m.

jeun [ʒœ̃]. ■ **à jeun** en ayunas.

jeune [ʒœn] adj 1 *(gén)* joven. 2 *(benjamin)* pequeño,-ña, menor: **son jeune frère**, su hermano pequeño. 3 *(de la jeunesse)* juvenil: **s'habiller jeune**, vestirse de forma juvenil. 4 *(récent)* recién: **jeunes mariés**, recién casados. ▶ nmf *(personne jeune)* joven. ■ **jeune fille** chica f, joven f. **jeune homme** chico m, joven m. **jeunes gens** jóvenes.

jeûne [ʒøn] nm ayuno m.

jeûner [1] [ʒøne] vi ayunar.

jeunesse [ʒœnɛs] nf juventud f.

joaillerie [ʒɔajri] nf joyería f.

jogging [dʒɔgiŋ] nm SPORT footing m.

joie [ʒwa] nf 1 *(allégresse)* alegría f. 2 *(très vive)* júbilo m. ■ **se faire une joie de** alegrarse de.

joindre [72] [ʒwɛ̃dʀ] vt 1 *(deux choses)* juntar, unir. 2 *(ajouter)* adjuntar: **joindre l'utile à l'agréable**, combinar lo útil con lo agradable. 3 *(contacter quelqu'un)* dar con: **je n'arrive pas à le joindre**, no consigo dar con él. ▶ vpr **se joindre** unirse (**à**, a).

joint,-e [ʒwɛ̃, -ɛ̃t] adj junto,-ta. ▶ nm **joint** 1 *(assemblage)* junta f. 2 fam *(drogue)* porro m.

joli,-e [ʒɔli] adj bonito,-ta. ■ **c'est du joli!** iron ¡muy bonito!

jongler [1] [ʒɔ̃gle] vi hacer juegos malabares.

jongleur,-euse [ʒɔ̃glœʀ, -øz] nm,f malabarista.

joue [ʒu] nf mejilla m.

jouer [1] [ʒwe] vi 1 *(se divertir)* jugar. 2 *(prendre à la légère)* jugar con. 3 *(acteur)* actuar, interpretar. 4 *(d'un instrument)* tocar: **jouer du piano**, tocar el piano. ▶ vt 1 *(gén)* jugar. 2 *(risquer)* jugarse. 3 *(duper)* burlar, engañar. ▶ vpr **se jouer** 1 *(gén)* jugarse. 2 *(se moquer)* burlarse (**de**, de), reírse (**de**, de): **se jouer des difficultés**, reírse de las dificultades. ■ **jouer un rôle** desempeñar un papel.

jouet [ʒwɛ] nm juguete m.

joueur,-euse [ʒwœʀ, -øz] nm,f 1 *(gén)* jugador,-ra. 2 *(d'un instrument)* intérprete. ▶ adj *(enfant)* juguetón,-ona. ■ **être beau joueur** ser buen perdedor. **être mauvais joueur** ser mal perdedor.

joufflu,-e [ʒufly] adj mofletudo, -da.

joug [ʒu] nm yugo m. • **sous le joug de** bajo el yugo de.

jouir [20] [ʒwiʀ] vi gozar, disfrutar: **jouir d'une bonne santé**, gozar de buena salud.

jouissance [ʒwisɑ̃s] nf goce m, disfrute m.

jour [ʒuʀ] nm **1** (journée) día m. **2** (clarté) luz f: **le jour se lève**, sale el sol. **3** (aspect) aspecto m: **se présenter sous un jour favorable**, presentarse bajo un aspecto favorable. **4** (ouverture) hueco m, luz f. • **au grand jour** a plena luz. **de nos jours** hoy en día. **donner le jour** dar a luz. **du jour au lendemain** de un día para otro. **faire jour** ser de día. **se mettre à jour** ponerse al día. ■ **jour férié** día festivo. **jour ouvrable** día laborable.

journal [ʒuʀnal] nm **1** (écrit) diario m. **2** (publication) periódico m. **3** (à la télé) telediario m.

journalisme [ʒuʀnalism] nm periodismo m.

journaliste [ʒuʀnalist] nmf periodista.

journée [ʒuʀne] nf día m, jornada f.

jovial,-e [ʒɔvjal] adj jovial.

joyau [ʒwajo] nm joya f.

joyeux,-euse [ʒwajø,-øz] adj (gai) alegre. **2** (heureux) feliz: **joyeux Noël !**, ¡feliz Navidad!

judaïsme [ʒydaism] nm judaísmo m.

judiciaire [ʒydisjɛʀ] adj judicial.

juge [ʒyʒ] nm juez m.

jugement [ʒyʒmɑ̃] nm **1** (faculté de l'entendement) juicio m, entendimiento m. **2** (bon sens) juicio m, cordura f. **3** DR sentencia f. **4** (opinion) juicio m, opinión f. • **prononcer un jugement** DR dictar sentencia. ■ **le jugement dernier** el juicio final.

jugeote [ʒyʒɔt] nf fam sentido m común. • **manquer de jugeote** no tener dos dedos de frente.

juger [4] [ʒyʒe] vt **1** (gén) juzgar. **2** (estimer) considerar, encontrar. • **à en juger d'après** a juzgar por.

juif,-ive [ʒɥif,-iv] adj judío,-día. ► nm,f **Juif,-ive** judío,-día.

juillet [ʒɥijɛ] nm julio m.

juin [ʒɥɛ̃] nm junio m.

jumeau,-elle [ʒymo,-ɛl] adj - nm,f (frère) gemelo,-la, mellizo,-za.

jumelé,-e [ʒymle] adj **1** (villes) hermanado,-da. **2** (maisons) adosado,-da.

jumelles [ʒymɛl] nf pl prismáticos m pl.

jument [ʒymɑ̃] nf yegua f.

jungle [ʒœ̃gl] nf selva f, jungla f.

junior [ʒynjɔʀ] nmf júnior.

jupe [ʒyp] nf falda f.

juré,-e [ʒyʀe] nm,f jurado m.

jurer [1] [ʒyʀe] vt **1** (promettre) jurar. **2** (affirmer) jurar, asegurar. ► vi **1** (dire des jurons) jurar, blasfemar. **2** (aller mal ensemble) no pegar, desentonar: **son chemisier jurait avec sa jupe**, su blusa no pegaba nada con su falda. • **je vous jure !** ¡se lo aseguro!

juridiction [ʒyʀidiksjɔ̃] nf jurisdicción f.

juridique [ʒyʀidik] adj jurídico,-ca.

juriste [ʒyʀist] nmf jurista.

juron [ʒyʀɔ̃] nm juramento m, taco m.

jury [ʒyʀi] nm **1** DR jurado m. **2** (d'examen) tribunal m.

jus [ʒy] nm **1** (gén) jugo m. **2** (liquide) zumo m. **3** fam (électricité) corriente f.

jusque [ʒysk] (delante de vocal y h muda se utiliza **jusqu'**) prép hasta. • **jusqu'à présent** hasta ahora, hasta la fecha. **jusqu'ici** hasta aquí.

juste [ʒyst] adj **1** (équitable) justo,-ta. **2** (exact) certero,-ra, acertado,-da. **3** (étroit) justo,-ta, estrecho, cha. **4** (peu abondant) justo,-ta. **5** (voix, instru-

justesse 162

ment) afinado,-da. ▶ *adv* **1** *(correct)* justamente, justo. **2** *(exact)* exactamente, precisamente. **3** *(chanter, jouer)* bien, sin desafinar. • **frapper juste** dar en el blanco. **tout juste** justo, tan sólo: elle vient tout juste de téléphoner, acaba de llamar.

justesse [ʒystɛs] *nf* **1** *(gén)* exactitud *f*, precisión *f*. **2** *(du jugement, des actions)* rectitud *f*. • **de justesse** por los pelos.

justice [ʒystis] *nf* justicia *f*. • **faire justice à** QQN hacer justicia a ALGN. **poursuivre en justice** llevar ante la justicia.

justification [ʒystifikasjɔ̃] *nf* justificación *f*.

justifier [12] [ʒystifje] *vt* justificar.

juteux,-euse [ʒytø,-øz] *adj* jugoso,-sa.

juvénile [ʒyvenil] *adj* juvenil.

juxtaposition [ʒykstapozisjɔ̃] *nf* yuxtaposición *f*.

---

kaki [kaki] *adj inv (couleur)* caqui. ▶ *nm (fruit, couleur)* caqui *m*.

kaléidoscope [kaleidɔskɔp] *nm* caleidoscopio *m*.

kangourou [kãguʀu] *nm* canguro *m*.

karaoké [kaʀaɔke] *nm* karaoke *m*.

karaté [kaʀate] *nm* kárate *m*.

Kenya [kenja] *nm* Kenya, Kenia.

kenyan,-e [kenjã,-an] *adj* keniano, -na, keniata. ▶ *nm,f* **Kenyan,-e** keniano,-na, keniata.

képi [kepi] *nm* quepis *m*, kepí *m*.

kermesse [kɛʀmɛs] *nf* kermés *f*, quermés *f*.

kérosène [keʀɔzɛn] *nm* queroseno *m*.

ketchup [kɛtʃœp] *nm* ketchup *m*.

keuf [kœf] *nm fam* poli *m*.

kidnapper [1] [kidnape] *vt* secuestrar, raptar.

kidnappeur,-euse [kidnapœʀ,-øz] *nm,f* secuestrador,-ra.

kidnapping [kidnapiŋ] *nm* secuestro *m*.

kif-kif [kifkif]. • **c'est kif-kif** es lo mismo.

kilo [kilo] *nm* kilo *m*.

kilogramme [kilɔgʀam] *nm* kilogramo *m*.

kilométrage [kilɔmetʀaʒ] *nm* kilometraje *m*.

kilomètre [kilɔmɛtʀ] *nm* kilómetro *m*.

kilo-octet [kilɔɔktɛt] *nm* INFORM kilo byte *m*.

kilowatt [kilɔwat] *nm* kilovatio *m*.

kilt [kilt] *nm* falda *f* escocesa.

kimono [kimɔno] *nm* kimono *m*.

kinésithérapeute [kineziteʀapøt] *nmf* fisioterapeuta.

kiosque [kjɔsk] *nm* quiosco *m*.

kit [kit] *nm* kit *m*. ▪ **kit mains libres** kit manos libres.

kiwi [kiwi] *nm* kiwi *m*.

klaxon® [klaksɔn] *nm* bocina *f*.

klaxonner [1] [klaksɔne] *vi* tocar la bocina.

kleenex® [klinɛks] *nm* kleenex® *m*, pañuelo *m* de papel.

kleptomane [klɛptɔman] *nmf* cleptómano,-na.

koala [kɔala] *nm* koala *m*.

krach [kʀak] *nm* crac *m*.

k-way® [kawe] *nm inv* canguro *m*.

kyrielle [kiʀjɛl] *nf fam* sarta *f*.

kyste [kist] *nm* MÉD quiste *m*.

L

l' [l] *det - pron pers* → le.

la [la] (**l'** delante de vocal y h muda) *det la*: **la chanson**, la canción. ▸ *pron pers la*: **tu la vois ?**, ¿la ves?

là [la] *adv* **1** *(loin, indéterminé)* allí, ahí: **restez là**, quédese ahí; **c'est là qu'il s'est marié**, allí fue donde se casó. **2** *(proximité)* aquí: **viens là !**, ¡ven aquí! **là**, ese hombre. **ça et là** aquí y allá. **en rester là** no pasar de allí.
• **nom + -là**, ese, aquel: **cet homme-**

là-bas [laba] *adv* allí.

labo [labo] *nm fam* laboratorio *m*.

laboratoire [labɔʀatwaʀ] *nm* laboratorio *m*.

laborieux,-euse [labɔʀjø,-øz] *adj* laborioso,-sa.

labourer [1] [labuʀe] *vt* labrar.

labyrinthe [labiʀɛ̃t] *nm* laberinto *m*.

lac [lak] *nm* lago *m*.

lacer [3] [lase] *vt* atar.

lacet [lase] *nm* cordón *m*.

lâche [laʃ] *adj* **1** *(action)* vil. **2** *(nœud)* flojo,-ja. ▸ *adj - nmf (personne)* cobarde.

lâcher [1] [laʃe] *vt* **1** *(gén)* soltar. **2** *(détendre)* aflojar. **3** *fam (un ami)* plantar. ▸ *vi* soltarse. • **lâcher prise** *fig* ceder.

lâcheté [laʃte] *nf* **1** *(manque de courage)* cobardía *f*. **2** *(action)* villanía *f*.

lacrymogène [lakʀimɔʒɛn] *adj* lacrimógeno,-na.

lacune [lakyn] *nf* laguna *f*.

là-dedans [ladǝdɑ̃] *adv* **1** *(lieu)* ahí dentro. **2** *(affaire)* en todo esto: **il n'y a rien de difficile là-dedans**, no hay nada difícil en todo esto.

là-dessous [ladsu] *adv* **1** *(lieu)* ahí abajo. **2** *(au-delà)* detrás de esto: **il y a quelque chose là-dessous**, hay algo detrás.

là-dessus [ladsy] *adv* **1** *(sur ce)* después de eso: **là-dessus, il se mit à rire**, después de eso, se puso a reír. **2** *(sur le sujet)* sobre esto: **tu ne vas pas encore revenir là-dessus !**, ino vas a volver a hablar otra vez de esto!

lagon [lagɔ̃] *nm* laguna *f*.

lagune [lagyn] *nf* laguna *f*.

laïc, laïque [laik] *adj* laico,-ca.

là-haut [lao] *adv* allí arriba.

laid,-e [lɛ,-ɛd] *adj* feo,-a.

laideur [lɛdœʀ] *nf* fealdad *f*.

lainage [lɛnaʒ] *nm* **1** *(matière)* tejido *m* de lana. **2** *(vêtement)* prenda *f* de lana.

laine [lɛn] *nf* lana *f*.

laïque [laik] *adj* → laïc.

laisse [lɛs] *nf* correa *f*. • **tenir en laisse** llevar atado,-da.

laisser [1] [lese] *vt (gén)* dejar: **laissez-moi tranquille**, déjeme en paz. ▸ *vpr* **se laisser** dejarse: **il s'est laissé aller**, se dejó llevar. • **laisse tomber !** ¡déjalo! **se laisser faire** no oponer resistencia.

laisser-aller [lɛseale] *nm inv* dejadez *f*.

laissez-passer [lesepase] *nm inv* pase *m*.

lait [lɛ] *nm* leche *f*. ▪ **lait écrémé** leche desnatada. **lait entier** leche entera.

laitage [lɛtaʒ] *nm* producto *m* lácteo.

laiteux,-euse [lɛtø,-øz] *adj* lechoso,-sa.

laitier,-ère [lɛtje,-ɛʀ] *adj - nm,f* lechero,-ra.

laitue [lety] *nf* lechuga *f*.

lama [lama] *nm* llama *f*.

lambeau [lɑ̃bo] *nm* **1** *(morceau)* pedazo *m*. **2** *fig (de conversation)* fragmento *m*. ▪ **en lambeaux** hecho trizas.

lame [lam] *nf* **1** *(de métal)* lámina *f*; *(de parquet)* tabla *f*. **2** *(d'instrument coupant)* hoja *f*. **3** *(vague)* ola *f*. ▪ **lame de rasoir** hoja de afeitar.

lamelle [lamɛl] *nf* lámina *f*. ▪ **en lamelles** en lonchas.

lamentable [lamɑ̃tabl] *adj* lamentable.

lamenter (se) [1] [lamɑ̃te] *vpr* lamentarse.

lampadaire [lɑ̃padɛʀ] *nm* **1** *(de rue)* farola *f*. **2** *(d'intérieur)* lámpara *f* de pie.

lampe [lɑ̃p] *nf* lámpara *f*. ▪ **lampe de poche** linterna *f*.

lance [lɑ̃s] *nf* lanza *f*. ▪ **lance d'incendie** manga *f* de incendio.

lancement [lɑ̃smɑ̃] *nm* **1** *(gén)* lanzamiento *m*. **2** *(d'un bateau)* botadura *f*.

lancer [3] [lɑ̃se] *vt* **1** *(gén)* lanzar. **2** *(coup, injures)* soltar. **3** *(moteur, ordinateur)* arrancar. ▶ *vpr* **se lancer dans la chanson**, se ha lanzado al mundo de la canción.

landau [lɑ̃do] *nm* cochecito *m*.

langage [lɑ̃gaʒ] *nm* lenguaje *m*.

langouste [lɑ̃gust] *nf* langosta *f*.

langoustine [lɑ̃gustin] *nf* cigala *f*.

langue [lɑ̃g] *nf* **1** *(gén)* lengua *f*. **2** *(style)* lenguaje *m*.

languette [lɑ̃gɛt] *nf* lengüeta *f*.

lanière [lanjɛʀ] *nf* correa *f*.

lanterne [lɑ̃tɛʀn] *nf* **1** *(d'éclairage)* farolillo *m*. **2** *(de projection)* linterna *f*.

lapider [1] [lapide] *vt* lapidar.

lapin,-e [lapɛ̃,-in] *nm,f* conejo,-ja. ▪ **poser un lapin** dar un plantón.

laps [laps] *nm* lapso *m*.

lapsus [lapsys] *nm* lapsus *m*.

laquelle [lakɛl] *pron rel* → **lequel**.

lard [laʀ] *nm* **1** *(graisse de porc)* tocino *m*. **2** *(viande)* panceta *f*.

lardon [laʀdɔ̃] *nm* CUIS mecha *m* de tocino.

large [laʀʒ] *adj* **1** *(gén)* ancho,-cha. **2** *(vêtements)* holgado,-da. **3** *(étendu, important)* amplio,-plia. **4** *(généreux)* generoso,-sa. ▶ *nm* ancho *m*: **le tissu mesure un mètre de large**, la tela mide un metro de ancho. ▶ *adv* de sobra. ▪ **au large** frente a la costa. **en long et en large** con pelos y señales. **prendre le large** *fam fig* largarse.

largement [laʀʒəmɑ̃] *adv* **1** *(gén)* ampliamente. **2** *(payer)* generosamente.

largeur [laʀʒœʀ] *nf* **1** *(dimension)* anchura *f*. **2** *fig (d'esprit)* amplitud *f*.

larguer [2] [laʀge] *vt* **1** *(amarres)* largar. **2** *(bombe)* tirar. **3** *fam (abandonner)* abandonar.

larme [laʀm] *nf* lágrima *f*.

larve [laʀv] *nf* larva *f*.

laryngite [laʀɛ̃ʒit] *nf* MÉD laringitis *f*.

larynx [laʀɛ̃ks] *nm* ANAT laringe *f*.

las, lasse [la, las] *adj* **1** *(fatigué)* cansado,-da. **2** *fig (dégoûté)* harto,-ta.

laser [lazɛʀ] *nm* láser *m*.

lassitude [lasityd] *nf* **1** *(fatigue)* cansancio *m*. **2** *(ennui)* hastío *m*.

latéral,-e [lateʀal] *adj* lateral.

latex [latɛks] *nm* látex *m*.

latin,-e [latɛ̃,-in] *adj* latino,-na. ▶ *nm,f* **Latin,-e** latino,-na. ▶ *nm* **latin** *(langue)* latín *m*.

latino-américain,-e [latinoamerikɛ̃,-ɛn] adj latinoamericano,-na. ▶ nm,f **Latino-américain,-e** latinoamericano,-na.

latitude [latityd] nf latitud f.

latte [lat] nf listón m.

lauréat,-e [lɔrea,-at] adj - nm,f galardonado,-da.

laurier [lɔrje] nm laurel m.

lavable [lavabl] adj lavable.

lavabo [lavabo] nm lavabo m.

lavage [lavaʒ] nm lavado m.

lavande [lavɑ̃d] nf lavanda f.

lave [lav] nf lava f.

lave-linge [lavlɛ̃ʒ] nm inv lavadora f.

laver [1] [lave] vt **1** (gén) lavar. **2** (la vaisselle) fregar. **3** (les vitres) limpiar.

laverie [lavri] nf lavandería f.

lave-vaisselle [lavvɛsɛl] nm inv lavavajillas m, lavaplatos m.

laxatif [laksatif] nm laxante m.

le [lə] (l' delante de vocal y h muda) det el: **l'oiseau**, el pájaro; **l'hôpital**, el hospital; **à trois euros le kilo**, a tres euros el kilo. ▶ pron pers lo: **je le sais**, lo sé; **je l'ai vu hier**, lo vi ayer.

leader [lidœʀ] nm líder mf.

lécher [10] [leʃe] vt lamer. • **se lécher les doigts** chuparse los dedos.

leçon [ləsɔ̃] nf **1** (gén) lección f. **2** (cours) clase f. • **faire la leçon à** QQN aleccionar a ALGN.

lecteur,-trice [lɛktœʀ,-tʀis] nm,f lector,-ra. ▶ nm **lecteur de** lector de.

lecture [lɛktyʀ] nf lectura f.

légal,-e [legal] adj legal.

légaliser [1] [legalize] vt legalizar.

légalité [legalite] nf legalidad f.

légendaire [leʒɑ̃dɛʀ] adj legendario,-ria.

légende [leʒɑ̃d] nf **1** (fable, de diagramme) leyenda f. **2** (d'illustration, photo) pie m.

léger,-ère [leʒe,-ɛʀ] adj ligero,-ra.

légèrement [leʒɛʀmɑ̃] adv **1** (peu, doucement) ligeramente. **2** (sans gravité) levemente.

légèreté [leʒɛʀte] nf **1** (gén) ligereza f. **2** (d'un accident) levedad f.

légion [leʒjɔ̃] nf legión f.

législation [leʒislasjɔ̃] nf legislación f.

légitime [leʒitim] adj legítimo,-ma.

légitimer [1] [leʒitime] vt **1** (union, enfant) legitimar. **2** fig (acte, mauvaise action) justificar.

léguer [10] [lege] vt legar.

légume [legym] nm verdura f. • **légumes secs** legumbres f pl.

lendemain [lɑ̃dmɛ̃] nm **1** (jour suivant) día m siguiente. **2** (avenir) futuro m. • **du jour au lendemain** de la noche a la mañana. **sans lendemain** sin futuro.

lent,-e [lɑ̃,-ɑ̃t] adj lento,-ta.

lenteur [lɑ̃tœʀ] nf lentitud f.

lentille [lɑ̃tij] nf **1** (légume) lenteja f. **2** (pour voir) lentilla f. ■ **lentilles de contact** lentes f pl de contacto.

léopard [leɔpaʀ] nm leopardo m.

lequel, laquelle [ləkɛl, lakɛl] pron rel (pl **lesquels, lesquelles**) el cual, la cual, el que, la que. ▶ pron inter cuál: **lequel préférez-vous ?**, ¿cuál prefiere?

les [le] det - pron los, las: **les arbres**, los árboles; **les filles**, las chicas.

lesbienne [lɛsbjɛn] nf lesbiana f.

lésiner [1] [lezine] vi escatimar.

lésion [lezjɔ̃] nf lesión f.

lesquels, lesquelles [lekɛl] pron → **lequel, laquelle**.

lessive [lesiv] nf **1** (produit) detergente m. **2** (linge) colada f.

letton,-onne [lɛtɔ̃,-ɔn] adj letón,-ona. ▶ nm **Letton,-onne** letón,-ona. ▶ nm **letton** (langue) letón m.

Lettonie [lɛtɔni] nf Letonia.

lettre [lɛtʀ] nf **1** (caractère) letra f. **2** (courrier) carta f. ▶ nf pl **lettres** letras *f pl*: **lettres modernes**, letras modernas. ● **au pied de la lettre** al pie de la letra. ■ **lettre recommandée** carta certificada.

leucémie [løsemi] *nf* leucemia *f*.

leur [lœʀ] *adj poss* su: **ils viendront dans leur voiture**, vendrán con su coche. ▶ *pron* **le/la leur** el suyo, la suya: **nos enfants ont le même âge, mais le leur est plus grand**, nuestros hijos tienen la misma edad, pero el suyo es más alto. ▶ *pron pers* **le**: **je leur raconte cette histoire**, les cuento esta historia.

levain [ləvɛ̃] *nm* levadura *f*.

levant,-e [ləvɑ̃] *adj* naciente: **soleil levant**, sol naciente. ▶ *nm* **le vant** levante *m*.

lever[1] [ləve] *vt* **1** (*gén*) levantar. **2** (*les yeux*) alzar. **3** (*tirer vers le haut*) subir. ▶ *vpr* **se lever 1** (*gén*) levantarse. **2** (*le jour*) salir.

lever[2] [ləve] *nm* **1** momento *m* de levantarse de la cama. **2** (*d'un astre*) salida *f*.

lève-tard [lɛvtaʀ] *nmf inv* dormilón,-ona.

lève-tôt [lɛvto] *nmf inv* madrugador,-ra.

levier [ləvje] *nm* palanca *f*. ■ **levier de vitesses** palanca de cambios.

lèvre [lɛvʀ] *nf* labio *m*.

levure [ləvyʀ] *nf* levadura *f*.

lexique [lɛksik] *nm* léxico *m*.

lézard [lezaʀ] *nm* lagarto *m*.

lézarder [1] [lezaʀde] *vt* agrietar. ▶ *vi fam* gandulear.

liaison [ljɛzɔ̃] *nf* **1** (*transport, de pronciation*) enlace *m*. **2** (*contact*) relación *f*. **3** (*amoureuse*) aventura *f*.

liasse [ljas] *nf* **1** (*de papiers*) legajo *m*. **2** (*de billets*) fajo *m*.

Liban [libɑ̃] *nm* Líbano.

libanais,-e [libanɛ,-ɛs] *adj* libanés, -esa. ▶ *nm,f* **Libanais,-e** libanés,-esa.

libellule [libelyl] *nf* libélula *f*.

libéral,-e [liberal] *adj* - *nm,f* liberal.

libération [liberasjɔ̃] *nf* liberación *f*.

libérer [10] [libere] *vt* **1** (*gén*) liberar. **2** (*prisonnier*) poner en libertad. **3** (*d'une charge*) librar. **4** (*la conscience*) descargar.

liberté [libɛʀte] *nf* libertad *f*.

librairie [libʀɛʀi] *nf* librería *f*.

libre [libʀ] *adj* libre.

libre-service [libʀəsɛʀvis] *nm* (*pl* **libres-services**) autoservicio *m*.

Libye [libi] *nf* Libia.

libyen,-enne [libjɛ̃,-ɛn] *adj* libio, -bia. ▶ *nm,f* **Libyen,-enne** libio,-bia.

licence [lisɑ̃s] *nf* **1** (*permis*) licencia *f*. **2** (*universitaire*) diploma *m*.

licencié,-e [lisɑ̃sje] *adj* - *nm,f* **1** (*à l'université*) diplomado,-da. **2** SPORT federado,-da.

licenciement [lisɑ̃simɑ̃] *nm* despido *m*.

licencier [12] [lisɑ̃sje] *vt* despedir.

licite [lisit] *adj* lícito,-ta.

licorne [likɔʀn] *nf* unicornio *m*.

liège [ljɛʒ] *nm* corcho *m*.

lien [ljɛ̃] *nm* **1** (*attache*) atadura *f*. **2** *fig* (*relation*) lazo *m*, vínculo *m*. **3** INFORM vínculo *m*.

lier [1] [lje] *vt* **1** (*attacher*) atar. **2** (*relier*) unir. **3** (*amitié, conversation*) entablar. ▶ *vpr* **se lier 1** (*s'attacher*) atarse. **2** (*d'amitié*) intimar (**avec**, con).

lierre [ljɛʀ] *nm* hiedra *f*.

lieu [ljø] *nm* lugar *m*. ● **au lieu de** en lugar de. **avoir lieu** tener lugar. **donner lieu à** dar lugar a. **en haut lieu** en altas instancias. **il y a lieu de** hay razones para. **tenir lieu de** servir de. ■ **lieu public** establecimiento público.

lieutenant [ljøtnɑ̃] *nm* teniente *m*.

lièvre [ljɛvʀ] *nm* liebre *f*.

ligne [liɲ] *nf* **1** (*gén*) línea *f*. **2** (*pour la pêche*) caña *f*. ● **en ligne 1** (*en file*) en fila. **2** INFORM en línea. **gar-**

der la ligne conservar la línea. **point à la ligne** punto y aparte. **sur toute la ligne** por completo.
lignée [liɲe] *nf* descendencia *f*.
ligoter [1] [ligɔte] *vt* atar.
ligue [lig] *nf* liga *f*.
lilas [lila] *adj - nm* lila *f*.
lime [lim] *nf* lima *f*.
limer [1] [lime] *vt* limar.
limitation [limitasjɔ̃] *nf* limitación *f*. ▸ **limitation de vitesse** límite *m* de velocidad.
limite [limit] *nf* límite *m*. ▶ *adj* extremo,-ma. • **à la limite** en última instancia.
limité,-e [limite] *adj* limitado,-da.
limiter [1] [limite] *vt* limitar.
limitrophe [limitrɔf] *adj* limítrofe.
limonade [limɔnad] *nf* gaseosa *f*.
lin [lɛ̃] *nm* lino *m*.
linéaire [lineɛR] *adj* lineal.
linge [lɛ̃ʒ] *nm* **1** *(de maison)* ropa *f* blanca. **2** *(à laver)* colada *f*. **3** *(sous-vêtements)* ropa *f* interior. **4** *(tissu)* trapo *m*.
lingerie [lɛ̃ʒRi] *nf* lencería *f*.
lingot [lɛ̃go] *nm* lingote *m*.
linguiste [lɛ̃gyist] *nmf* lingüista.
linguistique [lɛ̃gyistik] *adj* lingüístico,-ca. ▶ *nf* lingüística *f*.
lion, lionne [ljɔ̃, ljɔn] *nmf* león, leona.
lionceau [ljɔ̃so] *nm* cachorro *m* de león.
lipide [lipid] *nm* lípido *m*.
liquéfier [12] [likefje] *vt* licuar.
liqueur [likœR] *nf* licor *m*.
liquidation [likidasjɔ̃] *nf* liquidación *f*.
liquide [likid] *adj* líquido,-da. ▶ *nm* líquido *m*. • **en liquide** en efectivo.
liquider [1] [likide] *vt* liquidar.
lire [66] [liR] *vt* leer.
lisible [lizibl] *adj* legible.
lisière [lizjɛR] *nf* **1** *(limite)* linde *m-f*. **2** *(d'un tissu)* orilla *f*.

lisse [lis] *adj* liso,-sa.
lisser [1] [lise] *vt* alisar.
liste [list] *nf* lista *f*. ▸ **liste d'attente** lista de espera.
lit [li] *nm* **1** *(pour dormir)* cama *f*. **2** *(de rivière)* lecho *m*. • **faire son lit** hacer la cama. **se mettre au lit** acostarse. ▸ **lit double** cama de matrimonio. **lits superposés** litera *f*.
litige [litiʒ] *nm* litigio *m*.
litre [litR] *nm* litro *m*.
littéraire [liteRɛR] *adj* literario,-ria.
littéral,-e [liteRal] *adj* literal.
littérature [liteRatyR] *nf* literatura *f*.
littoral [litɔRal] *adj* litoral. ▶ *nm* litoral *m*.
Lituanie [lityani] *nf* Lituania.
lituanien,-enne [lityanjɛ̃,-ɛn] *adj* lituano,-na. ▶ *nm,f* **Lituanien,-enne** lituano,-na. ▶ *nm* **lituanien** *(langue)* lituano *m*.
livide [livid] *adj* lívido,-da.
livraison [livRɛzɔ̃] *nf* entrega *f*.
livre¹ [livR] *nm* *(ouvrage)* libro *m*. ▸ **livre de poche** libro de bolsillo.
livre² [livR] *nf* *(monnaie, poids)* libra *f*. ▸ **livre sterling** libra esterlina.
livrer [1] [livRe] *vt* **1** *(remettre)* entregar. **2** *(bataille)* dar, librar.
livret [livRɛ] *nm* cartilla *f*, libreta *f*. ▸ **livret de caisse d'épargne** libreta de ahorros. **livret de famille** libro *m* de familia.
livreur,-euse [livRœR,-øz] *adj - nm,f* repartidor,-ra.
lobe [lɔb] *nm* lóbulo *m*.
local,-e [lɔkal] *adj* local. ▶ *nm* local *m*.
localiser [1] [lɔkalize] *vt* localizar.
localité [lɔkalite] *nf* localidad *f*.
locataire [lɔkatɛR] *nmf* inquilino,-na.
location [lɔkasjɔ̃] *nf* **1** *(de maison, automobile)* alquiler *m*. **2** *(appartement)* piso *m* de alquiler.

locomotive

locomotive [lɔkɔmɔtiv] nf locomotora f.
locution [lɔkysjɔ̃] nf locución f.
logarithme [lɔgaritm] nm logaritmo m.
loge [lɔʒ] nf 1 (de concierge) portería f. 2 (au théâtre - de spectateurs) palco m; (- d'acteurs) camerino m. ● **être aux premières loges** fig estar en la primera fila.
logement [lɔʒmɑ̃] nm 1 (action de loger) alojamiento m. 2 (appartement) vivienda f.
loger [4] [lɔʒe] vt 1 (une personne) alojar. 2 (introduire) meter. ▶ vi alojarse, hospedarse. ▶ vpr **se loger** 1 (gén) alojarse. 2 (trouver un logement) encontrar casa.
logiciel [lɔʒisjɛl] nm INFORM software m, programa m.
logique [lɔʒik] adj lógico,-ca. ▶ nf lógica f.
logistique [lɔʒistik] adj logístico, -ca. ▶ nf logística f.
logo [logo] nm logotipo m, logo m.
loi [lwa] nf ley f. ● **faire la loi** dictar la ley.
loin [lwɛ̃] adv lejos. ● **aller loin** llegar lejos. **au loin** a lo lejos. **de loin** de lejos.
lointain,-e [lwɛ̃tɛ̃,-ɛn] adj lejano,-na.
loisir [lwazir] nm ocio m. ▶ nm pl **loisirs** distracciones f pl.
long,gue [lɔ̃, lɔ̃g] adj 1 (gén) largo, -ga. 2 (lent) lento, -ta: **c'est long à venir**, tarda en llegar. ▶ nm largo m, longitud f: **d'un kilomètre de long**, de un kilómetro de largo. ● **à dire mucho**: **cela en dit long sur sa pensée**, esto dice mucho de su forma de pensar. ● **de longue date** antiguo,-gua. **à la longue** a la larga. **de long en large** de un lado a otro. **en long et en large** con pelos y señales. **le long de** a lo largo de. **tout au long de** durante todo.

longer [4] [lɔ̃ʒe] vt bordear.
longitude [lɔ̃ʒityd] nf longitud f.
longtemps [lɔ̃tɑ̃] adv mucho tiempo: **il y a longtemps de cela**, hace mucho tiempo. ● **depuis longtemps** desde hace mucho tiempo.
longuement [lɔ̃gmɑ̃] adv 1 (pendant longtemps) mucho tiempo. 2 (en détail) detenidamente.
longueur [lɔ̃gœr] nf 1 longitud f, largo m. 2 (durée) duración f. ● **à longueur de** a lo largo de: **à longueur d'année**, a lo largo del año.
look [luk] nm look m, aspecto m.
lorgner [1] [lɔrɲe] vt 1 (regarder) mirar de soslayo. 2 (convoiter) echar el ojo a.
lors [lɔr] adv entonces. ● **depuis lors** desde entonces. **dès lors** desde entonces. **lors de** durante: **lors de son dernier voyage**, durante su último viaje.
lorsque [lɔrsk(ə)] conj cuando.
losange [lɔzɑ̃ʒ] nm rombo m.
lot [lo] nm 1 (part, marchandise) lote m. 2 (prix) premio m. 3 fig (destin) destino m. ● **le gros lot** el premio gordo.
loterie [lɔtri] nf lotería f.
lotion [losjɔ̃] nf loción f.
lotissement [lɔtismɑ̃] nm urbanización f.
loto [loto] nm lotería f primitiva.
lotte [lɔt] nf rape m.
louange [lwɑ̃ʒ] nf alabanza f.
louche[1] [luʃ] adj 1 (acte) turbio, -bia. 2 (personne) sospechoso,-sa.
louche[2] [luʃ] nf (cuillère) cucharón m.
louer [1] [lwe] vt 1 (maison, automobile) alquilar. 2 (complimenter) alabar. ● **à louer** en alquiler.
loup [lu] nm 1 (animal) lobo m. 2 (masque) antifaz m. 3 (poisson) lubina f.
loupe [lup] nf lupa f.
louper [1] [lupe] vt 1 (train) perder. 2 (travail) hacer mal.
loup-garou [lugaru] nm (pl **loups-garous**) hombre lobo.

lourd,-e [luʀ, luʀd] *adj* **1** *(qui pèse)* pesado,-a. **2** *(temps)* bochornoso, -sa. **3** *(rempli)* lleno,-na (**de**, de): **un regard lourd de rancune**, una mirada llena de rencor. **4** *(erreur)* grave. ▶ *adv* **lourd** mucho: **il n'en sait pas lourd**, no sabe mucho.
lourdaud,-e [luʀdo,-od] *adj* torpe.
lourdeur [luʀdœʀ] *nf* **1** *(des gestes)* pesadez *f.* **2** *(d'esprit)* lentitud *f.*
louve [luv] *nf* loba *f.*
louveteau [luvto] *nm* lobezno *m*, lobato *m.*
loyal,-e [lwajal] *adj* leal.
loyauté [lwajote] *nf* lealtad *f.*
loyer [lwaje] *nm* alquiler *m.*
lubie [lybi] *nf* antojo *m.*
lubrifiant,-e [lybʀifjɑ̃] *adj* lubrificante.
lubrifier [12] [lybʀifje] *vt* lubricar.
lucarne [lykaʀn] *nf* tragaluz *m.*
lucide [lysid] *adj* lúcido,-da.
lucidité [lysidite] *nf* lucidez *f.*
lucratif,-ive [lykʀatif,-iv] *adj* lucrativo,-va.
ludique [lydik] *adj* lúdico,-ca.
lueur [lɥœʀ] *nf* **1** *(lumière)* resplandor *m.* **2** *(d'un éclair)* fulgor *m.* **3** *(éclat)* chispa *f.*
luge [lyʒ] *nf* trineo *m.*
lugubre [lygybʀ] *adj* lúgubre.
lui [lɥi] *pron pers* **1** *(complément)* **le: je lui ai téléphoné hier**, le llamé ayer. **2** *(précédé d'une prép)* **j'ai rêvé de lui**, soñé con él. **3** *(sujet)* él: **c'est lui qui le dit**, es él quien lo dice. **4** *(poss précédé de la préposition à)* suyo, -a: **ce pull est à lui**, este jersey es suyo. **5** *(réfléchi)* sí mismo: **il n'est vraiment pas content de lui**, no está nada contento de sí mismo.
lui-même [lɥimɛm] *pron pers* él mismo.
luire [58] [lɥiʀ] *vi* brillar.
lumière [lymjɛʀ] *nf* luz *f.* • **à la lumière de** *fig* a la vista de. **ce n'est pas une lumière** *iron* no es ninguna lumbrera.
lumineux,-euse [lyminø,-øz] *adj* **1** *(gén)* luminoso,-sa. **2** *(visage)* resplandeciente.
luminosité [lyminozite] *nf* luminosidad *f.*
lunatique [lynatik] *adj - nmf* lunático,-ca.
lundi [lœ̃di] *nm* lunes *m.*
lune [lyn] *nf* luna *f.* • **être dans la lune** *fig* estar en la luna. ■ **pleine lune** luna llena.
lunette [lynɛt] *nf* **1** *(d'astronome)* anteojo *m.* **2** *(d'une voiture)* ventanilla *f.* ▶ *nf pl* **lunettes** gafas *f pl.*
lustre [lystʀ] *nm* **1** *(éclat)* lustre *m.* **2** *(lampe)* araña *f.*
lustrer [1] [lystʀe] *vt* dar brillo.
lutin [lytɛ̃] *nm* duende *m.*
lutte [lyt] *nf* lucha *f.*
lutter [1] [lyte] *vi* luchar.
lutteur,-euse [lytœʀ,-øz] *nm,f* luchador,-ra.
luxation [lyksasjɔ̃] *nf* luxación *f.*
luxe [lyks] *nm* lujo *m.* • **s'offrir le luxe de** permitirse el lujo de.
Luxembourg [lyksɑ̃buʀ] *nm* Luxemburgo.
luxembourgeois,-e [lyksɑ̃buʀʒwa, -az] *adj* luxemburgués,-esa. ▶ *nm,f* **Luxembourgeois,-e** luxemburgués, -esa.
luxueux,-euse [lyksɥø,-øz] *adj* lujoso,-sa.
luxure [lyksyʀ] *nf* lujuria *f.*
luxuriant,-e [lyksyʀjɑ̃,-ɑ̃t] *adj* exuberante.
lycée [lise] *nm* instituto *m.*
lycéen,-enne [liseɛ̃,-ɛn] *nm,f* alumno,-na de instituto.
lyncher [1] [lɛ̃ʃe] *vt* linchar.
lynx [lɛ̃ks] *nm* lince *m.*
lyrique [liʀik] *adj* lírico,-ca.
lyrisme [liʀism] *nm* lirismo *m.*

M

M. *abr* (**Monsieur**) sr.: **M. Dupuis**, sr. Dupuis.

m' *pron pers* → me.

ma [ma] (delante de nombre femenino que empieza por vocal o h muda se utiliza mon en vez de ma) *adj poss* mi: **ma voiture**, mi coche.

macédoine [masedwan] *nf* **1** *(de fruits)* macedonia *f*. **2** *(de légumes)* menestra *f*.

macérer [10] [maseʀe] *vt - vi* macerar.

mâcher [1] [maʃe] *vt* masticar. • **ne pas mâcher ses mots** *fig* no tener pelos en la lengua.

machin [maʃɛ̃] *nm* **1** *fam (objet)* chisme *m*. **2 Machin** *fam (personne)* fulano *m*.

machinal,-e [maʃinal] *adj (geste)* mecánico,-ca.

machine [maʃin] *nf* máquina *f*. • **faire machine arrière** dar marcha atrás. ■ **machine à laver** lavadora *f*. **machine à sous** máquina tragaperras.

machisme [ma(t)ʃism] *nm* machismo *m*.

mâchoire [maʃwaʀ] *nf* mandíbula *f*.

mâchonner [1] [maʃɔne] *vt* **1** *(mâcher)* mascar. **2** *fig (mots)* mascullar.

maçon [masɔ̃] *nm* albañil *mf*.

maçonnerie [masɔnʀi] *nf* **1** *(travaux)* albañilería *f*. **2** *(construction)* obra *f*.

madame [madam] *nf (pl* **mesdames**) señora *f*: **bonjour Madame**, buenos días, señora; **madame Récamier**, la señora Récamier.

madeleine [madlɛn] *nf* CUIS magdalena *f*.

mademoiselle [madmwazɛl] *nf (pl* **mesdemoiselles**) señorita *f*.

maffia [mafja] *nf* mafia *f*.

magasin [magazɛ̃] *nm* **1** *(boutique)* tienda *f*. **2** *(entrepôt)* almacén *m*. • **faire les magasins** ir de tiendas. ■ **grands magasins** grandes almacenes.

magazine [magazin] *nm* **1** *(publication)* revista *f*. **2** *(de radio, télévision)* magazine *m*, magacín *m*.

magicien,-enne [maʒisjɛ̃,-ɛn] *nm,f* mago, -ga.

magie [maʒi] *nf* magia *f*.

magique [maʒik] *adj* mágico,-ca.

magistrat [maʒistʀa] *nm* magistrado *m*.

magnat [magna] *nm* magnate *mf*.

magnésium [maɲezjɔm] *nm* magnesio *m*.

magnétique [maɲetik] *adj* magnético,-ca.

magnétisme [maɲetism] *nm* magnetismo *m*.

magnifique [maɲifik] *adj* magnífico,-ca.

magouille [maguj] *nf fam* chanchullo *m*.

mai [mɛ] *nm* mayo *m*.

maigre [mɛgʀ] *adj* **1** *(personne)* flaco, -ca. **2** *(sans graisse - laitages)* desnatado,-da; *(viande)* magro, -gra. **3** *fig (salaire, récolte)* pobre. ▶ *nmf* flaco,-ca.

maigreur [mɛgʀœʀ] *nf* delgadez *f*.

maigrir [20] [megʀiʀ] *vt - vi* adelgazar.
maille [maj] *nf* **1** *(d'un gilet)* malla *f.* **2** *(tricot, crochet)* punto *m.*
maillon [majɔ̃] *nm* eslabón *m.*
maillot [majo] *nm (de sport)* maillot *m.* ■ **maillot de bain** bañador *m.* **maillot de corps** camiseta *f.*
main [mɛ̃] *nf* mano *f.* • **à la main** a mano. **donner un coup de main** echar una mano. **haut les mains !** ¡manos arriba! **prendre en main** encargarse de. **se laver les mains** lavarse las manos.
main-d'œuvre [mɛ̃dœvʀ] *nf (pl* **mains-d'œuvre**) mano *f* de obra.
mainmise [mɛ̃miz] *nf* dominio *m.*
maint,-e [mɛ̃, ɛ̃t] *adj fml* mucho, -cha. • **maintes fois** muchas veces.
maintenance [mɛ̃tnɑ̃s] *nf* mantenimiento *m.*
maintenant [mɛ̃tnɑ̃] *adv* ahora.
maintenir [35] [mɛ̃tniʀ] *vt* mantener.
maintien [mɛ̃tjɛ̃] *nm* mantenimiento *m.*
maire [mɛʀ] *nm* alcalde,-esa.
mairie [meʀi] *nf* ayuntamiento *m.*
mais [mɛ] *conj* **1** *(opposition, restriction)* pero. **2** *(dans une phrase négative)* sino: **ce n'est pas de la neige mais de la grêle,** no es nieve sino granizo. ► *adv (pour insister)* pero: **mais oui !** ¡e vendrai !, ¡pues claro que iré! ► *nm* pero *m:* **il y a un mais,** hay un pero. ■ **non seulement ... mais** no sólo ... sino que.
maïs [mais] *nm* maíz *m.*
maison [mɛzɔ̃] *nf* casa *f.* ► *adj inv* casero,-ra: **un gâteau maison,** un pastel casero. ■ **maison d'édition** editorial *f.* **maison de retraite** asilo *m* de ancianos.
maître,-esse [mɛtʀ,-tʀɛs] *adj* maestro, -tra. ► *nm,f* **1** *(d'un animal)* dueño,-ña. **2** *(instituteur, génie)* maestro, -tra. **3** *(de musique, danse)* profesor, -ra. • **être maître de soi** ser dueño de uno mismo. ■ **maître d'hôtel** maître *m.* **maître nageur** monitor,-ra de natación.
maîtresse [mɛtʀɛs] *nf* amante *f.* ■ **maîtresse de maison** ama *f* de casa.
maîtrise [mɛtʀiz] *nf* **1** *(contrôle)* dominio *m.* **2** *(habileté)* maestría *f.* **3** *(diplôme universitaire)* licenciatura *f.*
maîtriser [1] [mɛtʀize] *vt* dominar.
majestueux,-euse [maʒɛstɥø,-øz] *adj* majestuoso,-sa.
majeur,-e [maʒœʀ] *adj* **1** *(gén)* mayor. **2** *(important)* primordial. **3** *(personne)* mayor de edad. ► *nm* **majeur** *(doigt)* dedo *m* de corazón.
majordome [maʒɔʀdɔm] *nm* mayordomo *m.*
majoritaire [maʒɔʀitɛʀ] *adj* mayoritario.
majorité [maʒɔʀite] *nf* **1** *(plupart)* mayoría *f.* **2** *(âge)* mayoría *f* de edad.
majuscule [maʒyskyl] *adj* mayúsculo,-la. ► *nf* mayúscula *f.*
mal [mal] *nm* **1** *(gén)* mal *m:* **le bien et le mal,** el bien y el mal. **2** *(souffrance physique)* dolor *m.* **3** *(préjudice)* daño *m:* **il n'y a pas de mal,** no hay daños. ► *adv* mal: **ce pantalon ne te va pas mal,** este pantalón no te queda mal. • **avoir du mal à faire** QQCH costar trabajo hacer ALGO. **avoir mal** doler: **j'ai mal à la tête,** me duele la cabeza. **avoir mal au cœur** estar mareado,-da. **ça tombe mal** llega en mal momento. **dire du mal de** QQN hablar mal de ALGN. **faire mal** hacer daño. **mal prendre** QQCH tomar ALGO a mal. **pas mal de** bastante.
malade [malad] *adj - nmf* enfermo, -ma. • **tomber malade** ponerse enfermo,-ma.
maladie [maladi] *nf* enfermedad *f.*
maladresse [maladʀɛs] *nf* torpeza *f.*

maladroit,-e [maladʀwa,-at] *adj - nm,f* torpe.
malaise [malɛz] *nm* malestar *m*.
malchance [malʃɑ̃s] *nf* desgracia *f*, mala suerte *f*.
mâle [mal] *adj* **1** *(enfant)* varón. **2** *(animal)* macho. **3** *(hormone)* masculino,-na. ▶ *nm* **1** *(animal)* macho *m*. **2** *(homme)* varón *m*.
malédiction [malediksjɔ̃] *nf* maldición *f*.
malencontreux,-euse [malɑ̃kɔ̃tʀø,-øz] *adj* desafortunado,-da.
malentendant,-e [malɑ̃tɑ̃dɑ̃,-ɑ̃t] *adj - nm,f* sordo,-da.
malentendu [malɑ̃tɑ̃dy] *nm* malentendido *m*.
malfamé,-e [malfame] *adj* de mala fama.
malformation [malfɔʀmasjɔ̃] *nf* malformación *f*.
malgré [malgʀe] *prép* a pesar de. • **malgré tout** a pesar de todo.
malheur [malœʀ] *nm* desgracia *f*. • **faire un malheur** *fam* ser un bombazo. **par malheur** por desgracia. **porter malheur** traer mala suerte.
malheureux,-euse [malœʀø,-øz] *adj* **1** *(amour, vie)* desgraciado,-da. **2** *(air, visage)* desdichado,-da. **3** *(incident, mot, rencontre)* desafortunado,-da. ▶ *nm,f* desgraciado,-da.
malhonnête [malɔnɛt] *adj* deshonesto,-ta.
malice [malis] *nf* malicia *f*.
malicieux,-euse [malisjø,-øz] *adj - nm,f* malicioso,-sa.
malin,-igne [malɛ̃,-iɲ] *adj* **1** *(personne)* astuto,-ta. **2** *(regard)* malicioso,-sa. **3** *(tumeur)* maligno,-na. ▶ *nm,f* astuto,-ta.
malintentionné,-e [malɛ̃tɑ̃sjɔne] *adj - nm,f* malintencionado,-da.
mallette [malɛt] *nf* maletín *m*.
malmener [7] [malməne] *vt* maltratar.

malnutrition [malnytʀisjɔ̃] *nf* desnutrición *f*.
malpoli,-e [malpɔli] *adj - nm,f* maleducado,-da.
malsain,-e [malsɛ̃,-ɛn] *adj* malsano,-na.
maltraiter [1] [maltʀete] *vt* maltratar.
malveillant,-e [malvejɑ̃,-ɑ̃t] *adj* malintencionado,-da.
malvoyant,-e [malvwajɑ̃,-ɑ̃t] *adj - nm,f* invidente.
maman [mamɑ̃] *nf* mamá *f*.
mamelle [mamɛl] *nf* ubre *f*.
mamelon [mamlɔ̃] *nm* pezón *m*.
mamie [mami] *nf fam* abuelita *f*.
mammifère [mamifɛʀ] *nm* mamífero *m*.
mammouth [mamut] *nm* mamut *m*.
manager [manadʒœʀ] *nm* **1** *(d'acteur, de chanteur)* representante *m*, agente *m*. **2** *(d'entreprise)* directivo *m*.
manche[1] [mɑ̃ʃ] *nf* **1** *(de vêtement)* manga *f*. **2** *(au jeu)* partida *f*. **3** SPORT set *m*, manga *f*. • **retrousser ses manches** remangarse.
manche[2] [mɑ̃ʃ] *nm* **1** *(d'un ustensile)* mango *m*. **2** *fam (maladroit)* zopenco,-ca.
manchot,-ote [mɑ̃ʃo,-ɔt] *adj - nm,f* manco,-ca. ▶ *nm* **manchot** *(oiseau)* pájaro *m* bobo.
mandarine [mɑ̃daʀin] *nf* mandarina *f*.
mandat [mɑ̃da] *nm* **1** *(pouvoir)* mandato *m*. **2** *(envoi)* giro *m*. **3** *(procuration)* poder *m*. ■ **mandat d'arrêt** orden de arresto.
manège [manɛʒ] *nm* **1** *(attraction)* tiovivo *m*, caballitos *m pl*. **2** *(lieu)* picadero *m*. **3** *(exercices d'équitation)* doma *f*.
manette [manɛt] *nf* palanca *f*.
mangeable [mɑ̃ʒabl] *adj* comestible.
manger [4] [mɑ̃ʒe] *vt* **1** *(nourriture)* comer. **2** *(mite, rouille)* carcomer. **3** *(argent)* dilapidar.

mangue [mɑ̃g] nf mango m.
maniable [manjabl] adj manejable.
maniaque [manjak] adj - nmf **1** (méticuleux) maniático,-ca. **2** (atteint d'une manie) maníaco,-ca.
manie [mani] nf manía f.
manier [12] [manje] vt manejar.
manière [manjɛʀ] nf manera f, forma f. ▶ nf pl **manières** modales m pl. • **de manière à ce que** de manera que. **de toute manière** de todas maneras.
maniéré,-e [manjeʀe] adj amanerado,-da.
manifestant,-e [manifɛstɑ̃,-ɑ̃t] nm,f manifestante.
manifestation [manifɛstasjɔ̃] nf manifestación f.
manifester [1] [manifɛste] vt manifestar. ▶ vi tomar parte en una manifestación.
manipulation [manipylasjɔ̃] nf manipulación f.
manipuler [1] [manipyle] vt manipular.
mannequin [mankɛ̃] nm **1** (de vitrine) maniquí m. **2** (personne) modelo mf.
manœuvre [manœvʀ] nf **1** (d'un véhicule) maniobra f. **2** (d'un appareil) manejo m.
manœuvrer [1] [manœvʀe] vt **1** (manier) manejar. **2** fig (manipuler) manipular. ▶ vi maniobrar.
manque [mɑ̃k] nm **1** (absence) falta f. **2** (insuffisance) carencia f. **3** (de drogue) síndrome m de abstinencia. ■ **manque de chance** mala suerte f.
manqué,-e [mɑ̃ke] adj fracasado,-da.
manquer [2] [mɑ̃ke] vi **1** (faire défaut) faltar. **2** (regretter l'absence) echar de menos: **leur père leur manque**, echan de menos a su padre. **3** (rater) fallar. **4** (ne pas avoir assez) faltar, no tener: **les pâtes manquent de sel**, a la pasta le falta sal. **5 manquer de** (dans des phrases négatives) dejar de: **je ne manquerai pas de lui transmettre le message**, no dejaré de trasmitirle el mensaje. ▶ vt **1** (rater) fallar: **il a manqué son coup**, falló el golpe. **2** (bus, avion, occasion) perder; (personne) no encontrar: **tu l'as manqué de quelques minutes**, no has coincidido con él por unos minutos. **3** (cours, école) faltar a: **il a manqué le cours d'anglais**, ha faltado a clase de inglés. ▶ v impers faltar: **il manque deux pages**, faltan dos páginas. • **il ne manquait plus que ça !** ¡lo que faltaba!
manteau [mɑ̃to] nm abrigo m.
manucure [manykyʀ] nmf manicuro,-ra.
manuel,-elle [manɥɛl] adj manual. ▶ nm **manuel** manual m.
manufacture [manyfaktyʀ] nf manufactura f.
manuscrit,-e [manyskʀi,-it] adj manuscrito,-ta.
maquereau [makʀo] nm **1** (poisson) caballa f. **2** fam (personne) chulo m.
maquette [makɛt] nf maqueta f.
maquillage [makijaʒ] nm maquillaje m.
maquiller [1] [makije] vt **1** (visage) maquillar. **2** fig (truquer) falsificar.
marais [maʀɛ] nm (eau stagnante) pantano m; (en bordure de mer) marisma f.
marathon [maʀatɔ̃] nm SPORT maratón m-f.
marbre [maʀbʀ] nm mármol m.
marchand,-e [maʀʃɑ̃,-ɑ̃d] adj (gén) mercantil; (marine) mercante; (valeur) comercial. ▶ nm,f vendedor,-ra.
marchander [1] [maʀʃɑ̃de] vt regatear.

marchandise [maʀʃɑ̃diz] nf mercancía f.

marche [maʀʃ] nf 1 (gén) marcha f. 2 (déplacement) movimiento m. 3 (d'escalier) peldaño m. • **faire marche arrière** dar marcha atrás. **mettre en marche** poner en marcha. ■ **marche à pied** marcha.

marché [maʀʃe] nm 1 (gén) mercado m. 2 (accord) trato m. • **être bon marché** ser barato,-ta. **par-dessus le marché** fig además.

marcher [1] [maʀʃe] vi 1 (à pied) andar, caminar. 2 (sur qqch) pisar: **j'ai marché sur un chewing-gum**, he pisado un chicle. 3 (machine, appareil) funcionar: **la radio ne marche plus**, la radio ya no funciona. 4 fam (accepter) aceptar: **il a marché dans la combine**, aceptó participar en el chanchullo. • **faire marcher** QQN fig tomar el pelo a ALGN.

mardi [maʀdi] nm martes m.

mare [maʀ] nf 1 (d'eau) charca f. 2 (de sang) charco m.

marée [maʀe] nf marea f.

margarine [maʀgaʀin] nf margarina f.

marge [maʀʒ] nf margen m-f. • **en marge de** al margen de.

marginal,-e [maʀʒinal] adj marginal. ▶ nm,f marginado,-da.

marguerite [maʀgəʀit] nf margarita f.

mari [maʀi] nm marido m.

mariage [maʀjaʒ] nm 1 (sacrement) matrimonio m. 2 (cérémonie) boda f. 3 fig (de choses) combinación f.

marié,-e [maʀje] adj casado,-da. ▶ nm,f novio,-via. ■ **jeunes mariés** recién casados.

marier [12] [maʀje] vt 1 (personnes) casar. 2 fig (choses) combinar.

marin,-e [maʀɛ̃,-in] adj marino,-na. ▶ nm **marin** marinero m.

marine [maʀin] nf marina f.

marionnette [maʀjɔnɛt] nf marioneta f, títere m.

maritime [maʀitim] adj marítimo, -ma.

marmite [maʀmit] nf olla f.

marmonner [1] [maʀmɔne] vt - vi mascullar.

marmotte [maʀmɔt] nf marmota f.

Maroc [maʀɔk] nm Marruecos m.

marocain,-e [maʀɔkɛ̃,-ɛn] adj marroquí. ▶ nm,f **Marocain,-e** marroquí.

marquant,-e [maʀkɑ̃,-ɑ̃t] adj destacado,-da.

marque [maʀk] nf 1 (gén) marca f. 2 (signe, témoignage) señal f: **elle lui a donné de nombreuses marques d'amitié**, le ha dado muchas muestras de amistad. • **à vos marques, prêts, partez!** SPORT ¡preparados, listos, ya! ■ **marque déposée** marca registrada.

marquer [2] [maʀke] vt - vi marcar. • **marquer le coup** acusar el golpe.

marqueur [maʀkœʀ] nm rotulador m, marcador m.

marraine [maʀɛn] nf madrina f.

marrant,-e [maʀɑ̃,-ɑ̃t] adj 1 (amusant) divertido,-da. 2 (bizarre) raro, -ra.

marre [maʀ]. • **en avoir marre (de)** fam estar harto, -ta (de).

marrer (se) [1] [maʀe] vpr fam descojonarse.

marron [maʀɔ̃] adj inv 1 (couleur) marrón. 2 (yeux) castaño,-ña. ▶ nm 1 (fruit) castaña f. 2 (couleur) marrón m.

marronnier [maʀɔnje] nm castaño m.

mars [maʀs] nm marzo m.

marteau [maʀto] nm martillo m.

marteler [9] [maʀtəle] vt 1 (avec un marteau) martillear. 2 (frapper) golpear. 3 (syllabes, phrase) recalcar.

martien,-enne [maʀsjɛ̃,-ɛn] adj - nm,f marciano,-na.

marxisme [maʀksism] nm marxismo m.

marxiste [maʀksist] adj - nmf marxista.

mascarade [maskaʀad] nf mascarada f.

masculin,-e [maskylɛ̃,-n] adj masculino,-na.

masochisme [mazɔʃism] nm masoquismo m.

masochiste [mazɔʃist] adj - nmf masoquista.

masque [mask] nm 1 (gén) máscara f. 2 (loup) antifaz m. 3 (soin de beauté) mascarilla f.

massacre [masakʀ] nm 1 (tuerie) masacre f. 2 fig (gâchis) estropicio m.

massacrer [1] [masakʀe] vt 1 (tuer) masacrar. 2 fam fig (abîmer) destrozar.

massage [masaʒ] nm masaje m.

masse [mas] nf 1 (gén) masa f. 2 (foule) multitud f. 3 (maillet) mazo m. • **de masse** de masas. **en masse** en masa.

masser [1] [mase] vt 1 (le corps) masajear. 2 (réunir) concentrar.

masseur,-euse [masœʀ,-øz] nm,f masajista.

massif,-ive [masif,-iv] adj 1 (plein) macizo,-za. 2 (en masse) masivo, -va. ▶ nm **massif** macizo m.

mastiquer [2] [mastike] vt masticar.

masturber (se) [1] [mastyʀbe] vpr masturbarse.

mat,-e[1] [mat] adj 1 (image) mate. 2 (son, bruit) apagado,-da.

mat[2] [mat] nm (aux échecs) mate m.

mât [ma] nm 1 (de bateau) mástil m. 2 (poteau) poste m.

match [matʃ] nm (pl **matches** ou **matchs**) SPORT partido m. • **faire match nul** empatar.

matelas [matla] nm colchón m.

mater [1] [mate] vt 1 (animal) domar. 2 (révolte) reprimir. 3 fam (regarder) mirar.

matérialiser [1] [mateʀjalize] vt materializar.

matérialisme [mateʀjalism] nm materialismo m.

matériau [mateʀjo] nm material m.

matériel,-elle [mateʀjɛl] adj material. ▶ nm **matériel** 1 (équipement) material m.

maternel,-elle [matɛʀnɛl] adj (langue, grands-parents) materno, -na. 2 (instinct) maternal.

maternelle [matɛʀnɛl] nf parvulario m.

maternité [matɛʀnite] nf maternidad f.

mathématicien,-enne [matematisjɛ̃,-ɛn] nm,f matemático,-ca.

mathématique [matematik] adj matemático,-ca. ▶ nf pl **mathématiques** matemáticas f pl.

maths [mat] nf pl fam mates f pl.

matière [matjɛʀ] nf 1 (gén) materia f. 2 (sujet) tema m, asunto m. 3 (d'enseignement) asignatura f. 4 (raison) motivo m: **il n'y a pas matière à rire**, no hay motivo para reírse. • **matières premières** materias primas.

matin [matɛ̃] nm mañana f. • **de bon matin** a primera hora. **demain matin** mañana por la mañana. **le matin** por la mañana.

matinal,-e [matinal] adj 1 (du matin) matinal, matutino,-na. 2 (personne) madrugador,-ra.

matinée [matine] nf mañana f.

matraque [matʀak] nf porra f.

maturité [matyʀite] nf madurez f.

maudire [56] [modiʀ] vt maldecir.

maudit,-e [modi,-it] adj - nm,f maldito,-ta.

mauvais,-e [movɛ,-ɛz] adj malo, -la. ▶ adv **mauvais** mal: **ça sent mauvais**, huele mal.

mauviette [movjɛt] *nf fam (lâche)* gallina *m*.

maximum [maksimɔm] *adj* máximo,-ma. ▶ *nm* máximo *m*. • **au maximum** como máximo.

mayonnaise [majɔnɛz] *nf* mayonesa *f*.

me [m] (m' delante de vocal y h muda) *pron pers* me: **je me regarde dans la glace**, me miro en el espejo. • **me voici** aquí estoy.

mec [mɛk] *nm* **1** *fam (garçon)* tío *m*. **2** *fam (petit ami)* novio *m*.

mécanicien,-enne [mekanisjɛ̃,-ɛn] *nm,f* mecánico,-ca.

mécanique [mekanik] *adj* mecánico,-ca. ▶ *nf* mecánica *f*.

mécanisme [mekanism] *nm* mecanismo *m*.

mécène [mesɛn] *nm* mecenas *m*.

méchanceté [meʃɑ̃ste] *nf* maldad *f*.

méchant,-e [meʃɑ̃,-ɑ̃t] *adj* **1** *(personne)* malo,-la, malvado,-da. **2** *(animal)* peligroso,-sa. ▶ *nm,f* malo,-la.

mèche [mɛʃ] *nf* **1** *(de bougie, d'arme à feu)* mecha *f*. **2** *(de cheveux)* mechón *m*.

méconnaissable [mekɔnɛsabl] *adj* irreconocible.

mécontent,-e [mekɔ̃tɑ̃,-ɑ̃t] *adj - nm,f* descontento,-ta.

médaille [medaj] *nf* medalla *f*.

médaillon [medajɔ̃] *nm* medallón *m*.

médecin [mɛdsɛ̃] *nm* médico,-ca. • **médecin traitant** médico,-ca de cabecera.

médecine [mɛdsin] *nf* medicina *f*. • **médecine du travail** medicina laboral.

média [medja] *nm (pl* **média** *ou* **médias)** medio *m* de comunicación.

médiatique [medjatik] *adj* mediático,-ca.

médical,-e [medikal] *adj* médico, -ca.

médicament [medikamɑ̃] *nm* medicamento *m*.

médiéval,-e [medjeval] *adj* medieval.

médiocre [medjɔkʀ] *adj* mediocre.

médire [55] [mediʀ] *vi* hablar mal de.

médisance [medizɑ̃s] *nf* habladuría *f*.

méditation [meditasjɔ̃] *nf* meditación *f*.

méditer [1] [medite] *vt - vi* meditar.

méditerranéen,-enne [meditɛʀaneɛ̃,-ɛn] *adj* mediterráneo,-nea.

méduse [medyz] *nf* medusa *f*.

méfait [mefɛ] *nm* **1** *(acte)* mala acción *f*. **2** *fig (résultat)* perjuicio *m*.

méfiance [mefjɑ̃s] *nf* recelo *m*.

méfiant,-e [mefjɑ̃,-ɑ̃t] *adj* desconfiado,-da.

méfier (se) [12] [mefje] *vpr* desconfiar.

mégot [mego] *nm* colilla *f*.

meilleur,-e [mɛjœʀ] *adj* mejor. ▶ *nm,f* mejor: **c'est le meilleur**, es el mejor. ▶ *adv* mejor: **il fait meilleur**, hace mejor tiempo. • **c'est la meilleure !** ¡ésa sí que es buena!

mélancolie [melɑ̃kɔli] *nf* melancolía *f*.

mélancolique [melɑ̃kɔlik] *adj* melancólico,-ca.

mélange [melɑ̃ʒ] *nm* mezcla *f*.

mélanger [3] [melɑ̃ʒe] *vt* **1** *(gén)* mezclar. **2** *(cartes)* barajar.

mêler [1] [mele] *vt* **1** *(gén)* mezclar. **2** *(les cartes)* barajar. **3** *(compromettre)* implicar. ▶ *vpr* **se mêler 1** *(gén)* mezclarse. **2** *(s'impliquer)* meterse: **mêle-toi de tes affaires**, preocúpate de tus asuntos.

mélodie [melɔdi] *nf* melodía *f*.

melon [m(ə)lɔ̃] *nm* **1** *(fruit)* melón *m*. **2** *(chapeau)* bombín *m*.

membrane [mɑ̃bʀan] *nf* membrana *f*.

membre [mɑ̃bʀ] *nm* **1** *(du corps)* miembro *m*. **2** *(d'une société, d'un club)* socio *m*.

même [mɛm] *adj indéf* mismo,-ma. ▶ *pron indéf* **le/la même** el/la mismo. ▶ *adv* **1** *(y compris)* incluso, hasta: **il a même voyagé en Inde**, incluso se fue a la India. **2** *(exactement)* mismo: **aujourd'hui même**, hoy mismo. **3** *(sens négatif)* ni siquiera: **elle ne lui a même pas dit bonjour**, ni siquiera lo saludó. • **à même** directamente: **il boit à même la bouteille**, bebe directamente de la botella. **de même** del mismo modo. **être à même de** estar en condiciones de. **même si** aunque. **tout de même** sin embargo.

mémoire [memwaʀ] *nf* **1** *(gén)* memoria *f*. **2** *(souvenir)* recuerdo *m*: **la mémoire d'un bon moment**, el recuerdo de un momento agradable. ▶ *nm* **1** *(rapport)* memoria *f*. **2** *(à l'université)* tesina *f*. ▶ *nm pl* **mémoires** memorias *f pl*.

mémoriser [1] [memɔʀize] *vt* **1** *(fixer dans la mémoire)* memorizar. **2** INFORM almacenar.

menaçant,-e [mənasɑ̃,-ɑ̃t] *adj* amenazador,-ra.

menace [mənas] *nf* amenaza *f*.

menacer [3] [mənase] *vt* amenazar.

ménage [menaʒ] *nm* **1** *(nettoyage)* limpieza *f*. **2** *(couple)* pareja *f*, matrimonio *m*. • **faire bon ménage** llevarse bien. **faire le ménage** limpiar.

ménagement [menaʒmɑ̃] *nm* miramiento *m*.

ménager [4] [menaʒe] *vt* **1** *(personne)* tratar bien. **2** *(santé)* cuidar: **elle doit ménager sa santé**, debe cuidar de su salud. **3** *(susceptibilité)* no herir. **4** *(pièce)* arreglar. ▶ *vpr* **se ménager** cuidarse.

ménager,-ère [menaʒe,-ɛʀ] *adj* doméstico,-ca.

mendiant,-e [mɑ̃djɑ̃,-ɑ̃t] *adj - nm,f* mendigo,-ga.

mendier [12] [mɑ̃dje] *vi* pedir limosna.

mener [7] [məne] *vt* **1** *(conduire)* llevar. **2** *(diriger)* llevar, dirigir. **3** *(s'acheminer)* dirigir (**à**, hacia). ▶ *vi* SPORT ganar (**par**, por): **l'équipe A mène par 4 à 3**, el equipo A gana por 4 a 3. • **mener à bien** llevar a cabo.

méningite [menɛ̃ʒit] *nf* MÉD meningitis *f*.

ménopause [menɔpoz] *nf* MÉD menopausia *f*.

menottes [mənɔt] *nf pl* esposas *f pl*.

mensonge [mɑ̃sɔ̃ʒ] *nm* mentira *f*.

menstruation [mɑ̃stʀyasjɔ̃] *nf* menstruación *f*.

mensualité [mɑ̃sɥalite] *nf* mensualidad *f*.

mensuel,-elle [mɑ̃sɥɛl] *adj* mensual.

mental,-e [mɑ̃tal] *adj* mental.

mentalité [mɑ̃talite] *nf* mentalidad *f*.

menteur,-euse [mɑ̃tœʀ,-øz] *adj - nm,f* mentiroso,-sa.

menthe [mɑ̃t] *nf* menta *f*.

mention [mɑ̃sjɔ̃] *nf* mención *f*. • **mention bien** notable *m*. **mention très bien** sobresaliente *m*.

mentionner [1] [mɑ̃sjɔne] *vt* mencionar.

mentir [28] [mɑ̃tiʀ] *vi* mentir.

menton [mɑ̃tɔ̃] *nm* barbilla *f*.

menu,-e[1] [məny] *adj* menudo,-da.

menu[2] [məny] *nm* menú *m*.

menuiserie [mənɥizʀi] *nf* carpintería *f*.

menuisier [mənɥizje] *nm* carpintero,-ra.

méprendre (se) [83] [mepʀɑ̃dʀ] *vpr* confundirse.

mépris [mepʀi] *nm* desprecio *m*.

méprisable [mepʀizabl] *adj* despreciable.

méprisant,-e [meprizã,-ãt] *adj* despreciativo,-va.
méprise [mepriz] *nf* error *m*.
mépriser [1] [meprize] *vt* despreciar.
mer [mɛʀ] *nf* mar *m-f*.
merci [mɛʀsi] *nm* gracias *f pl*. ▶ *nf* merced *f*, gracia *f*. ▶ *interj* gracias. • **dire merci** dar las gracias. **être à la merci de** estar a merced de. **merci beaucoup** muchas gracias. **sans merci** sin piedad.
mercredi [mɛʀkʀadi] *nm* miércoles *m*.
mercure [mɛʀkyʀ] *nm* mercurio *m*.
merde [mɛʀd] *nf fam* mierda *f*.
mère [mɛʀ] *nf* madre *f*.
mérite [meʀit] *nm* mérito *m*.
mériter [1] [meʀite] *vt* merecer.
merlu [mɛʀly] *nm* merluza *f*.
merveille [mɛʀvɛj] *nf* maravilla *f*. • **à merveille** de maravilla.
merveilleux,-euse [mɛʀvejø,-øz] *adj* maravilloso,-sa.
mes [me] *adj poss* mis: **mes frères et mes sœurs**, mis hermanos y mis hermanas.
mésaventure [mezavãtyʀ] *nf* desventura *f*.
mesdames [medam] *nf pl* señoras *f pl*.
mesdemoiselles [medmwazɛl] *nf pl* señoritas *f pl*.
mesquin,-e [mɛskɛ̃,-in] *adj* mezquino,-na.
message [mesaʒ] *nm* mensaje *m*.
messager,-ère [mesaʒe,-ɛʀ] *nm,f* mensajero-ra.
messagerie [mesaʒʀi] *nf* mensajería *f*. • **messagerie électronique** correo *m* electrónico. **messagerie vocale** buzón *m* de voz.
messe [mɛs] *nf* misa *f*. • **aller à la messe** ir a misa.
messieurs [mesjø] *nm pl* señores *m pl*.

mesure [məzyʀ] *nf* **1** *(gén)* medida *f*. **2** *(rythme)* compás *m*. • **au fur et à mesure que** a medida que. **être en mesure de** estar en condiciones de. **sur mesure** a medida.
mesurer [1] [məzyʀe] *vt* **1** *(gén)* medir. **2** *fig (pas, paroles)* moderar, medir.
métal [metal] *nm* metal *m*.
métallique [metalik] *adj* metálico,-ca.
métallisé,-e [metalize] *adj* metalizado,-da.
métallurgie [metalyʀʒi] *nf* metalurgia *f*.
métamorphose [metamɔʀfoz] *nf* metamorfosis *f*.
métaphore [metafɔʀ] *nf* metáfora *f*.
météo [meteo] *nf* **la météo** *fam* el tiempo.
météore [meteɔʀ] *nm* meteoro *m*.
météorite [meteɔʀit] *nm* meteorito *m*.
météorologie [meteɔʀɔlɔʒi] *nf* meteorología *f*.
méthode [metɔd] *nf* método *m*.
méthodique [me] *adj* metódico,-ca.
méthodologie [metɔdɔlɔʒi] *nf* metodología *f*.
méticuleux,-euse [metikylø,-øz] *adj* meticuloso,-sa.
métier [metje] *nm* oficio *m*.
métis,-isse [metis] *adj - nm,f* mestizo,-za.
métrage [metʀaʒ] *nm* metraje *m*. • **court métrage** cortometraje *m*. **long métrage** largometraje *m*.
mètre [mɛtʀ] *nm* metro *m*. • **mètre carré** metro cuadrado. **mètre cube** metro cúbico.
métro [metʀo] *nm* metro *m*.
métropole [metʀɔpɔl] *nf* metrópolis *f*.
metteur,-euse [metœʀ,-øz] *nm*. • **metteur en scène** director *m*.

mettre [81] [mɛtʀ] *vt* **1** *(gén)* poner. **2** *(vêtement)* poner, ponerse. **3** *(temps)* tardar: **il a mis du temps pour venir**, ha tardado en venir. **4** *(penser)* poner, suponer: **mettons que cela soit vrai**, pongamos que esto sea verdad. ▶ *vpr* **se mettre** ponerse: **ils se sont mis au travail**, se pusieron a trabajar. • **se mettre à** ponerse a: **il s'est mis à pleurer**, se puso a llorar.

meuble [mœbl] *nm* mueble *m*.

meubler [1] [mœble] *vt* **1** amueblar. **2** *fig (remplir)* llenar.

meugler [1] [møgle] *vi* mugir.

meurtre [mœʀtʀ] *nm* asesinato *m*.

meurtrier,-ère [mœʀtʀije,-jɛʀ] *adj* mortal. ▶ *nm,f* asesino,-na.

meute [møt] *nf* jauría *f*.

mexicain,-e [mɛksikɛ̃,-ɛn] *adj* mejicano,-na. ▶ *nm,f* **Mexicain,-e** mejicano,-na.

Mexique [mɛksik] *nm* México.

mezzanine [mɛdzanin] *nf* tragaluz *m*.

mi- [mi] *adj inv* medio,-dia: **travail à mi-temps**, trabajo a media jornada.

miaulement [mjolmɑ̃] *nm* maullido *m*.

miauler [1] [mjole] *vi* maullar.

micmac [mikmak] *nm fam* tejemaneje *m*, chanchullo *m*.

microbe [mikʀɔb] *nm* microbio *m*.

micro-ondes [mikʀɔɔ̃d] *nm inv* microondas *m*.

microphone [mikʀɔfɔn] *nm* micrófono *m*.

microprocesseur [mikʀopʀɔsɛsœʀ] *nm* INFORM microprocesador *m*.

microscope [mikʀɔskɔp] *nm* microscopio *m*.

microscopique [mikʀɔskɔpik] *adj* microscópico,-ca.

midi [midi] *nm* **1** *(moitié de la journée)* mediodía *f*. **2** *(heure)* las doce: **il est midi**, son las doce. **3** *(région)* **sur m**: **le midi de la France**, el sur de Francia.

mie [mi] *nf* miga *f*.

miel [mjɛl] *nm* miel *f*.

mielleux,-euse [mjɛlø,-øz] *adj* meloso,-sa.

mien, mienne [mjɛ̃, mjɛn] *pron poss* **le mien, la mienne** el mío, la mía: **ce stylo, c'est le mien**, este boli es el mío.

miette [mjɛt] *nf* **1** *(de pain)* migaja *f*. **2** *fam fig (un peu)* poquito *m*.

mieux [mjø] *adv* mejor. ▶ *adj* mejor: **celui-là est mieux**, éste es mejor. ▶ *nm* **1 le mieux** lo mejor: **je veux le mieux pour toi**, quiero lo mejor para ti. **2** *(sans déterminant)* algo mejor: **j'espérais mieux**, esperaba algo mejor. • **aimer mieux** preferir. **au mieux** en el mejor de los casos. **d'autant mieux** tanto mejor. **de mieux en mieux** cada vez mejor. **faire de son mieux** hacer todo lo posible. **tant mieux** tanto mejor.

mignon,-onne [miɲɔ̃,-ɔn] *adj* **1** *(joli)* mono,-na, lindo,-da. **2** *(gentil)* amable.

migraine [migʀɛn] *nf* jaqueca *f*, migraña *f*.

migrant,-e [migʀɑ̃,-ɑ̃t] *adj - nm,f (personne)* emigrante.

migration [migʀasjɔ̃] *nf* migración *f*.

mijoter [3] [miʒɔte] *vt - vi* **1** *(un plat)* hacer a fuego lento. **2** *fam (un complot)* tramar, maquinar.

mil [mil] *num (chiffre)* mil *m*.

milieu [miljø] *nm* **1** *(gén)* medio *m*: **au milieu de la route**, en medio de la carretera. **2** *(centre)* centro *m*, medio *m*: **il plaça la balle au milieu du terrain**, colocó la pelota en el centro del campo. **3** *(moitié)* mitad *f*: **le milieu d'un livre**, la

militaire 180

mitad de un libro. **4** *(mesure)* término m medio. **5** *(entourage)* entorno m. • **au beau milieu de** justo en medio de. **en plein milieu de** en pleno centro de.
militaire [militɛʀ] *adj* - *nm* militar.
militant,-e [militɑ̃,-ɑ̃t] *adj* - *nm,f* militante.
militer [1] [milite] *vi* **1** *(dans la politique)* militar. **2** *(agir)* actuar, influenciar.
mille [mil] *num inv (chiffre)* mil.
mille-feuille [milfœj] *nm (pl* **mille-feuilles**) **1** *(gâteau)* milhojas m. **2** *(plante)* milenrama f.
millénaire [milenɛʀ] *adj* milenario, -ria. ▶ *nm* milenario m, milenio m.
milliard [miljaʀ] *nm* mil millones *m pl*.
milliardaire [miljaʀdɛʀ] *adj* - *nmf* multimillonario,-ria.
millième [miljɛm] *adj* - *nmf* milésimo,-ma. ▶ *nf* milésima f.
millier [milje] *nm* millar m. • **des milliers de** miles de. **par milliers** a millares.
milligramme [miligʀam] *nm* miligramo m.
millimètre [milimɛtʀ] *nm* milímetro m.
million [miljɔ̃] *nm* millón m.
millionnaire [miljɔnɛʀ] *adj* - *nmf* millonario,-ria.
mime [mim] *nm* mimo m.
minable [minabl] *adj* lamentable.
mince [mɛ̃s] *adj* **1** *(chose)* delgado,-da, fino,-na. **2** *(personne)* delgado,-da, esbelto,-ta. **3** *(fortune, mérite, salaire)* escaso,-sa, insignificante. ▶ *interj* **mince !** ¡caramba!, ¡chispas!
mincir [20] [mɛ̃siʀ] *vi* adelgazar.
mine[1] [min] *nf* **1** *(apparence)* aspecto m, apariencia f: **ce restaurant a bonne mine**, este restaurante tiene buena pinta. **2** *(vi sage)* cara f, rostro m: **ce jour là elle avait très mauvaise mine**, ese día hacía muy mala cara. • **faire mine de** hacer como si, aparentar. **ne pas payer de mine** tener mal aspecto.
mine[2] [min] *nf (de crayon, gisement, explosif)* mina f. • **être une mine de** ser una mina de.
minéral,-e [mineʀal] *adj* - *nm* mineral.
mineur,-e[1] [minœʀ] *adj* **1** *(jeune)* menor. **2** *(moindre)* de poca importancia, menor. ▶ *nm,f* menor (de edad).
mineur[2] [minœʀ] *nm* minero m.
miniature [minjatyʀ] *nf* miniatura f.
minier,-ère [minje,-ɛʀ] *adj* minero,-ra.
minijupe [miniʒyp] *nf* minifalda f.
minimal,-e [minimal] *adj* mínimo, -ma.
minime [minim] *adj* mínimo,-ma.
minimiser [1] [minimize] *vt* minimizar.
minimum [minimɔm] *nm* mínimo m. • **au minimum** como mínimo.
ministère [ministɛʀ] *nm* ministerio m.
ministre [ministʀ] *nm* ministro,-tra.
minoritaire [minɔʀitɛʀ] *adj* minoritario,-ria.
minorité [minɔʀite] *nf* **1** *(petit nombre)* minoría f. **2** *(d'âge)* minoría f de edad.
minuit [minɥi] *nm* medianoche f.
minuscule [minyskyl] *adj* minúsculo,-la. ▶ *nf (lettre)* minúscula f.
minute [minyt] *nf* minuto m. ▶ *interj* **minute !** ¡espere!, ¡un minuto! • **d'une minute à l'autre** de un momento a otro.
minutie [minysi] *nf* minuciosidad f.
minutieux,-euse [minysjø,-øz] *adj* minucioso,-sa.
miracle [miʀakl] *nm* milagro m. • **par miracle** de milagro.

moi-même

miraculeux,-euse [mirakylø,-øz] *adj* milagroso,-sa.
mirage [miraʒ] *nm* espejismo *m*.
miroir [mirwar] *nm* espejo *m*.
miroiter [1] [mirwate] *vi* espejear.
• **faire miroiter** seducir con.
mise [miz] *nf* 1 (*gén*) puesta *f*, colocación *f*. 2 (*au jeu*) apuesta *f*. ■ **mise au point** 1 (*photographie*) enfoque *m*. 2 (*de voiture*) puesta a punto. 3 (*explication*) aclaración *f*. **mise en liberté** liberación *f*. **mise en place** colocación *f*. **mise en scène** 1 (*d'une pièce*) dirección *f*. 2 (*d'un événement*) escenificación *f*.
miser [1] [mize] *vt* apostar.
misérable [mizerabl] *adj - nmf* miserable.
misère [mizer] *nf* 1 (*pauvreté*) miseria *f*. 2 (*malheur*) desgracia *f*, calamidad *f*.
misogyne [mizɔʒin] *adj - nmf* misógino,-na.
missile [misil] *nm* misil *m*.
mission [misjɔ̃] *nf* misión *f*.
mite [mit] *nf* polilla *f*.
mi-temps [mitɑ̃] *nf inv* 1 SPORT (*inter mède*) descanso *m*. 2 SPORT (*moitié, part*) media parte *f*. ▶ *nm inv* (*emploi*) trabajo *m* a media jornada.
miteux,-euse [mitø,-øz] *adj fam* miserable.
mitrailler [1] [mitraje] *vt* ametrallar.
mitrailleuse [mitrajøz] *nf* ametralladora *f*.
mixage [miksaʒ] *nm* mezcla *f*.
mixer [1] [mikse] *vt* batir, mezclar.
mixeur [miksœr] *nm* batidora *f*.
mixte [mikst] *adj* mixto,-ta.
Mlle *abr* (**mademoiselle**) srta.
MM *abr* (**messieurs**) srs.
Mme *abr* (**madame**) sra.
mobile [mɔbil] *adj* móvil, movible.
▶ *nm* 1 (*motif*) móvil *m*, motivo *m*. 2 (*téléphone*) móvil *m*.

mobilier [mɔbilje] *nm* mobiliario *m*.
mobilisation [mɔbilizasjɔ̃] *nf* movilización *f*.
mobiliser [1] [mɔbilize] *vt* movilizar.
mocassin [mɔkasɛ̃] *nm* mocasín *m*.
moche [mɔʃ] *adj* 1 *fam* (*laid*) feo,-a. 2 *fam* (*mauvais*) malo,-la.
mode [mɔd] *nm* modo *m*. ▶ *nf* moda *f*. ■ **à la mode** de moda, a la moda. **passé de mode** pasado de moda. ■ **mode d'emploi** instrucciones *f pl*. **mode de vie** modo de vida.
modèle [mɔdɛl] *adj - nmf* modelo.
modeler [9] [mɔdle] *vt* modelar.
modération [mɔderasjɔ̃] *nf* moderación *f*.
modérer [10] [mɔdere] *vt* moderar.
moderne [mɔdɛrn] *adj* moderno, -na.
moderniser [1] [mɔdɛrnize] *vt* modernizar.
modeste [mɔdɛst] *adj* modesto,-ta.
modestie [mɔdɛsti] *nf* modestia *f*.
modification [mɔdifikasjɔ̃] *nf* modificación *f*.
modifier [12] [mɔdifje] *vt* modificar.
modique [mɔdik] *adj* módico,-ca.
module [mɔdyl] *nm* módulo *m*.
moelle [mwal] *nf* 1 ANAT médula *f*. 2 (*des os*) tuétano *m*. 3 *fig* (*intérêt principal*) meollo *m*. ■ **moelle épinière** médula espinal.
moelleux,-euse [mwalø,-øz] *adj* blando,-da.
mœurs [mœrns(œ)] *nf pl* costumbres *f pl*.
moi [mwa] *pron pers* 1 (*sujet*) yo: **moi non plus**, yo tampoco. 2 (*complément avec préposition*) mí: **pour moi**, para mí. 3 (*avec l'impératif*) me: **dis moi**, dime. • **avec moi** conmigo.
moi-même [mwamɛm] *pron pers* yo mismo.

moindre [mwɛdʀ] *adj* **1** *(plus petit)* menor. **2** *(minimum)* mínimo,-ma: **je n'en ai pas le moindre doute**, no me cabe la menor duda. • **c'est le moindre des choses** faltaría más.

moine [mwan] *nm* monje *m*, fraile *m*.

moineau [mwano] *nm* gorrión *m*.

moins [mwɛ̃] *adv* **1** *(gén)* menos. **2 le/la moins** *(superlatif)* menos, la menos. ▶ *prép (avec soustraction)* menos: **dix heures moins cinq**, las diez menos cinco. ▶ *nm* MATH menos *m*. • **à moins de** a menos que. **à moins que** + *subj* a menos que + *subj*, salvo que + *subj*. **au moins** al menos, como mínimo. **de moins en moins** cada vez menos. **plus ou moins** más o menos.

mois [mwa] *nm* **1** *(temps)* mes *m*. **2** *(salaire)* mensualidad *f*.

moisir [20] [mwaziʀ] *vi* enmohecerse.

moisissure [mwazisyʀ] *nf* moho *m*.

moisson [mwasɔ̃] *nf* **1** *(de céréales)* siega *f*. **2** *fig (de éxitos, résultats)* cosecha *f*.

moite [mwat] *adj* algo húmedo,-da.

moitié [mwatje] *nf* **1** *(gén)* mitad *f*. **2** *fam (épouse)* costilla *f*, media naranja *f*. • **à moitié** a medias. **à moitié prix** a mitad de precio.

molaire [mɔlɛʀ] *nf (dent)* molar *m*.

molécule [mɔlekyl] *nf* molécula *f*.

molle [mɔl] *adj* → **mou**.

mollesse [mɔlɛs] *nf* **1** *(gén)* blandura *f*. **2** *(indolence)* flojera *f*, apatía *f*.

mollet,-ette [mɔlɛ,-ɛt] *adj* blando,-da. ▶ *nm* **mollet** pantorrilla *f*.

mollusque [mɔlysk] *nm* molusco *m*.

môme [mom] *nmf fam* chaval,-la.

moment [mɔmɑ̃] *nm* **1** *(espace de temps)* momento *m*, rato *m*. **2** *(occasion)* oportunidad *f*, ocasión *f*. **3** *(présent)* momento *m* presente. • **à un moment donné** en un momento dado. **dans un moment** dentro de un momento. **du moment que** puesto que, dado que. **pour le moment** de momento.

momie [mɔmi] *nf* momia *f*.

mon [mɔ̃] *adj poss (pl* **mes***)* mi: **mon père, ma mère, mes enfants et mon amie**, mi padre, mi madre, mis hijos y mi amiga.

Monaco [mɔnako] *n pr* Mónaco.

monarchie [mɔnaʀʃi] *nf* monarquía *f*.

monastère [mɔnastɛʀ] *nm* monasterio *m*.

mondain,-e [mɔ̃dɛ̃,-ɛn] *adj - nm,f* **1** *(vie de société)* mundano,-na. **2** *(terrestre)* mundanal.

monde [mɔ̃d] *nm* **1** *(terre)* mundo *m*. **2** *(société)* sociedad *f*, gente *f*: **il se moque du monde**, se burla de la gente. **3** *(foule)* gente *f*, gentío *m*: **il y a beaucoup de monde**, hay mucha gente. **4** *(milieu)* mundo *m*, círculo *m*: **le monde des finances**, el mundo de las finanzas. • **noir de monde** lleno de gente. **tout le monde** todo el mundo. • **le beau monde** la buena sociedad.

mondial,-e [mɔ̃djal] *adj* mundial.

mondialisation [mɔ̃djalizasjɔ̃] *nf* globalización *f*.

monégasque [mɔnegask] *adj* monegasco,-ca. ▶ *nmf* **Monégasque** monegasco,-ca.

monétaire [mɔnetɛʀ] *adj* monetario,-ria.

moniteur,-trice [mɔnitœʀ,-tʀis] *nm,f* monitor,-ra. ▶ *nm* **moniteur** *(écran)* monitor *m*.

monnaie [mɔnɛ] *nf* **1** *(argent)* moneda *f*. **2** *(pièces)* dinero *m* suelto, cambio *m*: **avez-vous de la monnaie ?**, ¿tiene usted suelto? **3** *(différence)* cambio *m*, vuelta *f*: **la monnaie de cent euros**, el cambio de cien euros.

monologue [mɔnɔlɔg] *nm* monólogo *m*.
monopole [mɔnɔpɔl] *nm* monopolio *m*.
monopoliser [1] [mɔnɔpɔlize] *vt* monopolizar.
monotone [mɔnɔtɔn] *adj* monótono,-na.
monotonie [mɔnɔtɔni] *nf* monotonía *f*.
monsieur [məsjø] *nm* (*pl* **messieurs**) **1** (*gén*) señor *m*: **bonjour monsieur**, buenos días, señor. **2** (*devant un prénom*) don *m*, señor *m*: **Monsieur Raymond Barre**, Don Raymond Barre.
monstre [mɔ̃stʀ] *nm* monstruo *m*.
monstrueux,-euse [mɔ̃stʀyø,-øz] *adj* monstruoso,-sa.
mont [mɔ̃] *nm* monte *m*.
montage [mɔ̃taʒ] *nm* montaje *m*.
montagnard,-e [mɔ̃taɲaʀ,-aʀd] *adj - nm,f* montañés,-esa.
montagne [mɔ̃taɲ] *nf* montaña *f*. ■ **montagne russe** montaña rusa.
montant,-e [mɔ̃tɑ̃,-ɑ̃t] *adj* ascendente. ► *nm* **montant 1** (*somme*) total *m*, importe *m*. **2** (*poteau, guide*) larguero *m*, montante *m*.
montée [mɔ̃te] *nf* subida *f*.
monter [1] [mɔ̃te] *vi* **1** (*grimper*) subir. **2** (*dans un véhicule, un animal*) montar: **monter à bicyclette**, montar en bicicleta. **3** (*s'élever*) ascender, subir: **la tour monte à plus de cent mètres**, la torre asciende a más de cien metros. **4** (*fleuve, la mer*) crecer. **5** (*augmenter*) subir, aumentar. ► *vt* **1** (*gravir*) subir. **2** (*être sur*) montar: **monter un cheval**, montar a caballo. **3** (*aménager*) montar, instalar: **elle a monté son studio**, se ha montado el estudio. **4** (*préparer*) preparar, organizar: **monter une fête**, montar una fiesta. ► *vpr* **se monter** elevarse, ascender: **la facture se monte à mille euros**, la factura asciende a mil euros. ● **se monter la tête** excitarse.

monticule [mɔ̃tikyl] *nm* montículo *m*.
montre [mɔ̃tʀ] *nf* **1** (*gén*) reloj *m*. **2** (*action de montrer*) muestra *f*. ● **contre la montre** contrarreloj. **faire montre de** hacer alarde de.
montrer [1] [mɔ̃tʀe] *vt* **1** (*faire voir*) mostrar, enseñar. **2** (*désigner*) indicar, señalar. **3** (*apprendre*) enseñar, educar. **4** (*prouver*) demostrar, mostrar. ► *vpr* **se montrer 1** (*se conduire*) mostrarse: **se montrer prudent**, mostrarse prudente. **2** (*s'exhiber*) exhibirse.
monture [mɔ̃tyʀ] *nf* **1** (*animal*) montura *f*, cabalgadura *f*. **2** (*châssis*) armazón *m*, montura *f*. **3** (*d'un bijou*) montura *f*, engaste *m*.
monument [mɔnymɑ̃] *nm* monumento *m*.
monumental [mɔnymɑ̃tal] *adj* monumental.
moquer (se) [2] [mɔke] *vpr* burlarse (**de**, de), reírse (**de**, de): **ils se moquaient de tout**, se burlaban de todo.
moquette [mɔkɛt] *nf* moqueta *f*.
moqueur,-euse [mɔkœʀ,-øz] *adj - nm,f* burlón,-ona.
moral,-e [mɔʀal] *adj* moral. ► *nm* **moral** moral *f*, ánimo *m*.
morale [mɔʀal] *nf* (*science*) moral *f*. ● **faire la morale** soltar un sermón.
moralité [mɔʀalite] *nf* **1** (*mœurs*) moralidad *f*. **2** (*d'une fable*) moraleja *f*.
morbide [mɔʀbid] *adj* mórbido,-da.
morceau [mɔʀso] *nm* **1** (*gén*) pedazo *m*, trozo *m*. **2** (*littéraire, musical*) fragmento *m*. ● **manger un morceau** comer un bocado.

morceler [5] [mɔʀsəle] vt dividir, parcelar.

mordant,-e [mɔʀdɑ̃,-ɑ̃t] adj 1 (gén) mordiente, que muerde. 2 (incisif) mordaz.

mordre [62] [mɔʀdʀ] vt 1 (gén) morder. 2 (ronger) corroer. 3 (poisson, insecte) picar. ▶ vi 1 (gén) morder. 2 fam (se laisser prendre) picar. • **s'en mordre les doigts** arrepentirse.

mordu,-e [mɔʀdy] nm,f forofo,-fa.

morfondre (se) [62] [mɔʀfɔ̃dʀ] vpr consumirse esperando.

morgue [mɔʀg] nf depósito m de cadáveres.

moribond,-e [mɔʀibɔ̃,-ɔ̃d] adj - nm,f moribundo,-da.

morne [mɔʀn] adj 1 (caractère) triste, taciturno,-na. 2 (objet) apagado,-da, gris. 3 (temps) desapacible.

morose [mɔʀoz] adj melancólico,-ca.

morphine [mɔʀfin] nf morfina f.

morphologie [mɔʀfɔlɔʒi] nf morfología f.

morse[1] [mɔʀs] nm (animal) morsa f.

morse[2] [mɔʀs] nm (télégraphie, alphabet) morse m.

morsure [mɔʀsyʀ] nf mordedura f.

mort,-e [mɔʀ, mɔʀt] adj - nm,f muerto,-ta. ▶ nf **mort** muerte f. • **à mort** mortalmente. **avoir la mort dans l'âme** estar muy apesadumbrado,-da. **faire le mort** hacerse el muerto. **se donner la mort** suicidarse.

mortalité [mɔʀtalite] nf mortalidad f.

mortel,-elle [mɔʀtɛl] adj - nm,f mortal.

mortier [mɔʀtje] nm mortero m.

mortifier [12] [mɔʀtifje] vt 1 (affliger, humilier) mortificar. 2 (la viande) ablandar.

morue [mɔʀy] nf bacalao m.

mosaïque [mɔzaik] nf mosaico m.

mosquée [mɔske] nf mezquita f.

mot [mo] nm 1 (gén) palabra f, vocablo m. 2 (phrase) frase f, sentencia f. 3 (message) nota f. • **à demi mot** con medias palabras. **avoir le dernier mot** tener la última palabra. **en un mot** en pocas palabras. **mot pour mot** palabra por palabra. **ne pas mâcher ses mots** no tener pelos en la lengua. ■ **gros mot** palabrota f. **mots croisés** crucigrama m. **mot de passe** contraseña f. **mot d'ordre** consigna f. **petit mot** nota.

motard,-e [mɔtaʀ] nm,f (motocycliste) motero,-ra.

moteur,-trice [mɔtœʀ,-tʀis] adj (propulseur) motor, motriz. ▶ nm

moteur (engin) motor m.

motif [mɔtif] nm 1 (raison) motivo m. 2 (peinture) dibujo m, motivo m.

motion [mosjɔ̃] nf moción f.

motiver [1] [mɔtive] vt motivar.

moto [mɔto] nf fam moto f.

motocyclette [mɔtɔsiklɛt] nf motocicleta f.

motocycliste [mɔtɔsiklist] nmf motociclista.

motoriser [1] [mɔtɔʀize] vt motorizar.

motricité [mɔtʀisite] nf motricidad f.

motte [mɔt] nf 1 (de terre) terrón m. 2 (de beurre) pella f.

mou, molle [mu, mɔl] adj (mol delante de vocal o h muda) 1 (au toucher) blando,-da, fofo,-fa. 2 (sans vigueur) flojo,-ja. 3 (temps) bochornoso,-sa. 4 fam (homme) blandengue.

mouchard,-e [muʃaʀ,-aʀd] nm,f fam chivato,-ta.

moucharder [1] [muʃaʀde] vt fam chivarse.

mouche [muʃ] nf 1 (insecte) mosca f. 2 (barbe) perilla f. • **faire mouche** acertar en el blanco. **prendre la mouche** picarse.

moucher [1] [muʃe] vt 1 (gén) sonar. 2 fam (réprimander) reñir. ▶ vpr **se moucher** sonarse.

moucheté,-e [muʃte] adj moteado,-da.

mouchoir [muʃwaʀ] *nm* pañuelo *m*.
moue [mu] *nf* mohín *m*.
mouette [mwɛt] *nf* gaviota *f*.
moufle [mufl] *nf* manopla *f*.
mouiller [1] [muje] *vt* mojar. **2** *(le vin, etc)* aguar. **3** *(jeter l'ancre)* fondear. ▶ *vpr* **se mouiller 1** *(gén)* mojarse. **2** *fam (se compromettre)* comprometerse, complicarse.
moulant,-e [mulɑ̃,-ɑ̃t] *adj* ceñido,-da.
moule[1] [mul] *nm* **1** *(gén)* molde *m*. **2** *(de boutons)* hormilla *f*.
moule[2] [mul] *nf* **1** *(mollusque)* mejillón *m*. **2** *fam (personne)* zoquete *m*.
mouler [1] [mule] *vt* moldear.
moulin [mulɛ̃] *nm* **1** *(gén)* molino *m*. **2** *(appareil)* molinillo *m*. ● **être un moulin à paroles** hablar por los codos. ■ **moulin à café** molinillo de café. **moulin à vent** molino de viento.
moulinet [mulinɛ] *nm* **1** *(gén)* molinete *m*, molinillo *m*. **2** *(de pêche)* carrete *m*.
moulu,-e [muly] *adj* **1** *(en poudre)* molido,-da. **2** *fig (de fatigue)* molido,-da, agotado,-da.
mourant,-e [muʀɑ̃,-ɑ̃t] *adj - nm,f* moribundo,-da.
mourir [32] [muʀiʀ] *vi* morir, morirse. ● **mourir de rire** partirse de risa.
mousse [mus] *nf* **1** *(écume)* espuma *f*. **2** *(plante)* musgo *m*. **3** CUIS mousse *f*. ■ **mousse à raser** espuma de afeitar. **mousse au chocolat** mousse de chocolate.
mousseux,-euse [musø,-øz] *adj* espumoso,sa.
mousson [musɔ̃] *nf* monzón *m*.
moustache [mustaʃ] *nf* bigote *m*.
moustiquaire [mustikɛʀ] *nf* mosquitera *f*.
moustique [mustik] *nm* mosquito *m*.
moutarde [mutaʀd] *nf* mostaza *f*.

mouton [mutɔ̃] *nm* **1** *(animal)* cordero *m*. **2** *fig (homme)* corderito *m*. ▶ *nm pl* **moutons 1** *(petites vagues)* cabrillas *f pl*, borregos *m pl*. **2** *(poussière)* pelotillas *f pl*. ● **revenons à nos moutons** volvamos a lo que nos ocupa.
mouvant,-e [muvɑ̃,-ɑ̃t] *adj* movedizo,-za, inestable.
mouvement [muvmɑ̃] *nm* **1** *(gén)* movimiento *m*. **2** *(des prix)* variación *f*. **3** *(de colère)* arrebato *m*, impulso *m*.
mouvementé,-e [muvmɑ̃te] *adj* agitado,-da.
mouvoir [41] [muvwaʀ] *vt* mover.
moyen,-enne [mwajɛ̃,-ɛn] *adj* **1** *(gén)* medio,-dia. **2** *(médiocre)* mediano,-na, mediocre. ▶ *nm* **moyen** *(instrument)* medio *m*. ▶ *nm pl* **moyens** *(ressources)* medios *m* económicos. ● **au moyen de** por medio de, con la ayuda de. **employer les grands moyens** emplear todos los medios al alcance. **en moyenne** de promedio. **il n'y a pas moyen de** no hay forma de. **par tous les moyens** por todos los medios. ■ **Moyen Âge** Edad *f* Media.
moyenâgeux,-euse [mwajɛnaʒø,-øz] *adj* medieval.
moyennant [mwajɛnɑ̃] *prép* mediante, por medio de. ● **moyennant quoi** gracias a lo cual.
mû, mue [my] *pp* movido,-da.
mue [my] *nf* muda *f*.
muer [1] [mɥe] *vi* mudar, cambiar. ▶ *vpr* **se muer** *fml* cambiarse, transformarse.
muet,-ette [mɥɛ,-ɛt] *adj - nm,f* mudo,-da.
mule [myl] *nf* mula *f*.
multicolore [myltikɔlɔʀ] *adj* multicolor.
multimédia [myltimedja] *adj* multimedia.

multinational,-e [myltinasjɔnal] *adj* multinacional.
multiple [myltipl] *adj* múltiple. ▶ *nm* múltiplo *m*.
multiplication [myltiplikasjɔ̃] *nf* **1** *(augmentation)* aumento *m*, multiplicación *f*. **2** MATH multiplicación *f*.
multiplier [13] [myltiplje] *vt* multiplicar.
multitude [myltityd] *nf* **1** *(de choses)* montón *m*, multitud *f*. **2** *(de gens)* multitud *f*, muchedumbre *f*.
municipal,-e [mynisipal] *adj* municipal.
municipalité [mynisipalite] *nf* municipio *m*.
munir [20] [mynir] *vt* proveer, dotar: **voiture munie de phares antibrouillards**, coche provisto de faros antiniebla.
munition [mynisjɔ̃] *nf* munición *f*.
mur [myr] *nm* **1** *(d'une maison, etc)* muro *m*, pared *f*. **2** *fig (obstacle)* barrera *f*, obstáculo *m*. ▶ *nm pl* **murs** *(d'une ville)* murallas *f pl*. • **faire le mur** *fam* escaparse.
mûr,-e [myr] *adj* maduro,-ra.
muraille [myraj] *nf* muralla *f*.
mûre [myr] *nf* mora *f*.
murer [1] [myre] *vt* **1** *(porte, fenêtre)* tapiar. **2** *(personne)* emparedar. ▶ *vpr* **se murer** aislarse.
mûrier [myrje] *nm* morera *f*.
mûrir [20] [myrir] *vi* - *vt* madurar.
murmure [myrmyr] *nm* murmullo *m*, susurro *m*.
murmurer [1] [myrmyre] *vi* - *vt* murmurar.
muscade [myskad] *adj* - *nf* moscada *f*: **noix muscade**, nuez moscada.
muscle [myskl] *nm* músculo *m*.
musclé,-e [muskle] *adj* musculoso,-sa.

muscler [1] [muskle] *vt* desarrollar: **il a musclé son corps**, ha desarrollado sus músculos.
musculaire [myskylɛr] *adj* muscular.
muse [myz] *nf* musa *f*.
museau [myzo] *nm* hocico *m*.
musée [myze] *nm* museo *m*.
muselière [myzəljɛr] *nf* bozal *m*.
musical,-e [myzikal] *adj* musical.
musicien,-enne [myzisjɛ̃,-jɛn] *adj* - *nm,f* músico,-ca.
musique [myzik] *nf* música *m*. • **connaître la musique** *fam* conocer el paño.
musulman,-e [myzylkmɑ̃,-an] *adj* - *nm,f* musulmán,-ana.
mutation [mytasjɔ̃] *nf* **1** BIOL mutación *f*. **2** *(de personnel, de fonctionnaires)* traslado *m*.
muter [1] [myte] *vt* trasladar.
mutiler [1] [mytile] *vt* mutilar.
mutiner (se) [1] [mytine] *vpr* amotinarse, rebelarse.
mutinerie [mytinri] *nf* motín *m*, sublevación *f*.
mutuel,-elle [mytɥɛl] *adj* mutuo, -tua.
mutuelle [mytɥɛl] *nf* mutualidad *f*.
myope [mjɔp] *adj* - *nmf* miope.
myopie [mjɔpi] *nf* miopía *f*.
myriade [mirjad] *nf* miríada *f*.
myrtille [mirtij] *nf* arándano *m*.
mystère [mistɛr] *nm* misterio *m*.
mystérieux,-euse [misterjø,-øz] *adj* misterioso,-sa.
mystique [mistik] *adj* - *nmf* místico,-ca.
mythe [mit] *nm* mito *m*.
mythique [mitik] *adj* mítico,-ca.
mythologie [mitɔlɔʒi] *nf* mitología *f*.
mythologique [mitɔlɔʒik] *adj* mitológico,-ca.

N

n' adv → ne.
nage [naʒ] nf **1** (gén) natación f. **2** (action de ramer) boga f. **• à la nage** a nado, nadando. **être tout en nage** estar bañado,-da en sudor.
nageoire [naʒwaʀ] nf aleta f.
nager [4] [naʒe] vi **1** (gén) nadar. **2** fam (ignorer) no comprender.
nageur,-euse [naʒœʀ,-øz] nm,f nadador,-ra.
naïf,-ive [naif,-iv] adj - nm,f inocente, ingenuo,-nua.
nain,-e [nɛ̃, nɛn] adj - nm,f enano, -na.
naissance [nɛsɑ̃s] nf nacimiento m. **• donner naissance à** dar origen a.
naître [84] [nɛtʀ] vi nacer.
naïveté [naivte] nf ingenuidad f.
nana [nana] nf fam (jeune fille) tipi f.
nappe [nap] nf **1** (linge) mantel m. **2** (couche) capa f: **nappe d'eau**, capa de agua. **• nappe phréatique** capa freática.
narcotique [naʀkɔtik] adj - nm narcótico,-ca.
narcotrafiquant,-e [naʀkɔtʀafikɑ̃,-ɑ̃t] nm,f narcotraficante.
narguer [2] [naʀge] vt burlarse de.
narine [naʀin] nf ventana f de la nariz.
narrateur,-trice [naʀatœʀ,-tʀis] nm,f narrador,-ra.
narrer [1] [naʀe] vt narrar.
nasal,-e [nazal] adj nasal.
nasillard,-e [nazijaʀ,-aʀd] adj gangoso,-sa.
natal,-e [natal] adj natal.

natalité [natalite] nf natalidad f.
natation [natasjɔ̃] nf natación f.
natif,-ive [natif,-iv] adj - nm,f nativo,-va.
nation [nasjɔ̃] nf nación f.
national,-e [nasjɔnal] adj nacional.
nationaliser [1] [nasjɔnalize] vt nacionalizar.
nationalisme [nasjɔnalism] nm nacionalismo m.
nationaliste [nasjɔnalist] adj - nmf nacionalista.
nationalité [nasjɔnalite] nf nacionalidad f.
naturaliste [natyʀalist] adj - nmf **1** (gén) naturalista. **2** (empailleur) taxidermista.
nature [natyʀ] nf **1** (gén) naturaleza f. **2** (tempérament) temperamento m, carácter m: **une nature violente**, une temperamento violento. ▶ adj inv natural: **un homme très nature**, un hombre muy natural. **• payer en nature** pagar en especies. ▪ **grandeur nature** tamaño m natural. **nature morte** bodegón m.
naturel,-elle [natyʀɛl] adj (gén) natural. ▶ nm **naturel 1** (tempérament) carácter m, naturaleza f. **2** (simplicité) naturalidad f. **• au naturel** al natural.
naturisme [natyʀism] nm naturismo m.
naufrage [nofʀaʒ] nm **1** (d'un bateau) naufragio m. **2** fig (d'une entreprise, d'une fortune) ruina f, hundimiento m. **• faire naufrage** naufragar.

nausée [noze] nf náusea f. • **avoir la nausée** tener náuseas.

nautique [notik] adj náutico,-ca.

naval,-e [naval] adj naval.

navet [navɛ] nm 1 (légume) nabo m. 2 fam (film, roman, spectacle) churro m, fiasco m.

navette [navɛt] nf lanzadera f. • **faire la navette** fam ir y venir.

navigateur,-trice [navigatœʀ,-tʀis] nm,f navegante. ► nm **navigateur** INFORM navegador m.

navigation [navigasjɔ̃] nf navegación f.

naviguer [2] [navige] vi navegar.

navire [naviʀ] nm navío m, buque m.

navrant,-e [navʀɑ̃,-ɑ̃t] adj lastimoso,-sa.

navré,-e [navʀe] adj. • **être navré,-e de** qqch sentir mucho ALGO.

navrer [1] [navʀe] vt afligir, desconsolar.

nazi,-e [nazi] adj - nm,f nazi.

nazisme [nazism] nm nazismo m.

ne [nə] (n' delante de vocal o h muda) adv ne ... **pas/rien/point/etc** no: **je ne sais pas**, no sé; **il ne rit jamais**, no se ríe nunca; **je ne veux rien**, no quiero nada. • **ne ... que** (sauf) no... sólo/sino/más que: **il ne dit que des bêtises**, no dice más que tonterías.

né,-e [ne] adj 1 (gén) nacido,-da. 2 **-né,-e** (de naissance) de nacimiento: **aveugle-né**, ciego de nacimiento. 3 **-né,-e** (inné) na to,-ta: **criminel-né**, criminal nato. 4 (femme mariée) de soltera: **madame Leblanc, née Laroche**, señora Leblanc, de soltera Laroche.

néanmoins [neɑ̃mwɛ̃] adv sin embargo, no obstante.

néant [neɑ̃] nm nada f. • **réduire à néant** reducir a la nada.

nécessaire [neseseʀ] adj necesario,-ria. ► nm 1 (essentiel) necesario m: **il a fait tout le nécessaire**, ha hecho todo lo necesario. 2 (de toilette, de voyage) neceser m. • **nécessaire de couture** costurero m.

nécessité [nesesite] nf necesidad f.

nécessiter [1] [nesesite] vt necesitar.

néfaste [nefast] adj nefasto,-ta.

négatif,-ive [negatif,-iv] adj negativo,-va. ► nm **négatif** (pellicule) negativo m.

négation [negasjɔ̃] nf negación f.

négative [negativ] nf (refus) negativa f.

négligé,-e [neɡliʒe] adj (tenue, style) descuidado,-da, desaliñado,-da.

négligeable [neɡliʒabl] adj despreciable.

négligence [neɡliʒɑ̃s] nf negligencia f.

négligent,-e [neɡliʒɑ̃,-ɑ̃t] adj - nm,f negligente.

négliger [4] [neɡliʒe] vt 1 (devoirs, travail) desatender. 2 (conseils, avis) despreciar, desestimar. 3 (occasion) desaprovechar. 4 (amis) dejar de frecuentar, abandonar. ► vpr **se négliger** (la tenue) descuidarse.

négociation [negɔsjasjɔ̃] nf negociación f.

négocier [12] [negɔsje] vi - vt negociar.

neige [nɛʒ] nf nieve f.

neiger [4] [neʒe] v impers nevar.

nénuphar [nenyfaʀ] nm nenúfar m.

néon [neɔ̃] nm neón m.

nerf [nɛʀ] nm 1 ANAT nervio m. 2 fig (vigueur) nervio m, fuerza f. 3 (facteur principal) clave f: **l'intérêt est le nerf de son attitude**, el interés es la clave de su actitud. • **être à bout de nerfs** estar al borde de un ataque de nervios. **être sur les nerfs** tener los nervios de punta. **taper sur les nerfs** poner de los nervios.

nerveux,-euse [nɛʀvø,-øz] adj - nm,f 1 (gén) nervioso,-sa. 2 (vigoureux) enérgico,-ca, vigoroso,-sa.

net, nette [nɛt] *adj* **1** *(propre)* nítido, -da, limpio,-pia. **2** *(sans ajouts)* neto, -ta: **poids net**, peso neto. **3** *(sans ambiguïté)* claro, -ra: **idées nettes**, ideas claras. ▶ *adv* **net 1** *(soudain)* de repente, en seco: **s'arrêter net**, pararse en seco. **2** *(franchement)* categóricamente, rotundamente: **refuser tout net**, negarse rotundamente.

nettement [nɛtmã] *adv* **1** *(distinctement)* claramente. **2** *(beaucoup)* mucho, de lejos: **il cuisine nettement mieux**, cocina mucho mejor.

nettoyer [16] [nɛtwaje] *vt* **1** *(rendre propre)* limpiar. **2** *fam (quelqu'un)* desplumar.

neuf[1] [nœf] *num* nueve *m*.

neuf, neuve[2] [nœf, nœv] *adj* nuevo,-va. • **quoi de neuf ?** ¿qué hay de nuevo?

neurologie [nøRɔlɔʒi] *nf* MÉD neurología *f*.

neurone [nøRɔn] *nm* neurona *f*.

neutraliser [1] [nøtralize] *vt* neutralizar.

neutralité [nøtralite] *nf* neutralidad *f*.

neutre [nøtR] *adj* **1** *(gén)* neutro, -tra. **2** *(pays)* neutral.

neuve [nœv] *adj* → neuf, neuve.

neuvième [nœvjɛm] *num* noveno,-na.

neveu [n(ə)vø] *nm* sobrino *m*.

nez [ne] *nm* **1** ANAT nariz *f*. **2** *(sens)* olfato *m*. **3** *(d'un bateau)* proa *f*. **4** *(d'un avion)* morro *m*. • **avoir du nez** tener buen olfato. **mener QQN par le bout du nez** manejar a ALGN a su antojo. **se trouver nez à nez** encontrarse cara a cara.

ni [ni] *conj* ni. • **ni ... ni** ni... ni.

niais,-e [njɛ,-ɛz] *adj - nm,f* necio,-cia.

Nicaragua [nikaRagwa] *nm* Nicaragua.

nicaraguayen,-enne [nikaRagwɛjɛ̃,-ɛn] *adj* nicaragüense. ▶ *nm,f* **Nicaraguayen,-enne** nicaragüense.

niche [niʃ] *nf* **1** *(dans un mur)* nicho *m*. **2** *(à chien)* caseta *f*.

nicher [1] [niʃe] *vi* **1** *(les oiseaux)* anidar. **2** *fam (loger)* vivir. ▶ *vpr* **se nicher 1** *(les oiseaux)* anidar. **2** *(se loger)* meterse.

nicotine [nikɔtin] *nf* nicotina *f*.

nid [ni] *nm* nido *m*.

nièce [njɛs] *nf* sobrina *f*.

nier [12] [nje] *vt* negar.

nigaud,-e [nigo,-od] *adj - nm,f* memo,-ma.

niveau [nivo] *nm* nivel *m*. • **au niveau de** a nivel de.

noble [nɔbl] *adj - nmf* noble.

noblesse [nɔblɛs] *nf* nobleza *f*.

noce [nɔs] *nf* boda *f*.

nocif,-ive [nɔsif,-iv] *adj* nocivo, -va.

nocturne [nɔktyRn] *adj* nocturno, -na. ▶ *nf (d'un magasin)* apertura *f* hasta tarde.

Noël [nɔɛl] *nf* Navidad *f*. • **joyeux Noël !** ¡feliz Navidad!

nœud [nø] *nm* **1** *(gén)* nudo *m*. **2** *(croisement)* nudo *m* de comunicaciones. ■ **nœud papillon** pajarita *f*.

noir,-e [nwaR] *adj* **1** *(gén)* negro, -gra. **2** *(foncé)* oscuro,-ra. **3** *fam (ivre)* trompa. **4** *(sale)* sucio, -cia. ▶ *nm,f* **Noir,-e** *(personne)* negro,-gra. ▶ *nm* **noir** *(couleur)* negro *m*. • **avoir du noir** tener ideas negras. **il fait noir** está oscuro. **noir sur blanc** negro sobre blanco.

noircir [20] [nwaRsiR] *vt* ennegrecer, ensombrecer.

noisette [nwazɛt] *nf* avellana *f*.

noix [nwa] *nf* **1** *(fruit)* nuez *f*. **2** *(écrou)* engranaje *m*. **3** *fam (stupide)* tonto, -ta. ■ **noix de cajou** anacardo *m*. **noix de coco** coco *m*.

nom [nɔ̃] *nm* **1** *(gén)* nombre *m*. **2** *(de famille)* apellido *m*. • **au nom de** en nombre de. **se faire un nom** hacerse un nombre.

nomade [nɔmad] *adj - nmf* nómada.
nombre [nɔ̃bʀ] *nm* número *m*. ▪ **nombre entier** número entero.
nombreux,-euse [nɔ̃bʀø,-øz] *adj* numeroso,-sa.
nombril [nɔ̃bʀil] *nm* ombligo *m*.
nominal,-e [nɔminal] *adj* nominal.
nomination [nɔminasjɔ̃] *nf* nombramiento *m*.
nommé,-e [nɔme] *adj* llamado, -da. ▪ **à point nommé** en el momento preciso.
nommer [1] [nɔme] *vt* **1** *(appeler)* llamar. **2** *(désigner)* citar, nombrar: **l'accusé nomma ses complices**, el acusado citó a sus cómplices. **3** *(instituer)* nombrar: **on l'a nommé directeur**, lo han nombrado director.
non [nɔ̃] *adv* no: **oui ou non ?**, ¿sí o no? ▶ *nm* no *m*: **un non catégorique**, un no rotundo. ▪ **non plus** tampoco. **non sans** no sin. **non seulement** no sólo.
nonchalance [nɔ̃ʃalɑ̃s] *nf* indolencia *f*.
nonne [nɔn] *nf* monja *f*.
non-voyant,-e [nɔ̃vwajɑ̃,-ɑ̃t] *nm,f* invidente.
nord [nɔʀ] *nm* norte *m*.
nord-américain,-e [nɔʀameʀikɛ̃,-ɛn] *adj* norteamericano,-na. ▶ *nm,f* **Nord-américain,-e** norteamericano,-na.
nord-est [nɔʀɛst] *adj - nm* nordeste *m*.
nordique [nɔʀdik] *adj* nórdico,-ca.
nord-ouest [nɔʀwɛst] *adj - nm* noroeste *m*.
normal,-e [nɔʀmal] *adj* normal.
normalement [nɔʀmalmɑ̃] *adv* **1** *(habituellement)* normalmente. **2** *(logiquement)* en principio.
norme [nɔʀm] *nf* norma *f*.
Norvège [nɔʀvɛʒ] *nf* Noruega *f*.
norvégien,-enne [nɔʀveʒjɛ̃,-ɛn] *adj - nm,f* noruego,-ga. ▶ *nm,f* **Norvégien,-enne** noruego,-ga. ▶ *nm* **norvégien** *(langue)* noruego *m*.

nos [no] *adj poss* nuestros,-tras.
nostalgie [nɔstalʒi] *nf* nostalgia *f*.
nostalgique [nɔstalʒik] *adj* nostálgico,-ca.
notaire [nɔtɛʀ] *nm* notario *m*.
notamment [nɔtamɑ̃] *adv* especialmente.
notation [nɔtasjɔ̃] *nf* notación *f*.
note [nɔt] *nf* **1** *(gén)* nota *f*. **2** *(addition)* cuenta *f*, factura *f*. **3** *(d'études)* apunte *m*. **4** *(évaluation)* nota *f*. ▪ **prendre des notes** tomar apuntes. **prendre note de** tomar nota de.
noter [1] [nɔte] *vt* **1** *(gén)* tomar nota de, anotar. **2** *(estimer)* calificar, poner nota a.
notice [nɔtis] *nf* reseña *f*.
notifier [12] [nɔtifje] *vt* notificar.
notion [nɔsjɔ̃] *nf* noción *f*.
notoire [nɔtwaʀ] *adj* notorio.
notoriété [nɔtɔʀjete] *nf* **1** notoriedad *f*.
notre [nɔtʀ] *adj poss* (*pl* **nos**) nuestro,-tra.
nôtre [notʀ] *pron poss* **le/la nôtre** el/la nuestro,-tra.
nouer [1] [nwe] *vt* **1** *(attacher)* anudar, atar. **2** *fig (établir)* trabar: **nouer une amitié**, trabar una amistad.
nouille [nuj] *nf* **1** *(pâte)* tallarín *m*. **2** *fam (idiot)* ganso,-sa, bobalicón, -ona.
nourri,-e [nuʀi] *adj* alimentado, -da, cebado,-da.
nourrice [nuʀis] *nf* niñera *f*.
nourrir [20] [nuʀiʀ] *vt* **1** *(gén)* alimentar, nutrir. **2** *(allaiter)* criar, amamantar. **3** *fig (espoir, illusion)* abrigar.
nourrissant,-e [nuʀisɑ̃,-ɑ̃t] *adj* nutritivo,-va.
nourrisson [nuʀisɔ̃] *nm* bebé *m*.
nourriture [nuʀityʀ] *nf* comida *f*.
nous [nu] *pron pers* **1** *(sujet)* nosotros. **2** *(complément)* nos: **il nous parle**, nos habla. **3** *(pluriel de ma-*

nous-mêmes [numεm] *pron pers* nosotros,-tras mismos,-mas.

nouveau,-elle [nuvo] *adj* (**nouvel** delante de *m* que empiece por vocal o *h* muda) nuevo,-va. ▶ *nm,f* (*élève, recrue*) nuevo,-va, novato,-ta. ▶ *nm* **nouveau** (*nouveauté*) lo nuevo, la novedad: **le nouveau plaît davantage**, lo nuevo gusta más. ▶ *adv* **1** (*récemment*) recién: **nouveaux mariés**, recién casados. • **à nouveau** de nuevo. **de nouveau** de nuevo. **du nouveau** ALGO nuevo.

nouveau-né,-e [nuvone] *adj - nm,f* (*pl* **nouveau-nés,-es**) recién nacido,-da.

nouveauté [nuvote] *nf* novedad *f*.

nouvel [nuvεl] *adj* → nouveau,-elle.

nouvelle [nuvεl] *nf* **1** (*information*) noticia *f*, nueva *f*. **2** (*récit*) novela *f* corta.

novembre [nɔvɑ̃bR] *nm* noviembre *m*.

novice [nɔvis] *adj - nm,f* **1** (*religieux*) novicio,-cia. **2** (*débutant*) novato,-ta.

noyade [nwajad] *nf* ahogamiento *m*.

noyau [nwajo] *nm* **1** (*d'un fruit*) hueso *m*. **2** (*centre*) núcleo *m*. **3** *fig* (*milieu*) núcleo *m*.

noyé,-e [nwaje] *adj - nm,f* ahogado,-da.

noyer¹ [16] [nwaje] *vt* **1** (*gén*) ahogar. **2** (*terrain*) anegar. **3** (*vin, couleurs, etc*) diluir, desvanecer.

noyer² [nwaje] *nm* (*arbre*) nogal *m*.

nu,-e [ny] *adj* (delante de un nombre es invariable y se une a él con un guion) desnudo,-da: **pieds nus**, descalzo,-za. ▶ *nm* **nu** desnudo *m*.

nuage [nɥaʒ] *nm* nube *f*.

nuageux,-euse [nɥaʒø,-øz] *adj* nublado,-da.

nuance [nɥɑ̃s] *nf* matiz *m*.

nucléaire [nykleεR] *adj* nuclear.

nudisme [nydism] *nm* nudismo *m*.

nudiste [nydist] *adj - nm,f* nudista.

nudité [nydite] *nf* desnudez *f*.

nuée [nɥe] *nf* **1** (*nuage*) nubarrón *m*. **2** *fig* (*multitude*) multitud *f*, montón *m*.

nuire [58] [nɥiR] *vi* **nuire à** dañar, perjudicar: **nuire à la réputation**, dañar la reputación.

nuisible [nɥizibl] *adj* dañino,-na, perjudicial.

nuit [nɥi] *nf* noche *f*. • **de nuit** de noche. **il fait nuit** es de noche. • **nuit noire** noche cerrada.

nul, nulle [nyl] *adj* **1** (*sans valeur*) nulo,-la. **2** (*résultat*) empatado,-da: **match nul**, empate. **3** (*aucun*) ningún, ninguno,-na: **il ne garde nul espoir**, no conserva ninguna esperanza. **4** (*mauvais*) malo,-la: **ce film est nul**, esta película es mala. ▶ *pron indéf* **nul** (*personne*) nadie: **nul n'a sonné à la porte**, no ha llamado nadie a la puerta.

numéral,-e [nymeRal] *adj* numeral.

numérique [nymeRik] *adj* **1** (*gén*) numérico,-ca. **2** INFORM digital.

numéro [nymeRo] *nm* **1** (*chiffre*) número *m*. **2** (*de loterie*) billete *m*. **3** (*de voiture*) matrícula *f*. **4** (*spectacle*) número *m*. **5** (*d'une revue*) ejemplar *m*, número *m*. • **c'est un numéro** es un caso.

numéroter [1] [nymeRɔte] *vt* numerar.

nuque [nyk] *nf* nuca *f*.

nutritif,-ive [nytRitif,-iv] *adj* nutritivo,-va.

nutrition [nytRisjɔ̃] *nf* nutrición *f*.

nylon® [nilɔ̃] *nm* nailon *m*, nilón *m*.

nymphomane [nɛ̃fɔman] *nf* ninfómana *f*.

O

obéir [20] [ɔbeiʀ] *vt - vi* obedecer.
obéissance [ɔbeisɑ̃s] *nf* obediencia *f*.
obéissant,-e [ɔbeisɑ̃,-ɑ̃t] *adj* obediente.
obélisque [ɔbelisk] *nm* obelisco *m*.
obèse [ɔbɛz] *adj - nmf* obeso,-sa.
obésité [ɔbezite] *nf* obesidad *f*.
objecteur [ɔbʒɛktœʀ] *nm* objetor *m*.
objectif,-ive [ɔbʒɛktif,-iv] *adj* objetivo,va. ▶ *nm* **objectif** objetivo *m*.
objection [ɔbʒɛksjɔ̃] *nf* objeción *f*.
objectivité [ɔbʒɛktivite] *nf* objetividad *f*.
objet [ɔbʒɛ] *nm* **1** (*gén*) objeto *m*. **2** INFORM asunto *m*.
obligation [ɔbligasjɔ̃] *nf* obligación *f*.
obligatoire [ɔbligatwaʀ] *adj* obligatorio,-ria.
obligé,-e [ɔbliʒe] *adj* **1** (*forcé*) obligado,-da. **2** (*reconnaissant*) agradecido,-da.
obliger [4] [ɔbliʒe] *vt* **1** (*forcer*) obligar. **2** *fml* (*rendre service*) complacer: **vous m'obligeriez si ...**, le estaría muy agradecido si....
oblitérer [10] [ɔblitere] *vt* picar.
obscène [ɔpsɛn] *adj* obsceno,-na.
obscénité [ɔpsenite] *nf* obscenidad *f*.
obscur,-e [ɔpskyʀ] *adj* oscuro,-ra.
obscurcir [20] [ɔpskyʀsiʀ] *vt* oscurecer.
obscurité [ɔpskyʀite] *nf* oscuridad *f*.

obsédé,-e [ɔpsede] *adj* obsesionado,-da. ▶ *nm,f* obseso,-sa.
obséder [10] [ɔpsede] *vt* obsesionar.
obsèques [ɔpsɛk] *nf pl* funerales *m pl*.
observateur,-trice [ɔpsɛʀvatœʀ,-tʀis] *adj - nm,f* observador,-ra.
observation [ɔpsɛʀvasjɔ̃] *nf* observación *f*.
observatoire [ɔpsɛʀvatwaʀ] *nm* observatorio *m*.
observer [1] [ɔpsɛʀve] *vt* **1** (*gén*) observar. **2** (*règles*) respetar.
obsession [ɔpsesjɔ̃] *nf* obsesión *f*.
obstacle [ɔpstakl] *nm* obstáculo *m*.
obstination [ɔpstinasjɔ̃] *nf* obstinación *f*.
obstiner (s') [1] [ɔpstine] *vpr* obstinarse.
obtenir [35] [ɔptəniʀ] *vt* obtener, conseguir.
obtention [ɔptɑ̃sjɔ̃] *nf* obtención *f*.
obus [ɔby] *nm* obús *m*.
occase [ɔkaz] *nf fam* ocasión *f*.
occasion [ɔkazjɔ̃] *nf* **1** (*possibilité*) ocasión *f*, oportunidad *f*. **2** (*circonstance*) ocasión *f*. **3** (*affaire*) ganga *f*.
• **à l'occasion de** con motivo de. **d'occasion** de segunda mano.
occasionner [1] [ɔkazjɔne] *vt* ocasionar.
occident [ɔksidɑ̃] *nm* occidente *m*.
occidental,-e [ɔksidɑ̃tal] *adj* occidental. ▶ *nm,f* **Occidental,-e** occidental.
occupant,-e [ɔkypɑ̃,-ɑ̃t] *adj - nm,f* ocupante.

occupation [ɔkypasjɔ̃] *nf* ocupación *f.*
occupé,-e [ɔkype] *adj* ocupado,-da.
occuper [1] [ɔkype] *vt* ocupar. ● **s'occuper de** QQCH encargarse de ALGO laisse, je m'en occupe, deja, ya me encargo yo. **s'occuper de** QQN **1** (*dans un magasin*) aten der a ALGN: on s'occupe de vous ?, ¿le atienden? **2** (*prendre soin de*) ocuparse de ALGN.
occurrence [ɔkyRɑ̃s] *nf* ocurrencia *f.* ● **en l'occurrence** en este caso.
océan [ɔseɑ̃] *nm* océano *m.*
octet [ɔktɛ] *nm* INFORM byte *m.*
octobre [ɔktɔbR] *nm* octubre *m.*
oculaire [ɔkylɛR] *adj* ocular.
oculiste [ɔkylist] *nmf* oculista.
odeur [ɔdœR] *nf* olor *m.*
odieux,-euse [ɔdjø,-øz] *adj* odioso,-sa.
odorat [ɔdɔRa] *nm* olfato *m.*
odorant,-e [ɔdɔRɑ̃,-ɑ̃t] *adj* oloroso,-sa.
œil [œj] *nm* (*pl* **yeux**) ojo *m.* ● **à l'œil nu** a simple vista. **avoir** QQN **à l'œil** *fig* no perder de vista a ALGN. **à vue d'œil** a ojos vistas. **mon œil !** *fam* ¡y una porra! **sauter aux yeux** saltar a la vista. **sous les yeux de** QQN en las propias narices de ALGN.
œsophage [ezɔfaʒ] *nm* ANAT esófago *m.*
œuf [œf] (el plural, **œufs**, se pronuncia [œ]) *nm* huevo *m.* ● **va te faire cuire un œuf !** *fam* ivete a freír espárragos! **œuf dur** huevo duro. **œuf au plat** huevo frito.
œuvre [œvR] *nf* obra *f.* ▪ *nm* (*d'un artiste*) obra *f.* ● **être à l'œuvre** estar manos a la obra. **mettre en œuvre** poner en práctica. ▪ **œuvre d'art** obra de arte.
offense [ɔfɑ̃s] *nf* ofensa *f.*
offenser [1] [ɔfɑ̃se] *vt* ofender. ▶ *vpr* **s'offenser** ofenderse (**de**, de).

offensif,-ive [ɔfɑ̃sif,-iv] *adj* ofensivo,-va.
offensive [ɔfɑ̃siv] *nf* ofensiva *f.*
office [ɔfis] *nm* **1** (*bureau*) oficina *f.* **2** REL oficio *m.* ● **faire office de** hacer las veces de. ▪ **office de tourisme** oficina de turismo.
officiel,-elle [ɔfisjɛl] *adj* oficial.
officier[1] [ɔfisje] *nm* oficial *m.*
officier[2] [12] [ɔfisje] *vi* oficiar.
officieux,-euse [ɔfisjø,-øz] *adj* oficioso,-sa.
offre [ɔfR] *nf* oferta *f.* ▪ **offre d'emploi** oferta de trabajo.
offrir [21] [ɔfRiR] *vt* **1** (*gén*) ofrecer. **2** (*un cadeau*) regalar.
offusquer [1] [ɔfyske] *vt* ofender.
ogre [ɔgR] *nm* ogro *m.*
oie [wa] *nf* oca *f.*
oignon [ɔɲɔ̃] *nm* **1** (*pour manger*) cebolla *f.* **2** (*de tulipe*) bulbo *m.* **3** (*aux pieds*) juanete *m.*
oiseau [wazo] *nm* ave *f,* pájaro *m.* ● **être un drôle d'oiseau** *fam péj* ser un buen pájaro.
OK ! [ɔke] *interj fam* ¡vale!
olive [ɔliv] *nf* aceituna *f,* oliva *f.* ▶ *adj* de color verde oliva.
olivier [ɔlivje] *nm* olivo *m.*
olympiade [ɔlɛ̃pjad] *nf* olimpiada *f.*
olympique [ɔlɛ̃pik] *adj* olímpico,-ca.
ombrage,-e [ɔ̃bRaʒe] *adj* umbrío,-a.
ombre [ɔ̃bR] *nf* sombra *f.*
omelette [ɔmlɛt] *nf* tortilla *f.*
omettre [81] [ɔmɛtR] *vt* omitir.
omission [ɔmisjɔ̃] *nf* omisión *f.*
omniprésent,-e [ɔmnipRezɑ̃,-ɑ̃t] *adj* omnipresente.
omoplate [ɔmɔplat] *nf* ANAT omoplato *m.*
on [ɔ̃] *pron indéf* **1** (*quelqu'un, les autres*): **on dit qu'il est mort**, dicen que ha muerto; **on croirait**, uno creería; **on n'est jamais content**, nunca estamos satisfechos. **2** *fam* (*nous*) nosotros: **on a**

bien mangé, hemos comido bien. **3** *(impersonnel)* se: **on ne sait jamais**, nunca se sabe.
once [ɔ̃s] *nf (poids)* onza *f*.
oncle [ɔ̃kl] *nm* tío *m*.
onctueux,-euse [ɔ̃ktɥø,-øz] *adj* untuoso,-sa.
onde [ɔ̃d] *nf* onda *f*.
on-dit [ɔ̃di] *nm inv* rumores *m pl*.
onduler [1] [ɔ̃dyle] *vt - vi* ondular.
ongle [ɔ̃gl] *nm* **1** *(de personne)* uña *f*. **2** *(des animaux)* garra *f*. • **se ronger les ongles** morderse las uñas.
onomatopée [ɔnɔmatɔpe] *nf* onomatopeya *f*.
onze [ɔ̃z] *num* once *m*.
onzième [ɔ̃zjɛm] *num* undécimo, -ma. ► *nm* onceavo *m*, onceava parte *f*.
opaque [ɔpak] *adj* opaco,-ca.
opéra [ɔpera] *nm* ópera *f*.
opérateur,-trice [ɔperatœr,-tris] *nm,f* operador,-ra.
opération [ɔperasjɔ̃] *nf* operación *f*.
opérer [10] [ɔpere] *vt* **1** *(gén)* operar. **2** *(exécuter, faire)* realizar. ► *vpr* **s'opérer** producirse. • **se faire opérer** operarse. • **opérer de** operarse de.
ophtalmologiste [ɔftalmɔlɔʒist] *nmf* oftalmólogo,-ga.
opiner [1] [ɔpine] *vi* opinar.
opiniâtre [ɔpinjatr] *adj* pertinaz.
opinion [ɔpinjɔ̃] *nf* opinión *f*. • **se faire une opinion de** hacerse una idea de.
opium [ɔpjɔm] *nm* opio *m*.
opportun,-e [ɔpɔʀtœ̃,-yn] *adj* oportuno,-na.
opportunisme [ɔpɔʀtynism] *nm* oportunismo *m*.
opportunité [ɔpɔʀtynite] *nf* oportunidad *f*.
opposant,-e [ɔpozɑ̃,-ɑ̃t] *nm,f* oponente.
opposé,-e [ɔpoze] *adj* opuesto,-ta. ► *nm* **opposé** opuesto *m*. • **à l'op-**

posé de 1 *(côté)* en el lado opuesto. **2** *(contrairement à)* al contrario de.
opposer [1] [ɔpoze] *vt* oponer.
opposition [ɔpozisjɔ̃] *nf* oposición *f*.
opprimer [1] [ɔpʀime] *vt* oprimir.
opter [1] [ɔpte] *vi* optar.
opticien,-enne [ɔptisjɛ̃,-ɛn] *nm,f* óptico,-ca.
optimal,-e [ɔptimal] *adj* óptimo, -ma.
optimisme [ɔptimism] *nm* optimismo *m*.
optimiste [ɔptimist] *adj - nmf* optimista.
option [ɔpsjɔ̃] *nf* **1** *(gén)* opción *f*. **2** *(à l'université)* optativa *f*. • **être en option** *(accessoire)* ser opcional.
optionnel [ɔpsjɔnɛl] *adj* opcional.
optique [ɔptik] *adj* óptico,-ca. ► *nf* óptica *f*.
or[1] [ɔʀ] *nm* oro *m*. ■ **or massif** oro macizo.
or[2] [ɔʀ] *conj* ahora bien.
orage [ɔʀaʒ] *nm* tormenta *f*.
orageux,-euse [ɔʀaʒø,-øz] *adj* tormentoso,-sa.
oral,-e [ɔʀal] *adj* oral. ► *nm* **oral** examen *m* oral.
orange [ɔʀɑ̃ʒ] *nf (fruit)* naranja *f*. ► *adj* naranja.
oranger [ɔʀɑ̃ʒe] *nm* naranjo *m*.
orateur,-trice [ɔʀatœʀ,-tʀis] *nm,f* orador,-ra.
orchestre [ɔʀkɛstʀ] *nm* orquesta *f*.
orchidée [ɔʀkide] *nf* orquídea *f*.
ordinaire [ɔʀdinɛʀ] *adj* normal, corriente. ► *nm* lo usual. • **d'ordinaire** habitualmente.
ordinateur [ɔʀdinatœʀ] *nm* ordenador *m*.
ordonnance [ɔʀdɔnɑ̃s] *nf* **1** *(du médecin)* receta *f*. **2** *(du gouvernement)* ordenanza *f*.
ordonner [1] [ɔʀdɔne] *vt* ordenar.

ordre [ɔRdR] nm 1 (agencement) orden m. 2 (commandement) orden f. 3 (d'avocats, médecins) colegio m. • **jusqu'à nouvel ordre** hasta nuevo aviso. **mettre en ordre** poner en orden.

ordure [ɔRdyR] nf porquería f. ▶ pl **ordures** basura f sing.

oreille [ɔRɛj] nf 1 ANAT oreja f. 2 (sens) oído m. • **faire la sourde oreille** fig hacer oídos sordos.

oreiller [ɔReje] nm almohada f.

organe [ɔRgan] nm 1 ANAT órgano m. 2 fml (voix) voz f.

organigramme [ɔRganigram] nm organigrama m.

organique [ɔRganik] adj orgánico, -ca.

organisateur,-trice [ɔRganizatœR,-tRis] adj - nm,f organizador,-ra.

organisation [ɔRganizasjɔ̃] nf organización f.

organiser [1] [ɔRganize] vt organizar.

organisme [ɔRganism] nm organismo m.

orgasme [ɔRgasm] nm orgasmo m.

orgie [ɔRʒi] nf orgía f.

orgue [ɔRg] nm MUS órgano m.

orgueil [ɔRgœj] nm orgullo m.

orgueilleux,-euse [ɔRgœjø,-øz] adj - nm,f orgulloso,-sa.

orient [ɔRjɑ̃] nm oriente m.

oriental,-e [ɔRjɑ̃tal] adj oriental. ▶ nm,f **Oriental,-e** oriental.

orientation [ɔRjɑ̃tasjɔ̃] nf orientación f.

orienter [1] [ɔRjɑ̃te] vt orientar.

orifice [ɔRifis] nm orificio m.

origan [ɔRigɑ̃] nm orégano m.

originaire [ɔRiʒinɛR] adj originario,-ria.

original,-e [ɔRiʒinal] adj original.

originalité [ɔRiʒinalite] nf originalidad f.

origine [ɔRiʒin] nf origen m. • **à l'origine** al principio.

ornement [ɔRnəmɑ̃] nm ornamento m.

orner [1] [ɔRne] vt ornar, adornar.

orphelin,-ine [ɔRfəlɛ̃,-in] adj - nm,f huérfano,-na.

orphelinat [ɔRfəlina] nm orfanato m.

orteil [ɔRtɛj] nm dedo m del pie.

orthodoxe [ɔRtɔdɔks] adj - nmf ortodoxo,-xa.

orthographe [ɔRtɔgRaf] nf ortografía f.

orthophoniste [ɔRtɔfɔnist] nmf logopeda.

ortie [ɔRti] nf ortiga f.

os [ɔs] (el plural, os, se pronuncia [o]) nm hueso m. • **tomber sur un os** fig dar con un hueso.

osciller [1] [ɔsile] vi oscilar.

osé,-e [oze] adj atrevido,-da.

oser [1] [oze] vi atreverse (a).

osseux,-euse [ɔsø,-øz] adj 1 (tissu, cellule) óseo,-a. 2 (personne) huesudo,-da.

ostensible [ɔstɑ̃sibl] adj ostensible.

ostéopathe [ɔsteopati] nf MÉD osteopatía f.

otage [ɔtaʒ] nm rehén m.

otarie [ɔtaRi] nf león m marino.

ôter [1] [ote] vt 1 (enlever) quitar, sacar. 2 (vêtement) quitarse: **il doit ôter son chapeau**, tiene que quitarse el sombrero. 3 (soustraire) restar: **ôté de 10 égale 5**, si restas 5 a 10 quedan 5. ▶ vpr **s'ôter** apartarse.

otite [ɔtit] nf MÉD otitis f.

ou [u] conj o, u: **tu préfères le pull rouge ou le jaune?**, ¿prefieres el jersey rojo o el amarillo?; **c'est l'un ou l'autre**, tiene que ser uno u otro. • **ou (bien)... ou (bien)...** o (bien)... o (bien)....

où

où [u] *pron rel* **1** *(lieu - sans mouvement)* donde; *(- avec mouvement)* adonde: **la ville où je suis né**, la ciudad donde nací; **par où est-elle sortie ?**, ¿por donde salió? **2** *(état)* al que, a que, en el que, en la que: **dans l'état où je suis, je ne ferai rien de bon**, en el estado en el que estoy, no haré nada bueno. **3** *(temporel)* en que: **au moment où le livre est publié**, en el momento en que el libro se publica. ▶ *adv (espace - sans mouvement)* donde; *(- avec mouvement)* adonde: **d'où tu étais**, desde donde estabas; **je vais où je veux**, voy adonde quiero. ▶ *adv inter (sans mouvement)* dónde; *(avec mouvement)* adónde: **où est-il ?**, ¿dónde está?; **où vas-tu ?**, ¿adónde vas? • **d'où** de donde, de ahí je le croyais parti, **d'où ma surprise**, pensaba que se había ido, de ahí mi sorpresa.

oubli [ubli] *nm* olvido *m*.

oublier [13] [ublije] *vt* **1** *(gén)* olvidar. **2** *(reléguer)* olvidarse: **ils ont oublié de compter les personnes présentes**, se han olvidado contar a los asistentes.

ouest [wɛst] *nm* oeste *m*.

oui [wi] *adv* sí: **oui ou non ?**, ¿sí o no? ▶ *nm* sí *m*. • **pour un oui pour un non** porque sí.

ouïe [wi] *nf* oído *m*. • **avoir l'ouïe fine** tener el oído fino.

ouragan [uragɑ̃] *nm* huracán *m*.

ourlet [uʀlɛ] *nm* dobladillo *m*.

ours [uʀs] *nm* oso *m*.

ourse [uʀs] *nf* osa *f*.

outil [uti] *nm* herramienta *f*.

outre [utʀ] *prép* además de. • **en outre** además. **passer outre** pasar por alto.

outré,-e [utʀe] *adj* indignado,-da.

outre-mer [utʀəmɛʀ] *adv* ultramar.

outrer [1] [utʀe] *vt* indignar.

ouvert,-e [uvɛʀ,-ɛʀt] *adj* abierto, -ta. • **grand ouvert** abierto de par en par.

ouverture [uvɛʀtyʀ] *nf* **1** *(action d'ouvrir)* abertura *f*. **2** *(d'un local, d'un débat)* apertura *f*. **3** *(entrée)* boca *f*. **4** MUS obertura *f*. • **ouverture d'esprit** amplitud *f* de miras.

ouvrable [uvʀabl] *adj (jour)* laborable.

ouvrage [uvʀaʒ] *nm* **1** *(travail)* trabajo *m*. **2** *(de tricot)* labor *f*. **3** *(livre)* obra *f*.

ouvre-boîtes [uvʀəbwat] *nm inv* abrelatas *m*.

ouvre-bouteilles [uvʀəbutɛj] *nm inv* abrebotellas *m*.

ouvreur,-euse [uvʀœʀ,-øz] *nm,f* acomodador,-ra.

ouvrier,-ère [uvʀije,-jɛʀ] *adj - nm,f* obrero,-ra.

ouvrière [uvʀijɛʀ] *nf* abeja *f* obrera.

ouvrir [21] [uvʀiʀ] *vt* abrir. ▶ *vi* **1** *(magasin, porte)* abrir. **2** *(commencer)* empezar. **3** *(donner sur)* abrirse (**sur**, a). ▶ *vpr* **s'ouvrir** abrirse: **il s'est ouvert à un ami**, se abrió con un amigo.

ovaire [ovɛʀ] *nm* ovario *m*.

ovale [oval] *adj* oval, ovalado,-da. ▶ *nm* óvalo *m*.

ovation [ovasjɔ̃] *nf* ovación *f*.

overdose [ovɛʀdoz] *nf* sobredosis *f*.

ovuler [1] [ovyle] *vi* ovular.

ovule [ovyl] *nm* óvulo *m*.

oxydation [oksidasjɔ̃] *nf* oxidación *f*.

oxyde [oksid] *nm* óxido *m*.

oxyder [1] [okside] *vt* oxidar.

oxygène [oksiʒɛn] *nm* oxígeno *m*.

ozone [ozon] *nm* ozono *m*.

P

pacemaker [pɛsmekœʀ] *nm* marcapasos *m*.
pacifier [12] [pasifje] *vt* pacificar.
pacifique [pasifik] *adj* pacífico,-ca.
pacifiste [pasifist] *adj - nmf* pacifista.
pacte [pakt] *nm* pacto *m*.
pagaie [pagɛ] *nf* zagual *m*.
pagaille o **pagaïe** [pagaj] *nf fam* follón *m*: **quelle pagaille !**, ¡qué jaleo! • **en pagaille** *fam* a porrillo. **semer la pagaille** *fam* armar jaleo.
page [paʒ] *nf* página *f*. • **être à la page** estar al día. **tourner la page** hacer borrón y cuenta nueva.
paiement [pɛmã] *nm* pago *m*.
païen,-enne [pajɛ̃,-ɛn] *adj - nm,f* pagano,-na.
paillasson [pajasɔ̃] *nm* felpudo *m*.
paille [paj] *nf paja f*. • **être sur la paille** *fig* estar en la miseria.
paillette [pajɛt] *nf* **1** *(sur vêtement)* lentejuela *f*. **2** *(poudre)* purpurina *f*. **3** *(de savon)* escama *f*.
pain [pɛ̃] *nm* pan *m*. • **avoir du pain sur la planche** *fig* tener mucho que hacer. ▪ **pain de mie** pan de molde.
pair,-e [pɛʀ] *adj* par: **nombre pair**, número par. ▸ *nm* par igual *m*. • **aller de pair avec** ir con.
paire [pɛʀ] *nf* par *m*: **une paire de chaussures**, un par de zapatos.
paisible [pezibl] *adj* apacible.
paix [pɛ] *nf* paz *f*. • **faire la paix** hacer las paces. **ficher la paix à QQN** *fam* dejar a ALGN en paz.

Pakistan [pakistã] *nm* Pakistán, Paquistán.
pakistanais,-e [pakistanɛ,ɛz] *adj* paquistaní, pakistaní. ▸ *nm,f* **Pakistanais,-e** paquistaní, pakistaní.
palace [palas] *nm* hotel *m* de lujo.
palais [palɛ] *nm* **1** *(édifice)* palacio *m*. **2** ANAT paladar *m*.
pâle [pal] *adj* pálido,-da.
Palestine [palɛstin] *nf* Palestina.
palestinien,-enne [palɛstinjɛ̃,-ɛn] *adj* palestino,-na. ▸ *nm,f* **Palestinien,-enne** palestino,-na.
palette [palɛt] *nf* paleta *f*.
pâleur [palœʀ] *nf* palidez *f*.
palier [palje] *nm* **1** *(d'escalier)* rellano *m*. **2** *(étape)* escalón *m*.
pâlir [20] [paliʀ] *vi* palidecer.
pallier [13] [palje] *vt* paliar.
palmarès [palmarɛs] *nm* palmarés *m*.
palme [palm] *nf* **1** *(feuille)* palma *f*. **2** SPORT *(de nageur)* aleta *f*.
palmier [palmje] *nm* palmera *f*.
pâlot,-otte [palo,-ɔt] *adj* paliducho,-cha.
palourde [paluʀd] *nf* almeja *f*.
palpable [palpabl] *adj* palpable.
palper [1] [palpe] *vt* palpar.
palpiter [1] [palpite] *vi* palpitar.
paludisme [palydism] *nm* paludismo *m*.
pâmer (se) [1] [pame] *vpr* extasiarse.
pamphlet [pɑ̃flɛ] *nm* panfleto *m*.
pamplemousse [pɑ̃pləmus] *nm* pomelo *m*.

pan [pã] nm **1** (de mur) lienzo m. **2** (de vêtement) faldón m.
panache [panaʃ] nm **1** (de plumes) penacho m. **2** fig (éclat) brillo m. **3** (bravoure) valor m.
panaché [panaʃe] nm (bière) clara f.
Panama [panama] nm Panamá.
panaméen,-enne [panameɛ̃,-ɛn] adj panameño,-ña. ► nm,f **Panaméen,-enne** panameño,-ña.
pancarte [pãkart] nf pancarta f.
pancréas [pãkreas] nm ANAT páncreas m.
panda [pãda] nm panda m.
pané,-e [pane] adj rebozado,-da.
panier [panje] nm **1** (gén) cesto m, cesta f. **2** SPORT (au basket) canasta f. ■ **panier à provisions** cesta de la compra.
panique [panik] nf pánico m.
paniquer [2] [panike] vi ponerse histérico.
panne [pan] nf avería f. • **être en panne** estar averiado,-da. **tomber en panne** averiarse. **tomber en panne d'essence** quedarse sin gasolina. ■ **panne de courant** apagón m.
panneau [pano] nm **1** (gén) panel m. **2** (surface plane) tablero m. **panneau d'affichage** tablón m de anuncios. **panneau indicateur** señal f.
panoramique [panoramik] adj panorámico,-ca.
pansement [pãsmã] nm **1** (adhésif) tirita f. **2** (compresse) vendaje m. **3** (sur une dent) empaste m.
panser [1] [pãse] vt **1** (plaie) vendar. **2** (cheval) almohazar.
pantalon [pãtalɔ̃] nm pantalón m.
panthère [pãtɛr] nf pantera f.
pantin [pãtɛ̃] nm títere m.
pantoufle [pãtufl] nf zapatilla f.
paon [pã] nm pavo m real.
papa [papa] nm papá m.

pape [pap] nm papa m.
paperasse [papras] nf papeleo m.
papeterie [papɛtri] nf **1** (magasin) papelería f. **2** (industrie) papelera f.
papier [papje] nm papel m. ► nm pl **papiers** papeles m pl: **vos papiers, s'il vous plaît !**, ¡los papeles, por favor! ■ **papier alu(minium)** papel de plata. **papier peint** papel pintado.
papillon [papijɔ̃] nm mariposa f.
paprika [paprika] nm pimentón m.
paquebot [pakbo] nm transatlántico m.
pâquerette [pakrɛt] nf margarita f.
Pâques [pak] nf pl Semana f Santa, Pascua f.
paquet [pakɛ] nm paquete m.
par [par] prép **1** (cause, moyen, lieu) por: **hâlé par le soleil**, tostado por el sol; **par écrit**, por escrito. **2** (distribution dans le temps) a: **par an**, al año. **3** (temps atmosphérique) con: **par un temps de pluie**, con un tiempo de lluvia. **4** (pendant) en: **par un beau jour de printemps**, en un hermoso día de primavera. **5** (distribution) a, en, por: **deux par deux**, de dos en dos; **il fait du sport quatre jours par semaine**, hace deporte cuatro días a la semana. ■ **par contre** en cambio.
parachute [paraʃyt] nm paracaídas m.
parade [parad] nf **1** (spectacle) desfile m. **2** (étalage) alarde m, ostentación f.
paradis [paradi] nm paraíso m.
paradisiaque [paradizjak] adj paradisíaco,-ca.
paradoxal,-e [paradɔksal] adj paradójico,-ca.
paradoxe [paradɔks] nm paradoja f.
parages [paraʒ] nm pl parajes m pl.
paragraphe [paragraf] nm párrafo m.

Paraguay [paʀagwɛ] nm Paraguay.
paraguayen,-enne [paʀagwɛjɛ̃,ɛn] adj paraguayo,-ya. ▶ nm,f **Paraguayen,-enne** paraguayo,-ya.
paraître [82] [paʀɛtʀ] vi 1 (sembler) parecer. 2 (apparaître) aparecer. 3 (faire semblant) aparentar. 4 (sentiment) manifestarse. • **il paraît que** parece que. **paraît-il** según parece.
parallèle [paʀalɛl] adj paralelo,-la. ▶ nm paralelo m. ▶ nf paralela f.
parallélisme [paʀalelism] nm paralelismo m.
paralyser [1] [paʀalize] vt paralizar.
paralysie [paʀalizi] nf parálisis f.
paramètre [paʀamɛtʀ] nm parámetro m.
paraphrase [paʀafʀaz] nf paráfrasis f.
parapluie [paʀaplɥi] nm paraguas m.
parasite [paʀazit] adj parásito,-ta. ▶ nm parásito m.
parasol [paʀasɔl] nm sombrilla f.
paravent [paʀavɑ̃] nm biombo m.
parc [paʀk] nm parque m. • **parc d'attractions** parque de atracciones.
parcelle [paʀsɛl] nf parcela f.
parce [paʀs]. • **parce que** porque: il ne viendra pas parce qu'il a des examens, no vendrá porque tiene exámenes.
parcmètre [paʀkmɛtʀ] nm parquímetro m.
parcourir [24] [paʀkuʀiʀ] vt 1 (pays, ville) recorrer. 2 (livre, revue) hojear.
parcours [paʀkuʀ] nm recorrido m.
par-derrière [paʀdɛʀjɛʀ] adv por detrás.
par-dessous [paʀdəsu] adv por debajo.
par-dessus [paʀdəsy] adv por encima.
pardon [paʀdɔ̃] nm perdón m. ▶ interj **pardon !** ¡disculpe! • **demander pardon** pedir perdón.
pardonner [1] [paʀdɔne] vt - vi perdonar.
pare-brise [paʀbʀiz] nm inv parabrisas m.
pare-chocs [paʀʃɔk] nm inv parachoques m.
pareil,-eille [paʀɛj] adj 1 (gén) igual. 2 (tel) semejante: **je n'ai jamais entendu une bêtise pareille !**, inunca había oído semejante tontería! ▶ nm,f igual m, semejante m. ▶ adv fam igual: **ils sont habillés pareil**, van vestidos igual. • **ce n'est pas pareil** no es lo mismo.
parent,-e [paʀɑ̃,-ɑ̃t] nm,f (famille) pariente. ▶ nm pl **parents** padres m pl.
parenthèse [paʀɑ̃tɛz] nf paréntesis m.
parer [1] [paʀe] vt 1 fml (orner) adornar. 2 (un coup) evitar. ▶ vi **parer à** lidiar con: **parer au plus pressé**, solucionar lo más urgente. ▶ vpr **se parer** engalanarse.
paresse [paʀɛs] nf pereza f.
paresseux,-euse [paʀɛsø,-øz] adj - nm,f perezoso,-sa.
parfaire [85] [paʀfɛʀ] vt perfeccionar.
parfait,-e [paʀfɛ,-ɛt] adj perfecto,-ta.
parfois [paʀfwa] adv a veces.
parfum [paʀfœ̃] nm 1 (senteur) perfume m. 2 (goût) sabor m.
parfumer [1] [paʀfyme] vt perfumar.
parfumerie [paʀfymʀi] nf perfumería f.
pari [paʀi] nm apuesta f.
parier [12] [paʀje] vt apostar. • **je parie que ...** apuesto a que....
parité [paʀite] nf paridad f.
parking [paʀkiŋ] nm aparcamiento m.
parlant,-e [paʀlɑ̃,-ɑ̃t] adj 1 (qui parle) parlante. 2 fig (vivant) expresivo,-va.
parlement [paʀləmɑ̃] nm parlamento m.

parlementaire [paʀləmɑ̃tɛʀ] *adj - nm,f* parlamentario,-ria.
parler [1] [paʀle] *vt* hablar (de). ▶ *vi* hablar. ▶ *vpr* **se parler** hablarse. • **n'en parlons plus !** ino se hable más! **sans parler de ...** sin hablar de .... **tu parles !** *fam* ¡qué va!
parmi [paʀmi] *prép* entre. • **parmi d'autres** entre otros,-tras.
parodie [paʀɔdi] *nf* parodia *f*.
paroisse [paʀwas] *nf* parroquia *f*.
parole [paʀɔl] *nf* 1 *(faculté)* habla *m*. 2 *(mot)* palabra *f*. ▶ *nf pl* **paroles** *(d'une chanson)* letra *f sing*. • **adresser la parole à** QQN dirigir la palabra a ALGN. **tenir (sa) parole** cumplir su palabra.
parquet [paʀkɛ] *nm* parqué *m*, parquet *m*.
parrain [paʀɛ̃] *nm* padrino *m*.
parrainer [1] [paʀene] *vt* 1 *(enfant)* apadrinar. 2 *(entreprise)* patrocinar.
parsemer [7] [paʀsəme] *vt* 1 *(terrain)* sembrar. 2 *fig (texte)* salpicar.
part [paʀ] *nf* parte *f*. • **à part** aparte. **de la part de** de parte de. **d'une part... d'autre part** por una parte... por otra. **faire part de** QQCH **à** QQN notificar ALGO a ALGN. **nulle part** en ninguna parte. **prendre part à** tomar parte en. **quelque part** en alguna parte.
partager [4] [paʀtaʒe] *vt* 1 *(diviser)* repartir. 2 *(avec d'autres)* compartir. ▶ *vpr* **se partager** repartirse.
partenaire [paʀtənɛʀ] *nmf* 1 *(au jeu)* compañero,-ra. 2 *(de danse)* pareja *f*. 3 *(d'affaires)* socio,-cia.
partenariat [paʀtənaʀja] *nm* colaboración *f*.
parti [paʀti] *nm* partido *m*. • **tirer parti de** sacar partido de. ▪ **parti pris** prejuicio *m*.
partial,-e [paʀsjal] *adj* parcial.
participant,-e [paʀtisipɑ̃,-ɑ̃t] *adj - nm,f* participante.

participation [paʀtisipasjɔ̃] *nf* participación *f*.
participe [paʀtisip] *nm* participio *m*.
participer [1] [paʀtisipe] *vi* participar.
particularité [paʀtikylaʀite] *nf* particularidad *f*.
particulier,-ère [paʀtikyljɛ,-ɛʀ] *adj* 1 *(gén)* particular. 2 *(original)* peculiar. ▶ *nm* **particulier** particular *m*.
partie [paʀti] *nf* 1 *(gén)* parte *f*. 2 *(de jeux, chasse)* partida *f*. • **en partie** en parte. **faire partie de** formar parte de.
partiel,-elle [paʀsjɛl] *adj* parcial.
partir [28] [paʀtiʀ] *vi* 1 *(s'en aller)* marcharse, partir. 2 *(prendre le départ)* salir: **il est parti comme une flèche**, salió disparado. 3 *(commencer)* empezar. • **à partir de** a partir de.
partition [paʀtisjɔ̃] *nf* 1 *(séparation)* división *f*. 2 MUS partitura *f*.
partout [paʀtu] *adv* en todas partes.
parvenir [35] [paʀvəniʀ] *vi* **parvenir à** 1 *(arriver)* llegar a. 2 *(réussir à)* lograr.
pas¹ [pa] *nm* 1 *(gén)* paso *m*. 2 *(marche)* escalón *m*. • **faire le premier pas** dar el primer paso.
pas² [pa] *adv* 1 no: **tu me crois ou pas ?**, ¿me crees o no? 2 **ne ... pas** no: **je n'aime pas ça**, no me gusta esto. • **même pas** ni siquiera. **pas assez +** *adj* no lo bastante + *adj*. **pas beaucoup** no mucho. **pas du tout** en absoluto. **pas encore** todavía no.
passage [pasaʒ] *nm* 1 *(gén)* paso *m*. 2 *(voie, rue)* pasaje *m*. 3 *(d'un livre, d'un discours)* pasaje *m*. • **de passage** de paso. ▪ **passage clouté** paso de peatones.
passager,-ère [pasaʒe,-ɛʀ] *adj - nm,f* pasajero,-ra.
passant,-e [pasɑ̃,-ɑ̃t] *adj (fréquenté)* concurrido,-da. ▶ *nm,f* transeúnte.

passe [pas] *nf* SPORT pase *m*.
passé,-e [pase] *adj* pasado,-da. ▶ *nm* **passé** pasado *m*. ▪ **passé composé** pretérito *m* perfecto.
passeport [paspɔʀ] *nm* pasaporte *m*.
passer [1] [pase] *vi* 1 (*gén*) pasar: **l'autobus est passé**, el autobús ha pasado. 2 (*à la télé, la radio, au cinéma*) poner (à, en), salir (à, en): **ce film passe depuis hier**, ponen esta película desde ayer. 3 (*oublier*) no tener en cuenta. 4 (*s'écouler*) pasar, transcurrir. ▶ *vt* 1 (*traverser*) pasar: **nous avons passé la rivière**, hemos pasado el río. 2 (*examen*) hacer. 3 (*film, disque*) poner. 4 (*vêtement*) ponerse. 5 (*contrat*) otorgar. 6 (*caprice*) conceder. ▶ *vpr* **se passer** 1 (*temps*) pasar. 2 (*événement, accident*) ocurrir: **que se passe-t-il ?**, ¿qué pasa ? ▪ **ne faire que passer** estar de paso. **passer inaperçu** pasar desapercibido. **passer outre** QQCH hacer caso omiso de ALGO. **se passer de** prescindir de.
passif,-ive [pasif,-iv] *adj* pasivo,-va.
passion [pasjɔ̃] *nf* pasión *f*.
passionnant,-e [pasjɔnɑ̃,-ɑ̃t] *adj* apasionante.
passionné,-e [pasjɔne] *adj* - *nm,f* apasionado,-da.
passionner [1] [pasjɔne] *vt* apasionar.
passoire [paswaʀ] *nf* colador *m*.
pastel [pastɛl] *adj* (*couleur*) pastel.
pastèque [pastɛk] *nf* sandía *f*.
pasteur [pastœʀ] *nm* pastor *m*.
pasteuriser [1] [pastœʀize] *vt* pasteurizar.
pastille [pastij] *nf* pastilla *f*.
pastis [pastis] *nm* anís *m*.
patate [patat] *nf* patata *f*. ▪ **patate douce** boniato *m*, batata *f*.

patauger [4] [patoʒe] *vi* 1 (*dans l'eau*) chapotear. 2 *fam* (*s'embrouiller*) atascarse.
patch [patʃ] *nm* MÉD parche *m*.
pâte [pat] *nf* 1 CUIS masa *f*. 2 (*mélange*) pasta *f*. ▶ *nf pl* **pâtes** CUIS pasta *f sing*. ▪ **mettre la main à la pâte** poner manos a la obra. ▪ **pâte brisée** CUIS masa quebrada.
pâté [pate] *nm* 1 CUIS (*charcuterie*) paté *m*. 2 CUIS (*de viande ou de poisson*) pastel *m*. ▪ **pâté de maisons** manzana *f*.
patelin [patlɛ̃] *nm fam* pueblo *m*.
paternel,-elle [patɛʀnɛl] *adj* paternal, paterno,-na.
paternité [patɛʀnite] *nf* paternidad *f*.
pathétique [patetik] *adj* patético,-ca.
pathologie [patɔlɔʒi] *nf* patología *f*.
pathologique [patɔlɔʒik] *adj* patológico.
patience [pasjɑ̃s] *nf* paciencia *f*. ▪ **perdre patience** perder la paciencia.
patient,-e [pasjɑ̃,-ɑ̃t] *adj* - *nm,f* paciente.
patienter [1] [pasjɑ̃te] *vi* esperar.
patin [patɛ̃] *nm* patín *m*.
patinage [patinaʒ] *nm* patinaje *m*.
patiner [1] [patine] *vi* patinar.
patinoire [patinwaʀ] *nf* pista *f* de hielo.
pâtir [20] [patiʀ] *vi* padecer, sufrir.
pâtisserie [patisʀi] *nf* 1 (*boutique*) pastelería *f*. 2 (*gâteau*) pastel *m*.
pâtissier,-ère [patisje,-ɛʀ] *adj* - *nm,f* pastelero,-ra.
pataque [pataak] *adj fam* pachucho,-cha.
patriarcal,-e [patʀijaʀkal] *adj* patriarcal.
patriarche [patʀijaʀʃ] *nm* patriarca *m*.
patrie [patʀi] *nf* patria *f*.
patrimoine [patʀimwan] *nm* patrimonio *m*.

patriote [patrijɔt] *adj - nmf* patriota.
patron,-onne [patrɔ̃,-ɔn] *nm,f* **1** *(maître)* patrón,-ona. **3** *(employeur)* jefe,-fa. ► *nm* **patron** *(modèle)* patrón *m*.
patronat [patrɔna] *nm* patronal *f*.
patrouille [patruj] *nf* patrulla *f*.
patte [pat] *nf* **1** *(d'animal)* pata *f*. **2** *(de barbe)* patilla *f*. **3** *(jambe)* pata *f*. **4** *fam (main)* pezuña *f*. • **à quatre pattes** a cuatro patas.
paume [pom] *nf* **1** *(de la main)* palma *f*. **2** *(jeu)* pelota *f*.
paumer [1] [pome] *vt fam (perdre)* perder.
paupière [popjɛʀ] *nf* párpado *m*.
pause [poz] *nf* pausa *f*.
pauvre [povʀ] *adj - nmf* pobre.
pauvreté [povʀəte] *nf* pobreza *f*.
pavaner (se) [1] [pavane] *vpr* pavonearse.
pavé,-e [pave] *adj* pavimentado, -da. ► *nm* **pavé 1** *(pierre)* adoquín *m*. **2** *fam (gros livre)* tocho *m*.
pavillon [pavijɔ̃] *nm* **1** *(gén)* pabellón *m*. **2** *(villa)* chalet *m*. **3** *(drapeau)* bandera *f*.
payant,-e [pejɑ̃,-ɑ̃t] *adj* **1** *(qui paie)* que paga. **2** *(spectacle)* de pago. **3** *fam (rentable)* provechoso,-a.
paye [pɛj] *nf* paga *f*.
paiement [pɛmɑ̃] *nm* pago *m*.
payer [18] [peje] *vt* pagar. ► *vi* compensar. ► *vpr* **se payer 1** *(gén)* pagarse. **2** *(se permettre)* darse. • **se payer la tête de** QQN *fam* tomarle el pelo a ALGN.
pays [pei] *nm* **1** *(gén)* país *m*. **2** *(région)* región *f*. • **avoir le mal du pays** tener nostalgia. **voir du pays** correr mundo.
paysage [peizaʒ] *nm* paisaje *m*.
paysagiste [peizaʒist] *nmf* paisajista.
paysan,-anne [peizɑ̃,-ɑn] *nm,f* campesino,-na.

Pays-Bas [peiba] *nm pl* Holanda, Países Bajos.
PDG [pedeʒe] *abr* (**président-directeur général**) director *m* general.
péage [peaʒ] *nm* peaje *m*.
peau [po] *nf* **1** *(de personne, de fruit)* piel *f*. **2** *(du visage)* cutis *m*. **3** *fam* pellejo *m*. • **être bien dans sa peau** sentirse a gusto con uno mismo. **sauver sa peau** salvar el pellejo.
peaufiner [1] [pofine] *vt* pulir.
péché [peʃe] *nm* pecado *m*.
pêche¹ [pɛʃ] *nf (fruit)* melocotón *m*.
pêche² [pɛʃ] *nf (activité)* pesca *f*. • **avoir la pêche** *fam* tener marcha.
pécher [10] [peʃe] *vi* pecar.
pêcher¹ [peʃe] *nm* melocotonero *m*.
pêcher² [1] [peʃe] *vt* pescar.
pêcheur,-euse [pɛʃœʀ,-øz] *nm,f* pescador,-ra.
pédagogie [pedagɔʒi] *nf* pedagogía *f*.
pédagogique [pedagɔʒik] *adj* pedagógico.
pédagogue [pedagɔg] *nmf* pedagogo,-ga.
pédale [pedal] *nf* **1** *(gén)* pedal *m*. **2** *péj (homosexuel)* marica *m*.
pédaler [1] [pedale] *vi* pedalear.
pédant,-e [pedɑ̃,-ɑ̃t] *adj - nm,f* pedante.
pédé [pede] *nm pop* maricón *m*.
pédestre [pedɛstʀ] *adj* pedestre.
pédiatre [pedjatʀ] *nmf* pediatra.
pédiatrie [pedjatʀi] *nf* pediatría *f*.
pédicure [pedikyʀ] *nmf* pedicuro,-ra.
peigne [pɛɲ] *nm* peine *m*.
peigner [1] [peɲe] *vt* peinar.
peignoir [pɛɲwaʀ] *nm* albornoz *m*.
peindre [76] [pɛ̃dʀ] *vt* **1** *(avec de la peinture)* pintar. **2** *(décrire)* describir.

peine [pɛn] *nf* **1** *(châtiment, tristesse)* pena *f.* **2** *(effort)* esfuerzo *m.* **3** *(difficulté)* trabajo *m.* ▪ **à peine** apenas. **faire de la peine à** QQN afligir a ALGN. **sans peine** fácilmente. **se donner de la peine** esforzarse. **valoir la peine** valer la pena.

peiner [1] [pene] *vt* afligir. ▶ *vi* padecer.

peintre [pɛtʀ] *nm* pintor,-ra.

peinture [pɛtyʀ] *nf* pintura *f.*

péjoratif,-ive [peʒɔʀatif,-iv] *adj* peyorativo,-va.

pêle-mêle [pɛlmɛl] *adv* en desorden.

peler [9] [pəle] *vt - vi* pelar.

pèlerin [pɛlʀɛ̃] *nm* peregrino,-na.

pèlerinage [pɛlʀinaʒ] *nm* peregrinación *f.*

pelle [pɛl] *nf* pala *f.* ▪ **à la pelle** *fam* a patadas.

pellicule [pelikyl] *nf* *(d'appareil photo)* carrete *m.* ▪ *nf pl* **pellicules** *(du cuir chevelu)* caspa *f sing.*

pelote [pəlɔt] *nf* *(de fil, de laine)* ovillo *m.* ▪ **pelote basque** pelota *f* vasca.

pelotonner (se) [1] [pəlɔtɔne] *vpr* arrebujarse.

pelouse [pəluz] *nf* césped *m.*

peluche [pəlyʃ] *nf* peluche *m.*

pénal,-e [penal] *adj* penal.

pénalité [penalite] *nf* penalidad *f.*

penalty [penalti] *nm* (*pl* **penaltys** ou **penalties**) SPORT penalti *m.*

penaud,-e [pəno,-od] *adj* avergonzado,-da.

penchant [pãʃã] *nm* *fig* inclinación *f.*

pencher [1] [pãʃe] *vt* inclinar. ▶ *vi* inclinarse. ▶ *vpr* **se pencher 1** *(s'approcher)* inclinarse. **2** *(étudier)* interesarse (**sur**, por).

pendant [pãdã] *prép* durante: **pendant ce temps, je lisais**, mientras tanto, leía. ▪ **pendant que** mientras, mientras que.

pendentif [pãdãtif] *nm* colgante *m.*

penderie [pãdʀi] *nf* ropero *m.*

pendre [62] [pãdʀ] *vi* colgar. ▶ *vt* **1** *(suspendre)* colgar. **2** *(un condamné)* ahorcar. ▶ *vpr* **se pendre 1** *(se suspendre)* colgarse. **2** *(se suicider)* ahorcarse.

pendule [pãdyl] *nm* péndulo *m.* ▶ *nf* reloj *m* de pared.

pénétrer [10] [penetre] *vi* **1** *(chose)* penetrar. **2** *(personne)* entrar. ▶ *vt* *fig* *(mystère, secret)* descubrir.

pénible [penibl] *adj* **1** *(difficile)* penoso,-sa. **2** *fam* *(personne)* pesado,-da.

péniche [peniʃ] *nf* chalana *f.*

péninsule [penɛ̃syl] *nf* península *f.*

pénis [penis] *nm* ANAT pene *m.*

pénombre [penɔ̃bʀ] *nf* penumbra *f.*

pense-bête [pãsbɛt] *nm* (*pl* **pense-bêtes**) recordatorio *m.*

pensée [pãse] *nf* **1** *(gén)* pensamiento *m.* **2** *(idée)* idea *f.*

penser [1] [pãse] *vi* pensar. ▶ *vt* **1** *(gén)* pensar. **2** *(se rappeler)* acordarse: **pense à prendre de l'essence,** acuérdate de poner gasolina. ▪ **penses-tu!** ¡qué va! **sans penser à mal** sin mala intención.

pensif,-ive [pãsif,-iv] *adj* pensativo,-va.

pension [pãsjɔ̃] *nf* **1** *(argent, établissement)* pensión *f.* **2** *(pensionnat)* internado *m.* ▪ **demi pension** media pensión. **pension alimentaire** pensión alimenticia. **pension complète** pensión completa.

pensionnaire [pãsjɔnɛʀ] *nmf* *(dans un collège)* interno,-na.

pente [pãt] *nf* pendiente *f.*

pénurie [penyʀi] *nf* penuria *f.*

pépé [pepe] *nm* **1** *fam (grand-père)* abuelito *m.* **2** *fam (personne âgée)* abuelo *m.*

pépin [pepɛ̃] *nm* pepita *f.*

pépite [pepit] *nf* pepita *f.*

perçant,-e [pεʀsɑ̃,-ɑ̃t] *adj* **1** *(vue, froid)* penetrante. **2** *(voix)* agudo, -da. **3** *fig (esprit)* perspicaz.

perceptible [pεʀsεptibl] *adj* perceptible.

perception [pεʀsεpsjɔ̃] *nf* percepción *f*.

percer [3] [pεʀse] *vt* **1** *(mur, planche)* taladrar. **2** *(fenêtre, tunnel)* abrir. **3** *(lignes ennemies)* atravesar. **4** *(secret)* descubrir. ▶ *vi* **1** *(abcès, soleil)* aparecer. **2** *(dent)* salir. **3** *(acteur, chanteur)* tener éxito.

perceuse [pεʀsøz] *nf* taladro *m*.

percevoir [42] [pεʀsəvwaʀ] *vt* **1** *(discerner)* percibir. **2** *(de l'argent)* recaudar.

perche [pεʀʃ] *nf* **1** *(poisson)* perca *f*. **2** SPORT pértiga *f*. • **tendre la perche à QQN** echar un cable a ALGN.

percher [1] [pεʀʃe] *vi* posarse. ▶ *vpr* **se percher** encaramarse.

percussion [pεʀkysjɔ̃] *nf* percusión *f*.

percuter [1] [pεʀkyte] *vt* chocar.

perdant,-e [pεʀdɑ̃,-ɑ̃t] *adj - nm,f* perdedor,-ra.

perdre [62] [pεʀdʀ] *vt* perder. ▶ *vpr* **se perdre** perderse: **nous nous sommes perdus**, nos hemos perdido. • **s'y perdre** *fig* estar hecho un lío.

perdrix [pεʀdʀi] *nf* perdiz *f*.

perdu,-e [pεʀdy] *adj* perdido,-da.

père [pεʀ] *nm* padre *m*.

perfection [pεʀfεksjɔ̃] *nf* perfección *f*.

perfectionner [1] [pεʀfεksjɔne] *vt* perfeccionar.

perforer [1] [pεʀfɔʀe] *vt* perforar.

performance [pεʀfɔʀmɑ̃s] *nf* **1** *(de machine)* prestaciones *f pl*, rendimiento *m*. **2** *(d'athlète, de professionnel)* resultado *m*. **3** *(exploit)* hazaña *f*.

performant,-e [pεʀfɔʀmɑ̃,-ɑ̃t] *adj* **1** *(personne)* competente. **2** *(machine)* con buenas prestaciones.

péril [peʀil] *nm* peligro *m*. • **au péril de sa vie** poniendo en peligro su propia vida.

périlleux,-euse [peʀijø,-øz] *adj* peligroso,-sa.

périmé,-e [peʀime] *adj* caducado, -da.

périmer [1] [peʀime] *vpr* caducar.

périmètre [peʀimεtʀ] *nm* perímetro *m*.

période [peʀjɔd] *nf* período *m*.

périodicité [peʀjɔdisite] *nf* periodicidad *f*.

périodique [peʀjɔdik] *adj* periódico,-ca.

péripétie [peʀipesi] *nf* peripecia *f*.

périphérique [peʀifeʀik] *adj* periférico,-ca. ▶ *nm* **1** *(dans une ville)* cinturón *m*, circunvalación *f*. **2** INFORM periférico *m*.

périr [20] [peʀiʀ] *vi* **1** *(mourir)* perecer. **2** *(finir)* desaparecer.

perle [pεʀl] *nf* **1** perla *f*. **2** *fam (erreur)* gazapo *m*.

permanence [pεʀmanɑ̃s] *nf* permanencia *f*. • **en permanence** permanentemente.

permanent,-e [pεʀmanɑ̃,-ɑ̃t] *adj* permanente.

perméable [pεʀmeabl] *adj* permeable.

permettre [81] [pεʀmεtʀ] *vt* permitir. ▶ *vpr* **se permettre de** permitirse: **je me suis permis d'entrer**, me he permitido entrar.

permis,-e [pεʀmi,-iz] *adj* permitido,-da. ▶ *nm* permiso *m*. • **permis de conduire** carnet *m* de conducir. **permis de travail** permiso de trabajo.

permission [pεʀmisjɔ̃] *nf* permiso *m*: **il a demandé la permission de sortir**, pidió permiso para salir.

permuter [1] [pεʀmyte] *vt - vi* permutar.

Pérou [peʀu] *nm* Perú *m*.

perpendiculaire [pɛRpɑ̃dikylɛR] *adj* - *nf* perpendicular *f*.

perpétuel,-elle [pɛRpetɥɛl] *adj* perpetuo,-tua.

perpétuité [pɛRpetɥite] *nf* perpetuidad *f*. • **à perpétuité** a cadena perpetua.

perron [pɛRɔ̃] *nm* escalinata *f*.

perroquet [pɛRɔkɛ] *nm* loro *m*, papagayo *m*.

perruque [peRyk] *nf* peluca *f*.

persécuter [1] [pɛRsekyte] *vt* perseguir.

persécution [pɛRsekysjɔ̃] *nf* persecución *f*.

persévérance [pɛRseveRɑ̃s] *nf* perseverancia *f*.

persévérer [10] [pɛRsevere] *vi* perseverar.

persil [pɛRsil] *nm* perejil *m*.

persistance [pɛRsistɑ̃s] *nf* persistencia *f*.

persistant,-e [pɛRsistɑ̃,-ɑ̃t] *adj* persistente.

personnage [pɛRsɔnaʒ] *nm* personaje *m*.

personnalisé,-e [pɛRsɔnalize] *adj* personalizado,-da.

personnalité [pɛRsɔnalite] *nf* personalidad *f*.

personne [pɛRsɔn] *nf* persona *f*. ► *pron indéf* nadie. • **en personne** en persona. • **personne âgée** persona mayor.

personnel,-elle [pɛRsɔnɛl] *adj* personal. ► *nm* **personnel** personal *m*.

perspective [pɛRspɛktiv] *nf* perspectiva *f*.

persuader [1] [pɛRsɥade] *vt* persuadir.

persuasif,-ive [pɛRsɥazif,-iv] *adj* persuasivo.

persuasion [pɛRsɥazjɔ̃] *nf* persuasión *f*.

perte [pɛRt] *nf* pérdida *f*. • **à perte de vue** hasta donde abarca la vista.

pertinent,-e [pɛRtinɑ̃,-ɑ̃t] *adj* pertinente.

perturbation [pɛRtyRbasjɔ̃] *nf* perturbación *f*.

perturber [1] [pɛRtyRbe] *vt* perturbar.

péruvien,-enne [peRyvjɛ̃,-ɛn] *adj* peruano,-na. ► *nm,f* **Péruvien,-enne** peruano,-na.

pervers [pɛRvɛR] *adj* perverso,-sa.

perversion [pɛRvɛRsjɔ̃] *nf* perversión *f*.

pervertir [20] [pɛRvɛRtiR] *vt* pervertir.

pesant,-e [pəzɑ̃,-ɑ̃t] *adj* pesado, -da. • **valoir son pesant d'or** *fig* valer su peso en oro.

peser [7] [pəze] *vt* **1** *(mesurer le poids)* pesar. **2** *(considérer)* examinar. ► *vi* **1** *(avoir un certain poids)* pesar: **son chat pèse cinq kilos**, su gato pesa cinco kilos. **2** *(appuyer)* hacer fuerza (**sur**, sobre). • **peser ses mots** medir las palabras.

pessimisme [pesimism] *nm* pesimismo *m*.

pessimiste [pesimist] *adj* - *nmf* pesimista.

peste [pɛst] *nf* peste *f*.

pesticide [pɛstisid] *nm* pesticida *m*.

pet [pɛ] *nm* *fam* pedo *m*.

pétale [petal] *nm* BOT pétalo *m*.

pétard [petaR] *nm* petardo *m*.

péter [10] [pete] *vt* *fam (casser)* romper. ► *vi* *fam* tirarse pedos.

pétillant,-e [petijɑ̃,-ɑ̃t] *adj* **1** *(boisson)* burbujeante. **2** *(esprit)* despierto,-ta.

pétiller [1] [petije] *vi* **1** *(boisson)* burbujear. **2** *(crépiter)* chisporrotear. **3** *(yeux)* brillar.

petit,-e [pəti,-it] *adj* **1** *(gén)* pequeño,-ña. **2** *(de taille)* bajo, -ja. **3** *fig (gens)* humilde. ► *nm,f* crío,-a. ► *nm*

petit 1 *(d'animal)* cría f. **2** *(de chien, tigre, lion)* cachorro m. • **petit à petit** poco a poco. **un petit peu** un poquito.

petit-beurre [pətibœʀ] nm *(pl* **petits-beurre)** galleta f.

petit déjeuner [pətideʒœne] nm *(pl* **petits déjeuners)** desayuno m.

petite-fille [pətitfij] nf *(pl* **petites-filles)** nieta f.

petit-fils [pətitfis] nm *(pl* **petits-fils)** nieto m.

pétition [petisjɔ̃] nf petición f.

petits-enfants [pətizɑ̃fɑ̃] nm pl nietos m pl.

pétrin [petʀɛ̃] nm **1** *(du pain)* artesa f. **2** *fam (problème)* lío m.

pétrole [petʀɔl] nm petróleo m.

pétrolier,-ère [petʀɔlje,-ɛʀ] adj petrolero,-ra. ▶ nm **pétrolier** *(bateau)* petrolero m.

peu [pø] adv poco: **il y a peu de chances qu'il vienne**, hay pocas posibilidades de que venga. • **à peu près** más o menos. **de peu** por poco. **depuis peu** desde hace poco. **sous peu** dentro de poco.

peuple [pœpl] nm **1** *(gén)* pueblo m. **2** *fam (foule)* multitud f.

peupler [1] [pœple] vt poblar.

peur [pœʀ] nf miedo m. • **avoir peur de** QQCH/QQN tener miedo de ALGO/ALGN. **de peur de** por miedo a. **de peur que** por miedo de que. **faire peur** asustar, dar miedo.

peureux,-euse [pœʀø,-øz] adj miedoso,-sa.

peut-être [pøtɛtʀ] adv quizá, quizás.

phare [faʀ] nm faro m.

pharmaceutique [faʀmasøtik] adj farmacéutico,-ca.

pharmacie [faʀmasi] nf **1** *(boutique)* farmacia f. **2** *(armoire)* botiquín m.

pharmacien,-enne [faʀmasjɛ̃,-ɛn] nm,f farmacéutico,-ca.

phase [faz] nf fase f.

phénomène [fenɔmɛn] nm fenómeno m.

philippin,-e [filipɛ̃,-in] adj filipino, -na. ▶ nm,f **Philippin,-e** filipino,-na.

Philippines [filipin] nf pl Filipinas.

philosophe [filɔzɔf] nmf filósofo, -fa.

philosophie [filɔzɔfi] nf filosofía f.

philosophique [filɔzɔfik] adj filosófico,-ca.

phobie [fɔbi] nf fobia f.

phonétique [fɔnetik] adj fonético, -ca. ▶ nf fonética f.

phoque [fɔk] nm foca f.

phosphorescent,-e [fɔsfɔʀesɑ̃,-ɑ̃t] adj fosforescente.

photo [foto] nf foto f.

photocopie [fɔtɔkɔpi] nf fotocopia f.

photocopier [12] [fɔtɔkɔpje] vt fotocopiar.

photocopieur [fɔtɔkɔpjœʀ] nm fotocopiadora f.

photocopieuse [fɔtɔkɔpjøz] nf fotocopiadora f.

photographe [fɔtɔgʀaf] nmf fotógrafo,-fa.

photographie [fɔtɔgʀafi] nf fotografía f.

photographier [12] [fɔtɔgʀafje] vt fotografiar.

phrase [fʀaz] nf frase f.

physicien,-enne [fizisjɛ̃,-ɛn] nm,f físico,-ca.

physionomie [fizjɔnɔmi] nf fisonomía f.

physique [fizik] adj físico,-ca. ▶ nf física f. ▶ nm físico m.

pianiste [pjanist] nmf pianista.

piano [pjano] nm piano m.

pianoter [1] [pjanɔte] vi **1** *(piano)* aporrear el piano. **2** *fam (clavier d'ordinateur)* teclear.

piaule [pjol] nf fam cuartucho m.

pic [pik] *nm* pico *m*. • **couler à pic** irse a pique. **tomber à pic** *fam fig* venir que ni pintado.

pichet [piʃɛ] *nm* jarra *f*.

pickpocket [pikpɔkɛt] *nm* carterista *mf*.

picorer [1] [pikɔre] *vt - vi* picotear.

picoter [1] [pikɔte] *vt* 1 (*démanger*) picar. 2 (*becqueter*) picotear.

pie [pi] *nf* urraca *f*.

pièce [pjɛs] *nf* 1 (*élément*) pieza *f*. 2 (*unité*) unidad *f*: **c'est 2 euros la pièce**, cuesta 2 euros por unidad. 3 (*argent*) moneda *f*. 4 (*document*) documento *m*. 5 (*d'une maison*) habitación *f*. 6 (*de théâtre*) obra *f*. • **mettre en pièces** hacer añicos. ▪ **pièce d'identité** documento de identidad. **pièce jointe** adjunto *m*.

pied [pje] *nm* 1 (*gén*) pie *m*. 2 (*d'animal, de table*) pata *f*. • **à pied** a pie, andando. **attendre qqn de pied ferme** esperar a ALGN. **avoir pied** hacer pie. **casser les pieds à qqn** *fam* tocar las narices a ALGN. **c'est le pied !** *fam* ¡es la repera! **pieds nus** con los pies descalzos. **sur pied** en pie.

pied-à-terre [pjetatɛʀ] *nm inv* apeadero *m*.

piédestal [pjedestal] *nm* pedestal *m*.

piège [pjɛʒ] *nm* trampa *f*.

piéger [11] [pjeʒe] *vt* coger en la trampa.

pierre [pjɛʀ] *nf* piedra *f*. • **faire d'une pierre deux coups** matar dos pájaros de un tiro.

piétiner [1] [pjetine] *vt* pisotear. ▶ *vi fig* (*ne pas progresser*) estancarse.

piéton,-onne [pjetɔ̃,-ɔn] *adj* peatonal. ▶ *nm, f* peatón,-ona.

pieu [pjø] *nm* 1 (*poteau*) estaca *f*. 2 *fam* (*lit*) catre *m*.

pieuvre [pjœvʀ] *nf* pulpo *m*.

pieux,-euse [pjø,-øz] *adj* piadoso,-sa.

pigeon [piʒɔ̃] *nm* paloma *f*.

piger [4] [piʒe] *vt fam* pillar.

pigment [pigmɑ̃] *nm* pigmento *m*.

pignon [piɲɔ̃] *nm* piñón *m*.

pile [pil] *nf* 1 (*gén*) pila *f*, montón *m*. 2 (*électrique*) pila *f*. 3 (*côté*) cruz *f*. ▶ *adv* 1 *fam* (*heure*) en punto: **il est midi pile**, son las doce en punto. 2 (*exact*) justo. • **pile ou face** cara o cruz.

piler [1] [pile] *vt* machacar. ▶ *vi fam* frenar en seco.

pilier [pilje] *nm* 1 (*gén*) pilar *m*. 2 *fig* (*soutien*) sostén *m*.

pillage [pijaʒ] *nm* saqueo *m*.

piller [1] [pije] *vt* 1 (*ville*) saquear. 2 (*œuvre*) plagiar.

pilotage [pilɔtaʒ] *nm* pilotaje *m*.

pilote [pilɔt] *nm* piloto *mf*. ▶ *adj inv* modelo: **usine pilote**, fábrica modelo.

piloter [1] [pilɔte] *vt* 1 (*véhicule, avion*) pilotar. 2 *fig* (*personne*) guiar.

pilule [pilyl] *nf* píldora *f*.

piment [pimɑ̃] *nm* 1 (*plante*) pimiento *m*. 2 *fig* (*piquant*) picante *m*.

pimenter [1] [pimɑ̃te] *vt* sazonar con pimiento.

pin [pɛ̃] *nm* pino *m*.

pince [pɛ̃s] *nf* 1 (*gén*) pinzas *f pl*. 2 (*outil*) alicates *m pl*.

pinceau [pɛ̃so] *nm* pincel *m*.

pincée [pɛ̃se] *nf* pizca *f*: **une pincée de sel**, una pizca de sal.

pincer [3] [pɛ̃se] *vt* 1 (*entre les doigts*) pellizcar; (*instrument*) puntear. 2 (*les lèvres*) fruncir. 3 *fam* (*prendre, arrêter*) pillar. • **en pincer pour qqn** estar colado,-da por ALGN.

pincettes [pɛ̃sɛt] *nf pl* tenazas *f pl*.

pingouin [pɛ̃gwɛ̃] *nm* pingüino *m*.

pingre [pɛ̃gʀ] *adj - nmf fam* agarrado,-da.

pintade [pɛ̃tad] *nf* pintada *f*.

pioche [pjɔʃ] *nf* pico *m*.

piocher [1] [pjɔʃe] *vt* 1 (*creuser*) cavar. 2 (*aux cartes*) robar.

pion

pion [pjɔ̃] *nm* **1** *(aux échecs)* peón *m*. **2** *(au jeu de dames)* ficha *f*.
pionnier,-ère [pjɔnje,-ɛʀ] *nm,f* pionero,-ra.
pipe [pip] *nf* pipa *f*. • **casser sa pipe** *fam* estirar la pata.
pipette [pipɛt] *nf* pipeta *f*.
pipi [pipi] *nm fam* pipí *m*. • **faire pipi** hacer pipí.
piquant,-e [pikã,-ãt] *adj* **1** *(qui pique)* punzante. **2** *(sauce)* picante. **3** *fig (caustique)* mordaz. ▶ **piquant 1** *(d'animal, de plante)* pincho *m*. **2** *fig (d'une histoire)* gracia *f*.
pique [pik] *nf* **1** *(arme)* pica *f*. **2** *(mot blessant)* indirecta *f*. ▶ *nm (cartes)* picas *m pl*. • **lancer des piques à** QQN lanzar puyas a ALGN.
pique-nique [piknik] *nm (pl* **pique- niques***)* picnic *m*.
piquer [2] [pike] *vt* **1** *(animal, froid, fumée)* picar. **2** *(barbe, tissu)* rascar. **3** *(aiguille, épine)* pinchar. **4** MÉD *(faire une piqûre)* poner una inyección. **5** *fig (attraper)* pillar. **6** *fam (voler)* birlar. ▶ *vi* **1** *(plante)* pinchar. **2** *(animal, aliment)* picar. **3** *(avion)* bajar en picado. ▶ *vpr* **se piquer 1** *(par accident)* pincharse. **2** *fam (se droguer)* picarse. **3** *fig (se vexer)* picarse.
piquet [pikɛ] *nm* **1** *(petit pieu)* estaca *f*. **2** *(de grève)* piquete *m*.
piqûre [pikyʀ] *nf* **1** *(d'insecte)* picadura *f*. **2** MÉD inyección *f*.
pirate [piʀat] *adj - nm* pirata *m*. • **pirate informatique** hacker *mf*.
pirater [1] [piʀate] *vt* piratear.
pire [piʀ] *adj* peor. ▶ *nm* **le pire** lo peor: **le pire est à craindre**, nos tememos lo peor.
pirouette [piʀwɛt] *nf* pirueta *f*.
piscine [pisin] *nf* piscina *f*.
pisser [1] [pise] *vi fam* mear. • **pisser le sang** *fam* sangrar mucho.

pistache [pistaʃ] *nf* pistacho *m*.
piste [pist] *nf* pista *f*. ▪ **piste cyclable** pista para bicicletas.
pistolet [pistɔlɛ] *nm* pistola *f*.
piston [pistɔ̃] *nm* **1** *(de moteur, d'instrument)* pistón *m*. **2** *fam (appui)* enchufe *m*.
pistonner [1] [pistɔne] *vt fam* enchufar. • **se faire pistonner** tener un enchufe.
pitié [pitje] *nf* piedad *f*, lástima *f*. • **faire pitié** dar lástima. **sans pitié** sin piedad.
pitoyable [pitwajabl] *adj* **1** *(digne de pitié)* penoso,-sa. **2** *(mauvais)* lamentable.
pitre [pitʀ] *nm* payaso *m*.
pittoresque [pitɔʀɛsk] *adj* pintoresco,-ca.
placard [plakaʀ] *nm* **1** *(pour ranger)* armario *m* empotrado. **2** *(affiche)* cartel *m*.
place [plas] *nf* **1** *(de ville, village)* plaza *f*. **2** *(au lieu de)* lugar *m*: **à ta place, je n'irais pas**, en tu lugar, no iría. **3** *(siège)* asiento *m*, plaza *f*: **voiture à deux places**, coche de dos plazas. **4** *(au théâtre, cinéma)* entrada *f*. **5** *(emploi)* empleo *m*. **6** *(espace)* sitio *m*: **la valise prend beaucoup de place**, la maleta ocupa mucho sitio. ▪ **à la place de** en lugar de. **prendre place** tomar asiento. **sur place** en el mismo lugar.
placement [plasmã] *nm* **1** *(d'argent)* inversión *f*. **2** *(d'employé)* colocación *f*.
placer [3] [plase] *vt* **1** *(installer)* colocar. **2** *(au théâtre)* acomodar. **3** *(mettre)* colocar, poner. **4** *(argent)* invertir.
plafond [plafɔ̃] *nm* techo *m*.
plage [plaʒ] *nf* playa *f*. ▪ **plage arrière** *(de voiture)* bandeja *f* trasera.
plaid [plɛd] *nm* manta *f* de viaje.

plaider [1] [plede] vt defender. ▶ vi pleitear. • **plaider en faveur de** abogar en favor de.

plaie [plɛ] nf 1 (blessure) llaga f, herida f. 2 fig (fléau) plaga f. 3 fam (personne, travail pénible) murga f: **quelle plaie !**, ¡vaya lata!

plaignant,-e [plɛɲɑ̃,-ɑ̃t] nm,f demandante.

plaindre [75] [plɛ̃dʀ] vt compadecer. ▶ vpr **se plaindre** quejarse.

plaine [plɛn] nf llanura f, planicie f.

plainte [plɛ̃t] nf 1 (mécontentement) queja f. 2 (gémissement) quejido m. 3 DR demanda f, denuncia f. • **porter plainte (contre QQN)** poner una denuncia (contra ALGN).

plaire [78] [plɛʀ] vi gustar, agradar: **il ne lui plaît pas du tout**, no le gusta nada; **cela me plaît**, esto me gusta. ▶ v impers gustar: **comme il vous plaira**, como le plazca. ▶ vpr **se plaire** estar a gusto: **tu t'es plu en Bretagne ?**, ¿te lo pasaste bien en Bretaña? • **s'il vous plaît** por favor.

plaisant,-e [plɛzɑ̃,-ɑ̃t] adj agradable.

plaisanter [1] [plɛzɑ̃te] vi bromear. ▶ vt tomar el pelo a.

plaisanterie [plɛzɑ̃tʀi] nf broma f.

plaisir [plezir] nm placer m. • **avec plaisir** con mucho gusto. **faire le plaisir de** hacer el favor de. **faire plaisir à** QQN complacer a ALGN.

plan,-e [plɑ̃,-an] adj plano,-na. ▶ nm **plan** 1 (surface plane, photographie) plano m. 2 (d'une ville) mapa m. 3 fig (projet) plan m. • **gros plan** primer plano.

planche [plɑ̃ʃ] nf 1 (de bois) tabla f. 2 (gravure) lámina f. • **faire la planche** hacer el muerto. ▪ **planche à repasser** tabla de la plancha. **planche à voile** 1 (le sport) windsurfing m. 2 (flotteur) tabla f de windsurf.

plancher [plɑ̃ʃe] nm suelo m.

planer [1] [plane] vi 1 (oiseau, avion) planear. 2 fig (par la pensée) estar en las nubes. 3 fig (danger, mystère) rondar.

planète [planɛt] nf planeta m.

planifier [12] [planifje] vt planificar.

planning [planiŋ] nm plan m de trabajo. ▪ **planning familial** planificación f familiar.

planque [plɑ̃k] nf fam escondite m.

planquer [2] [plɑ̃ke] vt fam esconder.

plantation [plɑ̃tasjɔ̃] nf plantación f.

plante [plɑ̃t] nf planta f.

planter [1] [plɑ̃te] vt 1 (une plante) plantar. 2 (une borne, un pieux, etc) clavar, hincar. 3 (une tente) montar, instalar. ▶ vpr **se planter** 1 (se poster) plantarse. 2 fam (se tromper) meter la pata. • **planter là** QQN dejar plantado a ALGN.

plaque [plak] nf 1 (gén) placa f. 2 (lame) plancha f: **plaque de blindage**, plancha de blindaje. 3 (insigne) condecoración f, placa f. 4 (photographie) placa f. ▪ **plaque d'immatriculation** matrícula f.

plaqué,-e [plake] adj chapado,-da.

plaquer [2] [plake] vt 1 (coller) pegar, adherir. 2 (rugby) hacer un placaje a. 3 (métal, bois) chapar. 4 fam (abandonner) dejar plantado,-da.

plaquette [plakɛt] nf 1 (petite plaque) plaquita f. 2 (sanguine) plaqueta f. 3 (petit livre) librito m, folleto m.

plastique [plastik] adj (gén) plástico,-ca. ▶ nf (art) plástica f. ▶ nm (matière) plástico m: **sac en plastique**, bolsa de plástico.

plat,-e [pla,-at] adj 1 (gén) llano,-na, plano,-na. 2 (aplati) aplastado,-da. 3 (calme) sereno,-na, tranquilo,-na: **mer plate**, mar serena. 4 fig (sans

platane 210

attrait) soso,-a, insulso,-sa. ▶ *nm plat* **1** *(partie plate)* lo plano. **2** *(vaisselle)* fuente f. **3** *(repas)* plato m. ■ **à plat** horizontalmente. ■ **à plat ventre** de bruces. **être à plat** **1** *(personne)* estar deprimido,-da. **2** *(pneu)* estar desinflado,-da. ■ **plat de résistance** segundo plato.

platane [platan] *nm* (*arbre*) plátano m.

plateau [plato] *nm* **1** *(pour le service)* bandeja f. **2** *(d'une balance)* platillo m. **3** *(d'un tourne-disque)* plato m. **4** GÉOG meseta f. **5** *(au théâtre)* escenario m; *(au cinéma)* plató m.

plate-forme [platfɔʀm] *nf* (*pl* **plates-formes**) plataforma f. ■ **plate-forme pétrolière** plataforma petrolífera.

platine [platin] *nm* (*métal*) platino m.

platitude [platityd] *nf* **1** *(banalité)* banalidad f, trivialidad f. **2** *(bassesse)* bajeza f.

platonique [platɔnik] *adj* (*idéal*) platónico,-a.

plâtre [plɑtʀ] *nm* **1** *(substance)* yeso m. **2** *(pour une fracture)* escayola f.

plâtrer [1] [plɑtʀe] *vt* **1** *(un mur)* enyesar. **2** *(une fracture)* escayolar.

plausible [plozibl] *adj* plausible.

plein,-e [plɛ̃,-ɛn] *adj* **1** *(gén)* lleno, -na. **2** *(qui abonde)* lleno,-na, repleto, -ta: **un chemisier plein de taches**, una camisa llena de manchas. **3** *(entier)* completo,-ta, entero,-ra: **un mois plein**, un mes entero. ▶ *nm* **plein 1** *(espace)* lo lleno. **2** *(d'essence)* lleno m. ■ **avoir de l'argent plein les poches** tener mucho dinero. **battre son plein** estar en pleno apogeo. **en avoir plein les bottes** *fam* estar hasta las narices. **en plein milieu de** en medio de. **être plein aux as** tener bien cubierto el riñón

plein de (beaucoup) mucho,-cha: **il y avait plein de monde**, había mucha gente.

plein-temps [plɛ̃tɑ̃] *nm inv* jornada f completa.

pleur [plœʀ] *nm fml* llanto m, lloro m.

pleurer [1] [plœʀe] *vi* - *vt* llorar.

pleurnicher [1] [plœʀniʃe] *vi fam* lloriquear.

pleuvoir [37] [pløvwaʀ] *v impers* llover.

pli [pli] *nm* **1** *(gén)* pliegue m. **2** *(du pantalon)* raya f. **3** *(d'un vêtement)* tabla f; **jupe à plis**, falda de tablas. **4** *(du visage)* arruga f. **5** *fig (habitude)* hábito m, costumbre f: **il a pris un mauvais pli**, ha cogido una mala costumbre. **6** *(papier)* sobre m, pliego m.

pliant,-e [plijɑ̃,-ɑ̃t] *adj* plegable.

plier [13] [plije] *vt* **1** *(gén)* plegar, doblar. **2** *(courber)* doblar: **plier les genoux**, doblar las rodillas. **3** *fig (soumettre)* doblegar, someter: **elle se plia à sa volonté**, lo sometió a su voluntad. ▶ *vi* **1** *(fléchir, s'affaisser)* doblarse, plegarse. **2** *fig (céder)* ceder. **3** *fig (se soumettre)* doblegarse.

plisser [1] [plise] *vt* plegar. ▶ *vi* arrugar.

plomb [plɔ̃] *nm* **1** *(métal)* plomo m. **2** *(balle)* perdigón m. **3** *(électricité)* plomos *m pl*, fusible m.

plombage [plɔ̃baʒ] *nm* empaste m.

plomberie [plɔ̃bʀi] *nf* fontanería f.

plombier [plɔ̃bje] *nm* fontanero m.

plongée [plɔ̃ʒe] *nf* **1** *(dans l'eau)* inmersión f. **2** *(point de vue)* vista f de pájaro.

plongeoir [plɔ̃ʒwaʀ] *nm* trampolín m.

plongeon [plɔ̃ʒɔ̃] *nm* **1** *(dans l'eau)* zambullida f. **2** *(de gardien de but)* estirada f.

plonger [4] [plɔ̃ʒe] *vt* **1** *(dans l'eau)* sumergir, hundir. **2** *(enfoncer)* hundir, introducir: **plonger la main dans le panier**, meter la mano en el cesto. **3** *fig (dans la tristesse, mélancolie, etc)* sumir: **il est complètement plongé dans sa tristesse**, está completamente sumido en su tristeza. ▶ *vi* **1** *(dans l'eau)* zambullirse. **2** *(de haut en bas)* dominar. ▶ *vpr* **se plonger** *(se livrer)* sumirse, hundirse: **plonger dans un sommeil profond**, quedarse profundamente dormido.

plongeur,-euse [plɔ̃ʒœʀ,-øz] *nm,f* **1** *(dans la mer)* submarinista. **2** SPORT saltador,-ra de trampolín. **3** *(dans un restaurant)* lavaplatos *m*.

ployer [16] [plwaje] *vt* **1** *(courber)* plegar, doblar. **2** *fig (faire céder)* doblegar. ▶ *vi (fléchir)* doblegarse.

pluie [plɥi] *nf* lluvia *f*.

plume [plym] *nf* pluma *f*.

plumer [1] [plyme] *vt* desplumar.

plupart [laplypaʀ] *nf* **la plupart** *(gén)* la mayor parte, la mayoría. • **la plupart du temps** la mayor parte del tiempo.

pluriel,-elle [plyʀjɛl] *adj - nm* plural *m*.

plus [ply, plys] (no se pronuncia la s final delante de una consonante, en las comparaciones o cuando refuerza una negación; en los demás casos sí se pronuncia la s final) *adv* **1** *(gén)* más: **il est plus jeune que moi**, es más joven que yo. **2 ne ... plus** *(négation)* ya no: **il n'existe plus**, ya no existe. ▶ *nm* **1** *(le maximum)* lo más. **2** *(signe)* signo *m* más. • **de plus en plus** cada vez más. **encore plus** todavía más. **non plus** tampoco. **plus ou moins** más o menos. **tout au plus** a lo sumo.

plusieurs [plyzjœʀ] *adj - pron* varios,-rias.

plus-que-parfait [plyskəpaʀfɛ] *nm* pluscuamperfecto *m*.

plutôt [plyto] *adv* **1** *(de préférence)* antes, primero: **plutôt mourir que de se soumettre**, antes morir que someterse. **2** *(assez bien)* más bien, bastante. • **ou plutôt** o mejor dicho.

pluvieux,-euse [plyvjø,-øz] *adj* lluvioso,-sa.

pneu [pnø] *nm* neumático *m*.

pneumonie [pnømɔni] *nf* MÉD neumonía *f*.

poche [pɔʃ] *nf* **1** *(d'un vêtement)* bolsillo *m*. **2** *(faux pli)* bolsa *f*, arruga *f*. **3** *(en papier, en plastique)* bolsa *f*. • **c'est dans la poche!** ¡está chupado! **connaître comme sa poche** conocer al dedillo. **de poche** de bolsillo.

pocher [1] [pɔʃe] *vt* escalfar.

pochette [pɔʃɛt] *nf* **1** *(de disque)* funda *f*. **2** *(mouchoir)* pañuelo *m*. **3** *(en cuir)* bolso *m*.

podium [pɔdjɔm] *nm* podio *m*.

poêle¹ [pwal] *nm (de chauffage)* estufa *f*.

poêle² [pwal] *nf (ustensile)* sartén *f*.

poème [pɔɛm] *nm* poema *m*.

poésie [pɔezi] *nf* poesía *f*.

poète [pɔɛt] *adj - nm* poeta *m*.

poétique [pɔetik] *adj* poético,-ca.

pognon [pɔɲɔ̃] *nm* fam pasta *f*.

poids [pwa] *nm* **1** *(gén)* peso *m*. **2** *(pour peser, d'horloge)* peso *f*. **3** SPORT peso *m*. **4** *fig (force)* fuerza *f*: **le poids des mots**, la fuerza de las palabras. **5** *fig (ce qui oppresse)* lastre *m*, carga *f*. • **faire le poids** dar la talla. **perdre du poids** adelgazar. **prendre du poids** engordar. ▪ **poids lourd 1** *(véhicule)* camión *m*. **2** *(boxeur)* peso *m* pesado.

poignard [pwaɲaʀ] *nm* puñal *m*.

poignarder [1] [pwaɲaʀde] *vt* apuñalar.

poignée [pwaɲe] *nf* **1** *(quantité)* puñado *m.* **2** *(d'arme, de canne)* empuñadura *f*, mango *m.* **3** *(d'une porte)* tirador *m.* ■ **poignée de main** apretón *m* de manos.

poignet [pwaɲɛ] *nm* **1** *(articulation)* muñeca *f.* **2** *(d'une chemise)* puño *m.*

poil [pwal] *nm* pelo *m.* ■ **à poil** *fam* en cueros. **avoir un poil dans la main** *fam fig* ser un vago. **être de mauvais poil** *fam fig* estar de mal humor.

poilu,-e [pwaly] *adj* peludo,-da.

poinçonner [1] [pwɛ̃sɔne] *vt* picar.

poing [pwɛ̃] *nm* puño *m.* ■ **dormir à poings fermés** dormir a pierna suelta.

point [pwɛ̃] *nm* punto *m.* ■ **à point** *(viande)* al punto. **être sur le point de** estar a punto de. ■ **point de côté** punzada *f.* **point de vue** punto de vista. **point du jour** amanecer *m.* **point noir** espinilla *f.* **points de suspension** puntos suspensivos.

pointe [pwɛ̃t] *nf* **1** *(gén)* punta *f.* **2** *(clou)* punta *f*, clavo *m.* ■ **être à la pointe de** llevar la delantera. **sur la pointe des pieds** de puntillas. **une pointe de** una pizca de.

pointer [1] [pwɛ̃te] *vt* **1** *(sur une liste)* puntear, apuntar. **2** *(avec une arme)* apuntar. **3** *(oreilles, poils)* enderezar, erguir. **4** *(employés)* fichar. ▶ *vi* **1** *(le jour)* despuntar, rayar. **2** *(commencer à pousser)* apuntar, empezar a salir. **3** *(s'élever)* alzarse, elevarse. ▶ *vpr* **se pointer** *fam (quelque part)* presentarse.

pointillé [pwɛ̃tije] *nm* punteado *m.* ■ **en pointillé** de puntos.

pointu,-e [pwɛ̃ty] *adj* **1** *(objet)* puntiagudo,-da. **2** *fig (voix)* agudo, -da.

pointure [pwɛ̃tyʀ] *nf* número *m.*

point-virgule [pwɛ̃viʀgyl] *nm (pl* **points-virgules)** punto *m* y coma.

poire [pwaʀ] *nf* **1** *(fruit)* pera *f.* **2** *(forme)* pera *f*, perilla *f.* **3** *fam (figure)* jeta *f*, rostro *m.* **4** *fam (naïf)* primo *m.*

poireau [pwaʀo] *nm* puerro *m.*

poirier [pwaʀje] *nm* peral *m.*

pois [pwa] *nm* **1** *(légume)* guisante *m.* **2** *(imprimé)* lunar *m*, topo *m.* ■ **petit pois** guisante. **pois chiche** garbanzo *m.*

poison [pwazɔ̃] *nm* veneno *m.*

poisse [pwas] *nf fam* mala suerte *f.* ■ **porter la poisse** ser gafe.

poisson [pwasɔ̃] *nm* **1** *(vertébré)* pez *m.* **2** *(nourriture)* pescado *m.* ■ **engueuler QQN comme du poisson pourri** poner a ALGN como un trapo. ■ **poisson d'avril** inocentada *f.*

poissonnerie [pwasɔnʀi] *nf* pescadería *f.*

poissonnier,-ère [pwasɔnje,-ɛʀ] *nm,f* pescadero,-ra.

poitrine [pwatʀin] *nf* pecho *m.*

poivre [pwavʀ] *nm* pimienta *f.*

poivrer [1] [pwavʀe] *vt* echar pimienta.

poivron [pwavʀɔ̃] *nm* pimiento *m.*

poker [pɔkɛʀ] *nm* póquer *m.*

polaire [pɔlɛʀ] *adj* polar.

polar [pɔlaʀ] *nm fam (roman)* novela *f* negra.

pôle [pol] *nm* polo *m.*

polémique [pɔlemik] *adj* polémico,-ca. ▶ *nf* polémica *f.*

poli,-e [pɔli] *adj* **1** *(surface)* pulido, -da, liso,-sa. **2** *(personne)* educado,-da.

police[1] [pɔlis] *nf* policía *f.*

police[2] [pɔlis] *nf* póliza *f*: **police d'assurance**, póliza de seguro.

policier,-ère [pɔlisje,-ɛʀ] *adj* policíaco,-ca. ▶ *nm* **policier** policía *mf.*

polir [20] [pɔliʀ] *vt* pulir, bruñir.

polisson,-onne [pɔlisɔ̃,-ɔn] *nm,f* travieso,-sa.

politesse [pɔlitɛs] *nf* cortesía *f*, urbanidad *f*.

politicien,-enne [pɔlitisjɛ̃,-ɛn] *nm,f* político,-ca.

politique [pɔlitik] *adj* político,-ca. ► *nf* política *f*.

polluer [1] [pɔlɥe] *vt* contaminar.

pollution [pɔlysjɔ̃] *nf* contaminación *f*.

Pologne [pɔlɔɲ] *nf* Polonia.

polonais,-e [pɔlɔnɛ,-ɛz] *adj* polaco, -ca. ► *nm,f* **Polonais,-e** polaco,-ca. ► *nm* **polonais** (langue) polaco.

polyester [pɔliɛstɛʀ] *nm* poliéster *m*.

polygamie [pɔligami] *nf* poligamia *f*.

polyglotte [pɔliglɔt] *adj - nmf* poligloto,-ta.

polystyrène [pɔlistiʀɛn] *nm* poliestireno *m*.

polyvalent,-e [pɔlivalɑ̃,-ɑ̃t] *adj* polivalente.

pommade [pɔmad] *nf* pomada *f*.

pomme [pɔm] *nf* **1** (fruit) manzana *f*. **2** (ornement) pera *f*, perilla *f*. • **tomber dans les pommes** *fam* desmayarse. ▪ **pomme d'Adam** nuez *m* de Adán. **pomme de pin** piña *f*. **pomme de terre** patata *f*.

pommette [pɔmɛt] *nf* pómulo *m*.

pommier [pɔmje] *nm* manzano *m*.

pompe [pɔ̃p] *nf* **1** (cérémonial) pompa *f*, fausto *m*. **2** (appareil) bomba *f*.

pomper [1] [pɔ̃pe] *vt* **1** (liquide, air) bombear. **2** *fam* (fatiguer) dejar molido,-da. **3** *fam* (boire) trincar.

pompeux,-euse [pɔ̃pø,-øz] *adj* pomposo,-sa.

pompier [pɔ̃pje] *nm* bombero *m*.

pompiste [pɔ̃pist] *nmf* gasolinero, -ra.

pompon [pɔ̃pɔ̃] *nm* borla *f*.

poncer [3] [pɔ̃se] *vt* lijar.

ponctualité [pɔ̃ktɥalite] *nf* puntualidad *f*.

ponctuation [pɔ̃ktɥasjɔ̃] *nf* puntuación *f*.

ponctuel,-elle [pɔ̃ktɥɛl] *adj* puntual.

ponctuer [1] [pɔ̃ktɥe] *vt* puntuar.

pondre [62] [pɔ̃dʀ] *vt* **1** (ovipares) poner. **2** *fam fig* (quelque chose) producir, crear.

pont [pɔ̃] *nm* **1** (construction) puente *m*. **2** (d'un bateau) puente *m*, cubierta *f*. • **couper les ponts avec QQN** romper con ALGN.

pop-corn [pɔpkɔʀn] *nm inv* palomita *f*.

populaire [pɔpylɛʀ] *adj* popular.

popularité [pɔpylaʀite] *nf* popularidad *f*.

population [pɔpylasjɔ̃] *nf* población *f*.

porc [pɔʀ] *nm* **1** (animal, viande) cerdo *m*. **2** *péj* (homme) cerdo *m*, guarro *m*.

porcelaine [pɔʀsəlɛn] *nf* porcelana *f*.

porc-épic [pɔʀkepik] *nm* (*pl* **porcs-épics**) puerco espín *m*.

porche [pɔʀʃ] *nm* porche *m*.

pore [pɔʀ] *nm* poro *m*.

poreux,-euse [pɔʀø,-øz] *adj* poroso,-sa.

pornographie [pɔʀnɔgʀafi] *nf* pornografía *f*.

port [pɔʀ] *nm* **1** (maritime, fluvial) puerto *m*. **2** *fig* (lieu de repos) refugio *m*. **3** (action, prix du transport) porte *m*. • **arriver à bon port** llegar a buen puerto. ▪ **port d'armes** tenencia *f* de armas.

portable [pɔʀtabl] *nm* **1** (ordinateur) portátil *m*. **2** (téléphone) móvil *m*. ► *adj* **1** (vêtement) llevable. **2** (appareil) portátil.

portail [pɔʀtaj] *nm* ARCHIT pórtico *m*.

portatif,-ive [pɔRtatif,-iv] *adj* portátil.
porte [pɔRt] *nf* puerta *f*. • **claquer la porte** dar un portazo. **fermer la porte au nez** dar con la puerta en las narices. **mettre** QQN **à la porte** poner a ALGN de patitas en la calle.
porté,-e [pɔRte] *adj* inclinado,-da, propenso,-sa. • **être porté sur** QQCH tener una afición muy grande por ALGO.
porte-avions [pɔRtavjɔ̃] *nm inv* portaaviones *m*.
porte-bagages [pɔRtbagaʒ] *nm inv* portaequipajes *m*.
porte-bonheur [pɔRtbɔnœR] *nm inv* amuleto *m*.
porte-clés [pɔRtkle] *nm inv* llavero *m*.
porte-clefs [pɔRtkle] *nm inv* llavero *m*.
portée [pɔRte] *nf* **1** *(d'animaux)* camada *f*, cama *f*. **2** *(de la vue, de la voix)* alcance *m*. **3** *fig (raisonnement, fait, etc)* alcance *m*. **4** MUS pentagrama *m*. • **à la portée de** al alcance de. **hors de portée de** fuera del alcance de.
porte-fenêtre [pɔRtfənɛtR] *nf (pl* **portes-fenêtres**) puerta *f* vidriera.
portefeuille [pɔRtəfœj] *nm* cartera *f*.
portemanteau [pɔRtmɑ̃to] *nm* percha *f*, perchero *m*.
porte-monnaie [pɔRtmɔnɛ] *nm inv* monedero *m*.
porte-parole [pɔRtpaRɔl] *nm inv* portavoz *m*.
porter [1] [pɔRte] *vt* **1** *(gén)* llevar: **elle porte une robe noire**, lleva un vestido negro. **2** *(regards, pas)* dirigir. **3** *(rapporter)* dar, producir: **un travail qui porte ses fruits**, un trabajo que da sus frutos. **4** *(sur un*

registre) inscribir, registrar. **5** *(causer)* dar, traer: **porter chance**, traer suerte. ▶ *vi* **1** *(être soutenu)* descansar **(sur**, en), apoyarse **(sur**, en). **2** *(avoir pour objet)* tratar **(sur**, de): **le livre porte sur la guerre**, el libro trata de la guerra. **3** *(arme)* alcanzar. ▶ *vpr* **se porter 1** *(santé)* encontrarse, estar: **comment vous portez-vous ?**, ¿cómo se encuentra usted? **2** *(se diriger)* dirigirse, encaminarse. • **se porter candidat/volontaire** presentarse como candidato/voluntario.
porteur,-euse [pɔRtœR,-øz] *nm,f* **1** *(gén)* portador,-ra. **2** *(de bagages)* mozo *m* de equipajes.
portier,-ère [pɔRtje,-ɛR] *nm,f* portero,-ra.
portière [pɔRtjɛR] *nf* portezuela *f*, puerta *f*.
portillon [pɔRtijɔ̃] *nm* puerta *f*.
portion [pɔRsjɔ̃] *nf* porción *f*, ración *f*.
porto [pɔRto] *nm* oporto *m*.
portrait [pɔRtRɛ] *nm* retrato *m*. • **être tout le portrait de** QQN ser el vivo retrato de ALGN.
portuaire [pɔRtɥɛR] *adj* portuario,-ria.
portugais,-e [pɔRtygɛ,-ɛz] *adj* portugués, -esa. ▶ *nm,f* **Portugais,-e** portugués,-esa. ▶ *nm* **portugais** *(langue)* portugués *m*.
pose [poz] *nf* **1** *(action de poser)* colocación *f*. **2** *(attitude du corps)* postura *f*, posición *f*. **3** *fig (affectation)* afectación *f*, pose *f*.
posé,-e [poze] *adj* sosegado,-da, reposado,-da: **ton posé**, tono sosegado.
poser [1] [poze] *vt* **1** *(placer)* poner, colocar. **2** *(arranger)* poner, instalar. **3** *(écrire)* escribir: **je pose 5 et je retiens 2**, pongo 5 y llevo 2. **4** *(question)* formular, enunciar: **il lui**

a posé une question difficile, le ha hecho una pregunta difícil. ▶ vi 1 *(devant un peintre, un photographe)* posar. 2 *(se donner des airs)* adoptar poses afectadas. ▶ vpr **se poser** *(avion, oiseau)* posarse. • **poser sa candidature** presentar su candidatura.

positif,-ive [pozitif,-iv] *adj* positivo,-va.

position [pozisjɔ̃] *nf* 1 *(gén)* posición *f*. 2 *(emploi)* cargo *m*. • **prendre position** tomar partido.

posologie [pozɔlɔʒi] *nf* posología *f*.

possédé,-e [posede] *adj - nm,f* poseído,-da.

posséder [10] [posede] *vt* poseer.

possesseur [posesœʀ] *nm* poseedor,-ra.

possessif,-ive [posesif] *adj* posesivo,-va.

possession [posesjɔ̃] *nf* posesión *f*.

possibilité [pɔsibilite] *nf* posibilidad *f*.

possible [pɔsibl] *adj* posible. ▶ *nm* lo posible. • **au possible** a más no poder. **dans la mesure du possible** a ser posible. **dès que possible** en cuanto sea posible.

postal,-e [pɔstal] *adj* postal.

poste [pɔst] *nf* 1 *(service public)* correo *m*, correos *mpl*. 2 *(bureau)* oficina *f* de correos. 3 *(relais)* posta *f*. ▶ *nm* 1 *(emploi)* puesto *m*. 2 *(appareil)* aparato *m*. 3 *(téléphonique)* extensión *f*. ■ **poste de pilotage** cabina *f* de mando. **poste de police** comisaría *f*. **poste de télévision** televisor *m*.

poster¹ [1] [pɔste] *vt* 1 *(placer)* apostar, poner. 2 *(lettre)* echar al correo.

poster² [pɔstɛʀ] *nm* póster *m*.

postérieur,-e [pɔsteʀjœʀ] *adj* posterior. ▶ *nm* **postérieur** *fam (derrière)* trasero *m*.

posthume [pɔstym] *adj* póstumo, -ma.

postiche [pɔstiʃ] *adj* postizo,-za. ▶ *nm* postizo *m*.

post-scriptum [pɔstkʀiptɔm] *nm inv* post data *f*.

postuler [1] [pɔstyle] *vt* postular.

posture [pɔstyʀ] *nf* 1 *(du corps)* postura *f*. 2 *(état)* situación *f*: **ils sont en bonne posture**, tienen una buena situación.

pot [po] *nm* 1 *(vase)* vasija *f*, jarro *m*. 2 *(de conserves, confitures, etc)* bote *m*, tarro *m*. 3 *(marmite)* olla *f*. 4 *(de fleurs)* tiesto *m*, maceta *f*. • **avoir du pot** *fam fig* tener potra. **découvrir le pot aux roses** *fig* descubrir el pastel. **prendre un pot** *fam* tomar una copa. ■ **pot d'échappement** tubo *m* de escape.

potable [pɔtabl] *adj* potable.

potage [pɔtaʒ] *nm* sopa *f*.

potager [pɔtaʒe] *nm* huerto *m*, huerta *f*.

pot-au-feu [pɔtofø] *nm inv* cocido *m*.

pot-de-vin [pɔdvɛ̃] *nm (pl* **pots-de-vin)** soborno *m*.

pote [pɔt] *nm fam* colega *m*.

poteau [pɔto] *nm* poste *m*.

potelé,-e [pɔtle] *adj* regordete, -ta.

potentiel,-elle [pɔtɑ̃sjɛl] *adj* potencial. ▶ *nm* **potentiel** potencial *m*.

poterie [pɔtʀi] *nf* 1 *(fabrication, art)* alfarería *f*. 2 *(objet)* vasija *f* de barro.

potin [pɔtɛ̃] *nm* 1 *fam (tapage)* jaleo *m*: **faire du potin**, armar jaleo. 2 *(commérage)* chisme *m*, habladuría *f*.

potion [posjɔ̃] *nf* poción *f*.
potiron [pɔtirɔ̃] *nm* calabaza *f*.
pou [pu] *nm* piojo *m*.
poubelle [pubɛl] *nf* **1** *(dans une maison)* cubo *m* de la basura. **2** *(dans une pièce, dans la rue)* papelera *f*. **3** INFORM papelera *f*.
pouce [pus] *nm* **1** *(de la main)* pulgar *m*. **2** *(du pied)* dedo *m* gordo. **3** *(mesure)* pulgada *f*. ► *interj* **pouce !** *(dans un jeu)* ¡para!, ¡me retiro! • **donner un coup de pouce** echar una mano.
poudre [pudʀ] *nf* **1** *(gén)* polvo *m*. **2** *(maquillage)* polvos *m pl*. **3** *(explosif)* pólvora *f*. • **en poudre** en polvo. **prendre la poudre d'escampette** largarse.
pouffer [1] [pufe] • **pouffer de rire** partirse de risa.
poulailler [pulaje] *nm* gallinero *m*.
poulain [pulɛ̃] *nm* **1** *(cheval)* potro *m*. **2** *fig (protégé)* pupilo *m*.
poule [pul] *nf* gallina *f*. • **quand les poules auront des dents** cuando las ranas críen pelo.
poulet [pulɛ] *nm* **1** *(animal)* pollo *m*. **2** *fam (policier)* poli *m*, madero *m*.
poulie [puli] *nf* polea *f*.
poulpe [pulp] *nm* pulpo *m*.
pouls [pu] *nm* pulso *m*.
poumon [pumɔ̃] *nm* ANAT pulmón *m*.
poupée [pupe] *nf* muñeca *f*.
pour [puʀ] *prép* **1** *(gén)* para: **lire pour s'instruire**, leer para instruirse; **partir pour Madrid**, salir para Madrid; **cet enfant est grand pour son âge**, este niño es alto para la edad que tiene. **2** *(par rapport à)* para, contra: **remède pour le rhume**, remedio contra el resfriado. **3** *(à cause de, équivalence)* por: **puni pour sa paresse**, castigado por su pereza; **laissé pour mort**, dejar por muerto. ► *nm* pro *m*. • **pour de bon** de veras. **pour que** para que, a fin de que. • **le pour et le contre** los pros y los contras.
pourboire [puʀbwaʀ] *nm* propina *f*.
pourcentage [puʀsɑ̃taʒ] *nm* porcentaje *m*.
pourpre [puʀpʀ] *adj* - *nm* púrpura *f*.
pourquoi [puʀkwa] *conj* - *adv* por qué: **pourquoi est-il parti ?**, ¿por qué se ha ido? ► *nm inv* porqué *m*: **le pourquoi des choses**, el porqué de las cosas. • **c'est pourquoi ...** por eso...
pourrir [20] [puʀiʀ] *vt* pudrir, podrir. ► *vi* pudrirse, podrirse.
poursuite [puʀsɥit] *nf* **1** *(gén)* persecución *f*. **2** DR demanda *f*.
poursuivre [61] [puʀsɥivʀ] *vt* **1** *(gén)* perseguir. **2** *(continuer)* proseguir. **3** DR demandar.
pourtant [puʀtɑ̃] *adv* no obstante, sin embargo.
pourvoir [39] [puʀvwaʀ] *vi* **pourvoir à** *(fournir)* satisfacer: **l'État pourvoit à ses besoins**, el estado satisface sus necesidades. ► *vt* **1** *(fournir)* proveer, abastecer. **2** *(vacance)* cubrir. **3** *(de qualités, de dons)* dotar (**de**, de). ► *vpr* **se pourvoir 1** *(se munir)* proveerse. **2** DR apelar, recurrir.
pourvu [puʀvy]. • **pourvu que 1** *(à condition que)* con tal que, siempre que. **2** *(souhait)* ojalá: **pourvu que nous arrivions à temps !**, ¡ojalá lleguemos a tiempo!
pousse [pus] *nf* **1** *(des végétaux)* brote *m*, retoño *m*. **2** *(des dents, des cheveux, etc)* crecimiento *m*.
poussée [puse] *nf* **1** *(pression)* empuje *m*. **2** *(de fièvre)* acceso *m*. **3** *(développement)* aumento *m*.

pousser [1] [puse] vt **1** (gén) empujar. **2** (voiture) hacer avanzar. **3** fig (protégé, etc) favorecer, ayudar. **4** (cri, soupir) dar, producir. ▶ vi (cheveux, dents, etc) crecer. ▶ vpr **se pousser 1** (les uns les autres) empujarse. **2** (s'écarter) apartarse.

poussette [puset] nf cochecito m.

poussière [pusjɛʀ] nf polvo m. • **faire la poussière** pasar el polvo.

poussiéreux,-euse [pusjeʀø,-øz] adj polvoriento,-ta.

poussin [pusɛ̃] nm polluelo m.

poutre [putʀ] nf viga f.

pouvoir¹ [39] [puvwaʀ] vt poder. • **il se peut que** puede que, es posible que. **ne plus en pouvoir** no poder más.

pouvoir² [puvwaʀ] nm poder m. • **pouvoir d'achat** poder adquisitivo.

prairie [pʀeʀi] nf prado m, pradera f.

praticable [pʀatikabl] adj **1** (réalisable) practicable. **2** (chemin) transitable.

praticien,-enne [pʀatisjɛ̃,-ɛn] nm,f médico,-ca practicante.

pratiquant,-e [pʀatikɑ̃,-ɑ̃t] adj - nm,f practicante.

pratique [pʀatik] adj práctico,-ca. ▶ nf **1** (gén) práctica f. **2** (usage) costumbre f, uso m. **3** (expérience) experiencia f.

pratiquer [2] [pʀatike] vt - vi practicar.

pré [pʀe] nm prado m.

préalable [pʀealabl] adj previo,-via. • **au préalable** previamente.

préambule [pʀeɑ̃byl] nm preámbulo m.

préavis [pʀeavi] nm preaviso m.

précaire [pʀekɛʀ] adj precario,-ria.

précaution [pʀekosjɔ̃] nf precaución f.

précédent,-e [pʀesedɑ̃,-ɑ̃t] adj precedente. ▶ nm **précédent** precedente m.

précéder [10] [pʀesede] vt preceder.

prêcher [1] [pʀeʃe] vt **1** (la parole de Dieu) predicar. **2** (recommander) recomendar.

précieux,-euse [pʀesjø,-øz] adj **1** (bijou, pierre) precioso,-sa. **2** (style, langage, etc) afectado,-da.

précipitation [pʀesipitasjɔ̃] nf precipitación f. ▶ nf pl **précipitations** precipitaciones f pl.

précipiter [1] [pʀesipite] vt precipitar.

précis,-e [pʀesi,-iz] adj **1** (net) preciso,-sa. **2** (succinct) conciso,-sa, preciso,-sa. **3** (exact) exacto,-ta.

préciser [1] [pʀesize] vt precisar.

précision [pʀesizjɔ̃] nf precisión f.

précoce [pʀekɔs] adj precoz.

préconiser [1] [pʀekɔnize] vt preconizar.

précurseur [pʀekyʀsœʀ] adj - nm precursor,-ra.

prédateur [pʀedatœʀ] nm depredador m.

prédécesseur [pʀedesesœʀ] nm predecesor m.

prédiction [pʀediksjɔ̃] nf predicción f.

prédilection [pʀedilɛksjɔ̃] nf predilección f.

prédire [55] [pʀediʀ] vt predecir.

prédominer [1] [pʀedɔmine] vi predominar.

préface [pʀefas] nf prefacio m.

préfecture [pʀefɛktyʀ] nf prefectura f. • **préfecture de police** jefatura f de policía.

préférable [pʀefeʀabl] adj preferible.

préférence [pʀefeʀɑ̃s] nf preferencia f. • **de préférence** preferentemente.

préférentiel,-elle [pʀefeʀɑ̃sjɛl] *adj* preferente.
préférer [10] [pʀefeʀe] *vt* preferir.
préfixe [pʀefiks] *nm* prefijo *m*.
préhistoire [pʀeistwaʀ] *nf* prehistoria *f*.
préhistorique [pʀeistɔʀik] *adj* prehistórico,-ca.
préjudice [pʀeʒydis] *nm* perjuicio *m*.
préjugé [pʀeʒyʒe] *nm* prejuicio *m*.
prélasser (se) [1] [pʀelase] *vpr* repantigarse.
prélèvement [pʀelɛvmɑ̃] *nm* 1 *(d'impôts)* retención *f*. 2 MÉD extracción *f*.
prélever [7] [pʀelve] *vt* 1 *(impôts)* retener. 2 MÉD extraer.
préliminaire [pʀeliminɛʀ] *adj - nm* preliminar *m*.
prélude [pʀelyd] *nm* preludio *m*.
prématuré,-e [pʀematyʀe] *adj - nm,f* prematuro,-ra.
préméditation [pʀemeditasjɔ̃] *nf* premeditación *f*.
premier,-ère [pʀəmje,-ɛʀ] *adj - nm,f* primero,-ra. ► *nm* **premier 1** *(gén)* primero *m*. **2** *(étage)* primer piso *m*. ■ **en premier** en primer lugar. ■ **le premier venu** un cualquiera, un advenedizo.
première [pʀəmjɛʀ] *nf* **1** *(au théâtre)* estreno *m*. **2** *(classe)* primera *f*.
prémunir (se) [20] [pʀemyniʀ] *vpr* prevenirse, precaverse.
prenant,-e [pʀənɑ̃,-ɑ̃t] *adj* **1** sobrecogedor,-ra. **2** *(qui prend du temps)* absorbente.
prendre [83] [pʀɑ̃dʀ] *vt* **1** *(saisir)* tomar, coger. **2** *(aller chercher)* recoger. **3** *(se munir de)* coger, llevar: **je prends ce parapluie**, me llevo este paraguas. **4** *(photo, notes)* tomar. **5** *(billet)* sacar. **6** *(voler)* robar. **7** *(surprendre)* sorprender: **je vous y prends**, le sorprendo. **8** *(faire payer)* cobrar: **combien vous a-t-il pris ?**, ¿cuánto le ha cobrado? **9** requerir, tomar: **cela prend du temps**, esto requiere tiempo. **10** *(gifle, coup)* recibir. ► *vi* **1** *(liquide)* cuajar. **2** *(feu)* prender. ● **prendre froid** enfriarse. **prendre QQN au mot** tomar a ALGN al pie de la letra. **prendre QQN pour** tomar a ALGN por. **qu'est-ce qui te prend ?** ¿qué te pasa? **savoir s'y prendre** saber cómo hacerlo. **s'en prendre à QQN** tomarla con ALGN. **se prendre pour** tomarse por. **s'y prendre bien/mal** proceder bien/mal.
prénom [pʀenɔ̃] *nm* nombre *m* (de pila).
préoccupation [pʀeɔkypasjɔ̃] *nf* preocupación *f*.
préoccuper [1] [pʀeɔkype] *vt* preocupar.
préparatifs [pʀepaʀatif] *nm pl* preparativos *m pl*.
préparation [pʀepaʀasjɔ̃] *nf* preparación *f*.
préparer [1] [pʀepaʀe] *vt* preparar. ● **se préparer à** + *inf* prepararse para + *inf*.
préposé,-e [pʀepoze] *nm,f* encargado,-da.
préposition [pʀepozisjɔ̃] *nf* preposición *f*.
près [pʀɛ] *adv* cerca. ● **à peu près** poco más o menos. **à peu de chose(s) près** aproximadamente. **de près** de cerca. **près de 1** *(dans le voisinage de)* cerca de. **2** *(presque)* casi. **tout près** muy cerca, al lado.
prescription [pʀɛskʀipsjɔ̃] *nf* receta *f*.
prescrire [60] [pʀeskʀiʀ] *vt* **1** *(gén)* prescribir. **2** *(médicament)* recetar.
présence [pʀezɑ̃s] *nf* presencia *f*.
présent,-e [pʀezɑ̃,-ɑ̃t] *adj* presente. ► *nm* **présent** presente *m*. ● **à**

présent ahora. **jusqu'à présent** hasta ahora.
présentable [pRezãtabl] *adj* presentable.
présentateur,-trice [pRezãtatœR,-tRis] *nm,f* presentador,-ra.
présentation [pRezãtasjɔ̃] *nf* presentación *f*.
présenter [1] [pRezãte] *vt* presentar.
présentoir [pRezãtwaR] *nm* expositor *m*.
préservatif [pRezɛRvatif] *nm* preservativo *m*.
préserver [1] [pRezɛRve] *vt* preservar.
président,-e [pRezidã,-ãt] *nm,f* presidente,-a.
présidentiel,-elle [pRezidãsjɛl] *adj* presidencial.
présider [1] [pRezide] *vt* presidir. ▶ *vi* **présider à** dirigir: **elle présidait aux célébrations**, dirigía las celebraciones.
présomption [pRezɔ̃psjɔ̃] *nf* presunción *f*.
présomptueux,-euse [pRezɔ̃ptɥø,-øz] *adj* presuntuoso,-sa.
presque [pRɛsk] *adv* casi. **presque pas** apenas.
pressant,-e [pRɛsã,-ãt] *adj* **1** (*urgent*) urgente, acuciante. **2** (*qui insiste*) insistente.
presse [pRɛs] *nf* prensa *f*.
pressé,-e [pRɛse] *adj* **1** (*hâtif*) presuroso,-sa. **2** (*urgent*) urgente. **3** (*fruit*) exprimido,-da. • **être pressé,-e** tener prisa.
presse-citron [pRɛssitRɔ̃] *nm inv* exprimidor *m*.
pressentiment [pRɛsãtimã] *nm* presentimiento *m*.
pressentir [28] [pRɛsãtiR] *vt* **1** (*prévoir*) presentir. **2** (*sonder*) tantear, sondear.

presser [1] [pRɛse] *vt* **1** (*fruit*) exprimir. **2** (*serrer*) estrechar, apretar. **3** (*bouton*) apretar, pulsar. **4** (*harceler*) acuciar, apurar: **il presse ses ouvriers sans relâche**, acucia a sus obreros sin tregua. **5** (*accélérer*) acelerar, precipitar. ▶ *vi* (*être urgent*) urgir, correr prisa. ▶ *vpr* **se presser 1** (*se hâter*) darse prisa. **2** (*s'entasser*) apretujarse. • **presser le pas** apretar el paso. **sans se presser** sin prisas.
pressing [pRɛsiŋ] *nm* tintorería *f*.
pression [pRɛsjɔ̃] *nf* presión *f*. ■ **pression artérielle** tensión *f* arterial.
prestataire [pRɛstatɛR] *nmf* beneficiario,-ria. ■ **prestataire de services** proveedor,-ra.
prestation [pRɛstasjɔ̃] *nf* prestación *f*.
prestige [pRɛstiʒ] *nm* prestigio *m*.
prestigieux,-euse [pRɛstiʒjø,-øz] *adj* prestigioso,-sa.
présumer [1] [pRezyme] *vt - vi* presumir.
prêt [pRɛ] *nm* préstamo *m*.
prêt,-e [pRɛ,-t] *adj* listo,-ta. • **prêt,-e à tout** dispuesto,-ta a todo.
prétendant,-e [pRetãdã,-ãt] *nm,f* pretendiente.
prétendre [62] [pRetãdR] *vt* **1** (*vouloir*) pretender. **2** (*soutenir*) afirmar, suponer. ▶ *vi* **prétendre à** (*aspirer*) aspirar a, pretender.
prétendu,-e [pRetãdy] *adj* presunto,-ta, supuesto,-ta.
prétention [pRetãsjɔ̃] *nf* pretensión *f*.
prêter [1] [pRete] *vt* **1** (*argent*) prestar. **2** (*intentions, défauts, etc*) atribuir: **prêter aux autres ses propres défauts**, atribuir a los demás los propios defectos. ▶ *vi* **1** (*tissu, etc*) dar de sí. **2** (*donner lieu à*) dar motivo (**à**, de), prestarse (**à**, a):

prétexte

cela prête à confusion, esto se presta a confusiones.
prétexte [pretɛkst] *nm* pretexto *m*.
prêtre [prɛtr] *nm* sacerdote *m*.
preuve [prœv] *nf* prueba *f*. • **faire preuve de** dar pruebas de. **faire ses preuves** demostrar la capacidad.
prévaloir [44] [prevalwar] *vi* prevalecer. ▶ *vpr* **se prévaloir de** prevalerse de.
prévenant,-e [prevnã,-ãt] *adj* atento,-ta.
prévenir [35] [prevnir] *vt* **1** (*informer*) avisar. **2** (*désir, besoin*) anticiparse a. **3** (*malheur*) prevenir.
préventif,-ive [prevãtif,-iv] *adj* preventivo,-va.
prévention [prevãsjɔ̃] *nf* prevención *f*.
prévenu,-e [prevny] *adj* predispuesto, -ta: **il est prévenu contre les journalistes**, está predispuesto en contra de los periodistas. ▶ *nm,f* DR encausado,-da, imputado,-da.
prévisible [previzibl] *adj* previsible.
prévision [previzjɔ̃] *nf* previsión *f*.
prévoir [38] [prevwar] *vt* prever.
prévoyant,-e [prevwajã,-ãt] *adj* previsor,-ra.
prier [13] [prije] *vi* rezar. ▶ *vt* **1** (*supplier*) rogar. **2** REL rezar a. • **je vous en prie 1** (*s'il vous plaît*) por favor. **2** (*de rien*) no hay de qué. **je vous prie de bien vouloir** le ruego tenga la amabilidad de. **se faire prier** hacerse de rogar.
prière [prijɛr] *nf* **1** REL oración *f*. **2** (*demande*) ruego *m*, súplica *f*. • **Prière de ...** "Se ruega...".
primaire [primɛr] *adj* **1** (*école*) primario, -ria. **2** (*peu cultivé*) inculto, -ta.
prime [prim] *nf* (*somme*) prima *f*. • **en prime** además.

primer [1] [prime] *vi* **1** (*l'emporter sur*) prevalecer, dominar: **sa bonté primait sur son physique**, su bondad prevalecía sobre su físico. **2** (*accorder un prix*) premiar.
primitif,-ive [primitif,-iv] *adj* -*nm,f* primitivo, -va.
primordial,-e [primɔrdjal] *adj* primordial.
prince [prɛ̃s] *nm* príncipe *m*.
princesse [prɛ̃sɛs] *nf* princesa *f*.
principal,-e [prɛ̃sipal] *adj* principal. ▶ *nm* **principal 1** (*le plus important*) lo principal. **2** (*d'une dette*) principal *m*. **3** (*d'un col lège*) director *m*.
principe [prɛ̃sip] *nm* principio *m*. • **en principe** en principio. **par principe** por principios.
printemps [prɛ̃tɑ̃] *nm* primavera *f*.
prioritaire [prijɔritɛr] *adj* prioritario,-ria.
priorité [prijɔrite] *nf* prioridad *f*.
pris,-e [pri,-iz] *adj* **1** (*emprunté*) tomado, -da. **2** (*occupé*) ocupado, -da: **j'ai les mains prises**, tengo las manos ocupadas. **3** (*liquide*) cuajado,-da. **4** (*d'une maladie*) atacado,-da.
prise [priz] *nf* **1** (*action de prendre*) toma *f*. **2** (*chose prise*) presa *f*. **3** (*pour saisir*) agarradero *m*. **4** (*dans la lutte*) llave *f*. • **avoir prise sur** QQN tener ascendente sobre ALGN. • **prise de courant** enchufe *m*. **prise de sang** toma de sangre. **prise multiple** ladrón *m*.
prison [prizɔ̃] *nf* prisión *f*, cárcel *f*.
prisonnier,-ère [prizɔnje,-ɛr] *adj* -*nm,f* prisionero,-ra.
privation [privasjɔ̃] *nf* privación *f*.
privatisation [privatizasjɔ̃] *nf* privatización *f*.
privatiser [1] [privatize] *vt* privatizar.

privé,-e [pʀive] *adj* **1** *(gén)* privado, -da. **2** *(non public)* particular: **propriété privée**, propiedad particular. ▶ *nm* **privé 1** *(vie intime)* lo privado. **2** *(détective)* detective *m* privado.

priver [1] [pʀive] *vt* privar.

privilège [pʀivilɛʒ] *nm* privilegio *m*.

privilégié,-e [pʀivileʒje] *adj* privilegiado,-da.

prix [pʀi] *nm* **1** *(valeur)* precio *m*. **2** *(récompense)* premio *m*. • **à tout prix** cueste lo que cueste. **hors de prix** carísimo,-ma.

probabilité [pʀɔbabilite] *nf* probabilidad *f*.

probable [pʀɔbabl] *adj* probable.

problématique [pʀɔblematik] *adj* problemático,-ca.

problème [pʀɔblɛm] *nm* problema *m*.

procéder [10] [pʀɔsede] *vt - vi* proceder.

procédure [pʀɔsedyʀ] *nf* procedimiento *m*.

procès [pʀɔsɛ] *nm* DR proceso *m*.

procession [pʀɔsesjɔ̃] *nf* procesión *f*.

processus [pʀɔsesys] *nm* proceso *m*.

procès-verbal [pʀɔsɛvɛʀbal] *nm* (*pl* **procès-verbaux**) **1** *(contravention)* multa *f*. **2** *(compte rendu)* acta *f*.

prochain,-e [pʀɔʃɛ̃,-ɛn] *adj* **1** *(dans le temps, l'espace)* próximo,-ma. **2** *(qui suit immédiatement)* próximo, -ma, que viene: **l'année prochaine**, el año que viene.

prochainement [pʀɔʃɛnmɑ̃] *adv* próximamente.

proche [pʀɔʃ] *adj* cercano,-na, próximo,-ma. ▶ *nm pl* **proches** parientes *m pl*.

Proche-Orient [pʀɔʃɔʀjɑ̃] *nm* Oriente Próximo.

proclamation [pʀɔklamasjɔ̃] *nf* proclamación *f*.

proclamer [1] [pʀɔklame] *vt* proclamar.

procréer [14] [pʀɔkʀee] *vt* procrear.

procurer [1] [pʀɔkyʀe] *vt* **1** *(faire obtenir)* proporcionar. **2** *(occasionner)* causar.

procureur [pʀɔkyʀœʀ] *nm* fiscal *m*.

prodige [pʀɔdiʒ] *nm* prodigio *m*.

prodigieux,-euse [pʀɔdiʒjø,-øz] *adj* prodigioso,-sa.

producteur,-trice [pʀɔdyktœʀ, -tʀis] *adj - nm,f* productor,-ra.

productif,-ive [pʀɔdyktif,-iv] *adj* productivo,-va.

production [pʀɔdyksjɔ̃] *nf* producción *f*.

productivité [pʀɔdyktivite] *nf* productividad *f*.

produire [58] [pʀɔdɥiʀ] *vt* **1** *(gén)* producir. **2** *(montrer)* exhibir. ▶ *vpr* **se produire 1** *(événement)* producirse. **2** *(acteur)* actuar.

produit [pʀɔdɥi] *nm* producto *m*. • **produit national brut** producto nacional bruto.

prof [pʀɔf] *nmf fam* profe.

professeur [pʀɔfesœʀ] *nm* profesor,-ra.

profession [pʀɔfesjɔ̃] *nf* profesión *f*.

professionnel,-elle [pʀɔfesjɔnɛl] *adj - nm,f* profesional.

profil [pʀɔfil] *nm* perfil *m*.

profiler [1] [pʀɔfile] *vt* perfilar.

profit [pʀɔfi] *nm* **1** *(avantage)* provecho *m*. **2** ÉCON beneficio *m*. • **tirer profit de** QQCH sacar provecho de ALGO.

profiter [1] [pʀɔfite] *vi* aprovechar. • **en profiter** sacar partido. **profiter de** QQN aprovecharse de ALGN.

profond,-e [pʀɔfɔ̃,-ɔ̃d] *adj* profundo,-da.

profondeur [pʀɔfɔ̃dœʀ] *nf* profundidad *f*.

programmable

programmable [pʀɔgʀamabl] *adj* programable.

programmation [pʀɔgʀamasjɔ̃] *nf* programación *f*.

programme [pʀɔgʀam] *nm* programa *m*.

programmer [1] [pʀɔgʀame] *vt* programar.

programmeur,-euse [pʀɔgʀamœʀ, -øz] *nm,f* programador,-ra.

progrès [pʀɔgʀɛ] *nm* progreso *m*.

progresser [1] [pʀɔgʀese] *vi* progresar.

progressif,-ive [pʀɔgʀesif,-iv] *adj* progresivo,-va.

progression [pʀɔgʀesjɔ̃] *nf* **1** *(avancée)* avance *m*. **2** *(développement)* desarrollo *m*. • **être en progression** ir progresando.

proie [pʀwa] *nf* presa *f*.

projecteur [pʀɔʒɛktœʀ] *nm* proyector *m*.

projection [pʀɔʒɛksjɔ̃] *nf* proyección *f*.

projet [pʀɔʒɛ] *nm* proyecto *m*.

projeter [6] [pʀɔʒte] *vt* proyectar.

proliférer [10] [pʀɔlifeʀe] *vi* proliferar.

prologue [pʀɔlɔg] *nm* prólogo *m*.

prolongation [pʀɔlɔ̃gasjɔ̃] *nf* **1** *(continuation)* prolongación *f*. **2** *(de temps)* prórroga *f*.

prolongement [pʀɔlɔ̃ʒmɑ̃] *nm* prolongación *f*.

prolonger [4] [pʀɔlɔ̃ʒe] *vt* prolongar.

promenade [pʀɔmnad] *nf* paseo *m*. • **faire une promenade** dar un paseo.

promener [7] [pʀɔmne] *vt* pasear. • **envoyer promener** QQN *fam fig* mandar a ALGN a paseo.

promesse [pʀɔmɛs] *nf* promesa *f*.

promettre [81] [pʀɔmɛtʀ] *vt* - *vi* prometer. • **ça promet !** *iron* ¡empezamos bien!

promis,-e [pʀɔmi,-iz] *adj* - *nm,f* prometido,-da.

promoteur,-trice [pʀɔmɔtœʀ,-tʀis] *nm,f* promotor,-ra.

promotion [pʀɔmosjɔ̃] *nf* promoción *f*. • **en promotion** de oferta.

promouvoir [41] [pʀɔmuvwaʀ] *vt* promover.

prôner [1] [pʀone] *vt* preconizar.

pronom [pʀɔnɔ̃] *nm* pronombre *m*.

prononcer [3] [pʀɔnɔ̃se] *vt* pronunciar.

prononciation [pʀɔnɔ̃sjasjɔ̃] *nf* pronunciación *f*.

pronostic [pʀɔnɔstik] *nm* pronóstico *m*.

propagande [pʀɔpagɑ̃d] *nf* propaganda *f*.

propagation [pʀɔpagasjɔ̃] *nf* propagación *f*.

propager [4] [pʀɔpaʒe] *vt* propagar.

propice [pʀɔpis] *adj* propicio,-cia.

proportion [pʀɔpɔʀsjɔ̃] *nf* proporción *f*.

proportionnel,-elle [pʀɔpɔʀsjɔnɛl] *adj* proporcional.

propos [pʀɔpo] *nm* *(but)* propósito *m*. ▶ *nm pl* palabras *f pl*. • **à propos 1** *(au fait)* por cierto. **2** *(opportunément)* oportunamente. **à propos de** a propósito de.

proposer [1] [pʀɔpoze] *vt* proponer. ▶ *vpr* **se proposer 1** *(se fixer un but)* proponerse. **2** *(offrir ses services)* ofrecerse.

proposition [pʀɔpozisjɔ̃] *nf* **1** *(offre)* propuesta *f*. **2** *(d'une phrase)* proposición *f*.

propre[1] [pʀɔpʀ] *adj (net)* limpio, -pia.

propre[2] [pʀɔpʀ] *adj* **1** *(personnel)* propio,-pia: **je l'ai vu de mes propres yeux**, lo vi con mis propios ojos. **2** *(approprié)* apropiado, -da. ▶ *nm* característica *f*: **c'est le**

propre de l'homme, es propio del hombre.
propreté [pRopRəte] *nf* limpieza *f*.
propriétaire [pRopRijetœR] *nmf* propietario,-ria, dueño,-ña.
propriété [pRopRijete] *nf* **1** *(gén)* propiedad *f*. **2** *(maison)* finca *f*.
proroger [4] [pRoRoʒe] *vt* prorrogar.
prose [pRoz] *nf* prosa *f*.
prospecter [1] [pRospɛkte] *vt* prospectar.
prospectus [pRospɛktys] *nm* folleto *m*.
prospérer [10] [pRospeRe] *vi* prosperar.
prospérité [pRospeRite] *nf* prosperidad *f*.
prostate [pRostat] *nf* ANAT próstata *f*.
prostituée [pRostitɥe] *nf* prostituta *f*.
prostituer (se) [1] [pRostitɥe] *vpr* prostituirse.
protagoniste [pRotagonist] *nmf* protagonista.
protecteur,-trice [pRotɛktœR,-tRis] *adj - nm, f* protector,-ra.
protection [pRotɛksjɔ̃] *nf* protección *f*.
protéger [11] [pRoteʒe] *vt* proteger.
protéine [pRotein] *nf* proteína *f*.
protestant,-e [pRotɛstɑ̃,-ɑ̃t] *adj - nm, f* protestante.
protestation [pRotɛstasjɔ̃] *nf* protesta *f*.
protester [1] [pRotɛste] *vt - vi* protestar.
prothèse [pRotɛz] *nf* prótesis *f*.
protocole [pRotokɔl] *nm* protocolo *m*.
prouver [1] [pRuve] *vt* demostrar, probar.
provenance [pRovnɑ̃s] *nf* procedencia *f*. • **en provenance de** procedente de.
provenir [35] [pRovniR] *vi* provenir, proceder.
proverbe [pRovɛRb] *nm* proverbio *m*.
providence [pRovidɑ̃s] *nf* providencia *f*.
providentiel,-elle [pRovidɑ̃sjɛl] *adj* providencial.
province [pRovɛ̃s] *nf* provincia *f*.
proviseur [pRovizœR] *nm* director de instituto.
provision [pRovizjɔ̃] *nf* provisión *f*. • **faire ses provisions** hacer la compra. **sans provision** sin fondos.
provisoire [pRovizwaR] *adj* provisional.
provocant,-e [pRovokɑ̃,-ɑ̃t] *adj* provocador,-ra.
provocation [pRovokasjɔ̃] *nf* provocación *f*.
provoquer [2] [pRovoke] *vt* provocar.
proximité [pRoksimite] *nf* proximidad *f*.
prudence [pRydɑ̃s] *nf* prudencia *f*.
prudemment [pRydamɑ̃] *adv* con prudencia.
prudent,-e [pRydɑ̃,-ɑ̃t] *adj* prudente.
prune [pRyn] *nf* ciruela *f*.
pruneau [pRyno] *nm* ciruela *f* pasa.
pseudonyme [psødɔnim] *nm* seudónimo *m*.
psychanalyse [psikanaliz] *nf* psicoanálisis *m*.
psychiatre [psikjatR] *nmf* psiquiatra.
psychiatrie [psikjatRi] *nf* psiquiatría *f*.
psychologie [psikɔlɔʒi] *nf* psicología *f*.

psychologue [psikɔlɔg] *nmf* psicólogo,-ga.
psychose [psikoz] *nf* psicosis *f*.
puant,-e [pyɑ̃,-ɑ̃t] *adj* apestoso, -sa.
puanteur [pyɑ̃tœʀ] *nf* peste *f*.
pub [pyb] *nf* **1** *(activité)* publicidad *f*. **2** *(message)* anuncio *m*.
puberté [pybɛʀte] *nf* pubertad *f*.
pubis [pybis] *nm* ANAT pubis *m*.
public,-ique [pyblik] *adj* público, -ca. ▶ *nm* **public** público *m*.
publication [pyblikɑsjɔ̃] *nf* publicación *f*.
publicité [pyblisite] *nf* **1** *(activité)* publicidad *f*. **2** *(message)* anuncio *m*.
publier [13] [pyblije] *vt* publicar.
puce [pys] *nf* **1** *(animal)* pulga *f*. **2** INFORM chip *m*. ▶ **les puces** el mercadillo.
pudeur [pydœʀ] *nf* pudor *m*.
pudique [pydik] *adj* púdico,-ca.
puer [1] [pɥe] *vi* · *vt* apestar.
puis [pɥi] *adv* después, luego. • **et puis** además.
puisque [pɥisk] *conj* puesto que, ya que.
puissance [pɥisɑ̃s] *nf* **1** *(gén)* potencia *f*. **2** *(pouvoir)* poder *m*. **3** *(force)* fuerza *f*.
puissant,-e [pɥisɑ̃,-ɑ̃t] *adj* **1** *(machine, moteur)* potente. **2** *(personne)* poderoso,-sa.
puits [pɥi] *nm* pozo *m*.
pull [pyl] *nm* jersey *m*.
pull-over [pylɔvɛʀ] *nm* (*pl* **pull-overs**) jersey *m*.

pulmonaire [pylmɔnɛʀ] *adj* pulmonar.
pulpe [pylp] *nf* pulpa *f*.
pulsation [pylsɑsjɔ̃] *nf* pulsación *f*.
pulsion [pylsjɔ̃] *nf* pulsión *f*.
pulvériser [1] [pylveʀize] *vt* pulverizar.
punaise [pynɛz] *nf* **1** *(petit clou)* chincheta *f*. **2** *(insecte)* chinche *m*.
punir [20] [pyniʀ] *vt* castigar.
punition [pynisjɔ̃] *nf* castigo *m*.
pupille [pypil] *nf (de l'œil)* pupila *f*.
pur,-e [pyʀ] *adj* puro,-ra.
purée [pyʀe] *nf* puré *m*. ▶ *interj* **purée !** ¡jolines!
pureté [pyʀte] *nf* pureza *f*.
purification [pyʀifikɑsjɔ̃] *nf* purificación *f*.
purifier [12] [pyʀifje] *vt* purificar.
puriste [pyʀist] *adj · nmf* purista.
purulent,-e [pyʀylɑ̃,-ɑ̃t] *adj* purulento,-ta.
pus [py] *nm* pus *m*.
pustule [pystyl] *nf* pústula *f*.
putain [pytɛ̃] *nf fam* puta *f*.
pute [pyt] *nf fam* puta *f*.
putréfier (se) [12] [pytʀefje] *vpr* pudrirse.
putride [pytʀid] *adj* pútrido,-da.
putsch [putʃ] *nm* golpe *m* de estado.
puzzle [pœzl] *nm* **1** *(jeu)* puzzle *m*. **2** *(problème)* rompecabezas *m*.
pyjama [piʒama] *nm* pijama *m*.
pylône [pilon] *nm* poste *m*.
pyramide [piʀamid] *nf* pirámide *f*.
pyrotechnie [piʀɔtɛkni] *nf* pirotecnia *f*.

Q

qu' [k] *conj - pron rel* → que.
quadruple [kwadʀypl] *adj - nm* cuádruple *m*.
quadrupler [1] [kwadʀyple] *vt* cuadruplicar.
quai [ke] *nm* **1** *(d'un port)* muelle *m*. **2** *(de gare)* andén *m*.
qualificatif,-ive [kalifikatif,-iv] *adj* calificativo,-va.
qualification [kalifikasjɔ̃] *nf* **1** *(gén)* calificación *f*. **2** *(compétence)* cualificación *f*.
qualifier [12] [kalifje] *vt* calificar. ► *vpr* **se qualifier** SPORT clasificarse.
qualité [kalite] *nf* **1** *(d'un produit)* calidad *f*. **2** *(vertu)* cualidad *f*.
quand [kɑ̃] *adv interr* cuándo: **quand partez-vous ?**, ¿cuándo se marcha? ► *conj (au moment où)* cuando. • **n'importe quand** cuando sea. **quand même** a pesar de todo.
quant [kɑ̃t]. • **quant à** en cuanto a.
quantité [kɑ̃tite] *nf* cantidad *f*.
quarantaine [kaʀɑ̃tɛn] *nf* cuarentena *f*. • **avoir la quarantaine** estar en los cuarenta.
quarante [kaʀɑ̃t] *num* cuarenta *m*.
quarantième [kaʀɑ̃tjɛm] *num* cuadragésimo,-ma. ► *nm* cuadragésimo *m*, cuadragésima parte *f*.
quart [kaʀ] *adj* cuarto,-ta. ► *nm* cuarto *m*: **un quart d'heure**, un cuarto de hora; **il est midi et quart**, son las doce y cuarto. • **quart de finale** SPORT cuartos de final.
quartier [kaʀtje] *nm* **1** *(d'une ville)* barrio *m*. **2** *(de fruit)* gajo *m*. **3** *(portion)* cuarto *m*. • **avoir quartier libre 1** *(militaire)* tener un permiso. **2** *(civil)* tener tiempo libre.
quasi [kazi] *adv* casi.
quasiment [kazimɑ̃] *adv* casi.
quatorze [katɔʀz] *num* catorce *m*.
quatorzième [katɔʀzjɛm] *num* decimocuarto,-ta.
quatre [katʀ] *num* cuatro *m*. • **se mettre en quatre pour** QQN desvivirse por ALGN.
quatre-vingt-dix [katʀəvɛ̃dis] *num* noventa *m*.
quatre-vingts [katʀəvɛ̃] *num* ochenta *m*.
quatrième [katʀijɛm] *adj - nmf* cuarto,-ta.
que [k] (qu' delante de vocal o h muda) *conj* **1** *(introduit une subordonnée)* que. **2** *(introduit une hypothèse)* tanto si: **que tu y croies ou pas**, tanto si lo crees como si no. **3** *(indique un souhait)* que: **qu'il vienne !**, ¡que venga! **4** *(introduit un ordre)* para que: **approche-toi, que je te voie**, acércate para que te vea. ► *pron interr* qué: **l'homme que nous avons vu**, el hombre que hemos visto. ► *pron interr* qué: **que fais-tu ?**, ¿qué haces?; **qu'est-ce qui se passe ?**, ¿qué pasa? ► *adv* qué: **que c'est grand !**, ¡qué grande es!. • **aussi/autant ... que** tan/tanto... como. **ne ... que** no... más que, sólo: **il ne lui arrive que des malheurs**, no le ocurren más que desgracias. **qu'est-ce que** qué. **qu'est-ce qui** qué.

quel, quelle

quel, quelle [kɛl] *adj* (*interrogatif*) qué, cuál: **quel est son nom ?**, ¿cuál es su nombre? **2** (*exclamatif*) qué: **quel dommage !**, ¡qué pena! ► *pron interr* (*chose*) cuál; (*personne*) quién: **quel sera le plus intéressant de ces livres ?**, ¿cuál será el más interesante de estos libros? • **quel/quelle que soit** sea cual sea: **j'accepte quelles que soient vos conditions**, acepto sean cuales sean sus condiciones.

quelconque [kɛlkɔ̃k] *adj indéf* cualquiera. ► *adj péj* del montón.

quelle [kɛl] *adj - pron* → quel, quelle.

quelque [kɛlk] (quelqu' delante de un y une) *adj indéf* algún, -una: **elle doit être quelque part**, debe de estar en alguna parte. ► *adj indéf pl* **quelques** unos/unas cuantos,-tas: **quelques instants plus tard**, unos momentos más tarde. ► *adv* unos, -nas: **cela vous coûtera quelque cent euros**, esto le costará unos cien euros. • **et quelques** y pico. **quelque chose** algo. **quelque chose d'autre** otra cosa. **quelque part** en algún sitio. **quelque ... que** *fml* por muy..., por mucho...: **quelque riche qu'il soit, il ne peut pas acheter son amour**, por muy rico que sea, no puede comprar su amor.

quelquefois [kɛlkəfwa] *adv* a veces.

quelques-uns,-unes [kɛlkəzœ̃, yn] *pron indéf* algunos,-nas: **je peux t'en prêter quelques-unes**, te puedo dejar algunas.

quelqu'un [kɛlkœ̃] *pron indéf* alguien: **quelqu'un a appelé ce matin**, alguien ha llamado esta mañana.

querelle [kəʀɛl] *nf* pelea *f*.

quereller (se) [1] [kəʀele] *vpr* pelearse.

question [kɛstjɔ̃] *nf* **1** (*interrogation*) pregunta *f*. **2** (*thème*) cuestión *f*. • **il n'en est pas question !** ini hablar! **poser une question à** QQN hacer una pregunta a ALGN. **remettre** QQCH **en question** cuestionar ALGO.

questionnaire [kɛstjɔnɛʀ] *nm* cuestionario *m*.

questionner [1] [kɛstjɔne] *vt* interrogar.

queue [kø] *nf* **1** (*gén*) cola *f*. **2** (*d'animal*) cola *f*, rabo *m*. **3** (*de cheveux*) coleta *f*. • **faire la queue** hacer cola. **sans queue ni tête** sin pies ni cabeza.

queue-de-cheval [kødʃəval] *nf* (*pl* **queues-de-cheval**) coleta *f*.

qui [ki] *pron rel* **1** (*sujet*) que: **les choses qui m'intéressent**, las cosas que me interesan. **2** (*complément*) quien: **appelle qui tu préfères**, llama a quien prefieras. ► *pron interr* **1** (*sujet*) quién, quiénes: **qui sont ces gens ?**, ¿quiénes son estas personas? **2** (*complément*) a quién, de quién: **qui as-tu vu ?**, ¿a quién has visto? **3** (*après une préposition*) a quién, de quién, con quién, por quién: **à qui pense-t-il ?**, ¿en quién piensa? • **n'importe qui** cualquiera. **qui est-ce qui** quién.

quiconque [kikɔ̃k] *pron indéf* cualquiera que: **pour quiconque a l'habitude, c'est facile**, para cualquiera que tenga costumbre, es fácil.

quincaillerie [kɛ̃kajʀi] *nf* ferretería *f*.

quintuple [kɛ̃typl] *adj* quíntuplo, -pla. ► *nm* quíntuplo *m*.

quinzaine [kɛ̃zɛn] *nf* quincena *f*.

quinze [kɛ̃z] *num* quince *m*.

quinzième [kɛ̃zjɛm] *num* decimoquinto,-ta.

quiproquo [kipʀɔko] *nm* malentendido *m*.
quitte [kit] *adj* en paz. • **être quitte envers** QQN estar en paz con ALGN: je vous ai tout payé, nous sommes quittes, se lo he pagado todo, estamos en paz. **quitte à** a riesgo de.
quitter [1] [kite] *vt* **1** *(gén)* dejar, abandonar. **2** *(ville, pays, endroit)* irse de, marcharse de. **3** *(vêtements)* quitarse. ► *vpr* **se quitter** separarse. • **ne quittez pas !** *(au téléphone)* ¡no se retire!, ¡no cuelgue!
quoi [kwa] *pron rel* lo que, lo cual: **c'est ce à quoi je pense**, es en lo que estoy pensando. ► *pron interr* qué: **à quoi pensez-vous ?**, ¿en qué piensa?; **je ne comprends pas de quoi il parle**, no entiendo de qué está hablando. • **après quoi** después de lo cual. **à quoi bon ?** ¿para qué? **il n'y a pas de quoi** no hay de qué. **n'importe quoi** cualquier cosa. **quoi qu'il arrive** pase lo que pase. **quoi qu'il en soit** sea como sea.
quoique [kwak] *conj* aunque: **quoique placé en plein soleil, il a froid**, aunque está a pleno sol, tiene frío.
quotidien,-enne [kɔtidjɛ̃,-ɛn] *adj* cotidiano,-na. ► *nm* **quotidien 1** *(vie de chaque jour)* cotidiano *m*. **2** *(journal)* diario *m*.

R

rabâcher [1] [ʀabɑʃe] vt machacar. ▶ vi repetirse.
rabais [ʀabɛ] nm rebaja f, descuento m.
rabaisser [1] [ʀabese] vt rebajar.
rabat [ʀaba] nm solapa f.
rabat-joie [ʀabaʒwa] adj - nmf inv aguafiestas.
rabattre [64] [ʀabatʀ] vt 1 (col) doblar. 2 (couvercle) cerrar. 3 (client) captar. 4 (gibier) ojear. ▶ vpr **se rabattre** 1 (siège) abatirse. 2 (accepter) conformarse (**sur**, con).
rabbin [ʀabɛ̃] nm rabino m.
raccommoder [1] [ʀakɔmɔde] vt 1 (vêtement) zurcir. 2 fam (deux personnes) reconciliar. ▶ vpr **se raccommoder** fam reconciliarse.
raccompagner [1] [ʀakɔ̃paɲe] vt acompañar.
raccorder [1] [ʀakɔʀde] vt empalmar, enlazar. ▶ vpr **se raccorder** conectar (**à**, con).
raccourci,-e [ʀakuʀsi] adj acortado,-da. ▶ nm **raccourci** 1 (chemin) atajo m. 2 INFORM acceso m directo.
raccrocher [1] [ʀakʀɔʃe] vt 1 (tableau) volver a colgar. 2 (wagon) volver a enganchar. 3 (téléphone) colgar. ▶ vpr **se raccrocher** aferrarse (**à**, a).
race [ʀas] nf raza f.
racheter [8] [ʀaʃte] vt 1 (acheter de nouveau) volver a comprar. 2 (d'occasion) comprar. 3 (faute) redimir. 4 (prisonnier) rescatar. ▶ vpr **se racheter** hacerse perdonar.

racial [ʀasjal] adj racial.
racine [ʀasin] nf raíz f.
racisme [ʀasism] nm racismo m.
raciste [ʀasist] adj - nmf racista.
raclée [ʀakle] nf fam paliza f.
racler [1] [ʀakle] vt rascar. • **se racler la gorge** carraspear.
raconter [1] [ʀakɔ̃te] vt contar. • **qu'est-ce que tu racontes ?** pero, ¿de qué hablas?
radar [ʀadaʀ] nm radar m.
radeau [ʀado] nm balsa f.
radiateur [ʀadjatœʀ] nm radiador m.
radical,-e [ʀadikal] adj radical.
radier [12] [ʀadje] vt 1 (d'une liste) tachar, borrar. 2 (d'une profession) expulsar.
radieux,-euse [ʀadjø,-øz] adj radiante.
radin,-e [ʀadɛ̃] adj - nm,f fam rácano,-na.
radio [ʀadjo] nf (station) radio f.
radioactif,-ive [ʀadjoaktif,-iv] adj radiactivo,-va.
radiographie [ʀadjɔgʀafi] nf radiografía f.
radiologue [ʀadjɔlɔg] nmf radiólogo,-ga.
radio-réveil [ʀadjoʀevɛj] nm (pl **radios-réveils**) radiodespertador m.
radis [ʀadi] nm rábano m. • **ne plus avoir un radis** estar sin un duro.
radoter [1] [ʀadote] vi divagar.
rafale [ʀafal] nf ráfaga f, racha f.
raffermir [20] [ʀafɛʀmiʀ] vt fortalecer.

raffiné,-e [ʁafine] *adj* refinado, -da.

raffinement [ʁafinmɑ̃] *nm* refinamiento *m*.

raffiner [1] [ʁafine] *vt* refinar.

raffinerie [ʁafinʁi] *nf* refinería *f*.

raffoler [1] [ʁafɔle] *vi* estar loco,-ca (**de**, por).

rafistoler [1] [ʁafistɔle] *vt fam* hacer un chapuza.

rafraîchir [20] [ʁafʁeʃiʁ] *vt* 1 *(aliments)* enfriar. 2 *fig (mémoire)* refrescar. ▶ *vi* enfriar. ▶ *vpr* **se rafraîchir** 1 *(temps)* refrescar. 2 *fam (boire)* tomar un refresco.

rafraîchissant,-e [ʁafʁeʃisɑ̃,-ɑ̃t] *adj* refrescante.

rafraîchissement [ʁafʁeʃismɑ̃] *nm* 1 *(du temps)* enfriamiento *m*. 2 *(boisson)* refresco *m*.

rage [ʁaʒ] *nf* 1 *(gén)* rabia *f*. 2 *(désir)* pasión *f*. ▪ **faire rage** causar estragos. ▪ **rage de dents** dolor *m* de muelas.

ragot [ʁago] *nm fam* cotilleo *m*.

ragoût [ʁagu] *nm* CUIS guisado *m*, guiso *m*.

raide [ʁɛd] *adj* 1 *(membre)* rígido, -da. 2 *(cheveux)* liso,-sa. 3 *(côte)* empinado,-da. 4 *fam (incroyable)* fuerte. ▶ *adv (brusquement)* de golpe. ▪ **tomber raide mort** caer muerto.

raideur [ʁɛdœʁ] *nf* rigidez *f*.

raidir [20] [ʁediʁ] *vt* endurecer. ▶ *vpr* **se raidir** ponerse tenso,-sa.

raie [ʁɛ] *nf (poisson)* raya *f*.

rail [ʁaj] *nm* 1 *(de voie ferrée)* riel *m*. 2 *(moyen de transport)* ferrocarril *m*.

raisin [ʁɛzɛ̃] *nm* uva *f*. ▪ **raisins secs** pasas *f pl*.

raison [ʁɛzɔ̃] *nf* 1 *(gén)* razón *f*. 2 *(santé mentale)* juicio *m*. ▪ **à plus forte raison** con mayor motivo. ▪ **avoir raison** tener razón. **en rai-son de** a causa de. **perdre la raison** perder el juicio.

raisonnable [ʁɛzɔnabl] *adj* razonable.

raisonner [1] [ʁɛzɔne] *vi* 1 *(penser)* pensar. 2 *(discuter)* razonar. ▶ *vt* hacer entrar en razón a.

rajeunir [20] [ʁaʒœniʁ] *vt* rejuvenecer. ▪ **rajeunir** QQN **de X ans** echar X años de menos a ALGN.

rajouter [1] [ʁaʒute] *vi* añadir. ▪ **en rajouter** pasarse.

ralenti,-e [ʁalɑ̃ti] *adj* ralentizado, -da. ▶ *nm* **ralenti** 1 *(de voiture)* ralentí *m*. 2 *(de film)* cámara *f* lenta. ▪ **au ralenti** al ralentí.

ralentir [20] [ʁalɑ̃tiʁ] *vt* 1 *(pas)* aminorar. 2 *(allure, rythme)* reducir. ▶ *vi* reducir la velocidad.

ralentissement [ʁalɑ̃tismɑ̃] *nm* 1 *(de vitesse)* reducción *f*. 2 *(d'activité)* disminución *f*. 3 *(de la circulation)* retención *f*.

râler [1] [ʁale] *vi* refunfuñar.

rallier [13] [ʁalje] *vt* 1 *(rassembler)* reunir. 2 *(à une cause)* sumarse a. ▶ *vpr* **se rallier** 1 *(se rassembler)* reunirse, agruparse. 2 *(opinion)* adherirse (**à**, a).

rallonge [ʁalɔ̃ʒ] *nf* alargador *m*.

rallonger [4] [ʁalɔ̃ʒe] *vt* alargar. ▶ *vi* alargarse.

rallumer [1] [ʁalyme] *vt* 1 *(lampe, feu)* vol ver a encender. 2 *fig (faire renaître)* avivar.

ramadan [ʁamadɑ̃] *nm* ramadán *m*.

ramasser [1] [ʁamase] *vt* 1 *(gén)* recoger. 2 *(champignons, fleurs)* coger. 3 *(quelqu'un)* levantar del suelo. 4 *fam (claque)* ganarse. 5 *(voleur)* pillar. ▶ *vpr* **se ramasser** 1 *(des coups)* recibir. 2 *fam (à un examen)* catear. 3 *fam (tomber)* pegársela.

rambarde [ʁɑ̃baʁd] *nf* barandilla *f*.

rame [ram] nf **1** (aviron) remo m. **2** (de papier) resma f. **3** (de chemin de fer, métro) convoy m.

ramener [7] [ramne] vt **1** (amener de nouveau - là-bas) volver a llevar; (- ici) volver a traer. **2** (raccompagner) acompañar. **3** (de voyage) traerse. **4** (paix, ordre) restablecer. ▶ vpr **se ramener** fam venir. • **la ramener** hacerse el chulo.

ramer [1] [rame] vi remar.

ramollir [20] [ramɔliʀ] vt **1** (beurre, chocolat) reblandecer. **2** fig (personne) debilitar.

rampant,-e [rɑ̃pɑ̃,-ɑ̃t] adj **1** (plantes, animaux) rastrero,-ra. **2** fig (personne) servil.

rampe [ʀɑ̃p] nf **1** (plan incliné) rampa f. **2** (d'escalier) barandilla f.

ramper [1] [ʀɑ̃pe] vi **1** (animal, personne) reptar. **2** (plantes) trepar.

rancard [ʀɑ̃kaʀ] nm fam cita f.

rancart [ʀɑ̃kaʀ] nm •

rancœur [ʀɑ̃kœʀ] nf rencor m.

rançon [ʀɑ̃sɔ̃] nf **1** (argent) rescate m. **2** fig (contrepartie) precio m.

rancune [ʀɑ̃kyn] nf rencor m. • **sans rancune !** ¡sin rencores!

rancunier,-ère [ʀɑ̃kynje,-ɛʀ] adj - nm,f rencoroso,-sa.

randonnée [ʀɑ̃dɔne] nf **1** (à pied) caminata f; (activité) senderismo m. **2** (en vélo) excursión f.

rang [ʀɑ̃] nm **1** (gén) fila f. **2** (place) puesto m. **3** (social) categoría f. • **en rang** en fila.

rangée [ʀɑ̃ʒe] nf hilera f.

rangement [ʀɑ̃ʒmɑ̃] nm orden m.

ranger [4] [ʀɑ̃ʒe] vt **1** (pièce, objet) ordenar. **2** (voiture) aparcar. ▶ vpr **se ranger 1** (élèves, soldats) ponerse en fila. **2** (se placer) situarse (**parmi**, entre). **3** fig (devenir sage) sentar la cabeza.

ranimer [1] [ʀanime] vt **1** (personne) reanimar. **2** fig (feu, sentiment) reavivar.

rapace [ʀapas] nm rapaz f.

rapatrier [13] [ʀapatʀije] vt repatriar.

râpe [ʀap] nf rallador m.

râpé,-e [ʀape] adj rallado,-da. • **c'est râpé !** fam ¡se acabó!

râper [1] [ʀape] vt **1** (légumes, fromage) rallar. **2** (bois, métal) limar. **3** (gorge) raspar.

rapide [ʀapid] adj rápido,-da.

rapidité [ʀapidite] nf rapidez f.

rappel [ʀapɛl] nm **1** (souvenir, vaccin) recuerdo m. **2** (de paiement) advertencia f.

rappeler [5] [ʀaple] vt **1** (appeler de nouveau) llamar de nuevo. **2** (souvenir) recordar a. ▶ vpr **se rappeler** recordar, acordarse de: **je ne me rappelle plus de rien**, no me acuerdo de nada. • **rappeler à l'ordre** llamar al orden.

rapport [ʀapɔʀ] nm **1** (profit) rendimiento m. **2** (compte rendu) informe m. **3** (union, lien) relación f. • **par rapport à** respecto a. ▪ **rapport qualité-prix** relación calidad precio. **rapports sexuels** relaciones sexuales.

rapporter [1] [ʀapɔʀte] vt **1** (apporter de nouveau) traer de nuevo. **2** (rendre) devolver. **3** (d'un voyage) traer. ▶ vi **1** (être rentable) rendir. **2** fam (répéter) chivarse. ▶ vpr **se rapporter** referirse (**à**, a).

rapprocher [1] [ʀapʀɔ[e] vt **1** (mettre plus près) acercar. **2** fig (personnes) reconciliar.

raquette [ʀakɛt] nf raqueta f.

rare [ʀaʀ] adj **1** (peu nombreux) escaso,-sa. **2** (cheveux, barbe) ralo,-la. **3** (surprenant) raro,-ra.

rarement [ʀaʀmɑ̃] adv pocas veces.

ras,-e [ʀa,-az] adj **1** (cheveux, poils) corto, ta. **2** (mesure) raso, sa. ▶ adv

ras *(cheveux)* al rape. • **à ras bord** hasta el borde.
rasage [raza3] nm afeitado m.
raser [1] [raze] vt **1** *(barbe)* afeitar. **2** *(cheveux)* rapar. **3** *(démolir)* arrasar. **4** *(frôler)* rozar. **5** *fam (ennuyer)* dar la lata.
ras-le-bol [ralbɔl] nm inv. • **en avoir ras-le-bol** *fam* estar hasta la coronilla.
rasoir [rɑzwar] nm navaja f de afeitar. ► adj inv fam rollo: **qu'est-ce que c'est rasoir !**, ¡qué rollo! ▪ **rasoir électrique** maquinilla f eléctrica.
rassasier [13] [rasazje] vt saciar.
rassemblement [rasɑ̃bləmɑ̃] nm **1** *(de gens)* concentración f. **2** *(parti)* agrupación f. **3** *(d'objets)* recolección f.
rassembler [1] [rasɑ̃ble] vt **1** *(gén)* reunir, juntar. **2** *(idées)* poner en orden.
rassurant,-e [rasyrɑ̃,-ɑ̃t] adj tranquilizador,-ra.
rassurer [1] [rasyre] vt tranquilizar.
rat [ra] nm rata f.
ratatouille [ratatuj] nf CUIS pisto m.
rate [rat] nf **1** ANAT bazo m. **2** *(rat femelle)* rata f.
raté,-e [rate] nm,f fracasado,-da.
râteau [rɑto] nm rastrillo m.
rater [1] [rate] vt **1** *fam (train, bus, occasion)* perder. **2** *(personne)* no encontrar. **3** *(cible)* errar. **4** *(examen)* suspender. ► vi fracasar. ► vpr **se rater** no encontrarse.
ration [rasjɔ̃] nf ración f.
rationnel,-elle [rasjɔnɛl] adj racional.
rationner [1] [rasjɔne] vt racionar.
ratisser [1] [ratise] vt **1** *(avec un râteau)* rastrillar. **2** *fam (explorer)* rastrear.

rayonner

rattacher [1] [rataʃe] vt **1** *(attacher de nouveau)* volver a atar. **2** *(région)* incorporar. ► vpr **se rattacher** relacionarse (**à**, con).
rattrapage [ratrapaʒ] nm recuperación f.
rattraper [1] [ratrape] vt **1** *(animal, prisonnier)* atrapar. **2** *(temps perdu)* recuperar. **3** *(bus, train)* alcanzar. **4** *(erreur)* corregir. ► vpr **se rattraper** **1** *(se raccrocher)* agarrarse (**à**, a). **2** *(temps, argent)* recuperarse. **3** *(erreur)* corregirse.
rauque [rok] adj ronco,-ca.
ravager [4] [ravaʒe] vt asolar.
ravages [ravaʒ] nm pl estragos m pl.
ravaler [1] [ravale] vt **1** *(salive)* tragar. **2** *(façade)* revocar. **3** *fig (colère, larmes)* reprimir.
ravi,-e [ravi] adj encantado,-da.
ravin [ravɛ̃] nm barranco m.
ravir [20] [ravir] vt **1** *(charmer)* encantar. **2** *(enlever de force)* raptar. • **à ravir** de maravilla.
ravissant,-e [ravisɑ̃,-ɑ̃t] adj encantador,-ra.
ravisseur-euse [ravisœr,-øz] nmf secuestrador,-ra.
raviver [1] [ravive] vt reanimar, avivar.
rayé,-e [reje] adj rayado,-da.
rayer [18] [reje] vt **1** *(disque, vitre)* rayar. **2** *(effacer)* tachar, borrar.
rayon [rejɔ̃] nm **1** *(de lumière, du soleil)* rayo m. **2** *(de roue)* radio m. **3** *(dans un grand magasin)* sección f; *(étagère)* estante m.
rayonnant,-e [rejonɑ̃,-ɑ̃t] adj radiante.
rayonnement [rejɔnmɑ̃] nm **1** *(gén)* radiación f. **2** *fig (éclat)* resplandor m.
rayonner [1] [rejone] vi **1** *(chaleur)* irradiar. **2** *(soleil)* brillar. **3** *fig (de bonheur)* resplandecer.

rayure [ʀɛjyʀ] *nf* raya *f.*
réacteur [ʀeaktœʀ] *nm* reactor *m.*
réaction [ʀeaksjɔ̃] *nf* reacción *f.*
réactionnaire [ʀeaksjɔnɛʀ] *adj - nmf* reaccionaria,-ria.
réadapter [1] [ʀeadapte] *vt* readaptar.
réagir [20] [ʀeaʒiʀ] *vi* reaccionar.
réalisateur,-trice [ʀealizatœʀ, tʀis] *nm,f* realizador,-ra.
réalisation [ʀealizasjɔ̃] *nf* realización *f.*
réaliser [1] [ʀealize] *vt* **1** *(faire)* realizar. **2** *(s'apercevoir)* darse cuenta de.
réalisme [ʀealism] *nm* realismo *m.*
réalité [ʀealite] *nf* realidad *f.*
réaménagement [ʀeamenaʒmɑ̃] *nm* reordenación *f.*
réanimation [ʀeanimasjɔ̃] *nf* reanimación *f.*
réanimer [1] [ʀeanime] *vt* reanimar.
rebelle [ʀəbɛl] *adj - nmf* rebelde.
rebeller (se) [1] [ʀəbɛle] *vpr* rebelarse.
rébellion [ʀebɛljɔ̃] *nf* rebelión *f.*
rebond [ʀəbɔ̃] *nm* rebote *m.*
rebondi,-e [ʀəbɔ̃di] *adj* rollizo,-za.
rebondir [20] [ʀəbɔ̃diʀ] *vi* **1** *(ballon)* rebotar. **2** *(affaire)* volver a cobrar actualidad.
rebondissement [ʀəbɔ̃dismɑ̃] *nm* reaparición *f.*
rebord [ʀəbɔʀ] *nm* reborde *m.*
rebours [ʀəbuʀ]. • **à rebours 1** *(à contre-sens)* a contrapelo. **2** atrás: compte à rebours, cuenta atrás.
rebrousser [1] [ʀəbʀuse] *vt (cheveux, poil)* cepillar a contrapelo. • **rebrousser chemin** volver sobre sus pasos.
rebuter [1] [ʀəbyte] *vt* **1** *(dégoûter)* repeler. **2** *(décourager)* desanimar.
récalcitrant,-e [ʀekalsitʀɑ̃,-ɑ̃t] *adj - nm,f* recalcitrante.

recaler [1] [ʀəkale] *vt fam* catear.
récapituler [1] [ʀekapityle] *vt* recapitular.
receler [9] [ʀəsəle] *vt* **1** *(mystère, vérité)* contener. **2** DR encubrir.
récemment [ʀesamɑ̃] *adv* recientemente.
recensement [ʀəsɑ̃smɑ̃] *nm* **1** *(d'habitants)* censo *m.* **2** *(de biens)* inventario *m.*
recenser [1] [ʀəsɑ̃se] *vt* **1** *(habitants)* censar. **2** *(biens)* inventariar.
récent,-e [ʀesɑ̃,-ɑ̃t] *adj* reciente.
récepteur,-trice [ʀesɛptœʀ,-tʀis] *adj* receptor,-ra. ▶ *nm* **récepteur** receptor *m.*
réception [ʀesɛpsjɔ̃] *nf* recepción *f.* • **accusé de réception** acuse *m* de recibo.
réceptionniste [ʀesɛpsjɔnist] *nmf* recepcionista.
récession [ʀesesjɔ̃] *nf* recesión *f.*
recette [ʀəsɛt] *nf* **1** *(rentrée d'argent)* ingreso *m.* **2** *(de cuisine, méthode)* receta *f.* **3** *(d'un spectacle)* taquilla *f.*
recevoir [42] [ʀəsəvwaʀ] *vt* **1** *(gén)* recibir. **2** *(à un examen)* aprobar. ▶ *vi* recibir, tener visitas.
rechange [ʀəʃɑ̃ʒ] *nm* recambio *m.* • **de rechange** de recambio.
recharge [ʀəʃaʀʒ] *nf* recarga *f.*
rechargeable [ʀəʃaʀʒabl] *adj* recargable.
recharger [4] [ʀəʃaʀʒe] *vt* recargar.
réchauffer [1] [ʀeʃofe] *vt* **1** *(nourriture)* recalentar. **2** *fig* reanimar, reavivar. ▶ *vpr* **se réchauffer 1** *(climat)* calentarse. **2** *(personne)* entrar en calor.
recherche [ʀəʃɛʀʃ] *nf* **1** *(gén)* búsqueda *f.* **2** *(scientifique, policière)* investigación *f.* • **à la recherche de** en busca de.
rechercher [1] [ʀəʃɛʀʃe] *vt* **1** *(gén)* buscar. **2** *(une cause)* investigar.
rechute [ʀəʃyt] *nf* recaída *f.*

récidiver [1] [Residive] vi **1** (*criminel*) reincidir. **2** MÉD recaer.

récipient [Resipjã] nm recipiente m.

réciproque [ResipRɔk] adj recíproco,-ca.

récit [Resi] nm relato m.

récitation [Resitasjɔ̃] nf recitado m.

réciter [1] [Resite] vt recitar.

réclamation [Reklamasjɔ̃] nf reclamación f.

réclamer [1] [Reklame] vt **1** (*gén*) reclamar. **2** (*exiger*) exigir.

recoin [Rəkwɛ̃] nm rincón m.

récolte [Rekɔlt] nf cosecha f.

récolter [1] [Rekɔlte] vt cosechar.

recommandation [Rəkɔmɑ̃dasjɔ̃] nf recomendación f.

recommandé,-e [Rəkɔmɑ̃de] adj **1** (*conseillé*) aconsejado,-da. **2** (*lettre*) certificado,-da.

recommander [1] [Rəkɔmɑ̃de] vt **1** (*conseiller*) recomendar.

recommencer [Rəkɔmɑ̃se] vt **1** (*re faire*) volver a empezar: **il a recommencé à pleurer**, volvió a llorar. **2** (*ce qui était interrompu*) retomar.

récompense [Rekɔ̃pɑ̃s] nf recompensa f.

récompenser [1] [Rekɔ̃pɑ̃se] vt recompensar.

réconciliation [Rekɔ̃siljasjɔ̃] nf reconciliación f.

réconcilier [12] [Rekɔ̃silje] vt reconciliar.

réconfort [Rekɔ̃fɔR] nm consuelo m.

réconforter [1] [Rekɔ̃fɔRte] vt reconfortar.

reconnaissance [Rəkɔnɛsɑ̃s] nf **1** (*gén*) reconocimiento m. **2** (*gratitude*) agradecimiento m.

reconnaissant,-e [Rəkɔnɛsɑ̃,-ɑ̃t] adj agradecido,-da.

reconnaître [82] [RəkɔnɛtR] vt reconocer.

reconsidérer [10] [Rəkɔ̃sidere] vt reconsiderar.

reconstruction [Rəkɔ̃stRyksjɔ̃] nf reconstrucción f.

reconstruire [58] [Rəkɔ̃stRɥiR] vt reconstruir.

reconversion [Rəkɔ̃vɛRsjɔ̃] nf reconversión f.

reconvertir [20] [Rəkɔ̃vɛRtiR] vt **1** ÉCON reconvertir. **2** (*employé*) reciclar.

recopier [13] [Rəkɔpje] vt copiar.

record [RəkɔR] nm récord m.

recourber [1] [RəkuRbe] vt doblar.

recourir [24] [RəkuRiR] vi recurrir (à, a).

recours [RəkuR] nm recurso m. • **avoir recours à** recurrir a.

recouvrir [21] [RəkuvRiR] vt **1** (*surface*) recubrir, cubrir. **2** (*fauteuil*) tapizar; (*livre*) forrar.

récréation [RekReasjɔ̃] nf **1** (*à l'école*) recreo m. **2** (*loisirs*) entretenimiento m.

récrire [60] [RekRiR] vt reescribir.

recroqueviller (se) [1] [RəkRɔkvije] vpr acurrucarse.

recrutement [RəkRytmɑ̃] nm **1** (*de soldat*) reclutamiento m. **2** (*d'employé*) contratación f.

recruter [1] [RəkRyte] vt **1** (*soldat*) reclutar. **2** (*employé*) contratar.

rectangle [Rɛktɑ̃gl] nm rectángulo m.

rectangulaire [RɛktɑgylɛR] adj rectangular.

rectification [Rɛktifikasjɔ̃] nf rectificación f.

rectifier [12] [Rɛktifje] vt rectificar.

recto [Rɛkto] nm anverso m. • **recto verso** por las dos caras.

reçu,-e [Rəsy] adj recibido,-da. ▶ nm **reçu** recibo m.

recueil [Rəkœj] nm selección f.

recueillir [25] [RəkœjiR] vt recoger.

recul

recul [Rəkyl] *nm* **1** *(de canon, d'arme)* retroceso *m*. **2** *(pour mieux voir)* alejamiento *m*. **3** *(dans le temps)* perspectiva *f*: **avec du recul, tu comprendras mieux**, con el tiempo, lo entenderás mejor.

reculé,-e [Rəkyle] *adj* **1** *(isolé)* apartado, -da. **2** *(dans le temps)* remoto, -ta.

reculer [1] [Rəkyle] *vt* **1** *(repousser)* mover hacia atrás. **2** *(date)* aplazar. ▶ *vi* retroceder.

récupération [Rekypeʀasjɔ̃] *nf* recuperación *f*.

récupérer [10] [Rekypeʀe] *vt* recuperar.

recyclable [Rəsiklabl] *adj* reciclable.

recyclage [Rəsiklaʒ] *nm* reciclaje *m*.

recycler [1] [Rəsikle] *vt* reciclar.

rédacteur,-trice [Redaktœʀ,-tʀis] *nm,f* redactor, -ra. ▪ **rédacteur en chef** redactor jefe.

rédaction [Redaksjɔ̃] *nf* redacción *f*.

redevenir [35] [Rədəvniʀ] *vi* volver a ser.

rédiger [4] [Rediʒe] *vt* redactar.

redire [55] [Rədiʀ] *vt* repetir.

redondance [Rədɔ̃dɑ̃s] *nf* redundancia *f*.

redonner [1] [Rədɔne] *vt* **1** *(donner de nouveau)* volver a dar. **2** *(rendre)* devolver.

redoubler [1] [Rəduble] *vt* **1** *(d'efforts)* redoblar. **2** *(une classe)* repetir. ▶ *vi (pluie, vent)* arreciar.

redoutable [Rədutabl] *adj* temible.

redouter [1] [Rədute] *vt* temer.

redresser [1] [Rədʀese] *vt* **1** *(remettre droit)* enderezar. **2** *fig (économie)* recuperar. ▶ *vpr* **se redresser 1** *(personne)* incorporarse. **2** *(économie)* recuperarse.

réduction [Redyksjɔ̃] *nf* reducción *f*.

réduire [53] [Redɥiʀ] *vt* reducir.

réduit,-e [Redɥi,-it] *adj* reducido, -da.

réécrire [60] [Reekʀiʀ] *vt* reescribir.

rééducation [Reedykasjɔ̃] *nf* reeducación *f*.

réel,-elle [Reɛl] *adj* real. ▶ *nm* **réel** realidad *f*.

refaire [85] [Rəfɛʀ] *vt* rehacer. ▶ *vpr* **se refaire** reponerse.

référence [Refeʀɑ̃s] *nf* referencia *f*.

référendum [Refeʀɛ̃dɔm] *nm* referéndum *m*.

référer [10] [Refeʀe] *vt* referir. ▶ *vi* informar. ▶ *vpr* **se référer** remitirse (**à**, a). ▪ **en référer a qqn** consultarlo con ALGN.

refermer [1] [Rəfɛʀme] *vt* cerrar, volver a cerrar.

réfléchi,-e [Refleʃi] *adj* **1** *(personne, en grammaire)* reflexivo,-va. **2** *(action)* pensado,-da.

réfléchir [20] [RefleʃiR] *vt* reflejar. ▶ *vi* **1** *(méditer)* reflexionar. **2** *(examiner)* pensar.

reflet [Rəflɛ] *nm* reflejo *m*.

refléter [10] [Rəflete] *vt* reflejar.

réflexe [Reflɛks] *nm* reflejo *m*.

réflexion [Reflɛksjɔ̃] *nf* reflexión *f*. ▪ **réflexion faite** considerándolo bien.

réforme [Refɔʀm] *nf* reforma *f*.

réformer [1] [Rəfɔʀme] *vt* **1** *(corriger)* reformar. **2** *(soldat)* licenciar.

refouler [1] [Rəfule] *vt* **1** *(envahisseur)* rechazar. **2** *(sentiment, instinct)* reprimir.

refrain [Rəfʀɛ̃] *nm* estribillo *m*.

refréner [10] [Rəfʀene] *vt* refrenar.

réfrigérateur [RefʀiʒeʀatœR] *nm* frigorífico *m*.

réfrigérer [10] [Refʀiʒeʀe] *vt* refrigerar.

refroidir [20] [RəfʀwadiR] *vt* enfriar. ▶ *vi* enfriarse.

refuge [Rəfyʒ] *nm* refugio *m*.

réfugié,-e [ʀefyʒje] *adj - nm,f* refugiado,-da.
réfugier (se) [12] [ʀefyʒje] *vpr* refugiarse.
refus [ʀəfy] *nm* rechazo *m*.
refuser [1] [ʀəfyze] *vt* **1** *(repousser)* rechazar. **2** *(contester)* negar. **3** *(dire non)* decir que no.
regagner [1] [ʀəgaɲe] *vt* **1** *(reprendre)* recuperar, recobrar. **2** *(sa maison)* volver a.
régal [ʀegal] *nm (pl* **régals)** delicia *f*.
régaler [1] [ʀegale] *vt* invitar. ▶ *vpr* **se régaler 1** *(manger)* relamerse. **2** *fig (s'amuser)* disfrutar.
regard [ʀəgaʀ] *nm* mirada *f*.
regarder [1] [ʀəgaʀde] *vt* **1** *(gén)* mirar. **2** *(concerner)* concernir. ▶ *vpr* **se regarder** mirarse.
régénérer [10] [ʀeʒeneʀe] *vt* regenerar.
régime [ʀeʒim] *nm* **1** *(gén)* régimen *m*. **2** *(pour maigrir)* dieta *f*.
région [ʀeʒjɔ̃] *nf* región *f*.
régional,-e [ʀeʒjɔnal] *adj* regional.
régir [20] [ʀeʒiʀ] *vt* regir.
régisseur [ʀeʒisœʀ] *nm* regidor,-ra.
registre [ʀəʒistʀ] *nm* registro *m*.
réglable [ʀeglabl] *adj* regulable.
réglage [ʀeglaʒ] *nm* ajuste *m*.
règle [ʀɛgl] *nf* regla *f*. ▶ *nf pl* **règles** *(menstruation)* regla *f sing*. • **en règle générale** por regla general.
règlement [ʀɛgləmɑ̃] *nm* **1** *(règle)* reglamento *m*. **2** *(de conflit)* arreglo *m*. **3** *(paiement)* pago *m*.
réglementaire [ʀɛgləmɑ̃tɛʀ] *adj* reglamentario,-ria.
réglementation [ʀɛgləmɑ̃tasjɔ̃] *nf* reglamentación *f*.
réglementer [1] [ʀɛgləmɑ̃te] *vt* reglamentar.
régler [10] [ʀegle] *vt* **1** *(question, problème)* arreglar. **2** *(facture)* pagar. **3** *(dispositif, mécanisme)* ajustar.

réglisse [ʀeglis] *nf* regaliz *m*.
règne [ʀɛɲ] *nm* **1** *(d'un roi)* reinado *m*. **2** *(animal, végétal)* reino *m*.
régner [10] [ʀeɲe] *vi* reinar.
régression [ʀegʀesjɔ̃] *nf* regresión *f*.
regret [ʀəgʀɛ] *nm* **1** *(remords)* arrepentimiento *m*. **2** *(chagrin)* pena *f*. • **à regret** de mala gana.
regrettable [ʀəgʀɛtabl] *adj* lamentable.
regretter [1] [ʀəgʀɛte] *vt* **1** *(se repentir)* arrepentirse de. **2** *(lamenter)* sentir. **3** *(le passé)* añorar.
regrouper [1] [ʀəgʀupe] *vt* agrupar, reagrupar.
régulariser [1] [ʀegylaʀize] *vt* **1** *(documents)* regularizar. **2** *(fonctionnement)* regular.
régularité [ʀegylaʀite] *nf* regularidad *f*.
régulier,-ère [ʀegylje,-ɛʀ] *adj* **1** *(gén)* regular. **2** *(honnête)* legal.
réhabiliter [1] [ʀeabilite] *vt* rehabilitar.
rehausser [1] [ʀəose] *vt* **1** *(placer plus haut)* levantar. **2** *fig (beauté)* realzar.
rein [ʀɛ̃] *nm* ANAT riñón *m*.
réincarnation [ʀeɛ̃kaʀnasjɔ̃] *nf* reencarnación *f*.
reine [ʀɛn] *nf* reina *f*.
réinitialiser [1] [ʀeinisjalize] *vt* INFORM reinicializar.
réinsertion [ʀeɛ̃sɛʀsjɔ̃] *nf* reinserción *f*.
réintégrer [10] [ʀeɛ̃tegʀe] *vt* DR reintegrar.
rejaillir [20] [ʀəʒajiʀ] *vi* salpicar.
rejet [ʀəʒɛ] *nm* rechazo *m*.
rejeter [6] [ʀəʒəte] *vt* **1** *(offre, personne)* rechazar. **2** *(objet)* arrojar. **3** *(faute, responsabilité)* achacar **(sur)**.
rejoindre [72] [ʀəʒwɛ̃dʀ] *vt* **1** *(retrouver)* reunirse con. **2** *(choses)*

réjouir

unir. **3** (*regagner*) regresar a. **4** (*rattraper - personne*) alcanzar; (- *route, chemin*) llegar a. ▶ *vpr* **se rejoindre 1** (*personnes*) reunirse. **2** (*routes*) confluir. **3** (*opinions*) coincidir.

réjouir [20] [ʀeʒwiʀ] *vt* alegrar.

réjouissant,-e [ʀeʒwisã,-ãt] *adj* divertido,-da.

relâcher [1] [ʀəlɑʃe] *vt* **1** (*muscles*) relajar. **2** (*libérer*) soltar.

relais [ʀəlɛ] *nm* **1** (*auberge*) albergue *m*. **2** SPORT relevo *m*. ● **prendre le relais** tomar el relevo.

relancer [3] [ʀəlɑ̃se] *vt* **1** (*lancer de nouveau*) volver a lanzar. **2** (*personne*) acosar. **3** ÉCON reactivar.

relatif,-ive [ʀəlatif,-iv] *adj* relativo,-va.

relation [ʀəlasjɔ̃] *nf* relación *f*. ● **mettre en relation avec** poner en contacto con.

relativiser [1] [ʀəlativize] *vt* relativizar.

relax [ʀəlaks] *adj fam* tranqui.

relaxation [ʀəlaksasjɔ̃] *nf* relajación *f*.

relaxer [1] [ʀəlakse] *vt* **1** (*gén*) relajar. **2** (*prisonnier*) poner en libertad.

relayer [11] [ʀəleje] *vt* relevar. ▶ *vpr* **se relayer** turnarse.

reléguer [10] [ʀəlege] *vt* relegar.

relève [ʀəlɛv] *nf* relevo *m*.

relevé,-e [ʀəlve] *adj* (*sauce*) picante. ▶ *nm* **relevé 1** (*bancaire*) extracto *m*. **2** (*de compteur*) lectura *f*.

relever [7] [ʀəlve] *vt* **1** (*gén*) levantar. **2** (*du sol*) recoger. **3** (*store, prix, salaire*) subir. **4** (*adresse*) anotar. **5** (*erreur*) señalar. **6** CUIS sazonar. **7** (*sentinelle, travailleur*) relevar. ▶ *vi* **1** (*dépendre de*) concernir (**de**, a). **2** (*guérir*) restablecerse. ▶ *vpr* **se relever 1** (*se lever*) levantarse. **2** (*se remplacer*) turnarse.

relief [ʀəljɛf] *nm* relieve *m*.

relier [12] [ʀəlje] *vt* **1** (*joindre*) unir. **2** (*livre*) encuadernar. **3** *fig* (*associer*) relacionar.

religieux,-euse [ʀəliʒjø,-øz] *adj - nm,f* religioso,-sa.

religion [ʀəliʒjɔ̃] *nf* religión *f*.

relire [66] [ʀəliʀ] *vt* releer.

reliure [ʀəljyʀ] *nf* encuadernación *f*.

reluire [58] [ʀəlɥiʀ] *vi* relucir.

reluisant,-e [ʀəlɥizã,-ãt] *adj* reluciente.

remarquable [ʀəmaʀkabl] *adj* notable.

remarque [ʀəmaʀk] *nf* observación *f*, comentario *m*.

remarquer [2] [ʀəmaʀke] *vt* **1** (*noter*) observar, notar: **j'ai remarqué une certaine ironie**, he notado cierta ironía. **2** (*signaler*) señalar: **elle lui a fait remarquer qu'il était aussi en retard**, le ha señalado que él también llegaba tarde. **3** (*s'apercevoir*) darse cuenta. ▶ *vpr* **se remarquer** notarse.

rembobiner [1] [ʀɑ̃bɔbine] *vt* rebobinar.

rembourrage [ʀɑ̃buʀaʒ] *nm* relleno *m*.

rembourrer [1] [ʀɑ̃buʀe] *vt* rellenar.

remboursement [ʀɑ̃buʀsəmɑ̃] *nm* reembolso *m*.

rembourser [1] [ʀɑ̃buʀse] *vt* **1** (*dette*) pagar; (*somme d'argent*) reembolsar. **2** (*personne*) devolver el dinero a.

remède [ʀəmɛd] *nm* remedio *m*.

remédier [12] [ʀəmedje] *vi* remediar (**à**, -).

remémorer [1] [ʀəmemɔʀe] *vt* rememorar. ▶ *vpr* **se remémorer** acordarse de.

remerciement [ʀəmɛʀsimɑ̃] *nm* agradecimiento *m*.

remercier [12] [ʀəmɛʀsje] vt dar las gracias, agradecer. • **remercier qqn de qqch** agradecer ALGO a ALGN.

remettre [81] [ʀəmɛtʀ] vt **1** (replacer) volver a poner. **2** (vêtement) volver a ponerse. **3** (rétablir) restablecer. **4** (donner) entregar: **il lui a remis un paquet**, le ha entregado un paquete. **5** (rendez-vous) aplazar. **6** (ordre) restablecer. ▶ vpr **se remettre 1** (recommencer) volver a hacer. **2** (d'une maladie) restablecerse (**de**, de). **3** (d'un choc) reponerse (**de**, de). • **remettre en question** poner en duda.

remise [ʀəmiz] nf **1** (action) puesta f. **2** (réduction) rebaja f. **3** (livraison) entrega f.

rémission [ʀemisjɔ̃] nf remisión f.

remontant,-e [ʀəmɔ̃tɑ̃,-ɑ̃t] adj estimulante. ▶ nm **remontant** estimulante m.

remonter [1] [ʀəmɔ̃te] vt **1** (escalier, objet) volver a subir. **2** (machine) volver a montar. **3** (relever - store, vitre) subir; (- col, chaussettes) subirse. **4** (montre, pendule) dar cuerda a. **5** (le moral) reanimar. ▶ vi **1** (gén) subir, volver a subir. **2** (dater) remontarse (**a**, a).

remords [ʀəmɔʀ] nm remordimiento m.

remorque [ʀəmɔʀk] nf remolque m.

remorquer [2] [ʀəmɔʀke] vt remolcar.

rempart [ʀɑ̃paʀ] nm muralla f.

remplaçant,-e [ʀɑ̃plasɑ̃,-ɑ̃t] nm,f sustituto,-ta.

remplacer [3] [ʀɑ̃plase] vt **1** sustituir. **2** reemplazar.

remplir [20] [ʀɑ̃pliʀ] vt **1** (gén) llenar. **2** (formulaire) rellenar. **3** (fonction) desempeñar, ejercer. **4** (condition) cumplir (con).

remporter [1] [ʀɑ̃pɔʀte] vt **1** (prix) llevarse, ganar. **2** (succès) conseguir.

remuer [1] [ʀəmɥe] vt **1** (meuble, jambes) mover. **2** (terre, salade) remover. **3** (émouvoir) conmover. ▶ vi (bouger) moverse. ▶ vpr **se remuer** moverse.

rémunération [ʀemyneʀasjɔ̃] nf inv remuneración f.

rémunérer [10] [ʀemyneʀe] vt remunerar.

renaissance [ʀənɛsɑ̃s] nf renacimiento m.

renard [ʀənaʀ] nm zorro m.

rencontre [ʀɑ̃kɔ̃tʀ] nf encuentro m.

rencontrer [1] [ʀɑ̃kɔ̃tʀe] vt **1** (ami, connaissance) encontrarse con. **2** (faire la connaissance de) conocer. **3** fig (obstacle, opposition) tropezar con. ▶ vpr **se rencontrer 1** (par hasard) encontrarse. **2** (se réunir) reunirse. **3** (faire connaissance) conocerse. **4** (opinions, regards) coincidir.

rendement [ʀɑ̃dmɑ̃] nm rendimiento m.

rendez-vous [ʀɑ̃devu] nm inv **1** (gén) cita f. **2** (chez le médecin, le dentiste) hora f. **3** (lieu) lugar m de encuentro. • **prendre rendez-vous** pedir hora. **se donner rendez-vous** quedar.

rendormir (se) [30] [ʀɑ̃dɔʀmiʀ] vpr volverse a dormir.

rendre [62] [ʀɑ̃dʀ] vt **1** (restituer) devolver. **2** (honneurs, hommage) rendir. **3** (bénéfice) rendir, aportar. **4** fam (nourriture) vomitar. **5** (mettre dans un état) volver, poner: **elle va me rendre folle**, va a volverme loca. **6** (un service) prestar: **il est toujours prêt à rendre service**, siempre está dispuesto a hacer favores. ▶ vi fam (nourriture) vomitar. ▶ vpr **se rendre 1** (se soumettre) rendirse. **2** (dans un endroit) ir. • **se rendre malade** ponerse enfermo,

-ma. **se rendre utile** hacer algo útil.

renfermer [1] [ʀɑ̃fɛʀme] *vt* **1** *(contenir)* encerrar. **2** *(cacher)* esconder.

renforcer [3] [ʀɑ̃fɔʀse] *vt* **1** *(gén)* reforzar. **2** *(couleur, expression)* intensificar.

renfort [ʀɑ̃fɔʀ] *nm* refuerzo *m*.

renfrogner (se) [1] [ʀɑ̃fʀɔɲe] *vpr* enfurruñarse.

renier [12] [ʀənje] *vt* renegar de.

renifler [1] [ʀənifle] *vt* olfatear. ► *vi* sorberse los mocos.

renommé,-e [ʀənɔme] *adj* renombrado,-da.

renommée [ʀənɔme] *nf* fama *f*.

renoncer [3] [ʀənɔ̃se] *vi* renunciar.

renouer [1] [ʀənwe] *vt* **1** *(nouer de nouveau)* volver a atar. **2** *(amitié, conversation)* reanudar. ► *vi* reconciliarse.

renouveler [5] [ʀənuvle] *vt* **1** *(abonnement)* renovar. **2** *(appel, demande)* reiterar. ► *vpr* **se renouveler 1** *(gén)* renovarse. **2** *(recommencer)* repetirse.

rénovation [ʀenɔvasjɔ̃] *nf* renovación *f*.

rénover [1] [ʀenɔve] *vt* **1** *(immeuble)* reformar. **2** *(système)* renovar.

renseignement [ʀɑ̃sɛɲmɑ̃] *nm* ► *nm pl* **renseignements 1** *(service)* información *f sing*. **2** *(sécurité)* servicios *m pl* secretos.

renseigner [1] [ʀɑ̃sɛɲe] *vt* informar.

rentabilité [ʀɑ̃tabilite] *nf* rentabilidad *f*.

rentable [ʀɑ̃tabl] *adj* rentable.

rente [ʀɑ̃t] *nf* renta *f*.

rentrée [ʀɑ̃tʀe] *nf* **1** *(retour)* vuelta *f*. **2** *(reprise des activités)* reanudación *f*. • **rentrée des classes** vuelta al colegio.

rentrer [1] [ʀɑ̃tʀe] *vi* **1** *(entrer)* entrar. **2** *(revenir)* volver. **3** *(élèves)* reanudar las clases. **4** *(s'emboîter)* encajar. **5** *(être compris dans)* entrar. **6** *(frais, droits)* recuperar. **7** *fam (heurter)* estrellarse (**dans**, contra). ► *vt* **1** *(mettre à l'abri)* meter: **as-tu rentré la voiture au garage ?**, ¿has metido el coche en el garaje? **2** *(griffes, ventre)* meter. **3** *fig (sentiments)* reprimir.

renversant,-e [ʀɑ̃vɛʀsɑ̃,-ɑ̃t] *adj* asombroso,-sa.

renverser [1] [ʀɑ̃vɛʀse] *vt* **1** *(inverser)* invertir. **2** *(faire tomber)* volcar. **3** *(liquide)* derramar. **4** *(abattre)* derribar, echar abajo. **5** *(en voiture)* atropellar. ► *vpr* **se renverser 1** *(dans un siège)* echarse hacia atrás. **2** *(objet)* volcar. **3** *(liquide)* derramarse.

renvoi [ʀɑ̃vwa] *nm* **1** *(licenciement)* despido *m*. **2** *(de colis)* devolución *f*. **3** *(ajournement)* aplazamiento *m*. **4** *(à un autre chapitre)* envío *m*, remisión *f*.

renvoyer [17] [ʀɑ̃vwaje] *vt* **1** *(rendre)* devolver. **2** *(employé)* despedir. **3** *(lumière, son)* reflejar. **4** *(à un autre chapitre)* remitir.

réorganiser [1] [ʀeɔʀganize] *vt* reorganizar.

répandre [62] [ʀepɑ̃dʀ] *vt* **1** *(liquide, larmes)* derramar. **2** *(odeur)* despedir. **3** *(nouvelle)* difundir. **4** *(panique, terreur)* sembrar. ► *vpr* **se répandre 1** *(liquide)* derramarse. **2** *(nouvelle)* propagarse. **3** *(odeur)* desprenderse.

répandu,-e [ʀepɑ̃dy] *adj* extendido,-da.

réparation [ʀepaʀasjɔ̃] *nf* reparación *f*.

réparer [1] [ʀepaʀe] *vt* reparar.

repartir [28] [ʀəpaʀtiʀ] *vi* volver a irse.

répartir [20] [ʀepaʀtiʀ] *vt* repartir, distribuir.

répartition [ʀepaʀtisjɔ̃] *nf* reparto *m*.

repas [ʀəpɑ] *nm* comida *f*.

repassage [ʀəpasaʒ] *nm* planchado *m*.

repasser [1] [ʀəpase] *vt* planchar. ▶ *vi* (*passer de nouveau*) volver a pasar.

repentir [ʀəpɑ̃tiʀ] *nm* arrepentimiento *m*.

repentir (se) [28] [ʀəpɑ̃tiʀ] *vpr* arrepentirse.

répercussion [ʀepɛʀkysjɔ̃] *nf* repercusión *f*.

répercuter [1] [ʀepɛʀkyte] *vt* repercutir. ▶ *vpr* **se répercuter** reflejarse.

repère [ʀəpɛʀ] *nm* **1** (*pour s'orienter*) referencia *f*. **2** (*signal*) marca *f*.

repérer [10] [ʀəpeʀe] *vt* **1** (*ennemi, bateau*) localizar. **2** *fam* (*apercevoir*) ver. ▶ *vpr* **se repérer** orientarse.

répertoire [ʀepɛʀtwaʀ] *nm* **1** (*gén*) repertorio *m*. **2** (*d'adresses*) agenda *f*. **3** INFORM directorio *m*.

répéter [10] [ʀepete] *vt* **1** (*phrase, mot*) repetir. **2** (*acteurs, musiciens*) ensayar.

répétitif,-ive [ʀepetitif,-iv] *adj* repetitivo,-va.

répétition [ʀepetisjɔ̃] *nf* **1** (*gén*) repetición *f*. **2** (*au théâtre*) ensayo *m*.

répit [ʀepi] *nm* respiro *m*. • **sans répit** sin cesar.

replacer [3] [ʀəplase] *vt* volver a colocar.

repli [ʀəpli] *nm* **1** (*pli*) pliegue *m*. **2** (*d'une armée*) repliegue *m*.

replier [13] [ʀəplije] *vt* doblar. ▶ *vpr* **se replier** (*armée*) replegarse.

réplique [ʀeplik] *nf* **1** (*gén*) réplica *f*. **2** (*au théâtre*) entrada *f*.

répliquer [2] [ʀeplike] *vt* replicar.

répondeur [ʀepɔ̃dœʀ] *nm* contestador *m*.

répondre [62] [ʀepɔ̃dʀ] *vt* contestar, responder. ▶ *vi* **1** (*gén*) contestar, responder. **2** (*correspondre*) responder. **3** (*à un besoin*) satisfacer.

réponse [ʀepɔ̃s] *nf* **1** (*gén*) respuesta *f*. **2** (*à une critique*) réplica *f*.

report [ʀəpɔʀ] *nm* **1** (*renvoi*) aplazamiento *m*. **2** (*par écrit*) transcripción *f*.

reportage [ʀəpɔʀtaʒ] *nm* reportaje *m*.

reporter[1] [ʀəpɔʀtɛʀ] *nm* reportero, -ra.

reporter[2] [1] [ʀəpɔʀte] *vt* **1** (*porter de nouveau*) volver a llevar. **2** (*rendez-vous, réunion*) aplazar. **3** (*par écrit*) trasladar. ▶ *vpr* **se reporter à** remitirse a.

repos [ʀəpo] *nm* **1** (*gén*) descanso *m*. **2** (*sommeil*) reposo *m*.

reposer [1] [ʀəpoze] *vt* **1** (*poser de nouveau*) volver a colocar. **2** (*appuyer*) descansar. **3** (*question*) replantear. **4** (*l'esprit*) calmar. ▶ *vpr* **se reposer** **1** (*se détendre*) descansar. **2** (*compter sur*) contar (**sur**, con).

repoussant,-e [ʀəpusɑ̃,-ɑ̃t] *adj* repelente.

repousser [1] [ʀəpuse] *vi* (*barbe, poil*) volver a crecer; (*plante*) volver a brotar. ▶ *vt* **1** (*dégoûter*) repeler. **2** (*personne, offre*) rechazar. **3** (*date*) aplazar.

reprendre [83] [ʀəpʀɑ̃dʀ] *vt* **1** (*prendre de nouveau*) volver a coger. **2** (*nourriture*) repetir. **3** (*activité*) reanudar; (*lutte, route, travail*) retomar. **4** (*forces*) recobrar. ▶ *vi* **1** (*vigueur, vie*) recuperarse. **2** (*recommencer*) reanudarse. ▶ *vpr* **se reprendre** reponerse.

représentant,-e [ʀəpʀezɑ̃tɑ̃,-ɑ̃t] *nm,f* representante.

représentation [ʀəpʀezɑ̃tasjɔ̃] *nf* representación *f*.
représenter [1] [ʀəpʀezɑ̃te] *vt - vi* representar. ▸ *vpr* **se représenter 1** (*s'imaginer*) imaginarse. **2** (*occasion*) volver a presentarse.
répression [ʀepʀesjɔ̃] *nf* represión *f*.
réprimer [1] [ʀepʀime] *vt* reprimir.
reprise [ʀəpʀiz] *nf* **1** (*recommencement*) reanudación *f*. **2** (*au cinéma, au théâtre*) reestreno *m*. **3** (*d'une voiture*) reprís *m*. • **à plusieurs reprises** repetidas veces.
reproche [ʀəpʀɔʃ] *nm* reproche *m*.
reprocher [1] [ʀəpʀɔʃe] *vt* reprochar.
reproduction [ʀəpʀɔdyksjɔ̃] *nf* reproducción *f*.
reproduire [58] [ʀəpʀɔdɥiʀ] *vt* reproducir.
reptile [ʀɛptil] *nm* reptil *m*.
repu,-e [ʀəpy] *adj* harto,-ta.
républicain,-e [ʀepyblikɛ̃,-ɛn] *adj - nm,f* republicano,-na.
république [ʀepyblik] *nf* república *f*. • **République tchèque** República Checa.
répugnant,-e [ʀepyɲɑ̃,-ɑ̃t] *adj* repugnante.
réputation [ʀepytasjɔ̃] *nf* reputación *f*.
réputé,-e [ʀepyte] *adj* renombrado,-da.
requérir [34] [ʀəkeʀiʀ] *vt* requerir.
requête [ʀəkɛt] *nf* **1** DR requerimiento *m*. **2** *fml* (*prière*) petición *f*.
requin [ʀəkɛ̃] *nm* tiburón *m*.
réquisition [ʀekizisjɔ̃] *nf* **1** (*de biens*) requisa *f*. **2** (*de personnes*) movilización *f*.
réquisitionner [1] [ʀekizisjɔne] *vt* **1** (*biens*) requisar. **2** (*personnes*) movilizar.
rescapé,-e [ʀɛskape] *nm,f* superviviente.

réseau [ʀezo] *nm* **1** red *f*. **2** (*téléphone portable*) cobertura *f*.
réservation [ʀezɛʀvasjɔ̃] *nf* reserva *f*.
réserve [ʀezɛʀv] *nf* **1** (*d'animaux*) reserva *f*. **2** (*d'aliments*) despensa *f*. **3** (*de chasse, pêche*) coto *m*. • **se tenir sur la réserve** estar alerta.
réservé,-e [ʀezɛʀve] *adj* reservado,-da.
réserver [1] [ʀezɛʀve] *vt* reservar.
réservoir [ʀezɛʀvwaʀ] *nm* (*d'essence*) depósito *m*; (*d'eau*) reserva *f*.
résidence [ʀezidɑ̃s] *nf* residencia *f*.
résident,-e [ʀezidɑ̃,-ɑ̃t] *nm,f* residente.
résidentiel,-elle [ʀezidɑ̃sjɛl] *adj* residencial.
résider [1] [ʀezide] *vi* residir.
résignation [ʀeziɲasjɔ̃] *nf* resignación *f*.
résigner [1] [ʀeziɲe] *vt* resignar.
résine [ʀezin] *nf* resina *f*.
résistance [ʀezistɑ̃s] *nf* resistencia *f*.
résistant,-e [ʀezistɑ̃,-ɑ̃t] *adj - nm,f* resistente.
résister [1] [ʀeziste] *vi* **1** (*gén*) resistir. **2** (*s'opposer*) resistirse (**à**, a).
résolu,-e [ʀezɔly] *adj* decidido,-da.
résolution [ʀezɔlysjɔ̃] *nf* resolución *f*.
résonner [1] [ʀezɔne] *vi* resonar.
résoudre [74] [ʀezudʀ] *vt* (*problème*) resolver. ▸ *vi* decidirse (**à**, a). • **se résoudre à** + *inf* decidirse a + *inf*.
respect [ʀɛspɛ] *nm* respeto *m*. • **manquer de respect à qqn** faltarle al respeto a ALGN.
respectable [ʀɛspɛktabl] *adj* respetable.
respecter [1] [ʀɛspɛkte] *vt* respetar.
respectif,-ive [ʀɛspɛktif,-iv] *adj* respectivo,-va.

respectueux,-euse [Rɛspɛktyø,-øz] *adj* respetuoso,-sa.

respiration [RɛspiRasjɔ̃] *nf* respiración *f*.

respirer [1] [Rɛspire] *vi - vt* respirar.

resplendissant,-e [Rɛsplɑ̃disɑ̃,-ɑ̃t] *adj* resplandeciente.

responsabilité [Rɛspɔ̃sabilite] *nf* responsabilidad *f*.

responsable [Rɛspɔ̃sabl] *adj - nmf* responsable.

ressaisir (se) [20] [Rəsezir] *vpr* dominarse.

ressemblance [Rəsɑ̃blɑ̃s] *nf* parecido *m*.

ressemblant,-e [Rəsɑ̃blɑ̃,-ɑ̃t] *adj* parecido,-da.

ressembler [1] [Rəsɑ̃ble] *vi* parecerse (**à**, a).

ressentiment [Rəsɑ̃timɑ̃] *nm* resentimiento *m*.

ressentir [28] [Rəsɑ̃tir] *vt* sentir, experimentar. ▶ *vpr* **se ressentir** resentirse.

resserrer [1] [Rəsere] *vt* **1** (*boulon, lien*) apretar. **2** (*amitié*) estrechar.

ressort [RəsɔR] *nm* **1** (*mécanisme*) resorte *m*, muelle *m*. **2** fig (*énergie*) energía *f*. **3** (*compétence*) incumbencia *f*. • **en dernier ressort** en última instancia.

ressortir [28] [RəsɔRtir] *vi* **1** (*sortir de nouveau*) volver a salir. **2** (*se détacher*) resaltar. **3** (*résulter*) resultar, desprenderse.

ressource [RəsuRs] *nf* recurso *m*.

ressurgir [20] [RəsyRʒiR] *vi* resurgir.

ressusciter [1] [Resysite] *vt - vi* resucitar.

restant,-e [Rɛstɑ̃,-ɑ̃t] *adj* restante.

restaurant [RɛstɔRɑ̃] *nm* restaurante *m*.

restauration [RɛstɔRasjɔ̃] *nf* restauración *f*. ■ **restauration rapide** comida *f* rápida.

restaurer [1] [RɛstɔRe] *vt* restaurar. ▶ *vpr* **se restaurer** comer.

reste [Rɛst] *nm* resto *m*. ▶ *nm pl* **restes** sobras *f pl*. • **du reste** por lo demás.

rester [1] [Rɛste] *vi* **1** (*demeurer*) quedarse: **il est resté au lit toute la matinée**, se quedó en cama toda la mañana. **2** (*manquer*) quedar: **il reste à savoir ce qui c'est passé**, queda por saber lo que pasó. • **en rester là** no ir más allá. **rester sur sa faim** quedarse con hambre. **y rester** morir.

restituer [1] [Rɛstitɥe] *vt* restituir.

restitution [Rɛstitysjɔ̃] *nf* restitución *f*.

resto [Rɛsto] *nm fam* restaurante *m*.

restriction [Rɛstriksjɔ̃] *nf* restricción *f*.

restructurer [1] [RɛstryktyRe] *vt* reestructurar.

résultat [Rezylta] *nm* resultado *m*.

résulter [1] [Rezylte] *vi* ser el resultado (**de**, de). • **il en résulte que ...** se deduce que....

résumé [Rezyme] *nm* resumen *m*.

résumer [1] [Rezyme] *vt* resumir.

resurgir [20] [RəzyRʒiR] *vi* resurgir.

résurrection [RezyRɛksjɔ̃] *nf* resurrección *f*.

rétablir [20] [Retablir] *vt* restablecer.

rétablissement [Retablismɑ̃] *nm* restablecimiento *m*.

retaper [1] [Rətape] *vt* arreglar.

retard [RətaR] *nm* retraso *m*. • **être en retard 1** (*à un rendez-vous*) llegar tarde. **2** (*par rapport à une date*) tener retraso.

retarder [1] [Rətarde] *vt* **1** (*gén*) retrasar. **2** (*montre*) atrasar. ▶ *vi* **1**

retenir *(horloge)* atrasar. **2** *fam (ne pas savoir)* no estar al tanto.

retenir [35] [Rətənir] *vt* **1** *(garder)* retener. **2** *(place)* reservar. **3** *(en mémoire)* recordar. **4** *(déduire)* retener, deducir. **5** *(attacher)* sujetar. **6** *(souffle, larmes)* contener, reprimir. ▶ *vpr* **se retenir 1** *(s'accrocher)* agarrarse. **2** *(se contenir)* retenerse.

retenue [Rətəny] *nf* **1** *(punition à l'école)* castigo *m.* **2** *(prélèvement)* deducción *f.* **3** *(mesure)* discreción *f.*

réticence [Retisɑ̃s] *nf* reticencia *f.*

rétine [Retin] *nf* ANAT retina *f.*

retirer [1] [Rətire] *vt* **1** *(gén)* sacar. **2** *(vêtement)* quitarse. **3** *(parole, candidature)* retirar. **4** *(bénéfice)* obtener, sacar.

rétorquer [2] [Retɔrke] *vt* replicar.

retouche [Rətuʃ] *nf* retoque *m.*

retoucher [Rətuʃe] *vt* retocar.

retour [Rətur] *nm* **1** *(gén)* vuelta *f,* regreso *m.* **2** *(trajet)* viaje *m* de vuelta. **3** *(mouvement inverse)* retorno *m.* **4** *(d'un paquet)* devolución *f.* • **aller et retour** ida y vuelta. **en retour** a cambio.

retourner [1] [Rəturne] *vt* **1** *(objet, carte)* dar la vuelta a. **2** *(vêtement)* volver del revés. **3** *(rendre)* devolver. **4** *fig (émouvoir)* trastornar. ▶ *vi (revenir)* volver. ▶ *vpr* **se retourner** darse la vuelta.

retrait [Rətrɛ] *nm* **1** *(gén)* retirada *f.* **2** *(d'argent)* reintegro *m.* • **en retrait 1** *(en arrière)* hacia atrás. **2** *(écarté)* apartado,-da.

retraite [RətRɛt] *nf* **1** *(cessation du travail)* jubilación *f.* **2** *(revenu)* pensión *f.* **3** *(asile, refuge)* retiro *m.* • **prendre sa retraite** jubilarse.

retraité,-e [RətRɛte] *adj - nm,f* jubilado,-da.

retransmettre [81] [Rətrɑ̃smɛtr] *vt* retransmitir.

retransmission [Rətrɑ̃smisjɔ̃] *nf* retransmisión *f.*

rétrécir [20] [RetResir] *vt* estrechar. ▶ *vi* encogerse.

rétroactif,-ive [Retroaktif,-iv] *adj* retroactivo,-va.

rétrospectif,-ive [Retrospɛktif,-iv] *adj* retrospectivo,-va.

rétrospective [Retrospɛktiv] *nf* retrospectiva *f.*

retroussé,-e [Rətruse] *adj* **1** *(manche)* arremangado,-da. **2** *(nez)* respingón,-ona.

retrousser [1] [Rətruse] *vt* remangar. ▶ *vpr* **se retrousser** arremangarse.

retrouvailles [Rətruvaj] *nf pl* reencuentro *m.*

retrouver [1] [Rətruve] *vt* **1** *(gén)* encontrar; *(de nouveau)* volver a encontrar. **2** *(appétit)* recobrar. **3** *(rejoindre)* encontrarse con. ▶ *vpr* **se retrouver** *(s'orienter)* orientarse.

rétroviseur [Retrovizœr] *nm* retrovisor *m.*

réunion [Reynjɔ̃] *nf* reunión *f.*

réunir [20] [Reynir] *vt* reunir.

réussir [20] [Reysir] *vi* **1** *(affaire, personne)* ir bien, salir adelante. **2** *(examen)* aprobar. ▶ *vt* **1** *(plat, personne)* salir bien. **2** *(examen)* aprobar. • **réussir à + inf** lograr + *inf.*

réussite [Reysit] *nf* **1** *(succès)* éxito *m.* **2** *(jeu de cartes)* solitario *m.*

revanche [Rəvɑ̃ʃ] *nf* revancha *f.* • **en revanche** en cambio.

rêve [Rɛv] *nm* sueño *m.* • **de rêve** de ensueño. **faire un rêve** tener un sueño.

réveil [Revɛj] *nm* **1** *(action)* despertar *m.* **2** *(pendule)* despertador *m.*

réveiller [1] [Reveje] *vt* **1** *(gén)* despertar. **2** *fig (courage)* estimular.

réveillon [Revejɔ̃] *nm* **1** *(de Noël)* cena *f* de Nochebuena. **2** *(du Jour de l'An)* cena *f* de Nochevieja.

révélateur,-trice [ʀevelatœʀ,-tʀis] *adj* velador,-ra.

révélation [ʀevelasjɔ̃] *nf* revelación *f*.

révéler [10] [ʀevele] *vt* **1** (*gén*) revelar. **2** (*artiste*) dar a conocer. ▶ *vpr* **se révéler 1** (*apparaître*) revelarse. **2** (*être*) resultar.

revendication [ʀəvɑ̃dikasjɔ̃] *nf* reivindicación *f*.

revendiquer [2] [ʀəvɑ̃dike] *vt* reivindicar.

revendre [62] [ʀəvɑ̃dʀ] *vt* revender. • **avoir** QQCH **à revendre** tener mucho de ALGO.

revenir [35] [ʀəvniʀ] *vi* **1** (*gén*) volver. **2** (*à l'esprit*) acordarse: **ça me revient !**, ¡ya me acuerdo! **3** (*coûter*) salir (**à**, por): **à combien ça t'est revenu ?**, ¿por cuánto te ha salido? **4** (*honneur, tâche*) pertenecer: **c'est à toi qu'il revient de ...**, a ti te corresponde.... • **ne pas en revenir** *fig* no salir del asombro: **je n'en reviens pas**, aún no me lo creo. **revenir au même** venir a ser lo mismo.

revenu [ʀəvəny] *nm* renta *f*. ▶ *nm pl* **revenus** ingresos *m pl*.

rêver [1] [ʀeve] *vi* - *vt* soñar (**de**, con).

rêverie [ʀɛvʀi] *nf* fantasía *f*.

réversible [ʀevɛʀsibl] *adj* reversible.

revêtir [33] [ʀəvetiʀ] *vt* **1** (*mur, surface*) revestir. **2** (*vêtement*) ponerse.

réviser [1] [ʀevize] *vt* **1** (*gén*) revisar. **2** (*leçon*) repasar.

révision [ʀevizjɔ̃] *nf* **1** (*gén*) revisión *f*. **2** (*d'une leçon*) repaso *m*.

revivre [69] [ʀəvivʀ] *vt* volver a vivir. ▶ *vi* revivir.

revoir [46] [ʀəvwaʀ] *vt* **1** (*personne, pays*) volver a ver. **2** (*réviser*) repasar. ▶ *vpr* **se revoir** volver a verse.

• **au revoir !** ¡adiós! **se dire au revoir** despedirse.

révolte [ʀevɔlt] *nf* rebelión *f*.

révolter [1] [ʀevɔlte] *vt* sublevar. ▶ *vpr* **se révolter** rebelarse.

révolution [ʀevɔlysjɔ̃] *nf* revolución *f*.

révolutionnaire [ʀevɔlysjɔnɛʀ] *adj - nmf* revolucionario,-ria.

révolutionner [1] [ʀevɔlysjɔne] *vt* revolucionar.

revue [ʀəvy] *nf* revista *f*.

rez-de-chaussée [ʀedʃose] *nm inv* planta *f* baja.

rhabiller [1] [ʀabije] *vt* vestir de nuevo.

rhétorique [ʀetɔʀik] *nf* retórica *f*.

rhinocéros [ʀinɔseʀɔs] *nm* rinoceronte *m*.

rhum [ʀɔm] *nm* ron *m*.

rhume [ʀym] *nm* resfriado *m*.

ricaner [1] [ʀikane] *vi* reír sarcásticamente.

riche [ʀiʃ] *adj - nmf* rico,-ca.

richesse [ʀiʃɛs] *nf* riqueza *f*.

ride [ʀid] *nf* **1** (*sur le visage*) arruga *f*. **2** (*sur l'eau*) onda *f*.

rideau [ʀido] *nm* **1** (*de fenêtre*) cortina *f*. **2** (*au théâtre*) telón *m*.

rider [1] [ʀide] *vt* arrugar.

ridicule [ʀidikyl] *adj* ridículo,-la. ▶ *nm* ridículo *m*.

ridiculiser [1] [ʀidikylize] *vt* ridiculizar. ▶ *vpr* **se ridiculiser** hacer el ridículo.

rien [ʀjɛ̃] *pron indéf* nada: **je n'entends rien avec la radio**, no oigo nada con la radio. • **ça ne fait rien** no importa. **de rien !** ¡de nada! **plus rien** nada más. **pour un rien** por una tontería. **rien que** sólo: **je tremble rien que d'y penser**, tiemblo con sólo pensarlo.

rigide [ʀiʒid] *adj* rígido,-da.

rigidité [ʀiʒidite] *nf* rigidez *f*.

rigolade [ʀigɔlad] *nf fam* cachondeo *m*.

rigoler [1] [ʀigɔle] *vi fam (rire)* reírse; *(plaisanter)* bromear.

rigolo,-ote [ʀigɔlo,-ɔt] *adj fam* gracioso,-sa.

rigoureux,-euse [ʀiguʀø,-øz] *adj* riguroso,-sa.

rigueur [ʀigœʀ] *nf* rigor *m*.

rime [ʀim] *nf* rima *f*.

rimer [1] [ʀime] *vi* rimar.

rinçage [ʀɛ̃saʒ] *nm* **1** *(de vaisselle)* enjuague *m*. **2** *(du linge, des cheveux)* aclarado *m*.

rincer [3] [ʀɛ̃se] *vt* **1** *(vaisselle)* enjuagar. **2** *(linge, cheveux)* aclarar.

ringard,-e [ʀɛ̃gaʀ,-aʀd] *adj fam péj* hortera.

rire¹ [53] [ʀiʀ] *vi* **1** *(gén)* reír. **2** *(se moquer)* reírse (**de**, de). • **pour rire** en broma.

rire² [ʀiʀ] *nm* risa *f*.

risée [ʀize] *nf* burla *f*. • **être la risée de** ser el hazmerreír de.

risible [ʀizibl] *adj* risible.

risque [ʀisk] *nm* riesgo *m*.

risquer [3] [ʀiske] *vt* **1** *(gén)* arriesgar. **2** *(tenter)* aventurar.

rite [ʀit] *nm* rito *m*.

rituel [ʀitɥɛl] *adj nm* ritual *m*.

rivage [ʀivaʒ] *nm* orilla *f*.

rival,-e [ʀival] *adj-nm* rival.

rivalité [ʀivalite] *nf* rivalidad *f*.

rive [ʀiv] *nf* orilla *f*.

rivière [ʀivjɛʀ] *nf* río *m*.

riz [ʀi] *nm* arroz *m*.

robe [ʀɔb] *nf* **1** *(de femme)* vestido *m*. **2** *(du vin)* capa *f*. • **robe de chambre** bata *f*.

robinet [ʀɔbinɛ] *nm* grifo *m*.

robot [ʀɔbo] *nm* robot *m*.

robuste [ʀɔbyst] *adj* robusto,-ta.

roche [ʀɔʃ] *nf* roca *f*.

rocher [ʀɔʃe] *nm* peñasco *m*.

rocheux,-euse [ʀɔʃø,-øz] *adj* rocoso,-sa.

rôder [1] [ʀode] *vi* merodear.

rogner [1] [ʀɔɲe] *vt* **1** *(ongles)* cortar. **2** *(revenus)* recortar.

roi [ʀwa] *nm* rey *m*.

rôle [ʀol] *nm* **1** *(d'un acteur)* papel *m*. **2** *(d'un organisme)* empleo *m*, función *f*. • **à tour de rôle** por turno. **jouer un rôle** desempeñar un papel.

roman [ʀɔmɑ̃] *nm* novela *f*.

romantique [ʀɔmɑ̃tik] *adj - nmf* romántico,-ca.

romantisme [ʀɔmɑ̃tism] *nm* romanticismo *m*.

rompre [63] [ʀɔ̃pʀ] *vt* **1** *(casser)* romper. **2** *(faire cesser)* interrumpir, romper. **3** *(dresser)* acostumbrar, habituar. ▶ *vi* **1** *(se casser)* romperse. **2** *(se fâcher)* romper (**avec**, con).

rompu,-e [ʀɔ̃py] *adj* **1** *(cassé)* roto, -ta. **2** *(fourbu)* molido,-da. **3** *(expérimenté)* avezado,-da.

ronce [ʀɔ̃s] *nf* zarza *f*, espino *m*.

rond,-e [ʀɔ̃,-ɔ̃d] *adj* **1** *(gén)* redondo,-da. **2** *(sincère)* franco,-ca. **3** *(gros)* rechoncho, -cha. **4** *fam (ivre)* trompa. ▶ *nm* **rond 1** *(cercle)* círculo *m*, redondel *m*. **2** *(rondelle)* rodaja *f*. **3** *fam (argent)* perra *f*.

ronde [ʀɔ̃d] *nf* **1** *(parcours)* ronda *f*. **2** *(danse)* danza *f* en corro.

rondelle [ʀɔ̃dɛl] *nf* **1** *(de métal)* arandela *f*. **2** *(de citron, saucisson, etc)* rodaja *f*.

rond-point [ʀɔ̃pwɛ̃] *nm (pl* **ronds-points)** glorieta *f*, rotonda *f*.

ronflement [ʀɔ̃fləmɑ̃] *nm* ronquido *m*.

ronfler [1] [ʀɔ̃fle] *vi* **1** *(personne)* roncar. **2** *(moteur, toupie, etc)* zumbar.

ronger [4] [ʀɔ̃ʒe] *vt* **1** *(gén)* roer. **2** *(user lentement)* corroer, carcomer. **3** *fig (torturer)* consumir, atormentar. ▶ *vpr* **se ronger** *(se tourmenter)* con-

roux, rousse

sumirse. ● **se ronger les ongles** comerse las uñas.
ronronner [1] [ʀɔ̃ʀɔ̃ʀe] vi ronronear.
rose [ʀoz] nf (fleur) rosa f. ▶ adj - nm (couleur) rosa m.
rosé,-e [ʀoze] adj rosado,-da. ▶ nm **rosé** (vin) rosado m.
rosier [ʀozje] nm rosal m.
rot [ʀo] nm eructo m.
rotatif,-ive [ʀɔtatif,-iv] adj rotativo,-va.
rotation [ʀɔtasjɔ̃] nf rotación f.
roter [1] [ʀɔte] vi fam eructar.
rôti [ʀoti] nm CUIS asado m.
rôtir [20] [ʀotiʀ] vt asar. ▶ vi asarse.
rotule [ʀɔtyl] nf ANAT rótula f.
roue [ʀu] nf rueda f. ● **grande roue** noria f.
rouge [ʀuʒ] adj 1 (gén) rojo,-ja. 2 (fer) candente. 3 (vin) tinto. 4 (viande) crudo,-da. ▶ nm 1 (couleur) rojo m. 2 (du visage) rubor m. 3 (fard) colorete m. ● **voir rouge** ponerse rojo de ira. ● **rouge à lèvres** pintalabios m, barra f de labios.
rougeole [ʀuʒɔl] nf MÉD sarampión m.
rougeur [ʀuʒœʀ] nf 1 (couleur) color m rojo. 2 (du visage) rubor m.
rougir [20] [ʀuʒiʀ] vt enrojecer. ▶ vi 1 (devenir rouge) ponerse rojo,-ja. 2 (de honte, confusion) ruborizarse.
rouille [ʀuj] nf óxido m.
rouiller [1] [ʀuje] vt 1 (métal) oxidar. 2 fig (l'esprit) embotar. ▶ vpr **se rouiller** oxidarse.
roulant,-e [ʀulɑ̃,-ɑ̃t] adj que rueda.
rouleau [ʀulo] nm 1 (gén) rollo m. 2 (de pièces de monnaie) cartucho m. 3 (à pâtisserie) rodillo m. ● **être au bout du rouleau** estar acabado,-da. ● **rouleau de printemps** CUIS rollito m de primavera.
roulement [ʀulmɑ̃] nm 1 (mouvement) rodadura f. 2 (d'argent) circulación f. 3 (de tambour) redoble m. 4 (des fonctions) turno m, rotación f. ● **roulement de tonnerre** trueno m.
rouler [1] [ʀule] vt 1 (mouvoir) hacer rodar. 2 (mettre en rouleau) enrollar. 3 fam (duper) pegársela a. 4 (tomber) caerse rodando. ▶ vi 1 (se mouvoir) rodar. 2 (véhicule) conducir. ▶ vpr **se rouler** (se tourner) revolcarse: **se rouler par terre**, revolcarse por el suelo. ● **rouler les " r "** pronunciar fuerte las erres. **rouler sur l'or** estar forrado,-da. **rouler une cigarette** liar un cigarrillo.
roulette [ʀulɛt] nf 1 (jeu) ruleta f. 2 (de dentiste) torno m.
roulotte [ʀulɔt] nf caravana f.
roumain,-aine [ʀumɛ̃,-ɛn] adj rumano,-na. ▶ nm,f **Roumain,-e** rumano,-na. ▶ nm **roumain** (langue) rumano m.
Roumanie [ʀumani] nf Rumanía.
rouspéter [10] [ʀuspete] vi fam refunfuñar.
rousse [ʀus] adj → **roux, rousse**.
roussir [20] [ʀusiʀ] vt 1 (brûler) chamuscar. 2 (rendre roux) enrojecer. ▶ vi (devenir roux) enrojecer.
route [ʀut] nf 1 (voie) carretera f. 2 fig (ce qui mène à un résultat) camino m, ruta f. 3 (d'un bateau) derrotero m, rumbo m. ● **en cours de route** a mitad de camino. **en route !** ¡en marcha! **être sur la bonne route** estar en el buen camino. **faire fausse route** equivocarse de camino. **se mettre en route** ponerse en marcha.
routier,-ère [ʀutje,-ɛʀ] adj de carretera. ▶ nm **routier** camionero m.
routine [ʀutin] nf rutina f.
rouvrir [21] [ʀuvʀiʀ] vt reabrir.
roux, rousse [ʀu, ʀus] adj 1 (couleur) rojizo,-za. 2 (cheveux) pelirrojo,-ja. ▶ nmf pelirrojo,-ja. ▶ nm

roux 1 *(couleur)* rojizo *m.* **2** *(sauce)* salsa *f* a base de harina.
royal,-e [ʀwajal] *adj* real.
royaume [ʀwajom] *nm* reino *m.*
Royaume-Uni [ʀwajomyni] *nm* Reino Unido.
royauté [ʀwajote] *nf* realeza *f.*
ruban [ʀybɑ̃] *nm* cinta *f.*
rubis [ʀybi] *nm* rubí *m.*
rubrique [ʀybʀik] *nf* **1** *(titre)* rúbrica *f.* **2** *(dans les journaux)* sección *f.*
ruche [ʀyʃ] *nf* colmena *f.*
rude [ʀyd] *adj* **1** *(au toucher)* áspero, -ra, basto,-ta. **2** *(voix)* bronco,-ca. **3** *(redoutable)* temible. **4** *(dur)* riguroso,-sa, duro, -ra. **5** *(pénible)* penoso,-sa.
rudement [ʀydmɑ̃] *adv* **1** *(brutalement)* bruscamente. **2** *fam (très)* muy: **il est rudement intelligent**, es muy inteligente.
rue [ʀy] *nf* calle *f.* • **mettre à la rue** poner de patitas en la calle.
ruelle [ʀɥɛl] *nf* callejuela *f.*
ruer [1] [ʀɥe] *vi (le cheval)* cocear. ▶ *vpr* **se ruer** *(se jeter)* abalanzarse, precipitarse.
rugby [ʀygbi] *nm* rugby *m.*

rugir [20] [ʀyʒiʀ] *vi* rugir.
rugissement [ʀyʒismɑ̃] *nm* rugido *m.*
rugueux,-euse [ʀygø,-øz] *adj* rugoso,-sa.
ruine [ʀɥin] *nf* ruina *f.*
ruiner [1] [ʀɥine] *vt* arruinar.
ruisseau [ʀɥiso] *nm* arroyo *m.*
ruisseler [5] [ʀɥisle] *vi* chorrear.
rumeur [ʀymœʀ] *nf* rumor *m.*
ruminer [1] [ʀymine] *vt - vi* rumiar.
rupture [ʀyptyʀ] *nf* **1** *(cassure)* rotura *f.* **2** *fig (d'union, de mariage)* ruptura *f.*
rural,-e [ʀyʀal] *adj* rural. ▶ *nm,f* campesino,-na.
ruse [ʀyz] *nf* ardid *m*, artimaña *f.*
rusé,-e [ʀyze] *adj - nm,f* astuto,-ta.
ruser [1] [ʀyze] *vi* obrar con astucia.
russe [ʀys] *adj* ruso,-sa. ▶ *nmf* **Russe** ruso,-sa. ▶ *nm (langue)* ruso *m.*
Russie [ʀysi] *nf* Rusia.
rustique [ʀystik] *adj* rústico,-ca.
rut [ʀyt] *nm* celo *m.*
rythme [ʀitm] *nm* ritmo *m.*
rythmique [ʀitmik] *adj* rítmico,-ca.

S

s' [s] *pron pers* → se. ► *conj* → si.
sa [sa] *adj poss* → son, sa.
sable [sabl] *nm* arena *f*.
sabot [sabo] *nm* **1** *(chaussure)* zueco *m*. **2** *(des chevaux)* casco *m*.
sabotage [sabɔtaʒ] *nm* sabotaje *m*.
saboter [1] [sabɔte] *vt* **1** *(bâcler)* chapucear. **2** *(train, avion, etc)* sabotear.
sabre [sabʀ] *nm* sable *m*.
sac [sak] *nm* **1** *(de femme)* bolso *m*. **2** *(contenant)* saco *m*. **3** *(en papier, en plastique)* bolsa *f*. • **vider son sac** desahogarse. ▪ **sac à main** bolso de mano. **sac à dos** mochila *f*. **sac de couchage** saco de dormir.
saccage [sakaʒ] *nm* saqueo *m*.
saccager [1] [sakaʒe] *vt* **1** *(mettre à sac)* saquear. **2** *fam (mettre en désordre)* revolver.
sachet [saʃɛ] *nm* **1** *(petit sac)* saquito *m*, bolsita *f*. **2** *(de thé, de sucre)* sobre *m*.
sacoche [sakɔʃ] *nf* cartera *f*.
sac-poubelle [sakpubɛl] *nm (pl* **sacs-poubelle**) bolsa *f* de basura.
sacré,-e [sakʀe] *adj* **1** *(du culte, vénérable)* sagrado,-da. **2** *fam (maudit)* maldito,-ta: **sacré menteur !**, ¡maldito embustero!
sacrifice [sakʀifis] *nm* sacrificio *m*.
sacrifier [12] [sakʀifje] *vt* sacrificar.
sadique [sadik] *adj - nmf* sádico,-ca.
safran [safʀɑ̃] *nm* azafrán *m*.
sage [saʒ] *adj* **1** *(prudent)* sensato,-ta. **2** *(enfant)* bueno,-na, obediente. **3** *(pudique)* formal. ► *nm (savant)* sabio,-bia.
sage-femme [saʒfam] *nf (pl* **sages-femmes**) comadrona *f*.
sagesse [saʒɛs] *nf* **1** *(gén)* sabiduría *f*. **2** *(d'un enfant)* obediencia *f*, buena conducta *f*. **3** *(bon sens)* sensatez *f*.
saignant,-e [sɛɲɑ̃,-ɑ̃t] *adj* **1** *(gén)* sangriento,-ta, sangrante. **2** *(viande)* poco hecho,-cha.
saignement [sɛɲmɑ̃] *nm* hemorragia *f*.
saigner [1] [seɲe] *vt* **1** *(gén)* sangrar. **2** *(animal)* desangrar. ► *vi (perdre du sang)* sangrar: **saigner du nez**, sangrar por la nariz.
sain,-e [sɛ̃,-ɛn] *adj* sano,-na. • **être sain et sauf** estar sano y salvo.
saint,-e [sɛ̃,-ɛ̃t] *adj* **1** *(gén)* santo, -ta. **2** *(traitement)* san, santo,-ta: **saint Jean**, san Juan; **sainte Anne**, santa Ana. **3** *(sacré)* sagrado,-da. ► *nm,f* santo,-ta.
saisie [sezi] *nf* **1** *(d'un bien)* embargo *m*, incautación *f*. **2** *(d'un journal)* censura *f*, secuestro *m*. ▪ **saisie de données** INFORM entrada *f* de datos.
saisir [20] [seziʀ] *vt* **1** *(prendre)* coger. **2** *(occasion)* aprovechar. **3** *(idée, pensée)* captar, comprender. **4** *(bien)* embargar. **5** *(passion, maladie)* apoderarse de. **6** INFORM *(données)* introducir.

saisissant,-e [sezisɑ̃,-ɑ̃t] adj **1** (qui surprend) sorprendente. **2** (qui émeut) conmovedor,-ra.

saison [sɛzɔ̃] nf **1** (climat) estación f. **2** (période) tiempo m, época f. **3** (de théâtre, sportive, touristique) temporada f.

salade [salad] nf **1** (mets) ensalada f. **2** (plante) lechuga f. **3** fam fig (mélange confus) follón m, lío m. ■ **salade de fruits** macedonia f.

saladier [saladje] nm ensaladera f.

salaire [salɛʀ] nm salario m, sueldo m.

salarié,-e [salaʀje] adj - nm,f asalariado,-da.

salaud [salo] nm pop cabrón m.

sale [sal] adj **1** (malpropre) sucio, -cia. **2** (malhonnête) malo,-la: **un sale type**, una mala persona. **3** (désagréable) feo,-a, desagradable: **une sale affaire**, un asunto feo.

salé,-e [sale] adj salado,-da.

saler [1] [sale] vt salar.

saleté [salte] nf **1** (gén) suciedad f. **2** fam (action, mot) porquería f.

salière [saljɛʀ] nf salero m.

salir [20] [saliʀ] vt **1** (gén) ensuciar, manchar. **2** fig (réputation, honneur, etc) mancillar, manchar.

salissant,-e [salisɑ̃,-ɑ̃t] adj sucio, -cia.

salive [saliv] nf saliva f.

salle [sal] nf **1** (pièce) sala f. **2** (occupants) público m. ■ **salle à manger** comedor m. **salle d'attente** sala f de espera. **salle de bains** cuarto m de baño. **salle de classe** aula f.

salon [salɔ̃] nm **1** (d'une maison) salón m, cuarto m de estar. **2** (d'œuvres d'art) exposición f, galería f.

salope [salɔp] nf vulg puta f.

saloperie [salɔpʀi] nf fam porquería f.

salopette [salɔpɛt] nf **1** (vêtement de travail) mono m. **2** (pantalon) peto m.

saluer [1] [salɥe] vt **1** (gén) saludar. **2** (acclamer) aclamar, proclamar.

salut [saly] nm **1** (sauvetage) salvación f, rescate m. **2** REL salvación f del alma. **3** (salutation) saludo m. ▶ interj **salut !** **1** fam (bonjour) ¡hola! **2** (au revoir) ¡adiós!

salutation [salytasjɔ̃] nf saludo m. • **veuillez agréer mes salutations distinguées** le saluda atentamente.

Salvador [salvadɔʀ] nm El Salvador.

salvadorien,-enne [salvadɔʀjɛ̃, ɛn] adj salvadoreño,-ña. ▶ nm,f **Salvadorien,-enne** salvadoreño, -ña.

samedi [samdi] nm sábado m.

sanction [sɑ̃ksjɔ̃] nf sanción f.

sanctionner [1] [sɑ̃ksjɔne] vt sancionar.

sandale [sɑ̃dal] nf sandalia f.

sandwich [sɑ̃dwitʃ] nm (pl **sandwichs** ou **sandwiches**) bocadillo m.

sang [sɑ̃] nm sangre f. • **se faire du mauvais sang** fam hacerse mala sangre.

sang-froid [sɑ̃fʀwa] nm inv sangre f fría. • **garder son sang-froid** mantener la sangre fría.

sanglant,-e [sɑ̃glɑ̃,-ɑ̃t] adj **1** (taché de sang) ensangrentado,-da. **2** fig (propos, reproches) sangriento,-ta.

sanglier [sɑ̃glije] nm jabalí m.

sanglot [sɑ̃glo] nm sollozo m.

sangloter [1] [sɑ̃glɔte] vi sollozar.

sanguin,-e [sɑ̃gɛ̃,-in] adj sanguíneo,-a.

sanitaire [sanitɛʀ] adj sanitario, -ria.

sans [sɑ̃] *prép* sin. • **sans cesse** sin cesar. **sans doute** quizás. **sans plus** sin más. **sans qui** sin no.

sans-abri [sɑ̃sabri] *nmf inv* sin hogar.

sans-gêne [sɑ̃ʒɛn] *nm inv* fresco, -ca, descarado,-da. ▶ *nm* descaro *m*.

sans-papiers [sɑ̃spapje] *nmf inv* sin papeles.

santé [sɑ̃te] *nf* salud *f*. ■ **santé publique** sanidad *f* pública.

saoul,-e [su, sul] *adj fam* borracho,-cha.

saouler [1] [sule] *vt fam* emborrachar.

sapeur-pompier [sapœrpɔ̃pje] *nm* (*pl* **sapeurs-pompiers**) bombero *m*.

sapin [sapɛ̃] *nm* abeto *m*.

sardine [sardin] *nf* sardina *f*,-ria.

satellite [satelit] *nm* satélite *m*.

satin [satɛ̃] *nm* satén *m*, raso *m*.

satire [satir] *nf* sátira *f*.

satirique [satirik] *adj* satírico,-ca.

satisfaction [satisfaksjɔ̃] *nf* satisfacción *f*.

satisfaire [85] [satisfɛr] *vt* satisfacer. ▶ *vpr* **se satisfaire** contentarse (**de**, con). • **satisfaire à** QQCH cumplir con ALGO satisfaire à ses devoirs, cumplir con su deber.

satisfaisant,-e [satisfəzɑ̃,-ɑ̃t] *adj* satisfactorio,-ria.

satisfait,-e [satisfɛ,-ɛt] *adj* satisfecho,-cha.

saturation [satyrasjɔ̃] *nf* saturación *f*.

saturer [1] [satyre] *vt* saturar.

sauce [sos] *nf* salsa *f*.

saucisse [sosis] *nf* salchicha *f*. ■ **saucisse sèche** longaniza *f*.

saucisson [sosisɔ̃] *nm* salchichón *m*.

saucissonner [1] [sosisɔne] *vt fam* (*tronçonner*) trocear.

sauf[1] [sof] *prép* salvo, excepto.

sauf, sauve[2] [sof, sov] *adj* ileso, -sa.

saugrenu,-e [sogrəny] *adj* descabellado,-da.

saule [sol] *nm* sauce *m*. ■ **saule pleureur** sauce llorón.

saumon [somɔ̃] *nm* salmón *m*.

sauna [sona] *nm* sauna *f*.

saupoudrer [1] [sopudre] *vt* espolvorear.

saut [so] *nm* 1 (*gén*) salto *m*. 2 (*chute d'eau*) salto *m* de agua, cascada *f*. 3 *fig* (*changement*) cambio *m* brusco. • **faire un saut chez** QQN ir a visitar a ALGN.

sauté,-e [sote] *adj* CUIS salteado, -da.

sauter [1] [sote] *vi* 1 (*gén*) saltar. 2 (*par une explosion*) explotar. ▶ *vt* 1 (*franchir*) saltar, salvar. 2 (*omettre*) saltarse, pasarse. • **et que ça saute !** ¡y volando! **faire sauter** CUIS saltear. **sauter aux yeux** saltar a la vista. **sauter le pas** decidirse.

sauvage [sovaʒ] *adj* 1 (*gén*) salvaje. 2 (*plante*) silvestre. 3 (*personne solitaire*) poco sociable, huraño,-na. ▶ *nmf* salvaje.

sauvagerie [sovaʒri] *nf* 1 (*état*) salvajismo *m*. 2 (*férocité*) crueldad *f*. 3 (*asociabilidad*) carácter *f* insociable.

sauvegarde [sovgard] *nf* 1 (*protection*) salvaguardia *f*. 2 INFORM copia *f* de seguridad.

sauvegarder [1] [sovgarde] *vt* 1 (*protéger*) salvaguardar. 2 INFORM grabar, guardar.

sauver [1] [sove] *vt* 1 (*gén*) salvar. 2 *fig* (*honneur, réputation*) preservar, salvar. ▶ *vpr* **se sauver** escaparse, largarse.

sauvetage [sovtaʒ] *nm* salvamento *m*. • **de sauvetage** salvavidas *m*.

sauveteur [sovtœr] *nm* salvador *m*.

savane [savan] *nf* sabana *f*.
savant,-e [savɑ̃,-ɑ̃t] *adj* **1** (*qui sait beaucoup*) sabio. **2** (*qui est habile*) hábil. ▶ *nm,f* **1** (*érudit*) sabio, -bia. **2** (*scientifique*) científico,-ca.
saveur [savœʀ] *nf* sabor *m*.
savoir[1] [savwaʀ] *nm* (*érudition*) saber *m*, sabiduría *f*.
savoir[2] [48] [savwaʀ] *vt* **1** (*gén*) saber. **2** (*au conditionnel*) poder: **rien ne saurait m'en empêcher**, nada podría impedírmelo. ▶ *vi* (*avoir de l'expérience*) saber. ▶ *vpr* **se savoir** saberse: **il se sait perdu**, se sabe perdido. • **à savoir** a saber. **en savoir long sur** QQCH saber un rato de ALGO. **pas que je sache** no que yo sepa. **savoir gré** agradecer.
savoir-faire [savwaʀfɛʀ] *nm inv* **1** (*habilité*) tacto *m*, mano *f* izquierda. **2** (*compétence*) pericia *f*, destreza *f*.
savon [savɔ̃] *nm* jabón *m*. • **passer un savon à** QQN *fam* pegarle una bronca a ALGN.
savonner [1] [savɔne] *vt* enjabonar.
savonnette [savɔnɛt] *nf* pastilla *f* de jabón.
savourer [1] [savuʀe] *vt* saborear.
savoureux,-euse [savuʀø,-øz] *adj* sabroso,-sa.
saxophone [saksɔfɔn] *nm* saxofón *m*.
scandale [skɑ̃dal] *nm* escándalo *m*.
scandaleux,-euse [skɑ̃dalø,-øz] *adj* escandaloso,-sa.
scandaliser [1] [skɑ̃dalize] *vt* escandalizar.
scanner[1] [skanɛʀ] *nm* escáner *m*.
scanner[2] [1] [skane] *vt* escanear.
sceau [so] *nm* sello *m*.
scélérat,-e [seleʀa,-at] *adj* - *nm,f* desalmado,-da.

sceller [1] [sele] *vt* **1** (*avec un sceau*) sellar. **2** (*fixer*) empotrar. **3** *fig* (*union, promesse*) sellar, consolidar.
scénario [senaʀjo] *nm* guión *m*, guion *m*.
scénariste [senaʀist] *nmf* guionista.
scène [sɛn] *nf* **1** (*gén*) escena *f*. **2** (*lieu*) escena *f*, escenario *m*. • **entrer en scène** salir a escena. **mettre en scène** dirigir.
sceptique [sɛptik] *adj* escéptico, -ca.
schéma [ʃema] *nm* esquema *m*.
schématique [ʃematik] *adj* esquemático,-ca.
schizophrène [skizɔfʀɛn] *adj* - *nmf* esquizofrénico,-ca.
schizophrénie [skizɔfʀeni] *nf* MÉD esquizofrenia *f*.
scie [si] *nf* **1** (*outil*) sierra *f*. **2** (*poisson*) pez *m* sierra.
sciemment [sjamɑ̃] *adv* a sabiendas.
science [sjɑ̃s] *nf* ciencia *f*.
science-fiction [sjɑ̃sfiksjɔ̃] *nf* (*pl* **sciences-fictions**) ciencia *f* ficción.
scientifique [sjɑ̃tifik] *adj* - *nmf* científico,-ca.
scier [12] [sje] *vt* aserrar.
scinder [1] [sɛ̃de] *vt* escindir.
scintiller [1] [sɛ̃tije] *vi* centellear.
sclérose [skleʀoz] *nf* MÉD esclerosis *f*.
scolaire [skɔlɛʀ] *adj* escolar.
scoop [skup] *nm* exclusiva *f*.
scooter [skutɛʀ] *nm* moto *f*.
score [skɔʀ] *nm* SPORT resultado *m*, marcador *m*.
scorpion [skɔʀpjɔ̃] *nm* escorpión *m*.
scotch® [skɔtʃ] *nm* celo® *m*.
scotcher [1] [skɔtʃe] *vt* pegar con celo.
scrupule [skʀypyl] *nm* escrúpulo *m*.

scruter [1] [skryte] vt escrutar.
scrutin [skrytɛ̃] nm escrutinio m.
sculpter [1] [skylte] vt esculpir.
sculpteur [skyltœR] nm escultor, -ra.
sculpture [skyltyR] nf escultura f.
SDF [ɛsdeɛf] abr (**sans domicile fixe**) sin hogar.
se [s] (**s'** delante de vocal o h muda) pron pers se: **il se lave**, se lava; **il se détestent**, se odian; **elles se sont dit au revoir**, se han dicho adiós.
séance [seɑ̃s] nf **1** (*d'une assemblée*) sesión f. **2** (*durée*) rato m: **ils passaient de longues séances à jouer aux cartes**, se pasaban largos ratos jugando a las cartas.
seau [so] nm cubo m.
sec, sèche [sɛk, sɛʃ] adj **1** (*gén*) seco,-ca. **2** (*maigre*) enjuto,-ta. ▶ adv (*rudement*) secamente, ásperamente. • **à sec 1** sin agua. **2** fam (*sans argent*) pelado,-da.
sèche-cheveux [sɛʃʃəvø] nm inv secador m.
sèche-linge [sɛʃlɛ̃ʒ] nm inv secadora f.
sécher [10] [seʃe] vt **1** (*gén*) secar. **2** fam (*cours*) fumarse. ▶ vi **1** (*devenir sec*) secar. **2** fam (*élève*) no saber contestar.
sécheresse [seʃRɛs] nf **1** (*du climat*) sequía f. **2** (*du caractère*) sequedad f, frialdad f.
séchoir [seʃwaR] nm **1** (*support*) tendedero m. **2** (*local*) secadero m. **3** (*pour les cheveux*) secador m.
second,-e [səgɔ̃,-ɔ̃d] adj segundo, -da. ▶ nm **second 1** (*dans une hiérarchie*) segundo m, colaborador m. **2** (*étage*) segundo piso m.
secondaire [səgɔ̃dɛR] adj secundario,-ria.
seconde [səgɔ̃d] nf **1** (*temps, angle*) segundo m. **2** (*vitesse, classe*) segunda f.

secouer [1] [səkwe] vt **1** (*agiter*) sacudir, agitar. **2** (*ébranler*) trastornar, impresionar. ▶ *vpr* **se secouer** fam (*ne pas se laisser aller*) reaccionar. • **secoue-toi !** fam ¡muévete!
secouer la tête mover la cabeza.
secourir [24] [səkuRiR] vt socorrer.
secouriste [səkuRist] nmf socorrista.
secours [səkuR] nm socorro m. • **appeler au secours** pedir auxilio. **au secours !** ¡socorro! **de secours 1** (*roue*) de repuesto. **2** (*sortie*) de emergencia. **porter secours à** socorrer a. ■ **premiers secours** primeros auxilios m pl.
secousse [səkus] nf **1** (*ébranlement*) sacudida f. **2** fig (*émotive, politique*) convulsión f.
secret,-ète [səkRɛ,-ɛt] adj secreto, -ta. ▶ nm **secret** secreto m.
secrétaire [səkRetɛR] nmf (*employé*) secretario,-ria. ▶ nm (*meuble*) escritorio m, secreter m.
secrétariat [səkRetaRja] nm **1** (*bureau*) secretaría f. **2** (*emploi*) secretariado m.
secte [sɛkt] nf secta f.
secteur [sɛktœR] nm sector m.
section [sɛksjɔ̃] nf sección f.
sécurisant,-e [sekyRizɑ̃,-ɑ̃t] adj tranquilizador,-ra.
sécuriser [1] [sekyRize] vt tranquilizar.
sécurité [sekyRite] nf seguridad f.
sédentaire [sedɑ̃tɛR] adj sedentario,-ria.
séduction [sedyksjɔ̃] nf seducción f.
séduire [58] [seduiR] vt seducir.
séduisant,-e [seduizɑ̃,-ɑ̃t] adj seductor,-ra.
segment [sɛgmɑ̃] nm segmento m.
seigneur [sɛɲœR] nm HIST señor m.
sein [sɛ̃] nm **1** (*gén*) seno m. **2** (*poitrine*) pecho m.

séisme [seism] *nm* seísmo *m*, sismo *m*.

seize [sɛz] *num* dieciséis *m*.

seizième [sɛzjɛm] *num (ordinal)* decimosexto,-ta. ► *nm (fraction)* dieciseisavo *m*, dieciseisava parte *f*.

séjour [seʒuʀ] *nm* **1** *(dans un lieu)* estancia *f*. **2** *(lieu)* sala *f* de estar.

séjourner [1] [seʒuʀne] *vi* alojarse.

sel [sɛl] *nm* sal *f*. • **gros sel** sal gorda.

sélectif,-ive [selɛktif,-iv] *adj* selectivo, -va.

sélection [selɛksjɔ̃] *nf* selección *f*.

sélectionner [1] [selɛksjɔne] *vt* seleccionar.

selle [sɛl] *nf* **1** *(gén)* silla *f*. **2** *(de bicyclette, moto)* sillín *m*. ► *nf pl* **selles** deposición *f*, heces *f pl*.

selon [səlɔ̃] *prép* según. • **selon moi** a mi modo de ver.

semaine [səmɛn] *nf* semana *f*.

semblable [sɑ̃blabl] *adj - nm* parecido,-da.

semblant [sɑ̃blɑ̃] *nm* apariencia *f*. • **faire semblant de** + *inf* fingir + *inf*.

sembler [1] [sɑ̃ble] *vi (avoir l'air)* parecer. • **il me semble que** me parece que. **il semble que** *(il paraît)* parece que.

semelle [səmɛl] *nf* **1** *(d'une chaussure)* suela *f*. **2** *(à l'intérieur d'une chaussure)* plantilla *f*.

semence [səmɑ̃s] *nf* semilla *f*.

semer [7] [səme] *vt* **1** *(en terre)* sembrar. **2** *(répandre)* esparcir. **3** *fam (un importun)* deshacerse de.

semestre [səmɛstʀ] *nm* semestre *m*.

séminaire [seminɛʀ] *nm* seminario *m*.

semoule [səmul] *nf* sémola *f*.

sénat [sena] *nm* senado *m*.

sénateur [senatœʀ] *nm* senador, -ra.

senior [senjɔʀ] *adj - nmf* sénior.

sens [sɑ̃s] *nm* **1** *(gén)* sentido *m*. **2** *(direction)* sentido *m*, dirección *f*. • **sens dessus dessous** *(chambre, bureau)* patas arriba. **2** *(personne)* trastornado,-da. • **bon sens** sentido común. **sens de l'humour** sentido del humor.

sensation [sɑ̃sasjɔ̃] *nf* sensación *f*.

sensationnel,-elle [sɑ̃sasjɔnɛl] *adj* sensacional.

sensé,-e [sɑ̃se] *adj* sensato,-ta.

sensibilité [sɑ̃sibilite] *nf* sensibilidad *f*.

sensible [sɑ̃sibl] *adj* **1** *(gén)* sensible. **2** *(progrès, différence)* apreciable, notable.

sensiblement [sɑ̃sibləmɑ̃] *adv* sensiblemente. **sensualité** [sɑ̃sɥalite] *nf* sensualidad *f*.

sensuel,-elle [sɑ̃sɥɛl] *adj* sensual.

sentier [sɑ̃tje] *nm* sendero *m*, senda *f*. • **hors des sentiers battus** fuera de los caminos trillados.

sentiment [sɑ̃timɑ̃] *nm* sentimiento *m*. • **avoir le sentiment que** darle a uno la impresión que.

sentimental,-e [sɑ̃timɑ̃tal] *adj* sentimental.

sentir [28] [sɑ̃tiʀ] *vt* **1** *(recevoir une impression)* sentir. **2** *(prévoir)* presentir. **3** *(apprécier)* apreciar: **sentir la beauté de**, apreciar la belleza de. **4** *(par l'odorat)* oler: **ça sent mauvais**, huele mal. **5** *(exhaler une odeur)* oler a: **ce savon sent le jasmin**, este jabón huele a jazmín. **6** *(avoir le goût de)* saber a: **ce gâteau sent la menthe**, este pastel sabe a menta. ► *vpr* **se sentir** sentirse: **se sentir mal**, sentirse mal.

séparation [separasjɔ̃] *nf* separación *f*.

séparément [separemɑ̃] *adv* por separado.

séparer [1] [separe] *vt* separar.

sept [sɛt] *num* siete m.

septembre [sɛptɑ̃bʀ] *nm* septiembre m.

septième [sɛtjɛm] *adj - nmf* (*ordinal*) séptimo,-ma. ► *nm* (*fraction*) séptimo m, séptima parte f.

sépulture [sepyltyʀ] *nf* sepultura f.

séquelle [sekɛl] *nf* secuela f.

séquence [sekɑ̃s] *nf* secuencia f.

séquestrer [1] [sekɛstʀe] *vt* secuestrar.

serein,-e [səʀɛ̃,-ɛn] *adj* sereno,-na.

sérénité [seʀenite] *nf* serenidad f.

sergent [sɛʀʒɑ̃] *nm* sargento m.

série [seʀi] *nf* 1 (*gén*) serie f. 2 SPORT categoría f. ■ **hors série** fuera de serie.

sérieux,-euse [seʀjø,-øz] *adj* serio,-ria. ► *nm* **sérieux** seriedad f. ■ **prendre au sérieux** tomar en serio.

seringue [səʀɛ̃g] *nf* jeringuilla f.

serment [sɛʀmɑ̃] *nm* juramento m. ■ **prêter serment** prestar juramento.

sermon [sɛʀmɔ̃] *nm* sermón m.

séropositif,-ive [seʀopozitif,-iv] *adj - nm,f* seropositivo,-va.

serpent [sɛʀpɑ̃] *nm* serpiente f.

serpenter [1] [sɛʀpɑ̃te] *vi* serpentear.

serpillière [sɛʀpijɛʀ] *nf* bayeta f.

serre [sɛʀ] *nf* (*pour plantes*) invernadero m.

serré,-e [seʀe] *adj* 1 (*compact*) apretado,-da, denso,-sa. 2 (*vêtement*) ceñido,-da, ajustado,-da.

serrer [1] [seʀe] *vt* 1 (*presser*) apretar, estrechar. 2 (*rapprocher*) cerrar, apretar: **serrer les rangs**, apretar filas. 3 (*vêtement*) apretar: **ces chaussures me serrent**, estos zapatos me aprietan. 4 (*aller très près*) ceñirse, pegarse. ► *vpr* **se serrer** (*se rapprocher*) estrecharse, apretarse. ■ **serrer la main** estrechar la mano.

serrure [seʀyʀ] *nf* cerradura f.

serrurier [seʀyʀje] *nm* cerrajero,-ra.

sérum [seʀɔm] *nm* suero m.

serveur,-euse [sɛʀvœʀ,-øz] *nm,f* 1 (*dans un restaurant*) camarero,-ra. 2 SPORT el/la que tiene el servicio. ► *nm* **serveur** INFORM servidor m.

serviable [sɛʀvjabl] *adj* servicial.

service [sɛʀvis] *nm* 1 (*gén*) servicio m. 2 (*dans une entreprise*) departamento m. ■ **hors service** fuera de servicio. **rendre service à** QQN hacer un favor a ALGN.

serviette [sɛʀvjɛt] *nf* 1 (*de table*) servilleta f. 2 (*de toilette*) toalla f. 3 (*à documents*) cartera f. ■ **serviette hygiénique** compresa f.

servir [29] [sɛʀviʀ] *vt* 1 (*gén*) servir: **servir le dessert**, servir el postre. 2 (*client*) atender. 3 (*ambitions, passions, etc*) satisfacer. 4 (*être bon à*) servir (**à**, para): **cela ne sert à rien**, no sirve de nada. 5 (*tenir lieu de*) hacer (**de**, de): **servir de père à ses ne-veux**, hacer de padre para sus sobrinos. ► *vpr* **se servir** 1 (*faire usage*) utilizar, usar. 2 (*d'un mets*) servirse. ■ **se servir de** QQN aprovecharse de ALGN.

ses [se] *adj poss* → **son, sa**.

session [sesjɔ̃] *nf* 1 (*d'une assemblée*) sesión f. 2 (*d'un examen*) convocatoria f.

seuil [sœj] *nm* umbral m.

seul,-e [sœl] *adj* 1 (*isolé*) solo,-la. 2 (*unique*) único,-ca: **le seul danger**, el único peligro. 3 (*simple*) solo,-la, simple: **la seule idée de travailler le rend malade**, la sola idea de trabajar lo pone enfermo. ■ **tout seul** solo.

seulement [sœlmɑ̃] *adv* 1 (*rien de plus*) solamente, sólo: **ils sont seulement deux**, tan sólo son dos. 2 (*uniquement*) únicamente, solamente: **je veux seulement un ca-**

sève

fé, únicamente quiero un café. **3** *(pas plus tôt que)* sólo, justo: **il vient seulement d'arriver**, acaba de llegar. • **non seulement** no sólo. **si seulement** si al menos.

sève [sɛv] *nf* savia *f*.

sévère [sevɛʀ] *adj* **1** *(gén)* severo, -ra. **2** *(maladie, accident)* grave.

sévérité [severite] *nf* severidad *f*.

sévices [seviz] *nm pl fml* malos tratos *m pl*.

sévir [20] [seviʀ] *vi* **1** *(punir)* castigar con rigor. **2** *fig (épidémie, froid)* hacer estragos.

sevrer [7] [savʀe] *vt* **1** *(bébé)* destetar. **2** *(d'un droit, d'un privilège)* privar (**de**, de).

sexe [sɛks] *nm* sexo *m*.

sexualité [sɛksɥalite] *nf* sexualidad *f*.

sexuel,-elle [sɛksɥɛl] *adj* sexual.

seyant,-e [sɛjɑ̃,-ɑ̃t] *adj* favorecedor.

shampoing [ʃɑ̃pwɛ̃] *nm* champú *m*.

shampooing [ʃɑ̃pwɛ̃] *nm* champú *m*.

shopping [ʃɔpiŋ] *nm* compras *f pl*. • **faire du shopping** ir de compras.

short [ʃɔʀt] *nm* short *m*.

si¹ [si] *conj* si: **si tu viens nous sortirons ensemble**, si vienes saldremos juntos. • **si bien que** de manera que, así que. **si ce n'est que** salvo que, excepto que. **si seulement** si por lo menos.

si² [si] *adv* **1** *(affirmation après une négation)* sí: **-Vous ne me croyez pas. –Si, je vous crois..**, –No me cree. –Sí que le creo. **2** *(tellement, aussi)* tan: **c'est une fille si charmante !**, es una chica tan encantadora! • **mais si** claro que sí. **si bien que** tanto que.

sida [sida] *nm* sida *m*.

sidérer [10] [sideʀe] *vt fam* asombrar, alucinar.

siècle [sjɛkl] *nm* siglo *m*.

siège [sjɛʒ] *nm* **1** *(pour s'asseoir)* asiento *m*. **2** *(d'une administration)* sede *f*, oficina *f*. **3** *(d'une société)* domicilio *m* social. **4** *(dans une assemblée)* escaño *m*. **5** *(militaire)* sitio *m*, cerco *m*.

siéger [11] [sjeʒe] *vi* **1** *(assemblée)* reunirse, celebrar sesión. **2** *(une société)* ocupar una sede. **3** *fig (se trouver)* hallarse, estar situado,-da.

sien, sienne [sjɛ̃, sjɛn] *pron pos* **le sien, la sienne** *(à lui, à elle)* el/la suyo,-ya. ▶ **nm sien** lo suyo: **à chacun le sien**, a cada uno lo suyo. ▶ *nm pl* **les siens** *(sa famille)* los suyos.

sieste [sjɛst] *nf* siesta *f*.

sifflement [sifləmɑ̃] *nm* silbido *m*.

siffler [1] [sifle] *vi - vt* **1** *(gén)* silbar. **2** *(avec un sifflet)* pitar. ▶ *vt* **1** *(un air)* silbar. **2** *(un acteur)* abuchear. **3** *fam (un verre)* soplarse.

sifflet [siflɛ] *nm* silbato *m*.

sigle [sigl] *nm* sigla *f*.

signal [siɲal] *nm* señal *f*.

signalement [siɲalmɑ̃] *nm* descripción *f*.

signaler [1] [siɲale] *vt* **1** *(gén)* señalar. **2** *(indiquer)* indicar, hacer notar.

signalisation [siɲalizasjɔ̃] *nf* señalización *f*.

signature [siɲatyʀ] *nf* firma *f*.

signe [siɲ] *nm* **1** *(gén)* signo *m*. **2** *(indice)* señal *f*, seña *f*.

signer [1] [siɲe] *vt* firmar.

significatif,-ive [siɲifikatif,-iv] *adj* significativo,-va.

signification [siɲifikasjɔ̃] *nf* significado *m*.

signifier [12] [siɲifje] *vt* **1** *(vouloir dire)* significar. **2** *(exprimer)* comunicar. **3** DR notificar.

silence [silɑ̃s] nm silencio m.
silencieux,-euse [silɑ̃sjø,-øz] adj silencioso,-sa.
silhouette [silwɛt] nf silueta f.
silicone [silikon] nf silicona f.
sillon [sijɔ̃] nm surco m.
sillonner [1] [sijɔne] vt surcar.
similaire [similɛʀ] adj similar.
similitude [similityd] nf similitud f.
simple [sɛ̃pl] adj **1** (*facile*) simple, sencillo,-lla. **2** (*sans façon*) sencillo, -lla, llano,-na. **3** (*naïf*) ingenuo, -nua, crédulo,-la. **4** (*seul*) solo,-la, único, -ca: **sa simple présence l'a calmé,** su sola presencia lo ha tranquilizado.
simplicité [sɛ̃plisite] nf simplicidad f, sencillez f.
simplifier [12] [sɛ̃plifje] vt simplificar.
simulation [simylasjɔ̃] nf simulación f.
simuler [1] [simyle] vt simular.
simultané,-e [simyltane] adj simultáneo,-a.
sincère [sɛ̃sɛʀ] adj sincero,-ra.
sincérité [sɛ̃seʀite] nf sinceridad f.
singe [sɛ̃ʒ] nm mono,-na.
singulier,-ère [sɛ̃gylje,-ɛʀ] adj singular.
sinistre [sinistʀ] adj (gén) siniestro, -tra. ▶ nm (*incendie, accident*) siniestro m.
sinon [sinɔ̃] conj (*autrement*) si no.
sinusite [sinyzit] nf MÉD sinusitis f.
sirène [siʀɛn] nf sirena f.
sirop [siʀo] nm **1** (*médicament*) jarabe m. **2** (*de fruits*) almíbar m.
siroter [1] [siʀɔte] vt fam beber a sorbos y paladeando.
site [sit] nm **1** (*endroit*) emplazamiento m. **2** (*paysage*) paraje m. ■ **site Web** sitio f web.
sitôt [sito] adv tan pronto como: **sitôt arrivé, il avait envie de re-**

partir, en cuanto llegó, ya tenía ganas de irse. • **pas de sitôt** no tan pronto: **vous ne me reverrez pas de sitôt,** no me veréis en mucho tiempo. **sitôt après** justo después.
situation [sityasjɔ̃] nf situación f.
situer [1] [sitɥe] vt situar.
six [sis] (se pronuncia [si] delante de consonante o h aspirada, y [siz] delante de vocal o h muda) num seis m.
sixième [sizjɛm] num sexto,-ta. ▶ nm (*étage*) sexto piso m.
skateboard [skɛtbɔʀd] nm monopatín m, skateboard m.
ski [ski] nm esquí m.
skier [12] [skje] vi esquiar.
skieur,-euse [skjœʀ,-øz] nm,f esquiador,-ra.
slalom [slalɔm] nm eslalon m, slalom m.
slip [slip] nm **1** (*d'homme*) calzoncillos m pl. **2** (*de femme*) bragas f pl.
slogan [slɔgɑ̃] nm eslogan m.
slow [slo] nm canción f lenta.
SMIC [smik] abr (**salaire minimum interprofessionnel de croissance**) salario m mínimo interprofesional.
smoking [smɔkiŋ] nm esmoquin m.
snack [snak] nm cafetería f.
snob [snɔb] adj - nmf esnob.
sobre [sɔbʀ] adj sobrio,-bria.
sobriété [sɔbʀijete] nf sobriedad f.
sociable [sɔsjabl] adj sociable.
social,-e [sɔsjal] adj social.
socialisme [sɔsjalism] nm socialismo m.
socialiste [sɔsjalist] adj - nmf socialista.
société [sɔsjete] nf sociedad f.
sociologie [sɔsjɔlɔʒi] nf sociología f.
sociologue [sɔsjɔlɔg] nmf sociólogo,-ga.

socle [sɔkl] *nm* zócalo *m*.
soda [sɔda] *nm* soda *f*.
sœur [sœR] *nf* hermana *f*.
soi [swa] *pron pers* sí mismo,-ma, uno,-a mismo,-ma. ● **avec soi** consigo. **cela va de soi** eso cae de su propio peso. **chez soi** en/a casa: chacun chez soi, cada uno en su casa; retourner chez soi, volver a casa. **en soi** en sí.
soi-disant [swadizɑ̃] *adj inv* supuesto,-ta. ▶ *adv* aparentemente.
soie [swa] *nf* seda *f*.
soif [swaf] *nf* sed *f*. ● **avoir soif** tener sed.
soigner [1] [swaɲe] *vt* **1** *(travail, invités)* cuidar. **2** *(maladie)* curar. ▶ *vpr* **se soigner 1** *(prendre soin de soi)* cuidarse. **2** *(malade)* curarse.
soigneux,-euse [swaɲø,-øz] *adj* cuidadoso,-sa.
soi-même [swamɛm] *pron pers* uno,-a mismo,-ma.
soin [swɛ̃] *nm* **1** *(sollicitude)* cuidado *m*. **2** *(application)* esmero *m*. ▶ *nm pl* **soins** cuidados *m pl*. ● **avoir soin de** ocuparse de cuidar de. ■ **premiers soins** primeros auxilios *m pl*.
soir [swaR] *nm* **1** *(fin d'après-midi)* tarde *f*. **2** *(nuit)* noche *f*.
soirée [swaRe] *nf* **1** *(soir)* noche *f*. **2** *(réunion)* velada *f*. **3** *(spectacle)* función *f*.
soit¹ [swa] *conj* o sea, es decir: **c'est 20 euros par personne, soit 100 euros en tout**, vale 20 euros por persona, o sea 100 euros en total. ● **soit ... soit ...** o... o...: soit tu rentres, soit tu sors, o entras o sales.
soit² [swat] *adv* vale, de acuerdo.
soixante [swasɑ̃t] *num* sesenta *m*.
soixante-dix [swasɑ̃tdis] *num* setenta *m*.

soixante-dixième [swasɑ̃tdizjɛm] *num* septuagésimo,-ma.
soixantième [swasɑ̃tjɛm] *adj - nmf* sexagésimo,-ma. ▶ *nm* sesentavo *m*, sesentava parte *f*.
soja [sɔʒa] *nm* soja *f*.
sol [sɔl] *nm (terre)* suelo *m*.
solaire [sɔlɛR] *adj* solar.
solarium [sɔlaRjɔm] *nm* solárium *m*.
soldat [sɔlda] *nm* soldado *m*.
solde [sɔld] *nm (d'un compte)* saldo *m*. ▶ *nm pl* **soldes** rebajas *f pl*.
solder [1] [sɔlde] *vt* **1** *(compte)* saldar. **2** *(article)* rebajar. ▶ *vpr* **se solder** saldarse **(par,** con).
sole [sɔl] *nf* lenguado *m*.
soleil [sɔlɛj] *nm* sol *m*.
solennel,-elle [sɔlanɛl] *adj* solemne.
solidaire [sɔlidɛR] *adj* solidario,-ria.
solidarité [sɔlidaRite] *nf* solidaridad *f*.
solide [sɔlid] *adj* **1** *(gén)* sólido,-da. **2** *(personne)* robusto,-ta. **3** *fam (appétit)* grande, bueno,-na. ▶ *nm* sólido *m*. ● **être du solide** ser de fiar.
solidité [sɔlidite] *nf* solidez *f*.
solitaire [sɔlitɛR] *adj - nmf* solitario,-ria.
solitude [sɔlityd] *nf* soledad *f*.
solliciter [1] [sɔlisite] *vt* solicitar.
solo [sɔlo] *nm* MUS solo *m*. ● **en solo** en solitario.
soluble [sɔlybl] *adj* soluble.
solution [sɔlysjɔ̃] *nf* solución *f*.
sombre [sɔ̃bR] *adj* **1** *(couleur)* oscuro,-ra. **2** *(personne)* taciturno,-na. **3** *(pensée)* sombrío,-bría.
sombrer [1] [sɔ̃bRe] *vi* **1** *(bateau)* zozobrar. **2** *fig (personne)* hundirse.
sommaire [sɔmɛR] *adj* somero,-ra. ▶ *nm* **1** *(résumé)* resumen *m*, sumario *m*. **2** *(d'un livre)* índice *m*, sumario *m*.
somme [sɔm] *nm* suma *f*. ● **en somme** en resumidas cuentas. **somme toute** después de todo.

sommeil [sɔmɛj] nm sueño m.
sommet [sɔmɛ] nm cumbre f.
sommier [sɔmje] nm somier m.
somnifère [sɔmnifɛʀ] nm somnífero m.
somptueux,-euse [sɔ̃ptɥø,-øz] adj suntuoso,-sa.
son [sɔ̃] nm (bruit) sonido m.
son, sa³ [sɔ̃, sa] adj pos (pl **ses**) su: **son frère**, su hermano; **sa valise**, su maleta; **ses livres**, sus libros.
sondage [sɔ̃daʒ] nm sondeo m.
sonde [sɔ̃d] nf sonda f.
sonder [1] [sɔ̃de] vt sondear.
songe [sɔ̃ʒ] nm sueño m.
songer [4] [sɔ̃ʒe] vt pensar. ▶ vi pensar (**à**, en). • **n'y songez pas !** ¡ni lo sueñe!
songeur,-euse [sɔ̃ʒœʀ,-øz] adj pensativo,-va.
sonné,-e [sɔne] adj 1 (heure) pasado,-da. 2 (personne) sonado,-da.
sonner [1] [sɔne] vt 1 (cloche) tocar: **la pendule a sonné six heures**, el reloj ha dado las seis. 2 (infirmière, serviteur) llamar. ▶ vi 1 (cloche, réveil, téléphone) sonar. 2 (personne) llamar.
sonnerie [sɔnʀi] nf 1 (du téléphone, du réveil) timbre m. 2 (de cloches) repique m.
sonnette [sɔnɛt] nf 1 (clochette) campanilla f. 2 (électrique) timbre m.
sonore [sɔnɔʀ] adj sonoro,-ra.
sophistiqué,-e [sɔfistike] adj sofisticado,-da.
sorbet [sɔʀbɛ] nm CUIS sorbete m.
sorcier,-ère [sɔʀsje,-ɛʀ] nm,f brujo, -ja.
sordide [sɔʀdid] adj sórdido,-da.
sort [sɔʀ] nm 1 (hasard) suerte f. 2 (avenir) destino m. 3 (maléfice) sortilegio m. • **jeter un sort à** QQN echar un sortilegio a ALGN. **tirer au sort** sortear.
sorte [sɔʀt] nf 1 (espèce) clase f, especie f. 2 (manière) manera f. • **de (telle) sorte que ...** de tal modo que.... **en quelque sorte** de algún modo. **faire en sorte que** procurar que. **toutes sortes de** todo tipo de.
sortie [sɔʀti] nf 1 (gén) salida f. 2 (d'un film) estreno m. 3 (de produit) lanzamiento m. ■ **sortie de secours** salida de emergencia.
sortir [28] [sɔʀtiʀ] vi 1 (gén) salir. 2 (famille) proceder. 3 (film) estrenarse; (livre) publicarse. • **sortir de l'ordinaire** salirse (**de**, de). ▶ vt 1 (gén) sacar. 2 (film) estrenar; (livre) publicar; (disque) editar. 3 fam (expulser) echar. 4 fam (dire) soltar. ▶ vpr (d'un endroit) salir (**de**, de). • **s'en sortir** arreglárselas.
sot, sotte [so, sɔt] adj - nmf tonto, -ta.
sottise [sɔtiz] nf tontería f.
sou [su] nm fam perra f. • **ne pas avoir un sou** no tener un duro.
souci [susi] nm preocupación f. • **se faire du souci** preocuparse.
soucier (se) [12] [susje] vpr preocuparse (**de**, por).
soucieux,-euse [susjø,-øz] adj preocupado,-da.
soucoupe [sukup] nf platillo m.
soudain,-e [sudɛ̃,-ɛn] adj repentino,-na. ▶ adv **soudain** de repente.
souder [1] [sude] vt 1 (métal) soldar. 2 fig (personnes) unir.
souffle [sufl] nm 1 (de l'air) soplo m. 2 (respiration) aliento m. 3 (inspiration) inspiración f. • **à bout de souffle** sin aliento. **couper le souffle** dejar sin aliento. **retenir son souffle** contener la respiración.
souffler [1] [sufle] vt 1 (bougie, verre) soplar. 2 (idée) susurrar. ▶ vi 1 (gén) soplar. 2 (avec difficulté) resoplar.
souffrance [sufʀɑ̃s] nf sufrimiento m.

souffrant,-e [sufʀɑ̃,-ɑ̃t] *adj* indispuesto,-ta.
souffrir [21] [sufʀiʀ] *vi* **1** *(gén)* sufrir. **2** *(malade)* padecer. ▶ *vt* **1** *(supporter)* sufrir. **2** *fam (personne)* soportar: **elle ne peut pas le souffrir**, no puede soportarlo.
souhait [swɛ] *nm* deseo *m*. • **à tes/vos souhaits !** *(après un éternuement)* ¡Jesús!
souhaitable [swɛtabl] *adj* deseable.
souhaiter [1] [swete] *vt* desear.
soûl,-e [su, sul] *adj fam* borracho, -cha.
soulagement [sulaʒmɑ̃] *nm* alivio *m*.
soulager [4] [sulaʒe] *vt* aliviar.
soûler [1] [sule] *vt fam* emborrachar.
soulever [7] [sulve] *vt* **1** *(gén)* levantar. **2** *(question)* plantear. **3** *(foule)* sublevar.
souligner [1] [suliɲe] *vt* subrayar.
soumettre [81] [sumɛtʀ] *vt* someter.
soumission [sumisjɔ̃] *nf* sumisión *f*.
soupçon [supsɔ̃] *nm* sospecha *f*.
soupçonner [1] [supsɔne] *vt* sospechar **(de**, de).
soupe [sup] *nf* sopa *f*.
souper [supe] *nm* cena *f*.
souper [1] [supe] *vi* cenar.
soupir [supiʀ] *nm* suspiro *m*.
soupirer [1] [supiʀe] *vi* suspirar.
souple [supl] *adj* **1** *(gén)* flexible. **2** *(pas)* ligero,-ra.
souplesse [suplɛs] *nf* flexibilidad *f*.
source [suʀs] *nf* fuente *f*.
sourcil [suʀsi] *nm* ceja *f*. • **froncer les sourcils** fruncir el ceño.
sourd,-e [suʀ,-uʀd] *adj - nm,f* sordo,-da.
sourd-muet, sourde-muette [suʀmɥe, suʀdəmɥɛt] *adj - nm,f (pl*

sourds-muets, sourdes-muettes) sordomudo,-da.
souriant,-e [suʀjɑ̃,-ɑ̃t] *adj* sonriente.
sourire[1] [suʀiʀ] *nm* sonrisa *f*.
sourire[2] [53] [suʀiʀ] *vi* sonreír.
souris [suʀi] *nf* ratón *m*.
sous [su] *prép* **1** *(gén)* debajo de, bajo. **2** *(temps)* durante: **ça s'est passé sous la dictature**, ocurrió durante la dictadura. **3** *(point de vue)* desde: **considéré sous cet angle**, contemplado desde este ángulo. • **sous peu** dentro de poco. **sous prétexte de** con el pretexto de.
souscription [suskʀipsjɔ̃] *nf* suscripción *f*.
souscrire [60] [suskʀiʀ] *vt* suscribir.
sous-cutané,-e [sukytane] *adj* subcutáneo,-a.
sous-développé,-e [sudevlɔpe] *adj* subdesarrollado,-da.
sous-entendu [suzɑ̃tɑ̃dy] *nm (pl* **sous-entendus**) sobrentendido *m*.
sous-estimer [1] [suzɛstime] *vt* subestimar.
sous-marin,-e [sumaʀɛ̃,-in] *adj* submarino,-na. ▶ *nm* **sous-marin** *(pl* **sous-marins**) submarino *m*.
soussigné,-e [susiɲe] *nm,f* el/la abajo firmante.
sous-sol [susɔl] *nm (pl* **sous-sols**) **1** *(terrain)* subsuelo *m*. **2** *(d'un immeuble)* sótano *m*.
sous-titre [sutitʀ] *nm (pl* **sous-titres**) subtítulo *m*.
soustraction [sustʀaksjɔ̃] *nf* **1** *(gén)* sustracción *f*. **2** MATH resta *f*, sustracción *f*.
soustraire [73] [sustʀɛʀ] *vt* **1** *(gén)* sustraer. **2** MATH restar.
sous-traiter [1] [sutʀete] *vi* subcontratar.

sous-vêtement [suvɛtmɑ̃] *nm* (*pl* **sous-vêtements**) prenda *f* interior. ▶ *nm pl* **sous-vêtements** ropa *f sing* interior.

soutenable [sutnabl] *adj* sostenible.

souteneur [sutnœʀ] *nm* chulo *m*.

soutenir [35] [sutniʀ] *vt* **1** (*gén*) sostener. **2** (*personne*) ayudar. **3** (*intérêt, effort*) mantener. **4** (*thèse*) defender. ▶ *vpr* **se soutenir 1** (*se maintenir droit*) sostenerse. **2** *fig* (*durer*) mantenerse.

soutenu,-e [sutny] *adj* (*style*) elevado,-da.

souterrain,-e [suteʀɛ̃,-ɛn] *adj* subterráneo,-a. ▶ *nm* **souterrain** subterráneo *m*.

soutien [sutjɛ̃] *nm* sostén *m*, apoyo *m*.

soutien-gorge [sutjɛ̃gɔʀʒ] *nm* (*pl* **soutiens-gorge**) sujetador *m*.

soutirer [1] [sutiʀe] *vt* **1** (*liquide*) trasegar. **2** *fig* (*argent*) sonsacar.

souvenir [suvniʀ] *nm* recuerdo *m*.

souvenir (se) [35] [suvniʀ] *vpr* acordarse, recordar.

souvent [suvɑ̃] *adv* a menudo.

soyeux,-euse [swajø,-øz] *adj* sedoso,-sa.

spacieux,-euse [spasjø,-øz] *adj* espacioso,-sa.

spaghetti [spageti] *nm* CUIS espagueti *m*.

sparadrap [spaʀadʀa] *nm* esparadrapo *m*.

spatial,-e [spasjal] *adj* espacial.

spécial,-e [spesjal] *adj* especial.

spécialiste [spesjalist] *nmf* especialista.

spécialité [spesjalite] *nf* especialidad *f*.

spécifier [12] [spesifje] *vt* especificar.

spécifique [spesifik] *adj* específico,-ca.

spectacle [spɛktakl] *nm* espectáculo *m*.

spectaculaire [spɛktakylɛʀ] *adj* espectacular.

spectateur,-trice [spɛktatœʀ,-tʀis] *nm,f* espectador,-ra.

spéculation [spekylasjɔ̃] *nf* especulación *f*.

spéculer [spekyle] *vi* especular.

spermatozoïde [spɛʀmatozoid] *nm* espermatozoide *m*.

sperme [spɛʀm] *nm* esperma *m*.

sphère [sfɛʀ] *nf* esfera *f*.

spirale [spiʀal] *nf* espiral *f*.

spiritisme [spiʀitism] *nm* espiritismo *m*.

spirituel,-elle [spiʀitɥɛl] *adj* **1** (*gén*) espiritual. **2** (*drôle*) ingenioso,-sa.

splendeur [splɑ̃dœʀ] *nf* esplendor *m*.

splendide [splɑ̃did] *adj* espléndido,-da.

sponsor [spɔ̃sɔʀ] *nm* patrocinador *m*, espónsor *m*.

sponsoriser [1] [spɔ̃sɔʀize] *vt* patrocinar.

spontané,-e [spɔ̃tane] *adj* espontáneo,-a.

spontanéité [spɔ̃taneite] *nf* espontaneidad *f*.

sport [spɔʀ] *adj* (*voiture*) deportivo, -va. ▶ *nm* deporte *m*. • **faire du sport** hacer deporte.

sportif,-ive [spɔʀtif,-iv] *adj* **1** (*gén*) deportivo,-va. **2** (*personne*) deportista. ▶ *nm,f* deportista.

square [skwaʀ] *nm* parque *m*.

squatter [skwatœʀ] *nm* okupa *mf*.

squelette [skəlɛt] *nm* esqueleto *m*.

squelettique [skəletik] *adj* esquelético,-ca.

stabiliser [1] [stabilize] *vt* estabilizar.

stabilité [stabilite] *nf* estabilidad *f*.

stable [stabl] *adj* estable.

stade [stad] *nm* **1** *(terrain)* estadio *m*. **2** *(étape)* fase *f*.
stage [staʒ] *nm* **1** *(cours)* cursillo *m*. **2** *(en entreprise)* prácticas *f pl*.
stagiaire [staʒjɛR] *adj* de prácticas. ▶ *nmf* becario,-ria.
stagner [1] [stagne] *vi* estancarse.
stalactite [stalaktit] *nf* estalactita *f*.
stalagmite [stalagmit] *nf* estalagmita *f*.
stand [stãd] *nm* **1** *(de tir)* barraca *f*. **2** *(dans une exposition)* stand *m*.
standard [stãdaR] *adj inv* estándar. ▶ *nm* **1** *(norme)* estándar *m*. **2** *(téléphonique)* centralita *f*.
standardiste [stãdaRdist] *nmf* telefonista.
star [staR] *nf (vedette)* estrella *f*.
station [stasjɔ̃] *nf* **1** *(arrêt)* pausa *f*, parada *f*. **2** *(position)* posición *f*: **il reste en station verticale**, se queda en posición vertical. **3** *(de métro)* estación *f*; *(d'autobus, de taxis)* parada *f*. ▪ **station de ski** estación de esquí.
stationnement [stasjɔnmã] *nm* estacionamiento *m*.
stationner [1] [stasjɔne] *vi (un véhicule)* aparcar; *(une personne)* estacionarse.
station-service [stasjɔ̃sɛRvis] *nf (pl* **stations-service**) estación *f* de servicio, gasolinera *f*.
statistique [statistik] *adj* estadístico,-ca. ▶ *nf* estadística *f*.
statue [staty] *nf* estatua *f*.
statuer [1] [statɥe] *vi* resolver.
statut [staty] *nm* **1** *(position)* estatus *m*. **2** *(texte)* estatuto *m*.
steak [stɛk] *nm* bistec *m*.
stéréo [steReo] *adj* estéreo.
stéréotype [steReotip] *nm* estereotipo *m*.
stérile [steRil] *adj* estéril.
stérilet [steRilɛ] *nm* DIU *m*.
stériliser [1] [steRilize] *vt* esterilizar.
stérilité [steRilite] *nf* esterilidad *f*.
steward [stiwaRt] *nm* **1** *(d'avion)* auxiliar *m* de vuelo. **2** *(de bateau)* camarero *m*.
stimulation [stimylasjɔ̃] *nf* **1** *(incitation)* estímulo *m*. **2** *(de fonction organique)* estimulación *f*.
stimuler [1] [stimyle] *vt* estimular.
stipuler [1] [stipyle] *vt* estipular.
stock [stɔk] *nm* **1** *(d'un entrepôt)* existencias *f pl*, stock *m*. **2** *(grande quantité)* provisión *f*.
stocker [1] [stɔke] *vt* almacenar.
stop [stɔp] *nm* **1** *(arrêt)* stop *m*. **2** *fam (pour voyager)* autoestop *m*.
stopper [1] [stɔpe] *vt* parar, detener. ▶ *vi (s'arrêter)* detenerse.
store [stɔR] *nm* **1** *(de fenêtre)* persiana *f*. **2** *(de magasin)* toldo *m*.
stratagème [stRataʒɛm] *nm* estratagema *f*.
stratégie [stRateʒi] *nf* estrategia *f*.
stratégique [stRateʒik] *adj* estratégico,-ca.
stress [stRɛs] *nm* estrés *m*.
stressant,-e [stRɛsã,-ãt] *adj* estresante.
strict,-e [stRikt] *adj* estricto,-ta.
strident,-e [stRidã,-ãt] *adj* estridente.
string [stRiŋ] *nm* tanga *m*.
strophe [stRɔf] *nf* estrofa *f*.
structure [stRyktyR] *nf* estructura *f*.
structurer [1] [stRyktyRe] *vt* estructurar.
studieux,-euse [stydjø,-øz] *adj* estudioso,-sa.
studio [stydjo] *nm* estudio *m*.
stupéfait,-e [stypefɛ,-ɛt] *adj* estupefacto,-ta.
stupéfiant,-e [stypefjã,-ãt] *adj* asombroso,-sa. ▶ *nm* **stupéfiant** estupefaciente *m*.

stupéfier [12] [stypefje] *vt* asombrar.

stupeur [stypœʀ] *nf* estupor *m*.

stupide [stypid] *adj* estúpido,-da.

stupidité [stypidite] *nf* estupidez *f*.

style [stil] *nm* estilo *f*.

stylo [stilo] *nm* bolígrafo *m*.

subconscient,-e [sypkɔ̃sjɑ̃,-ɑ̃t] *adj* subconsciente. ▶ *nm* **subconscient** subconsciente *m*.

subir [20] [sybiʀ] *vt* sufrir.

subit,-e [sybi,-it] *adj* súbito,-ta.

subjectif,-ive [sybʒɛktif,-iv] *adj* subjetivo,-va.

subjonctif [sybʒɔ̃ktif] *nm* subjuntivo *m*.

sublime [syblim] *adj* sublime.

submerger [4] [sybmɛʀʒe] *vt* **1** (*recouvrir*) sumergir. **2** *fig* (*de travail*) desbordar.

subordonné,-e [sybɔʀdɔne] *adj* *nm,f* subordinado,-da.

subordonner [1] [sybɔʀdɔne] *vt* subordinar.

subornation [sybɔʀnasjɔ̃] *nf* soborno *m*.

subsidiaire [sybzidjɛʀ] *adj* subsidiario,-ria.

subsistance [sybzistɑ̃s] *nf* subsistencia *f*.

subsister [1] [sybziste] *vi* subsistir.

substance [sypstɑ̃s] *nf* sustancia *f*.

substantiel,-elle [sypstɑ̃sjɛl] *adj* sustancial.

substantif [sypstɑ̃tif] *nm* sustantivo *m*.

substituer [1] [sypstitɥe] *vt* sustituir.

substitut [sypstity] *nm* sustituto *m*.

substitution [sypstitysjɔ̃] *nf* sustitución *f*.

subtil,-e [syptil] *adj* sutil.

subtilité [syptilite] *nf* sutileza *f*.

subvenir [35] [sybvəniʀ] *vi* satisfacer. • **subvenir aux besoins de QQN** satisfacer las necesidades de ALGN.

subvention [sybvɑ̃sjɔ̃] *nf* subvención *f*.

succéder [10] [syksede] *vi* suceder (**à a**): **le fils a succédé à son père**, el hijo ha sucedido a su padre. ▶ *vpr* **se succéder** sucederse.

succès [syksɛ] *nm* éxito *m*. • **avoir du succès** tener éxito. ■ **un succès fou** un exitazo.

successeur [syksesœʀ] *nm* sucesor *m*.

successif,-ive [syksesif,-iv] *adj* cesivo,-va.

succession [syksesjɔ̃] *nf* sucesión *f*.

succinct,-e [syksɛ̃,-ɛ̃t] *adj* **1** (*résumé*) conciso,-sa. **2** (*repas*) frugal.

succomber [1] [sykɔ̃be] *vi* sucumbir.

succulent,-e [sykylɑ̃,-ɑ̃t] *adj* suculento,-ta.

sucer [3] [syse] *vt* **1** (*gén*) chupar. **2** (*un doigt*) chuparse.

sucette [sysɛt] *nf* **1** (*pour bébés*) chupete *m*. **2** (*bonbon*) piruleta *f*.

sucre [sykʀ] *nm* azúcar *m*.

sucrer [1] [sykʀe] *vt* echar azúcar en.

sucrerie [sykʀəʀi] *nf* **1** (*bonbon*) golosina *f*. **2** (*industrie*) azucarera *f*.

sucrette [sykʀɛt] *nf* sacarina *f*.

sucrier [sykʀije] *nm* azucarero *m*.

sud [syd] *nm* sur *m*. ▶ *adj inv* sur, meridional.

sud-africain,-e [sydafʀikɛ̃,-ɛn] *adj* sudafricano,-na. ▶ *nm,f* **Sud-Africain,-e** sudafricano,-na.

sud-américain,-e [sydameʀikɛ̃,-ɛn] *adj* sudamericano,-na. ▶ *nm,f* **Sud-Américain,-e** sudamericano, -na.

sud-est [sydɛst] *adj - nm* sudeste *m*.

sud-ouest [sydwɛst] *adj - nm* sudoeste *m*.

Suède [sɥɛd] *nf* Suecia.
suédois,-e [sɥedwa,-az] *adj* sueco, -ca. ▶ *nm,f* **Suédois,-e** sueco,-ca. ■ **suédois** (langue) sueco *m*.
suer [1] [sɥe] *vi* (transpirer) sudar. ● **faire suer** *fam* fastidiar.
sueur [sɥœR] *nf* sudor *m*.
suffire [57] [syfiR] *vi* bastar. ● **ça suffit !** ¡basta! **il suffit de** basta con.
suffisant,-e [syfizɑ̃,-ɑ̃t] *adj* suficiente.
suffoquer [2] [syfɔke] *vt* sofocar. ▶ *vi* ahogarse.
suggérer [10] [sygʒeRe] *vt* sugerir.
suggestion [sygʒɛstjɔ̃] *nf* sugestión *f*.
suicide [sɥisid] *nm* suicidio *m*.
suicider (se) [1] [sɥiside] *vpr* suicidarse.
suisse [sɥis] *adj* suizo,-za. ▶ *nmf* **Suisse** suizo,-za.
Suisse [sɥis] *nf* Suiza.
suite [sɥit] *nf* **1** (série) sucesión *f*. **2** (qui vient après) continuación *f*: **la suite d'un roman**, la continuación de una novela. **3** (conséquence) resultado *m*: **suite à votre lettre du ...**, en respuesta a su carta del.... **4** (dans un hôtel) suite *f*. ● **par la suite** más tarde, luego. **tout de suite** enseguida.
suivant,-e [sɥivɑ̃,-ɑ̃t] *adj* siguiente.
suivi,-e [sɥivi] *adj* **1** (gén) seguido, -da. **2** (travail, relation) constante. **3** (ordonné) estructurado,-da. ▶ *nm* **suivi** seguimiento *m*.
suivre [61] [sɥivR] *vt* **1** (gén) seguir. **2** (succéder à) suceder a. **3** (conversation) escuchar. **4** (comprendre) entender: **je ne te suis plus**, ya no te entiendo.
sujet,-ette [syʒɛ,-ɛt] *adj* sujeto,-ta. ▶ *nm* **sujet 1** (thème) asunto *m*, tema *m*. **2** (en grammaire, philosophie) sujeto *m*. ● **au sujet de ...** a propósito de....
super [sypɛR] *adj fam* genial.
superbe [sypɛRb] *adj* magnífico, -ca.
superficie [sypɛRfisi] *nf* superficie *f*.
superficiel,-elle [sypɛRfisjɛl] *adj* superficial.
superflu,-e [sypɛRfly] *adj* superfluo,-flua.
supérieur,-e [sypeRjœR] *adj* superior. ▶ *nm,f* superior,-ra.
supériorité [sypeRjɔRite] *nf* superioridad *f*.
superlatif [sypɛRlatif] *nm* superlativo *m*.
supermarché [sypɛRmaRʃe] *nm* supermercado *m*.
superposer [1] [sypɛRpoze] *vt* superponer.
superstitieux,-euse [sypɛRstisjø, -øz] *adj* supersticioso,-sa.
superstition [sypɛRstisjɔ̃] *nf* superstición *f*.
superviser [1] [sypɛRvize] *vt* supervisar.
supplément [syplemɑ̃] *nm* suplemento *m*.
supplémentaire [syplemɑ̃tɛR] *adj* suplementario,-ria. ■ **heures supplémentaires** horas *f pl* extras.
supplier [13] [syplije] *vt* suplicar.
support [sypɔR] *nm* **1** (physique) soporte *m*. **2** *fig* (aide morale) apoyo *m*.
supporter[1] [sypɔRtɛR] *nm* SPORT hincha *mf*.
supporter[2] [1] [sypɔRte] *vt* **1** (gén) soportar. **2** (soutenir) sostener. **3** (équipe) apoyar.
supposé,-e [sypoze] *adj* supuesto,-ta.
supposer [1] [sypoze] *vt* suponer.
supposition [sypozisjɔ̃] *nf* suposición *f*.

suppositoire [sypozitwaʀ] nm supositorio m.

suppression [sypʀesjɔ̃] nf supresión f.

supprimer [1] [sypʀime] vt **1** *(enlever)* suprimir. **2** *(douleur)* eliminar. **3** *fam (tuer)* matar.

suprématie [sypʀemasi] nf supremacía f.

suprême [sypʀɛm] adj supremo, -ma.

sur [syʀ] prép **1** *(dessus, à propos de)* sobre, en: **pose le paquet sur la table**, deja el paquete sobre la mesa; **elle est assise sur une chaise**, está sentada en una silla. **2** *(proportion)* de, entre: **deux ou trois cas sur cent**, dos o tres casos entre cien. **3** *(direction)* a, hacia: **allez sur votre gauche**, vaya a su izquierda. **4** *(dispersion, mouvement)* por: **le vin s'est répandu sur le sol**, el vino se derramó por el suelo. • **sur soi** encima: **je n'ai pas d'argent sur moi**, no llevo dinero encima.

sûr,-e [syʀ] adj **1** *(gén)* seguro, -ra. **2** *(personne)* de confianza. • **bien sûr** desde luego.

surdité [syʀdite] nf sordera f.

sûrement [syʀmɑ̃] adv **1** *(sans doute)* seguramente. **2** *(en sûreté)* con seguridad.

surestimer [1] [syʀɛstime] vt sobreestimar.

sûreté [syʀte] nf **1** *(protection)* seguridad f. **2** *(d'une arme)* seguro m.

surface [syʀfas] nf superficie f.

surfer [1] [syʀfe] vi **1** *(faire du surf)* hacer surf. **2** INFORM navegar.

surgelé,-e [syʀʒəle] adj congelado,-da.

surgir [20] [syʀʒiʀ] vi surgir.

sur-le-champ [syʀləʃɑ̃] adv enseguida.

surlendemain [syʀlɑ̃dmɛ̃] nm pasado mañana m.

surmener [7] [syʀməne] vt agotar. ▶ vpr **se surmener** trabajar demasiado.

surmonter [1] [syʀmɔ̃te] vt **1** *(être situé au-dessus de)* dominar. **2** *(difficulté)* superar.

surnaturel,-elle [syʀnatyʀɛl] adj sobrenatural.

surnom [syʀnɔ̃] nm apodo m.

surnommer [1] [syʀnɔme] vt apodar.

surpasser [1] [syʀpase] vt superar.

surplomber [1] [syʀplɔ̃be] vt dominar.

surprenant,-e [syʀpʀənɑ̃,-ɑ̃t] adj sorprendente.

surprendre [83] [syʀpʀɑ̃dʀ] vt sorprender.

surprise [syʀpʀiz] nf sorpresa f.

surréaliste [syʀealist] nmf surrealista.

sursaut [syʀso] nm **1** *(saut)* sobresalto m. **2** *(d'énergie)* arranque m.

sursauter [1] [syʀsote] vi sobresaltar.

surtout [syʀtu] adv sobre todo.

surveillance [syʀvejɑ̃s] nf vigilancia f.

surveillant,-e [syʀvejɑ̃,-ɑ̃t] nm,f vigilante.

surveiller [1] [syʀveje] vt vigilar. ▶ vpr **se surveiller** cuidarse.

survenir [35] [syʀvəniʀ] vi sobrevenir.

survêtement [syʀvɛtmɑ̃] nm chándal m.

survie [syʀvi] nf supervivencia f.

survivant,-e [syʀvivɑ̃,-ɑ̃t] adj - nm,f superviviente.

survivre [69] [syʀvivʀ] vi sobrevivir.

susceptible [syseptibl] adj susceptible.

susciter [1] [sysite] vt suscitar.

suspect,-e [syspɛ,-ɛkt] *adj* **1** *(gén)* sospechoso,-sa. **2** *(qualité)* dudosa, -sa. ▶ *nm,f* sospechoso,-sa.
suspecter [1] [syspɛkte] *vt* sospechar.
suspendre [62] [syspɑ̃dʀ] *vt* **1** *(gén)* suspender. **2** *(tableau)* colgar. **3** *(séance)* interrumpir.
suspendu,-e [syspɑ̃dy] *adj* **1** *(gén)* suspendido,-da. **2** *(pont)* colgante.
suspension [syspɑ̃sjɔ̃] *nf* suspensión *f*.
svelte [svɛlt] *adj* esbelto,-ta.
SVP *abr* **(s'il vous plaît)** por favor.
sweat-shirt [switʃœrt] *nm* (*pl* **sweat-shirts**) sudadera *f*.
syllabe [silab] *nf* sílaba *f*.
symbole [sɛ̃bɔl] *nm* símbolo *m*.
symbolique [sɛ̃bɔlik] *adj* simbólico,-ca.
symboliser [1] [sɛ̃bɔlize] *vt* simbolizar.
symétrie [simetri] *nf* simetría *f*.
symétrique [simetʀik] *adj* simétrico,-ca.
sympa [sɛ̃pa] *adj fam* majo,-ja.

sympathie [sɛ̃pati] *nf* simpatía *f*.
sympathique [sɛ̃patik] *adj* simpático,-ca.
symphonie [sɛ̃fɔni] *nf* MUS sinfonía *f*.
symphonique [sɛ̃fɔnik] *adj* sinfónico,-ca.
symptôme [sɛ̃tom] *nm* síntoma *f*.
synagogue [sinagɔg] *nf* sinagoga *f*.
synchroniser [1] [sɛ̃kʀɔnize] *vt* sincronizar.
syndical,-e [sɛ̃dikal] *adj* sindical.
syndicat [sɛ̃dika] *nm* sindicato *m*. ■ **syndicat d'initiative** oficina *f* de turismo.
syndrome [sɛ̃dʀom] *nm* síndrome *m*.
synonyme [sinɔnim] *adj* sinónimo,-ma. ▶ *nm* sinónimo *m*.
synthèse [sɛ̃tɛz] *nf* síntesis *f*.
synthétique [sɛ̃tetik] *adj* sintético,-ca.
systématique [sistematik] *adj* sistemático,-ca.
système [sistɛm] *nm* sistema *m*.

T

t' [t] *pron pers* → te.
ta [ta] *adj poss* → ton.
tabac [taba] *nm* tabaco *m*. • **faire un tabac** *fam* cosechar un gran éxito. **passer qqn à tabac** *fam* zurrar la badana a ALGN. ■ **bureau de tabac** estanco.
tabasser [1] [tabase] *vt fam* zurrar.
table [tabl] *nf* **1** *(meuble)* mesa *f*. **2** *(de logaritmos, poids, mesures)* tabla *f*. • **à table !** ia comer!, ia la mesa! **se mettre à table 1** sentarse a la mesa. **2** *fam fig* cantar de plano. ■ **table à repasser** tabla de planchar. **table de nuit** mesilla *f* de noche. **table des matières** índice *m*.
tableau [tablo] *nm* **1** *(peinture)* cuadro *m*. **2** *fig (scène)* escena *f*, paisaje *m*: **un magnifique tableau**, un paisaje magnífico. **3** *fig (récit)* cuadro *m*, descripción *f*. **4** *(d'école)* pizarra *f*. ■ **tableau d'affichage** tablón de anuncios. **tableau de bord 1** *(de voiture)* salpicadero *m*. **2** *(d'avion)* cuadro de mandos.
tablette [tablɛt] *nf* **1** *(planchette)* tabla *f*. **2** *(d'aliment)* tableta *f*.
tablier [tablije] *nm* delantal *m*.
tabou [tabu] *nm* tabú *m*. ▶ *adj* tabú, prohibido,-da.
tabouret [taburɛ] *nm* taburete *m*.
tache [taʃ] *nf* **1** *(gén)* mancha *f*. **2** *fig (défaut)* tacha *f*, defecto *m*. • **faire tache** *fig* desentonar. ■ **tache de rousseur** peca *f*.

tâche [taʃ] *nf* tarea *f*, labor *f*. • **faciliter la tâche à qqn** facilitar las cosas a algn.
tacher [1] [taʃe] *vt* **1** *(salir)* manchar. **2** *fig (réputation, honneur)* mancillar.
tâcher [1] [taʃe] *vi* **tâcher de + inf** *(s'efforcer de)* procurar + *inf*, tratar de + *inf*.
tact [takt] *nm* tacto *m*.
tactique [taktik] *adj* táctico,-ca. ▶ *nf* táctica *f*.
tag [tag] *nm fam* pintada *f*.
taie [tɛ] *nf* funda *f* de almohada.
taille [taj] *nf* **1** *(action de tailler)* talla *f*. **2** *(hauteur)* talla *f*, estatura *f*. **3** *(partie du corps)* talle *m*, cintura *f*. **4** *(d'un objet)* tamaño *m*, dimensión *f*. • **de taille** de envergadura. **être de taille à** ser capaz de.
taille-crayon [tajkʀɛjɔ̃] *nm* (*pl* **taille-crayon** ou **taille-crayons**) sacapuntas *m*.
tailler [1] [taje] *vt* **1** *(gén)* tallar. **2** *(arbre)* podar, talar. **3** *(crayon)* afilar, sacar punta a. ▶ *vpr* **se tailler** *fam (filer)* largarse.
tailleur [tajœʀ] *nm* **1** *(ouvrier)* sastre *m*. **2** *(vêtement)* traje *m* sastre. • **s'asseoir en tailleur** sentarse con las piernas cruzadas.
taire [78] [tɛʀ] *vt* callar, acallar. • **faire taire** mandar callar.
talent [talã] *nm* talento *m*.
talon [talɔ̃] *nm* **1** *(du pied, d'un bas)* talón *m*. **2** *(d'une chaussure)* tacón

tambour

m. 3 *(de cartes)* montón m. 4 *(d'un carnet)* matriz f.

tambour [tɑ̃buʀ] *nm* tambor m.

tambourin [tɑ̃buʀɛ̃] *nm* 1 *(à grelots)* pandereta f. 2 *(tambour)* tamboril m.

tamiser [1] [tamize] *vt* tamizar.

tampon [tɑ̃pɔ̃] *nm* 1 *(bouchon)* tapón m. 2 *(pour frotter, imprégner)* bayeta f. 3 *(cachet)* tampón m, sello m.

tamponner [1] [tɑ̃pɔne] *vt* 1 *(avec un tampon)* taponar. 2 *(avec un cachet)* sellar. 3 *(heurter)* topar, chocar.

tandis [tɑ̃di(s)]. ● **tandis que** 1 *(pendant que)* mientras: elle est partie tandis qu'il dormait, ella se fue mientras él dormía. 2 *(au lieu de)* mientras que: vous souriez tandis que vous devriez pleurer, estáis sonriendo mientras que deberíais llorar.

tangible [tɑ̃ʒibl] *adj* tangible.

tanière [tanjɛʀ] *nf* 1 *(des animaux)* guarida f, madriguera f. 2 *(logement)* cuchitril m.

tank [tɑ̃k] *nm* 1 *(de combat)* tanque m. 2 *(réservoir)* depósito m, cisterna f.

tanné, -e [tane] *adj* 1 *(cuir)* curtido, -da. 2 *(visage, peau)* bronceado, -da.

tanner [1] [tane] *vt* 1 *(cuir)* curtir. 2 *fam (ennuyer)* fastidiar.

tant [tɑ̃] *adv* 1 *(tellement)* tanto: **il a tant plu que ...**, ha llovido tanto que.... 2 **tant de** *(telle quantité)* tanto,-ta: **il nous faudra tant de livres**, necesitaremos tantos libros. 3 *(aussi longtemps)* mientras: **tant que je vivrai**, mientras viva. ● **en tant que** en calidad de, como. **tant bien que mal** mal que bien. **tant pis !** ¡tanto peor! **tant pis pour lui !** ¡peor para él! **tant qu'à faire** puesto que debemos hacerlo. **tant ... que** tanto... como.

tante [tɑ̃t] *nf* tía f.

tantôt [tɑ̃to] *adv* 1 *(bientôt)* dentro de poco, pronto. 2 *(il y a pas long-temps)* hace poco: **il est venu tantôt**, vino hace poco. ● **tantôt ... tantôt ...** unas veces... otras veces...: tantôt il est fatigué, tantôt il est euphorique, unas veces está cansado, otras veces está eufórico.

tapage [tapaʒ] *nm* ruido m, escándalo m.

tape-à-l'œil [tapalœj] *adj inv* llamativo,-va.

taper [1] [tape] *vt* 1 *(battre)* pegar, golpear. 2 *(donner un coup)* dar: **taper plusieurs coups à la porte**, dar varios golpes a la puerta. 3 *(dactylographier)* escribir a máquina. 4 *fam (emprunter de l'argent)* dar un sablazo. ▶ *vi* 1 *(gén)* pegar. 2 *(dactylographier)* escribir a máquina. ▶ *vpr* **se taper** *fam (manger, boire)* tragarse, zamparse.

tapis [tapi] *nm* 1 *(gén)* alfombra f. 2 *(de mur)* tapiz m. ● **tapis de souris** alfombrilla f. **tapis roulant** cinta f transportadora.

tapisser [1] [tapise] *vt* 1 *(avec de la tapisserie)* tapizar. 2 *(avec du papier)* empapelar. 3 *(avec des fleurs, des photos)* cubrir, revestir.

tapisserie [tapisʀi] *nf* 1 *(pour murs, fauteuils)* tapicería f. 2 *(œuvre d'art)* tapiz m. 3 *(papier peint)* papel m pintado.

tapoter [1] [tapɔte] *vt* 1 *(gén)* dar golpecitos. 2 *fam (piano)* aporrear.

taquiner [1] [takine] *vt* 1 *(agacer)* hacer rabiar, incordiar. 2 *(inquiéter)* preocupar.

tard [taʀ] *adv* tarde. ● **au plus tard** a más tardar. **sur le tard** 1 *(de la journée)* al atardecer. 2 *(de la vie)* en el ocaso de la vida.

tarder [1] [taʀde] *vi (être long)* tardar. ● **il me tarde de + inf** estoy impaciente por + inf: il me tarde d'y aller, estoy impaciente por ir. **il me tarde que + subj** estoy impaciente

por que + *indicativo:* il me tarde qu'il vienne, estoy impaciente por que venga. **tarder à + inf** *(différer de faire)* tardar en + *inf:* ne tardez pas à venir, no tarden en llegar.
tardif,-ive [taʀdif,-iv] *adj* tardío,-día.
tarif [taʀif] *nm* tarifa *f.*
tarot [taʀo] *nm* tarot *m.*
tarte [taʀt] *nf* 1 CUIS tarta *f:* **tarte aux pommes**, tarta de manzana. 2 *fam (gifle)* tortazo *m.* ▶ *adj fam (mièvre)* cursi, memo,-ma.
tartelette [taʀtəlɛt] *nf* tarteleta *f.*
tartine [taʀtin] *nf* tostada *f.*
tartiner [1] [taʀtine] *vt* untar.
tartre [taʀtʀ] *nm* 1 *(des dents)* sarro *m.* 2 *(des chaudières, des canalisations)* cal *f.*
tas [tɑ] *nm* 1 *(gén)* montón *m.* 2 *(bande)* pandilla *f*, banda *f:* **tas d'ignorants !**, ¡pandilla de ignorantes!
tasse [tɑs] *nf (vaisselle)* taza *f.* ■ **boire la tasse** *fam* tragar agua.
tasser [1] [tase] *vt* 1 *(objets)* comprimir, apretar. 2 *(personnes)* apretujar, apiñar. ▶ *vpr* **se tasser** 1 *(s'affaisser)* hundirse. 2 *fam (problème)* arreglarse, solucionarse.
tâter [1] [tate] *vt (toucher)* palpar, tocar. ▶ *vpr* **se tâter** *(réfléchir)* pensarlo bien. ● **tâter le pouls** tomar el pulso. **tâter le terrain** *fig* tantear el terreno.
tatouage [tatwaʒ] *nm* tatuaje *m.*
tatouer [1] [tatwe] *vt* tatuar.
taule [tol] *nf fam* trullo *m.*
taupe [top] *nf* topo *m.*
taureau [tɔʀo] *nm* toro *m.*
tauromachie [tɔʀɔmaʃi] *nf* tauromaquia *f.*
taux [to] *nm* 1 *(gén)* tasa *f*, tipo *m.* 2 *(d'augmentation)* índice *m.* ■ **taux de change** tipo de cambio. **taux d'intérêt** tipo de interés. **taux de mortalité** índice de mortalidad. **taux de natalité** índice de natalidad.

taxe [taks] *nf* 1 *(prix)* tasa *f.* 2 *(impôt)* impuesto *m.* ● **hors taxes** libre de impuestos. **toutes taxes comprises** impuestos incluidos. ■ **taxe sur la valeur ajoutée** impuesto sobre el valor añadido.
taxi [taksi] *nm* taxi *m.*
tchèque [tʃɛk] *adj* checo,-ca. *n* ▶ *nmf* **Tchèque** checo,-ca. ▶ *nmf (langue)* checo *m.* ■ **République tchèque** República Checa.
te [t] (**t'** delante de vocal o h muda) *pron pers* te: **je te dis quelque chose**, te digo algo.
technicien,-enne [tɛknisjɛ̃,-ɛn] *nm,f* técnico, especialista.
technique [tɛknik] *adj - nf* técnico,-ca.
technologie [tɛknɔlɔʒi] *nf* tecnología *f.*
technologique [tɛknɔlɔʒik] *adj* tecnológico,-ca.
tee-shirt [tiʃœʀt] *nm* (*pl* tee-shirts) camiseta *f.*
teindre [82] [tɛ̃dʀ] *vt* teñir. ▶ *vpr* **se teindre** teñirse el pelo.
teint [tɛ̃] *nm* tez *f.*
teinte [tɛ̃t] *nf* 1 *(couleur)* tinte *m.* 2 *fig (apparence)* matiz *m*, tono *m:* **une teinte d'ironie**, un tono de ironía.
teinter [1] [tɛ̃te] *vt* teñir.
teinture [tɛ̃tyʀ] *nf* 1 *(couleur)* tinte *m.* 2 *(pharmacie)* tintura *f.*
teinturerie [tɛ̃tyʀəʀi] *nf* tintorería *f.*
tel, telle [tɛl] *adj indéf* 1 *(semblable)* tal, semejante: **une telle attitude est inadmissible**, semejante actitud es inadmisible. 2 *(quantité)* tal: **je ne peux faire face à de telles dépenses**, no puedo asumir tales gastos. 3 *(comme cela)* este,-ta: **telle est mon opinion**, esta es mi opinión. 4 *(indéfini)* tal: **tel jour, à telle heure**, tal día, a tal hora. ● **rien de tel** nada como. **tel père, tel fils** de tal palo, tal astilla. **tel que** tal como. **tel quel** tal cual. **un tel** un tal.

télé [tele] *nf* tele *f*.
télécharger [4] [teleʃaʁʒe] *vt* INFORM descargar.
télécommande [telekɔmɑ̃d] *nf* mando *m* a distancia.
télécommunication [telekɔmynikasjɔ̃] *nf* telecomunicación *f*.
télécopie [telekɔpi] *nf* fax *m*.
télégramme [telegʁam] *nm* telegrama *m*.
téléguider [1] [telegide] *vt* teledirigir.
télépathie [telepati] *nf* telepatía *f*.
téléphérique [telefeʁik] *nm* teleférico *m*.
téléphone [telefɔn] *nm* teléfono *m*. ● **appeler au téléphone** llamar por teléfono. ● **téléphone portable** teléfono móvil.
téléphoner [1] [telefɔne] *vi* - *vt* llamar por teléfono.
télescope [teleskɔp] *nm* telescopio *m*.
télescoper (se) [1] [teleskɔpe] *vpr* chocar de frente.
télésiège [telesjɛʒ] *nm* telesilla *f*.
téléski [teleski] *nm* telesquí *m*.
téléspectateur,-trice [telespektatœʁ,-tʁis] *nm,f* telespectador,-ra.
télévisé,-e [televize] *adj* televisado,-da.
téléviser [1] [televize] *vt* televisar.
téléviseur [televizœʁ] *nm* televisor *m*.
télévision [televizjɔ̃] *nf* televisión *f*.
telle [tɛl] *adj* → tel, telle.
tellement [tɛlmɑ̃] *adv* **1** *(de telle sorte)* tan. **2** *(beaucoup)* tanto: **elle a tellement mangé !**, ¡ha comido tanto! ● **pas tellement** no tanto. **tellement ... que** tanto... que.
témoignage [temwaɲaʒ] *nm* DR testimonio *m*. **2** *(gage)* muestra *f*, prueba *f*.
témoigner [1] [temwaɲe] *vt (exprimer)* demostrar, manifestar. ► *vi (servir de témoin)* declarar, testificar: **témoigner contre l'accusé**, declarar en contra del acusado.

témoin [temwɛ̃] *nm* testigo *m*. ● **prendre à témoin** tomar por testigo.
tempe [tɑ̃p] *nf* ANAT sien *f*.
tempérament [tɑ̃peʁamɑ̃] *nm* temperamento *m*.
température [tɑ̃peʁatyʁ] *nf* temperatura *f*. ● **avoir de la température** tener fiebre.
tempéré,-e [tɑ̃peʁe] *adj* templado,-da.
tempérer [10] [tɑ̃peʁe] *vt* templar.
tempête [tɑ̃pɛt] *nf* **1** *(en mer)* tempestad *f*, temporal *m*. **2** *(sur terre)* tormenta *f*.
temple [tɑ̃pl] *nm* templo *m*.
temporaire [tɑ̃pɔʁɛʁ] *adj* temporal.
temps [tɑ̃] *nm* **1** *(gén)* tiempo *m*: **il fait mauvais temps**, hace mal tiempo. **2** *(saison)* época *f*. ● **à mi-temps** a media jornada. **à temps** a tiempo. **dans le temps** antiguamente. **de temps en temps** de vez en cuando. **de tout temps** de siempre, de toda la vida. **depuis le temps que** hace mucho tiempo que. **en même temps** al mismo tiempo. **il était temps !** ¡ya era hora! **la plupart du temps** la mayoría de las veces.
tenable [tənabl] *adj* sostenible.
tendance [tɑ̃dɑ̃s] *nf* tendencia *f*.
tendinite [tɑ̃dinit] *nf* MÉD tendinitis *f*.
tendon [tɑ̃dɔ̃] *nm* tendón *m*.
tendre¹ [tɑ̃dʁ] *adj* **1** *(mou)* tierno, -na, blando,-da. **2** *(sentiment)* tierno,-na, sensible. **3** *(couleur)* suave, delicado,-da.
tendre² [62] [tɑ̃dʁ] *vt* **1** *(tirer)* tensar. **2** *(avancer)* tender: **tendre le bras**, tender el brazo. ► *vi (aboutir)* **à quoi tend tout cela ?**, ¿a qué lleva todo esto? ► *vpr* **se tendre** *(rapports, liens)* tensarse.
tendresse [tɑ̃dʁɛs] *nf* ternura *f*.
tendu,-e [tɑ̃dy] *adj* tenso,-sa.

ténèbres [tenɛbʀ] nf pl tinieblas f pl.
teneur [tɑnœʀ] nf 1 (d'un écrit) contenido m. 2 (d'un mélange) proporción f, porcentaje m.
tenir [35] [təniʀ] vt 1 (gén) tener. 2 (retenir) retener, sujetar: **tiens ta langue**, contén tu lengua. 3 (garder) mantener: **il tint les yeux fermés**, mantuvo los ojos cerrados. 4 (s'emparer de) coger. 5 fam (serrer) agarrar. 6 (connaître) saber: **je le tiens de mon frère**, lo sé por mi hermano. 7 (diriger) llevar: **il tient un restaurant**, lleva un restaurante. 8 (respecter) cumplir: **tenir sa parole**, cumplir su palabra. 9 (réunion) celebrar. 10 (dans un espace) caber: **on tient à dix à cette table**, caben diez personas en esta mesa. ▶ vi 1 (gén) estar unido,-da: **la branche tient encore à l'arbre**, la rama está todavía unida al árbol. 2 (résister) resistir, aguantar. ▶ vpr **se tenir** 1 (gén) agarrarse, cogerse. 2 (rester) quedarse: **se tenir debout**, quedarse de pie. 3 (des choses) estar relacionado,-da: **dans cette affaire, tout se tient**, en este asunto todo está relacionado. • **ne tenir qu'à** depender de: **il ne tient qu'à moi**, sólo depende de mí. **qu'à cela ne tienne** que no quede por eso. **savoir à quoi s'en tenir** saber a qué atenerse. **se tenir tranquille** estarse tranquilo. **tenir à** + inf (vouloir absolument) querer + inf: **j'ai tenu à les inviter**, he querido invitarlos. **tenir bon** aguantar. **tenir de** QQN parecerse a ALGN. **tenir pour** considerar como.
tennis [tenis] nm SPORT tenis m.
tension [tɑ̃sjɔ̃] nf tensión f. • **avoir de la tension** tener la tensión alta.
tentant,-e [tɑ̃tɑ̃,-ɑ̃t] adj tentador,-ra.
tentative [tɑ̃tativ] nf tentativa f.
tente [tɑ̃t] nf 1 (de camping) tienda f de campaña. 2 (de cirque) carpa f.

tenter [1] [tɑ̃te] vt 1 (essayer) intentar. 2 (séduire) tentar. ▶ vi **tenter de** tratar de, intentar.
tenu,-e [-] adj (soigné) bien cuidado, -da, bien atendido,-da: **enfant bien tenu**, niño bien cuidado. • **être tenu,-e de + inf** estar obligado,-da a + inf: **être tenu de travailler**, estar obligado a trabajar.
tenue [təny] nf 1 (d'une assemblée) sesión f, reunión f. 2 (d'une personne) aspecto m, ropa f. 3 (de maison, commerce) mantenimiento m, cuidado m. 4 (manières) modales m pl. • **en tenue** de uniforme. **être en petite tenue** ir en paños menores. • **tenue de soirée** traje m de etiqueta.
terme [tɛʀm] nm 1 (limite) término m, fin m. 2 (délai) plazo m, término m. 3 (loyer) alquiler m. 4 (mot) término m. • **à court terme** a corto plazo. **à long terme** a largo plazo. **mettre un terme à** poner término a.
terminal,-e [tɛʀminal] adj terminal. ▶ nm **terminal** 1 INFORM terminal m. 2 (aérogare) terminal f.
terminale [tɛʀminal] nf segundo m de bachiller.
terminer [1] [tɛʀmine] vt terminar, acabar.
terminus [tɛʀminys] nm término m.
terne [tɛʀn] adj 1 (sans éclat) apagado,-da. 2 fig (monotone) aburrido,-da.
ternir [20] [tɛʀniʀ] vt 1 (tissu, peinture) deslustrar. 2 fig (honneur, réputation) empañar.
terrain [teʀɛ̃] nm 1 (sol) terreno m. 2 (situation) situación f. 3 SPORT campo m, terreno m. • **gagner du terrain** ganar terreno. **tout terrain** todo terreno. • **terrain vague** solar m.
terrasse [teʀas] nf terraza f.
terre [tɛʀ] nf 1 (gén) tierra f. 2 (sol) suelo m, tierra f. • **par terre** en el suelo. **terre à terre** vulgar.

terrestre [tɛʀɛstʀ] adj **1** (de la terre) terrestre. **2** (temporel) terrenal.

terreur [tɛʀœʀ] nf terror m.

terrible [tɛʀibl] adj **1** (gén) terrible. **2** fam magnífico,-ca. • **pas terrible** fam nada del otro jueves.

terriblement [tɛʀibləmɑ̃] adv **1** (affreusement) terriblemente, horriblemente. **2** (extrêmement) muchísimo.

terrien,-enne [tɛʀjɛ̃,-ɛn] adj rural: **propriétaire terrien**, terrateniente. **2** (de la terre) terrícola ► nm,f terrícola.

terrifiant,-e [tɛʀifjɑ̃,-ɑ̃t] adj terrorífico,-ca.

terrifier [12] [tɛʀifje] vt aterrar, aterrorizar.

territoire [tɛʀitwaʀ] nm territorio m.

territorial,-e [tɛʀitɔʀjal] adj territorial.

terroriser [1] [tɛʀɔʀize] vt aterrorizar.

terrorisme [tɛʀɔʀism] nm terrorismo m.

terroriste [tɛʀɔʀist] adj - nmf terrorista.

tertiaire [tɛʀsjɛʀ] adj terciario,-ria.

tes [te] adj poss → **ton, ta**.

test [tɛst] nm test m, prueba f.

testament [tɛstamɑ̃] nm testamento m.

tester [1] [tɛste] vt hacer una prueba.

testicule [tɛstikyl] nm ANAT testículo m.

tétanos [tetanos] nm MÉD tétanos m.

tête [tɛt] nf **1** (gén) cabeza f. **2** (visage) cara f, rostro m: **une tête sympathique**, una cara simpática. **3** fig (esprit) mente f, cabeza f: **je ne sais pas ce qu'il a en tête**, no sé lo que tiene en mente. **4** SPORT cabezazo m. • **casser la tête** fig molestar. **être à la tête de** estar al frente de. **faire la tête** poner mala cara. **monter à la tête** fig subir a la cabeza. **se payer la tête de** QQN tomarle el pelo a ALGN. **tenir tête à** fig plantar cara a. **tourner la tête à** QQN fig volver loco a ALGN. ■ **coup de tête** cabezazo m.

tête-à-tête [tɛtatɛt] nm inv entrevista f. • **en tête-à-tête** a solas.

téter [10] [tete] vt mamar.

tétine [tetin] nf **1** (mamelle) teta f. **2** (d'un biberon) tetina f. **3** (sucette) chupete m.

têtu,-e [tety] adj testarudo,-da.

texte [tɛkst] nm texto m.

textile [tɛkstil] adj textil. ► nm tejido m.

textuel,-elle [tɛkstɥɛl] adj textual.

texture [tɛkstyʀ] nf textura f.

TGV [teʒeve] abr (**train à grande vitesse**) AVE.

thaïlandais,-e [tajlɑ̃dɛ,-ɛz] adj tailandés,-esa. ► nm,f **Thaïlandais,-e** tailandés,-esa.

thé [te] nm té m.

théâtral,-e [teatʀal] adj teatral.

théâtre [teatʀ] nm **1** (gén) teatro m. **2** fig (d'un fait) escenario m: **le sommet international fut le théâtre d'importants accords**, la cumbre internacional fue escenario de importantes acuerdos. ■ **coup de théâtre** sorpresa f.

théière [tejɛʀ] nf tetera f.

thématique [tematik] adj temático,-ca.

thème [tɛm] nm **1** (gén) tema f. **2** (traduction) traducción f inversa.

théologie [teɔlɔʒi] nf teología f.

théorie [teɔʀi] nf teoría f.

théorique [teɔʀik] adj teórico,-ca.

thérapeutique [teʀapøtik] adj terapéutico,-ca. ► nf terapéutica f.

thérapie [teʀapi] nf terapia f.

thermal,-e [tɛʀmal] adj termal.

thermique [tɛʀmik] adj térmico,-ca.

thermomètre [tɛʀmɔmɛtʀ] nm termómetro m.

Thermos® [tɛʀmos] nf termo m.

thermostat [tɛʀmɔsta] nm termostato m.

thèse [tɛz] *nf* tesis *f*.
thon [tɔ̃] *nm* atún *m*.
thorax [tɔʀaks] *nm* ANAT tórax *m*.
thym [tɛ̃] *nm* tomillo *m*.
tibia [tibja] *nm* ANAT tibia *f*.
ticket [tikɛ] *nm* billete *m*, ticket *m*.
tiède [tjɛd] *adj* tibio,-bia.
tiédir [20] [tjedir] *vi* entibiarse.
tien,-enne [tjɛ̃,-ɛn] *pron poss* **le/la tien, -enne** *(qui est à toi)* el/la tuyo, -ya. ▶ *nm pl* **les tiens** *(parents, amis)* los tuyos: **tu préfères rester avec les tiens**, prefieres estar con los tuyos.
tiers, tierce [tjɛʀ, tjɛʀs] *adj* tercer, -ra. ▶ *nm* **tiers 1** *(partie d'un tout)* tercio *m*, tercera *m* parte: **les deux tiers**, las dos terceras partes. **2** *(personne)* tercero,-ra: **ils demandèrent l'avis d'un tiers**, pidieron consejo a un tercero.
tiers-monde [tjɛʀmɔ̃d] *nm* tercer mundo *m*.
tige [tiʒ] *nf* **1** *(d'une plante)* tallo *m*. **2** *(d'une botte)* caña *f*. **3** *(d'une colonne)* fuste *m*. **4** *(barre)* barra *f*.
tigre,-esse [tigʀ,-gʀɛs] *nm,f* tigre *m*, tigresa *f*.
tilleul [tijœl] *nm* **1** *(arbre)* tilo *m*. **2** *(fleur, infusion)* tila *f*.
timbre [tɛ̃bʀ] *nm* **1** *(gén)* timbre *m*. **2** *(pour la poste)* sello *m*.
timbrer [1] [tɛ̃bʀe] *vt* timbrar, sellar.
timide [timid] *adj* tímido,-da.
timidité [timidite] *nf* timidez *f*.
tintamarre [tɛ̃tamaʀ] *nm* alboroto *m*.
tinter [1] [tɛ̃te] *vi* tintinear.
tir [tiʀ] *nm* tiro *m*, disparo *m*. ▪ **tir à l'arc** tiro con arco. **tir au but** SPORT remate *m*.
tirage [tiʀaʒ] *nm* **1** *(d'une cheminée)* tiro *m*. **2** *(d'exemplaires)* tirada *f*. **3** *(de photographies)* positivado *m*. **4** *(de loterie)* sorteo *m*.

toboggan.
tiraillement [tiʀajmɑ̃] *nm* **1** *(gén)* tirón *m*. **2** *(du corps)* retortijón *m*.
tire-bouchon [tiʀbuʃɔ̃] *nm* *(pl* **tire-bouchons***)* sacacorchos *m*.
tirelire [tiʀliʀ] *nf* hucha *f*.
tirer [1] [tiʀe] *vt* **1** *(allonger, étirer)* tirar de, estirar de: **tirer une courroie**, tirar de una correa. **2** *(extraire)* sacar: **tirer l'épée**, sacar la espada. **3** *(fermer)* correr, cerrar: **tirer les rideaux**, correr las cortinas. **4** *(ligne, plan)* trazar. **5** *(livre)* imprimir, tirar. **6** *(projectile)* disparar. **7** *(faire sortir)* sacar, extraer: **tirer la langue**, sacar la lengua. **8** *fig* *(délivrer)* librar, sacar. ▶ *vi* **1** *(exercer une traction)* tirar *(sur,* de*)*. **2** *(les couleurs)* tirar (*sur*, a): **le papier peint tire sur le bleu**, el papel pintado tira a azul. ▶ *vpr* **se tirer** *fam* *(s'en aller)* largarse. ▪ **s'en tirer** salir bien parado. **tirer à sa fin** tocar a su fin. **tirer QQN d'embarras** librar a ALGN de una situación comprometida.
tiret [tiʀɛ] *nm* raya *f*, guión *m*, guion *m*.
tireur,-euse [tiʀœʀ,-øz] *nm,f* **1** *(avec une arme)* tirador,-ra. **2** *(de traites)* girador,-ra, librador,-ra. **3** *(de cartes)* echador,-ra.
tiroir [tiʀwaʀ] *nm* cajón *m*.
tisane [tizan] *nf* tisana *f*.
tisser [1] [tise] *vt* tejer.
tissu [tisy] *nm* tejido *m*, tela *f*.
titre [titʀ] *nm* título *m*. ▪ **à ce titre** por esta razón. **à juste titre** con toda la razón. **à titre de** a título de. ▪ **gros titre** titular *m*. **page de titre** portada *f*. **titre de transport** billete *m*.
titulaire [tityleʀ] *adj* -*nmf* titular.
toast [tost] *nm* **1** *(avant de boire)* brindis *m*. **2** *(pain)* tostada *f*. ▪ **porter un toast** brindar.
toc [tɔk] *nm* bisutería *f*. ▪ **c'est du toc** eso es falso.
toboggan [tɔbɔɡɑ̃] *nm* tobogán *m*.

toi [twa] *pron pers* **1** *(sujet)* tú. **2** *(complément indirect)* ti: **c'est pour toi**, es para ti. ▸ **à toi** tuyo,-ya. ● **avec toi** contigo.

toile [twal] *nf* **1** *(tissu)* tela *f*. **2** *(peinture)* lienzo *m*. ● **toile d'araignée** tela de araña. ● **toile de fond** telón *m* de fondo.

toilette [twalɛt] *nf* aseo *m*. ▸ *nf pl* **toilettes** *(lavabo)* servicio *m sing*, lavabos *m pl*. ● **faire sa toilette** lavarse, arreglarse.

toi-même [twamɛm] *pron pers* tú mismo,-ma.

toit [twa] *nm* **1** *(gén)* tejado *m*, techo *m*. **2** *fig (maison)* techo *m*, hogar *m*.

tôle [tol] *nf* **1** *(de fer, d'acier)* chapa *f*. **2** *fam (prison)* trullo *m*.

tolérance [tɔlerɑ̃s] *nf* tolerancia *f*.

tolérant,-e [tɔlerɑ̃,-ɑ̃t] *adj* tolerante.

tolérer [10] [tɔlere] *vt* tolerar.

tomate [tɔmat] *nf* tomate *m*.

tombe [tɔ̃b] *nf* tumba *f*.

tombeau [tɔ̃bo] *nm* tumba *f*.

tombée [tɔ̃be] ● **tombée de la nuit** anochecer *m*. **tombée du jour** atardecer *m*.

tomber [1] [tɔ̃be] *vi* **1** *(gén)* caer: **le vase vient de tomber**, se acaba de caer el jarrón. **2** *(se jeter)* arrojarse: **il tomba aux pieds de son idole**, se arrojó a los pies de su ídolo. **3** *(perdre de sa force)* decaer. **4** *(prix, fièvre)* bajar. **5** *(devenir)* ponerse, caer: **tomber malade**, ponerse enfermo. ▸ *vt (jeter à terre)* tumbar, derribar. ▸ *v impers (la pluie, la neige, etc)* caer. ● **laisser tomber** dejar, abandonar. **tomber amoureux** enamorarse. **tomber bien/mal** venir bien/mal. **tomber sur** QQN encontrarse con ALGN.

ton[1] [tɔ̃] *nm* tono *m*.

ton, ta[2] [tɔ̃, ta] *adj poss (pl* **tes)** tu: **ton frère**, **ta sœur et tes cousins**, tu hermano, tu hermana y tus primos.

tondeuse [tɔ̃døz] *nf* **1** *(à cheveux)* maquinilla *f*. **2** *(à gazon)* cortacésped *m*.

tondre [62] [tɔ̃dR] *vt* **1** *(cheveux)* rapar. **2** *(laine, poil)* esquilar. **3** *(gazon)* cortar.

tongs [tɔ̃g] *nf pl* chanclatas *f pl*.

tonifier [12] [tɔnifje] *vt* tonificar.

tonique [tɔnik] *adj* tónico,-ca.

tonne [tɔn] *nf* tonelada *f*.

tonneau [tɔno] *nm* tonel *m*. ● **faire un tonneau** *(voiture)* dar una vuelta de campana.

tonner [tɔne] *v impers (tonnerre)* tronar. ▸ *vi* **1** *(canon)* retumbar. **2** *(contre)* criticar.

tonnerre [tɔnɛR] *nm* **1** *(foudre)* trueno *m*. **2** *fig (bruit)* estruendo *m*. ● **c'est du tonnerre** es genial.

tonton [tɔ̃tɔ̃] *nm fam* tío *m*.

torche [tɔRʃ] *nf* antorcha *f*.

torchon [tɔRʃɔ̃] *nm* **1** *(gén)* trapo *m*. **2** *fam fig (saleté)* porquería *f*.

tordre [62] [tɔRdR] *vt* **1** *(tourner en sens contraire)* torcer, retorcer. **2** *(plier)* doblar, torcer. ● **se tordre de rire** desternillarse de risa.

tornade [tɔRnad] *nf* tornado *m*.

torrent [tɔRɑ̃] *nm* torrente *m*.

torride [tɔRid] *adj* tórrido,-da.

torse [tɔRs] *nm* torso *m*.

torsion [tɔRsjɔ̃] *nf* torsión *f*.

tort [tɔR] *nm* **1** *(gén)* error *m*, culpa *f*: **c'est lui qui a tous les torts**, él tiene toda la culpa. **2** *(dommage)* daño *m*, perjuicio *m*: **on lui a fait beaucoup de tort**, le han causado mucho daño. ● **à tort** sin razón. **à tort et à travers** a tontas y a locas. **avoir tort** no tener razón.

tortiller [1] [tɔRtije] *vt (tordre)* retorcer, torcer. ▸ *vpr* **se tortiller** *(sur soi-même)* retorcerse, enroscarse.

tortionnaire [tɔRsjɔnɛR] *nm* torturador,-ra.

tortue [tɔRty] *nf* tortuga *f*.

torture [tɔRtyR] *nf* tortura *f*.

torturer [tɔrtyre] vt torturar.

tôt [to] adv temprano, pronto. • **au plus tôt** cuanto antes. **plus tôt** antes. **tôt ou tard** tarde o temprano.

total,-e [tɔtal] adj total. ▶ nm **total** total m. • **au total 1** (tout considéré) en resumidas cuentas. **2** (somme) en total.

totalité [tɔtalite] nf totalidad f.

toubib [tubib] nmf fam matasanos.

touchant,-e [tuʃɑ̃,-ɑ̃t] adj conmovedor,-ra.

touche [tuʃ] nf **1** (action) toque m. **2** (peinture) pincelada f. **3** (note) nota f: **mettre une touche de gaieté,** poner una nota de alegría. **4** (de clavier) tecla f. **5** SPORT banda f. • **faire une touche** ligar.

toucher[1] [tuʃe] vt **1** (gén) tocar. **2** (atteindre) alcanzar, dar: **toucher le but,** dar en el blanco. **3** (recevoir) cobrar: **toucher de l'argent,** cobrar dinero. **4** (émouvoir) conmover, impresionar. **5** (concerner) atañer, concernir. ▶ vi **toucher à 1** (gén) tocar. **2** (être contigu) lindar con, estra junto a.

toucher[2] [tuʃe] nm (sens) tacto m.

touffe [tuf] nf **1** (d'herbe) mata f. **2** (de cheveux) mechón m. **3** (de fleurs, de brins, etc) manojo m.

toujours [tuʒur] adv **1** (gén) siempre. **2** (encore) todavía, aún. **3** (en attendant) por ahora, mientras tanto: **signez toujours, on ver ra bien,** firme por ahora y ya veremos. **4** (de toute façon) de todos modos. • **pour toujours** para siempre. **toujours est-il que ...** en todo caso..., lo cierto es que....

toupie [tupi] nf trompo m, peonza f.

tour[1] [tur] nf torre f.

tour[2] [tur] nm **1** (gén) vuelta f: **faire le tour de la ville,** dar la vuelta a la ciudad. **2** (circonférence) perímetro m, circunferencia f. **3** (mécanique) revolución f. **4** (spectacle) número m: **faire un tour d'équilibre,** hacer un número de equilibrio. **5** (apparence) cariz m, giro m: **leur relation a pris un drôle de tour,** su relación ha adoptado un extraño cariz. **6** (rang) vez f, turno m: **c'est mon tour,** es mi turno. • **à tour de bras** con todas las fuerzas. **à tour de rôle** por turno. **jouer un mauvais tour** hacer una mala pasada.

tourbillon [turbijɔ̃] nm **1** (d'air) torbellino m. **2** (d'eau) remolino m.

tourisme [turism] nm turismo m.

touriste [turist] nmf turista.

touristique [turistik] adj turístico,-ca.

tourmenter [1] [turmɑ̃te] vt atormentar.

tournage [turnaʒ] nm rodaje m.

tournant,-e [turnɑ̃,-ɑ̃t] adj giratorio,-ria. ▶ nm **tournant 1** (d'une rue, d'un chemin, etc) vuelta f, recodo m. **2** fig (de l'histoire) momento m decisivo.

tournée [turne] nf **1** (d'un homme d'affaires) viaje m de negocios. **2** (d'un fonctionnaire) viaje m de inspección. **3** (d'une troupe de théâtre) gira f. **4** (du facteur, à boire) ronda f.

tourner [1] [turne] vt **1** (gén) girar, dar vueltas. **2** (pages) pasar. **3** (tête, dos) volver, girar. **4** (film) rodar. **5** (façonner au tour) tornear, labrar. **6** (phrase, texte) redactar, componer. **7** (yeux, regard) volver, dirigir: **il tourna ses yeux vers lui,** dirigió sus ojos hacia él. ▶ vi **1** (gén) girar, dar vueltas. **2** (changer de direction) girar: **la chance a tourné,** la suerte ha cambiado. **3** (résulter) salir: **l'affaire a mal tourné,** el negocio salió mal. **4** (lait) cortarse; (vin) agriarse. • **tourner de l'œil** desmayarse. **tourner en dérision/ridicule** ridiculizar.

tournesol [turnəsɔl] nm girasol m.

tournevis [turnəvis] nm destornillador m.

tournoi

tournoi [turnwa] *nm* torneo *m*.
tournure [turnyr] *nf* **1** *(apparence)* giro *m*, cariz *m*: **les événements prirent une tournure surprenante**, los acontecimientos adoptaron un giro sorprendente. **2** *(formulation)* giro *m*.
tous [tus] *adj-pron* → **tout,-e**.
tousser [1] [tuse] *vi* toser.
tout,-e [tu,-t] *adj (pl* **tous**) *(la totalité)* todo,-da. **2** *(chaque)* cada: **elle prend ses vacances tous les dix mois**, se toma vacaciones cada diez meses. **3** *(unique)* único,-ca: **ma famille est toute ma fortune**, mi familia es mi única fortuna. ▶ *pron (pl* **tous**) *(gén)* todo; *(tout le monde)* todos,-das. ▶ *adv* **1** *(entièrement)* todo, -da: **je suis tout à vous**, estoy enteramente a su disposición. **2** *(très)* muy: **il est tout jeune**, es muy joven. ■ **ne le tout** *(la totalité)* el todo: **risquer le tout pour le tout**, jugarse el todo por el todo. **après tout** después de todo. **à tout à l'heure** hasta luego. **c'est tout** nada más, esto es todo. **pas du tout** de ningún modo. **tout à coup** de repente. **tout à fait** del todo. **tout à l'heure** hace un momento. **tout le temps** siempre. **tous les deux** los dos, ambos.
toutefois [tutfwa] *adv* sin embargo, no obstante.
toux [tu] *nf* tos *f*.
toxicomane [toksikɔman] *adj - nmf* toxicómano,-na.
toxique [tɔksik] *adj - nm* tóxico,-ca.
trac [trak] *nm fam* nerviosismo *m*, miedo *m*.
tracas [traka] *nm* preocupación *f*.
tracasser [1] [trakase] *vt* preocupar.
trace [tras] *nf* **1** *(empreinte)* rastro *m*, huella *f*. **2** *(signe)* huella *f*, señal *f*.
tracer [3] [trase] *vt* trazar.

tract [trakt] *nm* octavilla *f*.
tracteur [traktœr] *nm* tractor *m*.
tradition [tradisjɔ̃] *nf* tradición *f*.
traditionnel,-elle [tradisjɔnel] *adj* tradicional.
traducteur,-trice [tradyktœr,-tris] *nm,f* traductor,-ra.
traduction [tradyksjɔ̃] *nf* traducción *f*.
traduire [58] [tradɥir] *vt* traducir.
trafic [trafik] *nm* tráfico *m*.
trafiquant,-e [trafikɑ̃,-ɑ̃t] *nm,f* traficante.
trafiquer [2] [trafike] *vt* falsear. ▶ *vi* traficar.
tragédie [traʒedi] *nf* tragedia *f*.
tragique [traʒik] *adj* trágico,-ca.
trahir [20] [trair] *vt* traicionar.
trahison [traizɔ̃] *nf* traición *f*.
train [trɛ̃] *nm* **1** *(chemin de fer)* tren *m*. **2** *(d'une animal)* paso *m*, marcha *f*. **3** *fam (derrière)* trasero *m*. ■ **être en train de** + *inf* estar + *ger*: **il est en train de manger**, está comiendo.
traîne [trɛn] *nf* cola *f*. ■ **être à la traîne** ir retrasado.
traîneau [trɛno] *nm* trineo *m*.
traînée [trɛne] *nf* **1** *(trace)* reguero *m*. **2** *fam (femme)* prostituta *f*.
traîner [1] [trɛne] *vt* tirar de, arrastrar. ▶ *vi* **1** *(gén)* arrastrar, colgar: **sa robe traîne par terre**, su vestido cuelga por el suelo. **2** *(chose)* no estar en su sitio: **ses vêtements traînaient partout**, sus ropas estaban diseminadas por todas partes. **3** *(s'attarder)* quedarse atrás, rezagarse. **4** *(errer)* callejear, vagabundear. ▶ *vpr* **se traîner 1** *(gén)* andar con dificultad. **2** *(ramper)* arrastrarse.
trait [trɛ] *nm* **1** *(ce qui caractérise)* rasgo *m*, característica *f*: **c'est un trait de notre époque**, es un rasgo de nuestra época. **2** *(ligne)* raya *f*. ■ **avoir trait à** referirse a. **boire**

d'un trait beber de un trago. ■ **trait d'union** guion m.
traité [tʀete] nm tratado m.
traitement [tʀetmɑ̃] nm **1** (gén) tratamiento m. **2** (d'un fonctionnaire) paga f, sueldo m. ■ **mauvais traitements** malos tratos m pl.
traiter [1] [tʀete] vt **1** (gén) tratar. **2** INFORM procesar. ▶ vi (discourir) tratar (**de**, de). ● **traiter QQN de QQCH** tratar a ALGN de ALGO.
traître,-esse [tʀetʀ,-es] adj - nm,f traidor,-ra.
trajectoire [tʀaʒɛktwaʀ] nf trayectoria f.
trajet [tʀaʒe] nm trayecto m.
trame [tʀam] nf trama f.
tramer [1] [tʀame] vt tramar.
trampoline [tʀɑ̃pɔlin] nm cama f elástica.
tramway [tʀamwe] nm tranvía m.
tranchant,-e [tʀɑ̃ʃɑ̃,-ɑ̃t] adj **1** (qui coupe) cortante. **2** fig (ton, réponse) tajante.
tranche [tʀɑ̃ʃ] nf **1** (de saucisson) rodaja f; (de pain) rebanada f; (de jambon) loncha f. **2** (d'un livre) canto m. **3** (de chiffres) grupo m. ■ **tranche horaire** franja f horaria.
trancher [1] [tʀɑ̃ʃe] vt **1** (couper) cortar. **2** fig (question, difficulté) zanjar. ▶ vi **1** (décider) decidir. **2** (couleurs) resaltar.
tranquille [tʀɑ̃kil] adj tranquilo,-la.
tranquilliser [1] [tʀɑ̃kilize] vt tranquilizar.
tranquillité [tʀɑ̃kilite] nf tranquilidad f.
transaction [tʀɑ̃zaksjɔ̃] nf transacción f.
transatlantique [tʀɑ̃zatlɑ̃tik] adj transatlántico,-ca. ▶ nm transatlántico m.
transcription [tʀɑ̃skʀipsjɔ̃] nf transcripción f.

transcrire [60] [tʀɑ̃skʀiʀ] vt transcribir.
transe [tʀɑ̃s] nf trance m.
transférer [10] [tʀɑ̃sfeʀe] vt **1** (gén) transferir. **2** INFORM reenviar.
transfert [tʀɑ̃sfɛʀ] nm **1** (de fonds) transferencia f. **2** (d'un joueur) traspaso m. **3** (transport) traslado m. **4** (de droits) transmisión f.
transformation [tʀɑ̃sfɔʀmasjɔ̃] nf transformación f.
transformer [1] [tʀɑ̃sfɔʀme] vt transformar.
transfusion [tʀɑ̃sfyzjɔ̃] nf transfusión f.
transgresser [1] [tʀɑ̃sgʀese] vt transgredir.
transit [tʀɑ̃zit] nm tránsito m.
transition [tʀɑ̃zisjɔ̃] nf transición f.
transmettre [81] [tʀɑ̃smɛtʀ] vt transmitir.
transmission [tʀɑ̃smisjɔ̃] nf transmisión f.
transparaître [82] [tʀɑ̃spaʀɛtʀ] vi transparentarse.
transparence [tʀɑ̃spaʀɑ̃s] nf transparencia f.
transparent,-e [tʀɑ̃spaʀɑ̃,-ɑ̃t] adj transparente.
transpercer [3] [tʀɑ̃spɛʀse] vt traspasar.
transpiration [tʀɑ̃spiʀasjɔ̃] nf transpiración f.
transpirer [1] [tʀɑ̃spiʀe] vi transpirar.
transplanter [1] [tʀɑ̃splɑ̃te] vt trasplantar.
transport [tʀɑ̃spɔʀ] nm transporte m. ■ **transports en commun** transportes colectivos.
transporter [1] [tʀɑ̃spɔʀte] vt transportar.
transporteur [tʀɑ̃spɔʀtœʀ] nm transportista mf.
transvaser [1] [tʀɑ̃svaze] vt transvasar.

transversal

transversal,-e [tʀɑ̃svɛʀsal] *adj* transversal.
trapèze [tʀapɛz] *nm* trapecio *m*.
trappe [tʀap] *nf* 1 *(porte)* trampilla *f*. 2 *(piège)* trampa *f*.
traquer [2] [tʀake] *vt* acosar.
traumatiser [1] [tʀomatize] *vt* traumatizar.
traumatisme [tʀomatism] *nm* traumatismo *m*.
travail [tʀavaj] *nm* 1 *(gén)* trabajo *m*. 2 *(ouvrage)* obra *f*. 3 *(au champ)* faena *f*. ▶ *nm pl* **travaux** *(chantiers)* obras *f pl*.
travailler [1] [tʀavaje] *vi* 1 *(gén)* trabajar. 2 *(à l'école)* estudiar. 3 *(vin)* fermentar.
travailleur,-euse [tʀavajœʀ,-øz] *adj - nm,f* trabajador,-ra.
travers [tʀavɛʀ] *nm* defecto *m*. • **à tort et à travers** a tontas y a locas. **à travers** a través. **de travers** de través.
traversée [tʀavɛʀse] *nf* travesía *f*.
traverser [1] [tʀavɛʀse] *vt* 1 *(gén)* atravesar. 2 *(transpercer)* traspasar.
travesti [tʀavɛsti] *nm* travestido *m*.
travestir [20] [tʀavɛstiʀ] *vt* 1 *(déguiser)* disfrazar. 2 *fig (fausser)* tergiversar. ▶ *vpr* **se travestir** 1 *(se déguiser)* disfrazarse. 2 *(en homme/ femme)* travestirse.
trébucher [1] [tʀebyʃe] *vi* tropezar.
trèfle [tʀɛfl] *nm* trébol *m*.
treize [tʀɛz] *num* trece *m*.
tremblement [tʀɑ̃bləmɑ̃] *nm* temblor *m*. • **et tout le tremblement** fam y toda la pesca. ■ **tremblement de terre** terremoto *m*.
trembler [1] [tʀɑ̃ble] *vi* temblar.
trembloter [1] [tʀɑ̃blɔte] *vi fam* temblequear.
tremper [1] [tʀɑ̃pe] *vt* 1 *(mouiller)* mojar. 2 *(imbiber)* empapar. 3 *(l'acier)* templar. ▶ *vi* 1 *(gén)* estar en remojo. 2 *fig (être complice)* partici-

par en, estar implicado en. • **être trempé** estar hecho una sopa.
tremplin [tʀɑ̃plɛ̃] *nm* trampolín *m*.
trentaine [tʀɑ̃tɛn] *nf* treintena *f*. • **avoir la trentaine** tener unos treinta años.
trente [tʀɑ̃t] *num* treinta *m*. • **se mettre sur son trente et un** ponerse de punta en blanco.
trépidant,-e [tʀepidɑ̃,-ɑ̃t] *adj* trepidante.
trépied [tʀepje] *nm* trípode *m*.
trépigner [1] [tʀepine] *vi* patalear.
très [tʀɛ] *adv* 1 *(superlatif)* muy: **très aimable**, muy amable. 2 *(quantité)* mucho,-cha: **il fait très froid**, hace mucho frío.
trésor [tʀezɔʀ] *nm* tesoro *m*.
trésorerie [tʀezɔʀʀi] *nf* tesorería *f*.
trésorier,-ère [tʀezɔʀje,-ɛʀ] *nm,f* tesorero,-ra.
tressaillir [27] [tʀesajiʀ] *vi* estremecerse.
tresse [tʀɛs] *nf* trenza *f*.
tresser [1] [tʀese] *vt* trenzar.
trêve [tʀɛv] *nf* tregua *f*.
tri [tʀi] *nm* selección *f*, clasificación *f*.
triangle [tʀijɑ̃gl] *nm* triángulo *m*.
triangulaire [tʀijɑ̃gylɛʀ] *adj* triangular.
triathlon [tʀijatlɔ̃] *nm* triatlón *m*.
tribu [tʀiby] *nf* tribu *f*.
tribunal [tʀibynal] *nm* tribunal *m*.
tribune [tʀibyn] *nf* tribuna *f*.
tricher [1] [tʀiʃe] *vi* hacer trampas.
tricheur,-euse [tʀiʃœʀ,-øz] *nm,f* tramposo,-sa.
tricot [tʀiko] *nm* 1 *(tissu)* tejido *m* de punto. 2 *(vêtement)* jersey *m*.
tricoter [1] [tʀikɔte] *vt - vi* hacer punto: **elle tricote un chandail**, hace un suéter de punto.
tricycle [tʀisikl] *nm* triciclo *m*.
trier [13] [tʀije] *vt* escoger, clasificar.

trilingue [tʀilɛ̃g] adj - nmf trilingüe.

trimer [1] [tʀime] vi fam currar.

trimestre [tʀimɛstʀ] nm trimestre m.

trimestriel,-elle [tʀimɛstʀijɛl] adj trimestral.

tringle [tʀɛ̃gl] nf barra f.

trinquer [2] [tʀɛ̃ke] vi **1** fam (avec les verres) brindar; (boire) beber. **2** fam (subir) pagar el pato.

triomphe [tʀijɔ̃f] nm triunfo m.

triompher [1] [tʀijɔ̃fe] vi triunfar. • **triompher de** + QQCH/QQN vencer ALGO/a ALGN: triompher de ses peurs, vencer sus miedos.

tripes [tʀip] nf pl **1** (boyaux) tripas f pl. **2** CUIS callos m pl.

triple [tʀipl] adj triple.

triste [tʀist] adj triste.

tristesse [tʀistɛs] nf tristeza f.

triturer [1] [tʀityʀe] vt triturar.

trivial,-e [tʀivjal] adj **1** (grossier) grosero, -a. **2** (banal) trivial.

troc [tʀɔk] nm trueque m.

trois [tʀwa] num tres m.

troisième [tʀwazjɛm] num tercero, -ra. ▶ nm tercio m, tercera parte f.

trombone [tʀɔ̃bɔn] nm **1** MUS trombón m. **2** (agrafe) clip m.

trompe [tʀɔ̃p] nf (d'un animal) trompa f.

tromper [1] [tʀɔ̃pe] vt **1** (gén) engañar. **2** (échapper) burlar: **il trompa la police**, burló a la policía. ▶ vpr **se tromper** equivocarse.

trompette [tʀɔ̃pɛt] nf trompeta f.

trompettiste [tʀɔ̃petist] nmf trompetista.

trompeur,-euse [tʀɔ̃pœʀ,-øz] adj engañoso,-sa.

tronc [tʀɔ̃] nm **1** (gén) tronco m. **2** (dans une église) cepillo m.

tronçonneuse [tʀɔ̃sɔnøz] nf sierra f eléctrica.

trône [tʀon] nm trono m.

trop [tʀo] adv **1** (gén) demasiado. **2** (très) muy: **vous êtes trop aimable**, es usted muy amable. • **c'en est trop** es demasiado. **en trop** de más.

trophée [tʀɔfe] nm trofeo m.

tropical,-e [tʀɔpikal] adj tropical.

tropique [tʀɔpik] nm trópico m.

trot [tʀo] nm trote m.

trotter [1] [tʀɔte] vi trotar.

trottinette [tʀɔtinɛt] nf patinete m.

trottoir [tʀɔtwaʀ] nm acera f.

trou [tʀu] nm **1** (gén) agujero m. **2** (des animaux) madriguera f; (de souris) ratonera f. • **boire comme un trou** fam beber como un cosaco. ■ **trou de la serrure** ojo m de la cerradura.

trouble [tʀubl] adj **1** (eau, vin) turbio,-bia. **2** (question, affaire) confuso,-sa. ▶ nm **1** (agitation) disturbio m, desorden m. **2** (émotion) turbación f, emoción f. **3** (anomalie) trastorno m: **trouble psychique**, trastorno psíquico. ▶ nm pl **troubles** disturbios m pl.

troubler [1] [tʀuble] vt **1** (rendre trouble) enturbiar. **2** (agiter) agitar. **3** (dérégler) perturbar, trastornar. **4** (inquiéter) inquietar.

trouer [1] [tʀue] vt agujerear.

trouille [tʀuj] nf fam canguelo m.

troupe [tʀup] nf **1** (de gens) tropa f, pandilla f. **2** (d'oiseaux) bandada f. **3** (de soldats) tropa f. **4** (de comédiens) compañía f.

troupeau [tʀupo] nm **1** (d'animaux) rebaño m, manada f. **2** (de personnes) multitud f.

trousse [tʀus] nf estuche m. ■ **trousse de secours** botiquín m. **trousse de toilette** neceser m.

trousseau [tʀuso] nm **1** (de clés) manojo m de llaves. **2** (d'une fiancée) ajuar m.

trouvaille [tʀuvaj] nf hallazgo m.

trouver [1] [tʀuve] vt **1** (gén) encontrar: **je ne trouve pas mes lunettes**, no encuentro mis gafas. **2** (éprouver) sentir, experimentar: **comment le trouvez vous ?**, ¿qué le parece? **3** fig (inventer) descubrir, inventar. ▸ vpr **se trouver 1** (se rencontrer) encontrarse: **ils se sont trouvés à la plage**, se encontraron en la playa. **2** (se sentir) sentirse: **je me trouve bien ici**, me siento a gusto aquí. **3** (être dans un lieu) estar: **il se trouve à Rome**, está en Roma. ■ **il se trouve que** resulta que. **vous trouvez ?** ¿usted cree?

truc [tʀyk] nm **1** (astuce) truco m. **2** fam (chose quelconque) chisme m, cacharro m. ■ **ce n'est pas mon truc** fam eso no es lo mío.

truffe [tʀyf] nf trufa f.
truie [tʀɥi] nf cerda f.
truite [tʀɥit] nf trucha f.
tsar [tsaʀ] nm zar m.
T-shirt [tiʃœʀt] nm (pl **T-shirts**) camiseta f.

tu [ty] pron pers tú.
tuba [tyba] nm **1** MÚS tuba f. **2** (pour nager) tubo m.
tube [tyb] nm **1** (gén) tubo m. **2** fam (chanson) éxito m. ■ **tube de l'été** canción f del verano.
tuberculose [tybɛʀkyloz] nf MED tuberculosis f.
tuer [1] [tɥe] vt matar.
tuerie [tɥʀi] nf matanza f.
tue-tête [atytɛt] . **à tue-tête** a voz en grito.
tueur,-euse [tɥœʀ,-øz] nm,f (assassin) asesino,-na. ▸ nm **tueur** (dans un abattoir) matarife m.
tuile [tɥil] nf **1** (toiture) teja f. **2** fam (événement) contratiempo m.

tulipe [tylip] nf tulipán m.
tumeur [tymœʀ] nf MED tumor m.
tumulte [tymylt] nm tumulto m.
tumultueux,-euse [tymyltɥø,-øz] adj tumultuoso,-sa.
tunique [tynik] nf túnica f.
Tunisie [tynizi] nf Túnez.
tunisien,-enne [tynizjɛ̃,-ɛn] adj tunecino,-na. ▸ nm,f **Tunisien, -enne** tunecino,-na.
tunnel [tynɛl] nm túnel m.
turbulence [tyʀbylɑ̃s] nf turbulencia f.
turbulent,-e [tyʀbylɑ̃,-ɑ̃t] adj turbulento,-ta.
turc, turque [tyʀk] adj turco,-ca. ▸ nm,f **Turc, Turque** turco,-ca. ▸ nm **turc** (langue) turco m.
Turquie [tyʀki] nf Turquía.
turquoise [tyʀkwaz] nf turquesa f.
tuteur,-trice [tytœʀ,-tʀis] nm,f tutor,-ra.
tutoyer [16] [tytwaje] vt tutear.
tuyau [tɥijo] nm **1** (gén) tubo m. **2** (de plume, de cheminée, etc) cañón m. **3** fam (renseignement) soplo m. ■ **tuyau d'arrosage** manguera f de riego. **tuyau d'échappement** tubo de es cape.
tuyauterie [tɥijotʀi] nf cañería f, tubería f.
TVA [tevea] abr (taxe sur la valeur ajoutée) IVA.
tympan [tɛ̃pɑ̃] nm tímpano m.
type [tip] nm tipo m. ■ **pauvre type** pobre diablo m.
typhoïde [tifɔid] nf MED tifoideo,-a.
typique [tipik] adj típico,-ca.
typographie [tipɔgʀafi] nf tipografía f.
tyran [tiʀɑ̃] nm tirano m.
tyrannie [tiʀani] nf tiranía f.

U-V

ulcère [ylsɛʀ] *nm* MÉD ulcera *f*.
ultérieur,-e [ylteʀjœʀ] *adj* ulterior.
ultime [yltim] *adj* ultimo,-ma.
ultra [yltʀa] *adj - nmf* extremista, ultra.
ultraviolet,-ette [yltʀavjɔlɛ,-ɛt] *adj* ultravioleta.
un, une [œ̃, yn] *art indéf (quelqu'un)* un,-a: **c'est un écrivain qui a dit ...**, es un escritor quien dijo... ▶ *num* **1** *(nombre)* uno, -a: **j'ai acheté un litre de lait**, he comprado un litro de leche. **2** *(ordinal)* primero,-ra: **livre un**, libro primero. ▶ *pron indéf* **l'un,-e** *(chacun, aucun)* uno,-a de ellos,-as: **le coupable est l'un d'eux**, el culpable es uno de ellos. ▶ *nm* **un** *(une unité)* uno *m*. • **l'un et l'autre** uno y otro, ambos. **ne faire ni une ni deux** no pararse en barras. **ni l'un ni l'autre** ni uno ni otro. **pas un** ni uno, ninguno. **un à un** uno por uno.
unanime [ynanim] *adj* unánime.
unanimité [ynanimite] *nf* unanimidad *f*. • **à l'unanimité** por unanimidad.
uni,-e [yni] *adj* **1** *(gén)* unido,-da. **2** *(surface)* llano,-na, liso,-sa. **3** *(vêtement)* liso,-sa: **chemisier uni**, blusa lisa.
unifier [12] [ynifje] *vt* unificar.
uniforme[1] [ynifɔʀm] *adj* uniforme.
uniforme[2] [ynifɔʀm] *nm (vêtement)* uniforme *m*.
unilatéral,-e [ynilateʀal] *adj* unilateral.
union [ynjɔ̃] *nf* unión *f*. ■ **Union européenne** Unión Europea.
unique [ynik] *adj* único,-ca.
unir [20] [yniʀ] *vt* unir.
unité [ynite] *nf* unidad *f*.
univers [ynivɛʀ] *nm* universo *m*.
universel,-elle [ynivɛʀsɛl] *adj (gén)* universal.
universitaire [ynivɛʀsitɛʀ] *adj* universitario,-ria.
université [ynivɛʀsite] *nf* universidad *f*.
urbain,-e [yʀbɛ̃,-ɛn] *adj* urbano, -na.
urbanisation [yʀbanizasjɔ̃] *nf* urbanización *f*.
urbanisme [yʀbanism] *nm* urbanismo *m*.
urgence [yʀʒɑ̃s] *nf* urgencia *f*. • **d'urgence** urgentemente.
urgent,-e [yʀʒɑ̃,-ɑ̃t] *adj* urgente.
urinaire [yʀinɛʀ] *adj* ANAT urinario, -ria.
urine [yʀin] *nf* orina *f*.
urne [yʀn] *nf* urna *f*.
Uruguay [yʀygwɛ] *nm* Uruguay *m*.
uruguayen,-enne [yʀygwejɛ̃,-ɛn] *adj* uruguayo,-ya. ▶ *nm,f* **Uruguayen,-enne** uruguayo,-ya.
usage [yzaʒ] *nm* **1** *(d'une chose)* uso *m*, empleo *m*. **2** *(coutume)* uso *m*, costumbre *f*. • **à l'usage** con el uso. **d'usage** usualmente, de cos-

usagé

tumbre. **hors d'usage** fuera de uso.

usagé,-e [yzaʒe] *adj* usado,-da.

usager,-ère [yzaʒe,-ɛʀ] *nm,f* usuario,-ria.

usé,-e [yze] *adj* **1** *(gén)* usado,-da. **2** *fig (affaibli)* estropeado,-da.

user [1] [yze] *vi* **user de** *(faire usage)* usar, hacer uso de. ▶ *vt* **1** *(détériorer)* gastar, desgastar. **2** *(santé, forces)* debilitar, minar. ▶ *vpr* **s'user** *(se détériorer)* gastarse. • **s'user à la tâche** matarse trabajando.

usine [yzin] *nf* fábrica *f*.

ustensile [ystɑ̃sil] *nm* utensilio *m*.

usure [yzyʀ] *nf (détérioration)* desgaste *m*, deterioro *m*.

usurper [1] [yzyʀpe] *vt* usurpar.

utérus [yteʀys] *nm* ANAT útero *m*.

utile [ytil] *adj* útil.

utilisateur,-trice [ytilizatœʀ,-tʀis] *nm,f* usuario,-ria.

utilisation [ytilizasjɔ̃] *nf* utilización *f*.

utiliser [1] [ytilize] *vt* utilizar.

utilité [ytilite] *nf* utilidad *f*.

utopie [ytɔpi] *nf* utopía *f*.

utopique [ytɔpik] *adj* utópico,-ca.

va ! [va] *interj* ¡venga!

vacance [vakɑ̃s] *nf* vacante *f*. ▶ *pl* **vacances** vacaciones *f pl*. • **être en vacances** estar de vacaciones.

vacancier,-ère [vakɑ̃sje,-ɛʀ] *nm,f* veraneante.

vacant,-e [vakɑ̃,-ɑ̃t] *adj* **1** *(poste, chaire)* vacante. **2** *(siège, logement)* desocupado, -da, libre.

vacarme [vakaʀm] *nm* alboroto *m*.

vaccin [vaksɛ̃] *nm* vacuna *f*.

vacciner [1] [vaksine] *vt* vacunar.

vache [vaʃ] *nf* **1** *(animal)* vaca *f*. **2** *fam (personne)* hueso *m*. ▶ *adj fam*

(dur) severo,-ra. • **ah la vache !** ¡maldita sea!

vachement [vaʃmɑ̃] *adv fam (très)* súper, tope.

vaciller [1] [vasije] *vi* vacilar.

vagabond,-e [vagabɔ̃,-ɔ̃d] *adj - nm,f* vagabundo,-da.

vagin [vaʒɛ̃] *nm* ANAT vagina *f*.

vague[1] [vag] *adj* vago, -ga. • **rester dans le vague** no concretar en nada.

vague[2] [vag] *nf* ola *f*.

vain,-e [vɛ̃,-ɛn] *adj* vano,-na.

vaincre [65] [vɛ̃kʀ] *vt* vencer.

vaincu,-e [vɛ̃ky] *adj - nm,f* vencido,-da. • **s'avouer vaincu,-e** darse por vencido,-da.

vainqueur [vɛ̃kœʀ] *adj - nm* vencedor,-ra.

vaisseau [veso] *nm* **1** *(navire)* buque *m*, nave *f*. **2** *(d'un édifice)* nave *f*. **3** ANAT vaso *m*.

vaisselle [vesɛl] *nf* vajilla *f*. • **faire la vaisselle** fregar los platos.

valable [valabl] *adj* válido,-da.

valet [valɛ] *nm* **1** *(domestique)* sirviente *m*. **2** *(aux cartes)* sota *f*.

valeur [valœʀ] *nf* valor *m*. • **mettre en valeur** poner de relieve.

valide [valid] *adj* válido,-da.

valider [1] [valide] *vt* validar.

validité [validite] *nf* validez *f*.

valise [valiz] *nf* maleta *f*.

vallée [vale] *nf* valle *m*.

valoir [44] [valwaʀ] *vi* valer: **ça vaut 10 euros**, vale 10 euros. ▶ *vt* valer: **ses farces lui ont valu une mauvaise réputation**, sus bromas le han valido mala fama. • **il vaut mieux** más vale, es preferible. **rien qui vaille** nada bueno. **valoir la peine de** valer la pena de.

valoriser [1] [valɔʀize] *vt* valorizar.

valse [vals] *nf* vals *m*.

valve [valv] *nf* **1** *(de mollusque)* valva *f*. **2** *(soupape)* válvula *f*.

vampire [vɑ̃piʀ] *nm* vampiro *m*.
vandale [vɑ̃dal] *nm* vándalo *m*.
vandalisme [vɑ̃dalism] *nm* vandalismo *m*.
vanille [vanij] *nf* vainilla *f*.
vanité [vanite] *nf* vanidad *f*.
vantard,-e [vɑ̃taʀ,-aʀd] *adj - nm,f* jactancioso,-sa, pretencioso,-sa.
vanter [1] [vɑ̃te] *vt* alabar. ▶ *vpr* **se vanter** jactarse.
vapeur [vapœʀ] *nf* vapor *m*. • **à la vapeur** CUIS al vapor. **à toute vapeur** a todo gas.
vaporiser [1] [vapɔʀize] *vt* vaporizar.
variable [vaʀjabl] *adj - nf* variable *f*.
variation [vaʀjasjɔ̃] *nf* variación *f*.
varicelle [vaʀisɛl] *nf* MÉD varicela *f*.
varier [12] [vaʀje] *vt* variar. ▶ *vi* **1** *(présenter des changements)* variar. **2** *(présenter des différences)* diferir.
variété [vaʀjete] *nf* (*diversité, changement*) variedad *f*.
vasculaire [vaskylɛʀ] *adj* ANAT vascular.
vase[1] [vaz] *nm* **1** *(récipient)* vaso *m*, vasija *f*. **2** *(à fleurs)* jarrón *m*.
vase[2] [vaz] *nm* cieno *m*, légamo *m*.
vaseux,-euse [vazø,-øz] *adj* **1** *(boueux)* cenagoso,-sa. **2** *fam (fatigué)* agotado,-da. **3** *fam (peu clair)* farragoso,-sa.
vasistas [vazistas] *nm* tragaluz *m*.
vaste [vast] *adj* vasto,-ta.
vaurien,-enne [vɔʀjɛ̃,-ɛn] *adj - nm,f* granuja, golfo,-fa.
vautour [votuʀ] *nm* buitre *m*.
vautrer (se) [1] [votʀe] *vpr* **1** *(sur l'herbe, le sol)* revolcarse. **2** *(dans un fauteuil)* repantigarse.
veau [vo] *nm* **1** *(animal)* ternero *m*. **2** *(viande)* ternera *f*.
vedette [vədɛt] *nf* **1** *(bateau)* lancha *f* motora. **2** *(artiste)* estrella *f*.

végétal,-e [veʒetal] *adj - nm* vegetal *m*.
végétarien,-enne [veʒetaʀjɛ̃,-ɛn] *adj - nm,f* vegetariano,-na.
végétation [veʒetasjɔ̃] *nf* vegetación *f*.
véhicule [veikyl] *nm* vehículo *m*.
veille [vɛj] *nf* **1** *(privation de sommeil)* vigilia *f*, vela *f*. **2** *(jour précédent)* víspera *f*.
veillée [veje] *nf* velada *f*. ▪ **veillée funèbre** velatorio *m*.
veiller [1] [veje] *vi* **1** *(rester sans dormir)* velar. **2** *(être de service)* vigilar. ▶ *vt (malade, mort)* velar. ▪ **veiller à/sur + qqch/qqn** velar por ALGO/ALGN.
veilleuse [vejøz] *nf* lamparilla *f* de noche.
veinard,-e [vɛnaʀ,-aʀd] *adj - nm,f fam* suertudo,-da.
veine [vɛn] *nf* **1** *(gén)* vena *f*. **2** *(d'un minéral)* veta *f*. **3** *fam (chance)* potra *f*. • **être en veine** estar de suerte. **pas de veine !** *fam* ¡mala pata!
vélo [velo] *nm fam* bici *f*.
velours [vəluʀ] *nm* terciopelo *m*.
velouté,-e [vəlute] *adj* aterciopelado,-da. ▶ *nm* **velouté** CUIS crema *f*.
velu,-e [vəly] *adj* velludo,-da.
vendange [vɑ̃dɑ̃ʒ] *nf* vendimia *f*.
vendeur,-euse [vɑ̃dœʀ,-øz] *nm,f* **1** *(commerçant)* vendedor,-ra. **2** *(d'une boutique)* dependiente,-ta.
vendre [62] [vɑ̃dʀ] *vt* vender. • "**À vendre**" "En venta", "Se vende".
vendre aux enchères subastar.
vendre la mèche *fam* revelar un secreto.
vendredi [vɑ̃dʀədi] *nm* viernes *m*.
vénéneux,-euse [venenø,-øz] *adj* venenoso,-sa.
vénérer [10] [venere] *vt* venerar.

Venezuela [venezyela] nm Venezuela.

vénézuélien,-enne [venezyeljɛ̃,-ɛn] adj venezolano,-na. ► nm/f **Vénézuélien,-enne** venezolano, -na.

vengeance [vãʒãs] nf venganza f.

venger [4] [vãʒe] vt vengar.

venimeux,-euse [vənimø,-øz] adj venenoso,-sa.

venin [vənɛ̃] nm veneno m.

venir [35] [vənir] vi 1 (gén) venir: **il est venu hier**, vino ayer. 2 (être originaire de) venir, proceder. 3 (arriver) llegar: **un malheur ne vient jamais seul**, una desgracia nunca llega sola. ■ **en venir à** verse reducido a. **où veux-tu en venir?** ¿dónde quieres ir a parar? **venir de** acabar de.

vent [vã] nm 1 (mouvement de l'air) viento m. 2 (air) aire m: **ce ventilateur ne fait pas assez de vent**, este ventilador no da bastante aire.

vente [vãt] nf venta f. ■ **vente aux enchères** subasta f.

ventilateur [vãtilatœr] nm ventilador m.

ventilation [vãtilasjɔ̃] nf ventilación f.

ventiler [1] [vãtile] vt 1 (chambre, maison) ventilar. 2 (compte) desglosar.

ventouse [vãtuz] nf ventosa f.

ventre [vãtr] nm 1 (abdomen) vientre m. 2 (d'un objet) barriga f, panza f. ■ **à plat ventre** boca abajo. **sur le ventre** boca abajo. **ventre à terre** a galope tendido.

venu,-e [vəny] ■ **le premier venu** el primer llegado. **nouveau venu** recién llegado m.

ver [vɛr] nm gusano m. ■ **tirer les vers du nez à** QQN hacer tirar de la lengua a ALGN. ■ **ver solitaire** solitaria f.

véranda [verãda] nf mirador m.

verbal,-e [vɛrbal] adj verbal.

verbe [vɛrb] nm verbo m.

verdict [vɛrdikt] nm veredicto m.

verdure [vɛrdyr] nf 1 (des arbres, des plantes) verde m, verdor m. 2 (herbe, feuillage) hierba f, césped m. 3 (plantes potagères) verdura f.

verge [vɛrʒ] nf 1 (baguette) vara f. 2 (pour frapper) fusta f. 3 (sexe) verga f.

verger [vɛrʒe] nm vergel m.

vergeture [vɛrʒətyr] nf estría f.

verglas [vɛrgla] nm hielo m.

véridique [veridik] adj verídico, -ca.

vérification [verifikasjɔ̃] nf verificación f.

vérifier [12] [verifje] vt verificar.

véritable [veritabl] adj verdadero, -ra.

vérité [verite] nf verdad f.

vermicelle [vɛrmisɛl] nm fideo m.

vermine [vɛrmin] nf 1 (insecte) miseria f. 2 fig (personne) gentuza f.

verni,-e [vɛrni] adj 1 (meuble) barnizado, -da. 2 fam fig (fortuné) afortunado,-da. ■ **être verni,-e** fam tener potra.

vernir [20] [vɛrnir] vt barnizar.

vernis [vɛrni] nm barniz m. ■ **vernis à ongles** esmalte m de uñas.

verre [vɛr] nm 1 (vitre) vidrio m. 2 (de lunettes) cristal m. 3 (à boire) vaso m, copa f. ■ **prendre un verre** tomar una copa. ■ **verres de contact** lentes f pl de contacto.

verrou [vɛru] nm cerrojo m.

verrouiller [1] [vɛruje] vt 1 (fermer) cerrar con cerrojo. 2 (enfermer) encerrar.

verrue [vɛry] nf MÉD verruga f.

vers¹ [vɛr] nm (poésie) verso m.

vers² [vɛr] prép 1 (direction) hacia: **se diriger vers la porte**, dirigirse hacia la puerta. 2 (approximation) hacia, a eso de: **vers six heures**, hacia las seis, a eso de las seis.

versatile [vɛʁsatil] *adj* versátil.
verse [vɛʁs]. • **à verse** a cántaros.
versement [vɛʁsəmɑ̃] *nm* pago *m*, ingreso *m*.
verser [1] [vɛʁse] *vt* **1** *(liquide)* verter, derramar: **verser de l'eau sur la table**, verter agua sobre la mesa. **2** *(argent)* ingresar, abonar: **verser une somme sur son compte**, ingresar una cantidad en su cuenta. ▶ *vi (véhicule)* volcar.
verset [vɛʁsɛ] *nm* versículo *m*.
version [vɛʁsjɔ̃] *nf* **1** *(gén)* versión *f*. **2** *(traduction)* traducción *f* directa.
verso [vɛʁso] *nm* vuelta *f*, verso *m*.
vert,-e [vɛʁ,-ɛʁt] *adj* **1** *(gén)* verde. **2** *(les légumes)* fresco,-ca. **3** *(en âges)* vigoroso,-sa, lozano,-na. ▶ *nm* **vert** verde *m*. • **se mettre au vert** irse al campo a descansar.
vertèbre [vɛʁtɛbʁ] *nf* ANAT vértebra *f*.
vertébré,-e [vɛʁtebʁe] *adj* vertebrado,-da.
vertical,-e [vɛʁtikal] *adj* vertical.
vertige [vɛʁtiʒ] *nm* vértigo *m*.
vertigineux,-euse [vɛʁtiʒinø,-øz] *adj* vertiginoso,-sa.
vertu [vɛʁty] *nf* virtud *f*.
vertueux,-euse [vɛʁtyø,-øz] *adj* virtuoso,-sa.
vésicule [vezikyl] *nf* ANAT vesícula *f*.
vessie [vesi] *nf* ANAT vejiga *f*.
veste [vɛst] *nf* chaqueta *f*, americana *f*.
vestiaire [vɛstjɛʁ] *nm (lieu)* guardarropa *m*; *(d'une salle de sports)* vestuario *m*.
vestibule [vɛstibyl] *nm* vestíbulo *m*.
vestige [vɛstiʒ] *nm* vestigio *m*.
vêtement [vɛtmɑ̃] *nm* vestido *m*, ropa *f*.
vétéran [veterɑ̃] *nm* veterano *m*.
vétérinaire [veteʁinɛʁ] *adj - nmf* veterinario,-ria.
vêtir [33] [vɛtiʁ] *vt* vestir.

vieil

veto [veto] *nm* veto *m*.
veuf, veuve [vœf, vœv] *adj - nmf* viudo,-da.
vexer [1] [vɛkse] *vt (contrarier)* molestar.
via [vja] *prép* vía.
viable [vjabl] *adj* viable.
viaduc [vjadyk] *nm* viaducto *m*.
viande [vjɑ̃d] *nf* carne *f*.
vibrant,-e [vibʁɑ̃,-ɑ̃t] *adj* vibrante.
vibration [vibʁasjɔ̃] *nf* vibración *f*.
vibrer [1] [vibʁe] *vi* vibrar. • **faire vibrer** emocionar.
vice [vis] *nm* vicio *m*.
vice-président,-e [vispʁezidɑ̃,-ɑ̃t] *nm,f (pl* **vice-présidents,-tes)** vicepresidente,-ta.
vice versa [visvɛʁsa] *adv* viceversa.
vicieux,-euse [visjø,-øz] *adj* **1** *(gén)* vicioso,-sa. **2** *(cheval)* resabiado,-da.
victime [viktim] *nf* víctima *f*.
victoire [viktwaʁ] *nf* victoria *f*.
victorieux,-euse [viktɔʁjø,-øz] *adj* victorioso,-sa.
vidanger [4] [vidɑ̃ʒe] *vt* **1** *(récipient)* vaciar. **2** *(voiture)* cambiar el aceite.
vide [vid] *adj* vacío,-cía. ▶ *nm* **1** *(physique)* vacío *m*. **2** *(d'un mur)* hueco *m*. • **vide de** desprovisto,-ta de.
vidéo [video] *adj inv* de vídeo. ▶ *nm* vídeo *m*.
vider [1] [vide] *vt* **1** *(rendre vide)* vaciar. **2** *(poisson, volaille)* limpiar. **3** *(question)* resolver. **4** *(un lieu)* abandonar, desalojar. **5** *fam (expulser)* echar. **6** *fam (épuiser)* agotar.
vie [vi] *nf* vida *f*. • **être en vie** estar vivo,-va. **plein de vie** lleno de vida. **faire sa vie** vivir su vida. **jamais de la vie** nunca jamás. **rendre la vie dure à QQN** hacerle la vida imposible a ALGN.
vieil [vjɛj] *adj* → **vieux, vieille**.

vieillard [vjɛjaʀ] *nm* anciano *m*.

vieille [vjɛj] *adj* - *nf* → vieux, vieille.

vieillesse [vjɛjɛs] *nf* vejez *f*.

vieillir [20] [vjejiʀ] *vi* 1 *(devenir vieux)* envejecer. 2 *(paraître vieux)* avejentarse. 3 *fig (se démoder)* anticuarse. ▶ *vt (avant l'heure)* envejecer.

vieillissement [vjejismɑ̃] *nm* envejecimiento *m*.

vieillot,-otte [vjejo,-ɔt] *adj* 1 *(gén)* avejentado,-da. 2 *fam (démodé)* anticuado,-da.

vierge [vjɛʀʒ] *adj* virgen. ▶ *nf* virgen *f*. ■ **la sainte Vierge** la Virgen María.

vieux, vieille [vjø, vjɛj] *adj* (vieil delante de nombre masculino que empiece por vocal o h muda) 1 *(gén)* viejo,-ja. 2 *(ancien)* antiguo,-gua. 3 *(usé)* viejo,-ja, usado,-da. ▶ *nmf (personne âgée)* viejo,-ja, anciano,-na. ■ **le vieux** *(ce qui est ancien)* lo viejo: **je préfère le vieux au neuf**, prefiero lo viejo que lo nuevo. ■ **ma vieille !** imujer!, itía! **mon vieux !** *fam* ihombre!, itío! **vieille fille** solterona *f*. **vieux garçon** solterón *m*.

vif, vive [vif, viv] *adj* 1 *(vivant)* vivo,-va. 2 *(brillant)* vivo,-va, brillante. 3 *(intense)* intenso,-sa. ▶ *nm* vif 1 *(personne vivante)* vivo *m*. 2 *(d'une question)* lo importante. ■ **à vif** en carne viva. **de vive voix** de viva voz.

vigilance [viʒilɑ̃s] *nf* vigilancia *f*.

vigne [viɲ] *nf* 1 *(plante)* vid *f*. 2 *(champ)* viñedo *m*. ■ **vigne vierge** cepa *f* virgen.

vigneron,-onne [viɲəʀɔ̃,-ɔn] *nm,f* viticultor,-ra.

vignette [viɲɛt] *nf* 1 *(gravure)* viñeta *f*. 2 *(certificat)* sello *m*, timbre *m*.

vignoble [viɲɔbl] *nm* viñedo *m*.

vigoureux,-euse [viguʀø,-øz] *adj* vigoroso,-sa.

vigueur [vigœʀ] *nf* vigor *m*.

vilain,-e [vilɛ̃,-ɛn] *adj* 1 *(laid)* feo,-a. 2 *(méchant)* malo,-la. ■ **il va y avoir du vilain** *fam* se va a armar la gorda.

villa [villa] *nf* villa *f*.

village [vilaʒ] *nm* pueblo *m*.

villageois,-e [vilaʒwa,-az] *adj* - *nm,f* lugareño,-ña, aldeano,-na.

ville [vil] *nf* ciudad *f*. ■ **aller en ville** ir de compras. **dîner en ville** comer fuera de casa.

villégiature [vileʒjatyʀ] *nf* veraneo *m*.

vin [vɛ̃] *nm* vino *m*. ■ **cuver son vin** *fig* dormir la mona. **mettre de l'eau dans son vin** *fig* moderarse. ■ **vin blanc** vino blanco. **vin rosé** vino rosado. **vin rouge** vino tinto.

vinaigre [vinɛgʀ] *nm* vinagre *m*. ■ **tourner au vinaigre** ponerse feo.

vinaigrette [vinɛgʀɛt] *nf* CUIS vinagreta *f*.

vinasse [vinas] *nf fam* vino *m* peleón.

vingt [vɛ̃] *num* veinte *m*.

vingtaine [vɛ̃tɛn] *nf* veintena *f*.

viol [vjɔl] *nm* violación *f*.

violation [vjɔlasjɔ̃] *nf* violación *f*.

violence [vjɔlɑ̃s] *nf* violencia *f*.

violent,-e [vjɔlɑ̃,-ɑ̃t] *adj* violento,-ta.

violer [1] [vjɔle] *vt* violar.

violet,-ette [vjɔlɛ,-ɛt] *adj* - *nm (couleur)* violeta *m*.

violette [vjɔlɛt] *nf (fleur)* violeta *f*.

violeur [vjɔlœʀ] *nm* violador *m*.

violon [vjɔlɔ̃] *nm* 1 *(instrument)* violín *m*. 2 *fam (prison)* talego *m*.

violoncelle [vjɔlɔ̃sɛl] *nm* violonchelo *m*.

violoncelliste [vjɔlɔ̃selist] *nmf* violonchelista.

violoniste [vjɔlɔnist] *nmf* violinista.

vipère [vipɛʀ] *nf* víbora *f*.

virage [viraʒ] nm 1 *(action de tourner)* viraje m. 2 *(endroit où l'on tourne)* curva f, vuelta f. 3 fig *(changement)* giro m, sesgo m.

virement [virmɑ̃] nm 1 *(d'un bateau)* virada f. 2 *(de fonds)* transferencia f, giro m.

virer [1] [vire] vi *(gén)* girar. 2 *(bateau)* virar. ▶ vt 1 *(transférer)* hacer una transferencia f. 2 fam *(congédier)* despedir.

virginité [virʒinite] nf virginidad f.

virgule [virgyl] nf coma f.

virtuel,-elle [virtɥɛl] adj virtual.

virtuose [virtɥoz] nmf virtuoso, -sa.

virus [virys] nm virus m.

vis [vis] nf tornillo m. ▪ **serrer la vis à qqn** apretar las clavijas a ALGN.

visa [viza] nm 1 *(sur le passeport)* visado m. 2 *(approbation)* visto m bueno.

visage [vizaʒ] nm cara f.

vis-à-vis [vizavi] adv *(en face)* enfrente. ▶ nm *(personne)* vecino m de enfrente. ▪ **vis-à-vis de 1** *(en face de)* en frente de, frente a. **2** *(à l'égard de)* respecto de.

visée [vize] nf 1 *(regard)* mirada f. 2 *(d'une arme)* puntería f. 3 fig *(but)* intención f.

viser [1] [vize] vt 1 *(pointer)* apuntar a. 2 fig *(chercher à atteindre)* ambicionar. 3 *(document)* visar. ▶ vi 1 *(pour tirer)* apuntar. 2 *(diriger ses efforts vers)* tender a. ▪ **se sentir visé** darse por aludido.

viseur [vizœr] nm visor m.

visibilité [vizibilite] nf visibilidad f.

visible [vizibl] adj 1 *(gén)* visible. 2 fig *(erreur, injustice)* patente, evidente.

visière [vizjɛr] nf visera f.

vision [vizjɔ̃] nf visión f.

visionnaire [vizjɔnɛr] adj - nmf visionario, -ria.

visite [vizit] nf visita f. ▪ **rendre visite** visitar. ▪ **visite médicale** revisión f médica.

visiter [1] [vizite] vt visitar.

visiteur,-euse [vizitœr, -øz] nm,f visitante.

visser [1] [vise] vt 1 *(avec des vis)* atornillar. 2 *(serrer)* apretar.

visualiser [1] [vizɥalize] vt visualizar.

visuel,-elle [vizɥɛl] adj visual.

vital,-e [vital] adj vital.

vitalité [vitalite] nf vitalidad f.

vitamine [vitamin] nf vitamina f.

vite [vit] adj rápido,-da. ▶ adv deprisa, rápidamente. ▪ **au plus vite** lo más pronto posible. ▪ **c'est vite dit** se dice pronto. **faire vite** apresurarse.

vitesse [vites] nf 1 *(gén)* velocidad f. 2 *(promptitude)* rapidez f. ▪ **à toute vitesse** a toda velocidad. **en vitesse** muy de prisa, rápido.

viticulteur,-trice [vitikyltœr, -tris] nm,f viticultor,-ra.

vitrage [vitraʒ] nm conjunto m de cristales.

vitrail [vitraj] nm vidriera f.

vitre [vitr] nf 1 *(d'une fenêtre)* cristal m. 2 *(de train, voiture, etc)* ventanilla f.

vitré,-e [vitre] adj acristalado,-da.

vitrine [vitrin] nf 1 *(gén)* vitrina f. 2 *(d'un magasin)* escaparate m.

vitrocéramique [vitroseramik] nf vitrocerámica f.

vivacité [vivasite] nf vivacidad f.

vivant,-e [vivɑ̃, -ɑ̃t] adj 1 *(qui vit)* vivo,-va, viviente. 2 *(plein de vie)* lleno,-na de vida. 3 *(plein d'animation)* animado,-da. ▶ nm vivant *(celui qui vit)* vivo m. ▪ **de son vivant** en vida. **moi vivant,-e** mientras yo viva. ▪ **un bon vivant** un vividor.

vive ! [viv] interj ¡viva!

vivement [vivmã] *adv* **1** *(avec vigueur)* enérgicamente. **2** *(profondément)* vivamente, hondamente. ▶ *interj* ¡que llegue pronto!: **vivement dimanche !**, ¡que llegue pronto el domingo!

vivre [69] [vivʀ] *vi* **1** vivir. **2** *(durer)* perdurar: **son souvenir vivra en nous**, su recuerdo perdurará en nosotros. ● *vt* vivir. ● **être facile à vivre** tener buen carácter. **vivre sa vie** hacer su vida.

vivres [vivʀ] *nm pl* víveres *m pl*.

vocabulaire [vɔkabylɛʀ] *nm* vocabulario *m*.

vocal,-e [vɔkal] *adj* vocal.

vocation [vɔkasjɔ̃] *nf* vocación *f*.

vociférer [10] [vɔsifeʀe] *vi* - *vt* vociferar.

vœu [vø] *nm* **1** *(promesse)* voto *m*, promesa *f*: **vœu de pauvreté**, voto de pobreza. **2** *(souhait)* deseo *m*: **c'est mon vœu le plus cher**, es mi más ardiente deseo. ▶ *nm pl* **vœux** felicidades *f pl*. ● **meilleurs vœux** muchas felicidades. **présenter ses vœux** felicitar.

voguer [2] [vɔge] *vi* bogar.

voici [vwasi] *prép* **1** *(gén)* he aquí: **voici l'hiver**, he aquí el invierno. **2** *(ici)* aquí: **le voici qui arrive**, aquí viene. **3** este,-ta, esto: **l'homme que voici**, este hombre. **4** *(déjà)* ya: **nous voici arrivés**, ya hemos llegado. **5** *(depuis)* hace: **voici une semaine que je l'attends**, hace una semana que lo espero.

voie [vwa] *nf* vía *f*. **2** *(d'autoroute)* carril *m*. ● **être en voie de** estar en vías de. **mettre sur la voie** encaminar. ● **voie ferrée** vía férrea. **voie publique** vía pública.

voilà [vwala] *prép* **1** *(présentation)* he allí, he ahí: **le voilà**, hele allí. **2** *(là)* **le voilà qui vient**, ahí viene. **3** *(ce l'on vient de dire)* ese,-a, eso: **voilà ses raisons**, esos son sus motivos. **4** *(il y a)* hace: **voilà un mois qu'il est parti**, hace un mes que se marchó. ● **en voilà assez !** ¡basta!, ¡se acabó! **voilà tout** eso es todo.

voile [vwal] *nm (gén)* velo *m*. ▶ *nf (d'un bateau)* vela *f*. ● **mettre les voiles** *fam* largarse.

voiler [1] [vwale] *vt* **1** *(couvrir)* velar. **2** *(cacher)* ocultar: **les nuages voilaient le soleil**, las nubes ocultaban el sol. **3** *(fausser)* robar. ▶ *vpr* **se voiler** *(se couvrir)* cubrirse con un velo.

voilier [vwalje] *nm* velero *m*.

voir [46] [vwaʀ] *vt* **1** *(percevoir)* ver: **je ne l'avais jamais vu**, nunca lo había visto. **2** *(observer)* observar, mirar: **voir au microscope**, observar en el microscopio. **3** *(visiter)* ver, visitar. **4** *(imaginer)* ver, imaginar: **je ne le vois pas marié**, no me lo imagino casado. ▶ *vi (percevoir)* ver. ● **faire voir** mostrar, enseñar. **on verra ça** ya veremos. **voyez-vous ?** ¿comprende usted? **voyons !** ¡veamos!

voire [vwaʀ] *adv* incluso: **il peut le faire en un jour, voire en une heure**, puede hacerlo en un día, y hasta en una hora.

voisin,-e [vwazɛ̃,-in] *adj* **1** *(gén)* vecino,-na. **2** *(semblable)* semejante, parecido,-da. ▶ *nm,f* vecino,-na.

voisinage [vwazinaʒ] *nm* **1** *(proximité)* vecindad *f*. **2** *(ensemble des voisins)* vecindario *m*.

voiture [vwatyʀ] *nf* **1** *(véhicule)* coche *m*, automóvil *m*. **2** *(de train)* coche *m*, vagón *m*.

voix [vwa] *nf* **1** *(gén)* voz *f*. **2** *(vote)* voto *m*. ● **à haute voix** en voz alta. **à voix basse** en voz baja. **de vive voix** de viva voz.

vol[1] [vɔl] nm **1** (gén) vuelo m. **2** (groupe d'oiseaux) bandada f. ■ **à vol d'oiseau** a vuelo de pájaro. **prendre son vol** alzar el vuelo.

vol[2] [vɔl] nm (délit) robo m. ■ **vol à main armée** atraco m a mano armada.

volaille [vɔlaj] nf **1** (ensemble d'oiseaux) aves f pl de corral. **2** (oiseau) ave f de corral.

volant,-e [vɔlɑ̃,-ɑ̃t] adj (qui vole) volador, -ra, volante. ▶ nm **volant** (d'une robe, d'un véhicule) volante m.

volatil,-e [vɔlatil] adj volátil.

volatiliser (se) [1] [vɔlatilize] vpr fam volatilizarse.

volcan [vɔlkɑ̃] nm volcán m.

volcanique [vɔlkanik] adj volcánico,-ca.

volée [vɔle] nf **1** (d'un oiseau) vuelo m. **2** (bande d'oiseaux) bandada f. **3** (de coups) paliza f. **4** (de projectiles) descarga f. ■ **à la volée** al vuelo.

voler[1] [1] [vɔle] vi (oiseaux, avions) volar. **2** fig (courir) volar, correr.

voler[2] [1] [vɔle] vi - vt (dérober) robar. ■ **il ne l'a pas volé** fam se lo tiene bien merecido.

volet [vɔlɛ] nm **1** (d'une fenêtre, d'une porte) contraventana f, postigo m. **2** (d'un triptyque) hoja f.

voleur,-euse [vɔlœʀ,-øz] adj - nm,f ladrón,-ona. ■ **au voleur !** ial ladrón!

volley-ball [vɔlɛbol] nm SPORT voleibol m, balonvolea m.

volontaire [vɔlɔ̃tɛʀ] adj **1** (de son gré) voluntario,-ria. **2** (qui ne fait que sa volonté) voluntarioso,-sa. ▶ nmf (bénévole) voluntario,-ria.

volonté [vɔlɔ̃te] nf voluntad f.

volontiers [vɔlɔ̃tje] adv con mucho gusto.

volt [vɔlt] nm voltio m.

voltige [vɔltiʒ] nf acrobacia f.

voltiger [4] [vɔltiʒe] vi **1** (virevolter) hacer acrobacias. **2** (papillonner) revolotear.

volume [vɔlym] nm volumen m.

volumineux,-euse [vɔlyminø,-øz] adj voluminoso,-sa.

vomir [20] [vɔmiʀ] vi - vt vomitar. ■ **faire vomir** dar náuseas.

vomissement [vɔmismɑ̃] nm vómito m.

vorace [vɔʀas] adj voraz.

vos [vo] adj poss → **votre**.

votant,-e [vɔtɑ̃,-ɑ̃t] adj - nm,f votante.

vote [vɔt] nm **1** (gén) voto m. **2** (action) votación f.

voter [1] [vɔte] vi - vt votar.

votre [vɔtʀ] adj poss (pl **vos**) **1** (à vous, avec tutoiement) vuestro,-tra: **votre pays**, vuestro país. **2** (à vous, avec vouvoiement) su, de usted.

vôtre [votʀ] pron poss **le/la vôtre 1** (ce qui est à vous, avec tutoiement) el/la vuestro,-tra: **notre professeur et le vôtre**, nuestro profesor y el vuestro. **2** (à vous, avec vouvoiement) el/la suyo,-ya, el/la de usted, los/las de ustedes. ■ **à la vôtre !** ia su salud!

vouloir[1] [vulwaʀ] nm (acte de volonté) voluntad f. ■ **bon vouloir** buena voluntad.

vouloir[2] [47] [vulwaʀ] vt **1** (gén) querer: **veux-tu m'accompagner ?**, ¿quieres acompañarme? **2** (désirer) querer, desear: **elle fera ce qu'elle voudra**, hará lo que quiera. **3** (attendre) querer, esperar: **que veut-elle de plus ?**, ¿qué más quiere? **4** (accepter) querer. **5 s'en vouloir de** arrepentirse de. **vouloir bien** consentir.

voulu,-e [vuly] adj **1** (désiré) querido,-da, deseado,-da. **2** (intentionné) deliberado, -da. ■ **en temps voulu** a su debido tiempo.

vous [vu] *pron pers* **1** *(sujet, avec tutoiement)* vosotros,-tras. **2** *(sujet, avec vouvoiement)* ustedes. **3** *(complément, avec tutoiement)* os: **je vous le dirai**, os lo diré. **4** *(complément, avec vouvoiement)* le, la: **monsieur, je vous invite à dîner**, señor, le invito a cenar.

vous-même [vumɛm] *pron pers* usted mismo,-ma.

vous-mêmes [vumɛm] *pron pers* vosotros,-tras mismo,-mas.

voûte [vut] *nf* **1** ARCHIT bóveda *f*. **2** *(d'un navire)* bovedilla *f*.

voûté,-e [vute] *adj* **1** *(gén)* abovedado, -da. **2** *(courbé)* encorvado, -da: **le dos voûté**, la espalda encorvada.

vouvoyer [vuvwaje] *vt* tratar de usted.

voyage [vwajaʒ] *nm* viaje *m*. • **bon voyage !** ¡buen viaje!

voyager [4] [vwajaʒe] *vi* viajar.

voyageur,-euse [vwajaʒœʀ,-øz] *nm,f* viajero,-ra.

voyagiste [vwajaʒist] *nmf* tour operador *m*.

voyant,-e [vwajã,-ãt] *adj (qui attire la vue)* vistoso,-sa, llamativo,-va. ▶ *nm,f (devin)* vidente. ■ **voyant d'essence** indicador *m* del nivel de gasolina.

voyelle [vwajɛl] *nf* vocal *f*.

voyou [vwaju] *nm* gamberro *m*, granuja *m*.

vrac [vʀak] *nm*. • **en vrac 1** *(en désordre)* en desorden. **2** COMM a granel.

vrai,-e [vʀɛ] *adj* verdadero,-ra, cierto,-ta. ▶ *nm (la vérité)* la verdad, lo cierto. • **à vrai dire** a decir verdad. **pas vrai ?** ¿no es verdad?, ¿verdad? **pour de vrai** de veras.

vraisemblable [vʀɛsãblabl] *adj* **1** *(gén)* verosímil. **2** *(supposable)* probable.

vrombir [20] [vʀɔ̃biʀ] *vi* zumbar.

vu,-e [vy] *adj (considéré)* visto,-ta, considerado,-da: **il est mal vu**, está mal visto. ▶ *prép (compte tenu)* en vista de: **vu le prix, je préfère ne pas l'acheter**, en vista del precio, prefiero no comprarlo. ▶ *nm (action de voir)* vista *f*: **au vu de tout le monde**, a la vista de todo el mundo. • **vu que** dado que.

vue [vy] *nf* **1** *(sens)* vista *f*. **2** *(tableau)* vista *f*, panorámica *f*. **3** *(avis)* punto *m* de vista. • **en vue de** con vistas a. **perdre qqn de vue** perder de vista a ALGN.

vulgaire [vylgɛʀ] *adj* **1** *(ordinaire)* corriente. **2** *(grossier)* vulgar.

vulgarité [vylgaʀite] *nf* vulgaridad *f*.

vulnérable [vylneʀabl] *adj* vulnerable.

vulve [vylv] *nf* ANAT vulva *f*.

W-X-Y

wagon [vagɔ̃] *nm* vagón *m*.
wagon-lit [vagɔ̃li] *nm* (*pl* **wagons-lits**) coche *m* cama.
wagon-restaurant [vagɔ̃Restɔrɑ̃] *nm* (*pl* **wagons-restaurants**) vagón *m* restaurante.
wallon,-onne [walɔ̃,-ɔn] *adj* valón,-ona. ▶ *nm,f* **Wallon,-onne** valón,-ona.
water-polo [watɛRpɔlo] *nm* waterpolo *m*.
watt [wat] *nm* PHYS vatio *m*.
Web [wɛb] *nm* web *f*.
webcam [wɛbkam] *nf* webcam *f*, cámara *f* web.
webmestre [wɛbmɛstR] *nm* INFORM administrador *m* de web, webmaster *m*.
week-end [wikɛnd] *nm* fin *m* de semana.
western [wɛstɛRn] *nm* película *f* del oeste.
whisky [wiski] *nm* (*pl* **whiskies**) whisky *m*.
wi-fi [wifi] *nm* INFORM wifi *m*.

xénophobe [gzenɔfɔb] *adj - nmf* xenófobo,-ba.
xénophobie [gzenɔfɔbi] *nf* xenofobia *f*.
xérès [gzeRɛs] *nm* jerez *m*.
xylophone [gzilɔfɔn] *nm* xilófono *m*.

y [i] *adv (dans cet endroit-là)* ahí, allí: **allez-y à pied**, vaya usted andando; **y est-il ?**, ¿está allí? ▶ *pron pers (à cela, à cette personne-là)* a él, a ella, a ello, de él, en él...: **j'y pense**, pienso en ello; **il ne faut pas s'y fier**, no hay que fiarse de él.
yacht [jɔt, jot] *nm* yate *m*.
yankee [jɑ̃ki] *adj* yanqui.
yaourt [jaуRt] *nm* yogur *m*.
yeux [jø] *nm pl* → œil.
yoga [jɔga] *nm* yoga *m*.
yogourt [jɔguRt] *nm* yogur *m*.
Yo-Yo® [jɔjɔ] *nm* yoyó *m*.

Z

zapper [1] [zape] *vi* hacer zapping.
zèbre [zɛbʀ] *nm* **1** *(animal)* cebra *f*. **2** *fam (personne)* elemento *m*.
zèle [zɛl] *nm* celo *m*. • **faire du zèle** mostrar un celo excesivo.
zélé,-e [zele] *adj* - *nm,f* celoso,-sa, afanoso,-sa.
zénith [zenit] *nm* cenit *m*.
zéro [zeʀo] *nm* **1** *(chiffre)* cero *m*. **2** *fam fig (homme nul)* cero *m* a la izquierda. **3** *fig (absolument rien)* nada. ▶ *adj (aucun)* ninguno,-na: **zéro faute**, ninguna falta. • **repartir de zéro** volver a empezar de cero.
zeste [zɛst] *nm* cáscara *f*.
zézayer [18] [zezeje] *vi* cecear.
zigzag [zigzag] *nm* zigzag *m*.

zigzaguer [2] [zigzage] *vi* zigzaguear.
zinc [zɛ̃g] *nm* **1** *(métal)* cinc *m*. **2** *fam (d'un bar)* mostrador *m*, barra *f*.
zizanie [zizani] *nf* cizaña *f*. • **semer la zizanie** sembrar la discordia.
zizi [zizi] *nm fam* pajarito *m*.
zodiaque [zɔdjak] *nm* zodíaco *m*.
zone [zon] *nf* **1** zona *f*. **2** *(d'une grande ville)* arrabal *m*.
zoo [zoo] *nm* zoo *m*.
zoologie [zɔɔlɔʒi] *nf* zoología *f*.
zoologique [zɔɔlɔʒik] *adj* zoológico,-ca.
zoom [zum] *nm* zoom *m*.
zut ! [zyt] *interj fam* ¡jolín!

Modèles de conjugaison des verbes français

1 DONNER
INDICATIF
Présent : je donne, tu donnes, il/elle donne, nous donnons, vous donnez, ils/elles donnent
Imparfait : je donnais, tu donnais, il/elle donnait, nous donnions, vous donniez, ils/elles donnaient
Passé simple : je donnai, tu donnas, il/elle donna, nous donnâmes, vous donnâtes, ils/elles donnèrent
Futur simple : je donnerai, tu donneras, il/elle donnera, nous donnerons, vous donnerez, ils/elles donneront
SUBJONCTIF
Présent : que je donne, que tu donnes, qu'il/elle donne, que nous donnions, que vous donniez, qu'ils/elles donnent
Imparfait : que je donnasse, que tu donnasses, qu'il/elle donnât, que nous donnassions, que vous donnassiez, qu'ils/elles donnassent
IMPERATIF
Présent : donne, donnons, donnez
CONDITIONNEL
Présent : je donnerais, tu donnerais, il/elle donnerait, nous donnerions, vous donneriez, ils/elles donneraient
PARTICIPE
Présent : donnant
Passé : donné, donnée

2 CONJUGUER
INDICATIF
Présent : je conjugue, tu conjugues, il/elle conjugue, nous conjuguons, vous conjuguez, ils/elles conjuguent
Imparfait : je conjuguais, tu conjuguais, il/elle conjuguait, nous conjuguions, vous conjuguiez, ils/elles conjuguaient
Passé simple : je conjuguai, tu conjuguas, il/elle conjugua, nous conjuguâmes, vous conjuguâtes, ils/elles conjuguèrent
Futur simple : je conjuguerai, tu conjugueras, il/elle conjuguera, nous conjuguerons, vous conjuguerez, ils/elles conjugueront
SUBJONCTIF
Présent : que je conjugue, que tu conjugues, qu'il/elle conjugue, que nous conjuguions, que vous conjuguiez, qu'ils/elles conjuguent
Imparfait : que je conjuguasse, que tu conjuguasses, qu'il/elle conjuguât, que nous conjuguassions, que vous conjuguassiez, qu'ils/elles conjuguassent
IMPERATIF
Présent : conjugue, conjuguons, conjuguez

Modèles de conjugaison des verbes français

CONDITIONNEL
Présent : je conjuguerais, tu conjuguerais, il/elle conjuguerait, nous conjuguerions, vous conjugueriez, ils/elles conjugueraient
PARTICIPE
Présent : conjuguant
Passé : conjugué, conjuguée

3 AVANCER
INDICATIF
Présent : j'avance, tu avances, il/elle avance, nous avançons, vous avancez, ils/elles avancent
Imparfait : j'avançais, tu avançais, il/elle avançait, nous avancions, vous avanciez, ils/elles avançaient
Passé simple : j'avançai, tu avanças, il/elle avança, nous avançâmes, vous avançâtes, ils/elles avancèrent
Futur simple : j'avancerai, tu avanceras, il/elle avancera, nous avancerons, vous avancerez, ils/elles avanceront
SUBJONCTIF
Présent : que j'avance, que tu avances, qu'il/elle avance, que nous avancions, que vous avanciez, qu'ils/elles avancent
Imparfait : que j'avançasse, que tu avançasses, qu'il/elle avançât, que nous avançassions, que vous avançassiez, qu'ils/elles avançassent
IMPERATIF
Présent : avance, avançons, avancez
CONDITIONNEL
Présent : j'avancerais, tu avancerais, il/elle avancerait, nous avancerions, vous avanceriez, ils/elles avanceraient
PARTICIPE
Présent : avançant
Passé : avancé, avancée

4 MANGER
INDICATIF
Présent : je mange, tu manges, il/elle mange, nous mangeons, vous mangez, ils/elles mangent
Imparfait : je mangeais, tu mangeais, il/elle mangeait, nous mangions, vous mangiez, ils/elles mangeaient
Passé simple : je mangeai, tu mangeas, il/elle mangea, nous mangeâmes, vous mangeâtes, ils/elles mangèrent
Futur simple : je mangerai, tu mangeras, il/elle mangera, nous mangerons, vous mangerez, ils/elles mangeront
SUBJONCTIF
Présent : que je mange, que tu manges, qu'il/elle mange, que nous mangions, que vous mangiez, qu'ils/elles mangent
Imparfait : que je mangeasse, que tu mangeasses, qu'il/elle mangeât, que nous mangeassions, que vous mangeassiez, qu'ils/elles mangeassent

Modèles de conjugaison des verbes français

IMPERATIF
Présent : mange, mangeons, mangez
CONDITIONNEL
Présent : je mangerais, tu mangerais, il/elle mangerait, nous mangerions, vous mangeriez, ils/elles mangeraient
PARTICIPE
Présent : mangeant
Passé : mangé, mangée

5 APPELER
INDICATIF
Présent : j'appelle, tu appelles, il/elle appelle, nous appelons, vous appelez, ils/elles appellent
Imparfait : j'appelais, tu appelais, il/elle appelait, nous appelions, vous appeliez, ils/elles appelaient
Passé simple : j'appelai, tu appelas, il/elle appela, nous appelâmes, vous appelâtes, ils/elles appelèrent
Futur simple : j'appellerai, tu appelleras, il/elle appellera, nous appellerons, vous appellerez, ils/elles appelleront
SUBJONCTIF
Présent : que j'appelle, que tu appelles, qu'il/elle appelle, que nous appelions, que vous appeliez, qu'ils/elles appellent
Imparfait : que j'appelasse, que tu appelasses, qu'il/elle appelât, que nous appelassions, que vous appelassiez, qu'ils/elles appelassent
IMPERATIF
Présent : appelle, appelons, appelez
CONDITIONNEL
Présent : j'appellerais, tu appellerais, il/elle appellerait, nous appellerions, vous appelleriez, ils/elles appelleraient
PARTICIPE
Présent : appelant
Passé : appelé, appelée

6 JETER
INDICATIF
Présent : je jette, tu jettes, il/elle jette, nous jetons, vous jetez, ils/elles jettent
Imparfait : je jetais, tu jetais, il/elle jetait, nous jetions, vous jetiez, ils/elles jetaient
Passé simple : je jetai, tu jetas, il/elle jeta, nous jetâmes, vous jetâtes, ils/elles jetèrent
Futur simple : je jetterai, tu jetteras, il/elle jettera, nous jetterons, vous jetterez, ils/elles jetteront
SUBJONCTIF
Présent : que je jette, que tu jettes, qu'il/elle jette, que nous jetions, que vous jetiez, qu'ils/elles jettent
Imparfait : que je jetasse, que tu jetasses, qu'il/elle jetât, que nous jetassions, que vous jetassiez, qu'ils/elles jetassent

Modèles de conjugaison des verbes français

IMPERATIF
Présent : jette, jetons, jetez
CONDITIONNEL
Présent : je jetterais, tu jetterais, il/elle jetterait, nous jetterions, vous jetteriez, ils/elles jetteraient
PARTICIPE
Présent : jetant
Passé : jeté, jetée

7 LEVER
INDICATIF
Présent : je lève, tu lèves, il/elle lève, nous levons, vous levez, ils/elles lèvent
Imparfait : je levais, tu levais, il/elle levait, nous levions, vous leviez, ils/elles levaient
Passé simple : je levai, tu levas, il/elle leva, nous levâmes, vous levâtes, ils/elles levèrent
Futur simple : je lèverai, tu lèveras, il/elle lèvera, nous lèverons, vous lèverez, ils/elles lèveront
SUBJONCTIF
Présent : que je lève, que tu lèves, qu'il/elle lève, que nous levions, que vous leviez, qu'ils/elles lèvent
Imparfait : que je levasse, que tu levasses, qu'il/elle levât, que nous levassions, que vous levassiez, qu'ils/elles levassent
IMPERATIF
Présent : lève, levons, levez
CONDITIONNEL
Présent : je lèverais, tu lèverais, il/elle lèverait, nous lèverions, vous lèveriez, ils/elles lèveraient
PARTICIPE
Présent : levant
Passé : levé, levée

8 ACHETER
INDICATIF
Présent : j'achète, tu achètes, il/elle achète, nous achetons, vous achetez, ils/elles achètent
Imparfait : j'achetais, tu achetais, il/elle achetait, nous achetions, vous achetiez, ils/elles achetaient
Passé simple : j'achetai, tu achetas, il/elle acheta, nous achetâmes, vous achetâtes, ils/elles achetèrent
Futur simple : j'achèterai, tu achèteras, il/elle achètera, nous achèterons, vous achèterez, ils/elles achèteront
SUBJONCTIF
Présent : que j'achète, que tu achètes, qu'il/elle achète, que nous achetions, que vous achetiez, qu'ils/elles achètent
Imparfait : que j'achetasse, que tu achetasses, qu'il/elle achetât, que nous achetassions, que vous achetassiez, qu'ils/elles achetassent

Modèles de conjugaison des verbes français

IMPERATIF
Présent : achète, achetons, achetez
CONDITIONNEL
Présent : j'achèterais, tu achèterais, il/elle achèterait, nous achèterions, vous achèteriez, ils/elles achèteraient
PARTICIPE
Présent : achetant
Passé : acheté, achetée

9 GELER
INDICATIF
Présent : je gèle, tu gèles, il/elle gèle, nous gelons, vous gelez, ils/elles gèlent
Imparfait : je gelais, tu gelais, il/elle gelait, nous gelions, vous geliez, ils/elles gelaient
Passé simple : je gelai, tu gelas, il/elle gela, nous gelâmes, vous gelâtes, ils/elles gelèrent
Futur simple : je gèlerai, tu gèleras, il/elle gèlera, nous gèlerons, vous gèlerez, ils/elles gèleront
SUBJONCTIF
Présent : que je gèle, que tu gèles, qu'il/elle gèle, que nous gelions, que vous geliez, qu'ils/elles gèlent
Imparfait : que je gelasse, que tu gelasses, qu'il/elle gelât, que nous gelassions, que vous gelassiez, qu'ils/elles gelassent
IMPERATIF
Présent : gèle, gelons, gelez
CONDITIONNEL
Présent : je gèlerais, tu gèlerais, il/elle gèlerait, nous gèlerions, vous gèleriez, ils/elles gèleraient
PARTICIPE
Présent : gelant
Passé : gelé, gelée

10 ESPÉRER
INDICATIF
Présent : j'espère, tu espères, il/elle espère, nous espérons, vous espérez, ils/elles espèrent
Imparfait : j'espérais, tu espérais, il/elle espérait, nous espérions, vous espériez, ils/elles espéraient
Passé simple : j'espérai, tu espéras, il/elle espéra, nous espérâmes, vous espérâtes, ils/elles espérèrent
Futur simple : j'espérerai, tu espéreras, il/elle espérera, nous espérerons, vous espérerez, ils/elles espéreront
SUBJONCTIF
Présent : que j'espère, que tu espères, qu'il/elle espère, que nous espérons, que vous espériez, qu'ils/elles espèrent
Imparfait : que j'espérasse, que tu espérasses, qu'il/elle espérât, que nous espérassions, que vous espérassiez, qu'ils/elles espérassent

Modèles de conjugaison des verbes français

IMPERATIF
Présent : espère, espérons, espérez
CONDITIONNEL
Présent : j'espérais, tu espérais, il/elle espérait, nous espérions, vous espériez, ils/elles espéraient
PARTICIPE
Présent : espérant
Passé : espéré, espérée

11 PROTÉGER
INDICATIF
Présent : je protège, tu protèges, il/elle protège, nous protégeons, vous protégez, ils/elles protègent
Imparfait : je protégeais, tu protégeais, il/elle protégeait, nous protégions, vous protégiez, ils/elles protégeaient
Passé simple : je protégeai, tu protégeas, il/elle protégea, nous protégeâmes, vous protégeâtes, ils/elles protégèrent
Futur simple : je protégerai, tu protégeras, il/elle protégera, nous protégerons, vous protégerez, ils/elles protégeront
SUBJONCTIF
Présent : que je protège, que tu protèges, qu'il/elle protège, que nous protégions, que vous protégiez, qu'ils/elles protègent
Imparfait : que je protégeasse, que tu protégeasses, qu'il/elle protégeât, que nous protégeassions, que vous protégeassiez, qu'ils/elles protégeassent
IMPERATIF
Présent : protège, protégeons, protégez
CONDITIONNEL
Présent : je protégerais, tu protégerais, il/elle protégerait, nous protégerions, vous protégeriez, ils/elles protégeraient
PARTICIPE
Présent : protégeant
Passé : protégé, protégée

12 ÉTUDIER
INDICATIF
Présent : j'étudie, tu étudies, il/elle étudie, nous étudions, vous étudiez, ils/elles étudient
Imparfait : j'étudiais, tu étudiais, il/elle étudiait, nous étudiions, vous étudiiez, ils/elles étudiaient
Passé simple : j'étudiai, tu étudias, il/elle étudia, nous étudiâmes, vous étudiâtes, ils/elles étudièrent
Futur simple : j'étudierai, tu étudieras, il/elle étudiera, nous étudierons, vous étudierez, ils/elles étudieront
SUBJONCTIF
Présent : que j'étudie, que tu étudies, qu'il/elle étudie, que nous étudiions, que vous étudiiez, qu'ils/elles étudient
Imparfait : que j'étudiasse, que tu étudiasses, qu'il/elle étudiât, que nous étudiassions, que vous étudiassiez, qu'ils/elles étudiassent

Modèles de conjugaison des verbes français

IMPERATIF
Présent : étudie, étudions, étudiez
CONDITIONNEL
Présent : j'étudierais, tu étudierais, il/elle étudierait, nous étudierions, vous étudieriez, ils/elles étudieraient
PARTICIPE
Présent : étudiant
Passé : étudié, étudiée

13 CRIER
INDICATIF
Présent : je crie, tu cries, il/elle crie, nous crions, vous criez, ils/elles crient
Imparfait : je criais, tu criais, il/elle criait, nous criions, vous criiez, ils/elles criaient
Passé simple : je criai, tu crias, il/elle cria, nous criâmes, vous criâtes, ils/elles crièrent
Futur simple : je crierai, tu crieras, il/elle criera, nous crierons, vous crierez, ils/elles crieront
SUBJONCTIF
Présent : que je crie, que tu cries, qu'il/elle crie, que nous criions, que vous criiez, qu'ils/elles crient
Imparfait : que je criasse, que tu criasses, qu'il/elle criât, que nous criassions, que vous criassiez, qu'ils/elles criassent
IMPERATIF
Présent : crie, crions, criez
CONDITIONNEL
Présent : je crierais, tu crierais, il/elle crierait, nous crierions, vous crieriez, ils/elles crieraient
PARTICIPE
Présent : criant
Passé : crié, criée

14 CRÉER
INDICATIF
Présent : je crée, tu crées, il/elle crée, nous créons, vous créez, ils/elles créent
Imparfait : je créais, tu créais, il/elle créait, nous créions, vous créiez, ils/elles créaient
Passé simple : je créai, tu créas, il/elle créa, nous créâmes, vous créâtes, ils/elles créèrent
Futur simple : je créerai, tu créeras, il/elle créera, nous créerons, vous créerez, ils/elles créeront
SUBJONCTIF
Présent : que je crée, que tu crées, qu'il/elle crée, que nous créions, que vous créiez, qu'ils/elles créent
Imparfait : que je créasse, que tu créasses, qu'il/elle créât, que nous créassions, que vous créassiez, qu'ils/elles créassent
IMPERATIF
Présent : crée, créons, créez

Modèles de conjugaison des verbes français

CONDITIONNEL
Présent : je créerais, tu créerais, il/elle créerait, nous créerions, vous créeriez, ils/elles créeraient
PARTICIPE
Présent : créant
Passé : créé, créée

15 APPUYER
INDICATIF
Présent : j'appuie, tu appuies, il/elle appuie, nous appuyons, vous appuyez, ils/elles appuient
Imparfait : j'appuyais, tu appuyais, il/elle appuyait, nous appuyions, vous appuyiez, ils/elles appuyaient
Passé simple : j'appuyai, tu appuyas, il/elle appuya, nous appuyâmes, vous appuyâtes, ils/elles appuyèrent
Futur simple : j'appuierai, tu appuieras, il/elle appuiera, nous appuierons, vous appuierez, ils/elles appuieront
SUBJONCTIF
Présent : que j'appuie, que tu appuies, qu'il/elle appuie, que nous appuyions, que vous appuyiez, qu'ils/elles appuient
Imparfait : que j'appuyasse, que tu appuyasses, qu'il/elle appuyât, que nous appuyassions, que vous appuyassiez, qu'ils/elles appuyassent
IMPÉRATIF
Présent : appuie, appuyons, appuyez
CONDITIONNEL
Présent : j'appuierais, tu appuierais, il/elle appuierait, nous appuierions, vous appuieriez, ils/elles appuieraient
PARTICIPE
Présent : appuyant
Passé : appuyé, appuyée

16 NETTOYER
INDICATIF
Présent : je nettoie, tu nettoies, il/elle nettoie, nous nettoyons, vous nettoyez, ils/elles nettoient
Imparfait : je nettoyais, tu nettoyais, il/elle nettoyait, nous nettoyions, vous nettoyiez, ils/elles nettoyaient
Passé simple : je nettoyai, tu nettoyas, il/elle nettoya, nous nettoyâmes, vous nettoyâtes, ils/elles nettoyèrent
Futur simple : je nettoierai, tu nettoieras, il/elle nettoiera, nous nettoierons, vous nettoierez, ils/elles nettoieront
SUBJONCTIF
Présent : que je nettoie, que tu nettoies, qu'il/elle nettoie, que nous nettoyions, que vous nettoyiez, qu'ils/elles nettoient
Imparfait : que je nettoyasse, que tu nettoyasses, qu'il/elle nettoyât, que nous nettoyassions, que vous nettoyassiez, qu'ils/elles nettoyassent

IMPERATIF
Présent : nettoie, nettoyons, nettoyez
CONDITIONNEL
Présent : je nettoierais, tu nettoierais, il/elle nettoierait, nous nettoierions, vous nettoieriez, ils/elles nettoieraient
PARTICIPE
Présent : nettoyant
Passé : nettoyé, nettoyée

17 ENVOYER
INDICATIF
Présent : j'envoie, tu envoies, il/elle envoie, nous envoyons, vous envoyez, ils/elles envoient
Imparfait : j'envoyais, tu envoyais, il/elle envoyait, nous envoyions, vous envoyiez, ils/elles envoyaient
Passé simple : j'envoyai, tu envoyas, il/elle envoya, nous envoyâmes, vous envoyâtes, ils/elles envoyèrent
Futur simple : j'enverrai, tu enverras, il/elle enverra, nous enverrons, vous enverrez, ils/elles enverront
SUBJONCTIF
Présent : que j'envoie, que tu envoies, qu'il/elle envoie, que nous envoyions, que vous envoyiez, qu'ils/elles envoient
Imparfait : que j'envoyasse, que tu envoyasses, qu'il/elle envoyât, que nous envoyassions, que vous envoyassiez, qu'ils/elles envoyassent
IMPERATIF
Présent : envoie, envoyons, envoyez
CONDITIONNEL
Présent : j'enverrais, tu enverrais, il/elle enverrait, nous enverrions, vous enverriez, ils/elles enverraient
PARTICIPE
Présent : envoyant
Passé : envoyé, envoyée

18 PAYER
INDICATIF
Présent : je paye, tu payes, il/elle paye, nous payons, vous payez, ils/elles payent
Imparfait : je payais, tu payais, il/elle payait, nous payions, vous payiez, ils/elles payaient
Passé simple : je payai, tu payas, il/elle paya, nous payâmes, vous payâtes, ils/elles payèrent
Futur simple : je payerai, tu payeras, il/elle payera, nous payerons, vous payerez, ils/elles payeront
SUBJONCTIF
Présent : que je paye, que tu payes, qu'il/elle paye, que nous payions, que vous payiez, qu'ils/elles payent
Imparfait : que je payasse, que tu payasses, qu'il/elle payât, que nous payassions, que vous payassiez, qu'ils/elles payassent

Modèles de conjugaison des verbes français

IMPERATIF
Présent : paye, payons, payez
CONDITIONNEL
Présent : je payerais, tu payerais, il/elle payerait, nous payerions, vous payeriez, ils/elles payeraient
PARTICIPE
Présent : payant
Passé : payé, payée

19 ALLER
INDICATIF
Présent : je vais, tu vas, il/elle va, nous allons, vous allez, ils/elles vont
Imparfait : j'allais, tu allais, il/elle allait, nous allions, vous alliez, ils/elles allaient
Passé simple : j'allai, tu allas, il/elle alla, nous allâmes, vous allâtes, ils/elles allèrent
Futur simple : j'irai, tu iras, il/elle ira, nous irons, vous irez, ils/elles iront
SUBJONCTIF
Présent : que j'aille, que tu ailles, qu'il/elle aille, que nous allions, que vous alliez, qu'ils/elles aillent
Imparfait : que j'allasse, que tu allasses, qu'il/elle allât, que nous allassions, que vous allassiez, qu'ils/elles allassent
IMPERATIF
Présent : va, allons, allez
CONDITIONNEL
Présent : j'irais, tu irais, il/elle irait, nous irions, vous iriez, ils/elles iraient
PARTICIPE
Présent : allant
Passé : allé, allée

20 FINIR
INDICATIF
Présent : je finis, tu finis, il/elle finit, nous finissons, vous finissez, ils/elles finissent
Imparfait : je finissais, tu finissais, il/elle finissait, nous finissions, vous finissiez, ils/elles finissaient
Passé simple : je finis, tu finis, il/elle finit, nous finîmes, vous finîtes, ils/elles finirent
Futur simple : je finirai, tu finiras, il/elle finira, nous finirons, vous finirez, ils/elles finiront
SUBJONCTIF
Présent : que je finisse, que tu finisses, qu'il/elle finisse, que nous finissions, que vous finissiez, qu'ils/elles finissent
Imparfait : que je finisse, que tu finisses, qu'il/elle finît, que nous finissions, que vous finissiez, qu'ils/elles finissent
IMPERATIF
Présent : finis, finissons, finissez
CONDITIONNEL
Présent : je finirais, tu finirais, il/elle finirait, nous finirions, vous finiriez, ils/elles finiraient
PARTICIPE

Présent : finissant
Passé : fini, finie

21 OUVRIR
INDICATIF
Présent : j'ouvre, tu ouvres, il/elle ouvre, nous ouvrons, vous ouvrez, ils/elles ouvrent
Imparfait : j'ouvrais, tu ouvrais, il/elle ouvrait, nous ouvrions, vous ouvriez, ils/elles ouvraient
Passé simple : j'ouvris, tu ouvris, il/elle ouvrit, nous ouvrîmes, vous ouvrîtes, ils/elles ouvrirent
Futur simple : j' ouvrirai, tu ouvriras, il/elle ouvrira, nous ouvrirons, vous ouvrirez, ils/elles ouvriront
SUBJONCTIF
Présent : que j'ouvre, que tu ouvres, qu'il/elle ouvre, que nous ouvrions, que vous ouvriez, qu'ils/elles ouvrent
Imparfait : que j'ouvrisse, que tu ouvrisses, qu'il/elle ouvrît, que nous ouvrissions, que vous ouvrissiez, qu'ils/elles ouvrissent
IMPERATIF
Présent : ouvre, ouvrons, ouvrez
CONDITIONNEL
Présent : j'ouvrirais, tu ouvrirais, il/elle ouvrirait, nous ouvririons, vous ouvririez, ils/elles ouvriraient
PARTICIPE
Présent : ouvrant
Passé : ouvert, ouverte

22 HAÏR
INDICATIF
Présent : je hais, tu hais, il/elle hait, nous haïssons, vous haïssez, ils/elles haïssent
Imparfait : je haïssais, tu haïssais, il/elle haïssait, nous haïssions, vous haïssiez, ils/elles haïssaient
Passé simple : je haïs, tu haïs, il/elle haït, nous haïmes, vous haïtes, ils/elles haïrent
Futur simple : je haïrai, tu haïras, il/elle haïra, nous haïrons, vous haïrez, ils/elles haïront
SUBJONCTIF
Présent : que je haïsse, que tu haïsses, qu'il/elle haïsse, que nous haïssions, que vous haïssiez, qu'ils/elles haïssent
Imparfait : que je haïsse, que tu haïsses, qu'il/elle haït, que nous haïssions, que vous haïssiez, qu'ils/elles haïssent
IMPERATIF
Présent : hais, haïssons, haïssez
CONDITIONNEL
Présent : je haïrais, tu haïrais, il/elle haïrait, nous haïrions, vous haïriez, ils/elles haïraient
PARTICIPE
Présent : haïssant
Passé : haï, haïe

Modèles de conjugaison des verbes français

23 OUÏR
INDICATIF
Présent : j'ois, tu ois, il/elle oit, nous oyons, vous oyez, ils/elles oient
Imparfait : j'oyais, tu oyais, il/elle oyait, nous oyions, vous oyiez, ils/elles oyaient
Passé simple : j'ouïs, tu ouïs, il/elle ouït, nous ouïmes, vous ouïtes, ils/elles ouïrent
Futur simple : j'ouïrai, tu ouïras, il/elle ouïra, nous ouïrons, vous ouïrez, ils/elles ouïront
SUBJONCTIF
Présent : que j'oie, que tu oies, qu'il/elle oie, que nous oyions, que vous oyiez, qu'ils/elles oient
Imparfait : que j'ouïsse, que tu ouïsses, qu'il/elle ouït, que nous ouïssions, que vous ouïssiez, qu'ils/elles ouïssent
IMPERATIF
Présent : ois, oyons, oyez
CONDITIONNEL
Présent : j'ouïrais, tu ouïrais, il/elle ouïrait, nous ouïrions, vous ouïriez, ils/elles ouïraient
PARTICIPE
Présent : oyant
Passé : ouï, ouïe

24 COURIR
INDICATIF
Présent : je cours, tu cours, il/elle court, nous courons, vous courez, ils/elles courent
Imparfait : je courais, tu courais, il/elle courait, nous courions, vous couriez, ils/elles couraient
Passé simple : je courus, tu courus, il/elle courut, nous courûmes, vous courûtes, ils/elles coururent
Futur simple : je courrai, tu courras, il/elle courra, nous courrons, vous courrez, ils/elles courront
SUBJONCTIF
Présent : que je coure, que tu coures, qu'il/elle coure, que nous courions, que vous couriez, qu'ils/elles courent
Imparfait : que je courusse, que tu courusses, qu'il/elle courût, que nous courussions, que vous courussiez, qu'ils/elles courussent
IMPERATIF
Présent : cours, courons, courez
CONDITIONNEL
Présent : je courrais, tu courrais, il/elle courrait, nous courrions, vous courriez, ils/elles courraient
PARTICIPE
Présent : courant
Passé : couru, courue

25 CUEILLIR
INDICATIF
Présent : je cueille, tu cueilles, il/elle cueille, nous cueillons, vous cueillez, ils/elles cueillent

Imparfait : je cueillais, tu cueillais, il/elle cueillait, nous cueillions, vous cueilliez, ils/elles cueillaient
Passé simple : je cueillis, tu cueillis, il/elle cueillit, nous cueillîmes, vous cueillîtes, ils/elles cueillirent
Futur simple : je cueillerai, tu cueilleras, il/elle cueillera, nous cueillerons, vous cueillerez, ils/elles cueilleront
SUBJONCTIF
Présent : que je cueille, que tu cueilles, qu'il/elle cueille, que nous cueillions, que vous cueilliez, qu'ils/elles cueillent
Imparfait : que je cueillisse, que tu cueillisses, qu'il/elle cueillît, que nous cueillissions, que vous cueillissiez, qu'ils/elles cueillissent
IMPERATIF
Présent : cueille, cueillons, cueillez
CONDITIONNEL
Présent : je cueillerais, tu cueillerais, il/elle cueillerait, nous cueillerions, vous cueilleriez, ils/elles cueilleraient
PARTICIPE
Présent : cueillant
Passé : cueilli, cueillie

26 BOUILLIR
INDICATIF
Présent : je bous, tu bous, il/elle bout, nous bouillons, vous bouillez, ils/elles bouillent
Imparfait : je bouillais, tu bouillais, il/elle bouillait, nous bouillions, vous bouilliez, ils/elles bouillaient
Passé simple : je bouillis, tu bouillis, il/elle bouillit, nous bouillîmes, vous bouillîtes, ils/elles bouillirent
Futur simple : je bouillirai, tu bouilliras, il/elle bouillira, nous bouillirons, vous bouillirez, ils/elles bouilliront
SUBJONCTIF
Présent : que je bouille, que tu bouilles, qu'il/elle bouille, que nous bouillions, que vous bouilliez, qu'ils/elles bouillent
Imparfait : que je bouillisse, que tu bouillisses, qu'il/elle bouillît, que nous bouillissions, que vous bouillissiez, qu'ils/elles bouillissent
IMPERATIF
Présent : bous, bouillons, bouillez
CONDITIONNEL
Présent : je bouillirais, tu bouillirais, il/elle bouillirait, nous bouillirions, vous bouilliriez, ils/elles bouilliraient
PARTICIPE
Présent : bouillant
Passé : bouilli, bouillie

27 ASSAILLIR
INDICATIF
Présent : j'assaille, tu assailles, il/elle assaille, nous assaillons, vous assaillez, ils/elles assaillent

Modèles de conjugaison des verbes français

Imparfait : j'assaillais, tu assaillais, il/elle assaillait, nous assaillions, vous assailliez, ils/elles assaillaient
Passé simple : j'assaillis, tu assaillis, il/elle assaillit, nous assaillîmes, vous assaillîtes, ils/elles assaillirent
Futur simple : j'assaillirai, tu assailliras, il/elle assaillira, nous assaillirons, vous assaillirez, ils/elles assailliront
SUBJONCTIF
Présent : que j'assaille, que tu assailles, qu'il/elle assaille, que nous assaillions, que vous assailliez, qu'ils/elles assaillent
Imparfait : que j'assaillisse, que tu assaillisses, qu'il/elle assaillît, que nous assaillissions, que vous assaillissiez, qu'ils/elles assaillissent
IMPERATIF
Présent : assaille, assaillons, assaillez
CONDITIONNEL
Présent : j'assaillirais, tu assaillirais, il/elle assaillirait, nous assaillirions, vous assailliriez, ils/elles assailliraient
PARTICIPE
Présent : assaillant
Passé : assailli, assaillie

28 PARTIR
INDICATIF
Présent : je pars, tu pars, il/elle part, nous partons, vous partez, ils/elles partent
Imparfait : je partais, tu partais, il/elle partait, nous partions, vous partiez, ils/elles partaient
Passé simple : je partis, tu partis, il/elle partit, nous partîmes, vous partîtes, ils/elles partirent
Futur simple : je partirai, tu partiras, il/elle partira, nous partirons, vous partirez, ils/elles partiront
SUBJONCTIF
Présent : que je parte, que tu partes, qu'il/elle parte, que nous partions, que vous partiez, qu'ils/elles partent
Imparfait : que je partisse, que tu partisses, qu'il/elle partît, que nous partissions, que vous partissiez, qu'ils/elles partissent
IMPERATIF
Présent : pars, partons, partez
CONDITIONNEL
Présent : je partirais, tu partirais, il/elle partirait, nous partirions, vous partiriez, ils/elles partiraient
PARTICIPE
Présent : partant
Passé : parti, partie

29 SERVIR
INDICATIF
Présent : je sers, tu sers, il/elle sert, nous servons, vous servez, ils/elles servent
Imparfait : je servais, tu servais, il/elle servait, nous servions, vous serviez, ils/elles servaient

Passé simple : je servis, tu servis, il/elle servit, nous servîmes, vous servîtes, ils/elles servirent
Futur simple : je servirai, tu serviras, il/elle servira, nous servirons, vous servirez, ils/elles serviront

SUBJONCTIF
Présent : que je serve, que tu serves, qu'il/elle serve, que nous servions, que vous serviez, qu'ils/elles servent
Imparfait : que je servisse, que tu servisses, qu'il/elle servît, que nous servissions, que vous servissiez, qu'ils/elles servissent

IMPERATIF
Présent : sers, servons, servez

CONDITIONNEL
Présent : je servirais, tu servirais, il/elle servirait, nous servirions, vous serviriez, ils/elles serviraient

PARTICIPE
Présent : servant
Passé : servi, servie

30 DORMIR

INDICATIF
Présent : je dors, tu dors, il/elle dort, nous dormons, vous dormez, ils/elles dorment
Imparfait : je dormais, tu dormais, il/elle dormait, nous dormions, vous dormiez, ils/elles dormaient
Passé simple : je dormis, tu dormis, il/elle dormit, nous dormîmes, vous dormîtes, ils/elles dormirent
Futur simple : je dormirai, tu dormiras, il/elle dormira, nous dormirons, vous dormirez, ils/elles dormiront

SUBJONCTIF
Présent : que je dorme, que tu dormes, qu'il/elle dorme, que nous dormions, que vous dormiez, qu'ils/elles dorment
Imparfait : que je dormisse, que tu dormisses, qu'il/elle dormît, que nous dormissions, que vous dormissiez, qu'ils/elles dormissent

IMPERATIF
Présent : dors, dormons, dormez

CONDITIONNEL
Présent : je dormirais, tu dormirais, il/elle dormirait, nous dormirions, vous dormiriez, ils/elles dormiraient

PARTICIPE
Présent : dormant
Passé : dormi, dormie

31 FUIR

INDICATIF
Présent : je fuis, tu fuis, il/elle fuit, nous fuyons, vous fuyez, ils/elles fuient
Imparfait : je fuyais, tu fuyais, il/elle fuyait, nous fuyions, vous fuyiez, ils/elles fuyaient
Passé simple : je fuis, tu fuis, il/elle fuit, nous fuîmes, vous fuîtes, ils/elles fuirent
Futur simple : je fuirai, tu fuiras, il/elle fuira, nous fuirons, vous fuirez, ils/elles fuiront

Modèles de conjugaison des verbes français

SUBJONCTIF
Présent : que je fuie, que tu fuies, qu'il/elle fuie, que nous fuyions, que vous fuyiez, qu'ils/elles fuient
Imparfait : que je fuisse, que tu fuisses, qu'il/elle fuît, que nous fuissions, que vous fuissiez, qu'ils/elles fuissent
IMPERATIF
Présent : fuis, fuyons, fuyez
CONDITIONNEL
Présent : je fuirais, tu fuirais, il/elle fuirait, nous fuirions, vous fuiriez, ils/elles fuiraient
PARTICIPE
Présent : fuyant
Passé : fui, fuie

32 MOURIR
INDICATIF
Présent : je meurs, tu meurs, il/elle meurt, nous mourons, vous mourez, ils/elles meurent
Imparfait : je mourais, tu mourais, il/elle mourait, nous mourions, vous mouriez, ils/elles mouraient
Passé simple : je mourus, tu mourus, il/elle mourut, nous mourûmes, vous mourûtes, ils/elles moururent
Futur simple : je mourrai, tu mourras, il/elle mourra, nous mourrons, vous mourrez, ils/elles mourront
SUBJONCTIF
Présent : que je meure, que tu meures, qu'il/elle meure, que nous mourions, que vous mouriez, qu'ils/elles meurent
Imparfait : que je mourusse, que tu mourusses, qu'il/elle mourût, que nous mourussions, que vous mourussiez, qu'ils/elles mourussent
IMPERATIF
Présent : meurs, mourons, mourez
CONDITIONNEL
Présent : je mourrais, tu mourrais, il/elle mourrait, nous mourrions, vous mourriez, ils/elles mourraient
PARTICIPE
Présent : mourant
Passé : mort, morte

33 VÊTIR
INDICATIF
Présent : je vêts, tu vêts, il/elle vêt, nous vêtons, vous vêtez, ils/elles vêtent
Imparfait : je vêtais, tu vêtais, il/elle vêtait, nous vêtions, vous vêtiez, ils/elles vêtaient
Passé simple : je vêtis, tu vêtis, il/elle vêtit, nous vêtîmes, vous vêtîtes, ils/elles vêtirent
Futur simple : je vêtirai, tu vêtiras, il/elle vêtira, nous vêtirons, vous vêtirez, ils/elles vêtiront

Modèles de conjugaison des verbes français

SUBJONCTIF
Présent : que je vête, que tu vêtes, qu'il/elle vête, que nous vêtions, que vous vêtiez, qu'ils/elles vêtent
Imparfait : que je vêtisse, que tu vêtisses, qu'il/elle vêtît, que nous vêtissions, que vous vêtissiez, qu'ils/elles vêtissent
IMPERATIF
Présent : vêts, vêtons, vêtez
CONDITIONNEL
Présent : je vêtirais, tu vêtirais, il/elle vêtirait, nous vêtirions, vous vêtiriez, ils/elles vêtiraient
PARTICIPE
Présent : vêtant
Passé : vêtu, vêtue

34 ACQUÉRIR
INDICATIF
Présent : j'acquiers, tu acquiers, il/elle acquiert, nous acquérons, vous acquérez, ils/elles acquièrent
Imparfait : j'acquérais, tu acquérais, il/elle acquérait, nous acquérions, vous acquériez, ils/elles acquéraient
Passé simple : j'acquis, tu acquis, il/elle acquit, nous acquîmes, vous acquîtes, ils/elles acquirent
Futur simple : j'acquerrai, tu acquerras, il/elle acquerra, nous acquerrons, vous acquerrez, ils/elles acquerront
SUBJONCTIF
Présent : que j'acquière, que tu acquières, qu'il/elle acquière, que nous acquérions, que vous acquériez, qu'ils/elles acquièrent
Imparfait : que j'acquisse, que tu acquisses, qu'il/elle acquît, que nous acquissions, que vous acquissiez, qu'ils/elles acquissent
IMPERATIF
Présent : acquiers, acquérons, acquérez
CONDITIONNEL
Présent : j'acquerrais, tu acquerrais, il/elle acquerrait, nous acquerrions, vous acquerriez, ils/elles acquerraient
PARTICIPE
Présent : acquérant
Passé : acquis, acquise

35 VENIR
INDICATIF
Présent : je viens, tu viens, il/elle vient, nous venons, vous venez, ils/elles viennent
Imparfait : je venais, tu venais, il/elle venait, nous venions, vous veniez, ils/elles venaient
Passé simple : je vins, tu vins, il/elle vint, nous vînmes, vous vîntes, ils/elles vinrent
Futur simple : je viendrai, tu viendras, il/elle viendra, nous viendrons, vous viendrez, ils/elles viendront

Modèles de conjugaison des verbes français

SUBJONCTIF
Présent : que je vienne, que tu viennes, qu'il/elle vienne, que nous venions, que vous veniez, qu'ils/elles viennent
Imparfait : que je vinsse, que tu vinsses, qu'il/elle vînt, que nous vinssions, que vous vinssiez, qu'ils/elles vinssent
IMPERATIF
Présent : viens, venons, venez
CONDITIONNEL
Présent : je viendrais, tu viendrais, il/elle viendrait, nous viendrions, vous viendriez, ils/elles viendraient
PARTICIPE
Présent : venant
Passé : venu, venue

36 GÉSIR
INDICATIF
Présent : je gis, tu gis, il/elle gît, nous gisons, vous gisez, ils/elles gisent
Imparfait : je gisais, tu gisais, il/elle gisait, nous gisions, vous gisiez, ils/elles gisaient
PARTICIPE
Présent : gisant

37 PLEUVOIR
INDICATIF
Présent : il pleut, ils pleuvent
Imparfait : il pleuvait, ils pleuvaient
Passé simple : il plut, ils plurent
Futur simple : il pleuvra, ils pleuvront
SUBJONCTIF
Présent : qu'il pleuve, qu'ils pleuvent
Imparfait : qu'il plût, qu'ils plussent
IMPERATIF
Présent : inusité
CONDITIONNEL
Présent : il pleuvrait, ils pleuvraient
PARTICIPE
Présent : pleuvant
Passé : plu

38 PRÉVOIR
INDICATIF
Présent : je prévois, tu prévois, il/elle prévoit, nous prévoyons, vous prévoyez, ils/elles prévoient
Imparfait : je prévoyais, tu prévoyais, il/elle prévoyait, nous prévoyions, vous prévoyiez, ils/elles prévoyaient
Passé simple : je prévis, tu prévis, il/elle prévit, nous prévîmes, vous prévîtes, ils/elles prévirent
Futur simple : je prévoirai, tu prévoiras, il/elle prévoira, nous prévoirons, vous prévoirez, ils/elles prévoiront

SUBJONCTIF
Présent : que je prévoie, que tu prévoies, qu'il/elle prévoie, que nous prévoyions, que vous prévoyiez, qu'ils/elles prévoient
Imparfait : que je prévisse, que tu prévisses, qu'il/elle prévît, que nous prévissions, que vous prévissiez, qu'ils/elles prévissent
IMPERATIF
Présent : prévois, prévoyons, prévoyez
CONDITIONNEL
Présent : je prévoirais, tu prévoirais, il/elle prévoirait, nous prévoirions, vous prévoiriez, ils/elles prévoiraient
PARTICIPE
Présent : prévoyant
Passé : prévu, prévue

39 POURVOIR
INDICATIF
Présent : je pourvois, tu pourvois, il/elle pourvoit, nous pourvoyons, vous pourvoyez, ils/elles pourvoient
Imparfait : je pourvoyais, tu pourvoyais, il/elle pourvoyait, nous pourvoyions, vous pourvoyiez, ils/elles pourvoyaient
Passé simple : je pourvus, tu pourvus, il/elle pourvut, nous pourvûmes, vous pourvûtes, ils/elles pourvurent
Futur simple : je pourvoirai, tu pourvoiras, il/elle pourvoira, nous pourvoirons, vous pourvoirez, ils/elles pourvoiront
SUBJONCTIF
Présent : que je pourvoie, que tu pourvoies, qu'il/elle pourvoie, que nous pourvoyions, que vous pourvoyiez, qu'ils/elles pourvoient
Imparfait : que je pourvusse, que tu pourvusses, qu'il/elle pourvût, que nous pourvussions, que vous pourvussiez, qu'ils/elles pourvussent
IMPERATIF
Présent : pourvois, pourvoyons, pourvoyez
CONDITIONNEL
Présent : je pourvoirais, tu pourvoirais, il/elle pourvoirait, nous pourvoirions, vous pourvoiriez, ils/elles pourvoiraient
PARTICIPE
Présent : pourvoyant
Passé : pourvu, pourvue

40 ASSEOIR
INDICATIF
Présent : j'assieds, tu assieds, il/elle assied, nous asseyons, vous asseyez, ils/elles asseyent, ou, j'assois, tu assois, il/elle assoit, nous assoyons, vous assoyez, ils/elles assoyent
Imparfait : j'asseyais, tu asseyais, il/elle asseyait, nous asseyions, vous asseyiez, ils/elles asseyaient, ou, j'assoyais, tu assoyais, il/elle assoyait, nous assoyions, vous assoyiez, ils/elles assoyaient
Passé simple : j'assis, tu assis, il/elle assit, nous assîmes, vous assîtes, ils/elles assirent

Modèles de conjugaison des verbes français

Futur simple : j'assiérai, tu assiéras, il/elle assiéra, nous assiérons, vous assiérez, ils/elles assiéront, ou, j'assoirai, tu assoiras, il/elle assoira, nous assoirons, vous assoirez, ils/elles assoiront

SUBJONCTIF
Présent : que j'asseye, que tu asseyes, qu'il/elle asseye, que nous asseyions, que vous asseyiez, qu'ils/elles asseyent, ou, que j'assoie, que tu assoies, qu'il/elle assoie, que nous assoyions, que vous assoyiez, qu'ils/elles assoient
Imparfait : que j'assisse, que tu assisses, qu'il/elle assît, que nous assissions, que vous assissiez, qu'ils/elles assissent

IMPERATIF
Présent : assieds ou assois, asseyons ou assoyons, asseyez ou assoyez

CONDITIONNEL
Présent : j'assiérais, tu assiérais, il/elle assiérait, nous assiérions, vous assiériez, ils/elles assiéraient, ou, j'assoirais, tu assoirais, il/elle assoirait, nous assoirions, vous assoiriez, ils/elles assoiraient

PARTICIPE
Présent : asseyant ou assoyant
Passé : assis, assise

41 MOUVOIR
INDICATIF
Présent : je meus, tu meus, il/elle meut, nous mouvons, vous mouvez, ils/elles meuvent
Imparfait : je mouvais, tu mouvais, il/elle mouvait, nous mouvions, vous mouviez, ils/elles mouvaient
Passé simple : je mus, tu mus, il/elle mut, nous mûmes, vous mûtes, ils/elles murent
Futur simple : je mouvrai, tu mouvras, il/elle mouvra, nous mouvrons, vous mouvrez, ils/elles mouvront

SUBJONCTIF
Présent : que je meuve, que tu meuves, qu'il/elle meuve, que nous mouvions, que vous mouviez, qu'ils/elles meuvent
Imparfait : que je musse, que tu musses, qu'il/elle mût, que nous mussions, que vous mussiez, qu'ils/elles mussent

IMPERATIF
Présent : meus, mouvons, mouvez

CONDITIONNEL
Présent : je mouvrais, tu mouvrais, il/elle mouvrait, nous mouvrions, vous mouvriez, ils/elles mouvraient

PARTICIPE
Présent : mouvant
Passé : mû, mue

42 RECEVOIR
INDICATIF
Présent : je reçois, tu reçois, il/elle reçoit, nous recevons, vous recevez, ils/elles reçoivent
Imparfait : je recevais, tu recevais, il/elle recevait, nous recevions, vous receviez, ils/elles recevaient

Modèles de conjugaison des verbes français

Passé simple : je reçus, tu reçus, il/elle reçut, nous reçûmes, vous reçûtes, ils/elles reçurent
Futur simple : je recevrai, tu recevras, il/elle recevra, nous recevrons, vous recevrez, ils/elles recevront
SUBJONCTIF
Présent : que je reçoive, que tu reçoives, qu'il/elle reçoive, que nous recevions, que vous receviez, qu'ils/elles reçoivent
Imparfait : que je reçusse, que tu reçusses, qu'il/elle reçût, que nous reçussions, que vous reçussiez, qu'ils/elles reçussent
IMPERATIF
Présent : reçois, recevons, recevez
CONDITIONNEL
Présent : je recevrais, tu recevrais, il/elle recevrait, nous recevrions, vous recevriez, ils/elles recevraient
PARTICIPE
Présent : recevant
Passé : reçu, reçue

43 DEVOIR
INDICATIF
Présent : je dois, tu dois, il/elle doit, nous devons, vous devez, ils/elles doivent
Imparfait : je devais, tu devais, il/elle devait, nous devions, vous deviez, ils/elles devaient
Passé simple : je dus, tu dus, il/elle dut, nous dûmes, vous dûtes, ils/elles durent
Futur simple : je devrai, tu devras, il/elle devra, nous devrons, vous devrez, ils/elles devront
SUBJONCTIF
Présent : que je doive, que tu doives, qu'il/elle doive, que nous devions, que vous deviez, qu'ils/elles doivent
Imparfait : que je dusse, que tu dusses, qu'il/elle dût, que nous dussions, que vous dussiez, qu'ils/elles dussent
IMPERATIF
Présent : dois, devons, devez
CONDITIONNEL
Présent : je devrais, tu devrais, il/elle devrait, nous devrions, vous devriez, ils/elles devraient
PARTICIPE
Présent : devant
Passé : dû, due

44 VALOIR
INDICATIF
Présent : je vaux, tu vaux, il/elle vaut, nous valons, vous valez, ils/elles valent
Imparfait : je valais, tu valais, il/elle valait, nous valions, vous valiez, ils/elles valaient
Passé simple : je valus, tu valus, il/elle valut, nous valûmes, vous valûtes, ils/elles valurent

Modèles de conjugaison des verbes français

Futur simple : je vaudrai, tu vaudras, il/elle vaudra, nous vaudrons, vous vaudrez, ils/elles vaudront
SUBJONCTIF
Présent : que je vaille, que tu vailles, qu'il/elle vaille, que nous valions, que vous valiez, qu'ils/elles vaillent
Imparfait : que je valusse, que tu valusses, qu'il/elle valût, que nous valussions, que vous valussiez, qu'ils/elles valussent
IMPERATIF
Présent : vaux, valons, valez
CONDITIONNEL
Présent : je vaudrais, tu vaudrais, il/elle vaudrait, nous vaudrions, vous vaudriez, ils/elles vaudraient
PARTICIPE
Présent : valant
Passé : valu, value

45 FALLOIR
INDICATIF
Présent : il faut
Imparfait : il fallait
Passé simple : il fallut
Futur simple : il faudra
SUBJONCTIF
Présent : qu'il faille
Imparfait : qu'il fallût
CONDITIONNEL
Présent : il faudrait

46 VOIR
INDICATIF
Présent : je vois, tu vois, il/elle voit, nous voyons, vous voyez, ils/elles voient
Imparfait : je voyais, tu voyais, il/elle voyait, nous voyions, vous voyiez, ils/elles voyaient
Passé simple : je vis, tu vis, il/elle vit, nous vîmes, vous vîtes, ils/elles virent
Futur simple : je verrai, tu verras, il/elle verra, nous verrons, vous verrez, ils/elles verront
SUBJONCTIF
Présent : que je voie, que tu voies, qu'il/elle voie, que nous voyions, que vous voyiez, qu'ils/elles voient
Imparfait : que je visse, que tu visses, qu'il/elle vît, que nous vissions, que vous vissiez, qu'ils/elles vissent
IMPERATIF
Présent : vois, voyons, voyez
CONDITIONNEL
Présent : je verrais, tu verrais, il/elle verrait, nous verrions, vous verriez, ils/elles verraient
PARTICIPE
Présent : voyant
Passé : vu, vue

Modèles de conjugaison des verbes français

47 VOULOIR
INDICATIF
Présent : je veux, tu veux, il/elle veut, nous voulons, vous voulez,
ils/elles veulent
Imparfait : je voulais, tu voulais, il/elle voulait, nous voulions, vous vouliez,
ils/elles voulaient
Passé simple : je voulus, tu voulus, il/elle voulut, nous voulûmes, vous voulûtes,
ils/elles voulurent
Futur simple : je voudrai, tu voudras, il/elle voudra, nous voudrons, vous voudrez,
ils/elles voudront
SUBJONCTIF
Présent : que je veuille, que tu veuilles, qu'il/elle veuille, que nous voulions,
que vous vouliez, qu'ils/elles veuillent
Imparfait : que je voulusse, que tu voulusses, qu'il/elle voulût, que nous
voulussions, que vous voulussiez, qu'ils/elles voulussent
IMPERATIF
Présent : veux (veuille), voulons, voulez (veuillez)
CONDITIONNEL
Présent : je voudrais, tu voudrais, il/elle voudrait, nous voudrions, vous voudriez,
ils/elles voudraient
PARTICIPE
Présent : voulant
Passé : voulu, voulue

48 SAVOIR
INDICATIF
Présent : je sais, tu sais, il/elle sait, nous savons, vous savez,
ils/elles savent
Imparfait : je savais, tu savais, il/elle savait, nous savions, vous saviez,
ils/elles savaient
Passé simple : je sus, tu sus, il/elle sut, nous sûmes, vous sûtes, ils/elles surent
Futur simple : je saurai, tu sauras, il/elle saura, nous saurons, vous saurez,
ils/elles sauront
SUBJONCTIF
Présent : que je sache, que tu saches, qu'il/elle sache, que nous sachions,
que vous sachiez, qu'ils/elles sachent
Imparfait : que je susse, que tu susses, qu'il/elle sût, que nous sussions,
que vous sussiez, qu'ils/elles sussent
IMPERATIF
Présent : sache, sachons, sachez
CONDITIONNEL
Présent : je saurais, tu saurais, il/elle saurait, nous saurions, vous sauriez,
ils/elles sauraient
PARTICIPE
Présent : sachant
Passé : su, sue

Modèles de conjugaison des verbes français

49 POUVOIR
INDICATIF
Présent : je peux (puis), tu peux, il/elle peut, nous pouvons, vous pouvez, ils/elles peuvent
Imparfait : je pouvais, tu pouvais, il/elle pouvait, nous pouvions, vous pouviez, ils/elles pouvaient
Passé simple : je pus, tu pus, il/elle put, nous pûmes, vous pûtes, ils/elles purent
Futur simple : je pourrai, tu pourras, il/elle pourra, nous pourrons, vous pourrez, ils/elles pourront
SUBJONCTIF
Présent : que je puisse, que tu puisses, qu'il/elle puisse, que nous puissions, que vous puissiez, qu'ils/elles puissent
Imparfait : que je pusse, que tu pusses, qu'il/elle pût, que nous pussions, que vous pussiez, qu'ils/elles pussent
IMPERATIF
Présent : pas d'impératif
CONDITIONNEL
Présent : je pourrais, tu pourrais, il/elle pourrait, nous pourrions, vous pourriez, ils/elles pourraient
PARTICIPE
Présent : pouvant
Passé : pu

50 DÉCHOIR
INDICATIF
Présent : je déchois, tu déchois, il/elle déchoit, nous déchoyons, vous déchoyez, ils/elles déchoient
Imparfait : inusité
Passé simple : je déchus, tu déchus, il/elle déchut, nous déchûmes, vous déchûtes, ils/elles déchurent
Futur simple : je déchoirai, tu déchoiras, il/elle déchoira, nous déchoirons, vous déchoirez, ils/elles déchoiront
SUBJONCTIF
Présent : que je déchoie, que tu déchoies, qu'il/elle déchoie, que nous déchoyions, que vous déchoyiez, qu'ils/elles déchoient
Imparfait : que je déchusse, que tu déchusses, qu'il/elle déchût, que nous déchussions, que vous déchussiez, qu'ils/elles déchussent
IMPERATIF
Présent : inusité
CONDITIONNEL
Présent : je déchoirais, tu déchoirais, il/elle déchoirait, nous déchoirions, vous déchoiriez, ils/elles déchoiraient
PARTICIPE
Passé : déchu

51 AVOIR
INDICATIF
Présent : j'ai, tu as, il/elle a, nous avons, vous avez, ils/elles ont

Modèles de conjugaison des verbes français

Imparfait : j'avais, tu avais, il/elle avait, nous avions, vous aviez, ils/elles avaient
Passé simple : j'eus, tu eus, il/elle eut, nous eûmes, vous eûtes, ils/elles eurent
Futur simple : j'aurai, tu auras, il/elle aura, nous aurons, vous aurez, ils/elles auront
SUBJONCTIF
Présent : que j'aie, que tu aies, qu'il/elle ait, que nous ayons, que vous ayez, qu'ils/elles aient
Imparfait : que j'eusse, que tu eusses, qu'il/elle eût, que nous eussions, que vous eussiez, qu'ils/elles eussent
IMPERATIF
Présent : aie, ayons, ayez
CONDITIONNEL
Présent : j'aurais, tu aurais, il/elle aurait, nous aurions, vous auriez, ils/elles auraient
PARTICIPE
Présent : ayant
Passé : eu, eue

52 CONCLURE
INDICATIF
Présent : je conclus, tu conclus, il/elle conclut, nous concluons, vous concluez, ils/elles concluent
Imparfait : je concluais, tu concluais, il/elle concluait, nous concluions, vous concluiez, ils/elles concluaient
Passé simple : je conclus, tu conclus, il/elle conclut, nous conclûmes, vous conclûtes, ils/elles conclurent
Futur simple : je conclurai, tu concluras, il/elle conclura, nous conclurons, vous conclurez, ils/elles concluront
SUBJONCTIF
Présent : que je conclue, que tu conclues, qu'il/elle conclue, que nous concluions, que vous concluiez, qu'ils/elles concluent
Imparfait : que je conclusse, que tu conclusses, qu'il/elle conclût, que nous conclussions, que vous conclussiez, qu'ils/elles conclussent
IMPERATIF
Présent : conclus, concluons, concluez
CONDITIONNEL
Présent : je conclurais, tu conclurais, il/elle conclurait, nous conclurions, vous concluriez, ils/elles concluraient
PARTICIPE
Présent : concluant
Passé : conclu, conclue

53 RIRE
INDICATIF
Présent : je ris, tu ris, il/elle rit, nous rions, vous riez, ils/elles rient
Imparfait : je riais, tu riais, il/elle riait, nous riions, vous riiez, ils/elles riaient
Passé simple : je ris, tu ris, il/elle rit, nous rîmes, vous rîtes, ils/elles rirent
Futur simple : je rirai, tu riras, il/elle rira, nous rirons, vous rirez, ils/elles riront

Modèles de conjugaison des verbes français

SUBJONCTIF
Présent : que je rie, que tu ries, qu'il/elle rie, que nous riions, que vous riiez, qu'ils/elles rient
Imparfait : que je risse, que tu risses, qu'il/elle rît, que nous rissions, que vous rissiez, qu'ils/elles rissent
IMPERATIF
Présent : ris, rions, riez
CONDITIONNEL
Présent : je rirais, tu rirais, il/elle rirait, nous ririons, vous ririez, ils/elles riraient
PARTICIPE
Présent : riant
Passé : ri

54 DIRE
INDICATIF
Présent : je dis, tu dis, il/elle dit, nous disons, vous dites, ils/elles disent
Imparfait : je disais, tu disais, il/elle disait, nous disions, vous disiez, ils/elles disaient
Passé simple : je dis, tu dis, il/elle dit, nous dîmes, vous dîtes, ils/elles dirent
Futur simple : je dirai, tu diras, il/elle dira, nous dirons, vous direz, ils/elles diront
SUBJONCTIF
Présent : que je dise, que tu dises, qu'il/elle dise, que nous disions, que vous disiez, qu'ils/elles disent
Imparfait : que je disse, que tu disses, qu'il/elle dît, que nous dissions, que vous dissiez, qu'ils/elles dissent
IMPERATIF
Présent : dis, disons, dites
CONDITIONNEL
Présent : je dirais, tu dirais, il/elle dirait, nous dirions, vous diriez, ils/elles diraient
PARTICIPE
Présent : disant
Passé : dit, dite

55 INTERDIRE
INDICATIF
Présent : j'interdis, tu interdis, il/elle interdit, nous interdisons, vous interdisez, ils/elles interdisent
Imparfait : j'interdisais, tu interdisais, il/elle interdisait, nous interdisions, vous interdisiez, ils/elles interdisaient
Passé simple : j'interdis, tu interdis, il/elle interdit, nous interdîmes, vous interdîtes, ils/elles interdirent
Futur simple : j'interdirai, tu interdiras, il/elle interdira, nous interdirons, vous interdirez, ils/elles interdiront
SUBJONCTIF
Présent : que j'interdise, que tu interdises, qu'il/elle interdise, que nous interdisions, que vous interdisiez, qu'ils/elles interdisent
Imparfait : que j'interdisse, que tu interdisses, qu'il/elle interdît, que nous interdissions, que vous interdissiez, qu'ils/elles interdissent

Modèles de conjugaison des verbes français

IMPERATIF
Présent : interdis, interdisons, interdites
CONDITIONNEL
Présent : j'interdirais, tu interdirais, il/elle interdirait, nous interdirions, vous interdiriez, ils/elles interdiraient
PARTICIPE
Présent : interdisant
Passé : interdit, interdite

56 MAUDIRE
INDICATIF
Présent : je maudis, tu maudis, il/elle maudit, nous maudissons, vous maudissez, ils/elles maudissent
Imparfait : je maudissais, tu maudissais, il/elle maudissait, nous maudissions, vous maudissiez, ils/elles maudissaient
Passé simple : je maudis, tu maudis, il/elle maudit, nous maudîmes, vous maudîtes, ils/elles maudirent
Futur simple : je maudirai, tu maudiras, il/elle maudira, nous maudirons, vous maudirez, ils/elles maudiront
SUBJONCTIF
Présent : que je maudisse, que tu maudisses, qu'il/elle maudisse, que nous maudissions, que vous maudissiez, qu'ils/elles maudissent
Imparfait : que je maudisse, que tu maudisses, qu'il/elle maudît, que nous maudissions, que vous maudissiez, qu'ils/elles maudissent
IMPERATIF
Présent : maudis, maudissons, maudissez
CONDITIONNEL
Présent : je maudirais, tu maudirais, il/elle maudirait, nous maudirions, vous maudiriez, ils/elles maudiraient
PARTICIPE
Présent : maudissant
Passé : maudit, maudite

57 SUFFIRE
INDICATIF
Présent : je suffis, tu suffis, il/elle suffit, nous suffisons, vous suffisez, ils/elles suffisent
Imparfait : je suffisais, tu suffisais, il/elle suffisait, nous suffisions, vous suffisiez, ils/elles suffisaient
Passé simple : je suffis, tu suffis, il/elle suffit, nous suffîmes, vous suffîtes, ils/elles suffirent
Futur simple : je suffirai, tu suffiras, il/elle suffira, nous suffirons, vous suffirez, ils/elles suffiront
SUBJONCTIF
Présent : que je suffise, que tu suffises, qu'il/elle suffise, que nous suffisions, que vous suffisiez, qu'ils/elles suffisent
Imparfait : que je suffise, que tu suffisses, qu'il/elle suffît, que nous suffissions, que vous suffissiez, qu'ils/elles suffissent

Modèles de conjugaison des verbes français

IMPERATIF
Présent : suffis, suffisons, suffisez
CONDITIONNEL
Présent : je suffirais, tu suffirais, il/elle suffirait, nous suffirions, vous suffiriez, ils/elles suffiraient
PARTICIPE
Présent : suffisant
Passé : suffi

58 CONDUIRE
INDICATIF
Présent : je conduis, tu conduis, il/elle conduit, nous conduisons, vous conduisez, ils/elles conduisent
Imparfait : je conduisais, tu conduisais, il/elle conduisait, nous conduisions, vous conduisiez, ils/elles conduisaient
Passé simple : je conduisis, tu conduisis, il/elle conduisit, nous conduisîmes, vous conduisîtes, ils/elles conduisirent
Futur simple : je conduirai, tu conduiras, il/elle conduira, nous conduirons, vous conduirez, ils/elles conduiront
SUBJONCTIF
Présent : que je conduise, que tu conduises, qu'il/elle conduise, que nous conduisions, que vous conduisiez, qu'ils/elles conduisent
Imparfait : que je conduisisse, que tu conduisisses, qu'il/elle conduisît, que nous conduisissions, que vous conduisissiez, qu'ils/elles conduisissent
IMPERATIF
Présent : conduis, conduisons, conduisez
CONDITIONNEL
Présent : je conduirais, tu conduirais, il/elle conduirait, nous conduirions, vous conduiriez, ils/elles conduiraient
PARTICIPE
Présent : conduisant
Passé : conduit, conduite

59 NUIRE
INDICATIF
Présent : je nuis, tu nuis, il/elle nuit, nous nuisons, vous nuisez, ils/elles nuisent
Imparfait : je nuisais, tu nuisais, il/elle nuisait, nous nuisions, vous nuisiez, ils/elles nuisaient
Passé simple : je nuisis, tu nuisis, il/elle nuisit, nous nuisîmes, vous nuisîtes, ils/elles nuisirent
Futur simple : je nuirai, tu nuiras, il/elle nuira, nous nuirons, vous nuirez, ils/elles nuiront
SUBJONCTIF
Présent : que je nuise, que tu nuises, qu'il/elle nuise, que nous nuisions, que vous nuisiez, qu'ils/elles nuisent
Imparfait : que je nuisisse, que tu nuisisses, qu'il/elle nuisît, que nous nuisissions, que vous nuisissiez, qu'ils/elles nuisissent

IMPERATIF
Présent : nuis, nuisons, nuisez
CONDITIONNEL
Présent : je nuirais, tu nuirais, il/elle nuirait, nous nuirions, vous nuiriez, ils/elles nuiraient
PARTICIPE
Présent : nuisant
Passé : nui

60 ÉCRIRE
INDICATIF
Présent : j'écris, tu écris, il/elle écrit, nous écrivons, vous écrivez, ils/elles écrivent
Imparfait : j'écrivais, tu écrivais, il/elle écrivait, nous écrivions, vous écriviez, ils/elles écrivaient
Passé simple : j'écrivis, tu écrivis, il/elle écrivit, nous écrivîmes, vous écrivîtes, ils/elles écrivirent
Futur simple : j'écrirai, tu écriras, il/elle écrira, nous écrirons, vous écrirez, ils/elles écriront
SUBJONCTIF
Présent : que j'écrive, que tu écrives, qu'il/elle écrive, que nous écrivions, que vous écriviez, qu'ils/elles écrivent
Imparfait : que j'écrivisse, que tu écrivisses, qu'il/elle écrivît, que nous écrivissions, que vous écrivissiez, qu'ils/elles écrivissent
IMPERATIF
Présent : écris, écrivons, écrivez
CONDITIONNEL
Présent : j'écrirais, tu écrirais, il/elle écrirait, nous écririons, vous écririez, ils/elles écriraient
PARTICIPE
Présent : écrivant
Passé : écrit, écrite

61 SUIVRE
INDICATIF
Présent : je suis, tu suis, il/elle suit, nous suivons, vous suivez, ils/elles suivent
Imparfait : je suivais, tu suivais, il/elle suivait, nous suivions, vous suiviez, ils/elles suivaient
Passé simple : je suivis, tu suivis, il/elle suivit, nous suivîmes, vous suivîtes, ils/elles suivirent
Futur simple : je suivrai, tu suivras, il/elle suivra, nous suivrons, vous suivrez, ils/elles suivront
SUBJONCTIF
Présent : que je suive, que tu suives, qu'il/elle suive, que nous suivions, que vous suiviez, qu'ils/elles suivent
Imparfait : que je suivisse, que tu suivisses, qu'il/elle suivît, que nous suivissions, que vous suivissiez, qu'ils/elles suivissent

Modèles de conjugaison des verbes français

IMPERATIF
Présent : suis, suivons, suivez
CONDITIONNEL
Présent : je suivrais, tu suivrais, il/elle suivrait, nous suivrions, vous suivriez, ils/elles suivraient
PARTICIPE
Présent : suivant
Passé : suivi, suivie

62 VENDRE
INDICATIF
Présent : je vends, tu vends, il/elle vend, nous vendons, vous vendez, ils/elles vendent
Imparfait : je vendais, tu vendais, il/elle vendait, nous vendions, vous vendiez, ils/elles vendaient
Passé simple : je vendis, tu vendis, il/elle vendit, nous vendîmes, vous vendîtes, ils/elles vendirent
Futur simple : je vendrai, tu vendras, il/elle vendra, nous vendrons, vous vendrez, ils/elles vendront
SUBJONCTIF
Présent : que je vende, que tu vendes, qu'il/elle vende, que nous vendions, que vous vendiez, qu'ils/elles vendent
Imparfait : que je vendisse, que tu vendisses, qu'il/elle vendît, que nous vendissions, que vous vendissiez, qu'ils/elles vendissent
IMPERATIF
Présent : vends, vendons, vendez
CONDITIONNEL
Présent : je vendrais, tu vendrais, il/elle vendrait, nous vendrions, vous vendriez, ils/elles vendraient
PARTICIPE
Présent : vendant
Passé : vendu, vendue

63 ROMPRE
INDICATIF
Présent : je romps, tu romps, il/elle rompt, nous rompons, vous rompez, ils/elles rompent
Imparfait : je rompais, tu rompais, il/elle rompait, nous rompions, vous rompiez, ils/elles rompaient
Passé simple : je rompis, tu rompis, il/elle rompit, nous rompîmes, vous rompîtes, ils/elles rompirent
Futur simple : je romprai, tu rompras, il/elle rompra, nous romprons, vous romprez, ils/elles rompront
SUBJONCTIF
Présent : que je rompe, que tu rompes, qu'il/elle rompe, que nous rompions, que vous rompiez, qu'ils/elles rompent
Imparfait : que je rompisse, que tu rompisses, qu'il/elle rompît, que nous

rompissions, que vous rompissiez, qu'ils/elles rompissent
IMPERATIF
Présent : romps, rompons, rompez
CONDITIONNEL
Présent : je romprais, tu romprais, il/elle romprait, nous romprions, vous rompriez, ils/elles rompraient
PARTICIPE
Présent : rompant
Passé : rompu, rompue

64 BATTRE
INDICATIF
Présent : je bats, tu bats, il/elle bat, nous battons, vous battez, ils/elles battent
Imparfait : je battais, tu battais, il/elle battait, nous battions, vous battiez, ils/elles battaient
Passé simple : je battis, tu battis, il/elle battit, nous battîmes, vous battîtes, ils/elles battirent
Futur simple : je battrai, tu battras, il/elle battra, nous battrons, vous battrez, ils/elles battront
SUBJONCTIF
Présent : que je batte, que tu battes, qu'il/elle batte, que nous battions, que vous battiez, qu'ils/elles battent
Imparfait : que je battisse, que tu battisses, qu'il/elle battît, que nous battissions, que vous battissiez, qu'ils/elles battissent
IMPERATIF
Présent : bats, battons, battez
CONDITIONNEL
Présent : je battrais, tu battrais, il/elle battrait, nous battrions, vous battriez, ils/elles battraient
PARTICIPE
Présent : battant
Passé : battu, battue

65 VAINCRE
INDICATIF
Présent : je vaincs, tu vaincs, il/elle vainc, nous vainquons, vous vainquez, ils/elles vainquent
Imparfait : je vainquais, tu vainquais, il/elle vainquait, nous vainquions, vous vainquiez, ils/elles vainquaient
Passé simple : je vainquis, tu vainquis, il/elle vainquit, nous vainquîmes, vous vainquîtes, ils/elles vainquirent
Futur simple : je vaincrai, tu vaincras, il/elle vaincra, nous vaincrons, vous vaincrez, ils/elles vaincront
SUBJONCTIF
Présent : que je vainque, que tu vainques, qu'il/elle vainque, que nous vainquions, que vous vainquiez, qu'ils/elles vainquent

Modèles de conjugaison des verbes français

Imparfait : que je vainquisse, que tu vainquisses, qu'il/elle vainquît, que nous vainquissions, que vous vainquissiez, qu'ils/elles vainquissent
IMPERATIF
Présent : vaincs, vainquons, vainquez
CONDITIONNEL
Présent : je vaincrais, tu vaincrais, il/elle vaincrait, nous vaincrions, vous vaincriez, ils/elles vaincraient
PARTICIPE
Présent : vainquant
Passé : vaincu, vaincue

66 LIRE
INDICATIF
Présent : je lis, tu lis, il/elle lit, nous lisons, vous lisez, ils/elles lisent
Imparfait : je lisais, tu lisais, il/elle lisait, nous lisions, vous lisiez, ils/elles lisaient
Passé simple : je lus, tu lus, il/elle lut, nous lûmes, vous lûtes, ils/elles lurent
Futur simple : je lirai, tu liras, il/elle lira, nous lirons, vous lirez, ils/elles liront
SUBJONCTIF
Présent : que je lise, que tu lises, qu'il/elle lise, que nous lisions, que vous lisiez, qu'ils/elles lisent
Imparfait : que je lusse, que tu lusses, qu'il/elle lût, que nous lussions, que vous lussiez, qu'ils/elles lussent
IMPERATIF
Présent : lis, lisons, lisez
CONDITIONNEL
Présent : je lirais, tu lirais, il/elle lirait, nous lirions, vous liriez, ils/elles liraient
PARTICIPE
Présent : lisant
Passé : lu, lue

67 CROIRE
INDICATIF
Présent : je crois, tu crois, il/elle croit, nous croyons, vous croyez, ils/elles croient
Imparfait : je croyais, tu croyais, il/elle croyait, nous croyions, vous croyiez, ils/elles croyaient
Passé simple : je crus, tu crus, il/elle crut, nous crûmes, vous crûtes, ils/elles crurent
Futur simple : je croirai, tu croiras, il/elle croira, nous croirons, vous croirez, ils/elles croiront
SUBJONCTIF
Présent : que je croie, que tu croies, qu'il/elle croie, que nous croyions, que vous croyiez, qu'ils/elles croient
Imparfait : que je crusse, que tu crusses, qu'il/elle crût, que nous crussions, que vous crussiez, qu'ils/elles crussent
IMPERATIF
Présent : crois, croyons, croyez
CONDITIONNEL
Présent : je croirais, tu croirais, il/elle croirait, nous croirions, vous croiriez, ils/elles croiraient

Modèles de conjugaison des verbes français

PARTICIPE
Présent : croyant
Passé : cru, crue

68 CLORE
INDICATIF
Présent : je clos, tu clos, il/elle clôt, inusité, inusité, inusité
Imparfait : inusité
Passé simple : inusité
Futur simple : je clorai, tu cloras, il/elle clora, nous clorons, vous clorez, ils/elles cloront
SUBJONCTIF
Présent : que je close, que tu closes, qu'il/elle close, que nous closions, que vous closiez, qu'ils/elles closent
Imparfait : inusité
IMPERATIF
Présent : inusité
CONDITIONNEL
Présent : je clorais, tu clorais, il/elle clorait, nous clorions, vous cloriez, ils/elles cloraient
PARTICIPE
Présent : inusité
Passé : clos, close

69 VIVRE
INDICATIF
Présent : je vis, tu vis, il/elle vit, nous vivons, vous vivez, ils/elles vivent
Imparfait : je vivais, tu vivais, il/elle vivait, nous vivions, vous viviez, ils/elles vivaient
Passé simple : je vécus, tu vécus, il/elle vécut, nous vécûmes, vous vécûtes, ils/elles vécurent
Futur simple : je vivrai, tu vivras, il/elle vivra, nous vivrons, vous vivrez, ils/elles vivront
SUBJONCTIF
Présent : que je vive, que tu vives, qu'il/elle vive, que nous vivions, que vous viviez, qu'ils/elles vivent
Imparfait : que je vécusse, que tu vécusses, qu'il/elle vécût, que nous vécussions, que vous vécussiez, qu'ils/elles vécussent
IMPERATIF
Présent : vis, vivons, vivez
CONDITIONNEL
Présent : je vivrais, tu vivrais, il/elle vivrait, nous vivrions, vous vivriez, ils/elles vivraient
PARTICIPE
Présent : vivant
Passé : vécu

Modèles de conjugaison des verbes français

70 MOUDRE
INDICATIF
Présent : je mouds, tu mouds, il/elle moud, nous moulons, vous moulez, ils/elles moulent
Imparfait : je moulais, tu moulais, il/elle moulait, nous moulions, vous mouliez, ils/elles moulaient
Passé simple : je moulus, tu moulus, il/elle moulut, nous moulûmes, vous moulûtes, ils/elles moulurent
Futur simple : je moudrai, tu moudras, il/elle moudra, nous moudrons, vous moudrez, ils/elles moudront
SUBJONCTIF
Présent : que je moule, que tu moules, qu'il/elle moule, que nous moulions, que vous mouliez, qu'ils/elles moulent
Imparfait : que je moulusse, que tu moulusses, qu'il/elle moulût, que nous moulussions, que vous moulussiez, qu'ils/elles moulussent
IMPERATIF
Présent : mous, moulons, moulez
CONDITIONNEL
Présent : je moudrais, tu moudrais, il/elle moudrait, nous moudrions, vous moudriez, ils/elles moudraient
PARTICIPE
Présent : moulant
Passé : moulu, moulue

71 COUDRE
INDICATIF
Présent : je couds, tu couds, il/elle coud, nous cousons, vous cousez, ils/elles cousent
Imparfait : je cousais, tu cousais, il/elle cousait, nous cousions, vous cousiez, ils/elles cousaient
Passé simple : je cousis, tu cousis, il/elle cousit, nous cousîmes, vous cousîtes, ils/elles cousirent
Futur simple : je coudrai, tu coudras, il/elle coudra, nous coudrons, vous coudrez, ils/elles coudront
SUBJONCTIF
Présent : que je couse, que tu couses, qu'il/elle couse, que nous cousions, que vous cousiez, qu'ils/elles cousent
Imparfait : que je cousisse, que tu cousisses, qu'il/elle cousît, que nous cousissions, que vous cousissiez, qu'ils/elles cousissent
IMPERATIF
Présent : couds, cousons, cousez
CONDITIONNEL
Présent : je coudrais, tu coudrais, il/elle coudrait, nous coudrions, vous coudriez, ils/elles coudraient
PARTICIPE
Présent : cousant
Passé : cousu, cousue

72 JOINDRE
INDICATIF
Présent : je joins, tu joins, il/elle joint, nous joignons, vous joignez, ils/elles joignent
Imparfait : je joignais, tu joignais, il/elle joignait, nous joignions, vous joigniez, ils/elles joignaient
Passé simple : je joignis, tu joignis, il/elle joignit, nous joignîmes, vous joignîtes, ils/elles joignirent
Futur simple : je joindrai, tu joindras, il/elle joindra, nous joindrons, vous joindrez, ils/elles joindront
SUBJONCTIF
Présent : que je joigne, que tu joignes, qu'il/elle joigne, que nous joignions, que vous joigniez, qu'ils/elles joignent
Imparfait : que je joignisse, que tu joignisses, qu'il/elle joignît, que nous joignissions, que vous joignissiez, qu'ils/elles joignissent
IMPERATIF
Présent : joins, joignons, joignez
CONDITIONNEL
Présent : je joindrais, tu joindrais, il/elle joindrait, nous joindrions, vous joindriez, ils/elles joindraient
PARTICIPE
Présent : joignant
Passé : joint, jointe

73 DISTRAIRE
INDICATIF
Présent : je distrais, tu distrais, il/elle distrait, nous distrayons, vous distrayez, ils/elles distraient
Imparfait : je distrayais, tu distrayais, il/elle distrayait, nous distrayions, vous distrayiez, ils/elles distrayaient
Passé simple : inusité
Futur simple : je distrairai, tu distrairas, il/elle distraira, nous distrairons, vous distrairez, ils/elles distrairont
SUBJONCTIF
Présent : que je distraie, que tu distraies, qu'il/elle distraie, que nous distrayions, que vous distrayiez, qu'ils/elles distraient
Imparfait : inusité
IMPERATIF
Présent : distrais, distrayons, distrayez
CONDITIONNEL
Présent : je distrairais, tu distrairais, il/elle distrairait, nous distrairions, vous distrairiez, ils/elles distrairaient
PARTICIPE
Présent : distrayant
Passé : distrait, distraite

Modèles de conjugaison des verbes français

74 RÉSOUDRE
INDICATIF
Présent : je résous, tu résous, il/elle résout, nous résolvons, vous résolvez, ils/elles résolvent
Imparfait : je résolvais, tu résolvais, il/elle résolvait, nous résolvions, vous résolviez, ils/elles résolvaient
Passé simple : je résolus, tu résolus, il/elle résolut, nous résolûmes, vous résolûtes, ils/elles résolurent
Futur simple : je résoudrai, tu résoudras, il/elle résoudra, nous résoudrons, vous résoudrez, ils/elles résoudront
SUBJONCTIF
Présent : que je résolve, que tu résolves, qu'il/elle résolve, que nous résolvions, que vous résolviez, qu'ils/elles résolvent
Imparfait : que je résolusse, que tu résolusses, qu'il/elle résolût, que nous résolussions, que vous résolussiez, qu'ils/elles résolussent
IMPERATIF
Présent : résous, résolvons, résolvez
CONDITIONNEL
Présent : je résoudrais, tu résoudrais, il/elle résoudrait, nous résoudrions, vous résoudriez, ils/elles résoudraient
PARTICIPE
Présent : résolvant
Passé : résolu, résolue

75 CRAINDRE
INDICATIF
Présent : je crains, tu crains, il/elle craint, nous craignons, vous craignez, ils/elles craignent
Imparfait : je craignais, tu craignais, il/elle craignait, nous craignions, vous craigniez, ils/elles craignaient
Passé simple : je craignis, tu craignis, il/elle craignit, nous craignîmes, vous craignîtes, ils/elles craignirent
Futur simple : je craindrai, tu craindras, il/elle craindra, nous craindrons, vous craindrez, ils/elles craindront
SUBJONCTIF
Présent : que je craigne, que tu craignes, qu'il/elle craigne, que nous craignions, que vous craigniez, qu'ils/elles craignent
Imparfait : que je craignisse, que tu craignisses, qu'il/elle craignît, que nous craignissions, que vous craignissiez, qu'ils/elles craignissent
IMPERATIF
Présent : crains, craignons, craignez
CONDITIONNEL
Présent : je craindrais, tu craindrais, il/elle craindrait, nous craindrions, vous craindriez, ils/elles craindraient
PARTICIPE
Présent : craignant
Passé : craint, crainte

Modèles de conjugaison des verbes français

76 PEINDRE
INDICATIF
Présent : je peins, tu peins, il/elle peint, nous peignons, vous peignez, ils/elles peignent
Imparfait : je peignais, tu peignais, il/elle peignait, nous peignions, vous peigniez, ils/elles peignaient
Passé simple : je peignis, tu peignis, il/elle peignit, nous peignîmes, vous peignîtes, ils/elles peignirent
Futur simple : je peindrai, tu peindras, il/elle peindra, nous peindrons, vous peindrez, ils/elles peindront
SUBJONCTIF
Présent : que je peigne, que tu peignes, qu'il/elle peigne, que nous peignions, que vous peigniez, qu'ils/elles peignent
Imparfait : que je peignisse, que tu peignisses, qu'il/elle peignît, que nous peignissions, que vous peignissiez, qu'ils/elles peignissent
IMPERATIF
Présent : peins, peignons, peignez
CONDITIONNEL
Présent : je peindrais, tu peindrais, il/elle peindrait, nous peindrions, vous peindriez, ils/elles peindraient
PARTICIPE
Présent : peignant
Passé : peint, peinte

77 BOIRE
INDICATIF
Présent : je bois, tu bois, il/elle boit, nous buvons, vous buvez, ils/elles boivent
Imparfait : je buvais, tu buvais, il/elle buvait, nous buvions, vous buviez, ils/elles buvaient
Passé simple : je bus, tu bus, il/elle but, nous bûmes, vous bûtes, ils/elles burent
Futur simple : je boirai, tu boiras, il/elle boira, nous boirons, vous boirez, ils/elles boiront
SUBJONCTIF
Présent : que je boive, que tu boives, qu'il/elle boive, que nous buvions, que vous buviez, qu'ils/elles boivent
Imparfait : que je busse, que tu busses, qu'il/elle bût, que nous bussions, que vous bussiez, qu'ils/elles bussent
IMPERATIF
Présent : bois, buvons, buvez
CONDITIONNEL
Présent : je boirais, tu boirais, il/elle boirait, nous boirions, vous boiriez, ils/elles boiraient
PARTICIPE
Présent : buvant
Passé : bu, bue

78 PLAIRE
INDICATIF
Présent : je plais, tu plais, il/elle plaît, nous plaisons, vous plaisez, ils/elles plaisent

Modèles de conjugaison des verbes français

Imparfait : je plaisais, tu plaisais, il/elle plaisait, nous plaisions, vous plaisiez, ils/elles plaisaient

Passé simple : je plus, tu plus, il/elle plut, nous plûmes, vous plûtes, ils/elles plurent

Futur simple : je plairai, tu plairas, il/elle plaira, nous plairons, vous plairez, ils/elles plairont

SUBJONCTIF

Présent : que je plaise, que tu plaises, qu'il/elle plaise, que nous plaisions, que vous plaisiez, qu'ils/elles plaisent

Imparfait : que je plusse, que tu plusses, qu'il/elle plût, que nous plussions, que vous plussiez, qu'ils/elles plussent

IMPERATIF

Présent : plais, plaisons, plaisez

CONDITIONNEL

Présent : je plairais, tu plairais, il/elle plairait, nous plairions, vous plairiez, ils/elles plairaient

PARTICIPE

Présent : plaisant

Passé : plu

79 CROÎTRE

INDICATIF

Présent : je croîs, tu croîs, il/elle croît, nous croissons, vous croissez, ils/elles croissent

Imparfait : je croissais, tu croissais, il/elle croissait, nous croissions, vous croissiez, ils/elles croissaient

Passé simple : je crûs, tu crûs, il/elle crût, nous crûmes, vous crûtes, ils/elles crûrent

Futur simple : je croîtrai, tu croîtras, il/elle croîtra, nous croîtrons, vous croîtrez, ils/elles croîtront

SUBJONCTIF

Présent : que je croisse, que tu croisses, qu'il/elle croisse, que nous croissions, que vous croissiez, qu'ils/elles croissent

Imparfait : que je crûsse, que tu crûsses, qu'il/elle crût, que nous crûssions, que vous crûssiez, qu'ils/elles crûssent

IMPERATIF

Présent : croîs, croissons, croissez

CONDITIONNEL

Présent : je croîtrais, tu croîtrais, il/elle croîtrait, nous croîtrions, vous croîtriez, ils/elles croîtraient

PARTICIPE

Présent : croissant

Passé : crû, crue

80 ACCROÎTRE

INDICATIF

Présent : j'accrois, tu accrois, il/elle accroît, nous accroissons, vous accroissez, ils/elles accroissent

Imparfait : j'accroissais, tu accroissais, il/elle accroissait, nous accroissions, vous accroissiez, ils/elles accroissaient

Passé simple : j'accrus, tu accrus, il/elle accrut, nous accrûmes, vous accrûtes, ils/elles accrurent
Futur simple : j'accroîtrai, tu accroîtras, il/elle accroîtra, nous accroîtrons, vous accroîtrez, ils/elles accroîtront
SUBJONCTIF
Présent : que j'accroisse, que tu accroisses, qu'il/elle accroisse, que nous accroissions, que vous accroissiez, qu'ils/elles accroissent
Imparfait : que j'accrusse, que tu accrusses, qu'il/elle accrût, que nous accrussions, que vous accrussiez, qu'ils/elles accrussent
IMPERATIF
Présent : accrois, accroissons, accroissez
CONDITIONNEL
Présent : j'accroîtrais, tu accroîtrais, il/elle accroîtrait, nous accroîtrions, vous accroîtriez, ils/elles accroîtraient
PARTICIPE
Présent : accroissant
Passé : accru, accrue

81 METTRE
INDICATIF
Présent : je mets, tu mets, il/elle met, nous mettons, vous mettez, ils/elles mettent
Imparfait : je mettais, tu mettais, il/elle mettait, nous mettions, vous mettiez, ils/elles mettaient
Passé simple : je mis, tu mis, il/elle mit, nous mîmes, vous mîtes, ils/elles mirent
Futur simple : je mettrai, tu mettras, il/elle mettra, nous mettrons, vous mettrez, ils/elles mettront
SUBJONCTIF
Présent : que je mette, que tu mettes, qu'il/elle mette, que nous mettions, que vous mettiez, qu'ils/elles mettent
Imparfait : que je misse, que tu misses, qu'il/elle mît, que nous missions, que vous missiez, qu'ils/elles missent
IMPERATIF
Présent : mets, mettons, mettez
CONDITIONNEL
Présent : je mettrais, tu mettrais, il/elle mettrait, nous mettrions, vous mettriez, ils/elles mettraient
PARTICIPE
Présent : mettant
Passé : mis, mise

82 CONNAÎTRE
INDICATIF
Présent : je connais, tu connais, il/elle connaît, nous connaissons, vous connaissez, ils/elles connaissent
Imparfait : je connaissais, tu connaissais, il/elle connaissait, nous connaissions, vous connaissiez, ils/elles connaissaient

Modèles de conjugaison des verbes français

Passé simple : je connus, tu connus, il/elle connut, nous connûmes, vous connûtes, ils/elles connurent
Futur simple : je connaîtrai, tu connaîtras, il/elle connaîtra, nous connaîtrons, vous connaîtrez, ils/elles connaîtront
SUBJONCTIF
Présent : que je connaisse, que tu connaisses, qu'il/elle connaisse, que nous connaissions, que vous connaissiez, qu'ils/elles connaissent
Imparfait : que je connusse, que tu connusses, qu'il/elle connût, que nous connussions, que vous connussiez, qu'ils/elles connussent
IMPERATIF
Présent : connais, connaissons, connaissez
CONDITIONNEL
Présent : je connaîtrais, tu connaîtrais, il/elle connaîtrait, nous connaîtrions, vous connaîtriez, ils/elles connaîtraient
PARTICIPE
Présent : connaissant
Passé : connu, connue

83 PRENDRE
INDICATIF
Présent : je prends, tu prends, il/elle prend, nous prenons, vous prenez, ils/elles prennent
Imparfait : je prenais, tu prenais, il/elle prenait, nous prenions, vous preniez, ils/elles prenaient
Passé simple : je pris, tu pris, il/elle prit, nous prîmes, vous prîtes, ils/elles prirent
Futur simple : je prendrai, tu prendras, il/elle prendra, nous prendrons, vous prendrez, ils/elles prendront
SUBJONCTIF
Présent : que je prenne, que tu prennes, qu'il/elle prenne, que nous prenions, que vous preniez, qu'ils/elles prennent
Imparfait : que je prisse, que tu prisses, qu'il/elle prît, que nous prissions, que vous prissiez, qu'ils/elles prissent
IMPERATIF
Présent : prends, prenons, prenez
CONDITIONNEL
Présent : je prendrais, tu prendrais, il/elle prendrait, nous prendrions, vous prendriez, ils/elles prendraient
PARTICIPE
Présent : prenant
Passé : pris, prise

84 NAÎTRE
INDICATIF
Présent : je nais, tu nais, il/elle naît, nous naissons, vous naissez, ils/elles naissent
Imparfait : je naissais, tu naissais, il/elle naissait, nous naissions, vous naissiez, ils/elles naissaient

Passé simple : je naquis, tu naquis, il/elle naquit, nous naquîmes, vous naquîtes, ils/elles naquirent
Futur simple : je naîtrai, tu naîtras, il/elle naîtra, nous naîtrons, vous naîtrez, ils/elles naîtront
SUBJONCTIF
Présent : que je naisse, que tu naisses, qu'il/elle naisse, que nous naissions, que vous naissiez, qu'ils/elles naissent
Imparfait : que je naquisse, que tu naquisses, qu'il/elle naquît, que nous naquissions, que vous naquissiez, qu'ils/elles naquissent
IMPERATIF
Présent : nais, naissons, naissez
CONDITIONNEL
Présent : je naîtrais, tu naîtrais, il/elle naîtrait, nous naîtrions, vous naîtriez, ils/elles naîtraient
PARTICIPE
Présent : naissant
Passé : né, née

85 FAIRE
INDICATIF
Présent : je fais, tu fais, il/elle fait, nous faisons, vous faites, ils/elles font
Imparfait : je faisais, tu faisais, il/elle faisait, nous faisions, vous faisiez, ils/elles faisaient
Passé simple : je fis, tu fis, il/elle fit, nous fîmes, vous fîtes, ils/elles firent
Futur simple : je ferai, tu feras, il/elle fera, nous ferons, vous ferez, ils/elles feront
SUBJONCTIF
Présent : que je fasse, que tu fasses, qu'il/elle fasse, que nous fassions, que vous fassiez, qu'ils/elles fassent
Imparfait : que je fisse, que tu fisses, qu'il/elle fît, que nous fissions, que vous fissiez, qu'ils/elles fissent
IMPERATIF
Présent : fais, faisons, faites
CONDITIONNEL
Présent : je ferais, tu ferais, il/elle ferait, nous ferions, vous feriez, ils/elles feraient
PARTICIPE
Présent : faisant
Passé : fait, faite

86 ÊTRE
INDICATIF
Présent : je suis, tu es, il/elle est, nous sommes, vous êtes, ils/elles sont
Imparfait : j'étais, tu étais, il/elle était, nous étions, vous étiez, ils/elles étaient
Passé simple : je fus, tu fus, il/elle fut, nous fûmes, vous fûtes, ils/elles furent
Futur simple : je serai, tu seras, il/elle sera, nous serons, vous serez, ils/elles seront
SUBJONCTIF
Présent : que je sois, que tu sois, qu'il/elle soit, que nous soyons, que vous soyez, qu'ils/elles soient

Modèles de conjugaison des verbes français

Imparfait : que je fusse, que tu fusses, qu'il/elle fût, que nous fussions, que vous fussiez, qu'ils/elles fussent
IMPERATIF
Présent : sois, soyons, soyez
CONDITIONNEL
Présent : je serais, tu serais, il/elle serait, nous serions, vous seriez, ils/elles seraient
PARTICIPE
Présent : étant
Passé : été

87 FOUTRE
INDICATIF
Présent : je fous, tu fous, il/elle fout, nous foutons, vous foutez, ils/elles foutent
Imparfait : je foutais, tu foutais, il/elle foutait, nous foutions, vous foutiez, ils/elles foutaient
Passé simple : inusité
Futur simple : je foutrai, tu foutras, il/elle foutra, nous foutrons, vous foutrez, ils/elles foutront
SUBJONCTIF
Présent : que je foute, que tu foutes, qu'il/elle foute, que nous foutions, que vous foutiez, qu'ils/elles foutent
Imparfait : inusité
IMPERATIF
Présent : fous, foutons, foutez
CONDITIONNEL
Présent : je foutrais, tu foutrais, il/elle foutrait, nous foutrions, vous foutriez, ils/elles foutraient
PARTICIPE
Présent : foutrant
Passé : foutu

Español
Francés

A

a [a] *prep* (a + el *se contractent en* al) **1** (*gen*) à: **a cien kilómetros de casa**, à cent kilomètres de chez nous; **doy un libro a mi hijo**, je donne un livre à mon fils. **2** (*período de tiempo*) **a los tres días**, trois jours après. **3** (*modo, manera*) à: **a pie**, à pied. **4** (*instrumento*) à, avec: **a máquina**, à la machine. **5** (*precio*) à: **a dos euros cada una**, à deux euros chacune. **6** (*distribución*) par: **dos veces al día**, deux fois par jour. **7** (*con verbos de movimiento*) à, en, dans, de: **girar a la derecha**, tourner à droite; **ir a París**, aller à Paris. **8** (*afecto, sentimiento*) pour, de: **el amor a sus hijos**, l'amour pour ses enfants. **9** (*altura*) à: **dar a la calle**, donner sur la rue. **10** (*introduce al complemento directo*) **César venció a Pompeyo**, César vainquit Pompée; **no conozco a nadie aquí**, je ne connais personne ici. **11** verbo + a + **inf** (*indica finalidad*) à + **inf**: **ha venido a vernos**, il est venu nous voir. **12** a + **inf** (*como imperativo*) **¡a callar!**, taisez-vous !; **¡a comer!**, à table !

abad [aβáð] *nm* abbé *m*.

abadía [aβaðía] *nf* abbaye *f*.

abajo [aβáxo] *adv* **1** (*situación*) en bas: **abajo del todo**, tout en bas; **está abajo**, il est en bas. **2** (*dirección*) vers le bas: **río abajo**, en aval. ▶ *interj* à bas ! • **echar abajo** abattre. **más abajo** (*en un escrito*) ci-dessous.

abandonado,-da [aβandonáðo,-ða] *adj* **1** (*gen*) abandonné,-e. **2** (*persona*) négligé,-e. **3** (*cosa, lugar*) laissé,-e à l'abandon.

abandonar [aβandonár] *vt* **1** (*gen*) abandonner. **2** (*lugar, cónyuge*) quitter. ▶ *vpr* **abandonarse 1** (*en el aseo*) se laisser aller. **2 abandonarse a** (*dejarse llevar*) s'abandonner à.

abandono [aβandóno] *nm* abandon *m*.

abanicar [1] [aβanikár] *vt* éventer.

abanico [aβaníko] *nm* éventail *m*.

abaratar [aβaratár] *vt* baisser le prix de.

abarcar [1] [aβarkár] *vt* **1** (*rodear*) embrasser. **2** (*englobar*) comprendre.

abarrotado,-da [aβarotáðo,-ða] *adj* plein,-e à craquer.

abatible [aβatíβle] *adj* (*asiento*) inclinable.

abatir [aβatír] *vt* **1** (*gen*) abattre. **2** (*lo que estaba vertical*) incliner, coucher.

abdicar [1] [aβðikár] *vi* abdiquer.

abecedario [aβeθeðárjo] *nm* **1** (*serie de letras*) alphabet *m*. **2** (*libro*) abécédaire *m*.

abeja [aβéxa] *nf* abeille *f*.

aberración [aβeraθjón] *nf* aberration *f*.

aberrante [aβeránte] *adj* aberrant,-e.

abertura [aβertúra] *nf* ouverture *f*.

abeto [aβéto] *nm* sapin *m*.

abierto,-ta [aβjérto,-ta] *adj* ouvert,-e.
abismo [aβízmo] *nm* abîme *m*.
ablandar [aβlandár] *vt* **1** *(cosa)* amollir, ramollir. **2** *(persona)* adoucir.
abnegado,-da [aβneɣáðo,-ða] *adj* dévoué,-e.
abochornado,-da [aβotʃornáðo, -ða] *adj* **1** *(por el calor)* étouffé,-e. **2** *(por la vergüenza)* honteux,-euse.
abochornar [aβotʃornár] *vt* **1** *(del calor)* étouffer, suffoquer. **2** *(la vergüenza)* vexer, faire honte à.
abogado,-da [aβoɣáðo,-ða] *nm,f* avocat,-e.
abolición [aβolitʃjón] *nf* abolition *f*.
abolir [aβolír] *vt* abolir.
abonado,-da [aβonáðo,-ða] *adj* **1** *(dinero)* payé,-e. **2** *(tierra)* amendé,-e.
abonar [aβonár] *vt* **1** *(una suma)* payer, régler. **2** *(en una cuenta)* créditer: **abonar en la cuenta de,** verser au compte de. **3** *(tierra)* amender, engraisser. ▶ *vpr* **abonarse** s'abonner.
abono [aβóno] *nm* **1** *(de dinero)* paiement *m*, règlement *m*. **2** COM *(en cuenta)* crédit *m*. **3** *(para la tierra)* engrais *m*. **4** *(de revista, temporada)* abonnement *m*.
abordar [aβorðár] *vt* aborder.
aborrecer [43] [aβorreθér] *vt* détester.
abortar [aβortár] *vi* **1** *(voluntariamente)* avorter. **2** *(involuntariamente)* faire une fausse couche. **3** *(interrumpir)* avorter.
aborto [aβórto] *nm* **1** *(voluntario)* avortement *m*. **2** *(involuntario)* fausse couche *f*. **3** *fam pey (persona)* avorton *m*.
abrasar [aβrasár] *vt (quemar)* brûler. ▶ *vi (comida, bebida)* être brûlant,-e.
abrazar [4] [aβraθár] *vt* **1** *(persona)* serrer dans ses bras. **2** *(doctrina, fe)* épouser.

abrazo [aβráθo] *nm* accolade *f*. • **dar un abrazo** embrasser. **un abrazo** *(en cartas)* affectueusement.
abrelatas [aβrelátas] *nm* ouvre-boîte *m*.
abreviar [12] [aβreβjár] *vt* abréger.
abreviatura [aβreβjatúra] *nf* abréviation *f*.
abrigar [7] [aβriɣár] *vt* **1** *(a una persona)* couvrir chaudement. **2** *(la ropa)* tenir chaud. **3** *(idea, deseo)* nourrir. ▶ *vpr* **abrigarse 1** *(con ropa)* se couvrir. **2** *(resguardarse)* s'abriter.
abrigo [aβriɣo] *nm (prenda)* manteau *m*. • **de abrigo** *(prenda)* chaud,-e.
abril [aβríl] *nm* avril *m*.
abrir [aβrír] *vt* **1** *(gen)* ouvrir. **2** *(alas)* déployer. **3** *(luz)* allumer. **4** *(piernas)* écarter. ▶ *vpr* **abrirse 1** *(gen)* s'ouvrir. **2** *fam (irse)* se barrer.
abrochar [aβrotʃár] *vt (con botones)* boutonner; *(con cremallera, corchetes)* fermer.
absolución [aβsoluθjón] *nf* **1** *(de los pecados)* absolution *f*. **2** *(de las acusaciones)* acquittement *f*.
absoluto,-ta [aβsolúto,-ta] *adj* absolu,-e. • **en absoluto** pas du tout.
absolver [32] [aβsolβér] *vt* **1** *(a un penitente)* absoudre. **2** *(a un acusado)* acquitter.
absorber [aβsorβér] *vt* absorber.
absorto,-ta [aβsórto,-ta] *adj* absorbé,-e.
abstención [aβstenθjón] *nf* abstention *f*.
abstenerse [87] [aβstenérse] *vpr* s'abstenir.
abstracto,-ta [aβstrákto,-ta] *adj* abstrait,-e.
absurdo,-da [aβsúrðo,-ða] *adj* absurde.

abuchear [aβutʃeár] *vt* huer.

abuela [aβwéla] *nf* **1** grand-mère *f*. **2** *(familiarmente)* mamie *f*.

abuelo [aβwélo] *nm* **1** grand-père *m*. **2** *(familiarmente)* papi *m*. ▶ *nm pl* **abuelos** grands-parents *m pl*.

abultar [aβultár] *vt* **1** *(aumentar)* grossir. **2** *(exagerar)* exagérer. ▶ *vi (ocupar espacio)* prendre de la place: **esta cama plegable casi no abulta**, ce lit pliant ne prend presque pas de place.

abundancia [aβundánθja] *nf* abondance *f*.

abundante [aβundánte] *adj* abondant,-e.

aburrido,-da [aβuříðo,-ða] *adj* **1** *(que produce aburrimiento)* ennuyeux, -euse. **2** *(que siente aburrimiento)* ennuyé,-e: **estar aburrido,-da**, s'ennuyer. **3** *(harto)* lasse.

aburrimiento [aβuřimjénto] *nm* ennui *m*.

aburrir [aβuřír] *vt* ennuyer.

abusar [aβusár] *vi* abuser (**de**, de).

abuso [aβúso] *nm* abus *m*. ▪ **abuso de autoridad** abus de pouvoir.

acá [aká] *adv (lugar)* ici. ▪ **de acá para allá** de-ci de-là.

acabado,-da [akaβáðo,-ða] *adj* **1** *(gen)* fini,-e. **2** *(perfecto)* achevé,-e, parfait,-e. ▶ *nm* **acabado** finition *f*.

acabar [akaβár] *vt* **1** *(gen)* finir. **2** *(consumir)* épuiser, terminer: **hemos acabado el pan**, nous avons terminé le pain. ▶ *vi* **1** *(gen)* finir. **2** *(pareja)* briser. **3 acabar con** *(hacer desaparecer)* venir à bout de. **4 acabar de** + *inf (acción reciente)* venir de + *inf*: **acaba de llegar**, il vient d'arriver. **5 acabar por** + *inf*/**ger** finir par + *inf*: **acabó dándonos las gracias**, il a fini par nous remercier. ▶ *vpr* **acabarse** finir: **se ha acabado la mantequilla**, il n'y a plus de beurre.

academia [akaðémja] *nf* **1** *(institución)* académie *f*. **2** *(establecimiento privado)* école *f*.

académico,-ca [akaðémiko,-ka] *adj* **1** *(que sigue las normas)* académique. **2** *(de los estudios)* scolaire, universitaire. ▶ *nm,f* académicien, -enne.

acalorado,-da [akaloráðo,-ða] *adj* **1** *(gen)* échauffé,-e. **2** *(discusión)* passionné,-e.

acalorarse [akalorárse] *vpr* **1** *(tener calor)* avoir chaud. **2** *(en una discusión)* s'échauffer, s'enflammer.

acampada [akampáða] *nf* camping *m*: **ir de acampada**, faire du camping.

acampar [akampár] *vi* camper.

acantilado [akantiláðo] *nm* falaise *f*.

acariciar [12] [akariθjár] *vt* caresser.

acaso [akáso] *adv* **1** *(en preguntas)* par hasard: **¿acaso no lo sabías?**, est-ce que par hasard tu ne le savais pas ? **2** *fml (quizá)* peut-être. ▪ **por si acaso** au cas où, dans le cas où.

acatar [akatár] *vt* **1** *(decisión, ley)* respecter. **2** *(orden)* obéir à.

acatarrarse [akatařárse] *vpr* s'enrhumer.

acceder [akθeðér] *vi* **1** *(gen)* accéder (**a**, à). **2** *(consentir)* acquiescer (**a**, à), consentir (**a**, à): **accedió a acompañarme**, il consentit à m'accompagner.

accesible [akθesíβle] *adj* accessible.

acceso [akθéso] *nm* **1** accès *m*. **2** *(de fiebre)* poussée *f*; *(de tos)* quinte *m*.

accesorio,-ria [akθesórjo,-rja] *adj* accessoire. ▶ *nm* **accesorio** accessoire *m*.

accidente [akθiðénte] *nm* accident *m*. ▪ **accidente laboral** accident du travail.

acción [akθjón] *nf* action *f*.

accionista [akθjonísta] *nmf* actionnaire.

aceite [aθéite] *nm* huile *f*.

aceituna [aθeitúna] *nf* olive *f*.

acelerador [aθeleraðór] *nm* accélérateur *m*.

acelerar [aθelerár] *vt* accélérer.

acento [aθénto] *nm* accent *m*.

acentuado,-da [aθentwáðo,-ða] *adj* accentué,-e.

acentuar [aθentwár] *vt* accentuer.

acepción [aθepθjón] *nf* acception *f*.

aceptable [aθeptáβle] *adj* acceptable.

aceptar [aθeptár] *vt* accepter.

acera [aθéra] *nf* trottoir *m*.

acerca [aθérka]. • **acerca de** au sujet de.

acercar [1] [aθerkár] *vt* rapprocher: ¿me acercas el agua?, pourrais-tu me passer l'eau ? ▶ *vpr* **acercarse 1** *(ponerse más cerca)* s'approcher, se rapprocher. **2** *(estar más cercano)* approcher.

acero [aθéro] *nm* acier *m*.

acertado,-da [aθertáðo,-ða] *adj* **1** *(opinión, idea)* bon, bonne. **2** *(conveniente)* opportun,-e.

acertar [27] [aθertár] *vt* **1** *(el blanco)* mettre dans, atteindre. **2** *(respuesta, adivinanza)* trouver, deviner. ▶ *vi* **1 acertar (con)** *(elegir bien)* bien choisir: **has acertado con el color**, tu as bien choisi la couleur. **2 acertar con** *(encontrar)* trouver: **acertó con la respuesta**, il trouva la réponse.

acertijo [aθertíxo] *nm* devinette *f*.

achacar [1] [atʃakár] *vt* attribuer, imputer.

achicharrar [atʃitʃarár] *vt* brûler, griller.

achuchar [atʃutʃár] *vt* **1** *(empujar)* écraser. **2** *(abrazar)* serrer fort dans les bras. **3** *(meter prisa)* presser.

achuchón [atʃutʃón] *nm* **1** *(empujón)* poussée *f*. **2** *(abrazo)* gros câlin *m*. **3** *(indisposición)* malaise *m*.

acidez [aθiðéθ] *nf* acidité *f*.

ácido,-da [áθiðo,-ða] *adj* acide. ▶ *nm* **ácido** acide *m*.

acierto [aθjérto] *nm* **1** *(solución correcta)* bonne réponse *f*. **2** *(decisión correcta)* bonne idée *f*. **3** *(éxito)* succès *m*. **4** *(en juego)* bon numéro *m*.

aclamar [aklamár] *vt* **1** *(ovacionar)* acclamer. **2** *(para cargo)* proclamer.

aclaración [aklaraθjón] *nf* éclaircissement *m*.

aclarar [aklarár] *vt* **1** *(gen)* éclaircir. **2** *(la ropa)* rincer. **3** *(explicar)* éclairer, éclaircir. ▶ *vi* (*el tiempo*) s'éclaircir. ▶ *vpr* **aclararse 1** *(gen)* s'éclaircir. **2** *(entender)* comprendre: **no me aclaro**, je n'y comprends rien.

acné [akné] *nf* acné *f*.

acogedor,-ra [akoxeðór,-ra] *adj* accueillant,-e.

acoger [5] [akoxér] *vt* accueillir. ▶ *vpr* **acogerse 1** *(refugiarse)* se réfugier. **2 acogerse a** *(una ley, un pretexto)* recourir à.

acogida [akoxíða] *nf* accueil *m*.

acomodado,-da [akomoðáðo,-ða] *adj* (*rico*) aisé,-e.

acomodar [akomoðár] *vt* **1** *(adaptar)* ajuster, adapter. **2** *(poner en sitio conveniente)* placer. ▶ *vpr* **acomodarse 1** *(instalarse)* se mettre à l'aise: **se acomodó en el sillón**, il s'installa dans le fauteuil. **2** *(adaptarse)* s'adapter.

acompañamiento [akompaɲamjénto] *nm* **1** *(de música)* accompagnement *m*. **2** *(de comida)* garniture *f*.

acompañar [akompaɲár] *vt* **1** *(gen)* accompagner. **2** *(hasta la puerta, a casa)* raccompagner.

acondicionado,-da [akondiθjonáðo,-ða] *adj* **1** *(aire)* conditionné, -e. **2** *(lugar)* aménagé,-e.

aconsejar [akonseχár] *vt* conseiller.

acontecimiento [akonteθimjénto] *nm* événement *m*.

acoplar [akoplár] *vt* **1** *(piezas, motores, etc)* accoupler. **2** *(ajustar)* ajuster. ▶ *vpr* **acoplarse 1** *(piezas)* s'ajuster. **2** *(adaptarse)* s'adapter.

acordar [31] [akorðár] *vt* décider de, se mettre d'accord pour. ▶ *vpr* **acordarse** se souvenir (**de**, de), se rappeler (**de**, de).

acorde [akórðe] *nm* MÚS accord *m*.

acordeón [akorðeón] *nm* accordéon *m*.

acortar [akortár] *vt* raccourcir.

acosar [akosár] *vt* **1** *(presa, enemigo)* traquer. **2** *(molestar)* harceler.

acoso [akóso] *nm* harcèlement *m*.

acostar [31] [akostár] *vt* coucher. ▶ *vpr* **acostarse 1** *(ir a la cama)* se coucher. **2** **acostarse con** *(tener relaciones)* coucher avec.

acostumbrado,-da [akostumbráðo,-ða] *adj* **1** **acostumbrado (a)** *(persona)* habitué,-e (à). **2** *(hecho)* habituel,-elle.

acostumbrar [akostumbrár] *vt (a alguien)* habituer. ▶ *vi* **acostumbrar (a)** *(tener como costumbre)* avoir l'habitude (de): **no acostumbra a llegar tarde**, il n'a pas l'habitude d'arriver en retard.

acrecentar [27] [akreθentár] *vt* accroître.

acrobacia [akroβáθja] *nf* acrobatie *f*.

acróbata [akróβata] *nmf* acrobate.

acta [ákta] *nf* **1** *(de una reunión, sesión, etc)* procès-verbal *m*, compte-rendu *m*. **2** *(escrito)* acte *f*.

actitud [aktitúð] *nf* attitude *f*.

activar [aktiβár] *vt* activer.

actividad [aktiβiðáð] *nf* activité *f*.

activo,-va [aktíβo,-βa] *adj* actif, -ive.

acto [ákto] *nm* **1** *(gen)* acte *m*. **2** *(ceremonia)* cérémonie *f*. • **acto seguido** aussitôt après. **en el acto** sur-le-champ.

actor [aktór] *nm* acteur *m*.

actriz [aktríθ] *nf* actrice *f*.

actuación [aktwaθjón] *nf (comportamiento)* conduite *f*.

actual [aktwál] *adj* actuel,-elle.

actualidad [aktwaliðáð] *nf* actualité *f*. • **en la actualidad** actuellement, à l'heure actuelle.

actualizar [4] [aktwaliθár] *vt* actualiser, mettre à jour.

actuar [11] [aktwár] *vi* **1** *(gen)* agir. **2** *(ejercer como)* exercer ses fonctions: **su hermano actuó como intermediario**, son frère fit office d'intermédiaire. **3** *(un actor)* jouer.

acuarela [akwaréla] *nf* aquarelle *f*.

acuario [akwárjo] *nm* aquarium *m*.

acuático,-ca [akwátiko,-ka] *adj* aquatique.

acuchillar [akutʃiʎár] *vt* poignarder.

acudir [akuðír] *vi* **1** *(ir)* aller (**a**, à), se rendre (**a**, à). **2** *(recurrir)* faire appel à.

acueducto [akweðúkto] *nm* aqueduc *m*.

acuerdo [akwèrðo] *nm* accord *m*. • **de acuerdo** d'accord. **de acuerdo con** en accord avec. **ponerse de acuerdo** se mettre d'accord.

acumular [akumulár] *vt* **1** *(gen)* accumuler. **2** *(cargos, empleos)* cumuler.

acurrucarse [1] [akuřukárse] *vpr* se pelotonner, se blottir.

acusación [akusaθjón] *nf* accusation *f*.

acusado,-da [akusáðo,-ða] *adj* - *nm,f* accusé,-e.

acusar [akusár] *vt* **1** *(gen)* accuser. **2** *(delatar)* dénoncer.

acústica [akústika] *nf* acoustique *f.*

acústico,-ca [akústiko,-ka] *adj* acoustique.

adaptador [aðaptaðór] *nm* adaptateur *m.*

adaptable [aðaptáβle] *adj* adaptable.

adaptar [aðaptár] *vt* adapter.

adecuado,-da [aðekwáðo,-ða] *adj* adéquat,-e.

adelantado,-da [aðelantáðo,-ða] *adj* **1** *(gen)* avancé,-e. **2** *(precoz)* précoce. **3** *(reloj)* en avance. • **por adelantado** d'avance.

adelantamiento [aðelantamjénto] *nm (de un coche)* dépassement *m.*

adelantar [aðelantár] *vt* **1** *(gen)* avancer: **¿qué adelantas con...?**, à quoi cela t'avance de ... ? **2** *(coche)* doubler. **3** *(dejar atrás)* dépasser. ► *vpr* **adelantarse 1** *(ir delante)* s'avancer. **2** *(llegar temprano)* être en avance. **3** *(pasar delante)* devancer. **4** *(reloj)* avancer.

adelante [aðelánte] *adv* en avant. ► *interj* entrez ! • **en adelante** désormais. **seguir adelante** continuer.

adelanto [aðelánto] *nm* **1** *(gen)* avance *f.* **2** *(progreso)* progrès *m.*

adelgazar [4] [aðelɣaθár] *vi* maigrir.

además [aðemás] *adv* en outre, en plus. • **además de** non seulement: además de inteligente, es guapo, non seulement il est intelligent, mais il est beau.

adentro [aðéntro] *adv* à l'intérieur, dedans.

aderezar [4] [aðereθár] *vt* assaisonner.

adeudar [aðeuðár] *vt* **1** *fml (dinero)* devoir. **2** COM *(en una cuenta)* débiter.

adherir [35] [aðerír] *vi* adhérer.

adicción [aðikθjón] *nf* dépendance *f.*

adición [aðiθjón] *nf* addition *f.*

adicto,-ta [aðíkto,-ta] *adj (a drogas)* dépendant,-e; *(a causa)* fidèle. ► *nm,f* **1** *(de idea, doctrina)* partisan,-e. **2** *(a drogas)* toxicomane. **3 adicto a** *fig (con afición extrema)* passionné, -e de.

adiestrar [aðjestrár] *vt* **1** *(un animal)* dresser. **2** *(a una persona)* exercer, instruire.

adinerado,-da [aðineráðo,-ða] *adj* riche.

adiós [aðjós] *nm* adieu *m.* ► *interj* au revoir.

adivinar [aðiβinár] *vt* deviner.

adjetivo [aðχetíβo] *nm* adjectif *m.*

adjuntar [1] [aðχuntár] *vt* joindre.

adjunto,-ta [aðχúnto,-ta] *adj* ci-joint,-e, ci-inclus,-e. ► *adj - nm,f* adjoint,-e. ► *nm* **adjunto** pièce *f* jointe.

administración [aðministraθjón] *nf* administration *f.* • **administración pública** service *m* public.

administrador,-ra [aðministraðór,-ra] *adj - nm,f* administrateur,-trice.

administrar [aðministrár] *vt* administrer. ► *vpr* **administrarse** gérer son argent.

administrativo,-va [aðministratíβo,-βa] *adj* administratif,-ive. ► *nm,f* employé,-e de bureau.

admiración [aðmiraθjón] *nf* **1** *(valoración)* admiration *f.* **2** *(sorpresa)* étonnement *m.*

admirador,-ra [aðmiraðór,-ra] *adj - nm,f* admirateur,-trice.

admirar [aðmirár] vt **1** *(valorar)* admirer. **2** *(sorprender)* étonner, émerveiller.

admisión [aðmisjón] nf admission f.

admitir [aðmitír] vt admettre.

adolescencia [aðolesθénθja] nf adolescence f.

adolescente [aðolesθénte] adj -nmf adolescent,-e.

adonde [aðónde] adv où.

adónde [aðónde] adv *(en preguntas)* où.

adopción [aðopθjón] nf adoption f.

adoptar [aðoptár] vt adopter.

adoquín [aðokín] nm *(piedra)* pavé m.

adorar [aðorár] vt adorer.

adormecer [43] [aðormeθér] vt **1** *(producir sueño)* endormir, assoupir. **2** *(un dolor, una pasión, etc)* calmer, apaiser. ▶ vpr **adormecerse 1** *(por el sueño)* s'endormir, s'assoupir. **2** *(un miembro)* s'engourdir.

adormilarse [aðormilárse] vpr s'assoupir.

adorno [aðórno] nm **1** *(de cosa)* ornement m. **2** *(de habitación)* décoration f.

adosado,-da [aðosáðo,-ða] adj *(casas)* jumeau, jumelle.

adosar [aðosár] vt adosser.

adquirir [30] [aðkirír] vt acquérir.

adquisición [aðkisiθjón] nf acquisition f.

adquisitivo,-va [aðkisitíβo,-βa] adj acquisitif,-ive.

aduana [aðwána] nf douane f.

adueñarse [aðweɲárse] vpr **adueñarse de** s'emparer de.

adulto,-ta [aðúlto,-ta] adj - nm,f adulte.

adverbio [aðβérβjo] nm adverbe m.

adversario,-ria [aðβersárjo,-rja] nm,f adversaire.

adversidad [aðβersiðáð] nf adversité f.

adverso,-sa [aðβérso,-sa] adj adverse.

advertencia [aðβerténθja] nf avertissement m.

advertir [35] [aðβertír] vt **1** *(avisar)* avertir. **2** *(indicar)* signaler. **3** *(recomendar)* conseiller. **4** *(hacer notar)* remarquer, observer.

aéreo,-a [aéreo,-a] adj aérien,-enne.

aerodinámico,-ca [aeroðinámiko,-ka] adj aérodynamique.

aeródromo [aeróðromo] nm aérodrome m.

aeronáutico,-ca [aeronáutiko,-ka] adj aéronautique.

aeronave [aeronáβe] nf aéronef m.

aeroplano [aeropláno] nm aéroplane m.

aeropuerto [aeropwérto] nm aéroport m.

afamado,-da [afamáðo,-ða] adj renommé,-e.

afán [afán] nm **1** *(esfuerzo)* ardeur f. **2** *(anhelo)* désir m véhément, soif f: **afán de venganza**, soif de vengeance.

afear [afeár] vt **1** *(hacer feo)* enlaidir. **2** fig *(conducta)* reprocher, blâmer.

afección [afekθjón] nf affection f.

afectar [afektár] vt **1** *(gen)* affecter. **2** *(concernir)* toucher, affecter. **3** *(daño, enfermedad)* frapper.

afectivo,-va [afektíβo,-βa] adj affectif,-ive.

afecto [afékto] nm *(cariño)* affection f: **con todo mi afecto**, affectueusement. • **tener afecto a ALGN** avoir de l'affection pour QQN.

afectuoso,-sa [afektwóso,-sa] adj affectueux,-euse.

afeitado [afeitáðo] nm rasage m.

afeitar [afejtár] *vt* raser.

afeminado,-da [afeminádo,-ða] *adj* efféminé,-e.

aferrar [27] [aferár] *vt* accrocher, saisir.

Afganistán [afɣanistán] *n pr* Afghanistan *m*.

afgano,-na [afɣáno,-na] *adj* afghan,-e. ▶ *nm,f* Afghan,-e. ▪ **afgano** (*idioma*) afghan *m*.

afición [afiθjón] *nf* **1** (*inclinación*) penchant *m*, goût *m*: **tener afición a**, aimer, avoir le goût de. **2 la afición** (*conjunto de aficionados*) les fans *m pl*; (*al fútbol*) les supporters *m pl*.

aficionado,-da [afiθjonáðo,-ða] *adj* - *nm, f* **1** (*que le gusta*) amateur de, passionné,-e de. **2** (*que no es profesional*) amateur.

aficionar [afiθjonár] *vt* **aficionar a** faire aimer. ▶ *vpr* **aficionarse** prendre goût (**a**, à).

afín [afín] *adj* **1** (*próximo*) proche, contigu,-uë. **2** (*semejante*) analogue: **ideas afines**, idées voisines. **3** (*relacionado*) connexe.

afinar [afinár] *vt* **1** (*instrumento*) accorder. **2** (*una cosa*) perfectionner. ▶ *vi* MÚS (*con la voz*) chanter juste; (*con instrumento*) jouer juste.

afirmación [afirmaθjón] *nf* affirmation *f*.

afirmar [afirmár] *vt* **1** (*aseverar*) affirmer. **2** (*afianzar*) affermir. ▶ *vpr* **afirmarse** (*en lo dicho*) maintenir.

afirmativo,-va [afirmatíβo,-βa] *adj* affirmatif,-ive.

aflojar [afloxár] *vt* **1** (*soltar*) relâcher, lâcher. **2** (*un muelle*) détendre. **3** (*un tornillo, un nudo*) desserrer. **4** *fam* (*dinero*) filer. ▶ *vi* (*disminuir*) baisser.

afluente [aflwénte] *nm* affluent *m*.

afluir [62] [aflwír] *vi* **1** (*acudir en abundancia*) affluer. **2** (*río*) confluer. **3** (*calle*) aboutir.

aforo [afóro] *nm* capacité *f*, nombre *m* de places.

afortunado,-da [afortunáðo,-ða] *adj* **1** (*feliz*) heureux,-euse. **2** (*con suerte*) chanceux,-euse.

África [áfrika] *n pr* Afrique *f*.

africano,-na [afrikáno,-na] *adj* africain,-e. ▶ *nm,f* Africain,-e.

afrontar [afrontár] *vt* **1** (*problema, peligro*) affronter. **2** (*dos personas*) confronter.

afuera [afwéra] *adv* dehors. ▶ *interj* hors d'ici ! ▶ *nf pl* **las afueras** les environs *m pl*.

agachar [aɣatʃár] *vt* (*cabeza, cuerpo*) baisser. ▶ *vpr* **agacharse** se baisser, s'accroupir.

agarrado,-da [aɣaráðo,-ða] *adj* radin,-e.

agarrar [aɣarár] *vt* **1** (*coger fuerte*) empoigner, saisir. **2** *fig* (*enfermedad, etc*) attraper. **3** *fam fig* (*oportunidad*) saisir.

agencia [axénθja] *nf* agence *f*.

agenda [axénda] *nf* agenda *m*. ▪ **agenda de direcciones** carnet *m* d'adresses.

agente [axénte] *adj* d'agent. ▶ *nmf* agent *m*. ▪ **agentes sociales** partenaires *m pl* sociaux.

ágil [áxil] *adj* agile.

agilidad [axiliðáð] *nf* agilité *f*.

agilizar [4] [axiliθár] *vt* accélérer.

agitar [axitár] *vt* agiter.

aglomeración [aɣlomeraθjón] *nf* **1** (*gen*) agglomération *f*. **2** (*de personas*) attroupement *m*.

agobiante [aɣoβjánte] *adj* **1** (*calor, presión*) accablant,-e. **2** (*persona*) épuisant,-e.

agobiar [12] [aɣoβjár] *vt* **1** (*abrumar*) accabler. **2** (*desanimar*) abattre. ▶ *vpr* **agobiarse** *fam* (*inquietarse*) s'inquiéter: **no te agobies**, ne t'en fais pas.

agobio [aɣóβjo] *nm* **1** *(de calor)* étouffement *m*. **2** *(preocupación)* accablement *m*.

agonía [aɣonía] *nf* agonie *f*.

agonizar [4] [aɣoniθár] *vi* agoniser.

agosto [aɣósto] *nm* août *m*.

agotado,-da [aɣotáðo,-ða] *adj* épuisé,-e.

agotador,-ra [aɣotaðór,-ra] *adj* épuisant,-e.

agotamiento [aɣotamjénto] *nm* épuisement *m*.

agotar [aɣotár] *vt* épuiser.

agraciado,-da [aɣraθjáðo,-ða] *adj* **1** *(atractivo)* joli,-e. **2** *(en un sorteo)* gagnant,-e. ▶ *nm,f (en un sorteo)* heureux,-euse gagnant,-e.

agradable [aɣraðáβle] *adj* agréable.

agradar [aɣraðár] *vi* plaire.

agradecer [43] [aɣraðeθér] *vt* **1** *(estar agradecido)* être reconnaissant,-e: **le agradecería me facilite su dirección**, je vous serais reconnaissant de me donner votre adresse. **2** *(dar las gracias)* remercier de.

agradecido,-da [aɣraðeθíðo,-ða] *adj* reconnaissant,-e.

agradecimiento [aɣraðeθimjénto] *nm* reconnaissance *f*.

agrado [aɣráðo] *nm (gusto)* plaisir *m*. • **ser ALGO del agrado de ALGN** être agréable à QQN.

agrandar [aɣrandár] *vt* agrandir.

agravar [aɣraβár] *vt* aggraver.

agravio [aɣráβjo] *nm* offense *f*.

agredir [aɣreðír] *vt* agresser.

agregar [7] [aɣreɣár] *vt* ajouter.

agresión [aɣresjón] *nf* agression *f*.

agresivo,-va [aɣresíβo,-βa] *adj* agressif,-ive.

agresor,-ra [aɣresór,-ra] *nm,f* agresseur *m*.

agrícola [aɣríkola] *adj* agricole.

agricultor,-ra [aɣrikultór,-ra] *nm,f* agriculteur,-trice.

agricultura [aɣrikultúra] *nf* agriculture *f*.

agridulce [aɣriðúlθe] *adj* aigredoux,-douce.

agrio,-a [áɣrjo,-a] *adj* aigre. ▶ *nm pl* **agrios** *(naranjas, limones, etc)* agrumes *m pl*.

agrupación [aɣrupaθjón] *nf* **1** *(acción)* regroupement *m*. **2** *(grupo)* groupe *m*.

agrupar [aɣrupár] *vt* grouper. ▶ *vpr* **agruparse** se rassembler.

agua [áɣwa] *nf eau f*. • **estar con el agua al cuello** avoir la corde au coup. **estar más claro que el agua** être clair comme de l'eau de roche. **hacérsele a ALGN la boca agua** faire venir l'eau à la bouche. **romper aguas** perdre les eaux. ■ **agua con gas** eau gazeuse. **agua sin gas** eau plate.

aguacate [aɣwakáte] *nm* **1** *(árbol)* avocatier *m*. **2** *(fruto)* avocat *m*.

aguacero [aɣwaθéro] *nm* averse *f*.

aguafiestas [aɣwafjéstas] *nmf* trouble-fête *inv*, rabat-joie *inv*.

aguantar [aɣwantár] *vt* **1** *(sostener)* soutenir. **2** *(sujetar)* tenir. **3** *(sufrir)* supporter, endurer. **4** *(respiración, risa)* retenir. **5** *(la bebida)* tenir. ▶ *vi* tenir bon. ▶ *vpr* **aguantarse 1** *(contenerse)* se retenir. **2** *(fastidiarse)* se résigner.

aguante [aɣwánte] *nm* **1** *(físico)* endurance *f*, résistance *f*. **2** *(psíquico)* patience *f*.

aguardar [aɣwarðár] *vt - vi* attendre: **aguardo a que venga**, j'attends qu'il vienne.

aguardiente [aɣwarðjénte] *nm* eau-de-vie *f*.

agudizar [4] [aɣuðiθár] *vt* **1** *(objeto)* rendre plus aigu,-ë. **2** *(problema)*

agudo

accentuer. ▸ *vpr* **agudizarse** (*problema, enfermedad*) s'aggraver.

agudo,-da [aɣúðo,-ða] *adj* **1** (*gen*) aigu,-uë. **2** (*afilado*) pointu,-e. **3** (*oído*) fin, fine. **4** (*mente, ingenio*) subtil,-e, perspicace. **5** (*gracioso*) spirituel,-elle.

águila [áɣila] *nf* aigle *m*.

aguja [aɣúxa] *nf* aiguille *f*. ▸ *nf pl* **agujas 1** (*de animal*) côtes *f pl* antérieures. **2** (*de ferrocarril*) aiguillage *m sing*. ▪ **buscar una aguja en un pajar** chercher une aiguille dans une botte de foin.

agujerear [aɣuxereár] *vt* faire un trou dans.

agujero [aɣuxéro] *nm* trou *m*. ▪ **agujero de ozono** trou d'ozone.

agujetas [aɣuxétas] *nf pl* (*dolores*) courbatures *f pl*.

aguzar [4] [aɣuθár] *vt* **1** (*objeto*) aiguiser. **2** *fig* (*sentidos*) stimuler. ▪ **aguzar el oído** tendre l'oreille.

ahí [aí] *adv* là. ▪ **de ahí que** d'où le fait que. **por ahí 1** (*lugar*) par là. **2** (*aproximadamente*) à peu près.

ahijado,-da [aixáðo,-ða] *nm,f* filleul,-e.

ahogado,-da [aoɣáðo,-ða] *adj* - *nm,f* (*persona*) noyé,-e. ▸ *adj* (*voz, llanto*) étouffé,-e.

ahogar [7] [aoɣár] *vt* **1** (*en agua*) noyer. **2** (*asfixiar*) étouffer. **3** (*estrangular*) étrangler. **4** (*reprimir*) refouler: **ahogar sus sollozos**, étouffer ses sanglots.

ahora [aóra] *adv* maintenant, à présent. ▪ **ahora bien** or. **ahora mismo 1** (*poco antes*) à l'instant même. **2** (*enseguida*) tout de suite, immédiatement. **3** (*después*) tout à l'heure, dans un instant. **de ahora en adelante** dorénavant, désormais. **hasta ahora** jusqu'à présent. **por ahora** pour le moment.

ahorcar [1] [aorkár] *vt* pendre.

ahorrar [aorár] *vt* (*dinero*) économiser. ▸ *vpr* **ahorrarse** (*disgusto, problema*) s'épargner, éviter.

ahorro [aóro] *nm* (*acción*) épargne *f*. ▸ *nm pl* **ahorros** (*lo que se ahorra*) économies *f pl*.

ahumado,-da [aumáðo,-ða] *adj* fumé,-e.

ahumar [16] [aumár] *vt* **1** (*alimentos*) fumer, saurer. **2** (*llenar de humo*) enfumer.

aire [áire] *nm* **1** (*gen*) air *m*. **2** (*aspecto, semejanza*) air *m*. ▸ *nm pl* **aires** (*vanidad*) airs *m pl*. ▪ **al aire libre** en plein air. **a mi aire** à ma guise. **darse aires** se donner des airs. **saltar por los aires** exploser. **tomar el aire** prendre l'air. ▪ **aire acondicionado** air conditionné.

airear [aireár] *vt* aérer, ventiler. ▸ *vpr* **airearse** prendre l'air.

aislado,-da [aizláðo,-ða] *adj* isolé,-e.

aislamiento [aizlamjénto] *nm* isolement *m*, isolation *f*.

aislante [aizlánte] *adj* isolant,-e. ▸ *nm* isolant *m*.

aislar [15] [aizlár] *vt* isoler.

ajedrez [axeðréθ] *nm* échecs *m pl*.

ajeno,-na [axéno,-na] *adj* **1** d'autrui. **2** (*extraño*) étranger,-ère, contraire: **ajeno a su carácter**, contraire à son caractère. **3** **ajeno a** (*indiferente*) en dehors de: **está ajeno a la conversación**, il est en dehors de la conversation. **4 ajeno a** (*ignorante*) ignorant,-e: **ajeno al peligro**, ignorant du danger.

ajetreo [axetréo] *nm* **1** (*actividad intensa*) agitation *f*. **2** (*de calle, local*) animation *f*. **3** (*cansancio*) tracas *m*, fatigue *f*.

ajillo [axíʎo]. ▪ **al ajillo** coc à l'ail.

ajo [áxo] *nm* ail *m*. ▪ **estar en el ajo** *fam* être dans le coup.

ajuar [axwár] *nm* **1** (*muebles*) mobilier *m*. **2** (*de novia*) trousseau *m*.

ajustado,-da [axustáðo,-ða] *adj* **1** *(ropa)* moulant,-e. **2** *(resultado, victoria)* serré,-e.

ajustar [axustár] *vt* **1** *(adaptar)* ajuster, adapter. **2** *(dos piezas)* ajuster; *(un mecanismo)* régler. **3** *(una cuenta)* régler, liquider. **4** *(cantidad, precio)* négocier.

al [al] *contr* (a + el) **1** *(delante de un masculino)* au, à la: **ha ido al mercado**, elle est allée au marché. **2** *(lugar)* chez: **ir al médico**, aller chez le médecin. **3** al + *inf* (*en el momento de*) en + *gér*: **al llegar**, en arrivant.

ala [ála] *nf* **1** *(gen)* aile *f*. **2** *(de un sombrero)* bord *m*. **3** *(alero)* auvent *m*. **4** DEP ailier *m*. ▪ **ala delta** deltaplane *m*.

alabar [alaβár] *vt* louer, vanter.

alacrán [alakrán] *nm* scorpion *m*.

alado,-da [aláðo,-ða] *adj* **1** *(con alas)* ailé, -e. **2** *(veloz)* léger,-ère, rapide.

alambre [alámbre] *nm* fil de fer *m*. ▪ **alambre de púas** fil de fer barbelé.

alarde [alárðe] *nm* **1** parade *f*. **2** démonstration *f*, manifestation *f*: **un alarde de buen humor**, une manifestation de bonne humeur. ● **hacer alarde de** faire étalage de.

alargar [7] [alaɾɣár] *vt* **1** *(gen)* allonger. **2** *(un miembro)* étendre, étirer. **3** *(prenda)* rallonger. **4** *(dar, pasar)* passer, tendre. **5** *(el sueldo, una ración, etc)* augmenter. **6** *(prolongar)* prolonger.

alarido [alaríðo] *nm* cri *m*, hurlement *m*.

alarma [alárma] *nf* **1** *(señal)* alarme *f*. **2** *(en el ejército)* alerte *f*. **3** *(inquietud)* inquiétude *f*. ▪ **alarma antirrobo** système *m* d'alarme.

alarmar [alarmár] *vt* alarmer.

alarmista [alarmista] *adj - nmf* alarmiste.

alba [álβa] *nf* aube *f*.

albahaca [alβaáka] *nf* basilic *m*.

albañil [alβaɲíl] *nm* maçon *m*.

albañilería [alβaɲileria] *nm* maçonnerie *f*.

albarán [alβarán] *nm* bon *m* de livraison.

albaricoque [alβarikóke] *nm* abricot *m*.

albergar [7] [alβerɣár] *vt* **1** *(alojar)* héberger, loger. **2** *(sentimiento)* nourrir: **aún albergan esperanzas de encontrar supervivientes**, ils nourrissent encore l'espoir de trouver des survivants. ▶ *vpr* **albergarse** loger.

albergue [alβérɣe] *nm* **1** auberge *f*. **2** *(cobijo)* abri *m*, asile *m*.

albino,-na [alβino,-na] *adj - nm,f* albinos.

albóndiga [alβóndiɣa] *nf* COC boulette *f* (de viande).

albornoz [alβornóθ] *nm* peignoir *m* de bain.

alboroto [alβoróto] *nm* **1** *(griterío)* boucan *m*. **2** *(desorden)* tumulte *m*.

álbum [álβum] *nm* album *m*.

alcachofa [alkatʃófa] *nf* **1** *(hortaliza)* artichaut *m*. **2** *(de ducha, regadera)* pomme *f*.

alcalde [alkálde] *nm* maire *m*.

alcaldesa [alkaldésa] *nf* mairesse *f*.

alcaldía [alkaldia] *nf* **1** *(edificio)* mairie *f*. **2** *(cargo)* charge *f* de maire.

alcance [alkánθe] *nm* **1** *(de la mano, de un arma, etc)* portée *f*. **2** *(importancia)* portée *f*, importance *f*. ● **al alcance de la mano** à portée de main.

alcantarilla [alkantariʎa] *nf* **1** *(canal)* égout *m*. **2** *(hueco)* bouche *f* d'égout.

alcanzar [4] [alkanθár] *vt* **1** *(lugar, edad)* atteindre. **2** *(al que va delante)*

alcázar

rattraper. **3** *(alargando el brazo)* saisir: **¿me alcanzas la sal?**, tu me passes le sel ? **4** *(lograr)* obtenir: **alcanzó todos sus objetivos**, il a atteint tous ses objectifs. ▶ *vi* **1** *(ser suficiente)* suffire: **el pan no alcanza para todos**, il n'y a pas suffisamment de pain pour tous. **2 alcanzar a + inf** *(ser capaz)* arriver à + *inf*: **no alcanzo a comprender**, je n'arrive pas à comprendre.

alcázar [alkáθar] *nm* **1** *(fortaleza)* château *m* fort. **2** *(palacio)* palais *m* royal.

alcohol [alkól] *nm* alcool *m*.

alcohólico,-ca [alkóliko,-ka] *adj* - *nm,f* alcoolique.

aldea [aldéa] *nf* **1** *(pueblo pequeño)* village *m*. **2** *(caserío)* hameau *m*.

aleatorio,-ria [aleatórjo,-rja] *adj* aléatoire.

alegoría [aleɣoría] *nf* allégorie *f*.

alegrar [aleɣrár] *vt* **1** *(poner contento)* faire plaisir, réjouir. **2** *(embellecer)* égayer. ▶ *vpr* **alegrarse 1** *(ponerse contento)* se réjouir: **se alegró de su éxito**, elle s'est réjouie de son succès. **2** *(estar contento)* être heureux,-euse, être ravi,-e. **3** *fam (emborracharse)* se griser.

alegre [aléɣre] *adj* **1** *(gen)* gai, gaie. **2** *(achispado)* éméché,-e.

alegría [aleɣría] *nf* joie *f*: **¡qué alegría volverte a ver!**, î ça me fait très plaisir de te revoir !

alejamiento [alexamjénto] *nm* éloignement *m*.

alejar [alexár] *vt* **1** *(gen)* éloigner. **2** *(ahuyentar)* écarter.

alemán,-ana [alemán,-ana] *adj* allemand,-e. ▶ *nm,f (persona)* Allemand,-e. ▶ *nm* **alemán** *(idioma)* allemand *m*.

Alemania [alemánja] *n pr* Allemagne *f*.

alentar [27] [alentár] *vi* encourager, animer.

alergia [alérxja] *nf* allergie *f*.

alerta [alérta] *adv* en éveil, sur ses gardes: **estar alerta**, se tenir en éveil. ▶ *nf* alerte *f*, alarme *f*. • **dar la voz de alerta** donner l'alerte.

aleta [aléta] *nf* **1** *(de pez)* nageoire *f*. **2** *(de nariz, de coche)* aile *f*. **3** *(para nadar)* palme *f*.

aletear [aleteár] *vi* **1** *(ave)* battre des ailes. **2** *(pez)* agiter les nageoires.

alfabeto [alfaβéto] *nm* alphabet *m*.

alfiler [alfilér] *nm* épingle *f*. • **no caber ni un alfiler** être plein, -e à craquer.

alfombra [alfómbra] *nf* tapis *m*.

alga [álɣa] *nf* algue *f*.

algarabía [alɣaraβía] *nf* vacarme *m*.

algo [álɣo] *pron* **1** *(cualquier cosa)* quelque chose. **2** *(un poco)* un peu: **aún falta algo para llegar**, il nous reste encore un peu de chemin avant d'arriver. ▶ *adv* un peu, quelque peu: **es algo sensible**, il est quelque peu sensible. • **algo así como** environ. **por algo será** il y a certainement une raison.

algodón [alɣoðón] *nm* **1** *(fibra)* coton *m*. **2** *(golosina)* barbe *f* à papa.

alguacil [alɣwaθíl] *nm* huissier *m*.

alguien [álɣjen] *pron* quelqu'un.

algún [alɣún] *adj* → alguno,-na.

alguno,-na [alɣúno,-na] *adj (devant m sing on utilise la forme apocopée* **algún**) **1** *(gen)* quelque: **algunas personas**, quelques personnes; **algún tiempo**, quelque temps. **2** *(un poco de)* un peu de: **¿tienes algún dinero?**, as-tu un peu d'argent ? **3** *nombre* + *adj (ninguno)* aucun,-e: **en parte alguna**, nulle part; **sin valor alguno**, sans aucune valeur. ▶ *pron (alguien)* l'un, l'une, quelques-uns,

-unes: ¿alguno sabe la respuesta?, est-ce que quelqu'un sait la réponse?
aliado,-da [aljáðo,-ða] *adj - nm,f* allié,-e.
alianza [aljánθa] *nf* alliance *f*.
aliar [13] [aljár] *vt* allier.
alias [áljas] *adv* alias. ▶ *nm* surnom *m*.
aliento [aljénto] *nm* 1 *(respiración)* haleine *f*. 2 *(ánimo)* courage *m*. • **quedarse sin aliento** être à bout de souffle. **recobrar el aliento** reprendre haleine/ son souffle.
aligerar [alixerár] *vt* 1 *(hacer más ligero)* alléger. 2 *(acelerar)* accélérer, hâter: **aligerar el paso**, accélérer le pas.
alimaña [alimáɲa] *nf* 1 *(animal)* animal *m*, bête *f*. 2 *(animal dañino)* bête *f* nuisible.
alimentación [alimentaθjón] *nf* alimentation *f*.
alimentar [alimentár] *vt* alimenter, nourrir. ▶ *vi* être nourrissant, -e.
alimento [aliménto] *nm* aliment *m*, nourriture *f*.
alinear [alineár] *vt* aligner.
aliñar [aliɲár] *vt* COC assaisonner.
aliño [aliɲo] *nm* assaisonnement *m*.
alisar [alisár] *vt* lisser.
aliviar [12] [alißjár] *vt* 1 *(de un peso)* alléger, soulager. 2 *(mitigar)* soulager. 3 *(enfermedad, dolor)* calmer. ▶ *vpr* **aliviarse** *(un enfermo)* aller mieux.
alivio [alíßjo] *nm* soulagement *m*.
allá [aʎá] *adv* 1 *(lugar)* là, là-bas. 2 *(tiempo)* alors: **allá por los años sesenta**, autrefois, dans les années soixante. • **más allá** plus loin. **más allá de** au-delà de. • **el más allá** l'au-delà *m*.
allí [aʎí] *adv* 1 *(lugar)* là: **voy allí**, j'y vais. 2 *(tiempo)* alors: **hasta allí todo iba bien**, jusque-là tout allait

bien. • **allí arriba** là-haut. **allí mismo** à cet endroit-là.
alma [álma] *nf* âme *f*. • **caérsele a ALGN el alma a los pies** se décourager. **con toda el alma** de tout cœur, de grand cœur. **en el alma** du fond du cœur. **llegar al alma** aller droit au cœur. **no haber ni un alma** ne pas avoir âme qui vive.
almacén [almaθén] *nm* magasin *m*. ■ **grandes almacenes** grands magasins *mpl*.
almacenamiento [almaθenamjénto] *nm* stockage *m*.
almacenar [almaθenár] *vt* emmagasiner.
almeja [alméxa] *nf* palourde *f*.
almendra [almendra] *nf* amande *f*.
almendro [alméndro] *nm* amandier *m*.
almíbar [almíβar] *nm* sirop *m*.
almohada [almoáða] *nf* oreiller *m*.
almohadilla [almoaðíʎa] *nf* 1 *(de costura, cojín)* coussinet *m*. 2 tampon *m* encreur *m*.
almorzar [50] [almorθár] *vi* 1 *(al mediodía)* déjeuner. 2 *(a media mañana)* prendre un en-cas. ▶ *vt* 1 *(al mediodía)* manger au déjeuner. 2 *(a media mañana)* prendre: **esta mañana he almorzado una tortilla**, ce matin j'ai pris une omelette.
almuerzo [almwérθo] *nm* 1 *(al mediodía)* déjeuner *m*. 2 *(a media mañana)* en-cas *m* inv.
alocado,-da [alokáðo,-ða] *adj* 1 *(persona)* étourdi,-e. 2 *(acción)* irréfléchi,-e.
alojamiento [aloxamjénto] *nm* logement *m*.
alojar [aloxár] *vt* loger. ▶ *vpr* **alojarse** 1 *(en hotel, casa)* loger. 2 *(caber)* se loger: **la bala se alojaba en el estómago**, la balle était logée dans l'estomac.

alpargata [alparγàta] nf espadrille f.

alpinismo [alpinizmo] nm alpinisme m.

alpino,-na [alpino,-na] adj alpin,-e.

alquilar [alkilár] vt louer. • "**Se alquila**" " À louer ".

alquiler [alkilér] nm **1** (de piso, coche, etc) location f. **2** (dinero) loyer m.

alquitrán [alkitrán] nm goudron m.

alrededor [alřeðeðór] adv autour. ▸ nm pl **alrededores** alentours m pl, environs m pl. • **alrededor de** environ, à peu près: alrededor de un millón, environ un million.

alta [álta] nf **1** (de un enfermo) bulletin m de sortie. **2** (ingreso) inscription f. • **dar de alta** (en un club) inscrire. **dar de/el alta** (a un enfermo) donner l'autorisation de reprendre la travail à qqn.

altavoz [altaβóθ] nm haut-parleur m.

alteración [alteraθjón] nf **1** (cambio) altération f. **2** (excitación) agitation f. **3** (alboroto) trouble m.

alterar [alterár] vt **1** (cambiar) altérer. **2** (emocionar) troubler, émouvoir. **3** (trastornar) perturber. **4** (enojar) mettre en colère, irriter. ▸ vpr **alterarse 1** (cambiar) changer. **2** (deteriorarse) se détériorer. **3** (enfadarse) se mettre en colère.

altercado [alterkàðo] vi altercation f.

alternar [alternár] vt faire alterner. ▸ vi (relacionarse) fréquenter, avoir des relations.

alternativa [alternatíβa] nf alternative f.

alternativo,-va [alternatíβo,-βa] adj alternatif,-ive.

alteza [altéθa] nf altesse f. ■ **Su Alteza Real** Son Altesse Royale.

altibajos [altiβáxos] nm pl hauts et bas m pl.

altitud [altitúð] nf altitude f.

altivo,-va [altíβo,-βa] adj altier,-ère, hautain,-e.

alto [álto] nm (parada) halte f. ▸ interj **¡alto!** halte !: **¡alto ahí!**, halte-là ! ■ **alto el fuego** cessez-le-feu m inv.

alto,-ta [álto,-ta] adj **1** (gen) haut, haute, élevé,-e. **2** (de gran estatura) grand, grande. **3** (voz, música) fort, -e. **4** (tiempo) avancé, -e: **a altas horas de la noche**, à une heure avancée de la nuit. ▸ adv **1** (gen) haut. **2** (en voz alta) fort: **hablar alto**, parler haut. ▸ nm alto hauteur f. • **pasar por alto** omettre: esto se me había pasado por alto, cela m'avait échappé. **por todo lo alto** en grand.

altura [altúra] nf **1** (gen) hauteur f. **2** (nivel) niveau m. • **a estas alturas** maintenant: a estas alturas del curso, à ce stade de l'année. **estar a la altura de** être à la hauteur de.

alubia [alúβja] nf haricot m.

alucinación [aluθinaθjón] nf hallucination f.

alucinante [aluθinánte] adj hallucinant,-e.

alucinar [aluθinár] vi **1** (tener alucinaciones) avoir des hallucinations. **2 alucinar con** fam (asombrarse) être impressionné,-e de: **alucino con su forma de cantar**, j'aime beaucoup sa façon de chanter. **3** fam (desvariar) délirer: **¡alucino!**, je n'en crois pas mes yeux ! ▸ vt (causar sorpresa) épater: **me alucina su música**, j'adore sa musique.

aludir [aluðír] vt **1** (referirse a) faire allusion. **2** (en un discurso) faire mention de.

alumbrado [alumbráðo] nm éclairage m.

alumbrar [alumbrár] vt **1** (iluminar) éclairer. **2** (parir) mettre au monde.

aluminio [aluminjo] nm aluminium m.

alumno,-na [alúmno,-na] nm,f élève.

alusión [alusjón] nf allusion f.

alza [álθa] nf hausse f.

alzar [4] [alθár] vt (levantar - cosa) lever, élever; (- voz, precios) hausser. **2** (a poca altura) soulever: **el viento alzaba remolinos de polvo**, le vent soulevait des tourbillons de poussière. **3** (poner de pie) relever. **4** (sublevar) soulever, ameuter. ▶ vpr **alzarse** (levantarse) se lever. **2** (sublevarse) se soulever. **3 alzarse con** (victoria, premio) remporter.

alzhéimer [alθéimer] nm maladie f d'Alzheimer m, alzheimer m.

ama [áma] nf → amo, ama. ■ **ama de casa** maîtresse f de maison.

amabilidad [amaβiliðáð] nf amabilité f.

amable [amáβle] adj aimable.

amaestrar [amaestrár] vt dresser.

amamantar [amamantár] vt allaiter.

amanecer [43] [amaneθér] v impers commencer à faire jour. ▶ vi **1** arriver au lever du jour. **2** (despertarse) se réveiller. ▶ nm lever du jour m. ■ **al amanecer** au lever du jour.

amanerado,-da [amaneráðo,-ða] adj **1** (afectado) maniéré,-e. **2** (afeminado) efféminé,-e.

amante [amánte] adj (que quiere) aimant,-e. **2** (aficionado) amateur. ▶ nmf amant m, maîtresse f.

amapola [amapóla] nf coquelicot m.

amar [amár] vt aimer.

amargar [7] [amaryár] vt **1** (sabor) donner un goût amer. **2** (carácter, momento) rendre amer,-ère: **con tantos problemas, se le ha amargado el carácter**, tous ces problèmes l'ont aigri. ▶ vpr **amargarse 1** (persona) s'aigrir. **2** (comida) devenir aigre.

amargo,-ga [amáryo,-ya] adj amer,-ère.

amarillo,-lla [amariʎo,-ʎa] adj - nm jaune m.

amasijo [amasíxo] nm ramassis m.

amateur [amatér] (pl **amateurs**) adj - nmf amateur, -trice.

ambición [ambiθjón] nf ambition f.

ambicionar [ambiθjonár] vt ambitionner.

ambicioso,-sa [ambiθjóso,-sa] adj - nm,f ambitieux,-euse.

ambiente [ambjénte] nm **1** (aire) air m, atmosphère f. **2** (animación) ambiance f: **en la fiesta había un gran ambiente**, il y avait une très bonne ambiance à la fête. **3** (medio) milieu m: **se mueve en los ambientes intelectuales**, il côtoie les milieux intellectuels. **4** (entorno) environnement m.

ambiguo,-gua [ambiywo,-gwa] adj ambigu,-uë.

ámbito [ámbito] nm **1** (de un espacio) contour m. **2** (extensión) étendue f. **3** (ambiente) milieu m.

ambos,-bas [ámbos,-bas] adj les deux. ▶ pron tous deux, toutes deux, tous les deux, toutes les deux.

ambulancia [ambulánθja] nf ambulance f.

ambulante [ambulánte] adj ambulant,-e.

ambulatorio [ambulatórjo] nm centre m de santé, dispensaire m.

amén [amén] adv amen.

amenaza [amenáθa] nf menace f. ■ **amenaza de bomba** alerte f à la bombe.

amenazar [4] [amenaθár] vt - vi menacer (con, de): **la amenaza-**

ron con despedirla, ils l'ont menacée de la renvoyer.

ameno,-na [ameno,-na] *adj* agréable.

América [amérika] *n pr* Amérique *f*. ■ **América Central** Amérique centrale. **América del Norte** Amérique du Nord. **América del Sur** Amérique du Sud. **América Latina** Amérique latine.

americana [amerikána] *nf (prenda)* veste *f*.

americano,-na [amerikáno,-na] *adj* américain,-e. ► *nm,f* Américain,-e.

ametralladora [ametraʎaðóra] *nf* mitrailleuse *f*.

ametrallar [ametraʎár] *vt* mitrailler.

amigo,-ga [amíɣo,-ɣa] *adj* ami,-e. ► *nm,f* **1** *(gen)* ami,-e. **2** *(novio)* petit,-e ami,-e. ● **hacerse amigo de** devenir ami avec.

aminorar [aminorár] *vt* ralentir. ► *vi* diminuer.

amistad [amistáð] *nf* amitié *f*. ► *nf pl* **amistades** relations *f pl*, amis *m pl*.

amistoso,-sa [amistóso,-sa] *adj* amical,-e.

amnesia [amnésja] *nf* MED amnésie *f*.

amnistía [amnistía] *nf* amnistie *f*.

amo, ama [ámo] *nm* **1** *(dueño)* maître *m*, maîtresse *f*. **2** *(de bienes)* propriétaire. **3** *(de empleados)* patron,-onne.

amoldar [amoldár] *vt* **1** ajuster, adapter. **2 amoldarse a** s'adapter à.

amonestar [amonestár] *vt* admonester.

amoníaco [amoníako], **amoniaco** [amoniáko] *nm* ammoniaque *f*.

amontonar [amontonár] *vt* entasser, amonceler.

amor [amór] *nm* amour *m*. ● **hacer el amor** faire l'amour. **¡por el amor de Dios!** pour l'amour de Dieu !

amordazar [4] [amorðaθár] *vt* **1** *(persona)* bâillonner. **2** *(perro)* museler.

amoroso,-sa [amoróso,-sa] *adj* **1** *(del amor)* amoureux,-euse. **2** *(cariñoso)* affectueux,-euse, tendre.

amortiguador [amortiɣwaðór] *nm* amortisseur *m*.

amortiguar [amortiɣwár] *vt* amortir.

amortizar [4] [amortiθár] *vt* amortir.

amparar [amparár] *vt* protéger, défendre. ► *vpr* **ampararse** se réfugier **(en**, derrière), s'abriter **(en**, derrière): **ampararse en una ley**, s'abriter derrière une loi.

ampliación [ampljaθjón] *nf* **1** *(acción, foto)* agrandissement *m*. **2** *(de plazo)* prolongation *f*. **3** *(de negocio)* développement *m*.

ampliar [13] [ampljár] *vt* **1** *(ensanchar)* élargir. **2** *(local, foto)* agrandir. **3** *(cantidad, capital)* augmenter. **4** *(negocio, explicación)* développer. **5** *(estudios)* poursuivre.

amplificar [1] [amplifikár] *vt* amplifier.

amplio,-plia [ámpljo,-plja] *adj* **1** *(prenda)* ample. **2** *(conocimientos, espacio)* vaste, étendu,-e. **3** *(espíritu, mente)* large: **en el sentido más amplio de la palabra**, au sens le plus large du mot.

ampolla [ampóʎa] *nf* ampoule *f*.

amputar [amputár] *vt* amputer.

amueblar [amweβlár] *vt* meubler.

anal [anál] *adj* anal,-e.

anales [análes] *nm pl* annales *f pl*.

analfabeto,-ta [analfaβéto,-ta] *adj - nm,f* analphabète.

análisis [análisis] *nm* analyse *f*.

analizar [4] [analiθár] *vt* analyser.
anarquía [anarkía] *nf* anarchie *f*.
anarquista [anarkísta] *nmf* anarchiste.
anatomía [anatomía] *nf* anatomie *f*.
ancho,-cha [ántʃo,-tʃa] *adj* large. ▶ *nm* ancho largeur *f*. • **a mis/tus/sus anchas** à mon/ton/son aise. **quedarse tan ancho,-cha** ne pas être gêné, -e pour autant.
anchoa [antʃóa] *nf* anchois *m inv*.
anchura [antʃúra] *nf* largeur *f*.
anciano,-na [anθjáno,-na] *adj* vieux, vieille. ▶ *nm,f (hombre)* vieillard *m*, vieil homme *m*; *(mujer)* vieille femme *f*.
ancla [áŋkla] *nf* ancre *f*.
anclar [aŋklár] *vi* ancrer, mouiller l'ancre.
andamio [andámjo] *nm* échafaudage *m*.
andar [64] [andár] *vi* **1** *(caminar, funcionar)* marcher: **anda muy deprisa**, il marche très vite. **2** *(estar en un sitio)* être: **anda por el sur de Francia**, il est quelque part dans le sud de la France. **3** *(estar de alguna manera)* être: **anda muy atareado**, être très affairé. **4** *(estar involucrado)* être en, s'occuper de: **andar en tratos**, être en pourparlers. **5** *(a puñetazos, etc)* se battre. **6** *(hurgar)* fouiller, manier: **andar en un cajón**, fouiller dans un tiroir. **7 andar + ger** *(estar haciendo algo)* être en train de + *inf*: **anda escribiendo una novela**, il est en train d'écrire un roman. **8** *(tener relación)* fréquenter: **dime con quién andas y te diré quién eres**, dis-moi qui tu fréquentes et je te dirai qui tu es. **9** *(encontrarse)* aller, se porter: **¿qué tal anda el enfermo?**, comment va le malade ? ▶ *vpr* **andarse con** *(actuar de cierta forma)* user de,

employer: **no te andes con tonterías**, arrête tes bêtises. ▶ *nm* **1** *(acción)* marche *f*. **2** *(modo de andar)* démarche *f*. ▶ *interj* **¡anda! 1** *(para animar)* allons donc ! **2** *(por incredulidad)* sans blague !
andén [andén] *nm (en una estación)* quai *m*.
Andorra [andóřa] *n pr* Andorre *f*.
andorrano,-na [andořáno,-na] *adj* andorran,-e. ▶ *nm,f* Andorran,-e.
anécdota [anékðota] *nf* anecdote *f*.
anegar [7] [aneɣár] *vt* **1** *(un terreno)* inonder. **2** *(ahogar)* noyer. ▶ *vpr* **anegarse** se noyer.
anestesia [anestésja] *nf* anesthésie *f*.
anestesiar [12] [anestesjár] *vt* anesthésier.
anexo,-xa [anékso,-ksa] *adj* annexe. ▶ *nm* anexo annexe *f*.
anfiteatro [amfiteátro] *nm* amphithéâtre *m*.
anfitrión,-ona [amfitrjón,-ona] *nm,f* hôte *m*, hôtesse *f*.
ángel [áŋxel] *nm* ange *m*.
angina [aŋxína] *nf (gén au pl)* angine *f*.
anguila [aŋgíla] *nf* anguille *f*.
ángulo [áŋgulo] *nm* angle *m*. • **ángulo recto** angle droit.
angustia [aŋgústja] *nf* angoisse *f*.
angustiar [12] [aŋgustjár] *vt* angoisser.
angustioso,-sa [aŋgustjóso,-sa] *adj* angoissant,-e.
anhelar [anelár] *vi* aspirer à.
anilla [aníʎa] *nf* anneau *m*.
anillo [aníʎo] *nm* anneau *m*, bague *f*.
animación [animaθjón] *nf* animation *f*.
animado,-da [animáðo,-ða] *adj* animé,-e.

animal [animál] *adj* animal,-e. ▶ *nm* **1** *(ser vivo)* animal *m*, bête *f*. **2** *(persona)* bête *f*, brute *f*.

animar [animár] *vt* **1** *(alentar)* encourager. **2** *(fiesta, reunión)* animer. **3** *(estado de ánimo)* remonter. ▶ *vpr* **animarse** *(fiesta, reunión)* s'animer. • **animarse a +** *inf (decidirse)* se décider à: se animó a salir, il s'est décidé à sortir.

ánimo [ánimo] *nm* **1** *(valor)* courage *m*. **2** *(aliento)* encouragement *m*. **3** *(intención)* intention *f*: **no lo ha dicho con ánimo de ofender**, il ne l'a pas dit dans l'intention de blesser. **4** *(actitud, talante)* humeur *f*. ▶ *interj* **¡ánimo!** courage !

aniquilar [anikilár] *vt* anéantir.

anís [anís] *nm* **1** *(planta, semilla)* anis *m*. **2** *(licor)* anisette *f*.

aniversario [aniβersárjo] *nm* anniversaire *m*.

ano [áno] *nm* anus *m*.

anoche [anótʃe] *adv* hier soir.

anochecer [43] [anotʃeθér] *v impers* commencer à faire nuit. ▶ *nm* crépuscule *m*, tombée *f* de la nuit.

anomalía [anomalía] *nf* anomalie *f*.

anónimo,-ma [anónimo,-ma] *adj* anonyme.

anorexia [anoréksja] *nf* MED anorexie *f*.

anormal [anormál] *adj - nmf* anormal,-e.

anotación [anotaθjón] *nf* annotation *f*, note *f*.

anotar [anotár] *vt* **1** *(apuntar)* noter, prendre note. **2** *(puntos, tantos)* marquer.

ansia [ánsja] *nf* **1** *(angustia)* angoisse *f*, anxiété *f*. **2** *(anhelo)* désir *m* ardent, soif *f*.

ansiar [13] [ansjár] *vt* convoiter, désirer ardemment.

ansiedad [ansjeðáð] *nf* anxiété *f*.

ansioso,-sa [ansjóso,-sa] *adj* **1** *(deseoso)* impatient,-e (**por**, de). **2** *(preocupado)* anxieux,-euse.

antaño [antáɲo] *adv* autrefois, jadis.

ante¹ [ánte] *prep* **1** *(delante de)* devant. **2** *(una autoridad)* par-devant. • **ante todo** avant tout.

ante² [ánte] *nm* **1** *(animal)* élan *m*. **2** *(piel)* daim *m*.

anteanoche [anteanótʃe] *adv* avant-hier (au) soir.

anteayer [anteajér] *adv* avant-hier.

antebrazo [anteβráθo] *nm* avant-bras *m*.

antecedente [anteθeðénte] *nm (en oración, ecuación)* antécédent *m*. ▶ *nm pl* **antecedentes 1** *(de persona)* antécédents *m pl*. **2** *(de una situación)* précédents *m pl*. • **antecedentes penales** casier *m* judiciaire.

antecesor [anteθesór] *nmf* prédécesseur *m*.

antelación [antelaθjón] *nf* anticipation *f*. • **con antelación** à l'avance.

antemano [antemáno]. • **de antemano** d'avance.

antena [anténa] *nf* antenne *f*.

antepasado,-da [antepasáðo,-ða] *nm,f* ancêtre *m*.

anteponer [78] [anteponér] *vt* **1** *(físicamente)* mettre devant. **2** *fig* préférer.

anterior [anterjór] *adj* **1** *(en el tiempo)* précédent,-e: **el día anterior**, le jour d'avant. **2** *(en el espacio)* antérieur,-e.

anterioridad [anterjoriðáð] *nf* antériorité *f*. • **con anterioridad** précédemment.

antes [ántes] *adv* **1** *(en el tiempo - previamente)* avant; *(- más temprano)* auparavant: **llegó el día antes**, elle est arrivée le jour d'avant. **2** *(en el espacio)* avant: **la biblioteca está un poco antes que su despacho**, la bibliothèque se trouve un peu avant son bureau. • **antes de** avant de. **antes de nada** avant tout. **antes de que** avant que. **cuanto antes** au plus tôt. **lo antes posible** dès que possible.

antiadherente [antjaðerénte] *adj* antiadhésif,-ive.

antibiótico [antiβjótiko] *nm* antibiotique *m*.

anticiclón [antiθiklón] *nm* anticyclone *m*.

anticipación [antiθipaθjón] *nf* anticipation *f*. • **con anticipación** d'avance.

anticipar [antiθipár] *vt* **1** *(fecha, plazo)* avancer. **2** *(dinero)* faire une avance, avancer. ▶ *vpr* **anticiparse 1** *(adelantarse)* devancer. **2** *(ocurrir antes)* être en avance.

anticipo [antiθipo] *nm (de dinero)* avance *f*, acompte *m*.

anticonceptivo,-va [antikonθeptíβo, -βa] *adj* contraceptif,-ive. ▶ *nm* **anticonceptivo** contraceptif *m*.

anticonstitucional [antikonstituθjonál] *adj* anticonstitutionnel,-elle.

anticuario [antikwárjo] *nm* antiquaire *m*.

antideslizante [antiðezliθánte] *adj* antidérapant,-e.

antiestético,-ca [antjestétiko,-ka] *adj* inesthétique.

antigüedad [antiyweðáð] *nf* **1** *(en un empleo, un cuerpo)* ancienneté *f*. **2** *(época, tiempo pasado)* antiquité *f*.

antiguo,-gua [antiɣwo,-ɣwa] *adj* **1** *(viejo)* ancien,-enne, vieux, vieille. **2** *(anterior)* ancien,-enne: **su antiguo amante**, son ancien amant. **3** *(de la Antigüedad)* antique.

antiinflamatorio [antinflamatórjo] *nm* anti-inflammatoire *m*.

antílope [antílope] *nm* antilope *f*.

antiniebla [antinjéβla] *adj* antibrouillard *m*.

antipático,-ca [antipátiko,-ka] *adj* antipathique.

antirrobo [antiřóβo] *adj inv* - *nm* antivol *m*.

antisemita [antisemíta] *nmf* antisémite *mf*.

antisemitismo [antisemitízmo] *nm* antisémitisme *m*.

antivirus [antiβirus] *nm* INFORM antivirus *m*.

antojarse [antoxárse] *vpr* **1** *(encapricharse)* avoir envie de: **se le antojó salir, y salió**, il a eu envie de sortir, et il est sorti. **2** *(creer, suponer)* sembler: **se me antoja que va a llover**, il me semble qu'il va pleuvoir.

antojo [antóxo] *nm* **1** *(deseo)* caprice *m*. **2** *(de embarazada, mancha)* envie *f*.

antorcha [antórtʃa] *nf* torche *f*, flambeau *m*.

antropología [antropoloxía] *nf* anthropologie *f*.

antropólogo,-ga [antropóloɣo,-ɣa] *nm,f* anthropologue.

anual [anwál] *adj* annuel,-elle.

anudar [anuðár] *vt* nouer.

anulación [anulaθjón] *nf* annulation *f*.

anular [anulár] *vt* annuler.

anunciar [12] [anunθjár] *vt* **1** *(notificar)* annoncer. **2** *(publicidad)* faire la publicité de. ▶ *vpr* **anunciarse** *(publicidad)* faire de la publicité **(en,** dans).

anuncio [anúnθjo] *nm* **1** *(gen)* annonce *f*. **2** *(publicidad)* publicité *f*. **3** *(de televisión)* spot *m*, message *m* publicitaire. **4** *(cartel)* affiche *f*.

anzuelo

anzuelo [anθwélo] *nm* **1** hameçon *m*. **2** *fig* attrait *m*, appât *m*.

añadido,-da [añaðíðo,-ða] *adj* ajouté,-e.

añadir [añaðír] *vt* ajouter.

añejo,-ja [añéxo,-xa] *adj* **1** (*vino*) vieux, vieille. **2** (*costumbre*) ancien, -enne.

año [áño] *nm* année *f*, an *m*: **el año que viene**, l'année prochaine; **tiene diez años**, il a dix ans. ▶ *nm pl* **años 1** (*época*) années *f pl*: **los años 70**, les années 70. **2** (*de persona*) âge *m*: **a mis años**, à mon âge. ■ **año nuevo** nouvel an ¡feliz año nuevo!, bonne année !

añorar [añorár] *vt* regretter.

apacible [apaθíβle] *adj* **1** (*en el trato*) tranquille. **2** (*pacífico*) doux, douce.

apaciguar [apaθiɣwár] *vt* apaiser.

apadrinar [apaðrinár] *vt* **1** (*niño*) être le parrain de. **2** (*en boda*) être le témoin de. **3** (*artista*) parrainer.

apagado,-da [apaɣáðo,-ða] *adj* **1** (*luz, brillo*) éteint,-e, sans éclat. **2** (*color, persona*) morne, faible. **3** (*ruido*) étouffé,-e.

apagar [7] [apaɣár] *vt* **1** (*fuego, luz, cal*) éteindre. **2** (*pasiones*) apaiser, calmer. **3** (*sed*) étancher. **4** (*colores*) éteindre, amortir.

apagón [apaɣón] *nm* panne *f* d'électricité.

apañar [apañár] *vt* **1** (*arreglar*) retaper. **2** (*remendar*) raccommoder. ▶ *vpr* **apañarse** se débrouiller: **ya se apañará sola**, elle se débrouillera toute seule. • **apañárselas** se débrouiller.

aparato [aparáto] *nm* **1** (*gen*) appareil *m*. **2** (*de televisión, de radio*) poste *m*.

aparatoso,-sa [aparatóso,-sa] *adj* spectaculaire, théâtral,-e.

aparcamiento [aparkamjénto] *nm* **1** (*acción*) stationnement *m*. **2** (*lugar*) parking *m*, place *f* de stationnement.

aparcar [1] [aparkár] *vt* **1** (*vehículo*) garer. **2** (*asunto*) reporter. ▶ *vi* se garer, stationner.

aparecer [43] [apareθér] *vi* **1** (*gen*) apparaître. **2** (*algo perdido*) être retrouvé,-e. ▶ *vpr* **aparecerse** apparaître: **afirma que se le apareció la Virgen**, elle affirme que la Vierge lui est apparue.

aparentar [aparentár] *vt* **1** (*simular*) feindre, simuler, faire semblant de. **2** (*edad*) faire: **aparenta unos cincuenta años**, il fait dans les cinquante ans. ▶ *vi* (*presumir*) se faire remarquer.

apariencia [aparjénθja] *nf* apparence *f*.

aparición [apariθjón] *nf* **1** (*gen*) apparition *f*. **2** (*de libro*) parution *f*.

apartado,-da [apartáðo,-ða] *adj* **1** (*aislado*) écarté,-e, retiré,-e. **2** (*alejado*) éloigné,-e. ▶ *nm* **apartado** (*párrafo*) paragraphe *m*, alinéa *m*.

apartamento [apartaménto] *nm* studio *m*.

apartar [apartár] *vt* **1** (*de un lugar*) écarter, éloigner. **2** (*de un grupo, actividad*) éloigner, mettre à l'écart: **lo apartaron del partido**, il fut mis à l'écart du parti. **3** (*escoger*) mettre de côté: **aparta lo que quieras llevarte de viaje**, mets de côté tout ce que tu veux emporter pour le voyage. **4** (*la vista, la mirada*) détourner.

aparte [apárte] *adv* **1** (*a un lado*) à part, de côté: **deja aparte lo que quieras llevarte**, mets de côté tout ce que tu veux emporter. **2** (*por separado*) séparément: **eso lo pagaré aparte**, je le paierai ça séparément. **3** (*además*) en plus, en outre: **aparte de un buen hombre es buen profesor**, non seulement c'est un brave homme mais il est aussi un bon professeur. ▶ *nm* **1** à part. **2** *(en el teatro)* aparté *m*. • **aparte de** *(excepto)* mis,-e à part.

apartotel [apartotél] *nm* hôtel-résidence *m*, résidence *f* hôtelière.

apasionante [apasjonánte] *adj* passionnant,-e.

apasionar [apasjonár] *vt* passionner.

apego [apéγo] *nm* attachement *m*, affection *f*. • **tener apego a** être attaché,-e à.

apellidarse [apeʎiðárse] *vpr* s'appeler.

apellido [apeʎíðo] *nm* nom *m* (de famille).

apenas [apénas] *adv* **1** *(casi nada - en frases afirmativas)* à peine. **2** *(- en frases negativas)* presque pas: **no lloró apenas**, il n'a presque pas pleuré. **3** *(solamente)* à peine: **se marchó hace apenas una hora**, ça fait à peine une heure qu'il est parti.

• **apenas... cuando** *(enseguida)* à peine ... que: apenas había salido de casa cuando empezó a llover, il venait de sortir de chez lui quand il a commencé à pleuvoir. **apenas si** c'est à peine si: apenas si puede moverse, il bouge à peine.

apéndice [apéndiθe] *nm* **1** *(órgano)* appendice *m*. **2** *(de libro)* annexe *f*.

apendicitis [apendiθítis] *nf* MED appendicite *f*.

aperitivo [aperitíβo] *nm* **1** *(bebida, recepción)* apéritif *m*. **2** *(comida)* amuse-gueule *m inv*.

apertura [apertúra] *nf* ouverture *f*.

apestar [apestár] *vi* puer.

apetecer [43] [apeteθér] *vi* avoir envie de: **no me apetece salir esta noche**, je n'ai pas envie de sortir ce soir.

apetito [apetíto] *nm* appétit *m*.

apiadarse [apjaðárse] *vpr* avoir pitié.

apilar [apilár] *vt* empiler.

apio [ápjo] *nm* céleri *m*.

aplacar [1] [aplakár] *vt* calmer, apaiser.

aplanar [aplanár] *vt* aplanir.

aplastante [aplastánte] *adj* écrasant,-e.

aplastar [aplastár] *vt* écraser.

aplaudir [aplauðír] *vt - vi* applaudir.

aplauso [apláuso] *nm* **1** *(con las manos)* applaudissement *m*. **2** *(aprobación)* éloge *m*.

aplicación [aplikaθjón] *nf* application *f*.

aplicado,-da [aplikáðo,-ða] *adj* appliqué,-e.

aplicar [1] [aplikár] *vt (gen)* appliquer.

apoderarse [apoðerárse] *vpr* **apoderarse de** s'emparer de.

aporrear [aporeár] *vt* **1** *(gen)* frapper. **2** *(piano)* pianoter.

aportar [aportár] *vt* **1** *(proporcionar)* fournir. **2** *(bienes, fondos)* apporter.

aposta [apósta] *adv* exprès.

apostar [31] [apostár] *vt (dinero, bienes)* parier: **apuesto diez euros**, je parie dix euros. ▶ *vi* **1 apostar por** *(confiar)* miser sur. **2 apostar a que** *(considerar)* parier que: **apuesto a que llegará tarde**, je parie qu'il arrivera en retard.

apóstol [apóstol] *nm* apôtre *m*.

apoyar [apojár] *vt* **1** *(sobre una superficie)* appuyer: **apoyó la cabeza en mi hombro**, elle appuya sa tête sur mon épaule. **2** *(defender)* défendre, appuyer: **sus padres siempre lo han apoyado**, ses parents l'ont toujours appuyé. ▶ *vpr* **apo-**

apreciación 356

yarse en 1 *(sobre algo/algn)* s'appuyer sur. **2** *(basarse)* reposer sur.
apreciación [apreθjaθjón] *nf* appréciation *f*.
apreciar [12] [apreθjár] *vt* **1** *(gen)* apprécier. **2** *(percibir)* distinguer: **no aprecia la diferencia**, il ne voit pas la différence. ▶ *vpr* **apreciarse** *(notarse)* voir: **a esta distancia no se aprecian los defectos**, à cette distance on ne peut pas voir les défauts.
apremiar [12] [apremjár] *vt (meter prisa)* presser, contraindre. ▶ *vi (ser urgente)* presser.
aprender [aprendér] *vt* apprendre.
aprendiz,-za [aprendíθ,-θa] *nm,f* apprenti,-e.
aprendizaje [aprendiθáxe] *nm* apprentissage *m*.
aprensión [aprensjón] *nf* **1** *(miedo)* appréhension *f*. **2** *(asco, repulsión)* dégoût *m*, scrupule *m*.
apresar [apresár] *vt* saisir, prendre.
apresurarse [apresurárse] *vpr (darse prisa)* se dépêcher.
apretado,-da [apretáðo,-ða] *adj* **1** *(gen)* serré,-e. **2** *(agenda)* chargé,-e.
apretar [27] [apretár] *vt* **1** *(estrechar, ceñir)* serrer: **apretar los dientes**, serrer les dents. **2** *(labios)* pincer. **3** *(pulsar)* presser, appuyer sur. **4** *(la marcha, el paso)* presser, accélérer. **5** *fig (acosar)* presser, harceler. ▶ *vi* **1** *(prenda de vestir)* être trop serré,-e. **2** *(lluvia)* redoubler. **3** *(esforzarse)* travailler plus dur.
apretón [apretón] *nm* **1** *(presión)* étreinte *f*, serrement *m*. **2** *fam (necesidad apremiante)* besoin *m* pressant. • **un apretón de manos** une poignée de main.
aprieto [aprjéto] *nm (apuro)* embarras *m*, situation *f* difficile. • **estar en un aprieto** être dans l'embarras.

aprisionar [aprisjonár] *vt* emprisonner.
aprobación [aproβaθjón] *nf* approbation *f*.
aprobado,-da [aproβáðo,-ða] *adj* **1** *(gen)* approuvé,-e. **2** *(estudiante)* reçu,-e.
aprobar [31] [aproβár] *vt* **1** *(plan, decisión)* approuver. **2** *(ley)* adopter. **3** *(estudiante)* recevoir, admettre. ▶ *vt - vi (examen)* passer avec succès.
apropiado,-da [apropjáðo,-ða] *adj* approprié,-e.
apropiarse [12] [apropjárse] *vpr*
apropiarse de s'approprier de, s'emparer de.
aprovechado,-da [aproβetʃáðo,-ða] *adj* **1** *(tiempo)* bien employé,-e. **2** *(espacio)* bien conçu,-e. **3** *(persona)* qui est profiteur,-euse. ▶ *nm,f* profiteur,-euse.
aprovechar [aproβetʃár] *vt* **1** *(sacar provecho de)* bien employer, profiter de: **aprovechar la ocasión**, profiter de l'occasion. **2** *(emplear)* utiliser, profiter de: **aprovecharé la tarde para estudiar**, je mettrai l'après-midi à profit pour étudier. ▶ *vi (sacar provecho)* profiter: **aprovecha para acabar el trabajo**, profites-en pour finir le travail. ▶ *vpr* **aprovecharse (de) 1** *(sacar provecho)* tirer parti, en profiter. **2** *(abusar)* abuser. • **¡que aproveche!** bon appétit !
aproximarse [aproksimárse] *vpr* approcher.
aptitud [aptitúð] *nf* aptitude *f*.
apto,-ta [ápto,-ta] *adj* apte (**para**, à).
apuesta [apwésta] *nf* pari *m*.
apuntar [apuntár] *vt* **1** *(con un arma)* viser, pointer. **2** *(con el dedo)* montrer du doigt, pointer. **3** *(anotar)* noter, prendre note. **4** *(manifestar)* faire remarquer. ▶ *vi (el*

día) poindre. **2** *(con arma)* viser. ▶ *vpr* **apuntarse 1** *(en una lista, curso)* s'inscrire. **2** *(agregarse)* se joindre: **si vas a la fiesta, yo me apunto**, si tu vas à la fête, je viens avec toi.

apuñalar [apuɲalár] *vt* poignarder.

apurar [apurár] *vt* **1** *(acabar, agotar)* épuiser, finir. **2** *(llevar al límite)* épuiser, pousser à bout: **apurar la paciencia**, faire perdre patience. **3** *(poner en un aprieto)* gêner. **4** *(preocupar)* inquiéter. ▶ *vpr* **apurarse 1** *(preocuparse)* s'inquiéter, s'en faire. **2** *(darse prisa)* se dépêcher. • **si me apuras** tout au plus.

apuro [apúro] *nm* **1** *(dificultad)* situation *f* difficile. **2** *(de dinero)* manque *m*. **3** *(vergüenza)* gêne *f*. • **dar apuro** gêner, ennuyer. **pasar apuros** avoir de gros ennuis.

aquel,-lla [akél,-ʎa] *adj* ce (... -là), cette (... -là): **aquel libro**, ce livre-là; **aquella casa**, cette maison-là. ▶ *pron* → aquél,-lla.

aquél,-lla [akél,-ʎa] *pron* (pl **aquéllos, -llas**) celui-là, celle-là: **no quiero éste, quiero aquél**, je ne veux pas celui-ci, je veux celui-là.

aquello [akéʎo] *pron* cela.

aquellos,-llas [akéʎos,-ʎas] *adj pron* → aquel,-lla.

aquéllos,-llas [akéʎos,-ʎas] *pron* → aquél,-lla.

aquí [akí] *adv* **1** *(lugar)* ici. **2** *(origen o causa)* là: **de aquí viene su fortuna**, sa fortune vient de là. **3** *(tiempo)* maintenant, à présent: **de aquí a febrero**, d'ici à février. • **aquí y allá** çà et là. **de aquí en adelante** dorénavant, désormais. **hasta aquí** jusqu'ici.

árabe [áraβe] *adj* arabe. ▶ *nmf* Arabe. ▶ *nm (idioma)* arabe.

Arabia [aráβja] *n pr* Arabie *f*. ■ **Arabia Saudí** Arabie Saoudite.

araña [aráɲa] *nf* **1** *(animal)* araignée *f*. **2** *(lámpara)* lustre *m*.

arañar [araɲár] *vt (con las uñas)* griffer.

arañazo [araɲáθo] *nm* **1** *(golpe)* coup *m* de griffe. **2** *(herida)* égratignure *f*.

arbitrar [arβitrár] *vt* arbitrer.

árbitro,-tra [árβitro,-tra] *nm,f* arbitre.

árbol [árβol] *nm* arbre *m*. ■ **árbol de Navidad** sapin *m* de Noël.

arbusto [arβústo] *nm* arbuste *m*.

arca [árka] *nf* coffre *m*. ■ **arcas públicas** trésor *m* public.

arcada [arkáða] *nf* **1** *(conjunto de arcos)* arcade *f*. **2** *(de un puente)* arche *f*. **3** *(náusea)* haut-le-cœur *m inv*.

archipiélago [artʃipjélaɣo] *nm* archipel *m*.

archivar [artʃiβár] *vt* **1** *(ordenar)* garder, classer aux archives. **2** INFORM sauvegarder. **3** *fig (arrinconar)* classer.

archivo [artʃíβo] *nm* **1** *(lugar)* archives *f pl*. **2** *(mueble)* classeur *m*. **3** INFORM fichier *m*. ■ **archivo adjunto** INFORM pièce *f* jointe.

arco [árko] *nm* **1** *(gen)* arc *m*. **2** *(de un puente)* arche *f*. ■ **arco iris** arc-en-ciel *m*.

arder [arðér] *vi* **1** *(por el fuego)* brûler. **2** *fig* bouillir, brûler: **arder de ira**, bouillir de colère. • **la cosa está que arde** *fam* ça chauffe.

ardilla [arðíʎa] *nf* écureuil *m*.

ardor [arðór] *nm* ardeur *f*. ■ **ardor de estómago** brûlures *f pl* d'estomac.

área [área] *nf* **1** *(zona)* zone *f*. **2** *(en fútbol)* surface *f* de réparation. **3** *(medida)* are *m*. **4** *(de un cuerpo geométrico)* aire *f*. ■ **área de servicio** aire de services.

arena [aréna] *nf* sable *m*.

arenque [arénke] *nm* hareng *m*.

Argelia [arxélja] *n pr* Algérie *f*.

argelino, -na [arxelíno,-na] *adj* algérien, -enne. ▶ *nm,f* Algérien, -enne.

Argentina [arxentína] *n pr* Argentine *f*.

argentino, -na [arxentíno,-na] *adj* argentin,-e. ▶ *nm,f* Argentin,-e.

argumentar [aryumentár] *vt - vi* argumenter.

argumento [aryuménto] *nm* **1** *(de novela, obra)* argument *m*; *(de película)* scénario *m*. **2** *(razonamiento)* argument *m*, raisonnement *m*.

árido, -da [áriðo,-ða] *adj* aride.

aristocracia [aristokráθja] *nf* aristocratie *f*.

aristócrata [aristókrata] *nmf* aristocrate.

arma [árma] *nf* arme *f*. ▪ **arma de fuego** arme à feu.

armada [armáða] *nf* marine *f*.

armadura [armaðúra] *nf* armure *f*.

armamento [armaménto] *nm* armement *m*.

armar [armár] *vt* **1** *(con armas)* armer. **2** *(mueble, máquina)* monter. **3** *(ruido, alboroto)* faire, causer: **armar jaleo**, faire du tapage. • **armarla** faire une scène.

armario [armárjo] *nm* armoire *f*. • **salir del armario** sortir du placard. ▪ **armario empotrado** placard *m*.

armisticio [armistíθjo] *nm* armistice *m*.

armonía [armonía] *nf* harmonie *f*.

armonizar [4] [armoniθár] *vt* harmoniser. ▶ *vi* s'harmoniser, être en harmonie.

aro [áro] *nm* **1** *(círculo)* cercle *m*, cerceau *m*. **2** *(juguete)* cerceau *m*. **3** *(sortija)* bague *f*.

aroma [aróma] *nm* arôme *m*, parfum *m*.

aromatizar [4] [aromatiθár] *vt* aromatiser.

arpa [árpa] *nf* harpe *f*.

arqueología [arkeoloxía] *nf* archéologie *f*.

arqueólogo, -ga [arkeóloɣo,-ɣa] *nm,f* archéologue.

arquitecto, -ta [arkitékto,-ta] *nm,f* architecte.

arquitectura [arkitektúra] *nf* architecture *f*.

arraigar [7] [araiɣár] *vi* s'enraciner, prendre racine. ▶ *vpr* **arraigarse** *(establecerse)* s'établir, se fixer.

arrancar [1] [araŋkár] *vt* **1** *(sacar de su sitio, extraer)* arracher. **2** *(poner en marcha)* mettre en marche, faire démarrer. ▶ *vi* **1** *(vehículo)* démarrer, partir. **2** *(ordenador)* démarrer. **3** **arrancar a** + *inf (empezar)* se mettre à + *inf*: **arrancar a correr**, commencer à courir.

arranque [araŋke] *nm* **1** *(de un vehículo)* démarrage *m*. **2** *(de ira)* accès *m*. **3** *(de generosidad)* élan *m*.

arrasar [arasár] *vt (destruir)* dévaster, ravager. ▶ *vi (vencer)* vaincre facilement.

arrastrar [arastrár] *vt* **1** *(por el suelo)* traîner. **2** *(la corriente, el aire)* porter: **la corriente nos arrastró mar adentro**, le courant nous emporta au large. **3** *(soportar)* traîner: **arrasta una enfermedad desde hace años**, il est malade depuis quelques années. ▶ *vpr* **arrastrarse 1** *(por el suelo)* se traîner. **2** *(humillarse)* ramper.

arrebatar [areβatár] *vt* **1** *(quitar)* enlever, arracher. **2** *(cautivar)* enflammer.

arrebato [areβáto] *nm* accès *m*.

arreglar [areɣlár] *vt* **1** *(reparar)* arranger, réparer. **2** *(poner en orden)*

arranger, ranger. **3** *(solucionar)* régler. ► *vpr* **arreglarse 1** *(vestirse)* s'habiller. **2** *(ataviarse)* s'arranger. • **arreglárselas** se débrouiller.

arreglo [aréylo] *nm* **1** *(reparación)* réparation *f*. **2** *(de prenda)* retouche *m*. **3** *(acuerdo)* arrangement *m*.

arrepentirse [35] [arepentirse] *vpr* se repentir (**de**, de).

arrestar [arestár] *vt* arrêter.

arresto [arésto] *nm* arrestation *f*.

arriba [aríβa] *adv* **1** *(dirección)* en haut. **2** *(situación)* au-dessus: **desde arriba**, du haut; **viven arriba**, ils vivent au-dessus. **3** *(en un texto)* ci-dessus. ► *interj* **¡arriba! 1** *(¡levántate!)* debout ! **2** *(¡viva!)* courage!: **¡arriba la libertad!**, vive la liberté ! • **boca arriba** sur le dos. **cuesta arriba** qui monte. **de arriba abajo** de haut en bas. **patas arriba 1** *(posición)* à l'envers. **2** *(en desorden)* sens dessus dessous.

arriesgar [7] [arjezɣár] *vt* risquer. ► *vpr* **arriesgarse** *(ponerse en peligro)* prendre des risques. • **arriesgarse a** + *inf* **1** *(atreverse)* se risquer à + *inf* se arriesgó a pitar la falta, il osa siffler la faute. **2** *(correr un riesgo)* risquer de + *inf* te arriesgas a perderlo todo, tu risques de tout perdre.

arrimar [arimár] *vt* approcher, rapprocher. ► *vpr* **arrimarse** *(acercarse - a algo)* s'approcher; *(- a algn)* se mettre sous la protection de QQN: **arrimarse al fuego**, s'approcher du feu.

arroba [aróβa] *nm* arobase *f*.

arrodillarse [arodiʎárse] *vpr* s'agenouiller, se mettre à genoux.

arrogante [aroɣánte] *adj* arrogant, -e.

arrojar [aroxár] *vt* **1** *(lanzar)* lancer. **2** *(tirar)* jeter. **3** *(despedir, emitir)* cracher: **arrojar lava**, cracher de la lave. **4** *(cifra, resultado)* donner comme résultat. ► *vt - vi (vomitar)* vomir.

arrojo [aróxo] *nm* audace *f*.

arrollar [aroʎár] *vt* **1** *(enrollar)* rouler, enrouler. **2** *(viento)* emporter. **3** *(atropellar)* écraser, renverser.

arropar [aropár] *vt* couvrir.

arroyo [aróʝo] *nm* ruisseau *m*.

arroz [aróθ] *nm* riz *m*.

arruga [arúɣa] *nf* **1** *(en la piel)* ride *f*. **2** *(en la ropa)* pli *m*.

arrugar [7] [aruɣár] *vt* **1** *(piel)* rider. **2** *(ropa, papel)* chiffonner, froisser.

arruinar [arwinár] *vt* ruiner.

arte [árte] *nm* **1** *(gen)* art *m*. **2** *(habilidad)* art *m*, habileté *f*. **3** *(astucia)* ruse *f*, artifice *m*. ► *nf pl* **artes** arts *m pl*. • **no tener arte ni parte en** ALGO n'y être pour rien. ■ **arte dramático** théâtre *m*. **artes marciales** arts martiaux. **artes plásticas** arts plastiques. **bellas artes** beaux-arts *m pl*. **malas artes** moyens *m pl* malhonnêtes.

artefacto [artefákto] *nm* engin *m*.

arteria [artérja] *nf* artère *f*.

artesanía [artesanía] *nf* artisanat *m*.

artesano,-na [artesáno,-na] *nm,f* artisan,-e.

ártico,-ca [ártiko,-ka] *adj* arctique.

articulación [artikulaθjón] *nf* articulation *f*.

articulado,-da [artikuláðo,-ða] *adj* articulé,-e.

articular [artikulár] *vt* articuler.

artículo [artikulo] *nm* article *m*. ■ **artículos de consumo** biens *m pl* de consommation.

artificial [artifiθjál] *adj* artificiel, -elle.

artista [artista] *adj - nmf* artiste.

artístico,-ca [artistiko,-ka] *adj* artistique.

arzobispo [arθoβispo] *nm* archevêque *m*.

asa [ása] *nf* **1** *(de vasija, cesta)* anse f. **2** *(de maleta)* poignée f.

asado,-da [asáðo,-ða] *adj* rôti,-e.

asalariado,-da [asalarjáðo,-ða] *nm,f* salarié,-e.

asaltar [asaltár] *vt* **1** *(atacar)* assaillir. **2** *(ciudad)* prendre d'assaut. **3** *(robar)* attaquer.

asalto [asálto] *nm* **1** *(a objetivo militar, banco)* assaut *m*. **2** *(agresión)* attaque f, agression f. **3** *(en boxeo)* round *m*.

asamblea [asambléa] *nf* assemblée f.

asar [asár] *vt* **1** *(en horno)* rôtir. **2** *(en parrilla)* griller. ▶ *vpr* **asarse** rôtir.

ascender [28] [asθendér] *vi* **1** *(subir)* monter. **2** *(de categoría - en un empleo)* être promu,-e; *(- en el ejército)* accéder au grade, passer: **ascender a capitán**, passer capitaine. **3** *(de categoría deportiva)* monter. **4** *(sumar)* s'élever (**a**, à), monter (**a**, à). ▶ *vt (de categoría)* faire monter en grade, promouvoir.

ascenso [asθènso] *nm* **1** *(a un lugar alto)* ascension f, montée f. **2** *(de temperatura, precios)* hausse f. **3** *(en un empleo)* avancement *m*. **4** *(en el ejército, en deportes)* promotion f.

ascensor [asθensór] *nm* ascenseur *m*.

asco [ásko] *nm* **1** *(repugnancia)* dégoût *m*. **2** *(cosa)* chose f dégoûtante. • **dar asco** dégoûter. **estar hecho un asco 1** *(estar sucio)* être très sale. **2** *(estar mal)* être en très mauvais état. **¡qué asco!** quelle horreur !

asear [aseár] *vt* arranger. ▶ *vpr* **asearse** faire sa toilette.

asegurado,-da [aseγuráðo,-ða] *adj - nm,f* assuré,-e.

asegurar [aseγurár] *vt* **1** *(fijar)* assurer, affermir. **2** *(casa, coche)* assurer. **3** *(garantizar)* assurer, garantir.

asentir [35] [asentír] *vi* acquiescer.

aseo [aséo] *nm* **1** *(limpieza)* propreté f. **2** *(gén au pl) (lugar)* toilette f.

asequible [asekíβle] *adj* accessible.

asesinar [asesinár] *vt* assassiner.

asesinato [asesináto] *nm* assassinat *m*.

asesino,-na [asesíno,-na] *nm,f* assassin.

asesor,-ra [asesór,-ra] *adj - nm,f* conseiller,-ère.

asesorar [asesorár] *vt* conseiller. ▶ *vpr* **asesorarse** prendre conseil.

asfixia [asfiksja] *nf* asphyxie f.

asfixiar [12] [asfiksjár] *vt* asphyxier. ▶ *vpr* **asfixiarse** s'asphyxier, étouffer.

así [así] *adv* **1** *(de esta manera)* ainsi, comme ça. **2** *(tanto)* tant, de même: **así los unos como los otros**, tant les uns que les autres. **3** *(entonces)* alors: **¿así me abandonas?**, alors tu me quittes ? • **así como** comme ci, comme ça. **así como de** même que. **así de ...** *fam* ... comme ça: **tenía unas ruedas así de grandes**, il avait des roues grandes comme ça. **así es** c'est comme ça. **así mismo** de même. **así que** *(de modo que)* alors.

Asia [ásja] *n pr* Asie f.

asiático,-ca [asjátiko,-ka] *adj* asiatique. ▶ *nm,f* Asiatique.

asiento [asjénto] *nm* **1** *(para sentarse)* siège *m*. **2** *(sitio)* place f. • **tomar asiento** s'asseoir.

asignar [asiynár] *vt* **1** *(dar, determinar)* assigner. **2** *(destinar)* affecter, assigner.

asignatura [asiynatúra] *nf* matière f.

asilo [asilo] nm asile m. ■ **asilo de ancianos** maison f de retraite.

asimilar [asimilár] vt assimiler.

asimismo [asimízmo] adv de même, aussi.

asistencia [asisténθja] nf 1 (presencia) présence f. 2 (público) assistance f. 3 (a un herido, enfermo) assistance f, secours m. ■ **asistencia médica** soins m pl.

asistenta [asisténta] nf femme f de ménage.

asistente [asisténte] adj (presente) présent,-e. ► nmf (ayudante) assistant,-e.

asistir [asistír] vt soigner: **asistir a un herido**, soigner un blessé. ► vi (estar presente) assister.

asma [ázma] nf asthme m.

asociación [asoθjaθjón] nf association f.

asociado,-da [asoθjáðo,-ða] adj - nm,f associé,-e.

asociar [12] [asoθjár] vt associer.

asomar [asomár] vi apparaître, se montrer. ► vpr **asomarse** se pencher.

asombrar [asombrár] vt étonner, stupéfier.

asombro [asómbro] nm étonnement m.

asombroso,-sa [asombróso,-sa] adj étonnant,-e.

aspa [áspa] nf 1 (cruz) croix f en forme d'X. 2 (de molino) aile. 3 (de ventilador) pale f.

aspecto [aspékto] nm 1 (gen) aspect m. 2 (presencia) allure f. 3 (estado de salud) mine f. ● **en este aspecto** à cet égard. **en todos los aspectos** à tous points de vue. **tener buen aspecto 1** (una persona - tener buena salud) avoir bonne mine. **2** (- tener buena presencia) avoir de l'allure. **3** (una cosa) avoir bon aspect.

aspiración [aspiraθjón] nf aspiration f.

aspiradora [aspiraðóra] nf aspirateur m.

aspirante [aspiránte] adj aspirant, -e. ► nmf candidat,-e.

aspirar [aspirár] vt aspirer.

aspirina® [aspirína] nf aspirine® f.

asqueroso,-sa [askeróso,-sa] adj dégoûtant,-e.

asterisco [asterísko] nm astérisque m.

astrología [astroloxía] nf astrologie f.

astronauta [astronáuta] nmf astronaute.

astronomía [astronomía] nf astronomie f.

astucia [astúθja] nf astuce f, ruse f.

asumir [asumír] vt assumer.

asunto [asúnto] nm 1 (gen) affaire f. 2 (cuestión, tema) sujet m, matière f. 3 INFORM objet m.

asustar [asustár] vt effrayer, faire peur.

atacar [1] [atakár] vt attaquer.

atajar [ataxár] vi (tomar un atajo) prendre un raccourci. ► vt 1 (detener, parar) arrêter, couper: **atajar el fuego**, couper le feu. 2 (interrumpir el crecimiento) enrayer: **atajar la epidemia**, enrayer l'épidémie.

atajo [atáxo] nm raccourci m.

ataque [atáke] nm 1 (gen) attaque f. 2 (acceso) crise f. ■ **ataque al corazón** crise cardiaque. **ataque de risa** fou rire m. **ataque de tos** quinte f de toux.

atar [atár] vt (sujetar) attacher, lier. ► vpr **atarse** attacher, nouer, lacer: **se ató los cordones de los zapatos**, il laça ses chaussures. ● **atar cabos** tirer des conclusions.

atardecer [43] [ataröeθér] v impers tomber le jour. ► nm tombée f du jour.

atascar [1] [ataskár] vt boucher. ► vpr **atascarse 1** *(cañería)* se boucher. **2** *(mecanismo)* se coincer. **3** *(vehículo)* s'embourber. **4** *(al hablar)* s'empêtrer.

atasco [atásko] nm **1** *(de tráfico)* bouchon m, embouteillage m. **2** *(de cañería)* engorgement m.

ataúd [ataúð] nm cercueil m.

ateísmo [ateízmo] nm athéisme m.

atención [atenθjón] nf **1** *(interés)* attention f. **2** *(cortesía)* politesse f, gentillesse f. ► nf pl **atenciones** égards m pl, gentillesses f pl. • **a la atención de** à l'attention de. **llamar la atención** attirer l'attention. **llamar la atención a** ALGN rappeler QQN à l'ordre. **prestar atención** faire attention.

atender [28] [atendér] vt **1** *(cliente)* s'occuper de, servir: ¿**ya le atienden?**, on s'occupe de vous ? **2** *(invitado, visita)* recevoir, accueillir. **3** *(enfermo)* soigner. **4** *(cuidar, asistir)* prendre soin de, s'occuper de. **5** *(obligación, asunto)* s'occuper de. ► vi **1** *(prestar atención)* faire attention (a, à). **2** *(tener en cuenta)* tenir compte (de): **atendiendo a las circunstancias**, compte tenu des circonstances.

Atenas [aténas] n pr Athènes f.

atenerse [87] [atenérse] vpr s'en tenir (a, à): **no sabe a qué atenerse**, il ne sait pas à quoi s'en tenir.

atentado [atentáðo] nm attentat m.

atentamente [atentaménte] adv **1** *(con atención)* attentivement. **2** *(amablemente)* poliment. **3** *(en carta)* salutations distinguées.

atento,-ta [aténto,-ta] adj **1** *(pendiente)* attentif,-ive. **2** *(cortés)* attentionné,-e, prévenant,-e.

ateo,-a [atéo,-a] adj - nm,f athée.

aterrar [27] [aterár] vt terrifier, effrayer.

aterrizar [4] [ateriθár] vi atterrir.

aterrorizar [4] [ateroriθár] vt terroriser.

atiborrar [atiβorár] vt bourrer.

ático [átiko] nm dernier étage m.

atinar [atinár] vi **1** *(acertar)* trouver, deviner. **2** *(dar en el blanco)* viser juste. • **atinar con** ALGO tomber sur QQCH.

atisbo [atizβo] nm indice m, soupçon m.

atlántico,-ca [atlántiko,-ka] adj atlantique.

atleta [atléta] nmf athlète.

atlético,-ca [atlétiko,-ka] adj athlétique.

atletismo [atletizmo] nm athlétisme m.

atmósfera [atmósfera] nf atmosphère f.

atómico,-ca [atómiko,-ka] adj atomique.

átomo [átomo] nm atome m.

atónito,-ta [atónito,-ta] adj stupéfait,-e, abasourdi,-e.

atontar [atontár] vt **1** *(aturdir)* étourdir. **2** *(embrutecer)* hébéter, abrutir.

atormentar [atorméntar] vt tourmenter.

atornillar [atorniʎár] vt visser.

atracador,-ra [atrakaðór,-ra] nm,f voleur,-euse.

atracar [1] [atrakár] vt *(robar)* attaquer.

atracción [atrakθjón] nf attraction f. • **sentir atracción por** ALGN être attiré,-e par QQN.

atraco [atráko] nm hold-up m inv.

atractivo,-va [atraktíβo,-βa] adj attirant,-e. ► nm **atractivo** attrait m.

atraer [atraér] vt attirer.

atragantarse [atrayantárse] vpr s'étrangler.

atrancar [1] [atraŋkár] *vt* **1** *(puerta)* barrer. **2** *(conducto)* boucher, obstruer.

atrapar [atrapár] *vt* attraper.

atrás [atrás] *adv* **1** *(posición)* derrière, arrière: **la parte de atrás**, la partie arrière. **2** *(dirección)* (en) arrière: **dio un salto atrás**, il a fait un saut en arrière. **3** *(tiempo)* avant: **días atrás**, il y a quelques jours. • **dejar atrás** laisser derrière. **echarse atrás** se dédire.

atrasado,-da [atrasáðo,-ða] *adj* **1** *(reloj)* qui retarde. **2** *(estudiante)* en retard. **3** *(país)* sous-développé,-e. **4** *(pago, ideas)* arriéré,-e.

atrasar [atrasár] *vt* **1** *(salida, reunión)* reporter. **2** *(reloj)* retarder. ▶ *vpr* **atrasarse 1** *(tren, persona)* arriver en retard. **2** *(quedarse atrás)* prendre du retard.

atraso [atráso] *nm* retard.

atravesar [27] [atraβesár] *vt* **1** *(poner oblicuamente)* mettre en travers, mettre de travers. **2** *(traspasar)* traverser, passer à travers. **3** *(cruzar)* traverser. **4** *(momento, circunstancia)* traverser. ▶ *vpr* **atravesarse** *(interponerse - cosa)* se mettre en travers; *(- persona)* s'interposer.

atreverse [atreβérse] *vpr* oser.

atrevido,-da [atreβíðo,-ða] *adj* **1** *(valiente)* hardi,-e. **2** *(arriesgado, aventurado)* hasardeux,-euse. **3** *(indecoroso)* osé,-e. ▶ *nm,f (descarado)* insolent,-e.

atrevimiento [atreβimjénto] *nm* **1** *(osadía)* audace *f*. **2** *(insolencia)* insolence *f*.

atribuir [62] [atriβwír] *vt* attribuer.

atril [atríl] *nm* pupitre *m*.

atrocidad [atroθiðáð] *nf* **1** *(crueldad)* atrocité *f*. **2** *fam (disparate)* énormité *f*.

atropellar [atropeʎár] *vt* renverser.

atropello [atropéʎo] *nm* **1** *(de vehículo)* accident *m*. **2** *(empujón)* bousculade *f*. **3** *(abuso)* outrage *m*.

atroz [atróθ] *adj* atroce, épouvantable.

atuendo [atwéndo] *nm* tenue *f*.

atún [atún] *nm* thon *m*.

aturdir [aturðír] *vt* étourdir, abasourdir.

audacia [auðáθja] *nf* audace *f*.

audaz [auðáθ] *adj* audacieux,-euse.

audición [auðíθjon] *nf* audition *f*.

audiencia [auðjénθja] *nf* **1** *(recepción, público)* audience *f*. **2** *(tribunal)* cour *f*.

audiovisual [auðjoβiswál] *adj* audiovisuel,-elle.

auditivo,-va [auðitíβo,-βa] *adj* auditif,-ive.

auditorio [auðitórjo] *nm* auditorium *m*.

auge [áuxe] *nm* **1** *(momento)* apogée *m*. **2** *(esplendor)* essor *m*: **en pleno auge**, en plein essor.

aula [áula] *nf* salle *f* de classe. ▪ **aula magna** grand amphithéâtre *m*.

aullar [auʎár] *vi* hurler.

aullido [auʎíðo] *nm* hurlement *m*.

aumentar [auméntar] *vt - vi* **1** *(gen)* augmenter. **2** *(lente)* grossir.

aumento [auménto] *nm* **1** *(gen)* augmentation *f*. **2** *(en óptica)* grossissement *m*.

aun [áun] *adv* même: **aun enfermo, trabajaba**, bien qu'il soit malade, il travaillait. • **aun así** et encore.

aún [aún] *adv* encore: **aún no ha llegado**, il n'est pas encore arrivé.

aunque [áunke] *conj* **1** **aunque + indicativo** *(a pesar de que)* quoique, bien que + *subjonctif*: **aunque es rico, no tiene coche**, bien qu'il soit riche, il n'a pas de voiture. **2** **aunque + subjuntivo** *(incluso)* même si + *indicatif*: **Lláma-**

me aunque sea tarde, appelle-moi même s'il est tard.
auriculares [auɾikuláɾes] *nm pl* casque *m*.
aurora [auɾóɾa] *nf* aurore *f*.
auscultar [auskultáɾ] *vt* ausculter.
ausencia [ausénθja] *nf* absence *f*. ■ **en ausencia de** en l'absence de.
ausente [auséte] *adj - nmf* absent,-e.
austero,-ra [austéɾo,-ɾa] *adj* austère.
Australia [austɾálja] *n pr* Australie *f*.
australiano,-na [austɾaljáno,-na] *adj* australien,-enne. ▶ *nm,f* Australien,-enne.
Austria [áustɾja] *n pr* Autriche *f*.
austríaco,-ca [austɾíako,-ka], **austriaco,-ca** [austɾjáko,-ka] *adj* autrichien,-enne. ▶ *nm,f* Autrichien,-enne.
auténtico,-ca [auténtiko,-ka] *adj* **1** *(genuino, cierto)* authentique. **2** *(perla, joya)* véritable, vrai,-e.
auto [áuto] *nm* auto *f*.
autobiografía [autoβjoɣɾafía] *nf* autobiographie *f*.
autobús [autoβús] *nm* autobus *m*.
autodefensa [autoðefénsa] *nf* autodéfense *f*.
autoescuela [autoeskwéla] *nf* autoécole *f*.
autoestop [autoestóp], **autostop** [autostóp] *nm* auto-stop *m*.
automático,-ca [automátiko,-ka] *adj* automatique.
automóvil [automóβil] *nm* automobile *f*, voiture *f*.
autonomía [autonomía] *nf* autonomie *f*.
autonómico,-ca [autonómiko,-ka] *adj* autonome.
autónomo,-ma [autónomo,-ma] *adj* **1** *(gen)* autonome. **2** *(trabajador)* à son compte; *(traductor, fotógrafo, etc)* free-lance. ▶ *nm,f (trabajador* travailleur *m* indépendant; *(traductor, fotógrafo, etc)* free-lance.
autopista [autopísta] *nf* autoroute *f*.
autopsia [autópsja] *nf* autopsie *f*.
autor,-ra [autóɾ,-ra] *nm,f* auteur *m*.
autoridad [autoɾiðáð] *nf* autorité *f*.
autorización [autoɾiθaθjón] *nf* autorisation *f*.
autorizar [4] [autoɾiθáɾ] *vt* autoriser.
autorretrato [autoretɾáto] *nm* autoportrait *m*.
autostop → autoestop.
autovía [autoβía] *nf* route *f* à quatre voies.
auxiliar[1] [auksiljáɾ] *adj* auxiliaire. ▶ *nmf* **1** *(empleado)* employé,-e subalterne. **2** *(profesor)* assistant,-e. ■ **auxiliar de vuelo** steward *m*, hôtesse *f* de l'air.
auxiliar[2] [14] [auksiljáɾ] *vt* aider, porter secours.
auxilio [auksíljo] *nm* secours *m*, aide *f*. ▶ *interj* **¡auxilio!** au secours ! ■ **primeros auxilios** premiers secours.
aval [aβál] *nm* aval *m*, garantie *f*.
avalancha [aβalántʃa] *nf* avalanche *f*.
avance [aβánθe] *nm* **1** *(movimiento)* avancement *m*. **2** *(progreso)* progrès *m*. **3** *(de dinero)* avance *f*. **4** *(en radio, televisión)* sélection *f*. ■ **avance informativo** flash *m* d'informations.
avanzar [4] [aβanθáɾ] *vt - vi* avancer.
avaricia [aβaɾíθja] *nf* avarice *f*.
avaro,-ra [aβáɾo,-ɾa] *adj - nm,f* avare.
ave [áβe] *nf* oiseau *m*. ■ **ave de corral** volaille *f*.
AVE [áβe] *abr* **(alta velocidad española)** TGV *m*.
avecinarse [aβeθinárse] *vpr* approcher, être imminent,-e.

avellana [aβeʎána] *nf* noisette *f.*
avenida [aβeníða] *nf* avenue *f.*
aventura [aβentúra] *nf* **1** (gen) aventure *f.* **2** (relación amorosa) liaison *f.*
aventurero,-ra [aβenturéro,-ra] *adj* d'aventure. ► *nm,f* aventurier, -ère.
avergonzar [51] [aβeryonθár] *vt* faire honte. ► *vpr* **avergonzarse** avoir honte.
avería [aβería] *nf* panne *f.*
averiado,-da [aβarjáðo,-ða] *adj* en panne.
averiguar [22] [aβeriywár] *vt* découvrir.
avestruz [aβestrúθ] *nm* autruche *f.*
aviación [aβjaθjón] *nf* aviation *f.*
aviador,-ra [aβjaðór,-ra] *nm,f* aviateur, -trice.
avión [aβjón] *nm* avion *m.*
avisar [aβisár] *vt* prévenir.
aviso [aβíso] *nm* **1** (noticia, escrito) avis *m.* **2** (advertencia) avertissement *m.* • **hasta nuevo aviso** jusqu'à nouvel ordre. **sin previo aviso** sans préavis.
avispa [aβíspa] *nf* guêpe *f.*
avistar [aβistár] *vt* apercevoir.
axila [aksíla] *nf* aisselle *f.*
¡ay! [ai] *interj* **1** (dolor) aïe ! **2** (aflicción) hélas !
ayer [ajér] *adv* hier. • **antes de ayer** avant-hier. **ayer por la mañana** hier matin. **ayer por la noche** hier soir.

ayuda [ajúða] *nf* aide *f.* • **con ayuda de** à l'aide de.
ayudante [ajuðánte] *nmf* assistant,-e.
ayudar [ajuðár] *vt* aider.
ayunar [ajunár] *vi* jeûner.
ayunas [ajúnas]. • **en ayunas** à jeun.
ayuntamiento [ajuntamjénto] *nm* **1** (institución) municipalité *f.* **2** (edificio) hôtel *m* de ville, mairie *f.*
azafata [aθafáta] *nf* **1** (de congresos) hôtesse *f.* **2** (de vuelo) hôtesse *f* de l'air.
azafrán [aθafrán] *nm* safran *m.*
azahar [aθaár] *nm* fleur *f* d'oranger.
azar [aθár] *nm* hasard *m.*
azotaina [aθotáina] *nf* raclée *f.*
azotar [aθotár] *vt* **1** (con azote) fouetter. **2** (golpear) frapper, battre.
azote [aθóte] *nm* **1** coup *m* de fouet. **2** (calamidad) fléau *m.*
azotea [aθotéa] *nf* terrasse *f.* • **estar mal de la azotea** *fam* avoir une araignée au plafond.
azúcar [aθúkar] *nm & nf* sucre *m.*
azucarado,-da [aθukaráðo,-ða] *adj* sucré,-e.
azucarero [aθukaréro] *nm* sucrier *m.*
azul [aθúl] *adj* bleu,-e. ► *nm* bleu *m.* ■ **azul celeste** bleu ciel. **azul marino** bleu marine.
azulejo [aθuleχó] *nm* carreau *m* de faïence, azulejo *m.*

B

baba [báβa] *nf* bave *f*. • **caérsele a uno la baba con** ALGN baver d'admiration devant QQN.
babear [baβeár] *vi* baver.
babero [baβéro] *nm* bavette *f*, bavoir *m*.
baboso,-sa [baβóso,-sa] *adj* baveux, -euse.
bacalao [bakaláo] *nm* 1 *(animal, salado)* morue *f*. 2 *(fresco)* cabillaud *m*. • **cortar el bacalao** faire la pluie et le beau temps.
bache [bátʃe] *nm* 1 *(en una carretera)* nid *m* de poule. 2 *(en avión)* trou *m* d'air. 3 *(mal momento)* mauvaise passe *f*.
bachillerato [batʃiʎeráto] *nm* cycle *m* d'études secondaires.
bacteria [baktérja] *nf* bactérie *f*.
bahía [baia] *nf* baie *f*.
bailar [bailár] *vt* - *vi* danser.
bailarín,-ina [bailarín,-ina] *nm,f* danseur, -euse.
baile [báile] *nm* 1 *(gen)* danse *f*. 2 *(fiesta)* bal *m*.
baja [báxa] *nf* 1 *(de los precios)* baisse *f*. 2 *(de empleados)* arrêt *m* de travail. 3 *(de maternidad)* congé *m* maternité. • **dar(se) de baja** 1 *(por enfermedad)* se mettre en arrêt maladie. 2 *(despedir)* congédier, licencier. **estar de baja** être en arrêt maladie.
bajada [baxáða] *nf* 1 *(acción)* baisse *f*, descente *f*. 2 *(pendiente)* pente *f*.
bajar [baxár] *vt* 1 *(mover abajo, disminuir)* baisser, abaisser: **baja la persiana, por favor**, baisse le store, s'il te plaît. 2 *(escalera, de un lugar alto)* descendre. 3 INFORM télécharger. ▶ *vi* 1 *(ir de arriba abajo, apearse)* descendre. 2 *(disminuir - precio, temperatura)* baisser. 3 *(- inflamación)* dégonfler.
bajo,-ja [báxo,-xa] *adj* 1 *(de poca altura)* bas, basse. 2 *(persona)* petit, -e. 3 *(sonido)* faible. 4 *(en posición inferior)* baissé,-e: **con los ojos bajos**, les yeux baissés. 5 *(de mala calidad, inferior)* mauvais,-e. ▶ *adv* **bajo** bas: **hablar bajo**, parler à voix basse. ▶ *prep* sous: **bajo las estrellas**, sous les étoiles. ▶ *nm* 1 *(piso)* rez-de-chaussée *m inv*. 2 *(de prenda)* bas *m*. 3 MÚS *(instrumento)* basse *f*. ▶ *nm pl* **bajos** *(de edificio)* rez-de-chaussée *m inv*. • **bajo cero** *(temperatura)* au-dessous de zéro.
bala [bála] *nf* balle *f*. • **como una bala** comme une flèche. ▪ **bala perdida** 1 *(proyectil)* balle perdue. 2 *(persona)* hurluberlu *m*.
balada [baláða] *nf* ballade *f*.
balance [balánθe] *nm* 1 *(gen)* bilan *m*. 2 *(resultado)* résultat *m*.
balancear [balanθeár] *vt* balancer, compenser.
balanza [balánθa] *nf* balance *f*.
balazo [baláθo] *nm* 1 *(herida)* blessure *f* de balle. 2 *(disparo)* coup *m* de feu, balle *f*.
balbucear [balβuθeár] *vt* - *vi* balbutier.
balcón [balkón] *nm* balcon *m*.

balda [bálda] *nf* étagère *f*.
balde [bálde] *nm* seau *m*. • **en balde** en vain.
baldosa [baldósa] *nf* 1 carreau *m*. 2 *(de tamaño mayor)* dalle *f*.
balística [balistika] *nf* balistique *f*.
ballena [baʎéna] *nf* baleine *f*.
ballet [baʎét] *nm* ballet *m*.
balneario [balneárjo] *nm* station *f* balnéaire.
balón [balón] *nm* ballon *m*.
baloncesto [balonθésto] *nm* basket(-ball) *m*.
balonmano [balonmáno] *nm* handball *m*.
balsa [bálsa] *nf* 1 *(charca)* mare *f*. 2 *(embarcación)* radeau *m*. 3 *(para pasar un río)* bac *m*.
bálsamo [bálsamo] *nm* baume *m*.
bambú [bambú] *nm* (pl **bambús** o **bambúes**) bambou *m*.
banana [banána] *nf* banane *f*.
banca [báŋka] *nf* 1 *(asiento)* banc *m*, banquette *f*. 2 *(comercio, juego)* banque *f*.
bancario,-ria [baŋkárjo,-rja] *adj* bancaire.
bancarrota [baŋkaróta] *nf* faillite *f*.
banco [báŋko] *nm* 1 *(asiento)* banc *m*. 2 *(establecimiento)* banque *f*. 3 *(de carpintero)* établi *m*. ▪ **banco de datos** banque de données.
banda [bánda] *nf* 1 *(grupo)* bande *f*. 2 *(condecoración)* écharpe *f*. 3 *(lado)* côté *m*; *(orilla)* rive *f*. 4 *(en fútbol)* ligne *f* de touche. 5 *(conjunto de músicos)* fanfare *f*. • **cerrarse en banda** ne rien vouloir entendre. ▪ **banda transportadora** tapis *m* roulant.
bandeja [bandéxa] *nf* plateau *m*. ▪ **bandeja de entrada** INFORM boîte *f* de réception. **bandeja de salida** INFORM boîte *f* d'envoi.
bandera [bandéra] *nf* 1 drapeau *m*. 2 *(de una asociación)* bannière *f*. 3 *(de un barco)* pavillon *m*. • **de bandera** du tonnerre.
bandido,-da [bandíðo,-ða] *nm* bandit *m*.
bandolera [bandoléra] *nf* bandoulière *f*.
banquero,-ra [baŋkéro,-ra] *nm,f* banquier,-ère.
banqueta [baŋkéta] *nf* banquette *f*.
banquete [baŋkéte] *nm* banquet *m*. ▪ **banquete de boda** repas *m* de noce.
banquillo [baŋkíʎo] *nm* 1 *(en el tribunal)* banc *m* des accusés. 2 *(en deporte)* banc *m*.
bañador [baɲaðór] *nm* maillot *m* de bain.
bañar [baɲár] *vt* 1 *(gen)* baigner. 2 *fig (mojar)* tremper.
bañera [baɲéra] *nf* baignoire *f*.
baño [báɲo] *nm* 1 *(acción)* baignade *f*, bain *m*: **darse un baño**, se baigner. 2 *(sanitario)* baignoire *f*. 3 *(lugar)* salle *f* de bains: **ir al baño**, aller aux toilettes. 4 *(capa)* couche *f*.
bar [bar] *nm* bar *m*.
baraja [baráxa] *nf* jeu *m* de cartes.
barajar [baraxár] *vt* 1 *(los naipes)* battre. 2 *(posibilidades)* envisager.
baranda [baránda] *nf* 1 *(de escalera)* rampe *f*. 2 *(balaustrada)* balustrade *f*.
barato,-ta [baráto,-ta] *adj* pas cher,-ère, bon marché: **más barato**, moins cher. ▶ *adv* **barato** bon marché: **salir barato**, revenir à bon prix.
barba [bárβa] *nf* 1 *(pelo)* barbe *f*. 2 *(parte de la cara)* menton *m*. • **dejarse barba** se laisser pousser la barbe. **por barba** par tête.
barbacoa [barβakóa] *nf* barbecue *m*.

barbaridad [barβariðað] *nf* 1 *(dicho, hecho)* bêtise *f*: **decir barbaridades**, dire des bêtises; 2 *(gran cantidad)* beaucoup.

bárbaro,-ra [bárβaro,-ra] *adj* 1 *(gen)* barbare. 2 *fam (muy bien)* formidable: **me lo pasé bárbaro**, je me suis bien amusé. 3 *fig (para intensificar)* terrible, énorme: **hacía un calor bárbaro**, il faisait une chaleur terrible.

barbería [barβería] *nf* salon *m* de coiffure (pour hommes).

barbilla [barβiʎa] *nf* menton *m*.

barbudo,-da [barβuðo,-ða] *adj* barbu,-e.

barca [bárka] *nf* barque *f*.

barco [bárko] *nm* bateau *m*. ▪ **barco de vapor** bateau à vapeur. **barco de vela** bateau à voiles.

baremo [barémo] *nm* barème *m*.

barniz [barniθ] *nm* vernis *m*.

barnizar [4] [barniθár] *vt* 1 *(madera)* vernir. 2 *(loza)* vernisser.

barra [bářa] *nf* 1 *(de madera, de metal)* barre *f*. 2 *(de oro)* lingot *m*. 3 *(de lacre, de carmín)* bâton *m*. 4 *(de bar)* comptoir *m*. 5 *(de pan)* baguette *f*. ▪ **barra de herramientas** INFORM barre d'outils. **barra de labios** rouge *m* à lèvres. **barra libre** boissons à volonté.

barraca [bařáka] *nf* 1 *(chabola)* baraque *f*. 2 *(de feria)* stand *m*.

barranco [bařáŋko] *nm* ravin *m*.

barrendero,-ra [bařendéro,-ra] *nm,f* balayeur,-euse.

barrer [bařér] *vt* balayer.

barrera [bařéra] *nf* barrière *f*. ▪ **barrera del sonido** mur *m* du son.

barriga [bářiɣa] *nf (vientre)* ventre *m*; *(panza)* panse *f*.

barrio [bářjo] *nm* quartier *m*. • **irse al otro barrio** casser sa pipe. ▪ **barrios bajos** bas-fonds *m pl*.

barro [bářo] *nm* 1 *(lodo)* boue *f*. 2 *(arcilla)* glaise *f*.

barroco,-ca [bařóko,-ka] *adj* baroque.

barrote [bařóte] *nm* barreau *m*.

barullo [baruʎo] *nm* 1 *(agitación)* tohu-bohu *m*; *(ruido)* raffut *m*. 2 *(muchedumbre)* cohue *f*.

basar [basár] *vt* baser. ▶ *vpr* **basarse en** se fonder sur.

báscula [báskula] *nf* balance *f*.

base [báse] *nf* base *f*. ▶ *adj* de base. • **a base de** à base de: **lo consiguió a base de trabajo**, il y est arrivé en travaillant. **sentar las bases de** jeter les bases de. ▪ **base de datos** INFORM base de données. **base imponible** revenu *m* imposable.

básico,-ca [básiko,-ka] *adj* 1 *(fundamental)* de base, basique. 2 *(imprescindible)* essentiel.

basílica [basílika] *nf* basilique *f*.

¡basta! [básta] *interj* assez !, ça suffit !: **¡basta ya!**, en voilà assez !

bastante [bastánte] *adj* 1 *(suficiente)* suffisant,-e. 2 *(abundante)* assez de: **vinieron bastantes amigos**, pas mal d'amis sont venus. ▶ *adv* assez.

bastar [bastár] *vi* suffire. ▶ *vpr* **bastarse** se suffire à soi-même.

bastardo,-da [bastárðo,-ða] *adj* 1 *(ilegítimo)* bâtard,-e. 2 *pey (despreciable)* infâme. ▶ *nm,f* bâtard,-e.

basto,-ta [básto,-ta] *adj* grossier, -ère.

bastón [bastón] *nm* 1 *(para andar)* canne *f*. 2 *(insignia, de esquí)* bâton *m*.

basura [basúra] *nf* ordures *f pl*.

basurero [basuréro] *nm* 1 *(persona)* éboueur *m*, boueux *m*. 2 *(lugar)* décharge *f*.

bata [báta] *nf* 1 *(de casa)* robe *f* de chambre. 2 *(de colegial)* tablier *m*. 3 *(de trabajo)* blouse *f*.

batalla [bataʎa] *nf* bataille *f*. • **de batalla** de tous les jours.
batata [batáta] *nf* patate *f* douce.
batería [batería] *nf* batterie *f*. ▶ *nmf* batteur,-euse. • **en batería** en épi.
batido,-da [batiðo,-ða] *adj* 1 (*camino, huevos*) battu,-e. 2 (*nata*) fouetté,-e. ▶ *nm* **batido** (*bebida*) milk-shake *m*.
batidora [batiðòra] *nf* 1 (*manual*) batteur *m*, fouet *m*. 2 (*eléctrica*) mixer *m*.
batir [batir] *vt* 1 (*gen*) battre: 2 (*nata*) fouetter. 3 (*récord*) reconnaître. ▶ *vi* (*viento, lluvia*) battre.
batuta [batúta] *nf* baguette *f* de chef d'orchestre. • **llevar la batuta** 1 diriger l'orchestre. 2 *fig* mener la danse.
bautismo [bautizmo] *nm* baptême *m*.
bautizar [4] [bautiθár] *vt* baptiser.
bautizo [bautíθo] *nm* baptême *m*.
bayeta [bajéta] *nf* 1 (*trapo*) chiffon *m*. 2 (*para secar*) torchon *m*.
baza [báθa] *nf* 1 (*en el juego de naipes*) pli *m*. 2 (*ocasión*) atout *m*. • **meter baza** mettre son grain de sel.
bazo [báθo] *nm* rate *f*.
bebé [beβé] *nm* bébé *m*.
beber [beβér] *vt* - *vi* 1 (*líquido*) boire. 2 *fig* (*conocimientos*) puiser. ▶ *vpr* **beberse** *fam* boire: **se bebió tres cervezas una tras otra**, il a bu trois bières l'une après l'autre.
bebida [beβíða] *nf* boisson *f*.
bebido,-da [beβíðo,-ða] *adj* gris,-e.
beca [béka] *nf* bourse *f*.
beige, beis [beis] *adj* - *nm* beige.
béisbol [béizβol] *nm* base-ball *m*.
belén [belén] *nm* crèche *f*.
belga [bélɣa] *adj* belge. ▶ *nmf* Belge.
Bélgica [bélxika] *n pr* Belgique *f*.
belleza [beʎéθa] *nf* beauté *f*.
bello,-lla [béʎo,-ʎa] *adj* beau, belle. ▪ **bellas artes** beaux-arts *m pl*.
bendecir [79] [bendeθír] *vt* bénir.
bendición [bendiθjón] *nf* bénédiction *f*.
bendito,-ta [bendito,-ta] *adj* béni, -e, bénit,-e. • **ser un bendito** être simple d'esprit.
beneficiar [12] [benefiθjár] *vt* faire du bien: **lo que dijo no te beneficia nada**, ce qu'il a dit ne t'est d'aucune aide. ▶ *vpr* **beneficiarse** bénéficier (**de**, de).
beneficio [benefíθjo] *nm* 1 (*ganancia*) bénéfice *m*. 2 (*bien*) bienfait *m*.
benéfico,-ca [benéfiko,-ka] *adj* bienfaisant,-e.
benévolo,-la [benéβolo,-la] *adj* (*indulgente*) bienveillant,-e.
bengala [bengála] *nf* 1 (*de fiesta*) feu de Bengale. 2 (*para hacer señales*) fusée *f* éclairante.
benigno,-na [beniɣno,-na] *adj* 1 (*tumor, enfermedad*) bénin, -igne. 2 (*clima*) doux, douce.
berberecho [berβerétʃo] *nm* coque *f*.
berenjena [bereŋxéna] *nf* aubergine *f*.
Berlín [berlín] *n pr* Berlin.
bermudas [bermúðas] *nf pl* bermuda *m sing*.
berrear [berreár] *vi* 1 (*becerro*) beugler. 2 (*niño*) brailler.
berza [bérθa] *nf* chou *m*.
besamel [besamél], **bechamel** [betʃamél] *nf* béchamel *f*.
besar [besár] *vt* embrasser.
beso [béso] *nm* baiser *m*. • **comer(se) a besos** couvrir de baisers. **dar un beso** embrasser.
bestia [béstja] *nf* (*animal*) bête *f*. ▶ *adj - nmf* (*persona*) brute *f*. ▪ **bestia negra** bête noire.

bestial [bestjál] *adj* **1** *(brutal)* bestial,-e. **2** *fam (enorme)* énorme. **3** *fam (extraordinario)* génial.

bestialidad [bestjaliðáð] *nf* **1** *(brutalidad)* bestialité *f*. **2** *(tontería)* bêtise *f*. • **una bestialidad de** *fam* des tas *m pl*.

besugo [besúyo] *nm* **1** *(pez)* pagre *m*, daurade *f*. **2** *(persona)* andouille *f*.

besuquear [besukeár] *vt* bécoter.

betún [betún] *nm (para el calzado)* cirage *m*.

biberón [biβerón] *nm* biberon *m*.

Biblia [bíβlja] *nf* Bible *f*.

bíblico,-ca [bíβliko,-ka] *adj* biblique.

bibliografía [biβljoɣrafia] *nf* bibliographie *f*.

biblioteca [biβljotéka] *nf* bibliothèque *f*.

bibliotecario,-ria [biβljotekárjo,-rja] *nm,f* bibliothécaire.

bicarbonato [bikarβonáto] *nm* bicarbonate *m*.

bíceps [bíθeps] *nm* biceps *m*.

bicho [bitʃo] *nm* bête *f*, bestiole *f*.

bici [bíθi] *nf* vélo *m*.

bicicleta [biθikléta] *nf* bicyclette *f*, vélo *m*. ▪ **bicicleta de montaña** VTT *m*.

bicolor [bikolór] *adj* bicolore.

bidón [biðón] *nm* bidon *m*.

bien [bjen] *adv* **1** *(gen)* bien. **2** *(agradablemente)* bon: **saber bien**, **oler bien**, avoir bon goût, sentir bon. ► *conj* soit: **bien por la mañana, bien por la tarde**, soit le matin, soit l'après-midi. ► *nm* bien *m*. ► *nm pl* **bienes** biens *m pl*. • **ahora bien** or. **bien que** bien que. **estar bien 1** *(de salud)* se porter bien. **2** *(de gusto, olor, aspecto)* être bien. **3** *(ser suficiente)* suffire. **más bien** plutôt. **salir bien** réussir. **¡ya esta bien!** ça suffit !

bienal [bjenál] *adj* - *nf* biennal,-e.

bienaventurado,-da [bjenaβenturáðo,-ða] *adj* - *nm* bienheureux,-euse.

bienestar [bjenestár] *nm* bien-être *m*.

bienio [bjénjo] *nm* période *f* de deux ans.

bienvenida [bjembeniða] *nf* bienvenue *f*. • **dar la bienvenida** souhaiter la bienvenue.

bigote [biyóte] *nm* moustache *f*.

bilateral [bilaterál] *adj* bilatéral,-e.

bilingüe [bilingwe] *adj* bilingue.

bilingüismo [bilingwizmo] *nm* bilinguisme *m*.

billar [biʎár] *nm* billard *m*.

billete [biʎéte] *nm* billet *m*.

billón [biʎón] *nm* billion *m*.

bimensual [bimenswál] *adj* bimensuel,-elle.

bimestral [bimestrál] *adj* bimestriel,-elle.

binario,-ria [binárjo,-rja] *adj* binaire.

binomio [binómjo] *nm* binôme *m*.

biodegradable [bjoðeɣraðáβle] *adj* biodégradable.

biografía [bjoɣrafia] *nf* biographie *f*.

biología [bjoloxia] *nf* biologie *f*.

biológico,-ca [bjolóxiko,-ka] *adj* biologique.

biombo [bjómbo] *nm* paravent *m*.

bioquímica [bjokímika] *nf* biochimie *f*.

birlar [birlár] *vt fam* faucher.

bisabuelo,-la [bisaβwélo,-la] *nm,f* arrière-grand-père *m*, arrière-grand-mère *f*.

bisexual [bisekswál] *adj* bisexuel,-elle.

bisiesto [bisjésto] *adj* bissextile.

bisnieto,-ta [biznjéto,-ta] *nm,f* arrière-petit-fils *m*, arrière-petite-fille *f*.

bisonte [bisònte] *nm* bison *m*.
bistec [bisték] *nm* bifteck *m*.
bisutería [bisuteria] *nf* bijoux *m pl* fantaisie.
bizco,-ca [biθko,-ka] *adj* louche. ▸ *nm,f* loucheur,-euse.
bizcocho [biθkótʃo] *nm* biscuit *m*.
blanca [blàŋka] *nf* MÚS blanche *f*. • **estar o quedarse sin blanca** être sans le rond.
blanco,-ca [blàŋko,-ka] *adj* blanc, blanche. ▶ *nm,f (de raza blanca)* Blanc, Blanche. ▶ *nm* **blanco** blanc *m*. • **dar en el blanco** viser juste. **quedarse en blanco** avoir un trou de mémoire.
blancura [blaŋkúra] *nf* blancheur *f*.
blandir [blandír] *vt* brandir.
blando,-da [blàndo,-ða] *adj* 1 *(gen)* mou, molle. 2 *(de carácter)* mou, molle; *(cobarde)* lâche.
blanquear [blaŋkeár] *vt* blanchir.
blasfemar [blasfemár] *vi* blasphémer.
blasfemia [blasfémja] *nf* blasphème *m*.
bledo [blèðo]. • **me importa un bledo** *fam* je m'en moque comme de l'an quarante.
blindado,-da [blindàðo,-ða] *adj* blindé,-e.
blindar [blindár] *vt* blinder.
bloc [blok] *nm* bloc-notes *m*.
bloguero,-ra [bloɣéro,-ra] *nm,f* INFORM blogueur,-euse *m,f*.
bloque [blóke] *nm* bloc *m*. ▪ **bloque de pisos** immeuble *m*.
bloquear [blokeár] *vt* 1 *(gen)* bloquer. 2 *(cuenta)* geler.
bloqueo [blokéo] *nm* blocage *m*.
blusa [blúsa] *nf* chemisier *m*.
bobada [boβáða] *nf* bêtise *f*.
bobo,-ba [bóβo,-βa] *adj* - *nm,f* sot, sotte, idiot,-e.
boca [bóka] *nf* 1 *(gen)* bouche *f*. 2 *(de los carnívoros, de horno, de cañón)*

bola

gueule *f*. • **andar en boca de todos** être sur toutes les lèvres. **boca abajo** à plat ventre. **boca arriba** sur le dos. ▪ **boca a boca** 1 *(método de resucitación)* bouche-à-bouche *m*. 2 *(manera de saber de algo)* bouche à oreille *m*.
bocabajo → boca abajo.
bocadillo [bokaðíʎo] *nm* 1 *(de comer)* sandwich *m*. 2 *(de cómic)* bulle *f*.
bocado [bokáðo] *nm* 1 *(de comida)* bouchée *f*. 2 *(mordisco)* coup *m* de dent. • **no probar bocado** ne rien avaler.
bocata® [bokáta] *nm fam* sandwich *m*.
bocazas [bokáθas] *nm fam* grande gueule *f*.
boceto [boθéto] *nm* ébauche *f*, esquisse *f*.
bochorno [botʃórno] *nm* 1 *(clima)* chaleur *f* lourde. 2 *(viento)* vent *m* chaud.
bocina [boθína] *nf* klaxon *m*.
boda [bóða] *nf* 1 *(ceremonia)* mariage *m*. 2 *(fiesta)* noce *f*.
bodega [boðéɣa] *nf* 1 *(de un edificio)* cave *f*. 2 *(de un barco)* cale *f*. 3 *(de un avión)* soute *f*. 4 *(de vinos)* cave *f*. 5 *(tienda)* bar *m* à vin.
bodeguero,-ra [boðeɣéro,-ra] *nm,f* propriétaire d'une cave.
bofetada [bofetáða] *nf* 1 *(golpe)* gifle *f*. 2 *(desaire)* affront *m*.
bohemio,-mia [boémjo,-mja] *adj* - *nm,f (de vida desordenada)* bohème.
boicot [bojkót] *nm* boycott *m*.
boicotear [bojkoteár] *vt* boycotter.
boina [bójna] *nf* béret *m*.
bol [bol] *nm* bol *m*.
bola [bóla] *nf* 1 *(cuerpo esférico)* boule *f*. 2 *(canica)* bille *f*. 3 *(embuste)* bobard *m*. • **a su bola** *fam* à son idée: **va a su bola**, il n'en fait qu'à sa tête. **en bolas** à poil.

bolera [boléra] *nf* bowling *m*.
boletín [boletín] *nm* bulletin *m*. ▪ **boletín de prensa** communiqué *m* de presse.
boleto [boléto] *nm* **1** *(de lotería)* billet *m*. **2** *(de quinielas)* bulletin *m*.
boli [bóli] *nm fam* stylo *m*.
bolígrafo [bolíɣrafo] *nm* stylo *m* à bille.
Bolivia [bolíβja] *n pr* Bolivie *f*.
boliviano,-na [bolíβjáno,-na] *adj* bolivien,-enne. ► *nm,f* Bolivien, -enne.
bollo [bóʎo] *nm* brioche *f*; *(- alargado)* pain *m* au lait.
bolo [bólo] *nm* quille *f*.
bolsa [bólsa] *nf* **1** *(objeto)* sac *m*: **bolsa de papel/de plástico**, sac en papier/en plastique. **2** *(en los ojos)* poche *f*. **3 Bolsa** ECON Bourse *f*. ▪ **bolsa de basura** sac-poubelle *m*.
bolsillo [bolsíʎo] *nm* poche *f*. ▪ **meterse a ALGN en el bolsillo** mettre QQN dans sa poche.
bolso [bólso] *nm* sac *m* à main.
bomba [bómba] *nf* **1** *(proyectil, artefacto explosivo)* bombe *f*. **2** *(máquina)* pompe *f*. ▪ **pasarlo bomba** s'amuser comme un fou. ▪ **bomba de mano** grenade *f*.
bombardear [bombarðeár] *vt* bombarder.
bombardeo [bombarðéo] *nm* bombardement *m*.
bombero,-ra [bombéro] *nm* pompier *m*, sapeur-pompier *m*.
bombilla [bombíʎa] *nf* ampoule *f*.
bombo [bómbo] *nm* **1** *(instrumento musical)* grosse caisse *f*. **2** *(para la lotería)* boule *f*. **3** *fam (de embarazada)* bide *m*.
bombón [bombón] *nm* chocolat *m*.
bombona [bombóna] *nf* bonbonne *f*.

bondad [bondáð] *nf* bonté *f*. ▪ **tener la bondad de + inf** avoir la bonté de + *inf*.
bondadoso,-sa [bondaðóso,-sa] *adj* bon, bonne.
boniato [bonjáto] *nm* patate *f* douce.
bonificar [1] [bonifikár] *vt* améliorer.
bonito,-ta [boníto,-ta] *adj* joli,-e. ► *nm* **bonito** *(pez)* thon *m*.
bono [bóno] *nm* bon *m*.
bonobús [bonoβús] *nm* coupon *m* d'autobus.
boquerón [bokerón] *nm (pez)* anchois *m* frais.
boquiabierto,-ta [bokjaβjérto,-ta]. ▪ **quedarse boquiabierto,-ta** rester bouche bée.
borda [bórða] *nf* bord *m*.
bordado [borðáðo] *nm* broderie *f*.
bordar [borðár] *vt* broder.
borde¹ [bórðe] *nmf fam (persona)* emmerdeur,-euse.
borde² [bórðe] *nm (esquina)* bord *m*. ▪ **al borde de** au bord de.
bordillo [borðíʎo] *nm* bordure *f*.
bordo [bórðo] *nm* bord *m*.
borne [bórne] *nm* borne *f*.
borrachera [boratʃéra] *nf* cuite *f*. ▪ **pillar una borrachera** *fam* se soûler.
borracho,-cha [borátʃo,-tʃa] *adj* soûl, soûle. ► *nm,f* ivrogne. ▪ **estar borracho como una cuba** *fam* être ivre mort.
borrador [boraðór] *nm* brouillon *m*.
borrar [borár] *vt* **1** *(hacer desaparecer)* effacer. **2** *(tachar)* biffer, rayer. **3** INFORM supprimer.
borrego,-ga [boréɣo,-ɣa] *nm,f* **1** agneau *m*, agnelle *f* **2** *fig (necio)* benêt *m*.
borrón [borón] *nm* **1** *(de tinta)* pâté *m*. **2** *(imperfección, deshonra)* tache *f*.

brinco

- **hacer borrón y cuenta nueva** tourner la page.
borroso,-sa [boróso,-sa] *adj* flou,-e.
bosque [bóske] *nm* bois *m*, forêt *f*.
bostezar [4] [bosteθár] *vi* bâiller.
bota [bóta] *nf* 1 *(calzado)* botte *f*. 2 *(para el vino)* outre *f*. 3 *(cuba)* tonneau *m*, barrique *f*. ■ **ponerse las botas 1** *fam fig (obtener ganancias)* s'en mettre plein les poches. 2 *(de comida)* s'en mettre plein la lampe. ■ **botas de esquí** chaussures *f pl* de ski.
botánica [botánika] *nf* botanique *f*.
botánico,-ca [botániko,-ka] *adj* botanique. ▶ *nm,f* botaniste.
botar [botár] *vt* 1 *(un barco)* lancer. 2 *(pelota)* faire rebondir. 3 **fam** *(persona)* virer. ▶ *vi* 1 *(una pelota)* rebondir. 2 *(saltar una persona)* bondir, sauter.
bote[1] [bóte] *nm (barco)* canot *m*. ■ **bote salvavidas** canot de sauvetage.
bote[2] [bóte] *nm (salto)* bond *m*. ● **a bote pronto 1** *(darle a una pelota)* au rebond. 2 *(de forma imprevista)* tout à coup. **dar botes** faire des bonds.
bote[3] [bóte] *nm* 1 *(recipiente)* bocal *m*, bote *m*. 2 *(lata)* boîte *f*. 3 *(propina)* pourboire *m*. ● **tener en el bote** avoir dans la poche.
botella [botéʎa] *nf* bouteille *f*.
botijo [botíxo] *nm* cruche *f*.
botín [botín] *nm (tesoro, dinero)* butin *m*.
botiquín [botikín] *nm* 1 *(armario)* armoire *f* à pharmacie. 2 *(maletín)* trousse *f* à pharmacie.
botón [botón] *nm* bouton *m*.
bovino,-na [boβíno,-na] *adj* bovin,-e. ▶ *nm* **bovino** bovin *m*.
boxeador,-ra [bokseaðór,-ra] *nm* boxeur,-euse.
boxeo [boksèo] *nm* boxe *f*.
boya [bója] *nf* bouée *f*.
boyante [bojánte] *adj* prospère, florissant,-e.
bracear [braθeár] *vi* 1 *(mover los brazos)* remuer les bras. 2 *(nadar)* nager la brasse.
braga [brája] *(gén ou pl)* *nf* culotte *f*.
bragueta [brayéta] *nf* braguette *f*.
brasa [brása] *nf* braise *f*. ● **a la brasa** sur la braise.
Brasil [brasíl] *n pr* Brésil *m*.
brasileño,-ña [brasiléɲo,-na] *adj* brésilien,-enne. ▶ *nm,f* Brésilien, -enne.
bravo,-va [bráβo,-βa] *adj* 1 *(valiente)* courageux,-euse. 2 *(animal)* sauvage; *(toro)* de combat. 3 *(mar)* démonté,-e.
bravura [braβúra] *nf* 1 *(de una persona)* bravoure *f*. 2 *(de los animales)* férocité *f*. 3 *(de un toro de lidia)* combativité *f*.
braza [bráθa] *nf* brasse *f*: **nadar a braza**, nager la brasse.
brazo [bráðo] *nm* bras *m*. ● **a brazo partido** à tour de bras. **cruzarse de brazos** rester les bras croisés. **no dar su brazo a torcer** ne pas lâcher prise. ■ **brazo de gitano** gâteau *m* roulé.
breve [bréβe] *adj* bref, brève. ● **en breve** bientôt, en peu de temps.
bricolaje [brikoláxe] *nm* bricolage *m*.
brigada [briyáða] *nf* brigade *f*. ▶ *nm (grado militar)* adjudant *m*. ■ **brigada antidisturbios** CRS *m pl*.
brillante [briʎánte] *adj* brillant,-e. ▶ *nm* brillant *m*.
brillar [briʎár] *vi* briller.
brillo [bríʎo] *nm* éclat *m*. ● **sacar brillo** astiquer.
brincar [1] [briŋkár] *vi* sauter.
brinco [bríŋko] *nm* bond *m*.

brindar [brindár] *vi (beber)* trinquer. ▶ *vt (proporcionar)* offrir: **brindar su ayuda**, offrir son aide. ▶ *vpr* **brindarse** *(ofrecerse)* (se) proposer: **se brindó a acompañarme**, il proposa de m'accompagner.

brindis [bríndis] *nm* toast *m*: **hacer un brindis**, porter un toast.

brisa [brísa] *nf* brise *f*.

británico,-ca [britániko,-ka] *adj* britannique. ▶ *nm,f* Britannique.

broche [brótʃe] *nm* **1** *(joya)* broche *f*. **2** *(para sujetar)* agrafe *f*.

broma [bróma] *nf* plaisanterie *f*. • **gastar una broma** faire une blague. ■ **broma pesada** plaisanterie de mauvais goût.

bromista [bromísta] *adj - nmf* blagueur,-euse.

bronca [brónka] *nf* bagarre *f*. • **armar(se) una bronca** y avoir de la bagarre. **echar una bronca** passer un savon.

bronce [brónθe] *nm* bronze *m*.

bronceado,-da [bronθeaðo,-ða] *adj* bronzé,-e. ▶ *nm* **bronceado** bronzage *m*.

bronceador [bronθeaðór] *nm* crème *f* solaire.

broncearse [bronθeárse] *vpr* se faire bronzer.

bronquitis [bronkítis] *nf* bronchite *f*.

brotar [brotár] *vi* **1** *(planta)* pousser, bourgeonner. **2** *(líquido)* jaillir, sourdre. **3** *fig (aparecer, surgir)* apparaître, germer.

brote [bróte] *nm* **1** *(de planta)* bourgeon *m*, pousse *f*. **2** *(de enfermedad, epidemia)* début *m*.

bruja [brúxa] *nf* **1** *(hechicera)* sorcière *f*. **2** *fig (mujer mala)* mégère *f*.

brújula [brúxula] *nf* boussole *f*.

bruma [brúma] *nf* brume *f*.

brusco,-ca [brúsko,-ka] *adj* brusque.

Bruselas [brusélas] *n pr* Bruxelles.

brutal [brutál] *adj* **1** *(bárbaro, salvaje)* brutal,-e. **2** *(extraordinario)* super. **3** *(muy grande)* énorme.

bruto,-ta [brúto,-ta] *nm,f* **1** *(persona - violento)* rude; *(- necio)* sot, sotte, bête; *(- inculto, maleducado)* rustre. **2** *(salvaje)* brutal,-e. **3** *(sin labrar)* brut,-e. **4** *(peso, beneficio, sueldo, petróleo)* brut. ▶ *nm,f* brute *f*.

bucear [buθeár] *vi* **1** *(el buzo)* plonger, travailler sous l'eau. **2** *(nadar)* nager sous l'eau. **3** *fig (en un asunto)* explorer.

bucle [búkle] *nm* boucle *f*.

budismo [buðízmo] *nm* bouddhisme *m*.

buen [bwen] *adj* → **bueno**.

bueno,-na [bwéno,-na] *adj (devant un nom masculin, on emploie* **buen**) **1** *(gen)* bon, bonne: **un buen médico**, un bon médecin. **2** *(voz, ocasión, tiempo)* beau, belle. **3** *(de comportamiento)* sage. **4** *(para enfatizar)* beau, belle. ▶ *interj* **¡bueno!** *(¡de acuerdo!)* bon !, bien ! • **¡buenas!** salut ! **buenas noches** *(al anochecer)* bonsoir. **2** *(antes de dormir)* bonne nuit. **buenas tardes** bon après-midi. **buenos días** bonjour. **estar bueno,-na 1** *(de salud)* être en bonne santé. **2** *fam (ser guapo)* être canon. **¡pero bueno!** mais enfin ! **por las buenas** de bon gré.

buey [bwei] *nm* bœuf *m*.

búfalo [búfalo] *nm* buffle *m*.

bufanda [bufánda] *nf* écharpe *f*.

búho [búo] *nm* hibou *m*.

buitre [bwítre] *nm* vautour *m*.

bula [búla] *nf* bulle *f*.

Bulgaria [bulɣárja] *n pr* Bulgarie *f*.

búlgaro,-ra [búlɣaro,-ra] *adj* bulgare. ▶ *nm,f* Bulgare. ▶ *nm* **búlgaro** *(idioma)* bulgare *m*.

bulla [búʎa] *nf* tapage *m*, bruit *m*. • **meter bulla** faire du tapage.
bullicio [buʎíθjo] *nm* 1 *(ruido)* brouhaha *m*, tapage *m*. 2 *(tumulto)* tumulte *m*, agitation *f*.
bullir [41] [buʎír] *vi* 1 *(hervir)* bouillir, bouillonner. 2 *fig (calle, ciudad)* grouiller.
bulto [búlto] *nm* 1 *(de una cosa)* volume *m*, grosseur *f*. 2 *(hinchazón)* bosse *f*, enflure *f*. 3 *(paquete)* paquet *m*, colis *m*. 4 *(silueta)* forme *f* vague, silhouette *f*. • **escurrir el bulto** s'esquiver, se dérober.
buñuelo [buɲwélo] *nm* 1 *(alimento)* beignet *m*. 2 *fam fig (cosa mal hecha)* cochonnerie *f*.
buque [búke] *nm* navire *m*, vaisseau *m*. ▪ **buque de guerra** navire de guerre.
burbuja [burβúxa] *nf* bulle *f*.
burdo,-da [búrðo,-ða] *adj* grossier, -ère.
burgués,-esa [burɣés,-ésa] *adj* - *nm,f* bourgeois,-oise.
burguesía [burɣesía] *nf* bourgeoisie *f*.
burla [búrla] *nf* 1 *(mofa)* moquerie *f*, raillerie *f*. 2 *(broma)* plaisanterie *f*.

burlar [burlár] *vt* 1 *(engañar)* tromper. 2 *(eludir)* se moquer de. ▶ *vpr* **burlarse** se moquer (**de**, de).
burocracia [burokráθja] *nf* bureaucratie *f*.
burócrata [burókrata] *nmf* bureaucrate.
burrada [buráða] *nf* 1 *(tontería)* ânerie *f*. • **una burrada (de)** *(gran cantidad)* beaucoup de.
burro,-rra [búro,-r̄a] *nm,f* 1 *(animal)* âne, ânesse. 2 *(necio)* sot, sotte, ignorant,-e.
busca [búska] *nf* 1 *(acción)* recherche *f*, quête *f*. 2 *(aparato)* bip *m*. • **en busca de** à la recherche de, en quête de.
buscador [buskaðór] *nm* INFORM moteur *m* de recherche.
buscar [1] [buskár] *vt* chercher. • **buscársela** provoquer. **buscarse la vida** *fam* se débrouiller.
búsqueda [búskeða] *nf* recherche *f*.
busto [músto] *nm* buste *m*.
butaca [butáka] *nf* 1 *(asiento)* fauteuil *m*. 2 *(en cine, teatro)* place *f*.
butifarra [butifár̄a] *nf* saucisse *f*.
buzón [buθón] *nm* boîte *f* aux lettres. ▪ **buzón de voz** boîte vocale.
byte [bite] *nm* INFORM octet *m*.

C

caballa [kaβáʎa] *nf* maquereau *m*.
caballero [kaβaʎéro] *nm* **1** *(hidalgo)* chevalier *m*. **2** *(hombre galante)* gentleman *m*. **3** *(señor)* monsieur *m*: **señoras y caballeros**, mesdames et messieurs. **4** *(hombre)* homme *m*: **ropa de caballeros**, vêtements pour homme.
caballete [kaβaʎéte] *nm* **1** *(de pintor, de tortura)* chevalet *m*. **2** *(soporte)* tréteau *m*. **3** *(de tejado)* faîte *m*. **4** *(de nariz)* arête *f*.
caballito [kaβaʎíto] *nm* petit cheval *m*. ▶ *nm pl* **caballitos** manège *m sing*.
caballo [kaβáʎo] *nm* **1** *(animal)* cheval *m*. **2** *(de ajedrez)* cavalier *m*. **3** *fam (heroína)* héro *m*. **4** *(naipe)* dame *f*. ▶ *nm pl* **caballos** *(potencia)* puissance *f* en chevaux. • **a caballo entre** à mi-chemin entre. **montar a caballo** monter à cheval.
cabaña [kaβáɲa] *nf* cabane *f*.
cabecear [kaβeθeár] *vi* **1** *(balón)* faire une tête. **2** *(negar)* hocher la tête. **3** *(dormirse)* somnoler.
cabecera [kaβeθéra] *nf* **1** *(parte principal)* tête *f*. **2** *(de la mesa)* tête *f*. **3** *(de la cama)* chevet *m*. **4** *(de un periódico)* manchette *f*. **5** *(de una carta, escrito)* en-tête *m*.
cabello [kaβéʎo] *nm* **1** *(pelo)* cheveu *m*. **2** *(cabellera)* chevelure *f*, cheveux *m pl*. ▪ **cabello de ángel** cheveux d'ange.

caber [66] [kaβèr] *vi* **1** *(en un lugar)* tenir, entrer: **estos libros no caben en el armario**, ces livres ne tiennent pas dans l'armoire. **2** *(tener)* avoir, revenir: **me cabe el honor de**, j'ai l'honneur de. **3 caber + inf** *(ser posible)* être possible + *inf*, y avoir lieu de + *inf*: **cabe pensar que**, il y a lieu de penser que. • **dentro de lo que cabe** dans la mesure du possible, autant que possible. **si cabe** si c'est possible.
cabeza [kaβéθa] *nf (gen)* tête *f*. ▶ *nmf* tête *f*, chef *m*. • **a la cabeza de** en tête de. **estar mal de la cabeza** ne pas tourner rond. **írsele de la cabeza** ALGO a ALGN oublier QQCH. **sentar la cabeza** se ranger. **subirse a la cabeza** monter à la tête.
cabezal [kaβeθál] *nm* **1** *(lector)* tête *f* de lecture. **2** *(de cama)* chevet *m*. **3** *(almohada)* traversin *m*.
cabezazo [kaβeθáθo] *nm* **1** *(golpe)* coup *m* sur la tête. **2** DEP coup *m* de tête.
cabezón,-ona [kaβeθón,-ona] *adj* **1** *(de cabeza grande)* qui a une grosse tête. **2** *(terco)* têtu,-e.
cabida [kaβíða] *nf* contenance *f*; *(de lugar)* capacité *f*.
cabina [kaβína] *nf* cabine *f*.
cabizbajo,-ja [kaβiθβáxo,-xa] *adj* tête basse.
cable [káβle] *nm* **1** *(cuerda)* câble *m*. **2** *(cablegrama)* câblogramme *m*,

câble m. • **echarle un cable a** ALGN fam donner un coup de main à QQN.

cabo [káβo] nm **1** (extremo) bout m, extrémité f. **2** GEOG cap m. **3** (grado militar) caporal m. • **al cabo de** au bout de. **al fin y al cabo** en fin de compte, au bout du compte. **llevar a cabo** réaliser.

cabra [káβra] nf chèvre f. • **estar como una cabra** fam être cinglé,-e.

cabrear [kaβreár] vt fam mettre dans tous ses états.

cabreo [kaβréo] nm fam colère f, crise f. • **coger un cabreo** fam piquer sa crise. **tener un cabreo** fam être en rogne.

cabrón,-ona [kaβrón,-óna] adj - nm, f vulg (persona mala) salaud, salope.

caca [káka] nf caca m. • **hacer caca** faire caca.

cacahuete [kakawéte] nm cacahuète f, cacahouète f.

cacao [kakáo] nm **1** (planta) cacaoyer m, cacaotier m. **2** (grano, polvo, bebida) cacao m. **3** (lío) pagaille f.

cacerola [kaθeróla] nf (recipiente - con mango) casserole f, marmite f; (- con asas) marmite f, fait-tout m.

cacharro [katʃáro] nm **1** (recipiente) pot m, vase m. **2** fam (chisme) machin m, truc m.

caché [katʃé] **1** nm cachet m. **2** INFORM mémoire f cache, antémémoire f.

cachear [katʃeár] vt fouiller.

cachete [katʃéte] nm claque f, gifle f.

cachivache [katʃiβátʃe] nm machin m, truc m.

cacho [kátʃo] nm morceau m, bout m.

cachondearse [katʃondeárse] vpr **1** fam (burlarse) se ficher: **¿te cachondeas de mí?**, tu te fiches de moi ? **2** fam (tomar a broma) prendre à la rigolade: **se cachondeó de todo**, il prend tout à la rigolade.

cachondeo [katʃondéo] nm **1** fam (broma) rigolade f. **2** fam (cosa poco seria) blague f: **la votación fue un cachondeo**, l'élection a été une farce. **3** fam (diversión, juerga) bringue f.

cachondo,-da [katʃóndo,-da] adj **1** fam (divertido) marrant,-e. **2** fam (excitado) excité,-e.

cachorro,-rra [katʃóro,-ra] nm,f (cría - de mamíferos) petit m; (- de perro) chiot m; (- de león) lionceau m.

cactus [káktus] nm (pl **cactus**) cactus m.

cada [káða] adj **1** (para distribuir o individualizar) chaque. **2** (con números, expresiones temporales) tous les, toutes les: **cada cuatro días**, tous les quatre jours. **3** (uso enfático) **¡lleva cada traje!**, il met de ces costumes ! • **cada cual** chacun,-e. **cada dos por tres** à tout bout de champ. **cada uno, una** chacun,-e. **cada vez más** de plus en plus.

cadáver [kaðáβer] nm cadavre m.

cadena [kaðéna] nf **1** (gen) chaîne f. **2** (del váter) chasse f d'eau. **3** (de radio) station f. • **tirar de la cadena** tirer la chasse. ■ **cadena perpetua** détention f à perpétuité.

cadera [kaðéra] nf hanche f.

caducar [1] [kaðukár] vi **1** (alimento) être périmé,-e. **2** (documento, billete, plazo) expirer.

caducidad [kaðuθiðáð] nf (de documento) caducité f. ■ **fecha de caducidad** date f limite de consommation.

caer [67] [kaér] vi **1** (gen) tomber. **2** fam (estar situado) se trouver, être situé,-e: **esto cae lejos de aquí**, cela se trouve loin d'ici. **3** *fam (ganar)* échoir, gagner: **le cayó el premio**, il a gagné le prix. **4** *(dar con la solución)* comprendre, saisir: **¡ya caigo!**, je comprends ! **5 caer en** *(día de la semana)* tomber: **su cumpleaños cae en martes**, son anniversaire tombe un jeudi. ▶ *vpr* **caerse** tomber. • **caer bien 1** *(persona)* aimer: Juan no me cae bien, je n'aime pas Juan. **2** *(prenda de vestir, peinado)* aller bien: esa camisa le cae muy bien, cette chemise lui va très bien. **caer mal 1** *(persona)* ne pas aimer. **2** *(prenda de vestir, peinado)* ne pas aller. **estar al caer 1** *(a punto de llegar)* être sur le point d'arriver. **2** *(a punto de conseguirse)* être dans la poche.

café [kafé] *nm* **1** *(gen)* café *m*. **2** *(planta)* caféier *m*. • **caer americano** café long. **café con leche** au lait. **café solo** café noir.

cafetera [kafetéra] *nf* cafetière *f*.

cafetería [kafetería] *nf* café *m*, snackbar *m*.

cagada [kayáða] *nf* **1** *fam (excremento)* merde *f*. **2** *fam (equivocación)* connerie *f*.

cagar [7] [kayár] *vt - vi vulg* chier. ▶ *vpr* **cagarse** *vulg* chier. • **cagarla** *vulg* mettre les pieds dans le plat. **cagarse de miedo** *vulg* avoir la trouille.

caída [kaíða] *nf* chute *f*. • **a la caída del sol** à la tombée du jour, au coucher du soleil.

caído,-da [kaíðo,-ða] *adj (hombros, senos)* tombant,-e: **tiene los hombros caídos**, il a les épaules tombantes. ▶ *nm pl* **los caídos** les morts: **monumento a los caídos**, monument aux morts.

caja [káxa] *nf* **1** *(recipiente - pequeño)* boîte *f*; *(- grande)* caisse *f*. **2** *(en un establecimiento, un banco)* caisse *f*. • **caja de ahorros** caisse d'épargne. **caja de cambios** boîte de vitesses. **caja fuerte** coffre-fort *m*.

cajero,-ra [kaxéro,-ra] *nm,f* caissier,-ère. • **cajero automático** distributeur *m* automatique, billeterie *f*.

cajetilla [kaxetíʎa] *nf* paquet *m* de cigarettes.

cajón [kaxón] *nm* **1** *(de mueble)* tiroir. **2** *(caja grande)* grande caisse *f*.

cala [kála] *nf* **1** *(de un barco)* cale *f*. **2** *(ensenada)* crique *f*.

calabacín [kalaβaθín] *nm* courgette *f*.

calabaza [kalaβáθa] *nf* citrouille *f*, courge *f*, potiron *m*.

calabozo [kalaβóθo] *nm* cachot *m*.

calado,-da [kaláðo,-ða] *adj (tela, prenda de vestir)* percé,-e, ajouré,-e. **2** *(empapado)* trempé,-e.

calamar [kalamár] *nm* cal(a)mar *m*, encornet *m*.

calambre [kalámbre] *nm* **1** *(muscular)* crampe *f*. **2** *(eléctrico)* décharge *f* électrique.

calar [kalár] *vt* **1** *(líquido)* imbiber, pénétrer. **2** *fam fig (intención)* deviner: **te han calado enseguida**, ils ont deviné tes intentions tout de suite. ▶ *vpr* **calarse 1** *(mojarse)* se faire tremper. **2** *(automóvil, motor)* caler. **3** *(sombrero)* enfoncer.

calavera [kalaβéra] *nf* tête *f* de mort. ▶ *nm (juerguista)* noceur *m*.

calcetín [kalθetín] *nm* chaussette *f*.

calcio [kálθjo] *nm* calcium *m*.

calco [kálko] *nm* calque *m*.

calculadora [kalkulaðóra] *nf* calculatrice *f*; *(de bolsillo)* calculette *f*.

calcular [kalkulár] *vt* **1** *(cantidad, resultado)* calculer. **2** *(estimar, suponer)* estimer, penser.

cálculo [kálkulo] *nm* calcul *m*.

caldera [kaldèra] *nf* chaudière *f.*
caldo [káldo] *nm* bouillon *m.* • **poner a caldo** *fam* passer un savon.
calefacción [kalefakθjón] *nf* chauffage *m.*
calendario [kalendárjo] *nm* calendrier *m.*
calentador [kalentaðór] *nm (de agua)* chauffe-eau *m.*
calentamiento [kalentamjénto] *nm* **1** *(de temperatura)* réchauffement *m.* **2** DEP échauffement *m.*
calentar [27] [kalentár] *vt* **1** *(subir la temperatura)* chauffer, faire chauffer. **2** *fam (pegar)* battre, rosser. **3** *fam (irritar)* fâcher. **4** *fam (sexualmente)* exciter. ► *vpr* **calentarse 1** *(para no tener frío)* se chauffer. **2** *fam (irritarse)* s'échauffer. **3** *fam (sexualmente)* s'exciter.
calentura [kalentúra] *nf* fièvre *f.*
calibre [kalíβre] *nm* **1** *(de arma)* calibre *m.* **2** *fig (importancia)* importance *f.*
calidad [kaliðáð] *nf* qualité *f.* • **de primera calidad** de premier choix.
cálido,-da [káliðo,-ða] *adj* **1** *(clima, voz)* chaud, chaude. **2** *(afectuoso)* chaleureux, -euse.
caliente [kaljénte] *adj* **1** *(gen)* chaud, chaude. **2** *fam (sexualmente)* excité,-e. • **en caliente** à chaud.
calificación [kalifikaθjón] *nf (en un examen)* note *f.*
calificar [1] [kalifikár] *vt* **1** *(considerar)* qualifier. **2** *(en un examen)* noter.
calificativo,-va [kalifikatíβo,-βa] *adj* qualificatif,-ive.
caligrafía [kaliɣrafía] *nf* **1** *(arte)* calligraphie *f.* **2** *(rasgos)* écriture *f.*
callado,-da [kaʎáðo,-ða] *adj* réservé,-e.

callar [kaʎár] *vi - vpr* **callar(se)** se taire. ► *vt* **1** *(secreto)* taire. **2** *(no decir)* passer sous silence. • **hacer callar** faire taire.
calle [káʎe] *nf* **1** *(vía pública)* rue *f.* **2** *(en atletismo, natación)* couloir *m.* ■ **calle mayor** rue principale.
callejero,-ra [kaʎeχéro,-ra] *adj* **1** *(persona)* flâneur,-euse. **2** *(de la calle)* de la rue: **escena callejera**, scène de la rue.
callejón [kaʎeχón] *nm* ruelle *f.* ■ **callejón sin salida 1** *(calle)* impasse *f*, cul-de-sac *m.* **2** *(situación)* impasse *f.*
callejuela [kaʎeχwéla] *nf* ruelle *f.*
calma [kálma] *nf (calma)*. • **perder la calma** perdre son calme.
calmante [kalmánte] *nm* calmant *m.*
calmar [kalmár] *vt* calmer, apaiser.
calor [kalór] *nm* **1** *(energía, estado, pasión)* chaleur *f.* **2** *(sensación)* chaud *m.* • **hacer calor** faire chaud. **tener calor** avoir chaud.
caloría [kaloría] *nf* calorie *f.*
caluroso,-sa [kaluróso,-sa] *adj* **1** *(tiempo)* chaud, chaude. **2** *(afectuoso)* chaleureux,-euse.
calvicie [kalβíθje] *nf* calvitie *f.*
calvo,-va [kálβo,-βa] *adj - nm,f* chauve.
calzada [kalθáða] *nf* **1** *(de una calle)* chaussée *f.* **2** *(camino)* route *f* pavée.
calzado [kalθáðo] *nm* chaussure *f*: **la industria del calzado**, l'industrie de la chaussure.
calzar [4] [kalθár] *vt* **1** *(con zapatos)* chausser: **calzo un 38**, je chausse du 38. **2** *(llevar puesto)* porter: **calzar zuecos**, porter des sabots. **3** *(poner una calza o cuña)* caler. ► *vpr* **calzarse** se chausser, mettre ses chaussures.

calzoncillos [kalθonθíλos] *nm pl* caleçon *m sing*, slip *m sing*.

cama [káma] *nf* lit *m*. • **hacer la cama** faire son lit. • **irse a la cama** aller au lit. ■ **cama de matrimonio** grand lit, lit double.

camaleón [kamaleón] *nm* caméléon *m*.

cámara [kámara] *nf* 1 *(aparato - para fotografiar)* appareil *m* photo; (- *para filmar)* caméra *f*. 2 *(sala, institución)* chambre *f*. 3 *(de rueda)* chambre *f* à air. ▶ *nmf (persona)* caméraman *m*. • **a cámara lenta** au ralenti. ■ **cámara digital** appareil *m* photo numérique.

camarada [kamaráða] *nmf* camarade.

camarero,-ra [kamaréro,-ra] *nm,f* 1 *(de café, restaurante)* serveur, -euse. 2 *(de hotel - hombre)* garçon *m* d'étage; *(- mujer)* femme *f* de chambre.

camarón [kamarón] *nm* crevette *f* grise.

camarote [kamaróte] *nm* cabine *f*.

cambiar [12] [kambjár] *vt - vi (gen)* changer. ▶ *vt (trocar)* échanger: **¿me puede cambiar esta camisa blanca por otra azul?**, pouvez-vous m'échanger cette chemise blanche contre une bleue ? ▶ *vpr* **cambiarse** *(de ropa)* se changer.

cambio [kámbjo] *nm* 1 *(modificación)* changement *m*. 2 *(intercambio)* échange *m*: **cambio de impresiones**, échange de vues. 3 *(moneda suelta)* monnaie *f*. 4 *(cotización)* change *m*. • **a cambio de** en échange de. **en cambio** en revanche, par contre. ■ **cambio de marchas** changement de vitesses.

camello [kaméλo] *nm* 1 *(animal)* chameau *m*. 2 *fam (traficante)* dealer *m*.

camerino [kameríno] *nm* loge *f*.

camilla [kamíλa] *nf* brancard *m*.

caminar [kaminár] *vi (andar)* marcher. ▶ *vt (una distancia)* parcourir en marchant.

caminata [kamináta] *nf* randonnée *f*.

camino [kamíno] *nm* chemin *m*. • **camino de** vers. **de camino** en chemin, en passant. **en camino** en route.

camión [kamjón] *nm* camion *m*.

camionero,-ra [kamjonéro,-ra] *nm,f* camionneur *m*, routier *m*.

camioneta [kamjonéta] *nf* camionnette *f*.

camisa [kamísa] *nf* chemise *f*.

camiseta [kamiséta] *nf* 1 *(ropa interior)* maillot *m* de corps. 2 *(exterior)* tee-shirt *m*. 3 *(de deporte)* maillot *m*.

camisón [kamisón] *nm* chemise *f* de nuit.

campamento [kampaménto] *nm* campement *m*. ■ **campamento de refugiados** camp *m* de réfugiés. **campamento de verano** camp de vacances.

campana [kampána] *nf* 1 *(instrumento)* cloche *f*. 2 *(de chimenea)* hotte *f*, manteau *m*. ■ **campana extractora** hotte aspirante.

campanada [kampanáða] *nf* sonnerie *f*.

campanario [kampanárjo] *nm* clocher *m*.

campaña [kampáɲa] *nf* campagne *f*.

campechano,-na [kampetʃáno,-na] *adj* simple.

campeón,-ona [kampeón,-ona] *nm,f* champion,-onne.

campeonato [kampeonáto] *nm* championnat *m*. • **de campeonato** 1 *(fantástico)* fantastique. 2 *(grande)* énorme.

campesino,-na [kampesíno,-na] *nm,f* paysan,-anne.

campo [kámpo] *nm* **1** *(extensión terreno)* champ *m*. **2** *(por oposición a la ciudad)* campagne *f*. **3** *(de deportes)* terrain *m*. **4** *(ámbito, de base de datos)* champ *m*. ■ **campo de batalla** champ de bataille. **campo de concentración** camp *m* de concentration. **campo de fútbol** terrain de football.

camuflar [kamuflár] *vt* camoufler.

cana [kána] *nf* cheveu *m* blanc. • **tener canas** avoir des cheveux blancs.

Canadá [kanaðá] *n pr* Canada *m*.

canadiense [kanaðjénse] *adj* canadien, -enne. ▶ *nmf* Canadien, -enne.

canal [kanál] *nm* **1** *(gen)* canal *m*. **2** *(de un puerto)* chenal *m*. **3** *(de televisión)* chaîne *f*.

canalizar [4] [kanaliθár] *vt* canaliser.

canapé [kanapé] *nm* canapé *m*.

canasta [kanásta] *nf* **1** *(recipiente - cesta)* panier *m*; *(- con dos asas)* manne *f*, corbeille *f*. **2** *(en baloncesto)* panier *m*.

canasto [kanásto] *nm* panier *m*.

cancelar [kanθelár] *vt* **1** *(contrato, orden)* annuler. **2** *(deuda)* régler, solder.

cáncer [kánθer] *nm* (*enfermedad*) cancer *m*.

canceroso,-sa [kanθeróso,-sa] *adj* cancéreux,-euse.

canción [kanθjón] *nf* chanson *f*.

candado [kandáðo] *nm* cadenas *m*.

candela [kandéla] *nf* **1** *(vela)* chandelle *f*. **2** *(medida)* candela *f*.

candidato,-ta [kandiðáto,-ta] *nm,f* candidat,-e.

candidatura [kandiðatúra] *nf* **1** *(propuesta)* candidature *f*. **2** *(lista)* liste *f* de candidats.

cándido,-da [kándiðo,-ða] *adj* candide.

candor [kandór] *nm* candeur *f*.

canela [kanéla] *nf* cannelle *f*.

cangrejo [kaŋɡréxo] *nm* **1** *(de mar)* crabe *m*. **2** *(de río)* écrevisse *f*.

canguelo [kaŋɡélo] *nm fam* frousse *f*.

canguro [kaŋɡúro] *nm* (*animal*) kangourou *m*. ▶ *nmf* (*cuidadora*) baby-sitter.

caníbal [kaníβal] *adj - nmf* cannibale.

canica [kaníka] *nf* bille *f*.

canino,-na [kaníno,-na] *adj* (*del perro*) canin,-e. ▶ *nm* **canino** (*diente - de persona*) canine *f*; (*- de animal*) croc *m*.

canje [kánxe] *nm* échange *m*.

canjear [kanxeár] *vt* échanger.

cano,-na [káno,-na] *adj* **1** (*pelo, barba*) blanc, blanche. **2** (*persona*) qui a les cheveux blancs.

canoa [kanóa] *nf* **1** (*piragua*) canoë *m*. **2** (*de remo o con motor*) canot *m*.

canoso,-sa [kanóso,-sa] *adj* (*persona*) chenu,-e. **2** (*pelo, barba*) grisonnant,-e.

cansado,-da [kansáðo,-ða] *adj* **1** (*fatigado*) fatigué,-e. **2** (*harto*) las, lasse. **3** (*que cansa*) fatigant,-e. **4** (*que fastidia*) ennuyeux,-euse.

cansancio [kansánθjo] *nm* fatigue *f*.

cansar [kansár] *vt* **1** (*fatigar*) fatiguer. **2** (*molestar*) lasser, ennuyer.

cantante [kantánte] *adj - nmf* chanteur, -euse.

cantaor,-ra [kantaór,-ra] *nm,f* chanteur, -euse de flamenco.

cantar [kantár] *vt - vi* **1** (*canciones*) chanter. **2** *fam* (*confesar*) se mettre à table. **3** (*en juegos*) annoncer. ▶ *vi fam* (*llamar la atención*) attirer l'attention.

cante [kánte] *nm* chant *m*. • **dar el cante** *fam* attirer l'attention.

cantera [kantéra] nf 1 (de piedra) carrière f. 2 (de futbolistas, artistas) pépinière f.

cantidad [kantiðáð] nf 1 (volumen) quantité f. 2 (de dinero) somme f: **recibí la cantidad de cien euros**, j'ai reçu la somme de cent euros. 3 **cantidad de** fam (muchos) beaucoup de: **había cantidad de gente**, il y avait beaucoup de gens.

cantina [kantína] nf 1 (comedor) cantine f. 2 (en una estación) buvette f.

canto [kánto] nm chant m.

caña [káɲa] nf 1 (planta) roseau m, canne f. 2 (tallo) chaume m, tige f. 3 (de pescar) ligne f. 4 (de bota) tige f. 5 (de cerveza) demi m. • **dar caña** 1 fam (hostigar, azuzar) tanner. 2 fam (en coche) accélérer.

cañería [kaɲería] nf tuyau m. ▶ pl **cañerías** tuyauterie f.

cañón [kaɲón] nm 1 (de artillería, de arma de fuego) canon m. 2 (accidente geográfico) cañon m, canyon m. 3 (tubo) tuyau m.

cañonazo [kaɲonáθo] nm coup m de canon.

caos [káos] nm chaos m.

capa [kápa] nf 1 (prenda) cape f. 2 (de pintura, aire, rocas) couche f. 3 (social) couche f.

capacidad [kapaθiðáð] nf capacité f.

capacitar [kapaθitár] vt 1 (hacer apto) rendre apte, rendre capable. 2 (autorizar) autoriser, habiliter. 3 (instruir) former.

caparazón [kaparaθón] nm carapace f.

capaz [kapáθ] adj 1 (hábil) capable. 2 (apto) apte.

capilar [kapilár] adj capillaire.

capilla [kapíʎa] nf chapelle f.

capital [kapitál] adj (principal) capital,-e. ▶ nm (dinero) capital m. ▶ nf (ciudad principal - de un estado) capitale f; (- de provincia) chef-lieu m.

capitalismo [kapitalizmo] nm capitalisme m.

capitalista [kapitalísta] adj - nmf capitaliste.

capitán,-ana [kapitán,-ána] nm,f capitaine m.

capítulo [kapítulo] nm chapitre m.

capó [kapó] nm capot m.

capota [kapóta] nf capote f.

capote [kapóte] nm 1 (para torear) cape f. 2 (prenda) capote f, manteau m.

capricho [kaprítʃo] nm caprice m. • **darse un capricho** se faire un petit plaisir.

caprichoso,-sa [kaprítʃóso,-sa] adj capricieux,-euse.

cápsula [kápsula] nf capsule f.

captura [kaptúra] nf capture f.

capturar [kapturár] vt capturer.

capucha [kapútʃa] nf 1 (de prenda de vestir) capuche f, capuchon m. 2 (de bolígrafo, pluma) capuchon m.

capullo,-lla [kapúʎo,-ʎa] adj - nm,f fam (estúpido) con, conne. ▶ nm **capullo** 1 (de gusano de seda) cocon m. 2 (de flor) bouton m. 3 fam (prepucio) gland m.

cara [kára] nf 1 (parte anterior de la cabeza) visage m, figure f. 2 (semblante, fisonomía) mine f, air m. 3 (aspecto) mine f: **tienes buena cara**, tu as bonne mine. 4 (lado) côté m. 5 fam (descaro) toupet m, culot m. 6 (plano, de moneda) face f. • **cara a cara** face à face. **cara o cruz** pile ou face. **dar la cara** prendre la responsabilité. **de cara** en face. **de cara a** vis-à-vis de. **echar en cara** jeter à la figure. **romper la cara** casser la figure.

caracol [karakól] nm 1 (terrestre) escargot m. 2 (de mar) bigorneau m. 3 (del oído) limaçon m.

carácter [karákter] nm (pl **caracteres**) caractère m. • **tener mucho carácter** avoir un fort caractère.

característica [karakterístika] nf caractéristique f.

característico,-ca [karakterístiko,-ka] adj caractéristique.

caracterizar [4] [karakteriθár] vt caractériser. ▶ vpr **caracterizarse** 1 (un actor) se caractériser. 2 (destacar) se caractériser (**por**, par).

caradura [karaðúra] nmf personne f culottée. ▶ nf fam culot m, toupet m.

caramelo [karamélo] nm 1 (golosina) bonbon m. 2 (azúcar fundido) caramel m. • **a punto de caramelo** fin prêt,-e.

carátula [karátula] nf pochette f.

caravana [karaβána] nf 1 (vehículo, mercaderes) caravane f. 2 (atasco) bouchon m.

carbón [karβón] nm charbon m.

carbono [karβóno] nm carbone m.

carburante [karβuránte] nm carburant m.

carcajada [karkaxáða] nf éclat de rire.

cárcel [kárθel] nf prison f. • **meter en la cárcel** mettre en prison.

carcelero,-ra [karθeléro,-ra] nm,f gardien,-enne de prison.

cardenal[1] [karðenál] nm (de la iglesia) cardinal m.

cardenal[2] [karðenál] nm (hematoma) bleu m.

cardíaco,-ca [karðíako,-ka] , **cardiaco,-ca** [karðiáko,-ka] adj cardiaque.

cardinal [karðinál] adj cardinal,-e.

cardiología [karðjoloxía] nf cardiologie f.

cardiólogo,-ga [karðjólovo,-ya] nm,f cardiologue.

carecer [43] [kareθér] vi manquer (**de**, de), être dépourvu (**de**, de).

carencia [karénθja] nf 1 manque m, absence f. 2 MED carence f.

careta [karéta] nf masque m.

carga [kárγa] nf 1 (gen) charge f: **las vigas sostienen la carga del edificio**, les poutres soutiennent le poids du bâtiment; **la carga de un fusil**, la charge d'un fusil. 2 (cosa transportada) chargement m, charge f. 3 (acción de cargar) chargement m. 4 (de bolígrafo) cartouche f, recharge f. • **volver a la carga** revenir à la charge.

cargado,-da [karγáðo,-ða] adj 1 (gen) chargé,-e. 2 (habitación) mal ventilé,-e. 3 (día, tiempo) lourd,-e. 4 (bebida) tassé,-e; (café) serré,-e.

cargador [karγaðór] nm chargeur m.

cargamento [karγaménto] nm chargement m, cargaison f.

cargar [7] [karγár] vt 1 (gen) charger. 2 (pluma, encendedor) recharger. 3 (imputar) attribuer, imputer: **siempre carga las culpas a otro**, il accuse toujours les autres. 4 (de trabajo, responsabilidad) refiler. 5 (en cuenta) débiter, porter au débit. ▶ vt - vi fam (molestar) ennuyer, assommer. ▶ vi 1 (atacar) charger. 2 **cargar con** (peso) porter: **cargar con la maleta**, porter la valise. 3 **cargar con** (asumir) assumer; **cargar con las consecuencias**, subir les conséquences. ▶ vpr **cargarse** 1 fam (destrozar) briser. 2 fam (matar) liquider. 3 fam (suspender) recaler. 4 (cielo, tiempo) se charger.

cargo [kárγo] nm 1 (puesto) poste m, charge f. 2 (responsabilidad) obligation f, charge f: **tiene a los niños a su cargo**, il s'occupe des enfants. 3 (en una cuenta) débit m, débit m. • **correr a cargo de** être à la charge de. **estar al cargo de** être chargé,-e de. **hacerse cargo de** 1 (ocuparse de) se charger de,

prendre à sa charge. **2** *(tomar conciencia de)* se rendre compte de.
caricatura [karikatúra] *nf* caricature *f*.
caricia [kariθja] *nf* caresse *f*.
caridad [kariðáð] *nf* **1** *(virtud)* charité *f*. **2** *(limosna)* aumône *f*, charité *f*.
caries [kárjes] *nf* carie *f*.
cariño [karíno] *nm* **1** *(sentimiento)* affection *f*, tendresse *f*. **2** *(apelativo)* chéri,-e. • **coger cariño a** ALGN avoir de l'affection pour QQN. **hacer** ALGO **con cariño** faire QQCH avec amour.
cariñoso,-sa [karinóso,-sa] *adj* affectueux,-euse, tendre.
carnaval [karnaβál] *nm* carnaval *m*.
carne [kárne] *nf* **1** *(alimento)* viande *f*: **carne poco hecha**, viande saignante. **2** *(de persona, fruto)* chair *f*. • **en carne viva** à vif. **ser uña y carne** être comme les deux doigts de la main. ■ **carne de gallina** chair de poule. **carne de ternera** veau *m*. **carne picada 1** *(de ternera)* viande hachée. **2** *(de cerdo)* chair à saucisse.
carné [karné] *nm* carte *f*. ■ **carné de conducir** permis *m* de conduire. **carné de identidad** carte d'identité.
carnero [karnéro] *nm* mouton *m*.
carnet [karnét] *nm* → **carné**.
carnicería [karniθería] *nf* **1** *(tienda)* boucherie *f*. **2** *(degollina, masacre)* carnage *m*.
carnicero,-ra [karniθéro,-ra] *nm,f* boucher,-ère.
carnívoro,-ra [karníβoro,-ra] *adj* carnivore *m*. ▶ *nm* **carnívoro** carnivore *m*.
caro,-ra [káro,-ra] *adj* cher, chère. ▶ *adv* **caro** cher.
carpa [kárpa] *nf* **1** *(pez)* carpe *f*. **2** *(para fiestas)* tente *f*.

carpeta [karpéta] *nf* dossier *m*.
carpintería [karpintería] *nf* **1** *(técnica)* charpenterie *f*. **2** *(oficio, taller)* menuiserie *f*.
carpintero,-ra [karpintéro] *nm* charpentier *m*, menuisier *m*.
carrera [karéra] *nf* **1** *(paso rápido, competición)* course *f*. **2** *(estudios universitarios)* études *f pl*: **hace la carrera de arquitecto**, il fait des études d'architecte. **3** *(trayecto)* parcours *m*. **4** *(en las medias)* échelle *f*.
carrerilla [kareríλa] *nf*. • **de carrerilla 1** *(seguido)* d'un trait. **2** *(de memoria)* comme un perroquet. **coger carrerilla** prendre de l'élan.
carretera [karetéra] *nf* route *f*.
carretilla [karetíλa] *nf* brouette *f*. • **saber(se)** ALGO **de carretilla** savoir QQCH comme un perroquet.
carril [karíl] *nm* **1** *(de carretera)* voie *f*. **2** *(de vía férrea)* rail *m*. ■ **carril bici** voie cyclable. **carril bus** couloir *m* d'autobus.
carro [káro] *nm* **1** *(gen)* chariot *m*. **2** *(de combate)* char *m*. • **¡para el carro!** *fam* arrête !
carrocería [karoθería] *nf* carrosserie *f*.
carta [kárta] *nf* **1** *(escrito)* lettre *f*. **2** *(naipe, menú)* carte *f*. **3** *(documento)* charte *f*. • **tomar cartas en un asunto** intervenir dans une affaire. ■ **carta certificada** lettre recommandée.
cartel [kartél] *nm* affiche *f*.
cartelera [karteléra] *nf* **1** *(valla)* porte-affiches *m*. **2** *(de cine)* rubrique *f* des spectacles.
cartera [kartéra] *nf* **1** *(de bolsillo)* portefeuille *m*. **2** *(de colegial)* cartable *m*; *(para llevar documentos)* serviette *f*. **3** *(para dibujos)* carton *m*.
carterista [karterísta] *nmf* pickpocket *m*.

cartero [kartéro] nm facteur m.

cartilla [kartíʎa] nf 1 *(libro)* abécédaire m. 2 *(documento)* livret m. ■ **cartilla de ahorros** livret de caisse d'épargne.

cartón [kartón] nm 1 *(material)* carton m. 2 *(de cigarrillos)* cartouche f.

cartuchera [kartutʃéra] nf cartouchière f.

cartucho [kartútʃo] nm 1 *(de arma, de pluma)* cartouche f. 2 *(cucurucho)* cornet m. 3 *(de monedas)* rouleau m.

cartulina [kartulína] nf bristol m.

casa [kása] nf maison f. ● **de andar por casa** insignifiant. **tirar la casa por la ventana** jeter l'argent par les fenêtres. ■ **casa de comidas** restaurant m.

casado,-da [kasáðo,-ða] adj 1 marié,-e. ■ **los recién casados** les jeunes mariés.

casamiento [kasamjénto] nm mariage m.

casar [kasár] vi - vpr **casar(se)** se marier. ▶ vt marier.

cascada [kaskáða] nf cascade f.

cascado,-da [kaskáðo,-ða] adj 1 *(objeto, vaso, etc)* fêlé,-e. 2 *(voz)* éraillé,-e. 3 *(persona)* usé,-e.

cascar [1] [kaskár] vt 1 *(objetos)* casser. 2 *(huevos, voz)* casser, briser. 3 fig *(la salud)* ébranler. 4 *(pegar)* battre. ▶ vi 1 fam *(charlar)* bavarder. 2 *(morir)* crever.

cáscara [káskara] nf 1 *(de fruto seco)* coquille f. 2 *(de naranja, limón)* écorce f.

cascarón [kaskarón] nm coquille f.

casco [kásko] nm 1 *(protector)* casque m. 2 *(de las caballerías)* sabot m. 3 *(de un barco)* coque f. 4 *(envase)* bouteille f vide. ▶ nm pl **cascos** casque m inv. ■ **casco antiguo** vieille ville f. **casco urbano** centre-ville m.

cascote [kaskóte] nm gravats m pl.

casualidad

caserío [kaserío] nm 1 maison f de campagne. 2 *(pueblo)* hameau m.

casero,-ra [kaséro,-ra] adj 1 *(hecho en casa)* de ménage, maison: **pan casero,** pain fait maison. 2 *(en familia)* familial,-e: **fiesta casera,** fête de famille. ▶ nm,f propriétaire.

caseta [kaséta] nf 1 *(de feria)* stand m. 2 *(de bañistas)* cabine f. 3 *(de perro)* niche f.

casete [kaséte] nf *(cinta - audio)* cassette f audio; *(- vídeo)* cassette f vidéo. ▶ nm *(aparato)* magnétophone m.

casi [kási] adv presque.

casilla [kasíʎa] nf 1 *(de casillero)* casier f. 2 *(compartimiento, división)* case f. ● **sacar de ALGN de sus casillas** mettre QQN hors de soi.

casillero [kasiʎéro] nm *(mueble)* casier m.

caso [káso] nm cas m. ● **en caso de que** au cas où. **en ese caso** dans ce cas. **en todo caso** en tout cas.

caspa [káspa] nf pellicules f pl.

casta [kásta] nf 1 *(calidad, clase)* race f. 2 *(en la India)* caste f.

castaña [kastáɲa] nf 1 *(fruto, golpe)* châtaigne f. 2 *(borrachera)* cuite f.

castaño,-ña [kastáɲo,-ɲa] adj 1 *(pelo)* châtain,-e. 2 *(color)* marron m inv.

castañuela [kastaɲwéla] nf castagnette f.

castellano,-na [kasteʎáno,-na] adj - nm,f castillan,-e. ▶ nm *(lengua)* castellano m, espagnol m.

castigar [7] [kastiɣár] vt 1 *(niño, condenado)* punir. 2 *(deportista)* pénaliser. 3 *(el cuerpo)* malmener.

castigo [kastíɣo] nm punition f.

castillo [kastíʎo] nm château m.

castizo,-za [kastíθo,-θa] adj 1 *(lenguaje)* pur, pure. 2 *(típico)* typique.

casualidad [kaswaliðáð] nf hasard m. ● **por casualidad** par hasard.

¡qué casualidad! quelle coïncidence !

cata [káta] *nf* dégustation *f*.

cataclismo [kataklízmo] *nm* cataclysme *m*.

catalogar [7] [kataloɣár] *vt* cataloguer.

catálogo [katáloɣo] *nm* catalogue *m*.

catar [katár] *vt* goûter, déguster.

catarata [kataráta] *nf* 1 *(de agua)* chute *f*. 2 *(del ojo)* cataracte *f*.

catarro [katářo] *nm* rhume *m*.

catástrofe [katástrofe] *nf* catastrophe *f*.

cate [káte] *nm* 1 *fam (golpe)* baffe *f*. 2 *fam (suspenso)* gamelle *f*.

catear [kateár] *vt fam* recaler: **le han cateado**, il s'est fait recaler.

catecismo [kateθízmo] *nm* catéchisme *m*.

catedral [kateðrál] *nf* cathédrale *f*.

catedrático,-ca [kateðrátiko,-ka] *nm,f* professeur *m* d'université, professeur de lycée.

categoría [kateɣoría] *nf* 1 catégorie *f*. 2 *(social)* rang *m*: **gente de categoría**, gens d'un rang élevé. 3 *(calidad)* classe *f*.

cateto,-ta [katéto,-ta] *nm,f* pey balourd,-e. ▶ *nm* cateto côté *m*.

catolicismo [katoliθízmo] *nm* catholicisme *m*.

católico,-ca [katóliko,-ka] *adj - nm,f* catholique.

catorce [katórθe] *num* quatorze *m inv*.

cauce [káuθe] *nm* 1 *(procedimiento)* cours *m*. 2 *(de un río)* lit *m*.

caucho [káutʃo] *nm* caoutchouc *m*.

causa [káusa] *nf* cause *f*.

causar [kausár] *vt* causer.

cautela [kautéla] *nf* précaution *f*.

cauteloso,-sa [kautelóso,-sa] *adj* prudent,-e.

cautivar [kautiβár] *vt* captiver.

cautivo,-va [kautíβo,-βa] *adj - nm,f* captif,-ive.

cauto,-ta [káuto,-ta] *adj* prudent, -e.

cavar [kaβár] *vt* creuser.

caverna [kaβérna] *nf* caverne *f*.

caviar [kaβjár] *nm* caviar *m*.

caza [káθa] *nf* 1 *(acción, deporte)* chasse *f*. 2 *(animales)* gibier *m*. ▶ *nm (avión)* chasseur *m*. • **dar caza a** prendre en chasse.

cazador,-ra [kaθaðór,-ra] *adj* de chasse. ▶ *nm,f* chasseur,-euse.

cazadora [kaθaðóra] *nf (chaqueta)* blouson *m*.

cazar [4] [kaθár] *vt* 1 *(animal)* chasser. 2 *fam (pillar)* surprendre.

cazo [káθo] *nm* 1 *(cuchara)* louche *f*. 2 *(recipiente)* casserole *f*.

cazuela [kaθwéla] *nf* 1 *(recipiente)* terrine *f*. 2 *(guiso)* ragoût *m*.

cebolla [θeβóʎa] *nf* oignon *m*.

cebolleta [θeβoʎéta] *nf* oignon *m* tendre.

cebra [θéβra] *nf* zèbre *m*.

ceder [θeðér] *vt - vi* céder.

cedro [θéðro] *nm* cèdre *m*.

cegar [48] [θeɣár] *vt* 1 *(gen)* aveugler. 2 *(puerta)* murer. ▶ *vpr* **cegarse** être aveuglé,-e.

ceja [θéxa] *nf* sourcil *m*. • **estar hasta las cejas** *fam* en avoir par-dessus la tête. **tener** ALGO **entre ceja y ceja** avoir QQCH dans la tête.

celda [θélda] *nf* cellule *f*.

celebración [θeleβraθjón] *nf* 1 *(fiesta)* célébration *f*. 2 *(realización)* tenue *f*.

celebrar [θeleβrár] *vt* 1 *(gen)* célébrer. 2 *(reunión, sesión)* tenir. 3 *(partido)* disputer.

célebre [θéleβre] *adj* célèbre.

celo¹ [θélo] *nm* 1 *(esmero)* zèle *m*. 2 *(de los animales)* rut *m*. ▶ *nm pl* ce-

los jalousie *f sing.* • **tener celos de ALGN** être jaloux de QQN.

celo®² [θélo] *nm* Scotch®.

celoso,-sa [θelóso,-sa] *adj* - *nm,f* jaloux, -ouse.

célula [θélula] *nf* cellule *f.*

celulitis [θelulítis] *nf* cellulite *f.*

cementerio [θementérjo] *nm* cimetière *m.*

cemento [θeménto] *nm* ciment *m.*

cena [θéna] *nf* dîner *m.*

cenar [θenár] *vi* dîner. ► *vt* manger au dîner: **¿qué has cenado?**, qu'est-ce que tu as mangé au dîner?

cenicero [θeniθéro] *nm* cendrier *m.*

cenit [θenít], **cenit** [θénit] *nm* zénith *m.*

ceniza [θeníθa] *nf* cendre *f.*

censo [θénso] *nm* recensement *m.* ■ **censo electoral** listes *f pl* électorales.

censura [θensúra] *nf* **1** *(de prensa, cine, etc)* censure *f.* **2** *(crítica)* critique *f.*

censurar [θensurár] *vt* **1** *(prensa cine)* censurer. **2** *(criticar)* blâmer.

centavo,-va [θentáβo,-βa] *num* centième. ► *nm* **centavo 1** *(parte)* centième *m.* **2** *(moneda)* centime *m.*

centella [θentéʎa] *nf* **1** *(chispa)* étincelle *f.* **2** *(rayo)* éclair *m.*

centena [θenténa] *nf* centaine *f.*

centenar [θentenár] *nm* centaine *f.*

centenario,-ria [θentenárjo,-rja] *adj* - *nm,f* centenaire. ► *nm* **centenario** centenaire *m.*

centígrado,-da [θentíɣraðo,-ða] *adj* centigrade.

céntimo [θéntimo] *nm* centime *m.*

central [θentrál] *adj* central,-e. ► *nf* **1** *(de energía)* centrale *f.* **2** *(oficina principal)* siège *m* social.

centrar [θentrár] *vt* centrer. ► *vpr* **centrarse 1** *(basarse)* être axé,-e. **2** *(concentrarse)* se concentrer. **3** *(equilibrarse)* se stabiliser.

céntrico,-ca [θéntriko,-ka] *adj* central,-e: **una calle céntrica**, une rue située au centre-ville.

centro [θéntro] *nm* **1** centre *m.* **2** *(institución)* institution *f.*

ceñido,-da [θeɲíðo,-ða] *adj (prenda)* moulant,-e.

ceño [θéɲo] *nm* froncement *m* de sourcils. • **fruncir el ceño** froncer les sourcils.

cepillar [θepiʎár] *vt* brosser. ► *vpr* **cepillarse 1** *(pelo, dientes)* se brosser. **2** *fam (comerse)* s'envoyer. **3** *fam (matar)* buter. **4** *vulg (copular)* se faire.

cepillo [θepíʎo] *nm* brosse *f.* ■ **cepillo de dientes** brosse à dents.

cera [θéra] *nf* cire *f.*

cerámica [θerámika] *nf* céramique *f.*

cerca¹ [θérka] *adv* près: **muy cerca**, très près, tout près. • **cerca de 1** *(casi)* près de. **2** *(aproximadamente)* environ.

cerca² [θérka] *nf (vallado, tapia, etc)* clôture *f.*

cercado [θerkáðo] *nm* **1** *(lugar)* enclos *m.* **2** *(cerca)* clôture *f.*

cercanía [θerkanía] *nf* proximité *f.* ► *nf pl* **cercanías** environs *m pl.*

cercano,-na [θerkáno,-na] *adj* proche (**a**, de): **un pueblo cercano**, un village voisin.

cercar [1] [θerkár] *vt* **1** *(vallar)* clôturer. **2** *(rodear)* encercler.

cerco [θérko] *nm* **1** *(aro)* cercle *m.* **2** *(de luz)* halo *m.* **3** *(asedio)* siège *m.*

cerda [θérða] *nf* truie *f.*

cerdo [θérðo] *nm* porc *m*, cochon *m.*

cereal [θereál] *nm* céréale *f.*

cerebral [θereβrál] *adj* cérébral,-e.

cerebro [θeréβro] *nm* **1** *(gen)* cerveau *m.* **2** *(inteligencia)* cervelle *f.*

ceremonia [θeremònja] *nf* cérémonie *f*.

ceremonial [θeremonjàl] *adj* cérémoniel,-elle. ▶ *nm* cérémonial *m*.

cereza [θerèθa] *nf* cerise *f*.

cerezo [θerèθo] *nm* cerisier *m*.

cerilla [θeriʎa] *nf* allumette *f*.

cero [θèro] *nm* zéro *m*. • **bajo cero** au-dessous de zéro: estamos a tres bajo cero, il fait moins trois.

cerrado,-da [θerãðo,-ða] *adj* **1** *(gen)* fermé,-e. **2** *(tiempo, cielo)* couvert,-e. **3** *(barba)* épais,-aisse. **4** *(persona)* renfermé,-e. **5** *(acento)* très marqué,-e.

cerradura [θeraðùra] *nf* serrure *f*.

cerrajero [θeraxéro] *nm* serrurier *f*.

cerrar [27] [θeɾàr] *vt* **1** *(gen)* fermer. **2** *(un conducto, etc)* boucher. **3** *(suscripción, etc)* déclarer clos,-e. **4** *(conversación, etc)* clore. **5** *(acuerdo, trato)* conclure. **6** *(filas)* serrer. ● *vi (puerta)* fermer.

cerrojo [θeróxo] *nm* verrou *m*.

certeza [θertèθa] *nf* certitude *f*.

certidumbre [θertiðùmbre] *nf* certitude *f*.

certificado,-da [θertifikàðo,-ða] *adj* recommandé,-e. ▶ *nm* **certificado** certificat *m*.

cervecería [θerβeθería] *nf* brasserie *f*.

cerveza [θerβéθa] *nf* bière *f*. • **cerveza de barril** bière pression.

cesar [θesàr] *vi* **1** *(parar)* cesser. **2** *(despedir)* renvoyer. **3** *(dimitir)* démissionner. ● **sin cesar** sans cesse.

cese [θèse] *nm* **1** *(de actividad)* cessation *f*. **2** *(despido)* renvoi *m*.

césped [θèspeð] *nm* gazon *m*, pelouse *f*.

cesta [θèsta] *nf* panier *m*.

cesto [θèsto] *nm* panier *m*.

chabola [tʃaβòla] *nf* baraque *f*.

chachi [tʃatʃi] *adj - adv fam* chouette.

chafar [tʃafàr] *vt* **1** *(aplastar)* écraser, aplatir. **2** *(la ropa)* froisser. **3** *fam (estropear)* gâcher.

chalado,-da [tʃalàðo,-ða] *adj* **1** *fam* cinglé,-e. **2** *fam* dingue (**por**, de).

chalé [tʃalè] *nm* **1** *(casa con jardín)* pavillon *m*. **2** *(de madera)* chalet *m*.

chaleco [tʃaléko] *nm* gilet *m*. • **chaleco salvavidas** gilet de sauvetage.

chalet [tʃalèt] *nm* **1** *(casa con jardín)* pavillon *m*. **2** *(de madera)* chalet *m*.

champán [tʃampán] *nm* champagne *m*.

champiñón [tʃampiɲón] *nm* **1** champignon *m* de Paris.

champú [tʃampú] *nm* (*pl* **champús**) shampooing *m*.

chanchullo [tʃantʃúʎo] *nm* magouilles *f pl*.

chancla [tʃánkla] *nf* tong *f*.

chándal [tʃàndal] *nm* (*pl* **chandals** o **chándales**) survêtement *m*.

chantaje [tʃantáxe] *nm* chantage *m*.

chantajear [tʃantaxeàr] *vt* faire chanter.

chapa [tʃàpa] *nf* **1** *(gen)* plaque *f*. **2** *(de metal)* tôle *f*. **3** *(insignia)* badge *m*. **4** *(tapón)* capsule *f*. **5** *(de coche)* carrosserie *f*.

chapado,-da [tʃapáðo,-ða] *adj* plaqué,-e: **chapado en oro**, plaqué or.

chaparrón [tʃapaɾón] *nm* averse *f*.

chapucero,-ra [tʃapuθéro,-ra] *adj (trabajo)* bâclé,-e. ● *adj - nm,f (persona)* bricoleur,-euse.

chapurrear [tʃapuréàr] *vt* baragouiner.

chapuza [tʃapúθa] *nf* **1** *(obra de poca importancia)* bricole *f*. **2** *(obra mal hecha)* travail *m* bâclé.

chapuzón [tʃapuθón] *nm* plongeon *m*. • **darse un chapuzón** *fam* piquer une tête.

chaqueta [tʃakéta] *nf* veste *f*.
charanga [tʃaráŋga] *nf* fanfare *f*.
charca [tʃárka] *nf* mare *f*.
charco [tʃárko] *nm* flaque *f*.
charcutería [tʃarkuteria] *nf* charcuterie *f*.
charla [tʃárla] *nf* **1** *(conversación)* discussion *f*. **2** *(conferencia)* exposé *m*.
charlar [tʃarlár] *vi* bavarder.
charol [tʃaról] *nm* cuir *m* verni.
chasco [tʃásko] *nm* **1** *(desilusión)* déception *f*. **2** *(burla)* moquerie *f*.
chasis [tʃásis] *nm* châssis *m*.
chasquido [tʃaskíðo] *nm* **1** *(del látigo)* claquement *m*. **2** *(de madera)* craquement *m*.
chatarra [tʃatára] *nf* ferraille *f*.
chaval,-la [tʃaβál,-la] *nm,f* jeune.
checo,-ca [tʃéko,-ka] *adj* tchèque. ▶ *nm,f* Tchèque. ▶ *nm* **checo** *(idioma)* tchèque *m*.
chepa [tʃépa] *nf* bosse *f*.
cheque [tʃéke] *nm* chèque *m*.
chequeo [tʃekéo] *nm* **1** *(médico)* bilan *m* de santé. **2** *(comprobación)* vérification *f*.
chicha [tʃítʃa] *nf* **1** *(carne)* viande *f*. **2** *(grasa de persona)* graisse *f*.
chichón [tʃitʃón] *nm* bosse *f*.
chicle [tʃíkle] *nm* chewing-gum *m*.
chico,-ca [tʃíko,-ka] *adj* petit,-e. ▶ *nm,f* garçon *m*, fille *f*.
chiflado,-da [tʃifláðo,-ða] *adj fam* cinglé,-e.
chiflar [tʃiflár] *vt (a un actor, etc)* adorer, raffoler de: **me chiflan las aceitunas**, j'adore les olives.
Chile [tʃíle] *n pr* Chili *m*.
chileno,-na [tʃiléno,-na] *adj* chilien, -enne. ▶ *nm,f* Chilien,-enne.
chillar [tʃiʎár] *vi* **1** *(personas)* crier. **2** *(animales)* glapir.
chillido [tʃiʎíðo] *nm* **1** *(de persona)* cri *m*. **2** *(de animal)* glapissement *m*.

chocante

chimenea [tʃimenéa] *nf* cheminée *f*.
chimpancé [tʃimpanθé] *nm* chimpanzé *m*.
China [tʃína] *n pr* Chine *f*.
chinchar [tʃintʃár] *vt fam* taquiner. ▶ *vpr* **chincharse** *fam (resignarse)* faire avec.
chincheta [tʃintʃéta] *nf* punaise *f*.
chino,-na [tʃíno,-na] *adj* chinois,-e. ▶ *nm,f* Chinois,-e. ▶ *nm* **chino** *(idioma)* chinois *m*.
chip [tʃip] *nm* INFORM puce *f*.
chipirón [tʃipirón] *nm* calmar *m*.
chiquillo,-lla [tʃikíʎo,-ʎa] *nm,f* gamin,-e.
chiquito,-ta [tʃikíto,-ta] *adj - nm,f* petit,-e. ▶ *nm* **chiquito** *(de vino)* ballon *m*.
chiringuito [tʃiriŋgíto] *nm* **1** *fam (bar, restaurante)* buvette *f*. **2** *pey (negocio)* affaire *f*.
chiripa [tʃirípa] *nf fam* coup *m* de pot. • **de chiripa** *fam* par miracle.
chirriar [13] [tʃiriár] *vi* grincer.
chirrido [tʃiríðo] *nm* grincement *m*.
chisme [tʃísme] *nm* **1** *(cotilleo)* cancan *m*. **2** *(cosa cuyo nombre no se recuerda)* machin *m*, truc *m*.
chispa [tʃíspa] *nf* **1** *(de fuego)* étincelle *f*. **2** *(de lluvia)* gouttelette *f*. **3** *fig (ingenio)* esprit *m*. **4** *(un poco)* un peu. • **echar chispas** être furieux. **tener chispa 1** *(persona)* avoir de l'esprit. **2** *(cosa)* être drôle.
chispazo [tʃispáθo] *nm* étincelle *f*.
chispeante [tʃispeánte] *adj* étincelant,-e.
chispear [tʃispeár] *v impers* bruiner.
chistar [tʃistár] *vi* répliquer. • **sin chistar** sans broncher.
chiste [tʃíste] *nm* **1** *(dicho gracioso)* plaisanterie *f*. **2** *(cuento gracioso)* blague *f*.
chocante [tʃokánte] *adj* choquant,-e.

chocar [1] [tʃokár] *vi* **1** se heurter. **2** *fig (pelear)* se battre; *(reñir)* se disputer. **3** *fig (extrañar)* choquer. • **¡chócala!** tope là !

chochear [tʃotʃeár] *vi* radoter.

chocolate [tʃokoláte] *nm* chocolat *m*.

chocolatina [tʃokolatína] *nf* petite barre *f* de chocolat.

chófer [tʃófer] *nm* chauffeur *m*.

chollo [tʃóʎo] *nm* **1** *fam (trabajo)* planque *f*. **2** *fam (compra)* affaire *f*.

choque [tʃóke] *nm* **1** *(gen)* choc *m*. **2** *(de trenes)* collision *f*.

chorizo [tʃoríθo] *nm* **1** *(embutido)* chorizo *m*. **2** *fam (ladrón)* voleur *m*.

chorrada [tʃoráða] *nf* bêtise *f*.

chorrear [tʃoreár] *vi* **1** *(un líquido)* couler. **2** *(goteando)* dégouliner.

chorreo [tʃoréo] *nm* ruissellement *m*.

chorro [tʃóro] *nm* jet *m*. • **a chorro** à jet continu. **a chorros** *fig* copieusement.

choteo [tʃotéo] *nm fam* moquerie *f*.

chubasco [tʃuβásko] *nm* averse *f*.

chubasquero [tʃuβaskéro] *nm* ciré *m*.

chuche [tʃútʃe] *nf fam* sucrerie *f*.

chuchería [tʃutʃería] *nf* **1** *(golosina)* sucrerie *f*. **2** *(trasto)* babiole *f*.

chucho [tʃútʃo] *nm fam* cabot *m*.

chuleta [tʃuléta] *nf (de cerdo)* côtelette *f*; *(de ternera)* côte *f*.

chulo,-la [tʃúlo,-la] *adj* **1** *(descarado)* effronté,-e. **2** *fam (bonito)* chouette. ▶ *nm,f* m'as-tu-vu,-e. ▶ *nm* **chulo** *(proxeneta)* maquereau *m*.

chungo,-ga [tʃúŋgo,-ɣa] *adj fam* craignos.

chupa [tʃúpa] *nf (blouson de cuir)* cuir *m*.

chupada [tʃupáða] *nf* **1** *(acción)* succion *f*. **2** *(de tabaco)* bouffée *f*.

chupado,-da [tʃupáðo,-ða] *adj* **1** *(delgado)* maigrelet,-ette. **2** *fam (fácil)* super facile.

chupar [tʃupár] *vt* **1** *(succionar)* sucer. **2** *(absorber)* absorber. ▶ *vpr* **chuparse** *fam (soportar)* se taper.

chupete [tʃupéte] *nm* sucette *f*.

churro [tʃúro] *nm* **1** COC long beignet *m*. **2** *fam (chapuza)* boulot *m* mal fait. **3** *fam (casualidad)* coup *m* de veine.

chusma [tʃúzma] *nf* populace *f*.

cibercafé [θiβerkafé] *nm* cybercafé *m*.

cicatriz [θikatríθ] *nf* cicatrice *f*.

cicatrizar [4] [θikatriθár] *vt - vpr* **cicatrizar(se)** cicatriser.

cíclico,-ca [θíkliko,-ka] *adj* cyclique.

ciclismo [θiklízmo] *nm* cyclisme *m*.

ciclista [θiklísta] *adj - nmf* cycliste.

ciclo [θíklo] *nm* cycle *m*.

ciego,-ga [θjéɣo,-ɣa] *adj* **1** *(persona)* aveugle. **2** *(conducto)* bouché, -e. **3** *fam (drogado)* défoncé,-e. ▶ *nm,f* aveugle. • **a ciegas** à l'aveuglette.

cielo [θjélo] *nm* **1** *(gen)* ciel *m*. **2** *(apelativo)* chéri,-e. • **como caído del cielo** à pic. **poner por los cielos** faire l'éloge de. **ser un cielo** être un ange.

ciempiés [θjempjés] *nm inv* mille-pattes *m*.

cien [θjen] *num* cent. • **cien por cien** cent pour cent.

ciencia [θjénθja] *nf* science *f*. • **ciencia ficción** science-fiction *f*.

científico,-ca [θjentífiko,-ka] *adj - nm,f* scientifique.

ciento [θjénto] *num* cent *m*. • **por ciento** pour cent.

cierre [θjére] *nm* **1** *(gen)* fermeture *f*. **2** *(de sesión, congreso, bolsa)* clôture *f*.

cierto,-ta [θjérto,-ta] *adj* **1** *(seguro)* sûr, sûre. **2** *(algún)* certain,-e. **3** *(verdadero)* vrai, vraie. ▶ *adv* **cierto** certainement. • **estar en lo cierto**

être dans le vrai. **lo cierto es que** toujours est-il que. **por cierto** au fait.

ciervo,-va [θjèrβo] *nm* cerf *m*, biche *f*.

cifra [θífra] *nf* chiffre *m*.

cigala [θiɣála] *nf* langoustine *f*.

cigarra [θiɣářa] *nf* cigale *f*.

cigarrillo [θiɣaříʎo] *nm* cigarette *f*.

cigarro [θiɣářo] *nm* **1** *(grande)* cigare *m*. **2** *(cigarrillo)* cigarette *f*.

cigüeña [θiɣwéɲa] *nf* cigogne *f*.

cima [θíma] *nf* **1** *(de montaña)* cime *f*, sommet *m*. **2** *fig (punto más alto)* sommet *m*.

cimentar [θimentár] *vt* **1** *(edificio)* creuser les fondations. **2** *fig (relación, paz, etc)* consolider.

cimiento [θimjénto] *nm* **1** *(de edificio)* fondations *f pl*. **2** *fig (base)* fondement *m*.

cinco [θíŋko] *num* cinq *m*.

cincuenta [θiŋkwénta] *num* cinquante *m*.

cincuentena [θiŋkwenténa] *nf* cinquantaine *f*.

cine [θíne] *nm* cinéma *m*.

cinematografía [θinematoɣrafía] *nf* cinématographie *f*.

cínico,-ca [θíniko,-ka] *adj - nm,f* cynique.

cinismo [θinízmo] *nm* cynisme *m*.

cinta [θínta] *nf* **1** *(de tela, etc)* ruban *m*. **2** *(cinematográfica)* film *m*. **3** *(de casete, de vídeo)* cassette *f*. **4** INFORM bande *f*. ▪ **cinta adhesiva** ruban adhésif.

cintura [θintúra] *nf* taille *f*.

cinturón [θinturón] *nm* ceinture *f*. ● **apretarse el cinturón** se serrer la ceinture. ▪ **cinturón de seguridad** ceinture de sécurité.

circo [θírko] *nm* cirque *m*.

circuito [θirkwíto] *nm* circuit *m*.

circulación [θirkulaθjón] *nf* circulation *f*.

circular [θirkulár] *adj* circulaire. ▶ *nf (carta)* circulaire *f*. ▶ *vi* circuler.

círculo [θírkulo] *nm* cercle *m*. ▪ **círculo vicioso** cercle vicieux.

circuncisión [θirkunθisjón] *nf* concision *f*.

circundar [θirkundár] *vt* entourer.

circunstancia [θirkunstánθja] *nf* circonstance *f*.

circunvalación [θirkumbalaθjón] *nf* tour *f*. ● **de circunvalación** *(carretera)* périphérique.

ciruela [θirwéla] *nf* prune *f*. ▪ **ciruela pasa** pruneau *m*.

cirugía [θiruχía] *nf* chirurgie *f*.

cirujano,-na [θiruχáno,-na] *nm,f* chirurgien,-enne.

cisne [θízne] *nm* cygne *m*.

cisterna [θistérna] *nf* citerne *f*.

cita [θíta] *nf* **1** rendez-vous *m*: **darse cita**, se donner rendez-vous. **2** *(nota)* citation *f*.

citar [θitár] *vt* **1** fixer un rendez-vous. **2** *(para un juicio)* citer. **3** *(a un autor, una obra)* citer. **4** *(al toro)* provoquer.

cítrico,-ca [θítriko,-ka] *adj* citrique. ▶ *nm pl* **cítricos** agrumes *m pl*.

ciudad [θjuðáð] *nf (gen)* ville *f*. **2** *(pequeña y homogénea)* cité *f*.

ciudadano,-na [θjuðaðáno,-na] *adj - nm,f* citoyen,-enne.

cívico,-ca [θíβiko,-ka] *adj* civique.

civil [θiβíl] *adj* civil,-e.

civilización [θiβiliθaθjón] *nf* civilisation *f*.

civismo [θiβízmo] *nm* civisme *m*.

clamoroso,-sa [klamoróso,-sa] *adj* retentissant,-e.

clan [klan] *nm* clan *m*.

clandestino,-na [klandestíno,-na] *adj* clandestin,-e.

clara [klára] *nf* **1** *(de huevo)* blanc *m*. **2** *(bebida)* panaché *m*.

clarear [klareár] *vt (una cosa)* éclairer. ▶ *v impers* **1** *(amanecer)* commencer à faire jour. **2** *(el tiempo)* s'éclaircir.

claridad [klariðáð] *nf* clarté *f*.

clarinete [klarinéte] *nm (instrumento)* clarinette *f*. ▶ *nmf (músico)* clarinettiste.

claro,-ra [kláro,-ra] *adj* **1** clair,-e: **cielo claro,** ciel clair; **voz clara,** voix claire. **2** *(evidente)* évident,-e. ▶ *nm* **claro 1** *(en pintura)* clair *m*. **2** *(en el bosque)* clairière *f*. ▶ *adv* **claro** clairement. ▶ *interj* **¡claro!** bien sûr ! • **claro que no** bien sûr que non. **claro que sí** mais oui. **dejar claro (que)** faire comprendre (que).

clase [kláse] *nf* **1** *(gen)* classe *f*. **2** *(lección)* cours *m*. **3** *(tipo)* sorte *f*, genre *m*. • **dar clases 1** *(profesor)* donner des cours. **2** *(alumno)* suivre des cours.

clásico,-ca [klásiko,-ka] *adj - nm,f* classique.

clasificación [klasifikaθjón] *nf* classement *m*.

clasificar [1] [klasifikár] *vt* classifier, classer.

claudicar [1] [klauðikár] *vi* **1** *(rendirse)* abandonner. **2 claudicar de** *(deberes)* manquer à; *(promesa)* faillir à.

claustro [kláustro] *nm* **1** *(de monasterio)* cloître *m*. **2** *(de profesores)* conseil *m* de classe.

clausura [klausúra] *nf* clôture *f*.

clausurar [klausurár] *vt* **1** *(un establecimiento)* fermer. **2** *(un acto)* clôturer.

clavado,-da [klaβáðo,-ða] *adj* **1** *(gen)* cloué,-e. **2** *fam (parecido)* très ressemblant,-e: **es clavado a su padre,** c'est son père tout craché.

clavar [klaβár] *vt* **1** *(un clavo)* clouer. **2** *(palo, cuchillo)* planter. **3** *(la mirada)* fixer. **4** *fam (cobrar caro)* arnaquer.

clave [kláβe] *adj* clef, clé. ▶ *nf* **1** *(gen)* clef *f*, clé *f*. **2** *(código)* code *m*. ▶ *nm (clavicordio)* clavecin *m*. ▪ **clave de acceso** code d'accès.

clavecín [klaβeθín] → **clavicémbalo**.

clavel [klaβél] *nm* œillet *m*.

clavícula [klaβíkula] *nf* ANAT clavicule *f*.

clavija [klaβíxa] *nf* **1** *(de madera o metal)* cheville *f*. **2** *(enchufe)* fiche *f*.

clavo [kláβo] *nm* **1** *(de metal)* clou *m*. **2** *(especia)* clou *m* de girofle. • **dar en el clavo** mettre dans le mille.

claxon® [klákson] *nm* klaxon® *m*.

clemencia [kleménθja] *nf* clémence *f*.

clero [kléro] *nm* clergé *m*.

cliente [kljénte] *nmf* client,-e.

clientela [kljentéla] *nf* clientèle *f*.

clima [klíma] *nm* climat *m*.

climatizar [4] [klimatiθár] *vt* climatiser.

clínica [klínika] *nf* clinique *f*.

clínico,-ca [klíniko,-ka] *adj* clinique.

clip [klip] *nm* **1** *(para sujetar papeles)* trombone *m*. **2** *(para el pelo)* pince *f*. **3** *(videoclip)* clip *m* (vidéo).

clítoris [klítoris] *nm* ANAT clitoris *m*.

cloaca [kloáka] *nf* égout *m*.

clon [klon] *nm* clone *m*.

clonar [klonár] *vt* cloner.

cloro [klóro] *nm* chlore *m*.

club [kluβ] *nm* club *m*.

coacción [koakθjón] *nf* contrainte *f*.

coaccionar [koakθjonár] *vt* contraindre.

coágulo [koáɣulo] *nm* caillot *m*.

coalición [koaliθjón] *nf* coalition *f*.

cobarde [koβárðe] *adj - nmf* lâche.

cobardía [koβarðía] *nf* lâcheté *f*.

cobertura [koβertúra] *nf* couverture *f*.

cobijar [koβiχár] vt 1 *(albergar)* héberger, loger. 2 *(proteger)* protéger.
cobrar [koβrár] vt 1 *(recibir dinero)* encaisser, toucher. 2 *(coger dinero)* faire payer: **¿cuánto le ha cobrado?**, combien vous a-t-il pris ? 3 *(adquirir)* acquérir, prendre: **cobrar fama**, acquérir de la renommée. ■ vi *(salario)* être payé,-e: **cobrar a fin de mes**, être payé,-e à la fin du mois. ▶ vpr **cobrarse** *(dinero)* se payer.
cobre [kóβre] nm cuivre m.
cobro [kóβro] nm encaissement.
cocaína [kokaína] nf cocaïne f.
cocción [kokθjón] nf cuisson f.
coche [kótʃe] nm 1 *(automóvil, de caballos)* voiture f. 2 *(en un tren)* wagon m. 3 *(diligencia)* coche m. ■ **coche de línea** car m, autocar m.
cochera [kotʃéra] nf 1 *(para autobuses)* dépôt m. 2 *(para coches)* remise f, garage m.
cochinillo [kotʃiníʎo] nm cochon m de lait.
cochino,-na [kotʃíno,-na] adj *(sucio)* malpropre, sale. ■ nm,f 1 *(animal - macho)* cochon m, porc m; *(- hembra)* truie f. 2 fam fig *(persona)* cochon,-onne.
cocido [koθíðo] nm pot-au-feu m.
cocina [koθína] nf 1 *(lugar, gastronomía)* cuisine f. 2 *(aparato)* cuisinière f.
cocinar [koθinár] vt - vi cuisiner.
cocinero,-ra [koθinéro,-ra] nm,f cuisinier,-ère.
coco¹ [kóko] nm 1 *(fruto)* noix f de coco. 2 *(árbol)* cocotier m. 3 BIOL *(bacteria)* coccus m.
coco² [kóko] nm fam *(cabeza)* boule f, coloquint f. ● **comer el coco** fam prendre la tête, embobiner. **comerse el coco** fam se prendre la tête.

cocodrilo [kokoðrílo] nm crocodile m.
cóctel [kóktel] nm cocktail m.
codazo [koðáθo] nm coup m de coude.
código [kóðiɣo] nm code m. ■ **código de barras** code-barre m.
codo [kóðo] nm 1 *(parte del brazo)* coude m. 2 *(tubo)* tuyau m coudé. ● **codo con codo** coude à coude.
codorniz [koðorníθ] nf caille f.
coexistir [koeksistír] vi coexister.
cofre [kófre] nm coffre m.
coger [5] [koχér] vt 1 *(tomar)* prendre, saisir: **coge el paraguas**, prends le parapluie. 2 *(frutas, flores, setas)* cueillir, ramasser. 3 *(medio de transporte)* prendre. 4 *(enfermedad)* attraper. 5 *(alcanzar)* atteindre, rattraper. 6 *(apresar)* attraper: **coger a un delincuente**, attraper un délinquant. 7 fam *(entender)* comprendre, saisir: **¡no has cogido el chiste?**, tu n'as pas saisi la blague ? 8 fam *(ocupar)* occuper: **la cama coge todo el sitio**, le lit occupe toute la place. ▶ vt - vi *(dirección)* prendre. ▶ vpr **cogerse** 1 *(agarrarse)* se prendre, se coincer: **cogerse los dedos con la puerta**, se prendre les doigts dans la porte. 2 *(para no caerse)* s'accrocher: **¡cógete, no te vayas a caer!**, accroche-toi, tu pourrais tomber ! ● **coger y ...** fam *(determinación)* eh bien, et puis: **¡como lleguen tarde, cojo y me voy!**, s'ils sont en retard, eh bien je m'en vais!
coherente [koerénte] adj cohérent,-e.
cohete [koéte] nm 1 *(de fuegos artificiales, espacial)* fusée f. 2 *(misil)* roquette f.
coincidencia [koinθiðénθja] nf coïncidence f.
coincidir [koinθiðír] vi 1 *(fechas, resultados)* coïncider. 2 *(encontrarse)*

coito

se rencontrer. • **coincidir en** ALGO être d'accord pour/ sur QQCH.
coito [kóito] nm fml coït m.
cojear [koxeár] vi boiter, clocher.
cojera [koxéra] nf boitement m.
cojín [koxín] nm coussin m.
cojo,-ja [kóxo,-xa] adj **1** (persona) boiteux,-euse. **2** (mueble, proyecto) bancal,-e. ▶ nm,f boiteux,-euse.
cojón [koxón] nm vulg couille f. • **de cojones** vulg fantastique. **tener cojones** vulg avoir des couilles.
col [kol] nf chou m. ▪ **coles de Bruselas** choux de Bruxelles.
cola[1] [kóla] nf **1** (gen) queue f. **2** (de vestido) traîne f, queue f. • **hacer cola** faire la queue.
cola[2] [kóla] nf (pegamento) colle f.
colaboración [kolaβoraθjón] nf collaboration f.
colaborador,-ra [kolaβoraðór,-ra] nm,f collaborateur,-trice.
colaborar [kolaβorár] vi collaborer.
colada [koláða] nf lessive f. • **hacer la colada** faire la lessive.
colador [kolaðór] nm passoire f, filtre m.
colar [31] [kolár] vt **1** (líquido) passer, filtrer. **2** fam (ilegalmente, con engaño) passer, refiler: **colar una moneda falsa**, refiler une pièce fausse. ▶ vi fam (ser creído) passer pour vrai: **tu historia no cuela**, ton histoire n'est pas vraisemblable. ▶ vpr **colarse 1** (en un lugar, fila, cola) se faufiler. **2** fam (equivocarse) se tromper, faire une gaffe.
colchón [koltʃón] nm matelas m.
colchoneta [koltʃonéta] nf **1** (de playa) matelas m pneumatique. **2** (de gimnasio) tapis m.
colección [kolekθjón] nf collection f.

coleccionista [kolekθjonísta] nmf collectionneur,-euse.
colecta [kolékta] nf collecte f, quête f.
colectivo,-va [kolektíβo,-βa] adj collectif,-ive.
colega [koléɣa] nmf **1** (de trabajo) collègue m. **2** (homólogo) homologue. **3** fam (amigo) copain,-ine.
colegial [koleχjál] nmf (escolar - de primaria) écolier,-ère; (- de secundaria) collégien,-enne; (- de bachillerato) lycéen,-enne.
colegio [koléxjo] nm **1** (establecimiento - de primaria) école f; (- de secundaria) collège m; (- de bachillerato) lycée m. **2** (asociación) ordre m: **colegio de médicos**, ordre des médecins.
cólera[1] [kólera] nf (ira) colère f, courroux m.
cólera[2] [kólera] nm (enfermedad) choléra m.
colesterol [kolesteról] nm cholestérol m.
coleta [koléta] nf **1** (peinado) queue f. **2** (de torero) petite natte f.
coletazo [koletáθo] nm **1** (golpe) coup m de queue. **2** fig (vestigios) soubresaut m, sursaut m.
colgador [kolɣaðór] nm **1** (gancho) crochet m. **2** (perchero) portemanteau m.
colgante [kolɣánte] nm pendentif m.
colgar [52] [kolɣár] vt **1** (cortina) pendre; (ropa) étendre; (cuadro) accrocher; (abrigo, sombrero) suspendre. **2** (ahorcar) pendre. ▶ vt - vi (teléfono) raccrocher. ▶ vi (estar suspendido) pendre. ▶ vpr **colgarse** (ahorcarse) se pendre.
colibrí [koliβrí] nm colibri m.
cólico [kóliko] nm colique f.
coliflor [koliflór] nf chou-fleur m.
colilla [kolíʎa] nf mégot m.

colina [kolína] *nf* colline *f*.
colisión [kolisjòn] *nf* collision *f*, choc *m*.
collar [koʎár] *nm* collier *m*.
colmado,-da [kolmáðo,-ða] *adj* plein,-e, comble.
colmar [kolmár] *vt* **1** *(llenar)* remplir. **2** *(ambiciones, cariño, etc)* combler (**de**, de).
colmena [kolména] *nf* ruche *f*.
colmo [kólmo] *nm* comble *m*. • **para colmo** par-dessus le marché.
colocación [kolokaθjón] *nf* **1** *(acción)* pose *f*. **2** *(situación)* situation *f*, position *f*. **3** *(de empleados)* placement *m*. **4** *(puesto de trabajo)* place *f*, poste *m*.
colocar [1] [kolokár] *vt* placer. ▶ *vpr* **colocarse 1** *(situarse)* se placer. **2** *fam (drogarse)* se défoncer.
Colombia [kolómbja] *n pr* Colombie *f*.
colombiano,-na [kolombjáno,-na] *adj* colombien,-enne. ▶ *nm,f* Colombien,-enne.
colon [kólon] *nm* ANAT côlon *m*.
colonia[1] [kolónja] *nf (territorio, grupo)* colonie *f*.
colonia[2] [kolónja] *nf (perfume)* eau *f* de Cologne.
colonial [kolonjál] *adj* colonial,-e.
colonizar [4] [koloniθár] *vt* coloniser.
coloquial [kolokjál] *adj* familier, -ère.
coloquio [kolókjo] *nm* colloque *m*.
color [kolór] *nm* couleur *f*.
colorado,-da [koloráðo,-ða] *adj* rouge. • **ponerse colorado,-da** rougir.
colorante [koloránte] *nm* colorant *m*.
colorear [koloreár] *vt* colorer.
colorido [koloríðo] *nm* coloris *m*.
colosal [kolosál] *adj* colossal,-e.
columna [kolúmna] *nf* colonne *f*.

columpiar [12] [kolumpjár] *vt* balancer. ▶ *vpr* **columpiarse 1** *(balancearse)* se balancer. **2** *fam (en un trabajo, obligación)* s'en balancer.
columpio [kolúmpjo] *nm* balançoire *f*.
coma[1] [kóma] *nf (signo)* virgule *f*.
coma[2] [kóma] *nm (estado)* coma *m*.
comadrona [komaðróna] *nf* sage-femme *f*.
comandante [komandánte] *nm* commandant *m*.
comando [komándo] *nm* commando *m*.
comarca [komárka] *nf* contrée *f*, région *f*.
combate [kombáte] *nm* combat *m*.
combatiente [kombatjénte] *adj* - *nmf* combattant,-e.
combatir [kombatír] *vt* - *vi* combattre.
combinación [kombinaθjón] *nf* **1** *(gen)* combinaison *f*. **2** *(bebida)* cocktail *m*.
combinar [kombinár] *vt* **1** *(gen)* combiner. **2** *(colores)* assortir.
comedia [komeðja] *nf* comédie *f*.
comediante [komeðjánte] *nmf* comédien,-enne.
comedor,-ra [komeðór,-ra] *adj* mangeur,-euse. ▶ *nm* **comedor 1** *(en una casa)* salle *f* à manger. **2** *(público)* restaurant *m* bon marché, cantine *f*.
comensal [komensál] *nmf* convive.
comentar [komentár] *vt* commenter.
comentario [komentárjo] *nm* commentaire *m*.
comenzar [47] [komenθár] *vt* - *vi* commencer.
comer [komér] *vt* - *vi* **1** *(ingerir alimento)* manger. **2** *(al mediodía)* déjeuner. ▶ *vt* **1** *(en damas, ajedrez)* prendre. **2** *(color)* manger, faire passer. **3** *(metal)* manger, ronger. **4**

comercial

(combustible) manger, consommer. **5** *(envidia, celos, etc)* tourmenter, dévorer. ► *vpr* **comerse 1** *(al hablar)* manger: **se come las palabras**, il mange ses paroles. **2** *(saltarse)* sauter, omettre: **comerse un párrafo**, sauter un paragraphe.

comercial [komerθjál] *adj* **1** *(gen)* commercial,-e: **una película comercial**, un film commercial; **un centro comercial**, un centre commercial. **2** *(calle)* commerçante. ► *nmf (profesión)* commerçant,-e, commis *m* voyageur.

comercialización [komerθjaliθaθjón] *nf* commercialisation *f*.

comerciante [komerθjánte] *nmf* commerçant,-e.

comercio [komérθjo] *nm* commerce *m*.

comestible [komestíβle] *adj* comestible.

cometa [kométa] *nm (astro)* comète *f.* ► *nf (juguete)* cerf-volant *m*.

cometer [kometér] *vt* commettre.

cometido [kometíðo] *nm* mission *f*.

cómic [kómik] *nm* (pl **cómics**) bande *f* dessinée, BD *f*.

cómico,-ca [kómiko,-ka] *adj* comique. ► *nm,f* comédien,-enne.

comida [komíða] *nf* **1** *(alimento)* nourriture *f*. **2** *(a cualquier hora)* repas *m*. **3** *(al mediodía)* déjeuner *m*. • **comida basura** malbouffe *f*.

comienzo [komjénθo] *nm* commencement *m*, début *m*.

comillas [komíʎas] *nf pl* guillemets *m pl*.

comino [komíno] *nm* cumin *m*. • **importar un comino** s'en ficher comme de l'an quarante.

comisaría [komisaría] *nf* commissariat *m*.

comisario,-ria [komisárjo,-rja] *nm,f* commissaire *m*.

comisión [komisjón] *nf* **1** *(delegación, encargo, porcentaje)* commission *f*. **2** *(de delito)* accomplissement *m*, perpétration *f*.

comisionado,-da [komisjonáðo,-ða] *adj* - *nm,f* commissionné,-e.

comité [komité] *nm* comité *m*.

como [kómo] *adv* **1** *(comparativo)* comme. **2** *(en calidad de)* comme, en tant que: **asistió como invitado**, il y assista en tant qu'invité. **3** environ, à peu près: **había como mil personas**, il y avait environ mille personnes. ► *conj* **1** *(causal)* comme, étant donné que. **2** *(condicional)* si: **como lo vuelvas a hacer, te castigarán**, si tu le fais à nouveau, tu seras puni. • **como sea** n'importe comment. **como si nada** comme si de rien n'était.

cómo [kómo] *adv* **1** *(de qué modo)* comment. **2** *(por qué)* pourquoi: **¿cómo no has venido?**, pourquoi tu n'es pas venu ? **3** *(en exclamaciones)* comme: **¡cómo llueve!**, comme il pleut ! • **¿cómo?** comment ?, pardon ? **¿cómo está?** comment allez-vous ? **¡cómo no!** bien sûr !

cómoda [kómoða] *nf (mueble)* commode *f*.

comodidad [komoðiðáð] *nf* **1** *(confort)* commodité *f*, confort *m*. **2** *(facilidad, utilidad)* commodité *f*, aise *f*.

cómodo,-da [kómoðo,-ða] *adj* **1** *(confortable)* confortable. **2** *(conveniente, fácil)* commode. • **estar cómodo,-da** être à l'aise.

compact [kompákt] *nm* (pl **compacts**) compact *m*, disque *m* compact.

compacto,-ta [kompákto,-ta] *adj* compact,-e.

compadecer [43] [kompaðeθér] vt plaindre, avoir pitié de. ▶ vpr **compadecerse** plaindre (**de**, -), avoir pitié (**de**, de).

compaginar [kompaxinár] vt **1** (*combinar*) combiner, accorder. **2** (*en imprenta*) mettre en pages. ▶ vpr **compaginarse** s'accorder.

compañero,-ra [kompaɲéro,-ra] nm,f **1** (*de clase*) camarade. **2** (*de trabajo*) collègue. **3** (*en el juego*) partenaire. **4** (*pareja*) compagnon m, compagne f.

compañía [kompaɲía] nf **1** (*gen*) compagnie f. **2** (*de actores*) troupe f. • **hacer compañía** tenir compagnie. ▪ **malas compañías** mauvaises fréquentations f pl.

comparación [komparaθjón] nf comparaison f.

comparar [komparár] vt comparer.

comparecer [43] [kompareθér] vi comparaître.

compartimento [kompartiménto] nm compartiment m.

compartir [kompartír] vt partager.

compás [kompás] nm **1** (*de dibujo, de navegación*) compas m. **2** (*ritmo*) mesure f.

compasión [kompasjón] nf compassion f.

compatible [kompatiβle] adj compatible.

compatriota [kompatrjòta] nmf compatriote.

compensar [kompensàr] vt **1** (*valer la pena*) valoir la peine. **2** (*equilibrar*) compenser. **3** (*indemnizar*) dédommager.

competencia [kompeténθja] nf **1** (*rivalidad*) concurrence f. **2** (*aptitud*) compétence f. **3** (*incumbencia*) ressort m, compétence f.

competente [kompeténte] adj compétent,-e.

competición [kompetiθjón] nf compétition f.

competir [34] [kompetír] vi **1** (*contender*) concourir, être en concurrence. **2** (*rivalizar*) rivaliser.

compinche [kompíntʃe] nmf fam sbire m.

complacer [42] [komplaθér] vt **1** (*agradar, satisfacer*) complaire, être agréable. **2** rendre service, obliger: **le gusta complacer a sus amigos**, il aime rendre service à ses amis. ▶ vpr **complacerse en** avoir le plaisir de.

complejo,-ja [kompléxo,-xa] adj complexe. ▶ nm **complejo** complexe m.

complementar [komplementár] vt compléter.

complemento [kompleménto] nm complément m.

completar [kompletár] vt compléter.

completo,-ta [kompléto,-ta] adj complet,-ète. • **al completo** au complet. **por completo** complètement.

complicación [komplikaθjón] nf complication f.

complicado,-da [komplikáðo,-ða] adj compliqué,-e.

complicar [1] [komplikár] vt **1** (*situación*) compliquer. **2** (*robo, delito*) mêler (**en**, à), impliquer (**en**, dans).

cómplice [kómpliθe] nmf complice.

complot [komplót] nm (pl **complots**) complot m.

componente [kompońénte] adj (*de un todo*) composant,-e. ▶ nmf (*de un grupo de personas*) membre. ▶ nm (*elemento*) composant m.

componer [78] [kompońér] vt **1** (*gen*) composer. **2** (*arreglar, reparar*) réparer, raccommoder.

comportamiento

comportamiento [komportamjénto] *nm* comportement *m*, conduite *f*.

comportar [komportár] *vt (conllevar, implicar)* comporter, comprendre. ▶ *vpr* **comportarse** se comporter, se conduire.

composición [komposiθjón] *nf* composition *f*.

compositor,-ra [kompositór,-ra] *nm,f* compositeur,-trice.

compota [kompóta] *nf* compote *f*.

compra [kómpra] *nf* achat *m*. ● **hacer la compra** faire son marché. **ir de compras** aller faire les courses.

comprender [komprendér] *vt* comprendre.

comprensible [komprensíβle] *adj* compréhensible.

comprensión [komprensjón] *nf* compréhension *f*.

comprensivo,-va [komprensíβo,-βa] *adj* compréhensif,-ive.

compresa [komprésa] *nf* **1** *(higiénica)* serviette *f* hygiénique. **2** *(venda)* compresse *f*.

comprimido,-da [komprimíðo,-ða] *adj* comprimé,-e.

comprimir [komprimír] *vt* comprimer.

comprobación [komproβaθjón] *nf* vérification *f*.

comprobante [komproβánte] *nm* reçu *m*.

comprobar [31] [komproβár] *vt* **1** *(constatar)* constater. **2** *(verificar)* vérifier. **3** *(demostrar)* confirmer.

comprometer [komprometér] *vt* **1** *(exponer)* compromettre. **2** *(obligar)* engager. ▶ *vpr* **comprometerse 1** *(prometer)* se compromettre. **2** *(novios)* se fiancer. **3** *(políticamente)* s'engager.

compromiso [kompromíso] *nm* **1** *(acuerdo)* compromis *m*. **2** *(obligación)* engagement *m*, obligation *f*. **3** *(apuro)* difficulté *f*, embarras *m*.

compuesto,-ta [kompwésto,-ta] *adj* composé,-e.

comulgar [7] [komulɣár] *vi* communier.

común [komún] *adj* commun,-e. ● **por lo común** généralement, communément.

comunicación [komunikaθjón] *nf* **1** *(gen)* communication *f*. **2** *(contacto)* relation *f*, rapport *m*. ▶ *nf pl* **comunicaciones** moyens *m pl* de communication.

comunicado,-da [komunikáðo,-ða] *adj* desservi,-e. ▶ *nm* communiqué *m*.

comunicar [1] [komunikár] *vt* **1** *(transmitir)* communiquer. ▶ *vi* **1** *(teléfono)* être occupé,-e: **está comunicando**, c'est occupé. **2** *(por correo, teléfono, etc)* communiquer, être en communication. **3** *(estar contiguo)* communiquer.

comunidad [komuniðáð] *nf* communauté *f*. ● **comunidad autónoma** communauté autonome.

comunión [komunjón] *nf* communion *f*.

comunismo [komunízmo] *nm* communisme *m*.

comunista [komunísta] *adj - nmf* communiste.

con [kon] *prep* **1** *(gen)* avec. **2** *(modo)* de: **saludó con la mano**, il salua de la main. **3** *(contra)* contre: **chocar con un árbol**, se cogner contre un arbre. **4** *(respecto de, hacia)* envers, avec: **es muy duro con sus hijos**, il est très dur envers ses enfants. **5 con + inf** malgré que, quoique, bien que: **con discutir no lograremos nada**, en discutant, nous n'obtiendrons rien. ● **con tal (de) que** pourvu que.

concebir [34] [konθeβír] *vt* concevoir.

conceder [konθeðér] *vt* **1** *(deseo, crédito, prórroga)* concéder, accorder. **2** *(tiempo)* accorder. **3** *(premio)* décerner. **4** *(indemnización)* accorder, allouer. **5** *(admitir)* admettre, reconnaître.

concejal,-la [konθeχál,-la] *nm,f* conseiller,-ère municipal,-e.

concentración [konθentraθjón] *nf* **1** *(mental, de líquido)* concentration *f*. **2** *(de gente)* rassemblement *m*.

concentrar [konθentrár] *vt (elementos)* concentrer.

concepto [konθépto] *nm* **1** *(idea)* pensée *f*, idée *f*. **2** *(opinión)* opinion *f*, jugement *m*. **3** *(en filosofía)* concept *m*. • **bajo ningún concepto** en aucun cas.

concertar [27] [konθertár] *vt* **1** *(cita, entrevista)* arranger, ajuster. **2** *(precio)* s'entendre sur, convenir de. **3** *(proyectar en común)* concerter.

concesión [konθesjón] *nf* **1** *(adjudicación)* concession *f*. **2** *(entrega - de premio)* remise *f*; *(- de permiso)* délivrance *f*, octroi *m*.

concha [kóntʃa] *nf* **1** *(de molusco)* coquille *f*. **2** *(de tortuga)* carapace *f*. **3** *(carey)* écaille *f*.

conciencia [konθjénθja] *nf* conscience *f*. • **a conciencia** consciencieusement.

concierto [konθjérto] *nm* **1** *(de música - espectáculo)* concert *m*; *(- para solista y orquesta)* concerto *m*. **2** *(acuerdo)* entente *f*, harmonie *f*.

conciliar [12] [konθiljár] *vt* concilier.

conciso,-sa [konθíso,-sa] *adj* concis,-e.

concluir [62] [koŋklwír] *vt* **1** *(dar fin)* conclure, terminer. **2** *(deducir)* conclure, déduire. **3** *(determinar)* décider. ▶ *vi* - *vpr* **concluir(se)** *(tener fin)* finir, se terminer.

conclusión [koŋklusjón] *nf* conclusion *f*.

concordancia [koŋkorðánθja] *nf* concordance *f*, accord *m*.

concretar [koŋkretár] *vt* **1** *(precisar)* préciser. **2** *(resumir)* résumer. ▶ *vpr* **concretarse** *(materializarse)* se matérialiser.

concreto,-ta [koŋkréto,-ta] *adj* concret,-ète. • **en concreto 1** *(en particular)* en particulier. **2** *(para ser exacto)* pour être précis,-e.

concurrencia [koŋkurénθja] *nf (de personas)* assistance *f*, affluence *f*.

concurrido,-da [koŋkurído,-ða] *adj* bondé,-e.

concursante [koŋkursánte] *nmf* participant,-e.

concursar [koŋkursár] *vi* **1** *(en concurso)* participer. **2** *(en empleo, licitación)* concourir.

concurso [koŋkúrso] *nm* **1** *(de tele, de belleza)* concours *m*. **2** *(de obra)* adjudication *f*.

condecoración [kondekoraθjón] *nf* décoration *f*.

condena [kondéna] *nf* **1** *(sentencia)* peine *f*. **2** DER condamnation *f*.

condenado,-da [kondenáðo,-ða] *adj* - *nm,f* **1** *(por un tribunal)* condamné,-e. **2** *(al infierno)* damné,-e.

condenar [kondenár] *vt* **1** *(gen)* condamner. **2** *(al infierno)* damner. ▶ *vpr* **condenarse 1** *(confesar su culpa)* se déclarer coupable, s'accuser. **2** *(al infierno)* se damner.

condensar [kondensár] *vt* condenser.

condición [kondiθjón] *nf* **1** *(naturaleza, situación social)* condition *f*. **2** *(temperamento)* caractère *m*, naturel *m*. • **a condición de que** à

condicional

condition que, pourvu que. **en condiciones** en état de.

condicional [kondiθjonál] *adj* conditionnel,-elle.

condicionar [kondiθjonár] *vt* **1** *(sugestionar)* conditionner. **2** *(hacer depender)* faire dépendre (**a**, de).

condimentar [kondimentár] *vt* assaisonner.

condimento [kondiménto] *nm* condiment *m*.

condolencias [kondolénθjas] *nf pl fml* condoléances *f pl*.

condón [kondón] *nm fam* capote *f*, préservatif *m*.

conducción [kondukθjón] *nf* **1** *(de vehículo, de fluido, tubería)* conduite *f*. **2** *(de calor)* conduction *f*.

conducir [46] [konduθír] *vt* - *vi (vehículo, pasajeros)* conduire. ▶ *vi (llevar)* conduire (**a**, à), mener (**a**, à). ▶ *vpr* **conducirse** *(comportarse)* se conduire, se comporter.

conducta [kondúkta] *nf* conduite *f*.

conductor,-ra [konduktór,-ra] *adj - nm,f* conducteur,-trice.

conectar [konektár] *vt* **1** *(aparato)* connecter, brancher. **2** *(enlazar)* relier. ▶ *vi* **1** *(entenderse)* s'entendre, se comprendre. **2** *(poner en conexión, en relación)* brancher (**con**, sur): **conectar con la central**, brancher sur la centrale.

conejo,-ja [konéxo,-xa] *nm,f* lapin,-e.

conexión [koneksjón] *nf* **1** *(relación lógica)* rapport. **2** *(relación personal)* lien *m*. **3** *(eléctrica)* branchement *m*. **4** *(telefónica)* communication *f*. **5** *(de televisión, satélite)* liaison *f*. **6** *(a Internet)* connexion *f*. ▶ *nf pl* **conexiones** contacts *m pl*.

confección [komfekθjón] *nf* **1** *(de prendas de vestir)* confection *f*. **2** *(fabricación)* préparation *f*.

confeccionar [komfekθjonár] *vt* **1** *(ropa)* confectionner. **2** *(comida)* préparer. **3** *(lista)* dresser.

conferencia [komferénθja] *nf* **1** *(charla, discurso)* conférence *f*. **2** *(telefónica)* communication *f*.

confesar [27] [komfesár] *vt* **1** *(pecados)* confesser. **2** *(reconocer)* avouer.

confesión [komfesjón] *nf* **1** *(de pecados, fe)* confession *f*. **2** *(declaración)* aveu *m*, confession *f*.

confianza [komfjánθa] *nf* confiance *f*. • **con toda confianza** en toute confiance.

confiar [13] [komfjár] *vt*. • **confiar en ALGO** compter sur QQCH. **confiar en ALGN** avoir confiance en QQN. confiar en que *(esperar)* avoir bon espoir que.

confidencial [komfiðenθjál] *adj* confidentiel,-elle.

confidente [komfiðénte] *nmf* **1** *(de secretos, proyectos)* confident,-e. **2** *(de la policía)* indicateur,-trice, mouchard,-e.

configuración [komfiɣuraθjón] *nf* configuration *f*.

configurar [komfiɣurár] *vt* configurer.

confirmación [komfirmaθjón] *nf* confirmation *f*.

confirmar [komfirmár] *vt* confirmer.

conflictivo,-va [komfliktiβo,-βa] *adj* **1** *(tema)* controversé,-e. **2** *(persona)* difficile.

conflicto [komflíkto] *nm* conflit *m*.

conformar [komformár] *vt fml (formar)* former: **los municipios que conforman una región**, les municipalités qui forment une région. ▶ *vpr* **conformarse** *(resignarse)* se résigner, se faire une raison. • **conformarse con ALGO** *(contentarse)* se contenter de.

conforme [komfórme] *adj (de acuerdo)* conforme, d'accord. ► *conj* **1** *(según)* comme, tel que. **2** *(a medida que)* à mesure que, au fur et à mesure que: **conforme pasaba el tiempo**, au fur et à mesure que le temps passait. ► *adv (según)* conformément (**a**, à).

confort [komfórt] *nm* confort *m*.

confortable [komfortáβle] *adj* confortable.

confrontación [komfrontaθjón] *nf* confrontation *f*.

confrontar [komfrontár] *vt* confronter.

confundir [komfundír] *vt* confondre. ► *vpr* **confundirse 1** *(equivocarse)* se tromper. **2** *(turbarse)* se confondre. **3** *(mezclarse)* se fondre (**entre**, dans).

confusión [komfusjón] *nf* confusion *f*.

confuso,-sa [komfúso,-sa] *adj* confus,-e.

congelación [konχelaθjón] *nf* congélation *f*.

congelador [konχelaðór] *nm* congélateur *m*.

congelar [konχelár] *vt* **1** *(helar)* congeler. **2** *fig (salarios, precios)* bloquer, geler. ► *vpr* **congelarse 1** *(agua)* se congeler, prendre. **2** *(aceite, grasas)* se figer. **3** *fig (persona)* geler, avoir très froid.

congratularse [kongratulárse] *vpr fml* se féliciter.

congregar [7] [kongregár] *vt* rassembler, réunir.

congreso [kongréso] *nm* congrès *m*. ■ **congreso de los diputados** chambre *f* des députés.

cónico,-ca [kóniko,-ka] *adj* conique.

conjugación [konχuɣaθjón] *nf* conjugaison *f*.

conjugar [7] [konχuɣár] *vt* conjuguer.

conjuntivitis [konχuntiβítis] *nf* MED conjonctivite *f*.

conjunto,-ta [konχúnto,-ta] *adj* conjoint,-e. ► *nm* **conjunto** ensemble *m*. • **en conjunto** dans l'ensemble.

conmigo [kommíɣo] *pron pers* **1** *(gen)* avec moi: **venid conmigo**, venez avec moi. **2** *(hacia mí, respecto de mí)* à mon égard, avec moi: **es muy amable conmigo**, il est très aimable à mon égard.

conmovedor,-ra [kommoβeðór,-ra] *adj* émouvant,-e, touchant,-e.

conmover [32] [kommoβér] *vt* émouvoir, toucher.

cono [kóno] *nm* cône *m*.

conocedor,-ra [konoθeðór,-ra] *adj - nm,f* connaisseur,-euse.

conocer [44] [konoθér] *vt* **1** *(gen)* connaître. **2** *(a una persona por primera vez)* faire sa connaissance. • **darse a conocer** se faire connaître. **se conoce que** apparemment.

conocido,-da [konoθíðo,-ða] *adj* connu,-e. ► *nm,f* connaissance *f*.

conocimiento [konoθimjénto] *nm* connaissance *f*. • **perder el conocimiento** perdre connaissance. **tener conocimiento de** savoir que.

conque [kóŋke] *conj* alors.

conquista [koŋkísta] *nf* conquête *f*.

conquistador,-ra [koŋkistaðór,-ra] *adj - nm,f* conquérant,-e. ► *nm* **conquistador** *(ligón)* Don Juan *m*, séducteur *m*.

conquistar [koŋkistár] *vt* conquérir.

consciente [konsθjénte] *adj* conscient,-e.

consecuencia [konsekwénθja] *nf* conséquence *f*. • **a consecuencia**

de par suite de, à la suite de. **en consecuencia** en conséquence.

consecuencia [konsekwènθe] *adj* conséquent,-e.

conseguir [56] [konseɣír] *vt* **1** *(gen)* obtenir. **2** *(objetivo)* atteindre. **3** *(victoria)* remporter. **4 conseguir + inf** arriver à + *inf*, réussir à + *inf*: **conseguí terminar el trabajo**, je suis arrivé à finir le travail.

consejero,-ra [konseχéro,-ra] *nm,f* conseiller,-ère.

consejo [konséχo] *nm* conseil *m*.

consenso [konsénso] *nm* consensus *m*.

consentido,-da [konsentíðo,-ða] *adj* gâté,-e.

consentimiento [konsentimjénto] *nm* consentement *m*.

consentir [35] [konsentír] *vt* **1** *(permitir)* permettre, tolérer. **2** *(niño)* gâter.

conserje [konsérχe] *nmf* **1** *(de escuela, oficina)* concierge. **2** *(de hotel)* portier,-ère.

conserva [konsérβa] *nf* conserve *f*.

conservación [konserβaθjón] *nf* conservation *f*.

conservador,-ra [konserβaðòr,-ra] *adj - nm,f* conservateur,-trice.

conservante [konserβánte] *nm* conservateur *m*.

conservar [konserβár] *vt* conserver.

conservatorio [konserβatórjo] *nm* conservatoire *m*.

considerable [konsiðeráβle] *adj* considérable.

consideración [konsiðeraθjón] *nf* considération *f*. • **tomar en consideración** prendre en considération.

considerado,-da [konsiðeráðo,-ða] *adj* **1** *(atento)* considéré,-e. **2** *(apreciado)* apprécié,-e.

considerar [konsiðerár] *vt* considérer.

consigna [konsíɣna] *nf* consigne *f*.

consigo [konsíɣo] *pron pers* **1** *(con uno mismo)* avec soi. **2** *(con él, ella, ellos, ellas, con usted)* avec lui, avec elle, avec eux, avec vous: **la ha traído consigo**, il l'a apporté avec lui.

consiguiente [konsiɣjénte] *adj* résultant,-e, consécutif,-ive. • **por consiguiente** par conséquent, donc.

consistencia [konsisténθja] *nf* consistance *f*.

consistente [konsisténte] *adj* consistant,-e.

consistir [konsistír] *vi* consister (**en**, dans/en). • **consistir en + inf** consister à.

consola [konsóla] *nf* console *f*.

consolar [31] [konsolár] *vt* consoler.

consolidar [konsoliðár] *vt* consolider.

consonante [konsonánte] *nf* consonne *f*.

consorcio [konsórθjo] *nm* **1** *(comercial)* consortium *m*. **2** *(unión)* union *f*.

conspiración [konspiraθjón] *nf* conspiration *f*.

conspirar [konspirár] *vi* conspirer.

constar [konstár] *vi* **1** *(estar registrado)* être établi, prouvé: **según consta en el contrato**, d'après ce qui est établi dans le contrat. **2** *(componerse)* être composé,-e (**de**, de): **el examen consta de 5 ejercicios**, l'examen se compose de 5 exercices. • **constar a ALGN** *(estar seguro)* être sûr,-e que, avoir la certitude que.

constatar [konstatár] *vt* constater.

consternar [konsternár] *vt* consterner. ► *vpr* **consternarse** être consterné,-e.

constipado,-da [konstipáðo,-ða] *adj* enrhumé,-e. ► *nm* **constipado** rhume *m*.

constitución [konstituθjón] *nf* constitution *f*.

constitucional [konstituθjonál] *adj* constitutionnel,-elle.

constituir [62] [konstitwír] *vt* constituer.

construcción [konstrukθjón] *nf* **1** *(gen)* construction *f*. **2** *(oficio)* bâtiment *m*.

constructor [konstruktór] *nm* constructeur *m*.

construir [62] [konstrwír] *vt* construire.

consuelo [konswélo] *nm* **1** *(de una pena)* consolation *f*. **2** *(alivio)* soulagement *m*.

cónsul [kónsul] *nmf* consul *m*.

consulado [konsuláðo] *nm* consulat *m*.

consulta [konsúlta] *nf* **1** *(pregunta, acto médico)* consultation *f*. **2** *(despacho de médico)* cabinet *m*.

consultar [konsultár] *vt* consulter.

consumición [konsumiθjón] *nf* *(acción, bebida)* consommation *f*.

consumidor,-ra [konsumiðór,-ra] *adj - nm,f* consommateur,-trice.

consumir [konsumír] *vt* **1** *(fuego)* consumer. **2** *(alimento, bebida, electricidad, etc)* consommer. **3** *(celos, envidia)* consumer, ronger. **4** *(agotar)* épuiser. **5** *(tiempo)* prendre, absorber.

consumo [konsúmo] *nm* consommation *f*.

contabilidad [kontaβiliðáð] *nf* comptabilité *f*.

contable [kontáβle] *nmf* comptable.

contactar [kontaktár] *vi* contacter.

contacto [kontákto] *nm* contact *m*. • **mantenerse en contacto** garder le contact. **ponerse en contacto con** contacter, se mettre en rapport avec.

contado,-da [kontáðo,-ða] *adj (escaso)* rare, peu nombreux,-euse. • **al contado** au comptant, comptant. **en contadas ocasiones** en de rares occasions.

contador [kontaðór] *nm* compteur *m*.

contagiar [12] [kontaxjár] *vt* **1** *(enfermedad)* communiquer, transmettre. **2** *(persona)* contaminer.

contagio [kontáxjo] *nm* contagion *f*.

contagioso,-sa [kontaxjóso,-sa] *adj* contagieux,-euse.

contaminación [kontaminaθjón] *nf* pollution *f*.

contaminar [kontaminár] *vt* polluer.

contar [31] [kontár] *vt* **1** *(calcular)* compter. **2** *(narrar)* raconter, conter. ► *vi* **1** *(decir números)* compter. **2** *(importar)* importer, tenir compte: **en el examen cuentan las faltas de ortografía**, à l'examen les fautes d'orthographe sont prises en compte. • **contar con** ALGO *(tener)* disposer de, avoir. **contar con** ALGO/ALGN *(confiar)* compter sur. **contar con que** *(tener en cuenta)* penser que, compter sur: **no contaba con que lloviera**, je n'avais pas prévu qu'il pleuve.

contemplar [kontemplár] *vt* **1** *(paisaje)* contempler. **2** *(posibilidad)* envisager.

contemporáneo,-a [kontemporáneo,-a] *adj - nm,f* contemporain,-e.

contenedor [konteneðór] *nm* container *m*, conteneur *m*. ▪ **conte-**

nedor de basura benne *f* à ordures.

contener [87] [kontenér] *vt* **1** *(gen)* contenir. **2** *(risa, respiración)* retenir. ▶ *vpr* **contenerse** se contenir, se retenir.

contenido,-da [konteníðo,-ða] *adj* **1** *(persona)* mesuré,-e, pondéré,-e. **2** *(sentimiento)* réprimé,-e, rentré,-e, contenu,-e. ▶ *nm* **contenido** contenu *m*.

contentar [kontentár] *vt* faire plaisir à. ▶ *vpr* **contentarse** se contenter (**con**, de).

contento,-ta [konténto,-ta] *adj* content,-e.

contestación [kontestaθjón] *nf* réponse *f*.

contestador [kontestaðór] *nm* répondeur *m*.

contestar [kontestár] *vt - vi (responder)* répondre. ▶ *vi (replicar, discutir)* discuter, contester.

contexto [kontéksto] *nm* contexte *m*.

contigo [kontíyo] *pron pers* **1** *(gen)* avec toi: **voy contigo**, je vais avec toi. **2** *(hacia ti, respecto de ti)* à ton égard, envers toi: **es muy amable contigo**, il est très aimable à ton égard.

continental [kontinentál] *adj* continental,-e.

continente [kontinénte] *nm* continent *m*.

continuación [kontinwaθjón] *nf* suite *f*. ● **a continuación** ensuite.

continuar [11] [kontinwár] *vt - vi* **1** *(acción, actividad)* continuer, poursuivre. **2** *(camino, viaje)* poursuivre. ▶ *vi* **1 continuar + ger** *(en una acción, actividad)* continuer à + *inf*: **continuar leyendo**, continuer à lire. **2** *(durar)* continuer, se poursuivre: **la discusión continúa**, la discussion se poursuit. **3 continuar + pp** *(en un estado, situación)* rester: **continuar sentado**, rester assis.

continuo,-nua [kontínwo,-nwa] *adj* **1** *(incesante, repetido)* continuel, -elle. **2** *(no dividido)* continu,-e.

contorno [kontórno] *nm* contour *m*.

contorsión [kontorsjón] *nf* contorsion *f*.

contra [kóntra] *prep contre*. ▶ *nf fam* difficulté *f*, inconvénient *m*. ● **en contra** *(gen)* contre: **estamos en contra**, nous sommes contre. **llevar la contra a** ALGN contredire QQN. **los pros y los contras** le pour et le contre.

contraataque [kontratáke] *nm* contre-attaque *f*.

contrabajo [kontraβáxo] *nm* **1** *(instrumento)* contrebasse *f*. **2** *(voz)* basse *f*. ▶ *nmf* contrebassiste.

contracción [kontrakθjón] *nf* contraction *f*.

contracepción [kontraθepθjón] *nf fml* contraception *f*.

contradecir [69] [kontraðeθír] *vt* contredire.

contradicción [kontraðikθjón] *nf* contradiction *f*.

contradictorio,-ria [kontraðiktórjo,-rja] *adj* contradictoire.

contraer [88] [kontraér] *vt* contracter. ● **contraer matrimonio** se marier.

contraluz [kontralúθ] *nm* contre-jour *m inv*.

contraponer [78] [kontraponér] *vt* **1** *(oponer)* opposer. **2** *(cotejar)* comparer, confronter. ▶ *vpr* **contraponerse** *(oponerse)* s'opposer.

contrariar [13] [kontrarjár] *vt* contrarier.

contrariedad [kontrarjeðáð] *nf* **1** *(contratiempo)* ennui *m*. **2** *(disgusto)* contrariété *f*.

contrario,-ria [kontrárjo,-rja] *adj* **1** *(opuesto)* contraire. **2** *(perjudicial)*

nocif,-ive, contraire. ▶ *nm,f (rival)* adversaire. • **al contrario** au contraire. **de lo contrario** autrement. **llevar la contraria a** ALGN contredire QQN.

contrarreloj [kontrařelóx] *adj inv* contre la montre.

contraseña [kontraséɲa] *nf* mot de passe.

contraste [kontráste] *nm* **1** *(oposición, diferencia)* contraste *m*. **2** *(de oro, plata)* poinçonneur *m*.

contratar [kontratár] *vt* **1** *(empleado, criado)* embaucher, engager. **2** *(un servicio)* passer un contrat.

contratiempo [kontratjémpo] *nm* contretemps *m*.

contrato [kontráto] *nm* contrat *m*.

contribución [kontriβuθjón] *nf* contribution *f*.

contribuir [62] [kontriβwír] *vi* **1** *(pagar)* payer. **2** *(colaborar)* contribuer (**a**, à).

contribuyente [kontriβujénte] *nmf* contribuable.

contrincante [kontriŋkánte] *nm* adversaire *mf*.

control [kontról] *nm* contrôle *m*.

controlador,-ra [kontrolaðór,-ra] *nm,f* contrôleur,-euse.

controlar [kontrolár] *vt* contrôler.

controversia [kontroβérsja] *nf* controverse *f*.

contundente [kontundénte] *adj* **1** *(cuchillo, arma)* contondant,-e. **2** *(argumento, prueba)* convaincant,-e, concluant,-e.

convalidar [kombaliðár] *vt* valider.

convencer [2] [kombenθér] *vt* convaincre.

convencimiento [kombenθimjénto] *nm* conviction *f*.

conveniente [kombenjénte] *adj* **1** *(adecuado)* convenable. **2** *(interesante)* opportun,-e.

convenio [kombénjo] *nm* accord *m*. ■ **convenio colectivo** convention *f* collective.

convenir [90] [kombenír] *vi* **1** *(ser oportuno)* convenir. **2** *(ser aconsejable)* être bon, être approprié: **no te convienen los dulces**, les sucreries ne sont pas bonnes pour toi. • **convenir en + inf** *(acordar)* convenir de + *inf* **hemos convenido en asociarnos**, nous avons convenu de nous associer.

convento [kombénto] *nm* couvent *m*.

conversación [kombersaθjón] *nf* **1** *(charla)* conversation *f*. **2** *(entrevista)* entretien *m*.

conversar [kombersár] *vi* parler.

conversión [kombersjón] *nf* conversion *f*.

convertir [35] [kombertír] *vt* **1** *(cambiar)* changer, transformer. **2** *(a una religión, moneda)* convertir.

convicción [kombikθjón] *nf* conviction *f*.

convicto,-ta [kombíkto,-ta] *nm,f* convaincu,-e.

convidado,-da [kombiðáðo,-ða] *nm,f* invité,-e.

convidar [kombiðár] *vt* inviter.

convincente [kombinθénte] *adj* convaincant,-e.

convivencia [kombiβénθja] *nf* **1** *(de personas)* cohabitation *f*, vie *f* en commun. **2** *(coexistencia)* coexistence *f*.

convivir [kombiβír] *vi* vivre avec.

convocar [1] [kombokár] *vt* convoquer.

convocatoria [kombokatórja] *nf* **1** *(llamamiento)* convocation *f*. **2** *(examen)* session *f*.

cónyuge [kónjuxe] *nmf* conjoint,-e.

coño [kóɲo] *nm vulg* con *m*. ▶ *interj* **¡coño!** *vulg* merde !

cooperación [koperaθjón] *nf* coopération *f*.

cooperar [koperár] *vi* coopérer.

cooperativa [koperatiβa] *nf* coopérative f.

coordinación [koorðinaθjón] *nf* coordination f.

coordinar [koorðinár] *vt* coordonner.

copa [kópa] *nf* 1 *(para beber, trofeo)* coupe f. 2 *(bebida)* verre m: **invitar a una copa**, offrir un verre. 3 *(de árbol)* tête f. 4 *(de sombrero)* fond m. 5 *(de sostén)* bonnet m. • **tomar una copa** *fam* prendre un verre.

copia [kópja] *nf* 1 *(imitación, reproducción)* copie f. 2 *(ejemplar)* exemplaire m. 3 *(de fotografía)* épreuve f.

copiar [12] [kopjár] *vt - vi* copier.

copiloto [kopilóto] *nmf* copilote.

copla [kópla] *nf (verso, canción)* couplet m. ▶ *nf pl* **coplas** vers m pl, poésies f pl.

copo [kópo] *nm* flocon m.

copropiedad [kopropjeðáð] *nf* copropriété f.

coqueto,-ta [kokéto,-ta] *adj* coquet, -ette.

coraje [koráxe] *nm* 1 *(valor)* bravoure f courage m. 2 *(ira)* colère f, irritation f.

coral¹ [korál] *adj* choral,-e. ▶ *nf* chorale f.

coral² [korál] *nm* corail m.

corazón [koraθón] *nm* 1 *(gen)* cœur m. 2 *(dedo)* majeur m, médius m. • **de (todo) corazón** de tout cœur. **llegar al corazón** aller droit au cœur. **partir el corazón** fendre le cœur. **tener buen corazón** avoir du cœur, avoir bon cœur.

corazonada [koraθonáða] *nf* 1 *(impulso)* coup m de tête. 2 *(intuición)* pressentiment m.

corbata [korβáta] *nf* cravate f.

corcho [kórtʃo] *nm* 1 *(material)* liège m. 2 *(tapón)* bouchon m.

cordero [korðéro] *nm* agneau m.

cordial [korðjál] *adj* cordial,-e.

cordillera [korðiʎéra] *nf* chaîne f (de montagnes).

cordón [korðón] *nm* 1 *(cuerda pequeña)* cordon m. 2 *(de zapatos)* lacet m. • **cordón umbilical** cordon ombilical.

cordura [korðúra] *nf* sagesse f.

Corea [koréa] *n pr* Corée f. • **Corea del Norte** Corée du Nord. **Corea del Sur** Corée du Sud.

coreano,-na [koreáno,-na] *adj* coréen,-enne. ▶ *nm,f* Coréen,-enne. ▶ *nm* **coreano** *(idioma)* coréen m.

coreografía [koreoɣrafía] *nf* chorégraphie f.

córnea [kórnea] *nf* cornée f.

córner [kórner] *nm* (pl **córners**) DEP corner m.

cornudo,-da [kornúðo,-ða] *adj* - *nm fam* cocu,-e.

coro [kóro] *nm* chœur m.

corona [koróna] *nf* couronne f.

coronar [koronár] *vt* 1 *(rey, montaña, etc)* couronner. 2 *(concluir)* achever.

coronel [koronél] *nm* colonel m.

coronilla [koroníʎa] *nf* sommet m de la tête. • **estar hasta la coronilla** *fam* en avoir ras le bol.

corporación [korporaθjón] *nf* corporation f.

corporal [korporál] *adj* corporel, -elle.

corporativo,-va [korporatiβo,-βa] *adj* corporatif,-ive.

correa [korréa] *nf* 1 *(tira de cuero)* courroie f. 2 *(de reloj)* bracelet m. 3 *(de perro)* laisse f.

corrección [korrekθjón] *nf* correction f.

correccional [korrekθjonál] *adj* correctionnel,-elle.

correcto,-ta [korrékto,-ta] *adj* correct,-e.

corrector,-ra [kořektòr,-ra] *adj - nm,f* correcteur,-trice.
corredor,-ra [koředòr,-ra] *nm,f* coureur,-euse. ▶ *nm* **corredor** *(pasillo)* couloir *m*.
corregir [55] [koře̞xír] *vt* corriger.
correo [kořeo] *nm* courrier *m.* ▶ *nm pl* **correos 1** *(servicio)* poste *f sing*. **2** *(oficina)* bureau *m sing* de poste. • **echar al correo** poster. **correo certificado** courrier recommandé. ▪ **correo electrónico** courrier électronique.
correr [kořér] *vi* **1** *(andar deprisa)* courir. **2** *(líquido, río)* couler. **3** *(el viento)* souffler. ▶ *vt* **1** *(recorrer)* courir, parcourir. **2** *(una cosa)* pousser, déplacer. **3** *(una cortina, un cerrojo)* tirer. **4** *(una llave)* tourner. ▶ *vpr* **correrse 1** *(apretarse)* se pousser. **2** *vulg (tener un orgasmo)* jouir. • **¡corre!, ¡corre!** vite ! vite !
correspondencia [kořespondénθja] *nf* correspondance *f*.
corresponder [kořespondèr] *vi* **1** *(sentimientos, favores, etc)* rendre. **2** *(incumbir)* revenir. **3** *(tocar)* être à: **le corresponde a ella avisar a los demás**, c'est à elle de prévenir les autres. **4** *(en un reparto)* revenir.
correspondiente [kořespondjènte] *adj* correspondant,-e.
corrida [koříða] *nf (acción)* course *f*. ▪ **corrida de toros** corrida *f*.
corriente [kořjénte] *adj* **1** courant,-e. **2** *(tiempo)* actuel,-e. ▶ *nm* courant *m*: **el 12 del corriente**, le 12 courant. ▶ *nf* courant *m*. • **estar al corriente 1** *(sin retrasos)* être à jour. **2** *(enterado)* être au courant. **seguirle la corriente a** ALGN ne pas contrarier QQN.
corromper [kořompér] *vt* corrompre.

corrosión [kořosjón] *nf* corrosion *f*.
corrupción [kořupθjòn] *nf* corruption *f*.
corrupto,-ta [kořúpto,-ta] *adj* corrompu,-e.
cortacésped [kortaθéspeð] *nm* tondeuse *f* à gazon.
cortado,-da [kortàðo,-ða] *adj* **1** *(gen)* coupé,-e. **2** *fam (avergonzado)* timide. **3** *(estilo)* haché,-e. ▶ *nm* **cortado** *(café)* noisette *f*.
cortante [kortànte] *adj* **1** coupant, -e. **2** *(aire, frío)* piquant,-e.
cortar [kortár] *vt* **1** *(gen)* couper. **2** *(interrumpir)* interrompre. **3** *(dar forma - a tela)* tailler; *(- a papel)* découper. ▶ *vi (estar bien afilado)* couper.
cortaúñas [kortaúɲas] *nm* coupe-ongles *m inv*.
corte[1] [kòrte] *nm* **1** *(acción, manera de cortar)* coupe *f*. **2** *(herida, interrupción, etc)* coupure *f*. **3** *fam (respuesta ingeniosa)* répartie *f*. ▪ **corte de luz** coupure de courant. **corte de pelo** coupe de cheveux.
corte[2] [kòrte] *nm* **1** *(de un soberano)* cour *f*. ▪ **las Cortes** l'Assemblée parlementaire espagnole.
cortés [kortés] *adj* courtois,-e.
cortesía [kortesía] *nf* courtoisie *f*.
corteza [kortéθa] *nf* **1** *(de árbol)* écorce *f*. **2** *(de pan, queso)* croûte *f*. **3** *(de tocino)* couenne *f*.
cortina [kortína] *nf* rideau *m*.
corto,-ta [kòrto,-ta] *adj* **1** *(de poca extensión o duración)* court,-e. **2** *(persona)* timide. ▶ *nm* **corto** court-métrage *m*. • **quedarse corto,-ta** calculer trop juste.
cortocircuito [kortoθirkwìto] *nm* court-circuit *m*.
cortometraje [kortométràxe] *nm* court-métrage *m*.

cosa [kòsa] *nf* chose *f*. ▶ *nf pl* **cosas 1** *(pertenencias)* affaires *f pl*. **2** *(ideas, manías)* manie *f*: **tiene unas cosas que no hay quien lo entienda**, il a de ces idées ! Personne ne le comprend. • **cosa de** environ, à peu près.

cosecha [kosétʃa] *nf* récolte *f*. • **de su cosecha** de son cru.

cosechar [kosetʃár] *vt* - *vi* récolter. ▶ *vt (obtener, ganar)* obtenir: **cosechar triunfos**, obtenir des succès.

coser [kosér] *vt* coudre.

cosmético,-ca [kozmètiko,-ka] *adj* cosmétique.

cosmética [kozmètika] *nf* cosmétique *f*.

cosmonauta [kozmonáuta] *nmf* cosmonaute.

cosmopolita [kozmopolíta] *adj* cosmopolite.

cosquillas [koskíʎas] *nf pl* chatouilles *f pl*. • **tener cosquillas** être chatouilleux,-euse.

costa [kòsta] *nf* côte *f*. • **a costa de 1** *(a expensas de)* aux dépens de: **aún vive a costa de sus padres**, il vit encore aux crochets de ses parents. **2** *(a fuerza de)* au prix de: **lo consiguió a costa de mucho trabajo**, elle a réussi au prix d'un travail acharné. **a toda costa** à tout prix.

costado [kostáðo] *nm* côté *m*.

costar [31] [kostár] *vt - vi* coûter. • **cueste lo que cueste** coûte que coûte.

Costa Rica [kostaříka] *n pr* Costa Rica *m*.

costarricense [kostařiθénse] *adj* costaricien,-enne. ▶ *nmf* Costaricien-enne.

costarriqueño,-ña [kostařikéɲo,-ɲa] *adj* costaricien,-enne. ▶ *nm,f* Costaricien,-enne.

coste [kòste] *nm* coût *m*.

costear [kosteár] *vt* financer.

costero,-ra [kostéro,-ra] *adj* côtier, -ère.

costilla [kostíʎa] *nf* **1** *(gen)* côte *f*. **2** COC côtelette *f*.

costo [kòsto] *nm* **1** coût *m*. **2** fam *(hachís)* came *f*.

costoso,-sa [kostóso,-sa] *adj* **1** *(precio)* cher, chère. **2** *(difícil)* difficile.

costra [kòstra] *nf* croûte *f*.

costumbre [kostúmbre] *nf* **1** *(tradición)* coutume *f*. **2** *(hábito)* habitude *f*. ▶ *nf pl* **costumbres** mœurs *f pl*.

costura [kostúra] *nf* couture *f*.

costurera [kosturéra] *nf* couturière *f*.

costurero [kosturéro] *nm* nécessaire *m* de couture.

cotejar [koteχár] *vt* confronter.

cotidiano,-na [kotiðjáno,-na] *adj* quotidien,-enne.

cotilla [kotíʎa] *nmf fam* commère *f*.

cotilleo [kotiʎéo] *nm fam* commérage *m*.

coto [kòto] *nm* **1** *(terreno)* réserve *f*. **2** *fig (límite)* limite *f*.

cráneo [kráneo] *nm* crâne *m*.

cráter [kráter] *nm* cratère *m*.

creación [kreaθjón] *nf* création *f*.

creador,-ra [kreaðór,-ra] *adj - nm,f* créateur,-trice.

crear [kreár] *vt* créer.

creativo,-va [kreatíβo,-βa] *adj - nm,f* créatif,-ive.

crecer [43] [kreθér] *vi* **1** *(niños)* grandir. **2** *(pelo, plantas)* pousser. **3** *(días)* allonger. **4** *(la luna)* croître. **5** *(interés, gusto, etc por algo)* être croissant, -e. ▶ *vpr* **crecerse** prendre de l'assurance.

creciente [kreθjénte] *adj* croissant,-e.

crecimiento [kreθimjénto] *nm* croissance *f*.

crédito [kréðito] *nm* crédit *m*.

crédulo,-la [kréðulo,-la] *adj* crédule.
creencia [kreénθja] *nf* croyance *f*.
creer [61] [kreér] *vt - vi* croire.
creíble [kreíβle] *adj* crédible.
creído,-da [kreíðo,-ða] *nm,f fam* présomptueux,-euse.
crema [kréma] *nf* **1** *(gen)* crème *f*. **2** *(betún)* cirage *m*. ▶ *adj (color)* crème.
cremallera [kremaʎéra] *nf* **1** *(cierre)* fermeture *f* Éclair®. **2** *(en tecnología)* crémaillère *f*.
cremoso,-sa [kremóso,-sa] *adj* crémeux,-euse.
crepitar [krepitár] *vi* crépiter.
crepúsculo [krepúskulo] *nm* crépuscule *m*.
cresta [krésta] *nf* **1** *(de gallo)* crête *f*. **2** *(copete)* huppe *f*.
cretino,-na [kretino,-na] *adj - nm,f* crétin,-e.
creyente [krejénte] *adj - nmf* croyant,-e.
cría [kria] *nf* **1** *(animal)* petit *m*. **2** *(crianza - de bebés)* allaitement *m*. **3** *(- de animales)* élevage *m*.
criar [13] [kriár] *vt* **1** *(niños)* élever, éduquer. **2** *(animales)* élever. **3** *(plantas)* cultiver. **4** *(alimentar a un bebé)* allaiter.
criatura [krjatúra] *nf* **1** *(ser)* créature *f*. **2** *(bebé)* nourrisson *m*.
crimen [krimen] *nm* crime *m*.
criminal [kriminál] *adj - nmf* criminel,-elle.
crin [krin] *nf* **1** *(material)* crin *m*. **2** *(pelos)* crinière *f*.
crío [krio] *nm* **1** *(bebé)* bébé *m*. **2** *(niño)* gamin *m*.
crisis [krisis] *nf* crise *f*.
crispar [krispár] *vt* crisper.
cristal [kristál] *nm* **1** *(cristal fino)* verre *m*. **2** *(cuerpo cristalizado)* cristal *m*. **3** *(de ventana)* vitre *f*. **4** *(de escaparate, parabrisas, etc)* glace *f*.

cristianismo [kristjanizmo] *nm* christianisme *m*.
cristiano,-na [kristjáno,-na] *adj - nm,f* chrétien,-enne.
Cristo [kristo] *n pr* Christ.
criterio [kritérjo] *nm* **1** *(norma)* critère *m*. **2** *(opinión)* opinion *f*, avis *m*. **3** *(juicio)* jugement *m*.
crítica [kritika] *nf* critique *f*.
criticar [1] [kritikár] *vt* critiquer.
crítico,-ca [kritiko,-ka] *adj* critique. ▶ *nm,f (persona)* critique.
Croacia [kroáθja] *n pr* Croatie *f*.
croata [kroáta] *adj* croate. ▶ *nmf* Croate.
croissant [krwasán] *nm* croissant *m*.
crónica [krónika] *nf* chronique *f*.
crónico,-ca [króniko,-ka] *adj* chronique.
cronista [kronista] *nmf* chroniqueur,-euse.
cronometrar [kronometrár] *vt* chronométrer.
cronómetro [kronómetro] *nm* chronomètre *m*.
croqueta [krokéta] *nf* croquette *f*.
croquis [krókis] *nm* croquis *m*.
cruce [kruθe] *nm* **1** *(acción, de vías)* croisement *m*. **2** *(de calles, carreteras)* carrefour *m*.
crucero [kruθéro] *nm* croisière *f*.
crucial [kruθjál] *adj* crucial,-e.
crucigrama [kruθiɣráma] *nm* mots-croisés *m pl*.
crudo,-da [krúðo,-ða] *adj* **1** *(no cocido)* cru,-e. **2** *(tiempo)* rude.
cruel [krwél] *adj* cruel,-elle.
crueldad [krweldáð] *nf* cruauté *f*.
crujiente [kruxjénte] *adj* croustillant,-e.
crujir [kruxír] *vi* **1** *(gen)* craquer. **2** *(dientes)* grincer. **3** *(seda)* crisser.
crustáceo [krustáθeo] *nm* crustacé *m*.

cruz [kruθ] *nf* **1** *(gen)* croix *f*. **2** *(de una moneda)* pile *m*. • **¿cara o cruz?** pile ou face ?

cruzada [kruˈθaða] *nf* HIST croisade *f*.

cruzado,-da [kruˈθaðo,-ða] *adj* croisé,-e. ▶ *nm* **cruzado** HIST croisé *m*.

cruzar [4] [kruˈθar] *vt* **1** *(gen)* croiser. **2** *(atravesar)* traverser: **cruzar la carretera**, traverser la route.

cuaderno [kwaˈðerno] *nm* cahier *m*.

cuadra [ˈkwaðra] *nf* écurie *f*.

cuadrado,-da [kwaˈðraðo,-ða] *adj* carré,-e. ▶ *nm* **cuadrado** carré *m*.

cuadrar [kwaˈðrar] *vt* carrer. ▶ *vi* **1** *(información, hechos)* concorder. **2** *(cifras)* tomber juste. **3** *(convenir)* convenir.

cuadrilla [kwaˈðriʎa] *nf* **1** *(de trabajadores)* équipe *f*. **2** *(de amigos, bandidos)* bande *f*.

cuadro [ˈkwaðro] *nm* **1** *(gen)* tableau *m*. **2** *(forma geométrica)* carré *m*. **3** *(de bici)* cadre *m*. **4** *(situación)* situation *f*.

cuajar [kwaˈxar] *vt* **1** *(la leche)* cailler; *(la sangre)* coaguler. **2** *(obtener buen resultado)* réaliser: **el equipo ha cuajado un gran partido**, l'équipe a joué un grand match. ▶ *vi* **1** *(conseguirse)* aboutir: **el proyecto no llegó a cuajar**, le projet n'a pas abouti. **2** *(la nieve)* prendre.

cual [kwal] *pron rel* **el/la cual** qui, lequel, laquelle. ▶ *adv fml* comme, ainsi que: **lo ha hecho cual le había prometido**, il l'a fait comme il l'avait promis. • **al cual, a la cual** auquel, à laquelle. **cada cual** chacun. **del cual, de la cual** duquel, de laquelle, dont. **de lo cual** ce dont: tuya has ganado, de lo cual me alegro, tu as gagné et je m'en réjouis. **lo cual** ce qui, ce que: no ha llamado, lo cual quiere decir que no vendrá, il n'a pas appelé, ce qui veut dire qu'il ne viendra pas. **por lo cual** c'est pourquoi.

cuál [kwal] *pron interr* quel, quelle, lequel, laquelle: **¿cuál de los dos prefieres?**, lequel des deux préfères-tu ?

cualidad [kwaliˈðað] *nf* qualité *f*.

cualquier [kwalˈkjera] *adj* (*pl* **cualesquiera**) (**cualquier** *devant un nom*) **1** *(antes de nombre)* n'importe quel, n'importe quelle: **a cualquier hora**, à n'importe quelle heure. **2** *(después de nombre)* quelconque: **un libro cualquiera**, un livre quelconque. ▶ *pron indef* n'importe qui, quiconque: **cualquiera que haya viajado**, quiconque a voyagé. • **cualquier cosa** n'importe quoi. **en cualquier sitio** n'importe où.

cuando [ˈkwando] *adv* quand. • **de vez en cuando** de temps en temps.

cuándo [ˈkwando] *adv* quand.

cuantía [kwanˈtia] *nf* montant *m*.

cuanto,-ta [ˈkwanto,-ta] *adj* tout le, toute la: **se le cuentos libros caen en sus manos**, elle lit tous les livres qui lui tombent sous la main. ▶ *pron rel* tout ce qui, tous ceux qui, toutes celles qui: **compra todo cuanto le gusta**, il achète tout ce qui lui plaît. ▶ *adv* **cuanto** tant que: **esto durará cuanto quiera él**, cela durera tout le temps qu'il voudra. • **cuanto antes** dès que possible. **cuanto más** à plus forte raison. **cuanto más/menos ... más/menos** plus/moins ... plus/moins: cuanto más tiene, más quiere, plus il en a, plus il en veut. **en cuanto** dès que. **en cuanto a** quant à.

cuánto,-ta [ˈkwanto,-ta] *adj* **1** *(interrogativo)* combien de. **2** *(exclamativo)* que de: **¡cuánta gente!**, que de

monde! ▶ *pron* combien: **¿cuántos erais?**, combien étiez-vous? ▶ *adv* **cuánto 1** *(interrogativo)* combien. **2** *(hasta qué punto)* combien, comme: **tú sabes cuánto te quiero**, tu sais combien je t'aime. **3** combien de temps: **¿cuánto hace que se marchó?**, depuis combien de temps est-il parti?

cuarenta [kwarénta] *num* quarante *m inv*.

cuarentena [kwarenténa] *nf* quarantaine *f*.

cuarto,-ta [kwárto,-ta] *num* quatrième. ▶ *nm* **cuarto 1** *(cuarta parte)* quart *m*. **2** *(de una prenda)* pièce *f*. **3** *(para dormir)* chambre *f*. **4** *(de luna)* quartier *m*. ■ **cuarto de baño** salle *f* de bains. **cuarto de estar** salle *f* de séjour. **cuartos de final** quarts de finale.

cuatro [kwátro] *num* quatre *m inv*.

cuba [kúβa] *nf* tonneau *m*. • **estar como una cuba** *(fam)* être complètement bourré,-e.

Cuba [kúβa] *n pr* Cuba.

cubalibre [kuβalíβre] *nm* rhum-Coca *m*.

cubano,-na [kuβáno,-na] *adj* cubain,-e. ▶ *nm,f* Cubain,-e.

cúbico,-ca [kúβiko,-ka] *adj* **1** *(forme)* cubique. **2** *(para volúmenes)* cube.

cubierta [kuβjérta] *nf* **1** *(de un libro, tejado)* couverture *f*. **2** *(de un barco)* pont *m*.

cubierto,-ta [kuβjérto,-ta] *adj* couvert,-e. ▶ *nm* **cubierto** *(tenedor, cuchara y cuchillo)* couvert *m*. • **ponerse a cubierto** se mettre à l'abri.

cubito [kuβíto] *nm* *(de hielo)* glaçon *m*.

cubo [kúβo] *nm* **1** *(recipiente)* seau *m*. **2** *(figura)* cube *m*. ■ **cubo de la basura** poubelle *f*.

cubrir [kuβrír] *vt* couvrir.

cucaracha [kukarátʃa] *nf* cafard *m*.

cuchara [kutʃára] *nf* cuiller *f*, cuillère *f*.

cucharilla [kutʃariʎa] *nf* petite cuillère *f*.

cuchichear [kutʃitʃeár] *vi* chuchoter.

cuchilla [kutʃíʎa] *nf* lame *f*.

cuchillo [kutʃíʎo] *nm* couteau *m*.

cuchitril [kutʃitríl] *nm* taudis *m*.

cucurucho [kukurútʃo] *nm* cornet *m*.

cuello [kwéʎo] *nm* **1** *(del cuerpo)* cou *m*. **2** *(de una prenda)* col *m*. **3** *(de botella)* goulot *m*. **4** *(parte estrecha)* col *m*. ■ **cuello alto** col roulé.

cuenca [kwéŋka] *nf* GEOG bassin *m*; *(del ojo)* orbite *f*.

cuenco [kwéŋko] *nm* terrine *f*.

cuenta [kwénta] *nf* **1** *(gen)* compte *m*. **2** *(factura)* note *f*; *(- en el restaurante)* addition *f*. **3** *(de un collar, etc)* grain *m*. **4** *(incumbencia)* charge *f*: **esto corre por cuenta mía**, cela est à ma charge. • **a fin de cuentas** en fin de compte. **caer en la cuenta** se rendre compte. **darse cuenta (de)** se rendre compte (de). **tener en cuenta** tenir compte de. ■ **cuenta atrás** compte à rebours.

cuento [kwénto] *nm* **1** *(relato)* conte *m*. **2** *(chisme)* histoire *f*. • **dejarse de cuentos** aller droit au but. ■ **cuento chino** histoire à dormir debout.

cuerda [kwérða] *nf* corde *f*.

cuerno [kwérno] *nm* **1** *(asta)* corne *f*. **2** MÚS cor *m*. • **poner los cuernos** *fam* tromper.

cuero [kwéro] *nm* cuir *m*. • **en cueros** à poil.

cuerpo [kwérpo] *nm* corps *m*. • **cuerpo a cuerpo** corps à corps. **en cuerpo y alma** corps et âme.

cuervo [kwérβo] *nm* corbeau *m*.

cuesta [kwèsta] nf côte f. • a cuestas 1 sur le dos. 2 fig sur les épaules. **en cuesta** en pente. **ir cuesta abajo** descendre. **ir cuesta arriba** monter.

cuestión [kwestjón] nf 1 (*pregunta*) question f. 2 (*asunto, tema*) affaire f.

cuestionar [kwestjonár] vt remettre en question.

cuestionario [kwestjonárjo] nm questionnaire m.

cueva [kwéßa] nf grotte f.

cuidado [kwiðáðo] nm 1 (*atención, dedicación*) soin m. 2 (*preocupación, vigilancia*) souci m. ► interj ¡**cuidado**! attention ! • **tener cuidado** faire attention.

cuidadoso,-sa [kwiðaðóso,-sa] adj soigneux,-euse.

cuidar [kwiðár] vt soigner, prendre soin de. ► vt - vi s'occuper de. ► vpr **cuidarse** prendre soin de soi: ¡**cuídate**!, prends soin de toi !

culebra [kuléßra] nf couleuvre f.

culebrón [kuleßrón] nm feuilleton m télévisé.

culinario,-ria [kulinárjo,-rja] adj culinaire.

culo [kúlo] nm 1 cul m. 2 (*fondo - de objeto*) fond; (*- de botella*) cul m. • **ir de culo** fam fig être débordé,-e. ¡**vete a tomar por culo**! vulg va te faire foutre !

culpa [kúlpa] nf faute f. • **echar la culpa a** ALGN rejeter la faute sur QQN. **tener la culpa** être responsable: tú tienes la culpa, c'est de ta faute.

culpable [kulpáβle] adj - nmf coupable. • **declararse culpable** plaider coupable.

culpar [kulpár] vi accuser.

cultivar [kultiβár] vt cultivar.

cultivo [kultíβo] nm culture f.

culto,-ta [kúlto,-ta] adj cultivé,-e. ► nm **culto** culte m.

cultura [kultúra] nf culture f.

cultural [kulturál] adj culturel,-elle.

cumbre [kúmbre] nf sommet m.

cumpleaños [kumpleáɲos] nm anniversaire m: ¡**cumpleaños feliz**!, joyeux anniversaire !

cumplido,-da [kumplíðo,-ða] adj 1 (*perfecto*) accompli,-e. 2 (*completo*) révolu,-e. ► nm **cumplido** (*alabanza*) compliment m.

cumplir [kumplír] vt 1 (*deber*) accomplir. 2 (*misión*) remplir. 3 (*orden*) exécuter. 4 (*obligación*) s'acquitter (de). 5 (*promesa*) tenir. 6 (*edad*) avoir. ► vi **cumplir con** faire son devoir.

cuna [kúna] nf berceau m.

cundir [kundír] vi 1 (*gen*) se répandre. 2 (*dar de sí*) **el tiempo no le cunde y se le acumula el trabajo**, le temps lui semble trop court et son travail s'accumule.

cuñada [kuɲáða] nf belle-sœur f.

cuñado [kuɲáðo] nm beau-frère m.

cupón [kupón] nm 1 (*gen*) coupon m. 2 (*de lotería*) billet m.

cúpula [kúpula] nf 1 (*bóveda*) coupole f. 2 (*dirigentes*) dirigeants m pl.

cura [kúra] nm curé m. ► nf 1 (*curación*) guérison f. 2 (*tratamiento*) soin m.

curación [kuraθjón] nf guérison f.

curar [kurár] vi avoir soin de. ► vt 1 (*remediar un mal*) guérir. 2 (*tratar*) soigner. 3 (*herida*) panser. 4 (*carne, pescado, madera*) sécher. ► vpr **curarse** (*sanar*) guérir.

curiosear [kurjoseár] vi 1 (*fisgar*) mettre son nez partout. 2 (*echar una ojeada*) fouiner.

curiosidad [kurjosiðáð] nf curiosité f.

curioso,-sa [kurjóso,-sa] adj - nm,f curieux,-euse.

currar [kuřár] *vi fam* bosser.
currículo [kuřikulo] *nm* curriculum *m*.
cursar [kursár] *vt* **1** *(estudiar)* étudier. **2** *(solicitud)* présenter. **3** *(asunto)* donner suite.
cursi [kúrsi] *adj* cucul (la praline).
cursillo [kursiʎo] *nm* stage *m*.
curso [kúrso] *nm* **1** *(gen)* cours *m*. **2** *(año)* année *f* scolaire.
cursor [kursór] *nm* curseur *m*.
curva [kúrβa] *nf* courbe *f*.

curvo,-va [kúrβo,-βa] *adj* courbe.
custodiar [12] [kustoðjár] *vt* garder.
cutáneo,-a [kutáneo,-a] *adj* cutané,-e.
cuyo,-ya [kújo,-ja] *(exprime toujours une idée de possession) pron rel* **1** dont le, dont la. **2** *(después de una prep)* de qui, duquel, de laquelle: **el amigo con cuyo padre viajo**, l'ami avec le père duquel je voyage. • **en cuyo caso** auquel cas.

D

dama [dàma] *nf (mujer)* dame f.

danés,-esa [danés,-ésa] *adj* danois, -e. ▶ *nm,f* Danois,-e. ▶ *nm* **danés** *(idioma)* danois m.

danza [dánθa] *nf* danse f.

danzar [4] [danθár] *vt - vi* danser.

dañar [dapár] *vt 1 (cosa)* endommager, abîmer. **2** *(persona)* faire mal. ▶ *vpr* **dañarse 1** *(cosa)* s'abîmer. **2** *(persona)* se faire mal.

daño [dáɲo] *nm 1 (dolor)* mal m. **2** *(perjuicio)* dommage m. • **hacer daño** faire mal. ▪ **daños y perjuicios** dommages et intérêts.

dar [68] [dar] *vt 1 (gen)* donner. **2** *(luz, gas)* allumer. **3** *(con algunos sustantivos)* faire: **dar un paseo**, faire une promenade; **dar pena**, faire de la peine. **4** *(película)* passer. **5** *(las cartas)* distribuer. ▶ *vt - vi (las horas)* sonner. ▶ *vi 1 (golpear)* frapper. **2** **dar a** *(estar orientado hacia)* donner sur. ▶ *vpr* **darse 1** *(chocar)* se cogner (**contra**, contre). **2** *(entregarse)* s'adonner. • **dar con** + *nombre* rencontrer + *nom*, trouver + *nom*: **dar con lo que se busca**, trouver ce que l'on cherche. **dar de comer** donner à manger. **dar de sí** se détendre. **dar lo mismo** être égal. **dar por** + *pp /adj* considérer: **darse por satisfecho**, s'estimer satisfait. **dar por** + *verbo/nombre* se mettre à: **le ha dado por el golf**, il a commencé à jouer au golf. **darse a conocer** se faire connaître. **dárselas de** + *adj* faire le: **se las da de listo**, il se croît très intelligent.

dátil [dátil] *nm* datte f.

dato [dáto] *nm* donnée f. ▪ **datos personales** coordonnées f pl.

de [de] *prep 1 (gen)* de. **2** *(materia)* de, en: **cesta de mimbre**, panier en osier. **3** *(instrumento)* à: **máquina de coser**, machine à coudre. **4** *(característica)* à la, au: **la chica de la minifalda**, la fille à la mini-jupe. **5** *(como)* comme: **trabaja de cocinero**, il travaille comme cuisinier. **6** *(entre)* sur: **de diez veces una**, une fois sur dix. **7** **de** + *inf* si: **de haberlo sabido, te lo habría dicho**, si je l'avais su, je te l'aurais dit. **8** *adj* + **de** + *inf* à: **fácil de hacer**, facile à faire.

debajo [deβáxo] *adv* dessous. • **debajo de** sous, au-dessous de. **por debajo de** en dessous de, au-dessous de.

debate [deβáte] *nm* débat m.

debatir [deβatír] *vt* débattre.

deber [deβér] *nm* devoir m. ▶ *vpr* **deberse 1** *(tener por causa)* être dû, -e (**a**, à). **2** *(estar entregado)* se devoir (**a**, à). ▶ *nm pl* **deberes** devoirs m pl. • **deber** + *inf (obligación)* devoir + *inf* debes volver pronto, tu dois rentrer de bonne heure. **deber de** + *inf (conjetura)* devoir + *inf* **debe de haber llegado**, il doit être arrivé.

debido,-da [deβíðo,-ða] *adj 1 (dinero)* dû, due. **2** *(apropiado)* qui convient: **a su debido tiempo**, en temps voulu. • **como es debido** comme il faut. **debido a** du fait de.

débil [déβil] *adj - nmf* faible.

debilidad [deβiliðáð] *nf* faiblesse *f*. • **tener debilidad por** avoir un faible pour.

debilitar [deβilitár] *vt* affaiblir. ▶ *vpr* **debilitarse** faiblir.

debut [deβút] *nm* (pl **debuts**) débuts *m pl*.

década [dékaða] *nf* décennie *f*.

decaer [67] [dekaér] *vi* 1 *(venir a menos)* décliner. 2 *(debilitarse)* s'affaiblir. 3 *(salud)* s'aggraver. 4 *(entusiasmo)* tomber.

decaído,-da [dekaíðo,-ða] *adj* 1 *(debilitado)* affaibli,-e; *(abatido)* abattu,-e. 2 *(en decadencia)* déchu,-e.

decano [dekáno] *nm* doyen *m*.

decapitar [dekapitár] *vt* décapiter.

decena [deθéna] *nf* dizaine *f*.

decente [deθénte] *adj* 1 *(decoroso)* décent,-e. 2 *(satisfactorio)* convenable.

decepcionante [deθepθjonánte] *adj* décevant,-e.

decepcionar [deθepθjonár] *vt* décevoir.

decidido,-da [deθiðíðo,-ða] *adj* décidé,-e.

• **decidir** [deθiðír] *vt* décider.

decilitro [deθilítro] *nm* décilitre *m*.

décima [déθima] *nf* dixième *m*.

decimal [deθimál] *adj* décimal,-e.

décimo,-ma [déθimo,-ma] *num* dixième. ▶ *nm* **décimo** *(de lotería)* dixième *m*.

decir [69] [deθír] *vt* dire. • **como quien dice** pour ainsi dire. **¿diga?/¿dígame?** *(al teléfono)* allô ! **dicho y hecho** aussitôt dit, aussitôt fait. **es decir** c'est-à-dire. **¡no me digas!** pas possible ! **por así decirlo** autrement dit. **se dice que...** il paraît que ....

decisión [deθisjón] *nf* décision *f*.

decisivo,-va [deθisíβo,-βa] *adj* décisif, -ive.

declaración [deklaraθjón] *nf* 1 *(gen)* déclaration *f*. 2 DER déposition *f*. • **declaración de la renta** déclaration de revenus.

declarar [deklarár] *vt* (gen) déclarer. ▶ *vi* 1 *(en un juicio)* témoigner. 2 *(ante el juez)* déposer. • **declararse a** ALGN faire une déclaration d'amour à QQN.

decoración [dekoraθjón] *nf* 1 *(de una casa)* décoration *f*. 2 *(en el teatro)* décor *m*.

decorado [dekoráðo] *nm* décor *m*.

decorador,-ra [dekoraðór,-ra] *nm,f* décorateur,-trice.

decorar [dekorár] *vt* décorer.

decorativo,-va [dekoratíβo,-βa] *adj* décoratif,-ive.

decretar [dekretár] *vt* décréter.

decreto [dekréto] *nm* décret *m*.

dedicar [1] [deðikár] *vt* 1 *(tiempo, dinero, etc)* consacrer. 2 *(libro, foto)* dédicacer. 3 *(monumento, libro)* dédier. ▶ *vpr* **dedicarse a** faire: **se dedica al cine**, il fait du cinéma.

dedo [déðo] *nm* 1 *(de la mano)* doigt *m*. 2 *(del pie)* orteil *m*. • **no tener dos dedos de frente** n'avoir pas deux sous de jugeote. • **dedo corazón** majeur *m*. **dedo gordo** gros orteil. **dedo índice** index *m*.

deducir [46] [deðuθír] *vt* déduire.

defecto [defékto] *nm* défaut *m*.

defectuoso,-sa [defektwóso,-sa] *adj* défectueux,-euse.

defender [28] [defendér] *vt* défendre.

defensa [defénsa] *nf* défense *f*. • **en defensa propia** pour se défendre.

defensivo,-va [defensíβo,-βa] *adj* défensif,-ive.

defensor,-ra [defensór,-ra] *nm,f* défenseur *m*.

deficiencia [defiθjénθja] *nf* déficience *f*.

deficiente [defiθjénte] *adj* déficient,-e. ■ **deficiente mental** arriéré,-e.

déficit [défiθit] *nm inv* **1** *(comercial, presupuestario)* déficit *m*. **2** *(falta)* manque *m*.

definición [definiθjón] *nf* définition *f*.

definir [definír] *vt* définir.

definitivo,-va [definitíβo,-βa] *adj* définitif,-ive.

deformación [deformaθjón] *nf* déformation *f*.

deformar [deformár] *vt* déformer.

defraudar [defrauðár] *vt* **1** *(cometer un fraude)* frauder. **2** *(esperanzas)* décevoir.

degollar [31] [deɣoʎár] *vt* égorger.

dejar [dexár] *vt* **1** *(gen)* laisser. **2** *(prestar)* prêter. **3** *(abandonar)* quitter: **dejó a su mujer**, il quitta sa femme. **4** *(beneficio)* rapporter. ► *vpr* **dejarse 1** *(olvidar)* oublier. **2** *(someterse, permitir)* se laisser. **3** *(descuidarse)* s'abandonner, se négliger. **4 dejarse de** arrêter: **déjate de tonterías**, arrête tes bêtises. **¡déjalo!** laisse tomber! **dejar a un lado** laisser de côté. **dejar de + inf** *(cesar)* cesser de + *inf*: **dejar de hablar**, cesser de parler. **dejar en paz** laisser tranquille. **dejar que + subj** *(permitir)* permettre de, laisser que: ¿me deja que le pregunte algo?, vous me permettez de vous demander quelque chose? **dejarse caer** se présenter, débarquer. **dejarse llevar por** se laisser aller à, se laisser emporter par.

del [del] *contr (de + el)* du, de l': **del lobo**, du loup; **del aire**, de l'air.

delantal [delantál] *nm* tablier *m*.

delante [delánte] *adv* devant. ► *prep* **delante de** devant. • **por delante de** devant.

delantera [delantéra] *nf* **1** *(frente de coche, barco)* avant *m*; *(- de casa, vestido)* devant *m*. **2** *(de equipo deportivo)* avants *m pl*. **3** *(ventaja)* avance *f*. • **llevar la delantera** être en avance sur QQN. **tomar la delantera** prendre les devants.

delantero,-ra [delantéro,-ra] *adj* **1** *(rueda, asiento)* avant. **2** *(situado delante)* qui est situé,-e devant. ► *nm,f* délantier,-e.

delatar [delatár] *vt* dénoncer. ► *vpr* **delatarse** s'accuser.

delegación [deleɣaθjón] *nf* délégation *f*.

delegado,-da [deleɣáðo,-ða] *adj - nm,f* délégué,-e.

delegar [7] [deleɣár] *vt* déléguer (**en**, à).

deletrear [deletreár] *vt* épeler.

delfín [delfín] *nm* dauphin *m*.

delgado,-da [delɣáðo,-ða] *adj* **1** *(de poco grosor)* mince, fin,-e. **2** *(persona)* maigre, mince.

delicadeza [delikaðéθa] *nf* **1** *(finura)* délicatesse *f*. **2** *(tacto)* attention *f*.

delicado,-da [delikáðo,-ða] *adj* **1** *(frágil, sensible)* délicat,-e. **2** *(educado)* attentionné,-e.

delicia [delíθja] *nf* délice *m*.

delicioso,-sa [deliθjóso,-sa] *adj* délicieux,-euse.

delincuencia [delinkwénθja] *nf* délinquance *f*.

delincuente [delinkwénte] *nmf* délinquant,-e.

delirar [delirár] *vi* délirer.

delito [delíto] *nm* délit *m*.

demanda [demánda] *nf* **1** *(gen)* demande *f*. **2** DER action *f* en justice. • **presentar una demanda** poursuivre en justice.

demandar [demandàr] *vt* DER poursuivre en justice.

demás [demás] *adj - pron* l'autre, les autres, le reste. ■ **lo demás** le reste. **por lo demás** au reste, du reste.

demasiado,-da [demasiàðo,-ða] *adj* trop de: **demasiado dinero**, trop d'argent. ► *adv* **demasiado** trop.

demente [demènte] *nmf* dément,-e.

democracia [demokráθja] *nf* démocratie *f*.

demócrata [demókrata] *adj - nmf* démocrate.

democrático,-ca [demokrátiko,-ka] *adj* démocratique.

demográfico,-ca [demoɣráfiko,-ka] *adj* démographique.

demoler [32] [demolér] *vt* démolir.

demonio [demónjo] *nm* démon *m*, diable *m*. ■ **del demonio** *fam* formidable, du diable.

demora [demóra] *nf* retard *m*, délai *m*.

demorar [demorár] *vt* retarder, différer. ► *vpr* **demorarse** être en retard.

demostración [demostraθjón] *nf* **1** *(muestra)* démonstration *f*. **2** *(prueba)* preuve *f*.

demostrar [31] [demostrár] *vt* **1** *(teoría, hipótesis)* démontrer. **2** *(probar)* prouver, démontrer. **3** *(mostrar)* montrer.

demostrativo,-va [demostratiβo,-βa] *adj* démonstratif,-ive.

denegar [48] [deneɣár] *vt* refuser.

denominación [denominaθjón] *nf* dénomination *f*. ■ **denominación de origen** appellation *f* d'origine.

denominar [denominár] *vt* dénommer, nommer.

densidad [densiðáð] *nf* densité *f*.

denso,-sa [dénso,-sa] *adj* dense.

dentadura [dentaðúra] *nf* denture *f*, dentition *f*. ■ **dentadura postiza** dentier *m*.

dental [dentál] *adj* dentaire.

dentífrico [dentifriko] *nm* dentifrice *m*.

dentista [dentista] *nmf* dentiste.

dentro [déntro] *adv* dedans, à l'intérieur. ► *prep* **dentro de 1** *(en el interior de)* dans: **dentro del cajón**, dans le tiroir. **2** *(tiempo)* dans: **dentro de dos horas**, dans deux heures. ● **dentro de lo posible** dans la mesure du possible. **dentro de poco** d'ici peu.

denuncia [denúnθja] *nf* plainte *f*. ● **presentar una denuncia** déposer une plainte.

denunciar [12] [denunθjár] *vt* dénoncer.

departamento [departaménto] *nm* **1** *(gen)* département *m*. **2** *(de tienda)* rayon *m*. **3** *(de tren)* compartiment *m*.

dependencia [dependénθja] *nf* **1** *(situación)* dépendance *f*. **2** *(habitación)* pièce *f*.

depender [dependér] *vi* dépendre (**de**, de). ● **depende** cela dépend.

dependiente,-ta [dependjénte,-ta] *nm,f* vendeur,-euse. ► *adj* **dependiente** dépendant,-e.

depilar [depilár] *vt* épiler.

deponer [78] [deponér] *vt fml* déposer.

deporte [depórte] *nm* sport *m*.

deportista [deportísta] *nmf* sportif,-ive.

deportivo,-va [deportíβo,-βa] *adj* **1** *(gen)* sportif,-ive. **2** *(ropa)* de sport. **3** *(conducta)* fair-play.

depositar [depositár] *vt* **1** *(gen)* déposer. **2** *(confianza)* déposer, placer.

depósito [depósito] *nm* **1** *(dinero, poso)* dépôt *m*. **2** *(almacén)* entrepôt *m*. **3** *(para líquidos)* réservoir *m*. ■

depósito de gasolina réservoir d'essence.
depresión [depresjòn] *nf* dépression *f.*
deprimente [depriménte] *adj* déprimant,-e.
deprimir [deprimír] *vt* déprimer.
deprisa [deprísa] *adv* vite.
derecha [derétʃa] *nf* droite *f.* • **a la derecha** à droite. **de derechas** de droite.
derecho,-cha [derétʃo,-tʃa] *adj* 1 *(rectilíneo)* droit,-e. 2 *(opuesto a la izquierda)* droit,-e: **el pie derecho**, le pied droit. ► *nm* **derecho** 1 *(gen)* droit *m*: **facultad de derecho**, faculté de droit; **¿con qué derecho?**, de quel droit ? 2 *(anverso, cara)* endroit *m*. • **¡no hay derecho!** ce n'est pas juste. **tener derecho a** avoir le droit de. ■ **derechos humanos** droits de l'homme.
deriva [deríβa] *nf* dérive *f.*
derivado,-da [deriβáðo,-ða] *adj* dérivé,-e.
derivar [deriβár] *vt* dériver. ► *vi* dériver (**de**, de). ► *vpr* **derivarse de** découler de, résulter.
derramar [deřamár] *vt* 1 *(líquido)* verser, répandre. 2 *(esparcir)* éparpiller, disperser. 3 *(lágrimas)* verser.
derrame [deřáme] *nm* MED épanchement *m*. ■ **derrame cerebral** MED hémorragie *f* cérébrale.
derrapar [deřapár] *vi* déraper.
derretir [34] [deřetír] *vt* fondre. ► *vpr* **derretirse** fondre.
derribar [deřiβár] *vt* 1 *(edificio)* démolir, abattre. 2 *(persona)* renverser, terrasser. 3 *(avión)* abattre. 4 *(régimen político)* renverser.
derrocar [49] [deřokár] *vt* renverser.
derrochar [deřotʃár] *vt* 1 *(dinero)* gaspiller. 2 *(simpatía, talento)* déborder.

derroche [deřótʃe] *nm* 1 *(de dinero)* gaspillage *m*. 2 *(de simpatía, talento)* profusion *f.*
derrota [deřóta] *nf* 1 *(deportiva, electoral)* défaite *f.* 2 *(militar)* déroute *f,* défaite *f.*
derrotar [deřotár] *vt* 1 *(rival)* battre. 2 *(enemigo)* vaincre.
derrumbamiento [deřumbamjénto] *nm* effondrement *m*.
derrumbar [deřumbár] *vt* démolir. ► *vpr* **derrumbarse** s'effondrer.
desabrochar [desaβrotʃár] *vt* 1 *(botón)* déboutonner. 2 *(broche, corchete)* dégrafer.
desaconsejar [desakonsexár] *vt* déconseiller.
desacuerdo [desakwérðo] *nm* désaccord *m*.
desafiar [13] [desafjár] *vt* défier.
desafío [desafío] *nm* 1 *(reto)* défi *m*. 2 *(duelo)* duel *m*.
desagradable [desaɣraðáβle] *adj* désagréable.
desagradecido,-da [desaɣraðeθíðo,-ða] *adj - nm,f* ingrat,-e.
desagüe [desáɣwe] *nm* tuyau *m* d'écoulement.
desahogo [desaóɣo] *nm* 1 *(alivio)* soulagement *m*. 2 *(económico)* bien-être *m*, aisance *f*.
desahuciar [12] [desauθjár] *vt* expulser.
desalentar [27] [desalentár] *vt* décourager.
desaliento [desaljénto] *nm* découragement *m*.
desalojar [desaloxár] *vt* 1 *(persona)* déloger. 2 *(sitio)* quitter, vider.
desamparado,-da [desamparáðo,-ða] *adj* abandonné,-e, délaissé,-e.
desanimado,-da [desanimáðo,-ða] *adj* découragé,-e.
desanimar [desanimár] *vt* décourager.

desánimo [desánimo] *nm* découragement *m*.

desaparecer [43] [desapareθér] *vi* disparaître.

desaparición [desapariθjón] *nf* disparition *f*.

desapercibido,-da [desaperθiβíðo,-ða] *adj* inaperçu,-e.

desarmar [desarmár] *vt* **1** *(enemigo)* désarmer. **2** *(reloj, motor, mueble)* démonter.

desarme [desárme] *nm* désarmement *m*.

desarrollar [desaroʎár] *vt* développer. ▶ *vpr* **desarrollarse 1** *(crecer)* se développer. **2** *(suceder)* se produire, avoir lieu.

desarrollo [desaróʎo] *nm* développement *m*.

desastre [desástre] *nm* désastre *m*.

desastroso,-sa [desastróso,-sa] *adj* désastreux,-euse.

desatar [desatár] *vt* **1** *(gen)* détacher. **2** *(conflicto, crítica)* déchaîner, provoquer. ▶ *vpr* **desatarse 1** *(lo atado)* se détacher. **2** *(zapatos)* délacer. **3** *(tormenta)* se déchaîner.

desatascar [1] [desataskár] *vt* désobstruer, dégorger.

desatornillar [desatorniʎár] *vt* dévisser.

desayunar [desajunár] *vi* prendre le petit déjeuner.

desayuno [desajúno] *nm* petit déjeuner *m*.

desbordante [dezβorðánte] *adj* débordant,-e.

desbordar [dezβorðár] *vt (sobrepasar)* déborder. ▶ *vpr* **desbordarse** *(río)* déborder.

descabellado,-da [deskaβeʎáðo,-ða] *adj* absurde, saugrenu,-e.

descafeinado,-da [deskafeináðo,-ða] *adj* décaféiné,-e.

descalificar [1] [deskalifikár] *vt* disqualifier.

descalzar [4] [deskalθár] *vt* déchausser.

descalzo,-za [deskálθo,-θa] *adj* pieds nus, nu-pieds.

descampado [deskampáðo] *nm* terrain *m* découvert.

descansar [deskansár] *vi* **1** *(reposar)* reposer, se reposer. **2** *(en el trabajo)* s'arrêter, se reposer. **3** *(apoyarse)* reposer, s'appuyer. **4** *(cesar)* arrêter, avoir du repos: **no descansaré hasta que lo consiga**, je n'aurai de repos jusqu'à ce que j'y arrive. ▶ *vt* **1** *(apoyar)* reposer, appuyer. **2** *(aliviar)* soulager, soulager.

descanso [deskánso] *nm* **1** *(reposo)* repos *m*. **2** *(pausa - en la marcha)* halte *m*, pause *f*; *(- en el trabajo)* pause *f*; *(- entre clases)* interclasse *m*; *(- en un encuentro deportivo)* mi-temps *f*; *(- en el cine, teatro)* entracte *m*.

descarado,-da [deskaráðo,-ða] *adj* **1** *(persona)* effronté,-é, insolent,-e. **2** *(patente)* flagrant,-e, évident,-e, éhonté,-e. ▶ *nm,f* effronté,-e.

descarga [deskárɣa] *nf* **1** *(gen)* décharge *f*. **2** *(de mercancías)* déchargement *m*. **3** INFORM téléchargement *m*.

descargar [7] [deskarɣár] *vt* **1** *(gen)* décharger. **2** *(barco)* débarder. **3** *(enfado, cólera)* passer sur. **4** INFORM télécharger. ▶ *vi* *(nubes)* crever.

descaro [deskáro] *nm* effronterie *f*, insolence *f*.

descarrilar [deskariʎár] *vi* dérailler.

descartar [deskartár] *vt* écarter, rejeter.

descendencia [desθendénθja] *nf* descendants *m pl*.

descender [28] [desθendér] *vi* **1** *(de un lugar alto)* descendre. **2** *(temperatura, precio)* baisser.

descendiente [desθendjénte] *adj* - *nmf* descendant,-e.

descenso [desθénso] nm **1** *(acción)* descente f. **2** *(de temperaturas, precios)* baisse f.

descifrar [desθifrár] vt déchiffrer.

descojonarse [deskoxonárse] vpr fam se poiler.

descolorido,-da [deskoloríðo,-ða] adj **1** *(sin color)* décoloré,-e. **2** *(pálido)* pâle.

descomponer [78] [deskomponér] vt **1** *(separar en elementos, pudrir)* décomposer. **2** *(irritar)* irriter, exaspérer.

descomunal [deskomunál] adj énorme, démesuré,-e.

desconectar [deskonektár] vt **1** *(aparato eléctrico)* débrancher. **2** *(dos piezas)* déconnecter. ▶ vi fam *(de problemas, obligaciones)* s'écarter.

desconfiar [13] [deskomfjár] vi se méfier.

descongelar [deskonxelár] vt **1** *(alimento)* décongeler. **2** *(nevera)* dégivrer. ▶ vpr **descongelarse** dégivrer.

desconocer [44] [deskonoθér] vt ne pas connaître.

desconocido,-da [deskonoθíðo,-ða] adj - nm,f inconnu,-e.

descontento,-ta [deskonténto,-ta] adj mécontent,-e. ▶ nm **descontento** mécontentement m.

descortés,-esa [deskortés,-ésa] adj impoli,-e, grossier,-ère.

descoser [deskosér] vt découdre.

descosido,-da [deskosíðo,-ða] adj décousu,-e.

descremado,-da [deskremáðo,-ða] adj écrémé,-e.

describir [deskriβír] vt décrire.

descripción [deskripθjón] nf description f.

descubierto,-ta [deskuβjérto,-ta] adj **1** *(gen)* découvert,-e. **2** *(sin sombrero)* tête nue. ▶ nm **descubierto** *(en cuenta)* découvert m.

descubridor,-ra [deskuβriðór,-ra] adj - nm,f découvreur,-euse.

descubrir [deskuβrír] vt **1** *(gen)* découvrir. **2** *(revelar)* dévoiler.

descuento [deskwénto] nm **1** *(rebaja)* remise f, rabais m. **2** *(deducción)* escompte m.

descuidar [deskwiðár] vt *(obligación, aspecto físico)* négliger. ▶ vi *(seulement utilisé à l'impératif)* *(no preocuparse)* être tranquille, ne pas s'inquiéter: **descuida, no llegaré tarde**, sois tranquille, je n'arriverai pas tard. ▶ vpr **descuidarse 1** *(distraerse)* se distraire. **2** *(en aspecto físico)* se négliger.

descuido [deskwíðo] nm **1** *(negligencia)* négligence f. **2** *(desliz)* faux pas m, faute f.

desde [dézðe] prep **1** *(tiempo - duración)* depuis; *(- a partir de)* dès. **2** *(espacio)* depuis, de. • **desde ahora** dès maintenant, dès à présent. **desde entonces** depuis lors, depuis. **desde hace** depuis. **desde... hasta 1** *(tiempo)* depuis ... jusqu'à, de ... à. **2** *(espacio)* depuis ... jusqu'à. **desde luego** bien entendu, évidemment.

desdecirse [79] [dezðeθírse] vpr se raviser, se dédire.

desdicha [dezðítʃa] nf malheur m.

desdichado,-da [dezðitʃáðo,-ða] adj - nm,f malheureux,-euse.

desear [deseár] vt **1** *(gen)* désirer. **2** *(algo bueno)* souhaiter. • **dejar que desear** laisser à désirer.

desechable [desetʃáβle] adj jetable.

desechar [desetʃár] vt **1** *(apartar)* exclure, rejeter. **2** *(tirar)* mettre au rebut.

desecho [desétʃo] nm déchet m.

desembarcar [1] [desembarkár] vt - vi débarquer.

desembarco [desembárko] nm débarquement m.

desembocadura [desembokaðúra] nf embouchure f.

desembocar [1] [desembokár] vi 1 (río) se jeter (**en**, dans). 2 (calle) déboucher (**en**, sur).

desempeñar [desempeɲár] vt 1 (ejercer - cargo, función) remplir, exercer; (- papel, rol) jouer; (- obligación) accomplir, s'acquitter de. 2 (objeto empeñado) dégager.

desempleado,-da [desempleáðo,-ða] nm,f chômeur, -euse.

desempleo [desempléo] nm chômage m.

desencadenar [deseŋkaðenár] vt déchaîner.

desenchufar [desentʃufár] vt débrancher.

desenfadado,-da [desemfaðáðo,-ða] adj désinvolte.

desenganchar [deseŋgantʃár] vt décrocher, détacher.

desengañar [deseŋgaɲár] vt 1 (decepcionar) décevoir. 2 (hacer conocer la verdad) détromper, désabuser. ▶ vpr **desengañarse** 1 (decepcionarse) se désillusionner. 2 (averiguar la verdad) se détromper, se désabuser.

desengaño [deseŋgáɲo] nm déception f, désillusion f.

desenlace [desenláθe] nm dénouement m.

desenredar [desenr̄eðár] vt débrouiller, démêler.

desenvolver [32] [desembolβér] vt (paquete, regalo) défaire. ▶ vpr **desenvolverse** 1 (transcurrir) se développer. 2 (espabilarse) se débrouiller.

deseo [deséo] nm 1 (apetencia) désir m. 2 (ganas) désir m, envie f. 3 (aspiración) souhait m, désir m. • **arder en deseos de** brûler de. **pedir un deseo** former un vœu.

desertar [desertár] vi déserter.

desértico,-ca [desértiko,-ka] adj désertique.

desesperación [desesperaθjón] nf 1 (angustia) désespoir m. 2 (rabia) énervement m, rage f.

desesperado,-da [desesperáðo,-ða] adj désespéré,-e. • **como un desesperado** comme un dératé.

desesperar [desesperár] vt - vi 1 (angustiar) désespérer. 2 (irritar) exaspérer.

desfachatez [desfatʃatéθ] nf culot m, sans-gêne m.

desfallecer [43] [desfaʎeθér] vi 1 (perder fuerzas) défaillir. 2 (desmayarse) s'évanouir.

desfavorable [desfaβoráβle] adj défavorable.

desfavorecer [43] [desfaβoreθér] vt défavoriser, désavantager.

desfilar [desfilár] vi 1 (marchar en fila) défiler. 2 (irse) filer.

desfile [desfíle] nm défilé m.

desgana [dezɣána] nf 1 (falta de apetito) inappétence f. 2 (tedio, repugnancia) mollesse f, aversion f. • **con desgana** à contrecœur.

desgarrar [dezɣar̄ár] vt 1 (romper) déchirer. 2 (afligir) déchirer, fendre.

desgarro [dezɣár̄o] nm 1 (de músculo) déchirure f. 2 (aflicción) déchirement m.

desgastar [dezɣastár] vt 1 (deteriorar) user. 2 (debilitar) gâter.

desgaste [dezɣáste] nm 1 (deterioro) usure f, détérioration f. 2 (debilitamiento) affaiblissement m.

desgracia [dezɣráθja] nf 1 (mala suerte) malheur m, infortune f. 2 (accidente) accident m funeste. • **por desgracia** malheureusement.

desgraciado,-da [dezɣraθjáðo,-ða] adj (desdichado, desafortunado) malheureux,-euse. ▶ nm,f fam (mi-

deshabitado 422

serable) pauvre type *m*, pauvre femme *f*.

deshabitado,-da [desaβitaðo,-ða] *adj* inhabité,-e.

deshacer [73] [desaθér] *vt* **1** *(gen)* défaire. **2** *(destruir)* défaire, détruire. **3** *(disolver)* faire fondre, dissoudre. **4** *(desleír)* délayer. ▶ *vpr* **deshacerse 1** *(gen)* se défaire. **2** *(fundirse)* fondre. **3** *(desleírse)* se délayer. ● **deshacerse de** ALGO/ALGN se débarrasser de QQCH/QQN. **deshacerse por + *inf*** avoir une envie folle de + *inf*.

deshecho,-cha [desétʃo,-tʃa] *adj* **1** *(destruido, cansado)* défait,-e. **2** *(desleído)* délayé,-e.

desheredar [desereðár] *vt* déshériter.

deshidratar [desiðratár] *vt* déshydrater.

deshinchar [desintʃár] *vt* **1** *(globo, pelota, neumático)* dégonfler. **2** *(miembro)* désenfler.

deshonesto,-ta [desonésto,-ta] *adj* **1** *(no honrado)* malhonnête. **2** *(inmoral)* indécent,-e.

desierto,-ta [desjérto,-ta] *adj* **1** *(deshabitado, sin gente)* désert,-e. **2** *(vacante)* vacant,-e. ▶ *nm* **desierto** désert *m*.

designar [desiɣnár] *vt* **1** *(nombrar)* désigner. **2** *(indicar)* indiquer.

designio [desíɣnjo] *nm* dessein *m*.

desigual [desiɣwál] *adj* **1** *(diferente, irregular)* inégal,-e. **2** *(persona, carácter)* changeant,-e.

desigualdad [desiɣwaldáð] *nf* inégalité *f*.

desilusión [desilusjón] *nf* désillusion *f*, déception *f*.

desilusionar [desilusjonár] *vt* désillusionner, décevoir. ▶ *vpr* **desilusionarse** être déçu,-e.

desinfectante [desimfektánte] *adj* désinfectant,-e. ▶ *nm* désinfectant *m*.

desinfectar [desimfektár] *vt* désinfecter.

desinflar [desimflár] *vt* dégonfler.

desintegrar [desinteɣrár] *vt* désintégrer.

desinterés [desinterés] *nm* **1** *(indiferencia)* indifférence *f*. **2** *(generosidad)* désintéressement *m*.

desinteresado,-da [desinteresáðo,-ða] *adj* désintéressé,-e.

desistir [desistír] *vi* renoncer (**de**, à).

desleal [dezleál] *adj* déloyal,-e.

deslizante [dezliθánte] *adj* glissant,-e.

deslizar [4] [dezliθár] *vt* - *vi* glisser. ▶ *vpr* **deslizarse 1** *(patinar)* glisser. **2** *(escurrirse)* se glisser.

deslumbrante [dezlumbránte] *adj* éblouissant,-e.

deslumbrar [dezlumbrár] *vt* éblouir. ▶ *vpr* **deslumbrarse** se laisser éblouir.

desmadre [dezmáðre] *nm fam* pagaille *f*.

desmán [dezmán] *nm* **1** *(exceso)* excès *m*. **2** *(abuso, atropello)* abus *m*.

desmayarse [dezmajárse] *vpr* s'évanouir.

desmayo [dezmájo] *nm* évanouissement *m*.

desmejorar [dezmexorár] *vt* **1** *(cosa)* détériorer. **2** *(persona)* affaiblir.

desmelenarse [dezmelenárse] *vpr fam fig* s'emballer.

desmentir [35] [dezmentír] *vt* démentir.

desmesurado,-da [dezmesuráðo,-ða] *adj* démesuré,-e.

desmontable [dezmontáβle] *adj* démontable.

desmontar [dezmontár] *vt* **1** *(gen)* démonter. **2** *(teoría, argumento)* démonter, renverser. **3** *(desconcertar)* troubler. ▶ *vi* *(de caballo)* descendre, mettre pied à terre.

desmoronarse [dezmoronárse] *vpr* **1** *(construcción)* s'ébouler, s'écrouler. **2** *(imperio, proyecto, persona)* s'effondrer.

desnatado,-da [deznatáðo,-ða] *adj* écrémé,-e.

desnudar [deznuðár] *vt* déshabiller, dévêtir.

desnudo,-da [deznúðo,-ða] *adj* **1** *(sin ropa - persona)* nu,-e, déshabillé,-e; *(- parte del cuerpo)* nu,-e. **2** *(habitación, pared)* nu,-e. ▶ *nm* **desnudo** nu *m*.

desnutrición [deznutriθjón] *nf* malnutrition *f*.

desobedecer [43] [desoβeðeθér] *vt* désobéir.

desobediente [desoβeðjénte] *adj* désobéissant,-e.

desocupado,-da [desokupáðo,-ða] *adj* **1** *(libre)* libre. **2** *(deshabitado)* inhabité,-e. **3** *(sin trabajo)* au chômage.

desocupar [desokupár] *vt* **1** *(dejar libre)* débarrasser, laisser libre. **2** *(vivienda)* abandonner, quitter. **3** *(vaciar)* vider.

desodorante [desoðoránte] *adj* désodorisant,-e. ▶ *nm* déodorant *m*.

desolación [desolaθjón] *nf* désolation *f*.

desorden [desórðen] *nm* désordre *m*.

desordenado,-da [desorðenáðo,-ða] *adj* **1** *(persona, habitación, casa)* désordonné,-e. **2** *(vida)* déréglé,-e.

desordenar [desorðenár] *vt* mettre en désordre, déranger.

desorientar [desorjentár] *vt* désorienter. ▶ *vpr* **desorientarse** être désorienté,-e.

despabilado,-da [despaβiláðo,-ða] *adj* éveillé,-e.

despabilar [despaβilár] *vi* **1** *(avivarse)* se dégourdir. **2** *(darse prisa)* se secouer, se presser. ▶ *vpr* **des-**

pabilarse *(del sueño)* se réveiller, s'éveiller.

despachar [despat∫ár] *vt* **1** *(en tienda)* servir. **2** *(vender)* vendre. **3** *(asunto, negocio)* régler. **4** *(acabar)* expédier. **5** *fam (a un empleado)* congédier, renvoyer.

despacho [despát∫o] *nm* **1** *(oficina)* bureau *m*. **2** *(habitación)* cabinet *m* de travail.

despacio [despáθjo] *adv* lentement ! ▶ *interj* **¡despacio!** doucement !

desparramar [desparamár] *vt* **1** *(esparcir, divulgar)* éparpiller, répandre. **2** *(líquido)* répandre.

despectivo,-va [despektíβo,-βa] *adj* **1** *(despreciativo)* méprisant,-e. **2** *(palabra)* péjoratif,-ive.

despedida [despeðíða] *nf* **1** *(adiós)* adieux *m pl*. **2** *(fiesta)* soirée *f* d'adieux.

despedir [34] [despeðír] *vt* **1** *(decir adiós)* dire au revoir à. **2** *(lanzar)* jeter, lancer. **3** *(olor, gas)* dégager, répandre. **4** *(a empleado)* renvoyer. ▶ *vpr* **despedirse 1** *(decir adiós)* dire au revoir. **2** *(empleado)* demander son congé, quitter son emploi. **3** *(dar por perdido)* faire son deuil (**de**, de), renoncer (**de**, à).

despegar [7] [despeγár] *vt (desenganchar)* décoller. ▶ *vi (avión)* décoller.

despegue [despéγe] *nm* décollage *m*.

despeinar [despeinár] *vt* décoiffer.

despejado,-da [despex̌áðo,-ða] *adj* dégagé,-e.

despejar [despex̌ár] *vt* **1** *(espacio)* débarrasser, dégager. **2** *(incógnita)* dégager. ▶ *vt - vi (balón)* dégager. ▶ *vpr* **despejarse 1** *(cielo)* s'éclaircir. **2** *(persona)* s'éveiller.

despeñarse [despeɲárse] *vpr* se précipiter.

desperdiciar [12] [desperðiθjár] *vt* **1** *(malgastar)* gaspiller, mal employer. **2** *(oportunidad)* ne pas profiter de.

desperdicio [desperðíθjo] *nm* **1** *(despilfarro)* gaspillage *m*. **2** *(residuo)* déchet *m*, reste *m*.

desperfecto [desperfékto] *nm* **1** *(daño)* dommage *m*. **2** *(defecto)* petit défaut.

despertador [despertaðór] *nm* réveille-matin *m inv*.

despertar [27] [despertár] *vt* **1** *(del sueño)* réveiller, éveiller. **2** *(apetito)* ouvrir. **3** *(interés, atención)* éveiller.

despiadado,-da [despjaðáðo,-ða] *adj* impitoyable, cruel,-elle.

despido [despíðo] *nm* renvoi *m*, licenciement *m*.

despierto,-ta [despjérto,-ta] *adj* **1** *(no dormido)* éveillé,-e. **2** *(espabilado)* éveillé, -e, vif,-ive.

despilfarrar [despilfařár] *vt* gaspiller.

despilfarro [despilfářo] *nm* gaspillage *m*.

despistado,-da [despistáðo,-ða] *adj - nm,f* tête *f* en l'air. • **hacerse el despistado** faire l'étonné.

despistar [despistár] *vt* **1** *(hacer perder la pista)* dépister. **2** *(orientar mal)* mettre sur une fausse piste. **3** *(desorientar)* désorienter. **4** *(distraer la atención)* faire perdre la tête, égarer.

despiste [despíste] *nm* **1** *(error)* erreur *f*. **2** *(falta de atención)* étourderie *f*.

desplazar [4] [desplaθár] *vt* déplacer.

desplegar [48] [despleɣár] *vt* **1** *(banderas, tropas, actividad)* déployer. **2** *(papel, tela)* déplier.

despoblar [31] [despoβlár] *vt* dépeupler.

despojar [despoxár] *vt* dépouiller.

desposar [desposár] *vt fml* marier.
▶ *vpr* **desposarse** *fml (casarse)* se marier.

despreciar [12] [despreθjár] *vt* mépriser.

desprecio [despréθjo] *nm* mépris *m*.

desprender [desprendér] *vt* **1** *(separar, soltar)* détacher. **2** *(olor, impresión)* dégager.

desprendimiento [desprendimjénto] *nm* **1** *(generosidad)* générosité *f*. **2** *(de tierra)* éboulement *m*.

despreocupado,-da [despreokupáðo,-ða] *adj* insouciant,-e.

despreocuparse [despreokupárse] *vpr* laisser de côté.

desprevenido,-da [despreβeníðo,-ða] *adj* dépourvu,-e. • **coger** o **pillar desprevenido** prendre au dépourvu.

desprovisto,-ta [desproβisto,-ta] *adj* dépourvu,-ue.

después [despwés] *adv* **1** *(más tarde)* après. **2** *(a continuación)* ensuite, puis. • **después de todo** après tout. **poco después** peu après.

despuntar [despuntár] *vt (lápiz, etc)* tailler.

desquiciar [12] [deskiθjár] *vt* **1** *(una puerta, una ventana)* dégonder. **2** *fig (a una persona)* détraquer, perturber.

desquitarse [deskitárse] *vpr* **1** *(recuperar)* se rattraper. **2** *(vengarse)* prendre sa revanche.

destacado,-da [destakáðo,-ða] *adj* remarquable.

destacar [1] [destakár] *vt* **1** *(poner de relieve)* souligner. **2** *(tropas)* détacher. ▶ *vi (destacarse)* ressortir. ▶ *vpr* **destacarse 1** *(distinguirse)* se distinguer (**por**, par). **2** *(en una carrera)* se détacher.

destajo [destáxo] *nm* forfait *m*.

destapar [destapár] *vt* **1** *(botella, etc)* déboucher. **2** *(lo tapado)* découvrir. ▶ *vpr* **destaparse 1** *(desabrigarse)* se découvrir. **2** *(revelarse)* se révéler.

destartalado,-da [destartaláðo,-ða] *adj* **1** *(casa, mueble, etc)* délabré, -e. **2** *(aparato, máquina, etc)* déglingué,-e.

destello [destéʎo] *nm* **1** *(brillo)* scintillement *m*. **2** *(chispa)* étincelle *f*. **3** *(viso)* lueur *f*.

destemplado,-da [destempláðo,-ða] *adj* fiévreux,-euse.

desteñir [36] [desteɲír] *vt* déteindre. ▶ *vi - vpr* **desteñir(se)** déteindre.

destiempo [destjémpo]. • **a destiempo** à contretemps.

destinar [destinár] *vt* **1** *(gen)* destiner. **2** *(cargo)* affecter. **3** *(lugar)* envoyer (**a**, à).

destinatario,-ria [destinatárjo,-rja] *nm,f* destinataire.

destino [destíno] *nm* **1** *(fatalidad)* destin *m*. **2** *(finalidad, rumbo)* destination *f*. **3** *(empleo)* poste *m*. • **con destino a** à destination de.

destitución [destituθjón] *nf* destitution *f*.

destornillador [destorniʎaðór] *nm* tournevis *m*.

destornillar [destorniʎár] *vt* dévisser.

destreza [destréθa] *nf* adresse *f*.

destrozar [4] [destroθár] *vt* **1** *(hacer trozos)* mettre en pièces. **2** *(estropear)* abîmer.

destrozo [destróθo] *nm* *(daño)* dégât *m*.

destrucción [destrukθjón] *nf* destruction *f*.

destructor,-ra [destruktór,-ra] *adj - nm,f* destructeur,-trice.

destruir [62] [destrwír] *vt* détruire.

desván [dezβán] *nm* grenier *m*.

desvanecer [43] [dezβaneθér] *vt* dissiper. ▶ *vpr* **desvanecerse 1** *(desmayarse)* s'évanouir. **2** *(desaparecer)* se dissiper.

desvarío [dezβarío] *nm* **1** *(de enfermo)* délire *m*. **2** *(desatino, locura)* folie *f*.

desvelar [dezβelár] *vt* empêcher de dormir. ▶ *vpr* **desvelarse 1** *(estar en vela)* perdre le sommeil. **2** *(dedicarse)* se donner du mal (**por**, pour).

desventaja [dezβentáxa] *nf* désavantage *m*.

desvergonzado,-da [dezβerɣonθáðo, -ða] *adj - nm,f (descarado)* effronté,-e.

desvestir [34] [dezβestír] *vt* dévêtir.

desviación [dezβjaθjón] *nf* déviation *f*.

desviar [13] [dezβjár] *vt* **1** *(gen)* détourner. **2** *(de una trayectoria)* dévier. **3** *(avión, barco)* dérouter.

desvío [dezβío] *nm* déviation *f*.

detallar [detaʎár] *vt* détailler.

detalle [detáʎe] *nm* **1** *(gen)* détail *m*. **2** *(delicadeza)* attention *f*. • **¡qué detalle!** que c'est gentil !

detallista [detaʎísta] *nmf* **1** *(comerciante)* détaillant,-e. **2** *(persona que tiene detalle)* prévenant,-e.

detectar [detektár] *vt* détecter.

detective [detektíβe] *nmf* détective *m*.

detector [detektór] *nm* détecteur *m*.

detención [detenθjón] *nf* arrestation *f*.

detener [87] [detenér] *vt* **1** *(parar, arrestar)* arrêter. **2** *(retrasar)* retenir. ▶ *vpr* **detenerse 1** *(pararse)* s'arrêter. **2** *(entretenerse, demorarse)* s'attarder.

detenido,-da [deteníðo,-ða] *adj* **1** *(arrestado)* arrêté,-e. **2** *(detallado, minucioso)* approfondi,-e. ▶ *nm,f (preso)* détenu,-ue.

detenimiento [detenimjénto]. • **con detenimiento** avec attention.

detergente

detergente [deterχénte] *adj* détergent,-e. ▶ *nm* détergent *m*.
deteriorar [deterjorár] *vt* détériorer.
deterioro [deterjóro] *nm* détérioration *f*.
determinación [determinaθjón] *nf* détermination *f*.
determinado,-da [determináðo,-ða] *adj* déterminé,-e.
determinante [determinánte] *adj* déterminant,-e.
determinar [determinár] *vt* **1** (*precisar*) déterminer. **2** (*fecha*) fixer. **3** (*decidir*) décider.
detestar [detestár] *vt* détester.
detrás [detrás] *adv* derrière. ■ **detrás de** derrière. **por detrás** par derrière.
deuda [déuða] *nf* dette *f*.
devastar [deβastár] *vt* dévaster.
devolución [deβoluθjón] *nf* **1** (*de objeto*) restitution *f*. **2** (*de dinero*) remboursement *m*.
devolver [32] [deβolβér] *vt* **1** (*gen*) rendre. **2** (*dinero*) rembourser. **3** (*por correo*) renvoyer. **4** (*vomitar*) vomir, rendre. ▶ *vi* (*vomitar*) rendre.
devorar [deβorár] *vt* dévorer.
día [día] *nm* **1** (*gen*) jour *m*. **2** (*espacio de tiempo*) journée *f*. **3** (*conmemoración*) fête *f*: **el día de la madre**, la fête des Mères. ● **al día siguiente** le lendemain. **¡buenos días!** bonjour ! **día a día** jour après jour. **en los días de** du temps de. **en su día 1** (*cuando convenga*) en temps voulu. **2** (*antaño*) en son temps. **hoy en día** de nos jours. **poner al día** mettre à jour. **ponerse al día** se mettre au courant. ■ **día festivo** jour férié.
diabetes [djaβétes] *nf* diabète *m*.
diabético,-ca [djaβétiko,-ka] *adj - nm,f* diabétique.

diablo [djáβlo] *nm* diable *m*.
diadema [djaðéma] *nf* **1** (*adorno*) serre-tête *m*. **2** (*corona*) diadème *m*.
diafragma [djafráɣma] *nm* diaphragme *m*.
diagnosticar [1] [djaɣnostikár] *vt* diagnostiquer.
diagnóstico [djaɣnóstiko] *nm* diagnostic *m*.
diagonal [djaɣonál] *adj* diagonal,-e. ▶ *nf* diagonale *f*.
dialecto [djalékto] *nm* dialecte *m*.
dialogar [7] [djaloɣár] *vi* dialoguer.
diálogo [djáloɣo] *nm* dialogue *m*.
diamante [djamánte] *nm* diamant *m*.
diámetro [djámetro] *nm* diamètre *m*.
diana [djána] *nf* **1** (*blanco*) cible *f*. **2** (*toque militar*) diane *f*.
diapositiva [djapositíβa] *nf* diapositive *f*.
diario,-ria [djárjo,-rja] *adj* quotidien, -enne. ▶ *nm* **diario** journal *m*. ● **a diario** tous les jours.
diarrea [djaréa] *nf* diarrhée *f*.
dibujante [diβuχánte] *adj - nmf* dessinateur,-trice.
dibujar [diβuχár] *vt* dessiner.
dibujo [diβúχo] *nm* dessin *m*. ■ **dibujos animados** dessins animés.
diccionario [dikθjonárjo] *nm* dictionnaire *m*.
dicho,-cha [dítʃo,-tʃa] *adj* **1** dit,-e. **2** ce, cette: **dichas personas**, ces personnes. ▶ *nm* **dicho** dicton *m*. ● **o mejor dicho** ou plutôt. **dicho y hecho** aussitôt dit, aussitôt fait.
dichoso,-sa [ditʃóso,-sa] *adj* **1** (*feliz*) heureux,-euse. **2** (*enfático*) maudit, -e: **¡dichosa historia!, siempre estamos igual**, cette maudite histoire ! c'est toujours pareil.
diciembre [diθjémbre] *nm* décembre *m*.
dictado [diktáðo] *nm* dictée *f*.
dictador,-ra [diktaðór] *nm,f* dictateur *m*.

dictadura [diktaðúra] *nf* dictature *f*.
dictamen [diktámen] *nm* **1** *(opinión)* opinion *f*. **2** *(de una comisión, de peritos)* rapport *m*.
dictar [diktár] *vt* **1** *(texto, idea)* dicter. **2** *(sentencia, etc)* prononcer.
didáctico,-ca [diðáktiko,-ka] *adj* - *nf* didactique.
diente [djénte] *nm* dent *f*. ▪ **diente de ajo** gousse *f* d'ail.
diésel [djésel] *nm* diesel *m*.
diestro,-tra [djéstro,-tra] *adj* **1** *(que utiliza la mano derecha)* droitier, -ère. **2** *(hábil)* adroit,-e. ● **a diestro y siniestro** à tort et à travers.
dieta [djéta] *nf (alimentaria)* régime *m*.
diez [djeθ] *num* dix.
diferencia [diferénθja] *nf* **1** *(gen)* différence *f*. **2** *(controversia)* différend *m*. ● **a diferencia de** à la différence de.
diferenciar [12] [diferenθjár] *vt* différencier. ▶ *vpr* **diferenciarse 1** *(ser diferente)* se différencier. **2** *(destacar)* se distinguer.
diferido,-da [diferíðo,-ða] *adj* différé,-e.
diferir [35] [diferír] *vt* différer, retarder. ▶ *vi (ser diferente)* différer.
difícil [difíθil] *adj* difficile.
dificultad [difikultáð] *nf* difficulté *f*.
difundir [difundír] *vt* **1** *(gen)* diffuser. **2** *(noticia, red)* répandre.
difunto,-ta [difúnto,-ta] *adj* - *nm,f* défunt,-e.
difusión [difusjón] *nf* diffusion *f*.
digerir [35] [diχerír] *vt* digérer.
digestión [diχestjón] *nf* digestion *f*.
digestivo,-va [diχestíβo,-βa] *adj* digestif,-ive. ▶ *nm* **digestivo** digestif *m*.
digital [diχitál] *adj* **1** *(gen)* digital, -e. **2** INFORM numérique.

dígito [díχito] *nm* chiffre *m*.
dignarse [diɣnárse] *vpr* daigner.
dignidad [diɣniðáð] *nf* dignité *f*.
digno,-na [díɣno,-na] *adj* digne.
dilatación [dilataθjón] *nf* dilatation *f*.
dilatar [dilatár] *vt* dilater.
dilema [diléma] *nm* dilemme *m*.
diluir [62] [dilwír] *vt* diluer.
diluviar [12] [diluβjár] *vi* pleuvoir à verse.
diluvio [dilúβjo] *nm* déluge *m*.
dimensión [dimensjón] *nf* dimension *f*.
diminuto,-ta [diminúto,-ta] *adj* minuscule.
dimisión [dimisjón] *nf* démission *f*.
dimitir [dimitír] *vt* - *vi* démissionner.
Dinamarca [dinamárka] *n pr* Danemark *m*.
dinámico,-ca [dinámiko,-ka] *adj* dynamique.
dinamita [dinamíta] *nf* dynamite *f*.
dinastía [dinastía] *nf* dynastie *f*.
dineral [dinerál] *nm fam* fortune *f*.
dinero [dinéro] *nm* argent *m*. ● **de dinero** riche. ▪ **dinero en efectivo** liquide *m*. **dinero suelto** petite monnaie *f*.
dinosaurio [dinosáurjo] *nm* dinosaure *m*.
dios [djos] *nm* dieu *m*. ● **como Dios manda** comme il faut. **¡Dios mío!** mon Dieu ! **ni dios** *fam* pas un chat. **todo dios** *fam* tout le monde.
diploma [diplóma] *nm* diplôme *m*.
diplomacia [diplomáθja] *nf* diplomatie *f*.
diplomático,-ca [diplomátiko,-ka] *adj* diplomatique. ▶ *nm,f* diplomate.
diputación [diputaθjón] *nf* députation *f*.

diputado

diputado,-da [diputáðo,-ða] nm,f député,-e.
dique [díke] nm digue f.
dirección [direkθjón] nf 1 (gen) direction f. 2 (señas) adresse f. 3 (de una calle, etc) sens m.
directiva [direktíβa] nf 1 (junta de personas) comité m directeur. 2 (norma) directive f.
directo,-ta [direkto,-ta] adj direct,-e.
director,-ra [direktór,-ra] adj - nm,f directeur,-trice. ▪ **director de cine** réalisateur m. **director de orquesta** chef m d'orchestre.
directorio [direktórjo] nm INFORM répertoire m.
dirigente [diriχénte] adj dirigeant,-e.
dirigir [6] [diriχír] vt 1 (llevar la dirección) diriger. 2 (palabra, carta) adresser. 3 (película) réaliser. 4 (obra de teatro) mettre en scène.
discapacitado,-da [diskapaθitáðo,-ða] nm,f handicapé,-e.
disciplina [disθiplína] nf discipline f.
discípulo,-la [disθípulo,-la] nm,f 1 (gen) disciple. 2 (en una escuela) élève.
disco [dísko] nm disque m.
discontinuo,-nua [diskontínwo,-nwa] adj discontinu,-e.
discordia [diskórðja] nf discorde f.
discoteca [diskotéka] nf discothèque f.
discreción [diskreθjón] nf discrétion f. ● **a discreción** à volonté.
discrepar [diskrepár] vi diverger.
discreto,-ta [diskréto,-ta] adj 1 (reservado) discret,-ète. 2 (cantidad, calidad) modéré,-e.
discriminación [diskriminaθjón] nf discrimination f.
discriminar [diskriminár] vt discriminer.

disculpa [diskúlpa] nf excuse f. ● **pedir disculpas a** ALGN présenter ses excuses à QQN.
disculpar [diskulpár] vt excuser.
discurrir [diskur̄ír] vi 1 (el tiempo) s'écouler. 2 (un acto) se dérouler. 3 (reflexionar) réfléchir. ► vt (idear) inventer.
discurso [diskúrso] nm 1 (escrito, conferencia, etc) discours m. 2 (del tiempo) cours m.
discusión [diskusjón] nf discussion f.
discutir [diskutír] vi (pelearse) se disputer. ► vt - vi (debatir) discuter.
diseñador,-ra [diseɲaðór,-ra] nm,f 1 (de objetos) désigner. 2 (de moda) styliste m.
diseñar [diseɲár] vt 1 (gen) dessiner. 2 (crear) concevoir.
diseño [diséɲo] nm 1 (gen) dessin m. 2 (de ropa, muebles) design m. 3 (motivo) motif m. ● **de diseño** design.
disfraz [disfráθ] nm déguisement m.
disfrazar [disfraθár] vt déguiser.
disfrutar [disfrutár] vi 1 (pasarlo bien) s'amuser. 2 (salud, favores, etc) jouir (**de**, de); (bienes, comodidades, etc) bénéficier (**de**, de). 3 (apreciar) profiter (**de/con**, de).
disgustar [dizγustár] vt déplaire. ► vpr **disgustarse** se fâcher.
disgusto [dizγústo] nm 1 (fastidio) ennui m. 2 (pesadumbre) contrariété f. ● **a disgusto** à contre-cœur. **llevarse un disgusto** être très déçu.
disimular [disimulár] vt (ocultar) dissimuler. ► vi (fingir) faire semblant.
disipar [disipár] vt dissiper.
dislocar [1] [dizlokár] vt disloquer.
disminución [dizminuθjón] nf diminution f.
disminuir [62] [dizminwír] vt - vi diminuer.

disolución [disoluθjón] *nf* dissolution *f*.

disolver [32] [disolβér] *vt* dissoudre.

disparar [disparár] *vt* **1** *(arma)* décharger. **2** *(flecha)* décocher. **3** *(balón)* lancer. ► *vi (con arma)* tirer. ► *vpr* **dispararse 1** *(arma de fuego)* partir. **2** *(caballo)* s'emballer. **3** *(precios)* s'envoler.

disparatado,-da [disparatáðo,-ða] *adj* déraisonnable.

disparate [disparáte] *nm* **1** *(dicho, hecho)* sottise *f*. **2** *(de dinero)* fortune *f*.

disparo [dispáro] *nm* **1** *(de arma de fuego)* coup *m* de feu. **2** *(de balón, etc)* shoot *m*.

dispensar [dispensár] *vt* **1** *(distribuir)* dispenser. **2** *(una falta leve)* excuser. **3** *(honores)* accorder.

dispersar [dispersár] *vt* disperser.

disperso,-sa [dispérso,-sa] *adj* dispersé,-e.

disponer [78] [disponér] *vt - vi* disposer (**de**, de). ► *vt (ordenar)* ordonner. ► *vpr* **disponerse a** s'apprêter à.

disponible [disponíβle] *adj* disponible.

disposición [disposiθjón] *nf* disposition *f*.

dispositivo [dispositíβo] *nm* dispositif *m*.

dispuesto,-ta [dispwésto,-ta] *adj* prêt,-e.

disputa [dispúta] *nf* dispute *f*.

disputar [disputár] *vt - vi* disputer.

distancia [distánθja] *nf* distance *f*.

distante [distánte] *adj* distant,-e.

distinción [distinθjón] *nf* distinction *f*.

distinguido,-da [distiŋgiðo,-ða] *adj* distingué,-e.

distinguir [8] [distiŋgír] *vt* distinguer.

distintivo,-va [distintíβo,-βa] *adj* distinctif,-ive.

distinto,-ta [distinto,-ta] *adj* différent,-e.

distracción [distrakθjón] *nf* distraction *f*.

distraer [88] [distraér] *vt* distraire. ► *vpr* **distraerse 1** *(divertirse)* se distraire. **2** *(despistarse)* être distrait,-e.

distraído,-da [distraíðo,-ða] *adj - nm,f* **1** *(despistado)* distrait,-e. **2** *(ameno)* amusant,-e.

distribución [distriβuθjón] *nf* distribution *f*.

distribuir [62] [distriβwír] *vt* distribuer.

distrito [distríto] *nm* district *m*.

disturbio [distúrβjo] *(gén au pl)* nm troubles *m pl*.

disuadir [diswaðír] *vt* dissuader.

disuasión [diswasjón] *nf* dissuasion *f*.

diva [díβa] *nf* diva *f*.

diván [diβán] *nm* divan *m*.

diversidad [diβersiðáð] *nf* diversité *f*.

diversión [diβersjón] *nf* divertissement *m*.

diverso,-sa [diβérso,-sa] *adj* divers,-e, différent,-e.

divertido,-da [diβertíðo,-ða] *adj* amusant,-e.

divertir [35] [diβertír] *vt* amuser, divertir.

dividir [diβiðír] *vt* diviser.

divino,-na [diβíno,-na] *adj* **1** *(relacionado con la divinidad)* divin,-e. **2** *(excelente)* fantastique.

divisa [diβísa] *nf* devise *f*.

divisar [diβisár] *vt* apercevoir.

división [diβisjón] *nf* division *f*.

divisor [diβisór] *adj - nm* diviseur *m*.

divisorio,-ria [diβisórjo,-rja] *adj* qui divise.

divorciado,-da [diβorθjáðo,-ða] adj - nm,f divorcé,-e.

divorciarse [12] [diβorθjárse] vpr divorcer.

divorcio [diβórθjo] nm divorce m.

divulgar [7] [diβulɣár] vt divulguer.

DNI [denei] abr (**documento nacional de identidad**) carte f d'identité.

doblaje [doβláxe] nm doublage m.

doblar [doβlár] vt **1** (*aumentar*) doubler. **2** (*plegar*) plier. **3** (*torcer*) courber. **4** (*página, esquina*) tourner.

doble [dóβle] adj double. ▶ adv double, doublement. ▶ nm double m. • **el doble que** deux fois plus que.

doce [dóθe] num douze m. • **las doce del mediodía** midi. **las doce de la noche** minuit.

docena [doθéna] nf douzaine f.

docente [doθénte] adj enseignant,-e.

dócil [dóθil] adj **1** (*animal*) docile. **2** (*persona, niño*) obéissant,-e.

doctor,-ra [doktòr,-ra] nm,f **1** (*grado académico*) docteur m: **doctora en psicología**, docteur en psychologie. **2** (*médico*) médecin m.

doctorado [doktoráðo] nm doctorat m.

documentación [dokumentaθjón] nf documentation f.

documental [dokumentál] adj - nm documentaire m.

documentar [dokumentár] vt documenter.

documento [dokuménto] nm document m.

dólar [dólar] nm dollar m.

doler [32] [dolér] vi **1** (*físicamente*) faire mal, avoir mal. **2** (*moralmente*) faire de la peine.

dolmen [dólmen] nm dolmen m.

dolor [dolór] nm **1** (*de una parte del cuerpo*) douleur f. **2** (*moral*) peine f.

■ **dolor de cabeza** mal m de tête. **dolor de muelas** rage f de dents.

dolorido,-da [doloríðo,-ða] adj **1** (*físicamente*) endolori,-e. **2** (*moralmente*) peiné,-e.

doloroso,-sa [doloróso,-sa] adj douloureux,-euse.

domar [domár] vt dompter.

domiciliación [domiθiljaθjón] nf domiciliation f.

domiciliar [12] [domiθiljár] vt **1** (*gen*) domicilier. **2** (*pago*) payer par virement bancaire.

domicilio [domiθiljo] nm domicile m.

dominar [dominár] vt - vi (*gen*) dominer. ▶ vt (*incendio, pasión*) maîtriser.

domingo [domiŋgo] nm dimanche m.

dominguero,-ra [domiŋgéro,-ra] adj du dimanche.

dominicano,-na [dominikáno,-na] adj dominicain,-e. ▶ nm,f Dominicain,-e. ■ **República Dominicana** République Dominicaine.

dominio [domínjo] nm **1** (*control*) domination f. **2** (*poder*) pouvoir m. **3** (*territorio, de internet*) domaine m. **4** (*de un estado, un soberano*) possession f.

don¹ [don] nm (*talento*) don m.

don² [don] nm (*tratamiento*) monsieur m: **don José**, monsieur José.

donación [donaθjón] nf donation f.

donante [donánte] nmf **1** (*de bienes*) donateur,-trice. **2** (*de sangre*) donneur,-euse.

donar [donár] vt faire don de.

donativo [donatíβo] nm don m.

donde [dónde] adv - pron où. • **donde sea** n'importe où.

dónde [dónde] pron interr où.

doña [dóɲa] nf madame f: **doña María**, madame María.

doping [dopiŋ] *nm* dopage *m*.
dorada [doráða] *nf* daurade *f*.
dorado,-da [doráðo,-ða] *adj* doré,-e.
dorar [dorár] *vt* **1** *(objeto)* dorer. **2** *(en la sartén)* faire revenir.
dormir [33] [dormír] *vi* dormir. ▶ *vt* endormir. • **dormir la siesta** faire la sieste.
dormitorio [dormitórjo] *nm* **1** *(de casa)* chambre *f* à coucher. **2** *(común)* dortoir *m*.
dorso [dórso] *nm* dos *m*.
dos [dos] *num* deux *m*. • **cada dos por tres** à tout bout de champ.
doscientos,-tas [dosθjentos,-tas] *num* deux cents *m*.
dosificar [1] [dosifikár] *vt* doser.
dosis [dósis] *nf* dose *f*.
dotar [dotár] *vt* **1** *(de cosas)* doter. **2** *(de cualidades)* douer, doter.
dotes [dótes] *nf pl* don *m sing*: **tiene dotes de mando**, il a le sens du commandement.
dragón [drayón] *nm* dragon *m*.
drama [dráma] *nm* drame *m*.
dramático,-ca [dramátiko,-ka] *adj* dramatique.
droga [dróγa] *nf* drogue *f*.
drogadicto,-ta [droγaðíkto,-ta] *adj - nm,f* toxicomane.
drogar [7] [droγár] *vt* droguer.
ducha [dútʃa] *nf* douche *f*. • **darse una ducha** prendre une douche.
duchar [dutʃár] *vt* doucher.
ducho,-cha [dútʃo,-tʃa] *adj* expert,-e.

duda [dúða] *nf* doute *m*. • **sin duda** sans doute. **sin lugar a dudas** sans aucun doute.
dudar [duðár] *vi* douter. ▶ *vt* mettre en doute.
dudoso,-sa [duðóso,-sa] *adj* **1** *(incierto)* douteux,-euse. **2** *(vacilante)* hésitant,-e.
duelo [dwélo] *nm* **1** *(combate)* duel *m*. **2** *(dolor, cortejo fúnebre)* deuil *m*.
dueño,-ña [dwéɲo,-ɲa] *nm,f* propriétaire.
dulce [dúlθe] *adj* **1** *(gen)* doux, douce. **2** *(azucarado)* sucré,-e. ▶ *nm (caramelo)* bonbon *m*. ▶ *nm pl* **dulces** sucreries *f pl*.
dulzura [dulθúra] *nf* douceur *f*.
dúo [dúo] *nm* duo *m*.
duplicado [duplikáðo] *nm* duplicata *m*. • **por duplicado** en double exemplaire.
duplicar [1] [duplikár] *vt* **1** *(hacer doble)* doubler. **2** *(documento)* faire une copie.
duración [duraθjón] *nf* durée *f*.
duradero,-ra [duraðéro,-ra] *adj* durable.
durante [duránte] *prep* pendant.
durar [durár] *vi* durer.
dureza [duréθa] *nf* **1** *(cualidad de duro)* dureté *f*. **2** *(callosidad)* durillon *m*.
duro,-ra [dúro,-ra] *adj* dur,-e. ▶ *nm duro (antigua moneda)* cinq pesetas. ▶ *adv* dur, durement. • **no tener un duro** *fam* ne pas avoir un rond.

E

e [e] *conj (s'emploie au lieu de* y *devant un mot qui commence par* **i** *ou* **hi**) et: *madre* e *hijo*, mère et fille.
ebrio,-a [éβrjo,-a] *adj* ivre.
ebullición [eβuʎiθjón] *nf* ébullition *f.*
eccema [ekθéma] *nm* MED eczéma *m.*
echar [etʃár] *vt* **1** *(lanzar)* jeter. **2** *(expulsar)* mettre à la porte. **3** *(despedir del trabajo)* renvoyer; *(deponer de un cargo)* destituer. **4** *fam (olor)* exhaler. **5** *(cerrojo)* mettre, tirer; *(la llave para cerrar)* tourner. **6** *(dientes)* faire; *(pelo, plumas)* pousser. **7** *(poner, accionar)* mettre. **8** *(comedia, película)* passer. **9** *(raíces, brotes, etc)* pousser; *(flores, frutos)* produire. **10** *(partida)* jouer, faire. **11** *(cálculos, cuentas, etc)* faire. **12** *(discurso, sermón)* prononcer. **13** *(las cartas)* dire. ▶ *vpr* **echarse 1** *(lanzarse)* se jeter. **2** *(acostarse)* s'allonger. • **echar abajo** démolir. **echarse a** + *inf* se mettre à + *inf*: echarse a correr, se mettre à courir. **echarse atrás** se rétracter.
eclipse [eklípse] *nm* éclipse *f.*
eco [éko] *nm* écho *m.*
ecografía [ekoɣrafía] *nf* échographie *f.*
ecología [ekoloxía] *nf* écologie *f.*
ecológico,-ca [ekolóxiko,-ka] *adj* écologique.
ecologista [ekoloxísta] *adj - nmf* écologiste.
economía [ekonomía] *nf* économie *f.*

económico,-ca [ekonómiko,-ka] *adj* **1** *(gen)* économique. **2** *(barato)* bon marché.
ecuación [ekwaθjón] *nf* équation *f.*
ecuador [ekwaðór] *nm* équateur *m.*
Ecuador [ekwaðór] *n pr* Équateur *m.*
ecuatorial [ekwatorjál] *adj* équatorial,-e.
ecuatoriano,-na [ekwatorjáno,-na] *adj* équatorien,-enne. ▶ *nm,f* Équatorien,-enne.
ecuestre [ekwéstre] *adj* équestre.
edad [eðáð] *nf* âge *m.* • **mayor de edad** majeur,-e. **menor de edad** mineur,-e. ■ **Edad Media** Moyen Âge *m.*
edición [eðiθjón] *nf* édition *f.*
edificar [1] [eðifikár] *vt* construire, bâtir.
edificio [eðifíθjo] *nm* immeuble *m.*
editar [eðitár] *vt* éditer.
editor,-ra [eðitór,-ra] *adj - nm,f* éditeur,-trice.
editorial [eðitorjál] *adj* éditorial,-e. ▶ *nm (artículo)* éditorial *m.* ▶ *nf (empresa)* maison *f* d'édition.
edredón [eðreðón] *nm* couette *f.*
educación [eðukaθjón] *nf* éducation *f.*
educado,-da [eðukáðo,-ða] *adj* bien élevé,-é.
educar [1] [eðukár] *vt* **1** *(gen)* éduquer. **2** *(criar)* élever. **3** *(el gusto)* développer.
educativo,-va [eðukatíβo,-βa] *adj* éducatif,-ive.

efectivo,-va [efektiβo,-βa] *adj* **1** *(eficaz)* efficace. **2** *(verdadero)* réel. ▶ *nm* **efectivo** espèces *f pl*. • **hacer efectivo 1** *(plan, idea, etc)* mettre à exécution. **2** *(dinero)* payer.

efecto [efékto] *nm* effet *m*. • **tener efecto** prendre effet.

efectuar [11] [efektwár] *vt* effectuer.

efervescente [eferβesθénte] *adj* effervescent,-e.

eficacia [efikáθja] *nf* efficacité *f*.

eficaz [efikáθ] *adj* efficace.

eficiencia [efiθjénθja] *nf* efficacité *f*.

eficiente [efiθjénte] *adj* efficace.

egipcio,-cia [exipθjo,-θja] *adj* égyptien,-enne. ▶ *nm,f* Égyptien,-enne.

Egipto [exípto] *n pr* Égypte *f*.

egoísmo [eyoízmo] *nm* égoïsme *m*.

egoísta [eyoísta] *adj - nmf* égoïste.

eje [éxe] *nm* **1** *(en geometría, astronomía)* axe *m*. **2** *(de una rueda)* essieu *m*.

ejecución [exekuθjón] *nf* exécution *f*.

ejecutar [exekutár] *vt* exécuter.

ejecutivo,-va [exekutíβo,-βa] *adj* exécutif,-ive. ▶ *nm,f (profesional)* cadre.

ejemplar [exemplár] *adj - nm* exemplaire *m*.

ejemplo [exémplo] *nm* exemple *m*. • **dar ejemplo** donner l'exemple. **por ejemplo** par exemple.

ejercer [2] [exerθér] *vt* exercer. ▶ *vi* exercer.

ejercicio [exerθíθjo] *nm* exercice *m*. • **hacer ejercicio** prendre de l'exercice.

ejercitar [exerθitár] *vt (profesión, arte, etc)* exercer.

ejército [exérθito] *nm* armée *f*.

el [el] *det* **1** le, l': **el gato**, le chat; **el avión**, l'avion. **2** *(con los días de la semana) no se traduce*: **me lo dijo el pasado lunes**, il me l'a dit lundi dernier. **3 el + pron** rel celui, dont: **el piso en el que vivimos**, l'appartement dans lequel nous vivons. • **el de** celui de, celle de.

él [el] *pron pers* **1** *(sujeto)* il: **él te lo dirá cuando llegue**, il te le dira quand il arrivera. **2** *(precedido de prep o para enfatizar)* lui: **iré con él**, j'irai avec lui. • **de él** *(posesivo)* à lui. **él mismo** lui-même.

elaboración [elaβoraθjón] *nf* élaboration *f*.

elaborar [elaβorár] *vt* **1** *(gen)* faire. **2** *(proyecto)* élaborer.

elástico,-ca [elástiko,-ka] *adj* élastique. ▶ *nm* **elástico** *(tejido, cinta)* élastique *m*.

elección [elekθjón] *nf* **1** *(votación)* élection *f*. **2** *(opción)* choix *m*. • **elecciones generales** élections législatives.

electoral [elektorál] *adj* électoral,-e.

electricidad [elektriθiðáð] *nf* électricité *f*.

electricista [elektriθísta] *nmf* électricien,-enne.

eléctrico,-ca [eléktriko,-ka] *adj* électrique.

electrocutar [elektrokutár] *vt* électrocuter.

electrodoméstico [elektroðoméstiko] *nm* appareil *m* électroménager.

electrónica [elektrónika] *nf* électronique *f*.

electrónico,-ca [elektróniko,-ka] *adj* électronique.

elefante [elefánte] *nm* éléphant *m*.

elegancia [eleɣánθja] *nf* élégance *f*.

elegante [eleɣánte] *adj* élégant,-e.

elegir [55] [elexír] *vt* **1** *(por votación)* élire. **2** *(escoger)* choisir.

elemental [elementál] *adj* élémentaire.

elemento [eleménto] *nm* **1** élément *m*. **2** *fam (persona)* numéro *m*.

elevado,-da [eleβáðo,-ða] *adj* élevé,-e.

elevar [eleβár] *vt* élever.

eliminación [eliminaθjón] *nf* élimination *f*.

eliminar [eliminár] *vt* éliminer.

élite [élite], **elite** [elite] *nf* élite *f*.

ella [éʎa] *pron pers (gen)* elle: **¿a qué hora has quedado con ella?**, à quelle heure as-tu rendez-vous avec elle ? • **de ella** *(posesivo)* à elle. **ella misma** elle-même.

ello [éʎo] *pron pers* cela, ça: **ello no implica ningún problema**, cela n'implique aucun problème. • **de ello en**: le hablaré de ello, je lui en parlerai. **en ello** y: pienso en ello, j'y pense. **por ello** c'est pourquoi.

ellos,-as [éʎos,-as] *pron pers* **1** *(sujeto)* ils, elles. **2** *(complemento)* eux, elles: **¿por qué no has venido con ellos?**, pourquoi n'es-tu pas venu avec eux ? • **de ellos,-as** à eux, à elles.

elogio [elóxjo] *nm* éloge *m*.

embajada [embaxáða] *nf* ambassade *f*.

embajador,-ra [embaxaðór,-ra] *nm,f* ambassadeur,-drice.

embalaje [embaláxe] *nm* emballage *m*.

embalar [embalár] *vt* emballer.

embalse [embálse] *nm* **1** *(balsa artificial)* réservoir *m*. **2** *(presa)* barrage *m*.

embarazada [embaraθáða] *adj f* enceinte. ▶ *nf* femme *f* enceinte. • **quedarse embarazada** tomber enceinte.

embarazo [embaráθo] *nm* **1** *(de la mujer)* grossesse *f*. **2** *(obstáculo, molestia)* embarras *m*.

embarazoso,-sa [embaraθóso,-sa] *adj* embarrassant,-e.

embarcar [1] [embarkár] *vt* embarquer.

embargo [embárɣo] *nm* embargo *m*. • **sin embargo** cependant, néanmoins.

embarque [embárke] *nm* embarquement *m*.

embellecer [43] [embeʎeθér] *vt - vi* embellir.

embestir [34] [embestír] *vt* charger.

emblema [embléma] *nm* emblème *m*.

emborrachar [emborat͡ʃár] *vt* soûler.

embotellar [emboteʎár] *vt* mettre en bouteilles.

embrague [embráɣe] *nm* embrayage *m*.

embriaguez [embrjaɣéθ] *nf* ivresse *f*.

embrollo [embróʎo] *nm* **1** *(enredo)* embrouillement *m*. **2** *(lío)* imbroglio *m*.

embuste [embúste] *nm* mensonge *m*.

embustero,-ra [embustéro,-ra] *adj - nm,f* menteur,-euse.

embutido [embutíðo] *nm* charcuterie *f*.

emergencia [emerxénθja] *nf* urgence *f*.

emerger [5] [emerxér] *vi* émerger.

emigración [emiɣraθjón] *nf* émigration *f*.

emigrar [emiɣrár] *vi* **1** *(persona)* émigrer. **2** *(ave)* migrer.

eminente [eminénte] *adj* éminent,-e.

emisión [emisjón] *nf* émission *f*.

emisor,-ra [emisór,-ra] *adj* émetteur,-trice. ▶ *nm* **emisor** émetteur *m*.

emisora [emisóra] *nf* station *f* de radio.

emitir [emitír] vt émettre.

emoción [emoθjón] nf émotion f.

emocionante [emoθjonánte] adj 1 (conmovedor) émouvant,-e. 2 (excitante) passionnant,-e.

emocionar [emoθjonár] vt 1 (conmover) émouvoir. 2 (entusiasmar) enthousiasmer. ▶ vpr **emocionarse** 1 (conmoverse) être touché,-e. 2 (entusiasmarse) s'enthousiasmer.

emotivo,-va [emotíβo,-βa] adj émotif, -ive.

empachar [empatʃár] vt causer une indigestion. ▶ vpr **empacharse** avoir une indigestion.

empacho [empátʃo] nm indigestion f.

empadronarse [empaðronárse] vpr s'inscrire pour le recensement.

empalmar [empalmár] vt 1 (tuberías, cables) relier. 2 fig (ideas) enchaîner. ▶ vi (carretera) s'embrancher.

empapar [empapár] vt imbiber, détremper. ▶ vpr **empaparse** 1 (de líquido) être trempé,-e. 2 fig (conocimiento, idea) se pénétrer (**de**, de).

empapelar [empapelár] vt 1 (pared) tapisser. 2 fam (persona) traîner devant les tribunaux.

empaquetar [empaketár] vt emballer.

empastar [empastár] vt plomber.

empaste [empáste] nm plombage m.

empatar [empatár] vt 1 (en concurso, juego) être à égalité. 2 (en partido) faire match nul. 3 (en carrera) être ex æquo. ▶ vt - vi (partido, eliminatoria) égaliser.

empate [empáte] nm match m nul.

empeñar [empeɲár] vt engager, obliger à. ▶ vpr **empeñarse** 1 (endeudarse) s'endetter. 2 (insistir) s'obstiner (**en**, à).

empeño [empéɲo] nm 1 (tesón) obstination f, acharnement m. 2 (deseo intenso) désir m ardent.

empeorar [empeorár] vt empirer. ▶ vi 1 (gen) empirer. 2 (enfermo) aller plus mal.

empequeñecer [43] [empekeɲeθér] vt rapetisser.

emperador [emperaðór] nm 1 (hombre) empereur m. 2 (pez) poisson-épée m, espadon m.

emperatriz [emperatríθ] nf impératrice f.

empezar [47] [empeθár] vt - vi commencer. • **empezar a + inf** commencer à + inf: empezar a hablar, commencer à parler. **para empezar** pour commencer. **ya empezamos** fam ça recommence.

empinar [empinár] vt lever, hausser. ▶ vpr **empinarse** se dresser sur la pointe des pieds.

empleado,-da [empleáðo,-ða] adj - nm,f employé,-e.

emplear [empleár] vt employer. ▶ vpr **emplearse** s'employer, être employé,-e. • **emplearse a fondo** s'investir à fond. **le está bien empleado** c'est bien fait pour lui/elle.

empleo [empléo] nm emploi m.

empobrecer [43] [empoβreθér] vt appauvrir.

empollar [empoʎár] vt 1 (ave) couver. 2 fam (estudiante) potasser, bûcher.

empollón,-ona [empoʎón,-óna] adj - nm,f fam bûcheur,-euse.

empotrado,-da [empotráðo,-ða] adj encastré,-e.

empotrar [empotrár] vt 1 (armario, mueble) encastrer. 2 (vehículo) encastrer.

emprender [emprendér] vt entreprendre.

empresa [emprésa] nf entreprise f.

empresario,-ria [empresàrjo,-rja] *nm,f* entrepreneur,-euse.

empujar [empuxár] *vt* pousser.

empujón [empuxón] *nm* coup *m*, poussée *f* rude. • **dar un empujón a** ALGN pousser QQN.

empuñar [empuɲár] *vt* empoigner.

en [en] *prep* **1** *(lugar - gen)* en, à; *(- sobre)* sur; *(- país)* en, à; **en Francia**, en France; **en París**, à Paris. **2** *(tiempo - momento, época)* en, à; *(- duración)* en; *(- dentro de)* dans: **en 1992**, en 1992; **en julio**, au mois de juillet. **3** *(modo)* en, à: **en latín**, en latin; **en círculo**, en cercle; **en guerra**, en guerre; **le conocí en el andar**, je l'ai reconnu à sa façon de marcher. **4** *(medio de transporte - gen)* en, par; *(- bicicleta)* à: **viajar en avión**, voyager en avion; **ir en bicicleta**, aller à bicyclette. • **en cuanto** aussitôt que, dès que. **en seguida** aussitôt.

enamorado,-da [enamoráðo,-ða] *adj* - *nm,f* amoureux,-euse.

enamorar [enamorár] *vt* rendre amoureux,-euse. ▶ *vpr* **enamorarse** tomber amoureux,-euse.

enano,-na [enáno,-na] *adj - nm,f* nain,-e.

encabezamiento [eŋkaβeθamjénto] *nm* en-tête *m*.

encabezar [4] [eŋkaβeθár] *vt* **1** *(carrera)* mener. **2** *(lista)* être en tête de. **3** *(carta)* placer en tête. **4** *(escrito)* commencer. **5** *(liderar)* être à la tête de.

encadenar [eŋkaðenár] *vt* enchaîner.

encajar [eŋkaxár] *vt* **1** *(una cosa dentro de otra)* emboîter, ajuster. **2** *(golpe)* asséner, flanquer. **3** *(broma, crítica)* essuyer, encaisser. ▶ *vi* **1** *(dentro de otra cosa)* rentrer, s'emboîter. **2** *(puerta, ventana)* joindre. **3** *(ser adecuado)* aller, convenir.

encaje [eŋkáxe] *nm* **1** *(tejido)* dentelle *f*. **2** *(de una pieza en otra)* emboîtage *m*, emboîtement *m*.

encallar [eŋkaʎár] *vi* échouer.

encaminar [eŋkaminár] *vt* **1** *(a un lugar)* diriger, montrer le chemin. **2** *(a un fin)* diriger, orienter. ▶ *vpr* **encaminarse 1** *(a un lugar)* se diriger. **2** *(a un fin)* tendre.

encantado,-da [eŋkantáðo,-ða] *adj* **1** *(contento)* enchanté,-e, ravi,-e. **2** *(hechizado)* hanté,-é: **casa encantada**, maison hantée. **3** *(distraído)* distrait,-e. • **encantado,-da de conocerle** *fml* enchanté,-e de faire votre connaissance.

encantador,-ra [eŋkantaðór,-ra] *adj* charmant,-e, adorable.

encantar [eŋkantár] *vi (gustar)* adorer, ravir. ▶ *vt (hechizar)* enchanter.

encanto [eŋkánto] *nm* **1** *(atractivo)* charme *m*, attrait *m*. **2** *(hechizo)* enchantement *m*. • **ser un encanto** être un amour, être adorable.

encarar [eŋkarár] *vt (hacer frente)* affronter. ▶ *vpr* **encararse** faire front (**con**, à).

encarcelar [eŋkarθelár] *vt* incarcérer, emprisonner.

encarecer [43] [eŋkareθér] *vt (producto)* rendre plus cher, chère. ▶ *vpr* **encarecerse** *(producto)* augmenter.

encargado,-da [eŋkarɣáðo,-ða] *adj - nm,f (de tarea, trabajo)* chargé,-e, responsable. ▶ *nm,f (de tienda, negocio)* préposé,-e, employé,-e.

encargar [7] [eŋkarɣár] *vt* **1** *(trabajo, asunto)* charger. **2** *(pedir)* commander. ▶ *vpr* **encargarse** se charger (**de**, de), s'occuper (**de**, de).

encargo [eŋkárɣo] *nm* **1** *(recado)* commission *f*. **2** *(de mercancías)* commande *f*. • **por encargo** sur commande.

encariñarse [eŋkariɲárse] *vpr* s'attacher, prendre en affection.

encasquetar [eŋkasketár] *vt* **1** *(sombrero, gorra)* enfoncer sur la tête. **2** *fam (colocar)* endosser: **nos encasquetó a los niños**, il nous refila les enfants.

encendedor [enθendeðór] *nm* briquet *m*.

encender [28] [enθendér] *vt* **1** *(gen)* allumer. **2** *(persona)* enflammer, irriter. ▶ *vpr* **encenderse 1** *(ruborizarse)* rougir. **2** *(excitarse)* s'enflammer.

encendido,-da [enθendíðo,-ða] *adj* **1** *(luz, colilla)* allumé,-e. **2** *(color)* rouge vif. **3** *(mejillas, rostro)* rouge. **4** *(deseo, palabras, mirada)* ardent,-e, enflammé,-e.

encerrar [27] [enθerár] *vt* **1** *(en un lugar)* enfermer. **2** *(en la cárcel)* mettre en prison. **3** *(contener, incluir)* renfermer. ▶ *vpr* **encerrarse** *(recluirse)* se retirer du monde.

encharcar [1] [entʃarkár] *vt* inonder. ▶ *vpr* **encharcarse 1** *(terreno, calle)* être inondé,-e. **2** *(pulmones)* avoir une hémorragie interne.

enchufado,-da [entʃufáðo,-ða] *adj - nm,f* pistonné,-e.

enchufar [entʃufár] *vt* **1** *(aparato)* brancher. **2** *fam (persona)* pistonner.

enchufe [entʃúfe] *nm* **1** *(de aparato)* prise *f* de courant. **2** *fam (recomendación)* piston *m*. **3** *fam (empleo, cargo)* planque *f*.

encía [enθía] *nf* gencive *f*.

enciclopedia [enθiklopéðja] *nf* encyclopédie *f*.

encierro [enθjéro] *nm* **1** *(de una persona)* retraite *f*, réclusion *f*. **2** *(protesta)* occupation *f* *(des locaux)*.

encima [enθíma] *adv* **1** *(sobre, más arriba)* dessus. **2** *(además)* en outre, en plus. • **echarse encima** *(arrollar)* arriver sur, tomber sur: **se les echó encima un camión**, un camion leur est arrivé dessus. **2** *(tiempo, acontecimiento)* arriver. **3** *(desgracia)* tomber sur. **encima de 1** *(sobre)* sur. **2** *(más arriba de)* au-dessus de. **3** *(además de)* en plus de: **encima de caro es de mala calidad**, non seulement c'est cher mais en plus c'est de mauvaise qualité. **encima de que** en plus du fait que. **llevar encima** porter sur soi. **por encima 1** *(a más altura)* par-dessus. **2** *(superficialmente)* superficiellement. **por encima de 1** *(sobre)* au-dessus de. **2** *(a pesar de)* malgré. **por encima de todo** par-dessus tout. **quitarse a ALGN de encima** se débarrasser de QQN.

encinta [enθínta] *adj* enceinte.

encoger [5] [eŋkoxér] *vt (miembro)* retirer, replier. ▶ *vi (tejido)* rétrécir, se rétrécir. ▶ *vpr* **encogerse 1** *(tejido)* rétrécir, se rétrécir. **2** *(apocarse)* se démonter, se troubler.

encomendar [eŋkomendár] *vt* **1** *(encargar)* charger. **2** *(confiar)* confier. ▶ *vpr* **encomendarse** s'en remettre **(a**, à).

encontrar [31] [eŋkontrár] *vt* **1** *(hallar)* trouver. **2** *(persona)* rencontrer: **la encontré en la calle**, je l'ai rencontrée dans la rue. **3** *(lo perdido)* retrouver. ▶ *vpr* **encontrarse 1** *(dos personas)* se rencontrer. **2** *(estar situado)* se trouver. **3** *(sentirse)* se trouver, je me sentir: **me encuentro mal**, je me sens mal. • **encontrarse con ALGN** rencontrer QQN.

encorvar [eŋkorβár] *vt* courber. ▶ *vpr* **encorvarse** *(persona)* se voûter.

encrespar [eŋkrespár] *vt* **1** *(cabello)* friser. **2** *(irritar)* irriter, mettre en fureur. ▶ *vpr* **encresparse** *(mar)* être agité,-e, moutonner.

encuadernación [eŋkwaðernaθjón] *nf* reliure *f*.

encuadernar [eŋkwaðernár] *vt* relier.

encuadrar [eŋkwaðrár] *vt* **1** *(imagen)* cadrer. **2** *(clasificar)* classer. ▶ *vpr* **encuadrarse** s'intégrer, faire partie.

encubrir [eŋkuβrír] *vt* **1** *(ocultar)* cacher, dissimuler. **2** *(delito)* receler.

encuentro [eŋkwèntro] *nm* **1** *(de personas)* rencontre *f*. **2** *(deportivo)* rencontre *f*, compétition *f*. **3** *(reunión)* rendez-vous *m*. **4** *(choque)* choc *m*, collision *f*.

encuesta [eŋkwésta] *nf* enquête *f*.

enderezar [4] [endereθár] *vt* redresser.

endeudarse [endeuðárse] *vpr* s'endetter.

endibia, endivia [endíβja] *nf* endive *f*.

endosar [endosár] *vt* **1** *fam (tarea, responsabilidad)* refiler. **2** COM endosser.

endulzar [4] [endulθár] *vt* **1** *(con azúcar)* adoucir, sucrer. **2** *(suavizar)* adoucir, mitiger.

endurecer [43] [endureθér] *vt* **1** *(materia)* durcir. **2** *(persona)* endurcir.

enemigo,-ga [enemiɣo,-ɣa] *adj - nm,f* ennemi,-e.

enemistar [enemistár] *vt* brouiller.

energía [enerχía] *nf* énergie *f*.

enérgico,-ca [enérχiko,-ka] *adj* énergique.

enero [enéro] *nm* janvier *m*.

enésimo,-ma [enésimo,-ma] *adj* **1** MAT n: **elevado a la enésima potencia**, puissance n. **2** *(para expresar repetición)* énième.

enfadado,-da [emfaðáðo,-ða] *adj* en colère.

enfadar [emfaðár] *vt* **1** *(enojar)* fâcher, mettre en colère. **2** *(disgustar)* agacer, ennuyer. ▶ *vpr* **enfadarse 1** *(enojarse)* se fâcher, se mettre en colère. **2** *(disgustarse)* être agacé, être contrarié. **3** *(pelearse)* se brouiller.

enfado [emfáðo] *nm* **1** *(disgusto)* fâcherie *f*, brouille *f*. **2** *(contrariedad)* ennui *m*, contrariété *f*. **3** *(enojo)* colère *f*.

enfermedad [emfermeðáð] *nf* maladie *f*.

enfermería [emfermería] *nf* infirmerie *f*.

enfermero,-ra [emferméro,-ra] *nm,f* infirmier,-ère.

enfermo,-ma [emférmo,-ma] *adj - nm,f* malade. • **caer enfermo,-ma** tomber malade. **poner enfermo, -ma** *fig* rendre malade. **ponerse enfermo,-ma 1** *(enfermar)* tomber malade. **2** *fig (exasperarse)* en être malade.

enfocar [1] [emfokár] *vt* **1** *(fotografía)* mettre au point. **2** *(imagen)* centrer. **3** *(prismáticos)* pointer, braquer. **4** *(asunto)* envisager.

enfoque [emfóke] *nm* **1** *(de imagen)* mise *f* au point. **2** *(de asunto)* approche *f*.

enfrentamiento [emfrentamjènto] *nm* affrontement *m*.

enfrentar [emfrentár] *vt* **1** *(peligro, adversidades)* affronter, faire face à. **2** *(poner frente a frente)* mettre face à face. **3** *(oponer)* opposer. ▶ *vpr* **enfrentarse 1** *(pelearse)* s'affronter. **2** *(competir)* se rencontrer. **3** *(encararse)* s'affronter (**a**, à), faire face (**a**, à).

enfrente [emfrènte] *adv* en face.

enfriar [13] [emfrjár] *vt* refroidir. ▶ *vpr* **enfriarse 1** *(de temperatura)* se refroidir. **2** *(acatarrarse)* prendre froid, attraper froid.

enfurecer [43] [emfureθér] *vt* mettre en fureur. ▶ *vpr* **enfurecerse** s'emporter.

enfurruñarse [emfurruɲárse] *vpr fam* se fâcher, bougonner.

enganchar [eŋgantʃár] *vt* **1** (*gen*) accrocher. **2** *fam* (*ladrón, borrachera*) attraper. **3** *fam* (*atraer*) embobiner, séduire. ▶ *vpr* **engancharse 1** (*gen*) s'accrocher. **2** *fam* (*a drogas, juego*) être accro.

enganche [eŋgántʃe] *nm* **1** (*pieza*) crochet *m*. **2** (*de vagones*) accrochage *m*.

engañar [eŋgaɲár] *vt* tromper. ▶ *vi* tromper: **las apariencias engañan**, les apparences sont trompeuses.

engaño [eŋgáɲo] *nm* **1** (*acción de engañar*) tromperie *f*. **2** (*error*) erreur *f*. **3** (*cosa que engaña*) leurre *m*.

engañoso,-sa [eŋgaɲóso,-sa] *adj* trompeur,-euse, illusoire.

englobar [eŋgloβár] *vt* englober.

engordar [eŋgorðár] *vt* **1** (*animal*) engraisser. **2** (*peso*) grossir de, prendre. ▶ *vi* **1** (*persona, animal*) grossir. **2** (*alimento*) faire grossir.

engrasar [eŋgrasár] *vt* graisser.

engullir [41] [eŋɡuʎír] *vt* engloutir, avaler.

enhorabuena [enoraβwéna] *nf* félicitations *f pl*. ● **dar la enhorabuena** féliciter. **estar de enhorabuena** être au comble de la joie.

enigma [eníɣma] *nm* énigme *f*.

enjabonar [eŋxaβonár] *vt* **1** (*con jabón*) savonner. **2** *fam* (*adular*) passer de la pommade à.

enjaular [eŋxaulár] *vt* **1** (*meter en jaula*) mettre en cage. **2** *fam* (*meter en la cárcel*) coffrer.

enjuagar [7] [eŋxwaɣár] *vt* rincer.

enjuague [eŋxwáɣe] *nm* rinçage *m*.

enjugar [7] [eŋxuɣár] *vt* **1** (*quitar la humedad*) sécher. **2** (*sudor, lágrimas*) essuyer, sécher. **3** (*diferencia*) éponger.

enjuto,-ta [eŋxúto,-ta] *adj* **1** (*seco*) sec, sèche. **2** (*flaco*) maigre, sec, sèche.

enlace [enláθe] *nm* **1** (*conexión*) liaison *f*. **2** (*boda*) mariage *m*, union *f*. **3** (*de trenes, autobuses*) correspondance *f*. **4** (*intermediario*) agent *m* de liaison. **5** INFORM lien *m*.

enlazar [4] [enlaθár] *vt* **1** (*atar*) enlacer, lier. **2** (*ideas*) enchaîner, lier. **3** (*tren, avión*) assurer la liaison.

enloquecer [43] [enlokeθér] *vt* **1** (*turbar*) affoler. **2** (*volver loco*) rendre fou, folle. ▶ *vi* devenir fou, folle.

enmarañar [emmaraɲár] *vt* **1** (*pelo, hilo, cuerda*) emmêler, embrouiller. **2** (*asunto*) embrouiller.

enmascarar [emmaskarár] *vt* masquer.

enmendar [27] [emmendár] *vt* **1** (*error, defecto*) corriger. **2** (*ley, texto*) amender. **3** (*daño*) réparer. ▶ *vpr* **enmendarse** (*persona*) se corriger, se défaire.

enmienda [emmjénda] *nf* **1** (*de error*) correction *f*. **2** (*de ley, texto*) amendement *m*. **3** (*de daño*) rectification *f*.

ennegrecer [43] [enneɣreθér] *vt* noircir.

enojar [enoxár] *vt* **1** (*enfadar*) fâcher, irriter. **2** (*molestar*) ennuyer. ▶ *vpr* **enojarse** se fâcher, se mettre en colère.

enojo [enóxo] *nm* **1** (*enfado*) colère *f*, irritation *f*. **2** (*molestia*) ennui *m*, contrariété *f*.

enorme [enórme] *adj* énorme.

enredar [enřeðár] *vt* **1** (*pelo, hilo, cuerda*) emmêler, embrouiller. **2** (*dificultar*) embrouiller, compliquer. **3** *fam* (*engañar*) tromper. ▶ *vi* (*niño*) faire des espiègleries.

enredo

enredo [enrèðo] nm **1** (de pelo, hilo, cuerda) emmêlement m, embrouillement m. **2** (engaño) mensonge m.

enrejado [enrexàðo] nm **1** (verja) grillage m, grilles f pl. **2** (celosía) treillis m, treillage m.

enriquecer [43] [enrrikeθèr] vt enrichir.

enrojecer [43] [enrroxeθèr] vt rougir. ▸ vpr **enrojecerse** rougir.

enrolar [enrroʎàr] vt enrôler.

enrollar [enrroʎàr] vt rouler, enrouler. ▸ vpr **enrollarse 1** (hablar mucho) être un moulin à paroles, tenir la jambe. **2** fam (dar un trato favorable) avoir le contact facile. • **enrollarse con** ALGN fam sortir avec QQN.

ensalada [ensalàða] nf salade f.

ensaladera [ensalaðèra] nf saladier m.

ensaladilla [ensalaðíʎa] nf macédoine f de légumes.

ensanchar [ensantʃàr] vt élargir.

ensanche [ensàntʃe] nm **1** (de cosa) élargissement m. **2** (de población) agrandissement m.

ensartar [ensartàr] vt **1** (perlas) enfiler. **2** (atravesar) embrocher, enfiler.

ensayar [ensajàr] vt **1** (espectáculo) répéter. **2** (probar) essayer.

ensayo [ensàjo] nm **1** (gen) essai m. **2** (de espectáculo) répétition f.

enseguida [enseɣíða] adv tout de suite.

ensenada [ensenàða] nf anse f.

enseña [ensèɲa] nf enseigne f.

enseñanza [enseɲànθa] nf enseignement m.

enseñar [enseɲàr] vt **1** (dar clases) enseigner. **2** (mostrar) montrer. • **enseñar a** ALGN **a** + inf apprendre QQN à + inf: ella me enseñó a nadar, elle m'a appris à nager.

ensombrecer [43] [ensombreθèr] vt assombrir.

ensordecedor,-ra [ensorðeθeðòr,-ra] adj assourdissant,-e.

ensordecer [43] [ensorðeθèr] vt (ruido, grito) abasourdir, assourdir. ▸ vi (quedarse sordo) devenir sourd,-e.

ensuciar [12] [ensuθjàr] vt salir.

ensueño [enswèɲo] nm rêve m. • **de ensueño** fantastique.

entender [28] [entendèr] vt **1** (comprender) comprendre. **2** (opinar) croire, penser. **3 entender por** (querer decir) entendre par: **¿qué entiende usted por eso?**, qu'entendez-vous par là? ▸ vi **entender de** s'y connaître en, s'y entendre en. ▸ vpr **entenderse 1** (comprenderse) se comprendre. **2** (llevarse bien) s'entendre bien. **3** (sentimentalmente) avoir une liaison (**con**, avec). **4** (ponerse de acuerdo) se mettre d'accord, se concerter. • **dar a entender** laisser entendre, donner à entendre.

enterarse [enteràrse] vpr **1** (averiguar) s'informer, se renseigner. **2** (tener noticia) apprendre. **3** (darse cuenta) se rendre compte. **4** (comprender) comprendre: **no se entera de nada**, il n'y comprend rien. • **¡te vas a enterar!** tu vas voir!

enternecedor,-ra [enterneθeðòr,-ra] adj attendrissant,-e.

entero,-ra [entèro,-ra] adj **1** (completo) entier,-ère. **2** (persona - sereno) inébranlable, ferme; (- íntegro) intègre, droit,-e. **3** (número) entier,-ère.

enterrar [27] [enterràr] vt enterrer.

entidad [entiðàð] nf **1** (ente, ser) entité f. **2** (organismo) organisme m, société f. **3** (importancia) importance f. ▪ **entidad bancaria** société bancaire. **entidad privada** société privée.

entierro [entjéřo] *nm* enterrement *m*.

entonación [entonaθjón] *nf* intonation *f*.

entonces [entónθes] *adv* alors. • **desde entonces** depuis lors, dès lors. **hasta entonces** jusqu'alors. **por aquel entonces** à cette époque-là.

entorno [entórno] *nm* environnement *m*.

entorpecer [43] [entorpeθér] *vt* gêner, embarrasser.

entrada [entráða] *nf* **1** *(gen)* entrée *f*. **2** *(acceso)* accès *m*, entrée *f*. **3** *(para espectáculo)* entrée *f*. **4** *(público)* affluence *f*, monde *m*. **5** *(dinero recaudado)* recette *f*. **6** *(primer pago)* versement *m* initial. **7** *(del verano, del año nuevo)* arrivée *f*. **8** COM recette *f*, entrée *f*. • **de entrada** d'emblée, dès le début, du premier coup.

entrante [entránte] *adj* **1** *(mes, semana)* prochain,-e. **2** *(que pasa a ocupar un cargo)* entrant,-e. ▶ *nm (plato)* entrée *f*.

entrañable [entraɲáβle] *adj* **1** *(persona, lugar)* cher, chère. **2** *(sentimiento)* intime, profond,-e.

entrañar [entraɲár] *vt* **1** *(conllevar)* entraîner, impliquer. **2** *(contener)* contenir, renfermer.

entrar [entrár] *vi* **1** *(en un lugar)* entrer. **2** *(caber, encajar)* entrer, passer: **esta llave no entra**, cette clé ne rentre pas. **3** *(año, estación)* commencer. **4** *(sueño, ganas, fiebre)* être pris,-e de. ▶ *vt* **1** *(meter)* entrer, rentrer. **2** *(datos)* introduire. **3** *(a persona)* aborder. • **entrado,-da en años** d'un âge avancé. **no entrarle** ALGO **a** ALGN *fam* ne pas arriver à assimiler QQCH: **no le entran las matemáticas**, il n'arrive pas à assimiler les mathématiques.

entre [éntre] *prep* **1** *(gen)* entre: **entre Madrid y Burgos**, entre Madrid et Burgos; **llegará entre las dos y las tres**, il arrivera entre deux et trois heures. **2** *(avec des noms au pl ou collectifs)* *(en medio de muchos)* parmi: **entre mis amigos**, parmi mes amis. **3** *(en cierta comunidad)* chez: **entre los musulmanes**, chez les musulmans. **4** *(en colaboración con varias personas)* à: **llevar una cosa entre cuatro**, porter une chose à quatre. **5** *(en estado, calidad o grado intermedio)* mi-... mi-...: **estaba entre agradecido y quejoso**, il était mi-reconnaissant mi-plaintif. • **de entre** parmi. **entre tanto** cependant, en attendant.

entreabierto,-ta [entreaβjérto,-ta] *adj* entrouvert,-e.

entrega [entréɣa] *nf* **1** *(de premio, carta, llaves)* remise *f*. **2** *(de compra, pedido)* livraison *f*. **3** *(dedicación)* dévouement *m*. **4** *(fascículo)* fascicule *m*. **5** *(rendición)* reddition *f*. • **hacer entrega de** offrir, remettre.

entregar [7] [entreɣár] *vt* **1** *(premio, llaves, carta)* remettre. **2** *(compra, pedido)* livrer. ▶ *vpr* **entregarse 1** *(gen)* se livrer (**a**, à). **2** *(rendirse)* rendre les armes.

entrenador,-ra [entrenaðór,-ra] *nm,f* entraîneur,-euse.

entrenamiento [entrenamjénto] *nm* entraînement *m*.

entrenar [entrenár] *vt* entraîner.

entrepierna [entrepjérna] *nf* entrejambe *m*, entrecuisse *m*.

entresuelo [entreswélo] *nm* **1** *(en edificio)* entresol *m*. **2** *(en teatro)* premier balcon *m*.

entretanto [entretánto] *adv* entretemps, pendant ce temps.

entretener [87] [entretenér] *vt* **1** *(retrasar)* faire perdre son temps. **2** *(divertir)* amuser, distraire. **3** *(dar largas)* retarder. ▶ *vpr* **entretenerse 1** *(divertirse)* s'amuser, se distraire. **2** *(retrasarse)* s'attarder.

entretenido,-da [entreteniðo,-ða] *adj* amusant,-e.

entretenimiento [entretenimjénto] *nm* **1** *(diversión)* amusement *m*, distraction *f*. **2** *(pasatiempo)* passetemps *m*.

entrever [91] [entreβér] *vt* entrevoir.

entrevista [entreβísta] *nf* **1** *(de prensa)* interview *f*. **2** *(reunión)* entrevue *f*, entretien *m*.

entristecer [43] [entristeθér] *vt* attrister, affliger.

entrometerse [entrometérse] *vpr* s'immiscer **(en**, dans), se mêler **(en**, de).

enturbiar [12] [enturβjár] *vt* **1** *(líquido)* troubler. **2** *(relación)* embrouiller.

entusiasmar [entusjazmár] *vt* enthousiasmer.

entusiasmo [entusjázmo] *nm* enthousiasme *m*.

entusiasta [entusjásta] *adj - nmf* enthousiaste.

enumeración [enumeraθjón] *nf* énumération *f*.

enumerar [enumerár] *vt* énumérer.

enunciado [enunθjáðo] *nm* énoncé *m*.

envasar [embasár] *vt* **1** *(alimentos; líquido)* conditionner; *(líquido)* mettre en bouteille. **2** *(mercancía)* empaqueter, emballer.

envase [embáse] *nm (recipiente - botella)* récipient *m*, bouteille *f*; *(- bote)* pot *m*; *(- caja)* boîte *f*.

envejecer [43] [embeχeθér] *vt - vi* vieillir.

envejecimiento [embeχeθimjénto] *nm* vieillissement *m*.

envenenamiento [embenenamjénto] *nm* empoisonnement *m*.

envenenar [embenenár] *vt* empoisonner.

enviado,-da [embjáðo,-ða] *nm,f* envoyé,-e.

enviar [13] [embjár] *vt* envoyer.

envidia [embíðja] *nf* envie *f*. • **dar envidia** faire envie. **tener envidia de** envier.

envidiar [12] [embiðjár] *vt* envier.

envío [embío] *nm* envoi *m*.

enviudar [embjuðár] *vi* devenir veuf, veuve.

envoltorio [emboltórjo] *nm* emballage *m*.

envolver [32] [embolβér] *vt* **1** *(cubrir)* envelopper. **2** *(implicar)* mêler, impliquer.

enzarzarse [4] [enθarθárse] *vpr* **1** *(en asunto difícil)* s'empêtrer. **2** *(en discusión, pelea)* s'embarquer.

épico,-ca [épiko,-ka] *adj* épique.

epidemia [epiðémja] *nf* épidémie *f*.

epilepsia [epilépsja] *nf* épilepsie *f*.

episodio [episòðjo] *nm* épisode *m*.

época [époka] *nf* époque *f*.

equilibrar [ekiliβrár] *vt* équilibrer.

equilibrio [ekilíβrjo] *nm* équilibre *m*. • **hacer equilibrios** faire des acrobaties. **perder el equilibrio** perdre l'équilibre.

equipaje [ekipáχe] *nm* bagages *m pl*. ▪ **equipaje de mano** bagage *sing* à main.

equipar [ekipár] *vt* équiper.

equipo [ekipo] *nm* **1** *(de personas, jugadores)* équipe *f*. **2** *(equipamiento)* équipement *m*: **el equipo de esquí**, l'équipement de ski. **3** *(aparato - estereofónico)* chaîne *f*; *(- informático)* équipe *f* informatique.

equitación [ekitaθjón] nf équitation f.

equitativo,-va [ekitatiβo,-βa] adj équitable.

equivalente [ekiβalénte] adj équivalent,-e.

equivaler [89] [ekiβalér] vi équivaloir (**a**, à).

equivocación [ekiβokaθjón] nf erreur f. • **por equivocación** par erreur.

equivocado,-da [ekiβokáðo,-ða] adj **1** (erróneo) erroné,-e. **2** (desacertado) mal choisi,-e.

equivocarse [1] [ekiβokárse] vpr se tromper.

equívoco,-ca [ekiβoko,-ka] adj équivoque. ▶ nm **equívoco** équivoque f.

era [éra] nf ère f.

erección [erekθjón] nf érection f.

erguir [70] [eryír] vt lever, dresser: **erguir la cabeza**, lever la tête. ▶ vpr **erguirse 1** (ponerse derecho) se dresser. **2** (engreírse) s'enorgueillir, se rengorger.

erigir [6] [erixír] vt fml ériger.

erizar [4] [eriθár] vt hérisser.

erizo [eríθo] nm hérisson m.

ermita [ermíta] nf ermitage m.

erosión [erosjón] nf érosion f.

erótico,-ca [erótiko,-ka] adj érotique.

erotismo [erotízmo] nm érotisme m.

erradicar [1] [eraðikár] vt déraciner.

errante [eránte] adj errant,-e.

errar [57] [eřár] vi **1** (vagar) errer. **2** (equivocarse) se tromper, faire erreur. ▶ vt **1** (tiro, golpe) manquer, rater. **2** (respuesta, pronóstico) se tromper de.

erróneo,-a [eřóneo,-a] adj erroné,-e.

error [eřór] nm erreur f. • **cometer un error** faire une erreur.

eructo [erúkto] nm rot m.

erudito,-ta [eruðíto,-ta] adj - nm,f érudit,-e.

erupción [erupθjón] nf éruption f.

esbozar [4] [ezβoθár] vt ébaucher, esquisser.

esbozo [ezβóθo] nm ébauche f, esquisse f.

escabroso,-sa [eskaβróso,-sa] adj **1** (terreno) accidenté,-e, raboteux,-euse. **2** (embarazoso, obsceno) scabreux, -euse.

escabullirse [41] [eskaβuʎírse] vpr **1** (zafarse) se sauver. **2** (irse) s'éclipser, partir. **3** (escurrirse) glisser, échapper des mains.

escala [eskála] nf **1** (gen) échelle f. **2** (de barco, avión) escale f. **3** MÚS gamme f. • **a escala** à l'échelle. **a gran escala** à grande échelle.

escalada [eskaláða] nf escalade f.

escalador,-ra [eskalaðór,-ra] nm,f alpiniste.

escalar [eskalár] vt escalader.

escalera [eskaléra] nf **1** (de edificio) escalier m. **2** (de mano) échelle f. **3** (en póquer) quinte f. • **escalera mecánica** escalier mécanique, escalator® m.

escalofriante [eskalofrjánte] adj terrifiant,-e.

escalofrío [eskalofrío] nm frisson m.

escalón [eskalón] nm marche f, degré m.

escalope [eskalópe] nm escalope f.

escama [eskáma] nf écaille f.

escandalizar [4] [eskandaliθár] vt scandaliser.

escándalo [eskándalo] nm **1** (acto inmoral) scandale m. **2** (ruido) tapage m. **3** (alboroto) esclandre m. • **armar un escándalo** faire du scandale. **de escándalo** fam formidable.

escandaloso 444

escandaloso,-sa [eskandalóso,-sa] *adj* **1** *(inmoral)* scandaleux,-euse. **2** *(ruidoso)* bruyant,-e.

escanear [eskaneár] *vt* scanner.

escáner [eskáner] *nm* (pl **escáneres**) scanner *m*.

escaño [eskáɲo] *nm* siège *m* de député.

escapada [eskapáða] *nf* escapade *f*, échappée *f*.

escapar [eskapár] *vi - vpr* **escapar(se) 1** *(de un lugar)* échapper, s'échapper. **2** *(de situación comprometida)* échapper (**de**, à). • **escapársele** ALGO **a** ALGN échapper à QQN: se me escapó la risa, je laissai échapper un rire.

escaparate [eskaparáte] *nm* devanture *f*, vitrine *f*.

escapatoria [eskapatórja] *nf* fuite *f*, évasion *f*. • **no tener escapatoria** être sans issue.

escape [eskápe] *nm* **1** *(de gas, agua)* fuite *f*. **2** *(salida)* issue *f*. **3** *(de motor, reloj)* échappement *m*.

escaquearse [eskakeárse] *vpr fam* se défiler.

escarbar [eskarβár] *vt (tierra)* gratter, fouiller.

escarola [eskaróla] *nf* scarole *f*.

escasear [eskaseár] *vi* manquer.

escasez [eskaséθ] *nf* **1** *(insuficiencia)* manque *m*. **2** *(penuria)* pénurie *f*.

escaso,-sa [eskáso,-sa] *adj* **1** *(insuficiente)* court,-e, insuffisant,-e. **2** *(poco frecuente o abundante)* rare. **3** *(casi completo)* à peine, juste: **un kilo escaso**, à peine un kilo. • **andar escaso,-sa de** ALGO être à court de QQCH.

escatimar [eskatimár] *vt* **1** *(dinero, gastos)* lésiner sur. **2** *(esfuerzos, energía)* ménager, épargner. **3** *(elogios)* marchander.

escayola [eskajóla] *nf* plâtre *m*.

escena [esθéna] *nf* scène *f*. • **poner en escena** mettre en scène.

escenario [esθenárjo] *nm* **1** *(en teatro)* scène *f*. **2** *(de suceso)* scène *f*, scénario *m*.

escéptico,-ca [esθéptiko,-ka] *adj - nm,f* sceptique.

esclarecer [43] [esklareθér] *vt* éclaircir.

esclavitud [esklaβitúð] *nf* esclavage *m*.

esclavo,-va [eskláβo,-βa] *adj - nm,f* esclave.

escoba [eskóβa] *nf* balai *m*.

escobilla [eskoβíʎa] *nf* **1** *(escoba pequeña)* balayette *f*: **la escobilla del retrete**, la balayette des toilettes. **2** *(de dinamo)* balai *m*.

escocedura [eskoθeðúra] *nf* **1** *(inflamación)* rougeur *f*. **2** *(dolor)* cuisson *f*.

escocer [54] [eskoθér] *vi* **1** *(herida)* cuire, brûler. **2** *fig (afligir)* chagriner, faire mal. ▶ *vpr* **escocerse** *(irritarse)* s'échauffer.

escoger [5] [eskoχér] *vt* **1** *(elegir)* choisir. **2** *(seleccionar)* trier. • **a escoger** au choix. **tener donde escoger** avoir le choix.

escolar [eskolár] *adj* scolaire. ▶ *nmf* écolier,-ère.

escolta [eskólta] *nmf* escorte *f*.

escoltar [eskoltár] *vt* escorter.

escombros [eskómbros] *nm pl* décombres *m pl*, déblais *m pl*.

esconder [eskondér] *vt* cacher.

escondidas [eskondiðas]. • **a escondidas** en cachette.

escondite [eskondíte] *nm* **1** *(lugar)* cache *f*, cachette *f*. **2** *(juego)* cache-cache *m*.

escopeta [eskopéta] *nf* fusil *m* de chasse.

escorpión [eskorpjón] *nm* scorpion *m*.

escote [eskòte] *nm (de vestido)* décolleté *m*.

escozor [eskoθór] *nm* cuisson *f*, brûlure *f*.

escribir [eskriβír] *vt - vi* écrire.

escrito [eskríto] *nm* écrit *m*.

escritor,-ra [eskritór,-ra] *nm,f* écrivain *m*.

escritorio [eskritórjo] *nm* secrétaire *m*.

escritura [eskritúra] *nf* **1** *(acción, arte)* écriture *f*. **2** DER acte *m*.

escrúpulo [eskrúpulo] *nm* **1** *(rectitud)* scrupule *m*. **2** *(aprensión)* répugnance *f*. **3** *(esmero)* minutie *f*.

escrutinio [eskrutínjo] *nm* **1** *(en elecciones)* dépouillement *m* du scrutin. **2** *(averiguación)* examen *m*.

escucha [eskútʃa] *nf* écoute *f*. ● **estar a la escucha** être à l'écoute.

escuchar [eskutʃár] *vt* écouter.

escuela [eskwéla] *nf* école *f*.

escueto,-ta [eskwéto,-ta] *adj* **1** *(conciso)* libre, dégagé,-e. **2** *(sobrio)* dépouillé,-e, sobre.

esculpir [eskulpír] *vt* sculpter.

escultor,-ra [eskultór,-ra] *nm,f* sculpteur *m*.

escultura [eskultúra] *nf* sculpture *f*.

escupir [eskupír] *vt - vi* cracher.

escurreplatos [eskureplátos] *nm* égouttoir *m*.

escurridizo,-za [eskuriðíθo,-θa] *adj* **1** *(resbaladizo)* glissant,-e. **2** *(persona)* fuyant,-e.

escurridor [eskuriðór] *nm* **1** *(colador)* passoire *f*. **2** *(de platos)* égouttoir *m*.

escurrir [eskurír] *vt (gen)* égoutter. ▶ *vpr* **escurrirse** *(resbalar)* glisser. ● **escurrir el bulto** *fam* tirer au flanc, se dérober.

ese[1] [ése]. ● **hacer eses** zigzaguer, marcher en zigzagant.

ese,-a [ése,-a] *adj* (pl **esos, esas**) **1** *(gen)* ce, cet, cette, ce ...-là, cette ...-là: **ese avión**, cet avion; **me llevaré ese jersey**, je prendrai ce pull-là. **2 nombre + ese** *pey* ce ...-là, cette ...-là: **me encontré con el tipo ese tan pesado**, j'ai rencontré ce type-là, si désagréable.

ése,-a [ése,-a] *pron dem* (pl **ésos, ésas**) **3** celui-là, celle-là: **quiero ése, que está en el sillón**, je veux celui-là, qui est dans le fauteuil. ● **ni por ésas** en aucune façon.

esencia [esénθja] *nf* essence *f*.

esencial [esenθjál] *adj* essentiel,-elle.

esfera [esféra] *nf (globo)* sphère *f*.

esforzarse [50] [esforθárse] *vpr* faire des efforts.

esfuerzo [esfwérθo] *nm* effort *m*.

esgrima [ezɣríma] *nf* escrime *f*.

esguince [ezɣínθe] *nm (del tobillo)* foulure *f*; *(más grave)* entorse *f*.

eslogan [ezlóɣan] *nm* slogan *m*.

esmaltar [ezmaltár] *vt* émailler.

esmalte [ezmálte] *nm* émail *m*. ■ **esmalte de uñas** vernis *m* à ongles.

esmeralda [ezmerálda] *nf* émeraude *f*.

esmerarse [ezmerárse] *vpr* faire de son mieux.

esmero [ezméro] *nm* soin *m*.

esmoquin [ezmókin] *nm (de hombre)* smoking *m*.

esnob [eznóβ] *adj - nmf* snob.

eso [éso] *pron* cela, ça. ● **a eso de** vers. **¡eso es!** c'est ça! **eso mismo** c'est cela même.

esófago [esófaɣo] *nm* ANAT œsophage *m*.

esos,-as [ésos,-as] *adj* → ese,-a.

ésos,-sa [ésos,-sa] *pron dem* → ése,-a.

esoterismo [esoterízmo] *nm* ésotérisme *m*.

espabilado

espabilado,-da [espaβiláðo,-ða] *adj* vif, -ive.

espabilar [espaβilár] *vt* **1** *(despertar)* réveiller. **2** *(hacer más listo)* dégourdir. ▶ *vi (darse prisa)* se grouiller.

espacial [espaθjál] *adj* spatial,-e.

espacio [espáθjo] *nm* **1** *(gen)* espace *m*. **2** *(sitio)* place *f*: **ocupar espacio**, prendre de la place. **3** *(de radio, de televisión)* émission *f*.

espacioso,-sa [espaθjóso,-sa] *adj* spacieux,-euse.

espada [espáða] *nf* épée *f*.

espaguetis [espayétis] *nm pl* spaghetti *m*.

espalda [espálda] *nf* **1** *(gen)* dos *m*. **2** *(estilo de natación)* dos *m* crawlé. • **caerse de espaldas** tomber à la renverse. **dar la espalda a** tourner le dos à. **hablar DE** ALGN **a sus espaldas** parler de QQN dans son dos.

espantapájaros [espantapáxaros] *nm* épouvantail *m*.

espantar [espantár] *vt* **1** *(asustar)* effrayer. **2** *(ahuyentar)* chasser.

espanto [espánto] *nm* épouvante *f*.

espantoso,-sa [espantóso,-sa] *adj* épouvantable.

España [espáɲa] *n pr* Espagne *f*.

español,-la [espaɲól,-la] *adj* espagnol,-e. ▶ *nm,f* Espagnol,-e. ▶ *nm* español *(idioma)* espagnol *m*.

esparadrapo [esparaðrápo] *nm* sparadrap *m*.

esparcir [3] [esparθír] *vt (semillas, noticia, etc)* répandre. ▶ *vpr* **esparcirse** *(divertirse)* se détendre.

espárrago [espárrayo] *nm* asperge *f*. • **¡vete a freír espárragos!** *fam* va te faire cuire un œuf !

especia [espéθja] *nf* épice *f*.

especial [espeθjál] *adj* spécial,-e.

especialidad [espeθjaljðáð] *nf* spécialité *f*.

especialista [espeθjalísta] *adj - nmf* spécialiste.

especie [espéθje] *nf* **1** *(de animales, plantas, etc)* espèce *f*. **2** *(clase)* sorte *f*.

especificar [1] [espeθifikár] *vt* spécifier.

específico,-ca [espeθífiko,-ka] *adj - nm,f* spécifique.

espectáculo [espektákulo] *nm* spectacle *m*. • **dar un espectáculo** se donner en spectacle.

espectador,-ra [espektaðór,-ra] *nm,f* spectateur,-trice.

especulación [espekulaθjón] *nf* spéculation *f*.

especular [espekulár] *vt - vi* spéculer.

espejismo [espexízmo] *nm* mirage *m*.

espejo [espéxo] *nm* miroir *m*.

espeluznante [espeluθnánte] *adj* effrayant,-e.

espera [espéra] *nf* attente *f*. • **a la espera de** dans l'espoir de. **en espera de** dans l'attente de.

esperanza [esperánθa] *nf* espoir *m*.

esperanzador,-ra [esperanθaðór,-ra] *adj* encourageant,-e.

esperar [esperár] *vt* **1** *(gen)* attendre. **2** *(confiar)* espérer. • **como era de esperar** comme il fallait s'y attendre.

esperma [espérma] *nf* sperme *m*.

esperpento [esperpénto] *nm* horreur *f*.

espeso,-sa [espéso,-sa] *adj* **1** *(gen)* épais, -aisse. **2** *(tupido - bosque)* touffu,-e; *(- follaje)* dense.

espesor [espesór] *nm* épaisseur *f*.

espía [espía] *nmf* espion,-onne.

espiar [13] [espjár] *vt* **1** *(acechar)* épier. **2** *(dicho de un espía)* espionner.

espigón [espiyón] *nm* jetée *f*.

espina [espína] *nf* **1** *(de pez)* arête *f*. **2** *(astilla)* écharde *f*. **3** *fig (dificultad)* épine *f*.

espinaca [espináka] *(gén au pl) nf* épinard *m*.

espinilla [espiniʎa] *nf* **1** *(parte de la pierna)* tibia *m*. **2** *(grano)* point *m* noir.

espinoso,-sa [espinóso,-sa] *adj* épineux,-euse.

espionaje [espjonáχe] *nm* espionnage *m*.

espiración [espiraθjón] *nf* expiration *f*.

espiral [espirál] *f* spirale *f*.

espiritismo [espiritizmo] *nm* spiritisme *m*.

espíritu [espíritu] *nm* **1** *(gen)* esprit *m*. **2** *(ánimo)* force *f*.

espiritual [espiritwál] *adj* spirituel,-elle.

espléndido,-da [esplèndiðo,-ða] *adj* **1** *(muy bueno)* splendide. **2** *(generoso)* généreux,-euse.

esplendor [esplendór] *nm* splendeur *f*.

espolvorear [espolβoreár] *vt* saupoudrer.

esponja [espónχa] *nf* éponge *f*.

espontáneo,-a [espontáneo,-a] *adj* spontané,-e.

esposas [espósas] *nf pl (de los presos)* menottes *f pl*.

esposo,-sa [espóso,-sa] *nm,f* **1** époux, épouse.

espuma [espúma] *nf* **1** *(del agua)* écume *f*. **2** *(de jabón, cerveza, etc)* mousse *f*.

espumoso,-sa [espumóso,-sa] *adj* **1** *(agua)* écumeux,-euse. **2** *(vino, etc)* mousseux,-euse.

esquelético,-ca [eskelétiko,-ka] *adj* squelettique.

esqueleto [eskeléto] *nm* squelette *m*.

esquema [eskéma] *nm* schéma *m*.

esquí [eski] *nm* ski *m*.

esquiador,-ra [eskjaðór,-ra] *nm,f* skieur, -euse.

esquiar [13] [eskjàr] *vi* skier.

esquilar [eskilár] *vt* tondre.

esquilmar [eskilmár] *vt* récolter.

esquina [eskína] *nf* coin *m*. • **a la vuelta de la esquina** au coin de la rue.

estabilidad [estaβiliðáð] *nf* stabilité *f*.

estabilizar [4] [estaβiliθár] *vt* stabiliser.

establecer [43] [estaβleθér] *vt* établir.

establecimiento [estaβleθimjénto] *nm* établissement *m*.

estaca [estáka] *nf* **1** *(palo)* pieu *m*. **2** *(de árbol)* bouture *f*. **3** *(garrote)* gourdin *m*.

estación [estaθjón] *nf* **1** *(del año, época)* saison *f*. **2** *(de ferrocarril)* gare *f*; *(de metro)* station *f*. **3** *(meteorológica, geodésica, etc)* station *f*. ▪ **estación de esquí** station de ski. **estación de servicio** station-service *f*.

estacionamiento [estaθjonamjénto] *nm* stationnement *m*.

estacionar [estaθjonár] *vt* garer. ▶ *vpr* **estacionarse** stationner, se garer.

estadio [estáðjo] *nm* stade *m*.

estadística [estaðistika] *nf* statistique *f*.

estado [estáðo] *nm* état *m*. ▪ **estado civil** état civil. **estado de ánimo** humeur *f*.

Estados Unidos [estáðos uniðos] *n pr* États-Unis *m pl*.

estadounidense [estaðouniðènse] *adj* américain,-e. ▶ *nmf* Américain,-e.

estafa [estáfa] *nf* escroquerie *f*.

estafar [estafár] *vt* escroquer.

estalactita [estalaktíta] *nf* stalactite *f*.

estalagmita [estalaymita] nf stalagmite f.

estallar [estaʎár] vi 1 (globo, motín, ira) éclater. 2 (bomba) exploser. 3 (incendio) se déclarer.

estallido [estaʎíðo] nm 1 (de bomba) explosion f. 2 (de globo, escándalo) éclatement m.

estampido [estampíðo] nm détonation f.

estancarse [1] [estaŋkárse] vpr 1 (líquido) stagner. 2 (asunto, proceso) piétiner.

estancia [estánθja] nf 1 (en un lugar) séjour m. 2 (habitación) pièce f.

estanco,-ca [estáŋko,-ka] adj étanche. ▶ nm **estanco** (tienda) bureau m de tabac.

estándar [estándar] adj - nm standard.

estanque [estáŋke] nm étang m.

estante [estánte] nm (tabla) étagère f.

estantería [estantería] nf (mueble) étagère f.

estar [71] [estár] vi 1 (gen) être. 2 (vivir con alguien) vivre. 3 (bien, mal) aller: **este sombrero le está bien**, ce chapeau lui va bien. 4 (quedarse) rester: **estuvo un rato con nosotros pero se fue en seguida**, il est resté un moment avec nous mais il est parti tout de suite après. 5 **estar para** (a punto de) être sur le point de: **ya estaba para empezar cuando vi que no se podía**, j'allais commencer quand j'ai vu que ce n'était pas possible. ▶ aux **estar + ger** être en train de: **estábamos comiendo**, nous étions en train de manger. ▶ vpr **estarse** rester, se tenir: **estarse quieto**, rester tranquille. • **está bien** d'accord. **estar por + inf** être à + inf: **está todo por decir**, tout est à dire.

estatal [estatàl] adj de l'État: **una empresa estatal**, une entreprise publique.

estatua [estátwa] nf statue f.

estatuto [estatúto] nm statut m.

este[1] [éste] nm est m.

este,-a[2] [éste,-a] adj (pl **estos,-as**) 1 ce, cet, cette, ce ...-ci, cette ...-ci: **me gustan mucho estas casas**, j'aime beaucoup ces maisons; **cogeré este jersey**, je prendrai ce pull-ci. 2 nombre + **este** pey ce ...-ci, cette ...-ci: **el tipo este es muy pesado**, ce type-là est assommant.

este,-a[3], **éste,-a** [éste,-a] pron dem (pl **estos,-as**, **éstos,-as**) celui-ci, celle-ci, ceux-ci, celles-ci.

estéreo [estéreo] nm stéréo f.

estéril [estéril] adj stérile.

esterilidad [esteriliðáð] nf stérilité f.

estética [estétika] nf esthétique f.

esteticista [estetiθísta] nf esthéticienne f.

estético,-ca [estétiko,-ka] adj esthétique.

estilizar [4] [estiliθár] vt styliser.

estilo [estílo] nm 1 (gen) style m. 2 (modo) manière f. • **al estilo de** à la mode de. **por el estilo** du même style.

estimado,-da [estimáðo,-ða] adj estimé,-e. • **Estimado Señor/Estimada Señora...** (para empezar una carta) Cher Monsieur/Chère Madame ....

estimar [estimár] vt estimer.

estímulo [estímulo] nm 1 (incentivo) stimulant m. 2 (de un órgano) stimulus m.

estipular [estipulár] vt stipuler.

estirado,-da [estiráðo,-ða] adj (presumido) prétentieux,-euse.

estirar [estirár] vt 1 (alargar) étirer, allonger. 2 (dinero) faire durer.

estirón [estirón] nm saccade f. • **dar un estirón** pousser.

estival [estiβál] adj estival,-e.

esto [ésto] pron dem cela, ça, c'. • **en esto** à ce moment-là.

estofado [estofáðo] nm ragoût m.

estómago [estómayo] nm estomac m.

Estonia [estónja] n pr Estonie f.

estonio,-nia [estónjo,-nja] adj estonien, -enne. ▶ nm,f Estonien,-enne. ▶ nm **estonio** (idioma) estonien m.

estorbar [estorβár] vt gêner.

estorbo [estórβo] nm 1 (molestia) gêne f. 2 (obstáculo) obstacle m.

estornudar [estornuðár] vi éternuer.

estornudo [estornúðo] nm éternuement m.

estos,-as [éstos,-as] adj → este,-ta.

éstos,-as [éstos,-as] adj → éste,-ta.

estrafalario,-ria [estrafalárjo,-rja] adj bizarre, extravagant,-e.

estrago [estráɣo] (gén au pl) nm ravage m.

estragón [estraɣón] nm estragon m.

estrangular [estranɡulár] vt étrangler.

estrategia [estratéxja] nf stratégie f.

estratégico,-ca [estratéxiko,-ka] adj stratégique.

estrechar [estretʃár] vt rétrécir.

estrechez [estretʃéθ] nf étroitesse f.

estrecho,-cha [estrétʃo,-tʃa] adj étroit,-e. ▶ nm **estrecho** détroit m.

estrella [estréʎa] nf 1 (gen) étoile f. 2 (de cine, de la canción) star f, vedette f. • **ver las estrellas** voir trente-six chandelles. ■ **estrella fugaz** étoile filante.

estrellar [estreʎár] vt (hacer pedazos) briser. ▶ vpr **estrellarse** 1 (chocar contra algo) s'écraser. 2 (fracasar) s'effondrer.

estremecer [43] [estremeθér] vt faire trembler, ébranler. ▶ vpr **estremecerse** frémir.

estremecimiento [estremeθimjénto] nm frémissement m.

estrenar [estrenár] vt 1 (hacer uso por primera vez) étrenner. 2 (película) projeter pour la première fois. 3 (obra de teatro) jouer la première de. ▶ vpr **estrenarse** 1 (persona) débuter. 2 (película) sortir.

estreno [estréno] nm 1 (primer uso, primera venta) étrenne f. 2 (de espectáculo teatral) première f. 3 (de película) sortie f. 4 (en un empleo, etc) débuts m pl.

estreñido,-da [estreɲiðo,-ða] adj constipé,-e.

estreñimiento [estreɲimjénto] nm constipation f.

estreñir [estreɲír] vt constiper.

estrépito [estrépito] nm fracas m.

estrés [estrés] nm inv stress m inv.

estribillo [estriβíʎo] nm refrain m.

estricto,-ta [estríkto,-ta] adj strict,-e.

estridente [estriðénte] adj strident,-e.

estrofa [estrófa] nf strophe f.

estropear [estropeár] vt 1 (averiar, dañar) abîmer. 2 (asunto) gâcher; (proyecto) faire échouer. ▶ vpr **estropearse** 1 (averiarse) tomber en panne. 2 (dañarse) s'abîmer; (asunto, proyecto) échouer.

estructura [estruktúra] nf structure f.

estruendo [estrwéndo] nm fracas m.

estrujar [estruxár] vt 1 (limón, etc) presser. 2 (con el puño) écraser. 3 (papel, etc) froisser. ▶ vpr **estrujarse** se serrer.

estuche [estútʃe] nm 1 (de las gafas, etc) étui m. 2 (para joyas, etc) coffret m.

estudiante [estuðjánte] nmf étudiant,-e.

estudiar [12] [estuðjár] vt étudier.
estudio [estúðjo] nm 1 *(análisis)* étude f. 2 *(apartamento, de televisión)* studio m. 3 *(de un artista)* atelier m. ► nm pl **estudios** études f pl. • **tener estudios** avoir fait des études.
estudioso,-sa [estuðjóso,-sa] adj studieux,-euse.
estupefacto,-ta [estupefákto,-ta] adj stupéfait,-e.
estupendo,-da [estupéndo,-ða] adj formidable.
estúpido,-da [estúpiðo,-ða] adj stupide. ► nm,f imbécile.
estupor [estupór] nm stupeur f.
etapa [etápa] nf étape f.
etcétera [etθétera] adv et cetera.
eternidad [eterniðáð] nf éternité f.
eternizarse [4] [eterniθárse] vpr s'éterniser.
eterno,-na [etérno,-na] adj éternel -elle.
ética [étika] nf éthique f.
ético,-ca [étiko,-ka] adj éthique.
etíope [etíope] adj éthiopien, -enne. ► nmf Éthiopien,-enne.
Etiopía [etjopía] n pr Éthiopie f.
etiqueta [etikéta] nf étiquette f.
etnia [étnja] nf ethnie f.
étnico,-ca [étniko,-ka] adj ethnique.
eufemismo [eufemizmo] nm euphémisme m.
euforia [eufórja] nf euphorie f.
euro [éuro] nm euro m.
eurodiputado,-da [euroðiputáðo, -ða] nm,f député m européen.
Europa [európa] n pr Europe f.
europeo,-a [européo,-a] adj européen, -enne. ► nm,f Européen,-enne.
eutanasia [eutanásja] nf euthanasie f.
evacuación [eβakwaθjón] nf évacuation f.
evacuar [10] [eβakwár] vt 1 évacuer. 2 *(el vientre)* aller à la selle.

evadir [eβaðír] vt 1 *(peligro, etc)* éviter. 2 *(capitales)* faire évader. ► vpr **evadirse** s'évader.
evaluación [eβalwaθjón] nf 1 *(valoración)* évaluation f. 2 *(examen)* contrôle m. 3 *(período)* trimestre m.
evaluar [11] [eβalwár] vt évaluer.
evangelio [eβaŋxéljo] nm évangile m.
evaporar [eβaporár] vt évaporer.
evasión [eβasjón] nf évasion f.
evasivo,-va [eβasíβo,-βa] adj évasif,-ive.
evento [eβénto] nm événement m.
eventual [eβentwál] adj 1 *(no seguro)* éventuel,-elle. 2 *(trabajador no fijo)* temporaire.
evidencia [eβiðénθja] nf évidence f.
evidente [eβiðénte] adj évident,-e.
evitar [eβitár] vt éviter.
evocación [eβokaθjón] nf évocation f.
evocar [1] [eβokár] vt évoquer.
evolución [eβoluθjón] nf évolution f.
evolucionar [eβoluθjonár] vi évoluer.
exactitud [eksaktitúð] nf exactitude f.
exacto,-ta [eksákto,-ta] adj exact,-e.
exagerado,-da [eksaxeráðo,-ða] adj 1 *(gen)* exagéré,-e. 2 *(excesivo)* excessif,-ive.
exagerar [eksaxerár] vt - vi exagérer.
exaltar [eksaltár] vt 1 *(a mayor dignidad)* élever. 2 *(realzar el mérito)* exalter.
examen [eksámen] nm examen m. • **examen oral** examen f orale.
examinador,-ra [eksaminaðór, -ra] nm,f examinateur,-trice.
examinar [eksaminár] vt examiner. ► vpr **examinarse** passer un examen.

excavar [ekskaβár] *vt* creuser.

excedente [eksθeðénte] *nm* excédent *m*.

exceder [eksθeðér] *vt* excéder, dépasser. ▶ *vpr* **excederse 1** *(a sí mismo)* se surpasser. **2** *(propasarse)* dépasser les bornes.

excelencia [eksθelénθja] *nf* excellence *f*.

excelente [eksθelénte] *adj* excellent,-e.

excepción [eksθepθjón] *nf* exception *f*. • **a/con excepción de** à l'exception de.

excepcional [eksθepθjonál] *adj* exceptionnel,-elle.

excepto [eksθépto] *adv* excepté, hormis.

excesivo,-va [eksθesíβo,-βa] *adj* excessif,-ive.

exceso [eksθéso] *nm* excès *m*. • **en exceso** trop.

excitación [eksθitaθjón] *nf* excitation *f*.

excitar [eksθitár] *vt* **1** *(gen)* exciter. **2** *(poner nervioso)* taper sur les nerfs.

exclamación [eksklamaθjón] *nf* exclamation *f*.

exclamar [eksklamár] *vi* s'exclamer.

excluir [62] [ekskluír] *vt* exclure.

exclusivo,-va [eksklusíβo,-βa] *adj* exclusif,-ive.

excremento [ekskreménto] *nm* excrément *m*.

excursión [ekskursjón] *nf* excursion *f*.

excusa [ekskúsa] *nf* excuse *f*.

excusar [ekskusár] *vt* **1** *(justificar)* excuser. **2** *(rehusar)* refuser. **3** *(evitar)* s'abstenir. ▶ *vpr* **excusarse** s'excuser.

exequias [eksékjas] *nf pl* obsèques *f pl*.

exhaustivo,-va [eksaustíβo,-βa] *adj* exhaustif,-ive.

exhausto,-ta [eksáusto,-ta] *adj* épuisé,-e.

exhibición [eksiβiθjón] *nf* **1** *(de arte)* exposition *f*. **2** *(de película)* projection *f*.

exhibir [eksiβír] *vt* **1** *(mostrar)* exhiber. **2** *(arte)* exposer. **3** *(modelos)* présenter. **4** *(películas)* projeter.

exigencia [eksiχénθja] *nf* exigence *f*.

exigente [eksiχénte] *adj* exigeant,-e.

exigir [6] [eksiχír] *vt* exiger.

exiliado,-da [eksiljáðo,-ða] *adj - nm,f* exilé,-e.

exiliarse [eksiljárse] *vpr* s'exiler.

exilio [eksíljo] *nm* exil *m*.

existencia [eksisténθja] *nf* existence *f*. ▶ *nf pl* **existencias** stock *m sing*.

existir [eksistír] *vi* **1** *(ser)* exister. **2** *(haber)* avoir.

éxito [éksito] *nm* **1** *(gen)* succès *m*. **2** *(canción)* tube *m*.

exitoso,-sa [eksitóso,-sa] *adj* à succès.

exótico,-ca [eksótiko,-ka] *adj* exotique.

expansión [ekspansjón] *nf* **1** *(dilatación)* expansion *f*. **2** *(de afecto)* épanchement *m*.

expectación [ekspektaθjón] *nf* attente *f*.

expedición [ekspeðiθjón] *nf* expédition *f*.

expediente [ekspeðjénte] *nm* **1** *(conjunto de documentos)* dossier *m*. **2** *(investigación)* enquête *f*.

expedir [34] [ekspeðír] *vt* **1** *(documento, etc)* délivrer. **2** *(carta, paquete)* expédier.

expensas [ekspénsas]. • **a expensas de** aux dépens de.

experiencia [eksperjénθja] *nf* expérience *f*.

experimentar [eksperimentár] vt **1** (notar) éprouver. **2** (padecer) subir. **3** (hacer experimentos científicos) expérimenter.

experimento [eksperiménto] nm expérience f.

experto,-ta [ekspèrto,-ta] adj - nm,f expert,-e.

expirar [ekspirár] vi expirer.

explanada [eksplanáða] nf esplanade f.

explicación [eksplikaθjón] nf explication f.

explicar [1] [eksplikár] vt expliquer.

explícito,-ta [eksplíθito,-ta] adj explicite.

exploración [eksploraθjón] nf **1** (gen) exploration f. **2** MED examen m.

explosión [eksplosjón] nf explosion f.

explosivo [eksplosiβo] nm explosif m.

explotación [eksplotaθjón] nf exploitation f.

explotar [eksplotár] vt exploiter. ▶ vi (bomba, etc) exploser.

exponente [eksponènte] nm (representante) représentant m.

exponer [78] [eksponèr] vt exposer.

exportación [eksportaθjón] nf exportation f.

exportar [eksportár] vt exporter.

exposición [eksposiθjón] nf **1** (gen) exposition f. **2** (narración) exposé m.

exprés [ekspr̀ès] adj express.

expresar [ekspresár] vt exprimer.

expresión [ekspresjón] nf expression f.

expresivo,-va [ekspresiβo,-βa] adj expressif,-ive.

expreso,-sa [ekspr̀èso,-sa] adj (especificado) exprès,-esse. ▶ nm (tren, café) express m.

exprimidor [eksprimiðòr] nm presse-agrume m.

exprimir [eksprimír] vt presser.

expuesto,-ta [ekspẁèsto,-ta] adj **1** exposé,-e. **2** (peligroso) dangereux,-euse.

expulsar [ekspulsár] vt expulser.

expulsión [ekspulsjón] nf expulsion f.

exquisito,-ta [ekskisito,-ta] adj exquis,-e.

extender [28] [ekstendèr] vt **1** (gen) étendre. **2** (documento, etc) rédiger. **3** (cosa doblada) dérouler: **extender un mapa**, dérouler une carte. **4** (cheque) libeller.

extensión [ekstensjón] nf **1** (territorio, discurso, etc) étendue f. **2** (acción) extension f. **3** (de teléfono) poste m. **4** INFORM extension f.

extenso,-sa [ekstènso,-sa] adj (amplio) étendu,-e.

exterior [eksterjòr] adj extérieur,-e. ▶ nm extérieur m.

exterminar [eksterminár] vt exterminer.

exterminio [eksterminjo] nm extermination f.

externo,-na [ekstèrno,-na] adj - nm,f externe.

extinción [ekstinθjón] nf extinction f.

extinguir [8] [ekstingir] vt éteindre.

extintor [ekstintòr] nm extincteur m.

extra [ékstra] adj **1** (de mucha calidad) supérieur,-e. **2** (horas, dinero) supplémentaire. ▶ nm **1** (plus) plus m. **2** (de cine) figurant m.

extracción [ekstrakθjón] nf **1** (de muela) extraction f. **2** (de lotería) tirage m.

extracto [ekstrákto] nm extrait m.

extractor [ekstraktòr] nm hotte f aspirante.

extraer [88] [ekstraèr] vt extraire.

extranjero,-ra [ekstraŋxéro,-ra] *adj - nm,f* étranger,-ère. ▶ *nm* **extranjero** étranger *m*.

extrañar [ekstrapár] *vt* **1** *(sorprender)* étonner. **2** *(echar de menos)* manquer. **3** *(desterrar)* exiler.

extraño,-ña [ekstráɲo,-ɲa] *adj* **1** *(raro)* étrange. **2** *(desconocido)* étranger,-ère. **3** *(sorprendente)* étonnant,-e.

extraordinario,-ria [ekstraorðinárjo, -rja] *adj* extraordinaire.

extrarradio [ekstrařáðjo] *nm* périphérie *f*.

extraterrestre [ekstrateřéstre] *adj - nmf* extraterrestre.

extravertido,-da → extrovertido,-da.

extraviar [13] [ekstraβjár] *vt* égarer.

extremidad [ekstremiðáð] *nf* extrémité *f*.

extremo,-ma [ekstrémo,-ma] *adj* extrême. ▶ *nm* **extremo 1** *(límite)* extrême *m*. **2** *(parte extrema)* extrémité *f*, bout *m*. • **en último extremo** en dernier recours.

extrovertido,-da [ekstroβertiðo,-ða], **extravertido,-da** [ekstraβertiðo,-ða] *adj* extraverti,-e.

exuberante [eksuβeránte] *adj* exubérant,-e.

eyaculación [ejakulaθjón] *nf* éjaculation *f*.

eyacular [ejakulár] *vi* éjaculer.

F

fábrica [fáβrika] *nf* usine *f*.
fabricación [faβrikaθjón] *nf* fabrication *f*.
fabricante [faβrikánte] *nmf* fabricant,-e.
fabricar [1] [faβrikár] *vt* fabriquer.
fábula [fáβula] *nf* fable *f*.
fabuloso,-sa [faβulóso,-sa] *adj* fabuleux,-euse.
faceta [faθéta] *nf* **1** *(de un asunto)* aspect *m*. **2** *(de un diamante)* facette *f*.
facha[1] [fátʃa] *nf* allure *f*.
facha[2] [fátʃa] *nmf fam* facho.
fachada [fatʃáða] *nf* façade *f*.
facial [faθjál] *adj* facial,-e.
fácil [fáθil] *adj* facile.
facilidad [faθiliðáð] *nf* facilité *f*.
facilitar [faθilitár] *vt* **1** *(hacer fácil, simplificar)* faciliter. **2** *(proporcionar)* fournir.
factible [faktíβle] *adj* faisable.
factor [faktór] *nm* facteur *m*.
factoría [faktoría] *nf* usine *f*.
factura [faktúra] *nf* facture *f*. • **pasar factura** *(traer consecuencias)* se faire sentir.
facturar [fakturár] *vt* **1** *(hacer facturas)* facturer. **2** *(equipajes, etc)* enregistrer.
facultad [fakultáð] *nf* faculté *f*.
facultativo,-va [fakultatíβo,-βa] *adj* facultatif,-ive. ▶ *nm,f* médecin *m*.
faena [faéna] *nf* **1** *(trabajo)* travail *m*. **2** *fam (mala pasada)* mauvais tour *m*.
falacia [faláθja] *nf* tromperie *f*.

falda [fálda] *nf* **1** *(prenda)* jupe *f*. **2** *(regazo)* giron *m*. **3** *(de una montaña)* flanc *m*.
falla [fáʎa] *nf* **1** *(defecto)* défaut *f*. **2** *(del terreno)* faille *f*.
fallar [faʎár] *vt* manquer: **fallar el tiro**, manquer son tir. ▶ *vi* **1** *(no ir bien)* faillir: **le fallaron las piernas**, ses jambes ont lâché. **2** *(fracasar)* échouer. **3** *(errar)* rater.
fallecer [43] [faʎeθér] *vi* décéder.
fallecimiento [faʎeθimjénto] *nm* décès *m*.
fallo [fáʎo] *nm* **1** *(error)* erreur *m*. **2** *(de un concurso)* résultat *m*.
falsear [falseár] *vt* **1** *(hechos)* fausser. **2** *(verdad)* dénaturer.
falsificación [falsifikaθjón] *nf* contrefaçon *f*.
falsificar [1] [falsifikár] *vt* **1** *(papeles)* falsifier. **2** *(firma)* contrefaire.
falso,-sa [fálso,-sa] *adj* faux, fausse.
falta [fálta] *nf* **1** *(privación)* manque *m*. **2** *(ausencia)* absence *f*. **3** *(defecto, imperfección)* défaut *m*. **4** *(de ortografía, etc)* faute *f*. • **a falta de** faute de, à défaut de. **hacer falta** falloir, être nécessaire. **sin falta** sans faute.
faltar [faltár] *vi* **1** *(sentido impersonal)* manquer. **2** *(estar ausente)* être absent,-e: **falta de su casa desde el viernes**, il est absent de chez lui depuis vendredi. **3** *(quedar)* rester: **sólo le faltaba convencer a sus padres**, il ne lui restait plus qu'à convaincre ses parents. **4** *(morir)*

disparaître. **5** (*no cumplir*) manquer, faillir: **poco le faltó para caer**, il s'en est fallu de peu qu'il ne tombe. • **¡lo que me faltaba!** il ne me manquait plus que ça !

falto,-ta [fálto,-ta] *adj* dépourvu,-e. • **estar falto de** manquer: **la empresa está falta de recursos**, l'entreprise manque de ressources.

fama [fáma] *nf* réputation *f*. • **de fama** fameux,-euse.

familia [familja] *nf* famille *f*.

familiar [familjár] *adj* **1** (*de la familia*) familial,-e. **2** (*sencillo*) familier,-ère. ▶ *nm* membre *m* de la famille.

familiarizar [4] [familjariθár] *vt* familiariser.

famoso,-sa [famóso,-sa] *adj* célèbre.

fanático,-ca [fanátiko,-ka] *adj - nm,f* fanatique.

fanatismo [fanatízmo] *nm* fanatisme *m*.

fantasía [fantasía] *nf* **1** (*imaginación*) imagination *f*. **2** (*presunción*) chimères *f pl*.

fantasma [fantázma] *nm* **1** (*espectro*) fantôme *m*. **2** (*alucinación*) fantasme *m*.

fantástico,-ca [fantástiko,-ka] *adj* fantastique.

farfullar [farfuʎár] *vt - vi* bredouiller.

farmacéutico,-ca [farmaθéutiko,-ka] *adj* pharmaceutique. ▶ *nm,f* pharmacien,-enne.

farmacia [farmáθja] *nf* pharmacie *f*.

fármaco [fármako] *nm* médicament *m*.

faro [fáro] *nm* phare *m*.

farol [faról] *nm* **1** (*en las calles*) réverbère *m*. **2** *fam* (*exageración, mentira*) bluff *m*. • **marcarse un farol** *fam* se vanter.

farola [faróla] *nf* réverbère *m*.

farruco,-ca [farúko,-ka] *adj - nm,f fam* culotté,-e.

farsa [fársa] *nf* farce *f*.

farsante [farsánte] *adj* comédien,-enne.

fascinante [fasθinánte] *adj* fascinant,-e.

fascinar [fasθinár] *vt* fasciner.

fascismo [fasθízmo] *nm* fascisme *m*.

fascista [fasθísta] *adj - nmf* fasciste.

fase [fáse] *nf* phase *f*.

fastidiar [12] [fastiðjár] *vt* **1** (*molestar*) ennuyer. **2** (*dar la lata*) assommer. **3** *fam* (*estropear - planes*) rater; (*- cosas, máquinas, etc*) casser. ▶ *vpr* **fastidiarse 1** (*estropearse - planes*) tomber à l'eau; (*- cosas, máquinas, etc*) se casser. **2** (*aguantarse, resignarse*) être bien fait: **si no te gusta, te fastidias**, si ça ne te plaît pas, tant pis pour toi. • **¡no fastidies!** **1** (*déjame en paz*) fiche-moi la paix ! **2** (*indica asombro*) tu plaisantes !

fastidio [fastíðjo] *nm* ennui *m*.

fatal [fatál] *adj* **1** (*inexorable, mortal*) fatal,-e. **2** *fam* (*muy malo*) affreux,-euse. ▶ *adv* très mal.

fatigar [7] [fatiɣár] *vt* fatiguer.

fauna [fáuna] *nf* faune *f*.

favor [faβór] *nm* **1** (*gen*) faveur *f*. **2** (*ayuda*) service *m*: **¿me haces un favor?**, tu peux me rendre un service ? • **a favor de 1** (*en beneficio de*) en faveur de. **2** (*merced a*) à la faveur de. **hacer el favor** faire le plaisir. **por favor** s'il vous/te plaît.

favorable [faβoráβle] *adj* favorable.

favorecer [43] [faβoreθér] *vt* **1** (*beneficiar*) favoriser. **2** (*ayudar*) aider, secourir. **3** (*vestido, peinado*) avantager, être seyant.

favorito

favorito,-ta [faβoɾito,-ta] *adj* favori,-ite.

faz [faθ] *nf* face f.

fe [fe] *nf* **1** *(gen)* foi f. **2** *(documento)* certificat m. • **dar fe** certifier, témoigner. **de mala fe** de mauvaise foi.

fealdad [fealdað] *nf* laideur f.

febrero [feβɾeɾo] *nm* février m.

fecha [fetʃa] *nf* date f. ■ **hasta la fecha** jusqu'à présent. ■ **fecha de caducidad** date limite de consommation.

fecundación [fekundaθjón] *nf* fécondation f.

fecundar [fekundáɾ] *vt* féconder.

federación [feðeɾaθjón] *nf* fédération f.

federal [feðeɾál] *adj* fédéral,-e.

fehaciente [feaθjénte] *adj* **1** *(innegable)* frappant,-e, aveuglant,-e. **2** DER qui fait foi, qui prouve.

felicidad [feliθiðáð] *nf* bonheur m. • **¡felicidades!** **1** *(enhorabuena)* félicitations ! **2** *(feliz cumpleaños)* joyeux anniversaire !

felicitar [feliθitáɾ] *vt* féliciter.

felino,-na [felino,-na] *adj* félin,-e. ▸ *nm* **felino** félin m.

feliz [feliθ] *adj* heureux,-euse. • **¡feliz cumpleaños!** bon anniversaire ! **¡feliz Navidad!** joyeux Noël !

felpudo [felpúðo] *nm* paillasson m.

femenino,-na [femenino,-na] *adj* **1** *(mujer, vestido)* féminin,-e. **2** *(sexo)* femelle.

feminista [feminísta] *adj - nmf* féministe.

fenomenal [fenomenál] *adj* phénoménal,-e.

fenómeno [fenómeno] *nm* phénomène m. ▸ *adj fam* génial,-e. ▸ *adv fam* super.

feo,-a [féo,-a] *adj* **1** *(gen)* laid,-e, vilain,-e. **2** *(indigno)* vilain,-e. • **ponerse feo,-a** tourner mal, prendre mauvaise tournure.

feria [féɾja] *nf* **1** *(mercado)* foire f. **2** *(festejo)* fête f foraine. ■ **feria de muestras** salon m professionnel.

fermento [feɾménto] *nm* ferment m.

feroz [feɾòθ] *adj* féroce.

ferretería [feɾeteɾia] *nf* quincaillerie f.

ferrocarril [feɾokařil] *nm* chemin m de fer.

ferroviario,-ria [feɾoβjárjo,-řja] *adj* ferroviaire.

fértil [féɾtil] *adj* fertile.

fertilidad [feɾtiliðáð] *nf* fertilité f.

fertilizante [feɾtiliθánte] *adj* fertilisant,-e. ▸ *nm* engrais m.

fertilizar [4] [feɾtiliθáɾ] *vt* fertiliser.

ferviente [feɾβjénte] *adj* fervent,-e.

fervor [feɾβóɾ] *nm* ferveur f.

festejar [festeχáɾ] *vt* **1** *(obsequiar)* faire fête à, fêter. **2** *(cortejar)* courtiser.

festejo [festéχo] *nm* fête f. ▸ *nm pl* **festejos** festivités f pl.

festival [festiβál] *nm* festival m.

festividad [festiβiðáð] *nf* fête f.

festivo,-va [festíβo,-ßa] *adj* **1** *(de fiesta)* de fête: **día festivo**, jour férié. **2** *(alegre)* gai,-e, joyeux,-euse.

feto [féto] *nm* fœtus m.

fianza [fjánθa] *nf* caution f.

fiar [13] [fjáɾ] *vt* vendre à crédit. ▸ *vpr* **fiarse** se fier (**de**, à), avoir confiance (**de**, en). • **ser** ALGN **de fiar** être QQN à qui on peut faire confiance.

fibra [fiβɾa] *nf* fibre f.

ficción [fikθjón] *nf* fiction f.

ficha [fitʃa] *nf* **1** *(gen)* fiche f. **2** *(de dominó)* domino m. **3** *(de teléfono)* jeton m. **4** DEP licence f.

fichero [fitʃéɾo] *nm* fichier m.

ficticio,-cia [fiktiθjo,-θja] *adj* fictif,-ive.

fidelidad [fiðeliðàð] nf fidélité f.

fideo [fiðeo] nm vermicelle m. • **estar como un fideo** fam être maigre comme un clou.

fiebre [fjèβɾe] nf fièvre f.

fiel [fjel] adj fidèle.

fiera [fjèɾa] nf 1 (animal) fauve m, bête f féroce. • **ser una fiera para ALGO** être très fort en QQCH.

fiero,-ra [fjèɾo,-ɾa] adj 1 (animal) féroce. 2 (persona) cruel,-elle, sauvage.

fiesta [fjèsta] nf fête f. ▶ nf pl **fiestas** fêtes f pl. • **hacer fiesta** chômer, se reposer.

figura [fiɣùɾa] nf 1 (gen) figure f. 2 (forma) forme f. 3 (silueta) allure f, silhouette f. 4 (artista) vedette f.

figurar [fiɣuɾàɾ] vi 1 (aparecer) figurer. 2 (destacar) se faire remarquer: **le gusta mucho figurar**, il aime beaucoup se faire remarquer. ▶ vt 1 (representar) représenter. 2 (fingir) feindre. ▶ vpr **figurarse** se figurer, s'imaginer. **¡figúrate!** tu penses ! **ya me lo figuraba** je pensais bien que c'était ce que je pensais.

fijar [fixàɾ] vt 1 (gen) fixer. 2 (carteles) afficher. ▶ vpr **fijarse** 1 (prestar atención) observer, faire attention: **fíjate en lo que digo**, fais attention à ce que je dis. 2 (notar) remarquer, noter: **¿te has fijado en su aspecto?**, as-tu remarqué sa mine ? • **¡fíjate!** tu t'imagines !

fijo,-ja [fìxo,-xa] adj fixe. ▶ adv fam sûr: **fijo que os ganamos**, c'est sûr qu'on va vous battre.

fila [fila] nf 1 (en línea) rangée f. 2 (unas junto a otras) rang m. 3 (unas detrás de otras) file f. • **poner en fila** mettre en rang.

filete [filète] nm (bistec) bifteck m. **de solomillo, de pescado, adorno**) filet m.

filial [filjàl] adj filial,-e. ▶ nf filiale f.

Filipinas [filipinas] n pr Philippines f pl.

filipino,-na [filipino,-na] adj philippin,-e. ▶ nm,f (persona) Philippin,-e.

film [film] nm (pl **films**) film m.

filmar [filmàɾ] vt filmer.

filme [filme] nm film m.

filo [filo] nm fil m, tranchant m.

filosofía [filosofia] nf philosophie f.

filósofo,-fa [filosofo,-fa] nm,f philosophe.

filtrar [filtɾàɾ] vt - vi filtrer. ▶ vpr **filtrarse** 1 (líquido) s'infiltrer. 2 (información) filtrer.

filtro [filtɾo] nm filtre m.

fin [fin] nm 1 (final) fin f. 2 (objetivo) fin f, but m: **¿con qué fin?**, dans quel but ? • **a fin de que** afin que. **al fin** à la fin, enfin. **al fin y al cabo** en fin de compte, après tout. **en fin** enfin, bref. **poner fin a ALGO** mettre fin à QQCH. **¡por fin!** enfin ! • **fin de año** nouvel an m. **fin de semana** week-end m.

final [finàl] adj final,-e. ▶ nm 1 (gen) fin f, terme m. 2 (de calle) bout m. ▶ nf (en competición) finale f. • **a finales de** à la fin de. **al final** à la fin.

finalidad [finaliðàð] nf 1 (propósito) but m. 2 (en filosofía) finalité f.

finalista [finalista] adj - nmf finaliste.

finalizar [4] [finaliθàɾ] vt finir, achever. ▶ vi finir, se terminer.

financiar [finanθjàɾ] vt financer.

financiero,-ra [finanθjèɾo,-ɾa] adj financier,-ère.

finanzas [finànθas] nf pl finance f sing.

finca [fìŋka] nf propriété f, terre f.

finés,-esa [finés,-esa] adj finnois,-e. ▶ nm,f Finnois,-e. ▶ nm **finés** (idioma) finnois m.

fineza

fineza [finèθa] *nf* finesse *f*.
fingir [6] [fiŋxir] *vt* feindre. ▶ *vpr* **fingirse** se faire passer pour.
finlandés,-esa [finlandès,-esa] *adj* finlandais,-e. ▶ *nm,f* Finlandais,-e. ▶ *nm* **finlandés** (*idioma*) finlandais *m*.
Finlandia [finlàndja] *n pr* Finlande *f*.
fino,-na [fino,-na] *adj* **1** (*cosa*) fin,-e. **2** (*persona*) courtois,-e, poli,-e. ▶ *nm* **fino** (*vino*) vin fin. • **ir fino,-na** avoir trop bu.
firma [firma] *nf* signature *f*.
firmamento [firmaménto] *nm* firmament *m*.
firmar [firmàr] *vt* signer.
firme [firme] *adj* **1** (*gen*) ferme. **2** (*constante*) ferme, constant,-e. **3** (*decidido*) ferme, décidé,-e. ▶ *nm* (*terreno*) chaussée *f*. ▶ *adv*, fermement.
firmeza [firmèθa] *nf* fermeté *f*.
fiscal [fiskàl] *adj* fiscal,-e. ▶ *nmf* procureur *m*.
física [fisika] *nf* physique *f*.
físico,-ca [fisiko,-ka] *adj* physique. ▶ *nm,f* physicien,-enne. ▶ *nm* **físico** (*aspecto*) physique *m*.
fisonomía [fisonomia] *nf* physionomie *f*.
fisura [fisùra] *nf* fissure *f*.
flaco,-ca [flàko,-ka] *adj* **1** (*delgado*) maigre. **2** (*débil*) faible.
flamante [flamànte] *adj* **1** (*vistoso*) flamboyant,-e, resplendissant,-e. **2** (*nuevo*) flambant neuf.
flamenco,-ca [flamèŋko,-ka] *adj* flamenco *inv*. ▶ *nm* **flamenco 1** (*ave*) flamant *m*. **2** (*arte*) flamenco *m*.
flan [flan] *nm* (*dulce*) flan *m*.
flaquear [flakeàr] *vi* **1** (*disminuir*) faiblir: **le flaquean las fuerzas**, ses forces faiblissent. **2** (*fallar*) chanceler, menacer ruine. **3** (*ceder*) céder.
flaqueza [flakèθa] *nf* **1** (*delgadez*) maigreur *f*. **2** (*debilidad*) faiblesse *f*.
flato [flàto] *nm* point *m* de côté.
flauta [flàuta] *nf* flûte *f*.
flecha [fletʃa] *nf* flèche *f*.
flechazo [fletʃàθo] *nm* **1** (*disparo*) coup *m* de flèche. **2** (*enamoramiento*) coup *m* de foudre.
fleco [flèko] *nm* frange *f*.
flequillo [flekiʎo] *nm* frange *f*.
flexible [fleksiβle] *adj* flexible.
flipar [flipàr] *vt fam* (*gustar*) botter, brancher. ▶ *vi* **1** *fam* (*con drogas*) flipper. **2** *fam* (*asombrarse*) flipper, halluciner.
flojo,-ja [flòxo,-xa] *adj* **1** (*poco apretado*) lâche. **2** (*poco firme*) mou, molle. **3** (*débil, poco fuerte*) faible. **4** (*perezoso*) paresseux,-euse, nonchalant,-e.
flor [flor] *nf* fleur *f*. • **a flor de piel** à fleur de peau. **echarle flores a** ALGN faire des compliments à QQN. **¡ni flores!** aucune idée !
flora [flòra] *nf* flore *f*.
florecer [43] [floreθèr] *vi* **1** (*plantas*) fleurir. **2** (*prosperar*) fleurir, être florissant,-e. ▶ *vpr* **florecerse** (*cubrirse de moho*) moisir.
floreciente [floreθjènte] *adj* florissant,-e.
florero [florèro] *nm* vase *m*.
florido,-da [floriðo,-ða] *adj* fleuri,-e.
florista [florista] *nmf* fleuriste *mf*.
floristería [floristeria] *nf* fleuriste *m*.
flota [flòta] *nf* flotte *f*.
flotador [flotaðòr] *nm* bouée *f*.
flotar [flotàr] *vi* flotter.
fluido,-da [flwiðo,-ða] *adj* fluide. ▶ *nm* **fluido** fluide *m*.
fluir [62] [flwir] *vi* s'écouler, couler.
flujo [flùxo] *nm* flux *m*.

fluorescente [flworesθènte] *adj* fluorescent,-e. ■ *nm* néon *m*.

fobia [fóβja] *nf* MED phobie *f*.

foca [fóka] *nf* phoque *m*. ● **estar como una foca** être gras comme un cochon.

foco [fóko] *nm* **1** *(centro)* foyer *m*, centre *m*. **2** *(lámpara)* projecteur *m*. **3** *(de enfermedad)* siège *m*. **4** FIS foyer *m*. ■ **foco de atención** centre d'attention.

fogón [foɣón] *nm* fourneau *m*.

folio [fóljo] *nm* feuille *f*.

follaje [foʎáxe] *nm* feuillage *m*.

follar [foʎár] *vi* – *vpr* **follar(se)** *vulg* baiser.

folleto [foʎéto] *nm* brochure *f*. ■ **folleto explicativo** notice *f* explicative.

follón [foʎón] *nm* **1** *fam (alboroto)* chahut *m*, remue-ménage *m*. **2** *fam (lío, enredo)* micmac *m*, salade *f*. **¡menudo follón!**, quelle salade ! **3** *fam (problemas)* histoire *f*. **estoy metido en un follón**, je me suis fourré dans une sale histoire.

fomentar [fomentár] *vt* encourager.

fomento [foménto] *nm* aide *f*, encouragement *m*.

fondo [fóndo] *nm* **1** *(gen)* fond *m*. **2** *(profundidad)* profondeur *f*. **3** *(resistencia física)* résistance *f*, endurance *f*. **4** *(de libros, de dinero)* fonds *m*. ● **a fondo** à fond. **en el fondo** au fond, dans le fond. ■ **bajos fondos** bas-fonds *m pl*.

fontanero,-ra [fontanéro,-ra] *nm,f* plombier,-ère.

forense [forènse] *nmf* médecin *m* légiste.

forestal [forestál] *adj* forestier,-ère.

forjar [forxár] *vt* forger.

forma [fórma] *nf* **1** *(gen)* forme *f*. **2** *(medio)* moyen *m*, façon *f*. **3** *(formato)* format *m*. ● **de forma que** de sorte que. **de todas formas** de toute façon. **estar en forma** être en forme. **guardar las formas** sauver les apparences. **no hay forma de** il n'y a pas moyen de. ■ **forma de pago** modalité *f* de paiement.

formación [formaθjón] *nf* formation *f*.

formal [formál] *adj* **1** *(persona)* sérieux,-euse, comme il faut. **2** *(de la forma)* formel,-elle.

formar [formár] *vt* **1** *(gen)* former. **2** *(integrar)* composer, constituer. **3** *(educar)* former, façonner. **4** *(tomar una forma)* faire.

formatear [formateár] *vt* INFORM formater.

formato [formáto] *nm* format *m*.

formidable [formiðáβle] *adj* formidable.

fórmula [fórmula] *nf* formule *f*.

formular [formulár] *vt* formuler.

formulario [formulárjo] *nm* formulaire *m*.

foro [fóro] *nm (reunión, lugar)* forum *m*.

forofo,-fa [forófo,-fa] *nm,f fam* supporter *m*, fan.

forrar [forár] *vt* **1** *(prenda de vestir)* doubler. **2** *(con pieles)* fourrer. **3** *(libro)* couvrir. **4** *(sillón, silla)* recouvrir. ► *vpr* **forrarse** *(de dinero)* mettre du foin dans ses bottes.

forro [fóro] *nm* **1** *(de prenda de vestir)* doublure *f*. **2** *(de libro)* couverture *f*. **3** *(de sillón, silla)* housse *f*.

fortalecer [43] [fortaleθér] *vt* fortifier.

fortaleza [fortaléθa] *nf* **1** *(física)* force *f*, vigueur *f*. **2** *(entereza)* force *f*, courage *m*. **3** *(castillo)* forteresse *f*.

fortificar [1] [fortifikár] *vt* fortifier.

fortuna [fortùna] *nf* **1** *(suerte)* fortune *f*, chance *f*. **2** *(riqueza, destino)*

forzado

fortune f. • **por fortuna** par bonheur, heureusement.
forzado,-da [forθáðo,-ða] adj forcé,-e.
forzar [50] [forθár] vt **1** (puerta, caja fuerte) forcer. **2** (cerradura) crocheter. **3** (obligar) forcer, obliger. **4** (violar) violer.
forzoso,-sa [forθóso,-sa] adj forcé,-e, inévitable.
fosa [fósa] nf fosse f.
fósforo [fósforo] nm allumette f.
fósil [fósil] adj - nm fossile m.
foso [fóso] nm **1** (gen) fosse f. **2** (de castillo) fossé m. **3** (de teatro) fosse f.
foto [fóto] nf photo f.
fotocopia [fotokópja] nf photocopie f.
fotocopiadora [fotokopjaðóra] nf photocopieuse f.
fotocopiar [12] [fotokopjár] vt photocopier.
fotogénico,-ca [fotoχéniko,-ka] adj photogénique.
fotografía [fotoɣrafía] nf photographie f. • **hacer una fotografía** prendre/faire une photographie.
fotografiar [13] [fotoɣrafjár] vt photographier. ▶ vpr **fotografiarse** se faire photographier.
fotográfico,-ca [fotoɣráfiko,-ka] adj photographique.
fotógrafo,-fa [fotóɣrafo,-fa] nm,f photographe.
fracasar [frakasár] vi échouer, rater.
fracaso [frakáso] nm échec m.
fracción [frakθjón] nf fraction f.
fractura [fraktúra] nf fracture f.
frágil [fráχil] adj **1** (delicado) fragile. **2** (débil) faible.
fragilidad [fraχiliðáð] nf fragilité f.
fragmentar [fraɣmentár] vt fragmenter. ▶ vpr **fragmentarse** se diviser.
fragmento [fraɣménto] nm **1** (trozo) fragment m. **2** (de obra literaria) fragment m, passage m.
frambuesa [frambwésa] nf framboise f.
francés,-esa [franθés,-ésa] adj français,-e. ▶ nm,f Français,-e. ▶ nm **francés** (idioma) français m.
Francia [fránθja] n pr France f.
franco,-ca [fránko,-ka] adj franc, franche.
franja [fránχa] nf **1** (gen) frange f. **2** (banda) bande f.
franquear [frankeár] vt **1** (obstáculo) franchir. **2** (carta) affranchir.
franqueza [frankéθa] nf franchise f, sincérité f.
franquicia [frankiθja] nf franchise f.
frasco [frásko] nm flacon m.
frase [fráse] nf phrase f.
fraterno,-na [fratérno,-na] adj fraternel,-elle.
fraude [fráuðe] nm fraude f.
frecuencia [frekwénθja] nf fréquence f. • **con frecuencia** fréquemment.
frecuentar [frekwentár] vt fréquenter.
frecuente [frekwénte] adj fréquent,-e.
fregadero [freɣaðéro] nm évier m.
fregar [48] [freɣár] vt **1** (frotar) frotter. **2** (platos, suelo) laver. **3** (restregar) récurer. • **fregar los platos** laver la vaisselle.
fregona [freɣóna] nf serpillière f.
freidora [freiðóra] nf friteuse f.
freír [37] [freír] vt **1** (alimento) frire, faire frire. **2** fam (exasperar) ennuyer, embêter.
frenar [frenár] vt - vi freiner.
frenazo [frenáθo] nm coup m de frein. • **dar un frenazo** piler.

freno [fréno] nm frein m. • **pisar el freno** freiner. ▪ **freno de mano** frein à main.

frente [frénte] nm (gen) front m. ■ nf (de la cabeza) front m. • **al frente de** à la tête de. **frente a** en face de. **frente a frente** face à face. **hacer frente a** faire face à, faire front à.

fresa [trésa] nf 1 (fruta) fraise f. 2 (planta) fraisier m.

fresco,-ca [frésko,-ka] adj 1 (gen) frais, fraîche. 2 (prenda, tela) léger,-ère. 3 (reciente) récent,-e. 4 fam (descarado) culotté,-é, effronté,-é. ▶ nm,f (descarado) dévergondé,-e. ■ nm **fresco** 1 (frescor) fraîcheur f. 2 (pintura) fresque f. • **al fresco** au frais. **hacer fresco** faire frais.

frescura [freskùra] nf 1 (frescor) fraîcheur f. 2 (descaro) toupet m, culot m. 3 (impertinencia) impertinence f, insolence f.

frialdad [frjaldàð] nf froideur f.

fricción [frikθjón] nf friction f.

frigorífico [friyorifiko] nm réfrigérateur m.

frío, fría [frio, fria] adj froid,-e. ▶ nm **frío** froid m. • **coger frío** prendre froid. **en frío** à froid. **hacer frío** faire froid.

friolero,-ra [frjoléro,-ra] adj frileux,-euse.

frito,-ta [frito,-ta] adj 1 (alimento) frit,-e: patatas fritas, frites. 2 fam (harto) excédé,-e. • **estar frito,-ta** 1 (dormir) être endormi,-e. 2 (estar harto) en avoir assez. **quedarse frito,-ta** 1 (dormirse) s'endormir. 2 (morir) mourir.

frívolo,-la [friβolo,-la] adj frivole.

frontal [frontál] adj (choque, ataque) frontal,-e.

frontera [frontéra] nf frontière f.

fronterizo,-za [fronteriθo,-θa] adj 1 (país, ciudad) frontière, frontalier,-ère. 2 (que vive cerca de la frontera) frontalier,-ère.

frotar [frotár] vt frotter.

fructífero,-ra [fruktifero,-ra] adj fructueux,-euse.

fruncir [3] [frunθir] vt froncer.

frustración [frustraθjón] nf frustration f.

frustrado,-da [frustráðo,-ða] adj 1 (persona) frustré,-e. 2 (proyecto, plan) manqué,-e. 3 (artista, profesional) raté,-e.

frustrar [frustrár] vt 1 (persona) frustrer. 2 (plan, proyecto) faire échouer. ▶ vpr **frustrarse** 1 (plan, proyecto) échouer, ne pas se réaliser. 2 (persona) se sentir abrumé,-e.

fruta [frúta] nf 1 (fruto comestible) fruit m. 2 (conjunto de frutos comestibles) fruits m pl.

frutería [fruteria] nf marchand m de fruits.

fruto [frúto] nm fruit m. • **dar fruto** donner des fruits. **sacar fruto de ALGO** profit de QQCH.

fucsia [fúksja] adj - nm (color) fuchsia m.

fuego [fwéγo] nm feu m. • **a fuego lento** à petit feu. **pegar fuego** mettre le feu. **tener fuego** avoir du feu: ¿tiene fuego?, vous avez du feu ? • **fuegos artificiales** feu d'artifice.

fuel-oil → fuel.

fuente [fwènte] nf 1 (para dar agua) fontaine f. 2 (manantial, origen, de información) source f. 3 (plato grande) plat m.

fuera [fwéra] adv 1 (en la exterior) dehors. 2 (en otro país, ciudad) au-dehors. ▶ interj **¡fuera!** (para echar a alguien) dehors !, hors d'ici ! • **desde fuera** du dehors, de l'extérieur. **estar fuera de sí** être hors de soi. **fuera de eso** en dehors de cela, à part ça. **fuera de lo normal**

fuerte

pas courant. **fuera de lugar** hors de propos, déplacé,-e. **hacia fuera** en dehors. **por fuera** 1 *(en apariencia)* du dehors, en apparence. 2 *(exteriormente)* à l'extérieur. ▪ **fuera de juego** hors-jeu *m*.

fuerte [fwérte] *adj* 1 *(gen)* fort,-e. 2 *(resistente)* solide, résistant,-e. 3 *(duro)* dur,-e. ▶ *adv* 1 *(con fuerza, intensidad)* fort, fortement. 2 *(en abundancia)* beaucoup: **comer fuerte**, manger beaucoup. ▶ *nm (fortificación, especialidad)* fort *m*. • **estar fuerte en** ALGO être fort,-e en QQCH. **¡qué fuerte!** *fam* c'est trop !, c'est dingue !

fuerza [fwérθa] *nf* force *f*. • **a fuerza de** à force de. **a la fuerza de** force, par force. **hacer fuerza** faire pression. ▪ **fuerza de voluntad** force de volonté. **fuerzas armadas** forces armées.

fuga [fúγa] *nf* 1 *(escapada)* fuite *f*, évasion *f*. 2 *(de fluido)* fuite *f*. • **darse a la fuga** se mettre en fuite.

fugarse [7] [fuγárse] *vpr* s'évader.

fugaz [fuγáθ] *adj* fugace.

fugitivo,-va [fuχitíβo,-βa] *nm,f* fugitif, -ive.

fulana [fulána] *nf* 1 *fam (prostituta)* prostituée *f*. 2 *fam (amante)* maîtresse *f*.

fulano,-na [fuláno,-na] *nm,f (persona indeterminada)* un tel, une telle: **don fulano de tal**, monsieur un tel.

fulminante [fulminánte] *adj* 1 *(enfermedad, disparo)* foudroyant,-e. 2 *(mirada)* fulminant,-e.

fulminar [fulminár] *vt* foudroyer.

fumador,-ra [fumaðór,-ra] *adj - nm, f* fumeur,-euse.

fumar [fumár] *vi* fumer. ▶ *vt - vpr* **fumar(se)** fumer. • **"No fumar"** " Défense de fumer ".

fumigar [7] [fumiγár] *vt* désinfecter.

función [funθjón] *nf* 1 *(gen)* fonction *f*. 2 *(espectáculo)* représentation *f* théâtrale, spectacle *m*. • **en función de** en fonction de.

funcionamiento [funθjonamjénto] *nm* fonctionnement *m*.

funcionar [funθjonár] *vi* fonctionner, marcher.

funcionario,-ria [funθjonárjo,-rja] *nm,f* fonctionnaire.

funda [fúnda] *nf (cubierta - de sillón, silla)* housse *f*; *(- de gafas)* étui *m*; *(- de arma)* gaine *f*; *(- de paraguas, espada)* fourreau *m*; *(- de disco)* pochette *f*; *(- de diente)* gaine *f*. ▪ **funda de almohada** taie *f*. **funda nórdica** housse d'édredon.

fundación [fundaθjón] *nf* fondation *f*.

fundador,-ra [fundaðór,-ra] *adj - nm,f* fondateur,-trice.

fundamental [fundamentál] *adj* fondamental,-e.

fundamento [fundaménto] *nm* 1 *(base)* fondement *m*. 2 *(seriedad)* sérieux *m*, jugement *m*.

fundar [fundár] *vt* fonder. ▶ *vpr* **fundarse** s'appuyer.

fundir [fundír] *vt (derretir)* fondre. ▶ *vpr* **fundirse** 1 *(volverse líquido)* fondre. 2 *(bombilla)* griller. 3 *(unirse)* se fondre.

fúnebre [fúneβre] *adj* funèbre.

funeral [funerál] *nm (ceremonia)* obsèques *f pl*.

funeraria [funerárja] *nf* pompes *f pl* funèbres.

funicular [funikulár] *nm* funiculaire *m*.

furgón [furγón] *nm* fourgon *m*.

furgoneta [furγonéta] *nf* camionnette *f*, fourgonnette *f*.

furia [fúrja] *nf* 1 *(violencia, rabia)* furie *f*. 2 *(ímpetu)* hâte *f*, ardeur *f*. •

estar hecho,-cha una furia être fou/folle de rage.
furioso,-sa [furjóso,-sa] *adj* furieux,-euse. • **ponerse furioso,-sa** se mettre en colère.
furor [furòr] *nm* fureur *f.* • **causar/hacer furor** faire fureur.
furtivo,-va [furtíβo,-βa] *adj* furtif,-ive.
fusible [fusíβle] *nm* fusible *m.*
fusil [fusíl] *nm* fusil *m.*
fusilar [fusilár] *vt* **1** *(ejecutar)* fusiller. **2** *fam (plagiar)* plagier.

fusión [fusjòn] *nf* **1** *(de metales)* fusion *f.* **2** *(de nieve)* fonte *f.* **3** *(de empresas)* fusion *f,* fusionnement *m.*
fusionar [fusjonár] *vt* fusionner. ▶ *vpr* **fusionarse** fusionner.
fútbol [fútβol], **futbol** [futβúl] *nm* football *m.*
futbolín® [futβolín] *nm* baby-foot *m.*
futbolista [futβolísta] *nmf* footballeur, -euse.
futuro,-ra [futúro,-ra] *adj* futur,-e. ▶ *nm* **futuro** futur *m.*

G

gabinete [gaβinéte] nm cabinet m.
gafas [gáfas] nf pl lunettes f pl.
gafe [gáfe] nmf (persona) oiseau m de malheur. ▶ nm (mala suerte) poisse f. • **ser gafe** porter la poisse.
gaita [gáita] nf **1** (instrumento) cornemuse f, musette f. **2** fam (lata) corvée f.
gajo [gáxo] nm quartier m.
galán [galán] nm **1** (hombre apuesto) bel homme m. **2** (pretendiente) galant m, amoureux m.
galante [galánte] adj galant,-e.
galantería [galantería] nf galanterie f.
galardón [galarðón] nm récompense f, prix m.
galardonar [galarðonár] vt récompenser.
galaxia [galáksja] nf galaxie f.
galería [galería] nf galerie f. ▪ **galerías comerciales** centre m commercial.
gallardía [gaʎarðía] nf **1** (buena presencia) grâce f, désinvolture f. **2** (valor) bravoure f.
galleta [gaʎéta] nf **1** (para comer) biscuit m. **2** fam (bofetada) tarte f.
gallina [gaʎína] nf (ave) poule f. ▶ nmf (cobarde) poule f mouillée.
gallinero [gaʎinéro] nm **1** (corral, en el teatro) poulailler m. **2** fam (lugar ruidoso) pétaudière f.
gallo [gáʎo] nm **1** (ave) coq m. **2** (nota falsa) couac m, canard m. **3** (pez) limande f. • **en menos que canta un gallo** en un clin d'œil.

galopar [galopár] vi galoper.
galope [galópe] nm galop m. • **al galope** au galop.
gama [gáma] nf gamme f.
gamba [gámba] nf crevette f rose, bouquet m. • **meter la gamba** fam faire une gaffe.
gamberro,-rra [gambérro,-ra] nm,f voyou.
gana [gána] nf envie f, désir m. • **dar la gana de** avoir envie de. **de buena gana** de bon gré, volontiers. **de mala gana** de mauvais gré, à contrecœur. **tener ganas de** avoir envie de.
ganadería [ganaðería] nf **1** (cría de ganado) élevage m. **2** (ganado) bétail m, troupeau m.
ganado [ganáðo] nm bétail m. ▪ **ganado bovino** bovins m pl. **ganado porcino** porcins m pl.
ganador,-ra [ganaðór,-ra] adj - nm,f gagnant,-e.
ganancia [ganánθja] nf gain m, bénéfice m.
ganar [ganár] vt **1** (gen) gagner. **2** (en el juego) battre. **3** (aventajar) surpasser, battre: **me gana en velocidad**, il me bat en rapidité. ▶ vi **1** (vencer, mejorar) gagner. **2** (mejorar) être mieux, avantager: **gana mucho sin barba**, il est beaucoup mieux sans barbe. **3** (lograr dinero) gagner. ▶ vpr **ganarse 1** (merecer) gagner, mériter. **2** (bofetada, castigo) récolter, recevoir. • **ganarse a** ALGN conquérir QQN. **ganarse la**

vida gagner sa vie. **salir ganando** trouver son compte.

gancho [gántʃo] *nm* **1** *(para colgar, puñetazo)* crochet *m*. **2** *(persona)* racoleur *m*.

gandul,-la [gandúl,-la] *adj - nm,f* fainéant,-e.

ganga [gánga] *nf* bonne affaire *f*.

gángster [gángster] *nm* gangster *m*.

ganso,-sa [gánso,-sa] *adj - nm,f (persona)* bête, idiot,-e. ▶ *nm* **ganso** *(ave - macho)* jars *m*; *(- hembra)* oie *f*. • **hacer el ganso** faire l'imbécile.

garabato [garaβáto] *nm* gribouillage *m*.

garaje [garáxe] *nm* garage *m*.

garante [garánte] *adj* garant,-e. • **ser garante de** se porter garant,-e de.

garantía [garantía] *nf* garantie *f*.

garantizar [4] [garantiθár] *vt* garantir.

garbanzo [garβánθo] *nm* pois-chiche *m*.

garbo [gárβo] *nm* grâce *f*, désinvolture *f*.

garboso,-sa [garβóso,-sa] *adj* qui a de l'allure.

garfio [gárfjo] *nm* crochet *m*, croc *m*.

garganta [garɣánta] *nf* gorge *f*.

gargantilla [garɣantiʎa] *nf* petit collier *m*.

garita [garita] *nf* **1** *(de cuartel)* guérite *f*. **2** *(de portero, guarda)* loge *f*.

garito [garito] *nm fam* tripot *m*.

garra [gářa] *nf* **1** *(gen)* griffe *f*; *(- de ave de rapiña)* serre *f*. **2** *fig (fuerza, atractivo)* force *f*: **una película con mucha garra**, un film avec beaucoup de force. **3** *fig (energía, vigor)* nerf *m*, ressort *m*. • **caer en las garras de** ALGN tomber entre les griffes de QQN.

garrafa [gařáfa] *nf* carafe *f*.

garrote [gářóte] *nm* trique *f*, gourdin *m*.

gas [gas] *nm* gaz *m*. ▶ *nm pl* **gases** gaz *m pl*, flatulences *f pl*. • **a todo gas** à plein gaz, à toute allure.

gaseosa [gaseósa] *nf* limonade *f*.

gaseoso,-sa [gaseóso,-sa] *adj* gazeux,-euse.

gasoil [gasóil] *nm* gas-oil *m*, gazole *m*.

gasóleo [gasóleo] *nm* gas-oil *m*, gazole *m*.

gasolina [gasolina] *nf* essence *f*. • **echar gasolina** mettre de l'essence.

gasolinera [gasolinéra] *nf* station-service *f*.

gastado,-da [gastáðo,-ða] *adj* usé,-e.

gastar [gastár] *vt* **1** *(dinero, fuerzas, tiempo)* dépenser. **2** *(gasolina, electricidad)* consommer, user: **el coche gasta mucha gasolina**, la voiture consomme beaucoup d'essence. **3** *(usar, llevar habitualmente)* porter, avoir: **¿qué número de zapatos gastas?**, quelle pointure chausses-tu ? ▶ *vpr* **gastarse 1** *(deteriorarse, desgastarse)* s'user. **2** *(consumirse)* s'user: **se han gastado las pilas**, les piles se sont usées. **3** *(dinero)* dépenser: **me gasté todo el dinero**, j'ai dépensé tout l'argent. • **gastar bromas** plaisanter.

gasto [gásto] *nm* **1** *(gen)* dépense *f*. **2** *(de agua, gas, electricidad)* débit *m*. ▶ *nm pl* **gastos** frais *m pl*. • **gastos de envío** frais d'envoi.

gástrico,-ca [gástriko,-ka] *adj* gastrique.

gastronomía [gastronomia] *nf* gastronomie *f*.

gatas [gátas]. • **a gatas** à quatre pattes.

gatear [gateár] *vi* marcher à quatre pattes.

gatillo [gatiʎo] *nm* détente *f*.

gato

gato, -ta [gáto,-ta] *nm,f* chat, chatte. ▶ *nm* **gato** *(de coche)* cric *m*, vérin *m*. • **cuatro gatos** quatre pelés et un tondu.

gaviota [gaβjóta] *nf* mouette *f*.

gazapo[1] [gaθápo] *nm (errata)* coquille *f*.

gazapo[2] [gaθápo] *nm (conejo)* lapereau *m*.

gazpacho [gaθpátʃo] *nm* gaspacho *m*, soupe froide à la tomate.

gel [xel] *nm* gel *m*. ▪ **gel de ducha** gel douche.

gelatina [xelatína] *nf* **1** *(sustancia)* gélatine *f*. **2** *(de fruta, carne)* gelée *f*.

gélido, -da [xélido,-ða] *adj fml* glacé,-e, gelé,-e.

gemelo, -la [xemélo,-la] *adj - nm,f (hermano)* jumeau, jumelle. ▶ *nm* **gemelo** ANAT mollet *m*. ▶ *nm pl* **gemelos 1** *(prismáticos)* jumelles *f pl*. **2** *(de camisa)* boutons *m pl* de manchette.

gemido [xemíðo] *nm* gémissement *m*.

gemir [34] [xemír] *vi* gémir.

gen [xen] *nm* gène *m*.

gendarme [xendárme] *nm* gendarme *m*.

genealogía [xenealoxía] *nf* généalogie *f*.

generación [xeneraθjón] *nf* génération *f*.

general [xenerál] *adj* général,-e. ▶ *nm* général *m*. • **en general** en général. **por lo general** en général.

generalidad [xeneraliðáð] *nf* généralité *f*.

generalizar [4] [xeneraliθár] *vt - vi* généraliser.

generar [xenerár] *vt* générer.

género [xénero] *nm* **1** *(gen)* genre *m*. **2** *(clase)* sorte *f*, genre *m*. **3** *(tela)* tissu *m*. **4** *(mercancía)* marchandise *f*, article *m*.

generosidad [xenerosiðáð] *nf* générosité *f*.

generoso, -sa [xeneróso,-sa] *adj* généreux,-euse.

genético, -ca [xenétiko,-ka] *adj* génétique.

genial [xenjál] *adj* génial,-e.

genio [xénjo] *nm* **1** *(persona, ser sobrenatural)* génie *m*. **2** *(carácter)* caractère *m*.

genitales [xenitáles] *nm pl* organes *m pl* génitaux.

genocidio [xenoθíðjo] *nm* génocide *m*.

gente [xénte] *nf* **1** *(conjunto de personas)* monde *m*: **había mucha gente**, il y avait beaucoup de monde. **2** *(personas)* gens *m-f pl*: **la gente del pueblo**, les gens du village. **3** *(familia)* les miens *m pl*: **me encanta rodearme de mi gente**, j'adore m'entourer des miens.

gentileza [xentiléθa] *nf* gentillesse *f*.

gentío [xentío] *nm* foule *f*, monde *m*: **¡qué gentío!**, que de monde !

gentuza [xentúθa] *nf* populace *f*, racaille *f*.

geografía [xeoɣrafía] *nf* géographie *f*.

geográfico, -ca [xeoɣráfiko,-ka] *adj* géographique.

geología [xeoloxía] *nf* géologie *f*.

geometría [xeometría] *nf* géométrie *f*.

geométrico, -ca [xeométriko,-ka] *adj* géométrique.

geopolítica [xeopolítika] *nf* géopolitique *f*.

geranio [xeránjo] *nm* géranium *m*.

gerencia [xerénθja] *nf* gérance *f*.

gerente [xerénte] *nmf* gérant,-e.

germinar [xerminár] *vi* germer.

gesticular [xestikulár] *vi* grimacer.

gestión [xestjón] *nf 1 (diligencia)* démarche *f*. **2** *(administración)* gestion *f*.

gestionar [xestjonár] *vt 1 (tramitar)* faire des démarches. **2** *(administrar)* gérer.

gesto [xésto] *nm 1 (gen)* geste *m*. **2** *(mueca)* grimace *f*. • **hacer un gesto 1** *(para llamar la atención)* faire signe. **2** *(acción generosa, intención)* faire un geste.

gestor,-ra [xestór,-ra] *adj - nm,f* gérant,-e.

gestoría [xestoría] *nf* cabinet *m* d'affaires.

gigante [xiyánte] *adj* géant,-e. ▶ *nm* géant *m*.

gigantesco,-ca [xiyantésko,-ka] *adj* gigantesque.

gilipollas [xilipoʎás] *adj - nmf vulg* con, conne.

gimnasia [ximnásja] *nf* gymnastique *f*.

gimnasio [ximnásjo] *nm* gymnase *m*.

gimnasta [ximnásta] *nmf* gymnaste.

ginebra [xinéβra] *nf* gin *m*.

ginecología [xinekoloxía] *nf* gynécologie *f*.

ginecólogo,-ga [xinekóloɣo,-ɣa] *nm,f* gynécologue.

gira [xíra] *nf* tournée *f*.

girar [xirár] *vi* tourner. ▶ *vt 1 (gen)* tourner: **girar la cabeza**, tourner la tête. **2** *(peonza)* faire tourner. ▶ *vt - vi (letra de cambio)* tirer.

girasol [xirasól] *nm* tournesol *m*.

giro [xíro] *nm 1 (movimiento circular)* tour *m*. **2** *(de eventos, de frase)* tournure *f*. **3** COM virement *m*.

gitano,-na [xitáno,-na] *adj - nm,f* gitan,-e.

glacial [glaθjál] *adj* glacial,-e.

glaciar [glaθjár] *nm* glacier *m*.

glándula [glándula] *nf* ANAT glande *f*.

global [gloβál] *adj* global,-e.

globalización [gloβaliθaθjón] *nf* mondialisation *f*.

globo [gloβo] *nm 1 (cuerpo esférico)* globe *m*. **2** *(aerostato, juguete)* ballon *m*.

glóbulo [gloβulo] *nm* globule *m*.

gloria [glórja] *nf 1 (honor, fama)* gloire *f*. **2** *fig (placer, gusto)* plaisir *m*. **3** *fig (cielo)* paradis *m*. • **estar en la gloria** être aux anges. **saber a gloria** être délicieux,-euse.

glorieta [glorjéta] *nf* rond-point *m*.

glorioso,-sa [glorjóso,-sa] *adj* glorieux, -euse.

glotón,-ona [glotón,-óna] *adj - nm,f* glouton,-onne.

glucosa [glukósa] *nf* glucose *m*.

glúteo [glúteo] *nm* ANAT fessier *m*.

gobernador,-ra [goβernaðór,-ra] *adj* gouvernant,-e. ▶ *nm,f* gouverneur *m*.

gobernante [goβernánte] *nmf* gouvernant *m*.

gobernar [27] [goβernár] *vt* gouverner.

gobierno [goβjérno] *nm* gouvernement *m*.

goce [góθe] *nm* jouissance *f*.

gol [gol] *nm* DEP but *m*.

golf [golf] *nm* golf *m*.

golfa [gólfa] *nf fam* putain *f*.

golfo [gólfo] *nm 1* GEOG golfe *m*. **2** *(pilluelo)* polisson *m*. **3** *(gamberro)* voyou *m*.

golondrina [golondrína] *nf* hirondelle *f*.

golosina [golosína] *nf* friandise *f*.

goloso,-sa [golóso,-sa] *adj - nm,f* gourmand,-e.

golpe [gólpe] *nm 1 (gen)* coup *m*. **2** *(encontronazo)* heurt *m*. • **de golpe 1** *(de una vez)* d'un seul coup. **2** *(de repente)* tout à coup. ■ **golpe de Estado** coup d'État. **golpe de suerte** coup de chance.

golpear [golpeár] *vt* frapper.

goma [góma] *nf* **1** *(gen)* gomme *f.* **2** *(caucho)* caoutchouc *m.* **3** *(cinta)* élastique *m.* **4** *fam (preservativo)* capote *f.*

gordo,-da [górðo,-ða] *adj* **1** *(corpulento, voluminoso)* gros, grosse. **2** *(con grasa)* gras, grasse. **3** *fig* important,-e: **algo gordo ha ocurrido**, il est arrivé quelque chose de grave. ■ **el (premio) gordo** (en la lotería) le gros lot.

gorila [gorila] *nm* gorille *m.*

gorra [góra] *nf* casquette *f.*

gorro [góro] *nm* bonnet *m.* ● **estar hasta el gorro** *fam* en avoir ras la casquette.

gota [góta] *nf (gen)* goutte *f.* ● **no queda ni gota** il n'en reste pas une goutte.

gotear [gotear] *vi* goutter.

gotera [gotéra] *nf* fuite *f* d'eau.

gótico,-ca [gótiko,-ka] *adj* gothique.

gozada [goθáða] *nf fam* délice. ● **¡qué gozada!** c'est super !

gozar [4] [goθár] *vi* **1** *(disfrutar)* jouir (**de**, de): **goza de buena salud**, il jouit d'une bonne santé. **2** *(experimentar gozo)* se réjouir (**con**, de).

gozo [góθo] *nm* plaisir *m.*

grabación [graβaθjón] *nf* enregistrement *m.*

grabado [graβáðo] *nm* gravure *f.*

grabar [graβár] *vt* **1** *(en metal, piedra, etc)* graver. **2** *(sonido, imagen)* enregistrer.

gracia [gráθja] *nf* **1** *(gen)* grâce *f.* **2** *(encanto)* charme *m.* **3** *(chiste)* plaisanterie *f.* **4** *(habilidad, maña)* talent *m*: **tiene gracia para la decoración**, il a du goût pour la décoration. ▶ *nf pl* **gracias** *(agradecimiento)* merci *m.* ● **dar las gracias** remercier. **gracias a** grâce à. **hacer gracia** amuser. **muchas gracias** merci beaucoup. **tener gracia** être drôle.

gracioso,-sa [graθjóso,-sa] *adj* **1** *(chistoso)* drôle. **2** *(divertido)* amusant,-e. ▶ *nm,f* plaisantin *m.* ● **hacerse el gracioso** tenter d'être drôle.

grada [gráða] *nf* **1** *(peldaño)* marche *f.* **2** *(en un estadio)* gradin *m.*

grado [gráðo] *nm* **1** *(gen)* degré *m*: **grado centígrado**, degré centigrade. **2** *(título)* grade *m.* **3** *(de un curso escolar)* année *f.* **4** *(voluntad)* gré *m.*

graduable [graðwáβle] *adj* réglable.

graduado,-da [graðwáðo,-ða] *adj* **1** *(termómetro, gafas, etc)* gradué,-e. **2** *(en la universidad)* diplômé,-e.

graduar [11] [graðwár] *vt* **1** *(un termómetro)* graduer. **2** *(escalonar)* échelonner. **3** *(regular)* régler. ▶ *vpr* **graduarse 1** *(en la universidad)* obtenir son diplôme. **2** *(en el ejército)* prendre du galon. ● **graduarse la vista** se faire vérifier la vue.

gráfica [gráfika] *nf* graphique *m.*

gráfico,-ca [gráfiko,-ka] *adj* graphique. ▶ *nm* **gráfico** graphique *m.*

gramática [gramátika] *nf* grammaire *f.*

gramatical [gramatikál] *adj* grammatical,-e.

gramo [grámo] *nm* gramme *m.*

gran [gran] *adj* → **grande**.

granado,-da [granáðo,-ða] *adj* remarquable.

grande [gránde] *(devant un nom au singulier on utilise* **gran**) *adj* grand, grande. ● **a lo grande** en grande pompe. **pasarlo en grande** s'amuser comme un fou.

grandeza [grandéθa] *nf* **1** *(gen)* grandeur *f.* **2** *(dignidad)* grandesse *f.*

granero [granéro] *nm* grenier *m.*

granito [granito] *nm* granit *m.*

granizada [graniθáða] *nf* grêle *f.*

granizar [4] [graniθár] *v impers* grêler.

granizo [graniθo] *nm* grêle *f*.

granja [gráŋxa] *nf* ferme *f*.

granjero,-ra [graŋxéro,-ra] *nm,f* fermier, -ère.

grano [gráno] *nm* **1** *(de uva, café)* grain *m*. **2** *(de cereales)* graine *f*. **3** *(de la piel)* bouton *m*. • **ir al grano** en venir au fait.

granuja [granúxa] *nm* **1** *fam (pilluelo)* galopin *m*. **2** *fam (canalla)* canaille *f*.

grapa [grápa] *nf (para el papel)* agrafe *f*.

grapadora [grapaðóra] *nf* agrafeuse *f*.

grapar [grapár] *vt* agrafer.

grasa [grása] *nf* **1** graisse *f*. **2** *(suciedad)* crasse *f*.

grasiento,-ta [grasjénto,-ta] *adj* graisseux, -euse.

graso,-sa [gráso,-sa] *adj* gras, grasse.

gratinar [gratinár] *vt* gratiner.

gratitud [gratitúð] *nf* gratitude *f*.

gratuito,-ta [gratwíto,-ta] *adj* gratuit,-e.

grava [gráβa] *nf* gravier *m*.

grave [gráβe] *adj* grave.

gravedad [graβeðáð] *nf* gravité *f*.

Grecia [gréθja] *n pr* Grèce *f*.

gresca [gréska] *nf* **1** *(ruido)* chahut *m*. **2** *(riña, pelea)* bagarre *f*.

griego,-ga [grjéγo,-γa] *adj* grec, grecque. ► *nm,f* Grec, Grecque. ► *nm* **griego** *(idioma)* grec *m*.

grieta [grjéta] *nf* **1** *(en el suelo, etc)* crevasse *f*; *(en una pared)* fissure *f*. **2** *(en la piel)* gerçure *f*.

grifo [grifo] *nm* robinet *m*.

grillo [griʎo] *nm* grillon *m*.

grima [grima] *nm* dégoût *m*. • **dar grima** écœurer.

gripe [gripe] *nf* grippe *f*.

gris [gris] *adj* gris,-e.

gritar [gritár] *vi* crier.

grito [grito] *nm* cri *m*: **dar gritos**, pousser des cris, crier. • **poner el grito en el cielo** crier au scandale.

grosella [groséʎa] *nf* groseille *f*.

grosero,-ra [groséro,-ra] *adj* grossier, -ère.

grosor [grosór] *nm* épaisseur *f*.

grotesco,-ca [grotésko,-ka] *adj* grotesque.

grúa [grúa] *nf* **1** *(máquina de construcción)* grue *f*. **2** *(de automóviles)* dépanneuse *f*.

grueso,-sa [grwéso,-sa] *adj* **1** *(abultado, gordo)* gros, grosse. **2** *(espeso)* épais,-aisse. ► *nm* **1** *(grosor)* épaisseur *f*. **2** *(parte principal)* gros *m*: **el grueso del ejército**, le gros de l'armée.

gruñido [gruɲíðo] *nm* grognement *m*.

gruñir [40] [gruɲír] *vi* grogner.

gruñón,-ona [gruɲón,-ona] *adj* grognon, -onne. ► *nm,f* râleur, -euse.

grupo [grúpo] *nm* groupe *m*.

gruta [grúta] *nf* grotte *f*.

guantazo [gwantáθo] *nm* claque *f*.

guante [gwánte] *nm* gant *m*.

guantera [gwantéra] *nf* boîte *f* à gants.

guaperas [gwapèras] *nm inv fam* beau gosse *m*.

guapo,-pa [gwápo,-pa] *adj* **1** *(persona)* beau, belle. **2** *fam (cosa)* élégant,-e: **¡qué vestido más guapo!**, cette robe est très élégante ! **3** *fam (valiente)* courageux, -euse: **a ver quién es el guapo que se atreve con él**, qui est le courageux qui va oser l'affronter.

guarda [gwárða] *nmf* gardien, -enne. ► *nf* garde *f*, surveillance *f*. • **guarda forestal** vigile *m*, garde forestier.

guardaespaldas [gwarðaespáldas] *nmf* garde *m* du corps.

guardameta [gwarðaméta] *nmf* gardien *m* de but.

guardar [gwarðár] *vt* **1** garder. **2** INFORM enregistrer. ▶ *vpr* **guardarse de** se garder de. • **guardar las apariencias** sauver les apparences.

guardarropa [gwarðarópa] *nm* **1** *(armario - público)* vestiaire *m*; *(- privado)* garde-robe *f*. **2** *(en el teatro)* costumier *m*.

guardería [gwarðería] *nf* crèche *f*.

guardia [gwárðja] *nf* garde *f*. ▶ *nmf* agent *m*, garde. • **estar en guardia** être sur ses gardes. ■ **guardia civil** gendarme *m* espagnol. **guardia urbana** police *f* municipale. **guardia urbano** policier *m* municipal.

guardián,-ana [gwarðján,-ána] *nm,f* gardien,-enne.

guarnición [gwarniθjón] *nf* **1** *(adorno, comida)* garniture *f*. **2** *(militar)* garnison *m*.

guarro,-rra [gwáro,-ra] *adj* dégoûtant,-e. ▶ *nm,f* **1** cochon *m*, truie *f*. **2** *fam (persona)* cochon,-onne.

guasa [gwása] *nf fam* plaisanterie *f*. • **estar de guasa** plaisanter, blaguer.

Guatemala [gwatemála] *n pr* Guatemala *m*.

guatemalteco,-ca [gwatemaltéko,-ka] *adj* guatémaltèque. ▶ *nm,f* Guatémaltèque.

guay [gwai] *adj fam* super.

gubernamental [guβernamentál] *adj* gouvernemental,-e.

guerra [géra] *nf* guerre *f*. • **dar guerra** donner du fil à retordre.

guerrero,-ra [geréro,-ra] *adj - nm,f* guerrier,-ère.

guerrilla [geríʎa] *nf* guérilla *f*.

guerrillero,-ra [geriʎéro,-ra] *nm,f* guérillero *m*.

gueto [géto] *nm* ghetto *m*.

guía [gía] **1** *nmf (persona)* guide *mf*. **2** *nf (libro)* guide *m*. **3** *nf (de teléfonos)* annuaire *m*.

guiar [13] [gjar] *vt* guider.

guindilla [gindíʎa] *nf* piment *m* rouge.

guiñar [ɡiɲár] *vt* cligner: **guiñar el ojo**, cligner de l'œil.

guiño [gíɲo] *nm* clin *m* d'œil.

guión, guion [gjón] *nm* **1** *(esquema de un discurso, etc)* plan *m*. **2** *(de una película)* scénario *m*. **3** *(signo ortográfico)* tiret *m*; *(en las palabras compuestas)* trait *m* d'union.

guionista [gjonísta] *nmf* scénariste.

guiri [gíri] *nmf fam pey* touriste.

guirnalda [girnálda] *nf* guirlande *f*.

guisado [gisáðo] *nm* ragoût *m*.

guisante [gisánte] *nm* petit pois *m*.

guisar [gisár] *vt - vi* cuisiner.

guiso [gíso] *nm* ragoût *m*.

guitarra [gitára] *nf* guitare *f*.

guitarrista [gitarísta] *nmf* guitariste.

gula [gúla] *nf* gourmandise *f*.

gusano [gusáno] *nm* ver *m*.

gustar [gustár] *vi* **1** *(gen)* plaire, aimer: **este chico me gusta**, ce garçon me plaît. **2** **gustar de** *(disfrutar)* aimer à, se plaire à. ▶ *vt (probar)* goûter.

gusto [gústo] *nm* **1** *(sentido)* goût *m*. **2** *(placer, agrado)* plaisir *m*. • **con mucho gusto** avec plaisir. **mucho gusto** faire plaisir. **mucho gusto** enchanté,-e.

gustoso,-sa [gustóso,-sa] *adj* **1** *(sabroso)* savoureux,-euse. **2** *(con gusto, con placer)* content,-e: **lo haré muy gustoso**, je le ferai avec grand plaisir.

H

haba [áβa] *nf* fève *f*.
haber [72] [aβér] *aux* **1** *(con verbos transitivos)* avoir: **ha cantado dos canciones**, il a chanté deux chansons. **2** *(con verbos de movimiento, estado o permanencia)* être: **se ha ido a Madrid**, elle est allée à Madrid. • **haber de** + *inf* devoir + *inf*. **haber que** + *inf* falloir + *inf*. **hay** *(forma impersonal)* y avoir: hay mucha gente aquí, il y a beaucoup de monde ici. **¿qué hay?** comment ça va ?
hábil [áβil] *adj* **1** *(gen)* habile. **2** *(día)* ouvrable.
habilidad [aβiliðáð] *nf* habileté *f*.
habilitar [aβilitár] *vt* **1** DER habiliter. **2** *(espacio)* aménager.
habitación [aβitaθjón] *nf* **1** *(en general)* pièce *f*. **2** *(de dormir)* chambre *f*.
habitante [aβitánte] *nmf* habitant,-e.
habitar [aβitár] *vt* habiter.
hábito [áβito] *nm* habitude *f*.
habitual [aβitwál] *adj* **1** *(normal)* habituel, -elle. **2** *(cliente)* habitué,-e.
habituar [11] [aβitwár] *vt* habituer (**a**, à).
habla [áβla] *nf* **1** *(facultad, acción de hablar)* parole *f*. **2** *(lenguaje)* langue *f*.
hablar [aβlár] *vi* parler. ▶ *vt (un idioma)* parler. • **hablar por hablar** parler pour ne rien dire. **¡ni hablar!** pas question !

hacer [73] [aθér] *vt* **1** *(gen)* faire: **haré este trabajo mañana**, je ferai ce travail demain. **su hijo hace derecho**, son fils fait du droit. **2** *(convertir, transformar)* rendre: **ese traje le hace más viejo**, ce costume le vieillit. **3** *(suponer)* supposer, croire: **yo te hacía en Madrid**, je te croyais à Madrid. ▶ *vi* **1** *(gen)* faire: **has hecho bien en decírmelo**, tu as bien fait de me le dire. **2** **hacer de** *(representar)* jouer le rôle de: **en la obra hace de Cleopatra**, dans l'œuvre, elle joue le rôle de Cléopâtre. ▶ *vpr* **hacerse 1** *(convertirse)* se faire: **hacerse fraile**, se faire moine. **2** *(simular, pretender ser)* faire le/la: **hacerse el indiferente**, faire l'indifférent. • **hace 1** *(tiempo meteorológico)* faire: **hace frío**, il fait froid. **2** *(tiempo cronológico)* y avoir: **hace mucho tiempo**, il y a longtemps. **hacerse a ALGO/ALGN** *(acostumbrarse)* s'habituer à QQCH/QQN. **hacerse con ALGO** obtenir QQCH.
hacha [átʃa] *nf* hache *f*. • **ser un hacha** être un as.
hachís [atʃís] *nm* haschisch *m*.
hacia [áθja] *prep* vers. • **hacia adelante** en avant. **hacia atrás** en arrière.
hacienda [aθjénda] *nf* **1** *(finca)* exploitation *f* agricole. **2** *(fortuna)* fortune *f*. • **hacienda pública** trésor *m* public.
hada [áða] *nf* fée *f*.

¡hala!

¡hala! [ála] *interj* allons !, allez !
halagar [7] [alaɣár] *vt* flatter.
halago [aláɣo] *nm* flatterie *f*.
halcón [alkón] *nm* faucon *m*.
¡hale! [ále] *interj* allez !, vite !
hallar [aʎár] *vt* trouver. ► *vpr* **hallarse 1** *(estar)* se trouver, être: **hallarse en París**, être à Paris. **2** *(encontrar)* rencontrer: **hallarse con un obstáculo**, rencontrer un obstacle.
hallazgo [aʎáθɣo] *nm* trouvaille *f*.
hamaca [amáka] *nf* **1** *(cama para colgar)* hamac *m*. **2** *(tumbona)* chaise *f* longue.
hambre [ámbre] *nf* **1** *(gen)* faim *f*. **2** *(escasez de alimentos)* famine *f*.
hambriento,-ta [ambrjénto,-ta] *adj* affamé,-e.
hamburguesa [amburɣésa] *nf* hamburger *m*.
hándicap [ándikap] *nm* (pl **hándicaps**) handicap *m*.
harén [arén] *nm* harem *m*.
harina [arína] *nf* farine *f*.
hartar [artár] *vt* *(saciar el hambre)* rassasier. **2** *(fastidiar)* fatiguer. ► *vpr* **hartarse 1** *(saciarse)* se gaver. **2** *(fastidiarse)* en avoir marre.
harto,-ta [árto,-ta] *adj* **1** *(de comida)* rassasié,-e. **2** *(fastidiado, cansado)* fatigué,-e. • **estar harto de** en avoir assez de.
hasta [ásta] *prep* jusque, jusqu'à. ► *conj* *(también, incluso)* même: **hasta él lo dice**, même lui le dit. • **hasta ahora** à tout de suite. **hasta luego** à tout à l'heure. **hasta mañana** à demain. **hasta que** jusqu'à ce que.
hastío [astío] *nm* ennui *m*.
hazaña [aθáɲa] *nf* exploit *m*.
hebreo,-a [eβréo,-a] *adj* hébreu. ► *nm,f* Hébreu *m*. ► *nm* **hebreo** *(idioma)* hébreu *m*.

hechicero,-ra [etʃiθéro,-ra] *adj* ensorcelant,-e. ► *nm,f* ensorceleur,-euse.
hechizo [etʃíθo] *nm* **1** *(embrujo)* sortilège *m*. **2** *fig (atractivo)* charme *m*.
hecho,-cha [étʃo,-tʃa] *adj* **1** *(gen)* fait,-e: **es una casa muy bien hecha**, c'est une maison bien faite. **2** *(comida)* cuit,-e. ► *nm* **hecho** fait *m*. ► *interj* **¡hecho!** d'accord ! • **bien hecho 1** *(comida)* bien cuit. **2** *(como aprobación)* bravo ! **de hecho** de fait. **estar hecho,-cha a** ALGO être habitué,-e à QQCH. **estar hecho,-cha** ALGO: **estaba hecho una fiera**, on aurait dit une bête féroce. **poco hecho** saignant.
hectárea [ektárea] *nf* hectare *m*.
hedonismo [eðonízmo] *nm* hédonisme *m*.
helada [eláða] *nf* gelée *f*.
heladería [elaðería] *nf* *(fábrica y establecimiento)* glacier *m*.
helado,-da [eláðo,-ða] *adj* **1** *(por el frío)* gelé,-e. **2** *fig (impresionado)* de glace. ► *nm* **helado** glace *f*. • **quedarse helado,-da** être sidéré,-e.
helar [27] [elár] *vt* *(el agua)* geler, glacer. ► *v impers* geler. ► *vpr* **helarse** geler.
hélice [éliθe] *nf* hélice *f*.
helicóptero [elikóptero] *nm* hélicoptère *m*.
hematoma [ematóma] *nm* MED hématome *m*.
hembra [émbra] *nf* femelle *f*.
hemisferio [emisférjo] *nm* hémisphère *m*.
hemorragia [emořáxja] *nf* MED hémorragie *f*.
hendidura [endiðúra] *nf* fente *f*.
hepático,-ca [epátiko,-ka] *adj* hépatique.
hepatitis [epatítis] *nf* MED hépatite *f*.

herbívoro,-ra [erβíβoro,-ra] *adj* herbivore.

heredar [ereðár] *vt* hériter.

heredero,-ra [ereðéro,-ra] *adj - nm,f* héritier, -ère.

hereditario,-ria [ereðitárjo,-rja] *adj* héréditaire.

herencia [erénθja] *nf* **1** *(derecho)* hérédité *f.* **2** *(lo que se hereda)* héritage *m.*

herida [eríða] *nf* blessure *f.*

herido,-da [eríðo,-ða] *adj - nm,f* blessé,-e.

herir [35] [erír] *vt* blesser.

hermanastro,-tra [ermanástro,-tra] *nm,f* demi-frère *m,* demi-sœur *f.*

hermano,-na [ermáno,-na] *nm,f* frère *m,* sœur *f.* • **hermana política** belle-sœur *f.* **hermano político** beau-frère *m.*

hermético,-ca [ermétiko,-ka] *adj* hermétique.

hermoso,-sa [ermóso,-sa] *adj* beau, bel, belle.

hermosura [ermosúra] *nf* beauté *f.*

hernia [érnja] *nf* MED hernie *f.*

héroe [éroe] *nm* héros *m.*

heroico,-ca [eróiko,-ka] *adj* héroïque.

heroína [eroína] *nf* héroïne *f.*

herpes [érpes] *nm* MED herpès *m.*

herramienta [eřamjénta] *nf* outil *m.*

hervir [erβír] *vi* **1** *(líquido)* bouillir. **2** *fig (idea, pasión)* bouillonner. ▶ *vt* faire bouillir.

heterogéneo,-a [eteroχéneo,-a] *adj* hétérogène.

heterosexual [eterosekswál] *adj - nmf* hétérosexuel,-elle.

hexágono [eksáɣono] *nm* hexagone *m.*

hez [eθ] *nf* lie *f.* ▶ *nf pl* **heces** selles *f pl.*

hibernar [iβernár] *vi* hiberner.

híbrido,-da [íβriðo,-ða] *adj* hybride.

hidratante [iðratánte] *adj* hydratant,-e.

hidratar [iðratár] *vt* hydrater.

hidrógeno [iðróχeno] *nm* hydrogène *m.*

hielo [jélo] *nm* **1** *(gen)* glace *f.* **2** *(en la carretera)* verglas *m.*

hiena [jéna] *nf* hyène *f.*

hierba [jérβa] *nf* herbe *f.*

hierbabuena [jerβaβwéna] *nf* menthe *f.*

hierro [jéřo] *nm* fer *m.*

hígado [íɣaðo] *nm* foie *m.* • **tener hígados** avoir du cran.

higiene [iχjéne] *nf* hygiène *f.*

higiénico,-ca [iχjéniko,-ka] *adj* hygiénique.

higo [íɣo] *nm* figue *f.*

higuera [iɣéra] *nf* figuier *m.*

hijastro,-tra [iχástro,-tra] *nm,f* beau-fils *m,* belle-fille *f.*

hijo,-ja [íχo,-χa] *nm,f* fils *m,* fille *f.* ▶ *nm pl* **hijos** enfants *m pl.* • **hija política** belle-fille *f,* bru *f.* **hijo político** beau-fils *m,* gendre *m.*

hilar [ilár] *vt* filer.

hilo [ílo] *nm* fil *m.* • **estar pendiente de un hilo** ne tenir qu'à un fil. **perder el hilo** perdre le fil.

himno [ímno] *nm* hymne *m.*

hincapié [inkapjé] • **hacer hincapié en** mettre l'accent sur.

hincar [1] [inkár] *vt* planter.

hincha [íntʃa] *nmf* DEP *fam* supporter.

hinchado,-da [intʃáðo,-ða] *adj* **1** *(estilo, etc)* ampoulé,-e. **2** *(presumido)* gonflé,-e d'orgueil.

hinchar [intʃár] *vt* **1** *(inflar)* gonfler. **2** *(exagerar)* grossir. ▶ *vpr* **hincharse 1** *(aumentar de volumen)* enfler. **2** *fig (persona)* s'enorgueillir. **3** *fam fig (de comida)* se gaver.

hinchazón [intʃaθón] *nf* enflure *f.*

hipermercado [ipermerkáðo] *nm* hypermarché *m*.

hipertensión [ipertensjón] *nf* MED hypertension *f*.

hípico,-ca [ipiko,-ka] *adj* hippique.

hipnosis [ipnósis] *nf* hypnose *f*.

hipnotizar [4] [ipnotiθár] *vt* hypnotiser.

hipo [ipo] *nm* hoquet *m*.

hipocresía [ipokresía] *nf* hypocrisie *f*.

hipócrita [ipókrita] *adj - nmf* hypocrite.

hipódromo [ipóðromo] *nm* hippodrome *m*.

hipopótamo [ipopótamo] *nm* hippopotame *m*.

hipoteca [ipotéka] *nf* hypothèque *f*.

hipótesis [ipótesis] *nf* hypothèse *f*.

hirviente [irβjénte] *adj* bouillant,-e.

hispánico,-ca [ispániko,-ka] *adj* hispanique.

hispano,-na [ispáno,-na] *adj* **1** *(español, hispanoamericano)* espagnol,-e. **2** *(en Estados Unidos)* hispanique. ► *nm,f (en Estados Unidos)* Hispanique.

Hispanoamérica [ispanoamérika] *n pr* Amérique *f* Latine.

hispanoamericano,-na [ispanoamerikáno,-na] *adj* hispanoaméricain,-e. ► *nm,f* Hispanoaméricain,-e.

hispanohablante [ispanoaβlánte] *adj - nmf* hispanophone.

histeria [istérja] *nf* hystérie *f*.

historia [istórja] *nf* histoire *f*. • **dejarse de historias** arrêter de raconter des histoires.

historiador,-ra [istorjaðór,-ra] *nm,f* historien,-enne.

historial [istorjál] *adj* historique. ► *nm* **1** *(reseña)* historique *m*. **2** *(profesional)* curriculum vitae *m*.

histórico,-ca [istóriko,-ka] *adj* historique.

historieta [istorjéta] *nf* bande *f* dessinée.

hocico [oθíko] *nm (de animal)* museau *m*; *(del cerdo)* groin *m*.

hogar [oɣár] *nm* foyer *m*. • **sin hogar** sans abri.

hoguera [oɣéra] *nf (fuego)* bûcher *m*; *(en una fiesta)* feu *m* de joie.

hoja [óxa] *nf* **1** *(de vegetal, de papel, etc)* feuille *f*. **2** *(de libro)* page *f*. **3** *(de puerta)* battant *m*; *(de biombo)* volet *m*. **4** *(de cuchillo, espada, etc)* lame *f*.

hojaldre [oxáldre] *nm* pâte *f* feuilletée.

hojear [oxeár] *vt (un libro)* feuilleter.

¡hola! [óla] *interj (durante el día)* bonjour !; *(por la noche)* bonsoir !; *(todo el día)* salut !

Holanda [olánda] *n pr* Hollande *f*.

holandés,-esa [olandés,-ésa] *adj* hollandais,-e. ► *nm,f* Hollandais,-e. ► *nm* **holandés** hollandais *m*.

holocausto [olokáusto] *nm* holocauste *m*.

hombre [ómbre] *nm* **1** *(gen)* homme *m*. **2** *fam (marido)* mari *m*. ► *interj* **¡hombre!** **1** *(incredulidad, ironía)* tiens ! **2** *(sorpresa, cariño)* ça alors ! ■ **hombre de Estado** homme d'État. **hombre lobo** loup-garou *m*.

hombría [ombría] *nf* virilité *f*.

hombro [ómbro] *nm* épaule *f*. • **a hombros** sur les épaules. **arrimar el hombro 1** *(trabajar)* travailler dur. **2** *(ayudar)* donner un coup de main. **encogerse de hombros** hausser les épaules. **mirar a** ALGN **por encima del hombro** regarder QQN de haut.

homenaje [omenáxe] *nm* hommage *m*.

homicida [omiθíða] *adj - nmf* homicide.

homicidio [omiθíðjo] nm homicide m.

homogéneo,-a [omoxéneo,-a] adj homogène.

homologar [7] [omoloɣár] vt homologuer.

homosexual [omoseksuál] adj - nmf homosexuel,-elle.

homosexualidad [omoseksualiðáð] nf homosexualité f.

honda [ónda] nf fronde f.

hondo,-da [óndo,-da] adj profond,-e.

Honduras [ondúras] n pr Honduras m.

hondureño,-ña [onduréɲo,-ɲa] adj hondurien,-enne. ▶ nm,f Hondurien,-enne.

honestidad [onestiðáð] nf honnêteté f.

honesto,-ta [onésto,-ta] adj honnête.

hongo [óŋgo] nm champignon m.

honor [onór] nm honneur m. • **en honor de** en l'honneur de.

honorable [onoráβle] adj honorable.

honra [ónra] nf honneur m.

honradez [onraðéθ] nf honnêteté f.

honrado,-da [onráðo,-ða] adj 1 (recto, honesto) honnête. 2 (con premio, distinción) honoré,-e.

honrar [onrár] vt honorer.

hora [óra] nf 1 (gen) heure f: **¿qué hora es?**, quelle heure est-il ? 2 (cita) rendez-vous m: **pedir hora con el ginecólogo**, prendre rendez-vous chez le gynécologue. • **a altas horas** tard. **a la hora** à l'heure. **a última hora** au dernier moment. **¡ya era hora!** il était temps ! • **hora punta** heure de pointe.

horario,-ria [orárjo,-rja] adj horaire. ▶ nm **horario** (gen) horaire m; (en el colegio) emploi m du temps. • **horario de atención al público** heures f pl d'ouverture.

horizontal [oriθontál] adj horizontal,-e.

horizonte [oriθónte] nm horizon m. • **en el horizonte** à l'horizon.

hormiga [ormíɣa] nf fourmi f.

hormigón [ormiɣón] nm béton m.

hormona [ormóna] nf hormone f.

horno [órno] nm 1 (aparato, instalación) four m. 2 fig (lugar caluroso) four m, fournaise f. • **al horno** au four. **no está el horno para bollos** ce n'est vraiment pas le moment.

horóscopo [oróskopo] nm horoscope m.

horquilla [orkíʎa] nf 1 (para pelo) épingle f à cheveux. 2 (de bicicleta, agrícola) fourche f.

horrible [oríβle] adj horrible.

horripilante [oripilánte] adj horripilant,-e.

horror [orór] nm horreur f. • **¡qué horror!** quelle horreur ! **tener horror a algo** faire horreur. **un horror** fam terriblement, énormément: **me costó un horror encontrar la salida**, trouver la sortie a été une horreur pour moi.

horrorizar [4] [ororiθár] vt 1 (causar miedo) horrifier, faire horreur. 2 (causar disgusto) avoir horreur de, déplaire profondément: **me horroriza madrugar**, j'ai horreur de me lever de bonne heure. ▶ vpr **horrorizarse** 1 (tener miedo) être frappé,-e d'horreur. 2 (escandalizarse) se scandaliser.

horroroso,-sa [ororóso,-sa] adj horrible, affreux,-euse.

hortaliza [ortalíθa] nf légume m, plante f potagère.

hortera [ortéra] adj - nmf ringard,-e.

hospedaje

hospedaje [ospeðáxe] *nm* **1** *(alojamiento)* logement *m*. **2** *(precio)* prix *m* de la pension.
hospedar [ospeðár] *vt* loger, héberger. ▶ *vpr* **hospedarse** se loger, être hébergé,-e.
hospital [ospitál] *nm* hôpital *m*.
hospitalario,-ria [ospitalárjo,-rja] *adj* hospitalier,-ère.
hospitalidad [ospitaliðáð] *nf* hospitalité *f*.
hospitalizar [4] [ospitaliθár] *vt* hospitaliser.
hostal [ostál] *nm* petit hôtel *m*.
hostelería [osteleria] *nf* hôtellerie *f*.
hostia [ostja] *nf* **1** *(oblea)* hostie *f*. **2** *vulg (bofetada)* beigne *f*, torgnole *f*. **3** *vulg (topetazo)* gadin *m*. ▶ *interj* **¡hostia!** *vulg* putain! • **estar de mala hostia** *vulg* être de mauvais poil. **pegarse una hostia** *vulg* se planter, ramasser un gadin. **ser la hostia** *vulg* être super, être le top. **tener mala hostia** *vulg* avoir un caractère de cochon.
hostil [ostíl] *adj* hostile.
hostilidad [ostiliðáð] *nf* hostilité *f*.
hotel [otél] *nm* hôtel *m*.
hoy [oj] *adv* aujourd'hui. • **de hoy en adelante** dorénavant, désormais. **hoy (en) día** de nos jours, aujourd'hui. **hoy por hoy** à présent, de nos jours.
hoyo [ójo] *nm* **1** *(agujero)* trou *m*. **2** *(fosa)* fosse *f*, sépulture *f*.
hucha [útʃa] *nf* tirelire *f*.
hueco,-ca [wéko,-ka] *adj* **1** *(vacío)* creux,-euse, vide. **2** *(mullido, esponjoso)* moelleux,-euse, spongieux,-euse. **3** *(estilo, voz)* creux,-euse. **4** *(presuntuoso)* vaniteux,-euse. ▶ *nm* **hueco 1** *(cavidad)* creux *m*. **2** *(tiempo libre)* moment *m* de libre. **3** *(sitio libre)* espace *m* vide. • **hacerse un hueco** faire son trou.

huelga [wélɣa] *nf* grève *f*. • **hacer huelga** faire grève.
huella [wéʎa] *nf* **1** *(del pie - de persona)* trace *f*, empreinte *f*; *(- de animal)* empreinte *f*, foulée *f*. **2** *(de dedo)* empreinte *f*. **3** *(señal, vestigio)* trace *f*. • **dejar huella** laisser des traces.
huérfano,-na [wérfano,-na] *adj - nm,f* orphelin,-e.
huerta [wérta] *nf* **1** *(de frutales)* verger *m*. **2** *(de hortalizas)* potager *m*.
huerto [wérto] *nm* **1** *(de hortalizas)* jardin *m* potager. **2** *(de frutales)* verger *m*.
hueso [wéso] *nm* **1** *(del cuerpo)* os *m*. **2** *(de fruta)* noyau *m*. **3** *(material)* corne *f*. **4** *fam fig (asignatura)* bête *f* noire.
huésped,-da [wéspeð,-ða] *nm,f* hôte *m*, hôtesse *f*.
huevo [wéβo] *nm* **1** *(gen)* œuf *m*. **2** *fam (testículo)* couille *f*. • **costar un huevo** *fam* coûter la peau des fesses. **estar hasta los huevos** *fam* en avoir assez. • **huevo duro** œuf dur. **huevo estrellado** œuf (au) miroir. **huevo frito** œuf au plat. **huevos revueltos** œufs brouillés.
huida [wiða] *nf* fuite *f*.
huir [62] [wir] *vi* fuir, s'enfuir. • **huir de** ALGO *(evitar)* fuir QQCH.
humanidad [umaniðáð] *nf* humanité *f*.
humanitario,-ria [umanitárjo,-rja] *adj* humanitaire.
humano,-na [umáno,-na] *adj* humain,-e. ▶ *nm* **humano** humain *m*.
humear [umeár] *vi (echar humo, vapor)* fumer.
humedad [umeðáð] *nf* humidité *f*.
húmedo,-da [úmeðo,-ða] *adj* humide.
humildad [umildáð] *nf* humilité *f*.
humilde [umílde] *adj* humble.
humillación [umiʎaθjón] *nf* humiliation *f*.

humillar [umiʎár] *vt* humilier, abaisser.

humo [úmo] *nm* fumée *f.*

humor [umòr] *nm* **1** *(ánimo)* humeur *f.* **2** *(gracia)* humour *m.* • **de buen humor** de bonne humeur. **de mal humor** de mauvaise humeur.

humorista [umorista] *nmf* humoriste.

humorístico,-ca [umoristiko,-ka] *adj* humoristique.

hundido,-da [undiðo,-ða] *adj* **1** *(gen)* enfoncé,-e. **2** *(persona)* effondré,-e, abattu,-e.

hundimiento [undimjènto] *nm* **1** *(en agua, barro)* enfoncement *m.* **2** *(de barco)* naufrage *m.* **3** *(de edificio)* écroulement *m.* **4** *(de terreno)* affaissement *m.* **5** *fig (de régimen, empresa, persona)* effondrement *m.*

hundir [undir] *vt* **1** *(hacer penetrar)* enfoncer. **2** *(barco)* couler. **3** *fig (destruir)* détruire, ruiner. ▶ *vpr* **hundirse 1** *(barco)* couler, sombrer. **2** *(edificio)* s'écrouler, s'effondrer. **3** *(terreno)* s'affaisser. **4** *(caer al fondo)* s'enfoncer.

húngaro,-ra [úngaro,-ra] *adj* hongrois,-e. ▶ *nm,f* Hongrois,-e. ▶ *nm* **húngaro** *(idioma)* hongrois *m.*

Hungría [ungria] *nf* Hongrie *f.*

huracán [urakán] *nm* ouragan *m.*

hurtar [urtàr] *vt* voler, dérober.

huso [úso] *nm* fuseau *m.* ■ **huso horario** fuseau horaire.

¡huy! [wi] *interj* **1** *(dolor)* aïe ! **2** *(asombro)* oh !

I

ibérico,-ca [iβériko,-ka] *adj* ibérique.
iceberg [iθeβérɣ] *nm* iceberg *m*.
icono [ikóno] *nm* icône *f*.
ida [iða] *nf* aller *m*. • **idas y venidas** allées et venues. **ida y vuelta** aller et retour, aller-retour *m*.
idea [iðéa] *nf* **1** *(gen)* idée *f*. **2** *(propósito)* intention *f*, idée *f*. • **hacerse a la idea** se faire une raison. **¡ni idea!** aucune idée ! **no tener ni idea** être nul, nulle.
ideal [iðeál] *adj* idéal,-e. ▶ *nm* idéal *m*.
idear [iðeár] *vt* concevoir.
idéntico,-ca [iðéntiko,-ka] *adj* identique.
identidad [iðentiðáð] *nf* identité *f*.
identificar [1] [iðentifikár] *vt* identifier.
ideología [iðeoloχía] *nf* idéologie *f*.
idioma [iðjóma] *nm* langue *f*, idiome *m*.
idiota [iðjóta] *adj - nmf* idiot,-e.
idiotez [iðjoteθ] *nf* idiotie *f*.
ido,-da [iðo,-ða] *adj* **1** *(loco)* fou, folle. **2** *(despistado)* distrait,-e.
ídolo [iðolo] *nm* idole *f*.
iglesia [iɣlésja] *nf* église *f*.
ignorancia [iɣnoránθja] *nf* ignorance *f*.
ignorante [iɣnoránte] *adj - nmf* ignorant,-e.
ignorar [iɣnorár] *vt* **1** *(desconocer)* ignorer. **2** *(no hacer caso)* ignorer, négliger.

igual [iɣwál] *adj* **1** *(idéntico, parecido, equivalente)* égal,-e, pareil,-eille: **este niño es igual que su padre**, cet enfant est pareil que son père. **2** *(semejante, tal)* semblable, pareil,-eille: **nunca he oído una mentira igual**, je n'ai jamais entendu un pareil mensonge. ▶ *nm (signo matemático)* signe *m* égal. ▶ *adv* **1** *(quizás)* peut-être: **igual llego un poco tarde**, peut-être que j'arriverai un peu tard. **2** *(de la misma manera)* pareil, même. • **al igual que** comme. **dar igual** être égal. **darle igual** ALGO **a** ALGN se ficher de QQCH. **es igual** ça ne fait rien.
igualar [iɣwalár] *vt* **1** *(hacer igual)* égaliser. **2** *(en importancia, mérito, calidad)* égaler: **nada iguala su belleza**, rien n'égale sa beauté. **3** *(terreno)* aplanir, niveler. ▶ *vpr* **igualarse** *(cosas)* être égal, se valoir. • **igualarse con** ALGN égaler QQN.
igualdad [iɣwaldáð] *nf* égalité *f*.
ilegal [ileɣál] *adj* illégal,-e.
ilegible [ileχíβle] *adj* illisible.
ilegítimo,-ma [ileχítimo,-ma] *adj* illégitime.
ileso,-sa [iléso,-sa] *adj* sain et sauf, saine et sauve.
ilícito,-ta [iliθito,-ta] *adj* illicite.
ilimitado,-da [ilimitáðo,-ða] *adj* illimité,-e.
ilógico,-ca [ilóχiko,-ka] *adj* illogique.

iluminación [iluminaθjón] *nf* **1** *(gen)* illumination *f*. **2** *(alumbrado)* éclairage *m*.

iluminar [iluminár] *vt* **1** *(gen)* illuminer, éclairer. **2** *(estampas, libros)* enluminer.

ilusión [ilusjón] *nf* **1** *(esperanza)* espoir *m*. **2** *(emoción)* joie *f*, bonheur *m*. **3** *(imagen falsa)* illusion *f*. • **¡qué ilusión!** quelle joie !

ilusionar [ilusjonár] *vt (emocionar)* remplir de joie. ▶ *vpr* **ilusionarse 1** *(esperanzarse)* s'illusionner, se faire des illusions. **2** *(emocionarse)* se réjouir d'avance.

ilustración [ilustraθjón] *nf* **1** *(estampa, dibujo)* illustration *f*. **2** *(cultura)* savoir *m*, connaissances *f pl*.

ilustrado,-da [ilustráðo,-ða] *adj* **1** *(libro, revista)* illustré,-e. **2** *(culto, instruido)* instruit,-e, cultivé,-e.

ilustrar [ilustrár] *vt* **1** *(con dibujos, estampas, ejemplos)* illustrer. **2** *(instruir)* éclairer, instruire.

imagen [imáxen] *nf* image *f*.

imaginación [imaxinaθjón] *nf* imagination *f*.

imaginar [imaxinár] *vt* imaginer. ▶ *vpr* **imaginarse** s'imaginer, croire. • **¡imagínate!** figure-toi !

imaginario,-ria [imaxinárjo,-rja] *adj* imaginaire.

imán¹ [imán] *nm (hierro)* aimant *m*.

imán² [imán] *nm (sacerdote musulmán)* imam *m*.

imbécil [imbéθil] *adj - nmf* imbécile.

imitación [imitaθjón] *nf* imitation *f*.

imitador,-ra [imitaðór,-ra] *nm,f* imitateur,-euse.

imitar [imitár] *vt* **1** *(copiar)* imiter, copier. **2** *(parodiar)* pasticher.

impaciencia [impaθjénθja] *nf* impatience *f*.

impaciente [impaθjénte] *adj - nmf* impatient,-e.

impacto [impákto] *nm* impact *m*.

impar [impár] *adj* impair,-e.

imparcial [imparθjál] *adj* impartial,-e.

impartir [impartír] *vt* donner.

impecable [impekáβle] *adj* impeccable.

impedido,-da [impeðíðo,-ða] *adj* perclus,-e, infirme.

impedimento [impeðiménto] *nm* empêchement *m*, obstacle *m*.

impedir [34] [impeðír] *vt* empêcher.

impensable [impensáβle] *adj* impensable.

imperativo,-va [imperatíβo,-βa] *adj* impératif,-ive. ▶ *nm* **imperativo** impératif *m*.

imperceptible [imperθeptíβle] *adj* imperceptible.

imperdonable [imperðonáβle] *adj* impardonnable.

imperfección [imperfekθjón] *nf* imperfection *f*.

imperfecto,-ta [imperfékto,-ta] *adj* imparfait,-e. ▶ *nm* **imperfecto** imparfait *m*.

imperialismo [imperjalizmo] *nm* impérialisme *m*.

imperio [impérjo] *nm* empire *m*.

impermeable [impermeáβle] *adj - nm* imperméable *m*.

impertinente [impertinénte] *adj - nmf* impertinent,-e.

ímpetu [ímpetu] *nm* élan *m*.

implantar [implantár] *vt* **1** *(órgano, cabello)* implanter. **2** *(reforma, régimen)* introduire.

implicar [1] [implikár] *vt* **1** *(conllevar)* impliquer, entraîner. **2** *(involucrar)* impliquer.

implorar [implorár] *vt fml* implorer.

imponente [imponénte] *adj* **1** *(impresionante)* imposant,-e. **2** *(estupendo)* sensationnel,-elle, formidable.

imponer [78] [imponér] *vt (gen)* imposer. ▶ *vi (inspirar miedo, respeto)* en imposer.

importación [importaθjón] *nf* importation *f.*

importancia [importánθja] *nf* importance *f.* • **dar importancia a** ALGO attacher de l'importance à QQCH.

importante [importánte] *adj* important,-e.

importar [importár] *vi* **1** *(tener importancia, interesar)* importer, avoir de l'importance. **2** *(molestar)* ennuyer, embêter. ▶ *vt (mercancías)* importer. • **no importa** ça ne fait rien, peu importe. **¿y a ti qué te importa?** qu'est-ce que ça peut te faire !, ça te regarde ?

importe [impórte] *nm* montant *m.*

imposibilidad [imposiβiliðáð] *nf* impossibilité *f.*

imposible [imposíβle] *adj* **1** *(irrealizable)* impossible. **2** *(persona)* insupportable, impossible. • **hacer lo imposible** faire l'impossible.

impotencia [impoténθja] *nf* impuissance *f.*

impotente [impoténte] *adj* impuissant,-e.

impregnar [impreγnár] *vt* imprégner.

imprenta [imprénta] *nf* imprimerie *f.*

imprescindible [impresθindíβle] *adj* indispensable.

impresión [impresjón] *nf* impression *f.*

impresionante [impresjonánte] *adj* impressionnant,-e.

impresionar [impresjonár] *vt* **1** *(gen)* impressionner. **2** *(sonido)* enregistrer. ▶ *vpr* **impresionarse** être impressionné,-e.

impreso,-sa [impréso,-sa] *adj* imprimé,-e.

impresora [impresóra] *nf* imprimante *f.*

imprevisible [impreβisíβle] *adj* imprévisible.

imprevisto,-ta [impreβísto,-ta] *adj* imprévu,-e. ▶ *nm* **imprevisto** *(incidente)* imprévu *m.*

imprimir [imprimír] *vt* imprimer.

improbable [improβáβle] *adj* improbable.

improvisación [improβisaθjón] *nf* improvisation *f.*

improvisar [improβisár] *vt* improviser.

imprudencia [impruðénθja] *nf* imprudence *f.*

imprudente [impruðénte] *adj - nmf* imprudent,-e.

impuesto [impwésto] *nm* impôt *m.* • **impuesto sobre la renta** impôt sur le revenu. **impuesto sobre el valor añadido** taxe *f* à la valeur ajoutée.

impulsar [impulsár] *vt* **1** *(empujar)* pousser. **2** *(promover, estimular)* stimuler, inciter.

impulsivo,-va [impulsíβo,-βa] *adj* impulsif,-ive.

impulso [impúlso] *nm* **1** *(gen)* impulsion *f.* **2** *(para saltar, correr)* élan *m.*

impuro,-ra [impúro,-ra] *adj* impur,-e.

inaccesible [inakθesíβle] *adj (lugar, persona)* inaccessible. **2** *(precio, producto)* inabordable.

inactivo,-va [inaktíβo,-βa] *adj* inactif,-ive.

inadaptado,-da [inaðaptáðo,-ða] *adj - nm,f* inadapté,-e.

inadvertido,-da [inaðβertíðo,-ða] *adj* inaperçu,-e.

inagotable [inaɣotáβle] *adj* inépuisable, intarissable.

inaguantable [inaɣwantáβle] *adj* insupportable, intolérable.

inalámbrico,-ca [inalámbriko,-ka] *adj* sans fil.

inaudito,-ta [inaŭðito,-ta] *adj* inouï,-e.

inauguración [inauɣuraθjón] *nf* **1** *(gen)* inauguration f. **2** *(de exposición de arte)* vernissage m.

inaugurar [inauɣurár] *vt* inaugurer.

incalculable [iŋkalkuláβle] *adj* incalculable.

incansable [iŋkansáβle] *adj* infatigable, inlassable.

incapacidad [iŋkapaθiðáð] *nf (falta de capacidad)* incapacité f.

incapaz [iŋkapáθ] *adj* incapable.

incendiar [12] [inθendjár] *vt* incendier. ▶ *vpr* **incendiarse** prendre feu.

incendio [inθéndjo] *nm* incendie m.

incentivo [inθentíβo] *nm* **1** *(estímulo)* aiguillon m, stimulant m. **2** *(dinero)* prime f.

incertidumbre [inθertiðúmbre] *nf* incertitude f.

incidencia [inθiðénθja] *nf* **1** *(repercusión)* incidence f. **2** *(suceso)* incident m.

incidente [inθiðénte] *nm* incident m.

incierto,-ta [inθjérto,-ta] *adj* **1** *(dudoso)* incertain,-e. **2** *(desconocido)* inconnu,-e.

incineración [inθineraθjón] *nf* incinération f.

incinerar [inθinerár] *vt* incinérer.

incisivo,-va [inθisíβo,-βa] *adj* **1** *(estilo)* haché, e. **2** *(mordaz)* incisif,-ive.

incitar [inθitár] *vt* inciter (**a**, à).

inclinación [iŋklinaθjón] *nf* **1** *(acción)* inclination f. **2** *(posición, estado)* inclinaison f. **3** *(propensión)* disposition f, penchant m.

inclinar [iŋklinár] *vt* incliner.

incluir [62] [iŋklwír] *vt* **1** *(gen)* inclure. **2** *(contener)* comprendre, inclure.

inclusive [iŋklusíβe] *adv* y compris.

incluso [iŋklúso] *adv* y compris, même. ▶ *prep* même, y compris.

incógnita [iŋkóɣnita] *nf* inconnue f.

incoherencia [iŋkoerénθja] *nf* incohérence f.

incoloro,-ra [iŋkolóro,-ra] *adj* incolore.

incomodar [iŋkomoðár] *vt* **1** *(causar malestar)* incommoder, gêner. **2** *(importunar)* déranger, gêner. **3** *(disgustar)* fâcher. ▶ *vpr* **incomodarse** *(enfadarse)* se fâcher, se vexer.

incomodidad [iŋkomoðiðáð] *nf* **1** *(falta de comodidad)* inconfort m. **2** *(molestia)* gêne f. **3** *(malestar)* malaise m.

incómodo,-da [iŋkómoðo,-ða] *adj* **1** *(gen)* pas confortable. **2** *(molesto)* gênant,-e.

incompatible [iŋkompatíβle] *adj* incompatible.

incompetencia [iŋkompeténθja] *nf* incompétence f.

incompetente [iŋkompeténte] *adj* incompétent,-e.

incompleto,-ta [iŋkompléto,-ta] *adj* incomplet,-ète.

incomprensible [iŋkomprensíβle] *adj* incompréhensible, insaisissable.

inconcebible [iŋkonθeβíβle] *adj* inconcevable.

inconsciente [iŋkonsθjénte] *adj* - *nmf* inconscient,-e.

incontinencia [iŋkontinénθja] *nf* incontinence *f*.

inconveniencia [iŋkombenjénθja] *nf* **1** *(gen)* inconvénient *m*. **2** *(grosería)* inconvenance *f*.

inconveniente [iŋkombenjénte] *adj* **1** *(inapropiado)* inconvenant,-e. **2** *(incorrecto)* malpoli, incorrect,-e. ▶ *nm* **1** *(desventaja)* inconvénient *m*. **2** *(estorbo)* empêchement *m*. • **no tener inconveniente en** ne pas voir d'inconvénient à.

incorporar [iŋkorporár] *vt* **1** *(añadir)* incorporer. **2** *(en la cama)* asseoir, soulever. **3** *(territorio)* rattacher. ▶ *vpr* **incorporarse 1** *(levantarse)* se redresser, s'asseoir. **2 incorporarse a** *(equipo, cargo, regimiento)* rallier.

incorrecto,-ta [iŋkořékto,-ta] *adj* incorrect,-e.

increíble [iŋkreíβle] *adj* incroyable.

incremento [iŋkreménto] *nm* accroissement *m*, augmentation *f*.

incrustar [iŋkrustár] *vt* incruster.

inculpar [iŋkulpár] *vt* inculper.

inculto,-ta [iŋkúlto,-ta] *adj* inculte. ▶ *nm,f* ignorant,-e.

incumbencia [iŋkumbénθja] *nf* ressort *m*: **eso no es de mi incumbencia**, cela n'est pas de mon ressort.

incumplir [iŋkumplír] *vt* **1** *(promesa)* manquer à, faillir à. **2** *(ley, regla)* ne pas respecter.

incurable [iŋkuráβle] *adj* incurable, inguérissable.

incursión [iŋkursjón] *nf* incursion *f*.

indagar [7] [indayár] *vt* rechercher.

indebido,-da [indeβíðo,-ða] *adj* **1** *(inconveniente)* indu,-e. **2** *(ilícito)* illicite.

indecente [indeθénte] *adj* **1** *(impúdico)* indécent,-e. **2** *(deshonesto)* malhonnête. **3** *(repugnante)* très mauvais,-e.

indeciso,-sa [indeθíso,-sa] *adj* indécis,-e.

indefenso,-sa [indefénso,-sa] *adj* sans défense.

indefinido,-da [indefiníðo,-ða] *adj* indéfini,-e.

indemnización [indemniθaθjón] *nf* **1** *(acto)* indemnisation *f*. **2** *(dinero)* indemnité *f*.

indemnizar [4] [indemniθár] *vt* indemniser, dédommager.

independencia [independénθja] *nf* indépendance *f*.

independiente [independjénte] *adj* indépendant,-e.

indestructible [indestruktíβle] *adj* indestructible.

indeterminado,-da [indeterminaðo,-ða] *adj* indéterminé,-e.

India [indja] *n pr* Inde *f*.

indicación [indikaθjón] *nf* **1** *(gen)* indication *f*. **2** *(señal)* repère *m*.

indicador,-ra [indikaðór,-ra] *adj* indicateur,-trice.

indicar [1] [indikár] *vt* indiquer, signaler.

indicativo,-va [indikatíβo,-βa] *adj* indicatif,-ive. ▶ *nm* **indicativo** indicatif *m*.

índice [índiθe] *nm* **1** *(de libro)* index *m*, table *f* des matières. **2** *(dedo)* index *m*. **3** *(coeficiente)* taux *m*. **4** FÍS, MAT indice *m*.

indicio [indíθjo] *nm* indice *m*, signe *m*.

indiferencia [indiferénθja] *nf* indifférence *f*.

indiferente [indiferénte] *adj* indifférent,-e.

indígena [indíxena] *adj* - *nmf* indigène.

indigestarse [indixestárse] *vpr* avoir une indigestion.

indigestión [indiχestjón] *nf* indigestion *f*.
indignación [indiɣnaθjón] *nf* indignation *f*.
indignante [indiɣnánte] *adj* révoltant,-e.
indignar [indiɣnár] *vt* indigner.
indigno,-na [indíɣno,-na] *adj* indigne.
indio,-dia [índjo,-dja] *adj* indien, -enne. ▶ *nm,f* Indien,-enne.
indirecta [indirékta] *nf* allusion *f*, insinuation *f*. • **lanzar una indirecta** lancer des piques.
indirecto,-ta [indirékto,-ta] *adj* indirect,-e.
indiscreto,-ta [indiskréto,-ta] *adj - nm,f* indiscret,-ète.
indispensable [indispensáβle] *adj* indispensable. • **lo indispensable** l'essentiel *m*.
individual [indiβiðwál] *adj* individuel, -elle.
individuo [indiβíðwo] *nm* individu *m*.
indoloro,-ra [indolóro,-ra] *adj* indolore.
Indonesia [indonèsja] *n pr* Indonésie *f*.
indonesio,-sia [indonèsjo,-sja] *adj* indonésien,-enne. ▶ *nm* Indonésien,-enne.
inducción [indukθjón] *nf* induction *f*.
indumentaria [indumentárja] *nf* habillement *m*, costume *m*.
industria [indústrja] *nf* industrie *f*.
industrial [industrjál] *adj - nm,f* industriel,-elle.
industrializar [4] [industrjaliθár] *vt* industrialiser.
inédito,-ta [inéðito,-ta] *adj* inédit,-e.
ineficaz [inefikáθ] *adj* inefficace.

INEM [inɛ́m] *abr* (**Instituto Nacional de Empleo**) *Institut national pour l'emploi en Espagne*.
inequívoco,-ca [inekiβóko,-ka] *adj* indubitable.
inercia [inèrθja] *nf* inertie *f*.
inerte [inèrte] *adj* inerte.
inesperado,-da [inesperáðo,-ða] *adj* inattendu,-e.
inestable [inestáβle] *adj* instable.
inevitable [ineβitáβle] *adj* inévitable.
inexacto,-ta [ineksákto,-ta] *adj* inexact,-e.
inexistente [ineksisténte] *adj* inexistant,-e.
inexplicable [ineksplikáβle] *adj* inexplicable.
infalible [imfalíβle] *adj* infaillible.
infame [imfáme] *adj - nmf* infâme.
infancia [imfánθja] *nf* enfance *f*.
infante,-ta [imfánte,-ta] *nm,f* (*en familia real*) infant,-e.
infantil [imfantíl] *adj* 1 (*enfermedad, medicina, mortalidad*) infantile. 2 (*juego, lenguaje*) enfantin,-e. 3 (*inocente*) puéril,-e, d'enfant.
infarto [imfárto] *nm* infarctus *m*.
infatigable [imfatiɣáβle] *adj* infatigable.
infección [imfekθjón] *nf* infection *f*.
infectar [imfektár] *vt* infecter.
infeliz [imfelíθ] *adj* (*desgraciado*) malheureux,-euse, infortuné,-e. ▶ *nmf fam* pauvre type, pauvre femme.
inferior [imferjór] *adj - nmf* inférieur,-e.
inferioridad [imferjoriðáð] *nf* infériorité *f*.
infernal [imfernál] *adj* infernal,-e.
infestar [imfestár] *vt* (*invadir*) infester.
infidelidad [imfiðeliðáð] *nf* infidélité *f*.
infiel [imfjél] *adj* infidèle.
infierno [imfjérno] *nm* enfer *m*.

infiltrar [imfiltrár] *vt* infiltrer.
infinidad [imfiniðáð] *nf* infinité *f*.
infinitivo [imfinitiβo] *nm* infinitif *m*.
infinito,-ta [imfinito,-ta] *adj* infini,-e. ▶ *nm* **infinito** infini *m*. ▶ *adv* infiniment, extrêmement.
inflación [imflaθjón] *nf* inflation *f*.
inflamación [imflamaθjón] *nf* inflammation *f*.
inflamar [imflamár] *vt* enflammer.
inflar [imflár] *vt* **1** *(globo, neumático)* enfler, gonfler. **2** *fig (exagerar)* enfler, grossir. ▶ *vpr* **inflarse 1** *(hincharse)* se gonfler, s'enfler. **2** *fig (engreírse)* se gonfler d'orgueil. • **inflarse a/de + inf** *(hartarse)* ne pas arrêter de.
influencia [imflwénθja] *nf* influence *f*. • **ejercer influencia en** avoir une influence sur.
influir [62] [imflwír] *vi* influer (**en**, sur).
información [imformaθjón] *nf* **1** *(datos)* information *f*. **2** *(indicación)* renseignement *m*. **3** *(oficina)* renseignements *m pl*. **4** *(noticias)* informations *f pl*.
informal [imformál] *adj* **1** *(reunión, ambiente, ropa)* informel,-elle, décontracté, -e. **2** *(persona)* peu sérieux,-euse, fumiste.
informar [imformár] *vt* **1** *(dar noticia)* informer. **2** *(dar indicaciones)* renseigner.
informática [imformátika] *nf* informatique *f*.
informático,-ca [imformátiko,-ka] *adj* informatique. ▶ *nm,f* informaticien,-enne.
informativo [imformatiβo] *nm* journal *m*.
informe [imfórme] *nm* rapport *m*.
infracción [imfrakθjón] *nf* infraction *f*.
infusión [imfusjón] *nf* infusion *f*.
ingeniería [iŋxenjería] *nf* génie *m*.

ingeniero,-ra [iŋxenjéro,-ra] *nm,f* ingénieur *m*.
ingenio [iŋxénjo] *nm* **1** *(agudeza)* esprit *m*. **2** *(habilidad)* habileté *f*, adresse *f*. **3** *(máquina)* engin *m*.
ingenioso,-sa [iŋxenjóso,-sa] *adj* ingénieux,-euse.
ingenuo,-nua [iŋxénwo,-nwa] *adj* - *nm,f* ingénu,-e.
ingerir [35] [iŋxerír] *vt* ingérer.
Inglaterra [iŋglatéRa] *n pr* Angleterre *f*.
inglés,-esa [iŋglés,-ésa] *adj* anglais,-e. ▶ *nm,f* Anglais,-e. ▶ *nm* **inglés** *(idioma)* anglais *m*.
ingrato,-ta [iŋgráto,-ta] *adj* - *nm,f* ingrat,-e.
ingrediente [iŋgreðjénte] *nm* ingrédient *m*.
ingresar [iŋgresár] *vi* *(en escuela, hospital)* entrer, être admis. ▶ *vt* **1** *(dinero)* verser, déposer. **2** *(a enfermo)* faire admettre.
ingreso [iŋgréso] *nm* **1** *(en organización, club, hospital)* entrée *f*, admission *f*. **2** *(de dinero)* recette *f*, encaissement *m*. ▶ *nm pl* **ingresos 1** *(salario, emolumentos)* revenus *m pl*. **2** *(recaudación)* recettes *f pl*.
inhalar [inalár] *vt* inhaler.
inhibir [iniβír] *vt* inhiber. ▶ *vpr* **inhibirse 1** *(cohibirse)* se contenir. **2** *(mantenerse al margen)* s'abstenir (**de**, de).
inhumación [inumaθjón] *nf* inhumation *f*.
inhumano,-na [inumáno,-na] *adj* inhumain,-e.
inhumar [inumár] *vt* inhumer.
iniciación [iniθjaθjón] *nf* initiation *f*.
inicial [iniθjál] *adj* initial,-e. ▶ *nf* initiale *f*.
inicializar [iniθjaliθár] *vt* INFORM initialiser.

iniciar [12] [iniθjár] *vt* commencer, entamer. ▶ *vpr* **iniciarse** commencer.
• **iniciarse en ALGO** s'initier à QQCH.
iniciativa [iniθjatíβa] *nf* initiative *f*.
inicio [iníθjo] *nm* début *m*.
inimaginable [inimaxináβle] *adj* inimaginable.
injusticia [iŋxustíθja] *nf* injustice *f*.
injusto,-ta [iŋxústo,-ta] *adj* injuste.
inmaduro,-ra [immaðúro,-ra] *adj* **1** *(persona)* immature. **2** *(fruta)* pas mûr,-e.
inmediato,-ta [immeðjáto,-ta] *adj* **1** *(en el tiempo)* immédiat,-e. **2** *(contiguo)* contigu,-uë, voisin,-e.
inmejorable [immexoráβle] *adj* excellent,-e, incomparable.
inmenso,-sa [imménso,-sa] *adj* immense.
inmersión [immersjón] *nf* **1** *(gen)* immersion *f*. **2** *(de buceador)* plongée *f*.
inmigración [immiɣraθjón] *nf* immigration *f*.
inmigrante [immiɣránte] *adj - nmf* immigrant,-e, immigré,-e.
inmigrar [immiɣrár] *vi* immigrer.
inminente [imminénte] *adj* imminent,-e.
inmobiliaria [immoβiljárja] *nf* société *f* immobilière.
inmobiliario,-ria [immoβiljárjo,-rja] *adj* immobilier,-ère.
inmoral [immorál] *adj* immoral,-e.
inmortal [immortál] *adj* immortel,-elle.
inmortalizar [4] [immortaliθár] *vt* immortaliser.
inmóvil [immóβil] *adj* immobile.
inmovilizar [4] [immoβiliθár] *vt* immobiliser.
inmunidad [immuniðáð] *nf* immunité *f*.
inmunizar [4] [immuniθár] *vt* immuniser.
innato,-ta [innáto,-ta] *adj* inné,-e.
innecesario,-ria [inneθesárjo,-rja] *adj* superflu,-e, non nécessaire.
innovación [innoβaθjón] *nf* innovation *f*.
innovar [innoβár] *vt - vi* innover.
inocencia [inoθénθja] *nf* innocence *f*.
inocente [inoθénte] *adj - nmf* innocent,-e.
inodoro,-ra [inoðóro,-ra] *adj* inodore. ▶ *nm* **inodoro** *(retrete)* toilettes *f pl*.
inofensivo,-va [inofensíβo,-βa] *adj* inoffensif,-ive.
inolvidable [inolβiðáβle] *adj* inoubliable.
inoxidable [inoksiðáβle] *adj* inoxydable.
inquietar [iŋkjetár] *vt* inquiéter.
inquieto,-ta [iŋkjéto,-ta] *adj* **1** *(preocupado)* inquiet,-ète. **2** *(agitado)* remuant,-e. **3** *(curioso)* vif, vive, éveillé,-e.
inquietud [iŋkjetúð] *nf* **1** *(preocupación)* inquiétude *f*. **2** *(agitación)* agitation *f*. **3** *(curiosidad)* curiosité *f*.
inquilino,-na [iŋkilíno,-na] *nm,f* locataire.
insano,-na [insáno,-na] *adj* malsain,-e.
inscribir [inskriβír] *vt* inscrire.
inscripción [inskripθjón] *nf* inscription *f*.
inscrito,-ta [inskríto,-ta] *adj* inscrit,-e.
insecto [insékto] *nm* insecte *m*.
inseguridad [inseɣuriðáð] *nf* insécurité *f*.
inseguro,-ra [inseɣúro,-ra] *adj* **1** *(gen)* qui n'est pas sûr,-e. **2** *(tiempo)* incertain,-e. **3** *(no estable)* chancelant,-e.

insensato,-ta [insensáto,-ta] *adj - nm,f* insensé,-e.

insensible [insensíβle] *adj* insensible.

inseparable [inseparáβle] *adj - nmf* inséparable.

insertar [insertár] *vt* insérer.

insignificante [insiynifikánte] *adj* insignifiant,-e.

insinuar [11] [insinwár] *vt* **1** *(dar a entender)* insinuer. **2** *(sugerir)* suggérer.

insistencia [insisténθja] *nf* insistance *f*.

insistir [insistír] *vi* insister.

insolación [insolaθjón] *nf* insolation *f*, coup *m* de soleil.

insolente [insolénte] *adj - nm,f* insolent,-e.

insólito,-ta [insólito,-ta] *adj* insolite.

insomnio [insómnjo] *nm* insomnie *f*.

insoportable [insoportáβle] *adj* insupportable.

inspección [inspekθjón] *nf* inspection *f*.

inspeccionar [inspekθjonár] *vt* inspecter.

inspector,-ra [inspektór,-ra] *nm,f* inspecteur,-trice.

inspiración [inspiraθjón] *nf* inspiration *f*.

inspirar [inspirár] *vt* inspirer.

instalación [instalaθjón] *nf* installation *f*.

instalar [instalár] *vt* **1** *(gen)* installer. **2** *(gas, electricidad)* poser.

instantánea [instantánea] *nf* instantané *m*.

instantáneo,-a [instantáneo,-a] *adj* instantané,-e.

instante [instánte] *nm* instant *m*.

instaurar [instaurár] *vt* instaurer.

instintivo,-va [instintíβo,-βa] *adj* instinctif,-ive.

instinto [instínto] *nm* instinct *m*.

institución [instituθjón] *nf* institution *f*.

instituir [62] [institwír] *vt* instituer.

instituto [institúto] *nm* **1** *(corporación)* institut *m*. **2** *(de enseñanza)* lycée *m*.

instrucción [instrukθjón] *nf* instruction *f*. ▶ *nf pl* **instrucciones** mode *m* d'emploi.

instructivo,-va [instruktíβo,-βa] *adj* instructif,-ive.

instrumental [instrumentál] *adj* instrumental,-e.

instrumento [instruménto] *nm* instrument *m*.

insuficiencia [insufiθjénθja] *nf* insuffisance *f*.

insuficiente [insufiθjénte] *adj* insuffisant,-e.

insultante [insultánte] *adj* insultant,-e.

insultar [insultár] *vt* insulter.

insulto [insúlto] *nm* insulte *f*.

insuperable [insuperáβle] *adj* **1** *(dificultad, etc)* insurmontable. **2** *(inmejorable)* imbattable.

intachable [intatʃáβle] *adj* irréprochable.

intacto,-ta [intákto,-ta] *adj* intact,-e.

integración [inteyraθjón] *nf* intégration *f*.

integral [inteyrál] *adj* **1** *(total)* intégral,-e. **2** *(pan, arroz)* complet,-ète.

integrar [inteyrár] *vt* **1** *(gen)* intégrer. **2** *(un todo)* composer.

integridad [inteyriðáð] *nf* intégrité *f*.

íntegro,-gra [ínteyro,-yra] *adj* **1** *(completo)* intégral,-e. **2** *(decente, honesto)* intègre.

intelectual [intelektwál] *adj - nmf* intellectuel,-elle.

inteligencia [inteliχénθja] *nf* intelligence *f*.

inteligente [inteliχénte] *adj* intelligent,-e.

intemperie [intempérje] *nf* intempérie *f*. • **a la intemperie** dehors, en plein air.

intención [intenθjón] *nf* intention *f*.

intensidad [intensiðáð] *nf* intensité *f*.

intensificar [1] [intensifikár] *vt* intensifier.

intensivo,-va [intensíβo,-βa] *adj* intensif,-ive.

intenso,-sa [inténso,-sa] *adj* intense.

intentar [intentár] *vt* tenter, essayer de.

intento [inténto] *nm* tentative *f*, essai *m*.

intercambiar [12] [interkambjár] *vt* échanger.

intercambio [interkámbjo] *nm* échange *m*.

interceptar [interθeptár] *vt* intercepter.

interés [interés] *nm* intérêt *m*. • **tener interés en/por ALGO/ALGN** être intéressé,-e par QQCH/QQN.

interesado,-da [interesáðo,-ða] *adj* intéressé,-e. ▶ *nm,f* personne *f* concernée.

interesante [interesánte] *adj* intéressant,-e.

interesar [interesár] *vt* intéresser.

interino,-na [interíno,-na] *adj* - *nm,f* intérimaire *f*.

interior [interjór] *adj* intérieur,-e. ▶ *nm* intérieur *m*.

intermediario,-ria [intermeðjárjo,-rja] *adj* - *nm,f* intermédiaire.

intermedio,-dia [intermeðjo,-ðja] *adj* intermédiaire. ▶ *nm* **intermedio 1** *(de tiempo)* intervalle *m*. **2** *(entreacto)* entracte *m*.

interminable [intermináβle] *adj* interminable.

intermitente [intermiténte] *nm* clignotant *m*.

internacional [internaθjonál] *adj* international,-e.

internado,-da [internáðo,-ða] *adj* - *nm,f* interné,-e. ▶ *nm* **internado** internat *m*.

internar [internár] *vt* **1** interner. **2** *(a un enfermo)* hospitaliser.

internauta [internáuta] *nmf* internaute.

internet [internét] *nm & nf* Internet *m*.

interno,-na [intérno,-na] *adj* **1** *(gén)* interne. **2** *(política)* intérieur,-e.

interponer [78] [interponér] *vt* interposer.

interpretación [interpretaθjón] *nf* interprétation *f*.

interpretar [interpretár] *vt* interpréter.

intérprete [intérprete] *nmf* interprète.

interrogación [interoγaθjón] *nf* interrogation *f*.

interrogar [7] [interoγár] *vt* interroger.

interrogatorio [interoγatórjo] *nm* interrogatoire *m*.

interrumpir [interumpír] *vt* interrompre.

interrupción [interupθjón] *nf* interruption *f*.

interruptor [interuptór] *nm* interrupteur *m*.

intersección [intersekθjón] *nf* intersection *f*.

intervalo [interβálo] *nm* intervalle *m*.

intervención [interβenθjón] *nf* intervention *f*.

intervenir [90] [interβenír] *vi* **1** *(tomar parte)* participer. **2** *(hacer algo)* intervenir. ▶ *vt* **1** *(cuentas, una ad-*

ministración, etc) contrôler. **2** *(operar)* opérer.
intestino [intestíno] *nm* intestin *m*. ■ **intestino delgado** intestin grêle. **intestino grueso** gros intestin.
intimar [intimár] *vi* sympathiser.
intimidad [intimiðáð] *nf* intimité *f*.
íntimo,-ma [íntimo,-ma] *adj* intime.
intolerable [intoleráβle] *adj* intolérable.
intoxicación [intoksikaθjón] *nf* intoxication *f*.
intoxicar [1] [intoksikár] *vt* intoxiquer.
intranquilo,-la [intraŋkílo,-la] *adj* inquiet,-ète.
intransitable [intransitáβle] *adj (camino)* impraticable.
intriga [intríɣa] *nf* **1** *(trama, maquinación)* intrigue *f*. **2** *(en el cine)* suspense *m*.
intrigante [intriɣánte] *adj - nmf* intrigant,-e.
intrigar [7] [intriɣár] *vt - vi* intriguer.
introducción [introðukθjón] *nf* introduction *f*.
introducir [46] [introðuθír] *vt* introduire.
introvertido,-da [introβertíðo,-ða] *adj* introverti,-e.
intruso,-sa [intrúso,-sa] *adj - nm,f* intrus,-e.
intuición [intwiθjón] *nf* intuition *f*.
intuir [62] [intwír] *vt* pressentir.
inundación [inundaθjón] *nf* inondation *f*.
inundar [inundár] *vt* inonder.
inútil [inútil] *adj* **1** *(cosa, acción)* inutile. **2** *(persona)* maladroit,-e. ▶ *nmf* incapable.
invadir [imbaðír] *vt* envahir.
inválido,-da [imbáliðo,-ða] *adj - nm,f* invalide.
invariable [imbarjáβle] *adj* invariable.

invasión [imbasjón] *nf* invasion *f*.
invasor,-ra [imbasór,-ra] *adj - nm,f* envahisseur,-euse.
invencible [imbenθíβle] *adj* invincible.
invención [imbenθjón] *nf* invention *f*.
inventar [imbentár] *vt* inventer. ▶ *vpr* **inventarse** inventer.
inventario [imbentárjo] *nm* inventaire *m*.
invento [imbénto] *nm* invention *f*.
inventor,-ra [imbentór,-ra] *nm,f* inventeur,-trice.
invernadero [imbernaðéro] *nm* serre *f*.
invernal [imbernál] *adj* hivernal,-e.
inverosímil [imberosímil] *adj* invraisemblable.
inversión [imbersjón] *nf* **1** *(del orden)* inversion *f*. **2** *(de dinero)* investissement *m*.
inverso,-sa [imbérso,-sa] *adj* inverse.
invertir [35] [imbertír] *vt* **1** *(alterar el orden)* inverser. **2** *(dinero)* investir. **3** *(tiempo)* employer.
investigación [imbestiɣaθjón] *nf* **1** *(policíaca, etc)* enquête *f*. **2** *(estudio)* recherche *f*.
investigador,-ra [imbestiɣaðór,-ra] *adj* **1** *(científico)* de recherche. **2** *(comisión)* d'enquête. ▶ *nm,f* **1** *(científico)* chercheur,-euse. **2** *(detective)* enquêteur,-euse.
investigar [7] [imbestiɣár] *vt* **1** *(indagar)* enquêter sur. **2** *(estudiar)* faire des recherches sur.
invierno [imbjérno] *nm* hiver *m*.
invisible [imbisíβle] *adj* invisible.
invitación [imbitaθjón] *nf* invitation *f*.
invitado,-da [imbitáðo,-ða] *adj - nm,f* invité,-e.
invitar [imbitár] *vt* inviter.

invocar [1] [imbokár] vt invoquer.
involucrar [1] [imbolukrár] vt impliquer. ▶ vpr **involucrarse** être impliqué,-e (**en**, dans).
inyección [injekθjón] nf **1** *(acción de inyectar)* injection f. **2** *(medicamento)* piqûre f.
inyectar [injektár] vt injecter.
ir [74] [ir] vi **1** *(moverse, llevar)* aller. **2** *(funcionar)* marcher: **la lavadora no va bien**, la machine à laver ne marche pas bien. **3** *(vestir)* être, être en. **4** *(sentar la ropa)* aller: **esa falda no te va bien**, cette jupe ne te va pas bien. ▶ aux **1 ir a + inf** aller faire QCCH. **2 ir + ger** indique que l'action se réalise progressivement: **poco a poco lo va haciendo mejor**, peu à peu il le fait mieux. ▶ vpr **irse** s'en aller, partir. • **ir de 1** *(presumir)* faire le/la: **va de guapo**, il fait le malin. **2** *(tratar, versar)* parler de: **la peli va de un secuestro**, le film parle d'un enlèvement. **¡qué va!** tu parles ! **¡vaya!**, **¡vamos!** allons ! **¡vete tú a saber!** va savoir ! **¡ya voy!** j'arrive !
Irak [irák] n pr Irak m.
Irán [irán] n pr Iran m.
iraní [iraní] adj iranien,-enne. ▶ nmf Iranien,-enne.
Iraq [irák] n pr Irak m.
iraquí [irakí] adj iraquien,-enne. ▶ nmf Iraquien,-enne.
iris [íris] nm inv iris m.
Irlanda [irlánda] n pr Irlande f. ■ **Irlanda del Norte** Irlande du Nord.
irlandés,-esa [irlandés,-ésa] adj irlandais,-e. ▶ nm,f Irlandais,-e.
ironía [ironía] nf ironie f.
irónico,-ca [iróniko,-ka] adj ironique.
IRPF [ieřepeefe] abr *(impuesto sobre la renta de las personas físicas)* impôt sur le revenu.

izquierdo

irreal [iřeál] adj irréel,-elle.
irregular [iřeɣulár] adj irrégulier,-ère.
irreparable [iřeparáβle] adj irréparable.
irreprochable [iřeprotʃáβle] adj irréprochable.
irresistible [iřesistíβle] adj irrésistible.
irresponsable [iřesponsáβle] adj - nmf irresponsable.
irrigación [iřiɣaθjón] nf irrigation f.
irritación [iřitaθjón] nf irritation f.
irritar [iřitár] vt irriter.
irrumpir [iřumpír] vi faire irruption.
isla [ísla] nf île f.
islam [islám] nm islam m.
islamismo [islamízmo] nm islamisme m.
islamista [islamísta] adj - nmf islamiste.
islandés,-esa [islandés,-ésa] adj islandais,-e. ▶ nm,f Islandais,-e.
Islandia [islándja] n pr Islande m.
Israel [isřaél] n pr Israël m.
israelí [israelí] adj israélien,-enne. ▶ nmf Israélien,-enne.
israelita [israelíta] adj HIST israélite. ▶ nmf HIST israélite.
Italia [itálja] n pr Italie f.
italiano,-na [italjáno,-na] adj italien,-enne. ▶ nm,f Italien,-enne. ▶ nm **italiano** *(idioma)* italien m.
itinerario [itinerárjo] nm itinéraire m.
IVA [íβa] abr *(impuesto sobre el valor añadido)* TVA f.
izquierda [iθkjérða] nf gauche f. • **a la izquierda** à gauche. **de izquierdas** de gauche.
izquierdo,-da [iθkjérðo,-ða] adj gauche.

J

jabalí [χaβalí] *nm* sanglier *m*.
jabón [χaβón] *nm* savon *m*.
jabonar [χaβonár] *vt* savonner.
jactarse [χaktárse] *vpr* se vanter.
jade [χáðe] *nm* jade *m*.
jadear [χaðeár] *vi* haleter.
jadeo [χaðéo] *nm* halètement *m*.
jaguar [χaywár] *nm* jaguar *m*.
jalea [χaléa] *nf* gelée *f*.
jaleo [χaléo] *nm* **1** *(alboroto)* raffut *m*. **2** *(ruido)* boucan *m*. **3** *(enredo)* histoire *f*. ▪ **armar jaleo** faire du raffut.
jamás [χamás] *adv* jamais. ▪ **nunca jamás** jamais de la vie.
jamón [χamón] *nm* jambon *m*. ▪ **jamón de york** jambon blanc.
Japón [χapón] *n pr* Japon *m*.
japonés,-esa [χaponés,-ésa] *adj* japonais,-e. ▶ *nm,f* Japonais,-e. ▶ *nm* japonés *(idioma)* japonais *m*.
jaqueca [χakéka] *nf* migraine *f*.
jarabe [χaráβe] *nm* sirop *m*.
jardín [χarðín] *nm* jardin *m*.
jardinera [χarðinéra] *nf* jardinière *f*.
jardinería [χarðinería] *nf* jardinage *m*.
jardinero,-ra [χarðinéro,-ra] *nm,f* jardinier,-ère.
jarra [χára] *nf* **1** *(recipiente)* carafe *f*. **2** *(de cerveza)* chope *f*.
jarro [χáro] *nm* pichet *m*.
jarrón [χarón] *nm* vase *m*.
jaula [χáula] *nf* cage *f*.
jazmín [χaθmín] *nm* jasmin *m*.

jefatura [χefatúra] *nf* direction *f*. ▪ **jefatura de policía** préfecture *f* de police.
jefe,-fa [χéfe,-fa] *nm,f* chef *m*. ▪ **jefe de Estado** chef d'État.
jerarquía [χerarkía] *nf* **1** hiérarchie *f*. **2** *(persona)* dignitaire *m*.
jeringuilla [χeriŋɡíʎa] *nf* seringue *f*.
jersey [χerséi] *nm* pull-over *m*, pull *m*.
jeta [χéta] *nf* **1** *fam (cara)* gueule *f*. **2** *fam (descaro)* culot *m*. ▪ **tener jeta** être gonflé,-e.
jirafa [χiráfa] *nf* girafe *f*.
joder [χoðér] *vi* **1** *vulg (copular)* baiser. **2** *vulg (fastidiar)* faire chier. ▶ *vt vulg (fastidiar)* emmerder. ▶ *vpr* **joderse 1** *vulg (plan)* être foutu,-e. **2** *vulg (aburrirse)* se faire chier. ▪ **¡joder!** *vulg* putain ! **¡no (me) jodas!** *vulg* tu déconnes !
jodido,-da [χoðíðo,-ða] *adj* **1** *(enfermo)* mal foutu,-e. **2** *(roto, estropeado)* foutu,-e. **3** *vulg (difícil)* merdique.
¡jolín! [χolín] *interj* zut alors !
jornada [χornáða] *nf* journée *f*. ▪ **jornada completa** temps *m* complet. **media jornada** mi-temps *m*.
joroba [χoróβa] *nf* bosse *f*.
jorobado,-da [χoroβáðo,-ða] *adj* **1** *(con joroba)* bossu,-e. **2** *fam (fastidiado)* foutu,-e. ▶ *nm,f* bossu,-e.
jorobar [χoroβár] *vt* **1** *fam (fastidiar)* casser les pieds. **2** *fam (estropear)* briser. ▶ *vpr* **jorobarse** *fam (aguantarse)* faire avec.

jota [χòta] *nf* **1** lettre *f* j. **2** *(baile)* jota *f*. ■ **ni jota** rien du tout.
joven [χόβen] *adj* jeune. ▶ *nm* jeune homme *m*. ▶ *nf* jeune fille *f*.
joya [χόja] *nf* bijou *m*.
joyería [χοjería] *nf* bijouterie *f*.
joyero,-ra [χοjèro,-ra] *nm,f* bijoutier, -ère.
jubilación [χuβilaθjón] *nf* retraite *f*.
jubilado,-da [χuβilàδo,-δa] *adj - nm,f* retraité,-e.
jubilar [χuβilár] *vt* **1** *(persona)* mettre à la retraite. **2** *(ropa, objetos, etc)* mettre au placard. ▶ *vpr* **jubilarse** prendre sa retraite.
judía [χuδía] *nf* haricot *m*. ■ **judía verde** haricot vert.
judicial [χuδiθjál] *adj* judiciaire.
judío,-día [χuδío,-δía] *adj* juif, juive. ▶ *nm,f* Juif, Juive.
juego [χwéγo] *nm* jeu *m*. ● **a juego** assorti,-e. **hacer juego** bien aller avec. **seguir el juego a** ALGN entrer dans le jeu de QQN. ■ **juego de llaves** trousseau *m* de clés. **Juegos Olímpicos** Jeux Olympiques.
juerga [χwèrγa] *nf fam* bringue *f*. ● **estar de juerga** faire la bringue.
jueves [χwéβes] *nm* jeudi *m*.
juez,-za [χweθ,-θa] *nm,f* juge *m*.
jugada [χuγáδa] *nf* **1** DEP action *f*. **2** *fam (mala pasada)* sale coup *m*.
jugador,-ra [χuγaδór,-ra] *adj - nm,f* joueur,-euse.
jugar [53] [χuγár] *vi* jouer. ▶ *vt (carta, partida, etc)* jouer. ▶ *vpr* **jugarse 1** *(apostar)* parier. **2** *(arriesgar)* jouer: **se ha jugado la vida**, il a risqué sa vie. ● **jugársela a** ALGN jouer un mauvais tour à QQN. **jugar sucio** donner des coups bas.
jugo [χύγo] *nm* **1** *(de frutas)* jus *m*. **2** *fig (interés, importancia)* substance *f*.
● **sacarle jugo a** ALGO tirer le meilleur parti de QQCH.
jugoso,-sa [χuγóso,-sa] *adj* juteux,-euse.
juguete [χuγète] *nm* jouet *m*.
juicio [χwíθjo] *nm* **1** *(facultad)* jugement *m*. **2** *(sentido, sensatez)* raison *f*. **3** DER procès *m*. ● **a mi juicio** à mon avis. **llevar a juicio** traîner devant les tribunaux. **perder el juicio** perdre la raison.
julio [χúljo] *nm* juillet *m*.
junio [χúnjo] *nm* juin *m*.
junta [χúnta] *nf* **1** *(sesión)* assemblée *f*. **2** *(unión)* joint *m*.
juntar [χuntár] *vt* **1** *(unir)* réunir. **2** *(acopiar)* rassembler.
junto,-ta [χúnto,-ta] *adj* ensemble. ● **junto a** près de. **junto con** avec.
jurado,-da [χuráδo,-δa] *adj* juré,-e. ▶ *nm* **jurado 1** *(tribunal)* jury *m*. **2** *(miembro de tribunal)* juré *m*.
juramento [χuraménto] *nm* **1** *(promesa)* serment *m*. **2** *(blasfemia)* juron *m*. ● **prestar juramento** prêter serment.
jurar [χurár] *vt* **1** *(prometer)* jurer. **2** *(acatar)* prêter serment. ▶ *vi (blasfemar)* jurer.
jurídico,-ca [χuríδiko,-ka] *adj* juridique.
jurisdicción [χurizδikθjón] *nf* juridiction *f*.
justa [χústa] *nf* HIST joute *f*.
justicia [χustíθja] *nf* justice *f*.
justificante [χustifikànte] *adj* justifiant,-e. ▶ *nm* justificatif *m*.
justificar [1] [χustifikár] *vt* justifier.
justo,-ta [χústo,-ta] *adj* juste. ▶ *adv* **justo** juste: **llegar justo**, arriver juste.
juventud [χuβentúδ] *nf* jeunesse *f*.
juzgado [χuθγàδo] *nm* tribunal *m*.
juzgar [7] [χuθγár] *vt* juger. ● **a juzgar por** à en juger par.

K

karaoke [karaóke] *nm* karaoke *m*.
kárate [kárate], **karate** [karáte] *nm* karaté *m*.
karateca, karateka [karatéka] *nmf* karatéka.
Kenia [kénja] *n pr* Kenya *m*.
keniano,-na [kenjáno,-na] *adj* kenyan,-e. ▶ *nm,f* Kenyan,-e.
keniata [kenjáta] *adj* kenyan,-e. ▶ *nm,f* Kenyan,-e.
ketchup [ketʃúp] *nm* ketchup *m*.
kil, quilo [kilo] *nm* kilo *m*.

kilogramo, quilogramo [kiloɣrámo] *nm* kilogramme *m*.
kilométrico,-ca, quilométrico [kilométriko,-ka] *adj* kilométrique.
kilómetro, quilómetro [kilómetro] *nm* kilomètre *m*.
kiosco → quiosco.
kit [kit] *nm* (pl kits) kit *m*. ■ **kit manos libres** kit mains libres.
kiwi [kiwi] *nm* kiwi *m*.
koala [koála] *nm* koala *m*.

L

la¹ [la] *det* la: **la casa**, la maison.
la² [la] *pron pers* la: **la veo**, je la vois.
laberinto [laβerínto] *nm* labyrinthe *m*.
labio [láβjo] *nm* lèvre *f*.
labor [laβór] *nf* 1 *(acción)* travail *m*. 2 *(resultado)* ouvrage *m*.
laborable [laβoráβle] *adj* ouvrable.
laboratorio [laβoratórjo] *nm* laboratoire *m*.
labrador,-ra [laβraðór,-ra] *nm,f* paysan, -anne.
labrar [laβrár] *vt* 1 *(madera, piedra)* travailler. 2 *(cultivar)* cultiver. 3 *(arar)* labourer.
laca [láka] *nf* laque *f*. ■ **laca de uñas** vernis *m* à ongles.
lacrimógeno,-na [lakrimóχeno,-na] *adj* lacrymogène.
lactancia [laktánθja] *nf* allaitement *m*.
lácteo [lákteo] *nm* produit *m* laitier.
ladera [laðéra] *nf* versant *m*.
lado [láðo] *nm* côté *m*. • **al lado de** à côté, tout près. **al lado de** à côté de. **dejar de lado** laisser de côté. **por un lado... por otro lado** d'une part ... d'autre part ....
ladrar [laðrár] *vi* aboyer.
ladrido [laðríðo] *nm* aboiement *m*.
ladrillo [laðríʎo] *nm* brique *f*.
ladrón,-ona [laðrón,-óna] *nm,f* voleur, -euse. ▶ **un ladrón** *(de enchufes)* prise *f* multiple.
lagarto [laɣárto] *nm* lézard *m*.
lago [láɣo] *nm* lac *m*.

lágrima [láɣrima] *nf* larme *f*.
laguna [laɣúna] *nf* 1 *(lago)* petit lac *m*; *(marítima)* lagune *f*. 2 *fig (olvido)* lacune *f*.
laico,-ca [láiko,-ka] *adj - nm,f* laïc, laïque.
lamentable [lamentáβle] *adj* 1 *(malo)* lamentable. 2 *(deplorable)* regrettable.
lamentar [lamentár] *vt* déplorer, regretter.
lamento [laménto] *nm* lamentation *f*.
lamer [lamér] *vt* lécher.
lámina [lámina] *nf* 1 *(de metal)* lame *f*. 2 *(plancha grabada)* planche *f*. 3 *(grabado)* gravure *f*.
laminar [laminár] *vt* laminer.
lámpara [lámpara] *nf* lampe *f*. ■ **lámpara de pie** lampadaire *m*.
lana [lána] *nf* laine *f*.
langosta [langósta] *nf* 1 *(crustáceo)* langouste *f*. 2 *(insecto)* sauterelle *f*.
langostino [langostíno] *nm* crevette *f* rose, bouquet *m*.
lanza [lánθa] *nf* lance *f*.
lanzadera [lanθaðéra] *nf* navette *f*.
lanzado,-da [lanθáðo,-ða] *adj* 1 *(gen)* décidé,-e. 2 *(osado)* intrépide.
lanzamiento [lanθamjénto] *nm* 1 *(de flecha, cohete, etc)* lancement *m*. 2 DEP lancer *m*.
lanzar [4] [lanθár] *vt* 1 *(flecha, cohete, disco, etc)* lancer. 2 *(arrojar)* jeter. • **lanzar una mirada** jeter un re-

lápida

gard. **lanzar un grito** pousser un cri.
lápida [lápiða] *nf* plaque *f* commémorative. ▪ **lápida sepulcral** pierre *f* tombale.
lapidar [lapiðár] *vt* lapider.
lápiz [lápiθ] *nm* crayon *m*.
lapso [lápso] *nm* laps *m*.
lapsus [lápsus] *nm* lapsus *m*.
largar [7] [laryár] *vt* **1** *(amarras)* larguer. **2** *fam (discurso)* débiter. **3** *fam (golpe)* flanquer. ▶ *vpr* **largarse** *fam* se tirer. • **¡lárgate!** fiche le camp !
largo,-ga [láryo,-ya] *adj* **1** *(gen)* long, longue. **2** *fam (astuto)* futé,-e; *(generoso)* généreux,-euse. ▶ *nm* **largo** longueur *f*. ▶ *adv* longuement. • **a lo largo** en long. **a lo largo de 1** *(en el espacio)* le long de. **2** *(en el tiempo)* tout au long de. **pasar de largo** passer à côté.
largometraje [laryometráχe] *nm* long-métrage *m*.
largura [laryúra] *nf* longueur *f*.
larva [lárβa] *nf* larve *f*.
las [las] *det* **f**: **las casas**, les maisons. ▶ *pron pers (complemento directo - ellas, a ellas)* les; *(- ustedes)* vous: **las veo**, je les vois.
láser [láser] *nm* laser *m*.
lástima [lástima] *nf* **1** *(sentimiento)* pitié *f*, compassion *f*. **2** *(cosa)* dommage *m*, chose *f* regrettable. • **dar lástima** faire de la peine. **es una lástima** c'est dommage. **¡qué lástima!** quel dommage !
lata [láta] *nf* **1** *(hojalata)* fer-blanc *m*. **2** *(envase)* boîte *f* de conserve. **3** *(bidón)* bidon *m*. **4** *fam (fastidio)* embêtement *m*. • **dar la lata** *fam* assommer.
lateral [laterál] *adj* latéral,-e. ▶ *nm* **1** *(de calle)* contre-allée *f*. **2** *(lado)* flanc *m*.
latido [latíðo] *nm* battement *m*.

latigazo [latiyáθo] *nm* coup *m* de fouet.
látigo [látiyo] *nm* fouet *m*.
latín [latín] *nm* latin *m*.
latino,-na [latíno,-na] *adj* latin,-e. ▶ *nm,f* Latin,-e.
Latinoamérica [latinoamérika] *n pr* Amérique *f* Latine.
latinoamericano,-na [latinoamerikáno,-na] *adj* latino-américain,-e. ▶ *nm,f* Latino-Américain,-e.
latir [latír] *vi* battre.
latitud [latitúð] *nf* latitude *f*.
laurel [laurél] *nm (árbol, hoja)* laurier *m*.
lava [láβa] *nf* lave *f*.
lavable [laβáβle] *adj* lavable.
lavabo [laβáβo] *nm* **1** *(pila)* lavabo *m*. **2** *(cuarto de baño)* cabinet *m* de toilette. ▶ *nm pl* **lavabos** *(servicios)* toilettes *fpl*.
lavado [laβáðo] *nm* lavage *m*.
lavadora [laβaðóra] *nf* lave-linge *m inv*.
lavanda [laβánda] *nf* lavande *f*.
lavaplatos [laβaplátos] *nm (electrodoméstico)* lave-vaisselle *m inv*.
lavar [laβár] *vt* laver.
lavavajillas [laβaβaχiʎas] *nm* lave-vaisselle *m inv*.
laxante [laksánte] *nm* laxatif *m*.
lazo [láθo] *nm* **1** *(adorno, lazo)* nœud *m*. **2** *fig (vínculo)* lien *m*.
le [le] *pron pers* **1** *(complemento indirecto - a él, a ella)* lui; *(- a usted)* vous: **le doy la carta**, je lui donne la lettre. **2** *(complemento directo de persona - a él)* le; *(- a usted)* vous, a **usted no le conozco**, vous, je ne vous connais pas.
leal [leál] *adj* **1** *(persona, comportamiento)* loyal,-e. **2** *(animal doméstico)* fidèle.
lealtad [lealtáð] *nf* **1** *(de persona, comportamiento)* loyauté *f*. **2** *(de animal doméstico)* fidélité *f*.

lección [lekθjón] *nf* leçon *f.* • **dar una lección a** ALGN donner une leçon à QQN.

leche [létʃe] *nf* **1** *(gen)* lait *m.* **2** *fam (golpe)* beigne *f*, gnon *m.* **3** *fam (suerte)* pot *m*, coup *m* de bol. • **a toda leche** *fam* à toute berzingue. **estar de mala leche** *fam* être de mauvais poil. **tener mala leche** *fam* être une vraie teigne. ▪ **leche desnatada** lait écrémé. **leche entera** lait entier.

lechero,-ra [letʃéro,-ra] *adj* laitier,-ère. ▶ *nm,f* laitier,-ère.

lechuga [letʃúɣa] *nf* laitue *f.*

lechuza [letʃúθa] *nf* chouette *f.*

lector,-ra [lektór,-ra] *nm,f (persona que lee, profesor)* lecteur,-trice. ▶ *nm* **lector** *(aparato)* lecteur *m.*

lectura [lektúra] *nf* lecture *f.*

leer [61] [leér] *vt - vi* lire.

legal [leɣál] *adj* légal,-e.

legalizar [4] [leɣaliθár] *vt* légaliser.

legendario,-ria [leχendárjo,-rja] *adj* légendaire.

legible [leχíβle] *adj* lisible.

legión [leχjón] *nf* légion *f.*

legislación [leχislaθjón] *nf* législation *f.*

legislatura [leχislatúra] *nf* législature *f.*

legitimar [leχitimár] *vt* légitimer.

legítimo,-ma [leχítimo,-ma] *adj* **1** *(conforme a la ley, a la razón)* légitime. **2** *(auténtico)* véritable, authentique.

legumbre [leɣúmbre] *nf* légume *m* sec.

lejanía [leχanía] *nf* lointain *m.*

lejano,-na [leχáno,-na] *adj* lointain,-e, éloigné,-e.

lejía [leχía] *nf* eau *f* de Javel.

lejos [léχos] *adv* loin. • **llegar lejos** aller loin. **ni de lejos** loin de là.

lema [léma] *nm* **1** *(gen)* devise *f.* **2** *(en publicidad)* slogan *m.*

lencería [lenθería] *nf* **1** *(de mujer)* lingerie *f.* **2** *(de cama)* linge *m.*

lengua [léŋgwa] *nf* langue *f.* • **no tener pelos en la lengua** ne pas mâcher ses mots. **tirar de la lengua a** ALGN tirer les vers du nez à QQN.

lenguado [leŋgwáðo] *nm* sole *f.*

lenguaje [leŋgwáχe] *nm* langage *m.*

lengüeta [leŋgwéta] *nf* languette *f.*

lente [lénte] *nf* **1** *(óptica)* lentille *f.* **2** *(de gafas)* verre *m.* ▶ *nf pl (gafas)* lunettes *f pl.* ▪ **lentes de contacto** lentilles de contact.

lenteja [lentéχa] *nf* lentille *f.*

lentilla [lentíʎa] *nf* lentille *f.*

lentitud [lentitúð] *nf* lenteur *f.*

lento,-ta [lénto,-ta] *adj* lent,-e.

leña [léɲa] *nf* **1** *(madera)* bois *m* de chauffage. **2** *fam (paliza)* raclée *f*, rossée *f.* • **echar leña al fuego** *fam* jeter de l'huile sur le feu.

león,-ona [león,-óna] *nm,f* lion, lionne.

leopardo [leopárðo] *nm* léopard *m.*

les [les] *pron pers* **1** *(complemento indirecto - a ellos, a ellas)* leur; *(- a ustedes)* vous: **les doy un libro**, je leur donne un livre. **2** *(complemento directo de persona - a ellos)* les; *(- a ustedes)* vous: **les veo**, je les vois; **a ustedes no les conozco**, vous, je ne vous connais pas.

lesbiana [lezβjána] *nf* lesbienne *f.*

lesión [lesjón] *nf* lésion *f.*

lesionar [lesjonár] *vt* **1** *(causar un perjuicio)* léser. **2** *(herir)* blesser.

letal [letál] *adj (mortífero)* létal,-e.

letón,-na [letón,-na] *adj* letton,-onne. ▶ *nm,f* Letton,-onne. ▶ *nm* **letón** lette *m*, letton *m.*

Letonia [letónja] *n pr* Lettonie *f.*

letra [létra] *nf* **1** *(gen)* lettre *f.* **2** *(en imprenta)* caractère *m.* **3** *(escritura)* écriture *f.* **4** *(de canción)* paroles *f pl.* ▶ *nf pl* **letras** *(literatura, humanida-*

letrero [letréro] *nm* **1** *(cartel)* écriteau *m*. **2** *(de tiendas, cines)* enseigne *f*.

levadura [leβaðúra] *nf* **1** *(hongo)* levure *f*. **2** *(para pan)* levain *m*.

levantar [leβantár] *vt* **1** *(dirigir hacia arriba)* lever. **2** *(poner más alto)* soulever: **3** *(poner derecho, de pie)* redresser, relever. **4** *(edificio, monumento)* ériger, construire. **5** *(establecer, fundar)* fonder, instituer. **6** *(voz, tono)* élever, hausser. **7** *(ánimo, moral)* remonter. **8** *(suscitar)* soulever, provoquer. **9** *(país, economía)* relever. **10** *(sublevar - a un pueblo)* soulever; *(- a persona)* dresser. ▪ **levantar cabeza** *fig* se remettre.

levante [leβánte] *nm* **1** *(este)* levant *m*. **2** *(viento)* vent *m* d'est.

leve [léβe] *adj* léger,-ère.

léxico [léksiko] *nm* lexique *m*.

ley [lei] *nf* loi *f*.

leyenda [lejénda] *nf* légende *f*.

liar [13] [ljar] *vt* **1** *(atar)* lier. **2** *(volver)* enrouler. **3** *(cigarrillo)* rouler. **4** *fam (engatusar)* embobiner. **5** *fam (engañar)* rouler. **6** *fam (involucrar)* mêler. ▶ *vpr* **liarse 1** *(equivocarse)* s'embrouiller. **2** *(complicarse)* se compliquer. ▪ **liarse con ALGN** avoir une liaison avec QQN.

libanés,-esa [liβanés,-ésa] *adj* libanais,-e. ▶ *nm,f* Libanais,-e.

Líbano [líβano] *n pr* Liban *m*.

libélula [liβélula] *nf* libellule *f*.

liberación [liβeraθjón] *nf* libération *f*.

liberal [liβerál] *adj - nmf* libéral,-e.

liberar [liβerár] *vt* **1** *(gen)* libérer. **2** *(desprender)* dégager.

libertad [liβertáð] *nf* liberté *f*. ▪ **tomarse la libertad de** prendre la liberté de.

libertador,-ra [liβertaðór,-ra] *nm,f* libérateur,-trice.

libertinaje [liβertináχe] *nm* libertinage *m*.

Libia [líβja] *n pr* Libye *f*.

libio,-bia [líβjo,-βja] *adj* libyen,-enne. ▶ *nm,f* Libyen,-enne.

libra [líβra] *nf (peso, moneda)* livre *f*. ▪ **libra esterlina** livre sterling.

librar [liβrár] *vt* délivrer **(de**, de), libérer **(de**, de). ▶ *vi fam (trabajador)* avoir un jour de congé. ▶ *vpr* **librarse 1** *(evitar - cosa molesta)* échapper **(de**, à); *(- obligación)* se libérer **(de**, de), se dégager **(de**, de). ▪ **librarse de ALGN** se défaire de QQN, se débarrasser de QQN.

libre [líβre] *adj* libre.

librería [liβrería] *nf* **1** *(tienda)* librairie *f*. **2** *(mueble)* bibliothèque *f*.

librero,-ra [liβréro,-ra] *nm,f* libraire.

libreta [liβréta] *nf (cuaderno)* cahier *m*. ▪ **libreta de ahorros** livret *m* de caisse d'épargne. **libreta de direcciones** contacts *mpl*.

libro [líβro] *nm* livre *m*. ▪ **libro de bolsillo** livre de poche. **libro de familia** livret *m* de famille. **libro de texto** manuel *m*.

licencia [liθénθja] *nf* **1** *(permiso, autorización)* licence *f*, permission *f*. **2** *(documento)* permis *m*. **3** *(en poesía)* licence *f*.

licenciado,-da [liθenθjáðo,-ða] *nm,f* licencié,-e.

licenciarse [12] [liθenθjárse] *vpr* **1** *(en la universidad)* obtenir son diplôme.

licenciatura [liθenθjatúra] *nf* diplôme *m*.

lícito,-ta [líθito,-ta] *adj* licite.

licor [likór] *nm* liqueur *f*.

licuadora [likwaðóra] *nf* mixeur *m*.

líder [líðer] *nmf* leader *m*.

lidiar [12] [liðjár] vi (luchar) batailler, lutter.

liebre [ljéβre] nf lièvre m.

lienzo [ljénθo] nm toile f.

liga [liγa] nf **1** (confederación) ligue f. **2** DEP championnat m.

ligar [7] [liγár] vt **1** (atar) lier, attacher. **2** (unir) unir, joindre. **3** (salsa) lier. ▶ vi fam (conquistar) draguer, flirter.

ligereza [liχeréθa] nf légèreté f.

ligero,-ra [liχéro,-ra] adj léger,-ère.

ligón,-ona [liγón,-óna] adj - nm,f dragueur,-euse.

ligue [líγe] nm flirt m.

lila [líla] nf (arbusto, flor) lilas m. ▶ nm (color) lilas m.

lima[1] [líma] nf (herramienta) lime f. • **comer como una lima** manger comme quatre.

lima[2] [líma] nf **1** (fruta) lime f. **2** (árbol) limettier m.

limar [limár] vt limer.

limbo [límbo] nm limbes m pl. • **estar en el limbo** être dans les nuages.

limitación [limitaθjón] nf limitation f.

limitado,-da [limitáðo,-ða] adj **1** (reducido, restringido) limité,-e. **2** (poco inteligente) borné,-e.

limitar [limitár] vt (delimitar, restringir) limiter. ▶ vi (dos territorios) être limitrophe (**con**, avec). ▶ vpr **limitarse** se limiter (**a**, à), se borner (**a**, à).

límite [límite] nm **1** (gen) limite f. **2** (tope) plafond m.

limítrofe [limítrofe] adj limitrophe.

limón [limón] nm citron m.

limonada [limonáða] nf citronnade f.

limonero [limonéro] nm citronnier m.

limpiacristales [limpjakristáles] nm (producto de limpieza) produit nettoyant pour les vitres. ▶ nmf (persona) laveur m de carreaux.

limpiaparabrisas [limpjaparaβrisas] nm essuie-glace m.

limpiar [12] [limpjár] vt **1** (gen) nettoyer. **2** (con paño) essuyer. **3** fam (robar) voler, faucher.

limpieza [limpjéθa] nf **1** (cualidad) propreté f. **2** (acción) nettoyage m. • **hacer limpieza general** nettoyer de fond en comble. ■ **limpieza en seco** nettoyage à sec.

limpio,-pia [límpjo,-pja] adj **1** (sin suciedad) propre. **2** (aseado) propre, net, nette. **3** (espíritu, comportamiento) pur,-e. **4** (beneficio, sueldo) net, nette. ▶ adv **limpio** proprement, honnêtement. • **jugar limpio** jouer franc jeu. **limpio,-pia de ALGO** libre de QQCH. **poner en limpio** mettre au propre.

lince [línθe] nm **1** (animal) lynx m, loup-cervier m. **2** fig (persona astuta) lynx m, malin,-e.

lindo,-da [líndo,-da] adj joli,-e. • **de lo lindo** fam joliment, beaucoup.

línea [línea] nf **1** (gen) ligne f. **2** (clase, categoría) classe f, sorte f. • **en línea** en ligne. **en líneas generales** en gros. **guardar la línea** garder la ligne.

lingote [liŋγóte] nm lingot m.

lingüística [liŋgwístika] nf linguistique.

lino [líno] nm lin m.

linterna [lintérna] nf lampe f de poche.

lío [lío] nm **1** (embrollo) imbroglio m, embrouillement m. **2** (problema) histoire f. **3** (paquete) paquet m, baluchon m. • **armar un lío** faire toute une histoire. **estar hecho un lío** s'y perdre. **hacerse un lío**

liquidación

s'embrouiller. **¡qué lío!** quelle salade ! **tener un lío con** ALGN avoir une liaison avec QQN.

liquidación [likiðaθjòn] *nf (de deuda, de mercancías)* liquidation *f*.

liquidar [likiðár] *vt* **1** *(mercancías)* liquider, solder. **2** *(deuda)* régler, liquider. **3** *(poner fin a)* liquider, résoudre. **4** *fam (quitarse de encima, matar)* liquider.

líquido,-da [líkiðo,-ða] *adj* liquide. ▶ *nm* **líquido** liquide *m*.

lírico,-ca [líriko,-ka] *adj* lyrique.

liso,-sa [líso,-sa] *adj* **1** *(superficie)* plat,-e. **2** *(sin asperezas)* lisse, uni,-e. **3** *(pelo)* raide. **4** *(color)* uni,-e.

lista [lísta] *nf* **1** *(enumeración, relación)* liste *f*. **2** *(línea)* raie *f*, rayure *f*. ● **pasar lista** faire l'appel. ■ **lista de espera** liste d'attente. **lista de la compra** liste de courses.

listado [listáðo] *nm* liste *f*.

listo,-ta [lísto,-ta] *adj* **1** *(sagaz, inteligente)* intelligent,-e, dégourdi,-e. **2** *(preparado)* prêt,-e: **todo está listo**, tout est prêt. ● **¡estamos listos!** nous voilà bien ! **pasarse de listo,-ta** vouloir être trop malin,-e.

litera [litéra] *nf* **1** *(cama)* lit *m* superposé. **2** *(en barco, tren)* couchette *f*.

literal [literál] *adj* littéral,-e.

literario,-ria [literárjo,-rja] *adj* littéraire.

literatura [literatúra] *nf* littérature *f*.

litigio [litíxjo] *nm* litige *m*.

litoral [litorál] *adj* littoral,-e. ▶ *nm* littoral *m*.

litro [lítro] *nm* litre *m*.

Lituania [litwánja] *n pr* Lituanie *f*.

lituano,-na [litwáno,-na] *adj* lituanien, -enne. ▶ *nm,f* Lituanien,-enne. ▶ *nm* **lituano** *(idioma)* lituanien *m*.

liviano,-na [liβjáno,-na] *adj* léger,-ère.

llama[1] [ʎáma] *nf (fuego, pasión)* flamme *f*.

llama[2] [ʎáma] *nf (animal)* lama *m*.

llamada [ʎamáða] *nf* **1** *(telefónica)* appel *m*. **2** *(al timbre)* coup *m* de sonnette. **3** *(a escena, al orden)* rappel *m*. **4** *(en libro)* renvoi *m*. ■ **llamada perdida** appel manqué.

llamar [ʎamár] *vt (gen)* appeler. ▶ *vi* **1** *(a puerta - con golpes)* frapper; *(- con timbre)* sonner. **2** *(por teléfono)* téléphoner. ● **llamar la atención 1** *(destacar)* attirer l'attention. **2** *(reñir)* rappeler à l'ordre.

llamativo,-va [ʎamatiβo,-βa] *adj* criard,-e, voyant,-e.

llano,-na [ʎáno,-na] *adj* **1** *(superficie)* plat,-e. **2** *(sencillo)* simple. ▶ *nm* **llano** plaine *f*.

llanta [ʎánta] *nf* jante *f*.

llanto [ʎánto] *nm* pleurs *m pl*, larmes *f pl*.

llanura [ʎanúra] *nf* plaine *f*.

llave [ʎáβe] *nf* **1** *(de puerta)* clé *f*, clef *f*. **2** *(herramienta)* clé, clef *f*. **3** *(interruptor)* interrupteur *m*. **4** *(grifo)* robinet *m*. ● **cerrar con llave** fermer à clef.

llavero [ʎaβéro] *nm* porte-clés *m inv*, porte-clefs *m inv*.

llegada [ʎeɣáða] *nf* arrivée *f*.

llegar [7] [ʎeɣár] *vi* **1** *(gen)* arriver. **2** *(alcanzar)* atteindre. **3** *(con esfuerzo o dificultad)* parvenir à. **4** *(ser suficiente)* être assez, avoir assez: **no me llega el dinero**, je n'ai pas assez d'argent. **5** *(cantidad)* atteindre (**a**,-), monter (**a**, à). ● **llegar a +** *inf* **1** *(acabar por)* finir par + *inf*: **llegó a dudar de ella**, il finit par douter d'elle. **2** *(conseguir)* parvenir à + *inf*, réussir à + *inf*: **no llegué a conocerlo**, je n'ai pas réussi à le connaître.

llenar [ʎenár] *vt* **1** *(gen)* remplir. **2** *fam (satisfacer)* plaire, satisfaire. **3** *(tiempo)* occuper. ▶ *vi (alimento)* rassasier. ▶ *vpr* **llenarse 1** *(lugar)* se remplir. **2** *(de comer)* se rassasier. **3** *(cubrirse)* se couvrir (**de**, de): **llenarse de tinta**, se couvrir d'encre.

lleno,-na [ʎéno,-na] *adj* plein,-e. ▶ *nm* **lleno** *(en teatro)* salle *f* comble.

llevar [ʎeβár] *vt* **1** *(gen)* porter. **2** *(acompañar, guiar)* emmener. **3** *(transportar)* transporter. **4** *(camino, carretera)* conduire, mener. **5** *(dirigir)* diriger, mener: **llevar bien el negocio**, bien diriger l'affaire. **6** *(arrastrar a una consecuencia)* mener, entraîner. **7** *(inducir)* amener, conduire. **8** *(ocasionar)* causer. **9** *(soportar)* supporter, tolérer. **10** *(tener)* avoir: **este vestido no lleva botones**, cette robe n'a pas de boutons. **11** *(contener)* contenir: **este perfume lleva mucho alcohol**, ce parfum contient beaucoup d'alcool. **12** *(tiempo)* avoir passé: **llevar dos horas leyendo**, il lit depuis deux heures. **13** *(ocupar cierto tiempo)* demander, prendre. **14** *(cuentas, libros)* tenir. ▶ *vpr* **llevarse 1** *(premio)* remporter. **2** *(conseguir)* obtenir. **3** *(quitar, apartar)* emporter. **4** *(estar de moda)* se porter. **5** *(golpe, paliza)* recevoir. **6** *(susto, disgusto, chasco)* avoir. **7** *(entenderse)* s'entendre. **8** *(en sustracciones)* retenir: **me llevo dos**, je retiens deux. ● **llevar + *pp* + *pp*: llevo hecha la mitad**, j'ai fait la moitié.

llorar [ʎorár] *vt - vi* pleurer.

lloriquear [ʎorikeár] *vi* pleurnicher.

llover [32] [ʎoβér] *v impers* pleuvoir.

lluvia [ʎúβja] *nf* pluie *f*.

lluvioso,-sa [ʎuβjóso,-sa] *adj* pluvieux, -euse.

lo [lo] *det* **1** le, l', ce qui est, ce: **lo bueno**, le bon. ▶ *pron pers* le: **lo veo**, je le vois. ● **lo cual** *(sujeto)* ce qui. **2** *(complemento)* ce que. **lo que** ce que.

lobo,-ba [lóβo,-βa] *nm,f* loup, louve.

local [lokál] *adj* local,-e. ▶ *nm* local *m*.

localidad [lokaliðáð] *nf (población)* localité *f*. **2** *(en teatro, cine)* place *f*.

localizar [4] [lokaliθár] *vt* localiser.

loción [loθjón] *nf* lotion *f*.

loco,-ca [lóko,-ka] *adj - nm,f* fou, folle. ● **a lo loco** comme un fou. **estar loco,-ca** *por* ALGN être fou/folle de QQN. **¡ni loco,-ca!** jamais de la vie !

locomotora [lokomotóra] *nf* locomotive *f*.

locución [lokuθjón] *nf* locution *f*.

locura [lokúra] *nf* folie *f*. ● **con locura** à la folie.

locutor,-ra [lokutór,-ra] *nm,f* speaker *m*, speakerine *f*.

lógica [lóxika] *nf* logique *f*.

lógico,-ca [lóxiko,-ka] *adj* logique.

logística [loxístika] *nf* logistique *f*.

logotipo [loγotípo] *nm* logo *m*.

lograr [loγrár] *vt* **1** *(trabajo, beca)* obtenir. **2** *(objetivo)* atteindre. ● **lograr + *inf*** réussir à + *inf*, parvenir à + *inf*: **he logrado encontrarlo**, j'ai réussi à le rencontrer.

logro [lóγro] *nm* réussite *f*, succès *m*.

lombriz [lombríθ] *nf* **1** *(gusano)* ver *m* de terre. **2** *(intestinal)* ver *m* solitaire.

lomo [lómo] *nm (de animal, libro, cuchillo)* dos *m*. **2** *(de persona)* lombes *f pl*, reins *m pl*. **3** *(carne de cerdo)* filet *m*.

lona [lóna] *nf* **1** toile *f* de bâche. **2** *(de circo)* chapiteau *m*.

loncha [lóntʃa] *nf* tranche *f*.

longitud [lonxituð] *nf* **1** *(dimensión)* longueur *f*. **2** GEOG longitude *f*.

loro [lóro] *nm* perroquet *m*. ▪ **estar al loro** *fam (estar al tanto)* être au parfum. **2** *fam (estar alerta)* être sur ses gardes.

los [los] *det* les: **los niños**, les enfants. ▶ *pron pers (complemento directo - ellos, a ellos)* les; *(- a ustedes)* vous: **los veo**, je les vois; **a ustedes no los conozco**, vous, je ne vous connais pas.

lote [lóte] *nm* lot *m*.

lotería [lotería] *nf* loterie *f*. ▪ **tocarle la lotería a ALGN** gagner à la loterie.

lubina [luβína] *nf (pez)* bar *m*, loup *m* de mer.

lubricación [luβrikaθjón] *nf* lubrification *f*.

lubricante [luβrikánte] *adj* lubrifiant,-e.

lubricar [1] [luβrikár] *vt* lubrifier.

lucha [lútʃa] *nf* lutte *f*.

luchar [lutʃár] *vi* lutter.

lúcido,-da [lúθiðo,-ða] *adj* lucide.

lucir [45] [luθír] *vi* **1** *(brillar)* briller. **2** *(resultar, ser de provecho)* profiter. **3** *(quedar bien)* faire de l'effet. ▶ *vt* **1** *(enseñar)* montrer. **2** *(exhibir)* arborer. ▶ *vpr* **lucirse 1** *(quedar bien, brillar)* exceller, briller. **2** *irón (meter la pata)* échouer, faire le ridicule.

lucro [lúkro] *nm* gain *m*, profit *m*.

luego [lwéɣo] *adv* **1** *(después)* après, ensuite. **2** *(sin dilación)* aussitôt, tout de suite. ▶ *conj* donc: **pienso, luego existo**, je pense, donc je suis. ▪ **desde luego** bien entendu, évidemment. **hasta luego** au revoir, à tout à l'heure.

lugar [luɣár] *nm* **1** *(gen)* lieu *m*, endroit *m*. **2** *(espacio que ocupa algo o alguien)* place *f*: **este libro no está en su lugar**, ce livre n'est pas à sa place. **3** *(posición, puesto)* place *f*, poste *m*. **4** *(ocasión)* moment *m*. ▪ **en lugar de** au lieu de. **en primer lugar** en premier lieu, d'abord. **sin lugar a dudas** sans aucun doute. **tener lugar** avoir lieu.

lugareño,-ña [luɣaréɲo,-ɲa] *nm,f* villageois,-e.

lujo [lúxo] *nm* luxe *m*. ▪ **permitirse el lujo de** s'offrir le luxe de.

lujoso,-sa [luxóso,-sa] *adj* luxueux,-euse.

lujuria [luxúrja] *nf* luxure *f*.

lumbre [lúmbre] *nf (fuego)* feu *m*.

luminoso,-sa [luminóso,-sa] *adj* lumineux,-euse.

luna [lúna] *nf* **1** *(satélite)* lune *f*. **2** *(de espejo, escaparate, vehículo)* glace *f*. ▪ **luna llena** pleine lune.

lunar [lunár] *nm* **1** *(en la piel)* grain *m* de beauté. **2** *(en telas)* pois *m*.

lunes [lúnes] *nm* lundi *m*.

lupa [lúpa] *nf* loupe *f*.

luto [lúto] *nm* deuil *m*. ▪ **estar de luto** être en deuil.

Luxemburgo [luksembúrɣo] *n pr* Luxembourg *m*.

luxemburgués,-esa [luksemburɣués, -ésa] *adj* luxembourgeois,-e. ▶ *nm,f* Luxembourgeois,-e.

luz [luθ] *nf* **1** *(gen)* lumière *f*. **2** *(electricidad)* électricité *f*. **3** *(claridad)* jour *m*. ▪ **dar a luz** mettre au monde, accoucher. **sacar a la luz 1** *(libro)* publier, faire paraître. **2** *(descubrir)* mettre au grand jour. ▪ **luces de carretera** feux *m pl* de route. **luces de cruce** feux *m pl* de croisement. **luces de posición** feux *m pl* de position, veilleuses *f pl*.

M

macarra [makáṙa] *nm* **1** *fam (rufián)* voyou. **2** *(hortera)* beauf *m*. **3** *(de prostituta)* maquereau *m*.

macarrones [makaṙónes] *nm pl* COC macaronis *m pl*.

macerar [maθerár] *vt* faire macérer.

maceta [maθéta] *nf (tiesto)* pot *m* à fleurs.

machacar [1] [matʃakár] *vt* **1** *(desmenuzar)* piler, broyer. **2** *fam (destrozar)* épuiser. **3** *fam (ganar)* gagner, vaincre. **4** *fam (estudiar)* potasser, bûcher. **5** *fam (insistir)* rabâcher.

machismo [matʃísmo] *nm* machisme *m*.

machista [matʃísta] *adj - nmf* machiste.

macho [mátʃo] *nm* **1** *(animal, planta)* mâle *m*. **2** *(pieza)* pièce *f* mâle. ▶ *adj* **1** *(de sexo masculino)* mâle. **2** *(hombre)* viril. **3** *(pieza)* mâle.

macizo,-za [maθíθo,-θa] *adj* **1** *(compacto)* massif,-ive: **madera maciza**, bois massif. **2** *(robusto)* solide. **3** *(persona)* fort,-e, costaud. ▶ *nm* **macizo** *(de montañas, de flores)* massif *m*.

madera [maðéra] *nf* **1** *(materia)* bois *m*. **2** *(talento)* qualités *f pl*, étoffe *f*. • **tocar madera** toucher du bois.

madero [maðéro] *nm* **1** *(pieza de madera)* madrier *m*. **2** *fam (policía)* flic *m*.

madrastra [maðrástra] *nf* belle-mère *f*.

madre [máðre] *nf* **1** *(gen)* mère *f*. **2** *(poso - de vino)* lie *f*; *(- de vinagre)* mère *f*; *(- de café)* marc *m*. • **¡madre mía!** mon Dieu !

madrina [maðrína] *nf* **1** *(de bautizo, ceremonia)* marraine *f*. **2** *(de boda)* témoin *m*.

madrugada [maðruɣáða] *nf* **1** *(después de medianoche)* matin *m*. **2** *(amanecer)* aube *f*, petit jour *m*.

madrugador,-ra [maðruɣaðór,-ra] *adj* matinal,-e.

madrugar [7] [maðruɣár] *vi* se lever de bon matin.

madrugón [maðruɣón]. • **pegarse un madrugón** se lever aux aurores.

madurar [maðurár] *vt - vi* mûrir.

madurez [maðuréθ] *nf* maturité *f*.

maduro,-ra [maðúro,-ra] *adj* mûr,-e.

maestría [maestría] *nf* maîtrise *f*.

maestro,-tra [maéstro,-tra] *adj (principal)* maître,-esse, principal,-e. ▶ *nm,f (de escuela)* maître, maîtresse, instituteur,-trice. ▶ *nm* **maestro 1** *(en oficio, arte)* maître *m*. **2** *(compositor)* maître *m*, maestro *m*.

mafia [máfja] *nf* mafia *f*.

magia [máxja] *nf* magie *f*.

mágico,-ca [máxiko,-ka] *adj* magique.

magistrado,-da [maxistráðo,-ða] *nm,f* magistrat *m*.

magistral [maxistrál] *adj* magistral,-e.

magnate [maynáte] *nmf* magnat *m*.

magnesio [maynésjo] *nm* magnésium *m*.

magnético,-ca [maynétiko,-ka] *adj* magnétique.

magnífico,-ca [maynifiko,-ka] *adj* magnifique.

magnitud [maynitúð] *nf* 1 *(tamaño)* grandeur *f*. 2 *(importancia)* importance *f*, importance *f*. 3 *(envergadura)* envergure *f*. 4 *(astronómica)* magnitude *f*.

mago,-ga [máγo,-γa] *nm,f* magicien, -enne. ▪ **los Reyes Magos** les Rois mages.

mahonesa [maonésa] *nf* mayonnaise *f*.

maíz [maíθ] *nm* maïs *m*.

majestad [maxestáð] *nf* majesté *f*.

majestuoso,-sa [maxestwóso,-sa] *adj* majestueux,-euse.

majo,-ja [máxo,-xa] *adj* 1 *(simpático)* joli,-e. 2 *(am (simpático)* sympa.

mal [mal] *adj* (forme apocopée de **malo** qui ne s'emploie que devant un nom masculin) → **malo,-la**. ► **mal** 1 *(gen)* mal *m*. 2 *(enfermedad)* mal *m*, maladie *f*. ► *adv* mal. • **encontrarse mal** se sentir mal. **menos mal que...** heureusement que ... **nada mal** pas mal.

malcriado,-da [malkrjáðo,-ða] *adj - nm,f* mal élevé,-e.

malcriar [13] [malkrjár] *vt* 1 *(educar mal)* mal élever. 2 *(mimar)* gâter.

maldad [maldáð] *nf* méchanceté *f*.

maldecir [79] [maldeθír] *vt - vi* maudire.

maldición [maldiθjón] *nf* malédiction *f*.

maldito,-ta [maldíto,-ta] *adj - nm,f (por Dios, por la sociedad)* maudit,-e. ► *adj (placé toujours devant le nom)* 1 *fam (expresa contrariedad, rechazo)* maudit,-e, sacré,-e : **¡maldita lluvia!**, maudite pluie !. 2 *fam (expresa negación rotunda)* malheureux,-euse. • **¡maldita sea!** merde alors !

maleducado,-da [maleðukáðo,-ða] *adj - nm,f* mal élevé,-e.

malentendido [malentendíðo] *nm* malentendu *m*.

malestar [malestár] *nm* malaise *m*.

maleta [maléta] *nf* valise *f*.

maletero [maletéro] *nm (de coche)* coffre *m* à bagages.

malgastar [malγastár] *vt* gaspiller.

malicia [maliθja] *nf* 1 *(mala intención)* méchanceté *f*, malice *f*. 2 *(astucia, picardía)* astuce *f*, sagacité *f*.

maligno,-na [malíγno,-na] *adj* 1 *(pernicioso)* malin,-igne. 2 *(perverso)* pervers,-e.

malintencionado,-da [malintenθjoná-ðo,-ða] *adj* malintentionné,-e.

malla [máʎa] *nf* 1 *(gen)* maille *f*. 2 *(red)* filet *m*. ► *nf pl* **mallas** *(prenda)* caleçon *m*.

malo,-la [málo,-la] *adj* (**mal** devant *m*) 1 *(gen)* mauvais,-e. 2 *(malvado)* méchant,-e. 3 *(travieso)* coquin,-e, espiègle. 4 *(enfermo)* malade, indisposé,-e. 5 *(sin habilidad)* peu doué,-e. ► *nm,f (de película, obra)* le méchant, la méchante. • **estar de malas** 1 *(no tener suerte)* ne pas être en veine. 2 *(estar de mal humor)* être de mauvais poil. **lo malo es que...** l'ennui c'est que .... **por las malas** de force, par la violence.

malsano,-na [malsáno,-na] *adj* 1 *(nocivo)* malsain,-e. 2 *(enfermizo)* maladif,-ive.

malsonante [malsonánte] *adj (lenguaje)* insultant,-e.

maltratar [maltratár] *vt* maltraiter.

maltrecho,-cha [maltrétʃo,-tʃa] *adj* 1 *(persona)* battu,-e. 2 *(cosa)* en piteux état.

malvado,-da [malβáðo,-ða] *adj - nm,f* méchant,-e.

mama [máma] *nf (teta)* mamelle f. **2** *(de mujer)* sein m.

mamá [mamá] *nf* maman f.

mamar [mamár] *vt - vi* téter. ▶ *vpr* **mamarse 1** *fam (emborracharse)* se soûler. **2** *fam (soportar)* se taper.

mamífero,-ra [mamífero,-ra] *adj* mammifère. ▶ *nm* **mamífero** mammifère m.

mamut [mamút] *nm* mammouth m.

manada [manáða] *nf* troupeau m.

manantial [manantjál] *nm* source f.

manar [manár] *vi* jaillir, sourdre.

manazas [manáθas] *nmf fam* brisetout.

mancha [mántʃa] *nf* tache f.

manchar [mantʃár] *vt* tacher.

manco,-ca [máŋko,-ka] *adj - nm,f* manchot,-e.

mandamiento [mandamjénto] *nm* **1** *(de Dios)* commandement m. **2** DER ordre m, mandat m.

mandar [mandár] *vt* **1** *(ordenar)* ordonner. **2** *(enviar)* envoyer. ▶ *vt - vi (dirigir, ejercer la autoridad)* commander. • **mandar a ALGN a por ALGO** envoyer QQN chercher QQCH.

mandarina [mandarina] *nf* mandarine f.

mandato [mandáto] *nm* **1** *(orden)* ordre m. **2** *(de un diputado, un gobernante)* mandat m.

mandíbula [mandíβula] *nf* mâchoire f.

mando [mándo] *nm* **1** *(gen)* commandement m. **2** *(dispositivo)* commande f. • **estar al mando de** diriger. ▪ **mando a distancia** télécommande f.

mandón,-ona [mandón,-óna] *adj* autoritaire.

manejable [maneχáβle] *adj* maniable.

manejar [maneχár] *vt* manier. ▶ *vpr* **manejarse** *(arreglárselas)* se conduire.

manejo [maneχo] *nm* **1** *(gen)* maniement m. **2** *(intriga)* manigances f pl.

manera [manéra] *nf* manière f, façon f. ▶ *nf pl* **maneras** *(modales)* manières f pl. • **de cualquier manera** de toute façon. **de manera que** de façon à ce que. **de ninguna manera** en aucune façon. **de todas maneras** de toute façon. ▪ **manera de ser** façon d'être.

manga [máŋga] *nf* **1** *(de vestido)* manche f. **2** *(de riego)* tuyau m. • **sacarse ALGO de la manga** inventer QQCH.

mango[1] [máŋgo] *nm* manche m.

mango[2] [máŋgo] *nm* **1** *(fruta)* mangue f. **2** *(árbol)* manguier m.

manguera [maŋgéra] *nf* **1** *(de regar)* tuyau m. **2** *(de bombero)* lance f d'incendie.

manía [mania] *nf* **1** *(gen)* manie f. **2** *(antipatía)* grippe f. • **coger manía a ALGN** prendre QQN en grippe.

maniático,-ca [manjátiko,-ka] *adj - nm,f* maniaque.

manicomio [manikómjo] *nm* asile m.

manicura [manikúra] *nf* manucure f.

manifestación [manifestaθjón] *nf* manifestation f.

manifestante [manifestánte] *nmf* manifestant.

manifestar [27] [manifestár] *vt* manifester.

manilla [maniʎa] *nf* **1** *(de puerta)* poignée f. **2** *(de reloj)* aiguille f.

manillar [maniʎár] *nm* guidon m.

maniobra [manjóβra] *nf* manœuvre f.

maniobrar [manjoβrár] *vi* manœuvrer.

manipulación [manipulaθjón] *nf* manipulation *f*.

manipular [manipulár] *vt* manipuler.

maniquí [manikí] *nm (muñeco)* mannequin *m*.

manitas [manitas] *adj inv* adroit,-e. ► *nmf* bricoleur,-euse.

manjar [maŋχár] *nm* mets *m*.

mano [máno] *nf* 1 *(gen)* main *f*. 2 *(de un cuadrúpedo)* patte *f* de devant. 3 *(de pintura)* couche *f*. • **a mano** 1 *(sin máquina)* à la main. 2 *(cerca)* sous la main. **a mano derecha** à droite. **a mano izquierda** à gauche. **dar la mano** serrer la main. **de segunda mano** d'occasion. **echar una mano** donner un coup de main. **meter mano** *fam* peloter. **pedir la mano** demander en mariage. ■ **mano de obra** main-d'œuvre *f*.

manojo [manóχo] *nm* 1 *(de puerros, hierbas)* botte *f*; *(puñado)* poignée *f*. 2 *(de llaves)* trousseau *m*.

manopla [manópla] *nf* 1 *(guante)* moufle *f*. 2 *(de aseo)* gant *m* de toilette.

manosear [manoseár] *vt* tripoter.

mansión [mansjón] *nf* demeure *f*.

manta [mánta] *nf (de cama, de viaje, etc)* couverture *f*. • **tirar de la manta** *fam* découvrir le pot aux roses.

manteca [mantéka] *nf* graisse *f*. ■ **manteca de cacao** beurre *m* de cacao. **manteca de cerdo** saindoux *m*.

mantel [mantél] *nm* nappe *f*.

mantener [87] [mantenér] *vt* 1 *(conservar, sostener)* maintenir. 2 *fig (una opinión, etc)* soutenir. 3 *(alimentar)* nourrir; *(una familia)* entretenir.

mantenimiento [mantenimjénto] *nm* 1 *(gen)* entretien *m*. 2 *(de material)* maintenance *f*.

mantequilla [mantekíʎa] *nf* beurre *m*.

manto [mánto] *nm (capa de ceremonia)* manteau *m*; *(de mujer)* cape *f*.

mantón [mantón] *nm* châle *m*.

manual [manwál] *adj* manuel,-elle. ► *nm* manuel *m*.

manufactura [manufaktúra] *nf* 1 *(producto)* produit *m* manufacturé. 2 *(fábrica)* manufacture *f*.

manufacturar [manufakturár] *vt* fabriquer.

manuscrito,-ta [manuskríto,-ta] *adj* manuscrit,-e.

manzana [manθána] *nf* 1 *(fruta)* pomme *f*. 2 *(grupo de casas)* pâté *m* de maisons.

manzanilla [manθaníʎa] *nf* camomille *f*.

manzano [manθáno] *nm* pommier *m*.

maña [máɲa] *nf* 1 habileté *f*. 2 *(astucia)* ruse *f*.

mañana [maɲána] *nf* 1 *(momento del día)* matin *m*. 2 *(período de tiempo)* matinée *f*. ► *adv* demain. • **hasta mañana** à demain. **pasado mañana** après-demain.

mapa [mápa] *nf* carte *f*.

maqueta [makéta] *nf* maquette *f*.

maquillaje [makiʎáχe] *nm* maquillage *m*.

maquillar [makiʎár] *vt* maquiller.

máquina [mákina] *nf* machine *f*. ■ **máquina de afeitar** rasoir *m*.

maquinaria [makinárja] *nf* 1 machines *f pl*. 2 *(de reloj)* mécanisme *m*.

maquinilla [makiníʎa] *nf* rasoir *m*. ■ **maquinilla de afeitar** rasoir. **maquinilla eléctrica** rasoir électrique.

maquinista [makinísta] *nmf (de un tren)* mécanicien *m*.

mar [mar] *nm & nf* mer *f*. • **la mar de 1** *fam fig (gran cantidad)* énormément de. **2** *fam fig (gran intensidad)* vachement. **mar adentro** au large. ■ **alta mar** haute mer.

maratón [maratón] *nm* DEP marathon *m*.

maravilla [maraβíʎa] *nf* **1** *(gen)* merveille *f*. **2** *(asombro)* étonnement *m*. • **de maravilla** à merveille.

maravilloso,-sa [maraβiʎóso,-sa] *adj* merveilleux,-euse.

marca [márka] *nf* **1** *(de producto)* marque *f*. **2** *(huella)* trace *f*. **3** *(acción de marcar)* marquage *m*. **4** DEP score *m*. ■ **marca registrada** marque déposée.

marcar [1] [markár] *vt* **1** *(gen)* marquer. **2** *(número de teléfono)* composer. **3** *(pelo)* faire une mise en plis. ▶ *vi* marquer.

marcha [mártʃa] *nf* **1** *(gen)* marche *f*. **2** *(de un vehículo)* vitesse *f*. **3** *(acción de marcharse)* départ *m*. **4** *fam (juerga)* ambiance *f*. • **a toda marcha** à toute allure. **ir de marcha** faire la fête. **poner en marcha 1** *(máquina)* mettre en marche. **2** *(negocio)* mettre en route. **sobre la marcha** au fur et à mesure. ■ **marcha atrás** marche arrière.

marchar [martʃár] *vi* **1** *(caminar)* marcher. **2** *(irse)* partir. **3** *(ir situado)* se trouver. ▶ *vpr* **marcharse** s'en aller.

marchitar [martʃitár] *vi* faner.

marchoso,-sa [martʃóso,-sa] *adj fam* plein,-e d'entrain. ▶ *nm,f fam* fêtard,-e.

marciano,-na [marθjáno,-na] *adj - nm,f* martien,-enne.

marco [márko] *nm* **1** *(gen)* cadre *m*. **2** *(de una puerta o ventana)* encadrement *m*.

marea [maréa] *nf* marée *f*.

marear [mareár] *vt* **1** *(aturdir, causar mareo)* donner la nausée. **2** *fam (molestar)* assommer. ▶ *vpr* **marearse 1** *(en barco)* avoir le mal de mer. **2** *(en coche o avión)* avoir mal au cœur, avoir le mal des transports.

mareo [maréo] *nm* **1** *(en un barco)* mal *m* de mer. **2** *(náusea)* mal *m* au cœur.

marfil [marfíl] *nm* ivoire *m*.

margarina [marɣarína] *nf* margarine *f*.

margarita [marɣaríta] *nf* marguerite *f*.

margen [márxen] *nm & nf* **1** *(gen)* marge *f*. **2** *(de un río)* rive *f*; *(de un bosque)* lisière *f*. • **al margen** en marge. **quedarse al margen** rester en dehors.

marginado,-da [marxináðo,-ða] *nm,f* marginal,-e.

marica [maríka] *nm fam pey* pédale *f*.

maricón [marikón] *nm fam pey* pédé *m*.

marido [maríðo] *nm* mari *m*.

marina [marína] *nf* marine *f*.

marinero,-ra [marinéro,-ra] *adj* **1** marinier,-ère. **2** *(barco)* marin,-e. ▶ *nm* **marinero** marin *m*.

marino,-na [maríno,-na] *adj* marin,-e. ▶ *nm* **marino** marin *m*.

mariposa [maripósa] *nf* papillon *m*.

mariquita [marikíta] *nf (insecto)* coccinelle *f*. ▶ *nm fam pey (homosexual)* pédale *f*.

marisco [marísko] *nm* fruits *m pl* de mer.

marítimo,-ma [marítimo,-ma] *adj* maritime.

marmita [marmíta] *nf* marmite *f*.

mármol [mármol] *nm* marbre *m*.
marmota [marmóta] *nf* marmotte *f*.
marrón [marrón] *adj* - *nm* (*color*) marron *m*. ▶ *nm fam* problème *m*.
marroquí [maroki] *adj* marocain,-e. ▶ *nmf* Marocain,-e.
Marruecos [marwékos] *n pr* Maroc *m*.
martes [mártes] *nm* mardi *m*.
martillo [martiʎo] *nm* marteau *m*.
marxismo [marksizmo] *nm* marxisme *m*.
marxista [marksista] *adj* - *nmf* marxiste.
marzo [márθo] *nm* mars *m*.
mas [mas] *conj* mais.
más [mas] *adv* 1 (*comparativo*) plus. 2 (*con números, cantidades*) plus: **más de uno**, plus d'un. 3 (*en términos absolutos*) davantage: **vosotros tenéis más**, vous en avez davantage. 4 (*delante de un nombre*) plus de: **más trabajo**, plus de travail. 5 **el/la más** (*superlativo*) le/la plus: **el avión más rápido**, l'avion le plus rapide. 6 (*repetición*) encore: **dame una caja más**, donne-moi une autre caisse. ▶ *nm* plus *m*. • **a lo más** tout au plus. **de más** en trop. **es más** ce qui est plus. **más bien** plutôt. **más o menos** plus ou moins. **por más que** avoir beau. ▪ **el más allá** l'au-delà *m*.
masa [mása] *nf* 1 (*volumen, conjunto*) masse *f*. 2 (*para cocinar*) pâte *f*.
masacre [masákre] *nf* massacre *m*.
masaje [masáxe] *nm* massage *m*. • **dar masajes** faire des massages.
masajista [masaxista] *nmf* masseur, -euse.
mascar [1] [maskár] *vt* - *vi* mâcher.
máscara [máskara] *nf* masque *m*.
mascota [maskóta] *nf* animal *m* de compagnie.
masculino,-na [maskulino,-na] *adj* masculin,-e.

masivo,-va [masiβo,-βa] *adj* massif,-ive.
masón,-ona [masón,-óna] *nm,f* franc-maçon,-onne.
masoquismo [masokizmo] *nm* masochisme *m*.
masoquista [masokista] *adj* - *nmf* masochiste.
máster [máster] *nm* (pl **másters**) mastère *m*.
masticar [1] [mastikár] *vt* mâcher.
mástil [mástil] *nm* 1 (*de vela, bandera, etc*) mât *m*. 2 (*de la guitarra, etc*) manche *m*.
masturbar [masturβár] *vt* masturber.
matadero [mataðéro] *nm* abattoir *m*.
matanza [matánθa] *nf* 1 (*masacre*) tuerie *f*. 2 (*de animales*) abattage *m*.
matar [matár] *vt* 1 (*gen*) tuer. 2 (*aristas, colores*) adoucir. 3 (*brillo de un metal*) ternir. 4 (*sello*) oblitérer. • **matarlas callando** agir en douce.
mate[1] [máte] *adj* (*sin brillo*) mat,-e.
mate[2] [máte] *nm* 1 (*en ajedrez*) mat *m*. 2 (*en baloncesto*) smash *m*.
matemáticas [matemátikas] *nf pl* mathématiques *f pl*.
matemático,-ca [matemátiko,-ka] *adj* mathématique. ▶ *nm,f* mathématicien,-enne.
materia [matérja] *nf* matière *f*.
material [materjál] *adj* matériel,-elle. ▶ *nm* 1 (*de construcción, etc*) matériau *m*. 2 (*materia*) matière *f*.
materialismo [materjalizmo] *nm* matérialisme *m*.
maternal [maternál] *adj* maternel,-elle.
maternidad [materniðáð] *nf* maternité *f*.
materno,-na [matérno,-na] *adj* maternel,-elle.
matiz [matíθ] *nm* nuance *f*.

matizar [4] [matiθár] *vt* nuancer.
matrícula [matrikula] *nf* **1** *(de vehículo)* plaque *f* d'immatriculation. **2** *(en curso)* inscription *f*.
matricular [matrikulár] *vt* **1** *(vehículo)* immatriculer. **2** *(en la universidad, etc)* inscrire.
matrimonio [matrimònjo] *nm* **1** *(unión, sacramento)* mariage *m*. **2** *(pareja)* couple *m*. • **contraer matrimonio** se marier.
matutino,-na [matutino,-na] *adj* matinal,-e.
maullar [16] [mauʎár] *vi* miauler.
maullido [mauʎido] *nm* miaulement *m*.
máximo,-ma [máksimo,-ma] *adj* le plus grand, la plus grande. ▶ *nm* **máximo** maximum *m*. • **como máximo** au maximum.
mayo [májo] *nm* mai *m*.
mayonesa [majonésa] *nf* mayonnaise *f*.
mayor [majór] *adj* **1** *(comparativo - de tamaño)* plus grand,-e; *(- de edad)* plus âgé,-e. **2 el/la mayor** *(superlativo - de tamaño)* le/la plus grand,-e; *(de edad)* le/la plus âgé,-e. **3** *(persona de edad)* âgé,-e: **sus padres ya son mayores**, ses parents sont âgés. ▶ *nmf* aîné,-e. ▶ *nm pl* **mayores** personnes *f pl* âgées. • **mayor de edad** majeur,-e.
mayoría [majoría] *nf* majorité *f*. • **la mayoría de** la plupart de. ■ **mayoría de edad** majorité *f*.
mayúscula [majúskula] *nf (letra)* majuscule *f*.
mayúsculo,-la [majúskulo,-la] *adj* **1** *(enorme)* énorme. **2** *(letra)* majuscule.
maza [máθa] *nf* **1** *(gen)* masse *f*. **2** *(martillo)* maillet *m*.
mazapán [maθapán] *nm* pâte *f* d'amandes.
mazorca [maθòrka] *nf* épi *m*.

me [me] *pron pers* **1** me, m': **me escribió ayer**, il m'a écrit hier. **2** *(con el imperativo)* moi, me: **dame esta caja**, donne-moi cette caisse.
mear [meár] *vi fam* pisser. ▶ *vpr* **mearse** *fam* pisser.
mecánica [mekánika] *nf* **1** *(ciencia)* mécanique *f*. **2** *(mecanismo)* mécanisme *m*.
mecánico,-ca [mekániko,-ka] *adj* mécanique. ▶ *nm,f* mécanicien, -enne.
mecanismo [mekanizmo] *nm* mécanisme *m*.
mecha [métʃa] *nf* mèche *f*.
mechero [metʃéro] *nm* briquet *m*.
mechón [metʃón] *nm* mèche *f*.
medalla [meðáʎa] *nf* médaille *f*.
medallón [meðaʎón] *nm* médaillon *m*.
media [méðja] *nf* **1** *(calcetín)* bas *m*. **2** *(promedio)* moyenne *f*. • **a medias 1** *(pagar)* moitié-moitié. **2** *(creer)* à moitié.
mediados [meðjáðos].
a mediados de vers le milieu de: **a mediados de agosto**, mi-août.
mediano,-na [meðjáno,-na] *adj* **1** *(talla)* moyen,-enne. **2** *(calidad)* médiocre.
medianoche [meðjanótʃe] *nf* minuit *m*.
mediante [meðjánte] *prep* au moyen de.
mediar [12] [meðjár] *vi* **1** *(en favor de uno)* intervenir. **2** *(una cosa en medio de otras)* être au milieu de. **3** *(ocurrir)* arriver.
medicamento [meðikaménto] *nm* médicament *m*.
medicina [meðiθina] *nf* **1** *(ciencia)* médecine *f*. **2** *(medicamento)* médicament *m*.
médico,-ca [méðiko,-ka] *adj* médical,-e. ▶ *nm,f* médecin *m*. ■ **médico de cabecera** médecin généraliste.

medida [meðiða] *nf* mesure *f*. ▸ *nf pl* **medidas** dimensions *f pl*. • **a medida que** à mesure que. **en cierta medida** dans une certaine mesure. **tomar medidas** prendre des mesures.

medieval [meðjeβál] *adj* médiéval,-e.

medio,-dia [méðjo,-ðja] *adj* 1 *(mitad de)* demi,-e: **media hora**, une demi-heure. 2 *(mediano)* moyen,-enne. ▸ *nm* **medio** 1 *(lugar)* milieu *m*. 2 *(para conseguir algo)* moyen *m*. 3 *(ambiente)* milieu *m*. ▸ *adv* à moitié, à demi. ▸ *nm pl* **medios** moyens *m pl*. • **en medio de** au milieu de. **quitar de en medio** se débarrasser. ▪ **medio ambiente** environnement *m*. **medios de comunicación** médias *m pl*.

medioambiental [meðjoambjentál] *adj* environnemental.

medioambiente → **medio ambiente**.

mediocre [meðjókre] *adj* médiocre.

mediodía [meðjoðía] *nm* midi *m*.

medir [34] [meðír] *vt* mesurer.

meditación [meðitaθjón] *nf* méditation *f*.

meditar [meðitár] *vt - vi* méditer.

mediterráneo,-a [meðiteřáneo,-a] *adj* méditerranéen,-enne.

medusa [meðúsa] *nf* méduse *f*.

megáfono [meɣáfono] *nm* mégaphone *m*.

mejicano,-na → **mexicano,-na**.

mejilla [meχíʎa] *nf* joue *f*.

mejillón [meχiʎón] *nm* moule *f*.

mejor [meχór] *adj* meilleur,-e. ▸ *nm,f* meilleur,-e. ▸ *adv* 1 *(gen)* mieux: **estoy mejor**, je vais mieux. 2 *(más bien)* plutôt. • **a lo mejor** peut-être. **mejor dicho** plus exactement.

mejora [meχóra] *nf* 1 *(progreso)* amélioration *f*. 2 *(aumento)* augmentation *f*.

mejorar [meχorár] *vt* 1 *(gen)* améliorer. 2 *(a un heredero)* avantager. ▸ *vpr* **mejorarse** 1 *(gen)* s'améliorer. 2 *(enfermo)* aller mieux.

melancolía [melaŋkolía] *nf* mélancolie *f*.

melancólico,-ca [melaŋkóliko,-ka] *adj* mélancolique.

melena [meléna] *nf* 1 *(del león)* crinière *f*. 2 *(de persona)* cheveux *m pl* longs.

mellizo,-za [meʎíθo,-θa] *adj - nm,f* jumeau,-elle, jumelle *f*.

melocotón [melokotón] *nm* 1 *(fruta)* pêche *f*. 2 *(árbol)* pêcher *m*.

melodía [meloðía] *nf* mélodie *f*.

melón [melón] *nm* melon *m*.

membrillo [membríʎo] *nm* 1 *(árbol)* cognassier *m*. 2 *(fruto)* coing *m*. 3 *(carne de membrillo)* pâte *f* de coings.

memo,-ma [mémo,-ma] *adj - nm,f* niais,-e.

memoria [memórja] *nf* 1 *(facultad, de ordenador)* mémoire *f*. 2 *(recuerdo)* souvenir *m*. ▸ *nf pl* **memorias** *(relación escrita)* mémoires *m pl*. • **de memoria** par cœur.

memorizar [4] [memoriθár] *vt* mémoriser.

mención [menθjón] *nf* mention *f*.

mencionar [menθjonár] *vt* mentionner.

mendigar [7] [mendiɣár] *vt* mendier.

mendigo,-ga [mendíɣo,-ɣa] *nm,f* mendiant,-e.

menear [meneár] *vt* remuer. ▸ *vpr* **menearse** 1 *(moverse)* bouger. 2 *(al andar, al bailar)* se déhancher.

menestra [menéstra] *nf* COC jardinière *f*.

menopausia [menopáusja] *nf* MED ménopause *f.*
menor [menór] *adj* **1** *(comparativo - de tamaño)* plus petit, plus petite; *(- de edad)* plus jeune; *(- de cantidad, importancia)* moindre. **2** **el/la menor** *(superlativo - de tamaño)* le/ la plus petit,-e; *(- de edad)* le/la plus jeune; *(- de cantidad, importancia)* le/ la moindre. **3** *(persona)* mineur,-e. ▶ *nmf* cadet,-ette.
menos [ménos] *adv* **1** *(comparativo)* moins (de). **2** *(salvo)* excepté, sauf: **estaban todos menos ella**, ils étaient tous là, sauf elle. **3** *(hora, operación matemática)* moins: **son las tres menos cuarto**, il est trois heures moins le quart. **4** **el/la menos** *(superlativo)* le/la moins. ▶ *nm* moins *m.* • **a menos** que moins. **a menos que** à moins que. **echar de menos** regretter. **¡menos mal!** heureusement ! **por lo menos** au moins.
menospreciar [12] [menospreθjár] *vt* **1** *(desdeñar)* mépriser. **2** *(infravalorar)* sous-estimer.
mensaje [mensáxe] *nm* message *m.*
mensajería [mensaxería] *nf* messagerie *f.*
mensajero,-ra [mensaxéro,-ra] *nm,f* **1** *(gen)* messager,-ère. **2** *(entre empresas)* coursier,-ère.
menstruación [menstrwaθjón] *nf* menstruation *f.*
mensual [menswál] *adj* mensuel,-elle.
mensualidad [menswaliðáð] *nf* mensualité *f.*
menta [ménta] *nf* menthe *f.*
mental [mentál] *adj* mental,-e.
mentalidad [mentaliðáð] *nf* mentalité *f.*
mentalizar [4] [mentaliθár] *vt* faire prendre conscience. ▶ *vpr* **mentalizarse** se préparer.

mente [ménte] *nf* **1** *(inteligencia)* esprit *m.* **2** *(propósito)* intention *f.* • **tener en mente** *(proyectar)* avoir l'intention de.
mentir [35] [mentír] *vi* mentir.
mentira [mentíra] *nf* mensonge *m.* • **parece mentira que** c'est incroyable que.
mentiroso,-sa [mentiróso,-sa] *adj - nm,f* menteur,-euse.
mentón [mentón] *nm* menton *m.*
menú [menú] *nm* menu *m.*
menudo,-da [menúðo,-ða] *adj (pequeño, delgado)* menu,-e. • **a menudo** souvent. **¡menudo + nombre!** quel - !: **¡menudo lío!**, quel problème !
meñique [meɲíke] *nm* petit doigt *m.*
mercado [merkáðo] *nm* marché *m.*
mercancía [merkanθía] *nf* marchandise *f.*
mercante [merkánte] *adj* marchand,-e: **marina mercante**, marine marchande.
mercurio [merkúrjo] *nm* mercure *m.*
merecer [43] [mereθér] *vt - vi* mériter.
merecido [mereθíðo] *nm* dû *m.* • **ha recibido su merecido** il a eu ce qu'il méritait.
merendar [27] [merendár] *vi* goûter.
merienda [merjénda] *nf* goûter *m.*
mérito [mérito] *nm* mérite *m.*
merluza [merlúθa] *nf* **1** *(pez)* merlu *m.* **2** COC colin *m.* **3** *fam fig (borrachera)* cuite *f.*
mermar [mermár] *vi* diminuer. ▶ *vt* réduire.
mermelada [mermeláða] *nf* confiture *f.*
mero[1] [méro] *nm (pez)* mérou *m.*
mero,-ra[2] [méro,-ra] *adj* simple.
mes [mes] *nm* mois *m.*
mesa [mésa] *nf* table *f.* • **poner la mesa** mettre la table. ▪ **mesa de**

meseta 510

despacho bureau m. **mesa electoral** bureau m de vote.
meseta [meséta] nf GEOG plateau m.
mesilla [mesiʎa] nf petite table f. ■ **mesilla de noche** table de nuit.
mesón [mesón] nm auberge f.
mestizo,-za [mestiθo,-θa] adj -nm,f métis,-isse.
meta [méta] nf 1 *(objetivo)* but m. 2 DEP *(en una carrera)* ligne f d'arrivée. 3 DEP *(en fútbol)* buts m pl.
metáfora [metáfora] nf métaphore f.
metal [metál] nm métal m.
metálico,-ca [metáliko,-ka] adj métallique. • **(pagar) en metálico** (payer) en espèces.
metamorfosis [metamorfósis] nf métamorphose f.
meteórico,-ca [meteóriko,-ka] adj météorique.
meteorito [meteorito] nm météorite m-f.
meteorología [meteoroloχia] nf météorologie f.
meter [metér] vt 1 *(introducir)* mettre. 2 *(causar)* faire, causer: **meter miedo**, faire peur. 3 *(dar, imponer)* donner: **le ha metido una multa por exceso de velocidad**, il lui a donné une amende pour excès de vitesse. ▶ vpr **meterse** 1 entrer: **se metieron en un café**, ils sont entrés dans un café. 2 *(introducirse)* s'engager: **se metió por una calle desierta**, il s'est engagé dans une rue déserte. 3 *(entrometerse)* se mêler (en, de). • **meterse a** + *nombre* devenir + *nom*: **se metió a albañil**, il est devenu maçon. **meterse con** ALGN 1 *(atacar)* embêter QQN. 2 *(censurar)* critiquer QQN.
meticuloso,-sa [metikulóso,-sa] adj méticuleux,-euse.
metódico,-ca [metóðiko,-ka] adj méthodique.

método [métoðo] nm méthode f.
metodología [metoðoloχia] nf méthodologie f.
metralleta [metraʎéta] nf mitraillette f.
métrico,-ca [métriko,-ka] adj métrique.
metro[1] [métro] nm *(unidad)* mètre m. ■ **metro cuadrado** mètre carré. **metro cúbico** mètre cube.
metro[2] [métro] nm *(transporte)* métro m.
metrópolis [metrópolis] nf métropole f.
mexicano,-na, mejicano, -na [meχikáno,-na] adj mexicain,-e. ▶ nm,f Mexicain,-e.
México [méχiko] n pr Mexique m.
mezcla [méθkla] nf 1 *(gen)* mélange m. 2 *(de sonido)* mixage m.
mezclar [meθklár] vt 1 *(gen)* mélanger. 2 *(implicar)* mêler.
mezquita [meθkíta] nf mosquée f.
mi[1] [mi] nm MÚS mi m.
mi[2] [mi] adj pos mon, ma: **mi padre y mi madre**, mon père et ma mère.
mí [mi] *(toujours précédé de prép)* pron pers moi: **¡a mí!**, à moi!; **es para mí**, c'est pour moi.
michelín [mitʃelín] nm fam bourrelet m.
microbio [mikróβjo] nm microbe m.
microchip [mikrotʃip] nm INFORM puce f.
micrófono [mikrófono] nm microphone m.
microondas [mikroóndas] nm inv micro-ondes m inv.
microscopio [mikroskópjo] nm microscope m.
miedo [mjéðo] nm peur f. • **dar miedo** faire peur. **de miedo** fam fig génial,-e. **tener miedo a** avoir peur de.
miel [mjel] nf miel m.
miembro [mjémbro] nm membre m.

mientras [mjéntras] *conj* **1** *(al tiempo que)* pendant que. **2** *(hasta que)* tant que: **mientras no me lo digan...**, tant qu'ils ne me le disent pas .... ▶ *adv* pendant ce temps. • **mientras tanto** pendant ce temps.

miércoles [mjérkoles] *nm* mercredi *m*.

mierda [mjérða] *nf* **1** *fam (excremento)* merde *f*. **2** *fam (porquería)* porcherie *f*. • **irse a la mierda** *fam* aller se faire foutre. **mandar a la mierda** *fam* envoyer se faire foutre.

miga [míɣa] *nf* mie *f*. ▶ *nf pl* **migas** *(restos)* miettes *f pl*.

migaja [miɣáχa] *nf* miette *f*.

migración [miɣraθjón] *nf* migration *f*.

mil [míl] *num* mille, mil: **mil millones**, un milliard. ▶ *nm* mille *m*. ▶ *nm pl* **miles** milliers *m pl*.

milagro [miláɣro] *nm* miracle *m*.

milagroso,-sa [milaɣróso,-sa] *adj* miraculeux,-euse.

milenario,-ria [milenárjo,-rja] *adj* millénaire *m*.

milenio [milénjo] *nm* millénaire *m*.

mili [míli] *nf* service *m*. • **hacer la mili** faire son service.

miligramo [miliɣrámo] *nm* milligramme *m*.

mililitro [mililítro] *nm* millilitre *m*.

milímetro [milímetro] *nm* millimètre *m*.

militante [militánte] *adj - nmf* militant,-e.

militar¹ [militár] *vi* militer.

militar² [militár] *adj - nmf* militaire.

militarizar [4] [militariθár] *vt* militariser.

millar [miʎár] *nm* millier *m*.

millón [miʎón] *nm* million *m*.

millonario,-ria [miʎonárjo,-rja] *adj - nm,f* millionnaire.

mimar [mimár] *vt* gâter.

mímica [mímika] *nf* mimique *f*.

mimo [mímo] *nm* **1** *(actor)* mime *m*. **2** *(caricia)* câlin *m*.

mimoso,-sa [mimóso,-sa] *adj* câlin,-e.

mina [mína] *nf* mine *f*.

mineral [minerál] *adj* minéral,-e. ▶ *nm* minerai *m*.

minero,-ra [minéro,-ra] *adj* minier,-ère. ▶ *nm,f (obrero)* mineur *m*.

miniatura [minjatúra] *nf* miniature *f*.

minifalda [minifálda] *nf* minijupe *f*.

mínimo,-ma [mínimo,-ma] *adj* minime. ▶ *nm* **mínimo** minimum *m*. • **como mínimo** au minimum.

ministerio [ministérjo] *nm* ministère *m*.

ministro,-tra [minístro,-tra] *nm,f* ministre *m*.

minoría [minoría] *nf* minorité *f*.

minucioso,-sa [minuθjóso,-sa] *adj* minutieux,-euse.

minúscula [minúskula] *nf* minuscule *f*.

minúsculo,-la [minúskulo,-la] *adj* minuscule.

minusválido,-da [minuzβáliðo,-ða] *adj - nm,f* handicapé,-e.

minuto [minúto] *nm* minute *f*.

mío,-a [mío,-a] *adj pos* **1** *(de pertenencia)* à moi: **este libro es mío**, ce livre est à moi. **2** *(en los vocativos)* mon, ma: **¡madre mía!**, mon Dieu ! ▶ *pron pos* **el mío / la mía** *(después del artículo)* le/la mien,-enne. • **ser lo mío** *fam* être mon fort: **lo mío es la gramática**, mon truc c'est la grammaire.

miope [mjópe] *adj - nmf* myope.

miopía [mjopía] *nf* myopie *f*.

mirada [miráða] *nf* **1** *(acción, modo de mirar)* regard *m*. **2** *(ojeada)* coup *m* d'œil. • **echar una mirada** jeter un coup d'œil.

miramiento [miramjénto] nm égard m.
mirar [mirár] vt 1 (ver) regarder. 2 (observar) observer. 3 (considerar) faire attention: mira bien lo que haces y lo que dices, fais bien attention à ce que tu dis et à ce que tu fais. ▶ vi 1 regarder. 2 mirar a (ventana) donner sur. ▶ vpr mirarse se regarder. • mirar por veiller sur.
mirón,-ona [mirón,-óna] adj curieux,-euse. ▶ nm,f voyeur,-euse.
misa [misa] nf messe f.
miserable [miseráβle] adj (pobre, pequeño) misérable. ▶ adj - nmf 1 (ruin) misérable. 2 (avaro) avare.
miseria [misérja] nf 1 (pobreza) misère f. 2 (avaricia) avarice f.
misil [misíl] nm missile m.
misión [misjón] nf mission f.
misionero,-a [misjonéro,-a] adj mystérieux,-euse.
místico,-ca [místiko,-ka] adj - nm,f mystique.
mitad [mitáð] nf 1 (parte) moitié f. 2 (centro, medio) milieu m.
mítico,-ca [mítiko,-ka] adj mythique.
mito [míto] nm mythe m.
mitología [mitoloχía] nf mythologie f.
mixto,-ta [miksto,-ta] adj mixte.
mobiliario [moβiljárjo] nm mobilier m.
mochila [motʃíla] nf sac m à dos.
moco [móko] nm morve f. • **limpiarse los mocos** se moucher. **tener mocos** avoir la morve au nez.

mocoso,-sa [mokóso,-sa] nm,f fam morveux,-euse.
moda [móða] nf mode f. • **estar de moda** être à la mode. **pasado de moda** démodé,-e.
modelar [moðelár] vt modeler.
modelo [moðélo] adj - nm modèle m. ▶ nmf (maniquí) mannequin m.
moderado,-da [moðeráðo,-ða] adj - nm,f modéré,-e.
moderar [moðerár] vt modérer.
modernizar [4] [moðerniθár] vt moderniser.
moderno,-na [moðérno,-na] adj moderne. ▶ nm,f fam branché,-e.
modestia [moðéstja] nf modestie f.
modesto,-ta [moðésto,-ta] adj modeste.
modificación [moðifikaθjón] nf modification f.
modificar [1] [moðifikár] vt modifier.
modo [móðo] nm 1 (de obrar, de ver, etc) manière f, façon f. 2 (gramatical, musical) mode m. ▶ nm pl **modos** manières f pl. • **a modo de** en guise de. **de modo que** de façon à ce que. **de todos modos** de toute façon.
modular [moðulár] vt - vi moduler.
módulo [móðulo] nm module m.
mofiete [mofléte] nm joue f.
mogollón [moγoʎón] nm fam un tas de: había mogollón de gente, il y avait beaucoup de monde. ▶ adv fam vachement: me gusta mogollón, ça me plaît beaucoup.
moho [móo] nm 1 (gen) moisissure f. 2 (de un metal) rouille f.
mojar [moχár] vt mouiller; (en salsa) tremper.
molar¹ [molár] nm (diente) molaire f.
molar² [molár] vt - vi fam être cool.
molde [mólde] nm moule m.
molécula [molékula] nf molécule f.

molestar [molestár] *vt* **1** *(gen)* gêner, déranger. **2** *(fastidiar)* ennuyer. **3** *(ofender)* offenser. ▶ *vpr* **molestarse 1** *(incomodarse)* se déranger. **2** *(ofenderse)* se vexer. • **tomarse la molestia de** prendre la peine de.

molesto,-ta [molésto,-ta] *adj* **1** *(embarazoso)* gênant,-e; *(fastidioso)* ennuyeux, -euse. **2** *(incómodo)* gêné,-e, mal à l'aise; *(resentido)* fâché,-e.

molido,-da [molíðo,-ða] *adj (café, trigo)* moulu,-e.

molinillo [moliníλo] *nm* moulin *m*.

molino [molíno] *nm* moulin *m*.

momentáneo,-a [momentáneo,-a] *adj* momentané,-e.

momento [moménto] *nm* moment *m*, instant *m*. • **a cada momento** à tout moment. **de momento** pour le moment.

momia [mómja] *nf* momie *f*.

mona [móna] *nf* **1** *(hembra del mono)* guenon *f*. **2** *fam fig (borrachera)* cuite *f*.

Mónaco [mónako] *n pr* Monaco.

monada [monáða]. • **ser una monada** *fam* être mignon,-onne.

monarquía [monarkía] *nf* monarchie *f*.

monárquico,-ca [monárkiko,-ka] *adj* monarchique.

monasterio [monastèrjo] *nm* monastère *m*.

mondar [mondár] *vt (pelar - frutas, verduras)* éplucher, peler; *(- guisantes, habas)* écosser.

moneda [monéða] *nf* **1** *(unidad monetaria)* monnaie *f*. **2** *(pieza)* pièce *f* de monnaie.

monedero [monéðero] *nm* porte-monnaie *m inv*.

monegasco,-ca [moneγásko,-ka] *adj* monégasque. ▶ *nm,f* Monégasque.

monigote [moniγóte] *nm* **1** *(muñeco, persona)* pantin *m*. **2** *(dibujo)* bonhomme *m*.

monitor,-ra [monitór,-ra] *nm,f (profesor, educador)* moniteur,-trice. ▶ *nm* **monitor** *(pantalla)* moniteur *m*.

monja [mónχa] *nf* religieuse *f*.

monje [mónχe] *nm* moine *m*.

mono,-na [móno,-na] *adj* joli,-e, mignon,-onne. ▶ *nm* **mono 1** *(animal)* singe *m*. **2** *fam (de drogas)* manque *m*.

monólogo [monóloγo] *nm* monologue *m*.

monopatín [monopatín] *nm* skateboard *m*, planche *f* à roulettes.

monopolio [monopóljo] *nm* monopole *m*.

monopolizar [4] [monopoliθár] *vt* monopoliser.

monotonía [monotonía] *nf* monotonie *f*.

monótono,-na [monótono,-na] *adj* monotone.

monstruo [mónstrwo] *nm* monstre *m*.

monstruoso,-sa [monstrwóso,-sa] *adj* monstrueux,-euse.

montaje [montáχe] *nm* **1** *(de máquina, película)* montage *m*. **2** *(de obra de teatro)* réalisation *f*.

montaña [montáɲa] *nf* montagne *f*. • **montaña rusa** montagne russe.

montañero,-ra [montaɲéro,-ra] *nm,f* alpiniste *m,f*.

montañismo [montaɲízmo] *nm* alpinisme *m*.

montañoso,-sa [montaɲóso,-sa] *adj* montagneux,-euse.

montar [montár] *vi* monter: **montar en bicicleta**, monter à bicyclette. ▶ *vt* **1** *(gen)* monter, installer: **montar una máquina**, monter une machine. **2** *(un caballo)* monter. **3** *(nata, claras)* battre. ▶ *vpr* **montarse** *(subirse)* monter. • **montar el**

monte

número faire tout un cinéma.
montárselo *fam* se débrouiller.
monte [mónte] *nm (montaña)* montagne *f*; *(en aposición al nombre propio)* mont *m*: **el monte Everest**, le mont Everest.
montículo [montíkulo] *nm* monticule *m*.
montón [montón] *nm* tas *m*. • **un montón de** un tas de.
montura [montúra] *nf (de gafas, caballo)* monture *f*.
monumental [monumentál] *adj* monumental,-e.
▶ **monumento** [monuménto] *nm* monument *m*.
moño [móɲo] *nm* chignon *m*. • **estar hasta el moño** *fam* en avoir ras le bol.
moqueta [mokéta] *nf* moquette *f*.
mora [móra] *nf* mûre *f*.
morado,-da [moráðo,-ða] *adj* violet,-ette. ▶ *nm* morado **1** *(color)* violet *m*. **2** *(hematoma)* bleu *m*.
moral [morál] *adj* moral,-e. ▶ *nf* **1** *(ética)* morale *f*. **2** *(estado de ánimo)* moral *m*.
moraleja [moraléxa] *nf* morale *f*.
moralidad [moraliðáð] *nf* moralité *f*.
moralizar [4] [moraliθár] *vt* - *vi* moraliser.
morboso,-sa [morβóso,-sa] *adj* morbide.
morcilla [morθíʎa] *nf* COC boudin *m*.
mordedura [morðeðúra] *nf* morsure *f*.
morder [32] [morðér] *vt* - *vi* mordre.
mordisco [morðísko] *nm* morsure *f*.
moreno,-na [moréno,-na] *adj* **1** *(pelo, piel)* brun,-e. **2** *(por el sol)* bronzé,-e. ▶ *nm,f (persona de pelo oscuro)*

brun,-e. • **ponerse moreno,-na** bronzer.
moretón [moretón] *nm* bleu *m*.
morfina [morfina] *nf* morphine *f*.
morir [33] [morír] *vi* mourir. ▶ *vpr*
morirse 1 *(fallecer)* mourir. **2 morirse de** *(sentir intensamente)* mourir de: **me muero de sueño**, je meurs de sommeil. **3 morirse por** *(desear intensamente)* être fou, folle de.
moro,-ra [móɾo,-ɾa] *adj* **1** *(norteafricano)* maure. **2** *pey (de religión musulmana)* musulman,-e. ▶ *nm,f* **1** *(norteafricano)* Maure. **2** *pey (musulmán)* musulman,-e.
morro [móro] *nm* **1** *(de animal)* museau *m*, mufle *m*. **2** *fam pey (de persona)* lippe *f*, grosses lèvres *f pl*. **3** *fam (de vehículo - coche)* capot *m*; *(- avión)* nez *m*. **4** *fam (cara dura)* culot *m*. • **beber a morro** boire au goulot. **estar de morros** *fam* faire la tête. **tener morro** *fam* ne pas manquer de culot.
mortal [mortál] *adj - nmf* mortel,-elle.
mortalidad [mortaliðáð] *nf* mortalité *f*.
mosaico [mosáiko] *nm* mosaïque *f*.
mosca [móska] *nf* mouche *f*. • **estar mosca** *fam* se méfier. **por si las moscas** *fam* au cas où.
mosquearse [moskeárse] *vpr* **1** *fam (enfadarse)* prendre la mouche. **2** *fam (sospechar)* soupçonner.
mosquito [moskíto] *nm* moustique *m*.
mostaza [mostáθa] *nf* moutarde *f*.
mostrador [mostraðór] *nm* comptoir *m*.
mostrar [31] [mostrár] *vt* montrer.
mote [móte] *nm* sobriquet *m*, surnom *m*.
motivar [motiβár] *vt* motiver.

motivo [motiβo] nm motif m. • **con motivo de 1** (con ocasión de) à l'occasion de. **2** (debido a) en raison de.

moto [móto] nf moto f.

motocicleta [motoθikléta] nf motocyclette f.

motociclista [motoθiklísta] nmf motocycliste.

motor,-ra [motór,-ra] adj moteur,-trice. ▶ nm **motor** moteur m. ■ **motor de búsqueda** INFORM moteur de recherche.

motorista [motorísta] nmf motocycliste.

mover [32] [moβér] vt **1** (poner en movimiento) mouvoir. **2** (cambiar de sitio) mouvoir, remuer. **3** (agitar, menear) remuer. **4** (suscitar) susciter, faire. **5** (incitar) pousser (a, à). ▶ vpr **moverse 1** (estar en movimiento) se mouvoir. **2** (cambiar de sitio) remuer. **3** (cambiar de posición) se remuer, se mouvoir. **4** (hacer gestiones) se remuer.

móvil [móβil] adj mobile. ▶ nm **1** (motivo) mobile m. **2** (teléfono) portable m.

movilizar [4] [moβiliθár] vt mobiliser.

movimiento [moβimjénto] nm mouvement m.

mozo,-za [móθo,-θa] adj (joven) jeune. ▶ nm,f **1** jeune homme, jeune fille: **un buen mozo,-za**, un beau garçon. **2** (soltero) célibataire. ▶ nm **mozo** (camarero) garçon m.

muchacho,-cha [mutʃátʃo,-tʃa] nm,f **1** (joven) jeune homme, jeune fille. **2** (niño) garçon, fille.

muchedumbre [mutʃeðúmbre] nf foule f, multitude f.

mucho,-cha [mútʃo,-tʃa] adj **1** (gen) beaucoup de: **mucho viento**, beaucoup de vent. **2** (con algunos nombres) très: hace **mucho frío**, il fait très froid. ▶ pron beaucoup. ▶ adv **mucho 1** (gen) beaucoup. **2** (comparaciones) bien: **es mucho más caro de lo que pensaba**, c'est bien plus cher que ce que je pensais. **3** (tiempo) longtemps: **lo conocí hace mucho**, j'ai fait sa connaissance il y a longtemps. • **como mucho** au plus. **muchas veces** souvent. **ni mucho menos** pas le moins du monde.

mudanza [muðánθa] nf (de casa) déménagement m.

mudar [muðár] vt (voz, pelo, pluma, piel) muer. ▶ vpr **mudarse 1** (de casa) déménager. **2** (de ropa) se changer.

mudo,-da [múðo,-ða] adj - nm,f muet, -ette.

mueble [mweβle] nm meuble m.

mueca [mwéka] nf grimace f, moue f. • **hacer muecas** faire des grimaces.

muela [mwéla] nf molaire f. • **tener dolor de muelas** avoir mal aux dents. ■ **muela del juicio** dent f de sagesse.

muelle¹ [mwéʎe] nm (en puerto) quai m.

muelle² [mwéʎe] nm (resorte) ressort m.

muerte [mwérte] nf **1** (gen) mort f. **2** (homicidio) meurtre m, homicide m. • **dar muerte** donner la mort. **estar de muerte** fam être géant, génial.

muerto,-ta [mwérto,-ta] adj **1** (sin vida) mort,-e. **2** (asesinado) tué,-e. **3** fam (cansado) mort,-e. ▶ nm,f mort,-e. • **cargar con el muerto a** ALGN fam faire endosser la responsabilité à QQN. **hacer el muerto** faire la planche.

muestra [mwéstra] nf **1** (gen) échantillon m. **2** (para analizar) prélèvement m: **muestra de sangre**, prélèvement sanguin. **3** *(señal)* marque f, signe m. **4** *(prueba)* preuve f, témoignage m: **una muestra de cariño**, un témoignage d'affection. • **dar muestras de** faire preuve de.

mujer [muxèr] *nf* femme f. ■ **mujer de la limpieza** femme de ménage.

mujeriego [muxerjéɣo] *nm* coureur m de jupons.

muleta [muléta] *nf* **1** *(para andar)* béquille f. **2** *(de torero)* muleta f.

multa [múlta] *nf* **1** *(gen)* amende f. **2** *(de tráfico)* contravention f.

multar [multár] *vt* condamner à une amende.

multicolor [multikolór] *adj* multicolore.

multimedia [multiméðja] *adj inv* multimédia.

multimillonario,-ria [multimiʎonárjo,-rja] *adj* - *nm,f* milliardaire.

multinacional [multinaθjonál] *nf* multinationale f.

múltiple [múltiple] *adj* multiple.

multiplicación [multiplikaθjón] *nf* multiplication f.

multiplicar [1] [multiplikár] *vt* multiplier.

multitud [multitúð] *nf* multitude f, foule f.

mundial [mundjál] *adj* mondial,-e. ► *nm* coupe f du monde.

mundo [múndo] *nm* monde m. • **no ser nada del otro mundo** *fam* ça ne casse pas les briques. **todo el mundo** tout le monde. **ver mundo** voir du pays.

munición [muniθjón] *nf* munition f.

municipal [muniθipál] *adj* municipal,-e.

municipio [muniθipjo] *nm* **1** *(ayuntamiento)* municipalité f. **2** *(ciudad)* commune f.

muñeca [muɲéka] *nf* **1** ANAT poignet m. **2** *(juguete)* poupée f.

muñeco [muɲéko] *nm* **1** *(juguete)* poupée f. **2** *(títere)* marionnette f, pantin m.

muralla [muráʎa] *nf* muraille f, rempart m.

murciélago [murθjélaɣo] *nm* chauve-souris f.

murmullo [murmúʎo] *nm* murmure m.

murmurar [murmurár] *vi* **1** *(agua, viento, en voz baja)* murmurer. **2** *(quejarse)* marmonner. **3** *(criticar)* médire (**de**, de).

muro [múro] *nm* **1** *(pared)* mur m. **2** *(muralla)* muraille f.

musa [músa] *nf* muse f.

muscular [muskulár] *adj* musculaire.

músculo [múskulo] *nm* muscle m.

musculoso,-sa [muskulóso,-sa] *adj* **1** ANAT musculeux,-euse. **2** *(fuerte)* musclé,-e.

museo [muséo] *nm* musée m.

música [músika] *nf* musique f.

musical [musikál] *adj* musical,-e. ► *nm (espectáculo)* music-hall m.

músico,-ca [músiko,-ka] *adj* musical,-e. ► *nm,f* musicien,-enne.

muslo [múzlo] *nm* cuisse f.

musulmán,-ana [musulmán,-ána] *adj* - *nm,f* musulman,-e.

mutilado,-da [mutiláðo,-ða] *adj* - *nm,f* mutilé,-e.

mutilar [mutilár] *vt* mutiler.

mutua [mútwa] *nf* mutuelle f.

mutuo,-tua [mútwo,-twa] *adj* mutuel,-elle.

muy [mwi] *adv* **1** *(gen)* très, bien: **muy bonito**, très joli. **2** *(con* **adv** *de modo o* **adj** *predicativos)* tout: **muy lentamente**, tout doucement.

N-Ñ

nabo [náβo] nm navet m.
nacer [42] [naθér] vi 1 (persona, animal) naître. 2 (río) prendre naissance, prendre sa source. 3 (originarse) naître, germer.
nacimiento [naθimjénto] nm 1 (gen) naissance f. 2 (de río) source f.
nación [naθjón] nf nation f.
nacional [naθjonál] adj national,-e.
nacionalidad [naθjonaliðáð] nf nationalité f.
nacionalismo [naθjonalízmo] nm nationalisme m.
nacionalista [naθjonalísta] adj - nmf nationaliste.
nacionalizar [4] [naθjonaliθár] vt 1 (empresa) nationaliser. 2 (extranjero) naturaliser.
nada [náða] pron indef 1 (gen) rien. 2 (con adj) rien de: **nada nuevo**, rien de nouveau. ▶ adv pas du tout: **no me gusta nada**, ça ne me plaît pas du tout. ▶ nf rien m, néant m. • **de nada** je vous en prie. **nada menos que** rien moins que.
nadador,-ra [naðaðór,-ra] nm,f nageur, -euse.
nadar [naðár] vi nager.
nadie [náðje] pron indef personne. • **nadie más** personne d'autre.
naipe [náipe] nm carte f.
nalga [nálγa] nf fesse f.
nana [nána] nf 1 (canción) berceuse f. 2 (niñera) nourrice f.
naranja [naráŋxa] nf orange f. ▶ adj inv orange. ■ **media naranja** fam moitié f.

naranjo [naráŋxo] nm oranger m.
narcotráfico [narkotráfiko] nm trafic m de stupéfiants.
nariz [nariθ] nf 1 (de persona) nez m. 2 (de animal) naseau m. 3 (olfato) nez m, odorat m. ▶ nf pl **narices** nez m sing. • **estar hasta las narices** fam en avoir par-dessus la tête. **¡tiene narices!** fam c'est un peu fort !
narración [naraθjón] nf narration f, récit m.
narrar [narár] vt raconter.
narrativa [naratíβa] nf (género) roman m.
nasal [nasál] adj nasal,-e.
nata [náta] nf COC crème f.
natación [nataθjón] nf natation f.
natal [natál] adj natal,-e.
natalidad [nataliðáð] nf natalité f.
nativo,-va [natíβo,-βa] adj - nm,f natif, -ive.
natural [naturál] adj 1 (gen) naturel,-elle. 2 (sencillo) nature, naturel, -elle. 3 (de un país, región) natif, -ive, originaire.
naturaleza [naturaléθa] nf nature f.
naufragar [7] [naufraγár] vi faire naufrage.
naufragio [naufráxjo] nm naufrage m.
náufrago,-ga [náufraγo,-γa] nm,f naufragé,-e.
náusea [náusea] nf nausée f. • **tener náuseas** avoir la nausée.

náutico,-ca [náutiko,-ka] *adj* nautique.

navaja [naβáxa] *nf* **1** *(cuchillo)* couteau *m* pliant, canif *m*. **2** *(molusco)* couteau *m*.

naval [naβál] *adj* naval,-e.

nave [náβe] *nf* navire *m*, vaisseau *m*. • **nave industrial** local *m* industriel.

navegable [naβeɣáβle] *adj* navigable.

navegación [naβeɣaθjón] *nf* navigation *f*.

navegador [naβeɣaðór] *nm* navigateur *m*.

navegante [naβeɣánte] *nmf* navigateur, -trice.

navegar [7] [naβeɣár] *vi* naviguer.

Navidad [naβiðáð] *nf* Noël *m*. • **¡Feliz Navidad!** Joyeux Noël !

navideño,-ña [naβiðéɲo,-ɲa] *adj* de Noël.

neblina [neβlína] *nf* brouillard *m*.

nebulosa [neβulósa] *nf* nébuleuse *f*.

necesario,-ria [neθesárjo,-rja] *adj* nécessaire. • **si fuera necesario** au besoin.

neceser [neθesér] *nm* trousse *f* de toilette.

necesidad [neθesiðáð] *nf* **1** *(de algo indispensable, obligatorio)* nécessité *f*. **2** *(de algo que se desea)* besoin *m*. ▶ *nf pl* **necesidades** besoins *m pl*. • **tener necesidad de** avoir besoin de. **verse en la necesidad de** se voir dans l'obligation de.

necesitar [neθesitár] *vt* **1** *(gen)* avoir besoin de. **2** *(exigir, hacer necesario)* nécessiter.

necio,-cia [néθjo,-θja] *adj - nm,f* sot, sotte.

nefasto,-ta [nefásto,-ta] *adj* néfaste.

negación [neɣaθjón] *nf* négation *f*.

negado,-da [neɣáðo,-ða] *nm,f* incapable. • **ser negado,-da para ALGO** être nul, nulle en QQCH.

negar [48] [neɣár] *vt* **1** *(acusación, afirmación)* nier. **2** *(petición, permiso)* refuser. **3** *(denegar)* dénier. ▶ *vpr* **negarse** refuser. • **negarse a + inf** se refuser à + *inf*, refuser de + *inf*: se niega a ayudarme, il refuse de m'aider.

negativa [neɣatíβa] *nf* refus *m*.

negativo,-va [neɣatíβo,-βa] *adj* négatif, -ive. ▶ *nm* **negativo** négatif *m*.

negligencia [neɣliχénθja] *nf* négligence *f*.

negligente [neɣliχénte] *adj* négligent,-e.

negociación [neɣoθjaθjón] *nf* négociation *f*.

negociar [12] [neɣoθjár] *vt - vi* négocier.

negocio [neɣóθjo] *nm* **1** *(gen)* affaire *f*. **2** *(comercio)* négoce *m*.

negro,-gra [néɣro,-ɣra] *adj* **1** *(color, raza, pelo)* noir,-e. **2** *fig (triste)* sombre, triste. ▶ *nm,f (persona)* noir, -e. ▶ *nm* **negro** **1** *(color)* noir *m*. **2** *(escritor)* nègre *m*. • **estar negro,-gra con ALGN** être furieux,-euse après QQN. **poner negro,-gra a ALGN** *(poner nervioso)* agacer QQN.

nene,-na [néne,-na] *nm,f fam (niño)* bébé *m*. **2** *fam (apelativo cariñoso)* mon petit, ma petite.

neón [neón] *nm* néon *m*.

nervio [nérβjo] *nm* nerf *m*. • **poner los nervios de punta** taper sur les nerfs.

nervioso,-sa [nerβjóso,-sa] *adj* **1** *(gen)* nerveux,-euse. **2** *(irritado)* énervé,-e. • **poner nervioso,-sa** énerver.

neto,-ta [néto,-ta] *adj* net, nette.

neumático,-ca [neumátiko,-ka] *adj* pneumatique. ▶ *nm* **neumático** pneu *m*, pneumatique *m*.

neurólogo,-ga [neuróloɣo,-ɣa] *nm,f* neurologue.

neurona [neuróna] *nf* neurone *m*.

neutral [neutrál] *adj* neutre.

neutralidad [neutraliðáð] *nf* neutralité *f*.

neutralizar [4] [neutraliθár] *vt* neutraliser.

neutro,-tra [néutro,-tra] *adj* neutre.

nevado,-da [neβáðo,-ða] *adj* couvert,-e de neige, enneigé,-e.

nevar [27] [neβár] *v impers* neiger.

nevera [neβéra] *nf* **1** *(electrodoméstico)* réfrigérateur *m*. **2** *fig (sitio muy frío)* glacière *f*.

ni [ni] *conj* **1** *(en doble negación)* ni: **ni blanco ni negro**, ni blanc ni noir. **2** *(ni siquiera)* même pas, pas même: **no quiero ni pensarlo**, je ne veux même pas y penser. • **¡ni hablar!** il n'en est pas question !

Nicaragua [nikaráɣwa] *n pr* Nicaragua *m*.

nicaragüense [nikaraɣwénse] *adj* nicaraguayen,-enne. ▶ *nmf* Nicaraguayen,-enne.

nicotina [nikotína] *nf* nicotine *f*.

nido [níðo] *nm* nid *m*.

niebla [njéβla] *nf* brouillard *m*.

nieto,-ta [njéto,-ta] *nm,f* petit-fils, petite-fille. ▶ *nm pl* **nietos** petits-enfants *m pl*.

nieve [njéβe] *nf* neige *f*.

ningún [niŋɡún] *adj* → ninguno,-na.

ninguno,-na [niŋɡúno,-na] *adj (ningún devant de* **m**) aucun,-e, nul, nulle. ▶ *pron indef* **1** *(de entre varias cosas o personas)* aucun,-e. **2** *(nadie)* personne, nul, nulle. • **en ningún momento** jamais. • **en ningún sitio** nulle part.

niña [nína] *nf* **1** petite fille *f*, fillette *f*. **2** *(del ojo)* pupille *f*, prunelle *f*.

niñera [ninéra] *nf* nurse *f*.

niño,-ña [nino,-na] *adj (pequeño)* jeune, petit,-e: **todavía es muy niño**, il est encore très petit. ▶ *nm,f (gen)* petit garçon, petite fille; *(bebé)* bébé *m*. ▶ *nm* **niño** *(genérico)* enfant *m*.

nitidez [nitiðéθ] *nf* **1** *(de imagen, foto, corte)* netteté *f*. **2** *(de agua, explicación, recuerdo)* limpidité *f*. **3** *(de aire, ambiente)* pureté *f*.

nítido,-da [nítiðo,-ða] *adj* **1** *(imagen, foto, corte, recuerdo)* net, nette. **2** *(agua, explicación)* limpide. **3** *(aire)* pur,-e.

nivel [niβél] *nm* niveau *m*.

no [no] *adv* **1** *(gen)* non. **2** *(delante de un verbo)* ne ... pas, ne ... point, ne pas: **no duerme**, il ne dort pas. **3** *(con otra negación)* ne: **no vino nadie**, il n'est venu personne. **4** *(en frases sin verbo)* pas: **todavía no**, pas encore. **5** *(antepuesto a* **nombre** *o* **adj**) non-: **los no fumadores**, les non-fumeurs. ▶ *nm* non *m*: **respondió con un no rotundo**, il répondit par un non sonore. • **no es que** non pas que, ce n'est pas que. • **no más de** pas plus de. • **no menos de** pas moins de. • **no... sino** ne pas ... mais. • **no sólo... sino también** non seulement ... mais encore. • **el no va más** le summum.

noble [nóβle] *adj - nmf* noble.

nobleza [noβléθa] *nf* noblesse *f*.

noche [nótʃe] *nf* **1** *(gen)* nuit *f*. **2** *(a partir del anochecer)* nuit *f*, soirée *f*: **las diez de la noche**, dix heures du soir. • **buenas noches 1** *(al irse a acostar)* bonne nuit. **2** *(saludo)* bonsoir. **de la noche a la mañana** du jour au lendemain. **de noche** de nuit, la nuit. **hacerse de noche** faire nuit. **por la noche** la nuit.

nochebuena [notʃeβwéna] *nf* nuit *f* de Noël.

nochevieja [notʃeβjéχa] *nf* nuit *f* de la Saint-Sylvestre.

noción [noθjón] *nf* notion *f*.

nocivo,-va [noθíβo,-βa] *adj* nocif, -ive, nuisible.

nocturno,-na [noktúrno,-na] *adj* **1** *(gen)* nocturne. **2** *(tren, avión, vuelo)* de nuit.

nómada [nómaða] *adj* - *nmf* nomade.

nombrar [nombrár] *vt* nommer.

nombre [nómbre] *nm* **1** *(gen)* nom *m*. **2** *(de pila)* prénom *m*. • **a nombre de** à l'attention de. **en nombre de** au nom de. **hacerse un nombre** se faire un nom.

nómina [nómina] *nf* **1** *(lista de empleados)* état *m* du personnel. **2** *(hoja de salario)* feuille *f* de paie. **3** *(salario)* paie *f*, paye *f*.

nominar [nominár] *vt* nominer.

nordeste [norðéste], **noreste** [noréste] *adj* - *nm* nord-est *m*.

nórdico,-ca [nórðiko,-ka] *adj* nordique. ▶ *nm,f* Nordique.

noreste → nordeste.

noria [nórja] *nf* grande roue *f*.

norma [nórma] *nf* règle *f*, norme *f*. • **tener por norma** avoir pour principe.

normal [normál] *adj* normal,-e.

noroeste [noroéste] *adj* - *nm* nord-ouest *m*.

norte [nórte] *adj* - *nm* nord *m*.

Norteamérica [norteamérika] *n pr* Amérique *f* du Nord.

norteamericano,-na [norteamerikáno, -na] *adj* nord-américain,-e, américain,-e. ▶ *nm,f* Nord-américain,-e, Américain,-e.

Noruega [norwéɣa] *n pr* Norvège *f*.

noruego,-ga [norwéɣo,-ɣa] *adj* norvégien,-enne. ▶ *nm,f* Norvégien,-enne. ▶ *nm* **noruego** *(idioma)* norvégien *m*.

nos [nos] *pron pers* nous: **nos habla**, il nous parle.

nosotros,-tras [nosótros,-tras] *pron pers* nous: **nosotros lo vimos**, nous l'avons vu.

nostalgia [nostálχja] *nf* nostalgie *f*.

nostálgico,-ca [nostálχiko,-ka] *adj* - *nm,f* nostalgique.

nota [nóta] *nf* **1** *(gen)* note *f*. **2** *(calificación)* mention *f*. **3** *(observación)* remarque *f*. **4** *(reseña)* notice *f*. • **tomar nota de ALGO** *(anotar)* prendre note de QQCH. **2** *(fijarse)* remarquer QQCH. • **nota de prensa** communiqué *m* de presse.

notable [notáβle] *adj* notable, remarquable. ▶ *nm (en exámenes)* bien *m*.

notar [notár] *vt* **1** *(percibir)* remarquer. **2** *(sentir)* sentir. • **se nota que...** on voit que ....

notario [notárjo] *nmf* notaire *m*.

noticia [notíθja] *nf* nouvelle *f*. ▶ *nf pl* **noticias** *(en televisión)* informations *f pl*, journal *m*.

notificar [1] [notifikár] *vt* notifier.

novato,-ta [noβáto,-ta] *adj* - *nm,f* débutant,-e.

novecientos,-tas [noβeθjéntos,-tas] *num* neuf-cents.

novedad [noβeðáð] *nf* **1** *(cualidad, producto nuevo)* nouveauté *f*. **2** *(cosa nueva)* neuf *m*, nouveau *m*. **3** *(cambio)* changement *m*. **4** *(noticia)* nouvelle *f*.

novela [noβéla] *nf* roman *m*. ■ **novela corta** nouvelle *f*.

noveno,-na [noβéno,-na] *num* neuvième.

noventa [noβénta] *num* quatre vingt-dix *m*.

noviazgo [noβjáθɣo] *nm* fiançailles *f pl*.

noviembre [noβjémbre] *nm* novembre *m*.

novio,-via [nóβjo,-βja] *nm,f* **1** *(prometido)* fiancé,-e. **2** *(recién casado)* jeune marié,-e.

nube [núβe] *nf* **1** *(gen)* nuage *m*. **2** *(multitud)* nuée *f*. • **estar por las nubes** être hors de prix.

nublado,-da [nuβláðo,-ða] *adj* nuageux, -euse, couvert,-e.

nublarse [nuβlárse] *vpr* se couvrir.

nuca [núka] *nf* nuque *f*.

nuclear [nukleár] *adj* nucléaire.

núcleo [núkleo] *nm* noyau *m*.

nudo [núðo] *nm* nœud *m*. • **hacérsele a ALGN un nudo en la garganta** avoir la gorge serrée.

nuera [nwéra] *nf* bru *f*, belle-fille *f*.

nuestro,-tra [nwéstro] *adj pos* notre, à nous. ▶ *pron pos* nôtre, à nous: **tu padre es más joven que el nuestro**, ton père est plus jeune que le nôtre.

nueva [nwéβa] *nf* nouvelle *f*.

nueve [nwéβe] *num* neuf *m*.

nuevo,-va [nwéβo,-βa] *adj* **1** *(no usado, no gastado)* neuf, neuve. **2** *(reciente)* nouveau, nouvelle. ▶ *nm,f* **1** *(recién llegado)* nouveau, nouvelle. **2** *(novato)* novice. • **de nuevo** à/de nouveau.

nuez [nweθ] *nf* **1** *(fruto)* noix *f*. **2** *(en el cuello)* pomme *f* d'Adam. ■ **nuez moscada** noix muscade.

nulo,-la [núlo,-la] *adj* nul, nulle.

numérico,-ca [numériko,-ka] *adj* numérique.

número [número] *nm* **1** *(cantidad, gramatical)* nombre *m*. **2** *(en una serie, de lotería, de espectáculo)* numéro *m*. **3** *(cifra)* chiffre *m*. **4** *(de zapato)* pointure *f*. **5** *(talla)* taille *f*. ■ **números arábigos** chiffres arabes. **números romanos** chiffres romains.

numeroso,-sa [numeróso,-sa] *adj* nombreux,-euse.

nunca [núŋka] *adv* jamais. • **más que nunca** plus que jamais. **nunca jamás** au grand jamais. **nunca más** jamais plus, plus jamais.

nutrición [nutriθjón] *nf* nutrition *f*.

nutrido,-da [nutríðo,-ða] *adj* **1** *(alimentado)* nourri,-e. **2** *(numeroso)* nombreux,-euse.

nutrir [nutrír] *vt* nourrir.

nutritivo,-va [nutritiβo,-βa] *adj* **1** nutritif,-ive, nourrissant,-e.

ñoñería [noneria] *nf* niaiserie *f*.

ñoñez [noneθ] *nf* niaiserie *f*.

ñoño,-ña [nóno,-na] *adj* **1** *(persona)* niais,-e, sot, sotte. **2** *(cosa)* mièvre, banal,-e.

ñoqui [nóki] *nm* gnocchi *m*.

o

o [o] *conj* ou: **¿prefieres el rojo o el azul?**, tu préfères le rouge ou le bleu ? • **o sea** c'est-à-dire.
obedecer [43] [oβeðeθér] *vt* obéir à. ▶ *vi* obéir.
obediencia [oβeðjénθja] *nf* obéissance *f.*
obediente [oβeðjénte] *adj* obéissant,-e.
obesidad [oβesiðáð] *nf* obésité *f.*
obeso,-sa [oβéso,-sa] *adj* obèse.
obispo [oβíspo] *nm* évêque *m.*
objeción [oβχeθjón] *nf* objection *f.*
objetar [oβχetár] *vt* objecter.
objetivo,-va [oβχetíβo,-βa] *adj* objectif, -ive. ▶ *nm* **objetivo** objectif *m.*
objeto [oβχéto] *nm* objet *m.*
obligación [oβliɣaθjón] *nf* obligation *f.*
obligar [7] [oβliɣár] *vt* obliger.
obligatorio,-ria [oβliɣatórjo,-rja] *adj* obligatoire.
obra [óβra] *nf* **1** *(gen)* œuvre *f.* **2** *(libro)* ouvrage *m.* **3** *(de teatro)* pièce *f.* **4** *(de construcción)* chantier *m.* ▶ *nf pl* **obras** travaux *m pl.* ■ **obra de arte** œuvre d'art.
obrero,-ra [oβréro,-ra] *adj - nm,f* ouvrier, -ère.
obsceno,-na [oβsθéno,-na] *vt* obscène.
obscurecer → oscurecer.
obscuridad → oscuridad.
obscuro,-ra → oscuro.
obsequiar [12] [oβsekjár] *vt* offrir.
obsequio [oβsékjo] *nm* cadeau *m.*

observación [oβserβaθjón] *nf* **1** *(gen)* observation *f.* **2** *(comentario)* remarque *f.*
observador,-ra [oβserβaðór,-ra] *adj - nm,f* observateur,-trice.
observar [oβserβár] *vt* observer.
observatorio [oβserβatórjo] *nm* observatoire *m.*
obsesión [oβsesjón] *nf* obsession *f.*
obsesionarse [oβsesjonárse] *vpr* être obsédé,-e (**con**, par).
obstáculo [oβstákulo] *nm* obstacle *m.*
obstante [oβstánte]. • **no obstante** cependant, néanmoins.
obstinarse [oβstinárse] *vpr* s'obstiner.
obtención [oβtenθjón] *nf* obtention *f.*
obtener [87] [oβtenér] *vt* obtenir.
obús [oβús] *nm* obus *m.*
obvio,-via [óβßjo,-ßja] *adj* évident,-e.
oca [óka] *nf* oie *f.*
ocasión [okasjón] *nf* occasion *f.* • **en (algunas) ocasiones** parfois.
ocasionar [okasjonár] *vt* causer.
occidental [okθiðentál] *adj* occidental,-e. ▶ *nm,f* Occidental,-e.
occidente [okθiðénte] *nm* occident *m.*
océano [oθéano] *nm* océan *m.*
ochenta [otʃénta] *num* quatre-vingt *m inv.*
ocho [ótʃo] *num* huit *m inv.*
ocio [óθjo] *nm* loisirs *m pl.*

octavo,-va [oktáβo,-βa] *num* huitième.

octubre [oktúβre] *nm* octobre *m*.

ocular [okulár] *adj* oculaire.

oculista [okulísta] *nmf* oculiste.

ocultar [okultár] *vt* cacher.

oculto,-ta [okúlto,-ta] *nm* **1** *(escondido)* caché,-e. **2** *(secreto)* occulte.

ocupación [okupaθjón] *nf* occupation *f*.

ocupado,-da [okupáðo,-ða] *adj* occupé,-e.

ocupar [okupár] *vt* **1** *(gen)* occuper. **2** *(dar trabajo)* employer.

ocurrir [okurír] *vi* arriver, se passer: ¿**qué ocurre?**, que se passe-t-il ? ▶ *vpr* **ocurrirse** venir à l'esprit.

odiar [12] [oðjár] *vt* haïr, détester.

odio [óðjo] *nm* haine *f*.

odioso,-sa [oðjóso,-sa] *adj* odieux, -euse.

oeste [oéste] *nm* ouest *m*.

ofender [ofendér] *vt* offenser. ▶ *vpr* **ofenderse** se vexer.

ofensa [ofénsa] *nf* offense *f*.

ofensiva [ofensíβa] *nf* offensive *f*.

ofensivo,-va [ofensíβo,-βa] *adj* **1** *(injurioso)* offensant,-e. **2** *(arma, etc)* offensif, -ive.

oferta [oférta] *nf* **1** *(propuesta)* offre *f*. **2** *(promoción)* promotion *f*. • **de oferta** en promotion. ■ **la oferta y la demanda** l'offre et la demande. **ofertas de trabajo** offres d'emploi.

oficial [ofiθjál] *adj* officiel,-elle.

oficiar [12] [ofiθjár] *vt* célébrer. ▶ *vi* agir en qualité (**de**, de).

oficina [ofiθína] *nf* bureau *m*. ■ **oficina de empleo** agence *f* pour l'emploi. **oficina de turismo** office *m* du tourisme.

oficio [ofíθjo] *nm* **1** *(trabajo)* métier *m*. **2** *(función, papel)* office *m*. • **no tener oficio ni beneficio** ne rien avoir du tout.

oficioso,-sa [ofiθjóso,-sa] *adj* officieux, -euse.

ofrecer [43] [ofreθér] *vt* **1** *(gen)* offrir. **2** *fig (presentar)* présenter.

oftalmólogo,-ga [oftalmóloɣo, -ya] *nm,f* ophtalmologiste.

ofuscar [1] [ofuskár] *vt* aveugler. ▶ *vpr* **ofuscarse** se troubler.

ogro [óɣro] *nm* ogre *m*.

oídas [oíðas]. • **de oídas** par ouï-dire.

oído [oíðo] *nm* **1** *(sentido)* ouïe *f*. **2** *(órgano)* oreille *f*. • **tener (buen) oído** avoir de l'oreille.

oír [75] [oir] *vt* **1** *(percibir los sonidos)* entendre. **2** *(escuchar, atender)* écouter. • **¡oiga!** *(al teléfono)* allô ! **¡oye!** écoute !

¡ojalá! [oxalá] *interj* j'espère !

ojeada [oxeáða] *nf* coup *m* d'œil. • **echar una ojeada** jeter un coup d'œil.

ojear [oxeár] *vt* **1** *(gen)* regarder. **2** *(la caza)* rabattre.

ojera [oxéra] *nf* cerne *m*.

ojo [óxo] *nm* **1** *(órgano)* œil *m*. **2** *(de la cerradura)* trou *m*. **3** *(de llave)* anneau *m*. **4** *(de un puente)* arche *f*. • **a ojo** au jugé. **a ojos vistas** à vue d'œil. **en un abrir y cerrar de ojos** en un clin d'œil. **¡mucho ojo!** attention !

okupa [okúpa] *nmf fam* squatter *m*.

ola [óla] *nf* vague *f*.

¡olé! [olé] *interj* bravo !

oleada [oleáða] *nf* vague *f*.

óleo [óleo] *nm* huile *f*.

oler [60] [olér] *vt* sentir: **oler a rosa**, sentir la rose. ▶ *vpr* **olerse** flairer.

olfato [olfáto] *nm* **1** *(sentido)* odorat *m*. **2** *(astucia)* flair *m*.

olimpiada [olimpjáða] *nf* olympiade *f*.

olímpico,-ca [olimpiko,-ka] *adj* olymphique: **juegos olímpicos**, jeux olympiques.

oliva [olißa] *nf* olive *f.*

olivo [olißo] *nm* olivier *m.*

olla [óʎa] *nf* marmite *f.* • **olla a presión** autocuiseur *m.*

olor [olór] *nm* odeur *f.*

olvidadizo,-za [olβiðaðiθo,-θa] *adj* oublieux,-euse.

olvidado,-da [olβiðaðo,-ða] *adj* 1 *(lo que se olvida)* oublié,-e. 2 *(olvidadizo)* oublieux,-euse.

olvidar [olβiðár] *vt* oublier. ▶ *vpr* **olvidarse** oublier.

olvido [olβiðo] *nm* oubli *m.*

ombligo [ombliɣo] *nm* nombril *m.*

omisión [omisjón] *nf* omission *f.*

omiso,-sa [omiso,-sa] *adj* omis,-e. • **hacer caso omiso de** faire peu de cas de.

omitir [omitír] *vt* omettre.

omoplato [omopláto] *nm* ANAT omoplate *f.*

once [ónθe] *num* onze.

onda [ónda] *nf* 1 *(física)* onde *f.* 2 *(del pelo)* ondulation *f.*

ondear [ondeár] *vi* 1 *(gen)* ondoyer. 2 *(bandera)* flotter.

oneroso,-sa [oneróso,-sa] *adj* onéreux, -euse.

onomatopeya [onomatopéja] *nf* onomatopée *f.*

onza [ónθa] *nf* 1 *(peso)* once *f.* 2 *(de chocolate)* carré *m.*

opaco,-ca [opáko,-ka] *adj* opaque.

opción [opθjón] *nf* option *f.* • **dar opción a** ALGO donner le droit à QQCH.

ópera [ópera] *nf* opéra *m.*

operación [operaθjón] *nf* opération *f.*

operador,-ra [operaðór,-ra] *nm,f* 1 *(gen)* opérateur,-trice. 2 *(de cine)* projectionniste.

operar [operár] *vt* opérer. ▶ *vpr* **operarse** 1 *(quirúrgicamente)* se faire opérer. 2 *(ocurrir)* s'opérer.

operario,-ria [operárjo,-rja] *nm,f* ouvrier,-ère.

opinar [opinár] *vi* donner son avis. ▶ *vt* penser.

opinión [opinjón] *nf* opinion *f,* avis *m.*

opio [ópjo] *nm* opium *m.*

oponente [oponénte] *nmf* opposant,-e.

oponer [78] [oponér] *vt* opposer.

oportunidad [oportuniðáð] *nf* 1 *(calidad de oportuno)* opportunité *f.* 2 *(ocasión)* occasion *f.* 3 *(posibilidad)* chance *f.* • **dar una oportunidad** donner une chance.

oportuno,-na [oportúno,-na] *adj* opportun,-e.

oposición [oposiθjón] *nf* 1 *(enfrentamiento)* opposition *f.* 2 *(examen)* concours *m.*

oprimir [oprimír] *vt* 1 *(presionar)* appuyer sur. 2 *(dicho de un vestido)* serrer. 3 *(ahogar)* oppresser. 4 *fig (tiranizar)* opprimer.

optar [optár] *vi* 1 **optar por** *(elegir)* choisir. 2 **optar a** *(aspirar)* aspirer à. • **optar por** + *inf* choisir de + *inf:* optó por callarse, il a choisi de se taire.

optativo,-va [optatißo,-ßa] *adj* optionnel,-elle.

óptica [óptika] *nf* 1 *(gen)* optique *f.* 2 *(tienda)* opticien *m:* **voy a la óptica,** je vais chez l'opticien.

óptico,-ca [óptiko,-ka] *adj* optique. ▶ *nm,f* opticien,-enne.

optimismo [optimizmo] *nm* optimisme *m.*

optimista [optimísta] *adj* - *nmf* optimiste.

óptimo,-ma [óptimo,-ma] *adj* 1 *(gen)* optimal,-e. 2 *(perfecto)* excellent,-e.

opuesto,-ta [opwèsto,-ta] *adj* opposé,-e.

oración [oraθjón] *nf* **1** *(rezo)* prière f. **2** *(frase)* proposition f.

orador,-ra [oraðór,-ra] *nm,f* orateur,-trice.

oral [orál] *adj* oral,-e.

orar [orár] *vt - vi* prier: **orar a Dios**, prier Dieu.

orca [órka] *nf* orque f.

orden [órðen] *nm* ordre m. ▶ *nf* ordre m. • **poner en orden** ranger. **poner orden** mettre de l'ordre. **sin orden ni concierto** à tort et à travers. ■ **orden de arresto** mandat m d'arrêt.

ordenado,-da [orðenáðo,-ða] *adj* ordonné,-e.

ordenador [orðenaðór] *nm* ordinateur m.

ordenar [orðenár] *vt* **1** *(mandar)* ordonner. **2** *(poner en orden)* ranger.

ordinario,-ria [orðinárjo,-rja] *adj* **1** *(gen)* ordinaire. **2** *(grosero)* vulgaire, grossier, -ère.

orégano [oréɣano] *nm* origan m.

oreja [oréxa] *nf* oreille f.

orfanato [orfanáto] *nm* orphelinat m.

orgánico,-ca [orɣániko,-ka] *adj* organique.

organigrama [orɣaniɣráma] *nm* organigramme m.

organismo [orɣanízmo] *nm* organisme m.

organización [orɣaniθaθjón] *nf* organisation f.

organizar [4] [orɣaniθár] *vt* organiser.

órgano [órɣano] *nm* **1** *(gen)* organe m. **2** MÚS orgue m.

orgasmo [orɣázmo] *nm* orgasme m.

orgía [orxía] *nf* orgie f.

orgullo [orɣúʎo] *nm* **1** *(soberbia)* orgueil m. **2** *(satisfacción)* fierté f.

orgulloso,-sa [orɣuʎóso,-sa] *adj* **1** *(soberbio)* orgueilleux,-euse. **2** *(satisfecho)* fier, fière. ▶ *nm,f* orgueilleux,-euse.

orientación [orjentaθjón] *nf* orientation f.

oriental [orjentál] *adj* oriental,-e. ▶ *nmf* Oriental,-e.

orientar [orjentár] *vt* orienter.

oriente [orjénte] *nm* orient m. ■ **Extremo Oriente** Extrême-Orient m. **Lejano Oriente** Extrême-Orient m. **Oriente Medio** Moyen-Orient m. **Próximo Oriente** Proche-Orient m.

orificio [orifíθjo] *nm* orifice m.

origen [oríxen] *nm* origine f.

original [orixinál] *adj* **1** *(relativo al origen)* originel,-elle. **2** *(singular)* original,-e.

originar [orixinár] *vt* provoquer. ▶ *vpr* **originarse** provenir (**en**, de).

originario,-ria [orixinárjo,-rja] *adj* originaire.

orilla [oríʎa] *nf* **1** *(del mar)* rivage m. **2** *(de un tejido, una mesa, etc)* bord m.

orina [orína] *nf* urine f.

orinar [orinár] *vt - vi* uriner.

ornamentar [ornamentár] *vt* orner.

oro [óro] *nm* or m. • **hacerse de oro** faire fortune. **prometer el oro y el moro** promettre monts et merveilles.

orquesta [orkésta] *nf* orchestre m.

orquídea [orkíðea] *nf* orchidée f.

ortiga [ortíɣa] *nf* ortie f.

ortodoxo,-xa [ortoðókso,-sa] *adj - nm,f* orthodoxe.

ortografía [ortoɣrafía] *nf* orthographe f.

oruga [orúɣa] *nf* chenille f.

os [os] *pron pers* vous: **os veo**, je vous vois.

osa [ósa] *nf* ourse f.

osadía [osaðía] *nf* audace f.

osar [osár] *vi* oser.

oscilar [osθilár] *vi* osciller.
oscurecer [43] [oskureθér], **obscurecer** [43] [oβskureθér] *vt* 1 *(gen)* obscurcir. 2 *(color)* foncer. ▶ *vi* commencer à faire nuit. ▶ *vpr* **oscurecerse** s'assombrir.
oscuridad [oskuriðáð], **obscuridad** [oβskuriðáð] *nf* obscurité *f*.
oscuro,-ra [oskúro,-ra], **obscuro,-ra** [oβskúro,-ra] *adj* 1 *(gen)* obscur, -e. 2 *(color)* foncé,-e. • **a oscuras** dans le noir.
oso [óso] *nm* ours *m*.
ostentoso,-sa [ostentóso,-sa] *adj* somptueux,-euse.
ostentar [ostentár] *vt* 1 *(récord)* détenir. 2 *(exhibir)* arborer.
ostra [óstra] *nf* huître *f*. • **aburrirse como una ostra** s'ennuyer à mourir.
otoñal [otoɲál] *adj* automnal,-e.
otoño [otóɲo] *nm* automne *m*.
otorgar [7] [otoryár] *vt* 1 *(dar)* accorder, octroyer. 2 *(un acta)* passer pardevant notaire. 3 *(poderes)* conférer.

otro,-tra [ótro,-tra] *adj* autre: **otro libro**, un autre livre. ▶ *pron indef* un autre, une autre: **préstame otro**, prête-m'en un autre. • **el/la otro,-tra** l'autre. **¡otra!** une autre ! **otro tanto** autant.
ovación [oβaθjón] *nf* ovation *f*.
oval [oβál] *adj* ovale.
ovalado,-da [oβaláðo,-ða] *adj* ovale.
ovario [oβárjo] *nm* ovaire *m*.
oveja [oβéxa] *nf* brebis *f*. ■ **oveja negra** brebis galeuse.
ovillo [oβíʎo] *nm* pelote *f*. • **hacerse un ovillo** se pelotonner.
óvulo [óβulo] *nm* ovule *m*.
oxidación [oksiðaθjón] *nf* oxydation *f*.
oxidar [oksiðár] *vt* 1 QUÍM oxyder. 2 *(metal)* rouiller.
óxido [óksiðo] *nm* 1 QUÍM oxyde *m*. 2 *(capa)* rouille *f*.
oxígeno [oksíxeno] *nm* oxygène *m*.
oyente [ojénte] *nmf* auditeur, -trice.
ozono [oθóno] *nm* ozone *m*.

P

pabellón [paβeʎón] *nm* pavillon *m*.
pachucho,-cha [patʃútʃo,-tʃa] *adj fam* mal fichu,-e.
paciencia [paθjénθja] *nf* patience *f*. • **perder la paciencia** perdre patience.
paciente [paθjénte] *adj - nmf* patient,-e.
pacificar [1] [paθifikár] *vt* pacifier.
pacífico,-ca [paθifiko,-ka] *adj* pacifique.
pacifista [paθifista] *adj - nmf* pacifiste.
pactar [paktár] *vt - vi* convenir (de).
pacto [pákto] *nm* pacte *m*.
padecer [43] [paðeθér] *vt* **1** (*gen*) souffrir. **2** (*enfermedad*) être atteint, -e de. **3** (*injusticia, abusos*) subir. **4** (*soportar*) endurer. ► *vi* souffrir (**de**, de).
padrastro [paðrástro] *nm* beau-père *m*.
padre [páðre] *nm* père *m*. ► *adj fam* terrible: **un disgusto padre**, une terrible déception. ► *nm pl* **padres** parents *m pl*. • **¡tu padre!** *fam* et ta sœur ?
padrino [paðríno] *nm* **1** (*en un bautismo*) parrain *m*. **2** (*en una boda*) témoin *m*.
padrón [paðrón] *nm* recensement *m*.
paella [paéʎa] *nf* paella *f*.
paga [páɣa] *nf* paye *f*. ■ **paga extraordinaria** treizième mois *m*.
pagano,-na [paɣáno,-na] *adj - nm,f* païen,-enne.
pagar [7] [paɣár] *vt* payer. ► *vpr* **pagarse** se payer. • **¡me las pagarás!** *fam fig* tu me le paieras !
página [páxina] *nf* page *f*.
pago [páɣo] *nm* **1** (*gen*) paiement *m*. **2** *fig* (*recompensa*) récompense *f*. • **de pago** payant,-e. **en pago de** en remerciement de.
país [país] *nm* pays *m*.
paisaje [paisáxe] *nm* paysage *m*.
paisano,-na [paisáno,-na] *adj - nm,f* compatriote. • **de paisano** en civil.
paja [páxa] *nf* **1** (*del trigo, etc*) paille *f*. **2** *vulg* (*masturbación*) masturbation *f*. • **hacerse una paja** *vulg* se branler.
pájara [páxara] *nf* **1** (*animal*) oiseau *m*. **2** (*de un ciclista*) défaillance *f*. **3** *fam* (*mujer*) garce *f*.
pajarita [paxaríta] *nf* **1** (*de tela*) nœud *m* papillon. **2** (*de papel*) cocotte *f*.
pájaro [páxaro] *nm* oiseau *m*. • **matar dos pájaros de un tiro** faire d'une pierre deux coups.
pajarraco [paxar̄áko] *nm* **1** *pey* (*pájaro*) vilain oiseau *m*. **2** *pey* (*persona*) drôle d'oiseau *m*.
Pakistán, Paquistán [pakistán] *n pr* Pakistan *m*.
pakistaní, paquistaní [pakistaní] *adj* pakistanais,-e. ► *nmf* Pakistanais,-e.
pala [pála] *nf* **1** (*gen*) pelle *f*. **2** (*de la azada, etc*) fer *m*. **3** (*para jugar*) raquette *f*.

palabra [paláβra] *nf* **1** *(vocablo)* mot *m*. **2** *(habla)* parole *f*. • **dejar a** ALGN **con la palabra en la boca** ne pas laisser placer un mot à QQN. **en una palabra** en un mot. **medir las palabras** peser ses mots. **sin mediar palabra** sans dire un mot. **tener la última palabra** avoir le dernier mot. ■ **palabra clave** INFORM mot clef.

palabrota [palaβróta] *nf* gros mot *m*.

palacio [paláθjo] *nm* palais *m*.

paladar [palaðár] *nm* **1** ANAT palais *m*. **2** *(gusto)* goût *m*.

palanca [palánka] *nf* levier de *m*. ■ **palanca de cambios** levier de vitesse.

palco [pálko] *nm (en un teatro)* loge *f*.

Palestina [palestina] *n pr* Palestine *f*.

palestino,-na [palestino,-na] *adj* palestinien,-enne. ▶ *nm,f* Palestinien,-enne.

paleta [paléta] *nf* **1** *(instrumento)* petite pelle *f*. **2** *(de pintor)* palette *f*.

paleto,-ta [paléto,-ta] *adj - nm,f* plouc.

paliar [93] [paljár] *vt* atténuer.

palidecer [43] [paliðeθér] *vi* pâlir.

pálido,-da [páliðo,-ða] *adj* pâle.

palillo [palíʎo] *nm* **1** *(mondadientes)* cure-dents *m inv*. **2** *(de tambor)* baguette *f*. ▶ *nm pl* **palillos** *(para comida china)* baguettes *f pl*.

paliza [palíθa] *nf* **1** *(golpes, derrota)* raclée *f*. **2** *fam (cansancio)* **la clase de baile fue una paliza**, le cours de danse a été super crevant.

palma [pálma] *nf* **1** *(de la mano)* paume *f*. **2** *(árbol)* palmier *m*; *(datilera)* dattier *m*. **3** *(hoja)* palme *f*. ▶ *nf pl* **palmas** applaudissements *m pl*.

palmada [palmáða] *nf* tape *f*.

palmera [palméra] *nf* palmier *m*.

palmo [pálmo] *nm* empan *m*.

palo [pálo] *nm* **1** *(gen)* bâton *m*. **2** DEP *(de la portería)* poteau *m*; *(de golf)* club *m*. **3** *(golpe)* coup *m*. **4** *(madera)* bois *m*. **5** *(de la baraja)* couleur *f*. **6** *(para jugar al billar)* queue *f*. • **a palo seco** sans rien. **dar palo** ALGO *fam* embêter: **me da palo ir a comprar**, j'ai la flemme d'aller faire les courses. **de tal palo tal astilla** tel père tel fils. **ser un palo** ALGO *fam* être une galère.

paloma [palóma] *nf* pigeon *m*, colombe *f*.

palomita [palomita] *nf* pop-corn *m inv*.

palpar [palpár] *vt* **1** *(tocar)* palper. **2** *(a tientas)* tâtonner.

palpitación [palpitaθjón] *nf* palpitation *f*.

palpitar [palpitár] *vi* palpiter.

paludismo [paluðízmo] *nm* MED paludisme *m*.

pan [pan] *nm* **1** *(alimento)* pain *m*. **2** *(lámina)* feuille *f*. • **ser más bueno que el pan** être la bonté même. **ser pan comido** *fam fig* être du gâteau. ■ **pan de molde** pain de mie. **pan rallado** chapelure *f*.

pana [pána] *nf* velours *m* côtelé.

panadería [panaðería] *nf* boulangerie *f*.

panadero,-ra [panaðéro,-ra] *nm,f* boulanger,-ère.

Panamá [panamá] *n pr* Panama *m*.

panameño,-ña [panaméɲo,-ɲa] *adj* panaméen,-enne. ▶ *nm,f* Panaméen, -enne.

pancarta [paŋkárta] *nf* pancarte *f*.

páncreas [páŋkreas] *nm inv* ANAT pancréas *m inv*.

panda¹ [pánda] *nm (animal)* panda *m*.

panda² [pánda] *nf (grupo)* bande *f*.

pandereta [panderéta] *nf* tambour *m* de basque.

pandero [pandéro] *nm* **1** *(instrumento)* tambour *m* de basque. **2** *fam (trasero)* popotin *m*.

pandilla [pandiʎa] *nf* bande *f*.

panecillo [paneθiʎo] *nm* petit pain *m*.

panel [panél] *nm* **1** *(de puerta, etc)* panneau *m*. **2** *(de coche)* tableau *m* de bord.

pánico [pániko] *nm* panique *f*.

pantalla [pantáʎa] *nf* **1** *(de lámpara)* abat-jour *m*. **2** *(de cine, televisión, ordenador, etc)* écran *m*.

pantalón [pantalón] *nm* pantalon *m*. ■ **pantalón corto** culotte *f* courte.

pantano [pantáno] *nm* **1** *(ciénaga)* marais *m*. **2** *(de una presa)* retenue *f* d'eau.

pantera [pantéra] *nf* panthère *f*.

pantufla [pantúfla] *nf* pantoufle *f*.

pañal [paɲál] *nm* couche *f*.

paño [páɲo] *nm* **1** *(de lana)* drap *m*. **2** *(tela)* étoffe *f*, tissu *m*. **3** *(trapo)* torchon *m*.

pañuelo [paɲwélo] *nm* **1** *(para sonarse)* mouchoir *m*. **2** *(de cabeza)* foulard *m*.

papa [pápa] *nm* *(sumo pontífice)* pape *m*. ● **no saber ni papa de ALGO** ne pas avoir la moindre idée de QQCH.

papá [papá] *nm* papa *m*. ■ **Papá Noel** père *m* Noël.

papada [papáða] *nf* double menton *m*.

papagayo [papaɣájo] *nm* perroquet *m*.

papel [papél] *nm* **1** *(material, hoja)* papier *m*. **2** *(en el teatro, el cine)* rôle *m*. ▶ *nm pl* **papeles** *(documentos, periódicos, etc)* papiers *m*. ● **desempeñar un papel** jouer un rôle. **hacer buen/mal papel** faire bonne/mauvaise figure. **perder los papeles** se mettre en colère. ■ **papel higiénico** papier toilette.

papeleo [papeléo] *nm* paperasserie *f*.

papelera [papeléra] *nf* **1** *(cesto)* corbeille *f* à papier. **2** *(fábrica)* papeterie *f*. **3** INFORM poubelle *f*.

papelería [papelería] *nf* papeterie *f*.

papeleta [papeléta] *nf* **1** *(de rifa, etc)* billet *m*. **2** *(para votar)* bulletin *m*. **3** *fam (problema)* problème *m*.

paquete [pakéte] *nm* **1** *(gen)* paquet *m*. **2** *(conjunto)* ensemble: **un paquete de reformas**, un train de réformes. **3** *fam (pañales)* couches *f pl*. ● **ser un paquete** être nul/nulle.

Paquistán → Pakistán.

paquistaní [pakistaní] *adj* pakistani.

par [par] *adj* **1** *(gen)* pair,-e: **número par**, nombre pair. **2** *(igual)* pareil,-eille. ▶ *nm* paire *f*. **a la par** en même temps. **de par en par** grand,-e ouvert,-e.

para [pára] *prep* **1** *(gen)* pour. **2** *(a punto de)* sur le point de: **estar para salir**, être sur le point de partir. **3** *(idea de finalidad, destino)* à: **no servir para nada**, ne servir à rien. ● **para con** à l'égard de. **para que** pour que. **¿para qué?** pourquoi faire?

parabrisas [paraβrísas] *nm* pare-brise *m inv*.

paracaídas [parakaíðas] *nm* parachute *m*.

parachoques [paratʃókes] *nm* pare-chocs *m inv*.

parada [paráða] *nf* **1** *(acción, lugar)* arrêt *m*. **2** *(de taxis, de metro)* station *f*. **3** *(desfile)* parade *f*.

parado,-da [paráðo,-ða] *adj* **1** *(indeciso)* timide. **2** *(lento)* lent,-e. **3** *(desocupado)* désœuvré,-e. **4** *(sin trabajo)* au chômage. ▶ *nm,f* chômeur,-euse.

paradójico,-ca [paraðóxiko,-ka] *adj* paradoxal,-e.

parador [paraðòr] *nm* hôtel de première catégorie proprieté de l'État.

paraguas [paráɣwas] *nm* parapluie *m*.

Paraguay [paraɣwái] *n pr* Paraguay *m*.

paraguayo,-ya [paraɣwàjo,-ja] *adj* paraguayen,-enne. ► *nm,f* Paraguayen,-enne.

paraíso [paraíso] *nm* paradis *m*.

paralela [paraléla] *nf* parallèle *f*.

paralelo,-la [paralélo,-la] *adj* parallèle. ► *nm* **paralelo** parallèle *m*.

parálisis [parálisis] *nf* paralysie *f*. ■ **parálisis cerebral** attaque *f* cérébrale.

paralizar [4] [paraliθár] *vt* paralyser.

parar [parár] *vi* 1 *(vehículo, mecanismo, etc)* s'arrêter. 2 *(cesar)* cesser: **no para de llover**, il pleut sans arrêt. 3 *(acabar, finalizar)* arriver à son terme. ► *vt* 1 *(movimiento, acción)* arrêter. 2 *(golpe)* parer. • **¿dónde iremos a parar?** où en arrivera-t-on ? **ir a parar** aboutir. **parar en seco** s'arrêter net. **sin parar** sans arrêt.

parásito,-ta [parásito,-ta] *adj - nm,f* parasite.

parasol [parasòl] *nm* parasol *m*.

parche [pártʃe] *nm* 1 *(para tapar)* pièce *f*. 2 *(en un neumático)* rustine *f*. 3 *(de medicamento)* patch *m*. 4 *fam (arreglo provisional)* rafistolage *m*.

parcial [parθjál] *adj* 1 *(no completo)* partiel,-elle. 2 *(no justo)* partial,-e.

pardo,-da [párðo,-ða] *adj* brun,-e.

parecer¹ [pareθèr] *nm* 1 *(opinión)* avis *m*, opinion *f*. 2 *(aspecto)* air *m*. • **a mi parecer** à mon avis.

parecer² [43] [pareθèr] *vi* 1 *(tener apariencia)* avoir l'air de, sembler. 2 *(ser parecido)* ressembler à. ► *v impers* 1 *(ser posible)* sembler: **parece que va a llover**, on dirait qu'il va pleuvoir. 2 *(creer)* trouver, penser: **me parece que hace frío**, je trouve qu'il fait froid; **¿qué te parece?**, qu'en penses-tu ? ► *vpr* **parecerse** se ressembler. • **al parecer** apparemment. **parecerse a** ALGN ressembler à ALGN. **parece (ser) que** il semble que. **según parece** apparemment.

parecido,-da [pareθíðo,-ða] *adj* ressemblant,-e.

pared [paréð] *nf* 1 *(gen)* mur *m*. 2 *(divisoria)* paroi *f*. • **subirse por las paredes** exploser.

pareja [paréxa] *nf* 1 *(de personas, de animales)* couple *m*. 2 *(en los bailes)* cavalier, -ère. ■ **pareja de hecho** couple non marié.

paréntesis [paréntesis] *nm inv* parenthèse *f*.

pariente,-ta [parjénte,-ta] *nm,f* parent,-e.

parir [parír] *vi* 1 *(la mujer)* accoucher. 2 *(los animales)* mettre bas.

parlamentario,-ria [parlamentárjo,-rja] *adj - nm,f* parlementaire.

parlamento [parlaménto] *nm* 1 *(asamblea)* parlement *m*. 2 *(discurso)* discours *m*.

paro [páro] *nm* 1 *(situación laboral)* chômage *m*. 2 *(parada)* arrêt *m*. • **estar en el paro** être au chômage.

parodia [paróðja] *nf* parodie *f*.

parpadear [parpaðeár] *vi* clignoter.

párpado [párpaðo] *nm* paupière *f*.

parque [párke] *nm* parc *m*. ■ **parque de atracciones** parc d'attractions.

parqué [parké] *nm* parquet *m*.

parquet [parkèt] *nm* (pl **parquets**) parquet *m*.

parquímetro [parkímetro] *nm* parcmètre *m*.

párrafo [páṛafo] *nm* paragraphe *m*.

parranda [paṛánda] *nf fam* fête *f*, virée *f*: **salir de parranda**, faire la nouba.

parrilla [paṛíʎa] *nf* gril *m*.

párroco [páṛoko] *nm* curé *m*.

parroquia [paṛókja] *nf* paroisse *f*.

parte [párte] *nf* **1** *(trozo)* partie *f*. **2** *(en una contienda)* partie *f*, côté *m*. **3** *(en un reparto)* part *f*. **4** *(lado)* côté *m*. **5** DER, MÚS partie *f*. ▶ *nm* **1** *(informe)* rapport *m*, bulletin *m*. **2** *(telegrama)* dépêche *f*. ■ **dar parte de** faire part de. **de parte de** de la part de. **en parte** en partie. **estar de parte de** être du côté de. **formar parte de** faire partie de. **la mayor parte de** la plupart de. **por otra parte** par ailleurs. **por todos partes** partout.

participación [partiθipaθjón] *nf* **1** *(gen)* participation *f*. **2** *(de lotería)* billet *m*.

participante [partiθipánte] *adj - nmf* participant,-e.

participar [partiθipár] *vi* **1** *(tomar parte)* participer (**en**, à). **2** **participar de** *(compartir)* partager.

participio [partiθípjo] *nm* participe *m*.

particular [partikulár] *adj* **1** *(gen)* particulier,-ère. **2** *(privado)* personnel,-elle. ▶ *nm (asunto)* sujet *m*. **■ sin otro particular, se despide atentamente** je vous prie d'agréer mes salutations distinguées.

particularidad [partikulariðáð] *nf* particularité *f*.

partida [partíða] *nf* **1** *(marcha)* départ *m*. **2** *(en el juego)* partie *f*. **3** *(de nacimiento, etc)* acte *f*, extrait *m*. **■ partida de nacimiento** acte de naissance.

partido,-da [partíðo,-ða] *adj* divisé, -e. ▶ *nm* **partido 1** *(de fútbol, etc)* match *m*. **2** *(político)* parti *m*. **● sacar partido de** tirer parti de. **tomar partido por** prendre parti pour. **■ partido de desempate** la belle.

partir [partír] *vt* **1** *(dividir)* diviser. **2** *(romper)* casser. **3** *(cortar)* couper. **4** *(repartir)* partager. ▶ *vpr* **partirse** se casser. **● a partir de hoy** à partir d'aujourd'hui.

partitura [partitúra] *nf* partition *f*.

parto [párto] *nm* **1** *(de una mujer)* accouchement *m*. **2** *(de animal)* mise *f* bas. **■ parto natural** accouchement naturel.

parvulario [parβulárjo] *nm* école *f* maternelle.

pasa [pása] *nf* raisin *m* sec.

pasable [pasáβle] *adj* acceptable.

pasada [pasáða] *nf* merveille *f*: **¡qué pasada de regalo!**, ce cadeau est vraiment génial ! **● de pasada** en passant. **jugarle una mala pasada a** ALGN jouer un mauvais tour à QQN.

pasadizo [pasaðíθo] *nm* passage *m*.

pasado,-da [pasáðo,-ða] *adj* **1** *(de un tiempo anterior)* passé,-e; *(inmediatamente anterior)* dernier,-ère: **el mes pasado**, le mois dernier. **2** *(fruta)* blet, blette. ▶ *nm* passé *m*. **● pasadas las...** sonné,-e...: **llegó pasadas las once**, il est arrivé onze heures bien sonnées. **pasado mañana** après-demain.

pasaje [pasáxe] *nm* **1** *(gen)* passage *m*. **2** *(pasajeros)* passagers *m pl*. **3** *(de barco o avión)* billet *m*.

pasajero,-ra [pasaxéro,-ra] *adj - nm,f* passager,-ère.

pasaporte [pasapórte] *nm* passeport *m*.

pasar [pasár] *vi* **1** *(gen)* passer. **2** *(padecer)* avoir: **aún no ha pasado**

Pascua

la varicela, elle n'a pas encore eu la varicelle. **3** (aventajar) dépasser. **4** (tragar) avaler: **no consigue pasar la carne**, il n'arrive pas à avaler sa viande. **5** fig (sufrir) endurer, avoir: **pasar frío y hambre**, avoir froid et faim. ▶ vi **1** (gen) passer: **pasó por mi casa**, il est passé chez moi. **2** (entrar) entrer: **pase, por favor**, veuillez entrer. **3** (arreglarse) s'arranger (**con**, de). **4** pasar de (sobrepasar) dépasser. **5** fam (mostrar poco interés) n'en avoir rien à faire de. ▶ v impers (acontecer) se passer. ▶ vpr **pasarse 1** (gen) passer: **pasarse al enemigo**, passer à l'ennemi. **2** pasarse de (excederse) être trop: **pasarse de bueno**, être trop bon. **3** (comida) se gâter. **4** (olvidar) oublier: **se me pasó la hora**, j'ai oublié l'heure.

Pascua [páskwa] nf **1** (fiesta cristiana) Pâques m. **2** (fiesta judía) Pâque f. ▶ nf pl **Pascuas** (navidad) Noël m.

pase [páse] nm **1** (permiso) laissez-passer m inv. **2** DEP passe f. **3** (de película) projection f.

pasear [paseár] vt promener. ▶ vpr **pasearse** s'étonner.

paseo [paséo] nm promenade f. • **dar un paseo** faire une promenade. **mandar a paseo** envoyer promener. ■ **paseo marítimo** front m de mer.

pasillo [pasíʎo] nm couloir m.

pasión [pasjón] nf passion f.

pasivo,-va [pasíβo,-βa] adj passif, -ive.

pasmar [pazmár] vt stupéfier. ▶ vpr **pasmarse** s'étonner.

pasmoso,-sa [pazmóso,-sa] adj stupéfiant,-e.

paso [páso] nm **1** (con el pie) pas m. **2** (manera de andar) démarche f. **3** (acción, lugar) passage m. • **abrirse paso** se frayer un chemin. **a cada paso** à chaque instant. **de paso** au passage. ■ **paso de cebra** passage clouté. **paso de peatones** passage piétons.

pasota [pasóta] adj - nmf fam je-m'en-foutiste.

pasotismo [pasotízmo] nm je-m'en-foutisme m.

pasta [pásta] nf **1** (masa) pâte f. **2** (macarrones, tallarines, fideos) pâtes f pl. **3** (bollería) petit pain m, pâtisserie f. **4** fam (dinero) fric m. • **tener pasta gansa** avoir du fric. ■ **pasta de dientes** dentifrice m. **pasta de té** petit-four m.

pastel [pastél] nm **1** (dulce) gâteau m. **2** (de carne) pâté m. **3** (color) pastel m. ▶ adj inv (color) pastel.

pastelería [pastelería] nf pâtisserie f.

pastelero,-ra [pastelero,-ra] nm,f pâtissier,-ère.

pastilla [pastíʎa] nf **1** (medicamento) cachet m. **2** (caramelo) pastille f. **3** (de chocolate) tablette f. **4** (de jabón) savonnette f. • **a toda pastilla 1** fam (a gran velocidad) à toute blinde. **2** fam (a todo volumen) à fond.

pastor,-ra [pastór,-ra] nm,f (de ganado) berger,-ère. ▶ nm **pastor** (sacerdote) pasteur m.

pata¹ [páta] nf **1** (de animal - pierna) patte f; (- pie, pezuña, garra) pied m. **2** (de mueble) pied m. **3** fam (de persona) patte f, jambe f. • **a cuatro patas** à quatre pattes. **a la pata coja** à cloche-pied. **meter la pata** faire une gaffe. **tener mala pata** fam avoir la poisse.

pata² [páta] nf (animal) cane f.

patada [patáða] nf coup m de pied. • **a patadas 1** fam (en abundancia) abondamment, à la pelle. **2** fam (echar, tratar) à coups de pied dans le derrière.

pataleta [pataléta] nf fam crise f de colère.

patata [patàta] *nf* pomme *f* de terre. ■ **patatas fritas 1** *(de sartén)* frites *f pl.* **2** *(de bolsa)* chips *f pl.*

paté [paté] *nm* pâté *m.*

patear [pateár] *vt* **1** *(pisotear)* piétiner. **2** *fig (despreciar)* mépriser. ▶ *vpr* **patearse** *fam (recorrer)* parcourir.

patentar [patentár] *vt* **1** *(invento)* patenter, breveter. **2** *(marca)* déposer.

patente [paténte] *adj* patent,-e, évident,-e. ▶ *nf* patente *f*, brevet *m.*

paternal [paternál] *adj* paternel, -elle.

paternidad [paterniðáð] *nf* paternité *f.*

paterno,-na [patérno,-na] *adj* paternel, -elle.

patético,-ca [patétiko,-ka] *adj* pathétique.

patín [patín] *nm (para patinar)* patin *m.*

patinaje [patináxe] *nm* patinage *m.*

patinar [patinár] *vi* **1** *(con patines)* patiner. **2** *(vehículo)* déraper, patiner. **3** *(desplazarse)* riper. **4** *fam (equivocarse)* faire une gaffe.

patinazo [patináθo] *nm* **1** *(de vehículo)* dérapage *m*, patinage *m.* **2** *(resbalón)* dérapage *m.* **3** *fam (error)* gaffe *f*, bévue *f.*

patinete [patinéte] *nm* trottinette *f.*

patio [pátjo] *nm* cour *f.*

pato [páto] *nm* canard *m.*

patoso,-sa [patóso,-sa] *adj - nm,f fam (torpe)* pataud,-e, lourdaud,-e.

patraña [patráɲa] *nf* bobard *m*, mensonge *m.*

patria [pátrja] *nf* patrie *f.*

patrimonio [patrimónjo] *nm* patrimoine *m.*

patriota [patrjóta] *nmf* patriote.

patriótico,-ca [patrjótiko,-ka] *adj* patriotique.

patriotismo [patrjotizmo] *nm* patriotisme *m.*

patrocinar [patroθinár] *vt* sponsoriser.

patrón,-ona [patrón,-óna] *nm,f* **1** *(de empresa, de barco, santo)* patron, -onne. **2** *(de casa de huéspedes)* hôte, hôtesse. ▶ *nm* **patrón** patron *m.*

patronal [patronál] *adj* patronal, -e. ▶ *nf (empresariado)* patronat *m.*

patrulla [patrúʎa] *nf* patrouille *f.*

patrullar [patruʎár] *vi* patrouiller.

pausa [páusa] *nf* pause *f.*

pavo,-va [páβo,-βa] *nm,f* dindon *m*, dinde *f.* ■ **pavo,-va real** paon, -onne.

payaso [pajáso] *nm* clown *m.*

paz [paθ] *nf* paix *f.* ● **dejar en paz** laisser tranquille, ficher la paix. **estar en paz** être quitte. **hacer las paces** faire la paix.

peaje [peáxe] *nm* péage *m.*

peatón,-ona [peatón,-óna] *nm,f* piéton,-onne: **paso de peatones** passage pour piétons.

peatonal [peatonál] *adj* piétonnier,-ère.

peca [péka] *nf* tache *f* de rousseur.

pecado [pekáðo] *nm* péché *m.*

pecar [1] [pekár] *vi* pécher (**de**, par).

pecera [peθéra] *nf* **1** *(redonda)* bocal *m.* **2** *(rectangular)* aquarium *m.*

pecho [pétʃo] *nm* **1** *(tórax)* poitrine *f.* **2** *(de mujer)* gorge *f*, poitrine *f.* **3** *(seno)* sein *m*, mamelle *f.* ● **dar el pecho** donner le sein.

pechuga [petʃúγa] *nf* blanc *m.* ■ **pechuga de pollo** blanc de poulet.

peculiar [pekuljár] *adj* particulier, -ère.

pedagogía [peðaγoxía] *nf* pédagogie *f.*

pedal [peðál] *nm* pédale *f.*

pedalear [peðaleár] *vi* pédaler.

pedante [peðánte] *adj - nmf* pédant,-e.

pedazo [peðáθo] *nm* morceau m. • **hacer pedazos** mettre en morceaux. **pedazo de...** *fam* espèce de ... bougre de ...

pediatra [peðjátra] *nmf* pédiatre.

pedido [peðíðo] *nm* commande f. • **hacer un pedido** passer une commande.

pedir [34] [peðír] *vt* **1** *(gen)* demander. **2** *(en tienda, bar)* demander, commander. **3** *(limosna)* mendier. • **pedir + inf** demander à + inf.

pedo [péðo] *nm* **1** *fam (ventosidad)* pet m. **2** *fam (borrachera)* cuite f. • **coger un pedo** *fam* prendre une cuite. **estar pedo** *fam* avoir une cuite. **tirarse un pedo** *fam* faire un pet.

pega [péɣa] *nf fam (dificultad)* colle f, difficulté f. • **poner pegas** trouver à redire.

pegajoso,-sa [peɣaxóso,-sa] *adj* collant,-e.

pegamento [peɣaménto] *nm* colle f.

pegar [7] [peɣár] *vt* **1** *(con pegamento)* coller. **2** *(arrimar)* appliquer, fixer. **3** *(golpear)* battre, frapper. **4** *(golpe, bofetada)* donner. **5** *(producir, dar - salto)* faire; *(- grito, voces)* pousser; *(- tiro)* tirer. ► *vi* **1** *(adherir)* coller. **2** *(sentar bien)* aller. **3** *(venir a propósito)* tomber bien. **4** *(armonizar)* aller. **5** *(sol, viento)* taper. ► *vpr* **pegarse 1** *(adherirse)* coller. **2** *(guiso)* attacher. **3** *(pelearse)* se battre. **4** *(contagiarse - enfermedad, acento)* s'attraper; *(- costumbre)* se transmettre. **5** *(baño, siesta, desayuno)* se faire. • **pegar fuego** mettre le feu.

pegatina [peɣatína] *nf* autocollant m.

peinado [peináðo] *nm* coiffure f.

peinar [peinár] *vt* coiffer, peigner.

peine [péine] *nm* peigne m.

pelado,-da [peláðo,-ða] *adj* **1** *(terreno)* dénudé,-e, pelé,-e. **2** *(piel, fruta)* pelé,-e. **3** *(cabeza)* tondu,-e, rasé,-e. **4** *(ave)* plumé,-e. **5** *(hueso)* décharné,-e. **6** *fam (sin dinero)* fauché,-e. **7** *fam (estilo)* dépouillé,-e. **8** *(número)* rond,-e. **9** *fam (justo, exacto)* tout juste.

pelar [pelár] *vt* **1** *(pelo)* tondre, couper. **2** *(fruta, verdura)* éplucher, peler. **3** *fam (a alguien)* dépouiller, plumer. ► *vpr* **pelarse 1** *(perder piel)* peler. **2** *fam (cortarse el pelo)* se faire couper les cheveux. • **pelarse de frío** mourir de froid.

pelea [peléa] *nf* **1** *(enfrentamiento físico - de personas)* lutte f, bagarre f; *(- de animales)* combat m. **2** *(riña, discusión)* dispute f. **3** *(esfuerzo)* lutte f.

pelear [peleár] *vi - vpr* **pelear(se) 1** *(enfrentarse físicamente)* lutter, se battre. **2** *(reñir, discutir)* se disputer. **3** *(enemistarse)* se brouiller. **4** se battre (**por,** pour), lutter (**por,** pour).

película [pelikúla] *nf* **1** *(de cine)* film m. **2** *(membrana, capa)* pellicule f. • **de película** du tonnerre, formidable.

peligro [pelíɣro] *nm* danger m, péril m. • **correr peligro** être en danger. **fuera de peligro** hors de danger.

peligroso,-sa [peliɣróso,-sa] *adj* dangereux,-euse, périlleux,-euse.

pelirrojo,-ja [pelirróxo,-xa] *adj - nm,f* roux, rousse.

pellejo [peʎéxo] *nm* peau f. • **salvar el pellejo** sauver sa peau.

pellizcar [12] [peʎiθkár] *vt* pincer.

pellizco [peʎíθko] *nm* **1** *(acción de pellizcar)* pincement m. **2** *(señal en*

pelma [pélma] *adj - nmf fam* enquiquineur,-euse.

pelmazo,-za [pelmáθo,-θa] *nm,f* casse-pieds *inv.*

pelo [pélo] *nm* **1** *(gen)* poil *m*. **2** *(de la cabeza)* cheveu *m*. **3** *(conjunto de cabellos)* cheveux *m pl*: **tiene el pelo rizado**, il a les cheveux frisés. **4** *(de animal)* poil *m*, pelage *m*. ● **de medio pelo** quelconque, très ordinaire. **no tener pelos en la lengua** ne pas mâcher ses mots. **no tener un pelo de tonto,-ta** n'avoir rien d'un imbécile. **poner los pelos de punta** faire dresser les cheveux sur la tête. **por los pelos de justesse. **tirarse de los pelos** *(desesperarse)* s'arracher les cheveux. **tomarle el pelo a** ALGN se payer la tête de QQN.

pelota [pelóta] *nf* **1** *(gen)* balle *f*. **2** *(grande)* ballon *m*. ▶ *nmf fam* lèche-bottes *inv*. ● **en pelotas** *vulg* à poil. **tocar las pelotas** *vulg* faire chier.

pelotazo [pelotáθo] *nm* **1** *(golpe)* coup *m* de ballon. **2** *fam (bebida)* verre *m*.

peluca [pelúka] *nf* perruque *f*.

peludo,-da [pelúðo,-ða] *adj* poilu, -e, velu,-e.

peluquería [pelukería] *nf* salon *m* de coiffure. ● **ir a la peluquería** aller chez le coiffeur.

peluquero,-ra [pelukéro,-ra] *nm,f* coiffeur,-euse.

pelusa [pelúsa] *nf* **1** *(de frutas, plantas, personas)* duvet *m*. **2** *(de telas)* peluche *f*. **3** *(bajo los muebles)* mouton *m*.

pelvis [pélβis] *nf* ANAT bassin *m*.

pena [péna] *nf* peine *f*. ● **a duras penas** à grand-peine. **dar pena** faire de la peine. **merecer la pena** valoir la peine. **¡qué pena!** quel dommage ! **valer la pena** valoir la peine.

penalti [penálti] *nm* DEP penalty.

pendiente [pendjénte] *adj* **1** *(gen)* pendant,-e, suspendu,-e. **2** *(por resolver)* en suspens. **3** *(en espera)* en attente. ▶ *nm (joya)* boucle *f* d'oreille. ▶ *nf (de terreno, montaña)* pente *f*. ● **estar pendiente de** ALGO *(estar a la espera)* être dans l'attente de QQCH. **estar pendiente de** ALGN *(atender, vigilar)* être attentif à QQN. **tener pendiente** ALGO avoir une affaire en suspens.

péndulo [péndulo] *nm* pendule *f*.

pene [péne] *nm* pénis *m*.

penetrar [penetrár] *vt - vi* pénétrer.

península [península] *nf (pequeña)* presqu'île *f*; *(grande)* péninsule *f*.

peninsular [peninsulár] *adj* péninsulaire.

penoso,-sa [penóso,-sa] *adj* pénible.

pensado,-da [pensáðo,-ða] *adj (decisión, proyecto)* pesé,-e, réfléchi, -e. ● **bien pensado...** tout bien pesé... **tener pensado** avoir prévu.

pensamiento [pensamjénto] *nm* pensée *f*.

pensar [27] [pensár] *vi* penser (**en**, à). ▶ *vt* penser à, réfléchir à. ● **dar qué pensar** donner à réfléchir. **estar pensándoselo** y réfléchir. **¡ni pensarlo!** pas question ! **pensar + *inf*** penser + *inf*.

pensativo,-va [pensatíβo,-βa] *adj* pensif,-ive.

pensión [pensjón] *nf* **1** *(dinero)* pension *f*. **2** *(casa de huéspedes)* pension *f* de famille. ■ **media pensión** demi-pension *f*. **pensión completa** pension complète.

penúltimo,-ma [penúltimo,-ma] *adj - nm,f* avant-dernier,-ère.

peña¹ [péɲa] *nf (roca)* rocher *m*.

peña² [péṇa] *nf (de amigos)* réunion *f* d'amis, cercle *m*. ▪ **peña deportiva** cercle sportif.

peón [peón] *nm* **1** *(obrero)* manœuvre *m*. **2** *(agrícola)* ouvrier *m* agricole. **3** *(en damas, ajedrez)* pion *m*.

peor [peór] *adj* pire. ▶ *nmf* **el/la/lo peor** le/la pire. ▶ *adv* pis. • **en el peor de los casos** au pis, au pis aller. **peor para ti** tant pis pour toi.

pepinillo [pepiníʎo] *nm* cornichon *m*.

pepino [pepíno] *nm* concombre *m*. • **me importa un pepino** *fam* je m'en moque comme de l'an quarante.

pepita [pepíta] *nf* **1** *(de fruta)* pépin *m*. **2** *(de oro)* pépite *f*.

pequeño,-ña [pekéṇo,-ṇa] *adj - nm,f* petit,-e. • **de pequeño,-ña** étant petit,-e, encore enfant.

pera [péra] *nf* poire *f*.

peral [perál] *nm* poirier *m*.

percance [perkánθe] *nm* contretemps *m*.

percatarse [perkatárse] *vpr* s'apercevoir, se rendre compte.

percepción [perθepθjón] *nf* perception *f*.

percha [pértʃa] *nf (para ropa - de gancho)* cintre *m*; *(- de pared, de pie)* portemanteau *m*.

perchero [pertʃéro] *nm* portemanteau *m*.

percibir [perθiβír] *vt* **1** *(notar)* percevoir. **2** *(cobrar)* percevoir, toucher.

percusión [perkusjón] *nf* percussion *f*.

perdedor,-ra [perðeðór,-ra] *adj - nm,f* perdant,-e.

perder [28] [perðér] *vt* **1** *(gen)* perdre. **2** *(tren, avión, ocasión)* manquer, rater. **3** *(arruinar)* ruiner. ▶ *vt - vi* **1** *(resultar vencido)* perdre. **2** *(aire, gas, líquido)* fuir, perdre. ▶ *vpr* **perderse 1** *(extraviarse, estropearse)* se perdre. **2** *(no presenciar)* rater. • **echar a perder** abîmer, gâter. **salir perdiendo** mal s'en tirer.

pérdida [pérðiða] *nf* perte *f*. • **no tener pérdida** être facile à trouver.

perdido,-da [perðíðo,-ða] *adj* **1** *(gen)* perdu,-e. **2** *(muy sucio)* très sale. **3** *(redomado)* invétéré,-e. • **estar loco,-ca perdido,-da por** être follement épris,-e de.

perdiz [perðíθ] *nf* perdrix *f*.

perdón [perðón] *nm* pardon *m*. • **con permiso de** avec votre permission. **¿perdón?** excusez-moi ? **¡perdón!** excusez-moi !, pardon !

perdonar [perðonár] *vt* **1** *(gen)* pardonner. **2** *(falta, capricho)* passer. **3** *(perder, dejar)* manquer, rater. **4** *(omitir)* faire grâce de: **no perdonar ni un detalle**, ne pas faire grâce du moindre détail. • **¡perdone!** excusez-moi !

perdurar [perðurár] *vi* durer longtemps.

peregrino,-na [pereɣríno,-na] *nm,f* pèlerin,-e.

perejil [perexíl] *nm* persil *m*.

pereza [peréθa] *nf* paresse *f*. • **tener pereza de** avoir la flemme de.

perezoso,-sa [pereθóso,-sa] *adj - nm,f* paresseux,-euse.

perfección [perfekθjón] *nf* perfection *f*.

perfeccionar [perfekθjonár] *vt* perfectionner.

perfecto,-ta [perfékto,-ta] *adj* parfait,-e.

perfil [perfíl] *nm* **1** *(gen)* profil *m*. **2** *(contorno)* contour *m*, silhouette *f*.

perfilar [perfilár] *vt* **1** *(marcar el perfil)* profiler. **2** *(rematar)* parfaire, parachever.

perforar [perforár] *vt* perforer.

perfumar [perfumár] vt parfumer. ▶ vi *(exhalar perfume)* embaumer.
perfume [perfúme] nm parfum m.
perfumería [perfumería] nf parfume-rie f.
periferia [periférja] nf périphérie f.
perímetro [perímetro] nm périmètre m.
periódico,-ca [perjóðiko,-ka] adj périodique. ▶ nm **periódico** journal m.
periodismo [perjoðízmo] nm journalisme m.
periodista [perjoðísta] nmf journaliste.
período [períoðo], **periodo** [perjóðo] nm **1** *(gen)* période f. **2** *(menstruación)* règles f pl.
peritaje [peritáxe] nf expertise f.
perito [períto] nmf expert,-e.
perjudicar [1] [perxuðikár] vt nuire à, porter préjudice à.
perjuicio [perxwíθjo] nm préjudice m, dommage m.
perla [pérla] nf perle f. • **de perlas** parfaitement, on ne peut mieux. **venir de perlas** tomber à point.
permanecer [43] [permaneθér] vi **1** *(gen)* rester. **2** *(en estado, lugar)* rester, demeurer.
permanente [permanénte] adj permanent,-e.
permeable [permeáβle] adj perméable.
permiso [permíso] nm **1** *(autorización)* permission f, autorisation f. **2** *(documento)* permis m. • **dar permiso para + inf** donner la permission de + inf. **pedir permiso para + inf** demander la permission de + inf.
permitir [permitír] vt permettre. • **permitirse el lujo de** se payer le luxe de.

pero [péro] conj mais. ▶ nm objection f. • **ponerle peros a ALGO** trouver à redire à QQCH.
perpendicular [perpendikulár] adj - nf perpendiculaire f.
perpetuo,-tua [perpétwo,-twa] adj perpétuel,-elle.
perro,-rra [pého,-ra] nm,f chien, chienne. ▶ adj fam épouvantable, chien,-enne de: **pasé una noche perra**, j'ai passé une nuit épouvantable. ■ **perro lazarillo** chien d'aveugle.
perro lobo chien-loup m.
persecución [persekuθjón] nf poursuite f.
perseguir [56] [perseɣír] vt **1** *(gen)* poursuivre. **2** *(a seguidores de doctrina, religión)* persécuter.
perseverancia [perseβeránθja] nf persévérance f.
perseverar [perseβerár] vi persévérer, persister. • **perseverar en + inf** persister à + inf.
persiana [persjána] nf (- enrollable) store m; (- de láminas móviles) jalousie f; (- de láminas inclinadas) persienne f.
persistente [persisténte] adj persistant,-e.
persistir [persistír] vi persister.
persona [persóna] nf personne f. ■ **persona mayor** grande personne.
personaje [personáxe] nm personnage m.
personal [personál] adj personnel, -elle. ▶ nm **1** *(empleados)* personnel m. **2** fam *(gente)* monde m, gens m pl.
personalidad [personaliðáð] nf personnalité f.
perspectiva [perspektíβa] nf perspective f.
persuadir [perswaðír] vt persuader.
persuasión [perswasjón] nf persuasion f.

pertenecer [43] [pertene‐θér] vi appartenir (**a**, à).

pertenencia [pertenénθja] nf 1 *(propiedad)* propriété f, possession f. 2 *(a organización, partido)* appartenance f. ▶ nf pl **pertenencias** biens m pl.

pertinente [pertinénte] adj pertinent,-e.

perturbar [perturβár] vt 1 *(alterar)* perturber, troubler. 2 *(inquietar)* troubler.

Perú [perú] n pr Pérou m.

peruano,-na [perwáno,-na] adj péruvien,-enne. ▶ nm,f Péruvien, -enne.

perversión [perβersjón] nf perversion f.

perverso,-sa [perβérso,-sa] adj pervers,-e.

pervertir [35] [perβertír] vt pervertir.

pesa [pésa] nf *(de balanza, reloj, ascensor)* poids m.

pesadez [pesaðéθ] nf 1 *(aburrimiento)* ennui m. 2 *(de piernas, estómago)* lourdeur f.

pesadilla [pesaðíʎa] nf cauchemar m.

pesado,-da [pesáðo,-ða] adj 1 *(gen)* lourd,-e. 2 *(molesto, aburrido)* ennuyeux, -euse, assommant,-e. 3 *(penoso, costoso)* pénible. ▶ nm,f *(latoso)* casse-pieds inv. • **ponerse pesado,-da** devenir assommant,-e.

pésame [pésame] nm condoléances f pl. • **dar el pésame** présenter ses condoléances. **mi más sentido pésame** toutes mes condoléances.

pesar[1] [pesár] vt - vi *(gen)* peser. ▶ vi *(sentir)* regretter. • **pese a** malgré, en dépit de.

pesar[2] [pesár] nm 1 *(pena)* peine f, chagrin m. 2 *(arrepentimiento)* regret m. • **a pesar de** malgré. **a pesar de que** bien que.

pesca [péska] nf 1 *(actividad)* pêche f. 2 *(lo que se puede pescar)* poisson m.

pescadería [peskaðería] nf poissonnerie f.

pescado [peskáðo] nm poisson m.

pescador,-ra [peskaðór,-ra] nm,f pêcheur,-euse.

pescar [1] [peskár] vt - vi *(peces)* pêcher. ▶ vt 1 fam fig *(pillar - resfriado, enfermedad)* attraper; *(- a alguien desprevenido)* pincer, coincer. 2 *(lograr - marido, empleo)* accrocher, décrocher; *(- clientes)* racoler, rabattre.

pesimismo [pesimízmo] nm pessimisme m.

pésimo,-ma [pésimo,-ma] adj très mauvais,-e.

pesimista [pesimísta] adj - nmf pessimiste.

peso [péso] nm 1 *(gen)* poids m. 2 *(balanza)* balance f. 3 *(moneda)* peso m. • **coger peso** prendre du poids. **quitarse un peso de encima** s'enlever un poids.

pesquero,-ra [peskéro,-ra] adj de pêche.

pestaña [pestáɲa] nf cil m.

pestañear [pestaɲeár] vi ciller, cligner des yeux.

peste [péste] nf 1 *(enfermedad)* peste f. 2 *(mal olor)* mauvaise odeur f, puanteur f. • **echar pestes de** ALGN/ALGO pester contre QQN/QQCH.

pétalo [pétalo] nm pétale m.

petardo [petárðo] nm 1 *(explosivo)* pétard m. 2 fam *(persona fea)* épouvantail m, laideron m.

petición [petiθjón] nf 1 *(ruego)* demande f. 2 *(documento)* pétition f. • **a petición de** à la demande de.

peto [péto] nm salopette f.

petróleo [petróleo] nm pétrole m.

petrolero,-ra [petroléro,-ra] *adj* pétrolier,-ère. ▶ *nm* **petrolero** pétrolier *m*.

peyorativo,-va [pejoratiβo,-βa] *adj* péjoratif,-ive.

pez [peθ] *nm* poisson *m*. • **estar pez en** ALGO être nul, nulle en QQCH. **por la boca muere el pez** trop parler nuit. ■ **pez espada** espadon *m*, poisson-épée *m*. **pez gordo** *fig* gros bonnet *m*. **pez martillo** (requin *m*) marteau *m*.

pezón [peθón] *nm* mamelon *m*.

pezuña [peθúɲa] *nf* sabot *m*.

piadoso,-sa [pjaðóso,-sa] *adj* pieu, -euse.

pianista [pjanísta] *nmf* pianiste.

piano [pjáno] *nm* piano *m*.

pica [píka] *nf* (*gen*) pique *f*.

picada [pikáða] *nf* (*picadura*) piqûre *f*.

picadura [pikaðúra] *nf* 1 (*de insecto*) piqûre *f*. 2 (*de serpiente*) morsure *f*, piqûre *f*.

picante [pikánte] *adj* piquant,-e. ▶ *nm* saveur *f* piquante.

picar [1] [pikár] *vt* - *vi* 1 (*insecto*) piquer. 2 (*serpiente*) mordre, piquer. 3 (*comer un poco, entre horas*) grignoter. ▶ *vt* 1 (*carne, verdura*) hacher. 2 (*piedras*) tailler. 3 (*estimular*) provoquer, exciter. 4 (*enojar*) froisser, vexer. ▶ *vi* 1 (*escocer - piel*) gratter, démanger; (*- ojos*) piquer. 2 (*sal, pimienta, alimento picante*) piquer. 3 (*sol*) brûler, taper. 4 (*pez*) mordre. 5 (*dejarse engañar*) mordre. 6 (*comprador*) se laisser tenter. ▶ *vpr* **picarse** 1 (*vino*) se piquer. 2 (*diente, fruta*) se gâter. 3 (*tela*) se miter. 4 (*mar*) s'agiter. 5 (*ofenderse*) vexer. 6 *fam* (*inyectarse droga*) se piquer.

picardía [pikarðía] *nf* malice *f*.

picnic [piknik] *nm* (*pl* **picnics**) pique-nique *m*.

pierna

pico [píko] *nm* 1 (*de ave, vasija*) bec *m*. 2 (*de montaña*) sommet *m*, pic *m*. 3 (*herramienta*) pic *m*. 4 (*parte puntiaguda*) pointe *f*. 5 *fam* (*boca*) bec *m*. 6 (*cantidad pequeña*) appoint *m*. 7 *fam* (*beso en la boca*) baiser *m* sur la bouche. • **cerrar el pico** *fam fig* fermer son bec. **darse el pico** *fam* se bécoter. **tener un pico de oro** être un beau parleur. **y pico** (*con cantidades*) et quelques. (*con horas*) et quelque, passé,-e: son las siete y pico, il est sept heures passées.

picotear [pikoteár] *vt* 1 (*ave*) picoter, picorer. 2 (*comer un poco*) grignoter.

pie [pje] *nm* 1 (*gen*) pied *m*. 2 (*de animal*) patte *f*, pied *m*. 3 (*de escrito*) bas *m*. 4 (*de foto, dibujo*) légende *f*. 5 (*de columna, lámpara*) base *f*. • **a pie** à pied. **con pies de plomo** avec prudence. **dar pie** donner l'occasion. **de pie** debout. **hacer pie** avoir pied. **no tener ni pies ni cabeza** n'avoir ni queue ni tête. **pararle los pies a** ALGN remettre QQN à sa place. **ponerse de pie** se mettre debout. **salir por pies** prendre la poudre d'escampette.

piedad [pjeðáð] *nf* 1 (*compasión*) pitié *f*. 2 (*devoción*) piété *f*.

piedra [pjéðra] *nf* 1 (*gen*) pierre *f*. 2 (*en riñón*) calcul *m*. • **dejar a** ALGN **de piedra** laisser QQN pantois.

piel [pjel] *nf* 1 (*gen*) peau *f*. 2 (*de animal de pelo largo, para prenda de vestir*) fourrure *f*. 3 (*de fruta*) peau *f*, pelure *f*. ■ **piel de gallina** chair *f* de poule.

pierna [pjérna] *nf* jambe *f*. • **dormir a pierna suelta** dormir à poings fermés. **estirar la pierna** crever. **estirar las piernas** se dégourdir les jambes. **salir por piernas** déguerpir.

pieza [pjéθa] *nf* pièce *f*. ▪ **buena pieza** *drôle de numéro m*.

pigmento [piɣménto] *nm* pigment *m*.

pijama [pixáma] *nm* pyjama *m*.

pijo,-ja [píxo,-xa] *adj - nm,f fam* bcbg, bon chic bon genre.

pila¹ [píla] *nf* **1** (*eléctrica*) pile *f*. **2** (*para contener agua - en cocina*) évier *m*; (*- de fuente*) bassin *m*. • **ponerse las pilas** *fam* reprendre du poil de la bête.

pila² [píla] *nf* **1** (*montón*) pile *f*, tas *m*. **2** *fam* (*gran cantidad*) tas *m*.

pilar [pilár] *nm* pilier *m*. ▪ **píldora anticonceptiva** pilule contraceptive.

píldora [píldora] *nf* pilule *f*. ▪ **píldora anticonceptiva** pilule contraceptive.

pillar [piʎár] *vt* **1** (*atrapar, coger*) attraper. **2** (*atropellar*) renverser. **3** (*sujetar inmovilizando*) prendre, coincer. **4** *fam* (*comprender*) comprendre, saisir. ► *vi fam* (*quedar, estar*) être situé, tomber. ► *vpr* **pillarse** (*dedos*) se prendre, se coincer.

pilotar [pilotár] *vt* piloter.

piloto [pilóto] *nmf* (*de avión, barco, coche*) pilote *m*. ► *nm* (*luz - de aparato*) lampe *f* témoin; (*- de coche*) feu *m* de position.

pimentón [pimentón] *nm* piment *m* rouge moulu. ▪ **pimentón dulce** paprika *m* doux.

pimienta [pimjénta] *nf* poivre *m*.

pimiento [pimjénto] *nm* piment *m*. • **me importa un pimiento** *fam* je m'en moque comme de l'an quarante.

pincel [pinθél] *nm* pinceau *m*.

pinchadiscos [pintʃaðískos] *nmf* disc-jockey *m*.

pinchar [pintʃár] *vt* **1** (*con objeto punzante*) piquer. **2** (*rueda, globo, pelota*) crever. **3** *fam* (*poner inyección*) faire une piqûre. **4** *fam* (*molestar*) taquiner. **5** *fam* (*enojar*) fâcher.

6 (*teléfono*) poser une écoute téléphonique. ► *vi* **1** (*planta, aguja*) piquer. **2** (*tener un pinchazo*) crever. ► *vpr* **pincharse 1** (*con objeto punzante*) se piquer. **2** (*rueda, globo, pelota*) crever. **3** *fam* (*molestarse*) se taquiner. **4** *fam* (*drogadicto*) se piquer.

pinchazo [pintʃáθo] *nm* **1** (*con objeto punzante*) piqûre *f*. **2** (*de neumático*) crevaison *f*.

pincho [pintʃo] *nm* **1** (*de planta, animal*) piquant *m*. **2** (*extremo punzante*) pointe *f*. **3** (*aperitivo*) amuse-gueule *m*: **un pincho de tortilla**, une portion d'omelette en apéritif. **4** (*brocheta*) brochette *f*.

pingüino [piŋɡwíno] *nm* pingouin *m*.

pino [píno] *nm* pin *m*.

pinta [pínta] *nf* air *m*, allure *f*.

pintado,-da [pintáðo,-ða] *adj* **1** (*moteado*) tacheté,-e, moucheté,-e. **2** (*maquillado*) fardé,-é.

pintalabios [pintaláβjos] *nm* rouge *m* à lèvres.

pintar [pintár] *vt - vi* **1** (*con pintura*) peindre. **2** (*dibujar*) dessiner, faire. ► *vt* (*describir*) dépeindre, décrire. ► *vi fam* (*importar*) avoir de l'importance, tenir un rôle. **2** (*tener aspecto, mostrarse*) se présenter. ► *vpr* **pintarse** (*maquillarse*) se farder, se maquiller.

pintauñas [pintáuɲas] *nm* vernis *m* à ongles.

pintor,-ra [pintór,-ra] *nm,f* peintre *m*.

pintoresco,-ca [pintorésko,-ka] *adj* pittoresque.

pintura [pintúra] *nf* peinture *f*. • **no poder ver ni en pintura** *fam* ne pouvoir voir en peinture.

pinza [pínθa] *nf* **1** (*gen*) pince *f*. **2** (*para la ropa*) pince *f*, épingle *f*.

piña [píɲa] *nf* **1** (*fruta*) ananas *m*. **2** (*de pino*) pomme *f* de pin. **3** (*de personas*) groupe *m* uni. **4** *fam* (*golpe*)

piñón [piɲón] *nm (de piña, de rueda)* pignon *m*.
piojo [pjóχo] *nm* pou *m*.
pipa[1] [pípa] *nf (para fumar)* pipe *f*. • **pasarlo pipa** *fam* s'éclater.
pipa[2] [pípa] *nf* **1** *(semilla)* pépin *m*. **2** *(de girasol)* graine *f*.
pipí [pipí] *nm fam* pipi *m*.
pique [píke] *nm* brouille *f*, brouillerie *f*. • **irse a pique 1** *(barco, empresa)* couler à pic. **2** *(proyecto, plan)* couler, anéantir.
piquete [pikéte] *nm* piquet *m*.
pirado,-da [piráðo,-ða] *adj fam* cinglé,-e.
piragua [piráɣwa] *nf* canoë *m*.
piragüismo [piraɣwízmo] *nm* canoë-kayak *m*.
pirámide [pirámiðe] *nf* pyramide *f*.
pirarse [pirárse] *vpr fam* se casser.
pirata [piráta] *nm* pirate *m*.
piratear [pirateár] *vt* pirater.
piropo [pirópo] *nm* compliment *m*.
pirueta [pirwéta] *nf* pirouette *f*.
piruleta [piruléta] *nf* sucette *f* ronde.
pirulí [pirulí] *nm* sucette *f*.
pis [pis] *nm fam* pipi *m*.
pisada [pisáða] *nf* **1** *(paso)* pas *m*. **2** *(huella - de persona)* trace *f*; *(- de animal)* foulée *f*.
pisar [pisár] *vt* **1** *(con pies)* marcher sur; **me has pisado**, tu m'as marché dessus. **2** *(pedal, acelerador, embrague)* appuyer sur. **3** *(uva)* fouler. **4** *(humillar)* humilier, rabaisser. • **no dejarse pisar** ne pas se laisser marcher sur les pieds. **no volver a pisar** ne plus remettre les pieds.
piscina [pisθína] *nf* piscine *f*.
piso [píso] *nm* **1** *(de casa)* étage *m*. **2** *(vivienda)* appartement *m*. **3** *(suelo)* sol *m*.

pisotear [pisoteár] *vt* piétiner, fouler aux pieds.
pista [písta] *nf* piste *f*. ■ **pista de tenis** court *m* de tennis.
pistacho [pistátʃo] *nm* pistache *f*.
pistola [pistóla] *nf* pistolet *m*.
pitar [pitár] *vi* **1** *(con silbato)* siffler. **2** *(con claxon)* klaxonner. ▶ *vt (abuchear)* siffler. • **salir pitando** *fam* filer, partir en quatrième vitesse.
pitido [pitíðo] *nm* coup *m* de sifflet.
pitillo [pitíʎo] *nm* cigarette *f*.
pito [píto] *nm* **1** *(silbato)* sifflet *m*. **2** *(claxon)* klaxon *m*. **3** *fam (pene)* quéquette *f*, zizi *m*. ▶ *nm pl* **pitos** *(abucheo)* sifflets *m pl*. • **me importa un pito** je m'en moque comme de l'an quarante.
pizarra [piθárra] *nf* **1** *(roca)* ardoise *f*. **2** *(en escuela)* tableau *m*.
pizca [píθka] *nf* **1** *(cantidad pequeña)* brin *m*, soupçon *m*. **2** *(trozo pequeño)* miette *f*, bribe *f*. **3** *(de sal)* pincée *f*, soupçon *m*. **4** *(de algo líquido)* goutte *f*. • **ni pizca** pas du tout.
placa [pláka] *nf* **1** *(gen)* plaque *f*. **2** *(para señalar)* panneau *m* indicateur. **3** *(rótulo)* panonceau *m*.
placentero,-ra [plaθentéro,-ra] *adj* agréable, plaisant,-e.
placer[1] [plaθér] *nm* plaisir *m*.
placer[2] [76] [plaθér] *vt fml* plaire.
plaga [pláɣa] *nf* fléau *m*.
plan [plan] *nm* **1** *(gen)* plan *m*. **2** *(intención)* projet *m*. • **en plan de broma** pour rire, pour plaisanter. **hacer planes** faire des plans. **no es plan** il n'est pas question. ■ **plan de pensiones** régime *m* de retraite.
plana [plána] *nf* page *f*. • **en primera plana** à la une.
plancha [plántʃa] *nf* **1** *(de metal)* plaque *f*, feuille *f*. **2** *(utensilio para planchar)* fer *m* à repasser. **3** *(ropa para planchar)* repassage *m*. **4** *(en*

natación, para navegar) planche f. • **a la plancha** grillé,-e, au gril.
planchar [plantʃár] *vt* repasser.
planear [planeár] *vt* projeter. ▶ *vi (avión)* planer.
planeta [planéta] *nm* planète f.
planificar [1] [planifikár] *vt* planifier.
plano,-na [pláno,-na] *adj* 1 *(gen)* plat,-e. 2 *(figura, superficie)* plan,-e. ▶ *nm* **plano** plan *m*. ■ **primer plano** gros plan.
planta [plánta] *nf* 1 *(vegetal)* plante f. 2 *(del pie)* plante f. 3 *(de edificio)* étage *m*. 4 *(instalación industrial)* usine f. 5 *(plano)* plan *m*. ■ **planta baja** rez-de-chaussée *m inv*.
plantación [plantaθjón] *nf* plantation f.
plantar [plantár] *vt* 1 *(planta, árbol)* planter. 2 *fam (dar - bofetada)* flanquer; *(- golpe)* envoyer. 3 *fam (poner)* mettre. 4 *(abandonar)* laisser tomber, plaquer. ▶ *vpr* **plantarse** 1 *(ponerse, pararse)* se planter. 2 *(resistirse)* se buter. 3 *(aparecer, llegar)* arriver, débarquer. • **dejar plantado,-da a** ALG laisser tomber QQN, poser un lapin à QQN.
plantear [planteár] *vt* 1 *(asunto)* projeter. 2 *(problema, cuestión)* poser.
plantilla [plantiʎa] *nf* 1 *(de zapato)* semelle f. 2 *(patrón)* patron *m*. 3 *(personal)* personnel *m*, effectif *m*.
plástico,-ca [plástiko,-ka] *adj* plastique. ▶ *nm* **plástico** plastique *m*.
plastilina [plastilína] *nf* pâte f à modeler.
plata [pláta] *nf* 1 *(metal)* argent *m*. 2 *(vajilla, objetos de plata)* argenterie f.
plataforma [platafórma] *nf* 1 *(gen)* plate-forme f. 2 *fig (para alcanzar algo)* tremplin *m*.

plátano [plátano] *nm* 1 *(fruta)* banane f. 2 *(banano)* bananier *m*. 3 *(árbol)* soucoupe f.
platea [platéa] *nf* parterre *m*.
plateado,-da [pleteáðo,-ða] *adj* argenté,-e.
platillo [platiʎo] *nm* soucoupe f.
platino [platíno] *nm* platine *m*.
plato [pláto] *nm* 1 *(recipiente)* assiette f. 2 *(comida)* plat *m*. 3 *(de balanza, bicicleta, tocadiscos)* plateau *m*. • **lavar los platos** faire la vaisselle. • **plato combinado** assiette variée. **plato fuerte** *(de espectáculo, acto)* point *m* fort. **primer plato** entrée f.
plató [plató] *nm* plateau *m*.
plausible [plausíβle] *adj* plausible.
playa [plája] *nf* plage f.
plaza [pláθa] *nf* 1 *(gen)* place f. 2 *(mercado)* marché *m*. ■ **plaza de toros** arènes *f pl*.
plazo [pláθo] *nm* 1 *(espacio de tiempo)* délai *m*. 2 *(término, pago)* terme *m*. 3 *(vencimiento)* échéance f. • **a corto plazo** à courte échéance, à court terme. **a largo plazo** à longue échéance, à long terme. **en el plazo de** dans un délai de.
plebiscito [pleβisθíto] *nm* plébiscite *m*.
plegable [pleɣáβle] *adj* pliant,-e.
plegar [48] [pleɣár] *vt* plier. ▶ *vpr* **plegarse** 1 *(doblarse)* plier. 2 *(someterse)* se plier *(a, à).*
pleno,-na [pléno,-na] *adj* plein,-e. ▶ *nm* **pleno** plénière f, séance f plénière. • **a plena luz** en pleine lumière, au grand soleil.
pliego [pljéɣo] *nm* 1 *(hoja)* feuille f de papier. 2 *(documento)* pli *m*.
pliegue [pljéɣe] *nm* pli *m*.
plomo [plómo] *nm* 1 *(metal)* plomb *m*. 2 *(fusible)* fusible *m*, plomb *m*. • **ser un plomo** *fam* être assommant,-e.

pluma [plúma] *nf* plume *f*. ▪ **tener pluma** *fam* être pédé. ▪ **pluma estilográfica** stylo *m* (à) plume.

plumón [plumón] *nm* **1** *(de aves)* duvet *m*. **2** *(edredón)* édredon *m*. **3** *(prenda de abrigo)* doudoune *f*.

plural [plurál] *adj* pluriel,-elle. ▶ *nm* pluriel *m*.

plus [plus] *nm* **1** *(dinero)* gratification *f*, prime *f*. **2** *(cosa añadida)* supplément *m*.

población [poβlaθjón] *nf* **1** *(habitantes)* population *f*. **2** *(lugar - localidad)* localité *f*; *(- ciudad)* ville *f*. **3** *(acción de poblar)* peuplement *m*.

poblado,-da [poβláðo,-ða] *adj* peuplé,-e. ▶ *nm* **poblado** localité *f*, agglomération *f*.

poblador,-ra [poβlaðor,-ra] *adj-nm,f* **1** *(habitante)* habitant,-e. **2** *(colonizador)* colonisateur,-trice.

poblar [31] [poβlár] *vt* peupler.

pobre [póβre] *adj* pauvre. ▶ *nmf* pauvre,-esse.

pobreza [poβréθa] *nf* pauvreté *f*.

poco,-ca [póko,-ka] *adj* peu de. ▶ *pron (pequeña cantidad)* peu. ▶ *adv* **poco** peu: **come poco**, il mange peu. ▪ **dentro de poco** dans peu de temps, avant peu. **hace poco** il n'y a pas longtemps. **poco a poco** peu à peu, petit à petit. **unos,-as pocos,-cas** quelques.

poder¹ [77] [poðér] *vt - vi (gen)* pouvoir. ▶ *v impers* se pouvoir, être possible: **puede que venga**, il se peut qu'il vienne. ▪ **no poder con ALGN 1** *(no poder someter)* ne pouvoir venir à bout de QQN. **2** *(no poder soportar)* ne pas pouvoir supporter QQN. **no poder más** n'en pouvoir plus. **no poder ser** être impossible.

poder² [poðér] *nm* **1** *(gen)* pouvoir *m*. **2** *(fuerza, poderío, capacidad)* puissance *f*. ▪ **tener en su poder 1** *(cosa)* avoir en sa possession. **2** *(hacer*

algo) avoir en son pouvoir. ▪ **poder adquisitivo** pouvoir d'achat.

poderoso,-sa [poðeróso,-sa] *adj - nm,f* puissant,-e.

podio [póðjo] *nm* podium *m*.

podrido,-da [poðríðo,-ða] *adj* pourri,-e.

poema [poéma] *nm* poème *m*.

poesía [poesía] *nf* poésie *f*.

poeta [poéta] *nm* poète *m*.

poético,-ca [poétiko,-ka] *adj* poétique.

polaco,-ca [poláko,-ka] *adj* polonais,-e. ▶ *nm,f* Polonais,-e. ▶ *nm* **polaco** *(lengua)* polonais *m*.

polar [polár] *adj* polaire.

polémica [polémika] *nf* polémique *f*.

polémico,-ca [polémiko,-ka] *adj* polémique.

poli [póli] *nmf (agente)* flic *m*. ▶ *nf (cuerpo)* flics *m pl*.

policía [poliθía] *nf* police *f*. ▶ *nmf* policier *m*.

policíaco,-ca [poliθíako,-ka], **policiaco,-ca** [poliθiáko,-ka] *adj* policier,-ère.

polideportivo [poliðeportíβo] *nm* salle *f* omnisports.

polígono [políɣono] *nm* polygone *m*. ▪ **polígono industrial** zone *f* industrielle.

polilla [políʎa] *nf* mite *f*.

política [politíka] *nf* politique *f*.

político,-ca [politíko,-ka] *adj* **1** *(partido, idea, programa)* politique. **2** *(cortés)* poli,-e, courtois,-e. ▶ *nm,f* politicien,-enne.

póliza [políθa] *nf* police *f*.

polla [póʎa] *nf vulg (pene)* bite *f*.

pollo [póʎo] *nm* **1** *(cría - de gallina)* poussin *m*; *(- de cualquier ave)* petit *m*. **2** *(para comer)* poulet *m*.

polo [pólo] *nm* **1** *(gen)* pôle *m*. **2**® *(helado)* esquimau® *m*.

Polonia [polónja] *n pr* Pologne *f*.

polvo [pólβo] *nm* **1** *(en aire, muebles)* poussière *f*. **2** *(sustancia pulverizada)* poudre *f*. **3** *vulg (coito)* coït *m*. • **echar un polvo** *vulg* baiser. **estar hecho,-cha polvo 1** *(físicamente)* être moulu,-e, être défoncé,-e. **2** *(moralmente)* être au bout du rouleau.

pólvora [pólβora] *nf* poudre *f*.

polvoriento,-ta [polβorjénto,-ta] *adj* poussiéreux,-euse.

pomada [pomáða] *nf* pommade *f*.

pomelo [pomélo] *nm* pamplemousse *m*.

pompa [pómpa] *nf* **1** *(de jabón)* bulle *f*. **2** *(ostentación)* pompe *f*.

poner [78] [ponér] *vt* **1** *(gen)* mettre. **2** *(enunciar)* poser. **3** *(mote, nombre)* donner. **4** *(tienda, bar)* ouvrir. **5** *(película, programa)* passer. **6** *(huevos)* pondre. ▶ *vpr* **ponerse 1** *(colocarse)* se mettre, se placer. **2** *(ropa, zapatos, sombrero)* mettre. **3** *(sol)* se coucher. **4** *(al teléfono)* répondre. **5** *(llegar)* arriver, être. • **poner + adj** rendre + *adj*. **poner al corriente** mettre au courant. **poner de relieve** mettre en évidence. **ponerse + adj** devenir + *adj*: **ponerse furioso**, devenir furieux. **ponerse a + inf** se mettre à + *inf*. **ponerse con algo** s'y mettre.

popular [populár] *adj* populaire.

popularidad [populariðáð] *nf* popularité *f*.

popularizar [4] [populariθár] *vt* populariser.

póquer [póker] *nm* poker *m*.

por [por] *prep* **1** *(a causa de)* pour, à cause de: **fue premiado por su valor**, il a été récompensé pour son courage. **2** *(agente, causa, medio, modo, parte)* par: **lo envió por avión**, elle l'a envoyé par avion. **3** *(tiempo)* dans, en, au cours de: **llegarán por la tarde**, ils arriveront dans l'après-midi. **4** *(lugar)* dans: **lo buscaron por toda la casa**, elles l'ont cherché dans toute la maison. **5** *(en lugar de)* pour: **se hizo pasar por su amigo**, il s'est fait passer pour son ami. **6** *(a cambio de)* pour: **no le dieron mucho por el anillo**, ils ne lui ont pas donné beaucoup pour la bague. **7** *(distributivo)* par: **hay diez niños por profesor**, il y a dix enfants par professeur. **8** *(en la multiplicación)* fois: **tres por dos seis**, trois fois deux six. **9** *(valor concesivo)* **por mucho que digan, no me lo creo**, ils ont beau dire, je n'y crois pas. • **estar por** être sur le point de. **estar por + inf** *(sin)* à + *inf*: aún está todo por hacer, tout reste à faire. **por ahora** pour le moment. **por mí** s'il ne tient qu'à moi. **por qué** pourquoi. **por supuesto** bien sûr. **por tanto** par conséquent.

porcelana [porθelána] *nf* porcelaine *f*.

porcentaje [porθentáxe] *nm* pourcentage *m*.

porche [pórtʃe] *nm* porche *m*.

porción [porθjón] *nf* part *f*.

pornografía [pornoɣrafía] *nf* pornographie *f*.

porque [pórke] *conj* parce que.

porqué [porké] *nm* pourquoi *m*, cause *f*.

porquería [porkería] *nf* cochonnerie *f*.

porra [pőra] *nf* **1** *(palo)* massue *f*. **2** *(de caucho)* matraque *f*.

porro [pőro] *nm fam* joint *m*.

portada [portáða] *nf* **1** *(de libro, revista)* couverture *f*. **2** *(de periódico)* une *f*.

portal [portál] *nm* **1** *(de un edificio)* entrée *f*. **2** *(de internet)* portail *m*.

portarse [portárse] *vpr* se comporter, se conduire: **se ha portado**

bien conmigo, il s'est bien conduit avec moi.

portátil [portátil] *adj* portatif,-ive. ▶ *nmf (ordenador)* portable *m*.

portavoz [portaβóθ] *nmf* porte-parole *m inv*.

portazo [portáθo] *nm* claquement *m* de porte. • **dar un portazo** claquer la porte.

portería [portería] *nf* **1** *(habitación)* loge *f* de concierge. **2** DEP *(de fútbol)* buts *m pl*.

portero,-ra [portéro,-ra] *nm,f (de casa)* concierge. ▶ *nm* **portero** DEP gardien *m* de but.

portugués,-esa [portuɣés,-ésa] *adj* portugais,-e. ▶ *nm,f* Portugais, -e. ▶ *nm* **portugués** *(idioma)* portugais *m*.

Portugal [portuɣál] *n pr* Portugal *m*.

porvenir [porβenír] *nm* avenir *m*.

posada [posáða] *nf* **1** *(mesón)* auberge *f*. **2** *(hospedaje)* hébergement *m*.

posar [posár] *vi (ante un pintor, un fotógrafo)* poser. ▶ *vi - vpr* **posar(se)** **1** *(los pájaros)* se poser. **2** *(el polvo, etc)* se déposer.

posdata, postdata [pozðáta] *nf* post-scriptum *m inv*.

poseer [61] [poseér] *vt* posséder.

posesión [posesjón] *nf* possession *f*.

posesivo,-va [posesíβo,-ßa] *adj* possessif,-ive.

posguerra [pozɣéra] *nf* après-guerre *m-f*.

posibilidad [posiβiliðáð] *nf* possibilité *f*. • **tener posibilidades (de)** avoir des chances (de).

posible [posíβle] *adj* possible.

posición [posiθjón] *nf* position *f*.

positivo,-va [positíβo,-ßa] *adj* positif, -ive.

posponer [78] [posponér] *vt* **1** *(relegar)* faire passer après. **2** *(aplazar)* reporter.

posta [pósta] *nf* relais *m*. • **a posta** exprès.

postal [postál] *adj* postal,-e. ▶ *nf* carte *f* postale.

poste [póste] *nm* poteau *m*.

póster [póster] *nm* poster *m*.

posterior [posterjór] *adj* **1** *(en el espacio)* postérieur,-e. **2** *(en el tiempo)* ultérieur,-e.

postizo,-za [postíβo,-θa] *adj* faux, fausse: **cuello postizo**, faux col. ▶ *nm* **postizo** postiche *m*.

postre [póstre] *nm* dessert *m*.

postura [postúra] *nf* **1** *(posición)* posture *f*. **2** *fig (actitud)* attitude *f*.

potable [potáβle] *adj* potable.

potaje [potáxe] *nm* potage *m*.

pote [póte] *nm (vasija)* pot *m*.

potencia [poténθja] *nf* puissance *f*.

potencial [potenθjál] *adj* potentiel,-elle. ▶ *nm* **1** *(gen)* potentiel *m*. **2** *(modo verbal)* conditionnel *m*.

potente [poténte] *adj* puissant,-e.

potra [pótra] *nf fam (suerte)* pot *m*.

potro [pótro] *nm* **1** *(animal)* poulain *m*. **2** *(de tormento)* chevalet *m*. **3** DEP cheval d'arçons *m inv*.

pozo [póθo] *nm* puits *m*.

práctica [práktika] *nf* pratique *f*. ▶ *nf pl* **prácticas** **1** *(ejercicios)* travaux *m pl* pratiques. **2** *(período laboral)* stage *m sing*.

practicante [praktikánte] *adj* pratiquant,-e.

practicar [1] [praktikár] *vt (un sport)* faire. ▶ *vi* **1** *(ejercitarse)* s'exercer. **2** *(religión)* pratiquer.

práctico,-ca [práktiko,-ka] *adj* pratique.

pradera [praðéra] *nf* prairie *f*.

prado [práðo] *nm* pré *m*.

precaución [prekauθjón] *nf* précaution *f*.

precedente [preθeðénte] *adj* précédent,-e. ▶ *nm* précédent *m*.
preceder [preθeðér] *vt* précéder.
preciarse [12] [preθjárse] *vpr* se vanter (**de**, de).
precintar [preθintár] *vt* **1** *(cajas, maletas)* renforcer les angles. **2** *(paquete, etc)* sceller.
precio [préθjo] *nm* prix *m*.
preciosidad [preθjosiðáð] *nf* merveille *f*.
precioso,-sa [preθjóso,-sa] *adj* **1** *(de mucho valor)* précieux,-euse. **2** *(bonito)* ravissant,-e.
precipitación [preθipitaθjón] *nf* précipitation *f*.
precipitar [preθipitár] *vt* précipiter.
precisar [preθisár] *vt* **1** *(fijar)* préciser. **2** *(obligar)* forcer, obliger.
precisión [preθisjón] *nf* précision *f*.
preciso,-sa [preθíso,-sa] *adj* **1** *(exacto)* précis,-e. **2** nécessaire.
precoz [prekóθ] *adj* précoce.
precursor,-ra [prekursór,-ra] *adj* précurseur *adj m*. ▶ *nm,f* précurseur *m*.
predecesor,-ra [preðeθesór,-ra] *nm,f* prédécesseur *m*.
predecir [79] [preðeθír] *vt* prédire.
predicar [1] [preðikár] *vt* prêcher.
predicción [preðikθjón] *nf* prédiction *f*. ▪ **predicción meteorológica** prévisions *f pl* météorologiques.
predilecto,-ta [preðilékto,-ta] *adj* préféré,-e.
preestablecido,-da [preestaβleθíðo,-ða] *adj* préétabli,-e.
prefacio [prefáθjo] *nm* préface *f*.
preferencia [preferénθja] *nf* **1** *(predilección)* préférence *f*. **2** *(ventaja)* priorité *f*. • **tener preferencia** avoir la priorité.
preferible [preferíβle] *adj* préférable.

preferir [35] [preferír] *vt* préférer.
prefijo [prefíxo] *nm* préfixe *m*.
pregón [preγón] *nm* **1** *(noticia)* annonce *f*. **2** *(discurso)* discours *m*.
pregonar [preγonár] *vt* **1** *(anunciar)* annoncer publiquement. **2** *fam (explicar)* crier sur les toits.
pregunta [preγúnta] *nf* question *f*.
preguntar [preγuntár] *vt* demander.
prehistoria [preistórja] *nf* préhistoire *f*.
prejuicio [prexwíθjo] *nm* préjugé *m*.
preliminar [preliminár] *adj - nm* préliminaire *m*.
preludio [prelúðjo] *nm* prélude *m*.
prematuro,-ra [prematúro,-ra] *adj* prématuré,-e.
premiar [12] [premjár] *vt* récompenser.
premio [prémjo] *nm* **1** *(gen)* prix *m*. **2** *(de lotería)* lot *m*.
prenda [prénda] *nf* **1** *(ropa)* vêtement *m*. **2** *(garantía)* gage *m*.
prender [prendér] *vt* **1** *(a una persona)* arrêter; *(aprisionar)* faire prisonnier. **2** *(hablando de cosas)* accrocher. ▶ *vi (el fuego, una vacuna, etc)* prendre: **el injerto ha prendido**, la greffe a pris.
prensa [prénsa] *nf* presse *f*.
preñada [preɲáða] *adj f (mujer)* enceinte; *(animales)* pleine.
preocupación [preokupaθjón] *nf* souci *m*.
preocupado,-da [preokupáðo,-ða] *adj* inquiet,-ète.
preocupar [preokupár] *vt* inquiéter.
preparación [preparaθjón] *nf* préparation *f*.
preparado [preparáðo] *nm* préparation *f*.
preparar [preparár] *vt* préparer.

preparativos [preparatiβos] nm pl préparatifs m pl.

preposición [preposiθjón] nf préposition f.

presa [présa] nf **1** (acción, cosa apresada) prise f. **2** (de un animal) proie f. **3** (a través de un río) barrage m.

prescindir [presθindír] vi **1** (no necesitar) se passer de. **2** (omitir) faire abstraction de.

presencia [presénθja] nf **1** (gen) présence f. **2** (aspecto) allure f. • **tener buena presencia** présenter bien.

presenciar [12] [presenθjár] vt (asistir) assister à.

presentación [presentaθjón] nf présentation f.

presentador,-ra [presentaðòr,-ra] nm,f présentateur,-trice.

presentar [presentár] vt **1** (gen) présenter. **2** (queja, etc) déposer.

presente [presénte] adj présent,-e. ▶ nm présent m. • **tener presente** ne pas oublier.

presentir [35] [presentír] vt pressentir.

preservar [preserβár] vt préserver.

preservativo [preserβatiβo] nm préservatif m.

presidente,-ta [presiðénte,-ta] nm,f président,-e.

presidir [presiðír] vt présider.

presión [presjón] nf pression f.

presionar [presjonár] vt **1** (apretar) appuyer sur. **2** (coaccionar) faire pression sur.

preso,-sa [préso,-sa] adj - nm,f prisonnier,-ère.

prestado,-da [prestáðo,-ða] adj prêté,-e. • **pedir prestado** emprunter.

préstamo [préstamo] nm prêt m.

prestar [prestár] vt **1** (gen) prêter. **2** (servicio) rendre. ▶ vpr **prestarse 1** (ofrecerse) se proposer. **2** (dar motivo) se prêter.

prestigio [prestíxjo] nm prestige m.

presumido,-da [presumíðo,-ða] adj - nm,f prétentieux,-euse.

presumir [presumír] vt présumer. ▶ vi (vanagloriarse) se vanter, se croire: **presume de guapa**, elle se croit belle.

presupuesto,-ta [presupwésto] nm **1** (dinero disponible) budget m. **2** (de una obra) devis m. **3** (suposición) supposition f.

pretender [pretendér] vt **1** (intentar, procurar) essayer de. **2** (afirmar) prétendre.

pretensión [pretensjón] nf prétention f.

pretérito,-ta [pretérito,-ta] adj passé,-e. ▶ nm **pretérito** passé m. • **pretérito indefinido** passé simple. **pretérito perfecto** passé composé.

pretexto [pretéksto] nm prétexte m.

prevención [preβenθjón] nf prévention f.

prevenir [90] [preβenír] vt prévenir.

prever [91] [preβér] vt prévoir.

previo,-via [préβjo,-βja] adj préalable.

previsión [preβisjón] nf prévision f.

previsto,-ta [preβísto,-ta] adj prévu,-e. • **según lo previsto** comme prévu.

prima [príma] nf **1** (pariente) cousine f. **2** (premio, etc) prime f.

primario,-ria [primárjo,-rja] adj primaire.

primavera [primaβéra] nf printemps m.

primer [primér] adj → primero,-ra.

primera [priméra] nf première f.

primero,-ra [priméro,-ra] adj (primer devant m) premier,-ère: **primer piso**, premier étage. ▶

primitivo

nm,f premier,-ère. ▶ *adv* **primero 1** *(en enumeración)* premièrement. **2** *(ante todo)* d'abord. • **a primeros de mes** au début du mois. ■ **primeros auxilios** premiers secours *m pl*.

primitivo,-va [primitíβo,-βa] *adj - nm,f* primitif,-ive.

primo,-ma [prímo,-ma] *nm,f* **1** *(pariente)* cousin,-e. **2** *fam fig (tonto)* poire *f*.

primogénito,-ta [primoxénito,-ta] *adj - nm,f* aîné,-e.

primordial [primorðjál] *adj* primordial,-e.

princesa [prinθésa] *nf* princesse *f*.

principal [prinθipál] *adj* principal, -e. ▶ *nm (piso)* premier *m*.

príncipe [prínθipe] *nm* prince *m*. ■ **príncipe azul** prince charmant.

principio [prinθípjo] *nm* **1** *(comienzo)* début *m*. **2** *(fundamento, máxima)* principe *m*. • **a principios de 1** *(gen)* au début de. **2** *(con un mes)* début: a principios de marzo, début mars.

pringar [pringár] *vt* **1** *(ensuciar)* tacher. **2** *fam (comprometer)* faire tremper. ▶ *vi fam* trimer.

prioridad [prjoriðáð] *nf* priorité *f*.

prioritario,-ria [prjoritárjo,-rja] *adj* prioritaire.

prisa [prísa] *nf* hâte *f*. • **a (toda) prisa** à toute vitesse. **correr prisa** être urgent,-e. **darse prisa** se dépêcher. **de prisa** vite. **tener prisa** être pressé,-e.

prisión [prisjón] *nf* prison *f*.

prisionero,-ra [prisjonéro,-ra] *nm,f* prisonnier,-ère.

prismáticos [prizmátikos] *nm pl* jumelles *f pl*.

privado,-da [priβáðo,-ða] *adj* privé,-e.

privar [priβár] *vt* **1** *(quitar)* priver. **2** *(prohibir)* interdire.

privilegiado,-da [priβilexjáðo,-ða] *adj* privilégié,-e.

privilegio [priβiléxjo] *nm* privilège *m*.

pro [pro] *prep* pour.

probabilidad [proβaβiliðáð] *nf* probabilité *f*.

probable [proβáβle] *adj* **1** *(verosímil)* probable. **2** *(que se puede probar)* prouvable.

probador [proβaðór] *nm* cabine *f* d'essayage.

probar [31] [proβár] *vt* **1** *(justificar)* prouver. **2** *(experimentar)* essayer. **3** *(comida o bebida)* goûter. **4** *(vestido, coche, etc)* essayer.

problema [proβléma] *nm* problème *m*.

procedencia [proθeðénθja] *nf* **1** *(gen)* origine *f*. **2** *(de mercancías, avión, tren)* provenance *f*.

procedente [proθeðénte] *adj* provenant (**de**, de), en provenance (**de**, de).

procedimiento [proθeðimjénto] *nm* **1** procédé *m*, méthode *f*. **2** DER procédure *f*.

procesar [proθesár] *vt* **1** DER instruire un procès. **2** *(a una persona)* inculper. **3** INFORM traiter.

procesión [proθesjón] *nf* procession *f*.

proceso [proθéso] *nm* **1** DER procès *m*. **2** *(desarrollo de una cosa)* processus *m*.

proclamación [proklamaθjón] *nf* proclamation *f*.

proclamar [proklamár] *vt* proclamer.

procrear [prokreár] *vt* procréer.

procurar [prokurár] *vt* **1** *(tratar de)* tâcher de. **2** *(proporcionar)* procurer. • **procurar que** tâcher que, faire en sorte que: procuraba que nadie le viera, il faisait en sorte que personne ne le voie.

prodigio [proðiχjo] nm prodige.
prodigioso,-sa [proðiχjóso,-sa] adj prodigieux,-euse.
producción [proðukθjón] nf production f.
producir [46] [proðuθír] vt produire.
productividad [proðuktiβiðáð] nf productivité.
productivo,-va [proðuktíβo,-βa] adj productif,-ive.
producto [proðúkto] nm produit m.
productor,-ra [proðuktór,-ra] adj - nm,f producteur,-trice.
profesión [profesjón] nf profession m.
profesional [profesjonál] adj - nmf professionnel,-elle.
profesor,-ra [profesór,-ra] nm,f professeur m.
profeta [proféta] nm prophète m.
profundidad [profundiðáð] nf profondeur f.
profundizar [4] [profundiθár] vt approfondir.
profundo,-da [profúndo,-da] adj profond,-e.
programa [proɣráma] nm 1 (gen) programme m. 2 INFORM logiciel m.
programar [proɣramár] vt programmer.
progresar [proɣresár] vi progresser.
progresivo,-va [proɣresíβo,-βa] adj progressif,-ive.
progreso [proɣréso] nm progrès m.
prohibición [projβiθjón] nf interdiction f.
prohibido,-da [projβíðo,-ða] adj interdit,-e.
prohibir [21] [projβír] vt défendre, interdire: **se prohíbe fumar**, défense de fumer.
prolongación [proloŋɡaθjón] nf 1 (gen) prolongation f. 2 (de una calle, etc) prolongement m.

prolongar [7] [proloŋɡár] vt prolonger.
promedio [proméðjo] nm 1 (punto medio) milieu m. 2 (término medio) moyenne f.
promesa [promésa] nf promesse f.
prometer [prometér] vt - vi promettre. ▶ vpr **prometerse** (desposarse) se fiancer.
prometido,-da [prometíðo,-ða] nm,f fiancé,-e.
promoción [promoθjón] nf promotion f.
promocionar [promoθjonár] vt 1 (con publicidad) faire la promotion de. 2 (obras) promouvoir. ▶ vpr **promocionarse** se faire valoir.
promotor,-ra [promotór,-ra] adj - nm,f promoteur,-trice.
promover [32] [promoβér] vt 1 (elevar) promouvoir. 2 (ocasionar) être à l'origine de.
pronombre [pronómbre] nm pronom m.
pronóstico [pronóstiko] nm pronostic m.
pronto,-ta [prónto,-ta] adj prompt, -e. ▶ adv 1 (rápidamente) vite. 2 (temprano) tôt. 3 (luego, dentro de poco) bientôt. • **¡hasta pronto!** à bientôt ! **levantarse pronto** se lever tôt. **tan pronto como...** dès que....
pronunciación [pronunθjaθjón] nf pronunciation f.
pronunciar [12] [pronunθjár] vt prononcer. ▶ vpr **pronunciarse** 1 (definirse) se prononcer. 2 (sublevarse) se soulever.
propaganda [propaɣánda] nf propagande f.
propicio,-cia [propíθjo,-θja] adj propice.
propiedad [propjeðáð] nf propriété f.

propietario,-ria [propjetárjo,-rja] *adj - nm,f* propriétaire.

propina [propina] *nf* pourboire *m.*

propio,-pia [própjo,-pja] *adj* **1** *(gen)* propre. **2** *(mismo)* lui-même, elle-même: **el propio alcalde**, le maire lui-même. **3** *(adecuado)* approprié (**para**, à).

proponer [78] [proponér] *vt* proposer.

proporción [proporθjón] *nf* proportion *f.*

proporcional [proporθjonál] *adj* proportionnel,-elle.

proporcionar [proporθjonár] *vt* **1** *(ajustar)* proportionner. **2** *(suministrar datos, etc)* procurer, fournir.

proposición [proposiθjón] *nf* proposition *f.*

propósito [propósito] *nm* **1** *(intención)* intention *f.* **2** *(objetivo)* but *m.* • **a propósito** exprès.

propuesta [propwésta] *nf* proposition *f.*

prórroga [próroɣa] *nf* **1** *(gen)* prorogation *f.* **2** *(de permiso, partido, etc)* prolongation *f.*

prorrogar [7] [proroɣár] *vt* **1** *(decisión)* reporter. **2** *(plazo, contrato)* proroger.

proseguir [56] [proseɣír] *vt* poursuivre. ▶ *vi* continuer.

prosperar [prosperár] *vi* prospérer.

prosperidad [prosperiðáð] *nf* prospérité *f.*

prostitución [prostituθjón] *nf* prostitution *f.*

prostituirse [62] [prostitwírse] *vpr* se prostituer.

prostituta [prostitúta] *nf* prostituée *f.*

protagonista [protaɣonísta] *nmf* **1** *(gen)* personnage *m* principal. **2** *(en literatura)* héros *m*, héroïne *f.* **3** *(en cine, teatro)* acteur,-trice principal,-e.

protección [protekθjón] *nf* protection *f.*

protector,-ra [protektór,-ra] *adj - nm,f* protecteur,-trice.

proteger [5] [proteχér] *vt* protéger.

proteína [proteína] *nf* protéine *f.*

prótesis [prótesis] *nf* prothèse *f.*

protesta [protésta] *nf* protestation *f.*

protestante [protestánte] *adj - nmf* REL protestant,-e.

protestar [protestár] *vt - vi* protester.

protocolo [protokólo] *nm* protocole *m.*

provecho [proβétʃo] *nm* profit *m.* • **¡buen provecho!** bon appétit ! **sacar provecho** tirer profit.

proveedor,-ra [proβeeðór,-ra] *nm,f* fournisseur,-euse.

proveer [61] [proβeér] *vt* pourvoir, fournir. ▶ *vpr* **proveerse** *(obtener)* se fournir (**de**, en); *(de víveres)* s'approvisionner (**de**, en).

proverbio [proβérβjo] *nm* proverbe *m.*

provincia [proβínθja] *nf* province *f*, département *m.*

provisión [proβisjón] *nf* provision *f.*

provisional [proβisjonál] *adj* provisoire.

provocar [1] [proβokár] *vt* **1** *(gen)* provoquer. **2** *(incitar)* inciter (**a**, à).

provocativo,-va [proβokatíβo,-βa] *adj* provocant,-e.

próximamente [proksimaménte] *adv* prochainement.

proximidad [proksimiðáð] *nf* proximité *f.* ▶ *nf pl* **proximidades** *(cercanías)* alentours *m pl.*

próximo,-ma [próksimo,-ma] *adj* **1** *(cercano)* proche. **2** *(siguiente)* prochain,-e.

proyección [projekθjón] *nf* **1** *(gen)* projection *f.* **2** *(alcance)* envergure *f.*

proyectar [projektár] *vt* projeter.

proyecto [projékto] *nm* projet *m.*

proyector [projektór] *nm* projecteur *m.*

prudencia [pruðénθja] *nf* prudence *f.*

prudente [pruðénte] *adj* prudent,-e.

prueba [prwéβa] *nf* **1** *(lo que prueba, demostración)* preuve *f.* **2** *(examen)* épreuve *f.* **3** *(ensayo)* essai *m.* **4** MED analyse *f.* **5** *(de un vestido)* essayage *m.* • **dar pruebas de** faire preuve de. **poner a prueba** mettre à l'épreuve. ▪ **prueba de acceso** examen *m* d'entrée. **prueba de alcoholemia** alcootest *m.*

pseudónimo → seudónimo.

psicología [psikoloχía] *nf* psychologie *f.*

psicológico,-ca [psikolóχiko,-ka] *adj* psychologique.

psicólogo,-ga [psikóloɣo,-ɣa] *nm,f* psychologue.

psicosis [psikòsis] *nf* psychose *f.*

psiquiatra [psikjàtra] *nmf* psychiatre.

psiquiatría [psikjatria] *nf* psychiatrie *f.*

púa [púa] *nf* **1** *(de un peine)* dent *f.* **2** *(de erizo)* piquant *m.*

pubertad [puβertáð] *nf* puberté *f.*

publicación [puβlikaθjón] *nf* publication *f.*

publicar [puβlikár] *vt* publier.

publicidad [puβliθiðáð] *nf* publicité *f.*

publicitario,-ria [puβliθitárjo,-rja] *adj* publicitaire.

público,-ca [púβliko,-ka] *adj* public,-ique. ▶ *nm* **público** public *m.*

pudor [puðór] *nm* pudeur *f.*

pudrir [puðrír] *vt* pourrir, putréfier.

pueblo [pwéβlo] *nm* **1** *(población pequeña)* village *m.* **2** *(conjunto de personas)* peuple *m.*

puente [pwénte] *nm* pont *m.*

puerro [pwéřo] *nm* poireau *m.*

puerta [pwérta] *nf* **1** *(gen)* porte *f.* **2** DEP buts *m pl.* • **a puerta cerrada** à huis clos. **dar con la puerta en las narices** fermer la porte au nez. **de puertas adentro** en privé.

puerto [pwérto] *nm* **1** *(gen)* port *m.* **2** *(de montaña)* col *m.*

pues [pwes] *conj* **1** *(porque)* car. **2** *(puesto que)* puisque. **3** *(sentido de continuidad)* donc. **4** *(enfático)* eh bien !. **5** *(ahora bien)* or.

puesta [pwésta] *nf* **1** *(de un astro)* coucher *m.* **2** *(acción)* mise *f.* ▪ **puesta de sol** coucher du soleil. **puesta en escena** mise en scène.

puesto,-ta [pwésto,-ta] *adj* mis,-e: **bien puesto**, bien habillé. ▶ *nm* **puesto** **1** *(lugar)* endroit *m,* lieu *m.* **2** *(en una clasificación)* place *f.* **3** *(empleo)* poste *m.* **4** *(en un mercado, en la calle)* étal *m.*

pulga [púlɣa] *nf* puce *f.*

pulgada [pulɣáða] *nf (medida)* pouce *m.*

pulgar [pulɣár] *adj - nm (dedo)* pouce *m.*

pulir [pulír] *vt* **1** *(alisar)* polir. **2** *fig (estilo)* peaufiner.

pulmón [pulmón] *nm* poumon *m.*

pulmonar [pulmonár] *adj* pulmonaire.

pulpa [púlpa] *nf* pulpe *f.*

pulpo [púlpo] *nm* poulpe *m,* pieuvre *f.*

pulsación [pulsaθjón] *nf* pulsation *f.*

pulsar [pulsár] *vt* **1** *(timbre, tecla, etc)* appuyer sur. **2** *(tomar el pulso)* tâter le pouls.

pulsera [pulséra] *nf* bracelet *m.*

pulso

pulso [púlso] nm 1 *(latido)* pouls m. 2 *(firmeza)* force f du poignet. 3 *(prudencia)* prudence f. 4 *(juego)* bras m de fer.

punta [púnta] nf 1 *(extremo agudo)* pointe f. 2 *(extremo)* bout m. • **ir de punta en blanco** se mettre sur son trente et un. **sacar punta** 1 *(a lápiz)* tailler. 2 *(a un asunto)* trouver à redire.

puntera [puntéra] nf *(de calzado, media)* bout m.

puntero [puntéro] nm baguette f.

puntiagudo,-da [puntjaɣúðo,-ða] adj pointu,-e.

puntilla [puntíʎa] nf dentelle f. • **de puntillas** sur la pointe des pieds.

punto [púnto] nm 1 *(gen)* point m. 2 *(lugar)* lieu m. 3 *(en tejido, media, etc)* maille f. • **al punto** à point. **en punto** pile. **estar a punto de** être a le point de. ▪ **puntos suspensivos** points de suspension.

puntuación [puntwaθjón] nf 1 *(ortográfica)* ponctuation f. 2 *(puntos)* score m.

puntual [puntwál] adj ponctuel,-elle.

puntualidad [puntwaliðáð] nf ponctualité f.

puntuar [11] [puntwár] vt 1 *(con signos de puntuación)* ponctuer. 2 *(examen, ejercicio)* noter. 3 *(conseguir puntos)* marquer. 4 *(para el cómputo global)* compter.

punzante [punθánte] adj 1 *(objeto)* pointu,-e. 2 *fig (dolor)* lancinant,-e. 3 *(sentimiento)* poignant,-e.

puñado [puɲáðo] nm poignée f.

puñal [puɲál] nm poignard m.

puñalada [puɲaláða] nf coup m de poignard.

puñeta [puɲéta] nf fam connerie f. • **hacer la puñeta a** ALGN enquiquiner QQN.

puñetazo [puɲetáθo] nm coup m de poing.

puñetero,-ra [puɲetéro,-ra] adj fam enquiquineur,-euse.

puño [púɲo] nm 1 *(mano cerrada)* poing m. 2 *(de vestido)* poignet m. 3 *(de un arma, bastón)* poignée f.

pupa [púpa] nf fam *(dolor, herida)* bobo m.

pupila [pupíla] nf pupille f.

puré [puré] nm purée f.

pureza [puréθa] nf pureté f.

purificación [purifikaθjón] nf purification f.

purificar [1] [purifikár] vt purifier.

puro,-ra [púro,-ra] adj pur,-e. ► nm puro cigare m.

púrpura [púrpura] adj - nm pourpre m.

pus [pus] nm pus m.

puta [púta] nf vulg putain f.

putada [putáða] nf vulg vacherie f, crasse f.

putear [puteár] vt vulg faire chier.

puto,-ta [púto,-ta] adj vulg putain (de). • **de puta madre** vulg d'enfer. **ni puta idea** vulg pas la moindre idée.

puzzle [púθle] nm puzzle m.

Q

que¹ [ke] *pron rel* **1** *(sujeto)* qui: **la mujer que canta**, la femme qui chante. **2** *(complemento directo)* que: **el libro que leo**, le livre que je lis. **3** *(complemento circunstancial)* où: **el día en que nos fuimos**, le jour où nous sommes partis.

que² [ke] *conj* **1** *(después de verbos)* que, de: **dile que venga**, dis-lui de venir. **2** *(porque)* car: **date prisa que es tarde**, dépêche-toi, car il est tard. **3** *(introduce una exclamación)* no se traduce: **¡que lo pases bien!**, amuse-toi bien !

qué [ke] *pron* que, quoi: **¿qué quiere usted?**, que voulez-vous ? ▶ *adj* quel, quelle: **¿qué día es?**, quel jour sommes-nous ? • **¿para qué?** pourquoi ? **¿por qué?** pourquoi ? **¿qué tal?** comment ça va ? **¡y qué!** et alors !

quebrado,-da [keβráðo,-ða] *adj* **1** *(línea, voz)* brisé,-e. **2** *(terreno)* accidenté,-e.

quebrantar [keβrantár] *vt* **1** *(romper)* casser. **2** *(machacar)* broyer. **3** *fig (la ley, etc)* enfreindre.

quebrar [27] [keβrár] *vt* **1** *(romper)* casser. **2** *(doblar)* plier. **3** *(la fuerza, el rigor)* adoucir. ▶ *vi* COM faire faillite.

quedar [keðár] *vi* **1** *(faltar, permanecer)* rester. **2** *(resultar)* rester, devenir: **quedar ciego**, devenir aveugle. **3** *(sentar)* aller: **el traje le queda muy bien**, le costume lui va très bien. **4** *(darse cita)* avoir rendez-vous, se voir: **hemos quedado a las nueve**, nous avons rendez-vous à neuf heures. **5** *(acordar)* convenir, décider: **¿en qué quedamos?**, que décidons-nous ? **6** *(acabar)* se terminer: **no sé en qué quedó todo ese lío**, je ne sais pas comment s'est terminée toute cette affaire. ▶ *vpr* **quedarse 1** rester. **2** *(devenir)*: **se quedó sordo**, il est devenu sourd. • **quedar bien** faire bonne impression. **quedar mal** faire mauvaise impression. **quedarse con ALGO 1** *(preferir)* préférer. **2** *(guardar)* garder.

queja [kéxa] *nf* plainte *f*.

quejarse [kexárse] *vpr* se plaindre.

quemado,-da [kemáðo,-ða] *adj* brûlé,-e. • **estar quemado,-da** *fam* être dégoûté,-e.

quemadura [kemaðúra] *nf* brûlure *f*.

quemar [kemár] *vt* **1** *(gen)* brûler. **2** *fam fig (molestar)* irriter, exaspérer. ▶ *vi (estar muy caliente)* brûler. ▶ *vpr* **quemarse** brûler.

querer [80] [kerér] *vt* **1** *(gen)* vouloir. **2** *(amar)* aimer. ▶ *nm* amour *m*, affection *f*. • **¡qué más quisiera!** si seulement je pouvais ! **queriendo** exprès. **sin querer** sans le vouloir. **quieras o no** que tu le veuilles ou non.

querido,-da [keríðo,-ða] *adj* **1** *(deseado)* voulu,-e. **2** *(amado)* aimé,-e. **3** *(apelativo)* cher, chère: **querido amigo**, cher ami.

queso [késo] nm fromage m. ▪ **queso rallado** fromage râpé.

quicio [kiθjo] nm jambage m. ▪ **sacar de quicio a** ALGN faire sortir QQN de ses gonds.

quiebra [kjéβra] nf (económica) faillite f.

quien [kjen] pron rel 1 (sujeto - todo el que) qui; (- la persona que) celui qui, celle qui; (- alguien) quelqu'un qui: **quien me quiera que me siga**, qui m'aime me suive; **ya encontraré quien pague esto**, je trouverai bien quelqu'un qui paye ça. 2 (complemento circunstancial) qui: **el hombre con quien hablo**, l'homme à qui je parle. ▪ **a quien** 1 (complemento directo) que: mi padre, a quien respeto, mon père, que je respecte. 2 (complemento indirecto) à qui, auquel, à laquelle: la persona a quien se lo dijiste, la personne à qui tu l'as dit. **de quien** (complemento del nombre) dont, duquel, de laquelle.

quién [kjen] pron qui: ¿**quién ha venido?**, qui est venu ? ▪ **no ser quién para** + inf ne pas être qualifié,-e pour + inf.

quienquiera [kjeŋkjéra] pron indef quiconque. ▪ **quienquiera que sea** qui que ce soit.

quieto,-ta [kjéto,-ta] adj 1 (sosegado) calme, tranquille: **no puede estarse quieto**, il ne peut pas rester tranquille. 2 (sin moverse) immobile.

quilo → kilo.

quilómetro → kilómetro.

química [kimika] nf chimie f.

químico,-ca [kimiko,-ka] adj chimique nm,f chimiste.

quince [kinθe] num quinze.

quinceañero,-ra [kinθeaɲéro,-ra] adj de quinze ans. ▶ nm,f adolescent,-e.

quincena [kinθéna] nf quinzaine f.

quinientos,-tas [kinjéntos,-tas] num 1 (cardinal) cinq cents; (ordinal) cinq-centième: **había quinientas personas**, il y avait cinq cents personnes. 2 (seguido de otra cifra) cinq cent.

quinquenal [kiŋkenál] adj quinquennal,-e.

quinto,-ta [kinto,-ta] num 1 (ordinal) cinquième. 2 (en nombres de reyes) cinq: **Felipe quinto**, Philippe V. ▶ nm **quinto** 1 (de cerveza) pinte f. 2 (parte) cinquième m.

quiosco, kiosko [kjósko] nm kiosque m.

quiquiriquí [kikiriki] nm cocorico m.

quirófano [kirófano] nm salle f d'opérations.

quirúrgico,-ca [kirúrχiko,-ka] adj chirurgical,-e.

quisquilloso,-sa [kiskiʎóso,-sa] adj 1 (exigente) pointilleux,-euse. 2 (susceptible) chatouilleux,-euse, susceptible.

quiste [kiste] nm MED kyste m.

quitar [kitár] vt 1 (gen) enlever, ôter. 2 (robar) prendre, dérober. 3 (impedir) empêcher. 4 (librar de) libérer de, débarrasser de. 5 (restar) ôter. ▶ vpr **quitarse** 1 (ropa, zapatos, sombrero) enlever, ôter. 2 (apartarse) renoncer à, abandonner. ▪ **quitar de en medio a** ALGN se débarrasser de QQN. **quitarse de encima 1** (problema, dificultad) éluder. 2 (persona) se débarrasser de.

quizá [kiθá], **quizás** [kiθás] adv peut-être.

R

rábano [řáβano] *nm* radis *m*. • **me importa un rábano** *fam* je m'en fiche comme de l'an quarante.

rabia [řáβja] *nf* **1** *(enfermedad)* rage *f*. **2** *(enfado)* rage *f*, colère *f*. • **dar rabia** faire enrager.

rabieta [řaβjéta] *nf* accès *m* de colère.

rabino [řaβíno] *nm* rabbin *m*.

rabioso,-sa [řaβjóso,-sa] *adj* **1** *(por enfermedad)* enragé,-e. **2** *(enojado)* furieux,-euse, en colère. **3** *(que denota enojo)* rageur,-euse. **4** *(fanático)* enragé,-e.

rabo [řáβo] *nm* queue *f*.

racha [řátʃa] *nf* **1** *(de viento)* rafale *f*. **2** *(en el juego)* brève période *f* de chance. **3** *(ola)* série *f*, vague *f*. • **a rachas** par rafales. **en racha** en veine.

racial [řaθjál] *adj* racial,-e.

ración [řaθjón] *nf* **1** *(gen)* ration *f*. **2** *(en bar, restaurante)* portion *f*.

racional [řaθjonál] *adj* **1** *(dotado de razón)* raisonnable. **2** *(lógico)* rationnel,-elle.

racismo [řaθízmo] *nm* racisme *m*.

racista [řaθísta] *adj - nmf* raciste.

radar [řaðár] *nm* radar *m*.

radiactividad [řaðjaktiβiðáð], **radioactividad** [řaðjoaktiβiðáð] *nf* radioactivité *f*.

radiactivo,-va [řaðjaktíβo,-βa], **radioactivo,-va** [řaðjoaktíβo,-βa] *adj* radioactif,-ive.

radiador [řaðjaðór] *nm* radiateur *m*.

radiante [řaðjánte] *adj* radieux, -euse, rayonnant,-e.

radical [řaðikál] *adj (drástico)* radical, -e. ▶ *adj - nmf (persona)* radical,-e.

radio[1] [řáðjo] *nm (de circunferencia, alcance)* rayon *m*.

radio[2] [řáðjo] *nf (radiodifusión, aparato)* radio *f*.

radioactividad → radiactividad.

radioactivo,-va → radiactivo.

radiografía [řaðjoɣrafía] *nf* radiographie *f*, radio *f*.

radiólogo,-ga [řaðjóloɣo,-ɣa] *nm,f* radiologue, radiologiste.

radioterapia [řaðjoterápja] *nf* radiothérapie *f*.

ráfaga [řáfaɣa] *nf* **1** *(de viento, de ametralladora)* rafale *f*. **2** *(de luz)* jet *m*.

raído,-da [řaíðo,-ða] *adj* râpé,-e, usé,-e.

raíz [řaíθ] *nf* racine *f*. • **a raíz de** à la suite de.

raja [řáxa] *nf* **1** *(en superficie)* fente *f*, fissure *f*. **2** *(rodaja)* tranche *f*.

rajar [řaxár] *vt* **1** *(superficie)* fendre. **2** *fam (con arma blanca)* piquer, planter. ▶ *vi* **1** *fam (hablar mucho)* jacasser. **2** *fam (criticar)* médire (**de**, de). ▶ *vpr* **rajarse 1** *(superficie, objeto)* se fendre. **2** *fam (desistir)* se dégonfler.

rallador [řaʎaðór] *nm* râpe *f*.

rallar [řaʎár] *vt* râper.

rama [řáma] *nf* branche *f*.

ramo [řámo] *nm* **1** *(de flores)* bouquet *m*. **2** *(de ciencia, actividad)* branche *f*.

rampa [řámpa] *nf* rampe *f*.

rana [řána] *nf* grenouille *f*.

rancio,-cia [ránθjo,-θja] *adj* **1** *(alimento)* rance. **2** *(linaje)* vieux, vieille. **3** *(anticuado)* vieux jeu, démodé,-e.

rango [fángo] *nm* rang *m*.

rapar [rapár] *vt* **1** *(afeitar)* raser. **2** *(cortar al rape)* tondre.

rapaz [rapáθ] *adj* rapace. ► *nf* rapace *m*.

rape [rápe] *nm (pez)* baudroie *f*.

rapidez [rapiðéθ] *nf* rapidité *f*.

rápido,-da [rápiðo,-ða] *adj* rapide. ► *adv* rapidement.

raptar [raptár] *vt* enlever, kidnapper.

raqueta [rakéta] *nf* raquette *f*.

rareza [rareθa] *nf* **1** *(cosa inusual)* rareté *f*. **2** *(extravagancia)* bizarrerie *f*, extravagance *f*.

raro,-ra [ráro,-ra] *adj* **1** *(poco frecuente)* rare. **2** *(extraño)* bizarre, étrange.

ras [ras]. • **a ras de** au ras de, à ras de.

rascacielos [raskaθjélos] *nm* gratte-ciel *m*.

rascar [1] [raskár] *vt* **1** *(frotar)* gratter. **2** *(raspar)* racler. **3** *fam (la guitarra)* gratter, racler. ► *vi* gratter.

rasgar [7] [razɣár] *vt* déchirer. ► *vpr* **rasgarse** se déchirer.

rasgo [rázɣo] *nm* trait *m*.

rasguño [razɣúɲo] *nm* égratignure *f*.

raso,-sa [ráso,-sa] *adj* **1** *(terreno)* plat,-e. **2** *(medida)* ras,-e. **3** *(soldado)* simple. **4** *(vuelo)* bas, basse. **5** *(cielo)* serein,-e, dégagé,-e. ► *nm* **raso** *(tela)* satin *m*. • **al raso** à la belle étoile.

raspa [ráspa] *nf* arête *f*.

raspar [raspár] *vt (quitar rascando)* racler. ► *vi* **1** *(toalla, tela)* gratter. **2** *(vino, licor)* racler le gosier.

rastras [rástras]. • **a rastras 1** *(arrastrándose)* à la traîne. **2** *(obligado)* à contrecœur.

rastrear [rastreár] *vt (información, persona)* suivre la piste de, suivre à la trace. **2** *(zona, bosque)* ratisser. **3** *(río, lago)* racler au fond de l'eau.

rastro [rástro] *nm* **1** *(señal)* trace *f*, vestige *m*. **2** *(pista)* piste *f*. **3** *(mercado)* marché m aux puces. • **ni rastro de** pas de trace de. **seguir el rastro** suivre la piste/trace de.

rata [ráta] *nf* rat *m*. ► *adj - nmf fam (tacaño)* radin,-e.

ratificación [ratifikaθjón] *nf* ratification *f*.

rato [ráto] *nm* moment *m*, instant *m*. • **al poco rato** peu de temps après. **a ratos** par moments. **hace rato que** il y a longtemps que. **hay para un buen rato** *fam* il y en a pour un bon moment. **pasar el rato** passer le temps, s'amuser. **pasar un mal rato** passer un mauvais quart d'heure. **un buen rato** un bon moment.

ratón [ratón] *nm* souris *f*.

raya¹ [rája] *nf* **1** *(línea)* raie *f*, ligne *f*. **2** *(en pelo)* raie *f*. **3** *(en tela, prenda)* rayure *f*, raie *f*. **4** *(pliegue)* pli *m*. **5** *(límite)* limite *f*, frontière *f*. **6** *fam (de cocaína)* ligne *f*. **7** *(signo ortográfico)* tiret *m*. **8** *(en el alfabeto Morse)* trait *m*. • **a rayas** à rayures. **pasarse de la raya** dépasser les bornes.

raya² [rája] *nf (pez)* raie *f*.

rayado,-da [rajáðo,-ða] *adj* rayé,-e.

rayar [rajár] *vt (estropear una superficie, tachar)* rayer. ► *vi* **1** rayar en friser: **esto raya en la locura**, cela frise la folie. **2** rayar con confiner à, toucher à.

rayo [rájo] *nm* **1** *(de sol)* rayon *m*. **2** *(de luz)* rayon *m*, rai *m*. **3** *(meteoro)* foudre *f*. • **salir como un rayo** partir comme une flèche.

raza [ráθa] *nf* race *f*.

razón [raθón] *nf* **1** *(gen)* raison *f*. **2** *(en letreros, anuncios)* renseignements *m pl*. • **con razón** à juste titre, avec raison. **dar razón de**

ALGO renseigner sur. **no tener razón** avoir tort. **sin razón** à tort. **tener razón** avoir raison.

razonable [raθonáβle] *adj* raisonnable.

razonar [raθonár] *vi* raisonner. ▶ *vt* justifier.

reacción [reakθjón] *nf* réaction *f*.

reaccionar [reakθjonár] *vi* réagir.

reactor [reaktór] *nm* **1** *(gen)* réacteur *m*. **2** *(avión)* avion *m* à réaction.

real[1] [reál] *adj (auténtico)* réel,-elle.

real[2] [reál] *adj (del rey)* royal,-e.

realeza [realéθa] *nf* royauté *f*.

realidad [realiðáð] *nf* réalité *f*.

realismo [realízmo] *nm* réalisme *m*.

realista [realísta] *adj - nmf* réaliste.

realización [realiθaθjón] *nf* réalisation *f*.

realizar [4] [realiθár] *vt* **1** *(efectuar)* effectuer, faire. **2** *(aspiración, proyecto, película)* réaliser.

realzar [4] [realθár] *vt* rehausser.

reanimar [reanimár] *vt* ranimer.

reanudar [reanuðár] *vt* **1** *(relación, amistad, conversación)* renouer. **2** *(actividad)* reprendre. **3** *(servicio)* rétablir. ▶ *vpr* **reanudarse** reprendre.

rebaja [reβáxa] *nf* rabais *m*. ▶ *nf pl* **rebajas** soldes *m pl*.

rebajar [reβaxár] *vt* **1** *(precio)* baisser, faire une réduction de. **2** *(producto)* solder, brader. **3** *(sueldo, coste)* diminuer, réduire. **4** *(humillar)* rabaisser, abaisser. **5** *(colores)* affaiblir, dégrader.

rebanada [reβanáða] *nf* tranche *f*.

rebaño [reβáɲo] *nm* troupeau *m*.

rebelarse [reβelárse] *vpr* se rebeller.

rebelde [reβélde] *adj - nmf* rebelle.

rebelión [reβeljón] *nf* rébellion *f*, révolte *f*.

rebobinar [reβoβinár] *vt* rembobiner.

rebosar [reβosár] *vi* **1** *(líquido, recipiente)* déborder. **2** *(sentimiento)* déborder (**de**, de). ▶ *vt* déborder de.

rebotar [reβotár] *vi* **1** *(pelota)* rebondir. **2** *(bala, piedra)* ricocher. ▶ *vpr* **rebotarse** *fam (enfadarse)* se fâcher.

rebozar [4] [reβoθár] *vt* paner, enrober.

rebuscar [1] [reβuskár] *vt* rechercher.

recado [rekáðo] *nm* **1** *(mensaje)* message *m*: **tengo un recado para usted,** j'ai un message pour vous. **2** *(encargo)* commission *f*. **3** *(gestión, trámite)* commission *f*, course *f*. • **hacer recados** faire des courses.

recaer [67] [rekaér] *vi* **1** *(persona - en enfermedad)* rechuter; *(- en un vicio, error)* retomber. **2** *(responsabilidad)* retomber (**sobre**, sur). **3** *(premio)* revenir, échoir.

recaída [rekaíða] *nf* rechute *f*. • **tener una recaída** faire une rechute, rechuter.

recalentar [27] [rekalentár] *vt* réchauffer.

recambio [rekámbjo] *nm* **1** *(gen)* rechange *m*. **2** *(de bolígrafo, pluma, encendedor)* recharge *f*. • **de recambio** de rechange.

recapacitar [rekapaθitár] *vi* réfléchir.

recapitular [rekapitulár] *vt* récapituler.

recargable [rekaryáβle] *adj* rechargeable.

recargar [7] [rekaryár] *vt* recharger.

recaudación [rekauðaθjón] *nf* **1** *(de impuestos, tasas)* recouvrement *m*, perception *f*. **2** *(de dinero)* collecte *f*. **3** *(cantidad recaudada)* recette *f*.

recaudar [rekauðár] *vt* **1** *(impuestos)* recouvrer, percevoir. **2** *(dinero, fondos)* recueillir, collecter.

recelo

recelo [reθélo] nm 1 *(desconfianza)* méfiance f. 2 *(sospecha)* soupçon m. 3 *(temor)* crainte f.
recepción [reθepθjón] nf réception f.
recepcionista [reθepθjonísta] nmf réceptionniste.
receptor [reθeptór] nm *(aparato)* récepteur m.
receta [reθéta] nf 1 *(del médico)* ordonnance f. 2 *(de cocina)* recette f.
recetar [reθetár] vt prescrire.
rechazar [4] [retʃaθár] vt 1 *(invitación, regalo, órgano)* repousser, refuser. 2 *(proyecto, propuesta)* rejeter. 3 *(enemigo, ataque, oferta)* repousser.
rechazo [retʃáθo] nm 1 *(oposición, desaprobación)* refus m, rejet m. 2 *(de proyecto, propuesta, órgano)* rejet m.
recibimiento [reθiβimjénto] nm réception f, accueil m.
recibir [reθiβír] vt 1 *(gen)* recevoir. 2 *(acoger)* accueillir.
recibo [reθíβo] nm reçu m, quittance f. • **acusar recibo de** accuser réception de.
reciclado,-da [reθikláðo,-ða] adj recyclé,-e.
reciclaje [reθikláxe] nm recyclage m.
reciclar [reθiklár] vt recycler.
recién [reθjén] adv récemment, nouvellement. ■ **recién casados** jeunes mariés m pl. **recién nacido, -da** nouveau-né,-e.
reciente [reθjénte] adj récent,-e.
recinto [reθínto] nm enceinte f.
recio,-cia [réθjo,-θja] adj 1 *(vigoroso)* robuste, vigoureux,-euse. 2 *(fuerte)* solide. 3 *(frío, temperatura)* rude, rigoureux,-euse.
recipiente [reθipjénte] nm récipient m.
recíproco,-ca [reθíproko,-ka] adj réciproque.

recitar [reθitár] vt réciter.
reclamación [reklamaθjón] nf réclamation f.
reclamar [reklamár] vt - vi réclamer.
recluir [62] [rekluír] vt 1 *(en prisión)* incarcérer. 2 *(encerrar)* reclure. ▶ vpr **recluirse** se reclure.
reclutar [reklutár] vt 1 *(empleado)* recruter. 2 *(soldado)* enrôler.
recogedor [rekoxeðór] nm pelle f.
recoger [5] [rekoxér] vt 1 *(del suelo, cosas dispersas)* ramasser. 2 *(cosecha, beneficio)* récolter, recueillir. 3 *(dinero, fondos)* collecter. 4 *(ir a buscar - a persona)* passer prendre, aller chercher; *(- billetes, entradas)* retirer: **te recogeré a las seis**, je passerai te prendre à six heures. 5 *(poner en orden)* ranger: **recoge la habitación**, range ta chambre. 6 *(falda, vestido)* trousser, retrousser. ▶ vpr **recogerse** 1 *(irse a casa)* se retirer, rentrer chez soi. 2 *(irse a dormir)* aller se coucher. 3 *(para meditar)* se recueillir.
recogida [rekoxíða] nf 1 *(de basura, pasajeros)* ramassage m. 2 *(de productos agrícolas)* récolte f. 3 *(de correo, de impuestos)* levée f. 4 *(de firmas, dinero)* collecte f.
recomendación [rekomendaθjón] nf recommandation f.
recomendar [27] [rekomendár] vt recommander.
recompensa [rekompénsa] nf récompense f.
recompensar [rekompensár] vt récompenser.
reconciliar [12] [rekonθiljár] vt réconcilier.
reconocer [44] [rekonoθér] vt 1 *(gen)* reconnaître. 2 *(a enfermo)* examiner. 3 *(registrar)* fouiller.
reconocimiento [rekonoθimjénto] nm reconnais-

sance f. ▪ **reconocimiento médico** visite f médicale.
reconstruir [62] [řekonstrwir] vt reconstruire.
recopilación [řekopilaθjón] nf 1 (colección - de obras literarias, musicales) compilation f; (- de leyes, documentos) recueil m. 2 (compendio) résumé m.
récord [řékorð] nm (pl **récords**) record m.
recordar [31] [řekorðár] vt 1 (tener en la memoria) se rappeler, se souvenir de. 2 (traer a la memoria, parecerse) rappeler: **me recuerda a su padre**, il me rappelle son père.
recorrer [řekořér] vt parcourir.
recorrido [řekoříðo] nm parcours m, trajet m.
recortar [řekortár] vt 1 (gen) découper. 2 (lo que sobra) rogner. 3 fig (presupuesto, gastos) rogner.
recorte [řekórte] nm 1 (gen) découpage m. 2 (de periódico, revista) coupure f. 3 (de gastos, presupuesto, etc) compression f.
recrear [řekreár] vt (entretener) divertir. ▶ vpr **recrearse** se distraire, se divertir.
recreo [řekréo] nm (en colegio) récréation f. ▪ **de recreo** de plaisance.
recta [řékta] nf droite f. ▪ **recta final** dernière ligne f droite.
rectángulo [řektáŋgulo] nm rectangle m.
rectificar [1] [řektifikár] vt rectifier.
recto,-ta [řékto,-ta] adj 1 (gen) droit,-e. 2 (sentido, palabra) propre. ▶ adv **recto** tout droit. ▶ nm ANAT rectum m.
recuadro [řekwáðro] nm encadré m.
recuerdo [řekwérðo] nm 1 (imagen mental, regalo) souvenir m. 2 (evocación) rappel m. ▪ **dar recuerdos a** ALGN faire ses amitiés à QQN.

recuperación [řekuperaθjón] nf 1 (gen) récupération f. 2 (de un enfermo) rétablissement m; (ejercicios) rééducation f. 3 (clases) rattrapage m.
recuperar [řekuperár] vt 1 (objeto, horas de trabajo) récupérer. 2 (salud, vista) retrouver, recouvrer. 3 (fuerzas, ánimo, conocimiento) reprendre. 4 (confianza, cariño) regagner. 5 (tiempo) rattraper. ▶ vpr **recuperarse** 1 (de enfermedad, emoción) se remettre. 2 (de cansancio) récupérer. 3 (negocio) reprendre.
recurso [řekúrso] nm 1 (medio) ressource f, moyen m. 2 DER recours m, pourvoi m.
red [řéð] nf 1 (para pescar, cazar) filet m. 2 (sistema) réseau m. ▪ **caer en la red** fig tomber dans le piège.
redacción [řeðakθjón] nf rédaction f.
redactar [řeðaktár] vt rédiger.
redactor,-ra [řeðaktór,-ra] nm,f rédacteur,-trice.
redoblar [řeðoβlár] vt redoubler. ▶ vi battre le tambour.
redonda [řeðónda] nf (nota, letra) ronde f.
redondear [řeðondeár] vt arrondir.
redondo,-da [řeðóndo,-da] adj 1 (gen) rond,-e. 2 (rotundo) total,-e, catégorique. 3 (perfecto) excellent,-e: **un negocio redondo**, une excellente affaire. ▪ **caerse redondo,-da** tomber raide. **negarse en redondo** refuser catégoriquement.
reducción [řeðukθjón] nf réduction f.
reducido,-da [řeðuθíðo,-ða] adj 1 (tamaño, precio, gasto) réduit,-e. 2 (espacio) étroit,-e.
reducir [46] [řeðuθír] vt réduire. ▶ vpr **reducirse** 1 (disminuir) se réduire. 2 (líquido) réduire. 3 (resultar en) se ramener (**a**, à), revenir (**a**, à).

reembolso [reembólso] nm remboursement m.

reemplazar [4] [reemplaθár] vt remplacer.

reenviar [13] [reembjár] vt INFORM faire suivre.

referencia [referénθja] nf référence f. • **con referencia a** en ce qui concerne. **hacer referencia a** faire allusion à.

referéndum [referéndum] nm (pl **referéndum** o **referéndums**) référendum m.

referir [35] [referír] vt rapporter, raconter. ▶ vpr **referirse a 1** (remitirse a) se rapporter à, se référer à. **2** (aludir) parler de, faire allusion à.

refinar [refinár] vt **1** (azúcar, petróleo) raffiner. **2** (estilo) polir. ▶ vpr **refinarse** apprendre les bonnes manières.

reflector,-ra [reflektór,-ra] adj réfléchissant,-e.

reflejar [reflexár] vt **1** (luz, ondas) réfléchir, refléter. **2** (mostrar) refléter, traduire.

reflejo,-ja [refléxo,-xa] adj (movimiento) réflexe. ▶ nm **reflejo 1** (luz, imagen, manifestación) reflet m. **2** (reacción) réflexe m. ▶ nm pl **reflejos** (en pelo) reflets m pl.

reflexión [refleksjón] nf réflexion f.

reflexionar [refleksjonár] vi réfléchir.

reflexivo,-va [refleksiβo,-βa] adj réfléchi,-e.

reforma [refórma] nf **1** (gen) réforme f. **2** (de edificio, casa, cocina) transformation f, travaux m pl.

reformar [reformár] vt **1** (cambiar) réformer. **2** (casa) rénover.

reforzar [50] [reforθár] vt **1** (cosa) renforcer. **2** (moralmente) réconforter, fortifier.

refrán [refrán] nm proverbe m.

refrescante [refreskánte] adj rafraîchissant,-e.

refrescar [1] [refreskár] vt rafraîchir. ▶ vi (tiempo, tarde, noche) se rafraîchir, fraîchir. ▶ vpr **refrescarse 1** (con bebida fresca) se rafraîchir. **2** (tomar el fresco) prendre le frais.

refresco [refrésko] nm rafraîchissement m.

refrigerador [refrixeraðór] nm réfrigérateur m.

refrigerar [refrixerár] vt **1** (enfriar) réfrigérer. **2** (motor) refroidir.

refuerzo [refwérθo] nm renfort m.

refugiado,-da [refuxjáðo,-ða] adj - nm,f réfugié,-e.

refugiarse [refuxjárse] vpr se réfugier.

refugio [refúxjo] nm refuge m, abri m.

refunfuñar [refumfuɲár] vi fam grommeler, ronchonner.

regadera [reɣaðéra] nf arrosoir m. • **estar como una regadera** fam être cinglé,-e.

regalar [reɣalár] vt **1** (dar) offrir. **2** (halagar) flatter.

regaliz [reɣaliθ] nm réglisse f.

regalo [reɣálo] nm cadeau m. • **de regalo** en cadeau.

regañadientes [reɣaɲaðjéntes]. • **a regañadientes** à contrecœur.

regañar [reɣaɲár] vt fam (a niño) gronder, disputer. ▶ vi (dos personas) se disputer.

regar [48] [reɣár] vt arroser.

regatear [reɣateár] vt - vi marchander.

regentar [rexentár] vt (negocio) gérer, tenir.

régimen [réximen] nm régime m.

región [rexjón] nf région f.

regional [rexjonál] adj régional,-e.

regir [55] [rexír] vt (gen) régir. ▶ vi (ley, decreto, norma) être en vigueur.

registrar [reχistrár] vt 1 (*inspeccionar*) fouiller; (- en domicilio de sospechoso) perquisitionner. 2 (*anotar*) enregistrer. 3 (*inscribir*) inscrire. 4 (*detectar*) enregistrer, constater.

registro [reχístro] nm 1 (*inspección*) fouille f; (- de domicilio) perquisition f. 2 (*transcripción, anotación*) enregistrement m. 3 (*libro, oficina*) registre m. 4 (*en música, lingüística*) registre m. ▪ **registro civil** registre de l'état civil.

regla [réγla] nf 1 (gen) règle f. 2 (*menstruación*) règles f pl. **por regla general** en règle générale. **tener la regla** avoir ses règles.

reglamento [reγlaménto] nm règlement m.

regocijarse [reγoθiχárse] vpr se réjouir.

regresar [reγresár] vi rentrer, retourner.

regreso [reγréso] nm retour m. • **de regreso de** au retour de, retour de.

regular¹ [reγulár] adj 1 (*habitual, uniforme, constante*) régulier,-ère. 2 (*mediocre*) moyen,-enne, médiocre. ▶ adv (*medianamente*) comme ci, comme ça.

regular² [reγulár] vt 1 (gen) régler. 2 (*precios*) contrôler.

regularizar [reγulariθár] vt régulariser.

rehabilitar [reaβilitár] vt 1 (gen) réhabiliter. 2 (*órgano lesionado*) rééduquer.

rehacer [73] [reaθér] vt refaire. ▶ vpr **rehacerse** 1 (gen) se refaire. 2 (*moralmente*) se reprendre, se ressaisir.

rehén [reén] nm otage m.

rehuir [62] [rewír] vt éviter, fuir.

reina [réina] nf reine f.

reinado [reináðo] nm règne m.

reinar [reinár] vi régner.

reino [réino] nm 1 (*de rey*) royaume m. 2 (*animal, vegetal*) règne m. ▪ **Reino Unido** Royaume-Uni m.

reintegro [reintéγro] nm 1 (*de dinero*) remboursement m; (*en cuenta*) retrait m. 2 (*en la lotería*) remboursement m du billet.

reír [37] [reír] vi rire. ▶ vpr **reírse** rire (**de**, de), se moquer (**de**, de).

reiterar [reiterár] vt réaffirmer.

reivindicación [reiβindikaθjón] nf revendication f.

reivindicar [1] [reiβindikár] vt revendiquer.

reja [réχa] nf grille f. • **entre rejas** fam sous les verrous.

rejilla [reχíλa] nf 1 (gen) grillage m. 2 (*de alcantarilla, horno, confesionario*) grille f.

relación [relaθjón] nf 1 (*correspondencia, conexión*) relation f, rapport m. 2 (*vínculo*) relation f. 3 (*listado*) liste f. 4 (*anotación*) relevé m. 5 (*relato*) récit m, relation f. 6 (*de pareja*) rapport m. ▶ nf pl **relaciones** 1 (*amorosas, sexuales*) rapports m pl. 2 (*contactos*) relations f pl. • **con relación a** par rapport à. **en relación con** en rapport avec.

relacionar [relaθjonár] vt 1 (*un hecho con otro*) rattacher, relier. 2 (*relatar*) rapporter, faire le récit de. 3 (*a varias personas*) mettre en rapport. ▶ vpr **relacionarse** 1 (*estar conectado*) avoir un rapport. 2 (*tener amistad*) fréquenter.

relajar [relaχár] vt 1 (*tranquilizar*) détendre. 2 (*músculo*) décontracter. 3 (*suavizar*) relâcher.

relámpago [relámpaγo] nm éclair m.

relatar [relatár] vt raconter.

relativo,-va [relatíβo,-βa] adj relatif,-ive.

relato [reláto] nm récit m.

relax [relaks] nm détente f, repos m.

relevante

relevante [r̄eleβánte] *adj* importante,-e.

relevar [r̄eleβár] *vt* **1** *(sustituir)* relayer, prendre la relève de. **2** *(destituir)* relever. **3** *(eximir de)* dispenser (**de**, de), exempter (**de**, de).

relevo [r̄eléβo] *nm* **1** *(de soldados)* relève *f*. **2** DEP relais *m*.

relieve [r̄eljéβe] *nm* relief *m*. • **poner de relieve** mettre en relief.

religión [r̄elixjón] *nf* religion *f*.

religioso,-sa [r̄elixjóso,-sa] *adj* religieux,-euse.

rellano [r̄eʎáno] *nm* palier *m*.

rellenar [r̄eʎenár] *vt* **1** *(gen)* remplir. **2** *(pollo, pavo)* farcir.

relleno,-na [r̄eʎéno,-na] *adj* *(alimento)* farci,-e; *(- caramelo, pastel)* fourré,-e. **2** *(persona)* enveloppé, -e. ▶ *nm* **relleno 1** *(de alimento)* farce *f*. **2** *(de sillón, edredón)* rembourrage *m*.

reloj [r̄elóx] *nm* *(gen)* horloge *f*; *(- de pulsera)* montre *f*; *(- de sobremesa, pared)* pendule *f*. • **contrarreloj** contre la montre.

reluciente [r̄eluθjénte] *adj* reluisant,-e, brillant,-e.

relucir [45] [r̄eluθír] *vi* **1** *(despedir luz)* briller, luire. **2** *(reflejar luz)* reluire. **3** *fig (destacarse)* briller.

remar [r̄emár] *vi* ramer.

rematar [r̄ematár] *vt* **1** *(a herido)* achever. **2** *(acabar)* achever, terminer. **3** *(culminar)* couronner. ▶ *vi* DEP tirer au but.

remate [r̄emáte] *nm* **1** *(final)* fin *f*. **2** *(extremo)* bout *m*, extrémité *f*. **3** *(culminación)* couronnement *m*. **4** DEP tir *m* au but. • **de remate** complètement, absolument.

remediar [12] [r̄emeðjár] *vt* **1** *(evitar)* éviter, empêcher. **2** *(solucionar)* remédier à, porter remède à. **3** *(reparar)* réparer.

remedio [r̄emédjo] *nm* **1** *(medicamento)* remède *m*. **2** *(solución)* remède *m*, arrangement *m*. • **no tener más remedio** ne pas pouvoir faire autrement, ne pas avoir d'autre solution.

remitente [r̄emiténte] *nmf* expéditeur, -trice.

remitir [r̄emitír] *vt* **1** *(enviar)* envoyer, expédier. **2** *(en texto)* renvoyer. ▶ *vi (dolor, tormenta, enfermedad)* se calmer, s'apaiser.

remo [r̄émo] *nm* **1** *(para remar)* rame *f*. **2** *(deporte)* aviron *m*.

remojo [r̄emóxo] *nm* trempage *m*. • **poner en remojo** faire tremper.

remolacha [r̄emoláʧa] *nf* betterave *f*.

remolcar [1] [r̄emolkár] *vt* remorquer.

remolque [r̄emólke] *nm* **1** *(acción)* remorquage *m*. **2** *(vehículo)* remorque *f*. **3** *(caravana)* caravane *f*.

remontar [r̄emontár] *vt* **1** *(río)* remonter. **2** *(situación adversa)* surmonter, remonter le courant. **3** *(por el aire)* élever. ▶ *vpr* **remontarse** a remonter à.

remordimiento [r̄emorðimjénto] *nm* remords *m*.

remoto,-ta [r̄emóto,-ta] *adj* **1** *(lugar)* éloigné,-e, lointain,-e. **2** *(tiempo)* reculé,-e.

remover [32] [r̄emoβér] *vt* remuer, retourner.

renacimiento [r̄enaθimjénto] *nm* renaissance *f*.

rencor [r̄enkór] *nm* rancune *f*. • **guardarle rencor a** ALGN en vouloir à QQN.

rendido,-da [r̄endíðo,-ða] *adj* épuisé,-e.

rendimiento [r̄endimjénto] *nm* rendement *m*.

rendir [34] [r̄endír] *vt* **1** *(producir)* rendre. **2** *(cansar)* épuiser. ▶ *vt - vi* **1** *(ser rentable, dar fruto)* rendre. **2**

(*en trabajo, estudios*) être performant,-e.
renegar [48] [reneγár] *vi* **1** (*blasfemar*) blasphémer, renier. **2 renegar de** renier.
renovación [renoβaθjón] *nf* renouvellement *m*.
renovar [31] [renoβár] *vt* renouveler.
renta [rénta] *nf* **1** (*ingresos*) revenu *m*. **2** (*beneficio*) rente *f*. **3** (*alquiler*) fermage *m*.
rentable [rentáβle] *adj* rentable.
renuncia [renúnθja] *nf* renoncement *m*.
renunciar [12] [renunθjár] *vi* **1** (*derecho, cargo*) renoncer (**a**, à). **2** (*desistir*) abandonner (**a**, -), renoncer (**a**, à).
reñir [36] [reɲír] *vi* **1** (*pelearse*) se disputer, se quereller. **2** (*enemistarse*) se fâcher, se brouiller. ▶ *vt* (*reprender*) réprimander, gronder.
reojo [reóxo]. • **mirar de reojo** (*con disimulo*) regarder du coin de l'œil. **2** (*con hostilidad*) regarder de travers.
reparación [reparaθjón] *nf* réparation *f*.
reparar [reparár] *vt* (*arreglar, desagraviar*) réparer. ▶ *vi* **reparar en** remarquer, faire attention à.
reparo [repáro] *nm* objection *f*. • **no tener reparos en** être capable de. **poner reparos** faire des objections.
repartidor,-ra [repartiðór,-ra] *nm,f* livreur,-euse.
repartir [repartír] *vt* **1** (*dividir*) répartir, partager. **2** (*distribuir*) distribuer. **3** (*entregar*) livrer.
reparto [repárto] *nm* **1** (*división*) répartition *f*, partage *m*. **2** (*de correo, premios*) distribution *f*. **3** (*de mercancías*) livraison *f*. **4** (*actores*) distribution *f*.
repasar [repasár] *vt* **1** (*lección, asignatura, papel*) réviser, revoir. **2** (*cuenta, dictado, artículo*) revoir. **3** (*mirar*) jeter un coup d'œil sur.
repaso [repáso] *nm* (*de lección, asignatura*) révision *f*.
repatriar [14] [repatrjár] *vt* rapatrier.
repelente [repelénte] *adj* **1** (*persona*) odieux,-euse. **2** (*que produce asco*) repoussant,-e.
repentino,-na [repentíno,-na] *adj* soudain,-e.
repercusión [reperkusjón] *nf* répercussion *f*.
repercutir [reperkutír] *vi* répercuter (**en**, sur).
repertorio [repertórjo] *nm* répertoire *m*.
repetición [repetiθjón] *nf* répétition *f*.
repetir [34] [repetír] *vt* **1** (*frase, acción*) répéter. **2** (*experimento, trabajo*) recommencer, refaire. ▶ *vt - vi* **1** (*curso*) redoubler. **2** (*plato*) reprendre.
replegar [48] [repleγár] *vt* replier.
repleto,-ta [repléto,-ta] *adj* plein, -e, rempli,-e.
réplica [réplika] *nf* réplique *f*.
replicar [1] [replikár] *vt* répliquer.
repoblación [repoβlaθjón] *nf* repeuplement *m*.
repoblar [31] [repoβlár] *vt* **1** (*gen*) repeupler. **2** (*bosque*) reboiser.
reponer [78] [reponér] *vt* **1** (*poner de nuevo*) remettre, replacer. **2** (*replicar*) répliquer, répondre. ▶ *vpr* **reponerse 1** (*recobrar la salud*) se remettre, se rétablir. **2** (*de disgusto*) se remettre, se ressaisir.
reportaje [reportáxe] *nm* reportage *m*.
reportero,-ra [reportéro,-ra] *nm,f* reporter.
reposo [repóso] *nm* repos *m*. • **dejar en reposo** laisser reposer.

repostería [repostería] nf pâtisserie f.

representación [representaθjón] nf représentation f.

representante [representánte] nmf représentant,-e.

representar [representár] vt 1 (gen) représenter. 2 (obra de teatro) jouer, représenter.

representativo,-va [representatíβo,-βa] adj représentatif,-ive.

represión [represjón] nf 1 (de manifestación, sublevación) répression f. 2 (de sentimiento, deseo) refoulement m.

reprimir [reprimír] vt 1 (sublevación, manifestación) réprimer. 2 (sentimiento, deseo) refouler, contenir.

reprochar [reprotʃár] vt reprocher.

reproche [reprótʃe] nm reproche m.

reproducción [reproðukθjón] nf reproduction f.

reproducir [46] [reproðuθír] vt reproduire.

reptil [reptíl] nm reptile m.

república [repúβlika] nf république f.

republicano,-na [repuβlikáno,-na] adj - nm,f républicain,-e.

repugnante [repuɣnánte] adj répugnant,-e.

reputación [reputaθjón] nf réputation f.

requerir [35] [rekerír] vt demander.

requisar [rekisár] vt réquisitionner.

requisito [rekisíto] nm condition f requise.

resaca [resáka] nf fam gueule f de bois.

resaltar [resaltár] vi 1 (destacar, sobresalir) ressortir. 2 (balcón, etc) faire saillie.

resbaladizo,-za [rezβalaðíθo,-θa] adj 1 (superficie) glissant,-e. 2 fig (asunto) délicat,-e.

resbalar [rezβalár] vi 1 (deslizar) glisser. 2 fam (no afectar) ne pas faire attention à. ▶ nm **resbalarse** glisser.

resbalón [rezβalón] nm glissade f.
• **pegar un resbalón** glisser.

rescatar [reskatár] vt 1 (de peligro) sauver. 2 (mediante dinero, etc) racheter. 3 (liberar) délivrer.

rescate [reskáte] nm 1 (de personas en peligro) sauvetage m. 2 (de un rehén) libération f. 3 (dinero) rançon f.

reseco,-ca [reséko,-ka] adj desséché,-e.

resentimiento [resentimjénto] nm ressentiment m.

resentirse [35] [resentírse] vpr 1 (sufrir - una persona) se ressentir; (- una cosa) se détériorer. 2 (ofenderse) s'offenser.

reserva [reserβa] nf 1 (gen) réserve f. 2 (de asiento, habitación, etc) réservation f.

reservado,-da [reserβáðo,-ða] adj réservé,-e.

reservar [reserβár] vt 1 (gen) réserver. 2 (ocultar) taire, cacher.

resfriado,-da [resfrjáðo,-ða] adj enrhumé,-e. ▶ nm **resfriado** rhume m.
• **coger un resfriado** attraper un rhume.

resfriarse [13] [resfrjárse] vpr s'enrhumer.

resguardo [rezɣwárðo] nm 1 (recibo) reçu m. 2 (protección) abri m.

residencia [resiðénθja] nf résidence f.

residente [resiðénte] adj - nmf résidant,-e.

residir [resiðír] vi résider.

resignación [resiɣnaθjón] nf résignation f.

resignarse [resiɣnárse] vpr résigner.

resistencia [resisténθja] nf résistance f.

resistente [resisténte] *adj* résistant,-e.

resistir [resistír] *vt* **1** résister à. **2** *(aguantar)* supporter. ▶ *vpr* **resistirse 1** *(forcejear)* se débattre. **2 resistirse a** refuser de.

resolución [resoluθjón] *nf* **1** *(solución)* résolution *f*. **2** *(de una autoridad)* décision *f*.

resolver [32] [resolβér] *vt* **1** *(solucionar)* résoudre. **2** *(decidir)* résoudre de, décider de. ▶ *vpr* **resolverse 1** *(problema)* être résolu,-e. **2** *(decidirse)* se résoudre (**a**, à).

resonar [31] [resonár] *vi* résonner.

respaldar [respaldár] *vt* **1** *(proteger)* protéger. **2** *(garantizar)* garantir. ▶ *vpr* **respaldarse** reposer (**en**, sur).

respaldo [respáldo] *nm* **1** *(de un asiento)* dossier *m*. **2** *fig (apoyo)* soutien *m*.

respectivo,-va [respektíβo,-βa] *adj* respectif,-ive.

respecto [respékto]. • **al respecto** à ce sujet. **con respecto a/de** *(con relación a)* par rapport à, quant à.

respetable [respetáβle] *adj* respectable.

respetar [respetár] *vt* respecter.

respeto [respéto] *nm* respect *m*. • **faltar al respeto a** ALGN manquer de respect à QQN.

respetuoso,-sa [respetwóso,-sa] *adj* respectueux,-euse.

respiración [respiraθjón] *nf* respiration *f*. • **dejar sin respiración** couper le souffle.

respirar [respirár] *vt - vi* respirer.

respiro [respíro] *nm* **1** respiration *f*. **2** *fig (alivio)* soulagement *m*.

resplandor [resplandór] *nm* éclat *m*.

responder [respondér] *vt - vi* répondre.

responsabilidad [responsaβiliðáð] *nf* responsabilité *f*.

responsabilizar [4] [responsaβiliθár] *vt* rendre responsable. ▶ *vpr* **responsabilizarse** assumer la responsabilité (**de**, de).

responsable [responsáβle] *adj* responsable.

respuesta [respwésta] *nf* réponse *f*.

restablecer [43] [restaβleθér] *vt* rétablir.

restante [restánte] *adj* restant,-e.

restar [restár] *vt* **1** MAT soustraire. **2** *(quitar importancia)* enlever, ôter.

restauración [restauraθjón] *nf* restauration *f*.

restaurante [restauránte] *nm* restaurant *m*.

restaurar [restaurár] *vt* restaurer.

restituir [62] [restitwír] *vt* restituer.

resto [résto] *nm* reste *m*. ▶ *nm pl* **restos** restes *m pl*.

restregar [48] [restreγár] *vt* frotter vigoureusement.

restricción [restrikθjón] *nf* restriction *f*.

resucitar [resuθitár] *vt - vi* ressusciter.

resultado [resultáðo] *nm* résultat *m*.

resultar [resultár] *vi* **1** *(tener como consecuencia)* résulter. **2** *(ser)* être. **3** *(costar, salir)* revenir. • **resulta que** il se trouve que.

resumen [resúmen] *nm* résumé *m*.

resumir [resumír] *vt* résumer.

resurrección [resurekθjón] *nf* resurrection *f*.

retar [retár] *vt* défier.

retardar [retarðár] *vt* retarder.

retener [87] [retenér] *vt* retenir.

reticencia [retiθénθja] *nf* réticence *f*.

reticente [retiθénte] *adj* réticent,-e.

retina [retína] *nf* rétine *f*.

retirar [retirár] *vt* **1** *(quitar)* retirer. **2** *(jubilar)* mettre à la retraite. ▶ *vpr* **retirarse 1** *(apartarse)* se retirer. **2** *(del trabajo)* prendre sa retraite. **3** *(tropas)* battre en retraite.

retiro [retíro] nm retraite f.
reto [rɛ́to] nm défi m.
retocar [1] [retokár] vt retoucher.
retoque [rɛtóke] nm retouche f.
retorcer [54] [retorθɛ́r] vt tordre.
retornar [retornár] vt retourner, rendre. ► vi retourner à, revenir.
retorno [retórno] nm retour m.
retransmisión [retranzmisjón] nf retransmission f.
retransmitir [retranzmitír] vt retransmettre.
retrasado,-da [retrasáðo,-ða] adj en retard. ► adj - nm,f (persona) attardé,-e.
retrasar [retrasár] vt retarder. ► vpr **retrasarse** être en retard.
retraso [retráso] nm retard m.
retratar [retratár] vt 1 (dibujar) faire le portrait de. 2 (fotografiar) photographier.
retrato [retráto] nm portrait m.
retrete [retréte] nm toilettes f pl.
retroceder [retroθeðér] vi reculer.
retroceso [retroθéso] nm recul m.
retrospectivo,-va [retrospektiβo, -βa] adj rétrospectif,-ive.
retrovisor [retroβisór] nm rétroviseur m.
reunión [řeunjón] nf 1 (gen) réunion f. 2 (de muchas personas) rassemblement m.
reunir [19] [řeunír] vt réunir, rassembler.
revancha [řeβántʃa] nf revanche f.
revelación [řeβelaθjón] nf révélation f.
revelado [řeβeláðo] nm développement m.
revelar [řeβelár] vt 1 (gen) révéler. 2 (foto) développer. ► vpr **revelarse** s'avérer.
reventar [27] [řeβentár] vi 1 (explotar) crever, éclater. 2 fam (fastidiar, molestar) tuer: **sus mentiras me revientan**, ses mensonges me

tuent. 3 (de ira) exploser. ► vt (globo, etc) faire éclater.
reventón [řeβentón] nm éclatement m.
reversible [řeβersíβle] adj réversible.
revés [řeβés] nm revers m. • **al revés** à l'envers. **del revés** à l'envers.
revisar [řeβisár] vt réviser.
revisión [řeβisjón] nf révision f. ■ **revisión médica** visite f médicale.
revista [řeβísta] nf 1 (de teatro, militar) revue f. 2 (publicación) magazine m.
revivir [řeβiβír] vi revivre.
revolcar [49] [řeβolkár] vt renverser. ► vpr **revolcarse** se vautrer.
revoltijo [řeβoltíxo] nm fouillis m, fatras m.
revolución [řeβoluθjón] nf révolution f.
revolucionario,-ria [řeβoluθjonárjo,-rja] adj - nm,f révolutionnaire.
revólver [32] [řeβolβér] vt 1 (dar vueltas, agitar) agiter, remuer. 2 (buscando algo) fouiller dans. 3 (poner en desorden) mettre sens dessus dessous. 4 (producir náuseas, enfado, etc) soulever.
revuelta [řeβwélta] nf révolte f.
revuelto,-ta [řeβwélto,-ta] adj 1 (desordenado) sens dessus dessous. 2 (liado, alborotado) troublé,-e. 3 (clima) instable. ► nm **revuelto** COC œufs m pl brouillés.
rey [řei] nm roi m. • **los Reyes** le Roi et la Reine.
rezar [4] [řeθár] vt (oración) réciter. ► vi prier.
rezo [řéθo] nm prière f.
riachuelo [řjatʃwélo] nm ruisseau m.
rico,-ca [říko,-ka] adj 1 (adinerado) riche. 2 (bueno, sabroso) délicieux, -euse. 3 (expresión de cariño) adorable. ► nm,f riche.

ridiculizar [4] [řiðikuliθár] *vt* ridiculiser.

ridículo,-la [řiðikulo,-la] *adj* ridicule. ▶ *nm* **ridículo** ridicule *m*. • **hacer el ridículo** se ridiculiser.

riego [řjéγo] *nm* arrosage *m*.

riesgo [řjézγo] *nm* risque *m*. • **a todo riesgo** tous risques. **correr riesgos** prendre des risques.

rígido,-da [říxiðo,-ða] *adj* 1 *(tieso)* rigide. 2 *(disciplina, moral)* sévère.

rigor [řiγór] *nm* rigueur *f*.

riguroso,-sa [řiγuróso,-sa] *adj* rigoureux,-euse.

rima [říma] *nf* rime *f*.

rimar [řimár] *vi* rimer. ▶ *vt* faire rimer.

rincón [řiŋkón] *nm* 1 *(gen)* coin *m*. 2 *(lugar apartado)* recoin *m*.

rinoceronte [řinoθerónte] *nm* rhinocéros *m*.

riña [říɲa] *nf* 1 *(pelea)* querelle *f*. 2 *(discusión)* dispute *f*.

riñón [řiɲón] *nm* 1 ANAT rein *m*. 2 COC rognon *m*. • **valer un riñón** *fam* coûter les yeux de la tête.

río [řío] *nm* 1 *(grande)* fleuve *m*. 2 *(pequeño)* rivière *f*.

riqueza [řikéθa] *nf* richesse *f*.

risa [řísa] *nf* rire *m*. • **morirse de risa** mourir de rire.

ristra [řístra] *nf* chapelet *m*.

ritmo [řítmo] *nm* rythme *m*.

rito [říto] *nm* rite *m*.

ritual [řitwál] *nm* rituel *m*.

rival [řiβál] *adj* - *nmf* rival,-e.

rivalidad [řiβaliðáð] *nf* rivalité *f*.

rizado,-da [řiθáðo,-ða] *adj* frisé,-e.

rizar [4] [řiθár] *vt* 1 *(pelo)* friser. 2 *(papel, telas)* plisser. ▶ *vpr* **rizarse** *(pelo)* se faire friser.

rizo [říθo] *nm (de cabellos)* boucle *f*. • **rizar el rizo** chercher midi à quatorze heures.

robar [řoβár] *vt* 1 *(gen)* voler. 2 *fig (embelesar)* gagner, conquérir. 3 *(en naipes, dominó)* piocher.

roble [řóβle] *nm* chêne *m*.

robo [řóβo] *nm* vol *m*.

robot [řoβót] *nm* robot *m*.

robusto,-ta [řoβústo,-ta] *adj* robuste.

roca [řóka] *nf* roche *f*.

roce [řóθe] *nm* 1 *(de dos cuerpos)* frottement *m*. 2 *(ligero)* frôlement *m*. 3 *(discrepancia)* friction *f*.

rocoso,-sa [řokóso,-sa] *adj* rocheux,-euse.

rodaja [řoðáxa] *nf* 1 *(de salchichón)* rondelle *f*. 2 *(de limón)* tranche *f*.

rodaje [řoðáxe] *nm* tournage *m*.

rodar [31] [řoðár] *vi* 1 *(dar vueltas)* rouler. 2 *(sobre ruedas)* rouler. 3 *(caer)* dégringoler. ▶ *vt* 1 *(película)* tourner. 2 *(automóvil)* roder.

rodear [řoðeár] *vt* 1 *(cercar)* entourer. 2 *(lugar)* faire le tour de.

rodeo [řoðéo] *nm* détour *m*. • **dar un rodeo** faire un détour. **no andarse con rodeos** ne pas y aller par quatre chemins.

rodilla [řoðíʎa] *nf* genou *m*. • **de rodillas** à genoux.

rodillo [řoðíʎo] *nm* rouleau *m*.

rogar [52] [řoγár] *vt* prier.

rojo,-ja [řóxo,-xa] *adj* rouge. ▶ *nm* **rojo** rouge *m*.

rol [ről] *nm* rôle *m*.

rollo [řóʎo] *nm* 1 *(de papel, tela, etc)* rouleau *m*. 2 *fam (discurso pesado)* baratin *m*. 3 *fam (relación amorosa)* aventure *f*. 4 *fam (ambiente)* ambiance *f*; **¡qué buen rollo hay en esta clase!**, il y a une super bonne ambiance dans cette classe ! • **ser un rollo** 1 *(explicación, espectáculo)* être barbant,-e. 2 *(persona)* être casse-pieds.

romance [románθe] nm 1 (poema) poésie f. 2 (aventura amorosa) idylle f.

romanticismo [romantiθizmo] nm romantisme m.

romántico,-ca [romántiko,-ka] adj romantique.

rompecabezas [rompekaβéθas] nm 1 (acertijo) casse-tête m inv. 2 (juego) puzzle m.

romper [rompér] vt 1 (partir) casser, briser. 2 (papel, tela) déchirer. 3 (el aire, las aguas) fendre. 4 (relación, compromiso, etc) rompre. ▶ vi 1 (relación) rompre. 2 (las olas) briser. • **romper a** + inf (empezar) se mettre à + inf: rompió a llorar, il s'est mis à pleurer.

ron [ron] nm rhum m.

roncar [1] [roŋkár] vi ronfler.

ronco,-ca [róŋko,-ka] adj 1 (que padece ronquera) enroué,-e. 2 (bronco) rauque.

ronda [rónda] nf 1 (inspección, patrulla) ronde f. 2 (de bebidas) tournée f. 3 (calle, carretera) boulevard m périphérique.

rondar [rondár] vt 1 (para vigilar) faire une ronde. 2 fig (enfermedad, desgracia, etc) guetter. 3 (estar cerca) avoisiner.

ronquido [roŋkiðo] nm ronflement m.

ronronear [ronroneár] vi ronronner.

ropa [rópa] nf vêtements m pl. • **ligero,-ra de ropa** légèrement vêtu,-e. • **ropa de casa** linge m de maison. **ropa interior** sous-vêtements m pl.

rosa [rósa] nf rose f. ▶ adj - nm (color) rose m.

rosado,-da [rosáðo,-ða] adj (color de rosa) rose.

rosal [rosál] nm rosier m.

roscón [roskón] nm brioche f ronde. ▪ **roscón de Reyes** galette f des Rois.

rosquilla [roskiʎa] nf gâteau sec en forme d'anneau. • **venderse como rosquillas** se vendre comme des petits pains.

rostro [róstro] nm visage m.

rotación [rotaθjón] nf rotation f.

roto,-ta [róto,-ta] adj 1 (gen) cassé, -e. 2 (voz) cassé,-e. 3 fig (corazón) brisé,-e. 4 fam (cansado) crevé,-e.

rotonda [rotónda] nf rond-point m.

rótula [rótula] nf ANAT rotule f.

rotulador [rotulaðór] nm 1 feutre m; (más grueso) marqueur m. 2 (fluorescente) surligneur m.

rótulo [rótulo] nm 1 (de tienda) enseigne f; (letrero) écriteau m; (placa metálica) panonceau m.

rotundo,-da [rotúndo,-da] adj 1 catégorique. 2 (éxito) complet, -ète.

rotura [rotúra] nf 1 (gen) rupture f. 2 (desgarrón) déchirure f. 3 (de hueso) fracture f.

roulotte [řulot] nf caravane f.

rozadura [roθaðúra] nf 1 (acción de rozar) frôlement m. 2 (raspadura) éraflure f.

rozar [4] [roθár] vt 1 (tocar ligeramente) frôler, effleurer. 2 (raspar ligeramente) érafler. ▶ vi (una cosa con otra) frotter. ▶ vpr **rozarse** s'écorcher.

rubí [řuβí] nm rubis m.

rubio,-bia [řúβjo,-βja] adj - nm,f blond,-e.

rueda [řweða] nf roue f. • **ir ALGO sobre ruedas** aller comme sur des roulettes. • **rueda de prensa** conférence f de presse.

rugby [řúγbi] nm rugby m.

rugido [řuχíðo] nm rugissement m.

rugir [6] [řuχír] vi rugir.

ruido [řwiðo] nm bruit m. • **mucho ruido y pocas nueces** beaucoup de bruit pour rien.

ruidoso,-sa [r̄wiðòso,-sa] *adj* bruyant,-e.

ruina [r̄wina] *nf* ruine *f*. • **en ruinas** en ruine. **estar en la ruina** être ruiné,-e.

ruleta [r̄ulèta] *nf* roulette *f*.

rulo [r̄úlo] *nm* bigoudi *m*.

Rumanía [r̄umania] *n pr* Roumanie *f*.

rumano,-na [r̄umàno,-na] *adj* roumain,-e. ▶ *nm,f* Roumain,-e. ▶ *nm* **rumano** *(idioma)* roumain *m*.

rumbo [r̄úmbo] *nm* **1** *(orientación)* direction *f*. **2** *(de barco)* cap *m*.

rumor [r̄umòr] *nm* **1** *(chisme)* rumeur *f*, bruit *m*. **2** *(murmullo)* brouhaha *m*.

ruptura [r̄uptúra] *nf* rupture *f*.

rural [r̄uràl] *adj* rural,-e.

Rusia [r̄ùsja] *n pr* Russie *f*.

ruso,-sa [r̄úso,-sa] *adj* russe. ▶ *nm,f* Russe. ▶ *nm* **ruso** *(idioma)* russe *m*.

rústico,-ca [r̄ùstiko,-ka] *adj* rustique.

ruta [r̄úta] *nf* route *f*, chemin *m*.

rutina [r̄utina] *nf* routine *f*.

rutinario,-ria [r̄utinárjo,-rja] *adj* routinier,-ère.

S

sábado [sáβaðo] nm samedi m.
sábana [sáβana] nf drap m.
saber [83] [saβér] nm savoir m. ▶ vi savoir. ▶ vi avoir un goût: **esta comida no sabe bien**, cette nourriture n'a pas bon goût. ▶ vpr **saberse** savoir. ■ **saber a** avoir le goût de: **esto sabe a café**, cela a un goût de café. **saber de 1** *(conocer)* s'y connaître: **casi no sabe nada de química**, il n'y connaît rien en chimie. **2** *(tener noticias)* avoir des nouvelles de. **saber ALGO mal a ALGN** ne pas plaire à QQN. **que yo sepa** que je sache. **¡y yo qué sé!** je n'en sais rien !
sabio,-bia [sáβjo,-βja] *adj* - nm,f savant,-e.
sable [sáβle] nm sabre m.
sabor [saβór] nm saveur f, goût m.
saborear [saβoreár] vt savourer.
sabotaje [saβotáxe] nm sabotage m.
sabroso,-sa [saβróso,-sa] *adj* savoureux,-euse.
sacacorchos [sakakórtʃos] nm tire-bouchon m.
sacapuntas [sakapúntas] nm taille-crayon m.
sacar [1] [sakár] vt **1** *(de un lugar, de un estado)* tirer: **sacar la lengua**, tirer la langue. **2** *(extraer)* extraire. **3** *(de dentro)* sortir. **4** *(muela)* arracher. **5** *(mancha)* enlever. **6** *(dinero)* tirer, retirer. **7** *(foto)* prendre. **8** *(pasaporte, etc)* se faire délivrer. **9** *(premio)* gagner. **10** *(deducir)* déduire, conclure; *(consecuencia)* tirer. **11** *(disco, moda, etc)* lancer, créer; *(nuevo modelo)* sortir. **12** *(entradas)* acheter. ● **sacar adelante 1** *(proyecto)* faire prospérer. **2** *(hijos)* élever.
sacerdote [saθerðóte] nm prêtre m.
saciar [12] [saθjár] vt **1** *(hambre)* rassasier; *(sed)* étancher. **2** *(deseo)* assouvir.
saco [sáko] nm sac m. ● **entrar a saco** *fam* saccager. **¡que te den por saco!** *fam* va te faire foutre ! ■ **saco de dormir** sac de couchage.
sacrificar [1] [sakrifikár] vt **1** *(gen)* sacrifier. **2** *(las reses)* tuer, abattre.
sacrificio [sakrifíθjo] nm sacrifice m.
sacudida [sakuðíða] nf secousse f.
sacudir [sakuðír] vt **1** *(gen)* secouer. **2** *fam (pegar)* battre. ▶ vpr **sacudirse** se débarrasser de.
sádico,-ca [sáðiko,-ka] *adj* sadique.
sagrado,-da [sayráðo,-ða] *adj* sacré,-e.
sal [sal] nf **1** sel m. **2** *fig (garbo)* grâce f. **3** *(al hablar)* piquant m. ■ **sal gorda** gros sel.
sala [sála] nf **1** *(gen)* salle f. **2** DER cour f. ■ **sala de espera** salle d'attente. **sala de estar** séjour.
salado,-da [saláðo,-ða] *adj* **1** *(con sal)* salé,-e. **2** *(con demasiada sal)* trop salé,-e. **3** *fig (gracioso)* drôle.
salar [salár] vt saler.
salario [salárjo] nm salaire m.
salchicha [saltʃítʃa] nf saucisse f.

salchichón [saltʃitʃón] *nm* saucisson *m*.
saldo [sáldo] *nm* **1** *(de una cuenta)* solde *m*. **2** *(resultado)* bilan *m*. ▶ *nm pl* **saldos** soldes *m pl*.
salida [salíða] *nf* **1** *(acción, lugar)* sortie *f*. **2** *(de tren, barco, competición, etc)* départ *m*. **3** *(de astro)* lever *m*. **4** *(de producto, estudios, etc)* débouchés *m pl*. • **salida de emergencia** issue *f* de secours.
salir [84] [salír] *vi* **1** *(gen)* sortir. **2** *(marcharse)* partir. **3** *(en avión)* se lever. **4** *(cuadrar)* tomber juste: **no me salen las cuentas**, les comptes ne tombent pas juste. **5** *(resolver)* résoudre: **no le sale la multiplicación**, il n'arrive pas à faire la multiplication. **6** revenir, coûter: **le va a salir por 300 euros**, ça va lui coûter 300 euros. **7** *(plantas, pelo, dientes)* pousser; *(brotar)* jaillir. **8** *(en libro, película, etc)* paraître: **va a salir en la tele**, il va sortir à la télé. **9** *(periódico, libro)* paraître: **esta revista sale el lunes**, cette revue paraît le lundi. **10** *(proyecto)* aboutir. **11** INFORM *(de un programa)* quitter. **12** *(en juegos de mesa)* commencer: **sales tú**, tu commences. ▶ *vpr* **salirse 1** *(desviarse un vehículo)* quitter. **2** *(escaparse un gas, un líquido)* s'échapper. • **salir a** ALGN *(parecerse)* ressembler à QQN. **salir adelante 1** *(en la vida)* s'en sortir. **2** *(trabajo)* aboutir. **salir bien** réussir. **salir con** ALGN sortir avec QQN. **salir mal** échouer. **salir perdiendo** être désavantagé,-e. **salir pitando** partir en courant. **salirse con la suya** arriver à ses fins.
saliva [salíβa] *nf* salive *f*.
salmón [salmón] *nm* saumon *m*.
salón [salón] *nm* **1** *(de una casa)* salon *m*. **2** *(público)* salle *f*. • **salón de belleza** salon de beauté.

salpicadura [salpikaðúɾa] *nf* éclaboussure *f*.
salpicar [1] [salpikáɾ] *vt* éclabousser.
salsa [sálsa] *nf* sauce *f*. • **estar en su salsa** être dans son élément.
saltar [saltáɾ] *vi* **1** *(gen)* sauter. **2** *(al agua)* plonger. **3** *(desprenderse)* tomber. **4** *(desparramarse un líquido)* jaillir. **5** *(pelota)* rebondir, bondir. **6** *(enfadarse)* bondir. ▶ *vt* sauter. ▶ *vpr* **saltarse 1** *(gen)* sauter. **2** *(semáforo)* brûler. **3** *(ley)* ignorer.
salto [sálto] *nm* **1** *(gen)* saut *m*. **2** *(al agua)* plongeon *m*. **3** *(precipicio)* précipice *m*. **4** *(de agua)* chute *f* d'eau. • **dar un salto** faire un bond.
salud [salúð] *nf* santé *f*. • *interj* **¡salud!** **1** *(brindis)* à la tienne/vôtre ! **2** *(tras un estornudo)* à tes/vos souhaits !
saludable [saluðáβle] *adj* **1** *(sano)* sain,-e. **2** *(provechoso)* salutaire.
saludar [saluðáɾ] *vt* saluer. • **le saluda atentamente** *(en una carta)* veuillez agréer mes salutations distinguées.
saludo [salúðo] *nm* salut *m*, salutation *f*.
salvación [salβaθjón] *nf* salut *m*.
Salvador [salβaðór] *n pr* **El Salvador** Salvador *m*.
salvadoreño,-ña [salβaðoréɲo,-ɲa] *adj* salvadorien,-enne. ▶ *nm,f* Salvadorien,-enne.
salvaje [salβáxe] *adj* - *nmf* **1** *(gen)* sauvage. **2** *(brutal)* brutal,-e.
salvamento [salβaménto] *nm* sauvetage *m*.
salvar [salβáɾ] *vt* **1** *(gen)* sauver. **2** *(obstáculo, distancia)* franchir. **3** *(dificultad)* éviter. **4** *(exceptuar)* exclure. **5** INFORM sauvegarder. ▶ *vpr* **salvarse** *(sobrevivir)* réchapper.
salvavidas [salβaβíðas] *adj* de sauvetage. ▶ *nm* bouée *f* de sauvetage.
salvedad [salβeðáð] *nf* exception *f*.

salvo,-va [sálβo,-βa] *adj* sauf, sauve. ▶ *adv* **salvo** sauf. • **ponerse a salvo** se mettre à l'abri.

san [san] *adj* → santo,-ta.

sanar [sanár] *vt* - *vi* guérir.

sanción [sanθjón] *nf* sanction *f*.

sancionar [sanθjonár] *vt* sanctionner.

sandalia [sandálja] *nf* sandale *f*.

sandía [sandía] *nf* pastèque *f*.

sándwich [sándwit∫] *nm* sandwich *m*.

sangrar [saŋgrár] *vi* saigner. ▶ *vt* 1 MED saigner. 2 *(texto)* renfoncer. 3 *(pino)* gemmer.

sangre [sáŋgre] *nf* sang *m*. ■ **a sangre fría** de sang froid. **hacerse mala sangre** se faire du mauvais sang.

sangría [saŋgría] *nf* 1 *(en texto)* alinéa *m*, renfoncement *m*. 2 *(bebida)* sangria *f*.

sangriento,-ta [saŋgrjénto,-ta] *adj* sanglant,-e.

sanidad [saniðáð] *nf* 1 *(servicio de salud)* santé *f*. 2 *(salubridad)* hygiène *f*.

sanitario,-ria [sanitárjo,-rja] *adj* sanitaire.

sano,-na [sáno,-na] *adj* sain,-e. ■ **sano y salvo** sain et sauf.

santo,-ta [sánto,-ta] *adj* - *nm,f* (san devant m sauf dans les cas suivants : **Domingo, Tomás, Tomé** et **Toribio**) saint,-e: **santo Tomás**, saint Thomas; **santa Teresa**, sainte Thérèse. ▶ *nm* **santo** *(onomástica)* fête *f*: **hoy es mi santo**, c'est aujourd'hui ma fête.

saña [sápa] *nf* 1 *(empeño)* acharnement *m*. 2 *(furia)* rage *f*.

sapo [sápo] *nm* crapaud *m*.

saque [sáke] *nm* DEP *(en pelota, tenis)* service *m*; *(en fútbol)* dégagement *m*. ■ **saque de esquina** corner *m*.

saquear [sakeár] *vt* saccager, piller.

sarampión [sarampjón] *nm* MED rougeole *f*.

sardina [sarðína] *nf* sardine *f*.

sargento [sarxénto] *nmf* sergent *m*.

sarpullido [sarpuʎíðo] *nm* éruption *f* cutanée.

sartén [sartén] *nf* poêle *f*. • **tener la sartén por el mango** tenir les rênes.

sastre,-tra [sástre,-tra] *nm,f* tailleur *m*, couturière *f*.

satélite [satélite] *adj* - *nm* satellite *m*.

satén [satén] *nm* satin *m*.

sátira [sátira] *nf* satire *f*.

satisfacción [satisfakθjón] *nf* satisfaction *f*.

satisfacer [85] [satisfaθér] *vt* satisfaire.

satisfecho,-cha [satisfétʃo,-tʃa] *adj* satisfait,-e. ■ **darse por satisfecho** s'estimer heureux,-euse.

saturar [saturár] *vt* saturer.

sauce [sáuθe] *nm* saule *m*. ■ **sauce llorón** saule pleureur.

sauna [sáuna] *nf* sauna *m*.

saxofón [saksofón] *nm* saxophone *m*.

sazón [saθón] *nf* 1 *(madurez)* maturité *f*. 2 *(sabor)* saveur *f*. • **en sazón** mûr,-e.

sazonar [saθonár] *vt* assaisonner.

se [se] *pron pers* 1 *(reflexivo)* se, s': **se levanta**, il se lève. 2 *(complemento indirecto)* lui, leur: **se lo diré**, je le lui/leur dirai. 3 *(recíproco)* se, s': **se quieren mucho**, ils s'aiment beaucoup. 4 *(impersonal)* on: **se dice**, on dit.

secador [sekaðór] *nm* séchoir *m*. ■ **secador de pelo** sèche-cheveux *m inv*.

secadora [sekaðóra,-ra] *nf* sèche-linge *m inv*.

secar [1] [sekár] *vt* 1 *(ropa, lágrimas)* sécher. 2 *(plantas, etc)* dessécher. 3 *(terreno)* assécher. 4 *(fuente, pozo)* tarir.

sección [sekθjón] *nf* **1** *(gen)* section f. **2** *(de empresa)* service m. **3** *(de una publicación)* pages f pl. **4** *(de un supermercado)* rayon m.

seco,-a [séko,-ka] *adj* sec, sèche. • **a secas** tout court. **en seco** s'arrêter net. **pararse en seco** s'arrêter net.

secretaría [sekretaría] *nf* secrétariat m.

secretario,-ria [sekretárjo,-rja] *nm,f* secrétaire.

secreto,-ta [sekréto,-ta] *adj* secret, -ète. ▶ *nm* **secreto** secret m.

secta [sékta] *nf* secte f.

sector [sektòr] *nm* secteur m.

secuela [sekwéla] *nf* **1** *(consecuencia)* conséquence f. **2** MED séquelle f.

secuencia [sekwénθja] *nf* séquence f.

secuestrar [sekwestrár] *vt* **1** *(persona)* enlever, kidnapper. **2** *(avión, barco)* détourner.

secuestro [sekwéstro] *nm* **1** *(de persona)* enlèvement m. **2** *(de avión, barco)* détournement m.

secundario,-ria [sekundárjo,-rja] *adj* secondaire.

sed [seð] *nf* soif f.

seda [séða] *nf* soie f. • **ir como la seda** aller comme sur des roulettes. ■ **seda dental** fil m dentaire.

sede [séðe] *nf* siège m.

sedoso,-sa [seðóso,-sa] *adj* soyeux, -euse.

seducir [46] [seðuθír] *vt* séduire.

seductor,-ra [seðuktòr,-ra] *adj* séduisant,-e. ▶ *nm,f* séducteur,-trice.

segmento [seɣménto] *nm* segment m.

seguido,-da [seɣíðo,-ða] *adj* **1** *(acompañado)* suivi,-e. **2** *(continuo)* continu,-e. **3** *(consecutivo)* de suite. • **en seguida** *(pronto)* tout de suite. **2** *(acto continuo)* aussitôt après.

seguidor,-ra [seɣiðòr,-ra] *nm,f* **1** *(gen)* adepte. **2** DEP supporter m.

seguir [56] [seɣír] *vt* **1** suivre. **2** *(proseguir)* poursuivre, continuer. ▶ *vi* **1** *(continuar)* continuer à.

según [seɣún] *prep* selon, d'après: **según él**, d'après lui. ▶ *adv* **1** *(depende de)* en fonction de. **2** *(como)* comme: **te lo cuento según me lo contaron a mí**, je te le raconte comme on me l'a raconté. **3** *(a medida que)* à mesure que.

segundo,-da [seɣúndo,-da] *adj* second, -e, deuxième. ▶ *nm* **segundo** *(división del minuto)* seconde f.

seguridad [seɣuriðáð] *nf* **1** *(gen)* sécurité f. **3** *(garantía)* garantie f.

seguro,-ra [seɣúro,-ra] *adj* **1** sûr, sure. **2** *(estable)* ferme, solide. ▶ *nm* **seguro 1** *(dispositivo)* cran m d'arrêt. **2** *(contrato)* assurance f. **3** *(de un arma de fuego)* cran m de sûreté. ▶ *adv* sûrement. • **seguro que...** c'est sûr que .... ■ **seguro a todo riesgo** assurance tous risques. **seguro de vida** assurance-vie f.

seis [seis] *num* six m.

seiscientos,-tas [seisθjéntos,-tas] *num* **1** *(cardinal)* six cents. **2** *(ordinal)* six-centième.

seísmo [seízmo] *nm* séisme m.

selección [selekθjón] *nf* sélection f. ■ **selección nacional** équipe m nationale.

seleccionar [selekθjonár] *vt* sélectionner.

selectividad [selektiβiðáð] *nf* baccalauréat m.

selecto,-ta [selékto,-ta] *adj* de choix.

sellar [seʎár] *vt* **1** *(precintar)* sceller. **2** *(una carta)* cacheter, timbrer.

sello [séʎo] *nm* **1** *(de correos)* timbre-poste m, timbre m; *(para estampar)* cachet m. **2** *(de papel)*

selva

timbre *m*. **3** *(disco de cera o plomo)* sceau *m*. **4** *(marca)* cachet *m*.
selva [sélβa] *nf* forêt *f*.
semáforo [semáforo] *nm* feu *m*: **un semáforo en rojo**, un feu rouge.
semana [semána] *nf* semaine *f*. ● **entre semana** dans la semaine, au courant de la semaine. ■ **fin de semana** week-end *m*. **Semana Santa** Pâques *m*.
semanal [semanál] *adj* hebdomadaire.
semanario,-ria [semanárjo,-rja] *adj* hebdomadaire.
sembrar [27] [sembrár] *vt* **1** *(semillas)* semer, ensemencer. **2** *fig (de cosas esparcidas)* joncher, parsemer.
semejante [semeχánte] *adj* **1** *(parecido)* semblable. **2** *(tal)* pareil, -eille. ▶ *nmf* semblable *m*.
semejanza [semeχánθa] *nf* ressemblance *f*.
semen [sémen] *nm* sperme *m*.
semestral [semestrál] *adj* semestriel, -elle.
semestre [seméstre] *nm* semestre *m*.
semifinal [semifinál] *nf* DEP demi-finale *f*.
semilla [semíʎa] *nf* **1** graine *f*, semence *f*. **2** *fig* semence *f*.
seminario [seminárjo] *nm* séminaire *m*.
sémola [sémola] *nf* semoule *f*.
senado [senáðo] *nm* sénat *m*.
senador,-ra [senaðòr,-ra] *nm* sénateur,-trice.
sencillez [senθiʎéθ] *nf* simplicité *f*.
sencillo,-lla [senθíʎo,-ʎa] *adj* simple.
sendero [sendéro] *nm* sentier *m*.
seno [séno] *nm* sein *m*.
sensación [sensaθjón] *nf* sensation *f*.
sensacional [sensaθjonál] *adj* sensationnel,-elle.

sensatez [sensatéθ] *nf* bon sens *m*, sagesse *f*.
sensato,-ta [sensáto,-ta] *adj* sensé,-e.
sensibilidad [sensiβiliðáð] *nf* sensibilité *f*.
sensible [sensíβle] *adj* sensible.
sensual [senswál] *adj* sensuel,-elle.
sensualidad [senswaliðáð] *nf* sensualité *f*.
sentado,-da [sentáðo,-ða] *adj* assis,-e.
sentar [27] [sentár] *vt* **1** *(en asiento)* asseoir. **2** *fig (bases)* établir. ● **sentar** ALGO **bien 1** *(a la salud)* faire du bien. **2** *(ropa)* aller bien. **3** *(comentario)* plaire. **sentar** ALGO **mal 1** *(a la salud)* faire du mal. **2** *(ropa)* ne pas aller. **3** *(comentario)* ne pas plaire.
sentido,-da [sentíðo,-ða] *adj* **1** *(sincero)* sincère. **2** *(susceptible)* susceptible. ▶ *nm* **sentido 1** *(gen)* sens *m*. **2** *(conciencia)* connaissance *f*. ● **perder el sentido** perdre connaissance. **sin sentido** sans aucun sens. ■ **sentido común** sens commun.
sentimental [sentimentál] *adj* sentimental,-e.
sentimiento [sentimjénto] *nm* **1** *(gen)* sentiment *m*. **2** *(pesar)* regret *m*.
sentir [35] [sentír] *vt* **1** *(sensación)* sentir. **2** *(oír)* entendre. **3** *(experimentar)* éprouver, ressentir. **4** *(opinar, creer)* penser, croire. **5** *(lamentar)* regretter.
seña [séɲa] *nf* signe *m*.
señal [seɲál] *nf* **1** *(marca, indicio)* signe *m*. **2** *(prueba)* preuve *f*, témoignage *m*. **3** *(huella, cicatriz)* trace *f*, marque *f*. ● **señal de tráfico** panneau *m* de signalisation.
señalado,-da [seɲaláðo,-ða] *adj* **1** *(insigne)* important,-e, remarquable. **2** *(día, fecha)* fixé,-e.
señalar [seɲalár] *vt* **1** *(apuntar)* montrer, indiquer: **señalar con el dedo**, montrer du doigt. **2** *(marcar)* signaler, annoncer.

señor,-ra [seɲór,-ra] *adj - nm,f (dueño)* maître,-esse. ▶ *nm* **señor 1** *(tratamiento)* monsieur *m*. **2** *(feudal, Dios)* seigneur *m*.

señora [seɲòra] *nf* **1** *(tratamiento)* madame *f*. **2** *(esposa)* femme *f*, épouse *f*.

señorita [seɲoríta] *nf* **1** *(joven)* demoiselle *f*, jeune fille *f*. **2** *(tratamiento de cortesía)* mademoiselle *f*.

separación [separaθjón] *nf* séparation *f*.

separado,-da [separáðo,-ða] *adj* séparé,-e.

separar [separár] *vt* **1** *(gen)* séparer. **2** *(apartar)* écarter. **3** *(funcionario)* suspendre. ▶ *vpr* **separarse 1** *(de una persona)* se séparer. **2** *(apartarse)* s'écarter.

sepia [sépja] *nf (molusco)* seiche *f*.

septiembre [septjémbre], **setiembre** [setjémbre] *nm* septembre *m*.

séptimo,-ma [séptimo,-ma] *num* septième *m*.

sepultura [sepultúra] *nf* sépulture *f*. • **dar sepultura** inhumer.

sequía [sekía] *nf* sécheresse *f*.

ser [86] [ser] *vi* **1** *(atribución de cualidades)* être. **2** *(pertenecer a)* être: **estos son míos**, ceci est à moi. **3** *(gen)* être: **hoy es martes y trece**, aujourd'hui c'est mardi treize. **4** *(suceder)* arriver, se faire; *(tener lugar)* avoir lieu, venir. **5** *(en matemáticas)* faire: **tres más dos son cinco**, trois plus deux font cinq. • **a no ser que** à moins que. **como sea** coûte que coûte. **es más de plus. eso es** c'est cela, c'est ça. **sea como sea** quoi qu'il en soit. • **ser humano** être humain.

sereno,-na [seréno,-na] *adj (cielo, tiempo)* serein,-e. **2** *(persona)* serein, -e, calme.

serie [sérje] *nf* série *f*.

seriedad [serjeðáð] *nf* sérieux *m*, gravité *f*.

serio,-ria [sérjo,-rja] *adj* sérieux, -euse. • **tomar en serio** prendre au sérieux.

serpiente [serpjénte] *nf* serpent *m*.

serrar [27] [seřár] *vt* scier.

servicio [serβíθjo] *nm* **1** *(gen)* service *m*. **2** *(criados)* domestiques *m pl*. **3** *(gén au pl) (aseos)* toilettes *f pl*.

servidor [serβiðór] *nm* INFORM serveur *m*.

servilleta [serβiʎéta] *nf* serviette *f*.

servir [34] [serβír] *vt* *(comida, bebida, etc)* servir. ▶ *vt - vi (ser útil)* servir (**para**, à). ▶ *vpr* **servirse 1** *(gen)* se servir. **2** *fml (fórmula de cortesía)* vouloir, daigner: **sírvase entrar**, veuillez entrer. **3** *(aprovecharse)* se servir (**de**, de).

sesenta [sesénta] *num* soixante *m*.

sesión [sesjón] *nf* séance *f*.

seta [séta] *nf* champignon *m*.

setecientos,-as [seteθjéntos,-as] *num* **1** *(cardinal)* sept cents. **2** *(ordinal)* sept-centième.

setenta [seténta] *num* soixante-dix *m*.

setiembre → septiembre.

seudónimo [seuðónimo], **pseudónimo** [pseuðónimo] *nm* pseudonyme *m*.

severo,-ra [seβéro,-ra] *adj* sévère.

sexo [sékso] *nm* sexe *m*.

sexto,-ta [séksto,-ta] *num* sixième *m*.

sexual [sekswál] *adj* sexuel,-elle.

sexualidad [sekswaliðáð] *nf* sexualité *f*.

si [si] *conj* si, s'. • **si bien** bien que. **si no** autrement.

sí¹ [si] *pron pers* lui: **sólo piensa en sí**, il ne pense que à lui. • **de por sí** en soi. **estar fuera de sí** être hors de soi. **sí mismo** soi-même.

sí² [si] *adv* **1** *(afirmativo)* oui. **2** *(enfático)* si: **¡pero sí que hace frío hoy!**, mais si il fait froid !

sida [siða] *nm* sida *m*.

sidra [siðra] *nf* cidre *m*.

siempre [sjèmpre] *adv* toujours. • **siempre que** pourvu que. **siempre y cuando que** du moment que.

sierra [sjèřa] *nf* **1** *(herramienta, pez)* scie *f*. **2** *(cadena de montañas)* chaîne *f* de montagnes.

siesta [sjèsta] *nf* sieste *f*. • **echar la siesta** faire la sieste.

siete [sjète] *num* sept *m*.

sigilo [siχilo] *nm* secret *m*.

sigla [siγla] *nf* sigle *m*.

siglo [siγlo] *nm* siècle *m*. • **hace siglos que...** il y a une éternité que ....

significado [siγnifikáðo] *nm* signification *f*, sens *m*.

significar [1] [siγnifikár] *vt* signifier.

signo [siγno] *nm* signe *m*.

siguiente [siγjénte] *adj* - *nmf* suivant,-e.

sílaba [sílaβa] *nf* syllabe *f*.

silbar [silβár] *vi* - *vt* siffler.

silbato [silβáto] *nm* sifflet *m*.

silbido [silβíðo] *nm* sifflement *m*, coup *m* de sifflet.

silencio [silénθjo] *nm* silence *m*.

silencioso,-sa [silenθjóso,-sa] *adj* silencieux,-euse.

silicona [silikóna] *nf* silicone *f*.

silla [si ka] *nf* chaise *f*. • **silla de montar** selle *f*. **silla de ruedas** chaise roulante.

sillín [si kín] *nm* selle *f*.

sillón [si kón] *nm* fauteuil *m*.

silueta [silwéta] *nf* silhouette *f*.

simbólico,-ca [simbóliko,-ka] *adj* symbolique.

símbolo [símbolo] *nm* symbole *m*.

simetría [simetría] *nf* symétrie *f*.

simétrico,-ca [simétriko,-ka] *adj* symétrique.

similar [similár] *adj* similaire.

similitud [similitúð] *nf* similitude *f*, similarité *f*.

simio [simjo] *nm* singe *m*.

simpatía [simpatía] *nf* sympathie *f*.

simpático,-ca [simpátiko,-ka] *adj* sympathique.

simple [simple] *adj (sencillo)* simple. ▶ *adj* - *nmf fig (ingenuo)* naïf, naïve, niais,-e.

simplificar [1] [simplifikár] *vt* simplifier.

simulación [simulaθjón] *nf* simulation *f*.

simular [simulár] *vt* simuler.

simultáneo,-a [simultáneo,-a] *adj* simultané,-e.

sin [sin] *prep* sans. • **sin embargo** cependant.

sinagoga [sinaγóγa] *nf* synagogue *f*.

sinceridad [sinθeriðáð] *nf* sincérité *f*.

sincero,-ra [sinθéro,-ra] *adj* sincère.

sincronizar [4] [sinkroniθár] *vt* synchroniser.

sindical [sindikál] *adj* syndical,-e.

sindicato [sindikáto] *nm* syndicat *m*.

síndrome [síndrome] *nm* syndrome *m*.

sinfín [simfín] *nm* infinité *f*.

sinfonía [simfonía] *nf* MÚS symphonie *f*.

sinfónico,-ca [simfóniko,-ka] *adj* symphonique.

singular [singulár] *adj* singulier, -ère. ▶ *nm* unique.

siniestro,-tra [sinjéstro,-tra] *adj* **1** *(izquierdo)* gauche. **2** *(funesto)* sinistre. ▶ *nm* siniestro sinistre *m*.

sino [sino] *conj* **1** *(contraposición)* mais. **2** *(precedido de una negación)* sauf.

sinónimo,-ma [sinónimo,-ma] *adj* synonyme. ▶ *nm* sinónimo synonyme *m*.

síntesis [sintesis] *nf* synthèse *f*.

síntoma [sintoma] *nm* symptôme *m*.

sinvergüenza [simberywénθa] *adj* - *nmf* dévergondé,-e, fripon,-onne. ▶ *nmf* crapule *f*.

siquiera [sikjéra] *adv* au moins, ne serait-ce que. ▶ *conj* même si, ne serait-ce que: **cuéntamelo, siquiera por encima**, raconte-le moi, ne serait-ce que brièvement. • **ni siquiera** pas même.

sirena [siréna] *nf* sirène *f*.

sistema [sistéma] *nm* système *m*.

sitiar [12] [sitjár] *vt* assiéger.

sitio [sitjo] *nm* **1** (*lugar*) endroit *m*. **2** (*espacio, asiento*) place *f*. • **hacer sitio a** ALGN faire de la place à QQN.

situación [sitwaθjón] *nf* situation *f*.

situar [11] [sitwár] *vt* situer, placer.

sobaco [soβáko] *nm* aisselle *f*.

sobar [soβár] *vt* (*manosear*) tripoter, peloter. ▶ *vi fam* (*dormir*) roupiller.

soberbia [soβérβja] *nf* superbe *f*, orgueil *m*.

soberbio,-bia [soβérβjo,-βja] *adj* **1** (*arrogante*) hautain,-e, arrogant,-e. **2** (*excelente*) superbe, magnifique.

sobornar [soβornár] *vt* soudoyer.

soborno [soβórno] *nm* pot-de-vin *m*.

sobra [soβra] *nf* reste *m*, excès *m*. ▶ *nf pl* **sobras** **1** (*de una comida*) restes *m pl*. **2** (*de una cosa*) déchets *m pl*. • **de sobra** **1** (*abundancia*) largement. **2** (*en exceso*) plus qu'il n'en faut. **3** (*demasiado*) en trop.

sobrar [soβrár] *vi* **1** (*quedar*) rester. **2** (*haber demasiado*) avoir en trop. **3** (*estar de más*) être de trop.

sobre [soβre] *nm* (*de una carta*) enveloppe *f*. ▶ *prep* **1** (*encima de*) sur. **2** (*por encima de*) au-dessus de, par-dessus. **3** (*acerca de*) sur, au sujet de. • **sobre todo** surtout.

sobredosis [soβreðósis] *nf* overdose *f*.

sobrenatural [soβrenaturál] *adj* surnaturel,-elle.

sobrepasar [soβrepasár] *vt* surpasser, excéder.

sobreponer [78] [soβreponér] *vt* superposer. ▶ *vpr* **sobreponerse** (*a adversidades, etc*) surmonter (**a**, -).

sobresaliente [soβresaljénte] *adj* (*que sobresale*) qui dépasse, en saillie. **2** (*notable*) remarquable. ▶ *nm* (*en los exámenes*) mention *f* très bien.

sobresalir [84] [soβresalír] *vi* **1** (*en tamaño*) surpasser, dépasser. **2** *fig* (*en importancia*) se distinguer, exceller.

sobresaltar [soβresaltár] *vt* (*asustar*) effrayer, faire sursauter.

sobresalto [soβresálto] *nm* sursaut *m*.

sobretodo [soβretóðo] *nm* pardessus *m*.

sobrevivir [soβreβiβír] *vi* survivre.

sobrino,-na [soβríno,-na] *nm,f* neveu *m*, nièce *f*.

sobrio,-bria [soβrjo,-βrja] *adj* sobre.

sociable [soθjáβle] *adj* sociable.

social [soθjál] *adj* social,-e.

socialismo [soθjalízmo] *nm* socialisme *m*.

socialista [soθjalísta] *adj* - *nmf* socialiste.

sociedad [soθjeðáð] *nf* société *f*.

socio,-cia [sóθjo,-θja] *nm,f* **1** (*de una sociedad*) associé,-e. **2** (*de asociación, club*) sociétaire, membre.

sociología [soθjoloχía] *nf* sociologie *f*.

sociólogo,-ga [soθjóloγo,-γa] *nm,f* sociologue.

socorrer [sokoře̞r] *vt* secourir.

socorrista [sokořísta] *nmf* secouriste.

socorro [sokóřo] *nm* secours *m*, aide *f*. ▶ *interj* **¡socorro!** au secours !

sofá [sofá] *nm* canapé *m*. • **sofá cama** canapé-lit *m*.

sofisticado,-da [sofistikáðo,-ða] *adj* sophistiqué,-e.

sofocar [1] [sofokár] *vt* **1** *(gen)* suffoquer, étouffer. **2** *(avergonzar)* faire rougir. ▶ *vpr* **sofocarse** *(ruborizarse)* rougir.

sofoco [sofóko] *nm* **1** *(ahogo)* suffocation *f*, étouffement *m*. **2** *(rubor)* rougeur *f*. **3** *(disgusto)* gros ennui *m*, contrariété *f*.

software [sofguer] *nm* logiciel *m*.

soja [sóχa] *nf* soja *m*.

sol [sol] *nm* **1** *(astro)* soleil *m*. **2** *fam (apelativo)* amour *m*. • **tomar el sol** prendre le soleil.

solar¹ [solár] *adj (del Sol)* solaire.

solar² [solár] *nm (por edificar)* terrain *m* vague, terrain *m* à bâtir.

soldado [soldáðo] *nm* soldat *m*.

soldar [31] [soldár] *vt* souder.

soleado,-da [soleáðo,-ða] *adj* ensoleillé,-e.

soledad [soleðáð] *nf* solitude *f*.

solemne [solémne] *adj* solennel,-elle.

soler [32] [solér] *vi* **1** *(hacer)* avoir coutume de. **2** *(ser normal)* être fréquent.

solicitar [soliθitár] *vt* solliciter, demander.

solicitud [soliθitúð] *nf* **1** *(petición)* sollicitude *f*. **2** *(documento)* demande *f*, requête *f*.

solidaridad [soliðariðáð] *nf* solidarité *f*.

solidario,-ria [soliðárjo,-rja] *adj* solidaire.

solidez [soliðéθ] *nf* solidité *f*.

sólido,-da [sóliðo,-ða] *adj - nm* solide *m*.

solitaria [solitárja] *nf* ver *m* solitaire.

solitario,-ria [solitárjo,-rja] *adj* solitaire. • **en solitario** en solo.

sollozar [4] [soλoθár] *vi* sangloter.

sollozo [soλóθo] *nm* sanglot *m*.

solo¹**,-la** [sólo,-la] *adj* seul,-e. ▶ *nm* **solo 1** MÚS solo *m*. **2** *(café)* café *m* noir. • **a solas** tout,-e seul,-e.

solo², **sólo** [sólo] *adv* seulement. • **no sólo... sino también** non seulement ... mais encore.

solomillo [solomíλo] *nm* aloyau *m*.

soltar [31] [soltár] *vt* **1** *(lo que estaba atado)* détacher; *(nudo)* défaire. **2** *(lo que se tiene cogido)* lâcher. **3** *(poner en libertad)* lâcher, laisser échapper. **4** *fam (decir)* dire, sortir. ▶ *vpr* **soltarse 1** *fig (adquirir desenvoltura)* se dégourdir, se débrouiller; *(perder timidez)* se dérider, se décoincer. **2** *(empezar)* commencer (**a**, à): **soltarse a hablar**, commencer à parler.

soltero,-ra [soltéro,-ra] *adj - nm,f* célibataire.

solución [soluθjón] *nf* solution *f*.

solucionar [soluθjonár] *vt* résoudre.

sombra [sómbra] *nf* **1** ombre *f*. **2** *fig (suerte)* chance *f*: **tener buena sombra**, avoir de la chance. **3** *fig (sospecha)* ombre *f*, soupçon *m*: **la sombra de la duda**, l'ombre d'un doute. • **sombra de ojos** fard *m* à paupières.

sombrero [sombréro] *nm* chapeau *m*.

sombrilla [sombríλa] *nf* ombrelle *f*.

sombrío,-bría [sombrío,-bria] *adj* **1** *(con sombra)* sombre, ombragé,-e. **2** *fig (melancólico)* sombre.

someter [sometér] *vt* soumettre.

somier [somjér] *nm* (pl **somieres** o **somiers**) sommier *m*.

somnífero,-ra [somnífero,-ra] *adj - nm* somnifère *m*.

son [son] *nm* **1** *(sonido agradable)* son *m*. **2** *(modo, estilo)* manière *f*, façon *f*.

sonar [31] [sonár] *vi* **1** *(producir un sonido)* sonner. **2** *(reloj)* sonner. **3**

sonarse se moucher. ► **así como suena** comme ça se prononce.
sonda [sònda] *nf* sonde *f*.
sondear [sondeár] *vt* sonder.
sondeo [sondéo] *nm* sondage *m*.
sonido [soníðo] *nm* son *m*.
sonoro,-ra [sonóro,-ra] *adj* sonore.
sonreír [37] [sonreír] *vi* sourire.
sonrisa [sonrísa] *nf* sourire *m*.
sonrojar [sonroχár] *vt* faire rougir. ► *vpr* **sonrojarse** rougir.
soñar [31] [soɲár] *vt* rêver, songer. ► *vi* rêver (**con**, à/de). **¡ni lo sueñes!** aucune chance !
sopa [sópa] *nf* soupe *f*. • **hecho una sopa** trempé comme une soupe.
sopetón [sopetón]. • **de sopetón** sans crier gare, à brûle-pourpoint.
soplar [soplár] *vi* 1 *(velas)* souffler. 2 *fam (beber)* descendre. ► *vt* 1 *(velas)* souffler. 2 *fam (delatar)* rapporter, moucharder. ► *vpr* **soplarse** *fam (beber)* se siffler.
soplo [sóplo] *nm* 1 *(de aire)* souffle *m*. 2 *fam fig (chivatazo)* mouchardage *m*, cafardage *m*. • **dar el soplo** *fam* moucharder, cafarder. **en un soplo** d'un seul coup.
soportable [soportáβle] *adj* supportable.
soportar [soportár] *vt* supporter.
soporte [sopórte] *nm* support *m*.
sorbete [sorβéte] *nm* sorbet *m*.
sorbo [sórβo] *nm* gorgée *f*. • **a sorbos** à petites gorgées.
sordera [sorðéra] *nf* surdité *f*.
sórdido,-da [sórðiðo,-ða] *adj* sordide.
sordo,-da [sórðo,-ða] *adj - nm,f* sourd,-e. • **hacerse el sordo** faire la sourde oreille.

sordomudo,-da [sorðomúðo,-ða] *adj - nm,f* sourd-muet *m*, sourde-muette *f*.
sorprendente [sorprendénte] *adj* surprenant,-e.
sorprender [sorprendér] *vt* surprendre. ► *vpr* **sorprenderse** s'étonner.
sorpresa [sorprésa] *nf* surprise *f*. • **llevarse una sorpresa** avoir une surprise.
sortear [sorteár] *vt* 1 *(rifar)* tirer au sort. 2 *(eludir)* éviter, éluder.
sorteo [sortéo] *nm* tirage *m* au sort.
sosegar [48] [soseɣár] *vt* calmer, apaiser.
sosiego [sosjéɣo] *nm* calme *m*, tranquillité *f*.
soso,-sa [sóso,-sa] *adj* 1 *(sin sal)* fade. 2 *(sin gracia)* fade, insipide. 3 *(aburrido)* sans esprit, sans humour.
sospecha [sospétʃa] *nf* soupçon *m*.
sospechar [sospetʃár] *vt - vi* 1 *(dudar)* soupçonner. 2 *(imaginar)* se douter de. ► *vi* **sospechar de** soupçonner, suspecter.
sospechoso,-sa [sospetʃóso,-sa] *adj - nm,f* suspect,-e.
sostén [sostén] *nm* 1 *(gen)* soutien *m*. 2 *(prenda)* soutien-gorge *m*.
sostener [87] [sostenér] *vt* soutenir. ► *vpr* **sostenerse** se tenir.
sótano [sótano] *nm* sous-sol *m*, cave *f*.
Sr. *abr* (**señor**) M.
Sra. *abr* (**señora**) Mme.
Sres. *abr* (**señores**) MM.
Srta. *abr* (**señorita**) Mlle.
stop [estóp] *nm* stop *m*.
su [su] *adj pos* 1 *(un solo poseedor)* son, sa, ses. 2 *(varios poseedores)* leur, leurs. 3 *(de usted, de ustedes)* votre, vos.
suave [swáβe] *adj* doux, douce.
suavidad [swaβiðáð] *nf* douceur *f*.

suavizante [swaβiθánte] nm **1** (de ropa) assouplissant m. **2** (de pelo) après-shampooing.

suavizar [4] [swaβiθár] vt adoucir.

subida [suβíða] nf **1** (en globo, etc) montée f. **2** (de un monte) ascension f. **3** (cuesta) montée f, côte f. **4** (de los precios) hausse f. **5** (de las aguas) crue f.

subir [suβír] vi **1** (a un vehículo, etc) monter. **2** (aumentar) augmenter. **3** (ascender) s'élever (**a**, à), monter (**a**, à). ▶ vt **1** (gen) monter. **2** (llevar a un sitio más elevado) monter. **3** (precio) augmenter, monter. **4** (el tono) hausser. ▶ vpr **subirse 1** (a un vehículo) monter. **2** (trepar) se hisser, monter.

súbito [súβito] adj soudain,-e.

subjetivo,-va [suβχetiβo,-βa] adj subjectif,-ive.

sublevar [suβleβár] vt soulever, révolter.

sublime [suβlíme] adj sublime.

submarinismo [suβmarinizmo] nm plongée f sous-marine.

submarino,-na [suβmaríno,-na] adj sous-marin,-e. ▶ nm **submarino** sous-marin m.

subnormal [suβnormál] adj - nmf pey débile.

subrayar [suβrajár] vt souligner.

subsistir [suβsistír] vi subsister.

subsuelo [suβswélo] nm sous-sol m.

subterráneo,-a [suβteřáneo,-a] adj souterrain,-e. ▶ nm **subterráneo** souterrain m.

subtítulo [suβtítulo] nm sous-titre m.

suburbio [suβúrβjo] nm banlieue f.

subvención [suββenθjón] nf subvention f.

suceder [suθeðér] v impers (ocurrir) arriver, se produire: **lo que sucedió ayer**, ce qui est arrivé hier. ▶ vi (seguir) succéder.

sucesión [suθesjón] nf succession f.

sucesivo,-va [suθesíβo,-βa] adj successif,-ive.

suceso [suθéso] nm **1** (acontecimiento) événement m, fait m. **2** (en los periódicos) fait m divers.

sucesor,-ra [suθesór,-ra] nm,f successeur m.

suciedad [suθjeðáð] nf saleté f.

sucio,-cia [súθjo,-θja] adj sale.

sudadera [suðaðéra] nf sweat-shirt m.

Sudáfrica [suðáfrika], **Suráfrica** [suráfrika] n pr Afrique f du Sud.

sudafricano,-na [suðafrikáno,-na], **surafricano,-na** [surafrikáno,-na] adj sud-africain,-e. ▶ nm,f Sud-Africain,-e.

Sudamérica [suðamérika], **Suramérica** [suramérika] n pr Amérique f du Sud.

sudamericano,-na [suðamerikáno,-na], **suramericano,-na** [suramerikáno,-na] adj sud-américain,-e. ▶ nm,f Sud-Américain,-e.

sudar [suðár] vt - vi suer.

sudeste [suðéste], **sureste** [suréste] adj - nm sud-est m.

sudoeste [suðoéste], **suroeste** [suroéste] adj - nm sud-ouest m.

sudor [suðór] nm sueur f.

Suecia [swéja] n pr Suède f.

sueco,-ca [swéko,-ka] adj suédois,-e. ▶ nm,f Suédois,-e. ▶ nm **sueco** (idioma) suédois m.

suegra [swéyra] nf belle-mère f.

suegro [swéyro] nm beau-père m.

suela [swéla] nf semelle f.

sueldo [swéldo] nm salaire m, appointements m pl; (de un funcionario) traitement m.

suelo [swélo] nm **1** (tierra, terreno) sol m. **2** (de una vasija) fond m. ● **tirar por los suelos 1** (persona) être tombé très bas. **2** (precio, mercancía) être très bas, être très bon marché.

suelto,-ta [swĕlto,-ta] *adj* **1** *(no sujeto - pelo)* défait,-e, épars,-e; *(- hojas)* volant,-e; *(- ropa)* non ajusté,-e. **2** *(no preso)* libre. **3** *(que no hace juego)* dépareillé,-e. ▶ *nm (dinero)* petite monnaie *f.*

sueño [swĕno] *nm* **1** *(descanso)* sommeil *m.* **2** *(deseo, quimera)* rêve *m*, songe *m.* • **tener sueño** avoir sommeil.

suerte [swĕrte] *nf* **1** *(fortuna)* chance *f.* **2** *(clase)* sorte *f.* **3** *(destino)* sort *m.* • **dar suerte** porter chance. **tener mala suerte** ne pas avoir de chance. **tener suerte** avoir de la chance.

suéter [swĕter] *nm* pull *m*, chandail *m.*

suficiente [sufiθjĕnte] *adj* suffisant,-e.

sufragar [7] [sufraɣár] *vt* **1** *(ayudar)* aider. **2** *(costear)* payer.

sufrimiento [sufrimjĕnto] *nm* souffrance *f.*

sufrir [sufrír] *vt* **1** *(padecer)* souffrir. **2** *(experimentar)* subir; *(aguantar)* supporter; *(desengaño, derrota)* éprouver. **3** *(consentir)* souffrir, tolérer.

sugerir [35] [suxerír] *vt* suggérer.

suicida [swiθíða] *adj - nmf* suicidaire.

suicidarse [swiθiðárse] *vpr* se suicider.

suicidio [swiθíðjo] *nm* suicide *m.*

Suiza [swíθa] *n pr* Suisse *f.*

suizo,-za [swíθo,-θa] *adj* suisse. ▶ *nm,f* Suisse.

sujetador [suxetaðór] *nm (prenda)* soutien-gorge *m.*

sujetar [suxetár] *vt* **1** *(mantener asido)* tenir. **2** *(contener)* retenir. **3** *(atar)* attacher. **4** *(someter)* assujettir. ▶ *vpr* **sujetarse** se tenir, s'accrocher.

sujeto,-ta [suxĕto,-ta] *adj* **1** *(expuesto)* exposé,-e; *(propenso)* sujet, -ette. **2** *(atado)* fixé,-e. ▶ *nm* **sujeto** sujet *m.*

suma [súma] *nf* **1** *(cantidad)* somme *f.* **2** MAT addition *f.*

sumar [sumár] *vt* **1** *(cantidades)* additionner. **2** *(totalizar)* se monter à, totaliser. ▶ *vpr* **sumarse** se joindre.

sumergir [6] [sumerxír] *vt* submerger. ▶ *vpr* **sumergirse** plonger.

suministrar [suministrár] *vt* fournir, pourvoir.

suministro [suministro] *nm* fourniture *f.*

sumisión [sumisjón] *nf* soumission *f.*

sumo,-ma [súmo,-ma] *adj* **1** *(supremo)* suprême. **2** *(muy grande)* très grand,-e: **actuar con suma prudencia**, agir avec une extrême prudence. • **a lo sumo** tout au plus.

súper [súper] *nm fam* supermarché *m.*

superar [superár] *vt* **1** *(exceder)* surpasser. **2** *(obstáculo, dificultad, etc)* surmonter.

superficial [superfiθjál] *adj* superficiel, -elle.

superficie [superfíθje] *nf* **1** *(parte externa)* surface *f.* **2** *(extensión)* superficie *f.*

superior [superjór] *adj* supérieur,-e.

superioridad [superjoriðáð] *nf* supériorité *f.*

superlativo [superlatíβo] *nm* superlatif *m.*

supermercado [supermerkáðo] *nm* supermarché *m.*

superstición [superstiθjón] *nf* superstition *f.*

supersticioso,-sa [superstiθjóso,-sa] *adj* superstitieux,-euse.

supervisar [superβisár] *vt* superviser.

superviviente [superβiβjĕnte] *adj - nmf* survivant,-e.

suplemento [suplemĕnto] *nm* supplément *m.*

suplente [suplénte] *adj - nmf* suppléant, -e, remplaçant, -e.

suplicar [1] [suplikár] *vt* **1** *(rogar)* supplier, prier. **2** *(pedir)* solliciter, demander.

suponer [78] [suponér] *vt* **1** *(creer)* supposer. **2** *(dar por sentado)* imaginer. **3** *(significar)* représenter. ▶ *vpr* **suponerse** supposer.

suposición [suposiθjón] *nf* supposition *f.*

supremacía [supremaθía] *nf* suprématie *f.*

supremo,-ma [suprémo,-ma] *adj* suprême.

suprimir [suprimír] *vt* supprimer.

supuesto,-ta [supwèsto,-ta] *adj* prétendu,-e, soi-disant. ▶ *nm* **supuesto** supposition *f*, hypothèse *m.* ● **por supuesto** naturellement, bien entendu.

sur [sur] *adj - nm* sud *m.*

Suráfrica → Sudáfrica.

surafricano,-na → sudafricano,-na.

Suramérica → Sudamérica.

suramericano,-na → sudamericano,-na.

sureste [6] → sudeste.

surgir [6] [surxír] *vi* **1** *(gen)* surgir. **2** *(agua)* sourdre, jaillir.

suroeste → sudoeste..

surtido [surtiðo] *nm* assortiment *m.*

surtidor [surtiðór] *nm* **1** *(de agua)* jet *m* d'eau. **2** *(de gasolina)* pompe *f* à essence.

susceptible [susθeptiβle] *adj* susceptible.

suscitar [susθitár] *vt* susciter.

suscribir [suskriβír] *vt* souscrire. ▶ *vpr* **suscribirse** *(a una publicación)* s'abonner.

suspender [suspendér] *vt* **1** *(gen)* suspendre. **2** *(en un examen)* refuser, recaler.

suspensión [suspensjón] *nf* suspension *f.*

suspenso,-sa [suspènso,-sa] *adj* **1** *(colgado)* suspendu,-e. **2** *(perplejo)* étonné,-e, perplexe. ▶ *nm* **suspenso** *(nota)* note *f* éliminatoire.

suspicaz [suspikáθ] *adj* soupçonneux,-euse.

suspirar [suspirár] *vi* **1** soupirer **2** *(desear)* avoir très envie, rêver (**por**, de).

suspiro [suspiro] *nm* soupir *m.*

sustancia [sustànθja] *nf* substance *f.*

sustentar [sustentár] *vt* **1** *(sostener)* soutenir. **2** *(mantener)* nourrir. **3** *(tesis, opinión, etc)* soutenir.

sustitución [sustituθjón] *nf* **1** *(cambio)* remplacement *m.* **2** DER substitution *f.*

sustituir [62] [sustitwír] *vt* remplacer.

susto [sústo] *nm* peur *f.* ● **dar un susto** faire peur.

sustracción [sustrakθjón] *nf* **1** *(robo)* vol *m.* **2** *(resta)* soustraction *f.*

sustraer [88] [sustraér] *vt* **1** *(gen)* soustraire. **2** *(robar)* voler.

susurrar [susurár] *vt* chuchoter.

susurro [susúřo] *nm* chuchotement *m.*

sutil [sutíl] *adj* subtil,-e.

suyo,-ya [sújo,-ja] *adj pos* à lui, à elle, à eux, à elles; *(de usted, de ustedes)* à vous, un de ses, un de leurs, un de vos. ▶ *pron pos* **el/la suyo,-ya** le sien, la sienne, le leur, la leur; *(de usted, de ustedes)* le vôtre, la vôtre. ● **los suyos** *(parientes)* les siens. **salirse con la suya** arriver à ses fins.

T

tabaco [taβáko] *nm* **1** *(gen)* tabac *m*. **2** *(cigarrillos)* cigarettes *f pl*.
taberna [taβérna] *nf* bistrot *m*.
tabique [taβíke] *nm* cloison *f*.
tabla [táβla] *nf* **1** *(de madera)* planche *f*; *(de mármol, etc)* plaque *f*. **2** *(esquema)* tableau *m*. **3** *(lista)* table *f*. **4** *(pliegue de una falda)* pli *m*. **5** *(de carnicero)* étal *m*. **6** MAT table *f*. ■ **tabla de planchar** planche à repasser. **tabla de quesos** plateau *m* de fromages.
tablado [taβláðo] *nm* **1** *(escenario)* planches *f pl*. **2** *(tarima)* estrade *f*. **3** *(patíbulo)* échafaud *m*. **4** *(en el teatro)* tréteaux *m pl*.
tablero [taβléro] *nm* **1** *(tablón)* panneau *m*. **2** *(de ajedrez)* échiquier *m*. ■ **tablero de mandos** tableau de bord.
tableta [taβléta] *nf* tablette *f*.
tablón [taβlón] *nm* grosse planche *f*. ■ **tablón de anuncios** panneau *m* d'affichage.
tabú [taβú] *nm* (*pl* **tabús** o **tabúes**) tabou *m*.
taburete [taβuréte] *nm* tabouret *m*.
tacaño,-ña [takáɲo,-ɲa] *adj - nm,f* avare.
tachar [tatʃár] *vt* barrer.
tachuela [tatʃwéla] *nf (clavo)* punaise *f*.
taco [táko] *nm* **1** *(trozo de madera)* cheville *f*. **2** *(de billar)* queue *f*. **3** *(de arma de fuego)* baguette *f*. **4** *(de queso, jamón, etc)* cube *m*. **5** *(de billetes)* liasse *f*. **6** *fam (palabrota)* gros mot *m*. **7** *fam (lío, confusión)* pagaille *f*: **se armó un buen taco**, il y avait une de ces pagailles.
tacón [takón] *nm* talon *m*.
táctica [táktika] *nf* tactique *f*.
táctico,-ca [táktiko,-ka] *adj* tactique.
tacto [tákto] *nm* **1** *(acción, sentido)* toucher *m*. **2** *(delicadeza)* tact *m*.
tailandés,-esa [tailandés,-ésa] *adj* thaïlandais,-e. ▶ *nm,f* Thaïlandais, -e. ▶ *nm* **tailandés** *(idioma)* thaï *m*.
Tailandia [tailándja] *n pr* Thaïlande *f*.
tajante [taxánte] *adj* catégorique.
tal [tal] *adj* **1** *(gen)* tel, telle. **2** *(semejante)* pareil,-eille: **tal actitud es inadmisible**, une telle attitude est inadmissible. **3** *(sin especificar - cosa)* un, une; *(- persona)* certain,-e: **te lo dirán tal día**, il te le diront un jour. **4** *(tan grande)* tel, telle: **es tal su cariño por su madre...**, il a une telle tendresse pour sa mère .... ▶ *pron indef* tel, telle. ▶ *pron dem* ceci, cela. ▶ *adv* ainsi, de telle sorte. ● **con tal (de) que** à condition que. **¿qué tal?** comment ça va ? **tal como** tel que. **tal cual** tel quel. **tal vez** peut-être.
taladro [taláðro] *nm* perceuse *f*.
talar [talár] *vt* abattre.
talento [talénto] *nm* talent *m*.
talla [táʎa] *nf* **1** *(escultura)* sculpture *f*. **2** *(estatura)* taille *f*. **3** *fig (importancia)* envergure *f*. ● **dar la talla** être à la hauteur.

tallar [taʎár] *vt (piedras preciosas)* tailler; *(madera)* sculpter.

tallarines [taʎarínes] *nm pl* COC nouilles *f pl*.

taller [taʎér] *nm* atelier *m*.

talón [talón] *nm* 1 *(del pie, de una media)* talon *m*. 2 *(cheque)* chèque *m*.

talonario [talonárjo] *nm* carnet *m* de chèques.

tamaño,-ña [tamáɲo,-ɲa] *adj* pareil,-eille. ▶ *nm* **tamaño** taille *f*.

tambalearse [tambaleárse] *vpr* 1 *(gen)* chanceler. 2 *(al andar)* tituber.

también [tambjén] *adv* 1 *(gen)* aussi. 2 *(además)* de plus.

tambor [tambór] *nm* tambour *m*.

tampoco [tampóko] *adv* non plus: **a mí tampoco me gusta**, ça ne me plaît pas non plus.

tampón [tampón] *nm* tampon *m*.

tan [tan] *adv* 1 *(gen)* tellement, aussi: **¿para qué quieres una tele tan grande?**, pourquoi veux-tu une télé tellement grande ? 2 *(en comparaciones)* aussi. • **tan sólo** seulement.

tanque [táŋke] *nm* 1 *(vehículo militar)* tank *m*. 2 *(cisterna)* citerne *f*. 3 *(depósito)* réservoir *m*.

tanto,-ta [tánto,-ta] *adj (gran cantidad, cantidad indeterminada)* tant de. ▶ *pron (gran cantidad de)* autant. ▶ *adv* **tanto** 1 *(cantidad)* tant, autant. 2 *(tiempo)* si longtemps: **hace ya tanto**, il y a si longtemps. ▶ *nm* tant *m*: **le doy un tanto por su ayuda**, je vous offre tant pour votre aide. • **estar al tanto** 1 *(saber)* être au courant. 2 *(vigilar)* surveiller. **poner a** ALGN **al tanto** mettre QQN au courant. **mientras tanto** pendant ce temps. **no ser para tanto** ne pas être si grave. **por (lo) tanto** c'est pourquoi. **tanto... como...** autant de... que...: **gana tanto dinero como mi hermano**, il gagne autant d'argent que mon frère. **un tanto** quelque peu. **¡y tanto!** et comment !

tapa [tápa] *nf* 1 *(para cerrar)* couvercle *m*. 2 *(de un libro)* couverture *f*. 3 *(comida)* amuse-gueule *m*.

tapadera [tapaðéra] *nf* 1 *(tapa)* couvercle *m*. 2 *fig (que encubre actividades)* couverture *f*.

tapar [tapár] *vt* 1 *(gen)* boucher, fermer. 2 *(para abrigar, proteger)* couvrir. 3 *fig (falta, error)* cacher.

tapiz [tapiθ] *nm* tapisserie *f*.

tapizar [4] [tapiθár] *vt* tapisser.

tapón [tapón] *nm* bouchon *m*.

taponar [taponár] *vt* boucher.

taquilla [takíʎa] *nf* 1 *(de estación, teatro, etc)* guichet *m*. 2 *(de vestuario)* casier.

tararear [tarareár] *vt* fredonner.

tardanza [tarðánθa] *nf* retard *m*.

tardar [tarðár] *vi* 1 *(llevar tiempo)* tarder à. 2 *(demorarse)* mettre du temps à: **tarda en contestar**, il met du temps à répondre.

tarde [tárðe] *nf* 1 *(hasta las 19 h)* après-midi *f*. 2 *(atardecer, desde las 19 h)* soir *m*. ▶ *adv* tard. • **buenas tardes** 1 *(hasta las 19 h)* bonjour. 2 *(desde las 19 h)* bonsoir. **tarde o temprano** tôt ou tard.

tardío,-día [tarðío,-ðia] *adj* tardif, -ive.

tarea [taréa] *nf* tâche *f*, travail *m*.

tarifa [tarífa] *nf* tarif *m*. ■ **tarifa plana** tarif mensuel.

tarjeta [tarxéta] *nf* carte *f*. ■ **tarjeta amarilla** DEP carton *m* jaune. **tarjeta de crédito** carte de crédit. **tarjeta de embarque** carte d'embarquement. **tarjeta de visita** carte de visite.

tarro [táro] *nm* pot *m*. • **estar mal del tarro** *fam* ne pas tourner rond.

tarta [tárta] *nf* 1 *(de paredes bajas)* tarte *f*. 2 *(bizcocho)* gâteau *m*.

tartamudear [tartamuðeár] *vi* bégayer.

tartamudo,-da [tartamúðo,-ða] *adj* - *nm,f* bègue.

tasa [tása] *nf* **1** *(precio)* taxe *f*. **2** *(índice)* taux *m*.

tasar [tasár] *vt* **1** *(fijar el precio)* taxer. **2** *(valorar)* évaluer.

tasca [táska] *nf* bistrot *m*.

tatuaje [tatwáxe] *nm* tatouage *m*.

tatuar [11] [tatwár] *vt* tatouer. ▶ *vpr* **tatuarse** se faire tatouer.

taurino,-na [tauríno,-na] *adj* taurin,-e.

tauromaquia [tauromákja] *nf* tauromachie *f*.

taxi [táksi] *nm* taxi *m*.

taxista [taksísta] *nmf* chauffeur *m* de taxi.

taza [táθa] *nf* **1** *(para beber)* tasse *f*. **2** *(del retrete)* cuvette *f*.

te [te] *pron pers* **1** *(gen)* te, t': **te lo digo**, je te le dis. **2** *fam (impersonal)* on: **si te dicen que no se puede, pues no lo haces**, si on te dit que ce n'est pas permis, ne le fais pas.

té [te] *nm* thé *m*.

teatral [teatrál] *adj* théâtral,-e.

teatro [teátro] *nm* **1** *(gen)* théâtre *m*. **2** *fig (exageración)* comédie *f*.

tebeo [teβéo] *nm* bande *f* dessinée.

techo [tétʃo] *nm* **1** *(interior)* plafond *m*. **2** *(tejado)* toit *m*. ■ **los sin techo** les sans-abri.

tecla [tékla] *nf* touche *f*. • **tocar muchas teclas** *fam* vouloir trop faire.

teclado [tekláðo] *nm* clavier *m*.

teclear [tekleár] *vt* **1** *(a máquina, etc)* taper à la machine. **2** *fam (ordenador)* saisir.

técnica [téknika] *nf* technique *f*.

técnico,-ca [tékniko,-ka] *adj* technique. ▶ *nm,f* technicien,-enne.

tecnología [teknoloxía] *nf* technologie *f*.

teja [téxa] *nf* tuile *f*.

tejado [texáðo] *nm* toiture *f*, toit *m*.

tejanos [texános] *nm pl* jean *m*.

tejer [texér] *vt* **1** *(entrelazar hilos)* tisser. **2** *(mimbre, esparto)* tresser. **3** *(labor de punto)* tricoter; *(labor de ganchillo)* faire du crochet.

tejido,-da [texíðo,-ða] *adj* tissé,-e. ▶ *nm* tejido tissu *m*.

tela [téla] *nf* **1** *(tejido)* tissu *m*, toile *f*. **2** *(en la superficie de un líquido)* peau *f*. **3** *(en el ojo)* taie *f*. **4** *(cuadro)* toile *f*. • **poner en tela de juicio** remettre en question. **¡vaya tela!** *fam* c'est coton ! ■ **tela de araña** toile d'araignée.

telaraña [telarána] *nf* toile *f* d'araignée.

tele [téle] *nf* télé *f*.

telecomunicaciones [telekomunikaθjónes] *nf pl* télécommunications *f pl*.

telediario [teleðjárjo] *nm* journal *m* télévisé.

teleférico [teleférico] *nm* téléphérique *m*.

telefonazo [telefonáθo] *nm* coup *m* de fil.

teléfono [teléfono] *nm* téléphone *m*. • **colgar el teléfono** raccrocher. **llamar por teléfono** téléphoner. ■ **teléfono móvil** téléphone portable, portable *m*.

telegrama [teleɣráma] *nm* télégramme *m*.

telenovela [telenoβéla] *nf* feuilleton *m*.

telepatía [telepatía] *nf* télépathie *f*.

telescopio [teleskópjo] *nm* télescope *m*.

telesilla [telesíʎa] *nm* télésiège *m*.

telesquí [teleskí] *nm* téléski *m*.

televisar [teleβisár] *vt* téléviser.

televisión [teleβisjón] *nf* télévision *f*.

televisor [teleβisór] *nm* poste *m* de télévision, téléviseur *m*.

telón [telón] *nm* rideau *m*. ▪ **telón de fondo** toile *f* de fond.

tema [téma] *nm* thème *m*, sujet *m*.

temblar [27] [temblár] *vi* trembler; *(ligeramente)* trembloter.

temblor [temblór] *nm* tremblement *m*.

tembloroso,-sa [tembloróso,-sa] *adj* tremblant,-e.

temer [temér] *vt* craindre, redouter. ▶ *vi* craindre: **no temas**, ne crains rien. ▶ *vpr* **temerse** craindre.

temeroso,-sa [temeróso,-sa] *adj* **1** *(que causa temor)* effrayant,-e. **2** *(receloso)* peureux,-euse.

temor [temór] *nm* crainte *f*, peur *f*.

temperamento [temperaménto] *nm* tempérament *m*.

temperatura [temperatúra] *nf* température *f*.

templado,-da [templáðo,-ða] *adj* **1** *(agua)* tiède. **2** *(clima)* tempéré,-e. **3** *(persona, carácter)* modéré,-e, tempérant,-e. **4** *(sereno)* modéré,-e.

templar [templár] *vt* **1** *(líquido)* tiédir. **2** *(metal, etc)* tremper. **3** *(cólera, nervios)* calmer, apaiser.

temple [témple] *nm* **1** *(estado de ánimo)* humeur *f*. **2** *(valentía)* trempe *f*.

templo [témplo] *nm* **1** *(gen)* temple *m*; *(católico)* église *f*. ▪ **como un templo** *fam* énorme.

temporada [temporáða] *nf* **1** *(de baño, teatral, etc)* saison *f*. **2** *(período)* période *f*. ▪ **de temporada** de saison. ▪ **temporada alta** haute saison. ▪ **temporada baja** basse saison.

temporal [temporál] *adj* **1** *(gen)* temporel,-elle. **2** *(no permanente)* temporaire. ▶ *nm* tempête *f*.

temprano,-na [tempráno,-na] *adj* précoce. ▶ *adv* de bonne heure, tôt.

tenaz [tenáθ] *adj* tenace.

tendencia [tendénθja] *nf* tendance *f*.

tender [28] [tendér] *vt* **1** *(extender)* tendre. **2** *(ropa)* étendre, tendre. ▶ *vi* tendre (**a**, à).

tenderete [tenderéte] *nm* étalage *m*.

tendón [tendón] *nm* ANAT tendon *m*.

tenedor [teneðór] *nm* fourchette *f*.

tener [87] [tenér] *vt* **1** *(gen)* avoir: **tengo frío y sed**, j'ai froid et soif; **tiene cuarenta años**, elle a quarante ans. **2** *(medir)* faire: **la casa tiene 200 metros cuadrados**, la maison fait 200 mètres carrés. **3** *(asir, mantener asido)* tenir. **4** **tener que** *(obligación)* devoir. **5** **tener que** *(propósito, intención)* falloir. ▶ *vpr* **tenerse** se tenir. ▪ **tener a** ALGN **para** prendre QQN pour. **tener** ALGO **por/como** considérer QQCH comme.

teniente [tenjénte] *nm* lieutenant *m*.

tenis [ténis] *nm* tennis *m*.

tenista [tenísta] *nmf* joueur,-euse de tennis.

tensión [tensjón] *nf* tension *f*.

tenso,-sa [ténso,-sa] *adj* tendu,-e.

tentación [tentaθjón] *nf* tentation *f*.

tentador,-ra [tentaðór,-ra] *adj* tentant,-e.

tentar [27] [tentár] *vt* **1** *(insistir, inducir)* tenter. **2** *(palpar)* tâter.

tentativa [tentatíβa] *nf* tentative *f*.

tenue [ténwe] *adj (luz, sonido)* faible.

teñir [36] [teɲír] *vt* teindre.

teología [teoloxía] *nf* théologie *f*.

teoría [teoría] *nf* théorie *f*.

teórico,-ca [teóriko,-ka] *adj* théorique.

terapéutico,-ca [terapéutiko,-ka] *adj* thérapeutique.

terapia [terápja] *nf* thérapie *f*.

tercer [terθér] *adj* → **tercero,-ra**.

tercero,-ra [terθéro,-ra] *num (tercer devant m sing)* troisième: **tercera vez**, troisième fois. ▶ *nm,f* **1** *(persona)* tiers *m*, tierce personne *f*. **2** *(piso)* troisième *m*. • **tercera edad** troisième âge *m*.

tercio,-cia [térθjo,-θja] *adj* troisième. ▶ *nm* **tercio** *(tercera parte)* tiers *m*.

terciopelo [terθjopélo] *nm* velours *m*.

terco,-ca [térko,-ka] *adj* entêté,-e.

térmico,-ca [térmiko,-ka] *adj* thermique.

terminal [terminál] *adj* terminal, -e. ▶ *nf* **1** *(de autobuses)* terminus *m*. **2** *(en aeropuerto)* terminal *m*. ▶ *nm* INFORM terminal *m*.

terminar [terminár] *vt* terminer, finir. ▶ *vi (acabar)* se terminer, finir. • **terminar con** en finir avec.

término [término] *nm* **1** *(fin)* fin *f*. **2** *(de un territorio)* limite *f*. **3** *(de una línea de transportes)* terminus *m*. **4** *(plano, lugar)* plan *m*. **5** *(palabra)* terme *m*. • **en otros términos** en d'autres termes. **en primer término** au premier plan. **llevar ALGO a buen término** mener à bien QQCH. **por término medio** en moyenne.

termo® [térmo] *nm* thermos® *m*.

termómetro [termómetro] *nm* thermomètre *m*.

termostato [termostáto] *nm* thermostat *m*.

ternera [ternéra] *nf* **1** *(animal)* génisse *f*. **2** *(carne)* veau *m*.

ternero [ternéro] *nm (animal)* veau *m*.

ternura [ternúra] *nf* tendresse *f*.

terráqueo,-a [teřákeo,-a] *adj* terrestre.

terraza [teřáθa] *nf* terrasse *f*.

terremoto [teřemóto] *nm* tremblement *m* de terre.

terreno,-na [teřéno,-na] *adj* terrestre. ▶ *nm* **terreno 1** *(gen)* terrain *m*. **2** *(ámbito)* domaine *m*. • **ganar terreno** gagner du terrain.

terrestre [teřéstre] *adj* terrestre.

terrible [teříβle] *adj* terrible.

territorio [teřitórjo] *nm* territoire *m*.

terrón [teřón] *nm* **1** *(de tierra)* motte *f*. **2** *(de azúcar)* morceau *m*.

terror [teřór] *nm* terreur *f*.

terrorífico,-ca [teřorífiko,-ka] *adj* terrifiant,-e.

terrorismo [teřorízmo] *nm* terrorisme *m*.

terrorista [teřorísta] *adj - nmf* terroriste.

tesis [tésis] *nf* thèse *f*.

tesoro [tesóro] *nm* trésor *m*.

test [tést] *nm* test *m*.

testamento [testaménto] *nm* testament *m*.

testificar [1] [testifikár] *vt - vi* témoigner.

testigo [testíɣo] *nm* témoin *m*.

testimonio [testimónjo] *nm* témoignage *m*.

teta [téta] *nf* **1** *(de los mamíferos)* tétine *f*. **2** *fam (pecho de la mujer)* nichon *m*. **3** *fam (pezón)* mamelon *m*.

tetera [tetéra] *nf* théière *f*.

tetilla [tetíʎa] *nf* **1** *(de los mamíferos machos)* mamelle *f*. **2** *(de biberón)* tétine *f*.

tetrabrik® [tetraβrík] *nm* (pl **tetrabriks**) carton *m*, brique *f*.

textil [tekstíl] *adj - nm* textile *m*.

texto [téksto] *nm* texte *m*.

textual [tekstwál] *adj* textuel,-elle.

textura [tekstúra] *nf* texture *f*.

tez [téθ] *nf (del rostro)* teint *m*.

ti [ti] *pron pers prep* + **ti** toi: **gracias a ti**, grâce à toi.

tía [tía] *nf* **1** *(pariente)* tante *f*. **2** *fam (mujer, chica)* nana *f*. ▪ **tía abuela** grand-tante *f*.

tibia [tiβja] *nf* ANAT tibia *f*.

tibio,-bia [tiβjo,-βja] *adj* tiède. ● **poner tibio a** ALGN descendre QQN.

tiburón [tiβurón] *nm* requin *m*.

ticket [tiket] *nm* (*pl* **tickets**) **1** (*gen*) ticket *m*. **2** (*en espectáculos*) billet *m*.

tiempo [tjémpo] *nm* **1** (*gen*) temps *m*: **hace muy buen tiempo**, il fait très beau. **2** (*edad*) âge *m*: **¿qué tiempo tiene tu bebé?**, quel âge a ton bébé ? **3** (*parte de un partido*) mi-temps *f*. ● **al mismo tiempo** en même temps. **al poco tiempo** peu de temps après. **antes de tiempo** trop tôt. **a tiempo** à temps. **con tiempo** à l'avance. **hacer tiempo** passer le temps.

tienda [tjénda] *nf* **1** (*establecimiento*) magasin *m*; (*de modas*) boutique *f*. **2** (*de campaña*) tente *f*.

tierno,-na [tjérno,-na] *adj* tendre.

tierra [tjéra] *nf* **1** (*gen*) terre *f*. **2** (*patria*) pays *m*. ● **echar** ALGO **por tierra** réduire QQCH à néant.

tieso,-sa [tjéso,-sa] *adj* raide, rigide.

tigre [tiɣre] *nm* tigre *m*.

tijeras [tiχéras] *nf pl* ciseaux *m pl*.

timador,-ra [timaðór,-ra] *nm,f* escroc *m*.

timar [timár] *vt* **1** (*estafar*) escroquer. **2** *fam* (*engañar*) rouler.

timbre [timbre] *nm* **1** (*aparato*) sonnette *f*. **2** (*sello*) timbre *m*. **3** (*sonido*) timbre *m*. ● **tocar el timbre** sonner.

timidez [timiðéθ] *nf* timidité *f*.

tímido,-da [tímiðo,-ða] *adj* timide.

timo [timo] *nm* escroquerie *f*.

timón [timón] *nm* gouvernail *m*.

tímpano [timpano] *nm* ANAT tympan *m*.

tinglado [tiŋɡláðo] *nm* **1** (*cobertizo*) hangar *m*. **2** (*embrollo*) pagaille *f*.

tinieblas [tinjéβlas] *nf pl* ténèbres *f pl*.

tinta [tinta] *nf* encre *f*. ● **medias tintas** demi-mesures *f pl*. **saber** ALGO **de buena tinta** savoir QQCH de source sûre.

tinte [tinte] *nm* **1** (*acción, color*) teinture *f*. **2** (*comercio*) teinturerie *f*.

tintineo [tintinéo] *nm* tintement *m*.

tinto,-ta [tinto,-ta] *adj* teint,-e. ■ *nm* (*vino*) rouge *m*.

tintorería [tintorería] *nf* teinturerie *f*.

tío [tio] *nm* **1** (*pariente*) oncle *m*. **2** *fam* (*hombre, chico*) mec *m*. ■ **tío abuelo** grand-oncle *m*.

tiovivo [tjoβíβo] *nm* manège *m*.

típico,-ca [tipiko,-ka] *adj* typique.

tipo,-pa [tipo,-pa] *nm,f* tipo (*persona*) type *m*, nana *f*. ▶ *nm* **tipo 1** (*gen*) type *m*. **2** (*de una persona*) allure *f*. **3** (*de descuento, de interés, etc*) taux *m*.

tíquet [tiket] *nm* (*pl* **tíquets**) **1** (*gen*) ticket *m*. **2** (*en espectáculos*) billet *m*.

tira [tira] *nf* (*de tela, papel, etc*) bande *f*. ● **la tira (de)** *fam* une tripotée de.

tirada [tiráða] *nf* **1** (*acción de tirar*) lancer *m*. **2** (*de versos, etc*) tirade *f*. **3** (*distancia*) trotte *f*. **4** (*de libros*) tirage *m*. ● **de una tirada** d'une traite.

tirado,-da [tiráðo,-ða] *adj* **1** (*barato*) donné,-e. **2** (*fácil*) très facile. ● **dejar tirado a** ALGN laisser QQN en rade.

tiranía [tiranía] *nf* tyrannie *f*.

tirano,-na [tiráno,-na] *nm,f* tyran *m*.

tirante [tiránte] *adj* tendu,-e. ■ *nm pl* **tirantes** (*del pantalón*) bretelles *f pl*.

tirar [tirár] *vt* **1** (*echar, dejar caer*) jeter. **2** (*arrojar*) lancer. **3** (*tiro, flecha, etc*) tirer. **4** (*derribar*) renverser, abattre. **5** *fam* (*gustar, atraer*) attirer: **la vida nocturna le tira**, la vie nocturne l'attire. **6** *(malgastar)* dissiper, gaspiller. ▶ *vi* **1** *(hacia sí o tras de sí, ejercer tracción)* tirer. **2** *(dirigirse)* prendre. **3** *fam (funcionar)* marcher. **4** *(tender)* tirer (**a**, sur): **tirar a azul**, tirer sur le bleu. ▶ *vpr* **tirarse 1** *(lanzarse)* se jeter, s'élancer. **2** *(tumbarse)* s'étendre. **3** *fam (pasar el tiempo)* passer. **4** *vulg (fornicar)* se faire. • **ir tirando** tenir le coup.

tirita® [tiɾíta] *nf* pansement *m*.

tiritar [tiɾitár] *vi* grelotter.

tiro [tíɾo] *nm* **1** *(acción)* tir *m*. **2** *(disparo)* coup *m* de feu. **3** *(alcance de un arma)* portée *f*. **4** *(de pantalón)* entrejambe *m*. • **a tiro** à portée de. **pegarse un tiro** se tirer une balle. • **tiro con arco** tir à l'arc.

tirón [tiɾón] *nm* **1** *(estirón)* traction *f*. **2** *(de un músculo)* crampe *f*. **3** *(robo)* vol *m* à l'arraché. • **de un tirón** d'un seul coup.

tiroteo [tiɾotéo] *nm* fusillade *f*.

tisana [tisána] *nf* tisane *f*.

titular [titulár] *adj - nmf* titulaire. ▶ *nm (de prensa)* gros titre *m*. ▶ *vt* intituler.

título [título] *nm* **1** *(de un libro, nobiliario)* titre *m*. **2** *(académico)* diplôme *m*.

tiza [tíθa] *nf* craie *f*.

toalla [toáʎa] *nf* serviette *f* de toilette. • **tirar la toalla** jeter l'éponge.

tobillo [toβíʎo] *nm* cheville *f*.

tobogán [toβoɣán] *nm* toboggan *m*.

tocar [1] [tokár] *vt* **1** *(gen)* toucher. **2** *(instrumento)* jouer de. **3** *(horas, etc)* sonner. **4** *(asunto, etc)* aborder. ▶ *vi* **1** *(estar contiguo)* toucher. **2** *(corresponder, concernir)* incomber, appartenir. **3** *(por suerte, etc)* revenir, gagner.

tocino [toθíno] *nm* lard *m*.

todavía [toðaβía] *adv* encore: **todavía no ha llegado**, il n'est pas encore arrivé.

todo,-da [tóðo,-ða] *adj* tout,-e. ▶ *pron* tout,-e. ▶ *nm* tout *m*. • **ante todo** d'abord, avant tout. **a todo esto** cependant, sur ces entrefaites. **con todo** malgré tout. **del todo** complètement. **después de todo** après tout. **no del todo** pas tout à fait. **sobre todo** surtout.

todoterreno [toðoteréno] *nm* véhicule *m* tout terrain.

toldo [tóldo] *nm* **1** *(de un café, una tienda)* auvent *m*, banne *f*. **2** *(de un camión)* bâche *f*.

tolerante [toleránte] *adj* tolérant,-e.

tolerar [tolerár] *vt* tolérer.

toma [tóma] *nf* prise *f*. • **toma de contacto** premier contact *m*. **toma de corriente** prise de courant.

tomar [tomár] *vt* prendre ▶ *vi* prendre. ▶ *vpr* **tomarse** prendre: **se ha tomado un mes de vacaciones**, il a pris un mois de vacances. • **¡toma!** tiens ! **tomar por** prendre pour.

tomate [tomáte] *nm* tomate *f*. • **ponerse como un tomate** devenir rouge comme une tomate.

tomillo [tomíʎo] *nm* thym *m*.

tonel [tonél] *nm* tonneau *m*.

tonelada [toneláða] *nf* tonne *f*.

tónica [tónika] *nf* **1** *(bebida)* Schweppes *m*. **2** *(tendencia)* ton *m*.

tónico,-ca [tóniko,-ka] *adj* tonique.

tono [tóno] *nm* ton *m*. • **bajar el tono** baisser le ton. **fuera de tono** hors de propos. **subir el tono** hausser le ton.

tontear [tonteár] *vi* **1** *(hacer o decir tonterías)* faire l'idiot,-e. **2** *fam (coquetear)* flirter.

tontería [tontería] *nf* sottise *f*, bêtise *f*.

tonto

tonto,-ta [tónto,-ta] *adj - nm,f* bête, idiot,-e. • **hacer el tonto** faire l'idiot.

topar [topár] *vi* se heurter, heurter. ▶ *vpr* **toparse** tomber sur: **toparse con un amigo**, tomber sur un ami.

tope [tópe] *nm* **1** *(límite)* limite *f.* **2** *(obstáculo)* butoir *m.* • **a tope 1** *(lleno)* plein,-e à craquer. **2** *(al máximo)* à fond.

topo [tópo] *nm* taupe *f.*

toque [tóke] *nm* **1** *(acción de tocar)* touche *f.* **2** *(de trompeta, campanas, etc)* sonnerie *f.* **3** *(detalle, aspecto)* touche *f.* **4** *fam (advertencia)* avertissement *m*: **el profesor le dio un toque**, le professeur l'a rappelé à l'ordre.

tórax [tóraks] *nm* thorax *m.*

torbellino [torβeʎíno] *nm* tourbillon *m.*

torcer [54] [torθér] *vt* **1** *(doblar)* tordre. **2** *(girar)* tourner: **torcer la esquina**, tourner au coin de la rue. **3** *(dar dirección distinta)* dévier.

torcido,-da [torθíðo,-ða] *adj* tordu,-e.

toreo [toréo] *nm* tauromachie *f.*

torero,-ra [toréro] *nm* torero *m.*

tormenta [torménta] *nf (en la tierra)* orage *m*; *(en el mar)* tempête *f.*

tormento [torménto] *nm* **1** *(congoja)* tourment *m.* **2** *(suplicio)* torture *f.*

tormentoso,-sa [torméntoso,-sa] *adj* orageux,-euse.

tornado [tornáðo] *nm* tornade *f.*

torneo [tornéo] *nm* tournoi *m.*

tornillo [torníʎo] *nm* vis *f.* • **le falta un tornillo** il lui manque une case.

torno [tórno] *nm* **1** *(de alfarero)* tour *m.* **2** *(de dentista)* roulette *f.* • **en torno a 1** *(alrededor de)* autour de. **2** *(aproximadamente)* environ.

toro [tóro] *nm* taureau *m.* ▶ *nm pl* **toros** corrida *f* sing.

torpe [tórpe] *adj* **1** *(gen)* maladroit,-e. **2** *(necio)* lent,-e.

torre [tóře] *nf* tour *f.*

torrente [tořénte] *nm* torrent *m.*

torsión [torsjón] *nf* torsion *f.*

torso [tórso] *nm* torse *m.*

torta [tórta] *nf* **1** *(bofetada)* baffe *f.* **2** COC *(dulce)* gâteau *m.* • **ni torta** *fam* que dalle.

tortazo [tortáθo] *nm* **1** *(bofetón)* baffe. **2** *(golpe)* gamelle *f.*

tortilla [tortíʎa] *nf* omelette *f.* • **tortilla de patatas** omelette espagnole. **tortilla francesa** omelette nature.

tortuga [tortúγa] *nf* tortue *f.*

tortura [tortúra] *nf* torture *f.*

torturar [torturár] *vt* torturer.

tos [tos] *nf* toux *f.*

tosco,-ca [tósko,-ka] *adj* **1** *(gen)* grossier,-ère. **2** *(persona)* rustre.

toser [tosér] *vi* tousser.

tostada [tostáða] *nf* tranche *f* de pain grillé.

tostado,-da [tostáðo,-ða] *adj* **1** *(pan, etc)* grillé,-e. **2** *(tez)* hâlé,-e. **3** *(color)* foncé,-e.

tostador [tostaðór] *nm* grille-pain *m.*

tostadora [tostaðóra] *nf* grille-pain *m.*

tostar [31] [tostár] *vt* **1** *(pan, café, etc)* faire griller. **2** *(la piel)* brunir.

tostón [tostón] *nm* **1** *(picatoste)* croûton *m* frit. **2** *fam (rollo)* plaie *f.*

total [totál] *adj* total,-e. ▶ *nm* total *m.* ▶ *adv fam* en résumé, bref.

totalidad [totaliðáð] *nf* totalité *f.*

tóxico,-ca [tóksiko,-ka] *adj* toxique.

toxicómano,-na [toksikómano,-na] *nm,f* toxicomane.

toxicomanía [toksikomanía] *nf* toxicomanie *f.*

trabajador,-ra [traβaxaðór,-ra] *adj - nm,f* travailleur, euse.

trabajar [traβaxár] *vt - vi* travailler.

trabajo [traβáχo] nm **1** *(gen)* travail m. **2** *(empleo)* emploi m. **3** *fig (esfuerzo)* efforts m pl.

tractor [traktòr] nm tracteur m.

tradición [traðiθjón] nf tradition f.

tradicional [traðiθjonál] adj traditionnel,-elle.

traducción [traðukθjón] nf traduction f.

traducir [46] [traðuθír] vt traduire.

traductor,-ra [traðuktòr,-ra] nm,f traducteur,-trice.

traer [88] [traér] vt **1** *(al lugar en donde se habla)* apporter, amener. **2** *(llevar puesto)* porter. **3** *(acarrear)* causer. **4** *(atraer hacia sí)* attirer.

traficante [trafikánte] nmf trafiquant,-e.

traficar [1] [trafikár] vi trafiquer.

tráfico [tráfiko] nm **1** *(negocio)* trafic m. **2** *(de vehículos)* circulation f.

tragaluz [traɣalúθ] nm lucarne f.

tragar [7] [traɣár] vt *(alimentos)* avaler. ▶ vt - vpr **tragar(se) 1** *fig (creer)* avaler. **2** *(engullir)* engloutir, absorber. **3** *fig (soportar)* se taper. • **no tragar a** ALGN ne pas pouvoir encadrer QQN.

tragedia [traχéðja] nf tragédie f.

trágico,-ca [tráχiko,-ka] adj tragique.

trago [tráɣo] nm gorgée f. • **echar un trago** *fam* boire un coup. **pasar un mal trago** passer un mauvais quart d'heure.

traición [traiθjón] nf *(delito)* trahison f.

traicionar [traiθjonár] vt trahir.

traidor,-ra [traiðòr,-ra] adj - nm,f traître,-esse.

tráiler [tráiler] nm **1** *(remolque)* semi-remorque m. **2** *(de película)* bande-annonce f.

traje [tráχe] nm **1** *(de hombre)* costume m. **2** *(de mujer)* tailleur m. ■ **traje de baño** maillot m de bain. **traje de luces** habit m de lumière.

trama [tráma] nf trame f.

tramar [tramár] vt tramer.

tramitar [tramitár] vt **1** *(asunto)* faire des démarches pour obtenir. **2** *(venta, etc)* s'occuper de.

trámite [trámite] nm **1** *(requisito)* formalité f. **2** *(diligencia)* démarche f.

tramo [trámo] nm **1** *(de escalera)* volée f. **2** *(de canal, de camino)* tronçon m. **3** *(de terreno)* section f.

trampa [trámpa] nf **1** *(gen)* piège m. **2** *(en el juego)* tricherie f. **3** *(artificio de caza)* traquenard m. **4** *(deuda)* dette f. • **hacer trampas** tricher.

trampolín [trampolín] nm **1** *(gen)* tremplin m. **2** *(de piscina)* plongeoir m.

tramposo,-sa [trampóso,-sa] adj - nm,f menteur,-euse.

trance [tránθe] nm **1** *(apuro)* moment m critique. **2** *(fenómeno psíquico)* transe f.

tranquilidad [traŋkiliðáð] nf tranquillité f.

tranquilizante [traŋkiliθánte] nm tranquillisant m.

tranquilizar [4] [traŋkiliθár] vt tranquilliser, rassurer.

tranquilo,-la [traŋkilo,-la] adj **1** *(gen)* tranquille. **2** *(mar, tono, etc)* calme. • **dejar tranquilo** laisser tranquille. **quedarse tan tranquilo** rester de marbre. **¡tranquilo!** ne t'inquiète pas !

transatlántico,-ca [transatlántiko,-ka] adj transatlantique.

transbordo [tranzβórðo] nm changement m. • **hacer transbordo** changer.

transcribir [transkriβír] vt transcrire.

transcripción [transkripθjón] nf transcription f.

transcurrir

transcurrir [transkuřir] vi **1** *(tiempo)* s'écouler. **2** *(acontecimiento)* se passer.

transcurso [transkúrso] nm cours m.

transeúnte [transeúnte] adj - nmf passant,-e.

transferir [35] [transferír] vt transférer.

transformación [transformaθjón] nf transformation f.

transformar [transformár] vt transformer.

transfusión [transfusjón] nf transfusion f.

transición [transiθjón] nf transition f.

transitable [transitáβle] adj *(camino)* praticable.

tránsito [tránsito] nm **1** *(paso)* passage m, circulation f. **2** *(tráfico)* transit m. • **de tránsito** de passage.

transmisión [tranzmisjón] nf transmission f.

transmisor,-ra [tranzmisór,-ra] adj émetteur,-trice.

transmitir [tranzmitír] vt **1** *(gen)* transmettre. **2** *(tele, radio)* diffuser.

transparencia [transparénθja] nf transparence f.

transparente [transparénte] adj transparent,-e.

transpiración [transpiraθjón] nf transpiration f.

transpirar [transpirár] vi transpirer.

transplante [transplánte] nm greffe f.

transportar [transportár] vt transporter.

transporte [transpórte] nm transport m. ■ **transporte público** transports m pl en commun.

transportista [transportísta] nmf transporteur m.

tranvía [trambía] nm tramway m.

trapecio [trapéθjo] nm trapèze m.

trapichear [trapitʃeár] vi fam magouiller.

trapo [trápo] nm *(gen)* chiffon m. ▶ nm pl **trapos** fam *(ropa)* chiffons m pl. ■ **trapo de cocina** torchon m.

tras [tras] prep **1** *(después de)* après: **llegaron uno tras otro**, ils sont arrivés l'un après l'autre. **2** *(detrás de)* derrière.

trascendencia [trasθendénθja] nf importance f.

trascendental [trasθendentál] adj **1** *(importante)* très important. **2** *(filosofía)* transcendantal,-e.

trasero,-ra [traséro,-ra] adj arrière, postérieur,-e. ▶ nm **trasero** derrière m.

trasladar [trazlaðár] vt **1** *(desplazar)* changer de place, déplacer. **2** *(personas, animales)* transférer, transporter. **3** *(reunión, función, etc)* ajourner.

traslado [trazláðo] nm **1** *(desplazamiento)* déplacement m. **2** *(de viajeros, heridos, etc)* transport m, transfert m. **3** *(mudanza)* déménagement m. **4** *(de empleado)* mutation f.

trasnochar [traznotʃár] vi passer la nuit sans dormir, se coucher tard.

traspasar [traspasár] vt **1** *(de una parte a otra)* traverser, passer. **2** *(con una cosa punzante)* transpercer, percer. **3** *(negocio)* transférer, céder.

traspaso [traspáso] nm **1** *(de un negocio)* cession f; *(de un comercio)* pas-de-porte m. **2** *(precio)* reprise f.

traspié [traspjé] nm faux-pas m. • **dar un traspié** faire un faux-pas.

trasplante [transplánte] nm greffe f.

traste [tráste] nm MÚS *(de guitarra, etc)* touchette f. • **dar al traste con ALGO** fam flanquer QQCH par terre, ficher QQCH en l'air.

trastero [trastéro] nm débarras m.

trasto [trásto] *nm* **1** *fam (cosa inútil)* cochonnerie, saleté *f*. **2** *(persona)* propre à rien *m*, bonne à rien.

trastornar [trastornár] *vt* **1** *(alterar)* bouleverser. **2** *(volver loco)* faire tourner la tête. ▶ *vpr* **trastornarse** *(volverse loco)* perdre la tête.

trastorno [trastórno] *nm* **1** *(molestia)* dérangement *m*. **2** *(alteración)* bouleversement *m*. **3** *(confusión)* trouble *m*.

tratado [tratáðo] *nm* traité *m*.

tratamiento [tratamjénto] *nm* **1** *(gen)* traitement *m*. **2** *(título)* titre *m*.

tratar [tratár] *vt* traiter. ▶ *vi* **1** *(intentar)* essayer (**de**, de), tâcher (**de**, de): **trataré de convencerle**, j'essaierai de le convaincre. **2** *(versar)* porter (**sobre**, sur): **la novela trata sobre la guerra civil**, le roman porte sur la guerre civile. **3** *tratar con (relacionarse)* fréquenter: **trata mucho con sus vecinos**, il fréquente beaucoup ses voisins. ▶ *vpr* **tratarse** *(versar)* s'agir (**de**, de). • **tratar de tú** tutoyer. **tratar de usted** vouvoyer.

trato [tráto] *nm* **1** *(manera de tratar a alguien)* traitement *m*. **2** *(relación)* fréquentation *f*, relation *f*. **3** *(convenio)* marché *m*. • **cerrar un trato** conclure un marché. **¡trato hecho!** marché conclu !

trauma [tráuma] *nm* traumatisme *m*.

traumatismo [traumatízmo] *nm* traumatisme *m*.

través [traβés]. • **a través de** à travers de, au travers de. **de través** en travers.

travesía [traβesía] *nf* **1** *(camino)* chemin *m* de traverse. **2** *(calle)* rue *f* traversière. **3** *(viaje)* traversée *f*.

travesti [traβésti], **travestí** [traβestí] *nmf* (pl **travestis**, **travestís**) travesti *m*.

travieso,-sa [traβjéso,-sa] *adj* espiègle, polisson,-onne.

trayecto [trajékto] *nm* trajet *m*, parcours *m*.

trayectoria [trajektórja] *nf* trajectoire *f*.

trazado [traθáðo] *nm* tracé *m*.

trazar [4] [traθár] *vt* tracer.

trazo [tráθo] *nm* ligne *f*, trait *m*.

trébol [tréβol] *nm* trèfle *m*.

trece [tréθe] *num* treize *m*.

treinta [tréinta] *num* trente *m*.

treintena [treinténa] *nf* trentaine *f*.

tremendo,-da [treméndo,-ða] *adj* terrible, formidable.

tren [tren] *nm* train *m*. • **estar como un tren** *fam* être canon. • **tren de lavado** station *f* de lavage de voitures.

trenza [trénθa] *nf* **1** *(gen)* tresse *f*. **2** *(de pelo)* natte *f*, tresse *f*.

trenzar [4] [trenθár] *vt* tresser, natter.

trepar [trepár] *vi* grimper.

tres [tres] *num* trois *m*. • **no ver tres en un burro** être myope comme une taupe.

trescientos,-tas [tresθjéntos,-tas] *num* trois cents.

triangular [trjaŋgulár] *adj* triangulaire.

triángulo [trjáŋgulo] *nm* triangle *m*.

tribu [tríβu] *nf* tribu *m*.

tribuna [triβúna] *nf* tribune *f*.

tribunal [triβunál] *nm* **1** *(gen)* tribunal *m*. **2** *(de justicia)* cour *f*. **3** *(en un examen)* jury *m*.

tributar [triβutár] *vt fig (homenaje)* rendre; *(respeto, etc)* témoigner. ▶ *vi (pagar impuestos)* payer un impôt.

tributo [triβúto] *nm* **1** *(impuesto)* impôt *m*. **2** *(contrapartida)* tribut *m*.

triciclo [triθíklo] *nm* tricycle *m*.

trigésimo,-ma [triχésimo,-ma] *num* trentième.

trigo [tríɣo] *nm* blé *m*.

trillar [triʎár] *vt (cereal)* battre.

trillizos,-zas [triʎíθos,-θas] *nm,f pl* triplés,-ées.

trimestre [trimέstre] *nm* trimestre *m*.

trincar [1] [triŋkár] *vt* **1** *(atar)* assujettir fortement. **2** *fam (detener)* attraper. **3** *fam (beber)* avaler, se taper.

trinchar [trintʃár] *vt* découper.

trinchera [trintʃéra] *nf* **1** *(defensa)* tranchée *f*. **2** *(impermeable)* trench-coat *m*.

trineo [trinéo] *nm* **1** *(tirado por perro)* traîneau *m*. **2** *(para jugar)* luge *f*.

tripa [trípa] *nf* **1** *(intestino)* tripe *f*, boyau *m*. **2** *fam (barriga)* ventre *m*. ■ **hacer de tripas corazón** faire contre mauvaise fortune bon cœur.

triple [tríple] *adj - nm* triple *m*.

triplicar [1] [triplikár] *vt* tripler.

trípode [trípode] *nm* trépied *m*.

tripulación [tripulaθjón] *nf* équipage *m*.

tripulante [tripulánte] *nm* membre *m* d'un équipage.

triste [tríste] *adj* **1** *(gen)* triste. **2** *(insignificante)* malheureux,-euse, misérable.

tristeza [tristéθa] *nf* tristesse *f*.

triturar [triturár] *vt* broyer.

triunfar [trjumfár] *vi* **1** *(vencer)* triompher. **2** *(tener éxito)* réussir.

triunfo [trjúmfo] *nm* **1** *(gen)* triomphe *m*. **2** DEP victoire *f*. **3** *(en la vida)* réussite *f*. **4** *(en naipes)* atout *m*.

trivial [triβjál] *adj* banal,-e, insignifiant,-e.

trocear [troθeár] *vt* couper en morceaux.

trofeo [troféo] *nm* trophée *m*.

tromba [trómba] *nf* **1** *(de elefante)* trompe *f*. **2** MÚS cor *m*.

trompeta [trompéta] *nf (instrumento)* trompette *f*. ▶ *nm (músico)* trompettiste *mf*.

trompetista [trompetísta] *nmf* trompettiste.

trona [tróna] *nf* chaise *f* d'enfant.

tronar [31] [tronár] *v impers* tonner.

tronco [tróŋko] *nm* **1** *(gen)* tronc *m*. **2** *fam (amigo)* pote *m*. ● **dormir como un tronco** dormir comme une souche.

trono [tróno] *nm* trône *m*.

tropa [trópa] *nf* troupe *f*.

tropezar [47] [tropeθár] *vi* **1** *(trompicar)* trébucher. **2** *(darse un golpe)* buter (**con**, contre), se heurter (**con**, à). ▶ *vpr* **tropezarse** *fam (encontrarse)* se trouver nez à nez (**con**, avec).

tropical [tropikál] *adj* tropical,-e.

trópico [trópiko] *nm* tropique *m*.

tropiezo [tropjéθo] *nm* faux pas *m*. ■ **dar un tropiezo** faire un faux pas.

trotar [trotár] *vi* trotter.

trote [tróte] *nm* **1** *(del caballo)* trot *m*. **2** *fig (trabajo)* travail *m* pénible.

trozo [tróθo] *nm* morceau *m*.

trucha [trútʃa] *nf* truite *f*.

truco [trúko] *nm* **1** *(artificio)* truc *m*. **2** *(cinematografía)* trucage *m*.

trueno [trwéno] *nm* tonnerre *m*, coup *m* de tonnerre.

trufa [trúfa] *nf* truffe *f*.

tu [tu] *adj pos* ton, ta.

tú [tu] *pron pers* **1** *(sujeto)* tu: **tú eres médico**, tu es médecin. **2** *(predicado)* toi: **la que lo vio todo eres tú**, celle qui a tout vu c'est toi.

tuberculosis [tuβerkulósis] *nf* MED tuberculose *f*.

tubería [tuβería] *nf* **1** *(conjunto de tubos)* tuyauterie *f*. **2** *(tubo)* conduite *f*.

tubo [túβo] *nm* **1** *(de desagüe)* tuyau *m*. **2** *(recipiente)* tube *m*. ■ **tubo de escape** pot *m* d'échappement.

tuerca [twérka] *nf* écrou *m*.

tumba [túmba] *nf* tombe *f*, tombeau *m*.

tumbar [tumbár] *vt* **1** *(derribar)* faire tomber, jeter à terre. **2** *(extender)* allonger. **3** *fam (suspender)* recaler.

tumbona [tumbóna] *nf* chaise *f* longue, transat *m*.

tumor [tumòr] *nm* tumeur *f*.

tunecino,-na [tuneθíno,-na] *adj* tunisien,-enne. ► *nm,f* Tunisien, -enne.

túnel [túnel] *nm* tunnel *m*.

Túnez [túneθ] *n pr* **1** *(país)* Tunisie *f*. **2** *(ciudad)* Tunis.

túnica [túnika] *nf* tunique *f*.

tupido,-da [tupíðo,-ða] *adj* serré, -e, épais,-aisse.

turbar [turβár] *vt* troubler.

turbio,-bia [túrβjo,-βja] *adj* **1** *(gen)* trouble. **2** *(sospechoso)* louche, suspect,-e.

turbulencia [turβulénθja] *nf* turbulence *f*.

turbulento,-ta [turβulénto,-ta] *adj* turbulent,-e.

turco,-ca [túrko,-ka] *adj* turc, turque. ► *nm,f* Turc, Turque. ► *nm* **turco** *(idioma)* turc *m*.

turismo [turízmo] *nm* **1** *(actividad)* tourisme *m*. **2** *(coche)* voiture *f* particulière.

turista [turísta] *nmf* touriste.

turístico,-ca [turístiko,-ka] *adj* touristique.

turnar [turnár] *vi* alterner, se succéder à tour de rôle. ► *vpr* **turnarse** se relayer.

turno [túrno] *nm* **1** *(tanda)* tour *m*. **2** *(de trabajo)* service *m*, tour *m*. ■ **turno de día** équipe *f* de jour. **turno de noche** équipe *f* de nuit.

turquesa [turkésa] *nf (mineral)* turquoise *f*. ► *adj - nm (color)* turquoise *m*.

Turquía [turkía] *n pr* Turquie *f*.

turrón [turrón] *nm* touron *m*.

tutear [tuteár] *vt* tutoyer.

tutela [tutéla] *nf* tutelle *f*.

tuteo [tutéo] *nm* tutoiement *m*.

tutor,-ra [tutòr,-ra] *nm,f* **1** *(gen)* tuteur, -trice. **2** *(de curso)* professeur *m* principal.

tuyo,-ya [tújo,-ja] *adj pos* à toi: **este libro es tuyo**, ce livre est à toi. ► *pron pos* **el/la tuyo,-ya** le tien, la tienne.

U

u [u] *conj* ou.
ubicación [uβikaθjón] *nf* emplacement *m*, position *f*.
ubicar [1] [uβikár] *vt* placer. ► *vpr* **ubicarse** se trouver.
UCI [úθi] *abr* (**unidad de cuidados intensivos**) unité *f* de soins intensifs.
Ud *abr* (**usted**) vous.
Uds *abr* (**ustedes**) vous.
úlcera [úlθera] *nf* MED ulcère *m*.
ultimar [ultimár] *vt* **1** (*preparativos, etc*) achever, terminer. **2** (*tratado, etc*) conclure.
último,-ma [último,-ma] *adj - nm,f* dernier,-ère. • **a la última** à la dernière mode. **por último** enfin, finalement.
ultra [últra] *nmf* (*extremista*) ultra.
ultraderecha [ultraðerétʃa] *nf* extrême droite *f*.
ultramar [ultramár] *nm* outre-mer *m*.
ultravioleta [ultraβjoléta] *adj* ultra-violet,-ette.
umbral [umbrál] *nm* seuil *m*.
un, una [un, úna] *art indef* (pl **unos,-nas**) un, une. ► *adj* → **uno,-na**.
unánime [unánime] *adj* unanime.
unanimidad [unanimiðáð] *nf* unanimité *f*. • **por unanimidad** à l'unanimité.
undécimo,-ma [undéθimo,-ma] *num* onzième.
único,-ca [úniko,-ka] *adj* **1** (*sólo uno, excepcional*) unique: **hijo único**, fils unique. **2** (*sólo entre varios*) seul,-e.

unidad [uniðáð] *nf* unité *f*. ■ **unidad de cuidados intensivos** unité de soins intensifs.
unido,-da [unído,-ða] *adj* uni,-e.
unificar [1] [unifikár] *vt* unifier.
uniforme [unifórme] *adj - nm* uniforme *m*.
unión [unjón] *nf* union *f*. ■ **Unión Europea** Union Européenne.
unir [unir] *vt* **1** (*juntar*) unir, joindre. **2** (*enlazar*) lier, relier. **3** (*piezas*) assembler. **4** (*comunicar ciudades, etc*) relier.
universal [uniβersál] *adj* universel,-elle.
universidad [uniβersiðáð] *nf* université *f*.
universitario,-ria [uniβersitárjo,-rja] *adj* universitaire. ► *nm,f* étudiant,-e à l'université.
universo [uniβérso] *nm* univers *m*.
uno, una [úno, úna] *num* (un devant m sing) un, une. ► *adj* (*único, no dividido*) un, une. ► *pron indef* **1** quelqu'un: **uno me dijo que él no lo veía así**, quelqu'un m'a dit qu'il ne pensait pas de la sorte. **2** (*el que habla*) on: **uno diría que...**, on dirait que .... ► *adj indef pl* **unos, unas 1** (*algunos*) des, quelques: **unos zapatos**, des souliers. **2** (*aproximadamente*) environ: **unas cuarenta personas**, environ quarante personnes. ► *nm* **uno** un *m*. • **de uno en uno** un par un. **ni uno** pas un. **una de dos** de deux choses l'une. **uno por uno** un par un. **uno tras otro** l'un après l'autre.

untar [untár] *vt* **1** *(tostadas, pan, etc)* tartiner. **2** *(con una materia grasa)* graisser.

uña [úɲa] *nf* **1** *(de persona)* ongle *m*. **2** *(de gato, etc)* griffe *f*. • **comerse las uñas** se ronger les ongles.

urbanización [urβaniθaθjón] *nf* lotissement *m*.

urbano,-na [urβáno,-na] *adj* urbain,-e. ▶ *nm,f* agent *m* de police.

urbe [úrβe] *nf* ville *f*, métropole *f*.

urgencia [urxénθja] *nf* urgence *f*.

urgente [urxénte] *adj* urgent,-e.

urgir [6] [urxír] *vi* être urgent, presser: **urge que vengas**, il est urgent que tu viennes.

urinario,-ria [urinárjo,-rja] *adj* urinaire.

urna [úrna] *nf* urne *f*.

urología [uroloxía] *nf* urologie *f*.

Uruguay [uruɣwái] *n pr* Uruguay *m*.

uruguayo,-ya [uruɣwájo,-ja] *adj* uruguayen,-enne. ▶ *nm,f* Uruguayen,-enne.

usado,-da [usáðo,-ða] *adj* **1** *(que ha servido)* usagé,-e. **2** *(gastado)* usé, -e, vieux, vieille. **3** *(en uso)* usité,-e.

usar [usár] *vt* utiliser, faire usage de. ▶ *vi* user (**de**, de), faire usage (**de**, de).

uso [úso] *nm* **1** *(gen)* usage *m*. **2** *(costumbre)* coutume *f*.

usted [ustéð] *pron pers* vous.

usuario,-ria [uswárjo,-rja] *nm,f* **1** *(de transportes, etc)* usager *m*. **2** *(de máquinas, ordenadores, etc)* utilisateur,-trice.

usurpar [usurpár] *vt* usurper.

utensilio [utensíljo] *nm* ustensile *m*.

útero [útero] *nm* ANAT utérus *m*.

útil [útil] *adj* utile. ▶ *nm (herramienta)* outil *m*; *(utensilio)* ustensile *m*.

utilidad [utiliðáð] *nf* utilité *f*.

utilización [utiliθaθjón] *nf* utilisation *f*.

utilizar [4] [utiliθár] *vt* utiliser.

utopía [utopía] *nf* utopie *f*.

uva [úβa] *nf* raisin *m*. • **tener mala uva** *fam* avoir mauvais caractère.

UVI [úβi] *abr* (**unidad de vigilancia intensiva**) unité *f* de soins intensifs.

V

vaca [báka] nf **1** (animal) vache f. **2** (carne) bœuf m.
vacaciones [bakaθjónes] nf pl vacances f pl. • **estar de vacaciones** être en vacances.
vacante [bakánte] adj vacant,-e. ▶ nf emploi m vacant.
vaciar [13] [baθjár] vt **1** (recipiente) vider. **2** (dejar hueco) évider.
vacilar [baθilár] vi **1** (dudar) hésiter. **2** (luz) vaciller. **3** fam (chulear) crâner. ▶ vt fam (tomar el pelo) se payer la tête de.
vacío,-cía [baθío,-θía] adj **1** (gen) vide. **2** fig (vanidoso) vain,-e, présomptueux, -euse; (insustancial) creux, creuse. ▶ nm **vacío 1** (gen) vide m. **2** (cavidad) creux m. • **envasado,-da al vacío** emballé,-e sous vide.
vacuna [bakúna] nf vaccin m.
vacunación [bakunaθjón] nf vaccination f.
vacunar [bakunár] vt vacciner.
vacuno,-na [bakúno,-na] adj bovin,-e.
vagabundo,-da [baɣaβúndo,-da] adj - nm,f vagabond,-e.
vagina [baxína] nf ANAT vagin m.
vago,-ga1 [báɣo,-ɣa] adj (impreciso) vague.
vago,-ga2 [báɣo,-ɣa] adj - nm,f fainéant,-e.
vagón [baɣón] nm wagon m.
vaho [báo] nm vapeur f, buée f.
vainilla [bainíʎa] nf **1** (fruto) vanille f. **2** (planta) vanillier m.
vajilla [baxíʎa] nf vaisselle f.

vale [bále] nm bon m. ▶ interj **¡vale!** d'accord ! **¡vale ya!** ça suffit !
valentía [balentía] nf courage m.
valer [89] [balér] vi **1** (tener cierto valor) valoir. **2** (tener cierto precio) coûter. **3** (servir) servir (**para**, à): este cacharro no vale para nada, ce truc ne sert à rien. **4** (ser válido) être valable. ▶ vt (proporcionar) valoir: **su franqueza le ha valido muchos disgustos** sa franchise lui a valu bien des ennuis. ▶ vpr **1** (usar) se servir (**de**, de), s'aider (**de**, de). **2** (recurrir a) avoir recours à. • **más vale (que)...** il vaut mieux (que) .... **no vale 1** (no sirve) ça ne sert pas. **2** (jugando) ce n'est pas du jeu. **¿vale?** d'accord ? **valer la pena** en valoir la peine.
validez [baliðéθ] nf validité f.
válido,-da [báliðo,-ða] adj valide, valable.
valiente [baljénte] adj - nmf courageux, -euse, brave.
valioso,-sa [baljóso,-sa] adj précieux, -euse.
valla [báʎa] nf **1** (cerca) clôture f, palissade f. **2** DEP haie f.
vallar [baʎár] vt clôturer.
valle [báʎe] nm vallée f.
valor [balór] nm **1** (gen) valeur f. **2** (arrojo) courage m. **3** (descaro) audace f. • **armarse de valor** s'armer de courage. **¡qué valor!** sans-gêne !
valoración [baloraθjón] nf évaluation f.

valorar [balorár] vt **1** (tasar) estimer, évaluer. **2** (apreciar) apprécier.
vals [bals] nm valse f.
vampiro [bampíro] nm vampire m.
vanguardia [baŋgwárðja] nf avant-garde f.
vanidad [baniðáð] nf vanité f.
vano,-na [báno,-na] adj **1** (gen) vain, -e. **2** (presuntuoso) vaniteux, -euse.
vapor [bapór] nm vapeur f. ● **al vapor** COC à la vapeur.
vaquero,-ra [bakéro,-ra] adj (ropa) en jean. ▶ nm pl **vaqueros** (pantalón) jean m, jeans m pl.
vara [bára] nf **1** baguette f, verge f. **2** (de mando) bâton m.
variable [barjáβle] adj - nf (gen) variable. ▶ adj (carácter, etc) changeant,-e.
variación [barjaθjón] nf variation f.
variante [barjánte] nf **1** (variedad) variante f. **2** (carretera) périphérique m.
variar [13] [barjár] vt varier. ● **para variar** pour changer.
varicela [bariθéla] nf MED varicelle f.
variedad [barjeðáð] nf variété f.
varilla [bariʎa] nf **1** (barra larga) baguette f. **2** (para una cortina) tringle f.
vario,-ria [bárjo,-rja] adj (distinto) divers, -e, différent,-e. ▶ adj pl - pron pl **varios,-rias** (algunos) plusieurs.
varón [barón] nm **1** (hombre) homme m. **2** (chico) garçon m.
vasija [basíxa] nf pot m.
vaso [báso] nm **1** (para beber) verre m. **2** (recipiente) vase m. **3** ANAT, BOT vaisseau m.
vasto,-ta [básto,-ta] adj vaste.
vatio [bátjo] nm FIS watt m.
¡vaya! [bája] interj **1** (satisfacción, decepción, ironía) en voilà !: **¡vaya listillo!**, en voilà un dégourdi ! **3** (para enfatizar) mais quel, quelle !: **¡vaya chorrada!**, mais quelle bêtise !

vecindario [beθindárjo] nm **1** (de una ciudad) habitants m pl, population f. **2** (del barrio, del edificio) voisinage m.
vecino,-na [beθíno,-na] adj - nm,f (de una comunidad) voisin,-e. ▶ nm,f (de una ciudad, un barrio) habitant,-e.
vegetación [bexetaθjón] nf végétation f.
vegetal [bexetál] adj végétal,-e.
vegetariano,-na [bexetarjáno,-na] adj - nm,f végétarien,-enne.
vehículo [beíkulo] nm véhicule m.
veinte [béinte] num vingt m.
veintena [beinténa] nf vingtaine f.
vejez [bexéθ] nf vieillesse f.
vejiga [bexíγa] nf **1** ANAT vessie f. **2** (en la piel) ampoule f.
vela¹ [béla] nf **1** (para alumbrar) bougie f, chandelle f. **2** (acción de velar) veille f. ● **en vela** sans dormir.
vela² [béla] nf (de barco) voile f.
velada [beláða] nf veillée f, soirée f.
velar [belár] vi **1** (estar sin dormir) veiller. **2** (cuidar) veiller (**por**, à/sur). ▶ vt **1** veiller. **2** (cubrir con un velo) voiler.
velatorio [belatórjo] nm veillée f funèbre.
velero [beléro] nm voilier m.
vello [béʎo] nm duvet m.
velo [bélo] nm voile m.
velocidad [beloθiðáð] nf vitesse f.
veloz [belóθ] adj rapide, véloce.
vena [béna] nf **1** ANAT veine f. **2** fig (suerte) disposition f favorable. ● **estar en vena** fam être en veine.
vencedor,-ra [benθeðór,-ra] adj victorieux,-euse. ▶ nm,f vainqueur m.
vencer [2] [benθér] vt **1** (derrotar) vaincre, battre. **2** (problema) surmonter. ▶ vi **1** (gen) vaincre. **2** (plazo, deuda, etc) échoir, expirer.
vencimiento [benθimjénto] nm échéance f, expiration f.
venda [bénda] nf bande f.

vendaje

vendaje [bendáχe] *nm* bandage *f*.
vendar [bendár] *vt* bander.
vendedor,-ra [bendeðór,-ra] *adj-nm,f* vendeur,-euse.
vender [bendér] *vt* vendre. • "**Se vende**" " À vendre ".
vendimia [bendímja] *nf* vendange *f*.
veneno [benéno] *nm* (*vegetal, químico*) poison *m*; (*de los animales*) venin *m*.
venenoso,-sa [benenóso,-sa] *adj* (*planta, seta*) vénéneux,-euse; (*animal*) venimeux, -euse.
venerar [benerár] *vt* vénérer.
venezolano,-na [beneθoláno,-na] *adj* vénézuélien,-enne. ▶ *nm,f* Vénézuélien,-enne.
Venezuela [beneθwéla] *n pr* Venezuela *m*.
venganza [beŋgánθa] *nf* vengeance *f*.
vengar [7] [beŋgár] *vt* venger.
venir [90] [benír] *vi* 1 (*acercarse*) venir. 2 (*llegar*) arriver: **¿a qué hora vienen tus amigos?**, à quelle heure arrivent tes amis ? 3 (*ropa*) aller, tomber: **la falda te viene estrecha**, cette jupe est trop étroite pour toi. 4 (*convenir*) arranger, convenir: **no me viene bien salir ahora**, ça ne m'arrange pas de sortir maintenant. ▶ *vpr* **venirse** venir. • **el mes que viene** le mois prochain. **¡venga!** allez! **venir de perlas** tomber à pic. **venir mal** ne pas arranger. **venirse abajo** s'écrouler.
venta [bénta] *nf* 1 (*acción de vender*) vente *f*. 2 (*posada*) auberge *f*.
ventaja [bentáχa] *nf* avantage *m*.
ventajoso,-sa [bentaχóso,-sa] *adj* avantageux,-euse.
ventana [bentána] *nf* fenêtre *f*.
ventanal [bentanál] *nm* grande fenêtre *f*.
ventanilla [bentaníʎa] *nf* (*de tren*) fenêtre *f*; (*de coche*) glace *f*; (*de barco, avión*) hublot *m*.

ventilación [bentilaθjón] *nf* ventilation *f*, aération *f*.
ventilador [bentilaðór] *nm* ventilateur *m*.
ventilar [bentilár] *vt* 1 (*habitación, ropa*) aérer. 2 (*problema, chisme*) divulguer, exposer.
ventosa [bentósa] *nf* ventouse *f*.
ver [91] [ber] *vt* 1 (*percibir por la vista*) voir. 2 (*televisión*) regarder. 3 (*notar*) voir, trouver: **ahora lo veo muy feliz**, je le trouve très heureux maintenant. • **¡a ver!** voyons ! **dejarse ver** se montrer. **hacer ver** ALGO faire voir QQCH. **¡hay que ver!** ce n'est pas croyable ! **no tener nada que ver** n'avoir rien à voir. **por lo visto** apparemment. **se ve que...** il paraît que .... **ya veremos** on verra.
veraneante [beraneánte] *nmf* vacancier, -ère.
veranear [beraneár] *vi* passer ses vacances d'été.
veraneo [beranéo] *nm* grandes vacances *f pl*.
verano [beráno] *nm* été *m*.
veras [béras]. • **de veras** 1 (*realmente*) vraiment, pour de bon. 2 (*en serio*) sérieusement. 3 (*sinceramente*) sincèrement.
veraz [beráθ] *adj* véridique.
verbal [berβál] *adj* verbal,-e.
verbena [berβéna] *nf* fête *f* populaire.
verbo [bérβo] *nm* verbe *m*.
verdad [berðáð] *nf* vérité *f*. • **de verdad** 1 (*realmente*) vraiment. 2 (*en serio*) sérieusement. 3 (*auténtico*) vrai,-e: **un amigo de verdad**, un vrai ami. **¿verdad?** n'est-ce pas ?
verdadero,-ra [berðaðéro,-ra] *adj* 1 (*gen*) vrai,-e. 2 (*auténtico*) véritable. 3 (*real*) réel, réelle.
verde [bérðe] *adj* 1 vert,-e. 2 *fig* (*obsceno*) salé,-e, grivois,-e. ▶ *nm* (*color verde*) vert *m*. • **poner verde** A ALGN descendre QQN.

verdura [berðúra] *nf* **1** *(hortalizas)* légumes *m pl*. **2** *(color verde)* verdure *f*.

veredicto [bereðíkto] *nm* verdict *m*.

vergonzoso,-sa [berɣonθóso,-ða] *adj* honteux,-euse. ▶ *nm,f (persona)* timide.

vergüenza [berɣwénθa] *nf* **1** *(gen)* honte *f*. **2** *(dignidad)* honneur *m*. • **dar vergüenza** faire honte. **sentir vergüenza** avoir honte.

verídico,-ca [beríðiko,-ka] *adj* véridique.

verificar [1] [berifikár] *vt* **1** *(confirmar)* vérifier. **2** *(probar)* tester. ▶ *vpr* **verificarse 1** *(efectuarse)* avoir lieu. **2** *(comprobarse)* se réaliser.

verja [bérxa] *nf* grille *f*.

vermú [bermú], **vermut** [bermút] *nm* vermouth *m*, vermouth *m*.

verosímil [berosímil] *adj* vraisemblable.

verruga [berúɣa] *nf* verrue *f*.

versión [bersjón] *nf* version *f*.

verso [bérso] *nm* vers *m*.

vértebra [bérteβra] *nf* ANAT vertèbre *f*.

vertedero [berteðéro] *nm* **1** *(de basuras)* décharge *f* publique. **2** *fam (estercolero)* dépotoir *m*.

verter [28] [bertér] *vt* **1** *(de recipiente)* verser. **2** *(derramar)* répandre, renverser. **3** *fig (conceptos, etc)* émettre. **4** *fig (calumnias, etc)* débiter, vomir.

vertical [bertikál] *adj* vertical,-e. ▶ *nf* verticale *f*.

vértigo [bértiɣo] *nm* vertige *m*.

vestíbulo [bestíβulo] *nm* hall *m*, vestibule *m*.

vestido,-da [bestíðo,-ða] *adj* vêtu, -e, habillé,-e. ▶ *nm* **vestido 1** *(indumentaria)* vêtement *m*. **2** *(prenda de mujer)* robe *f*. • **vestido de novia** robe de mariée.

vestir [34] [bestír] *vt* **1** *(gen)* habiller, vêtir. **2** *(cubrir)* couvrir, recouvrir. **3** *fig* orner, parer. ▶ *vi* **1** *(llevar puesto)* être habillé,-e: **vestir de negro**, être habillé de noir, être en noir. **2** *(bien, mal)* s'habiller.

vestuario [bestwárjo] *nm* **1** *(de una persona)* garde-robe *f*. **2** *(lugar)* vestiaire *m*. **3** *(de teatro, de cine, etc)* costumes *m pl*.

veterano,-na [beteráno,-na] *adj - nm,f* vieux, vieille. ▶ *nm,f* vétéran *m*.

veterinaria [beterinárja] *nf* médecine *f* vétérinaire.

veterinario,-ria [beterinárjo,-rja] *adj - nm,f* vétérinaire.

veto [béto] *nm* veto *m*.

vez [beθ] *nf* **1** *(gen)* fois *f*. **2** *(turno)* tour *m*. • **a la vez** à la fois. **a tu vez** à ton tour. **a veces** parfois. **alguna vez** de temps en temps. **de una vez para siempre** une fois pour toutes. **de vez en cuando** de temps en temps. **en vez de** au lieu de, à la place de. **muchas veces** souvent. **otra vez** encore une fois. **rara vez** rarement. **tal vez** peut-être.

vía [bía] *nf* voie *f*. ▶ *prep (pasando por)* via. • **en vías de** en voie de. • **vía férrea** voie ferrée. **vía pública** voie publique.

viable [bjáβle] *adj* viable.

viaducto [bjaðúkto] *nm* viaduc *m*.

viajar [bjaxár] *vi* voyager.

viaje [bjáxe] *nm* **1** *(gen)* voyage *m*. **2** *fam fig (golpe)* beigne *f*. • **¡buen viaje!** bon voyage !

viajero,-ra [bjaxéro,-ra] *nm,f* voyageur, -euse.

víbora [bíβora] *nf* vipère *f*.

vibración [biβraθjón] *nf* vibration *f*.

vibrar [biβrár] *vi* vibrer.

vicepresidente,-ta [biθepresiðénte,-ta] *nm,f* vice-président,-e.

viceversa [biθeβérsa] *adv* vice versa.

vicio [bíθjo] *nm* **1** *(corrupción, perversión)* vice *m*. **2** *(mala costumbre)* mauvaise habitude *f*.

vicioso,-sa [biθjóso,-sa] *adj* vicieux,-euse.
víctima [bíktima] *nf* victime *f*.
victoria [biktórja] *nf* victoire *f*.
victorioso,-sa [biktorjóso,-sa] *adj* victorieux,-euse.
vid [bið] *nf* vigne *f*.
vida [bíða] *nf* vie *f*. • **de por vida** pour la vie, à vie. **de toda la vida** de toujours. **en vida** de son vivant. **ganarse la vida** gagner sa vie. **pasar a mejor vida** quitter ce monde.
vidente [biðénte] *adj - nmf* voyant,-e.
vídeo [bíðeo] *nm* vidéo *f*.
videoblog [biðeoblók] *nm* INFORM vidéoblog *m*.
videoconsola [biðeokonsóla] *nf* console *f* vidéo.
videojuego [biðeoχwéγo] *nm* jeu *m* vidéo.
videovigilancia [biðeobiχilánθja] *nf* télésurveillance *f*.
vidriera [biðrjéra] *nf* vitrail *m*.
vidrio [bíðrjo] *nm* verre *m*.
viejo,-ja [bjéχo,-χa] *adj* vieux, vieil, vieille. ▪ **viejo verde** fam vieux cochon *m*.
viento [bjénto] *nm* **1** vent *m*. **2** *(cuerda)* hauban *m*. • **ir ALGO viento en popa** aller comme sur des roulettes.
vientre [bjéntre] *nm* ventre *m*.
viernes [bjérnes] *nm* vendredi *m*.
viga [bíγa] *nf* poutre *f*.
vigencia [biχénθja] *nf* vigueur *f*.
vigente [biχénte] *adj* en vigueur.
vigilancia [biχilánθja] *nf* surveillance *f*.
vigilante [biχilánte] *adj* vigilant, -e. ▶ *nmf* gardien,-ienne.
vigilar [biχilár] *vi* faire attention. ▶ *vt* surveiller.
vigor [biγór] *nm* vigueur *f*.
vigoroso,-sa [biγoróso,-sa] *adj* vigoureux,-euse.
vileza [biléθa] *nf* bassesse *f*.

villa [bíʎa] *nf* **1** *(ciudad)* petite ville *f*. **2** *(casa)* villa *f*.
villancico [biʎánθiko] *nm* chant *m* de Noël.
vilo [bílo]. • **en vilo 1** *(suspendido)* en l'air. **2** *fig* dans l'incertitude.
vinagre [binágre] *nm* vinaigre *m*.
vinagreta [binagréta] *nf* COC vinaigrette *f*.
vincular [binkulár] *vt (enlazar)* unir, lier.
vínculo [bínkulo] *nm (lazo)* lien *m*.
vino [bíno] *nm* vin *m*. ▪ **vino blanco** vin blanc. **vino peleón** piquette *f*. **vino rosado** vin rosé. **vino tinto** vin rouge.
viña [bíɲa] *nf* vigne *f*.
viñedo [biɲéðo] *nm* vignoble *m*.
viñeta [biɲéta] *nf* **1** *(dibujo)* illustration *f*, dessin *m*. **2** *(tira)* bande *f* dessinée.
violación [bjolaθjón] *nf* **1** *(de las leyes)* violation *f*. **2** *(de una mujer)* viol *m*.
violador,-ra [bjolaðór,-ra] *nm,f* violeur,-euse.
violar [bjolár] *vt* violer.
violencia [bjolénθja] *nf* violence *f*.
violento,-ta [bjolénto,-ta] *adj* **1** *(gen)* violent,-e. **2** *(situación)* gênant,-e; *(persona)* gêné,-e.
violeta [bjoléta] *adj inv* violet,-ette. ▶ *nm (color)* violet *m*.
violín [bjolín] *nm* violon *m*.
violinista [bjolinísta] *nmf* violoniste.
violoncelo [bjolonθélo] *nm* violoncelle *m*.
viraje [biráχe] *nm* virage *m*.
virar [birár] *vt - vi* virer.
virgen [bírχen] *adj - nf* vierge *f*.
virginidad [birχiniðáð] *nf* virginité *f*.
viril [biríl] *adj* viril,-e.
virilidad [biriliðáð] *nf* virilité *f*.
virtual [birtwál] *adj* virtuel,-elle.
virtud [birtúð] *nf* vertu *f*.

virtuoso,-sa [birtwòso,-sa] *adj* vertueux,-euse. ► *nm,f* MÚS virtuose.
virus [birus] *nm inv* virus *m*.
visado [bisàðo] *nm* visa *m*.
visera [bisèra] *nf* **1** *(pieza)* visière. **2** *(gorra)* casquette f.
visible [bisiβle] *adj* visible.
visión [bisjón] *nf* vision f.
visita [bisita] *nf* visite f. • **hacer una visita** à rendre visite à. **pasar visita** examiner.
visitar [bisitàr] *vt* **1** *(país, museo, etc)* visiter. **2** *(amigo, enfermo)* rendre visite à. **3** *(el médico)* examiner.
vislumbrar [bizlumbràr] *vt* entrevoir.
viso [biso] *nm* **1** *(reflejo)* moirure f. **2** *(aspecto)* apparence f.
víspera [bispera] *nf (día precedente)* veille f. • **en vísperas de** à la veille de.
vista [bista] *nf* **1** *(gen)* vue f. **2** *(mirada)* regard *m*. **3** *(perspicacia)* perspicacité f. • **a la vista** en vue. **a simple vista** à vue d'œil. **en vista de** compte tenu. **hacer la vista gorda** fermer les yeux. **¡hasta la vista!** au revoir! **perder de vista** perdre de vue. **saltar a la vista** sauter aux yeux.
vistazo [bistàθo] *nm* coup *m* d'œil. • **echar un vistazo** jeter un coup d'œil.
visto,-ta [bisto,-ta] *adj* vu,-e. • **ni visto ni oído** ni vu ni connu. **por lo visto** apparemment. **visto que** vu que. • **visto bueno** approbation f.
vistoso,-sa [bistóso,-sa] *adj* voyant,-e.
visual [biswál] *adj* visuel,-elle.
vital [bitàl] *adj* vital,-e.
vitalidad [bitaliðáð] *nf* vitalité f.
vitamina [bitamìna] *nf* vitamine f.
viticultor,-ra [bitikultór,-ra] *nm,f* viticulteur,-trice.
viticultura [bitikultùra] *nf* viticulture f.
vitorear [bitoreàr] *vt* acclamer.

vitrina [bitrina] *nf* vitrine f.
viudo,-da [bjúðo,-ða] *adj - nm,f* veuf *m*, veuve f.
¡viva! [bíβa] *interj* hourra !: **¡viva el rey!**, vive le roi !
víveres [bíβeres] *nm pl* vivres *m pl*.
vividor,-ra [biβiðór,-ra] *adj - nm,f* bon vivant *m*.
vivienda [biβjénda] *nf* logement *m*. • **vivienda de protección oficial** HLM *m*.
viviente [biβjénte] *adj - nmf* vivant,-e.
vivir [biβír] *vi* **1** *(gen)* vivre. **2** *(residir)* habiter. • **vivir para ver** qui vivra verra.
vivo,-va [bíβo,-βa] *adj - nm,f (ser)* vivant,-e. ► *adj (intenso)* vif, vive. • **en vivo** en direct.
vocabulario [bokaβulárjo] *nm* vocabulaire *m*.
vocación [bokaθjón] *nf* vocation f.
vocal [bokál] *adj* vocal,-e. ► *nf (fonema, letra)* voyelle f.
vocalizar [4] [bokaliθár] *vi* articuler.
vocear [boθeàr] *vi* crier. ► *vt* proclamer.
vociferar [boθiferár] *vt - vi* vociférer.
volador,-ra [bolaðór,-ra] *adj* volant,-e.
volante [bolànte] *adj* volant,-e. ► *nm* **1** *(de vehículo, vestido)* volant *m*. **2** *(de un médico)* lettre f.
volar [4] [bolár] *vi* **1** *(por el aire)* voler. **2** *(elevarse en el aire)* s'envoler. • **volando** à toute allure.
volátil [bolátil] *adj* **1** *(inconstante)* inconstant,-e. **2** *(que se evapora)* volatil,-e.
volcán [bolkán] *nm* volcan *m*.
volcánico,-ca [bolkániko,-ka] *adj* volcanique.
volcar [49] [bolkár] *vt (recipiente)* renverser. ► *vi (vehículo)* se renverser; *(embarcación)* chavirer. ► *vpr*

volcarse 1 *(esforzarse)* se démener. **2** *(dedicarse)* se dévouer (**con/en**, à).

volea [boléa] *nmf* DEP volée *f*.

voleibol [boleiβól] *nm* volley-ball *m*.

voltereta [boltereta] *nf* pirouette *f*, roulade *f*.

voltio [bóltjo] *nm* volt *m*.

volumen [bolúmen] *nm* volume *m*.

voluminoso,-sa [boluminóso,-sa] *adj* volumineux,-euse.

voluntad [boluntáð] *nf* volonté *f*. • **por propia voluntad** de mon/ton/son plein gré. ■ **buena voluntad** bonne volonté.

voluntario,-ria [boluntárjo,-rja] *adj* volontaire. ▶ *nm,f* bénévole.

volver [32] [bolβèr] *vt* **1** *(cabeza, página, etc)* tourner. **2** *(dar la vuelta)* retourner. **3** *(hacer, convertir)* rendre: **volver loco**, rendre fou. ▶ *vi* **1** *(regresar)* revenir; *(ir de nuevo)* retourner, revenir. **2** *(hacer otra vez)* refaire. **3** *(retomar el hilo)* revenir. ▶ *vpr* **volverse 1** *(regresar)* retourner à. **2** *(darse la vuelta)* se retourner. **3** *(cambiar de estado)* devenir. • **volver a hacer** ALGO refaire QQCH: ha vuelto a salir, il est sorti à nouveau.

vomitar [bomitár] *vt* vomir.

vómito [bómito] *nm* **1** *(acción)* vomissement *m*. **2** *(sustancia)* vomi *m*.

vosotros,-tras [bosotros,-tras] *pron pers* vous.

votación [botaθjón] *nf* **1** *(acción de votar)* vote *m*. **2** *(efecto de votar)* élection *f*.

votante [botánte] *adj - nmf* votant,-e.

votar [botár] *vt - vi* voter.

voto [bóto] *nm* **1** *(consulta)* vote *m*. **2** *(sufragio)* voix *f*. **3** *(promesa)* vœu *m*.

voz [boθ] *nf* **1** *(gen)* voix *f*. **2** *(grito)* cri *m*. **3** *(vocablo)* mot *m*. • **corre la voz...** le bruit court .... **dar voces** pousser des cris, crier. **de viva voz** de vive voix. **en voz alta** à voix haute. **en voz baja** à voix basse.

vuelco [bwélko] *nm (caída)* renversement *m*; *(de un coche)* capotage *m*.

vuelo [bwélo] *nm* vol *m*. • **alzar el vuelo** prendre son vol.

vuelta [bwélta] *nf* **1** *(movimiento circular, paseo, etc)* tour *m*. **2** *(regreso)* retour *m*. **3** *(dinero que se devuelve)* monnaie *f*. **4** *(de pantalón, etc)* revers *m*. **5** *fig (cambio)* changement *m*. • **a la vuelta de la esquina** au coin de la rue. **dar media vuelta** faire demi-tour. **dar vueltas a** ALGO retourner QQCH dans sa tête. **de vuelta** de retour. ■ **vuelta ciclista** tour cycliste.

vuestro,-tra [bwéstro,-tra] *adj pos* votre, vos: **vuestros amigos**, vos amis. ▶ *pron pos* **el/la vuestro,-tra** le/la vôtre.

vulgar [bulɣár] *adj* **1** *(grosero)* vulgaire. **2** *(común)* ordinaire.

vulgaridad [bulɣariðáð] *nf* vulgarité *f*.

vulnerable [bulneráβle] *adj* vulnérable.

vulnerar [bulnerár] *vt* **1** *(reputación)* porter atteinte à. **2** *(ley)* violer.

vulva [búlβa] *nf* ANAT vulve *f*.

W-X-Y

wáter [báter] *nm* W-C *m pl*.
waterpolo [waterpólo] *nm* water-polo *m*.
watio [bátjo] *nm* watt *m*.
web [weβ] *nf* Web *m*.
webcam [weβkám] *nf* webcam *f*.
webmaster [weβmáster] *nm* INFORM webmestre *m*.
whisky [wíski] *nm* whisky *m*.
wi-fi [wifí] *nm* INFORM wi-fi *m*.
windsurf [winsúrf] *nm* planche *f* à voile.
windsurfing [winsurfísta] *nmf* planche *f* à voile.

xenofobia [senofóβja] *nf* xénophobie *f*.
xenófobo, -ba [senófoβo,-βa] *adj* - *nm,f* xénophobe.
xilófono [silófono] *nm* xylophone *m*.

y [i] *conj* et: **rosas y claveles**, des roses et des œillets; **setenta y dos**, soixante-douze. • **¿y qué?** et alors ? **¡y tanto!** et comment !
ya [ja] *adv* **1** *(con pasado)* déjà: **ya ha llegado**, il est déjà arrivé. **2** *(inmediatamente)* tout de suite: **tienes que salir ya**, tu dois partir tout de suite. **3** *(denota futuro)* **ya te lo contaré**, je te le raconterai. **4** *(por fin)* enfin, voici: **ya hemos llegado**, nous voici arrivés. • **ya no** plus maintenant. **ya que** puisque.
yate [játe] *nm* yacht *m*.
yegua [jéywa] *nf* jument *f*.
yema [jéma] *nf* **1** *(del huevo)* jaune *m* d'œuf. **2** *(dulce)* confiserie au jaune d'œuf. **3** *(del dedo)* bout *m*.
yerba [jérβa] *nf* herbe *f*.
yerno [jérno] *nm* gendre *m*.
yeso [jéso] *nm* plâtre *m*.
yo [jo] *pron pers* **1** *(forma átona)* je: **yo soy arquitecto**, je suis architecte. **2** *(forma tónica)* moi: **tú y yo**, toi et moi. • **entre tú y yo** entre nous. **yo mismo** moi-même.
yodo [jóðo] *nm* iode *m*.
yoga [jóya] *nm* yoga *m*.
yogurt [joyúrt] *nm* yaourt *m*.
yonqui [jónki] *nmf fam* junkie *m*.
yudo [júðo] *nm* judo *m*.
yugo [júyo] *nm* joug *m*.
yuxtaponer [78] [jukstaponér] *vt* juxtaposer.
yuxtaposición [jukstaposiθjón] *nf* juxtaposition *f*.

Z

zafarrancho [θafaräntʃo] *nm* **1** *(en un navío)* branle-bas *m*. **2** *fig (riña)* bagarre *f*.
zaga [θáγa] *nf* DEP arrières *m pl*. • **ir a la zaga** être à la traîne.
zambullida [θambuʎíða] *nf* plongeon *m*.
zambullir [41] [θambuʎír] *vt* plonger. ▶ *vpr* **zambullirse** *fam* s'enfiler.
zampar [θampár] *vt fam (comer)* avaler, engloutir. ▶ *vpr* **zamparse** *fam* s'enfiler.
zanahoria [θanaóɾja] *nf* carotte *f*.
zancada [θaŋkáða] *nf* enjambée *f*.
zángano,-na [θáŋɡano,-na] *nm,f fam* flemmard,-e.
zanja [θáŋxa] *nf* tranchée *f*.
zanjar [θaŋxár] *vt (discusión)* trancher; *(problema)* régler.
zapatilla [θapatíʎa] *nf* **1** *(de casa)* pantoufle *f*. **2** *(de baile)* chausson *m*. **3** *(de deporte)* basket *f*, tennis *m-f*.
zapato [θapáto] *nm* chaussure *f*.
zapping [θápin] *nm* zapping *m*. • **hacer zapping** zapper.
zar [θar] *nm* tsar *m*.
zarandear [θarandeár] *vt* secouer.
zarpa [θárpa] *nf* griffes *f pl*.
zarpazo [θarpáθo] *nm* coup *m* de griffe.
zarzal [θarθál] *nm* ronces *f pl*.
¡zas! [θas] *interj* vlan !
zenit [θénit] *nm* zénith *m*. • **en el zenit de** au sommet de.
zigzag [θiɣθáɣ] *nm* (pl **zigzags**) zigzag *m*.
zigzaguear [θiɣθaɣeár] *vi* zigzaguer.

zinc → **cinc**.
zodíaco [θoðíako], **zodiaco** [θoðjáko] *nm* zodiaque *m*.
zombi [θómbi] *nmf* zombie.
zona [θóna] *nf* zone *f*. ▪ **zona verde** espace *m* vert.
zoo [θó] *nm* zoo *m*.
zoología [θooloxía] *nf* zoologie *f*.
zoológico,-ca [θoolóxiko,-ka] *adj* zoologique. ▶ *nm* **zoológico** zoo *m*.
zoom [θúm] *nm* (pl **zooms**) zoom *m*.
zopenco,-ca [θopéŋko,-ka] *adj - nm,f* crétin,-e.
zorra [θóra] *nf* **1** *fam pey* garce *f*. **2** *(animal)* renarde *f*.
zorro [θóro] *nm* **1** *(animal)* renard *m*. **2** *fig (persona astuta)* renard *m*.
zozobrar [θoθoβrár] *vi* **1** *(volcar)* chavirer. **2** *(irse a pique)* sombrer. **3** *fig (fracasar)* échouer.
zueco [θwéko] *nm* **1** *(de madera)* sabot *m*. **2** *(de cuero y madera)* galoche *f*.
zumo [θúmo] *nm* **1** *(de frutas)* jus *m*: **zumo de naranja**, jus d'orange. **2** *(de ciertas plantas)* suc *m*.
zurcir [3] [θurθír] *vt* repriser. • **¡que te zurzan!** *fam* va te faire voir !
zurda [θúrða] *nf* main *f* gauche.
zurdo,-da [θúrðo,-ða] *adj (mano)* gauche. ▶ *adj - nm,f (persona)* gaucher,-ère.
zurrar [θurár] *vt* **1** *(pieles)* tanner. **2** *fig (dar golpes)* rosser.

La conjugación española

MODELOS DE LAS TRES CONJUGACIONES REGULARES

AMAR - TEMER - PARTIR

INFINITIVO: am-ar, tem-er, part-ir
GERUNDIO: am-ando, tem-iendo, part-iendo
PARTICIPIO: am-ado, tem-ido, part-ido

INDICATIVO
Presente: am-o, am-as, am-a, am-amos, am-áis, am-an tem-o, tem-es, tem-e, tem-emos, tem-éis, tem-en part-o, part-es, part-e, part-imos, part-ís, part-en
Pretérito Perfecto simple:
am-é, am-aste, am-ó, am-amos, am-asteis, am-aron tem-í, tem-iste, tem-ió, tem-imos, tem-isteis, tem-ieron part-í, part-iste, part-ió, part-imos, part-isteis, part-ieron
Pretérito imperfecto:
am-aba, am-abas, am-aba, am-ábamos, am-abais, am-aban tem-ía, tem-ías, tem-ía, tem-íamos, tem-íais, tem-ían part-ía, part-ías, part-ía, part-íamos, part-íais, part-ían
Futuro perfecto:
am-aré, am-arás, am-ará, am-aremos, am-aréis, am-arán tem-eré, tem-erás, tem-erá, tem-eremos, tem-eréis, tem-erán part-iré, part-irás, part-irá, part-iremos, part-iréis, part-irán
Condicional:
am-aría, am-arías, am-aría, am-aríamos, am-aríais, am-arían tem-ería, tem-erías, tem-ería, tem-eríamos, tem-eríais, tem-erían part-iría, part-irías, part-iría, part-iríamos, part-iríais, part-irían
SUBJUNTIVO
Presente:
am-e, am-es, am-e, am-emos, am-éis, am-en tem-a, tem-as, tem-a, tem-amos, tem-áis, tem-an parta, partas, parta, partamos, partáis, partan
Pretérito imperfecto:
am-ara, am-aras, am-ara, am-áramos, am-arais, am-aran;
am-ase, am-ases, am-ase, am-ásemos, am-aseis, am-asen. tem-iera, tem-ieras, tem-iera, tem-iéramos, tem-ierais, tem-ieran;
tem-iese, tem-ieses, tem-iese, tem-iésemos, tem-ieseis, tem-iesen. part-iera, part-ieras, part-iera, part-iéramos, part-ierais, part-ieran;
part-iese, part-ieses, part-iese, part-iésemos, part-ieseis, part-iesen
Futuro:
am-are, am-ares, am-are, am-aremos, am-areis, am-aren tem-iere, tem-ieres, tem-iere, tem-iéremos, tem-iereis, tem-ieren part-iere, part-ieres, part-iere, part-iéremos, part-iereis, part-ieren

La conjugación española

IMPERATIVO
am-a (tú), am-e (él/Vd.), am-emos (nos.) am-ad (vos.) am-en (ellos/Vds.) tem-e (tú), tem-a (él/Vd.), tem-amos (nos.) tem-ed (vos.) tem-an (ellos/Vds.) part-e (tú), part-a (él/Vd.), part-amos (nos.) part-id (vos.) part-an (ellos/Vds.)
GERUNDIO am-ando — tem-iendo — part-iendo
PARTICIPIO
am-ado,-a — tem-ido,-a — part-ido,-a

Modelos de conjugación de los verbos irregulares

Se ofrecen solamente los tiempos que presentan irregularidades. Los demás tiempos siguen los modelos regulares anteriores.

1 SACAR (la **c** se convierte en **qu** antes de **e**)
INDICATIVO
Perfecto simple: **saqué**, sacaste, sacó, sacamos, sacasteis, sacaron
SUBJUNTIVO
Presente: **saque, saques, saque, saquemos, saquéis, saquen**
IMPERATIVO: saca, **saque, saquemos**, sacad, **saquen**

2 MECER (la **c** se convierte en **z** delante de **a** y **o**)
INDICATIVO
Presente: **mezo**, meces, mece, mecemos, mecéis, mecen
SUBJUNTIVO
Presente: **meza, mezas, meza, mezamos, mezáis, mezan**
IMPERATIVO: mece, **meza, mezamos**, meced, **mezan**

3 ZURCIR (la **c** se convierte en **z** delante de **a** y **o**)
INDICATIVO
Presente: **zurzo**, zurces, zurce, zurcimos, zurcís, zurcen
SUBJUNTIVO
Presente: **zurza, zurzas, zurza, zurzamos, zurzáis, zurzan**
IMPERATIVO: zurce, **zurza, zurzamos**, zurcid, **zurzan**

4 REALIZAR (la **z** se convierte en **c** delante de **e**)
INDICATIVO
Perfecto simple: **realicé**, realizaste, realizó, realizamos, realizasteis, realizaron
SUBJUNTIVO
Presente: **realice, realices, realice, realicemos, realicéis, realicen**
IMPERATIVO: realiza, **realice, realicemos**, realizad, **realicen**

5 PROTEGER (la **g** se convierte en **j** antes de **a** y **o**)
INDICATIVO
Presente: **protejo**, proteges, protege, protegemos, protegéis, protegen
SUBJUNTIVO
Presente: **proteja, protejas, proteja, protejamos, protejáis, protejan**
IMPERATIVO: protege, **proteja, protejamos**, proteged, **protejan**

La conjugación española

6 DIRIGIR (la **g** se convierte en **j** antes de **a** y **o**)
INDICATIVO
Presente: **dirijo**, diriges, dirige, dirigimos, dirigís, dirigen
SUBJUNTIVO
Presente: **dirija, dirijas, dirija, dirijamos, dirijáis, dirijan**
IMPERATIVO: dirige, **dirija, dirijamos**, dirigid, **dirijan**

7 LLEGAR (la **g** se convierte en **gu** antes de **e**)
INDICATIVO
Perfecto simple: **llegué**, llegaste, llegó, llegamos, llegasteis, llegaron
SUBJUNTIVO
Presente: **llegue, llegues, llegue, lleguemos, lleguéis, lleguen**
IMPERATIVO: llega, **llegue, lleguemos**, llegad, **lleguen**

8 DISTINGUIR (la **gu** se convierte en **g** antes de **a** y **o**)
INDICATIVO
Presente: **distingo**, distingues, distingue, distinguimos, distinguís, distinguen
SUBJUNTIVO
Presente: **distinga, distingas, distinga, distingamos, distingáis, distingan**
IMPERATIVO: distingue, **distinga, distingamos**, distinguid, **distingan**

9 DELINQUIR (la **qu** se convierte en **c** antes de **a** y **o**)
INDICATIVO
Presente: **delinco**, delinques, delinque, delinquimos, delinquís, delinquen
SUBJUNTIVO
Presente: **delinca, delincas, delinca, delincamos, delincáis, delincan**
IMPERATIVO: delinque, **delinca, delincamos**, delinquid, **delincan**

10 ADECUAR (**u** átona)
INDICATIVO
Presente: adecuo o adecúo, adecuas o adecúas, adecua o adecúa, adecuamos, adecuáis, adecuan o adecúan
SUBJUNTIVO
Presente: adecue o adecúe, adecues o adecúes, adecue o adecúe, adecuemos, adecuéis, adecuen o adecúen
IMPERATIVO: adecua o adecúa, adecue o adecúe, adecuemos, adecuad, adecuen o adecúen

11 ACTUAR (**ú** acentuada en determinados tiempos y personas)
INDICATIVO
Presente: **actúo, actúas, actúa**, actuamos, actuáis, **actúan**
SUBJUNTIVO
Presente: **actúe, actúes, actúe**, actuemos, actuéis, **actúen**
IMPERATIVO: **actúa, actúe**, actuemos, actuad, **actúen**

12 CAMBIAR (**i** átona)
INDICATIVO
Presente: cambio, cambias, cambia, cambiamos, cambiáis, cambian

La conjugación española

SUBJUNTIVO
Presente: cambie, cambies, cambie, cambiemos, cambiéis, cambien
IMPERATIVO: cambia, cambie, cambiemos, cambiad, cambien

13 DESVIAR (**í** acentuada en determinados tiempos y personas)
INDICATIVO
Presente: desvío, desvías, desvía, desviamos, desviáis, desvían
SUBJUNTIVO
Presente: desvíe, desvíes, desvíe, desviemos, desviéis, desvíen
IMPERATIVO: desvía, desvíe, desviemos, desviad, desvíen

14 AUXILIAR (la **i** puede ser átona o tónica)
INDICATIVO
Presente: auxilío o auxilio, auxilías o auxilias, auxilía o auxilia, auxiliamos, auxiliáis, auxilían o auxilian
SUBJUNTIVO
Presente: auxilíe o auxilie, auxilíes o auxilies, auxilíe o auxilie, auxiliemos, auxiliéis, auxilíen o auxilien
IMPERATIVO: auxilía o auxilia, auxilíe o auxilie, auxiliemos, auxiliad, auxilíen o auxilien

15 AISLAR (**í** acentuada en determinados tiempos y personas)
INDICATIVO
Presente: aíslo, aíslas, aísla, aislamos, aisláis, aíslan
SUBJUNTIVO
Presente: aísle, aísles, aísle, aislemos, aisléis, aíslen
IMPERATIVO: aísla, aísle, aislemos, aislad, aíslen

16 AUNAR (**ú** acentuada en determinados tiempos y personas)
INDICATIVO
Presente: aúno, aúnas, aúna, aunamos, aunáis, aúnan
SUBJUNTIVO
Presente: aúne, aúnes, aúne, aunemos, aunéis, aúnen
IMPERATIVO: aúna, aúne, aunemos, aunad, aúnen

17 DESCAFEINAR (**í** acentuada en determinados tiempos y personas)
INDICATIVO
Presente: descafeíno, descafeínas, descafeína, descafeinamos, descafeináis, descafeínan
SUBJUNTIVO
Presente: descafeíne, descafeínes, descafeíne, descafeinemos, descafeinéis, descafeínen
IMPERATIVO: descafeína, descafeíne, descafeinemos, descafeinad, descafeínen

18 REHUSAR (**ú** acentuada en determinados tiempos y personas)
INDICATIVO
Presente: rehúso, rehúsas, rehúsa, rehusamos, rehusáis, rehúsan
SUBJUNTIVO
Presente: rehúse, rehúses, rehúse, rehusemos, rehuséis, rehúsen
IMPERATIVO: rehúsa, rehúse, rehusemos, rehusad, rehúsen

La conjugación española

19 REUNIR (**ú** acentuada en determinados tiempos y personas)
INDICATIVO
Presente: reúno, reúnes, reúne, reunimos, reunís, reúnen
SUBJUNTIVO
Presente: reúna, reúnas, reúna, reunamos, reunáis, reúnan
IMPERATIVO: reúne, reúna, reunamos, reunid, reúnan

20 AMOHINAR (**í** acentuada en determinados tiempos y personas)
INDICATIVO
Presente: amohíno, amohínas, amohína, amohinamos, amohináis, amohínan
SUBJUNTIVO
Presente: amohíne, amohínes, amohíne, amohinemos, amohinéis, amohínen
IMPERATIVO: amohína, amohíne, amohinemos, amohinad, amohínen

21 PROHIBIR (**í** acentuada en determinados tiempos y personas)
INDICATIVO
Presente: prohíbo, prohíbes, prohíbe, prohibimos, prohibís, prohíben
SUBJUNTIVO
Presente: prohíba, prohíbas, prohíba, prohibamos, prohibáis, prohíban
IMPERATIVO: prohíbe, prohíba, prohibamos, prohibid, prohíban

22 AVERIGUAR (**ú** átona; **gu** se convierte en **gü** antes de **e**)
INDICATIVO
Perfecto simple: averigüé, averiguaste, averiguó, averiguamos, averiguasteis, averiguaron
SUBJUNTIVO
Presente: averigüe, averigües, averigüe, averigüemos, averigüéis, averigüen
IMPERATIVO: averigua, averigüe, averigüemos, averiguad, averigüen

23 AHINCAR (**í** acentuada en determinados tiempos y personas; **c** cambia por **qu** antes de **e**)
INDICATIVO
Presente: ahínco, ahíncas, ahínca, ahincamos, ahincáis, ahíncan
Perfecto simple: ahinqué, ahincaste, ahincó, ahincamos, ahincasteis, ahincaron
SUBJUNTIVO
Presente: ahínque, ahínques, ahínque, ahinquemos, ahinquéis, ahínquen
IMPERATIVO: ahínca, ahínque, ahinquemos, ahincad, ahínquen

24 ENRAIZAR (**í** acentuada en determinados tiempos y personas; **z** cambia por **c** antes de **e**)
INDICATIVO
Presente: enraízo, enraízas, enraíza, enraizamos, enraizáis, enraízan
Perfecto simple: enraicé, enraizaste, enraizó, enraizamos, enraizasteis, enraizaron
SUBJUNTIVO
Presente: enraíce, enraíces, enraíce, enraicemos, enraicéis, enraícen
IMPERATIVO: enraíza, enraíce, enraicemos, enraizad, enraícen

La conjugación española

25 CABRAHIGAR (**í** acentuada en determinados tiempos y personas; **g** cambia por **gu** antes de **e**)
INDICATIVO
Presente: cabrahígo, cabrahígas, cabrahíga, cabrahigamos, cabrahigáis, cabrahígan
Perfecto simple: cabrahigué, cabrahigaste, cabrahigó, cabrahigamos, cabrahigasteis, cabrahigaron
SUBJUNTIVO
Presente: cabrahígue, cabrahígues, cabrahígue, cabrahiguemos, cabrahiguéis, cabrahíguen
IMPERATIVO: cabrahíga, cabrahígue, cabrahiguemos, cabrahigad, cabrahíguen

26 HOMOGENEIZAR (**í** acentuada en ciertos tiempos y personas; **z** cambia por **c** antes de **e**)
INDICATIVO
Presente: homogeneízo, homogeneízas, homogeneíza, homogeneizamos, homogeneizáis, homogeneízan
Perfecto simple: homogeneicé, homogeneizaste, homogeneizó, homogeneizamos, homogeneizasteis, homogeneizaron
SUBJUNTIVO
Presente: homogeneíce, homogeneíces, homogeneíce, homogeneicemos, homogeneicéis, homogeneícen
IMPERATIVO: homogeneíza, homogeneíce, homogeneicemos, homogeneizad, homogeneícen

27 ACERTAR (la **e** cambia por **ie** en sílaba tónica)
INDICATIVO
Presente: acierto, aciertas, acierta, acertamos, acertáis, aciertan
SUBJUNTIVO
Presente: acierte, aciertes, acierte, acertemos, acertéis, acierten
IMPERATIVO: acierta, acierte, acertemos, acertad, acierten

28 ENTENDER (la **e** cambia por **ie** en sílaba tónica)
INDICATIVO
Presente: entiendo, entiendes, entiende, entendemos, entendéis, entienden
SUBJUNTIVO
Presente: entienda, entiendas, entienda, entendamos, entendáis, entiendan
IMPERATIVO: entiende, entienda, entendamos, entended, entiendan

29 DISCERNIR (la **e** cambia por **ie** en sílaba tónica)
INDICATIVO
Presente: discierno, disciernes, discierne, discernimos, discernís, disciernen
SUBJUNTIVO
Presente: discierna, disciernas, discierna, discernamos, discernáis, disciernan
IMPERATIVO: discierne, discierna, discernamos, discernid, disciernan

30 ADQUIRIR (la **e** cambia por **ie** en sílaba tónica)
INDICATIVO
Presente: adquiero, adquieres, adquiere, adquirimos, adquirís, adquieren

La conjugación española

SUBJUNTIVO
Presente: adquiera, adquieras, adquiera, adquiramos, adquiráis, adquieran
IMPERATIVO: adquiere, adquiera, adquiramos, adquirid, adquieran

31 CONTAR (la **o** cambia por **ue** en sílaba tónica)
INDICATIVO
Presente: cuento, cuentas, cuenta, contamos, contáis, cuentan
SUBJUNTIVO
Presente: cuente, cuentes, cuente, contemos, contéis, cuenten
IMPERATIVO: cuenta, cuente, contemos, contad, cuenten

32 MOVER (la **o** cambia por **ue** en sílaba tónica)
INDICATIVO
Presente: muevo, mueves, mueve, movemos, movéis, mueven
SUBJUNTIVO
Presente: mueva, muevas, mueva, movamos, mováis, muevan
IMPERATIVO: mueve, mueva, movamos, moved, muevan

33 DORMIR (la **o** cambia por **ue** en sílaba tónica o en **u** en determinados tiempos y personas)
INDICATIVO
Presente: duermo, duermes, duerme, dormimos, dormís, duermen
Perfecto simple: dormí, dormiste, durmió, dormimos, dormisteis, durmieron
SUBJUNTIVO
Presente: duerma, duermas, duerma, durmamos, durmáis, duerman
Imperfecto: durmiera, durmieras, durmiera, durmiéramos, durmierais, durmieran; durmiese, durmieses, durmiese, durmiésemos, durmieseis, durmiesen
Futuro: durmiere, durmieres, durmiere, durmiéremos, durmiereis, durmieren
IMPERATIVO: duerme, duerma, durmamos, dormid, duerman

34 SERVIR (la **e** debilita en **i** en determinados tiempos y personas)
INDICATIVO
Presente: sirvo, sirves, sirve, servimos, servís, sirven
Perfecto simple: serví, serviste, sirvió, servimos, servisteis, sirvieron
SUBJUNTIVO
Presente: sirva, sirvas, sirva, sirvamos, sirváis, sirvan
Imperfecto: sirviera, sirvieras, sirviera, sirviéramos, sirvierais, sirvieran; sirviese, sirvieses, sirviese, sirviésemos, sirvieseis, sirviesen
Futuro: sirviere, sirvieres, sirviere, sirviéremos, sirviereis, sirvieren
IMPERATIVO: sirve, sirva, sirvamos, servid, sirvan

35 HERVIR (la **e** diptonga en **ie** en sílaba tónica o se convierte en **i** en determinados tiempos y personas)
INDICATIVO
Presente: hiervo, hierves, hierve, hervimos, hervís, hierven
Perfecto simple: herví, herviste, hirvió, hervimos, hervisteis, hirvieron

La conjugación española

SUBJUNTIVO
Presente: hierva, hiervas, hierva, hirvamos, hirváis, hiervan
Imperfecto: hirviera, hirvieras, hirviera, hirviéramos, hirvierais, hirvieran; hirviese, hirvieses, hirviese, hirviésemos, hirvieseis, hirviesen
Futuro: hirviere, hirvieres, hirviere, hirviéremos, hirviereis, hirvieren
IMPERATIVO: hierve, hierva, hirvamos, hervid, hiervan

36 CE—IR (la **i** de la desinencia se pierde absorbida por la **ñ**; la **e** cambia por **i** en determinados tiempos y personas)
INDICATIVO
Presente: ciño, ciñes, ciñe, ceñimos, ceñís, ciñen
Perfecto simple: ceñí, ceñiste, ciñó, ceñimos, ceñisteis, ciñeron
SUBJUNTIVO
Presente: ciña, ciñas, ciña, ciñamos, ciñáis, ciñan
Imperfecto: ciñera, ciñeras, ciñera, ciñéramos, ciñerais, ciñeran; ciñese, ciñeses, ciñese, ciñésemos, ciñeseis, ciñesen
Futuro: ciñere, ciñeres, ciñere, ciñéremos, ciñereis, ciñeren
IMPERATIVO: ciñe, ciña, ciñamos, ceñid, ciñan

37 REÍR (sigue el modelo de ceñir, con la diferencia de que la pérdida de la **i** no se debe a la influencia de ninguna consonante)
INDICATIVO
Presente: río, ríes, ríe, reímos, reís, ríen
Perfecto simple: reí, reíste, rió, reímos, reísteis, rieron
SUBJUNTIVO
Presente: ría, rías, ría, riamos, riáis, rían
Imperfecto: riera, rieras, riera, riéramos, rierais, rieran; riese, rieses, riese, riésemos, rieseis, riesen
Futuro: riere, rieres, riere, riéremos, riereis, rieren
IMPERATIVO: ríe, ría, riamos, reíd, rían

38 TA—ER (la **i** de la desinencia se pierde absorbida por la **ñ** en determinados tiempos y personas)
INDICATIVO
Perfecto simple: tañí, tañiste, tañó, tañimos, tañisteis, tañeron
SUBJUNTIVO
Imperfecto: tañera, tañeras, tañera, tañéramos, tañerais, tañeran; tañese, tañeses, tañese, tañésemos, tañeseis, tañesen
Futuro: tañere, tañeres, tañere, tañéremos, tañereis, tañeren

39 EMPELLER (la **i** de la desinencia se pierde absorbida por la **ll** en determinados tiempos y personas)
INDICATIVO
Perfecto simple: empellí, empelliste, empelló, empellimos, empellisteis, empelleron
SUBJUNTIVO
Imperfecto: empellera, empelleras, empellera, empelléramos, empellerais, empelleran; empellese, empelleses, empellese, empellésemos, empelleseis, empellesen
Futuro: empellere, empelleres, empellere, empelléremos, empellereis, empelleren

40 MU—IR (la **i** de la desinencia se pierde absorbida por la **ñ** en determinados tiempos y personas)
INDICATIVO
Perfecto simple: muñí, muñiste, **muñó**, muñimos, muñisteis, **muñeron**
SUBJUNTIVO
Imperfecto: **muñera, muñeras, muñera, muñéramos, muñerais, muñeran;
muñese, muñeses, muñese, muñésemos, muñeseis, muñesen**
Futuro: **muñere, muñeres, muñere, muñéremos, muñereis, muñeren**

41 MULLIR (la **i** de la desinencia se pierde absorbida por la **ll** en determinados tiempos y personas)
INDICATIVO
Perfecto simple: mullí, mulliste, **mulló**, mullimos, mullisteis, **mulleron**
SUBJUNTIVO
Imperfecto: **mullera, mulleras, mullera, mulléramos, mullerais, mulleran;
mullese, mulleses, mullese, mullésemos, mulleseis, mullesen**
Futuro: **mullere, mulleres, mullere, mulléremos, mullereis, mulleren**

42 NACER (la **c** se convierte en **zc** delante de **a** y **o**)
INDICATIVO
Presente: **nazco**, naces, nace, nacemos, nacéis, nacen
SUBJUNTIVO
Presente: **nazca, nazcas, nazca, nazcamos, nazcáis, nazcan**
IMPERATIVO: nace, **nazca, nazcamos**, naced, **nazcan**

43 AGRADECER (la **c** se convierte en **zc** delante de **a** y **o**)
INDICATIVO
Presente: **agradezco**, agradeces, agradece, agradecemos, agradecéis, agradecen
SUBJUNTIVO
Presente: **agradezca, agradezcas, agradezca, agradezcamos, agradezcáis, agradezcan**
IMPERATIVO: agradece, **agradezca, agradezcamos**, agradeced, **agradezcan**

44 CONOCER (la **c** se convierte en **zc** delante de **a** y **o**)
INDICATIVO
Presente: **conozco**, conoces, conoce, conocemos, conocéis, conocen
SUBJUNTIVO
Presente: **conozca, conozcas, conozca, conozcamos, conozcáis, conozcan**
IMPERATIVO: conoce, **conozca, conozcamos**, conoced, **conozcan**

45 LUCIR (la **c** se convierte en **zc** delante de **a** y **o**)
INDICATIVO
Presente: **luzco**, luces, luce, lucimos, lucís, lucen
SUBJUNTIVO
Presente: **luzca, luzcas, luzca, luzcamos, luzcáis, luzcan**
IMPERATIVO: luce, **luzca, luzcamos**, lucid, **luzcan**

La conjugación española

46 CONDUCIR (la **c** se convierte en **zc** delante de **a** y **o**; el pretérito perfecto simple es irregular)
INDICATIVO
Presente: conduzco, conduces, conduce, conducimos, conducís, conducen
Perfecto simple: conduje, condujiste, condujo, condujimos, condujisteis, condujeron
SUBJUNTIVO
Presente: conduzca, conduzcas, conduzca, conduzcamos, conduzcáis, conduzcan
Imperfecto: condujera, condujeras, condujera, condujéramos, condujerais, condujeran;
condujese, condujeses, condujese, condujésemos, condujeseis, condujesen
Futuro: condujere, condujeres, condujere, condujéremos, condujereis, condujeren
IMPERATIVO: conduce, conduzca, conduzcamos, conducid, conduzcan

47 EMPEZAR (la **e** diptonga en **ie** en sílaba tónica y la **z** cambia por **c** antes de **e**)
INDICATIVO
Presente: empiezo, empiezas, empieza, empezamos, empezáis, empiezan
Perfecto simple: empecé, empezaste, empezó, empezamos, empezasteis, empezaron
SUBJUNTIVO
Presente: empiece, empieces, empiece, empecemos, empecéis, empiecen
IMPERATIVO: empieza, empiece, empecemos, empezad, empiecen

48 REGAR (la **e** diptonga en **ie** en sílaba tónica; la **g** cambia por **gu** antes de **e**)
INDICATIVO
Presente: riego, riegas, riega, regamos, regáis, riegan
Perfecto simple: regué, regaste, regó, regamos, regasteis, regaron
SUBJUNTIVO
Presente: riegue, riegues, riegue, reguemos, reguéis, rieguen
IMPERATIVO: riega, riegue, reguemos, regad, rieguen

49 TROCAR (la **o** diptonga en **ue** en sílaba tónica; la **c** cambia por **qu** antes de **e**)
INDICATIVO
Presente: trueco, truecas, trueca, trocamos, trocáis, truecan
Perfecto simple: troqué, trocaste, trocó, trocamos, trocasteis, trocaron
SUBJUNTIVO
Presente: trueque, trueques, trueque, troquemos, troquéis, truequen
IMPERATIVO: trueca, trueque, troquemos, trocad, truequen

50 FORZAR (la **o** diptonga en **ue** en sílaba tónica; la **z** cambia por **c** antes de **e**)
INDICATIVO
Presente: fuerzo, fuerzas, fuerza, forzamos, forzáis, fuerzan
Perfecto simple: forcé, forzaste, forzó, forzamos, forzasteis, forzaron
SUBJUNTIVO
Presente: fuerce, fuerces, fuerce, forcemos, forcéis, fuercen
IMPERATIVO: fuerza, fuerce, forcemos, forzad, fuercen

La conjugación española

51 AVERGONZAR (la **o** diptonga en **ue** en sílaba tónica; la **g** cambia por **gü** y la **z** por **c** antes de **e**)
INDICATIVO
Presente: avergüenzo, avergüenzas, avergüenza, avergonzamos, avergonzáis, avergüenzan
Perfecto simple: avergoncé, avergonzaste, avergonzó, avergonzamos, avergonzasteis, avergonzaron
SUBJUNTIVO
Presente: avergüence, avergüences, avergüence, avergoncemos, avergoncéis, avergüencen
IMPERATIVO: avergüenza, avergüence, avergoncemos, avergonzad, avergüencen

52 COLGAR (la **o** diptonga en **ue** en sílaba tónica; la **g** cambia por **gu** antes de **e**)
INDICATIVO
Presente: cuelgo, cuelgas, cuelga, colgamos, colgáis, cuelgan
Perfecto simple: colgué, colgaste, colgó, colgamos, colgasteis, colgaron
SUBJUNTIVO
Presente: cuelgue, cuelgues, cuelgue, colguemos, colguéis, cuelguen
IMPERATIVO: cuelga, cuelgue, colguemos, colgad, cuelguen

53 JUGAR (la **u** diptonga en **ue** en sílaba tónica; la **g** cambia por **gu** antes de **e**)
INDICATIVO
Presente: juego, juegas, juega, jugamos, jugáis, juegan
Perfecto simple: jugué, jugaste, jugó, jugamos, jugasteis, jugaron
SUBJUNTIVO
Presente: juegue, juegues, juegue, juguemos, juguéis, jueguen
IMPERATIVO: juega, juegue, juguemos, jugad, jueguen

54 COCER (la **o** diptonga en **ue** en sílaba tónica; la **c** cambia por **z** antes de **a** y **o**)
INDICATIVO
Presente: cuezo, cueces, cuece, cocemos, cocéis, cuecen
SUBJUNTIVO
Presente: cueza, cuezas, cueza, cozamos, cozáis, cuezan
IMPERATIVO: cuece, cueza, cozamos, coced, cuezan

55 ELEGIR (la **e** cambia por **i** en determinados tiempos y personas; la **g** cambia por **j** antes de **a** y **o**)
INDICATIVO
Presente: elijo, eliges, elige, elegimos, elegís, eligen
Perfecto simple: elegí, elegiste, eligió, elegimos, elegisteis, eligieron
SUBJUNTIVO
Presente: elija, elijas, elija, elijamos, elijáis, elijan
Imperfecto: eligiera, eligieras, eligiera, eligiéramos, eligierais, eligieran; eligiese, eligieses, eligiese, eligiésemos, eligieseis, eligiesen
Futuro: eligiere, eligieres, eligiere, eligiéremos, eligiereis, eligieren
IMPERATIVO: elige, elija, elijamos, elegid, elijan

La conjugación española

56 SEGUIR (la **e** cambia por **i** en determinados tiempos y personas; **gu** cambia por **g** antes de **a** y **o**)
INDICATIVO
Presente: **sigo**, **sigues**, **sigue**, seguimos, seguís, **siguen**
Perfecto simple: seguí, seguiste, **siguió**, seguimos, seguisteis, **siguieron**
SUBJUNTIVO
Presente: **siga**, **sigas**, **siga**, **sigamos**, **sigáis**, **sigan**
Imperfecto: **siguiera**, **siguieras**, **siguiera**, **siguiéramos**, **siguierais**, **siguieran**;
  siguiese, **siguieses**, **siguiese**, **siguiésemos**, **siguieseis**, **siguiesen**
Futuro: **siguiere**, **siguieres**, **siguiere**, **siguiéremos**, **siguiereis**, **siguieren**
IMPERATIVO: **sigue**, **siga**, **sigamos**, seguid, **sigan**

57 ERRAR (la **e** cambia por **ye** en sílaba tónica)
INDICATIVO
Presente: **yerro/yerras/yerra**, erramos, erráis, **yerran**
SUBJUNTIVO
Presente: **yerre**, **yerres**, **yerre**, erremos, erréis, **yerren**
IMPERATIVO: **yerra**, **yerre**, erremos, errad, **yerren**

58 AGORAR (la **o** diptonga en ue **ue** en sílaba tónica y la **g** cambia por **gü** antes de **e**)
INDICATIVO
Presente: **agüero**, **agüeras**, **agüera**, agoramos, agoráis, **agüeran**
SUBJUNTIVO
Presente: **agüere**, **agüeres**, **agüere**, agoremos, agoréis, **agüeren**
IMPERATIVO: **agüera**, **agüere**, agoremos, agorad, **agüeren**

59 DESOSAR (la **o** cambia por **hue** en sílaba tónica)
INDICATIVO
Presente: **deshueso**, **deshuesas**, **deshuesa**, desosamos, desosáis, **deshuesan**
SUBJUNTIVO
Presente: **deshuese**, **deshueses**, **deshuese**, desosemos, desoséis, **deshuesen**
IMPERATIVO: **deshuesa**, **deshuese**, desosemos, desosad, **deshuesen**

60 OLER (la **o** cambia por **hue** en sílaba tónica)
INDICATIVO
Presente: **huelo**, **hueles**, **huele**, olemos, oléis, **huelen**
SUBJUNTIVO
Presente: **huela**, **huelas**, **huela**, olamos, oláis, **huelan**
IMPERATIVO: **huele**, **huela**, olamos, oled, **huelan**

61 LEER (la **i** de la desinencia cambia por **y** antes de **o** y **e**)
Perfecto simple: leí, leíste, **leyó**, leímos, leísteis, **leyeron**
Imperfecto: **leyera**, **leyeras**, **leyera**, **leyéramos**, **leyerais**, **leyeran**;
  leyese, **leyeses**, **leyese**, **leyésemos**, **leyeseis**, **leyesen**
Futuro: **leyere**, **leyeres**, **leyere**, **leyéremos**, **leyereis**, **leyeren**

La conjugación española

62 HUIR (la **i** cambia por **y** delante de **a**, **e**, y **o**)
INDICATIVO
Presente: huyo, huyes, huye, huimos, huís, huyen
Perfecto simple: huí, huiste, huyó, huimos, huisteis, huyeron
SUBJUNTIVO
Presente: huya, huyas, huya, huyamos, huyáis, huyan
Imperfecto: huyera, huyeras, huyera, huyéramos, huyerais, huyeran;
 huyese, huyeses, huyese, huyésemos, huyeseis, huyesen
Futuro: huyere, huyeres, huyere, huyéremos, huyereis, huyeren
IMPERATIVO: huye, huya, huyamos, huid, huyan

63 ARGÜIR (la **i** cambia por **y** delante de **a**, **e**, y **o**; **gü** cambia por **gu** antes de **y**)
INDICATIVO
Presente: arguyo, arguyes, arguye, argüimos, argüís, arguyen
Perfecto simple: argüí, argüiste, arguyó, argüimos, argüisteis, arguyeron
SUBJUNTIVO
Presente: arguya, arguyas, arguya, arguyamos, arguyáis, arguyan
Imperfecto: arguyera, arguyeras, arguyera, arguyéramos, arguyerais, arguyeran;
 arguyese, arguyeses, arguyese, arguyésemos, arguyeseis, arguyesen
Futuro: arguyere, arguyeres, arguyere, arguyéremos, arguyereis, arguyeren
IMPERATIVO: arguye, arguya, arguyamos, argüid, arguyan

64 ANDAR
Perfecto simple: anduve, anduviste, anduvo, anduvimos, anduvisteis, anduvieron
Imperfecto: anduviera, anduvieras, anduviera, anduviéramos, anduvierais, anduvieran;
 anduviese, anduvieses, anduviese, anduviésemos, anduvieseis, anduviesen
Futuro: anduviere, anduvieres, anduviere, anduviéremos, anduviereis, anduvieren

65 ASIR
INDICATIVO
Presente: asgo, ases, ase, asimos, asís, asen
SUBJUNTIVO
Presente: asga, asgas, asga, asgamos, asgáis, asgan
IMPERATIVO: ase, asga, asgamos, asid, asgan

66 CABER
INDICATIVO
Presente: quepo, cabes, cabe, cabemos, cabéis, caben
Perfecto simple: cupe, cupiste, cupo, cupimos, cupisteis, cupieron
Futuro: cabré, cabrás, cabrá, cabremos, cabréis, cabrán
Condicional: cabría, cabrías, cabría, cabríamos, cabríais, cabrían
SUBJUNTIVO
Presente: quepa, quepas, quepa, quepamos, quepáis, quepan
Imperfecto: cupiera, cupieras, cupiera, cupiéramos, cupierais, cupieran;
 cupiese, cupieses, cupiese, cupiésemos, cupieseis, cupiesen

La conjugación española

Futuro: cupiere, cupieres, cupiere, cupiéremos, cupiereis, cupieren
IMPERATIVO: cabe, quepa, quepamos, cabed, quepan

67 CAER
INDICATIVO
Presente: caigo, caes, cae, caemos, caéis, caen
Perfecto simple: caí, caíste, cayó, caímos, caísteis, cayeron
SUBJUNTIVO
Presente: caiga, caigas, caiga, caigamos, caigáis, caigan
Imperfecto: cayera, cayeras, cayera, cayéramos, cayerais, cayeran;
 cayese, cayeses, cayese, cayésemos, cayeseis, cayesen
Futuro: cayere, cayeres, cayere, cayéremos, cayereis, cayeren
IMPERATIVO: cae, caiga, caigamos, caed, caigan

68 DAR
INDICATIVO
Presente: doy, das, da, damos, dais, dan
Perfecto simple: di, diste, dio, dimos, disteis, dieron
SUBJUNTIVO
Presente: dé, des, dé, demos, deis, den
Imperfecto: diera, dieras, diera, diéramos, dierais, dieran;
 diese, dieses, diese, diésemos, dieseis, diesen
Futuro: diere, dieres, diere, diéremos, diereis, dieren
IMPERATIVO: da, dé, demos, dad, den

69 DECIR
INDICATIVO
Presente: digo, dices, dice, decimos, decís, dicen
Perfecto simple: dije, dijiste, dijo, dijimos, dijisteis, dijeron
Futuro: diré, dirás, dirá, diremos, diréis, dirán
Condicional: diría, dirías, diría, diríamos, diríais, dirían
SUBJUNTIVO
Presente: diga, digas, diga, digamos, digáis, digan
Imperfecto: dijera, dijeras, dijera, dijéramos, dijerais, dijeran;
 dijese, dijeses, dijese, dijésemos, dijeseis, dijesen
Futuro: dijere, dijeres, dijere, dijéremos, dijereis, dijeren
IMPERATIVO: di, diga, digamos, decid, digan
PARTICIPIO: dicho,-a

70 ERGUIR
INDICATIVO
Presente: irgo, irgues, irgue, erguimos, erguís, irguen;
 yergo, yergues, yergue, erguimos, erguís, yerguen
Perfecto simple: erguí, erguiste, irguió, erguimos, erguisteis, irguieron
SUBJUNTIVO
Presente: irga, irgas, irga, irgamos, irgáis, irgan;
 yerga, yergas, yerga, irgamos, irgáis, yergan
Imperfecto: irguiera, irguieras, irguiera, irguiéramos, irguierais, irguieran;
 irguiese, irguieses, irguiese, irguiésemos, irguieseis, irguiesen

Futuro: irguiere, irguieres, irguiere, irguiéremos, irguiereis, irguieren
IMPERATIVO: irgue, yergue, irga, yerga, irgamos, erguid, irgan, yergan

71 ESTAR
INDICATIVO
Presente: estoy, estás, está, estamos, estáis, están
Imperfecto: estaba, estabas, estaba, estábamos, estabais, estaban
Perfecto simple: estuve, estuviste, estuvo, estuvimos, estuvisteis, estuvieron
Futuro: estaré, estarás, estará, estaremos, estaréis, estarán
Condicional: estaría, estarías, estaría, estaríamos, estaríais, estarían
SUBJUNTIVO
Presente: esté, estés, esté, estemos, estéis, estén
Imperfecto: estuviera, estuvieras, estuviera, estuviéramos, estuvierais, estuvieran;
estuviese, estuvieses, estuviese, estuviésemos, estuvieseis, estuviesen
Futuro: estuviere, estuvieres, estuviere, estuviéremos, estuviereis, estuvieren
IMPERATIVO: está, esté, estemos, estad, estén

72 HABER
INDICATIVO
Presente: he, has, ha, hemos, habéis, han
Imperfecto: había, habías, había, habíamos, habíais, habían
Perfecto simple: hube, hubiste, hubo, hubimos, hubisteis, hubieron
Futuro: habré, habrás, habrá, habremos, habréis, habrán
Condicional: habría, habrías, habría, habríamos, habríais, habrían
SUBJUNTIVO
Presente: haya, hayas, haya, hayamos, hayáis, hayan
Imperfecto: hubiera, hubieras, hubiera, hubiéramos, hubierais, hubieran;
hubiese, hubieses, hubiese, hubiésemos, hubieseis, hubiesen
Futuro: hubiere, hubieres, hubiere, hubiéremos, hubiereis, hubieren
IMPERATIVO: he, haya, hayamos, habed, hayan

73 HACER
INDICATIVO
Presente: hago, haces, hace, hacemos, hacéis, hacen
Perfecto simple: hice, hiciste, hizo, hicimos, hicisteis, hicieron
Futuro: haré, harás, hará, haremos, haréis, harán
Condicional: haría, harías, haría, haríamos, haríais, harían
SUBJUNTIVO
Presente: haga, hagas, haga, hagamos, hagáis, hagan
Imperfecto: hiciera, hicieras, hiciera, hiciéramos, hicierais, hicieran;
hiciese, hicieses, hiciese, hiciésemos, hicieseis, hiciesen
Futuro: hiciere, hicieres, hiciere, hiciéremos, hiciereis, hicieren
IMPERATIVO: haz, haga, hagamos, haced, hagan
PARTICIPIO: hecho,-a

La conjugación española

74 IR
INDICATIVO
Presente: voy, vas, va, vamos, vais, van
Imperfecto: iba, ibas, iba, íbamos, ibais, iban
Perfecto simple: fui, fuiste, fue, fuimos, fuisteis, fueron
SUBJUNTIVO
Presente: vaya, vayas, vaya, vayamos, vayáis, vayan
Imperfecto: fuera, fueras, fuera, fuéramos, fuerais, fueran;
 fuese, fueses, fuese, fuésemos, fueseis, fuesen
Futuro: fuere, fueres, fuere, fuéremos, fuereis, fueren
IMPERATIVO: ve, vaya, vayamos, id, vayan

75 OÍR
INDICATIVO
Presente: oigo, oyes, oye, oímos, oís, oyen
Perfecto simple: oí, oíste, oyó, oímos, oísteis, oyeron
SUBJUNTIVO
Presente: oiga, oigas, oiga, oigamos, oigáis, oigan
Imperfecto: oyera, oyeras, oyera, oyéramos, oyerais, oyeran;
 oyese, oyeses, oyese, oyésemos, oyeseis, oyesen
Futuro: oyere, oyeres, oyere, oyéremos, oyereis, oyeren
IMPERATIVO: oye, oiga, oigamos, oíd, oigan

76 PLACER
INDICATIVO
Presente: plazco, places, place, placemos, placéis, placen
Perfecto simple: plací, placiste, plació o **plugo**, placimos, placisteis, placieron o **pluguieron**
SUBJUNTIVO
Presente: **plazca**, plazcas, plazca o **plegue**, plazcamos, plazcáis, plazcan
Imperfecto: placiera, placieras, placiera o **pluguiera**, placiéramos, placierais, placieran
placiese, placieses, placiese o **pluguiese**, placiésemos, placieseis, placiesen
Futuro: placiere, placieres, placiere o **pluguiere**, placiéremos, placiereis, placieren
IMPERATIVO: place, **plazca, plazcamos**, placed, **plazcan**

77 PODER
INDICATIVO
Presente: puedo, puedes, puede, podemos, podéis, pueden
Perfecto simple: pude, pudiste, pudo, pudimos, pudisteis, pudieron
Futuro: podré, podrás, podrá, podremos, podréis, podrán
Condicional: podría, podrías, podría, podríamos, podríais, podrían
SUBJUNTIVO
Presente: pueda, puedas, pueda, podamos, podáis, puedan
Imperfecto: pudiera, pudieras, pudiera, pudiéramos, pudierais, pudieran;
 pudiese, pudieses, pudiese, pudiésemos, pudieseis, pudiesen
Futuro: pudiere, pudieres, pudiere, pudiéremos, pudiereis, pudieren
IMPERATIVO: puede, pueda, podamos, poded, puedan

78 PONER
INDICATIVO
Presente: pongo, pones, pone, ponemos, ponéis, ponen
Perfecto simple: puse, pusiste, puso, pusimos, pusisteis, pusieron
Futuro: pondré, pondrás, pondrá, pondremos, pondréis, pondrán
Condicional: pondría, pondrías, pondría, pondríamos, pondríais, pondrían
SUBJUNTIVO
Presente: ponga, pongas, ponga, pongamos, pongáis, pongan
Imperfecto: pusiera, pusieras, pusiera, pusiéramos, pusierais, pusieran;
  pusiese, pusieses, pusiese, pusiésemos, pusieseis, pusiesen
Futuro: pusiere, pusieres, pusiere, pusiéremos, pusiereis, pusieren
IMPERATIVO: pon, ponga, pongamos, poned, pongan
PARTICIPIO: puesto,-a

79 PREDECIR
INDICATIVO
Presente: predigo, predices, predice, predecimos, predecís, predicen
Perfecto simple: predije, predijiste, predijo, predijimos, predijisteis, predijeron
SUBJUNTIVO
Presente: prediga, predigas, prediga, predigamos, predigáis, predigan
Imperfecto: predijera, predijeras, predijera, predijéramos, predijerais, predijeran;
  predijese, predijeses, predijese, predijésemos, predijeseis, predijesen
Futuro: predijere, predijeres, predijere, predijéremos, predijereis, predijeren
IMPERATIVO: predice, prediga, predigamos, predecid, predigan

80 QUERER
INDICATIVO
Presente: quiero, quieres, quiere, queremos, queréis, quieren
Perfecto simple: quise, quisiste, quiso, quisimos, quisisteis, quisieron
Futuro: querré, querrás, querrá, querremos, querréis, querrán
Condicional: querría, querrías, querría, querríamos, querríais, querrían
SUBJUNTIVO
Presente: quiera, quieras, quiera, queramos, queráis, quieran
Imperfecto: quisiera, quisieras, quisiera, quisiéramos, quisierais, quisieran;
  quisiese, quisieses, quisiese, quisiésemos, quisieseis, quisiesen
Futuro: quisiere, quisieres, quisiere, quisiéremos, quisiereis, quisieren
IMPERATIVO: quiere, quiera, queramos, quered, quieran

81 RAER
INDICATIVO
Presente: rao/raigo/rayo, raes, rae, raemos, raéis, raen
Perfecto simple: raí, raíste, rayó, raímos, raísteis, rayeron
SUBJUNTIVO
Presente: raiga, raigas, raiga, raigamos, raigáis, raigan;
  raya, rayas, raya, rayamos, rayáis, rayan
Imperfecto: rayera, rayeras, rayera, rayéramos, rayerais, rayeran;
  rayese, rayeses, rayese, rayésemos, rayeseis, rayesen
Futuro: rayere, rayeres, rayere, rayéremos, rayereis, rayeren
IMPERATIVO: rae, raiga, raya, raigamos, rayamos, raed, raigan, rayan

La conjugación española

82 ROER
INDICATIVO
Presente: roo/roigo/royo, roes, roe, roemos, roéis, roen
Perfecto simple: roí, roíste, royó, roímos, roísteis, royeron
SUBJUNTIVO
Presente: roa, roas, roa, roamos, roáis, roan;
  roiga, roigas, roiga, roigamos, roigáis, roigan;
  roya, royas, roya, royamos, royáis, royan
Imperfecto: royera, royeras, royera, royéramos, royerais, royeran;
  royese, royeses, royese, royésemos, royeseis, royesen
Futuro: royere, royeres, royere, royéremos, royereis, royeren
IMPERATIVO: roe, roa, roiga, roya, roamos, roigamos, royamos, roed, roan,
  roigan, royan

83 SABER
INDICATIVO
Presente: sé, sabes, sabe, sabemos, sabéis, saben
Perfecto simple: supe, supiste, supo, supimos, supisteis, supieron
Futuro: sabré, sabrás, sabrá, sabremos, sabréis, sabrán
Condicional: sabría, sabrías, sabría, sabríamos, sabríais, sabrían
SUBJUNTIVO
Presente: sepa, sepas, sepa, sepamos, sepáis, sepan
Imperfecto: supiera, supieras, supiera, supiéramos, supierais, supieran;
  supiese, supieses, supiese, supiésemos, supieseis, supiesen
Futuro: supiere, supieres, supiere, supiéremos, supiereis, supieren
IMPERATIVO: sabe, sepa, sepamos, sabed, sepan

84 SALIR
INDICATIVO
Presente: salgo, sales, sale, salimos, salís, salen
Futuro: saldré, saldrás, saldrá, saldremos, saldréis, saldrán
Condicional: saldría, saldrías, saldría, saldríamos, saldríais, saldrían
SUBJUNTIVO
Presente: salga, salgas, salga, salgamos, salgáis, salgan
IMPERATIVO: sal, salga, salgamos, salid, salgan

85 SATISFACER
INDICATIVO
Presente: satisfago, satisfaces, satisface, satisfacemos, satisfacéis, satisfacen
Perfecto simple: satisfice, satisficiste, satisfizo, satisficimos, satisficisteis,
  satisficieron
Futuro: satisfaré, satisfarás, satisfará, satisfaremos, satisfaréis, satisfarán
Condicional: satisfaría, satisfarías, satisfaría, satisfaríamos, satisfaríais, satisfarían
SUBJUNTIVO
Presente: satisfaga, satisfagas, satisfaga, satisfagamos, satisfagáis, satisfagan
Imperfecto: satisficiera, satisficieras, satisficiera, satisficiéramos, satisficierais,
  satisficieran; satisficiese, satisficieses, satisficiese, satisficiésemos,
  satisficieseis, satisficiesen

Futuro: satisficiere, satisficieres, satisficiere, satisficiéremos, satisficiereis, satisficieren
IMPERATIVO: satisfaz, satisface, satisfaga, satisfagamos, satisfaced, satisfagan
PARTICIPIO: satisfecho,-a

86 SER
INDICATIVO
Presente: soy, eres, es, somos, sois, son
Imperfecto: era, eras, era, éramos, erais, eran
Perfecto simple: fui, fuiste, fue, fuimos, fuisteis, fueron
Futuro: seré, serás, será, seremos, seréis, serán
Condicional: sería, serías, sería, seríamos, seríais, serían
SUBJUNTIVO
Presente: sea, seas, sea, seamos, seáis, sean
Imperfecto: fuera, fueras, fuera, fuéramos, fuerais, fueran;
  fueses, fueses, fuese, fuésemos, fueseis, fuesen
Futuro: fuere, fueres, fuere, fuéremos, fuereis, fueren
IMPERATIVO: sé, sea, seamos, sed, sean
PARTICIPIO: sido

87 TENER
INDICATIVO
Presente: tengo, tienes, tiene, tenemos, tenéis, tienen
Perfecto simple: tuve, tuviste, tuvo, tuvimos, tuvisteis, tuvieron
Futuro: tendré, tendrás, tendrá, tendremos, tendréis, tendrán
Condicional: tendría, tendrías, tendría, tendríamos, tendríais, tendrían
SUBJUNTIVO
Presente: tenga, tengas, tenga, tengamos, tengáis, tengan
Imperfecto: tuviera, tuvieras, tuviera, tuviéramos, tuvierais, tuvieran;
  tuviese, tuvieses, tuviese, tuviésemos, tuvieseis, tuviesen
Futuro: tuviere, tuvieres, tuviere, tuviéremos, tuviereis, tuvieren
IMPERATIVO: ten, tenga, tengamos, tened, tengan

88 TRAER
INDICATIVO
Presente: traigo, traes, trae, traemos, traéis, traen
Perfecto simple: traje, trajiste, trajo, trajimos, trajisteis, trajeron
SUBJUNTIVO
Presente: traiga, traigas, traiga, traigamos, traigáis, traigan
Imperfecto: trajera, trajeras, trajera, trajéramos, trajerais, trajeran; trajese,
  trajeses, trajese, trajésemos, trajeseis, trajesen
Futuro: trajere, trajeres, trajere, trajéremos, trajereis, trajeren
IMPERATIVO: trae, traiga, traigamos, traed, traigan

89 VALER
INDICATIVO
Presente: valgo, vales, vale, valemos, valéis, valen
Futuro: valdré, valdrás, valdrá, valdremos, valdréis, valdrán
Condicional: valdría, valdrías, valdría, valdríamos, valdríais, valdrían

La conjugación española

SUBJUNTIVO
Presente: valga, valgas, valga, valgamos, valgáis, valgan
IMPERATIVO: vale, valga, valgamos, valed, valgan

90 VENIR
INDICATIVO
Presente: vengo, vienes, viene, venimos, venís, vienen
Perfecto simple: vine, viniste, vino, vinimos, vinisteis, vinieron
Futuro: vendré, vendrás, vendrá, vendremos, vendréis, vendrán
Condicional: vendría, vendrías, vendría, vendríamos, vendríais, vendrían
SUBJUNTIVO
Presente: venga, vengas, venga, vengamos, vengáis, vengan
Imperfecto: viniera, vinieras, viniera, viniéramos, vinierais, vinieran;
  viniese, vinieses, viniese, viniésemos, vinieseis, viniesen
Futuro: viniere, vinieres, viniere, viniéremos, viniereis, vinieren
IMPERATIVO: ven, venga, vengamos, venid, vengan

91 VER
INDICATIVO
Presente: veo, ves, ve, vemos, veis, ven
Perfecto simple: vi, viste, vio, vimos, visteis, vieron
Imperfecto: viera, vieras, viera, viéramos, vierais, vieran;
  viese, vieses, viese, viésemos, vieseis, viesen
Futuro: viere, vieres, viere, viéremos, viereis, vieren
IMPERATIVO: ve, vea, veamos, ved, vean
PARTICIPIO: visto,-a

92 YACER
INDICATIVO
Presente: yazco/yazgo/yago, yaces, yace, yacemos, yacéis, yacen
SUBJUNTIVO
Presente: yazca, yazcas, yazca, yazcamos, yazcáis, yazcan; yazga, yazgas, yazga, yazgamos, yazgáis, yazgan; yaga, yagas, yaga, yagamos, yagáis, yagan
IMPERATIVO: yace, yaz, yazca, yazga, yaga, yazcamos, yazgamos, yagamos, yaced, yazcan, yazgan, yagan

93 AGRIAR
INDICATIVO
Presente: agrio o agrío, **agrias** o agrías, **agria** o agría, agriamos, agriáis, **agrian** o agrían
SUBJUNTIVO
Presente: **agrie** o agríe, **agries** o agríes, **agrie** o agríe, agriemos, agriéis, **agrien** o agríen
IMPERATIVO: **agria** o agría, **agrie** o agríe, agriemos, agriad, **agrien** o agríen

La référence en langues vivantes

Le Bled Espagnol
Tout-en-un

- ▶ GRAMMAIRE
- ▶ VERBES
- ▶ VOCABULAIRE

400 exercices corrigés inclus !

@ Avec les fichiers audio MP3 à télécharger gratuitement

hachette

Grammaire | Conjugaison | Vocabulaire | Corrigés | Index

La référence en langues vivantes

Le Bled

Espagnol
Conjugaison

- ▶ **5000 VERBES ESPAGNOLS** et leur modèle de conjugaison
- ▶ **LES TABLEAUX MODÈLES** pour conjuguer tous les verbes
- ▶ **TOUTES LES RÈGLES** de formation des modes et des temps

100 exercices corrigés inclus !

hachette

Conjugaisons | Liste de verbes | Verbes et prépositions | Règles et exercices | Corrigés

Imprimé en Italie par

LA TIPOGRAFICA VARESE

Società a responsabilità limitata

Varese

Dépôt légal éditeur : Mai 2018

Collection 57 - Édition 02

72/7099/0